A Parallel & Interlinear New Testament Polyglot: Matthew-Mark

in

Hebrew, Latin, Greek, English, German, and French

Vol. 3 of Hexapla

Edited by

Fredrick J. Long and T. Michael W. Halcomb

A Parallel & Interlinear New Testament Polyglot:

Matthew-Mark In Hebrew, Latin, Greek, English, German And French

© 2014 by GlossaHouse

All rights reserved. No part of this work may be reproduced or transmitted in any form or by any means, electronic or mechanical, including photocopying and recording, or by means of any information storage or retrieval system, except as may be expressly permitted by the 1976 Copyright Act or in writing from the publisher. Requests for permission should be addressed in writing to:

GlossaHouse, LLC
110 Callis Circle
Wilmore, KY 40390

Publisher's Cataloging-in-Publication Data

Bible. Matthew. Polyglot. 2014.

A parallel & interlinear New Testament polyglot : Matthew-Mark in Hebrew, Latin, Greek, English, German and French / edited by Fredrick J. Long and T. Michael W. Halcomb. – Wilmore, KY : GlossaHouse, ©2014.

viii, 447 pages ; 28 cm. – (Hexapla series ; no. 3)

ISBN 9780692302149 (paperback)

I. Long, Fredrick J., 1966- II. Halcomb, T. Michael W. III. Title. IV. Series. V. Bible. Mark. Polyglot. 2014.

BS2260 .H39 2011 no.3

The Salkinson-Ginsburg Hebrew New Testament © 2000 The Society for Distributing Hebrew Scripture. Used by permission.

The fonts used to create this work are available from www.linguistsoftware.com/lgku.htm.

Book Design and Typesetting by Fredrick J. Long.

Cover Design by T. Michael W. Halcomb.

CONTENTS

Hexapla Series: What's in a Name? — iii

Why these Languages and Particular Versions? — v

Differences in Versification and Content among Versions — vii

The Gospel of Matthew Interlinear Polyglot — 1

The Gospel of Mark Parallel Polyglot — 295

Hexapla Series: What's in a Name?

Naming is an important social practice. Names act as referents, carry meanings and can even be adapted and recontextualized within different cultural milieus to take on new meanings. The name of this work, a name familiar to many, hearkens back to the lost work of the second and third century thinker of Alexandrian fame, Origen. In the last several years, discussions among scholars concerning Origen's *Hexapla* have swirled with controversy. Numerous attempts have been made to uncover Origen's motives for creating a comparative version of the Hebrew and Greek Old Testament, despite the fact that Origen himself mentions the aim being text-critical in nature.[1]

Likely the first book (or codex) ever presented in columnar format, Origen's *Hexapla* was meant to be read across rather than down the page.[2] From left to right, the first column on the page was the Hebrew text, which was followed by a column of transliterated Hebrew. The next four versions would be the Greek recensions of Aquila, Symmachus the LXX and Theodotian. Estimated at around 6,500 plus pages before the possible addition of other columns, it is easy to see that this project was a massive undertaking in its day and that it involved more than just Origen.[3]

Unfortunately, Origen's *Hexapla*, although probably never completed, has been lost to us, as has the seventh century translation by Paul of Tella known as the *Syro-Hexapla*.[4] Origen's work, housed in the library at Alexandria, is believed to have been destroyed by the Saracens in a seventh-century raid. What has been recovered remains in the form of fragments that were published long ago by Frederick Field.[5] More recently, a number of scholars have undertaken a project to reconstruct a complete version of the *Hexapla*, which will be a great contribution to the field of Biblical Studies.[6]

One particular contribution that Origen's *Hexapla* has made, despite its non-existence today, is in the area of formatting: placing beside one another two or more languages. Although there were many diglots (two languages) and polyglots (multiple languages) made over a century ago, during this past century they have waned. To the best of our knowledge, no major polyglot

---

[1] For more on this topic, see T. M. Law, "Origen's Parallel Bible: Textual Criticism, Apologetics, or Exegesis?" *JTS* 59 (2008): 1-21.

[2] Anthony Grafton and Megan Williams, *Christianity and the Transformation of the Book: Origen, Eusebius, and the Library of Caesarea* (Cambridge, Mass.: Belkin, 2006), 17.

[3] Law, "Parallel," 3 n.9.

[4] Leonard J. Greenspoon, "A Preliminary Publication of Max Leopold Margolis's Andreas Masius, Together with His Discussion of Hexapla-Tetrapla" in *Origen's Hexapla and Fragments: Papers Presented at the Rich Seminar on the Hexapla* (ed. A. Salvesen; Tübingen: Mohr Siebeck, 1998), 43.

[5] Frederick Field, *Origenis Hexaplorum quae Supersunt* (2 vols.; Oxford: Clarendon, 1875).

[6] For more on this, visit http://www.hexapla.org

has been published since the late nineteenth century.[7]

What one finds instead during the last several decades parallel Bibles (often comparing English Bible translations) and interlinears (Hebrew or Greek with an English version). Nearly all of the major Bible publishing houses have gone to press with some version of a parallel text of English translations.[8] Interlinear texts have also risen to prominence.[9]

The *Matthew-Mark Polyglot* that you are now holding is essentially a hexapla that works in either an interlinear or horizontal parallel fashion. The interlinear-formatted texts feature Hebrew, Latin, Greek, English, German, and French verse-by-verse. Such arrangement allows for immediate comparison of language/versions to reinforce learning of vocabulary, grammar, syntax, and idiom. In this edition, the interlinear format is used for *The Gospel of Matthew* and has been edited so that each page begins with the Hebrew version and ends with the French version; thus, each page contains a complete interlinear presentation of all six versions. There is no run over onto the next page. The parallel-formatted book in this volume is *The Gospel of Mark* and features horizontal portions of these languages to fit within one page; thus often three to six verses of each version are found on a single page. The purpose of this latter format is that, by reading larger portions of languages in parallel, one can increase reading proficiency while still allowing for language comparison.

So, to answer the question posed at the front of this introduction, we may say, "There is a lot in a name!" However, there are two important differences from Origen's work. First, this *Hexapla* Series is not primarily intended for text-critical work, although one will notice a verse here or that is missing in this or that version, which may prompt you to delve more deeply into the matter text-critically. Second, instead of reading across the columns as in Origen's edition, we

---

[7] For a nice history of theological polyglots, see the entry "Polyglot Bibles" by John McClintock and James Strong in *Cyclopaedia of Biblical, Theological, and Ecclesiastical Literature* (vol. 8; New York: Harper & Brothers, 1879), 367-68.

[8] See for example, Zondervan's *Comparative Study Bible* (Grand Rapids: Zondervan, 1999), Hendrickson's *The New Hendrickson Parallel Bible* (Peabody, Mass.: Hendrickson, 2008), Thomas Nelson's *The Message-NKJV Parallel Bible* (Nashville: Thomas Nelson, 2007) and Oxford's *The Complete Parallel Bible* (Oxford: Oxford University Press, 1993). A decade ago the American Bible Society published a diglot titled *English Hebrew Bible: NKJV/FL* (New York: American Bible Society, 2001).

[9] Jay P. Green, Sr. has published a rather large volume of the Hebrew and Greek texts with an English interlinear arrangement within the last couple of decades. See his *The Interlinear Bible: Hebrew-Greek-English* (Peabody, Mass.: Hendrickson, 1986). Philip W. Comfort has also produced *The New Greek-English Interlinear New Testament* (Carol Stream, Ill.: Tyndale House, 1993) and the new reverse-interlinear versions have also become popular, see William D. Mounce's, *Interlinear for the Rest of Us: The Reverse Interlinear for New Testament Word Studies* (Grand Rapids: Zondervan, 2006) and J. Schwandt and C. J. Collins, eds., *The English-Greek Reverse Interlinear New Testament: English Standard Version* (Wheaton, Ill.: Crossway Bibles, 2006).

have taken six translations and arranged them in an interlinear or parallel fashion, allowing for easier comparison of individual terms, grammar, syntax, and idiom as you read down the page.

To round out this discussion further, however, a few words concerning the purpose and contents of these volumes are in order. As far as purpose, our target audiences are mainly threefold: linguaphiles (language lovers) who want to learn new languages or keep alive old ones; graduate and doctoral students who are preparing for research language exams; and scholars, professors or laypersons who may be interested in keeping their theological languages active. We could think of no better text to read in multiple languages than the New Testament.

This brings us to the content of the *Hexapla* Series. When we embarked on this project, we were amazed that despite the technological advances in both publishing and biblical study aids, no resource of this kind presently existed. Our conviction is that when placed beside many of the great grammars, study aids and language resources already available, the volumes of this *Hexapla* Series will function as an important and enjoyable supplement. We began with the Luke-Acts edition (2011), not only because Luke-Acts is the largest portion to the New Testament by one author (yes, more than the Apostle Paul!), but also because of the completeness of relating the gospel of Jesus Christ, beginning with his birth and ministry and into the formation and growth of the earliest churches. We now present Matthew-Mark Vol.3 and will eventually complete the entire New Testament by the addition of three more volumes as follows: Pauline Literature, Johannine Literature, and Hebrews with the remaining Catholic Epistles. In each volume, one will find both the interlinear and parallel formats; individual biblical books within a volume will feature either one or the other format.

Why these Languages and Particular Versions?

The short answer to the question above is that these languages—Hebrew, Latin, Greek, English, German, and French—are the basic research languages for the field of New Testament Studies and more generally Biblical Studies, minus biblical Aramaic. No recent book places these languages side-by-side for one's reading pleasure (yes, pleasure!). The basic criterion, then, for choosing which version to use was availability in public domain for copyright and editing reasons or in the case of the Hebrew New Testament, the Salkinson-Ginsburg 1886 edition (revised in 2000), the kind permission to include this by the copyright holder, The Society for Distributing Hebrew Scriptures. Below is a brief discussion of each language version in order of display in the *Matthew-Mark Polyglot*, as well as a section on textual variances between the versions and the strategies adopted to address this matter in this edition.

To begin, the Society for Distributing Hebrew Scriptures has kindly granted us permission to use the updated edition of the Salkinson-Ginsburg Hebrew NT (2000). The text is fully vowel-pointed and versified but lacking in the typical Hebrew accenting and punctuation. The version, initially developed in 1881 by the linguistically skilled and proficient student of Hebrew Bible, Dr. Isaac Salkinson, who died in 1883 sadly before its completion, was then finished by Dr. C. D. Ginsburg in 1886. In 2000, the work was updated by Dr. Eri S. Gabe, who brought it into line with the Greek Textus Receptus. The Salkinson-Ginsburg Hebrew NT contains idiomatic Biblical

Hebrew, which, along with its alignment with the Textus Receptus, is why it is a very valuable addition to the *Matthew-Mark Polyglot*. Further details can be found at the website of the Light for Israel, the American distribution depot of the Society for Distributing Hebrew Scripture at http://www.lightforisrael.org/history/histNT.htm. Donations to the Society are welcome. Contact information of the Society for Distributing Hebrew Scripture can be found at the website above or at their international home website at http://www.sdhs.co.uk/.

The Latin edition used is that of Clementine from 1592 (3rd edition, 1598) under the title *Biblia Sacra Vulgatae Editionis Sixti Quinti Pont. Max. iussu recognita atque edita* (Typographia Apostolica Vaticana). It is named after Pope Clement VIII who called for its creation. In textual critical editions of the NT, such as the Nestle-Aland[27] and the UBS[4], the Clementine Vulgate is indicated by vg^{cl}.[10] The Clementine text was the official version of the Vulgate until 1979, then replaced by the Neo-Vulgate edition. The value of the Clementine Vulgate is that it represents a Latin edition that is close to the Byzantine Greek tradition, or what was edited into the Majority Text. The Clementine Latin spellings contain some idiosyncrasies, most notable the use of a "j" instead of an "i" in the pronoun *eius*—thus one finds *ejus* in the Clementine Vulgate. We have not changed these idiosyncrasies.

The Greek text used is that of Maurice A. Robinson and William G. Pierpont 1995 edition which reflects the Majority Text in the Byzantine Greek manuscript tradition. The Greek is fully accented. Because the Textus Receptus was developed on the basis of the Majority Text (even though it differs in a number of places), the Hebrew, Latin, and Greek editions of the *Matthew-Mark Polyglot* are nearly identical. In general, when the Majority Greek text has lacked a verse, it has been noted and supplied either from the Wescott-Hort Greek New Testament edition (1881) or Scrivener Greek New Testament edition (1894). It should also be said that by using the Greek Majority Text, there has been no judgment as to its superiority over the Alexandrian text tradition, as more represented in the critical editions of the Greek New Testament.

The English text varies between Matthew and Mark. For Matthew, we updated the translation of the American Standard Version (ASV) of 1901. The ASV is an "Americanized" version of the Revised Version (1881-85) of the King James Version (1611). Among the strengths of the ASV is its literalism when rendering the Greek text. As a version, the ASV was revised to make the Revised Standard Version (1952; 1971) and the New American Standard Bible (1971 and 1995). The ASV's ultimate demise as a translation, however, was due to its preserving Elizabethan English. To fix this latter problem, in the *Matthew-Mark Polyglot* the English idiom of the ASV has been updated in thousands of places. For instance, "thither" has been changed to "there"; "hither" to "here", "hath" to "has", "hast" to "had", etc. and verbal endings with "-eth" to either "–s" or "–es." Otherwise, the literalness in corresponding to the underlying Greek is often preserved for better comparison with the other languages of this Polyglot. At times, however, whole sentences were retranslated. For Mark, the English is from the GlossaHouse English

---

[10] Eberhard Nestle, et al. *Novum Testamentum Graece* (27th rev. ed.; Stuttgart: Deutsche Bibelstiftung, 1993) and Kurt Aland, et al. *Greek New Testament* (4th rev. ed.; Stuttgart: Deutsche Bibelstiftung, 2000; 2009), 26

Version (GEV) that is featured in T. Michael W. Halcomb and Fredrick J. Long, *Mark: GlossaHouse Illustrated Greek-English New Testament* (Accessible Greek Resources and Online Studies; Wilmore, Ky.: GlossaHouse, 2014). The Mark GEV is a fairly literal translation of the SBL Greek New Testament text. Both this updated ASV and the GEV will diverge from and align with the other languages—but such variability should help when comparing the different language versions, to cause deeper reflection on meaning and idiom in each of the respective languages.

The German text is from the 1912 updated version of the Lutherbibel originally of 1534. Hardly anything needs to be said regarding the influence of Luther's famous translation and its influence on the German tongue, let alone theological German vocabulary. Indeed, an oft quoted statement by the great church historian Philip Schaff is worth repeating here: "The richest fruit of Luther's leisure in the Wartburg, and the most important and useful work of his whole life, is the translation of the New Testament, by which he brought the teaching and example of Christ and the Apostles to the mind and heart of the Germans in life-like reproduction. It was a republication of the gospel. He made the Bible the people's book in church, school, and house."[11] Luther worked from Erasmus's Greek text and the Vulgate, but in revisions worked with Greek texts akin to the Majority Text. For these reasons, the German version is matched well with the other language versions of the *Matthew-Mark Polyglot*.

Finally, the French text is from the Louis Segond Version of 1880, but then reviewed and revised by the British and Foreign Bible Society in 1910. It was the French equivalent to the King James Version, and was very widely read. Dr. Louis Segond was a Swiss theologian and pastor who translated first the Old Testament in 1871; then privately he translated the New Testament in 1880 and together with the OT published his entire translation with Oxford Press. In both endeavors, Segond, himself a professor of OT at Geneva, translated using the critical editions of Hebrew and Greek of his day.

Differences in Versification and Content among Versions

One might imagine that when working with six different languages/versions of the NT arising out of different ecclesial and local traditions that there would be differences. There are. Occasionally, one reading through the *Matthew-Mark Polyglot* will encounter differences of versification (verse numbering) and content (verses missing or extra verses or missing or extra words). The versification differences are due to variance in the tradition of how and where to number the verses. Chapter numbers were added around AD 1200 by Peter the Chanter and Stephen Langton; versification began in the late 13th century and was more standardized by Robert Estienne (better known as Stephanus, 1503-59) in his Greek NT published in 1551. Various competing versification traditions continued, however, and this accounts for the occasional

---

[11] Philip Schaff, *History of the Christian Church* (8 vols.; New York: Charles Scribner's Sons, 1910), VII:341, *§62. Luther's Translation of the Bible.*

variations seen when viewing six versions dating from the sixteenth century and later. For example, the Clementine Vulgate versification is off one whole verse (less one), because the Clementine Vulgate divided the end of chapter 8 (8:39 in its text) with what later versions deemed a new chapter, or 9:1. So, 8:39 in the Clementine text is actually 9:1 in the others; and this variation extends through to the end of the ch.9.

The second matter of content is due to the variety of textual traditions behind and reflected in the versions chosen for the *Matthew-Mark Polyglot*. By in large, the versions match very well—the English, German, and French translations were based upon textual traditions near to the Hebrew NT (the Greek Textus Receptus), the Clementine Vulgate, and the Greek Majority Text. So, the advantage is that they are very nearly identical, except in some places. And those places are interesting: In some instances, the Majority Text has a verse missing. In general, when the Majority Greek text has lacked a verse, it has been noted and supplied either from the Wescott-Hort edition (1881) or Scrivener edition (1894).

THE GOSPEL OF MATTHEW

INTERLINEAR POLYGLOT

The Gospel of Matthew

1:1 סֵפֶר תּוֹלְדֹת יֵשׁוּעַ הַמָּשִׁיחַ בֶּן־דָּוִד בֶּן־אַבְרָהָם׃

1:1 Liber generationis Jesu Christi filii David, filii Abraham.

1:1 Βίβλος γενέσεως Ἰησοῦ χριστοῦ, υἱοῦ Δαυίδ, υἱοῦ Ἀβραάμ.

1:1 The book of the genealogy of Jesus Messiah, the son of David, the son of Abraham.

1:1 Dies ist das Buch von der Geburt Jesu Christi, der da ist ein Sohn Davids, des Sohnes Abrahams.

1:1 Généalogie de Jésus-Christ, fils de David, fils d'Abraham.

1:2 אַבְרָהָם הוֹלִיד אֶת־יִצְחָק וְיִצְחָק הוֹלִיד אֶת־יַעֲקֹב וְיַעֲקֹב הוֹלִיד אֶת־יְהוּדָה וְאֶת־אֶחָיו׃

1:2 Abraham genuit Isaac. Isaac autem genuit Jacob. Jacob autem genuit Judam, et fratres ejus.

1:2 Ἀβραὰμ ἐγέννησεν τὸν Ἰσαάκ· Ἰσαὰκ δὲ ἐγέννησεν τὸν Ἰακώβ· Ἰακὼβ δὲ ἐγέννησεν τὸν Ἰούδαν καὶ τοὺς ἀδελφοὺς αὐτοῦ·

1:2 Abraham bore Isaac; and Isaac bore Jacob; and Jacob bore Judah and his brothers;

1:2 Abraham zeugte Isaak. Isaak zeugte Jakob. Jakob zeugte Juda und seine Brüder.

1:2 Abraham engendra Isaac; Isaac engendra Jacob; Jacob engendra Juda et ses frères;

1:3 וִיהוּדָה הוֹלִיד אֶת־פֶּרֶץ וְאֶת־זֶרַח מִתָּמָר וּפֶרֶץ הוֹלִיד אֶת־חֶצְרוֹן וְחֶצְרוֹן הוֹלִיד אֶת־רָם׃

1:3 Judas autem genuit Phares, et Zaram de Thamar. Phares autem genuit Esron. Esron autem genuit Aram.

1:3 Ἰούδας δὲ ἐγέννησεν τὸν Φαρὲς καὶ τὸν Ζαρὰ ἐκ τῆς Θάμαρ· Φαρὲς δὲ ἐγέννησεν τὸν Ἐσρώμ· Ἐσρὼμ δὲ ἐγέννησεν τὸν Ἀράμ·

1:3 and Judah bore Perez and Zerah of Tamar; and Perez bore Hezron; and Hezron bore Ram;

1:3 Juda zeugte Perez und Serah von Thamar. Perez zeugte Hezron. Hezron zeugte Ram.

1:3 Juda engendra de Thamar Pharès et Zara; Pharès engendra Esrom; Esrom engendra Aram;

1:4 וְרָם הוֹלִיד אֶת־עַמִּינָדָב וְעַמִּינָדָב הוֹלִיד אֶת־נַחְשׁוֹן וְנַחְשׁוֹן הוֹלִיד אֶת־שַׂלְמוֹן׃

1:4 Aram autem genuit Aminadab. Aminadab autem genuit Naasson. Naasson autem genuit Salmon.

1:4 Ἀρὰμ δὲ ἐγέννησεν τὸν Ἀμιναδάβ· Ἀμιναδὰβ δὲ ἐγέννησεν τὸν Ναασσών· Ναασσὼν δὲ ἐγέννησεν τὸν Σαλμών·

1:4 and Ram bore Amminadab; and Amminadab bore Nahshon; and Nahshon bore Salmon;

1:4 Ram zeugte Amminadab. Amminadab zeugte Nahesson. Nahesson zeugte Salma.

1:4 Aram engendra Aminadab; Aminadab engendra Naasson; Naasson engendra Salmon;

1:5 וְשַׂלְמוֹן הוֹלִיד אֶת־בֹּעַז מֵרָחָב וּבֹעַז הוֹלִיד אֶת־עוֹבֵד מֵרוּת וְעוֹבֵד הוֹלִיד אֶת־יִשָׁי׃

1:5 Salmon autem genuit Booz de Rahab. Booz autem genuit Obed ex Ruth. Obed autem genuit Jesse. Jesse autem genuit David regem.

1:5 Σαλμὼν δὲ ἐγέννησεν τὸν Βοὸζ ἐκ τῆς Ῥαχάβ· Βοὸζ δὲ ἐγέννησεν τὸν Ὠβὴδ ἐκ τῆς Ῥούθ· Ὠβὴδ δὲ ἐγέννησεν τὸν Ἰεσσαί·

1:5 and Salmon bore Boaz of Rahab; and Boaz bore Obed of Ruth; and Obed bore Jesse;

1:5 Salma zeugte Boas von der Rahab. Boas zeugte Obed von der Ruth. Obed zeugte Jesse.

1:5 Salmon engendra Boaz de Rahab; Boaz engendra Obed de Ruth; Obed engendra Isaï;

The Gospel of Matthew

1:6 וְיִשַׁי הוֹלִיד אֶת־דָּוִד הַמֶּלֶךְ וְדָוִד הַמֶּלֶךְ הוֹלִיד אֶת־שְׁלֹמֹה מֵאֵשֶׁת אוּרִיָּה:

1:6 David autem rex genuit Salomonem ex ea quae fuit Uriae.

1:6 Ἰεσσαὶ δὲ ἐγέννησεν τὸν Δαυὶδ τὸν βασιλέα. Δαυὶδ δὲ ὁ βασιλεὺς ἐγέννησεν τὸν Σολομῶνα ἐκ τῆς τοῦ Οὐρίου·

1:6 and Jesse bore David the king. And David bore Solomon of Uriah;

1:6 Jesse zeugte den König David. Der König David zeugte Salomo von dem Weib des Uria.

1:6 Isaï engendra David. Le roi David engendra Salomon de la femme d'Urie;

1:7 וּשְׁלֹמֹה הוֹלִיד אֶת־רְחַבְעָם וּרְחַבְעָם הוֹלִיד אֶת־אֲבִיָּה וַאֲבִיָּה הוֹלִיד אֶת־אָסָא:

1:7 Salomon autem genuit Roboam. Roboam autem genuit Abiam. Abias autem genuit Asa.

1:7 Σολομῶν δὲ ἐγέννησεν τὸν Ῥοβοάμ· Ῥοβοὰμ δὲ ἐγέννησεν τὸν Ἀβιά· Ἀβιὰ δὲ ἐγέννησεν τὸν Ἀσά·

1:7 and Solomon bore Rehoboam; and Rehoboam bore Abijah; and Abijah bore Asa;

1:7 Salomo zeugte Rehabeam. Rehabeam zeugte Abia. Abia zeugte Asa.

1:7 Salomon engendra Roboam; Roboam engendra Abia; Abia engendra Asa;

1:8 וְאָסָא הוֹלִיד אֶת־יְהוֹשָׁפָט וִיהוֹשָׁפָט הוֹלִיד אֶת־יוֹרָם וְיוֹרָם הוֹלִיד אֶת עֻזִּיָּהוּ:

1:8 Asa autem genuit Josophat. Josophat autem genuit Joram. Joram autem genuit Oziam.

1:8 Ἀσὰ δὲ ἐγέννησεν τὸν Ἰωσαφάτ· Ἰωσαφὰτ δὲ ἐγέννησεν τὸν Ἰωράμ· Ἰωρὰμ δὲ ἐγέννησεν τὸν Ὀζίαν·

1:8 and Asa bore Jehoshaphat; and Jehoshaphat bore Joram; and Joram bore Uzziah;

1:8 Asa zeugte Josaphat. Josaphat zeugte Joram. Joram zeugte Usia.

1:8 Asa engendra Josaphat; Josaphat engendra Joram; Joram engendra Ozias;

1:9 וְעֻזִּיָּהוּ הוֹלִיד אֶת־יוֹתָם וְיוֹתָם הוֹלִיד אֶת־אָחָז וְאָחָז הוֹלִיד אֶת־יְחִזְקִיָּהוּ:

1:9 Ozias autem genuit Joatham. Joatham autem genuit Achaz. Achaz autem genuit Ezechiam.

1:9 Ὀζίας δὲ ἐγέννησεν τὸν Ἰωάθαμ· Ἰωάθαμ δὲ ἐγέννησεν τὸν Ἄχαζ· Ἄχαζ δὲ ἐγέννησεν τὸν Ἐζεκίαν·

1:9 and Uzziah bore Jotham; and Jotham bore Ahaz; and Ahaz bore Hezekiah;

1:9 Usia zeugte Jotham. Jotham zeugte Ahas. Ahas zeugte Hiskia.

1:9 Ozias engendra Joatham; Joatham engendra Achaz; Achaz engendra Ézéchias;

1:10 וִיחִזְקִיָּהוּ הוֹלִיד אֶת־מְנַשֶּׁה וּמְנַשֶּׁה הוֹלִיד אֶת־אָמוֹן וְאָמוֹן הוֹלִיד אֶת־יֹאשִׁיָּהוּ:

1:10 Ezechias autem genuit Manassen. Manasses autem genuit Amon. Amon autem genuit Josiam.

1:10 Ἐζεκίας δὲ ἐγέννησεν τὸν Μανασσῆ· Μανασσῆς δὲ ἐγέννησεν τὸν Ἀμών· Ἀμὼν δὲ ἐγέννησεν τὸν Ἰωσίαν·

1:10 and Hezekiah bore Manasseh; and Manasseh bore Amon; and Amon bore Josiah;

1:10 Hiskia zeugte Manasse. Manasse zeugte Amon. Amon zeugte Josia.

1:10 Ézéchias engendra Manassé; Manassé engendra Amon; Amon engendra Josias;

The Gospel of Matthew

1:11 וְיֹאשִׁיָּהוּ הוֹלִיד אֶת־יְכָנְיָהוּ וְאֶת־אֶחָיו לְעֵת גָּלוּת בָּבֶל׃

1:11 Josias autem genuit Jechoniam, et fratres ejus in transmigratione Babylonis.

1:11 Ἰωσίας δὲ ἐγέννησεν τὸν Ἰεχονίαν καὶ τοὺς ἀδελφοὺς αὐτοῦ, ἐπὶ τῆς μετοικεσίας Βαβυλῶνος.

1:11 and Josiah bore Jechoniah and his brothers, at the time of the carrying away to Babylon.

1:11 Josia zeugte Jechonja und seine Brüder um die Zeit der babylonischen Gefangenschaft.

1:11 Josias engendra Jéchonias et ses frères, au temps de la déportation à Babylone.

1:12 וְאַחֲרֵי גְלוֹתָם בְּבָבֶלָה הוֹלִיד יְכָנְיָהוּ אֶת שְׁאַלְתִּיאֵל וּשְׁאַלְתִּיאֵל הוֹלִיד אֶת־זְרֻבָּבֶל׃

1:12 Et post transmigrationem Babylonis: Jechonias genuit Salathiel. Salathiel autem genuit Zorobabel.

1:12 Μετὰ δὲ τὴν μετοικεσίαν Βαβυλῶνος, Ἰεχονίας ἐγέννησεν τὸν Σαλαθιήλ· Σαλαθιὴλ δὲ ἐγέννησεν τὸν Ζοροβάβελ·

1:12 And after the carrying away to Babylon, Jechoniah bore Shealtiel; and Shealtiel bore Zerubbabel;

1:12 Nach der babylonischen Gefangenschaft zeugte Jechonja Sealthiel. Sealthiel zeugte Serubabel.

1:12 Après la déportation à Babylone, Jéchonias engendra Salathiel; Salathiel engendra Zorobabel;

1:13 וּזְרֻבָּבֶל הוֹלִיד אֶת־אֲבִיהוּד וַאֲבִיהוּד הוֹלִיד אֶת־אֶלְיָקִים וְאֶלְיָקִים הוֹלִיד אֶת עַזּוּר׃

1:13 Zorobabel autem genuit Abiud. Abiud autem genuit Eliacim. Eliacim autem genuit Azor.

1:13 Ζοροβάβελ δὲ ἐγέννησεν τὸν Ἀβιούδ· Ἀβιοὺδ δὲ ἐγέννησεν τὸν Ἐλιακείμ· Ἐλιακεὶμ δὲ ἐγέννησεν τὸν Ἀζώρ·

1:13 and Zerubbabel bore Abiud; and Abiud bore Eliakim; and Eliakim bore Azor;

1:13 Serubabel zeugte Abiud. Abiud zeugte Eliakim. Eliakim zeugte Asor.

1:13 Zorobabel engendra Abiud; Abiud engendra Éliakim; Éliakim engendra Azor;

1:14 וְעַזּוּר הוֹלִיד אֶת־צָדוֹק וְצָדוֹק הוֹלִיד אֶת־יָכִין וְיָכִין הוֹלִיד אֶת־אֱלִיהוּד׃

1:14 Azor autem genuit Sadoc. Sadoc autem genuit Achim. Achim autem genuit Eliud.

1:14 Ἀζὼρ δὲ ἐγέννησεν τὸν Σαδώκ· Σαδὼκ δὲ ἐγέννησεν τὸν Ἀχείμ· Ἀχεὶμ δὲ ἐγέννησεν τὸν Ἐλιούδ·

1:14 and Azor bore Sadoc; and Sadoc bore Achim; and Achim bore Eliud;

1:14 Asor zeugte Zadok. Zadok zeugte Achim. Achim zeugte Eliud.

1:14 Azor engendra Sadok; Sadok engendra Achim; Achim engendra Éliud;

1:15 וֶאֱלִיהוּד הוֹלִיד אֶת־אֶלְעָזָר וְאֶלְעָזָר הוֹלִיד אֶת־מַתָּן וּמַתָּן הוֹלִיד אֶת־יַעֲקֹב׃

1:15 Eliud autem genuit Eleazar. Eleazar autem genuit Mathan. Mathan autem genuit Jacob.

1:15 Ἐλιοὺδ δὲ ἐγέννησεν τὸν Ἐλεάζαρ· Ἐλεάζαρ δὲ ἐγέννησεν τὸν Ματθάν· Ματθὰν δὲ ἐγέννησεν τὸν Ἰακώβ·

1:15 and Eliud bore Eleazar; and Eleazar bore Matthan; and Matthan bore Jacob;

1:15 Eliud zeugte Eleasar. Eleasar zeugte Matthan. Matthan zeugte Jakob.

1:15 Éliud engendra Éléazar; Éléazar engendra Matthan; Matthan engendra Jacob;

The Gospel of Matthew

1:16 וְיַעֲקֹב הוֹלִיד אֶת־יוֹסֵף בַּעַל מִרְיָם אֲשֶׁר מִמֶּנָּה נוֹלַד יֵשׁוּעַ הַנִּקְרָא מָשִׁיחַ:

1:16 Jacob autem genuit Joseph virum Mariae, de qua natus est Jesus, qui vocatur Christus.

1:16 Ἰακὼβ δὲ ἐγέννησεν τὸν Ἰωσὴφ τὸν ἄνδρα Μαρίας, ἐξ ἧς ἐγεννήθη Ἰησοῦς, ὁ λεγόμενος χριστός.

1:16 and Jacob bore Joseph the husband of Mary, of whom was born Jesus, who is called Messiah.

1:16 Jakob zeugte Joseph, den Mann Marias, von welcher ist geboren Jesus, der da heißt Christus.

1:16 Jacob engendra Joseph, l'époux de Marie, de laquelle est né Jésus, qui est appelé Christ.

1:17 וְהִנֵּה כָּל־הַדֹּרוֹת מִן־אַבְרָהָם עַד־דָּוִד אַרְבָּעָה עָשָׂר דֹּרוֹת וּמִן־דָּוִד עַד־גָּלוּת בָּבֶל אַרְבָּעָה עָשָׂר דֹּרוֹת וּמִגָּלוּת בָּבֶל עַד־הַמָּשִׁיחַ אַרְבָּעָה עָשָׂר דֹּרוֹת:

1:17 Omnes itaque generationes ab Abraham usque ad David, generationes quatuordecim: et a David usque ad transmigrationem Babylonis, generationes quatuordecim: et a transmigratione Babylonis usque ad Christum, generationes quatuordecim.

1:17 Πᾶσαι οὖν αἱ γενεαὶ ἀπὸ Ἀβραὰμ ἕως Δαυὶδ γενεαὶ δεκατέσσαρες· καὶ ἀπὸ Δαυὶδ ἕως τῆς μετοικεσίας Βαβυλῶνος, γενεαὶ δεκατέσσαρες· καὶ ἀπὸ τῆς μετοικεσίας Βαβυλῶνος ἕως τοῦ χριστοῦ, γενεαὶ δεκατέσσαρες.

1:17 So all the generations from Abraham to David are fourteen generations; and from David to the carrying away to Babylon fourteen generations; and from the carrying away to Babylon to the Messiah fourteen generations.

1:17 Alle Glieder von Abraham bis auf David sind vierzehn Glieder. Von David bis auf die Gefangenschaft sind vierzehn Glieder. Von der babylonischen Gefangenschaft bis auf Christus sind vierzehn Glieder.

1:17 Il y a donc en tout quatorze générations depuis Abraham jusqu'à David, quatorze générations depuis David jusqu'à la déportation à Babylone, et quatorze générations depuis la déportation à Babylone jusqu'au Christ.

1:18 וְזֶה דְּבַר הוֹלֶדֶת יֵשׁוּעַ הַמָּשִׁיחַ מִרְיָם אִמּוֹ הָיְתָה מְאֹרָשָׂה לְיוֹסֵף וּבְטֶרֶם יָבֹא אֵלֶיהָ נִמְצֵאת הָרָה מֵרוּחַ הַקֹּדֶשׁ:

1:18 Christi autem generatio sic erat: cum esset desponsata mater ejus Maria Joseph, antequam convenirent inventa est in utero habens de Spiritu Sancto.

1:18 Τοῦ δὲ Ἰησοῦ χριστοῦ ἡ γέννησις οὕτως ἦν. Μνηστευθείσης γὰρ τῆς μητρὸς αὐτοῦ Μαρίας τῷ Ἰωσήφ, πρὶν ἢ συνελθεῖν αὐτούς, εὑρέθη ἐν γαστρὶ ἔχουσα ἐκ πνεύματος ἁγίου.

1:18 Now the birth of Jesus Messiah happened this way: When his mother Mary had been engaged to Joseph, before they came together she was found with child of the Holy Spirit.

1:18 Die Geburt Christi war aber also getan. Als Maria, seine Mutter, dem Joseph vertraut war, fand sich's ehe er sie heimholte, daß sie schwanger war von dem heiligen Geist.

1:18 Voici de quelle manière arriva la naissance de Jésus-Christ. Marie, sa mère, ayant été fiancée à Joseph, se trouva enceinte, par la vertu du Saint-Esprit, avant qu'ils eussent habité ensemble.

The Gospel of Matthew

1:19 וְיוֹסֵף בַּעְלָהּ אִישׁ צַדִּיק וְלֹא אָבָה לְתִתָּהּ לְחֶרְפָּה וַיֹּאמֶר אֲשַׁלְּחֶנָּה בַּסָּתֶר:

1:19 Joseph autem vir ejus cum esset justus, et nollet eam traducere, voluit occulte dimittere eam.

1:19 Ἰωσὴφ δὲ ὁ ἀνὴρ αὐτῆς, δίκαιος ὤν, καὶ μὴ θέλων αὐτὴν παραδειγματίσαι, ἐβουλήθη λάθρᾳ ἀπολῦσαι αὐτήν.

1:19 And Joseph her husband, being a righteous man, and not willing to make her a public example, had it in mind to separate from her privately.

1:19 Joseph aber, ihr Mann, war fromm und wollte sie nicht in Schande bringen, gedachte aber, sie heimlich zu verlassen.

1:19 Joseph, son époux, qui était un homme de bien et qui ne voulait pas la diffamer, se proposa de rompre secrètement avec elle.

1:20 הוּא חֹשֵׁב כָּזֹאת וְהִנֵּה מַלְאַךְ יְהוָה נִרְאָה אֵלָיו בַּחֲלוֹם וַיֹּאמֶר בֶּן־דָּוִד אַל־תִּירָא מִקַּחַת אֶת־מִרְיָם אִשְׁתֶּךָ כִּי הַנּוֹצָר בְּקִרְבָּהּ מֵרוּחַ הַקֹּדֶשׁ הוּא:

1:20 Haec autem eo cogitante, ecce angelus Domini apparuit in somnis ei, dicens: Joseph, fili David, noli timere accipere Mariam conjugem tuam: quod enim in ea natum est, de Spiritu Sancto est.

1:20 Ταῦτα δὲ αὐτοῦ ἐνθυμηθέντος, ἰδού, ἄγγελος κυρίου κατ᾽ ὄναρ ἐφάνη αὐτῷ, λέγων, Ἰωσήφ, υἱὸς Δαυίδ, μὴ φοβηθῇς παραλαβεῖν Μαριὰμ τὴν γυναῖκά σου· τὸ γὰρ ἐν αὐτῇ γεννηθὲν ἐκ πνεύματός ἐστιν ἁγίου.

1:20 But when he thought about these things, behold, an angel of the Lord appeared to him in a dream, saying, "Joseph, son of David, do not be afraid to take Mary as your wife, for that which is conceived in her is of the Holy Spirit.

1:20 Indem er aber also gedachte, siehe, da erschien ihm ein Engel des HERRN im Traum und sprach: Joseph, du Sohn Davids, fürchte dich nicht, Maria, dein Gemahl, zu dir zu nehmen; denn das in ihr geboren ist, das ist von dem heiligen Geist.

1:20 Comme il y pensait, voici, un ange du Seigneur lui apparut en songe, et dit: Joseph, fils de David, ne crains pas de prendre avec toi Marie, ta femme, car l'enfant qu'elle a conçu vient du Saint-Esprit;

1:21 וְהִיא יֹלֶדֶת בֵּן וְקָרָאתָ אֶת־שְׁמוֹ יֵשׁוּעַ כִּי הוּא יוֹשִׁיעַ אֶת־עַמּוֹ מֵחַטֹּאתֵיהֶם:

1:21 Pariet autem filium: et vocabis nomen ejus Jesum: ipse enim salvum faciet populum suum a peccatis eorum.

1:21 Τέξεται δὲ υἱόν, καὶ καλέσεις τὸ ὄνομα αὐτοῦ Ἰησοῦν· αὐτὸς γὰρ σώσει τὸν λαὸν αὐτοῦ ἀπὸ τῶν ἁμαρτιῶν αὐτῶν.

1:21 And she shall bear a son and you shall call his name Jesus, for it is he who shall save his people from their sins."

1:21 Und sie wird einen Sohn gebären, des Namen sollst du Jesus heißen; denn er wird sein Volk selig machen von ihren Sünden.

1:21 elle enfantera un fils, et tu lui donneras le nom de Jésus; c'est lui qui sauvera son peuple de ses péchés.

The Gospel of Matthew

1:22 וְכָל־זֹאת הָיְתָה לְמַלֹּאת אֶת־דְּבַר יְהוָה אֲשֶׁר־דִּבֶּר בְּיַד הַנָּבִיא לֵאמֹר:

1:22 Hoc autem totum factum est, ut adimpleretur quod dictum est a Domino per prophetam dicentem:

1:22 Τοῦτο δὲ ὅλον γέγονεν, ἵνα πληρωθῇ τὸ ῥηθὲν ὑπὸ τοῦ κυρίου διὰ τοῦ προφήτου, λέγοντος,

1:22 Now all this happened to fulfill that which was spoken by the Lord through the prophet, saying,

1:22 Das ist aber alles geschehen, auf daß erfüllt würde, was der HERR durch den Propheten gesagt hat, der da spricht:

1:22 Tout cela arriva afin que s'accomplît ce que le Seigneur avait annoncé par le prophète:

1:23 הִנֵּה הָעַלְמָה הָרָה וְיֹלֶדֶת בֵּן וְקָרְאוּ שְׁמוֹ עִמָּנוּאֵל אֲשֶׁר פֵּרוּשׁוֹ הָאֵל עִמָּנוּ:

1:23 Ecce virgo in utero habebit, et pariet filium: et vocabunt nomen ejus Emmanuel, quod est interpretatum Nobiscum Deus.

1:23 Ἰδού, ἡ παρθένος ἐν γαστρὶ ἕξει καὶ τέξεται υἱόν, καὶ καλέσουσιν τὸ ὄνομα αὐτοῦ Ἐμμανουήλ, ὅ ἐστιν μεθερμηνευόμενον, Μεθ' ἡμῶν ὁ θεός.

1:23 "Behold, the virgin shall be with child, and shall bring forth a son, and they shall call his name Immanuel, which, when translated means: God with us."

1:23 "Siehe, eine Jungfrau wird schwanger sein und einen Sohn gebären, und sie werden seinen Namen Immanuel heißen ", das ist verdolmetscht: Gott mit uns.

1:23 Voici, la vierge sera enceinte, elle enfantera un fils, et on lui donnera le nom d'Emmanuel, ce qui signifie Dieu avec nous.

1:24 וַיִּיקַץ יוֹסֵף מִשְּׁנָתוֹ וַיַּעַשׂ כַּאֲשֶׁר צִוָּהוּ מַלְאַךְ יְהוָה וַיֶּאֱסֹף אֶת־אִשְׁתּוֹ אֶל־בֵּיתוֹ:

1:24 Exsurgens autem Joseph a somno, fecit sicut praecepit ei angelus Domini, et accepit conjugem suam.

1:24 Διεγερθεὶς δὲ ὁ Ἰωσὴφ ἀπὸ τοῦ ὕπνου, ἐποίησεν ὡς προσέταξεν αὐτῷ ὁ ἄγγελος κυρίου· καὶ παρέλαβεν τὴν γυναῖκα αὐτοῦ,

1:24 And Joseph arose from his sleep and did as the angel of the Lord commanded him and took to him his wife;

1:24 Da nun Joseph vom Schlaf erwachte, tat er, wie ihm des HERRN Engel befohlen hatte, und nahm sein Gemahl zu sich.

1:24 Joseph s'étant réveillé fit ce que l'ange du Seigneur lui avait ordonné, et il prit sa femme avec lui.

1:25 וְלֹא יְדָעָהּ עַד כִּי־יָלְדָה בֵן אֶת־בְּכוֹרָהּ וַיִּקְרָא אֶת־שְׁמוֹ יֵשׁוּעַ:

1:25 Et non cognoscebat eam donec peperit filium suum primogenitum: et vocavit nomen ejus Jesum.

1:25 καὶ οὐκ ἐγίνωσκεν αὐτὴν ἕως οὗ ἔτεκεν τὸν υἱὸν αὐτῆς τὸν πρωτότοκον· καὶ ἐκάλεσεν τὸ ὄνομα αὐτοῦ Ἰησοῦν.

1:25 and he did not know her until she had bore a son; and he called his name Jesus.

1:25 Und er erkannte sie nicht, bis sie ihren ersten Sohn gebar; und hieß seinen Namen Jesus.

1:25 Mais il ne la connut point jusqu'à ce qu'elle eût enfanté un fils, auquel il donna le nom de Jésus.

The Gospel of Matthew

2:1 וַיְהִי בִּימֵי הוֹרְדוֹס הַמֶּלֶךְ כַּאֲשֶׁר נוֹלַד יֵשׁוּעַ בְּבֵית-לֶחֶם יְהוּדָה וַיָּבֹאוּ מְגוּשִׁים מֵאֶרֶץ מִזְרַח יְרוּשָׁלָיִם:

2:1 Cum ergo natus esset Jesus in Bethlehem Juda in diebus Herodis regis, ecce magi ab oriente venerunt Jerosolymam,

2:1 Τοῦ δὲ Ἰησοῦ γεννηθέντος ἐν Βηθλεὲμ τῆς Ἰουδαίας, ἐν ἡμέραις Ἡρῴδου τοῦ βασιλέως, ἰδού, μάγοι ἀπὸ ἀνατολῶν παρεγένοντο εἰς Ἱεροσόλυμα,

2:1 Now when Jesus was born in Bethlehem of Judaea in the days of King Herod, behold, magi from the east came to Jerusalem, saying,

2:1 Da Jesus geboren war zu Bethlehem im jüdischen Lande, zur Zeit des Königs Herodes, siehe, da kamen die Weisen vom Morgenland nach Jerusalem und sprachen:

2:1 Jésus étant né à Bethléhem en Judée, au temps du roi Hérode, voici des mages d'Orient arrivèrent à Jérusalem,

2:2 וַיֹּאמְרוּ אַיֵּה מֶלֶךְ הַיְּהוּדִים אֲשֶׁר יֻלָּד כִּי רָאִינוּ אֶת-כּוֹכָבוֹ בַּמִּזְרָח וַנָּבֹא לְהִשְׁתַּחֲוֹת לוֹ:

2:2 dicentes: Ubi est qui natus est rex Judaeorum? vidimus enim stellam ejus in oriente, et venimus adorare eum.

2:2 λέγοντες, Ποῦ ἐστιν ὁ τεχθεὶς βασιλεὺς τῶν Ἰουδαίων; Εἴδομεν γὰρ αὐτοῦ τὸν ἀστέρα ἐν τῇ ἀνατολῇ, καὶ ἤλθομεν προσκυνῆσαι αὐτῷ.

2:2 "Where is he who is born King of the Jews? For we saw his star in the east and have come to worship him."

2:1 Da Jesus geboren war zu Bethlehem im jüdischen Lande, zur Zeit des Königs Herodes, siehe, da kamen die Weisen vom Morgenland nach Jerusalem und sprachen:

2:2 et dirent: Où est le roi des Juifs qui vient de naître? car nous avons vu son étoile en Orient, et nous sommes venus pour l'adorer.

2:3 וַיְהִי כְּשְׁמֹעַ הוֹרְדוֹס הַמֶּלֶךְ אֶת-דִּבְרֵיהֶם וַיֶּחֱרַד הוּא וְכָל-יְרוּשָׁלַיִם עִמּוֹ:

2:3 Audiens autem Herodes rex, turbatus est, et omnis Jerosolyma cum illo.

2:3 Ἀκούσας δὲ Ἡρῴδης ὁ βασιλεὺς ἐταράχθη, καὶ πᾶσα Ἱεροσόλυμα μετ' αὐτοῦ·

2:3 And when King Herod heard it, he was troubled, and all Jerusalem with him.

2:3 Da das der König Herodes hörte, erschrak er und mit ihm das ganze Jerusalem.

2:3 Le roi Hérode, ayant appris cela, fut troublé, et tout Jérusalem avec lui.

2:4 וַיַּקְהֵל אֶת-כָּל-רָאשֵׁי הַכֹּהֲנִים וְסוֹפְרֵי הָעָם וַיִּשְׁאַל אֹתָם לֵאמֹר אֵיפֹה יִוָּלֵד הַמָּשִׁיחַ:

2:4 Et congregans omnes principes sacerdotum, et scribas populi, sciscitabatur ab eis ubi Christus nasceretur.

2:4 καὶ συναγαγὼν πάντας τοὺς ἀρχιερεῖς καὶ γραμματεῖς τοῦ λαοῦ, ἐπυνθάνετο παρ' αὐτῶν ποῦ ὁ χριστὸς γεννᾶται.

2:4 And gathering together all the chief priests and scribes of the people, he inquired of them where the Messiah should be born.

2:4 Und ließ versammeln alle Hohenpriester und Schriftgelehrten unter dem Volk und erforschte von ihnen, wo Christus sollte geboren werden.

2:4 Il assembla tous les principaux sacrificateurs et les scribes du peuple, et il s'informa auprès d'eux où devait naître le Christ.

2:5 וַיֹּאמְרוּ לוֹ בְּבֵית־לֶחֶם יְהוּדָה כִּי־כֵן כָּתוּב בְּיַד הַנָּבִיא:

2:5 At illi dixerunt: In Bethlehem Judae: sic enim scriptum est per prophetam:

2:5 Οἱ δὲ εἶπον αὐτῷ, Ἐν Βηθλεὲμ τῆς Ἰουδαίας· οὕτως γὰρ γέγραπται διὰ τοῦ προφήτου,

2:5 And they said to him, "In Bethlehem of Judaea, for thus it is written through the prophet,

2:5 Und sie sagten ihm: Zu Bethlehem im jüdischen Lande; denn also steht geschrieben durch den Propheten:

2:5 Ils lui dirent: À Bethléhem en Judée; car voici ce qui a été écrit par le prophète:

2:6 וְאַתָּה בֵּית־לֶחֶם אֶרֶץ יְהוּדָה אֵינְךָ צָעִיר בְּאַלּוּפֵי יְהוּדָה כִּי מִמְּךָ יֵצֵא מוֹשֵׁל אֲשֶׁר יִרְעֶה אֶת־עַמִּי יִשְׂרָאֵל:

2:6 *Et tu Bethlehem terra Juda, nequaquam minima es in principibus Juda: ex te enim exiet dux, qui regat populum meum Israël.*

2:6 Καὶ σὺ Βηθλεέμ, γῆ Ἰούδα, οὐδαμῶς ἐλαχίστη εἶ ἐν τοῖς ἡγεμόσιν Ἰούδα· ἐκ σοῦ γὰρ ἐξελεύσεται ἡγούμενος, ὅστις ποιμανεῖ τὸν λαόν μου τὸν Ἰσραήλ.

2:6 'And you Bethlehem, land of Judah, are in no way least among the princes of Judah, for out of you shall come forth a governor, who shall be shepherd of my people Israel.'"

2:6 "Und du Bethlehem im jüdischen Lande bist mitnichten die kleinste unter den Fürsten Juda's; denn aus dir soll mir kommen der Herzog, der über mein Volk Israel ein HERR sei."

2:6 Et toi, Bethléhem, terre de Juda, Tu n'es certes pas la moindre entre les principales villes de Juda, Car de toi sortira un chef Qui paîtra Israël, mon peuple.

2:7 אָז קָרָא הוֹרְדוֹס לַמְּגוּשִׁים בַּסֵּתֶר וַיַּחְקֹר לָדַעַת הָעֵת אֲשֶׁר נִרְאָה הַכּוֹכָב:

2:7 Tunc Herodes clam vocatis magis diligenter didicit ab eis tempus stellae, quae apparuit eis:

2:7 Τότε Ἡρῴδης, λάθρᾳ καλέσας τοὺς μάγους, ἠκρίβωσεν παρ' αὐτῶν τὸν χρόνον τοῦ φαινομένου ἀστέρος.

2:7 Then Herod privately called the magi and learned from them exactly what time the star appeared.

2:7 Da berief Herodes die Weisen heimlich und erlernte mit Fleiß von ihnen, wann der Stern erschienen wäre,

2:7 Alors Hérode fit appeler en secret les mages, et s'enquit soigneusement auprès d'eux depuis combien de temps l'étoile brillait.

2:8 וַיִּשְׁלָחֵם בֵּית־לֶחֶם וַיֹּאמֶר לְכוּ חִקְרוּ הֵיטֵב עַל־דְּבַר הַנַּעַר וְהָיָה כִּי־תִמְצָאוּן אֹתוֹ וְהִגַּדְתֶּם לִי וְאָבֹאָה לְהִשְׁתַּחֲוֹת־לוֹ גַם־אָנִי:

2:8 et mittens illos in Bethlehem, dixit: Ite, et interrogate diligenter de puero: et cum inveneritis, renuntiate mihi, ut et ego veniens adorem eum.

2:8 Καὶ πέμψας αὐτοὺς εἰς Βηθλεέμ εἶπεν, Πορευθέντες ἀκριβῶς ἐξετάσατε περὶ τοῦ παιδίου· ἐπὰν δὲ εὕρητε, ἀπαγγείλατέ μοι, ὅπως κἀγὼ ἐλθὼν προσκυνήσω αὐτῷ.

2:8 And he sent them to Bethlehem, and said, "Go and search, specifically concerning the young child, and when you have found him bring me word so that I also may come and worship him."

2:8 und wies sie gen Bethlehem und sprach: Ziehet hin und forschet fleißig nach dem Kindlein; wenn ihr's findet, so sagt mir's wieder, daß ich auch komme und es anbete.

2:8 Puis il les envoya à Bethléhem, en disant: Allez, et prenez des informations exactes sur le petit enfant; quand vous l'aurez trouvé, faites-le-moi savoir, afin que j'aille aussi moi-même l'adorer.

The Gospel of Matthew

2:9 וַיְהִי כְּשָׁמְעָם אֶת־דִּבְרֵי הַמֶּלֶךְ וַיֵּלֵכוּ וְהִנֵּה הַכּוֹכָב אֲשֶׁר־רָאוּ בַמִּזְרָח הָלַךְ לִפְנֵיהֶם עַד אֲשֶׁר־בָּא וַיַּעֲמֹד מִמַּעַל לַאֲשֶׁר־הָיָה שָׁם הַיָּלֶד:

2:9 Qui cum audissent regem, abierunt, et ecce stella, quam viderant in oriente, antecedebat eos, usque dum veniens staret supra, ubi erat puer.

2:9 Οἱ δὲ ἀκούσαντες τοῦ βασιλέως ἐπορεύθησαν· καὶ ἰδού, ὁ ἀστήρ, ὃν εἶδον ἐν τῇ ἀνατολῇ, προῆγεν αὐτούς, ἕως ἐλθὼν ἔστη ἐπάνω οὗ ἦν τὸ παιδίον.

2:9 And they, having heard the king, went on their way; and behold, the star, which they saw in the east, went before them until it came and stood over where the young child was.

2:9 Als sie nun den König gehört hatten, zogen sie hin. Und siehe, der Stern, den sie im Morgenland gesehen hatten, ging vor ihnen hin, bis daß er kam und stand oben über, da das Kindlein war.

2:9 Après avoir entendu le roi, ils partirent. Et voici, l'étoile qu'ils avaient vue en Orient marchait devant eux jusqu'à ce qu'étant arrivée au-dessus du lieu où était le petit enfant, elle s'arrêta.

2:10 וַיִּרְאוּ אֶת־הַכּוֹכָב וַיִּשְׂמְחוּ שִׂמְחָה גְדוֹלָה עַד־מְאֹד:

2:10 Videntes autem stellam gavisi sunt gaudio magno valde.

2:10 Ἰδόντες δὲ τὸν ἀστέρα, ἐχάρησαν χαρὰν μεγάλην σφόδρα.

2:10 And when they saw the star they rejoiced with exceedingly great joy.

2:10 Da sie den Stern sahen, wurden sie hoch erfreut

2:10 Quand ils aperçurent l'étoile, ils furent saisis d'une très grande joie.

2:11 וַיָּבֹאוּ הַבַּיְתָה וַיִּמְצְאוּ אֶת־הַיֶּלֶד עִם־מִרְיָם אִמּוֹ וַיִּפְּלוּ עַל־פְּנֵיהֶם וַיִּשְׁתַּחֲווּ־לוֹ וַיִּפְתְּחוּ אֶת־אוֹצְרוֹתָם וַיַּקְרִיבוּ לוֹ מִנְחָה זָהָב וּלְבוֹנָה וָמֹר:

2:11 Et intrantes domum, invenerunt puerum cum Maria matre ejus, et procidentes adoraverunt eum: et apertis thesauris suis obtulerunt ei munera, aurum, thus, et myrrham.

2:11 Καὶ ἐλθόντες εἰς τὴν οἰκίαν, εἶδον τὸ παιδίον μετὰ Μαρίας τῆς μητρὸς αὐτοῦ, καὶ πεσόντες προσεκύνησαν αὐτῷ, καὶ ἀνοίξαντες τοὺς θησαυροὺς αὐτῶν προσήνεγκαν αὐτῷ δῶρα, χρυσὸν καὶ λίβανον καὶ σμύρναν.

2:11 And they came into the house and saw the young child with Mary his mother and they fell down and worshipped him; and opening their treasures they offered to him gifts: gold and frankincense and myrrh.

2:11 und gingen in das Haus und fanden das Kindlein mit Maria, seiner Mutter, und fielen nieder und beteten es an und taten ihre Schätze auf und schenkten ihm Gold, Weihrauch und Myrrhe.

2:11 Ils entrèrent dans la maison, virent le petit enfant avec Marie, sa mère, se prosternèrent et l'adorèrent; ils ouvrirent ensuite leurs trésors, et lui offrirent en présent de l'or, de l'encens et de la myrrhe.

The Gospel of Matthew

2:12 וַיְצֻוּוּ בַחֲלוֹם לְבִלְתִּי שׁוּב אֶל־הוֹרְדוֹס וַיֵּלְכוּ בְּדֶרֶךְ אַחֵר אֶל־אַרְצָם:

2:12 Et responso accepto in somnis ne redirent ad Herodem, per aliam viam reversi sunt in regionem suam.

2:12 Καὶ χρηματισθέντες κατ' ὄναρ μὴ ἀνακάμψαι πρὸς Ἡρῴδην, δι' ἄλλης ὁδοῦ ἀνεχώρησαν εἰς τὴν χώραν αὐτῶν.

2:12 And being warned in a dream that they should not return to Herod, they departed into their own country another way.

2:12 Und Gott befahl ihnen im Traum, daß sie sich nicht sollten wieder zu Herodes lenken; und sie zogen durch einen anderen Weg wieder in ihr Land.

2:12 Puis, divinement avertis en songe de ne pas retourner vers Hérode, ils regagnèrent leur pays par un autre chemin.

2:13 הֵם הָלְכוּ מִשָּׁם וְהִנֵּה מַלְאַךְ יְהֹוָה נִרְאָה אֶל־יוֹסֵף בַּחֲלוֹם לֵאמֹר קוּם קַח אֶת־הַיֶּלֶד וְאֶת־אִמּוֹ וּבְרַח־לְךָ מִצְרַיְמָה וֶהְיֵה־שָׁם עַד־אִם־אָמַרְתִּי אֵלֶיךָ כִּי הוֹרְדוֹס מְבַקֵּשׁ אֶת־נֶפֶשׁ הַנַּעַר לְקַחְתָּהּ:

2:13 Qui cum recessissent, ecce angelus Domini apparuit in somnis Joseph, dicens: Surge, et accipe puerum, et matrem ejus, et fuge in Aegyptum, et esto ibi usque dum dicam tibi. Futurum est enim ut Herodes quaerat puerum ad perdendum eum.

2:13 Ἀναχωρησάντων δὲ αὐτῶν, ἰδοὺ, ἄγγελος κυρίου φαίνεται κατ' ὄναρ τῷ Ἰωσήφ, λέγων, Ἐγερθεὶς παράλαβε τὸ παιδίον καὶ τὴν μητέρα αὐτοῦ, καὶ φεῦγε εἰς Αἴγυπτον, καὶ ἴσθι ἐκεῖ ἕως ἂν εἴπω σοί· μέλλει γὰρ Ἡρῴδης ζητεῖν τὸ παιδίον, τοῦ ἀπολέσαι αὐτό.

2:13 Now when they had departed, behold, an angel of the Lord appeared to Joseph in a dream saying, "Arise and take the young child and his mother and flee into Egypt and stay there until I tell you, for Herod will seek the young child to destroy him."

2:13 Da sie aber hinweggezogen waren, siehe, da erschien der Engel des HERRN dem Joseph im Traum und sprach: Stehe auf und nimm das Kindlein und seine Mutter zu dir und flieh nach Ägyptenland und bleib allda, bis ich dir sage; denn es ist vorhanden, daß Herodes das Kindlein suche, dasselbe umzubringen.

2:13 Lorsqu'ils furent partis, voici, un ange du Seigneur apparut en songe à Joseph, et dit: Lève-toi, prends le petit enfant et sa mère, fuis en Égypte, et restes-y jusqu'à ce que je te parle; car Hérode cherchera le petit enfant pour le faire périr.

2:14 וַיָּקָם וַיִּקַּח אֶת־הַיֶּלֶד וְאֶת־אִמּוֹ לַיְלָה וַיִּבְרַח מִצְרָיְמָה:

2:14 Qui consurgens accepit puerum et matrem ejus nocte, et secessit in Aegyptum:

2:14 Ὁ δὲ ἐγερθεὶς παρέλαβεν τὸ παιδίον καὶ τὴν μητέρα αὐτοῦ νυκτός, καὶ ἀνεχώρησεν εἰς Αἴγυπτον,

2:14 And he arose and took the young child and his mother by night and departed into Egypt

2:14 Und er stand auf und nahm das Kindlein und seine Mutter zu sich bei der Nacht und entwich nach Ägyptenland.

2:14 Joseph se leva, prit de nuit le petit enfant et sa mère, et se retira en Égypte.

The Gospel of Matthew

2:15 וַיְהִי־שָׁם עַד מוֹת הוֹרְדוֹס לְמַלֹּאת אֶת־דְּבַר יְהוָה בְּיַד הַנָּבִיא לֵאמֹר מִמִּצְרַיִם קָרָאתִי לִבְנִי׃

2:15 et erat ibi usque ad obitum Herodis: ut adimpleretur quod dictum est a Domino per prophetam dicentem: Ex Aegypto vocavi filium meum.

2:15 καὶ ἦν ἐκεῖ ἕως τῆς τελευτῆς Ἡρῴδου· ἵνα πληρωθῇ τὸ ῥηθὲν ὑπὸ τοῦ κυρίου διὰ τοῦ προφήτου, λέγοντος, Ἐξ Αἰγύπτου ἐκάλεσα τὸν υἱόν μου.

2:15 and was there until the death of Herod so that it might be fulfilled that which was spoken by the Lord through the prophet saying," Out of Egypt I called my son."

2:15 Und blieb allda bis nach dem Tod des Herodes, auf daß erfüllet würde, was der HERR durch den Propheten gesagt hat, der da spricht: "Aus Ägypten habe ich meinen Sohn gerufen."

2:15 Il y resta jusqu'à la mort d'Hérode, afin que s'accomplît ce que le Seigneur avait annoncé par le prophète: J'ai appelé mon fils hors d'Égypte.

2:16 וַיַּרְא הוֹרְדוֹס כִּי הֵתֵלּוּ בוֹ הַמְּגוּשִׁים וַיִּקְצֹף מְאֹד וַיִּשְׁלַח וַיַּהֲרֹג אֶת־כָּל־הַיְלָדִים אֲשֶׁר בְּבֵית־לֶחֶם וּבְכָל־גְּבוּלֶיהָ לְמִבֶּן־שְׁנָתַיִם וּלְמָטָּה לְפִי הָעֵת אֲשֶׁר חָקַר מִפִּי הַמְּגוּשִׁים׃

2:16 Tunc Herodes videns quoniam illusus esset a magis, iratus est valde, et mittens occidit omnes pueros, qui erant in Bethlehem, et in omnibus finibus ejus, a bimatu et infra secundum tempus, quod exquisierat a magis.

2:16 Τότε Ἡρῴδης, ἰδὼν ὅτι ἐνεπαίχθη ὑπὸ τῶν μάγων, ἐθυμώθη λίαν, καὶ ἀποστείλας ἀνεῖλεν πάντας τοὺς παῖδας τοὺς ἐν Βηθλεὲμ καὶ ἐν πᾶσιν τοῖς ὁρίοις αὐτῆς, ἀπὸ διετοῦς καὶ κατωτέρω, κατὰ τὸν χρόνον ὃν ἠκρίβωσεν παρὰ τῶν μάγων.

2:16 Then Herod, when he saw that he was tricked by the magi, was exceedingly angry, and sent forth and killed all the male children that were in Bethlehem, and in all the borders of that place, from two years old and under, according to the exact time which he had learned from the magi.

2:16 Da Herodes nun sah, daß er von den Weisen betrogen war, ward er sehr zornig und schickte aus und ließ alle Kinder zu Bethlehem töten und an seinen ganzen Grenzen, die da zweijährig und darunter waren, nach der Zeit, die er mit Fleiß von den Weisen erlernt hatte.

2:16 Alors Hérode, voyant qu 'il avait été joué par les mages, se mit dans une grande colère, et il envoya tuer tous les enfants de deux ans et au-dessous qui étaient à Bethléhem et dans tout son territoire, selon la date dont il s'était soigneusement enquis auprès des mages.

2:17 אָז הוּקַם הַנֶּאֱמָר בְּפִי יִרְמְיָהוּ הַנָּבִיא לֵאמֹר׃

2:17 Tunc adimpletum est quod dictum est per Jeremiam prophetam dicentem:

2:17 Τότε ἐπληρώθη τὸ ῥηθὲν ὑπὸ Ἰερεμίου τοῦ προφήτου, λέγοντος,

2:17 Then it was fulfilled, that which was spoken through Jeremiah the prophet, saying,

2:17 Da ist erfüllt, was gesagt ist von dem Propheten Jeremia, der da spricht:

2:17 Alors s'accomplit ce qui avait été annoncé par Jérémie, le prophète:

The Gospel of Matthew

2:18 קוֹל בְּרָמָה נִשְׁמָע נְהִי וּבְכִי תַמְרוּרִים רָחֵל מְבַכָּה עַל־בָּנֶיהָ מֵאֲנָה לְהִנָּחֵם עַל־בָּנֶיהָ כִּי אֵינֶנּוּ:

2:18 Vox in Rama audita est ploratus, et ululatus multus: Rachel plorans filios suos, et noluit consolari, quia non sunt.

2:18 Φωνὴ ἐν Ῥαμᾶ ἠκούσθη, θρῆνος καὶ κλαυθμὸς καὶ ὀδυρμὸς πολύς, Ῥαχὴλ κλαίουσα τὰ τέκνα αὐτῆς, καὶ οὐκ ἤθελεν παρακληθῆναι, ὅτι οὐκ εἰσίν.

2:18 "A voice was heard in Ramah, weeping and great mourning, Rachel weeping for her children; and she would not be comforted, because they are not."

2:18 "Auf dem Gebirge hat man ein Geschrei gehört, viel Klagens, Weinens und Heulens; Rahel beweinte ihre Kinder und wollte sich nicht trösten lassen, denn es war aus mit ihnen."

2:18 On a entendu des cris à Rama, Des pleurs et de grandes lamentations: Rachel pleure ses enfants, Et n'a pas voulu être consolée, Parce qu 'ils ne sont plus.

2:19 וַיְהִי אַחֲרֵי מוֹת הוֹרְדוֹס וְהִנֵּה מַלְאַךְ יְהוָֹה נִרְאָה בַחֲלוֹם אֶל־יוֹסֵף בְּאֶרֶץ מִצְרָיִם:

2:19 Defuncto autem Herode, ecce angelus Domini apparuit in somnis Joseph in Aegypto,

2:19 Τελευτήσαντος δὲ τοῦ Ἡρῴδου, ἰδού, ἄγγελος κυρίου κατ' ὄναρ φαίνεται τῷ Ἰωσὴφ ἐν Αἰγύπτῳ,

2:19 But when Herod was dead, behold, an angel of the Lord appeared in a dream to Joseph in Egypt, saying,

2:19 Da aber Herodes gestorben war, siehe, da erschien der Engel des HERRN dem Joseph im Traum in Ägyptenland

2:19 Quand Hérode fut mort, voici, un ange du Seigneur apparut en songe à Joseph, en Égypte,

2:20 וַיֹּאמֶר אֵלָיו קוּם קַח אֶת־הַיֶּלֶד וְאֶת־אִמּוֹ וְלֵךְ שׁוּב אֶל־אֶרֶץ יִשְׂרָאֵל כִּי מֵתוּ הַמְבַקְשִׁים אֶת־נֶפֶשׁ הַיָּלֶד:

2:20 dicens: Surge, et accipe puerum, et matrem ejus, et vade in terram Israël: defuncti sunt enim qui quaerebant animam pueri.

2:20 λέγων, Ἐγερθεὶς παράλαβε τὸ παιδίον καὶ τὴν μητέρα αὐτοῦ, καὶ πορεύου εἰς γῆν Ἰσραήλ· τεθνήκασιν γὰρ οἱ ζητοῦντες τὴν ψυχὴν τοῦ παιδίου.

2:20 "Arise and take the young child and his mother and go into the land of Israel: for they are dead, those who sought to take the young child's life."

2:20 und sprach: Stehe auf und nimm das Kindlein und seine Mutter zu dir und zieh hin in das Land Israel; sie sind gestorben, die dem Kinde nach dem Leben standen.

2:20 et dit: Lève-toi, prends le petit enfant et sa mère, et va dans le pays d'Israël, car ceux qui en voulaient à la vie du petit enfant sont morts.

2:21 וַיָּקָם וַיִּקַּח אֶת־הַיֶּלֶד וְאֶת־אִמּוֹ וַיָּבֹא אַרְצָה יִשְׂרָאֵל:

2:21 Qui consurgens, accepit puerum, et matrem ejus, et venit in terram Israël.

2:21 Ὁ δὲ ἐγερθεὶς παρέλαβεν τὸ παιδίον καὶ τὴν μητέρα αὐτοῦ, καὶ ἦλθεν εἰς γῆν Ἰσραήλ.

2:21 And he arose and took the young child and his mother and came into the land of Israel.

2:21 Und er stand auf und nahm das Kindlein und sein Mutter zu sich und kam in das Land Israel.

2:21 Joseph se leva, prit le petit enfant et sa mère, et alla dans le pays d'Israël.

The Gospel of Matthew

2:22 וּכְשָׁמְעוֹ כִּי אַרְכְלוֹס מָלַךְ בִּיהוּדָה תַּחַת הוֹרְדוֹס אָבִיו וַיִּירָא לָלֶכֶת שָׁמָּה וַיְצֻוֶּה בַחֲלוֹם וַיֵּלֶךְ לוֹ אֶל־אַרְצוֹת הַגָּלִיל:

2:22 Audiens autem quod Archelaus regnaret in Judaea pro Herode patre suo, timuit illo ire: et admonitus in somnis, secessit in partes Galilaeae.

2:22 Ἀκούσας δὲ ὅτι Ἀρχέλαος βασιλεύει ἐπὶ τῆς Ἰουδαίας ἀντὶ Ἡρῴδου τοῦ πατρὸς αὐτοῦ, ἐφοβήθη ἐκεῖ ἀπελθεῖν· χρηματισθεὶς δὲ κατ' ὄναρ, ἀνεχώρησεν εἰς τὰ μέρη τῆς Γαλιλαίας,

2:22 But when he heard that Archelaus was reigning over Judaea in the room of his father Herod, he was afraid to go there; and being warned in a dream, he withdrew into the parts of Galilee,

2:22 Da er aber hörte, daß Archelaus im jüdischen Lande König war anstatt seines Vaters Herodes, fürchtete er sich, dahin zu kommen. Und im Traum empfing er Befehl von Gott und zog in die Örter des galiläischen Landes.

2:22 Mais, ayant appris qu'Archélaüs régnait sur la Judée à la place d'Hérode, son père, il craignit de s'y rendre; et, divinement averti en songe, il se retira dans le territoire de la Galilée,

2:23 וַיָּבֹא וַיֵּשֶׁב בְּעִיר הַנִּקְרֵאת נְצָרֶת לְמַלֹּאת הַדָּבָר הַנֶּאֱמָר עַל־פִּי הַנְּבִיאִים כִּי נָצְרִי יִקָּרֵא לוֹ:

2:23 Et veniens habitavit in civitate quae vocatur Nazareth: ut adimpleretur quod dictum est per prophetas: Quoniam Nazaraeus vocabitur.

2:23 καὶ ἐλθὼν κατῴκησεν εἰς πόλιν λεγομένην Ναζαρέτ· ὅπως πληρωθῇ τὸ ῥηθὲν διὰ τῶν προφητῶν, ὅτι Ναζωραῖος κληθήσεται.

2:23 and came and dwelt in a city called Nazareth so that it might be fulfilled which was spoken through the prophets, that he should be called a Nazarene.

2:23 und kam und wohnte in der Stadt die da heißt Nazareth; auf das erfüllet würde, was da gesagt ist durch die Propheten: Er soll Nazarenus heißen.

2:23 et vint demeurer dans une ville appelée Nazareth, afin que s'accomplît ce qui avait été annoncé par les prophètes: Il sera appelé Nazaréen.

3:1 בַּיָּמִים הָהֵם קָם יוֹחָנָן הַמַּטְבִּיל וַיְהִי קֹרֵא בְמִדְבַּר יְהוּדָה לֵאמֹר:

3:1 In diebus autem illis venit Joannes Baptista praedicans in deserto Judaeae,

3:1 Ἐν δὲ ταῖς ἡμέραις ἐκείναις παραγίνεται Ἰωάννης ὁ βαπτιστής, κηρύσσων ἐν τῇ ἐρήμῳ τῆς Ἰουδαίας,

3:1 And in those days John the Baptist comes preaching in the wilderness of Judaea saying,

3:1 Zu der Zeit kam Johannes der Täufer und predigte in der Wüste des jüdischen Landes

3:1 En ce temps-là parut Jean Baptiste, prêchant dans le désert de Judée.

3:1 בַּיָּמִים הָהֵם קָם יוֹחָנָן הַמַּטְבִּיל וַיְהִי קֹרֵא בְמִדְבַּר יְהוּדָה לֵאמֹר:

3:2 et dicens: Poenitentiam agite: appropinquavit enim regnum caelorum.

3:2 καὶ λέγων, Μετανοεῖτε· ἤγγικεν γὰρ ἡ βασιλεία τῶν οὐρανῶν.

3:2 "You all repent, for the Kingdom of Heaven is at hand."

3:2 und sprach: Tut Buße, das Himmelreich ist nahe herbeigekommen!

3:2 Il disait: Repentez-vous, car le royaume des cieux est proche.

3:3 כִּי זֶה הוּא אֲשֶׁר נִבָּא עָלָיו יְשַׁעְיָהוּ הַנָּבִיא לֵאמֹר קוֹל קוֹרֵא בַּמִּדְבָּר פַּנּוּ דֶּרֶךְ יְהוָֹה יַשְּׁרוּ מְסִלּוֹתָיו:

3:3 Hic est enim, qui dictus est per Isaiam prophetam dicentem: *Vox clamantis in deserto: Parate viam Domini; rectas facite semitas ejus.*

3:3 Οὗτος γάρ ἐστιν ὁ ῥηθεὶς ὑπὸ Ἡσαΐου τοῦ προφήτου, λέγοντος, Φωνὴ βοῶντος ἐν τῇ ἐρήμῳ, Ἑτοιμάσατε τὴν ὁδὸν κυρίου· εὐθείας ποιεῖτε τὰς τρίβους αὐτοῦ.

3:3 For this is he who was spoken of through Isaiah the prophet saying, "The voice of one crying in the wilderness, 'Prepare the way of the Lord, make his paths straight.'"

3:3 Und er ist der, von dem der Prophet Jesaja gesagt hat und gesprochen: "Es ist eine Stimme eines Predigers in der Wüste: Bereitet dem HERRN den Weg und macht richtig seine Steige!"

3:3 Jean est celui qui avait été annoncé par Ésaïe, le prophète, lorsqu'il dit: C'est ici la voix de celui qui crie dans le désert: Préparez le chemin du Seigneur, Aplanissez ses sentiers.

3:4 וְיוֹחָנָן לְבוּשׁוֹ שְׂעַר גְּמַלִּים וְאֵזוֹר עוֹר בְּמָתְנָיו וּמַאֲכָלוֹ חֲגָבִים וּדְבַשׁ הַיָּעַר:

3:4 Ipse autem Joannes habebat vestimentum de pilis camelorum, et zonam pelliceam circa lumbos suos: esca autem ejus erat locustae, et mel silvestre.

3:4 Αὐτὸς δὲ ὁ Ἰωάννης εἶχεν τὸ ἔνδυμα αὐτοῦ ἀπὸ τριχῶν καμήλου, καὶ ζώνην δερματίνην περὶ τὴν ὀσφὺν αὐτοῦ· ἡ δὲ τροφὴ αὐτοῦ ἦν ἀκρίδες καὶ μέλι ἄγριον.

3:4 Now John himself had his cloak of camel's hair and a leather girdle around his loins and his food was locusts and wild honey.

3:4 Er aber, Johannes, hatte ein Kleid von Kamelhaaren und einen ledernen Gürtel um seine Lenden; seine Speise aber war Heuschrecken und wilder Honig.

3:4 Jean avait un vêtement de poils de chameau, et une ceinture de cuir autour des reins. Il se nourrissait de sauterelles et de miel sauvage.

3:5 וַתֵּצֵא אֵלָיו יְרוּשָׁלַיִם וְכָל־יְהוּדָה וְכָל־כִּכַּר הַיַּרְדֵּן:

3:5 Tunc exibat ad eum Jerosolyma, et omnis Judaea, et omnis regio circa Jordanem;

3:5 Τότε ἐξεπορεύετο πρὸς αὐτὸν Ἱεροσόλυμα καὶ πᾶσα ἡ Ἰουδαία καὶ πᾶσα ἡ περίχωρος τοῦ Ἰορδάνου·

3:5 Then they went out to him, Jerusalem and all of Judaea, and all of the region nearby the Jordan,

3:5 Da ging zu ihm hinaus die Stadt Jerusalem und das ganze jüdische Land und alle Länder an dem Jordan

3:5 Les habitants de Jérusalem, de toute la Judée et de tout le pays des environs du Jourdain, se rendaient auprès de lui;

3:6 וַיִּטָּבְלוּ עַל־יָדוֹ בַּיַּרְדֵּן וַיִּתְוַדּוּ אֶת־חַטֹּאתָם:

3:6 et baptizabantur ab eo in Jordane, confitentes peccata sua.

3:6 καὶ ἐβαπτίζοντο ἐν τῷ Ἰορδάνῃ ὑπ' αὐτοῦ, ἐξομολογούμενοι τὰς ἁμαρτίας αὐτῶν.

3:6 and they were baptized by him in the Jordan River confessing their sins.

3:6 und ließen sich taufen von ihm im Jordan und bekannten ihre Sünden.

3:6 et, confessant leurs péchés, ils se faisaient baptiser par lui dans le fleuve du Jourdain.

3:7 וַיְהִי כִּרְאוֹתוֹ רַבִּים מִן־הַפְּרוּשִׁים וְהַצַּדּוּקִים נִגָּשִׁים לְהִטָּבֵל וַיֹּאמֶר לָהֶם יַלְדֵי צִפְעוֹנִים מִי הִשְׂכִּיל אֶתְכֶם לְהִמָּלֵט מִן־הַקֶּצֶף הֶעָתִיד לָבֹא:

3:7 Videns autem multos pharisaeorum, et sadducaeorum, venientes ad baptismum suum, dixit eis: Progenies viperarum, quis demonstravit vobis fugere a ventura ira?

3:7 Ἰδὼν δὲ πολλοὺς τῶν Φαρισαίων καὶ Σαδδουκαίων ἐρχομένους ἐπὶ τὸ βάπτισμα αὐτοῦ, εἶπεν αὐτοῖς, Γεννήματα ἐχιδνῶν, τίς ὑπέδειξεν ὑμῖν φυγεῖν ἀπὸ τῆς μελλούσης ὀργῆς;

3:7 But when he saw many of the Pharisees and Sadducees coming to his baptism, he said to them, "You offspring of vipers, who warned you to flee from the wrath to come?

3:7 Als er nun viele Pharisäer und Sadduzäer sah zu seiner Taufe kommen, sprach er zu ihnen: Ihr Otterngezüchte, wer hat denn euch gewiesen, daß ihr dem künftigen Zorn entrinnen werdet?

3:7 Mais, voyant venir à son baptême beaucoup de pharisiens et de sadducéens, il leur dit: Races de vipères, qui vous a appris à fuir la colère à venir?

3:8 לָכֵן עֲשׂוּ פְרִי רָאוּי לַתְּשׁוּבָה:

3:8 Facite ergo fructum dignum poenitentiae.

3:8 Ποιήσατε οὖν καρπὸν ἄξιον τῆς μετανοίας·

3:8 Therefore bear fruit worthy of repentance

3:8 Sehet zu, tut rechtschaffene Frucht der Buße!

3:8 Produisez donc du fruit digne de la repentance,

3:9 וְאַל־תַּחְשְׁבוּ בִלְבַבְכֶם לֵאמֹר אַבְרָהָם הוּא אָבִינוּ כִּי אֲנִי אֹמֵר לָכֶם כִּי מִן־הָאֲבָנִים הָאֵלֶּה יָכוֹל הָאֱלֹהִים לְהָקִים בָּנִים לְאַבְרָהָם:

3:9 Et ne velitis dicere intra vos: Patrem habemus Abraham. Dico enim vobis quoniam potens est Deus de lapidibus istis suscitare filios Abrahae.

3:9 καὶ μὴ δόξητε λέγειν ἐν ἑαυτοῖς, Πατέρα ἔχομεν τὸν Ἀβραάμ· λέγω γὰρ ὑμῖν, ὅτι δύναται ὁ θεὸς ἐκ τῶν λίθων τούτων ἐγεῖραι τέκνα τῷ Ἀβραάμ.

3:9 and do not think to say within yourselves, 'We have Abraham as our father.' For I say to you, God is able to raise up children of Abraham from these stones.

3:9 Denket nur nicht, daß ihr bei euch wollt sagen: Wir haben Abraham zum Vater. Ich sage euch: Gott vermag dem Abraham aus diesen Steinen Kinder zu erwecken.

3:9 et ne prétendez pas dire en vous-mêmes: Nous avons Abraham pour père! Car je vous déclare que de ces pierres-ci Dieu peut susciter des enfants à Abraham.

3:10 וּכְבָר הוּשַׂם הַגַּרְזֶן עַל־שֹׁרֶשׁ הָעֵצִים וְהִנֵּה כָּל־עֵץ אֲשֶׁר אֵינֶנּוּ עֹשֶׂה פְּרִי טוֹב יְכָרֵת וְיוּשְׁלַךְ בָּאֵשׁ:

3:10 Jam enim securis ad radicem arborum posita est. Omnis ergo arbor, quae non facit fructum bonum, excidetur, et in ignem mittetur.

3:10 Ἤδη δὲ καὶ ἡ ἀξίνη πρὸς τὴν ῥίζαν τῶν δένδρων κεῖται· πᾶν οὖν δένδρον μὴ ποιοῦν καρπὸν καλὸν ἐκκόπτεται καὶ εἰς πῦρ βάλλεται.

3:10 And even now the axe lies at the root of the trees; therefore, every tree that does not bear good fruit is cut down and cast into the fire.

3:10 Es ist schon die Axt den Bäumen an die Wurzel gelegt. Darum, welcher Baum nicht gute Frucht bringt, wird abgehauen und ins Feuer geworfen.

3:10 Déjà la cognée est mise à la racine des arbres: tout arbre donc qui ne produit pas de bons fruits sera coupé et jeté au feu.

3:11 הֵן אָנֹכִי טוֹבֵל אֶתְכֶם בַּמַּיִם לַתְּשׁוּבָה וְהַבָּא אַחֲרַי חָזָק מִמֶּנִּי אֲשֶׁר קָטֹנְתִּי מִשְּׂאֵת נְעָלָיו וְהוּא יִטְבֹּל אֶתְכֶם בְּרוּחַ הַקֹּדֶשׁ וּבָאֵשׁ:

3:11 Ego quidem baptizo vos in aqua in poenitentiam: qui autem post me venturus est, fortior me est, cujus non sum dignus calceamenta portare: ipse vos baptizabit in Spiritu Sancto, et igni.

3:11 Ἐγὼ μὲν βαπτίζω ὑμᾶς ἐν ὕδατι εἰς μετάνοιαν· ὁ δὲ ὀπίσω μου ἐρχόμενος ἰσχυρότερός μού ἐστιν, οὗ οὐκ εἰμὶ ἱκανὸς τὰ ὑποδήματα βαστάσαι· αὐτὸς ὑμᾶς βαπτίσει ἐν πνεύματι ἁγίῳ.

3:11 Indeed, I baptize you in water for repentance but he who comes after me is mightier than I, one whose sandals I am not worthy to carry, he shall baptize you in the Holy Spirit and fire,

3:11 Ich taufe euch mit Wasser zur Buße; der aber nach mir kommt, ist stärker denn ich, dem ich nicht genugsam bin, seine Schuhe zu tragen; der wird euch mit dem Heiligen Geist und mit Feuer taufen.

3:11 Moi, je vous baptise d'eau, pour vous amener à la repentance; mais celui qui vient après moi est plus puissant que moi, et je ne suis pas digne de porter ses souliers. Lui, il vous baptisera du Saint-Esprit et de feu.

3:12 וּבְיָדוֹ הַמִּזְרֶה וְזָרָה אֶת־גָּרְנוֹ וְאָסַף אֶת־דְּגָנוֹ אֶל־אוֹצָרוֹ וְאֶת־הַמֹּץ יִשְׂרְפֶנּוּ בָאֵשׁ אֲשֶׁר לֹא תִכְבֶּה:

3:12 Cujus ventilabrum in manu sua: et permundabit aream suam: et congregabit triticum suum in horreum, paleas autem comburet igni inextinguibili.

3:12 Οὗ τὸ πτύον ἐν τῇ χειρὶ αὐτοῦ, καὶ διακαθαριεῖ τὴν ἅλωνα αὐτοῦ, καὶ συνάξει τὸν σῖτον αὐτοῦ εἰς τὴν ἀποθήκην, τὸ δὲ ἄχυρον κατακαύσει πυρὶ ἀσβέστῳ.

3:12 whose fan is in his hand and he will thoroughly cleanse his threshing floor; and he will gather his wheat into the barn but the chaff he will burn up with unquenchable fire."

3:12 Und er hat seine Wurfschaufel in der Hand: er wird seine Tenne fegen und den Weizen in seine Scheune sammeln; aber die Spreu wird er verbrennen mit ewigem Feuer.

3:12 Il a son van à la main; il nettoiera son aire, et il amassera son blé dans le grenier, mais il brûlera la paille dans un feu qui ne s'éteint point.

The Gospel of Matthew

3:13 וַיָּבֹא יֵשׁוּעַ מִן־הַגָּלִיל הַיַּרְדֵּנָה אֶל־יוֹחָנָן לְהִטָּבֵל עַל־יָדוֹ:

3:13 Tunc venit Jesus a Galilaea in Jordanem ad Joannem, ut baptizaretur ab eo.

3:13 Τότε παραγίνεται ὁ Ἰησοῦς ἀπὸ τῆς Γαλιλαίας ἐπὶ τὸν Ἰορδάνην πρὸς τὸν Ἰωάννην, τοῦ βαπτισθῆναι ὑπ' αὐτοῦ.

3:13 Then Jesus goes from Galilee to the Jordan to John to be baptized by him.

3:13 Zu der Zeit kam Jesus aus Galiläa an den Jordan zu Johannes, daß er sich von ihm taufen ließe.

3:13 Alors Jésus vint de la Galilée au Jourdain vers Jean, pour être baptisé par lui.

3:14 וְיוֹחָנָן חָשַׂךְ אוֹתוֹ לֵאמֹר אָנֹכִי צָרִיךְ לְהִטָּבֵל עַל־יָדֶךָ וְאַתָּה בָּא אֵלָי:

3:14 Joannes autem prohibebat eum, dicens: Ego a te debeo baptizari, et tu venis ad me?

3:14 Ὁ δὲ Ἰωάννης διεκώλυεν αὐτόν, λέγων, Ἐγὼ χρείαν ἔχω ὑπὸ σοῦ βαπτισθῆναι, καὶ σὺ ἔρχῃ πρός με;

3:14 But John was forbidding him saying, "I need to be baptized by you, and you come to me?"

3:14 Aber Johannes wehrte ihm und sprach: Ich bedarf wohl, daß ich von dir getauft werde, und du kommst zu mir?

3:14 Mais Jean s'y opposait, en disant: C'est moi qui ai besoin d'être baptisé par toi, et tu viens à moi!

3:15 וַיַּעַן יֵשׁוּעַ וַיֹּאמֶר אֵלָיו הַנִּיחָה לִּי כִּי כֵן נָאֲוָה לִשְׁנֵינוּ לְמַלֵּא כָּל־הַצְּדָקָה וַיַּנַּח לוֹ:

3:15 Respondens autem Jesus, dixit ei: Sine modo: sic enim decet nos implere omnem justitiam. Tunc dimisit eum.

3:15 Ἀποκριθεὶς δὲ ὁ Ἰησοῦς εἶπεν πρὸς αὐτόν, Ἄφες ἄρτι· οὕτως γὰρ πρέπον ἐστὶν ἡμῖν πληρῶσαι πᾶσαν δικαιοσύνην. Τότε ἀφίησιν αὐτόν.

3:15 But Jesus answering said to him, "Permit it now, for it is fitting for us to fulfill all righteousness." Then he permits him.

3:15 Jesus aber antwortete und sprach zu ihm: Laß es jetzt also sein! also gebührt es uns, alle Gerechtigkeit zu erfüllen. Da ließ er's ihm zu.

3:15 Jésus lui répondit: Laisse faire maintenant, car il est convenable que nous accomplissions ainsi tout ce qui est juste. Et Jean ne lui résista plus.

3:16 וַיְהִי כַּאֲשֶׁר נִטְבַּל יֵשׁוּעַ וַיְמַהֵר וַיַּעַל מִן־הַמַּיִם וְהִנֵּה הַשָּׁמַיִם נִפְתְּחוּ־לוֹ וַיַּרְא אֶת־רוּחַ אֱלֹהִים יוֹרֶדֶת כְּיוֹנָה וְנָחָה עָלָיו:

3:16 Baptizatus autem Jesus, confestim ascendit de aqua, et ecce aperti sunt ei caeli: et vidit Spiritum Dei descendentem sicut columbam, et venientem super se.

3:16 Καὶ βαπτισθεὶς ὁ Ἰησοῦς ἀνέβη εὐθὺς ἀπὸ τοῦ ὕδατος· καὶ ἰδού, ἀνεῴχθησαν αὐτῷ οἱ οὐρανοί, καὶ εἶδεν τὸ πνεῦμα τοῦ θεοῦ καταβαῖνον ὡσεὶ περιστερὰν καὶ ἐρχόμενον ἐπ' αὐτόν.

3:16 And Jesus, when he was baptized, came up immediately from the water and behold, the heavens were opened to him and he saw the Spirit of God descending like a dove and coming upon him;

3:16 Und da Jesus getauft war, stieg er alsbald herauf aus dem Wasser; und siehe, da tat sich der Himmel auf Über ihm. Und er sah den Geist Gottes gleich als eine Taube herabfahren und über ihn kommen.

3:16 Dès que Jésus eut été baptisé, il sortit de l'eau. Et voici, les cieux s'ouvrirent, et il vit l'Esprit de Dieu descendre comme une colombe et venir sur lui.

3:17 וְהִנֵּה קוֹל מִן־הַשָּׁמַיִם אוֹמֵר זֶה בְּנִי יְדִידִי אֲשֶׁר־רָצִיתִי בּוֹ:

3:17 Et ecce vox de caelis dicens: Hic est Filius meus dilectus, in quo mihi complacui.

3:17 Καὶ ἰδού, φωνὴ ἐκ τῶν οὐρανῶν, λέγουσα, Οὗτός ἐστιν ὁ υἱός μου ὁ ἀγαπητός, ἐν ᾧ εὐδόκησα.

3:17 and behold, a voice out of the heavens was saying, "This is my beloved Son, with whom I am well pleased."

3:17 Und siehe, eine Stimme vom Himmel herab sprach: Dies ist mein lieber Sohn, an welchem ich Wohlgefallen habe.

3:17 Et voici, une voix fit entendre des cieux ces paroles: Celui-ci est mon Fils bien-aimé, en qui j'ai mis toute mon affection.

4:1 אָז נָשָׂא הָרוּחַ אֶת־יֵשׁוּעַ הַמִּדְבָּרָה לְמַעַן יְנַסֵּהוּ הַשָּׂטָן:

4:1 Tunc Jesus ductus est in desertum a Spiritu, ut tentaretur a diabolo.

4:1 Τότε ὁ Ἰησοῦς ἀνήχθη εἰς τὴν ἔρημον ὑπὸ τοῦ πνεύματος, πειρασθῆναι ὑπὸ τοῦ διαβόλου.

4:1 Then was Jesus led by the Spirit into the wilderness to be tempted of the devil.

4:1 Da ward Jesus vom Geist in die Wüste geführt, auf daß er von dem Teufel versucht würde.

4:1 Alors Jésus fut emmené par l'Esprit dans le désert, pour être tenté par le diable.

4:2 וַיְהִי אַחֲרֵי צוּמוֹ אַרְבָּעִים יוֹם וְאַרְבָּעִים לָיְלָה וַיִּרְעָב:

4:2 Et cum jejunasset quadraginta diebus, et quadraginta noctibus, postea esuriit.

4:2 Καὶ νηστεύσας ἡμέρας τεσσαράκοντα καὶ νύκτας τεσσαράκοντα, ὕστερον ἐπείνασεν.

4:2 And when he had fasted forty days and forty nights he became hungry.

4:2 Und da er vierzig Tage und vierzig Nächte gefastet hatte, hungerte ihn.

4:2 Après avoir jeûné quarante jours et quarante nuits, il eut faim.

4:3 וַיִּגַּשׁ אֵלָיו הַמְנַסֶּה וַיֹּאמַר אִם בֶּן־הָאֱלֹהִים אַתָּה דַּבֵּר לָאֲבָנִים הָאֵלֶּה וְתִהְיֶינָה לְלֶחֶם:

4:3 Et accedens tentator dixit ei: Si Filius Dei es, dic ut lapides isti panes fiant.

4:3 Καὶ προσελθὼν αὐτῷ ὁ πειράζων εἶπεν, Εἰ υἱὸς εἶ τοῦ θεοῦ, εἰπὲ ἵνα οἱ λίθοι οὗτοι ἄρτοι γένωνται.

4:3 And the tempter came and said to him, "If you are the Son of God, command these stones to become bread."

4:3 Und der Versucher trat zu ihm und sprach: Bist du Gottes Sohn, so sprich, daß diese Steine Brot werden.

4:3 Le tentateur, s'étant approché, lui dit: Si tu es Fils de Dieu, ordonne que ces pierres deviennent des pains.

The Gospel of Matthew

4:4 וַיַּעַן וַיֹּאמֶר הֵן כָּתוּב לֹא עַל־הַלֶּחֶם לְבַדּוֹ יִחְיֶה הָאָדָם כִּי עַל־כָּל־מוֹצָא פִי־יְהֹוָה:

4:4 Qui respondens dixit: Scriptum est: Non in solo pane vivit homo, sed in omni verbo, quod procedit de ore Dei.

4:4 Ὁ δὲ ἀποκριθεὶς εἶπεν, Γέγραπται, Οὐκ ἐπ' ἄρτῳ μόνῳ ζήσεται ἄνθρωπος, ἀλλ' ἐπὶ παντὶ ῥήματι ἐκπορευομένῳ διὰ στόματος θεοῦ.

4:4 But he answered and said, "It is written, 'A person shall not live by bread alone but by every word that comes from the mouth of God.'"

4:4 Und er antwortete und sprach: Es steht geschrieben: "Der Mensch lebt nicht vom Brot allein, sondern von einem jeglichen Wort, das durch den Mund Gottes geht."

4:4 Jésus répondit: Il est écrit: L'homme ne vivra pas de pain seulement, mais de toute parole qui sort de la bouche de Dieu.

4:5 וַיִּשָּׂאֵהוּ הַשָּׂטָן אֶל־עִיר הַקֹּדֶשׁ וַיַּעֲמִידֵהוּ עַל־פִּנַּת־גַּג בֵּית הַמִּקְדָּשׁ:

4:5 Tunc assumpsit eum diabolus in sanctam civitatem, et statuit eum super pinnaculum templi,

4:5 Τότε παραλαμβάνει αὐτὸν ὁ διάβολος εἰς τὴν ἁγίαν πόλιν, καὶ ἵστησιν αὐτὸν ἐπὶ τὸ πτερύγιον τοῦ ἱεροῦ,

4:5 Then the devil takes him into the holy city and he set him on the pinnacle of the temple,

4:5 Da führte ihn der Teufel mit sich in die Heilige Stadt und stellte ihn auf die Zinne des Tempels

4:5 Le diable le transporta dans la ville sainte, le plaça sur le haut du temple,

4:6 וַיֹּאמֶר אֵלָיו אִם בֶּן־הָאֱלֹהִים אַתָּה נְפֹל לְמָטָּה כִּי כָתוּב כִּי מַלְאָכָיו יְצַוֶּה־לָּךְ וְעַל־כַּפַּיִם יִשָּׂאוּנְךָ פֶּן־תִּגֹּף בָּאֶבֶן רַגְלֶךָ:

4:6 et dixit ei: Si Filius Dei es, mitte te deorsum. Scriptum est enim: Quia angelis suis mandavit de te, et in manibus tollent te, ne forte offendas ad lapidem pedem tuum.

4:6 καὶ λέγει αὐτῷ, Εἰ υἱὸς εἶ τοῦ θεοῦ, βάλε σεαυτὸν κάτω· γέγραπται γὰρ ὅτι Τοῖς ἀγγέλοις αὐτοῦ ἐντελεῖται περὶ σοῦ, καὶ ἐπὶ χειρῶν ἀροῦσίν σε, μήποτε προσκόψῃς πρὸς λίθον τὸν πόδα σου.

4:6 and said to him, "If you are the Son of God cast yourself down. For it is written, 'He shall give his angels charge concerning you.' and 'On their hands they shall lift you up, so they may not strike your foot against a stone.'"

4:6 und sprach zu ihm: Bist du Gottes Sohn, so laß dich hinab; denn es steht geschrieben: Er wird seinen Engeln über dir Befehl tun, und sie werden dich auf Händen tragen, auf daß du deinen Fuß nicht an einen Stein stoßest.

4:6 et lui dit: Si tu es Fils de Dieu, jette-toi en bas; car il est écrit: Il donnera des ordres à ses anges à ton sujet; Et ils te porteront sur les mains, De peur que ton pied ne heurte contre une pierre.

The Gospel of Matthew

4:7 וַיֹּאמֶר אֵלָיו יֵשׁוּעַ וְעוֹד כָּתוּב לֹא תְנַסֶּה אֶת יְהוָה אֱלֹהֶיךָ:

4:7 Ait illi Jesus: Rursum scriptum est: Non tentabis Dominum Deum tuum.

4:7 Ἔφη αὐτῷ ὁ Ἰησοῦς, Πάλιν γέγραπται, Οὐκ ἐκπειράσεις κύριον τὸν θεόν σου.

4:7 Jesus said to him, "Again it is written, 'You shall not test the Lord your God.'"

4:7 Da sprach Jesus zu ihm: Wiederum steht auch geschrieben: "Du sollst Gott, deinen HERRN, nicht versuchen."

4:7 Jésus lui dit: Il est aussi écrit: Tu ne tenteras point le Seigneur, ton Dieu.

4:8 וַיּוֹסֶף הַשָּׂטָן וַיִּשָּׂאֵהוּ אֶל־הַר גָּבֹהַּ מְאֹד וַיַּרְאֵהוּ אֶת־כָּל מַמְלְכוֹת תֵּבֵל וּכְבוֹדָן:

4:8 Iterum assumpsit eum diabolus in montem excelsum valde: et ostendit ei omnia regna mundi, et gloriam eorum,

4:8 Πάλιν παραλαμβάνει αὐτὸν ὁ διάβολος εἰς ὄρος ὑψηλὸν λίαν, καὶ δείκνυσιν αὐτῷ πάσας τὰς βασιλείας τοῦ κόσμου καὶ τὴν δόξαν αὐτῶν,

4:8 Again, the devil takes him to an exceedingly high mountain and shows him all the kingdoms of the world and their glory.

4:8 Wiederum führte ihn der Teufel mit sich auf einen sehr hohen Berg und zeigte ihm alle Reiche der Welt und ihre Herrlichkeit

4:8 Le diable le transporta encore sur une montagne très élevée, lui montra tous les royaumes du monde et leur gloire,

4:9 וַיֹּאמֶר אֵלָיו כָּל־זֹאת לְךָ אֶתְּנֶנָּה אִם־תִּקֹּד וְתִשְׁתַּחֲוֶה לִי:

4:9 et dixit ei: Haec omnia tibi dabo, si cadens adoraveris me.

4:9 καὶ λέγει αὐτῷ, Ταῦτα πάντα σοι δώσω, ἐὰν πεσὼν προσκυνήσῃς μοι.

4:9 And he said to him, "All these things will I give you if you will fall down and worship me."

4:9 und sprach zu ihm: Das alles will ich dir geben, so du niederfällst und mich anbetest.

4:9 et lui dit: Je te donnerai toutes ces choses, si tu te prosternes et m'adores.

4:10 וַיֹּאמֶר אֵלָיו יֵשׁוּעַ סוּר מִמֶּנִּי הַשָּׂטָן כִּי כָתוּב לַיהוָה אֱלֹהֶיךָ תִּשְׁתַּחֲוֶה וְאוֹתוֹ לְבַדּוֹ תַעֲבֹד:

4:10 Tunc dicit ei Jesus: Vade Satana: Scriptum est enim: Dominum Deum tuum adorabis, et illi soli servies.

4:10 Τότε λέγει αὐτῷ ὁ Ἰησοῦς, Ὕπαγε ὀπίσω μου, Σατανᾶ· γέγραπται γάρ, Κύριον τὸν θεόν σου προσκυνήσεις, καὶ αὐτῷ μόνῳ λατρεύσεις.

4:10 Then Jesus said to him, "You get out of here, Satan, for it is written, 'You shall worship the Lord your God and serve him only.'"

4:10 Da sprach Jesus zu ihm: Hebe dich weg von mir Satan! denn es steht geschrieben: "Du sollst anbeten Gott, deinen HERRN, und ihm allein dienen."

4:10 Jésus lui dit: Retire-toi, Satan! Car il est écrit: Tu adoreras le Seigneur, ton Dieu, et tu le serviras lui seul.

The Gospel of Matthew

4:11 וַיִּרֶף מִמֶּנּוּ הַשָּׂטָן וְהִנֵּה נִגְּשׁוּ אֵלָיו מַלְאָכִים וַיְשָׁרְתוּהוּ:

4:11 Tunc reliquit eum diabolus: et ecce angeli accesserunt, et ministrabant ei.

4:11 Τότε ἀφίησιν αὐτὸν ὁ διάβολος· καὶ ἰδού, ἄγγελοι προσῆλθον καὶ διηκόνουν αὐτῷ.

4:11 Then the devil left him and, behold, angels came and ministered to him.

4:11 Da verließ ihn der Teufel; und siehe, da traten die Engel zu ihm und dienten ihm.

4:11 Alors le diable le laissa. Et voici, des anges vinrent auprès de Jésus, et le servaient.

4:12 וַיְהִי כְּשָׁמְעַ יֵשׁוּעַ אֶת־יוֹחָנָן וַיֵּלֶךְ אֶל אֶרֶץ הַגָּלִיל:

4:12 Cum autem audisset Jesus quod Joannes traditus esset, secessit in Galilaeam:

4:12 Ἀκούσας δὲ ὁ Ἰησοῦς ὅτι Ἰωάννης παρεδόθη, ἀνεχώρησεν εἰς τὴν Γαλιλαίαν·

4:12 Now when he heard that John had been handed over he withdrew into Galilee;

4:12 Da nun Jesus hörte, daß Johannes überantwortet war, zog er in das galiläische Land.

4:12 Jésus, ayant appris que Jean avait été livré, se retira dans la Galilée.

4:13 וַיֵּצֵא מִנְּצָרֶת וַיָּבֹא וַיֵּשֶׁב בִּכְפַר־נַחוּם אֲשֶׁר עַל־שְׂפַת הַיָּם בִּגְבוּל זְבוּלוּן וְנַפְתָּלִי:

4:13 et, relicta civitate Nazareth, venit, et habitavit in Capharnaum maritima, in finibus Zabulon et Nephthalim:

4:13 καὶ καταλιπὼν τὴν Ναζαρέτ, ἐλθὼν κατῴκησεν εἰς Καπερναοὺμ τὴν παραθαλασσίαν, ἐν ὁρίοις Ζαβουλὼν καὶ Νεφθαλείμ·

4:13 and leaving Nazareth, he came and dwelled in Capernaum, which is by the sea, by the borders of Zebulun and Naphtali,

4:13 Und verließ die Stadt Nazareth, kam und wohnte zu Kapernaum, das da liegt am Meer, im Lande Sebulon und Naphthali,

4:13 Il quitta Nazareth, et vint demeurer à Capernaüm, située près de la mer, dans le territoire de Zabulon et de Nephthali,

4:14 לְמַלֹּאת הַנֶּאֱמָר עַל־פִּי יְשַׁעְיָהוּ הַנָּבִיא לֵאמֹר:

4:14 ut adimpleretur quod dictum est per Isaiam prophetam:

4:14 ἵνα πληρωθῇ τὸ ῥηθὲν διὰ Ἡσαΐου τοῦ προφήτου, λέγοντος,

4:14 so that what was spoken might be fulfilled through Isaiah the prophet saying,

4:14 auf das erfüllet würde, was da gesagt ist durch den Propheten Jesaja, der da spricht:

4:14 afin que s'accomplît ce qui avait été annoncé par Ésaïe, le prophète:

4:15 אַרְצָה זְבוּלוּן וְאַרְצָה נַפְתָּלִי דֶּרֶךְ הַיָּם עֵבֶר הַיַּרְדֵּן גְּלִיל הַגּוֹיִם:

4:15 *Terra Zabulon, et terra Nephthalim, via maris trans Jordanem, Galilaea gentium:*

4:15 Γῆ Ζαβουλὼν καὶ γῆ Νεφθαλείμ, ὁδὸν θαλάσσης, πέραν τοῦ Ἰορδάνου, Γαλιλαία τῶν ἐθνῶν,

4:15 "The land of Zebulun and the land of Naphtali, toward the sea, beyond the Jordan, Galilee of the Gentiles,

4:15 "Das Land Sebulon und das Land Naphthali, am Wege des Meeres, jenseit des Jordans, und das heidnische Galiläa,

4:15 Le peuple de Zabulon et de Nephthali, De la contrée voisine de la mer, du pays au delà du Jourdain, Et de la Galilée des Gentils,

The Gospel of Matthew

4:16 הָעָם הַהֹלְכִים בַּחֹשֶׁךְ רָאוּ אוֹר גָּדוֹל יֹשְׁבֵי בְּאֶרֶץ צַלְמָוֶת אוֹר נָגַהּ עֲלֵיהֶם:

4:16 populus, qui sedebat in tenebris, vidit lucem magnam: et sedentibus in regione umbrae mortis, lux orta est eis.

4:16 ὁ λαὸς ὁ καθήμενος ἐν σκότει εἶδεν φῶς μέγα, καὶ τοῖς καθημένοις ἐν χώρᾳ καὶ σκιᾷ θανάτου, φῶς ἀνέτειλεν αὐτοῖς.

4:16 the people that sat in darkness saw a great light, and to them that sat in the region and shadow of death, a light has shined on them."

4:16 das Volk, das in Finsternis saß, hat ein großes Licht gesehen; und die da saßen am Ort und Schatten des Todes, denen ist ein Licht aufgegangen."

4:16 Ce peuple, assis dans les ténèbres, À vu une grande lumière; Et sur ceux qui étaient assis dans la région et l'ombre de la mort La lumière s'est levée.

4:17 מִן־הָעֵת הַהִיא הֵחֵל יֵשׁוּעַ לִקְרֹא קָרוֹא וְאָמוֹר שׁוּבוּ כִּי מַלְכוּת הַשָּׁמַיִם קָרְבָה לָבוֹא:

4:17 Exinde coepit Jesus praedicare, et dicere: Poenitentiam agite: appropinquavit enim regnum caelorum.

4:17 Ἀπὸ τότε ἤρξατο ὁ Ἰησοῦς κηρύσσειν καὶ λέγειν, Μετανοεῖτε· ἤγγικεν γὰρ ἡ βασιλεία τῶν οὐρανῶν.

4:17 From that time began Jesus to preach and to say, "You all repent, for the Kingdom of Heaven is near."

4:17 Von der Zeit an fing Jesus an, zu predigen und zu sagen: Tut Buße, das Himmelreich ist nahe herbeigekommen!

4:17 Dès ce moment Jésus commença à prêcher, et à dire: Repentez-vous, car le royaume des cieux est proche.

4:18 וַיְהִי בְּהִתְהַלְּכוֹ עַל־יַד יָם־הַגָּלִיל וַיַּרְא וְהִנֵּה שְׁנֵי אֲנָשִׁים אַחִים שִׁמְעוֹן הַנִּקְרָא פֶטְרוֹס וְאַנְדְּרַי אָחִיו מַשְׁלִיכִים מְצוֹדָה בַּיָּם כִּי דַיָּגִים הֵם:

4:18 Ambulans autem Jesus juxta mare Galilaeae, vidit duos fratres, Simonem, qui vocatur Petrus, et Andream fratrem ejus, mittentes rete in mare (erant enim piscatores),

4:18 Περιπατῶν δὲ παρὰ τὴν θάλασσαν τῆς Γαλιλαίας εἶδεν δύο ἀδελφούς, Σίμωνα τὸν λεγόμενον Πέτρον, καὶ Ἀνδρέαν τὸν ἀδελφὸν αὐτοῦ, βάλλοντας ἀμφίβληστρον εἰς τὴν θάλασσαν· ἦσαν γὰρ ἁλιεῖς.

4:18 And walking by the sea of Galilee he saw two brothers, Simon, who is called Peter, and Andrew, his brother, casting a net into the sea, for they were fishermen.

4:18 Als nun Jesus an dem Galiläischen Meer ging, sah er zwei Brüder, Simon, der da heißt Petrus, und Andreas, seinen Bruder, die warfen ihre Netze ins Meer; denn sie waren Fischer.

4:18 Comme il marchait le long de la mer de Galilée, il vit deux frères, Simon, appelé Pierre, et André, son frère, qui jetaient un filet dans la mer; car ils étaient pêcheurs.

4:19 וַיֹּאמֶר אֲלֵיהֶם לְכוּ אַחֲרָי וַאֲשִׂימְכֶם לְדַיָּגֵי אֲנָשִׁים׃

4:19 et ait illis: Venite post me, et faciam vos fieri piscatores hominum.

4:19 Καὶ λέγει αὐτοῖς, Δεῦτε ὀπίσω μου, καὶ ποιήσω ὑμᾶς ἁλιεῖς ἀνθρώπων.

4:19 And he said to them, "You all come behind me and I will make you fishermen of men."

4:19 Und er sprach zu ihnen: Folget mir nach; ich will euch zu Menschenfischern machen!

4:19 Il leur dit: Suivez-moi, et je vous ferai pêcheurs d'hommes.

4:20 וַיַּעַזְבוּ מְהֵרָה אֶת הַמִּכְמֹרוֹת וַיֵּלְכוּ אַחֲרָיו׃

4:20 At illi continuo relictis retibus secuti sunt eum.

4:20 Οἱ δὲ εὐθέως ἀφέντες τὰ δίκτυα ἠκολούθησαν αὐτῷ.

4:20 And they immediately left the nets and followed him.

4:20 Alsbald verließen sie ihre Netze und folgten ihm nach.

4:20 Aussitôt, ils laissèrent les filets, et le suivirent.

4:21 וַיְהִי כְּעָבְרוֹ מִשָּׁם וַיַּרְא שְׁנֵי אֲנָשִׁים אַחִים אֲחֵרִים אֶת־יַעֲקֹב בֶּן־זַבְדִּי וְאֶת־יוֹחָנָן אָחִיו בָּאֳנִיָּה עִם־זַבְדִּי אֲבִיהֶם וְהֵמָּה מְתַקְּנִים אֶת־מִכְמְרוֹתָם וַיִּקְרָא אֲלֵיהֶם׃

4:21 Et procedens inde, vidit alios duos fratres, Jacobum Zebedaei, et Joannem fratrem ejus, in navi cum Zebedaeo patre eorum, reficientes retia sua: et vocavit eos.

4:21 Καὶ προβὰς ἐκεῖθεν, εἶδεν ἄλλους δύο ἀδελφούς, Ἰάκωβον τὸν τοῦ Ζεβεδαίου καὶ Ἰωάννην τὸν ἀδελφὸν αὐτοῦ, ἐν τῷ πλοίῳ μετὰ Ζεβεδαίου τοῦ πατρὸς αὐτῶν, καταρτίζοντας τὰ δίκτυα αὐτῶν· καὶ ἐκάλεσεν αὐτούς.

4:21 And going on from there he saw two other brothers, James of Zebedee, and John, his brother, in the boat with Zebedee their father, fixing their nets, and he called them.

4:21 Und da er von da weiterging, sah er zwei andere Brüder, Jakobus, den Sohn des Zebedäus, und Johannes, seinen Bruder, im Schiff mit ihrem Vater Zebedäus, daß sie ihre Netze flickten; und er rief sie.

4:21 De là étant allé plus loin, il vit deux autres frères, Jacques, fils de Zébédée, et Jean, son frère, qui étaient dans une barque avec Zébédée, leur père, et qui réparaient leurs filets. Il les appela,

4:22 וַיַּעַזְבוּ מְהֵרָה אֶת־הָאֳנִיָּה וְאֶת־אֲבִיהֶם וַיֵּלְכוּ אַחֲרָיו׃

4:22 Illi autem statim relictis retibus et patre, secuti sunt eum.

4:22 Οἱ δὲ εὐθέως ἀφέντες τὸ πλοῖον καὶ τὸν πατέρα αὐτῶν ἠκολούθησαν αὐτῷ.

4:22 And they immediately left the boat and their father and followed him.

4:22 Alsbald verließen sie das Schiff und ihren Vater und folgten ihm nach.

4:22 et aussitôt ils laissèrent la barque et leur père, et le suivirent.

The Gospel of Matthew

4:23 וַיָּסָב יֵשׁוּעַ בְּכָל־הַגָּלִיל וַיְלַמֵּד בִּכְנֵסִיּוֹתֵיהֶם וַיְבַשֵּׂר בְּשׂוֹרַת הַמַּלְכוּת וַיִּרְפָּא כָּל־מַחֲלָה וְכָל־מַדְוֶה בָּעָם:

4:23 Et circuibat Jesus totam Galilaeam, docens in synagogis eorum, et praedicans Evangelium regni: et sanans omnem languorem, et omnem infirmitatem in populo.

4:23 Καὶ περιῆγεν ὅλην τὴν Γαλιλαίαν ὁ Ἰησοῦς, διδάσκων ἐν ταῖς συναγωγαῖς αὐτῶν, καὶ κηρύσσων τὸ εὐαγγέλιον τῆς βασιλείας, καὶ θεραπεύων πᾶσαν νόσον καὶ πᾶσαν μαλακίαν ἐν τῷ λαῷ.

4:23 And Jesus went around in of all Galilee, teaching in their synagogues, and preaching the gospel of the kingdom, and healing every kind of disease and every kind of sickness among the people.

4:23 Und Jesus ging umher im ganzen galiläischen Lande, lehrte sie in ihren Schulen und predigte das Evangelium von dem Reich und heilte allerlei Seuche und Krankheit im Volk.

4:23 Jésus parcourait toute la Galilée, enseignant dans les synagogues, prêchant la bonne nouvelle du royaume, et guérissant toute maladie et toute infirmité parmi le peuple.

4:24 וְשִׁמְעוֹ יָצָא בְּכָל־אֶרֶץ סוּרְיָא וַיָּבִיאוּ אֵלָיו אֵת כָּל־הַחוֹלִים הַמְעֻנִּים בְּכָל־חֳלָיִם וּמַכְאוֹבִים וַאֲחוּזֵי שֵׁדִים וּמֻכֵּי יָרֵחַ וּנְכֵי אֲבָרִים וַיִּרְפָּאֵם:

4:24 Et abiit opinio ejus in totam Syriam, et obtulerunt ei omnes male habentes, variis languoribus, et tormentis comprehensos, et qui daemonia habebant, et lunaticos, et paralyticos, et curavit eos:

4:24 Καὶ ἀπῆλθεν ἡ ἀκοὴ αὐτοῦ εἰς ὅλην τὴν Συρίαν· καὶ προσήνεγκαν αὐτῷ πάντας τοὺς κακῶς ἔχοντας, ποικίλαις νόσοις καὶ βασάνοις συνεχομένους, καὶ δαιμονιζομένους, καὶ σεληνιαζομένους, καὶ παραλυτικούς· καὶ ἐθεράπευσεν αὐτούς.

4:24 And the report about him went out into all Syria and they brought to him all who were sick, those who were sick with many diseases and torments, possessed with demons, and epileptic, and crippled, and he healed them.

4:24 Und sein Gerücht erscholl in das ganze Syrienland. Und sie brachten zu ihm allerlei Kranke, mit mancherlei Seuchen und Qual behaftet, die Besessenen, die Mondsüchtigen und Gichtbrüchigen; und er machte sie alle gesund.

4:24 Sa renommée se répandit dans toute la Syrie, et on lui amenait tous ceux qui souffraient de maladies et de douleurs de divers genres, des démoniaques, des lunatiques, des paralytiques; et il les guérissait.

The Gospel of Matthew

4:25 וַיֵּלְכוּ אַחֲרָיו הֲמֹנִים הֲמֹנִים מִן־הַגָּלִיל וּמִן־עֶשֶׂר הֶעָרִים וּמִירוּשָׁלַיִם וִיהוּדָה וּמֵעֵבֶר לַיַּרְדֵּן:

4:25 et secutae sunt eum turbae multae de Galilaea, et Decapoli, et de Jerosolymis, et de Judaea, et de trans Jordanem.

4:25 Καὶ ἠκολούθησαν αὐτῷ ὄχλοι πολλοὶ ἀπὸ τῆς Γαλιλαίας καὶ Δεκαπόλεως καὶ Ἱεροσολύμων καὶ Ἰουδαίας καὶ πέραν τοῦ Ἰορδάνου.

4:25 And there great multitudes followed him from Galilee and Decapolis and Jerusalem and Judaea and beyond the Jordan.

4:25 Und es folgte ihm nach viel Volks aus Galiläa, aus den Zehn-Städten, von Jerusalem, aus dem jüdischen Lande und von jenseits des Jordans.

4:25 Une grande foule le suivit, de la Galilée, de la Décapole, de Jérusalem, de la Judée, et d'au delà du Jourdain.

5:1 וַיְהִי כִּרְאוֹתוֹ אֶת־הֲמוֹן הָעָם וַיַּעַל הָהָרָה וַיֵּשֶׁב שָׁם וַיִּגְּשׁוּ אֵלָיו תַּלְמִידָיו:

5:1 Videns autem Jesus turbas, ascendit in montem, et cum sedisset, accesserunt ad eum discipuli ejus,

5:1 Ἰδὼν δὲ τοὺς ὄχλους, ἀνέβη εἰς τὸ ὄρος· καὶ καθίσαντος αὐτοῦ, προσῆλθον αὐτῷ οἱ μαθηταὶ αὐτοῦ·

5:1 And seeing the multitudes, he went up into the mountain and when he had sat down, his disciples came to him

5:1 Da er aber das Volk sah, ging er auf einen Berg und setzte sich; und seine Jünger traten zu ihm,

5:1 Voyant la foule, Jésus monta sur la montagne; et, après qu'il se fut assis, ses disciples s'approchèrent de lui.

5:2 וַיִּפְתַּח אֶת־פִּיו וַיּוֹרֵם וַיֹּאמַר:

5:2 et aperiens os suum docebat eos dicens:

5:2 καὶ ἀνοίξας τὸ στόμα αὐτοῦ, ἐδίδασκεν αὐτούς, λέγων,

5:2 and he opened his mouth and taught them saying,

5:2 Und er tat seinen Mund auf, lehrte sie und sprach:

5:2 Puis, ayant ouvert la bouche, il les enseigna, et dit:

5:3 אַשְׁרֵי עֲנִיֵּי הָרוּחַ כִּי לָהֶם מַלְכוּת הַשָּׁמָיִם:

5:3 Beati pauperes spiritu: quoniam ipsorum est regnum caelorum.

5:3 Μακάριοι οἱ πτωχοὶ τῷ πνεύματι· ὅτι αὐτῶν ἐστιν ἡ βασιλεία τῶν οὐρανῶν.

5:3 "It will be well with the poor in spirit, for theirs is the Kingdom of Heaven.

5:3 Selig sind, die da geistlich arm sind; denn das Himmelreich ist ihr.

5:3 Heureux les pauvres en esprit, car le royaume des cieux est à eux!

5:4 אַשְׁרֵי הָאֲבֵלִים כִּי־הֵם יְנוּחָמוּ:

5:5 Beati qui lugent: quoniam ipsi consolabuntur.

5:4 Μακάριοι οἱ πενθοῦντες· ὅτι αὐτοὶ παρακληθήσονται.

5:4 It will be well with those who mourn, for they shall be comforted.

5:4 Selig sind, die da Leid tragen; denn sie sollen getröstet werden.

5:4 Heureux les affligés, car ils seront consolés!

אַשְׁרֵי הָעֲנָוִים כִּי־הֵמָּה יִירְשׁוּ אָרֶץ: 5:5

5:4 Beati mites: quoniam ipsi possidebunt terram.
5:5 Μακάριοι οἱ πραεῖς· ὅτι αὐτοὶ κληρονομήσουσιν τὴν γῆν.
5:5 It will be well with the meek for, they shall inherit the earth.
5:5 Selig sind die Sanftmütigen; denn sie werden das Erdreich besitzen.
5:5 Heureux les débonnaires, car ils hériteront la terre!

אַשְׁרֵי הָרְעֵבִים וְהַצְּמֵאִים לַצְּדָקָה כִּי־הֵם יִשְׂבָּעוּ: 5:6

5:6 Beati qui esuriunt et sitiunt justitiam: quoniam ipsi saturabuntur.
5:6 Μακάριοι οἱ πεινῶντες καὶ διψῶντες τὴν δικαιοσύνην· ὅτι αὐτοὶ χορτασθήσονται.
5:6 It will be well with those who hunger and thirst after righteousness, for they shall be filled.
5:6 Selig sind, die da hungert und dürstet nach der Gerechtigkeit; denn sie sollen satt werden.
5:6 Heureux ceux qui ont faim et soif de la justice, car ils seront rassasiés!

אַשְׁרֵי הָרַחֲמָנִים כִּי־הֵם יְרוּחָמוּ: 5:7

5:7 Beati misericordes: quoniam ipsi misericordiam consequentur.
5:7 Μακάριοι οἱ ἐλεήμονες· ὅτι αὐτοὶ ἐλεηθήσονται.
5:7 It will be well with the merciful, for they shall obtain mercy.
5:7 Selig sind die Barmherzigen; denn sie werden Barmherzigkeit erlangen.
5:7 Heureux les miséricordieux, car ils obtiendront miséricorde!

אַשְׁרֵי בָּרֵי לֵבָב כִּי־הֵם יֶחֱזוּ אֶת־הָאֱלֹהִים: 5:8

5:8 Beati mundo corde: quoniam ipsi Deum videbunt.
5:8 Μακάριοι οἱ καθαροὶ τῇ καρδίᾳ· ὅτι αὐτοὶ τὸν θεὸν ὄψονται.
5:8 It will be well with the pure in heart, for they shall see God.
5:8 Selig sind, die reines Herzens sind; denn sie werden Gott schauen.
5:8 Heureux ceux qui ont le coeur pur, car ils verront Dieu!

אַשְׁרֵי רֹדְפֵי שָׁלוֹם כִּי־בְנֵי אֱלֹהִים יִקָּרֵא לָהֶם: 5:9

5:9 Beati pacifici: quoniam filii Dei vocabuntur.
5:9 Μακάριοι οἱ εἰρηνοποιοί· ὅτι αὐτοὶ υἱοὶ θεοῦ κληθήσονται.
5:9 It will be well with the peacemakers, for they shall be called sons of God.
5:9 Selig sind die Friedfertigen; denn sie werden Gottes Kinder heißen.
5:9 Heureux ceux qui procurent la paix, car ils seront appelés fils de Dieu!

אַשְׁרֵי הַנִּרְדָּפִים בִּגְלַל הַצְּדָקָה כִּי לָהֶם מַלְכוּת הַשָּׁמָיִם: 5:10

5:10 Beati qui persecutionem patiuntur propter justitiam: quoniam ipsorum est regnum caelorum.
5:10 Μακάριοι οἱ δεδιωγμένοι ἕνεκεν δικαιοσύνης· ὅτι αὐτῶν ἐστιν ἡ βασιλεία τῶν οὐρανῶν.
5:10 It will be well with those who have been persecuted for righteousness' sake, for theirs is the Kingdom of Heaven.
5:10 Selig sind, die um Gerechtigkeit willen verfolgt werden; denn das Himmelreich ist ihr.
5:10 Heureux ceux qui sont persécutés pour la justice, car le royaume des cieux est à eux!

5:11 אַשְׁרֵיכֶם כִּי־יְחָרְפוּ וְרָדְפוּ אֶתְכֶם וְדִבְּרוּ עֲלֵיכֶם בְּשֶׁקֶר כָּל־רָע בַּעֲבוּרִי:

5:11 Beati estis cum maledixerint vobis, et persecuti vos fuerint, et dixerint omne malum adversum vos mentientes, propter me:

5:11 Μακάριοί ἐστε, ὅταν ὀνειδίσωσιν ὑμᾶς καὶ διώξωσιν, καὶ εἴπωσιν πᾶν πονηρὸν ῥῆμα καθ' ὑμῶν ψευδόμενοι, ἕνεκεν ἐμοῦ.

5:11 It will be well with you when they shall rebuke you, and persecute you, and falsely say all kinds of evil against you for my sake.

5:11 Selig seid ihr, wenn euch die Menschen um meinetwillen schmähen und verfolgen und reden allerlei Übles gegen euch, so sie daran lügen.

5:11 Heureux serez-vous, lorsqu'on vous outragera, qu'on vous persécutera et qu'on dira faussement de vous toute sorte de mal, à cause de moi.

5:12 שִׂמְחוּ וְגִילוּ כִּי שְׂכַרְכֶם רַב בַּשָּׁמַיִם כִּי־כֵן רָדְפוּ אֶת־הַנְּבִיאִים אֲשֶׁר הָיוּ לִפְנֵיכֶם:

5:12 gaudete, et exsultate, quoniam merces vestra copiosa est in caelis. Sic enim persecuti sunt prophetas, qui fuerunt ante vos.

5:12 Χαίρετε καὶ ἀγαλλιᾶσθε, ὅτι ὁ μισθὸς ὑμῶν πολὺς ἐν τοῖς οὐρανοῖς· οὕτως γὰρ ἐδίωξαν τοὺς προφήτας τοὺς πρὸ ὑμῶν.

5:12 Rejoice and be very glad, for your reward in heaven is great, for like this the prophets who were before you were persecuted.

5:12 Seid fröhlich und getrost; es wird euch im Himmel wohl belohnt werden. Denn also haben sie verfolgt die Propheten, die vor euch gewesen sind.

5:12 Réjouissez-vous et soyez dans l'allégresse, parce que votre récompense sera grande dans les cieux; car c'est ainsi qu'on a persécuté les prophètes qui ont été avant vous.

5:13 אַתֶּם מֶלַח הָאָרֶץ וְאִם־הַמֶּלַח הָיָה תָפֵל בַּמֶּה יָמְלָח הֵן לֹא־יִצְלַח עוֹד לַכֹּל כִּי אִם־לְהַשְׁלִיךְ חוּצָה וְהָיָה מִרְמָס לִבְנֵי אָדָם:

5:13 Vos estis sal terrae. Quod si sal evanuerit, in quo salietur? ad nihilum valet ultra, nisi ut mittatur foras, et conculcetur ab hominibus.

5:13 Ὑμεῖς ἐστε τὸ ἅλας τῆς γῆς· ἐὰν δὲ τὸ ἅλας μωρανθῇ, ἐν τίνι ἁλισθήσεται; Εἰς οὐδὲν ἰσχύει ἔτι, εἰ μὴ βληθῆναι ἔξω καὶ καταπατεῖσθαι ὑπὸ τῶν ἀνθρώπων.

5:13 You are the salt of the earth but if the salt loses its savor, how shall it be salty? It is therefore good for nothing but to be thrown out and trampled under the foot of men.

5:13 Ihr seid das Salz der Erde. Wo nun das Salz dumm wird, womit soll man's salzen? Es ist hinfort zu nichts nütze, denn das man es hinausschütte und lasse es die Leute zertreten.

5:13 Vous êtes le sel de la terre. Mais si le sel perd sa saveur, avec quoi la lui rendra-t-on? Il ne sert plus qu'à être jeté dehors, et foulé aux pieds par les hommes.

5:14 אַתֶּם אוֹרוֹ שֶׁל־עוֹלָם עִיר יֹשֶׁבֶת עַל־הָהָר לֹא תִסָּתֵר:

5:14 Vos estis lux mundi. Non potest civitas abscondi supra montem posita,

5:14 Ὑμεῖς ἐστε τὸ φῶς τοῦ κόσμου· οὐ δύναται πόλις κρυβῆναι ἐπάνω ὄρους κειμένη·

5:14 You are the light of the world. A city set on a hill cannot be hidden.

5:14 Ihr seid das Licht der Welt. Es kann die Stadt, die auf einem Berge liegt, nicht verborgen sein.

5:14 Vous êtes la lumière du monde. Une ville située sur une montagne ne peut être cachée;

5:15 גַּם אֵין מַדְלִיקִים נֵר לָשׂוּם אוֹתוֹ תַּחַת הָאֵיפָה כִּי אִם־עַל־הַמְּנוֹרָה לְהָאִיר לְכָל־אֲשֶׁר בַּבָּיִת׃

5:15 neque accendunt lucernam, et ponunt eam sub modio, sed super candelabrum, ut luceat omnibus qui in domo sunt.

5:15 οὐδὲ καίουσιν λύχνον καὶ τιθέασιν αὐτὸν ὑπὸ τὸν μόδιον, ἀλλ' ἐπὶ τὴν λυχνίαν, καὶ λάμπει πᾶσιν τοῖς ἐν τῇ οἰκίᾳ.

5:15 Neither do *men* light a lamp and put it under the basket but rather on the stand and it shines for all who are in the house.

5:15 Man zündet auch nicht ein Licht an und setzt es unter einen Scheffel, sondern auf einen Leuchter; so leuchtet es denn allen, die im Hause sind.

5:15 et on n'allume pas une lampe pour la mettre sous le boisseau, mais on la met sur le chandelier, et elle éclaire tous ceux qui sont dans la maison.

5:16 כֵּן יָאֵר אוֹרְכֶם לִפְנֵי בְּנֵי הָאָדָם לְמַעַן יִרְאוּ מַעֲשֵׂיכֶם הַטּוֹבִים וְשִׁבְּחוּ אֶת־אֲבִיכֶם שֶׁבַּשָּׁמָיִם׃

5:16 Sic luceat lux vestra coram hominibus: ut videant opera vestra bona, et glorificent Patrem vestrum, qui in caelis est.

5:16 Οὕτως λαμψάτω τὸ φῶς ὑμῶν ἔμπροσθεν τῶν ἀνθρώπων, ὅπως ἴδωσιν ὑμῶν τὰ καλὰ ἔργα, καὶ δοξάσωσιν τὸν πατέρα ὑμῶν τὸν ἐν τοῖς οὐρανοῖς.

5:16 Even so let your light shine before men so that they may see your good works and glorify your Father who is in heaven.

5:16 Also laßt euer Licht leuchten vor den Leuten, daß sie eure guten Werke sehen und euren Vater im Himmel preisen.

5:16 Que votre lumière luise ainsi devant les hommes, afin qu'ils voient vos bonnes oeuvres, et qu'ils glorifient votre Père qui est dans les cieux.

5:17 אַל־תְּדַמּוּ כִּי בָאתִי לְהָפֵר אֶת־הַתּוֹרָה אוֹ אֶת־דִּבְרֵי הַנְּבִיאִים לֹא בָאתִי לְהָפֵר כִּי אִם־לְמַלֹּאת׃

5:17 Nolite putare quoniam veni solvere legem aut prophetas: non veni solvere, sed adimplere.

5:17 Μὴ νομίσητε ὅτι ἦλθον καταλῦσαι τὸν νόμον ἢ τοὺς προφήτας· οὐκ ἦλθον καταλῦσαι ἀλλὰ πληρῶσαι.

5:17 Do not think that I came to destroy the law or the prophets: I did not come to destroy, but to fulfill.

5:17 Ihr sollt nicht wähnen, daß ich gekommen bin, das Gesetz oder die Propheten aufzulösen; ich bin nicht gekommen, aufzulösen, sondern zu erfüllen.

5:17 Ne croyez pas que je sois venu pour abolir la loi ou les prophètes; je suis venu non pour abolir, mais pour accomplir.

The Gospel of Matthew

5:18 כִּי אָמֵן אֹמֵר אֲנִי לָכֶם עַד כִּי־יַעַבְרוּ הַשָּׁמַיִם וְהָאָרֶץ לֹא תַּעֲבֹר יוֹד אַחַת אוֹ־קוֹץ אֶחָד מִן־הַתּוֹרָה עַד אֲשֶׁר יְקוּיַם הַכֹּל׃

5:18 Amen quippe dico vobis, donec transeat caelum et terra, jota unum aut unus apex non praeteribit a lege, donec omnia fiant.

5:18 Ἀμὴν γὰρ λέγω ὑμῖν, ἕως ἂν παρέλθῃ ὁ οὐρανὸς καὶ ἡ γῆ, ἰῶτα ἓν ἢ μία κεραία οὐ μὴ παρέλθῃ ἀπὸ τοῦ νόμου, ἕως ἂν πάντα γένηται.

5:18 Amen. For I say to you, until heaven and earth pass away, not one iota or marking shall pass away from the law, until all things be accomplished.

5:18 Denn ich sage euch wahrlich: Bis daß Himmel und Erde zergehe, wird nicht zergehen der kleinste Buchstabe noch ein Tüttel vom Gesetz, bis daß es alles geschehe.

5:18 Car, je vous le dis en vérité, tant que le ciel et la terre ne passeront point, il ne disparaîtra pas de la loi un seul iota ou un seul trait de lettre, jusqu'à ce que tout soit arrivé.

5:19 לָכֵן הָאִישׁ אֲשֶׁר יָפֵר אַחַת מִן־הַמִּצְוֹת הַקְּטַנּוֹת הָאֵלֶּה וִילַמֵּד אֶת־בְּנֵי הָאָדָם לַעֲשׂוֹת כָּמוֹהוּ קָטֹן יִקָּרֵא לוֹ בְּמַלְכוּת הַשָּׁמַיִם וַאֲשֶׁר יַעֲשֶׂה וִילַמֵּד אוֹתָן לָזֶה גָּדוֹל יִקָּרֵא בְּמַלְכוּת הַשָּׁמַיִם׃

5:19 Qui ergo solverit unum de mandatis istis minimis, et docuerit sic homines, minimus vocabitur in regno caelorum: qui autem fecerit et docuerit, hic magnus vocabitur in regno caelorum.

5:19 Ὃς ἐὰν οὖν λύσῃ μίαν τῶν ἐντολῶν τούτων τῶν ἐλαχίστων, καὶ διδάξῃ οὕτως τοὺς ἀνθρώπους, ἐλάχιστος κληθήσεται ἐν τῇ βασιλείᾳ τῶν οὐρανῶν· ὃς δ' ἂν ποιήσῃ καὶ διδάξῃ, οὗτος μέγας κληθήσεται ἐν τῇ βασιλείᾳ τῶν οὐρανῶν.

5:19 Therefore, whoever shall break one of these lesser commandments, and thus shall teach men to, shall be called lesser by the Kingdom of Heaven, but whoever shall do and teach them, he shall be called great in the Kingdom of Heaven.

5:19 Wer nun eines von diesen kleinsten Geboten auflöst und lehrt die Leute also, der wird der Kleinste heißen im Himmelreich; wer es aber tut und lehrt, der wird groß heißen im Himmelreich.

5:19 Celui donc qui supprimera l'un de ces plus petits commandements, et qui enseignera aux hommes à faire de même, sera appelé le plus petit dans le royaume des cieux; mais celui qui les observera, et qui enseignera à les observer, celui-là sera appelé grand dans le royaume des cieux.

5:20 כִּי אֲנִי אֹמֵר לָכֶם אִם לֹא־תִהְיֶה צִדְקַתְכֶם מְצֻדֶּקֶת מְרוּבָּה מִצִּדְקַת הַסּוֹפְרִים וְהַפְּרוּשִׁים לֹא תָבֹאוּ בְּמַלְכוּת הַשָּׁמַיִם׃

5:20 Dico enim vobis, quia nisi abundaverit justitia vestra plus quam scribarum et pharisaeorum, non intrabitis in regnum caelorum.

5:20 Λέγω γὰρ ὑμῖν ὅτι ἐὰν μὴ περισσεύσῃ ἡ δικαιοσύνη ὑμῶν πλεῖον τῶν γραμματέων καὶ Φαρισαίων, οὐ μὴ εἰσέλθητε εἰς τὴν βασιλείαν τῶν οὐρανῶν.

5:20 For I say to you, that unless your righteousness shall exceed that of the scribes and Pharisees, you shall in no way enter into the Kingdom of Heaven.

5:20 Denn ich sage euch: Es sei denn eure Gerechtigkeit besser als der Schriftgelehrten und Pharisäer, so werdet ihr nicht in das Himmelreich kommen.

5:20 Car, je vous le dis, si votre justice ne surpasse celle des scribes et des pharisiens, vous n'entrerez point dans le royaume des cieux.

5:21 הֲלֹא שְׁמַעְתֶּם כִּי נֶאֱמַר לָרִאשֹׁנִים לֹא תִרְצָח וַאֲשֶׁר יִרְצַח חַיָּב הוּא לְבֵית דִּין:

5:21 Audistis quia dictum est antiquis: Non occides: qui autem occiderit, reus erit judicio.

5:21 Ἠκούσατε ὅτι ἐρρέθη τοῖς ἀρχαίοις, Οὐ φονεύσεις· ὃς δ' ἂν φονεύσῃ, ἔνοχος ἔσται τῇ κρίσει·

5:21 You have heard that it was said by those of long ago, 'You shall not kill.' and 'Whoever shall kill shall be in danger of the judgment.'

5:21 Ihr habt gehört, daß zu den Alten gesagt ist: "Du sollst nicht töten; wer aber tötet, der soll des Gerichts schuldig sein."

5:21 Vous avez entendu qu'il a été dit aux anciens: Tu ne tueras point; celui qui tuera mérite d'être puni par les juges.

5:22 וַאֲנִי אֹמֵר לָכֶם כָּל־אֲשֶׁר יִקְצֹף עַל־אָחִיו חִנָּם חַיָּב הוּא לְבֵית דִּין וַאֲשֶׁר יֹאמַר אֶל־אָחִיו רֵקָא חַיָּב הוּא לְסַנְהֶדְרִין וַאֲשֶׁר נָבָל יִקְרָא לוֹ הוּא מְחוּיָב אֵשׁ גֵּיהִנֹּם:

5:22 Ego autem dico vobis: quia omnis qui irascitur fratri suo, reus erit judicio. Qui autem dixerit fratri suo, raca: reus erit concilio. Qui autem dixerit, fatue: reus erit gehennae ignis.

5:22 ἐγὼ δὲ λέγω ὑμῖν ὅτι πᾶς ὁ ὀργιζόμενος τῷ ἀδελφῷ αὐτοῦ εἰκῇ ἔνοχος ἔσται τῇ κρίσει· ὃς δ' ἂν εἴπῃ τῷ ἀδελφῷ αὐτοῦ, Ῥακά, ἔνοχος ἔσται τῷ συνεδρίῳ· ὃς δ' ἂν εἴπῃ, Μωρέ, ἔνοχος ἔσται εἰς τὴν γέενναν τοῦ πυρός.

5:22 But I say to you that everyone who is angry with his brother shall be in danger of the judgment and whoever shall say to his brother, 'Raka' shall be in danger of the council; and whoever shall say, 'You fool!' shall be in danger of the hell of fire.

5:22 Ich aber sage euch: Wer mit seinem Bruder zürnet, der ist des Gerichts schuldig; wer aber zu seinem Bruder sagt: Racha! der ist des Rats schuldig; wer aber sagt: Du Narr! der ist des höllischen Feuers schuldig.

5:22 Mais moi, je vous dis que quiconque se met en colère contre son frère mérite d'être puni par les juges; que celui qui dira à son frère: Raca! mérite d'être puni par le sanhédrin; et que celui qui lui dira: Insensé! mérite d'être puni par le feu de la géhenne.

5:23 לָכֵן אִם־תַּקְרִיב קָרְבָּנְךָ אֶל־הַמִּזְבֵּחַ וְזָכַרְתָּ כִּי־יֵשׁ לְאָחִיךָ דְּבַר רִיב עִמָּךְ:

5:23 Si ergo offers munus tuum ad altare, et ibi recordatus fueris quia frater tuus habet aliquid adversum te:

5:23 Ἐὰν οὖν προσφέρῃς τὸ δῶρόν σου ἐπὶ τὸ θυσιαστήριον, καὶ ἐκεῖ μνησθῇς ὅτι ὁ ἀδελφός σου ἔχει τι κατὰ σοῦ,

5:23 If, therefore, you are offering your gift at the altar and remember there that your brother has something against you,

5:23 Darum, wenn du deine Gabe auf dem Altar opferst und wirst allda eingedenk, daß dein Bruder etwas wider dich habe,

5:23 Si donc tu présentes ton offrande à l'autel, et que là tu te souviennes que ton frère a quelque chose contre toi,

The Gospel of Matthew

5:24 הַנַּח שָׁם אֶת־קָרְבָּנְךָ לִפְנֵי הַמִּזְבֵּחַ וְלֵךְ כַּפֵּר אֶת־פְּנֵי אָחִיךָ וְאַחֲרֵי כֵן בּוֹא הַקְרֵב אֶת־קָרְבָּנֶךָ:

5:24 relinque ibi munus tuum ante altare, et vade prius reconciliari fratri tuo: et tunc veniens offeres munus tuum.

5:24 ἄφες ἐκεῖ τὸ δῶρόν σου ἔμπροσθεν τοῦ θυσιαστηρίου, καὶ ὕπαγε, πρῶτον διαλλάγηθι τῷ ἀδελφῷ σου, καὶ τότε ἐλθὼν πρόσφερε τὸ δῶρόν σου.

5:24 leave your gift there before the altar and go on your way; first, be reconciled to your brother and then come and offer your gift.

5:24 so laß allda vor dem Altar deine Gabe und gehe zuvor hin und versöhne dich mit deinem Bruder, und alsdann komm und opfere deine Gabe.

5:24 laisse là ton offrande devant l'autel, et va d'abord te réconcilier avec ton frère; puis, viens présenter ton offrande.

5:25 מַהֵר הִתְרַצֵּה לְאִישׁ רִיבְךָ בְּעוֹדְךָ בַדֶּרֶךְ אִתּוֹ פֶּן־יַסְגִּירְךָ אִישׁ רִיבְךָ אֶל־הַשֹּׁפֵט וְהַשֹּׁפֵט יַסְגִּירְךָ לַשּׁוֹטֵר וְהָשְׁלַכְתָּ אֶל־בֵּית הַכֶּלֶא:

5:25 Esto consentiens adversario tuo cito dum es in via cum eo: ne forte tradat te adversarius judici, et judex tradat te ministro: et in carcerem mittaris.

5:25 Ἴσθι εὐνοῶν τῷ ἀντιδίκῳ σου ταχύ, ἕως ὅτου εἶ ἐν τῇ ὁδῷ μετ' αὐτοῦ, μήποτέ σε παραδῷ ὁ ἀντίδικος τῷ κριτῇ, καὶ ὁ κριτής σε παραδῷ τῷ ὑπηρέτῃ, καὶ εἰς φυλακὴν βληθήσῃ.

5:25 Agree with your adversary quickly while you are with him on the way unless the adversary delivers you to the judge, and the judge delivers you to the officer, and you are thrown into prison.

5:25 Sei willfährig deinem Widersacher bald, dieweil du noch bei ihm auf dem Wege bist, auf daß dich der Widersacher nicht dermaleinst überantworte dem Richter, und der Richter überantworte dich dem Diener, und wirst in den Kerker geworfen.

5:25 Accorde-toi promptement avec ton adversaire, pendant que tu es en chemin avec lui, de peur qu'il ne te livre au juge, que le juge ne te livre à l'officier de justice, et que tu ne sois mis en prison.

5:26 אָמֵן אֹמַר אֲנִי לָךְ לֹא תֵצֵא מִשָּׁם עַד אִם־שִׁלַּמְתָּ אֶת־הַפְּרוּטָה הָאַחֲרוֹנָה:

5:26 Amen dico tibi, non exies inde, donec reddas novissimum quadrantem.

5:26 Ἀμὴν λέγω σοι, οὐ μὴ ἐξέλθῃς ἐκεῖθεν, ἕως ἂν ἀποδῷς τὸν ἔσχατον κοδράντην.

5:26 Amen. I say to you, you shall by no means get out of there until you have paid the last bit of money.

5:26 Ich sage dir wahrlich: Du wirst nicht von dannen herauskommen, bis du auch den letzten Heller bezahlest.

5:26 Je te le dis en vérité, tu ne sortiras pas de là que tu n'aies payé le dernier quadrant.

5:27 שְׁמַעְתֶּם כִּי נֶאֱמַר לָרִאשֹׁנִים לֹא תִנְאָף:

5:27 Audistis quia dictum est antiquis: Non moechaberis.

5:27 Ἠκούσατε ὅτι ἐρρέθη, Οὐ μοιχεύσεις·

5:27 You have heard that it was said, 'You shall not commit adultery.'

5:27 Ihr habt gehört, daß zu den Alten gesagt ist: "Du sollst nicht ehebrechen."

5:27 Vous avez appris qu'il a été dit: Tu ne commettras point d'adultère.

The Gospel of Matthew

5:28 וַאֲנִי אֹמֵר לָכֶם כָּל־הַמִּסְתַּכֵּל בְּאִשָּׁה לַחְמֹד אוֹתָהּ נָאֹף נָאֲפָהּ בְּלִבּוֹ:

5:28 Ego autem dico vobis: quia omnis qui viderit mulierem ad concupiscendum eam, jam moechatus est eam in corde suo.

5:28 ἐγὼ δὲ λέγω ὑμῖν, ὅτι πᾶς ὁ βλέπων γυναῖκα πρὸς τὸ ἐπιθυμῆσαι αὐτὴν ἤδη ἐμοίχευσεν αὐτὴν ἐν τῇ καρδίᾳ αὐτοῦ.

5:28 But I say to you, everyone who looks at a woman to lust after her has committed adultery with her already in his heart.

5:28 Ich aber sage euch: Wer ein Weib ansieht, ihrer zu begehren, der hat schon mit ihr die Ehe gebrochen in seinem Herzen.

5:28 Mais moi, je vous dis que quiconque regarde une femme pour la convoiter a déjà commis un adultère avec elle dans son coeur.

5:29 וְאִם תַּכְשִׁילְךָ עֵין יְמִינְךָ נַקֵּר אוֹתָהּ וְהַשְׁלֵךְ מִמְּךָ כִּי טוֹב לְךָ אֲשֶׁר יֹאבַד אֶחָד מֵאֵבָרֶיךָ מֵרֶדֶת כָּל־גּוּפְךָ אֶל־גֵּיהִנֹּם:

5:29 Quod si oculus tuus dexter scandalizat te, erue eum, et projice abs te: expedit enim tibi ut pereat unum membrorum tuorum, quam totum corpus tuum mittatur in gehennam.

5:29 Εἰ δὲ ὁ ὀφθαλμός σου ὁ δεξιὸς σκανδαλίζει σε, ἔξελε αὐτὸν καὶ βάλε ἀπὸ σοῦ· συμφέρει γάρ σοι ἵνα ἀπόληται ἓν τῶν μελῶν σου, καὶ μὴ ὅλον τὸ σῶμά σου βληθῇ εἰς γέενναν.

5:29 And if your right eye causes you to stumble tear it out and throw it away from you. For it is a benefit for you that one of your limbs members might be done away with and not your whole body that is thrown into hell.

5:29 Ärgert dich aber dein rechtes Auge, so reiß es aus und wirf's von dir. Es ist dir besser, daß eins deiner Glieder verderbe, und nicht der ganze Leib in die Hölle geworfen werde.

5:29 Si ton oeil droit est pour toi une occasion de chute, arrache-le et jette-le loin de toi; car il est avantageux pour toi qu'un seul de tes membres périsse, et que ton corps entier ne soit pas jeté dans la géhenne.

5:30 וְאִם־יָדְךָ הַיְמָנִית תַּכְשִׁילְךָ קַצֵּץ אוֹתָהּ וְהַשְׁלֵךְ מִמְּךָ כִּי טוֹב לְךָ אֲשֶׁר יֹאבַד אֶחָד מֵאֵבָרֶיךָ מֵרֶדֶת כָּל־גּוּפְךָ אֶל־גֵּיהִנֹּם:

5:30 Et si dextra manus tua scandalizat te, abscide eam, et projice abs te: expedit enim tibi ut pereat unum membrorum tuorum, quam totum corpus tuum eat in gehennam.

5:30 Καὶ εἰ ἡ δεξιά σου χεὶρ σκανδαλίζει σε, ἔκκοψον αὐτὴν καὶ βάλε ἀπὸ σοῦ· συμφέρει γάρ σοι ἵνα ἀπόληται ἓν τῶν μελῶν σου, καὶ μὴ ὅλον τὸ σῶμά σου βληθῇ εἰς γέενναν.

5:30 And if your right hand causes you to stumble cut it off and throw it away from you. For it is a benefit for you that one of your limbs members might be done away with and not your whole body that is thrown into hell.

5:30 Ärgert dich deine rechte Hand, so haue sie ab und wirf sie von dir. Es ist dir besser, daß eins deiner Glieder verderbe, und nicht der ganze Leib in die Hölle geworfen werde.

5:30 Et si ta main droite est pour toi une occasion de chute, coupe-la et jette-la loin de toi; car il est avantageux pour toi qu'un seul de tes membres périsse, et que ton corps entier n'aille pas dans la géhenne.

5:31 וְנֶאֱמַר אִישׁ כִּי יְשַׁלַּח אֶת־אִשְׁתּוֹ וְנָתַן לָהּ סֵפֶר כְּרִיתֻת:

5:31 Dictum est autem: Quicumque dimiserit uxorem suam, det ei libellum repudii.

5:31 Ἐρρέθη δὲ ὅτι "Ὃς ἂν ἀπολύσῃ τὴν γυναῖκα αὐτοῦ, δότω αὐτῇ ἀποστάσιον·

5:31 It was said also, 'Whoever shall divorce his wife, let him give her a document of divorce.'

5:31 Es ist auch gesagt: "Wer sich von seinem Weibe scheidet, der soll ihr geben einen Scheidebrief."

5:31 Il a été dit: Que celui qui répudie sa femme lui donne une lettre de divorce.

5:32 וַאֲנִי אֹמֵר לָכֶם הַמְשַׁלֵּחַ אֶת־אִשְׁתּוֹ בִּלְתִּי עַל־דְּבַר זְנוּת מְבִיאָהּ לִידֵי נִאוּפִים וְהַלֹּקֵחַ אֶת־הַגְּרוּשָׁה לוֹ לְאִשָּׁה נֹאֵף הוּא:

5:32 Ego autem dico vobis: quia omnis qui dimiserit uxorem suam, excepta fornicationis causa, facit eam moechari: et qui dimissam duxerit, adulterat.

5:32 ἐγὼ δὲ λέγω ὑμῖν, ὅτι ὃς ἂν ἀπολύσῃ τὴν γυναῖκα αὐτοῦ, παρεκτὸς λόγου πορνείας, ποιεῖ αὐτὴν μοιχᾶσθαι· καὶ ὃς ἐὰν ἀπολελυμένην γαμήσῃ μοιχᾶται.

5:32 But I say to you that everyone who divorces his wife, except for the cause of fornication, makes her an adulteress; and whoever shall marry her when she is put away commits adultery.

5:32 Ich aber sage euch: Wer sich von seinem Weibe scheidet (es sei denn um Ehebruch), der macht, daß sie die Ehe bricht; und wer eine Abgeschiedene freit, der bricht die Ehe.

5:32 Mais moi, je vous dis que celui qui répudie sa femme, sauf pour cause d'infidélité, l'expose à devenir adultère, et que celui qui épouse une femme répudiée commet un adultère.

5:33 עוֹד שְׁמַעְתֶּם כִּי נֶאֱמַר לָרִאשֹׁנִים לֹא תִשָּׁבַע לַשֶּׁקֶר וְשַׁלֵּם לַיהוָה שְׁבוּעוֹתֶיךָ:

5:33 Iterum audistis quia dictum est antiquis: Non perjurabis: reddes autem Domino juramenta tua.

5:33 Πάλιν ἠκούσατε ὅτι ἐρρέθη τοῖς ἀρχαίοις, Οὐκ ἐπιορκήσεις, ἀποδώσεις δὲ τῷ κυρίῳ τοὺς ὅρκους σου·

5:33 Again, you have heard that it was said to them of long ago, 'You shall not swear falsely but shall do your oaths as to the Lord.'

5:33 Ihr habt weiter gehört, daß zu den Alten gesagt ist: "Du sollst keinen falschen Eid tun und sollst Gott deinen Eid halten."

5:33 Vous avez encore appris qu'il a été dit aux anciens: Tu ne te parjureras point, mais tu t'acquitteras envers le Seigneur de ce que tu as déclaré par serment.

5:34 וַאֲנִי אֹמֵר לָכֶם לֹא תִשָּׁבְעוּ כָּל־שְׁבוּעָה לֹא בַשָּׁמַיִם כִּי־כִסֵּא אֱלֹהִים הֵמָּה:

5:34 Ego autem dico vobis, non jurare omnino, neque per caelum, quia thronus Dei est:

5:34 ἐγὼ δὲ λέγω ὑμῖν μὴ ὀμόσαι ὅλως· μήτε ἐν τῷ οὐρανῷ, ὅτι θρόνος ἐστὶν τοῦ θεοῦ·

5:34 But I say to you, do not swear at all, neither by the heaven, for it is the throne of God,

5:34 Ich aber sage euch, daß ihr überhaupt nicht schwören sollt, weder bei dem Himmel, denn er ist Gottes Stuhl,

5:34 Mais moi, je vous dis de ne jurer aucunement, ni par le ciel, parce que c'est le trône de Dieu;

The Gospel of Matthew

5:35 וְלֹא בָאָרֶץ כִּי־הֲדֹם רַגְלָיו הִיא וְלֹא בִירוּשָׁלַיִם כִּי־הִיא קִרְיַת מֶלֶךְ רָב:

5:35 neque per terram, quia scabellum est pedum ejus: neque per Jerosolymam, quia civitas est magni regis:

5:35 μήτε ἐν τῇ γῇ, ὅτι ὑποπόδιόν ἐστιν τῶν ποδῶν αὐτοῦ· μήτε εἰς Ἱεροσόλυμα, ὅτι πόλις ἐστὶν τοῦ μεγάλου βασιλέως·

5:35 nor by the earth, for it is the footstool of his feet, nor by Jerusalem, for it is the city of the great King.

5:35 noch bei der Erde, denn sie ist seiner Füße Schemel, noch bei Jerusalem, denn sie ist des großen Königs Stadt.

5:35 ni par la terre, parce que c'est son marchepied; ni par Jérusalem, parce que c'est la ville du grand roi.

5:36 אַף בְּחַיֵּי רֹאשְׁךָ אַל־תִּשָּׁבֵעַ כִּי־לֹא תוּכַל לַהֲפֹךְ שַׂעֲרָה אַחַת לְלִבְנָה אוֹ לִשְׁחֹרָה:

5:36 neque per caput tuum juraveris, quia non potes unum capillum album facere, aut nigrum.

5:36 μήτε ἐν τῇ κεφαλῇ σου ὀμόσῃς, ὅτι οὐ δύνασαι μίαν τρίχα λευκὴν ἢ μέλαιναν ποιῆσαι.

5:36 Neither shall you swear by your head, for you cannot make one hair white or black.

5:36 Auch sollst du nicht bei deinem Haupt schwören, denn du vermagst nicht ein einziges Haar schwarz oder weiß zu machen.

5:36 Ne jure pas non plus par ta tête, car tu ne peux rendre blanc ou noir un seul cheveu.

5:37 אַךְ־יְהִי דְבַרְכֶם הֵן הֵן לֹא לֹא וְהַיּוֹתֵר עַל אֵלֶּה מִן־הָרָע הוּא:

5:37 Sit autem sermo vester, est, est: non, non: quod autem his abundantius est, a malo est.

5:37 Ἔστω δὲ ὁ λόγος ὑμῶν, ναὶ ναί, οὒ οὔ· τὸ δὲ περισσὸν τούτων ἐκ τοῦ πονηροῦ ἐστιν.

5:37 But let your speech be, 'Yes, yes. No, no.' And anything more than these is of the evil one.

5:37 Eure Rede aber sei: Ja, ja; nein, nein. Was darüber ist, das ist vom Übel.

5:37 Que votre parole soit oui, oui, non, non; ce qu'on y ajoute vient du malin.

5:38 שְׁמַעְתֶּם כִּי נֶאֱמַר עַיִן תַּחַת עַיִן שֵׁן תַּחַת שֵׁן:

5:38 Audistis quia dictum est: Oculum pro oculo, et dentem pro dente.

5:38 Ἠκούσατε ὅτι ἐρρέθη, Ὀφθαλμὸν ἀντὶ ὀφθαλμοῦ, καὶ ὀδόντα ἀντὶ ὀδόντος·

5:38 You have heard that it was said, 'An eye for an eye and a tooth for a tooth.'

5:38 Ihr habt gehört, daß da gesagt ist: "Auge um Auge, Zahn um Zahn."

5:38 Vous avez appris qu'il a été dit: oeil pour oeil, et dent pour dent.

The Gospel of Matthew

5:39 וַאֲנִי אֹמֵר לָכֶם אַל־תִּתְקוֹמְמוּ לָרָשָׁע וְהַמַּכֶּה אוֹתְךָ עַל־הַלְּחִי הַיְמָנִית הַטֵּה־לוֹ גַּם אֶת־הָאַחֶרֶת:

5:39 Ego autem dico vobis, non resistere malo: sed si quis te percusserit in dexteram maxillam tuam, praebe illi et alteram:

5:39 ἐγὼ δὲ λέγω ὑμῖν μὴ ἀντιστῆναι τῷ πονηρῷ· ἀλλ' ὅστις σε ῥαπίσει ἐπὶ τὴν δεξιὰν σιαγόνα, στρέψον αὐτῷ καὶ τὴν ἄλλην·

5:39 But I say to you, do not rise up against the evil one, but whoever strikes you on your right cheek, also turn to him the other.

5:39 Ich aber sage euch, daß ihr nicht widerstreben sollt dem Übel; sondern, so dir jemand einen Streich gibt auf deinen rechten Backen, dem biete den andern auch dar.

5:39 Mais moi, je vous dis de ne pas résister au méchant. Si quelqu'un te frappe sur la joue droite, présente-lui aussi l'autre.

5:40 וַאֲשֶׁר יַחְפֹּץ לָרִיב עִמְּךָ וְלָקַחַת אֶת־כֻּתָּנְתְּךָ תֶּן־לוֹ גַּם אֶת־הַמְּעִיל:

5:40 et ei, qui vult tecum judicio contendere, et tunicam tuam tollere, dimitte ei et pallium:

5:40 καὶ τῷ θέλοντί σοι κριθῆναι καὶ τὸν χιτῶνά σου λαβεῖν, ἄφες αὐτῷ καὶ τὸ ἱμάτιον·

5:40 And if any man shall desire to make judgments against you and take away your coat, let him have your cloak also.

5:40 Und so jemand mit dir rechten will und deinen Rock nehmen, dem laß auch den Mantel.

5:40 Si quelqu'un veut plaider contre toi, et prendre ta tunique, laisse-lui encore ton manteau.

5:41 וְהָאֹנֵס אוֹתְךָ לָלֶכֶת עִמּוֹ דֶּרֶךְ מִיל לֵךְ אִתּוֹ שְׁנָיִם:

5:41 et quicumque te angariaverit mille passus, vade cum illo et alia duo.

5:41 καὶ ὅστις σε ἀγγαρεύσει μίλιον ἕν, ὕπαγε μετ' αὐτοῦ δύο.

5:41 And whoever shall compel you to go one mile, go with him two.

5:41 Und so dich jemand nötigt eine Meile, so gehe mit ihm zwei.

5:41 Si quelqu'un te force à faire un mille, fais-en deux avec lui.

5:42 הַשֹּׁאֵל מֵאִתְּךָ תֶּן־לוֹ וְהַבָּא לִלְווֹת מִמְּךָ אַל־תָּשֵׁב פָּנָיו:

5:42 Qui petit a te, da ei: et volenti mutuari a te, ne avertaris.

5:42 Τῷ αἰτοῦντί σε δίδου· καὶ τὸν θέλοντα ἀπὸ σοῦ δανείσασθαι μὴ ἀποστραφῇς.

5:42 Give to him that asks you and from him that would borrow from you, do not turn away.

5:42 Gib dem, der dich bittet, und wende dich nicht von dem, der dir abborgen will.

5:42 Donne à celui qui te demande, et ne te détourne pas de celui qui veut emprunter de toi.

5:43 שְׁמַעְתֶּם כִּי נֶאֱמַר וְאָהַבְתָּ לְרֵעֶךָ וְשָׂנֵאתָ אֶת־אֹיִבְךָ:

5:43 Audistis quia dictum est: Diliges proximum tuum, et odio habebis inimicum tuum.

5:43 Ἠκούσατε ὅτι ἐρρέθη, Ἀγαπήσεις τὸν πλησίον σου, καὶ μισήσεις τὸν ἐχθρόν σου·

5:43 You have heard that it was said, 'You shall love your neighbor and hate your enemy.'

5:43 Ihr habt gehört, daß gesagt ist: "Du sollst deinen Nächsten lieben und deinen Feind hassen."

5:43 Vous avez appris qu'il a été dit: Tu aimeras ton prochain, et tu haïras ton ennemi.

5:44 וַאֲנִי אֹמֵר לָכֶם אֶהֱבוּ אֶת־אֹיְבֵיכֶם בָּרֲכוּ אֶת־מְקַלְלֵיכֶם הֵיטִיבוּ לְשֹׂנְאֵיכֶם וְהִתְפַּלְלוּ בְּעַד מַכְאִיבֵיכֶם וְרֹדְפֵיכֶם:

5:44 Ego autem dico vobis: diligite inimicos vestros, benefacite his qui oderunt vos, et orate pro persequentibus et calumniantibus vos:

5:44 ἐγὼ δὲ λέγω ὑμῖν, Ἀγαπᾶτε τοὺς ἐχθροὺς ὑμῶν, εὐλογεῖτε τοὺς καταρωμένους ὑμᾶς, καλῶς ποιεῖτε τοῖς μισοῦσιν ὑμᾶς, καὶ προσεύχεσθε ὑπὲρ τῶν ἐπηρεαζόντων ὑμᾶς, καὶ διωκόντων ὑμᾶς·

5:44 But I say to you, love your enemies and pray for those that persecute you

5:44 Ich aber sage euch: Liebet eure Feinde; segnet, die euch fluchen; tut wohl denen, die euch hassen; bittet für die, so euch beleidigen und verfolgen,

5:44 Mais moi, je vous dis: Aimez vos ennemis, bénissez ceux qui vous maudissent, faites du bien à ceux qui vous haïssent, et priez pour ceux qui vous maltraitent et qui vous persécutent,

5:45 לְמַעַן תִּהְיוּ בָנִים לַאֲבִיכֶם שֶׁבַּשָּׁמָיִם אֲשֶׁר הוּא מַזְרִיחַ שִׁמְשׁוֹ לָרָעִים וְלַטּוֹבִים וּמַמְטִיר עַל־הַצַּדִּיקִים וְגַם עַל־הָרְשָׁעִים:

5:45 ut sitis filii Patris vestri, qui in caelis est: qui solem suum oriri facit super bonos et malos: et pluit super justos et injustos.

5:45 ὅπως γένησθε υἱοὶ τοῦ πατρὸς ὑμῶν τοῦ ἐν τοῖς οὐρανοῖς, ὅτι τὸν ἥλιον αὐτοῦ ἀνατέλλει ἐπὶ πονηροὺς καὶ ἀγαθούς, καὶ βρέχει ἐπὶ δικαίους καὶ ἀδίκους.

5:45 so that you may be sons of your Father who is in heaven, for he makes his sun rise on the evil and the good, and sends rain on the just and the unjust.

5:45 auf daß ihr Kinder seid eures Vater im Himmel; denn er läßt seine Sonne aufgehen über die Bösen und über die Guten und läßt regnen über Gerechte und Ungerechte.

5:45 afin que vous soyez fils de votre Père qui est dans les cieux; car il fait lever son soleil sur les méchants et sur les bons, et il fait pleuvoir sur les justes et sur les injustes.

5:46 כִּי אִם־תֶּאֱהֲבוּ אֶת־אֹהֲבֵיכֶם מַה־שְּׂכַרְכֶם הֲלֹא גַּם־הַמֹּכְסִים יַעֲשׂוּ־זֹאת:

5:46 Si enim diligitis eos qui vos diligunt, quam mercedem habebitis? nonne et publicani hoc faciunt?

5:46 Ἐὰν γὰρ ἀγαπήσητε τοὺς ἀγαπῶντας ὑμᾶς, τίνα μισθὸν ἔχετε; Οὐχὶ καὶ οἱ τελῶναι τὸ αὐτὸ ποιοῦσιν;

5:46 For if you love those that love you, what reward do you have? Do not even the tax collectors do the same?

5:46 Denn so ihr liebet, die euch lieben, was werdet ihr für Lohn haben? Tun nicht dasselbe auch die Zöllner?

5:46 Si vous aimez ceux qui vous aiment, quelle récompense méritez-vous? Les publicains aussi n'agissent-ils pas de même?

5:47 וְאִם־תִּשְׁאֲלוּ לְשָׁלוֹם אֲחֵיכֶם בִּלְבָד מַה־שִּׁבְחֲכֶם הֲלֹא גַם־הַמֹּכְסִים יַעֲשׂוּ־זֹאת:

5:47 Et si salutaveritis fratres vestros tantum, quid amplius facitis? nonne et ethnici hoc faciunt?

5:47 Καὶ ἐὰν ἀσπάσησθε τοὺς φίλους ὑμῶν μόνον, τί περισσὸν ποιεῖτε; Οὐχὶ καὶ οἱ τελῶναι οὕτως ποιοῦσιν;

5:47 And if you welcome your brothers only, what more do you do? Do not even the Gentiles do the same?

5:47 Und so ihr euch nur zu euren Brüdern freundlich tut, was tut ihr Sonderliches? Tun nicht die Zöllner auch also?

5:47 Et si vous saluez seulement vos frères, que faites-vous d'extraordinaire? Les païens aussi n'agissent-ils pas de même?

5:48 לָכֵן הֱיוּ שְׁלֵמִים כַּאֲשֶׁר אֲבִיכֶם שֶׁבַּשָּׁמַיִם שָׁלֵם הוּא:

5:48 Estote ergo vos perfecti, sicut et Pater vester caelestis perfectus est.

5:48 Ἔσεσθε οὖν ὑμεῖς τέλειοι, ὥσπερ ὁ πατὴρ ὑμῶν ὁ ἐν τοῖς οὐρανοῖς τέλειός ἐστιν.

5:48 You therefore shall be perfect as your heavenly Father is perfect.

5:48 Darum sollt ihr vollkommen sein, gleichwie euer Vater im Himmel vollkommen ist.

5:48 Soyez donc parfaits, comme votre Père céleste est parfait.

6:1 הִשָּׁמְרוּ לָכֶם מֵעֲשׂוֹת צִדְקַתְכֶם לִפְנֵי בְנֵי אָדָם לְהֵרָאוֹת לָהֶם כִּי אִם־כֵּן אֵין־לָכֶם שָׂכָר מֵאֵת אֲבִיכֶם שֶׁבַּשָּׁמָיִם:

6:1 Attendite ne justitiam vestram faciatis coram hominibus, ut videamini ab eis: alioquin mercedem non habebitis apud Patrem vestrum qui in caelis est.

6:1 Προσέχετε τὴν ἐλεημοσύνην ὑμῶν μὴ ποιεῖν ἔμπροσθεν τῶν ἀνθρώπων, πρὸς τὸ θεαθῆναι αὐτοῖς· εἰ δὲ μήγε, μισθὸν οὐκ ἔχετε παρὰ τῷ πατρὶ ὑμῶν τῷ ἐν τοῖς οὐρανοῖς.

6:1 Take heed that you do not your righteous deeds before men so as to be seen by them or else you have no reward with your Father who is in heaven.

6:1 Habt acht auf eure Almosen, daß ihr die nicht gebet vor den Leuten, daß ihr von ihnen gesehen werdet; ihr habt anders keinen Lohn bei eurem Vater im Himmel.

6:1 Gardez-vous de pratiquer votre justice devant les hommes, pour en être vus; autrement, vous n'aurez point de récompense auprès de votre Père qui est dans les cieux.

6:2 לָכֵן בַּעֲשׂוֹתְךָ צְדָקָה אַל־תָּרִיעַ לְפָנֶיךָ בַּשּׁוֹפָר כַּאֲשֶׁר יַעֲשׂוּ הַחֲנֵפִים בְּבָתֵּי כְנֵסִיּוֹת וּבָרְחֹבוֹת לְמַעַן יְהַלְלוּ אוֹתָם הָאֲנָשִׁים אָמֵן אֲנִי אֹמֵר לָכֶם הֵמָּה נָשְׂאוּ אֶת שְׂכָרָם:

6:2 Cum ergo facis eleemosynam, noli tuba canere ante te, sicut hypocritae faciunt in synagogis, et in vicis, ut honorificentur ab hominibus. Amen dico vobis, receperunt mercedem suam.

6:2 Ὅταν οὖν ποιῇς ἐλεημοσύνην, μὴ σαλπίσῃς ἔμπροσθέν σου, ὥσπερ οἱ ὑποκριταὶ ποιοῦσιν ἐν ταῖς συναγωγαῖς καὶ ἐν ταῖς ῥύμαις, ὅπως δοξασθῶσιν ὑπὸ τῶν ἀνθρώπων· ἀμὴν λέγω ὑμῖν, ἀπέχουσιν τὸν μισθὸν αὐτῶν.

6:2 When therefore you make alms, do not sound a trumpet before you as the hypocrites do in the synagogues and in the streets so that they may have the praise of men. Amen. I say to you, they have received their reward.

6:2 Wenn du Almosen gibst, sollst du nicht lassen vor dir posaunen, wie die Heuchler tun in den Schulen und auf den Gassen, auf daß sie von den Leuten gepriesen werden. Wahrlich ich sage euch: Sie haben ihren Lohn dahin.

6:2 Lors donc que tu fais l'aumône, ne sonne pas de la trompette devant toi, comme font les hypocrites dans les synagogues et dans les rues, afin d'être glorifiés par les hommes. Je vous le dis en vérité, ils reçoivent leur récompense.

6:3 וְאַתָּה בַּעֲשׂוֹתְךָ צְדָקָה אַל־תֵּדַע שְׂמֹאלְךָ אֵת אֲשֶׁר עֹשָׂה יְמִינֶךָ:

6:3 Te autem faciente eleemosynam, nesciat sinistra tua quid faciat dextera tua:

6:3 Σοῦ δὲ ποιοῦντος ἐλεημοσύνην, μὴ γνώτω ἡ ἀριστερά σου τί ποιεῖ ἡ δεξιά σου,

6:3 But when you make alms do not let your left hand know what your right hand is doing

6:3 Wenn du aber Almosen gibst, so laß deine linke Hand nicht wissen, was die rechte tut,

6:3 Mais quand tu fais l'aumône, que ta main gauche ne sache pas ce que fait ta droite,

6:4 לְמַעַן תִּהְיֶה צִדְקָתְךָ בַּסֵּתֶר וְאָבִיךָ הָרֹאֶה בַּמִּסְתָּרִים הוּא בַּגָּלוּי יִגְמְלֶךָ:

6:4 ut sit eleemosyna tua in abscondito, et Pater tuus, qui videt in abscondito, reddet tibi.

6:4 ὅπως ᾖ σου ἡ ἐλεημοσύνη ἐν τῷ κρυπτῷ· καὶ ὁ πατήρ σου ὁ βλέπων ἐν τῷ κρυπτῷ αὐτὸς ἀποδώσει σοι ἐν τῷ φανερῷ.

6:4 so that your alms may be in secret and your Father who sees in secret shall reward you.

6:4 auf daß dein Almosen verborgen sei; und dein Vater, der in das Verborgene sieht, wird dir's vergelten öffentlich.

6:4 afin que ton aumône se fasse en secret; et ton Père, qui voit dans le secret, te le rendra.

The Gospel of Matthew

6:5 וְכִי תִתְפַּלֵּל אַל־תְּהִי כַחֲנֵפִים הָאֹהֲבִים לְהִתְפַּלֵּל בְּעָמְדָם בְּבָתֵּי כְנֵסִיּוֹת וּבְפִנּוֹת הַשְּׁוָקִים לְמַעַן יֵרָאוּ לִבְנֵי אָדָם אָמֵן אֹמֵר אֲנִי לָכֶם הֵמָּה נָשְׂאוּ אֶת שְׂכָרָם:

6:5 Et cum oratis, non eritis sicut hypocritae qui amant in synagogis et in angulis platearum stantes orare, ut videantur ab hominibus: amen dico vobis, receperunt mercedem suam.

6:5 Καὶ ὅταν προσεύχῃ, οὐκ ἔσῃ ὥσπερ οἱ ὑποκριταί, ὅτι φιλοῦσιν ἐν ταῖς συναγωγαῖς καὶ ἐν ταῖς γωνίαις τῶν πλατειῶν ἑστῶτες προσεύχεσθαι, ὅπως ἂν φανῶσιν τοῖς ἀνθρώποις· ἀμὴν λέγω ὑμῖν ὅτι ἀπέχουσιν τὸν μισθὸν αὐτῶν.

6:5 And when you pray you shall not be like the hypocrites for they love to stand and pray in the synagogues and in the corners of the streets so that they may be seen by men. Amen. I tell you, they have received their reward.

6:5 Und wenn du betest, sollst du nicht sein wie die Heuchler, die da gerne stehen und beten in den Schulen und an den Ecken auf den Gassen, auf daß sie von den Leuten gesehen werden. Wahrlich ich sage euch: Sie haben ihren Lohn dahin.

6:5 Lorsque vous priez, ne soyez pas comme les hypocrites, qui aiment à prier debout dans les synagogues et aux coins des rues, pour être vus des hommes. Je vous le dis en vérité, ils reçoivent leur récompense.

6:6 וְאַתָּה כִּי תִתְפַּלֵּל בּוֹא בְחֶדְרְךָ וּסְגֹר דְּלָתְךָ בַּעֲדֶךָ וְהִתְפַּלֵּל אֶל־אָבִיךָ אֲשֶׁר בַּסָּתֶר וְאָבִיךָ הָרֹאֶה בַּמִּסְתָּרִים הוּא בַּגָּלוּי יִגְמְלֶךָ:

6:6 Tu autem cum oraveris, intra in cubiculum tuum, et clauso ostio, ora Patrem tuum in abscondito: et Pater tuus, qui videt in abscondito, reddet tibi.

6:6 Σὺ δέ, ὅταν προσεύχῃ, εἴσελθε εἰς τὸ ταμιεῖόν σου, καὶ κλείσας τὴν θύραν σου, πρόσευξαι τῷ πατρί σου τῷ ἐν τῷ κρυπτῷ· καὶ ὁ πατήρ σου ὁ βλέπων ἐν τῷ κρυπτῷ ἀποδώσει σοι ἐν τῷ φανερῷ.

6:6 But you, when you pray, enter into your closet and, having shut your door, pray to your Father who is in secret, and your Father who sees in secret shall reward you.

6:6 Wenn aber du betest, so gehe in dein Kämmerlein und schließ die Tür zu und bete zu deinem Vater im Verborgenen; und dein Vater, der in das Verborgene sieht, wird dir's vergelten öffentlich.

6:6 Mais quand tu pries, entre dans ta chambre, ferme ta porte, et prie ton Père qui est là dans le lieu secret; et ton Père, qui voit dans le secret, te le rendra.

6:7 וּבְהִתְפַּלֶּלְכֶם אַל־תְּפַטְפְּטוּ כַּגּוֹיִם הָאֹמְרִים בְּלִבָּם בְּרֹב דְּבָרֵינוּ נִשָּׁמֵעַ:

6:7 Orantes autem, nolite multum loqui, sicut ethnici, putant enim quod in multiloquio suo exaudiantur.

6:7 Προσευχόμενοι δὲ μὴ βαττολογήσητε, ὥσπερ οἱ ἐθνικοί· δοκοῦσιν γὰρ ὅτι ἐν τῇ πολυλογίᾳ αὐτῶν εἰσακουσθήσονται.

6:7 And in praying do not use vain repetitions as the Gentiles do, for they think that they shall be heard for their amount speaking.

6:7 Und wenn ihr betet, sollt ihr nicht viel plappern wie die Heiden; denn sie meinen, sie werden erhört, wenn sie viel Worte machen.

6:7 En priant, ne multipliez pas de vaines paroles, comme les païens, qui s'imaginent qu'à force de paroles ils seront exaucés.

6:8 וְאַתֶּם אַל־תִּדַּמּוּ לָהֶם כִּי יוֹדֵעַ אֲבִיכֶם כָּל־צָרְכְּכֶם בְּטֶרֶם תִּשְׁאָלוּ מִמֶּנּוּ:

6:8 Nolite ergo assimilari eis: scit enim Pater vester, quid opus sit vobis, antequam petatis eum.

6:8 Μὴ οὖν ὁμοιωθῆτε αὐτοῖς· οἶδεν γὰρ ὁ πατὴρ ὑμῶν ὧν χρείαν ἔχετε, πρὸ τοῦ ὑμᾶς αἰτῆσαι αὐτόν.

6:8 Therefore, do not be like to them, for your Father knows what things you need before you ask him.

6:8 Darum sollt ihr euch ihnen nicht gleichstellen. Euer Vater weiß, was ihr bedürfet, ehe ihr ihn bittet.

6:8 Ne leur ressemblez pas; car votre Père sait de quoi vous avez besoin, avant que vous le lui demandiez.

6:9 לָכֵן כֹּה תִתְפַּלְלוּ אָבִינוּ שֶׁבַּשָּׁמַיִם יִתְקַדַּשׁ שְׁמֶךָ:

6:9 Sic ergo vos orabitis: *Pater noster, qui es in caelis, sanctificetur nomen tuum.*

6:9 Οὕτως οὖν προσεύχεσθε ὑμεῖς· Πάτερ ἡμῶν ὁ ἐν τοῖς οὐρανοῖς, ἁγιασθήτω τὸ ὄνομά σου.

6:9 Therefore, pray in this manner: Our Father who is in heaven, hallowed be your name,

6:9 Darum sollt ihr also beten: Unser Vater in dem Himmel! Dein Name werde geheiligt.

6:9 Voici donc comment vous devez prier: Notre Père qui es aux cieux! Que ton nom soit sanctifié;

6:10 תָּבֹא מַלְכוּתֶךָ יֵעָשֶׂה רְצוֹנְךָ כַּאֲשֶׁר בַּשָּׁמַיִם גַּם בָּאָרֶץ:

6:10 Adveniat regnum tuum; fiat voluntas tua, sicut in caelo et in terra.

6:10 Ἐλθέτω ἡ βασιλεία σου. Γενηθήτω τὸ θέλημά σου, ὡς ἐν οὐρανῷ, καὶ ἐπὶ τῆς γῆς.

6:10 your kingdom come, your will be done, as in heaven, so on earth.

6:10 Dein Reich komme. Dein Wille geschehe auf Erden wie im Himmel.

6:10 que ton règne vienne; que ta volonté soit faite sur la terre comme au ciel.

6:11 אֶת־לֶחֶם חֻקֵּנוּ תֵּן־לָנוּ הַיּוֹם:

6:11 Panem nostrum supersubstantialem da nobis hodie,

6:11 Τὸν ἄρτον ἡμῶν τὸν ἐπιούσιον δὸς ἡμῖν σήμερον.

6:11 Give us this day our daily bread

6:11 Unser täglich Brot gib uns heute.

6:11 Donne-nous aujourd'hui notre pain quotidien;

6:12 וּמְחַל־לָנוּ עַל־חֹבוֹתֵינוּ כַּאֲשֶׁר מָחַלְנוּ גַּם־אֲנַחְנוּ לְחַיָּבֵינוּ:

6:12 et dimitte nobis debita nostra, sicut et nos dimittimus debitoribus nostris.

6:12 Καὶ ἄφες ἡμῖν τὰ ὀφειλήματα ἡμῶν, ὡς καὶ ἡμεῖς ἀφίεμεν τοῖς ὀφειλέταις ἡμῶν.

6:12 and forgive us our debts, as we also have forgiven our debtors.

6:12 Und vergib uns unsere Schuld, wie wir unseren Schuldigern vergeben.

6:12 pardonne-nous nos offenses, comme nous aussi nous pardonnons à ceux qui nous ont offensés;

6:13 וְאַל־תְּבִיאֵנוּ לִידֵי נִסָּיוֹן כִּי אִם־תְּחַלְּצֵנוּ מִן־הָרָע כִּי לְךָ הַמַּמְלָכָה וְהַגְּבוּרָה וְהַתִּפְאֶרֶת לְעוֹלְמֵי עוֹלָמִים אָמֵן:

6:13 Et ne nos inducas in tentationem, sed libera nos a malo. Amen.

6:13 Καὶ μὴ εἰσενέγκῃς ἡμᾶς εἰς πειρασμόν, ἀλλὰ ῥῦσαι ἡμᾶς ἀπὸ τοῦ πονηροῦ. Ὅτι σοῦ ἐστιν ἡ βασιλεία καὶ ἡ δύναμις καὶ ἡ δόξα εἰς τοὺς αἰῶνας. Ἀμήν.

6:13 And lead us not into temptation but deliver us from the evil one;

6:13 Und führe uns nicht in Versuchung, sondern erlöse uns von dem Übel. Denn dein ist das Reich und die Kraft und die Herrlichkeit in Ewigkeit. Amen.

6:13 ne nous induis pas en tentation, mais délivre-nous du malin. Car c'est à toi qu'appartiennent, dans tous les siècles, le règne, la puissance et la gloire. Amen!

6:14 כִּי אִם־תִּמְחֲלוּ לִבְנֵי־אָדָם עַל־חַטֹּאתָם יִמְחַל גַּם־לָכֶם אֲבִיכֶם שֶׁבַּשָּׁמָיִם:

6:14 Si enim dimiseritis hominibus peccata eorum: dimittet et vobis Pater vester caelestis delicta vestra.

6:14 Ἐὰν γὰρ ἀφῆτε τοῖς ἀνθρώποις τὰ παραπτώματα αὐτῶν, ἀφήσει καὶ ὑμῖν ὁ πατὴρ ὑμῶν ὁ οὐράνιος·

6:14 for if you forgive men their trespasses, your heavenly Father will also forgive you.

6:14 Denn so ihr den Menschen ihre Fehler vergebet, so wird euch euer himmlischer Vater auch vergeben,

6:14 Si vous pardonnez aux hommes leurs offenses, votre Père céleste vous pardonnera aussi;

6:15 וְאִם לֹא תִמְחֲלוּ לִבְנֵי אָדָם גַּם־אֲבִיכֶם לֹא־יִמְחַל לְחַטֹּאתֵיכֶם:

6:15 Si autem non dimiseritis hominibus: nec Pater vester dimittet vobis peccata vestra.

6:15 ἐὰν δὲ μὴ ἀφῆτε τοῖς ἀνθρώποις τὰ παραπτώματα αὐτῶν, οὐδὲ ὁ πατὴρ ὑμῶν ἀφήσει τὰ παραπτώματα ὑμῶν.

6:15 But if you do not forgive men their trespasses, neither will your Father forgive your trespasses.

6:15 Wo ihr aber den Menschen ihre Fehler nicht vergebet, so wird euch euer Vater eure Fehler auch nicht vergeben.

6:15 mais si vous ne pardonnez pas aux hommes, votre Père ne vous pardonnera pas non plus vos offenses.

6:16 וְכִי תָצוּמוּ אַל־תִּהְיוּ זֹעֲפִים כַּחֲנֵפִים הַמְשַׁנִּים אֶת־פְּנֵיהֶם לְהֵרָאוֹת צָמִים לִבְנֵי אָדָם אָמֵן אֹמֵר אֲנִי לָכֶם הֵמָּה נָשְׂאוּ אֶת־שְׂכָרָם:

6:16 Cum autem jejunatis, nolite fieri sicut hypocritae, tristes. Exterminant enim facies suas, ut appareant hominibus jejunantes. Amen dico vobis, quia receperunt mercedem suam.

6:16 Ὅταν δὲ νηστεύητε, μὴ γίνεσθε ὥσπερ οἱ ὑποκριταὶ σκυθρωποί· ἀφανίζουσιν γὰρ τὰ πρόσωπα αὐτῶν, ὅπως φανῶσιν τοῖς ἀνθρώποις νηστεύοντες· ἀμὴν λέγω ὑμῖν ὅτι ἀπέχουσιν τὸν μισθὸν αὐτῶν.

6:16 Moreover, when you fast, do not be of a sad demeanor like the hypocrites, for they disfigure their faces so that men may see that they are trying to fast. Amen. I say to you, they have received their reward.

6:16 Wenn ihr fastet, sollt ihr nicht sauer sehen wie die Heuchler; denn sie verstellen ihr Angesicht, auf daß sie vor den Leuten scheinen mit ihrem Fasten. Wahrlich ich sage euch: Sie haben ihren Lohn dahin.

6:16 Lorsque vous jeûnez, ne prenez pas un air triste, comme les hypocrites, qui se rendent le visage tout défait, pour montrer aux hommes qu'ils jeûnent. Je vous le dis en vérité, ils reçoivent leur récompense.

6:17 וְאַתָּה כִּי תָצוּם סוּךְ אֶת־רֹאשְׁךָ וּרְחַץ אֶת־פָּנֶיךָ:

6:17 Tu autem, cum jejunas, unge caput tuum, et faciem tuam lava,

6:17 Σὺ δὲ νηστεύων ἄλειψαί σου τὴν κεφαλήν, καὶ τὸ πρόσωπόν σου νίψαι,

6:17 But you, when you fast, anoint your head and wash your face

6:17 Wenn du aber fastest, so salbe dein Haupt und wasche dein Angesicht,

6:17 Mais quand tu jeûnes, parfume ta tête et lave ton visage,

6:18 אֲשֶׁר לֹא־תֵרָאֶה צָם לִבְנֵי אָדָם כִּי אִם־לְאָבִיךָ בַּסֵּתֶר וְאָבִיךָ הָרֹאֶה בַּמִּסְתָּרִים הוּא בַגָּלוּי יִגְמְלֶךָ:

6:18 ne videaris hominibus jejunans, sed Patri tuo, qui est in abscondito: et Pater tuus, qui videt in abscondito, reddet tibi.

6:18 ὅπως μὴ φανῇς τοῖς ἀνθρώποις νηστεύων, ἀλλὰ τῷ πατρί σου τῷ ἐν τῷ κρυπτῷ· καὶ ὁ πατήρ σου ὁ βλέπων ἐν τῷ κρυπτῷ ἀποδώσει σοι.

6:18 so that in trying to fast you are not seen by men but your Father who is in secret; and your Father, who sees in secret, shall reward you.

6:18 auf daß du nicht scheinest vor den Leuten mit deinem Fasten, sondern vor deinem Vater, welcher verborgen ist; und dein Vater, der in das Verborgene sieht, wird dir's vergelten öffentlich.

6:18 afin de ne pas montrer aux hommes que tu jeûnes, mais à ton Père qui est là dans le lieu secret; et ton Père, qui voit dans le secret, te le rendra.

6:19 אַל תַּאַצְרוּ לָכֶם אוֹצָרוֹת בָּאָרֶץ אֲשֶׁר יֹאכְלוּם שָׁם סָס וְרָקָב וְגַנָּבִים יַחְתְּרוּ וְגָנְבוּ:

6:19 Nolite thesaurizare vobis thesauros in terra: ubi aerugo, et tinea demolitur: et ubi fures effodiunt, et furantur.

6:19 Μὴ θησαυρίζετε ὑμῖν θησαυροὺς ἐπὶ τῆς γῆς, ὅπου σὴς καὶ βρῶσις ἀφανίζει, καὶ ὅπου κλέπται διορύσσουσιν καὶ κλέπτουσιν·

6:19 Do not store up for yourselves treasures on the earth, where moth and rust consume, and where thieves break in and steal,

6:19 Ihr sollt euch nicht Schätze sammeln auf Erden, da sie die Motten und der Rost fressen und da die Diebe nachgraben und stehlen.

6:19 Ne vous amassez pas des trésors sur la terre, où la teigne et la rouille détruisent, et où les voleurs percent et dérobent;

6:20 אֲבָל תַּאַצְרוּ לָכֶם אוֹצָרוֹת בַּשָּׁמַיִם אֲשֶׁר סָס וְרָקָב לֹא־יֹאכְלוּם שָׁם וְגַנָּבִים לֹא יַחְתְּרוּ וְלֹא יִגְנֹבוּ:

6:20 Thesaurizate autem vobis thesauros in caelo, ubi neque aerugo, neque tinea demolitur, et ubi fures non effodiunt, nec furantur.

6:20 θησαυρίζετε δὲ ὑμῖν θησαυροὺς ἐν οὐρανῷ, ὅπου οὔτε σὴς οὔτε βρῶσις ἀφανίζει, καὶ ὅπου κλέπται οὐ διορύσσουσιν οὐδὲ κλέπτουσιν.

6:20 but lay up for yourselves treasures in heaven, where neither moth nor rust consumes, and where thieves do not break in or steal,

6:20 Sammelt euch aber Schätze im Himmel, da sie weder Motten noch Rost fressen und da die Diebe nicht nachgraben noch stehlen.

6:20 mais amassez-vous des trésors dans le ciel, où la teigne et la rouille ne détruisent point, et où les voleurs ne percent ni ne dérobent.

6:21 כִּי בִמְקוֹם אֲשֶׁר־אוֹצַרְכֶם בּוֹ שָׁם יִהְיֶה גַם־לְבַבְכֶם:

6:21 Ubi enim est thesaurus tuus, ibi est et cor tuum.

6:21 Ὅπου γάρ ἐστιν ὁ θησαυρὸς ὑμῶν, ἐκεῖ ἔσται καὶ ἡ καρδία ὑμῶν.

6:21 for where your treasure is, there your heart will be also.

6:21 Denn wo euer Schatz ist, da ist auch euer Herz.

6:21 Car là où est ton trésor, là aussi sera ton coeur.

6:22 נֵר הַגּוּף הָעַיִן וְאִם־עֵינְךָ תְמִימָה כָּל־גּוּפְךָ יֵאוֹר:

6:22 Lucerna corporis tui est oculus tuus. Si oculus tuus fuerit simplex, totum corpus tuum lucidum erit.

6:22 Ὁ λύχνος τοῦ σώματός ἐστιν ὁ ὀφθαλμός· ἐὰν οὖν ὁ ὀφθαλμός σου ἁπλοῦς ᾖ, ὅλον τὸ σῶμά σου φωτεινὸν ἔσται·

6:22 The lamp of the body is the eye; if, therefore, your eye is one, your whole body shall be full of light.

6:22 Das Auge ist des Leibes Licht. Wenn dein Auge einfältig ist, so wird dein ganzer Leib licht sein;

6:22 L'oeil est la lampe du corps. Si ton oeil est en bon état, tout ton corps sera éclairé;

6:23 וְאִם־עֵינְךָ רָעָה כָּל־גּוּפְךָ יֶחְשָׁךְ וְאִם יֶחְשַׁךְ הָאוֹר אֲשֶׁר בְּקִרְבְּךָ מַה־רַב הַחֹשֶׁךְ:

6:23 Si autem oculus tuus fuerit nequam, totum corpus tuum tenebrosum erit. Si ergo lumen, quod in te est, tenebrae sunt: ipsae tenebrae quantae erunt?

6:23 ἐὰν δὲ ὁ ὀφθαλμός σου πονηρὸς ᾖ, ὅλον τὸ σῶμά σου σκοτεινὸν ἔσται. Εἰ οὖν τὸ φῶς τὸ ἐν σοὶ σκότος ἐστίν, τὸ σκότος πόσον;

6:23 But if your eye is evil, your whole body shall be full of darkness. If, therefore, the light that is in you is darkness, how great is the darkness!

6:23 ist aber dein Auge ein Schalk, so wird dein ganzer Leib finster sein. Wenn nun das Licht, das in dir ist, Finsternis ist, wie groß wird dann die Finsternis sein!

6:23 mais si ton oeil est en mauvais état, tout ton corps sera dans les ténèbres. Si donc la lumière qui est en toi est ténèbres, combien seront grandes ces ténèbres!

6:24 לֹא יוּכַל אִישׁ לַעֲבֹד שְׁנֵי אֲדֹנִים כִּי יִשְׂנָא אֶת־הָאֶחָד וְאָהַב אֶת־הָאַחֵר אוֹ יִדְבַּק בְּאֶחָד וְיִבְזֶה אֶת־הָאַחֵר לֹא תוּכְלוּ עֲבוֹד אֶת־הָאֱלֹהִים וְאֶת־הַמָּמוֹן:

6:24 Nemo potest duobus dominis servire: aut enim unum odio habebit, et alterum diliget: aut unum sustinebit, et alterum contemnet. Non potestis Deo servire et mammonae.

6:24 Οὐδεὶς δύναται δυσὶν κυρίοις δουλεύειν· ἢ γὰρ τὸν ἕνα μισήσει, καὶ τὸν ἕτερον ἀγαπήσει· ἢ ἑνὸς ἀνθέξεται, καὶ τοῦ ἑτέρου καταφρονήσει. Οὐ δύνασθε θεῷ δουλεύειν καὶ μαμωνᾷ.

6:24 No man can serve two masters, for either he will hate the one and love the other or else he will hold to one and despise the other. You cannot serve God and mammon.

6:24 Niemand kann zwei Herren dienen: entweder er wird den einen hassen und den andern lieben, oder er wird dem einen anhangen und den andern verachten. Ihr könnt nicht Gott dienen und dem Mammon.

6:24 Nul ne peut servir deux maîtres. Car, ou il haïra l'un, et aimera l'autre; ou il s'attachera à l'un, et méprisera l'autre. Vous ne pouvez servir Dieu et Mamon.

6:25 עַל־כֵּן אֹמֵר אֲנִי לָכֶם אַל תִּדְאֲגוּ לְנַפְשְׁכֶם מַה־נֹּאכַל וּמַה־נִּשְׁתֶּה וּלְגוּפְכֶם לֵאמֹר מַה־נִּלְבָּשׁ הֲלֹא הַנֶּפֶשׁ הִיא יְקָרָה מִן־הַמָּזוֹן וְהַגּוּף יָקָר מִן־הַמַּלְבּוּשׁ:

6:25 Ideo dico vobis, ne solliciti sitis animae vestrae quid manducetis, neque corpori vestro quid induamini. Nonne anima plus est quam esca, et corpus plus quam vestimentum?

6:25 Διὰ τοῦτο λέγω ὑμῖν, μὴ μεριμνᾶτε τῇ ψυχῇ ὑμῶν, τί φάγητε καὶ τί πίητε· μηδὲ τῷ σώματι ὑμῶν, τί ἐνδύσησθε. Οὐχὶ ἡ ψυχὴ πλεῖόν ἐστιν τῆς τροφῆς, καὶ τὸ σῶμα τοῦ ἐνδύματος;

6:25 Therefore, I say to you, do not be anxious for your life, what you shall eat, or what you shall drink; nor yet for your body, what you shall wear. Is life not more than the food and the body than the clothes?

6:25 Darum sage ich euch: Sorget nicht für euer Leben, was ihr essen und trinken werdet, auch nicht für euren Leib, was ihr anziehen werdet. Ist nicht das Leben mehr denn Speise? und der Leib mehr denn die Kleidung?

6:25 C'est pourquoi je vous dis: Ne vous inquiétez pas pour votre vie de ce que vous mangerez, ni pour votre corps, de quoi vous serez vêtus. La vie n'est-elle pas plus que la nourriture, et le corps plus que le vêtement?

6:26 הַבִּיטוּ אֶל־עוֹף הַשָּׁמַיִם וּרְאוּ הֵן לֹא יִזְרְעוּ וְלֹא יִקְצְרוּ וְלֹא יַאַסְפוּ לַאֲסָמִים וַאֲבִיכֶם שֶׁבַּשָּׁמַיִם מְכַלְכֵּל אֹתָם הֲלֹא אַתֶּם נַעֲלֵיתֶם עֲלֵיהֶם מְאֹד:

6:26 Respicite volatilia caeli, quoniam non serunt, neque metunt, neque congregant in horrea: et Pater vester caelestis pascit illa. Nonne vos magis pluris estis illis?

6:26 Ἐμβλέψατε εἰς τὰ πετεινὰ τοῦ οὐρανοῦ, ὅτι οὐ σπείρουσιν, οὐδὲ θερίζουσιν, οὐδὲ συνάγουσιν εἰς ἀποθήκας, καὶ ὁ πατὴρ ὑμῶν ὁ οὐράνιος τρέφει αὐτά· οὐχ ὑμεῖς μᾶλλον διαφέρετε αὐτῶν;

6:26 Behold the birds of the heaven, for that they do not sow, neither do they reap, nor store into barns and your heavenly Father feeds them. Are not you of much more value then they?

6:26 Sehet die Vögel unter dem Himmel an: sie säen nicht, sie ernten nicht, sie sammeln nicht in die Scheunen; und euer himmlischer Vater nährt sie doch. Seid ihr denn nicht viel mehr denn sie?

6:26 Regardez les oiseaux du ciel: ils ne sèment ni ne moissonnent, et ils n'amassent rien dans des greniers; et votre Père céleste les nourrit. Ne valez-vous pas beaucoup plus qu'eux?

6:27 וּמִי בָכֶם בְּדַאֲגָתוֹ יוּכַל לְהוֹסִיף עַל־קוֹמָתוֹ אַמָּה אֶחָת:

6:27 Quis autem vestrum cogitans potest adjicere ad staturam suam cubitum unum?

6:27 Τίς δὲ ἐξ ὑμῶν μεριμνῶν δύναται προσθεῖναι ἐπὶ τὴν ἡλικίαν αὐτοῦ πῆχυν ἕνα;

6:27 And which of you by being anxious can add one cubit to the measure of his life?

6:27 Wer ist aber unter euch, der seiner Länge eine Elle zusetzen möge, ob er gleich darum sorget?

6:27 Qui de vous, par ses inquiétudes, peut ajouter une coudée à la durée de sa vie?

6:28 וְלִלְבוּשׁ לָמָּה תִדְאָגָה הִתְבּוֹנְנוּ־נָא אֶל־שׁוֹשַׁנֵּי הַשָּׂדֶה הַצְּמָחוֹת:

6:28 Et de vestimento quid solliciti estis? Considerate lilia agri quomodo crescunt: non laborant, neque nent.

6:28 Καὶ περὶ ἐνδύματος τί μεριμνᾶτε; Καταμάθετε τὰ κρίνα τοῦ ἀγροῦ, πῶς αὐξάνει· οὐ κοπιᾷ, οὐδὲ νήθει·

6:28 And why are you anxious concerning clothing? Consider the lilies of the field, how they grow; they do not toil nor do they spin.

6:28 Und warum sorget ihr für die Kleidung? Schaut die Lilien auf dem Felde, wie sie wachsen: sie arbeiten nicht, auch spinnen sie nicht.

6:28 Et pourquoi vous inquiéter au sujet du vêtement? Considérez comment croissent les lis des champs: ils ne travaillent ni ne filent;

6:29 לֹא יַעֲמְלוּ וְלֹא יִטְווּ וַאֲנִי אֹמַר לָכֶם כִּי גַם־שְׁלֹמֹה בְּכָל־הֲדָרוֹ לֹא־הָיָה לָבוּשׁ כְּאַחַת מֵהֵנָּה:

6:29 Dico autem vobis, quoniam nec Salomon in omni gloria sua coopertus est sicut unum ex istis.

6:29 λέγω δὲ ὑμῖν ὅτι οὐδὲ Σολομὼν ἐν πάσῃ τῇ δόξῃ αὐτοῦ περιεβάλετο ὡς ἓν τούτων.

6:29 Yet I say to you that, even Solomon in all his glory, was not clothed like one of these.

6:29 Ich sage euch, daß auch Salomo in aller seiner Herrlichkeit nicht bekleidet gewesen ist wie derselben eins.

6:29 cependant je vous dis que Salomon même, dans toute sa gloire, n'a pas été vêtu comme l'un d'eux.

6:30 וְאִם־כָּכָה מַלְבִּישׁ הָאֱלֹהִים אֶת־חֲצִיר הַשָּׂדֶה אֲשֶׁר הַיּוֹם צָמֵחַ וּמָחָר יוּשְׁלַךְ לְתוֹךְ הַתַּנּוּר אַף כִּי־אֶתְכֶם קְטַנֵּי אֱמוּנָה:

6:30 Si autem foenum agri, quod hodie est, et cras in clibanum mittitur, Deus sic vestit, quanto magis vos modicae fidei?

6:30 Εἰ δὲ τὸν χόρτον τοῦ ἀγροῦ, σήμερον ὄντα, καὶ αὔριον εἰς κλίβανον βαλλόμενον, ὁ θεὸς οὕτως ἀμφιέννυσιν, οὐ πολλῷ μᾶλλον ὑμᾶς, ὀλιγόπιστοι;

6:30 But if God does clothe the grass of the field of today, and tomorrow is cast into the oven, shall he not much more do so for you, oh one of little faith?

6:30 So denn Gott das Gras auf dem Felde also kleidet, das doch heute steht und morgen in den Ofen geworfen wird: sollte er das nicht viel mehr euch tun, o ihr Kleingläubigen?

6:30 Si Dieu revêt ainsi l'herbe des champs, qui existe aujourd'hui et qui demain sera jetée au four, ne vous vêtira-t-il pas à plus forte raison, gens de peu de foi?

6:31 לָכֵן אַל־תִּדְאֲגוּ לֵאמֹר מַה־נֹּאכַל וּמַה־נִּשְׁתֶּה וּמַה־נִּלְבָּשׁ:

6:31 Nolite ergo solliciti esse, dicentes: Quid manducabimus, aut quid bibemus, aut quo operiemur?

6:31 Μὴ οὖν μεριμνήσητε, λέγοντες, Τί φάγωμεν, ἢ τί πίωμεν, ἢ τί περιβαλώμεθα;

6:31 Therefore, do not be anxious saying, 'What shall we eat?' or 'What shall we drink?' or 'What shall we wear?'

6:31 Darum sollt ihr nicht sorgen und sagen: Was werden wir essen, was werden wir trinken, womit werden wir uns kleiden?

6:31 Ne vous inquiétez donc point, et ne dites pas: Que mangerons-nous? que boirons-nous? de quoi serons-nous vêtus?

6:32 כִּי אֶת־כָּל־אֵלֶּה מְבַקְשִׁים הַגּוֹיִם הֲלֹא יָדַע אֲבִיכֶם בַּשָּׁמַיִם כִּי צְרִיכִים אַתֶּם לְכָל־אֵלֶּה:

6:32 haec enim omnia gentes inquirunt. Scit enim Pater vester, quia his omnibus indigetis.

6:32 Πάντα γὰρ ταῦτα τὰ ἔθνη ἐπιζητεῖ· οἶδεν γὰρ ὁ πατὴρ ὑμῶν ὁ οὐράνιος ὅτι χρῄζετε τούτων ἁπάντων.

6:32 For the Gentiles seek after all these things; for your heavenly Father knows that you have need of all these things.

6:32 Nach solchem allem trachten die Heiden. Denn euer himmlischer Vater weiß, daß ihr des alles bedürfet.

6:32 Car toutes ces choses, ce sont les païens qui les recherchent. Votre Père céleste sait que vous en avez besoin.

6:33 אַךְ דִּרְשׁוּ בָרִאשׁוֹנָה אֶת־מַלְכוּת אֱלֹהִים וְאֶת־צִדְקָתוֹ וְנוֹסַף לָכֶם כָּל־אֵלֶּה׃

6:33 Quaerite ergo primum regnum Dei, et justitiam ejus: et haec omnia adjicientur vobis.

6:33 Ζητεῖτε δὲ πρῶτον τὴν βασιλείαν τοῦ θεοῦ καὶ τὴν δικαιοσύνην αὐτοῦ, καὶ ταῦτα πάντα προστεθήσεται ὑμῖν.

6:33 But you seek first his kingdom and his righteousness and all these things shall be added to you.

6:33 Trachtet am ersten nach dem Reich Gottes und nach seiner Gerechtigkeit, so wird euch solches alles zufallen.

6:33 Cherchez premièrement le royaume et la justice de Dieu; et toutes ces choses vous seront données par-dessus.

6:34 לָכֵן אַל־תִּדְאֲגוּ לְיוֹם מָחָר כִּי יוֹם מָחָר הוּא יִדְאַג לוֹ וְדַיָּה לַצָּרָה בְּשַׁעְתָּהּ׃

6:34 Nolite ergo solliciti esse in crastinum. Crastinus enim dies sollicitus erit sibi ipsi: sufficit diei malitia sua.

6:34 Μὴ οὖν μεριμνήσητε εἰς τὴν αὔριον· ἡ γὰρ αὔριον μεριμνήσει τὰ ἑαυτῆς. Ἀρκετὸν τῇ ἡμέρᾳ ἡ κακία αὐτῆς.

6:34 Therefore, do not be anxious about tomorrow, for tomorrow will be anxious for itself. The bad that comes from the day is enough.

6:34 Darum sorgt nicht für den andern Morgen; denn der morgende Tag wird für das Seine sorgen. Es ist genug, daß ein jeglicher Tag seine eigene Plage habe.

6:34 Ne vous inquiétez donc pas du lendemain; car le lendemain aura soin de lui-même. À chaque jour suffit sa peine.

7:1 אַל־תִּשְׁפְּטוּ לְמַעַן אֲשֶׁר לֹא תִשָּׁפֵטוּ׃

7:1 Nolite judicare, ut non judicemini.

7:1 Μὴ κρίνετε, ἵνα μὴ κριθῆτε·

7:1 Do not judge so that you will not be judged.

7:1 Richtet nicht, auf daß ihr nicht gerichtet werdet.

7:1 Ne jugez point, afin que vous ne soyez point jugés.

7:2 כִּי בַמִּשְׁפָּט אֲשֶׁר אַתֶּם שֹׁפְטִים תִּשָּׁפֵטוּ וּבַמִּדָּה אֲשֶׁר אַתֶּם מֹדְדִים יִמַּד לָכֶם׃

7:2 In quo enim judicio judicaveritis, judicabimini: et in qua mensura mensi fueritis, remetietur vobis.

7:2 ἐν ᾧ γὰρ κρίματι κρίνετε, κριθήσεσθε· καὶ ἐν ᾧ μέτρῳ μετρεῖτε, μετρηθήσεται ὑμῖν.

7:2 For with the judgment that you judge, you shall be judged; and with what measure you measure, it shall be measured to you.

7:2 Denn mit welcherlei Gericht ihr richtet, werdet ihr gerichtet werden; und mit welcherlei Maß ihr messet, wird euch gemessen werden.

7:2 Car on vous jugera du jugement dont vous jugez, et l'on vous mesurera avec la mesure dont vous mesurez.

7:3 וְלָמָּה זֶּה תִרְאֶה אֶת־הַקֵּיסָם בְּעֵין אָחִיךָ וְאֶל־הַקּוֹרָה אֲשֶׁר בְּעֵינְךָ לֹא תַבִּיט:

7:3 Quid autem vides festucam in oculo fratris tui, et trabem in oculo tuo non vides?

7:3 Τί δὲ βλέπεις τὸ κάρφος τὸ ἐν τῷ ὀφθαλμῷ τοῦ ἀδελφοῦ σου, τὴν δὲ ἐν τῷ σῷ ὀφθαλμῷ δοκὸν οὐ κατανοεῖς;

7:3 And why do you see the speck that is in your brother's eye but not consider the beam that is in your own eye?

7:3 Was siehst du aber den Splitter in deines Bruders Auge, und wirst nicht gewahr des Balkens in deinem Auge?

7:3 Pourquoi vois-tu la paille qui est dans l'oeil de ton frère, et n'aperçois-tu pas la poutre qui est dans ton oeil?

7:4 וְאֵיךְ תֹּאמַר אֶל־אָחִיךָ אֶל־אָחִיךָ הַנִּיחָה לִּי וְאָסִיר אֶת־הַקֵּיסָם מֵעֵינֶךָ וְהִנֵּה הַקּוֹרָה בְעֵינֶךָ:

7:4 aut quomodo dicis fratri tuo: Sine ejiciam festucam de oculo tuo, et ecce trabs est in oculo tuo?

7:4 Ἢ πῶς ἐρεῖς τῷ ἀδελφῷ σου, Ἄφες ἐκβάλω τὸ κάρφος ἀπὸ τοῦ ὀφθαλμοῦ σου· καὶ ἰδού, ἡ δοκὸς ἐν τῷ ὀφθαλμῷ σου;

7:4 Or how will you say to your brother, 'Let me take the speck out of your eye.' and behold, the beam is in your own eye?

7:4 Oder wie darfst du sagen zu deinem Bruder: Halt, ich will dir den Splitter aus deinem Auge ziehen, und siehe, ein Balken ist in deinem Auge?

7:4 Ou comment peux-tu dire à ton frère: Laisse-moi ôter une paille de ton oeil, toi qui as une poutre dans le tien?

7:5 הֶחָנֵף הָסֵר בָּרִאשׁוֹנָה אֶת־הַקּוֹרָה מֵעֵינֶךָ וְאַחֲרֵי כֵן תִּרְאֶה לְהָסִיר אֶת־הַקֵּיסָם מֵעֵין אָחִיךָ:

7:5 Hypocrita, ejice primum trabem de oculo tuo, et tunc videbis ejicere festucam de oculo fratris tui.

7:5 Ὑποκριτά, ἔκβαλε πρῶτον τὴν δοκὸν ἐκ τοῦ ὀφθαλμοῦ σου, καὶ τότε διαβλέψεις ἐκβαλεῖν τὸ κάρφος ἐκ τοῦ ὀφθαλμοῦ τοῦ ἀδελφοῦ σου.

7:5 You hypocrite, first take the beam out of your own eye and then you shall see clearly enough to take the speck out of your brother's eye.

7:5 Du Heuchler, zieh am ersten den Balken aus deinem Auge; darnach siehe zu, wie du den Splitter aus deines Bruders Auge ziehst!

7:5 Hypocrite, ôte premièrement la poutre de ton oeil, et alors tu verras comment ôter la paille de l'oeil de ton frère.

The Gospel of Matthew

7:6 אַל־תִּתְּנוּ אֶת־הַקֹּדֶשׁ לַכְּלָבִים וְאַל־תַּשְׁלִיכוּ פְנִינֵיכֶם לִפְנֵי הַחֲזִירִים פֶּן־יִרְמְסוּם בְּרַגְלֵיהֶם וּפָנוּ וְטָרְפוּ אֶתְכֶם:

7:6 Nolite dare sanctum canibus: neque mittatis margaritas vestras ante porcos, ne forte conculcent eas pedibus suis, et conversi dirumpant vos.

7:6 Μὴ δῶτε τὸ ἅγιον τοῖς κυσίν· μηδὲ βάλητε τοὺς μαργαρίτας ὑμῶν ἔμπροσθεν τῶν χοίρων, μήποτε καταπατήσωσιν αὐτοὺς ἐν τοῖς ποσὶν αὐτῶν, καὶ στραφέντες ῥήξωσιν ὑμᾶς.

7:6 Do not give that which is holy to the dogs or cast your pearls before the swine, so that they might not trample them under their feet and turn and crush you.

7:6 Ihr sollt das Heiligtum nicht den Hunden geben, und eure Perlen nicht vor die Säue werfen, auf daß sie dieselben nicht zertreten mit ihren Füßen und sich wenden und euch zerreißen.

7:6 Ne donnez pas les choses saintes aux chiens, et ne jetez pas vos perles devant les pourceaux, de peur qu'ils ne les foulent aux pieds, ne se retournent et ne vous déchirent.

7:7 שַׁאֲלוּ וְיִנָּתֶן לָכֶם דִּרְשׁוּ וְתִמְצָאוּ דִּפְקוּ וְיִפָּתַח לָכֶם:

7:7 Petite, et dabitur vobis: quaerite, et invenietis: pulsate, et aperietur vobis.

7:7 Αἰτεῖτε, καὶ δοθήσεται ὑμῖν· ζητεῖτε, καὶ εὑρήσετε· κρούετε, καὶ ἀνοιγήσεται ὑμῖν.

7:7 Ask, and it shall be given you; seek, and you shall find; knock, and it shall be opened to you;

7:7 Bittet, so wird euch gegeben; suchet, so werdet ihr finden; klopfet an, so wird euch aufgetan.

7:7 Demandez, et l'on vous donnera; cherchez, et vous trouverez; frappez, et l'on vous ouvrira.

7:8 כִּי כָּל־הַשֹּׁאֵל יְקַבֵּל וְהַדֹּרֵשׁ יִמְצָא וְהַדֹּפֵק יִפָּתַח לוֹ:

7:8 Omnis enim qui petit, accipit: et qui quaerit, invenit: et pulsanti aperietur.

7:8 Πᾶς γὰρ ὁ αἰτῶν λαμβάνει, καὶ ὁ ζητῶν εὑρίσκει, καὶ τῷ κρούοντι ἀνοιγήσεται.

7:8 for everyone that asks receives; and he who seeks finds; and to him that knocks it shall be opened.

7:8 Denn wer da bittet, der empfängt; und wer da sucht, der findet; und wer da anklopft, dem wird aufgetan.

7:8 Car quiconque demande reçoit, celui qui cherche trouve, et l'on ouvre à celui qui frappe.

7:9 הֲיֵשׁ בָּכֶם אִישׁ אֲשֶׁר יִשְׁאַל מִמֶּנּוּ בְּנוֹ לֶחֶם וְנָתַן־לוֹ אָבֶן:

7:9 Aut quis est ex vobis homo, quem si petierit filius suus panem, numquid lapidem porriget ei?

7:9 Ἢ τίς ἐστιν ἐξ ὑμῶν ἄνθρωπος, ὃν ἐὰν αἰτήσῃ ὁ υἱὸς αὐτοῦ ἄρτον, μὴ λίθον ἐπιδώσει αὐτῷ;

7:9 Or what man is there among you, who, if his son shall ask him for a loaf of bread, will give him a stone;

7:9 Welcher ist unter euch Menschen, so ihn sein Sohn bittet ums Brot, der ihm einen Stein biete?

7:9 Lequel de vous donnera une pierre à son fils, s'il lui demande du pain?

7:10 וְכִי יִשְׁאַל מִמֶּנּוּ דָג הֲיִתֶּן־לוֹ נָחָשׁ:

7:10 aut si piscem petierit, numquid serpentem porriget ei?

7:10 Καὶ ἐὰν ἰχθὺν αἰτήσῃ, μὴ ὄφιν ἐπιδώσει αὐτῷ;

7:10 or if he shall ask for a fish, will give him a serpent?

7:10 oder, so er ihn bittet um einen Fisch, der ihm eine Schlange biete?

7:10 Ou, s'il demande un poisson, lui donnera-t-il un serpent?

7:11 הֵן אַתֶּם הָרָעִים יֹדְעִים לָתֵת מַתָּנוֹת טֹבוֹת לִבְנֵיכֶם אַף כִּי־אֲבִיכֶם שֶׁבַּשָּׁמַיִם יִתֵּן אַךְ־טוֹב לַשֹּׁאֲלִים מֵאִתּוֹ:

7:11 Si ergo vos, cum sitis mali, nostis bona data dare filiis vestris: quanto magis Pater vester, qui in caelis est, dabit bona petentibus se?

7:11 Εἰ οὖν ὑμεῖς, πονηροὶ ὄντες, οἴδατε δόματα ἀγαθὰ διδόναι τοῖς τέκνοις ὑμῶν, πόσῳ μᾶλλον ὁ πατὴρ ὑμῶν ὁ ἐν τοῖς οὐρανοῖς δώσει ἀγαθὰ τοῖς αἰτοῦσιν αὐτόν;

7:11 If you then, being evil, know how to give good gifts to your children, how much more shall your Father who is in heaven give good things to those that ask him?

7:11 So denn ihr, die ihr doch arg seid, könnt dennoch euren Kindern gute Gaben geben, wie viel mehr wird euer Vater im Himmel Gutes geben denen, die ihn bitten!

7:11 Si donc, méchants comme vous l'êtes, vous savez donner de bonnes choses à vos enfants, à combien plus forte raison votre Père qui est dans les cieux donnera-t-il de bonnes choses à ceux qui les lui demandent.

7:12 לָכֵן כֹּל אֲשֶׁר תִּרְצוּ שֶׁיַּעֲשׂוּ לָכֶם בְּנֵי הָאָדָם עֲשׂוּ לָהֶם גַּם־אַתֶּם כִּי־זֹאת הַתּוֹרָה וְהַנְּבִיאִים:

7:12 Omnia ergo quaecumque vultis ut faciant vobis homines, et vos facite illis. Haec est enim lex, et prophetae.

7:12 Πάντα οὖν ὅσα ἂν θέλητε ἵνα ποιῶσιν ὑμῖν οἱ ἄνθρωποι, οὕτως καὶ ὑμεῖς ποιεῖτε αὐτοῖς· οὗτος γάρ ἐστιν ὁ νόμος καὶ οἱ προφῆται.

7:12 Therefore, whatever things you desire that men should do to you, just as well, you do it to them, for this is the law and the prophets.

7:12 Alles nun, was ihr wollt, daß euch die Leute tun sollen, das tut ihr ihnen auch. Das ist das Gesetz und die Propheten.

7:12 Tout ce que vous voulez que les hommes fassent pour vous, faites-le de même pour eux, car c 'est la loi et les prophètes.

7:13 בֹּאוּ בְּפֶתַח הַצָּר כִּי רָחָב הַפֶּתַח וּמְרֻוַּחַת דֶּרֶךְ הָאֲבַדּוֹן וְרַבִּים אֲשֶׁר יָבֹאוּ בוֹ:

7:13 Intrate per angustam portam: quia lata porta, et spatiosa via est, quae ducit ad perditionem, et multi sunt qui intrant per eam.

7:13 Εἰσέλθετε διὰ τῆς στενῆς πύλης· ὅτι πλατεῖα ἡ πύλη, καὶ εὐρύχωρος ἡ ὁδὸς ἡ ἀπάγουσα εἰς τὴν ἀπώλειαν, καὶ πολλοί εἰσιν οἱ εἰσερχόμενοι δι' αὐτῆς·

7:13 Enter in by the narrow gate, for wide is the gate, and broad is the way, that leads to destruction, and there are many who enter in there.

7:13 Gehet ein durch die enge Pforte. Denn die Pforte ist weit, und der Weg ist breit, der zur Verdammnis abführt; und ihrer sind viele, die darauf wandeln.

7:13 Entrez par la porte étroite. Car large est la porte, spacieux est le chemin qui mènent à la perdition, et il y en a beaucoup qui entrent par là.

7:14 וְצַר הַפֶּתַח וּמוּצָק דֶּרֶךְ הַחַיִּים וּמְעַטִּים הֵם אֲשֶׁר יִמְצָאוּהָ:

7:14 Quam angusta porta, et arcta via est, quae ducit ad vitam: et pauci sunt qui inveniunt eam!

7:14 τί στενὴ ἡ πύλη, καὶ τεθλιμμένη ἡ ὁδὸς ἡ ἀπάγουσα εἰς τὴν ζωήν, καὶ ὀλίγοι εἰσὶν οἱ εὑρίσκοντες αὐτήν.

7:14 For narrow is the gate and straight is the way that leads to life and few are those who find it.

7:14 Und die Pforte ist eng, und der Weg ist schmal, der zum Leben führt; und wenige sind ihrer, die ihn finden.

7:14 Mais étroite est la porte, resserré le chemin qui mènent à la vie, et il y en a peu qui les trouvent.

7:15 הִשָּׁמְרוּ לָכֶם מִנְּבִיאֵי הַשֶּׁקֶר הַבָּאִים אֲלֵיכֶם בִּלְבוּשׁ כְּבָשִׂים וּבְקִרְבָּם זְאֵבִים טֹרְפִים הֵמָּה:

7:15 Attendite a falsis prophetis, qui veniunt ad vos in vestimentis ovium, intrinsecus autem sunt lupi rapaces:

7:15 Προσέχετε δὲ ἀπὸ τῶν ψευδοπροφητῶν, οἵτινες ἔρχονται πρὸς ὑμᾶς ἐν ἐνδύμασιν προβάτων, ἔσωθεν δέ εἰσιν λύκοι ἅρπαγες.

7:15 Beware of false prophets, who come to you in sheep's clothing, but inwardly are ravening wolves.

7:15 Seht euch vor vor den falschen Propheten, die in Schafskleidern zu euch kommen, inwendig aber sind sie reißende Wölfe.

7:15 Gardez-vous des faux prophètes. Ils viennent à vous en vêtements de brebis, mais au dedans ce sont des loups ravisseurs.

7:16 הַכֵּר תַּכִּירוּ אוֹתָם בְּפִרְיָם הֲיַאַסְפוּ עֲנָבִים מִן־הַקֹּצִים אוֹ תְאֵנִים מִן־הַבַּרְקָנִים:

7:16 a fructibus eorum cognoscetis eos. Numquid colligunt de spinis uvas, aut de tribulis ficus?

7:16 Ἀπὸ τῶν καρπῶν αὐτῶν ἐπιγνώσεσθε αὐτούς· μήτι συλλέγουσιν ἀπὸ ἀκανθῶν σταφυλήν, ἢ ἀπὸ τριβόλων σῦκα;

7:16 By their fruits you shall know them. Do they gather grapes of thorns, or figs of thistles?

7:16 An ihren Früchten sollt ihr sie erkennen. Kann man auch Trauben lesen von den Dornen oder Feigen von den Disteln?

7:16 Vous les reconnaîtrez à leurs fruits. Cueille-t-on des raisins sur des épines, ou des figues sur des chardons?

7:17 כֵּן כָּל־עֵץ טוֹב עֹשֶׂה פְּרִי טוֹב וְהַנִּשְׁחָת עֹשֶׂה פְּרִי רָע:

7:17 Sic omnis arbor bona fructus bonos facit: mala autem arbor malos fructus facit.

7:17 Οὕτως πᾶν δένδρον ἀγαθὸν καρποὺς καλοὺς ποιεῖ· τὸ δὲ σαπρὸν δένδρον καρποὺς πονηροὺς ποιεῖ.

7:17 Even so every good tree bears good fruit but the corrupt tree bears bad fruit.

7:17 Also ein jeglicher guter Baum bringt gute Früchte; aber ein fauler Baum bringt arge Früchte.

7:17 Tout bon arbre porte de bons fruits, mais le mauvais arbre porte de mauvais fruits.

7:18 עֵץ טוֹב לֹא־יוּכַל עֲשׂוֹת פְּרִי רָע וְעֵץ נִשְׁחָת לֹא יַעֲשֶׂה פְּרִי טוֹב:

7:18 Non potest arbor bona malos fructus facere: neque arbor mala bonos fructus facere.

7:18 Οὐ δύναται δένδρον ἀγαθὸν καρποὺς πονηροὺς ποιεῖν, οὐδὲ δένδρον σαπρὸν καρποὺς καλοὺς ποιεῖν.

7:18 A good tree cannot bear ad fruit, neither can a corrupt tree bear good fruit.

7:18 Ein guter Baum kann nicht arge Früchte bringen, und ein fauler Baum kann nicht gute Früchte bringen.

7:18 Un bon arbre ne peut porter de mauvais fruits, ni un mauvais arbre porter de bons fruits.

7:19 וְכָל־עֵץ אֲשֶׁר־לֹא יַעֲשֶׂה פְּרִי טוֹב יִכָּרֵת וְיוּשְׁלַךְ בָּאֵשׁ:

7:19 Omnis arbor, quae non facit fructum bonum, excidetur, et in ignem mittetur.

7:19 Πᾶν δένδρον μὴ ποιοῦν καρπὸν καλὸν ἐκκόπτεται καὶ εἰς πῦρ βάλλεται.

7:19 Every tree that does not bear good fruit is cut down and cast into the fire.

7:19 Ein jeglicher Baum, der nicht gute Früchte bringt, wird abgehauen und ins Feuer geworfen.

7:19 Tout arbre qui ne porte pas de bons fruits est coupé et jeté au feu.

7:20 לָכֵן בְּפִרְיָם תַּכִּירוּ אוֹתָם:

7:20 Igitur ex fructibus eorum cognoscetis eos.

7:20 Ἄρα γε ἀπὸ τῶν καρπῶν αὐτῶν ἐπιγνώσεσθε αὐτούς.

7:20 Therefore, by their fruits you shall know them.

7:20 Darum an ihren Früchten sollt ihr sie erkennen.

7:20 C'est donc à leurs fruits que vous les reconnaîtrez.

7:21 לֹא כָל־הָאֹמֵר לִי אֲדֹנִי אֲדֹנִי יָבוֹא בְּמַלְכוּת הַשָּׁמָיִם כִּי אִם־הָעֹשֶׂה רְצוֹן אָבִי שֶׁבַּשָּׁמָיִם:

7:21 Non omnis qui dicit mihi, Domine, Domine, intrabit in regnum caelorum: sed qui facit voluntatem Patris mei, qui in caelis est, ipse intrabit in regnum caelorum.

7:21 Οὐ πᾶς ὁ λέγων μοι, Κύριε, κύριε, εἰσελεύσεται εἰς τὴν βασιλείαν τῶν οὐρανῶν· ἀλλ' ὁ ποιῶν τὸ θέλημα τοῦ πατρός μου τοῦ ἐν οὐρανοῖς.

7:21 Not everyone that said to me, 'Lord, Lord,' shall enter into the Kingdom of Heaven, but only he who does the will of my Father who is in heaven.

7:21 Es werden nicht alle, die zu mir sagen: HERR, HERR! ins Himmelreich kommen, sondern die den Willen tun meines Vaters im Himmel.

7:21 Ceux qui me disent: Seigneur, Seigneur! n'entreront pas tous dans le royaume des cieux, mais celui-là seul qui fait la volonté de mon Père qui est dans les cieux.

7:22 וְהָיָה בַּיּוֹם הַהוּא יֹאמְרוּ רַבִּים אֵלַי אֲדֹנִי אֲדֹנִי הֲלֹא בְשִׁמְךָ נִבֵּאנוּ וּבְשִׁמְךָ גֵּרַשְׁנוּ שֵׁדִים וּבְשִׁמְךָ עָשִׂינוּ נִפְלָאוֹת רַבּוֹת:

7:22 Multi dicent mihi in illa die: Domine, Domine, nonne in nomine tuo prophetavimus, et in nomine tuo daemonia ejecimus, et in nomine tuo virtutes multas fecimus?

7:22 Πολλοὶ ἐροῦσίν μοι ἐν ἐκείνῃ τῇ ἡμέρᾳ, Κύριε, κύριε, οὐ τῷ σῷ ὀνόματι προεφητεύσαμεν, καὶ τῷ σῷ ὀνόματι δαιμόνια ἐξεβάλομεν, καὶ τῷ σῷ ὀνόματι δυνάμεις πολλὰς ἐποιήσαμεν;

7:22 Many will say to me in that day, 'Lord, Lord, did we not prophesy by your name, and by your name cast out demons, and by your name do many mighty works?'

7:22 Es werden viele zu mir sagen an jenem Tage: HERR, HERR! haben wir nicht in deinem Namen geweissagt, haben wir nicht in deinem Namen Teufel ausgetrieben, und haben wir nicht in deinem Namen viele Taten getan?

7:22 Plusieurs me diront en ce jour-là: Seigneur, Seigneur, n'avons-nous pas prophétisé par ton nom? n'avons-nous pas chassé des démons par ton nom? et n'avons-nous pas fait beaucoup de miracles par ton nom?

7:23 אָז אֶעֱנֶה־בָּם לֵאמֹר מֵעוֹלָם לֹא יְדַעְתִּי אֶתְכֶם סוּרוּ מִמֶּנִּי פֹּעֲלֵי אָוֶן:

7:23 Et tunc confitebor illis: Quia numquam novi vos: discedite a me, qui operamini iniquitatem.

7:23 Καὶ τότε ὁμολογήσω αὐτοῖς ὅτι Οὐδέποτε ἔγνων ὑμᾶς· ἀποχωρεῖτε ἀπ' ἐμοῦ οἱ ἐργαζόμενοι τὴν ἀνομίαν.

7:23 And then will I declare to them, 'I never knew you. Depart from me, you worker of iniquity.'

7:23 Dann werde ich ihnen bekennen: Ich habe euch noch nie erkannt; weichet alle von mir, ihr Übeltäter!

7:23 Alors je leur dirai ouvertement: Je ne vous ai jamais connus, retirez-vous de moi, vous qui commettez l'iniquité.

7:24 לָכֵן כָּל־הַשֹּׁמֵעַ אֶת־דְּבָרַי אֵלֶּה וְעָשָׂה אֹתָם אֲדַמֵּהוּ לְאִישׁ חָכָם אֲשֶׁר בָּנָה אֶת־בֵּיתוֹ עַל־הַצּוּר:

7:24 Omnis ergo qui audit verba mea haec, et facit ea, assimilabitur viro sapienti, qui aedificavit domum suam supra petram,

7:24 Πᾶς οὖν ὅστις ἀκούει μου τοὺς λόγους τούτους καὶ ποιεῖ αὐτούς, ὁμοιώσω αὐτὸν ἀνδρὶ φρονίμῳ, ὅστις ᾠκοδόμησεν τὴν οἰκίαν αὐτοῦ ἐπὶ τὴν πέτραν·

7:24 Everyone therefore, who hears these words of mine and does them, shall be compared to a wise man, who built his house upon the rock.

7:24 Darum, wer diese meine Rede hört und tut sie, den vergleiche ich einem klugen Mann, der sein Haus auf einen Felsen baute.

7:24 C'est pourquoi, quiconque entend ces paroles que je dis et les met en pratique, sera semblable à un homme prudent qui a bâti sa maison sur le roc.

The Gospel of Matthew

7:25 וַיֵּרֶד הַגֶּשֶׁם וַיִּשְׁטְפוּ הַנְּחָלִים וַיִּנָּשְׁבוּ הָרוּחוֹת וַיִּפְגְּעוּ בַּבַּיִת הַהוּא וְלֹא נָפָל כִּי יֻסַּד עַל־הַצּוּר:

7:25 et descendit pluvia, et venerunt flumina, et flaverunt venti, et irruerunt in domum illam, et non cecidit: fundata enim erat super petram.

7:25 καὶ κατέβη ἡ βροχὴ καὶ ἦλθον οἱ ποταμοὶ καὶ ἔπνευσαν οἱ ἄνεμοι, καὶ προσέπεσον τῇ οἰκίᾳ ἐκείνῃ, καὶ οὐκ ἔπεσεν· τεθεμελίωτο γὰρ ἐπὶ τὴν πέτραν.

7:25 And the rain descended, and the floods came, and the winds blew, and beat upon that house; and it did not fall, for it was founded upon the rock.

7:25 Da nun ein Platzregen fiel und ein Gewässer kam und wehten die Winde und stießen an das Haus, fiel es doch nicht; denn es war auf einen Felsen gegründet.

7:25 La pluie est tombée, les torrents sont venus, les vents ont soufflé et se sont jetés contre cette maison: elle n'est point tombée, parce qu'elle était fondée sur le roc.

7:26 וְכָל־הַשֹּׁמֵעַ אֶת־דְּבָרַי אֵלֶּה וְלֹא יַעֲשֶׂה אֹתָם לְאִישׁ בַּעַר יִדְמֶה אֲשֶׁר־בָּנָה אֶת־בֵּיתוֹ עַל־הַחוֹל:

7:26 Et omnis qui audit verba mea haec, et non facit ea, similis erit viro stulto, qui aedificavit domum suam super arenam:

7:26 Καὶ πᾶς ὁ ἀκούων μου τοὺς λόγους τούτους καὶ μὴ ποιῶν αὐτούς, ὁμοιωθήσεται ἀνδρὶ μωρῷ, ὅστις ᾠκοδόμησεν τὴν οἰκίαν αὐτοῦ ἐπὶ τὴν ἄμμον·

7:26 And everyone that hears these words of mine and does not do them, shall be compared to a foolish man, who built his house upon the sand.

7:26 Und wer diese meine Rede hört und tut sie nicht, der ist einem törichten Manne gleich, der sein Haus auf den Sand baute.

7:26 Mais quiconque entend ces paroles que je dis, et ne les met pas en pratique, sera semblable à un homme insensé qui a bâti sa maison sur le sable.

7:27 וַיֵּרֶד הַגֶּשֶׁם וַיִּשְׁטְפוּ הַנְּחָלִים וַיִּנָּשְׁבוּ הָרוּחוֹת וַיִּפְגְּעוּ בַּבַּיִת הַהוּא וַיִּפֹּל וַתְּהִי מַפַּלְתּוֹ גְדוֹלָה:

7:27 et descendit pluvia, et venerunt flumina, et flaverunt venti, et irruerunt in domum illam, et cecidit, et fuit ruina illius magna.

7:27 καὶ κατέβη ἡ βροχὴ καὶ ἦλθον οἱ ποταμοὶ καὶ ἔπνευσαν οἱ ἄνεμοι, καὶ προσέκοψαν τῇ οἰκίᾳ ἐκείνῃ, καὶ ἔπεσεν· καὶ ἦν ἡ πτῶσις αὐτῆς μεγάλη.

7:27 And the rain descended, and the floods came, and the winds blew, and beat upon that house; and it fell, and great was the fall of that place."

7:27 Da nun ein Platzregen fiel und kam ein Gewässer und wehten die Winde und stießen an das Haus, da fiel es und tat einen großen Fall.

7:27 La pluie est tombée, les torrents sont venus, les vents ont soufflé et ont battu cette maison: elle est tombée, et sa ruine a été grande.

The Gospel of Matthew

7:28 וַיְהִי כְּכַלּוֹת יֵשׁוּעַ לְדַבֵּר אֶת־הַדְּבָרִים הָאֵלֶּה וַיִּשְׁתּוֹמֵם הֲמוֹן הָעָם עַל־תּוֹרָתוֹ:

7:28 Et factum est: cum consummasset Jesus verba haec, admirabantur turbae super doctrina ejus.

7:28 Καὶ ἐγένετο ὅτε συνετέλεσεν ὁ Ἰησοῦς τοὺς λόγους τούτους, ἐξεπλήσσοντο οἱ ὄχλοι ἐπὶ τῇ διδαχῇ αὐτοῦ·

7:28 And it came to pass, when Jesus had finished these words, the multitudes were astonished at his teaching,

7:28 Und es begab sich, da Jesus diese Rede vollendet hatte, entsetzte sich das Volk über seine Lehre.

7:28 Après que Jésus eut achevé ces discours, la foule fut frappée de sa doctrine;

7:29 כִּי הָיָה מְלַמֵּד אוֹתָם כְּאִישׁ שַׁלִּיטוֹן וְלֹא כַסּוֹפְרִים:

7:29 Erat enim docens eos sicut potestatem habens, et non sicut scribae eorum, et pharisaei.

7:29 ἦν γὰρ διδάσκων αὐτοὺς ὡς ἐξουσίαν ἔχων, καὶ οὐχ ὡς οἱ γραμματεῖς.

7:29 for he taught them as one having authority and not as their scribes.

7:29 Denn er predigte gewaltig und nicht wie die Schriftgelehrten.

7:29 car il enseignait comme ayant autorité, et non pas comme leurs scribes.

8:1 וַיֵּרֶד מִן־הָהָר וַיֵּלֶךְ אַחֲרָיו הֲמוֹן עַם רָב:

8:1 Cum autem descendisset de monte, secutae sunt eum turbae multae:

8:1 Καταβάντι δὲ αὐτῷ ἀπὸ τοῦ ὄρους, ἠκολούθησαν αὐτῷ ὄχλοι πολλοί·

8:1 And when he had come down from the mountain, great multitudes followed him.

8:1 Da er aber vom Berg herabging, folgte ihm viel Volks nach.

8:1 Lorsque Jésus fut descendu de la montagne, une grande foule le suivit.

8:2 וְהִנֵּה אִישׁ מְצֹרָע בָּא וַיִּשְׁתַּחוּ־לוֹ וַיֹּאמַר אֲדֹנִי אִם־תִּרְצֶה תּוּכַל לְטַהֲרֵנִי:

8:2 et ecce leprosus veniens, adorabat eum, dicens: Domine, si vis, potes me mundare.

8:2 καὶ ἰδού, λεπρὸς ἐλθὼν προσεκύνει αὐτῷ, λέγων, Κύριε, ἐὰν θέλῃς, δύνασαί με καθαρίσαι.

8:2 And behold, a leper came and worshipped him saying, "Lord, if you want to, you can make me clean."

8:2 Und siehe, ein Aussätziger kam und betete ihn an und sprach: HERR, so du willst, kannst du mich wohl reinigen.

8:2 Et voici, un lépreux s'étant approché se prosterna devant lui, et dit: Seigneur, si tu le veux, tu peux me rendre pur.

8:3 וַיִּשְׁלַח יֵשׁוּעַ אֶת־יָדוֹ וַיִּגַּע־בּוֹ וַיֹּאמַר חָפֵץ אָנֹכִי טְהָר וּבְרֶגַע נִרְפְּאָה צָרַעְתּוֹ:

8:3 Et extendens Jesus manum, tetigit eum, dicens: Volo: mundare. Et confestim mundata est lepra ejus.

8:3 Καὶ ἐκτείνας τὴν χεῖρα, ἥψατο αὐτοῦ ὁ Ἰησοῦς, λέγων, Θέλω, καθαρίσθητι. Καὶ εὐθέως ἐκαθαρίσθη αὐτοῦ ἡ λέπρα.

8:3 And he stretched out his hand and touched him saying, "I want to; be made clean." And immediately his leprosy was cleansed.

8:3 Und Jesus streckte seine Hand aus, rührte ihn an und sprach: Ich will's tun; sei gereinigt! Und alsbald ward er vom Aussatz rein.

8:3 Jésus étendit la main, le toucha, et dit: Je le veux, sois pur. Aussitôt il fut purifié de sa lèpre.

The Gospel of Matthew

8:4 וַיֹּאמֶר אֵלָיו יֵשׁוּעַ רְאֵה אַל־תְּסַפֵּר לְאִישׁ וְלֵךְ הֵרָאֵה אֶל־הַכֹּהֵן וְהִקְרַבְתָּ אֶת־הַקָּרְבָּן אֲשֶׁר צִוָּה מֹשֶׁה לְעֵדוּת לָהֶם:

8:4 Et ait illi Jesus: Vide, nemini dixeris: sed vade, ostende te sacerdoti, et offer munus, quod praecepit Moyses, in testimonium illis.

8:4 Καὶ λέγει αὐτῷ ὁ Ἰησοῦς, Ὅρα μηδενὶ εἴπῃς· ἀλλὰ ὕπαγε, σεαυτὸν δεῖξον τῷ ἱερεῖ, καὶ προσένεγκε τὸ δῶρον ὃ προσέταξεν Μωσῆς, εἰς μαρτύριον αὐτοῖς.

8:4 And Jesus said to him, "See to it that you tell no man; but go, show yourself to the priest, and offer the gift that Moses commanded as a testimony to them."

8:4 Und Jesus sprach zu ihm: Siehe zu, sage es niemand; sondern gehe hin und zeige dich dem Priester und opfere die Gabe, die Mose befohlen hat, zu einem Zeugnis über sie.

8:4 Puis Jésus lui dit: Garde-toi d'en parler à personne; mais va te montrer au sacrificateur, et présente l'offrande que Moïse a prescrite, afin que cela leur serve de témoignage.

8:5 וַיְהִי כְּבֹאוֹ אֶל־כְּפַר־נַחוּם וַיִּגַּשׁ אֵלָיו שַׂר־מֵאָה אֶחָד וַיִּתְחַנֶּן־לוֹ לֵאמֹר:

8:5 Cum autem introisset Capharnaum, accessit ad eum centurio, rogans eum,

8:5 Εἰσελθόντι δὲ αὐτῷ εἰς Καπερναούμ, προσῆλθεν αὐτῷ ἑκατόνταρχος παρακαλῶν αὐτόν,

8:5 And when he entered into Capernaum a centurion came to him, begging him,

8:5 Da aber Jesus einging zu Kapernaum, trat ein Hauptmann zu ihm, der bat ihn

8:5 Comme Jésus entrait dans Capernaüm, un centenier l'aborda, le priant

8:5 וַיְהִי כְּבֹאוֹ אֶל־כְּפַר־נַחוּם וַיִּגַּשׁ אֵלָיו שַׂר־מֵאָה אֶחָד וַיִּתְחַנֶּן־לוֹ לֵאמֹר:

8:6 et dicens: Domine, puer meus jacet in domo paralyticus, et male torquetur.

8:6 καὶ λέγων, Κύριε, ὁ παῖς μου βέβληται ἐν τῇ οἰκίᾳ παραλυτικός, δεινῶς βασανιζόμενος.

8:6 and saying, "Lord, my servant lies in the house sick with palsy, grievously tormented."

8:6 und sprach: HERR, mein Knecht liegt zu Hause und ist gichtbrüchig und hat große Qual.

8:6 et disant: Seigneur, mon serviteur est couché à la maison, atteint de paralysie et souffrant beaucoup.

8:7 וַיֹּאמֶר יֵשׁוּעַ אֵלָיו אָבֹא וּרְפָאתִיו:

8:7 Et ait illi Jesus: Ego veniam, et curabo eum.

8:7 Καὶ λέγει αὐτῷ ὁ Ἰησοῦς, Ἐγὼ ἐλθὼν θεραπεύσω αὐτόν.

8:7 And he said to him, "I will come and heal him."

8:7 Jesus sprach zu ihm: Ich will kommen und ihn gesund machen.

8:7 Jésus lui dit: J'irai, et je le guérirai.

The Gospel of Matthew

8:8 וַיַּעַן שַׂר־הַמֵּאָה וַיֹּאמַר אֲדֹנִי נְקַלֹּתִי מֵאֲשֶׁר תָּבֹא בְּצֵל קוֹרָתִי רַק דַּבֶּר־נָא דָבָר וְנִרְפָּא נַעֲרִי:

8:8 Et respondens centurio, ait: Domine, non sum dignus ut intres sub tectum meum: sed tantum dic verbo, et sanabitur puer meus.

8:8 Καὶ ἀποκριθεὶς ὁ ἑκατόνταρχος ἔφη, Κύριε, οὐκ εἰμὶ ἱκανὸς ἵνα μου ὑπὸ τὴν στέγην εἰσέλθῃς· ἀλλὰ μόνον εἰπὲ λόγῳ, καὶ ἰαθήσεται ὁ παῖς μου.

8:8 And the centurion answered and said, "Lord, I am not worthy for you to come under my roof; but only say the word, and my servant shall be healed.

8:8 Der Hauptmann antwortete und sprach: HERR, ich bin nicht wert, daß du unter mein Dach gehest; sondern sprich nur ein Wort, so wird mein Knecht gesund.

8:8 Le centenier répondit: Seigneur, je ne suis pas digne que tu entres sous mon toit; mais dis seulement un mot, et mon serviteur sera guéri.

8:9 כִּי אָנֹכִי אִישׁ אֲשֶׁר תַּחַת מֶמְשָׁלָה וְגַם־יֵשׁ תַּחַת יָדִי אַנְשֵׁי צָבָא וְאָמַרְתִּי לָזֶה לֵךְ וְהָלַךְ וְלָזֶה בּוֹא וּבָא וּלְעַבְדִּי עֲשֵׂה־זֹּאת וְעָשָׂה:

8:9 Nam et ego homo sum sub potestate constitutus, habens sub me milites, et dico huic: Vade, et vadit: et alii: Veni, et venit: et servo meo: Fac hoc, et facit.

8:9 Καὶ γὰρ ἐγὼ ἄνθρωπός εἰμι ὑπὸ ἐξουσίαν, ἔχων ὑπ' ἐμαυτὸν στρατιώτας· καὶ λέγω τούτῳ, Πορεύθητι, καὶ πορεύεται· καὶ ἄλλῳ, Ἔρχου, καὶ ἔρχεται· καὶ τῷ δούλῳ μου, Ποίησον τοῦτο, καὶ ποιεῖ.

8:9 For I also am a man under authority, having under myself soldiers, and I say to this one, 'Go!' and he goes; and to another, 'Come!' and he comes; and to my servant, 'Do this!' and he does it."

8:9 Denn ich bin ein Mensch, der Obrigkeit untertan, und habe unter mir Kriegsknechte; und wenn ich sage zu einem: Gehe hin! so geht er; und zum andern: Komm her! so kommt er; und zu meinem Knecht: Tu das! so tut er's.

8:9 Car, moi qui suis soumis à des supérieurs, j'ai des soldats sous mes ordres; et je dis à l'un: Va! et il va; à l'autre: Viens! et il vient; et à mon serviteur: Fais cela! et il le fait.

8:10 וַיִּשְׁמַע יֵשׁוּעַ וַיִּתְמַהּ וַיֹּאמֶר אֶל־הַהֹלְכִים אַחֲרָיו אָמֵן אֹמֵר אֲנִי לָכֶם גַּם־בְּיִשְׂרָאֵל לֹא־מָצָאתִי אֱמוּנָה רַבָּה כָּזֹאת:

8:10 Audiens autem Jesus miratus est, et sequentibus se dixit: Amen dico vobis, non inveni tantam fidem in Israël.

8:10 Ἀκούσας δὲ ὁ Ἰησοῦς ἐθαύμασεν, καὶ εἶπεν τοῖς ἀκολουθοῦσιν, Ἀμὴν λέγω ὑμῖν, οὐδὲ ἐν τῷ Ἰσραὴλ τοσαύτην πίστιν εὗρον.

8:10 And when Jesus heard it, he marveled, and said to those that followed, "Amen. I say to you, I have not found so great faith, no, not in Israel.

8:10 Da das Jesus hörte, verwunderte er sich und sprach zu denen, die ihm nachfolgten: Wahrlich ich sage euch: Solchen Glauben habe ich in Israel nicht gefunden!

8:10 Après l'avoir entendu, Jésus fut dans l'étonnement, et il dit à ceux qui le suivaient: Je vous le dis en vérité, même en Israël je n'ai pas trouvé une aussi grande foi.

8:11 וַאֲנִי אֹמֵר לָכֶם רַבִּים יָבֹאוּ מִמִּזְרָח וּמִמַּעֲרָב וְיָסֵבּוּ עִם־אַבְרָהָם וְיִצְחָק וְיַעֲקֹב בְּמַלְכוּת הַשָּׁמָיִם:

8:11 Dico autem vobis, quod multi ab oriente et occidente venient, et recumbent cum Abraham, et Isaac, et Jacob in regno caelorum:

8:11 Λέγω δὲ ὑμῖν, ὅτι πολλοὶ ἀπὸ ἀνατολῶν καὶ δυσμῶν ἥξουσιν, καὶ ἀνακλιθήσονται μετὰ Ἀβραὰμ καὶ Ἰσαὰκ καὶ Ἰακὼβ ἐν τῇ βασιλείᾳ τῶν οὐρανῶν·

8:11 And I tell you that many shall come from the east and the west and shall sit down with Abraham, and Isaac, and Jacob, in the Kingdom of Heaven,

8:11 Aber ich sage euch viele werden kommen vom Morgen und vom Abend und mit Abraham und Isaak und Jakob im Himmelreich sitzen;

8:11 Or, je vous déclare que plusieurs viendront de l'orient et de l'occident, et seront à table avec Abraham, Isaac et Jacob, dans le royaume des cieux.

8:12 אֲבָל בְּנֵי הַמַּלְכוּת הֵמָּה יְגֹרְשׁוּ אֶל־הַחֹשֶׁךְ הַחִיצוֹן שָׁם תִּהְיֶה הַיְלָלָה וַחֲרוֹק הַשִּׁנָּיִם:

8:12 filii autem regni ejicientur in tenebras exteriores: ibi erit fletus et stridor dentium.

8:12 οἱ δὲ υἱοὶ τῆς βασιλείας ἐκβληθήσονται εἰς τὸ σκότος τὸ ἐξώτερον· ἐκεῖ ἔσται ὁ κλαυθμὸς καὶ ὁ βρυγμὸς τῶν ὀδόντων.

8:12 but the sons of the kingdom shall be thrown into the outer darkness where there will be weeping and the gnashing of teeth."

8:12 aber die Kinder des Reiches werden ausgestoßen in die Finsternis hinaus; da wird sein Heulen und Zähneklappen.

8:12 Mais les fils du royaume seront jetés dans les ténèbres du dehors, où il y aura des pleurs et des grincements de dents.

8:13 וַיֹּאמֶר יֵשׁוּעַ אֶל־שַׂר־הַמֵּאָה לֵךְ וְכֶאֱמוּנָתְךָ כֵּן יִהְיֶה־לָּךְ וַיֵּרָפֵא נַעֲרוֹ בַּשָּׁעָה הַהִיא:

8:13 Et dixit Jesus centurioni: Vade, et sicut credidisti, fiat tibi. Et sanatus est puer in illa hora.

8:13 Καὶ εἶπεν ὁ Ἰησοῦς τῷ ἑκατοντάρχῃ, Ὕπαγε, καὶ ὡς ἐπίστευσας γενηθήτω σοι. Καὶ ἰάθη ὁ παῖς αὐτοῦ ἐν τῇ ὥρᾳ ἐκείνῃ.

8:13 And Jesus said to the centurion, "Go on your way; just as you had believed, so it is done for you." And the servant was healed in that hour.

8:13 Und Jesus sprach zu dem Hauptmann: Gehe hin; dir geschehe, wie du geglaubt hast. Und sein Knecht ward gesund zu derselben Stunde.

8:13 Puis Jésus dit au centenier: Va, qu'il te soit fait selon ta foi. Et à l'heure même le serviteur fut guéri.

The Gospel of Matthew

8:14 וַיָּבֹא יֵשׁוּעַ בֵּיתָה פֶּטְרוֹס וַיַּרְא אֶת־חֲמוֹתוֹ נֹפֶלֶת לְמִשְׁכָּב וְחוֹלַת קַדָּחַת:

8:14 Et cum venisset Jesus in domum Petri, vidit socrum ejus jacentem, et febricitantem:

8:14 Καὶ ἐλθὼν ὁ Ἰησοῦς εἰς τὴν οἰκίαν Πέτρου, εἶδεν τὴν πενθερὰν αὐτοῦ βεβλημένην καὶ πυρέσσουσαν,

8:14 And when Jesus had come into Peter's house, he saw his wife's mother lying sick with a fever.

8:14 Und Jesus kam in des Petrus Haus und sah, daß seine Schwiegermutter lag und hatte das Fieber.

8:14 Jésus se rendit ensuite à la maison de Pierre, dont il vit la belle-mère couchée et ayant la fièvre.

8:15 וַיִּגַּע בְּיָדָהּ וַתִּרֶף מִמֶּנָּה הַקַּדַּחַת וַתָּקָם וַתְּשָׁרְתֵם:

8:15 et tetigit manum ejus, et dimisit eam febris, et surrexit, et ministrabat eis.

8:15 καὶ ἥψατο τῆς χειρὸς αὐτῆς, καὶ ἀφῆκεν αὐτὴν ὁ πυρετός· καὶ ἠγέρθη, καὶ διηκόνει αὐτῷ.

8:15 And he touched her hand and the fever left her and she arose and ministered to him.

8:15 Da griff er ihre Hand an, und das Fieber verließ sie. Und sie stand auf und diente ihnen.

8:15 Il toucha sa main, et la fièvre la quitta; puis elle se leva, et le servit.

8:16 וַיְהִי לְעֵת עֶרֶב וַיָּבִיאוּ אֵלָיו רַבִּים אֲחוּזֵי שֵׁדִים וַיְגָרֶשׁ אֶת־הָרוּחוֹת בִּדְבַר פִּיו וַיְרַפֵּא אֶת כָּל־הַחוֹלִים:

8:16 Vespere autem facto, obtulerunt ei multos daemonia habentes: et ejiciebat spiritus verbo, et omnes male habentes curavit:

8:16 Ὀψίας δὲ γενομένης προσήνεγκαν αὐτῷ δαιμονιζομένους πολλούς· καὶ ἐξέβαλεν τὰ πνεύματα λόγῳ, καὶ πάντας τοὺς κακῶς ἔχοντας ἐθεράπευσεν·

8:16 And when evening had come, they brought to him many possessed with demons and he threw out the spirits with a word, and healed all that were sick

8:16 Am Abend aber brachten sie viele Besessene zu ihm; und er trieb die Geister aus mit Worten und machte allerlei Kranke gesund,

8:16 Le soir, on amena auprès de Jésus plusieurs démoniaques. Il chassa les esprits par sa parole, et il guérit tous les malades,

8:17 לְמַלֹּאת אֵת אֲשֶׁר דִּבֶּר יְשַׁעְיָהוּ הַנָּבִיא לֵאמֹר חֳלָיֵנוּ הוּא נָשָׂא וּמַכְאֹבֵינוּ סְבָלָם:

8:17 ut adimpleretur quod dictum est per Isaiam prophetam, dicentem: *Ipse infirmitates nostras accepit: et aegrotationes nostras portavit.*

8:17 ὅπως πληρωθῇ τὸ ῥηθὲν διὰ Ἡσαΐου τοῦ προφήτου, λέγοντος, Αὐτὸς τὰς ἀσθενείας ἡμῶν ἔλαβεν, καὶ τὰς νόσους ἐβάστασεν.

8:17 so that which was spoken through Isaiah the prophet might be fulfilled saying, "He himself took our infirmities and bore our diseases."

8:17 auf das erfüllt würde, was gesagt ist durch den Propheten Jesaja, der da spricht: "Er hat unsere Schwachheiten auf sich genommen, und unsere Seuchen hat er getragen."

8:17 afin que s'accomplît ce qui avait été annoncé par Ésaïe, le prophète: Il a pris nos infirmités, et il s'est chargé de nos maladies.

The Gospel of Matthew

8:18 וַיְהִי כִּרְאוֹת יֵשׁוּעַ הָמוֹן עַם רַב סְבִיבֹתָיו וַיְצַו לַעֲבֹר מִשָּׁם אֶל־עֵבֶר הַיָּם:

8:18 Videns autem Jesus turbas multas circum se, jussit ire trans fretum.

8:18 Ἰδὼν δὲ ὁ Ἰησοῦς πολλοὺς ὄχλους περὶ αὐτόν, ἐκέλευσεν ἀπελθεῖν εἰς τὸ πέραν.

8:18 Now when Jesus saw great multitudes around him he gave a command to depart to the other side.

8:18 Und da Jesus viel Volks um sich sah, hieß er hinüber jenseit des Meeres fahren.

8:18 Jésus, voyant une grande foule autour de lui, donna l'ordre de passer à l'autre bord.

8:19 וַיִּגַּשׁ אֵלָיו אַחַד הַסּוֹפְרִים וַיֹּאמֶר אֵלָיו רַבִּי אֵלְכָה אַחֲרֶיךָ אֶל כָּל־אֲשֶׁר תֵּלֵךְ:

8:19 Et accedens unus scriba, ait illi: Magister, sequar te, quocumque ieris.

8:19 Καὶ προσελθὼν εἷς γραμματεὺς εἶπεν αὐτῷ, Διδάσκαλε, ἀκολουθήσω σοι ὅπου ἐὰν ἀπέρχῃ.

8:19 And a scribe came and said to him, "Teacher, I will follow you wherever you go."

8:19 Und es trat zu ihm ein Schriftgelehrter, der sprach zu ihm: Meister, ich will dir folgen, wo du hin gehst.

8:19 Un scribe s'approcha, et lui dit: Maître, je te suivrai partout où tu iras.

8:20 וַיֹּאמֶר אֵלָיו יֵשׁוּעַ לַשּׁוּעָלִים יֵשׁ־חוֹרִים וּלְעוֹף הַשָּׁמַיִם קִנִּים וּבֶן־הָאָדָם אֵין לוֹ מָקוֹם לְהָנִיחַ אֶת־רֹאשׁוֹ:

8:20 Et dicit ei Jesus: Vulpes foveas habent, et volucres caeli nidos; Filius autem hominis non habet ubi caput reclinet.

8:20 Καὶ λέγει αὐτῷ ὁ Ἰησοῦς, Αἱ ἀλώπεκες φωλεοὺς ἔχουσιν, καὶ τὰ πετεινὰ τοῦ οὐρανοῦ κατασκηνώσεις· ὁ δὲ υἱὸς τοῦ ἀνθρώπου οὐκ ἔχει ποῦ τὴν κεφαλὴν κλίνῃ.

8:20 And Jesus said to him, "The foxes have holes and the birds of the sky nests, but the Son of Man has nowhere to lay his head."

8:20 Jesus sagt zu ihm: Die Füchse haben Gruben, und die Vögel unter dem Himmel haben Nester; aber des Menschen Sohn hat nicht, da er sein Haupt hin lege.

8:20 Jésus lui répondit: Les renards ont des tanières, et les oiseaux du ciel ont des nids; mais le Fils de l'homme n'a pas où reposer sa tête.

8:21 וְאִישׁ אַחֵר מִן־הַתַּלְמִידִים אָמַר אֵלָיו אֲדֹנִי הַנִּיחָה־לִּי וְאֵלֵךְ בָּרִאשׁוֹנָה לִקְבֹּר אֶת־אָבִי:

8:21 Alius autem de discipulis ejus ait illi: Domine, permitte me primum ire, et sepelire patrem meum.

8:21 Ἕτερος δὲ τῶν μαθητῶν αὐτοῦ εἶπεν αὐτῷ, Κύριε, ἐπίτρεψόν μοι πρῶτον ἀπελθεῖν καὶ θάψαι τὸν πατέρα μου.

8:21 And another of the disciples said to him, "Lord, permit me first to go and bury my father."

8:21 Und ein anderer unter seinen Jüngern sprach zu ihm: HERR, erlaube mir, daß hingehe und zuvor meinen Vater begrabe.

8:21 Un autre, d'entre les disciples, lui dit: Seigneur, permets-moi d'aller d'abord ensevelir mon père.

8:22 וַיֹּאמֶר אֵלָיו יֵשׁוּעַ לֵךְ אַחֲרָי וְהַנַּח לַמֵּתִים לִקְבֹּר אֶת־מֵתֵיהֶם:

8:22 Jesus autem ait illi: Sequere me, et dimitte mortuos sepelire mortuos suos.

8:22 Ὁ δὲ Ἰησοῦς εἶπεν αὐτῷ, Ἀκολούθει μοι, καὶ ἄφες τοὺς νεκροὺς θάψαι τοὺς ἑαυτῶν νεκρούς.

8:22 But Jesus said to him, "Follow me and leave the dead to bury their own dead."

8:22 Aber Jesus sprach zu ihm: Folge du mir und laß die Toten ihre Toten begraben!

8:22 Mais Jésus lui répondit: Suis-moi, et laisse les morts ensevelir leurs morts.

8:23 וַיֵּרֶד אֶל־הָאֳנִיָּה וַיֵּרְדוּ אִתּוֹ תַּלְמִידָיו:

8:23 Et ascendente eo in naviculam, secuti sunt eum discipuli ejus.

8:23 Καὶ ἐμβάντι αὐτῷ εἰς τὸ πλοῖον, ἠκολούθησαν αὐτῷ οἱ μαθηταὶ αὐτοῦ.

8:23 And when he entered into a boat his disciples followed him.

8:23 Und er trat in das Schiff, und seine Jünger folgten ihm.

8:23 Il monta dans la barque, et ses disciples le suivirent.

8:24 וְהִנֵּה סַעַר גָּדוֹל הָיָה בַיָּם עַד־אֲשֶׁר כִּסּוּ הַגַּלִּים אֶת־הָאֳנִיָּה וְהוּא יָשֵׁן:

8:24 et ecce motus magnus factus est in mari, ita ut navicula operiretur fluctibus: ipse vero dormiebat.

8:24 Καὶ ἰδού, σεισμὸς μέγας ἐγένετο ἐν τῇ θαλάσσῃ, ὥστε τὸ πλοῖον καλύπτεσθαι ὑπὸ τῶν κυμάτων· αὐτὸς δὲ ἐκάθευδεν.

8:24 And behold, there arose a great wind storm in the sea, so much so that the boat was covered with the waves, but he was asleep.

8:24 Und siehe, da erhob sich ein großes Ungestüm im Meer, also daß auch das Schifflein mit Wellen bedeckt ward; und er schlief.

8:24 Et voici, il s'éleva sur la mer une si grande tempête que la barque était couverte par les flots. Et lui, il dormait.

8:25 וַיִּגְּשׁוּ אֵלָיו תַּלְמִידָיו וַיָּעִירוּ אוֹתוֹ לֵאמֹר הוֹשִׁיעֵנוּ אֲדֹנֵינוּ אָבָדְנוּ:

8:25 Et accesserunt ad eum discipuli ejus, et suscitaverunt eum, dicentes: Domine, salva nos: perimus.

8:25 Καὶ προσελθόντες οἱ μαθηταὶ ἤγειραν αὐτόν, λέγοντες, Κύριε, σῶσον ἡμᾶς, ἀπολλύμεθα.

8:25 And they came to him and woke him saying, "Save us, Lord, we are dying!"

8:25 Und die Jünger traten zu ihm und weckten ihn auf und sprachen: HERR, hilf uns, wir verderben!

8:25 Les disciples s'étant approchés le réveillèrent, et dirent: Seigneur, sauve-nous, nous périssons!

8:26 וַיֹּאמֶר אֲלֵיהֶם קְטַנֵּי אֱמוּנָה מַה חֲרֵדִים אַתֶּם וַיָּקָם וַיִּגְעַר בָּרוּחוֹת וּבַיָּם וַתְּהִי דְּמָמָה רַבָּה׃

8:26 Et dicit eis Jesus: Quid timidi estis, modicae fidei? Tunc surgens imperavit ventis, et mari, et facta est tranquillitas magna.

8:26 Καὶ λέγει αὐτοῖς, Τί δειλοί ἐστε, ὀλιγόπιστοι; Τότε ἐγερθεὶς ἐπετίμησεν τοῖς ἀνέμοις καὶ τῇ θαλάσσῃ, καὶ ἐγένετο γαλήνη μεγάλη.

8:26 And he said to them, "Why are you afraid, oh you of little faith?" Then he arose and rebuked the winds and the sea and there was a great calm.

8:26 Da sagte er zu ihnen: Ihr Kleingläubigen, warum seid ihr so furchtsam? Und stand auf und bedrohte den Wind und das Meer; da ward es ganz stille.

8:26 Il leur dit: Pourquoi avez-vous peur, gens de peu de foi? Alors il se leva, menaça les vents et la mer, et il y eut un grand calme.

8:27 וַיִּתְמְהוּ הָאֲנָשִׁים וַיֹּאמְרוּ מִי אֵפוֹא הוּא אֲשֶׁר גַּם־הָרוּחוֹת וְהַיָּם אֵלָיו יִשְׁמָעוּן׃

8:27 Porro homines mirati sunt, dicentes: Qualis est hic, quia venti et mare obediunt ei?

8:27 Οἱ δὲ ἄνθρωποι ἐθαύμασαν, λέγοντες, Ποταπός ἐστιν οὗτος, ὅτι καὶ οἱ ἄνεμοι καὶ ἡ θάλασσα ὑπακούουσιν αὐτῷ;

8:27 And the men marveled saying, "What kind of man is this that even the winds and the sea obey him?"

8:27 Die Menschen aber verwunderten sich und sprachen: Was ist das für ein Mann, daß ihm Wind und Meer gehorsam ist?

8:27 Ces hommes furent saisis d'étonnement: Quel est celui-ci, disaient-ils, à qui obéissent même les vents et la mer?

8:28 וַיְהִי כְּבֹאוֹ אֶל־עֵבֶר הַיָּם אֶל־אֶרֶץ הַגַּדְרִיִּים וַיִּפְגְּשׁוּהוּ שְׁנֵי אֲנָשִׁים אֲחוּזֵי שֵׁדִים יֹצְאִים מִבָּתֵּי הַקְּבָרוֹת וְהֵמָּה רַגְזָנִים מְאֹד עַד אֲשֶׁר לֹא־יָכֹל אִישׁ לַעֲבֹר בַּדֶּרֶךְ הַהוּא׃

8:28 Et cum venisset trans fretum in regionem Gerasenorum, occurrerunt ei duo habentes daemonia, de monumentis exeuntes, saevi nimis, ita ut nemo posset transire per viam illam.

8:28 Καὶ ἐλθόντι αὐτῷ εἰς τὸ πέραν εἰς τὴν χώραν τῶν Γεργεσηνῶν, ὑπήντησαν αὐτῷ δύο δαιμονιζόμενοι ἐκ τῶν μνημείων ἐξερχόμενοι, χαλεποὶ λίαν, ὥστε μὴ ἰσχύειν τινὰ παρελθεῖν διὰ τῆς ὁδοῦ ἐκείνης·

8:28 And when he had come to the other side into the country of the Gadarenes, two men possessed with demons met him, they were coming out of the tombs exceedingly angry, so much so that no one could pass by that way.

8:28 Und er kam jenseit des Meeres in die Gegend der Gergesener. Da liefen ihm entgegen zwei Besessene, die kamen aus den Totengräbern und waren sehr grimmig, also daß niemand diese Straße wandeln konnte.

8:28 Lorsqu'il fut à l'autre bord, dans le pays des Gadaréniens, deux démoniaques, sortant des sépulcres, vinrent au-devant de lui. Ils étaient si furieux que personne n'osait passer par là.

8:29 וְהִנֵּה הֵם צֹעֲקִים לֵאמֹר מַה לָּנוּ וָלָךְ יֵשׁוּעַ בֶּן הָאֱלֹהִים הֲבָאתָ הֲלֹם לְעַנּוֹתֵנוּ בְּלֹא עֵת:

8:29 Et ecce clamaverunt, dicentes: Quid nobis et tibi, Jesu fili Dei? Venisti huc ante tempus torquere nos?

8:29 καὶ ἰδού, ἔκραξαν λέγοντες, Τί ἡμῖν καὶ σοί, Ἰησοῦ υἱὲ τοῦ θεοῦ; Ἦλθες ὧδε πρὸ καιροῦ βασανίσαι ἡμᾶς;

8:29 And behold, they cried out saying, "What have we to do with you, Son of God? Have you come here to torment us before the time?"

8:29 Und siehe, sie schrieen und sprachen: Ach Jesu, du Sohn Gottes, was haben wir mit dir zu tun? Bist du hergekommen, uns zu quälen, ehe denn es Zeit ist?

8:29 Et voici, ils s'écrièrent: Qu 'y a-t-il entre nous et toi, Fils de Dieu? Es-tu venu ici pour nous tourmenter avant le temps?

8:30 וְשָׁם עֵדֶר חֲזִירִים רַבִּים רֹעִים הַרְחֵק מֵהֶם:

8:30 Erat autem non longe ab illis grex multorum porcorum pascens.

8:30 Ἦν δὲ μακρὰν ἀπ' αὐτῶν ἀγέλη χοίρων πολλῶν βοσκομένη.

8:30 Now there was at a distance from them, a herd of many pigs feeding.

8:30 Es war aber ferne von ihnen ein große Herde Säue auf der Weide.

8:30 Il y avait loin d'eux un grand troupeau de pourceaux qui paissaient.

8:31 וַיִּתְחַנְנוּ אֵלָיו הַשֵּׁדִים לֵאמֹר אִם תְּגָרְשֵׁנוּ תְּנָה לָנוּ לָבוֹא בְּעֵדֶר הַחֲזִירִים:

8:31 Daemones autem rogabant eum, dicentes: Si ejicis nos hinc, mitte nos in gregem porcorum.

8:31 Οἱ δὲ δαίμονες παρεκάλουν αὐτόν, λέγοντες, Εἰ ἐκβάλλεις ἡμᾶς, ἐπίτρεψον ἡμῖν ἀπελθεῖν εἰς τὴν ἀγέλην τῶν χοίρων.

8:31 And the demons sought him saying, "If you throw us out send us away into the herd of pigs."

8:31 Da baten ihn die Teufel und sprachen: Willst du uns austreiben, so erlaube uns, in die Herde Säue zu fahren.

8:31 Les démons priaient Jésus, disant: Si tu nous chasses, envoie-nous dans ce troupeau de pourceaux.

8:32 וַיֹּאמֶר אֲלֵיהֶם לֵכוּ וַיֵּצְאוּ וַיָּבֹאוּ בְּעֵדֶר הַחֲזִירִים וְהִנֵּה הִשְׁתָּעֵר כָּל־עֵדֶר הַחֲזִירִים מִן־הַמּוֹרָד אֶל־הַיָּם וַיָּמוּתוּ בַּמָּיִם:

8:32 Et ait illis: Ite. At illi exeuntes abierunt in porcos, et ecce impetu abiit totus grex per praeceps in mare: et mortui sunt in aquis.

8:32 Καὶ εἶπεν αὐτοῖς, Ὑπάγετε. Οἱ δὲ ἐξελθόντες ἀπῆλθον εἰς τὴν ἀγέλην τῶν χοίρων· καὶ ἰδού, ὥρμησεν πᾶσα ἡ ἀγέλη τῶν χοίρων κατὰ τοῦ κρημνοῦ εἰς τὴν θάλασσαν, καὶ ἀπέθανον ἐν τοῖς ὕδασιν.

8:32 And he said to them, "Go!" And they came out and went into the pigs and behold, the whole herd rushed down the cliff into the sea and died in the waters.

8:32 Und er sprach: Fahret hin! Da fuhren sie aus und in die Herde Säue. Und siehe, die ganze Herde Säue stürzte sich von dem Abhang ins Meer und ersoffen im Wasser.

8:32 Il leur dit: Allez! Ils sortirent, et entrèrent dans les pourceaux. Et voici, tout le troupeau se précipita des pentes escarpées dans la mer, et ils périrent dans les eaux.

8:33 וַיָּנוּסוּ הָרֹעִים וַיָּבֹאוּ הָעִירָה וַיַּגִּידוּ אֶת־הַכֹּל וְאֵת אֲשֶׁר נַעֲשָׂה לַאֲחוּזֵי הַשֵּׁדִים:

8:33 Pastores autem fugerunt: et venientes in civitatem, nuntiaverunt omnia, et de eis qui daemonia habuerant.

8:33 Οἱ δὲ βόσκοντες ἔφυγον, καὶ ἀπελθόντες εἰς τὴν πόλιν ἀπήγγειλαν πάντα, καὶ τὰ τῶν δαιμονιζομένων.

8:33 And those feeding them fled and went away into the city and told everything, even what had happened to those that were possessed with demons.

8:33 Und die Hirten flohen und gingen hin in die Stadt und sagten das alles und wie es mit den Besessenen ergangen war.

8:33 Ceux qui les faisaient paître s'enfuirent, et allèrent dans la ville raconter tout ce qui s'était passé et ce qui était arrivé aux démoniaques.

8:34 וְהִנֵּה כָל־הָעִיר יָצְאָה לִקְרַאת יֵשׁוּעַ וְכִרְאוֹתָם אֹתוֹ וַיְבַקְשׁוּ מִמֶּנּוּ לַעֲבֹר מִגְּבוּלָם:

8:34 Et ecce tota civitas exiit obviam Jesu: et viso eo, rogabant ut transiret a finibus eorum.

8:34 Καὶ ἰδού, πᾶσα ἡ πόλις ἐξῆλθεν εἰς συνάντησιν τῷ Ἰησοῦ· καὶ ἰδόντες αὐτόν, παρεκάλεσαν ὅπως μεταβῇ ἀπὸ τῶν ὁρίων αὐτῶν.

8:34 And behold, all the city came out to meet Jesus and when they saw him, they begged him to leave their region.

8:34 Und siehe, da ging die ganze Stadt heraus Jesu entgegen. Und da sie ihn sahen, baten sie ihn, daß er aus ihrer Gegend weichen wollte.

8:34 Alors toute la ville sortit à la rencontre de Jésus; et, dès qu'ils le virent, ils le supplièrent de quitter leur territoire.

9:1 וַיֵּרֶד בָּאֳנִיָּה וַיַּעֲבֹר וַיָּבֹא אֶל־עִירוֹ:

9:1 Et ascendens in naviculam, transfretavit, et venit in civitatem suam.

9:1 Καὶ ἐμβὰς εἰς τὸ πλοῖον διεπέρασεν καὶ ἦλθεν εἰς τὴν ἰδίαν πόλιν.

9:1 And he entered into a boat and crossed over and came into his own city.

9:1 Da trat er in das Schiff und fuhr wieder herüber und kam in seine Stadt.

9:1 Jésus, étant monté dans une barque, traversa la mer, et alla dans sa ville.

9:2 וְהִנֵּה הֵם מְבִיאִים אֵלָיו אִישׁ נְכֵה אֵבָרִים וְהוּא מוּשְׁכָּב עַל־הַמִּטָּה וַיְהִי כִּרְאוֹת יֵשׁוּעַ אֶת־אֱמוּנָתָם וַיֹּאמֶר אֶל־נְכֵה הָאֵבָרִים חֲזַק בְּנִי נִסְלְחוּ־לְךָ חַטֹּאתֶיךָ:

9:2 Et ecce offerebant ei paralyticum jacentem in lecto. Et videns Jesus fidem illorum, dixit paralytico: Confide fili, remittuntur tibi peccata tua.

9:2 Καὶ ἰδού, προσέφερον αὐτῷ παραλυτικὸν ἐπὶ κλίνης βεβλημένον· καὶ ἰδὼν ὁ Ἰησοῦς τὴν πίστιν αὐτῶν εἶπεν τῷ παραλυτικῷ, Θάρσει, τέκνον· ἀφέωνταί σοι αἱ ἁμαρτίαι σου.

9:2 And behold, they brought to him a paralytic, lying on a mat; and Jesus, seeing their faith, said to the paralytic, "Son, be of good cheer, your sins are forgiven."

9:2 Und siehe, da brachten sie zu ihm einen Gichtbrüchigen, der lag auf einem Bett. Da nun Jesus ihren Glauben sah, sprach er zu dem Gichtbrüchigen: Sei getrost, mein Sohn; deine Sünden sind dir vergeben.

9:2 Et voici, on lui amena un paralytique couché sur un lit. Jésus, voyant leur foi, dit au paralytique: Prends courage, mon enfant, tes péchés te sont pardonnés.

9:3 וְהִנֵּה אֲנָשִׁים מִן־הַסּוֹפְרִים אָמְרוּ בִלְבָבָם מְגַדֵּף הוּא:

9:3 Et ecce quidam de scribis dixerunt intra se: Hic blasphemat.

9:3 Καὶ ἰδού, τινὲς τῶν γραμματέων εἶπον ἐν ἑαυτοῖς, Οὗτος βλασφημεῖ.

9:3 And behold, certain scribes said within themselves, "This man speaks blasphemy."

9:3 Und siehe, etliche unter den Schriftgelehrten sprachen bei sich selbst: Dieser lästert Gott.

9:3 Sur quoi, quelques scribes dirent au dedans d'eux: Cet homme blasphème.

9:4 וַיֵּשׁוּעַ רָאָה אֶת־מַחְשְׁבֹתָם וַיֹּאמֶר לָמָּה תַחְשְׁבוּ רָעָה בִּלְבַבְכֶם:

9:4 Et cum vidisset Jesus cogitationes eorum, dixit: Ut quid cogitatis mala in cordibus vestris?

9:4 Καὶ ἰδὼν ὁ Ἰησοῦς τὰς ἐνθυμήσεις αὐτῶν εἶπεν, Ἵνα τί ὑμεῖς ἐνθυμεῖσθε πονηρὰ ἐν ταῖς καρδίαις ὑμῶν;

9:4 And Jesus knowing their thoughts said, "Why do you think evil in your hearts?

9:4 Da aber Jesus ihre Gedanken sah, sprach er: Warum denkt ihr so arges in euren Herzen?

9:4 Et Jésus, connaissant leurs pensées, dit: Pourquoi avez-vous de mauvaises pensées dans vos coeurs?

9:5 כִּי מָה הַנָּקֵל הֶאָמֹר נִסְלְחוּ־לְךָ חַטֹּאתֶיךָ אִם־אָמֹר קוּם הִתְהַלֵּךְ:

9:5 Quid est facilius dicere: Dimittuntur tibi peccata tua: an dicere: Surge, et ambula?

9:5 Τί γάρ ἐστιν εὐκοπώτερον, εἰπεῖν, Ἀφέωνταί σου αἱ ἁμαρτίαι· ἢ εἰπεῖν, Ἔγειραι καὶ περιπάτει;

9:5 For which is easier to say, 'Your sins are forgiven!' or to say, 'Arise and walk!'?

9:5 Welches ist leichter: zu sagen: Dir sind deine Sünden vergeben, oder zu sagen: Stehe auf und wandle?

9:5 Car, lequel est le plus aisé, de dire: Tes péchés sont pardonnés, ou de dire: Lève-toi, et marche?

9:6 אַךְ לְמַעַן תֵּדְעוּן כִּי בֶן־הָאָדָם יֶשׁ־לוֹ הַשָּׁלְטָן בָּאָרֶץ לִסְלֹחַ לַחַטָּאִים וַיֹּאמֶר אֶל־נְכֵה הָאֵבָרִים קוּם שָׂא אֶת־מִטָּתְךָ וְלֶךְ־לְךָ אֶל־בֵּיתֶךָ:

9:6 Ut autem sciatis, quia Filius hominis habet potestatem in terra dimittendi peccata, tunc ait paralytico: Surge, tolle lectum tuum, et vade in domum tuam.

9:6 Ἵνα δὲ εἰδῆτε, ὅτι ἐξουσίαν ἔχει ὁ υἱὸς τοῦ ἀνθρώπου ἐπὶ τῆς γῆς ἀφιέναι ἁμαρτίας· τότε λέγει τῷ παραλυτικῷ· Ἐγερθεὶς ἆρόν σου τὴν κλίνην, καὶ ὕπαγε εἰς τὸν οἶκόν σου.

9:6 But so that you may know that the Son of Man has authority on earth to forgive sins *then he spoke to the paralytic*, 'Arise and take up your mat, and go up to your house.'"

9:6 Auf das ihr aber wisset, daß des Menschen Sohn Macht habe, auf Erden die Sünden zu vergeben (sprach er zu dem Gichtbrüchigen): Stehe auf, hebe dein Bett auf und gehe heim!

9:6 Or, afin que vous sachiez que le Fils de l'homme a sur la terre le pouvoir de pardonner les péchés: Lève-toi, dit-il au paralytique, prends ton lit, et va dans ta maison.

9:7 וַיָּקָם וַיֵּלֶךְ לְבֵיתוֹ׃

9:7 Et surrexit, et abiit in domum suam.

9:7 Καὶ ἐγερθεὶς ἀπῆλθεν εἰς τὸν οἶκον αὐτοῦ.

9:7 And he arose and went to his house.

9:7 Und er stand auf und ging heim.

9:7 Et il se leva, et s'en alla dans sa maison.

9:8 וַהֲמוֹן הָעָם רָאוּ וַיִּשְׁתּוֹמְמוּ וַיְשַׁבְּחוּ אֶת־הָאֱלֹהִים אֲשֶׁר נָתַן שָׁלְטָן כָּזֶה לִבְנֵי אָדָם׃

9:8 Videntes autem turbae timuerunt, et glorificaverunt Deum, qui dedit potestatem talem hominibus.

9:8 Ἰδόντες δὲ οἱ ὄχλοι ἐθαύμασαν, καὶ ἐδόξασαν τὸν θεόν, τὸν δόντα ἐξουσίαν τοιαύτην τοῖς ἀνθρώποις.

9:8 But when the multitudes saw it they were afraid and glorified God, who had given such authority to men.

9:8 Da das Volk das sah, verwunderte es sich und pries Gott, der solche Macht den Menschen gegeben hat.

9:8 Quand la foule vit cela, elle fut saisie de crainte, et elle glorifia Dieu, qui a donné aux hommes un tel pouvoir.

9:9 וַיְהִי בַּעֲבֹר יֵשׁוּעַ מִשָּׁם וַיַּרְא אִישׁ יֹשֵׁב בְּבֵית־הַמֶּכֶס וּשְׁמוֹ מַתַּי וַיֹּאמֶר אֵלָיו לְכָה אַחֲרַי וַיָּקָם וַיֵּלֶךְ אַחֲרָיו׃

9:9 Et, cum transiret inde Jesus, vidit hominem sedentem in telonio, Matthaeum nomine. Et ait illi: Sequere me. Et surgens, secutus est eum.

9:9 Καὶ παράγων ὁ Ἰησοῦς ἐκεῖθεν εἶδεν ἄνθρωπον καθήμενον ἐπὶ τὸ τελώνιον, Ματθαῖον λεγόμενον, καὶ λέγει αὐτῷ, Ἀκολούθει μοι. Καὶ ἀναστὰς ἠκολούθησεν αὐτῷ.

9:9 And as Jesus went away from there he saw a man named Matthew sitting at the toll booth and he said to him, "Follow me!" And he arose, and followed him.

9:9 Und da Jesus von dannen ging, sah er einen Menschen am Zoll sitzen, der hieß Matthäus; und er sprach zu ihm: Folge mir! Und er stand auf und folgte ihm.

9:9 De là étant allé plus loin, Jésus vit un homme assis au lieu des péages, et qui s'appelait Matthieu. Il lui dit: Suis-moi. Cet homme se leva, et le suivit.

9:10 וַיְהִי בַּהֲסִבּוֹ בְּבֵיתוֹ וְהִנֵּה מוֹכְסִים וְחַטָּאִים רַבִּים בָּאוּ וַיָּסֵבּוּ עִם־יֵשׁוּעַ וְתַלְמִידָיו׃

9:10 Et factum est, discumbente eo in domo, ecce multi publicani et peccatores venientes, discumbebant cum Jesu, et discipulis ejus.

9:10 Καὶ ἐγένετο αὐτοῦ ἀνακειμένου ἐν τῇ οἰκίᾳ, καὶ ἰδού, πολλοὶ τελῶναι καὶ ἁμαρτωλοὶ ἐλθόντες συνανέκειντο τῷ Ἰησοῦ καὶ τοῖς μαθηταῖς αὐτοῦ.

9:10 And it happened that, as he sat down to eat in the house, behold, many tax collectors and sinners came and sat down with Jesus and his disciples.

9:10 Und es begab sich, da er zu Tische saß im Hause, siehe, da kamen viele Zöllner und Sünder und saßen zu Tische mit Jesu und seinen Jüngern.

9:10 Comme Jésus était à table dans la maison, voici, beaucoup de publicains et de gens de mauvaise vie vinrent se mettre à table avec lui et avec ses disciples.

9:11 וַיִּרְאוּ הַפְּרוּשִׁים וַיֹּאמְרוּ אֶל־תַּלְמִידָיו מַדּוּעַ יֹאכַל רַבְּכֶם עִם־הַמּוֹכְסִים וְהַחַטָּאִים:

9:11 Et videntes pharisaei, dicebant discipulis ejus: Quare cum publicanis et peccatoribus manducat magister vester?

9:11 Καὶ ἰδόντες οἱ Φαρισαῖοι εἶπον τοῖς μαθηταῖς αὐτοῦ, Διὰ τί μετὰ τῶν τελωνῶν καὶ ἁμαρτωλῶν ἐσθίει ὁ διδάσκαλος ὑμῶν;

9:11 And when the Pharisees saw it they said to his disciples, "Why does your Teacher eat with the tax collectors and sinners?"

9:11 Da das die Pharisäer sahen, sprachen sie zu seinen Jüngern: Warum isset euer Meister mit den Zöllnern und Sündern?

9:11 Les pharisiens virent cela, et ils dirent à ses disciples: Pourquoi votre maître mange-t-il avec les publicains et les gens de mauvaise vie?

9:12 וַיִּשְׁמַע יֵשׁוּעַ וַיֹּאמֶר אֲלֵיהֶם הַחֲזָקִים אֵינָם צְרִיכִים לְרֹפֵא כִּי אִם־הַחוֹלִים:

9:12 At Jesus audiens, ait: Non est opus valentibus medicus, sed male habentibus.

9:12 Ὁ δὲ Ἰησοῦς ἀκούσας εἶπεν αὐτοῖς, Οὐ χρείαν ἔχουσιν οἱ ἰσχύοντες ἰατροῦ, ἀλλ' οἱ κακῶς ἔχοντες.

9:12 But when he heard it, he said, "Thos who are whole have no need of a physician, but rather those who are sick.

9:12 Da das Jesus hörte, sprach er zu ihnen: Die Starken bedürfen des Arztes nicht, sondern die Kranken.

9:12 Ce que Jésus ayant entendu, il dit: Ce ne sont pas ceux qui se portent bien qui ont besoin de médecin, mais les malades.

9:13 וְאַתֶּם צְאוּ וְלִמְדוּ מָה הוּא שֶׁנֶּאֱמַר חֶסֶד חָפַצְתִּי וְלֹא זָבַח כִּי לֹא־בָאתִי לִקְרֹא אֶת־הַצַּדִּיקִים כִּי אִם־אֶת־הַחַטָּאִים לִתְשׁוּבָה:

9:13 Euntes autem discite quid est: Misericordiam volo, et non sacrificium. Non enim veni vocare justos, sed peccatores.

9:13 Πορευθέντες δὲ μάθετε τί ἐστιν, Ἔλεον θέλω, καὶ οὐ θυσίαν· οὐ γὰρ ἦλθον καλέσαι δικαίους, ἀλλὰ ἁμαρτωλοὺς εἰς μετάνοιαν.

9:13 But go and learn what this means: 'I desire mercy, and not sacrifice.' For I came not to call the righteous but sinners."

9:13 Gehet aber hin und lernet, was das sei: "Ich habe Wohlgefallen an Barmherzigkeit und nicht am Opfer." Ich bin gekommen die Sünder zur Buße zu rufen, und nicht die Gerechten.

9:13 Allez, et apprenez ce que signifie: Je prends plaisir à la miséricorde, et non aux sacrifices. Car je ne suis pas venu appeler des justes, mais des pécheurs.

The Gospel of Matthew

9:14 וַיִּגְּשׁוּ אֵלָיו תַּלְמִידֵי יוֹחָנָן וַיֹּאמְרוּ מַדּוּעַ אֲנַחְנוּ וְהַפְּרוּשִׁים צָמִים הַרְבֵּה וְתַלְמִידֶיךָ אֵינָם צָמִים:

9:14 Tunc accesserunt ad eum discipuli Joannis, dicentes: Quare nos, et pharisaei, jejunamus frequenter: discipuli autem tui non jejunant?

9:14 Τότε προσέρχονται αὐτῷ οἱ μαθηταὶ Ἰωάννου, λέγοντες, Διὰ τί ἡμεῖς καὶ οἱ Φαρισαῖοι νηστεύομεν πολλά, οἱ δὲ μαθηταί σου οὐ νηστεύουσιν;

9:14 Then the disciples of John come to him saying, "Why do we and the Pharisees fast so often but your disciples do not fast?"

9:14 Indes kamen die Jünger des Johannes zu ihm und sprachen: Warum fasten wir und die Pharisäer so viel, und deine Jünger fasten nicht?

9:14 Alors les disciples de Jean vinrent auprès de Jésus, et dirent: Pourquoi nous et les pharisiens jeûnons-nous, tandis que tes disciples ne jeûnent point?

9:15 וַיֹּאמֶר אֲלֵיהֶם יֵשׁוּעַ אֵיךְ יוּכְלוּ בְּנֵי הַחוּפָּה לְהִתְאַבֵּל בְּעוֹד הֶחָתָן עִמָּהֶם הִנֵּה יָמִים בָּאִים וְלוּקַח מֵאִתָּם הֶחָתָן וְאָז יָצוּמוּ:

9:15 Et ait illis Jesus: Numquid possunt filii sponsi lugere, quamdiu cum illis est sponsus? Venient autem dies cum auferetur ab eis sponsus: et tunc jejunabunt.

9:15 Καὶ εἶπεν αὐτοῖς ὁ Ἰησοῦς, Μὴ δύνανται οἱ υἱοὶ τοῦ νυμφῶνος πενθεῖν, ἐφ᾽ ὅσον μετ᾽ αὐτῶν ἐστιν ὁ νυμφίος; Ἐλεύσονται δὲ ἡμέραι ὅταν ἀπαρθῇ ἀπ᾽ αὐτῶν ὁ νυμφίος, καὶ τότε νηστεύσουσιν.

9:15 And Jesus said to them, "Can the sons of the bridal party mourn, as long as the groom is with them? But the days will come when the groom shall be taken away from them and then will they fast.

9:15 Jesus sprach zu ihnen: Wie können die Hochzeitleute Leid tragen, solange der Bräutigam bei ihnen ist? Es wird aber die Zeit kommen, daß der Bräutigam von ihnen genommen wird; alsdann werden sie fasten.

9:15 Jésus leur répondit: Les amis de l'époux peuvent-ils s'affliger pendant que l'époux est avec eux? Les jours viendront où l'époux leur sera enlevé, et alors ils jeûneront.

9:16 אֵין אָדָם מֵשִׂים טְלַאי חָדָשׁ עַל־שִׂמְלָה בָלָה כִּי יִנָּתֵק הַטְּלַאי מִן־הַשִּׂמְלָה וְיִתְרַחֵב הַקֶּרַע:

9:16 Nemo autem immittit commissuram panni rudis in vestimentum vetus: tollit enim plenitudinem ejus a vestimento, et pejor scissura fit.

9:16 Οὐδεὶς δὲ ἐπιβάλλει ἐπίβλημα ῥάκους ἀγνάφου ἐπὶ ἱματίῳ παλαιῷ· αἴρει γὰρ τὸ πλήρωμα αὐτοῦ ἀπὸ τοῦ ἱματίου, καὶ χεῖρον σχίσμα γίνεται.

9:16 And no man puts a piece of new cloth on an old garment, for that which should fill it up pulls away from the garment and a worse tear is made.

9:16 Niemand flickt ein altes Kleid mit einem Lappen von neuem Tuch; denn der Lappen reißt doch wieder vom Kleid, und der Riß wird ärger.

9:16 Personne ne met une pièce de drap neuf à un vieil habit; car elle emporterait une partie de l'habit, et la déchirure serait pire.

9:17 וְאֵין נוֹתְנִים יַיִן חָדָשׁ בְּנֹאדוֹת בָּלִים פֶּן־יִבָּקְעוּ הַנֹּאדוֹת וְהַיַּיִן יִשָּׁפֵךְ וְהַנֹּאדוֹת יֹאבֵדוּ אֲבָל נוֹתְנִים אֶת־הַיַּיִן הֶחָדָשׁ בְּנֹאדוֹת חֲדָשִׁים וּשְׁנֵיהֶם יַחְדָּו יִשָּׁמֵרוּ׃

9:17 Neque mittunt vinum novum in utres veteres: alioquin rumpuntur utres, et vinum effunditur, et utres pereunt. Sed vinum novum in utres novos mittunt: et ambo conservantur.

9:17 Οὐδὲ βάλλουσιν οἶνον νέον εἰς ἀσκοὺς παλαιούς· εἰ δὲ μήγε, ῥήγνυνται οἱ ἀσκοί, καὶ ὁ οἶνος ἐκχεῖται, καὶ οἱ ἀσκοὶ ἀπολοῦνται· ἀλλὰ βάλλουσιν οἶνον νέον εἰς ἀσκοὺς καινούς, καὶ ἀμφότεροι συντηροῦνται.

9:17 Neither do they put new wine into old wineskins, for the skins burst and the wine is spilled, and the skins perish; but they put new wine into fresh wineskins and both are preserved."

9:17 Man faßt auch nicht Most in alte Schläuche; sonst zerreißen die Schläuche und der Most wird verschüttet, und die Schläuche kommen um. Sondern man faßt Most in neue Schläuche, so werden sie beide miteinander erhalten.

9:17 On ne met pas non plus du vin nouveau dans de vieilles outres; autrement, les outres se rompent, le vin se répand, et les outres sont perdues; mais on met le vin nouveau dans des outres neuves, et le vin et les outres se conservent.

9:18 וַיְהִי הוּא מְדַבֵּר אֲלֵיהֶם אֶת־הַדְּבָרִים הָאֵלֶּה וְהִנֵּה אַחַד הַשָּׂרִים בָּא וַיִּשְׁתַּחוּ־לוֹ וַיֹּאמַר עַתָּה זֶה מֵתָה בִתִּי בֹּא־נָא וְשִׂים אֶת־יָדְךָ עָלֶיהָ וְתִחְיֶה׃

9:18 Haec illo loquente ad eos, ecce princeps unus accessit, et adorabat eum, dicens: Domine, filia mea modo defuncta est: sed veni, impone manum tuam super eam, et vivet.

9:18 Ταῦτα αὐτοῦ λαλοῦντος αὐτοῖς, ἰδού, ἄρχων εἷς ἐλθὼν προσεκύνει αὐτῷ, λέγων ὅτι Ἡ θυγάτηρ μου ἄρτι ἐτελεύτησεν· ἀλλὰ ἐλθὼν ἐπίθες τὴν χεῖρά σου ἐπ' αὐτήν, καὶ ζήσεται.

9:18 While he spoke these things to them, behold, there a ruler came and worshipped him saying, "Even now my daughter is dead, but come and lay your hand upon her and she shall live."

9:18 Da er solches mit ihnen redete, siehe, da kam der Obersten einer und fiel vor ihm nieder und sprach: HERR, meine Tochter ist jetzt gestorben; aber komm und lege deine Hand auf sie, so wird sie lebendig.

9:18 Tandis qu'il leur adressait ces paroles, voici, un chef arriva, se prosterna devant lui, et dit: Ma fille est morte il y a un instant; mais viens, impose-lui les mains, et elle vivra.

9:19 וַיָּקָם יֵשׁוּעַ וַיֵּלֶךְ אַחֲרָיו הוּא וְתַלְמִידָיו׃

9:19 Et surgens Jesus, sequebatur eum, et discipuli ejus.

9:19 Καὶ ἐγερθεὶς ὁ Ἰησοῦς ἠκολούθησεν αὐτῷ καὶ οἱ μαθηταὶ αὐτοῦ.

9:19 And Jesus and his disciples arose and followed him.

9:19 Und Jesus stand auf und folgte ihm nach und seine Jünger.

9:19 Jésus se leva, et le suivit avec ses disciples.

The Gospel of Matthew

9:20 וְהִנֵּה אִשָּׁה זָבַת דָּם שְׁתֵּים עֶשְׂרֵה שָׁנָה נִגְּשָׁה מֵאַחֲרָיו וַתִּגַּע בִּכְנַף בִּגְדוֹ:

9:20 Et ecce mulier, quae sanguinis fluxum patiebatur duodecim annis, accessit retro, et tetigit fimbriam vestimenti ejus.

9:20 Καὶ ἰδού, γυνὴ αἱμορροοῦσα δώδεκα ἔτη, προσελθοῦσα ὄπισθεν, ἥψατο τοῦ κρασπέδου τοῦ ἱματίου αὐτοῦ.

9:20 And behold, a woman, who had a flow of blood for twelve years came up behind him and touched the border of his clothing;

9:20 Und siehe, ein Weib, das zwölf Jahre den Blutgang gehabt, trat von hinten zu ihm und rührte seines Kleides Saum an.

9:20 Et voici, une femme atteinte d'une perte de sang depuis douze ans s'approcha par derrière, et toucha le bord de son vêtement.

9:21 כִּי אָמְרָה בְלִבָּהּ רַק אִם־אֶגַּע בְּבִגְדוֹ אִוָּשֵׁעַ:

9:21 Dicebat enim intra se: Si tetigero tantum vestimentum ejus, salva ero.

9:21 Ἔλεγεν γὰρ ἐν ἑαυτῇ, Ἐὰν μόνον ἅψωμαι τοῦ ἱματίου αὐτοῦ, σωθήσομαι.

9:21 for she said within herself, "If I just touch his garment, I shall be made whole."

9:21 Denn sie sprach bei sich selbst: Möchte ich nur sein Kleid anrühren, so würde ich gesund.

9:21 Car elle disait en elle-même: Si je puis seulement toucher son vêtement, je serai guérie.

9:22 וַיִּפֶן יֵשׁוּעַ וַיַּרְא אוֹתָהּ וַיֹּאמַר חִזְקִי בִתִּי אֱמוּנָתֵךְ הוֹשִׁיעָה לָּךְ וַתִּוָּשַׁע הָאִשָּׁה מִן־הַשָּׁעָה הַהִיא:

9:22 At Jesus conversus, et videns eam, dixit: Confide, filia, fides tua te salvam fecit. Et salva facta est mulier ex illa hora.

9:22 Ὁ δὲ Ἰησοῦς ἐπιστραφεὶς καὶ ἰδὼν αὐτὴν εἶπεν, Θάρσει, θύγατερ· ἡ πίστις σου σέσωκέν σε. Καὶ ἐσώθη ἡ γυνὴ ἀπὸ τῆς ὥρας ἐκείνης.

9:22 But Jesus turning and seeing her said, "Daughter, be of good cheer, your faith has made you whole." And the woman was made whole from that hour.

9:22 Da wandte sich Jesus um und sah sie und sprach: Sei getrost, meine Tochter; dein Glaube hat dir geholfen. Und das Weib ward gesund zu derselben Stunde.

9:22 Jésus se retourna, et dit, en la voyant: Prends courage, ma fille, ta foi t'a guérie. Et cette femme fut guérie à l'heure même.

9:23 וַיָּבֹא יֵשׁוּעַ אֶל־בֵּית הַשָּׂר וַיַּרְא אֶת הַמְחַלְלִים בַּחֲלִילִים וְאֶת־הָעָם הַהוֹמֶה וַיֹּאמַר:

9:23 Et cum venisset Jesus in domum principis, et vidisset tibicines et turbam tumultuantem, dicebat:

9:23 Καὶ ἐλθὼν ὁ Ἰησοῦς εἰς τὴν οἰκίαν τοῦ ἄρχοντος, καὶ ἰδὼν τοὺς αὐλητὰς καὶ τὸν ὄχλον θορυβούμενον,

9:23 And when Jesus came into the ruler's house and saw the flute-players and the crowd making loud wailing noises,

9:23 Und als er in des Obersten Haus kam und sah die Pfeifer und das Getümmel des Volks,

9:23 Lorsque Jésus fut arrivé à la maison du chef, et qu'il vit les joueurs de flûte et la foule bruyante,

The Gospel of Matthew

9:23 וַיָּבֹא יֵשׁוּעַ אֶל־בֵּית הַשָּׂר וַיַּרְא אֶת־הַמְחַלְלִים בַּחֲלִילִים וְאֶת־הָעָם הַהוֹמֶה וַיֹּאמַר:

9:24 Recedite: non est enim mortua puella, sed dormit. Et deridebant eum.

9:24 λέγει αὐτοῖς, Ἀναχωρεῖτε· οὐ γὰρ ἀπέθανεν τὸ κοράσιον, ἀλλὰ καθεύδει. Καὶ κατεγέλων αὐτοῦ.

9:24 he said, "Leave, for the girl is not dead, but asleep." And they laughed him to scorn.

9:24 sprach er zu ihnen: Weichet! denn das Mägdlein ist nicht tot, sondern es schläft. Und sie verlachten ihn.

9:24 il leur dit: Retirez-vous; car la jeune fille n'est pas morte, mais elle dort. Et ils se moquaient de lui.

9:25 וַיְהִי כַּאֲשֶׁר הוֹצִיאוּ אֶת־הָעָם מִשָּׁם וַיָּבֹא הַבַּיְתָה וַיֹּאחֶז בְּיָדָהּ וַתָּקָם הַנַּעֲרָה:

9:25 Et cum ejecta esset turba, intravit: et tenuit manum ejus, et surrexit puella.

9:25 Ὅτε δὲ ἐξεβλήθη ὁ ὄχλος, εἰσελθὼν ἐκράτησεν τῆς χειρὸς αὐτῆς, καὶ ἠγέρθη τὸ κοράσιον.

9:25 But when the crowd was gone, he entered in, and took her by the hand and the girl arose.

9:25 Als aber das Volk hinausgetrieben war, ging er hinein und ergriff es bei der Hand; da stand das Mädglein auf.

9:25 Quand la foule eut été renvoyée, il entra, prit la main de la jeune fille, et la jeune fille se leva.

9:26 וַתֵּצֵא הַשְּׁמוּעָה הַזֹּאת בְּכָל־הָאָרֶץ הַהִיא:

9:26 Et exiit fama haec in universam terram illam.

9:26 Καὶ ἐξῆλθεν ἡ φήμη αὕτη εἰς ὅλην τὴν γῆν ἐκείνην.

9:26 And the news of this went out into all that land.

9:26 Und dies Gerücht erscholl in dasselbe ganze Land.

9:26 Le bruit s'en répandit dans toute la contrée.

9:27 וַיַּעֲבֹר יֵשׁוּעַ מִשָּׁם וַיֵּלְכוּ אַחֲרָיו שְׁנֵי אֲנָשִׁים עִוְרִים וְהֵמָּה צֹעֲקִים וְאֹמְרִים חָנֵּנוּ בֶּן־דָּוִד:

9:27 Et transeunte inde Jesu, secuti sunt eum duo caeci, clamantes, et dicentes: Miserere nostri, fili David.

9:27 Καὶ παράγοντι ἐκεῖθεν τῷ Ἰησοῦ, ἠκολούθησαν αὐτῷ δύο τυφλοί, κράζοντες καὶ λέγοντες, Ἐλέησον ἡμᾶς, υἱὲ Δαυίδ.

9:27 And as Jesus passed by from there, two blind men followed him crying out and saying, "Have mercy on us, Son of David."

9:27 Und da Jesus von da weiterging, folgten ihm zwei Blinde nach, die schrieen und sprachen: Ach, du Sohn Davids, erbarme dich unser!

9:27 Étant parti de là, Jésus fut suivi par deux aveugles, qui criaient: Aie pitié de nous, Fils de David!

9:28 וּכְבוֹאוֹ הַבַּיְתָה נִגְּשׁוּ אֵלָיו הָעִוְרִים וַיֹּאמֶר אֲלֵיהֶם יֵשׁוּעַ הֲמַאֲמִינִים אַתֶּם כִּי יֶשׁ־לְאֵל יָדִי לַעֲשׂוֹת זֹאת וַיֹּאמְרוּ אֵלָיו הֵן אֲדֹנֵינוּ:

9:28 Cum autem venisset domum, accesserunt ad eum caeci. Et dicit eis Jesus: Creditis quia hoc possum facere vobis? Dicunt ei: Utique, Domine.

9:28 Ἐλθόντι δὲ εἰς τὴν οἰκίαν, προσῆλθον αὐτῷ οἱ τυφλοί, καὶ λέγει αὐτοῖς ὁ Ἰησοῦς, Πιστεύετε ὅτι δύναμαι τοῦτο ποιῆσαι; Λέγουσιν αὐτῷ, Ναί, κύριε.

9:28 And when he had come into the house, the blind men came to him and Jesus said to them, "Do you believe that I am able to do this?" They say to him, "Yes, Lord."

9:28 Und da er heimkam, traten die Blinden zu ihm. Und Jesus sprach zu ihnen: Glaubt ihr, daß ich euch solches tun kann? Da sprachen sie zu ihm: HERR, ja.

9:28 Lorsqu'il fut arrivé à la maison, les aveugles s'approchèrent de lui, et Jésus leur dit: Croyez-vous que je puisse faire cela? Oui, Seigneur, lui répondirent-ils.

9:29 וַיִּגַּע בְּעֵינֵיהֶם וַיֹּאמַר יְהִי לָכֶם כֶּאֱמוּנַתְכֶם:

9:29 Tunc tetigit oculos eorum, dicens: Secundum fidem vestram, fiat vobis.

9:29 Τότε ἥψατο τῶν ὀφθαλμῶν αὐτῶν, λέγων, Κατὰ τὴν πίστιν ὑμῶν γενηθήτω ὑμῖν.

9:29 Then he touched their eyes saying, "According to your faith, it is done for you."

9:29 Da rührte er ihre Augen an und sprach: Euch geschehe nach eurem Glauben.

9:29 Alors il leur toucha les yeux, en disant: Qu'il vous soit fait selon votre foi.

9:30 וַתִּפָּקַחְנָה עֵינֵיהֶם וַיִּגְעַר־בָּם יֵשׁוּעַ וַיֹּאמֶר רְאוּ פֶּן־יִוָּדַע לְאִישׁ:

9:30 Et aperti sunt oculi eorum: et comminatus est illis Jesus, dicens: Videte ne quis sciat.

9:30 Καὶ ἀνεῴχθησαν αὐτῶν οἱ ὀφθαλμοί· καὶ ἐνεβριμήσατο αὐτοῖς ὁ Ἰησοῦς, λέγων, Ὁρᾶτε μηδεὶς γινωσκέτω.

9:30 And their eyes were opened. And Jesus strictly commanded them saying, "See that no one knows about it."

9:30 Und ihre Augen wurden geöffnet. Und Jesus bedrohte sie und sprach: Seht zu, daß es niemand erfahre!

9:30 Et leurs yeux s'ouvrirent. Jésus leur fit cette recommandation sévère: Prenez garde que personne ne le sache.

9:31 וְהֵמָּה בְּצֵאתָם הִשְׁמִיעוּ אֶת־שָׁמְעוֹ בְּכָל־הָאָרֶץ הַהִיא:

9:31 Illi autem exeuntes, diffamaverunt eum in tota terra illa.

9:31 Οἱ δὲ ἐξελθόντες διεφήμισαν αὐτὸν ἐν ὅλῃ τῇ γῇ ἐκείνῃ.

9:31 But they went out and spread the new in all that land.

9:31 Aber sie gingen aus und machten ihn ruchbar im selben ganzen Lande.

9:31 Mais, dès qu'ils furent sortis, ils répandirent sa renommée dans tout le pays.

9:32 הֵמָּה יָצָאוּ וְהִנֵּה הֵבִיאוּ אֵלָיו אִישׁ אִלֵּם אֲחוּז שֵׁד:

9:32 Egressis autem illis, ecce obtulerunt ei hominem mutum, daemonium habentem.

9:32 Αὐτῶν δὲ ἐξερχομένων, ἰδού, προσήνεγκαν αὐτῷ ἄνθρωπον κωφὸν δαιμονιζόμενον.

9:32 And as they went out, behold, they brought to him a deaf man possessed with a demon.

9:32 Da nun diese waren hinausgekommen, siehe, da brachten sie zu ihm einen Menschen, der war stumm und besessen.

9:32 Comme ils s'en allaient, voici, on amena à Jésus un démoniaque muet.

9:33 וַיְגָרֶשׁ אֶת־הַשֵּׁד וְהָאִלֵּם הֵחֵל לְדַבֵּר וַיִּתְמְהוּ הֲמוֹן הָאֲנָשִׁים וַיֹּאמְרוּ מֵעוֹלָם לֹא־נִרְאֲתָה כָזֹאת בְּיִשְׂרָאֵל:

9:33 Et ejecto daemonio, locutus est mutus, et miratae sunt turbae, dicentes: Numquam apparuit sic in Israël.

9:33 Καὶ ἐκβληθέντος τοῦ δαιμονίου, ἐλάλησεν ὁ κωφός· καὶ ἐθαύμασαν οἱ ὄχλοι, λέγοντες, Οὐδέποτε ἐφάνη οὕτως ἐν τῷ Ἰσραήλ.

9:33 And when the demon was thrown out the deaf man spoke and the multitudes marveled saying, "Such a thing has never been seen in Israel."

9:33 Und da der Teufel war ausgetrieben, redete der Stumme. Und das Volk verwunderte sich und sprach: Solches ist noch nie in Israel gesehen worden.

9:33 Le démon ayant été chassé, le muet parla. Et la foule étonnée disait: Jamais pareille chose ne s'est vue en Israël.

9:34 וְהַפְּרוּשִׁים אָמְרוּ עַל־יְדֵי שַׂר הַשֵּׁדִים מְגָרֵשׁ הוּא אֶת הַשֵּׁדִים:

9:34 Pharisaei autem dicebant: In principe daemoniorum ejicit daemones.

9:34 Οἱ δὲ Φαρισαῖοι ἔλεγον, Ἐν τῷ ἄρχοντι τῶν δαιμονίων ἐκβάλλει τὰ δαιμόνια.

9:34 But the Pharisees said, "By the prince of the demons he throws out demons."

9:34 Aber die Pharisäer sprachen: Er treibt die Teufel aus durch der Teufel Obersten.

9:34 Mais les pharisiens dirent: C'est par le prince des démons qu'il chasse les démons.

9:35 וַיָּסָב יֵשׁוּעַ בְּכָל־הֶעָרִים וְהַכְּפָרִים וַיְלַמֵּד בִּכְנֵסִיּוֹתֵיהֶם וַיְבַשֵּׂר בְּשׂוֹרַת הַמַּלְכוּת וַיְרַפֵּא כָּל־מַחֲלָה וְכָל־מַדְוֶה בָּעָם:

9:35 Et circuibat Jesus omnes civitates, et castella, docens in synagogis eorum, et praedicans Evangelium regni, et curans omnem languorem, et omnem infirmitatem.

9:35 Καὶ περιῆγεν ὁ Ἰησοῦς τὰς πόλεις πάσας καὶ τὰς κώμας, διδάσκων ἐν ταῖς συναγωγαῖς αὐτῶν, καὶ κηρύσσων τὸ εὐαγγέλιον τῆς βασιλείας, καὶ θεραπεύων πᾶσαν νόσον καὶ πᾶσαν μαλακίαν ἐν τῷ λαῷ.

9:35 And Jesus went out into all the cities and the villages, teaching in their synagogues, and preaching the gospel of the kingdom, and healing all kinds of disease and all kinds of sickness.

9:35 Und Jesus ging umher in alle Städte und Märkte, lehrte in ihren Schulen und predigte das Evangelium von dem Reich und heilte allerlei Seuche und allerlei Krankheit im Volke.

9:35 Jésus parcourait toutes les villes et les villages, enseignant dans les synagogues, prêchant la bonne nouvelle du royaume, et guérissant toute maladie et toute infirmité.

The Gospel of Matthew

9:36 וּבִרְאוֹתוֹ אֶת־הַהֲמֹנִים נִכְמְרוּ רַחֲמָיו עֲלֵיהֶם כִּי הֵם מִתְעַלְּפִים וְנִדָּחִים כַּצֹּאן אֲשֶׁר אֵין־לָהֶם רֹעֶה:

9:36 Videns autem turbas, misertus est eis: quia erant vexati, et jacentes sicut oves non habentes pastorem.

9:36 Ἰδὼν δὲ τοὺς ὄχλους, ἐσπλαγχνίσθη περὶ αὐτῶν, ὅτι ἦσαν ἐσκυλμένοι καὶ ἐρριμμένοι ὡσεὶ πρόβατα μὴ ἔχοντα ποιμένα.

9:36 But when he saw the multitudes, he was moved with compassion for them, because they were distressed and scattered, like sheep not having a shepherd.

9:36 Und da er das Volk sah, jammerte ihn desselben; denn sie waren verschmachtet und zerstreut wie die Schafe, die keinen Hirten haben.

9:36 Voyant la foule, il fut ému de compassion pour elle, parce qu'elle était languissante et abattue, comme des brebis qui n'ont point de berger.

9:37 אָז יְדַבֵּר לְתַלְמִידָיו וַיֹּאמַר רַב הַקָּצִיר וְהַפֹּעֲלִים מְעַטִּים:

9:37 Tunc dicit discipulis suis: Messis quidem multa, operarii autem pauci.

9:37 Τότε λέγει τοῖς μαθηταῖς αὐτοῦ, Ὁ μὲν θερισμὸς πολύς, οἱ δὲ ἐργάται ὀλίγοι·

9:37 Then said he to his disciples, "The harvest is large indeed, but the workers are few.

9:37 Da sprach er zu seinen Jüngern: Die Ernte ist groß, aber wenige sind der Arbeiter.

9:37 Alors il dit à ses disciples: La moisson est grande, mais il y a peu d'ouvriers.

9:38 לָכֵן הִתְחַנֲנוּ אֶל־בַּעַל הַקָּצִיר לִשְׁלֹחַ פֹּעֲלִים לִקְצִירוֹ:

9:38 Rogate ergo Dominum messis, ut mittat operarios in messem suam.

9:38 δεήθητε οὖν τοῦ κυρίου τοῦ θερισμοῦ, ὅπως ἐκβάλῃ ἐργάτας εἰς τὸν θερισμὸν αὐτοῦ.

9:38 Therefore, pray to the Lord of the harvest, so that he might send out workers to his harvest.

9:38 Darum bittet den HERRN der Ernte, daß er Arbeiter in seine Ernte sende.

9:38 Priez donc le maître de la moisson d'envoyer des ouvriers dans sa moisson.

10:1 וַיִּקְרָא אֵלָיו אֶת־שְׁנֵים עָשָׂר תַּלְמִידָיו וַיִּתֵּן לָהֶם שָׁלְטָן עַל־רוּחוֹת הַטֻּמְאָה לְגָרְשֵׁם וְלִרְפּוֹא כָל־חֳלִי וְכָל־מַדְוֶה:

10:1 Et convocatis duodecim discipulis suis, dedit illis potestatem spirituum immundorum, ut ejicerent eos, et curarent omnem languorem, et omnem infirmitatem.

10:1 Καὶ προσκαλεσάμενος τοὺς δώδεκα μαθητὰς αὐτοῦ, ἔδωκεν αὐτοῖς ἐξουσίαν πνευμάτων ἀκαθάρτων, ὥστε ἐκβάλλειν αὐτά, καὶ θεραπεύειν πᾶσαν νόσον καὶ πᾶσαν μαλακίαν.

10:1 And he called to him his twelve disciples and gave them authority over unclean spirits, to throw them out, and to heal all kinds of disease and all kinds of sickness.

10:1 Und er rief seine zwölf Jünger zu sich und gab ihnen Macht über die unsauberen Geister, daß sie sie austrieben und heilten allerlei Seuche und allerlei Krankheit.

10:1 Puis, ayant appelé ses douze disciples, il leur donna le pouvoir de chasser les esprits impurs, et de guérir toute maladie et toute infirmité.

10:2 וְאֵלֶּה שְׁמוֹת שְׁנֵים עָשָׂר הַשְּׁלִיחִים הָרִאשׁוֹן שִׁמְעוֹן הַנִּקְרָא פֶּטְרוֹס וְאַנְדְּרַי אָחִיו יַעֲקֹב בֶּן־זַבְדַּי וְיוֹחָנָן אָחִיו:

10:2 Duodecim autem Apostolorum nomina sunt haec. Primus, Simon, qui dicitur Petrus: et Andreas frater ejus,

10:2 Τῶν δὲ δώδεκα ἀποστόλων τὰ ὀνόματά ἐστιν ταῦτα· πρῶτος Σίμων ὁ λεγόμενος Πέτρος, καὶ Ἀνδρέας ὁ ἀδελφὸς αὐτοῦ· Ἰάκωβος ὁ τοῦ Ζεβεδαίου, καὶ Ἰωάννης ὁ ἀδελφὸς αὐτοῦ·

10:2 Now the names of the twelve apostles are these: The first, Simon, who is called Peter, and Andrew his brother; James of Zebedee, and John his brother;

10:2 Die Namen aber der zwölf Apostel sind diese: der erste Simon, genannt Petrus, und Andreas, sein Bruder; Jakobus, des Zebedäus Sohn, und Johannes, sein Bruder;

10:2 Voici les noms des douze apôtres. Le premier, Simon appelé Pierre, et André, son frère; Jacques, fils de Zébédée, et Jean, son frère;

10:3 פִילִפּוֹס וּבַר־תַּלְמַי תּוֹמָא וּמַתַּי הַמּוֹכֵס יַעֲקֹב בֶּן־חַלְפַי וְלַבַּי הַמְכוּנֶּה תַדָּי:

10:3 Jacobus Zebedaei, et Joannes frater ejus, Philippus, et Bartholomaeus, Thomas, et Matthaeus publicanus, Jacobus Alphaei, et Thaddaeus,

10:3 Φίλιππος, καὶ Βαρθολομαῖος· Θωμᾶς, καὶ Ματθαῖος ὁ τελώνης· Ἰάκωβος ὁ τοῦ Ἀλφαίου, καὶ Λεββαῖος ὁ ἐπικληθεὶς Θαδδαῖος·

10:3 Philip, and Bartholomew; Thomas, and Matthew, the tax collector; James of Alphaeus, and Thaddaeus;

10:3 Philippus und Bartholomäus; Thomas und Matthäus, der Zöllner; Jakobus, des Alphäus Sohn, Lebbäus, mit dem Zunamen Thaddäus;

10:3 Philippe, et Barthélemy; Thomas, et Matthieu, le publicain; Jacques, fils d'Alphée, et Thaddée;

10:4 שִׁמְעוֹן הַקַּנָּי וִיהוּדָה אִישׁ־קְרִיּוֹת הוּא הַמַּסֵר אֹתוֹ:

10:4 Simon Chananaeus, et Judas Iscariotes, qui et tradidit eum.

10:4 Σίμων ὁ Κανανίτης, καὶ Ἰούδας Ἰσκαριώτης ὁ καὶ παραδοὺς αὐτόν.

10:4 Simon the Canaanite, and Judas Iscariot, who also betrayed him.

10:4 Simon von Kana und Judas Ischariot, welcher ihn verriet.

10:4 Simon le Cananite, et Judas l'Iscariot, celui qui livra Jésus.

10:5 אֶת־שְׁנֵים הֶעָשָׂר הָאֵלֶּה שָׁלַח יֵשׁוּעַ וַיְצַו אֹתָם לֵאמֹר אֶל־דֶּרֶךְ הַגּוֹיִם אַל־תֵּלְכוּ וְאֶל־עִיר הַשֹּׁמְרוֹנִים אַל־תָּבֹאוּ:

10:5 Hos duodecim misit Jesus, praecipiens eis, dicens: In viam gentium ne abieritis, et in civitates Samaritanorum ne intraveritis:

10:5 Τούτους τοὺς δώδεκα ἀπέστειλεν ὁ Ἰησοῦς, παραγγείλας αὐτοῖς, λέγων, Εἰς ὁδὸν ἐθνῶν μὴ ἀπέλθητε, καὶ εἰς πόλιν Σαμαρειτῶν μὴ εἰσέλθητε·

10:5 Jesus sent these twelve out and commanded them saying, "Do not go the way of the Gentiles and do not enter into any city of the Samaritans,

10:5 Diese zwölf sandte Jesus, gebot ihnen und sprach: Gehet nicht auf der Heiden Straße und ziehet nicht in der Samariter Städte,

10:5 Tels sont les douze que Jésus envoya, après leur avoir donné les instructions suivantes: N'allez pas vers les païens, et n'entrez pas dans les villes des Samaritains;

10:6 לְכוּ אֶל־הַצֹּאן הָאֹבְדוֹת אֲשֶׁר לְבֵית־יִשְׂרָאֵל:

10:6 sed potius ite ad oves quae perierunt domus Israël.

10:6 πορεύεσθε δὲ μᾶλλον πρὸς τὰ πρόβατα τὰ ἀπολωλότα οἴκου Ἰσραήλ.

10:6 but go instead to the lost sheep of the house of Israel.

10:6 sondern gehet hin zu den verlorenen Schafen aus dem Hause Israel.

10:6 allez plutôt vers les brebis perdues de la maison d'Israël.

10:7 וּבְלֶכְתְּכֶם קִרְאוּ לֵאמֹר מַלְכוּת הַשָּׁמַיִם קָרְבָה לָבוֹא:

10:7 Euntes autem praedicate, dicentes: Quia appropinquavit regnum caelorum.

10:7 Πορευόμενοι δὲ κηρύσσετε, λέγοντες ὅτι Ἤγγικεν ἡ βασιλεία τῶν οὐρανῶν.

10:7 And as you go, preach, saying, 'The Kingdom of Heaven is at hand.'

10:7 Geht aber und predigt und sprecht: Das Himmelreich ist nahe herbeigekommen.

10:7 Allez, prêchez, et dites: Le royaume des cieux est proche.

10:8 רִפְאוּ אֶת הַחוֹלִים טַהֲרוּ אֶת הַמְּצֹרָעִים הָקִימוּ אֶת הַמֵּתִים וְאֶת הַשֵּׁדִים גָּרְשׁוּ חִנָּם לְקַחְתֶּם חִנָּם תִּתֵּנוּ:

10:8 Infirmos curate, mortuos suscitate, leprosos mundate, daemones ejicite: gratis accepistis, gratis date.

10:8 Ἀσθενοῦντας θεραπεύετε, λεπροὺς καθαρίζετε, δαιμόνια ἐκβάλλετε· δωρεὰν ἐλάβετε, δωρεὰν δότε.

10:8 Heal the sick, raise the dead, cleanse the lepers, cast out demons; freely you received, freely give.

10:8 Macht die Kranken gesund, reinigt die Aussätzigen, weckt die Toten auf, treibt die Teufel aus. Umsonst habt ihr's empfangen, umsonst gebt es auch.

10:8 Guérissez les malades, ressuscitez les morts, purifiez les lépreux, chassez les démons. Vous avez reçu gratuitement, donnez gratuitement.

10:9 לֹא־תִקְחוּ זָהָב וְלֹא כֶסֶף וְלֹא נְחֹשֶׁת בַּחֲגוֹרֵיכֶם:

10:9 Nolite possidere aurum, neque argentum, neque pecuniam in zonis vestris:

10:9 Μὴ κτήσησθε χρυσόν, μηδὲ ἄργυρον, μηδὲ χαλκὸν εἰς τὰς ζώνας ὑμῶν,

10:9 Take no gold, nor silver, nor brass in your pouches;

10:9 Ihr sollt nicht Gold noch Silber noch Erz in euren Gürteln haben,

10:9 Ne prenez ni or, ni argent, ni monnaie, dans vos ceintures;

10:10 וְלֹא תַרְמִיל לַדֶּרֶךְ וְלֹא שְׁתֵּי כֻתֳּנוֹת וְלֹא נְעָלִים וְלֹא מַטֶּה כִּי־רָאוּי לִפְעֹל דֵּי מִחְיָתוֹ:

10:10 non peram in via, neque duas tunicas, neque calceamenta, neque virgam: dignus enim est operarius cibo suo.

10:10 μὴ πήραν εἰς ὁδόν, μηδὲ δύο χιτῶνας, μηδὲ ὑποδήματα, μηδὲ ῥάβδους· ἄξιος γὰρ ὁ ἐργάτης τῆς τροφῆς αὐτοῦ ἐστιν.

10:10 no wallet for the journey, neither two coats, nor shoes, nor staff; for the laborer is worthy of his food.

10:10 auch keine Tasche zur Wegfahrt, auch nicht zwei Röcke, keine Schuhe, auch keinen Stecken. Denn ein Arbeiter ist seiner Speise wert.

10:10 ni sac pour le voyage, ni deux tuniques, ni souliers, ni bâton; car l'ouvrier mérite sa nourriture.

10:11 וְכָל־עִיר וּכְפָר אֲשֶׁר תָּבֹאוּ שָׁמָּה דִּרְשׁוּ מִי הוּא הָגוּן לָזֶה בְּתוֹכָהּ וְשָׁם שְׁבוּ עַד צֵאתְכֶם׃

10:11 In quamcumque autem civitatem aut castellum intraveritis, interrogate, quis in ea dignus sit: et ibi manete donec exeatis.

10:11 Εἰς ἣν δ' ἂν πόλιν ἢ κώμην εἰσέλθητε, ἐξετάσατε τίς ἐν αὐτῇ ἄξιός ἐστιν· κἀκεῖ μείνατε, ἕως ἂν ἐξέλθητε.

10:11 And whatever city or village you go into, seek one in it is who is worthy and stay there until you leave.

10:11 Wo ihr aber in eine Stadt oder einen Markt geht, da erkundigt euch, ob jemand darin sei, der es wert ist; und bei demselben bleibet, bis ihr von dannen zieht.

10:11 Dans quelque ville ou village que vous entriez, informez-vous s'il s'y trouve quelque homme digne de vous recevoir; et demeurez chez lui jusqu'à ce que vous partiez.

10:12 וּבְבוֹאֲכֶם אֶל־הַבַּיִת שַׁאֲלוּ־לוֹ לְשָׁלוֹם׃

10:12 Intrantes autem in domum, salutate eam, dicentes: Pax huic domui.

10:12 Εἰσερχόμενοι δὲ εἰς τὴν οἰκίαν, ἀσπάσασθε αὐτήν.

10:12 And as you enter into the household, greet it.

10:12 Wo ihr aber in ein Haus geht, so grüßt es;

10:12 En entrant dans la maison, saluez-la;

10:13 וְהָיָה אִם־הָגוּן הַבַּיִת יָבֹא עָלָיו שְׁלוֹמְכֶם וְאִם־אֵינֶנּוּ הָגוּן שְׁלוֹמְכֶם אֲלֵיכֶם יָשׁוּב׃

10:13 Et siquidem fuerit domus illa digna, veniet pax vestra super eam: si autem non fuerit digna, pax vestra revertetur ad vos.

10:13 Καὶ ἐὰν μὲν ᾖ ἡ οἰκία ἀξία, ἐλθέτω ἡ εἰρήνη ὑμῶν ἐπ' αὐτήν· ἐὰν δὲ μὴ ᾖ ἀξία, ἡ εἰρήνη ὑμῶν πρὸς ὑμᾶς ἐπιστραφήτω.

10:13 And if the house is worthy, let your peace come upon it; but if it is not worthy, let your peace return to you.

10:13 und so es das Haus wert ist, wird euer Friede auf sie kommen. Ist es aber nicht wert, so wird sich euer Friede wieder zu euch wenden.

10:13 et, si la maison en est digne, que votre paix vienne sur elle; mais si elle n'en est pas digne, que votre paix retourne à vous.

10:14 וְכֹל אֲשֶׁר לֹא־יְקַבֵּל אֶתְכֶם וְלֹא יִשְׁמַע לְדִבְרֵיכֶם וִיצָאתֶם מִן־הַבַּיִת הַהוּא וּמִן־הָעִיר הַהִיא וְנִעַרְתֶּם אֶת־עֲפַר רַגְלֵיכֶם׃

10:14 Et quicumque non receperit vos, neque audierit sermones vestros: exeunte foras de domo, vel civitate, excutite pulverem de pedibus vestris.

10:14 Καὶ ὃς ἐὰν μὴ δέξηται ὑμᾶς μηδὲ ἀκούσῃ τοὺς λόγους ὑμῶν, ἐξερχόμενοι τῆς οἰκίας ἢ τῆς πόλεως ἐκείνης, ἐκτινάξατε τὸν κονιορτὸν τῶν ποδῶν ὑμῶν.

10:14 And whoever shall not receive you, nor hear your words, as you go forth out of that house or that city, shake off the dust of your feet.

10:14 Und wo euch jemand nicht annehmen wird noch eure Rede hören, so geht heraus von demselben Haus oder der Stadt und schüttelt den Staub von euren Füßen.

10:14 Lorsqu'on ne vous recevra pas et qu'on n'écoutera pas vos paroles, sortez de cette maison ou de cette ville et secouez la poussière de vos pieds.

The Gospel of Matthew

10:15 אָמֵן אֹמֵר אֲנִי לָכֶם כִּי יֵקַל לְאֶרֶץ־סְדוֹם וַעֲמֹרָה בְּיוֹם הַדִּין מִן־הָעִיר הַהִיא:

10:15 Amen dico vobis: Tolerabilius erit terrae Sodomorum et Gomorrhaeorum in die judicii, quam illi civitati.

10:15 Ἀμὴν λέγω ὑμῖν, ἀνεκτότερον ἔσται γῇ Σοδόμων καὶ Γομόρρων ἐν ἡμέρᾳ κρίσεως, ἢ τῇ πόλει ἐκείνῃ.

10:15 Truly I say to you, it shall be more tolerable for the land of Sodom and Gomorrah in the day of judgment than for that city.

10:15 Wahrlich ich sage euch: Dem Lande der Sodomer und Gomorrer wird es erträglicher gehen am Jüngsten Gericht denn solcher Stadt.

10:15 Je vous le dis en vérité: au jour du jugement, le pays de Sodome et de Gomorrhe sera traité moins rigoureusement que cette ville-là.

10:16 הִנֵּה אָנֹכִי שֹׁלֵחַ אֶתְכֶם כִּשְׁלֹחַ כְּבָשִׂים בֵּין זְאֵבִים לָכֵן הֱיוּ עֲרוּמִים כַּנְּחָשִׁים וּתְמִימִים כַּיּוֹנִים:

10:16 Ecce ego mitto vos sicut oves in medio luporum. Estote ergo prudentes sicut serpentes, et simplices sicut columbae.

10:16 Ἰδού, ἐγὼ ἀποστέλλω ὑμᾶς ὡς πρόβατα ἐν μέσῳ λύκων· γίνεσθε οὖν φρόνιμοι ὡς οἱ ὄφεις, καὶ ἀκέραιοι ὡς αἱ περιστεραί.

10:16 Behold, I send you forth as sheep in the midst of wolves; therefore, be as wise as serpents and harmless as doves.

10:16 Siehe, ich sende euch wie Schafe mitten unter die Wölfe; darum seid klug wie die Schlangen und ohne Falsch wie die Tauben.

10:16 Voici, je vous envoie comme des brebis au milieu des loups. Soyez donc prudents comme les serpents, et simples comme les colombes.

10:17 וְהִשָּׁמְרוּ לָכֶם מִבְּנֵי הָאָדָם כִּי יִמְסְרוּ אֶתְכֶם לְסַנְהֶדְרִיּוֹת וְיַכּוּ אֶתְכֶם בַּשּׁוֹטִים בִּכְנֵסִיּוֹתֵיהֶם:

10:17 Cavete autem ab hominibus. Tradent enim vos in conciliis, et in synagogis suis flagellabunt vos:

10:17 Προσέχετε δὲ ἀπὸ τῶν ἀνθρώπων· παραδώσουσιν γὰρ ὑμᾶς εἰς συνέδρια, καὶ ἐν ταῖς συναγωγαῖς αὐτῶν μαστιγώσουσιν ὑμᾶς·

10:17 But beware of men, for they will deliver you over to councils and in their synagogues they will flog you.

10:17 Hütet euch vor den Menschen; denn sie werden euch überantworten vor ihre Rathäuser und werden euch geißeln in ihren Schulen.

10:17 Mettez-vous en garde contre les hommes; car ils vous livreront aux tribunaux, et ils vous battront de verges dans leurs synagogues;

The Gospel of Matthew

10:18 וְלִפְנֵי מֹשְׁלִים וּמְלָכִים תּוּבָאוּ לְמַעֲנִי לְעֵדוּת לָהֶם וְלַגּוֹיִם:

10:18 et ad praesides, et ad reges ducemini propter me in testimonium illis, et gentibus.

10:18 καὶ ἐπὶ ἡγεμόνας δὲ καὶ βασιλεῖς ἀχθήσεσθε ἕνεκεν ἐμοῦ, εἰς μαρτύριον αὐτοῖς καὶ τοῖς ἔθνεσιν.

10:18 Yes and you shall be brought before governors and kings for my sake, for a testimony to them and to the Gentiles.

10:18 Und man wird euch vor Fürsten und Könige führen um meinetwillen, zum Zeugnis über sie und über die Heiden.

10:18 vous serez menés, à cause de moi, devant des gouverneurs et devant des rois, pour servir de témoignage à eux et aux païens.

10:19 וְכִי יִמְסְרוּ אֶתְכֶם אַל־תִּדְאֲגוּ אֵיךְ תְּדַבְּרוּ וּמָה תְּדַבְּרוּ כִּי יִנָּתֵן לָכֶם בַּשָּׁעָה הַהִיא אֵת אֲשֶׁר תְּדַבֵּרוּן:

10:19 Cum autem tradent vos, nolite cogitare quomodo, aut quid loquamini: dabitur enim vobis in illa hora, quid loquamini:

10:19 Ὅταν δὲ παραδιδῶσιν ὑμᾶς, μὴ μεριμνήσητε πῶς ἢ τί λαλήσητε· δοθήσεται γὰρ ὑμῖν ἐν ἐκείνῃ τῇ ὥρᾳ τί λαλήσετε·

10:19 But when they deliver you over, do not be anxious about how or what you shall speak, for it shall be given you in that hour what you shall speak.

10:19 Wenn sie euch nun überantworten werden, so sorget nicht, wie oder was ihr reden sollt; denn es soll euch zu der Stunde gegeben werden, was ihr reden sollt.

10:19 Mais, quand on vous livrera, ne vous inquiétez ni de la manière dont vous parlerez ni de ce que vous direz: ce que vous aurez à dire vous sera donné à l'heure même;

10:20 כִּי לֹא אַתֶּם הֵם הַמְדַבְּרִים כִּי רוּחַ אֲבִיכֶם הוּא הַמְדַבֵּר בְּפִיכֶם:

10:20 non enim vos estis qui loquimini, sed Spiritus Patris vestri, qui loquitur in vobis.

10:20 οὐ γὰρ ὑμεῖς ἐστε οἱ λαλοῦντες, ἀλλὰ τὸ πνεῦμα τοῦ πατρὸς ὑμῶν τὸ λαλοῦν ἐν ὑμῖν.

10:20 For it is not you that speaks but the Spirit of your Father that speaks in you.

10:20 Denn ihr seid es nicht, die da reden, sondern eures Vaters Geist ist es, der durch euch redet.

10:20 car ce n'est pas vous qui parlerez, c'est l'Esprit de votre Père qui parlera en vous.

10:21 וְאָח יִמְסֹר אֶת־אָחִיו לַמָּוֶת וְאָב יִמְסֹר אֶת־בְּנוֹ וְקָמוּ בָנִים בַּאֲבוֹתָם וְיָמִיתוּ אוֹתָם:

10:21 Tradet autem frater fratrem in mortem, et pater filium: et insurgent filii in parentes, et morte eos afficient:

10:21 Παραδώσει δὲ ἀδελφὸς ἀδελφὸν εἰς θάνατον, καὶ πατὴρ τέκνον· καὶ ἐπαναστήσονται τέκνα ἐπὶ γονεῖς, καὶ θανατώσουσιν αὐτούς.

10:21 And brother shall deliver up brother to death, and the father his child, and children shall rise up against parents and cause them to be put to death.

10:21 Es wird aber ein Bruder den andern zum Tod überantworten und der Vater den Sohn, und die Kinder werden sich empören wider die Eltern und ihnen zum Tode helfen.

10:21 Le frère livrera son frère à la mort, et le père son enfant; les enfants se soulèveront contre leurs parents, et les feront mourir.

The Gospel of Matthew

10:22 וִהְיִיתֶם שְׂנוּאִים לְכָל־אָדָם לְמַעַן שְׁמִי וְהַמְחַכֶּה עַד־עֵת קֵץ הוּא יִוָּשֵׁעַ׃

10:22 et eritis odio omnibus propter nomen meum: qui autem perseveraverit usque in finem, hic salvus erit.

10:22 Καὶ ἔσεσθε μισούμενοι ὑπὸ πάντων διὰ τὸ ὄνομά μου· ὁ δὲ ὑπομείνας εἰς τέλος, οὗτος σωθήσεται.

10:22 And you shall be hated by all men for my name's sake but he who endures to the end, that one shall be saved.

10:22 Und ihr müsset gehaßt werden von jedermann um meines Namens willen. Wer aber bis an das Ende beharrt, der wird selig.

10:22 Vous serez haïs de tous, à cause de mon nom; mais celui qui persévérera jusqu'à la fin sera sauvé.

10:23 וְאִם־יִרְדְּפוּ אֶתְכֶם בְּעִיר אַחַת נוּסוּ לְעִיר אַחֶרֶת כִּי אָמֵן אֲנִי אֹמֵר לָכֶם לֹא תְכַלּוּ לַעֲבֹר עָרֵי יִשְׂרָאֵל עַד כִּי־יָבוֹא בֶן־הָאָדָם׃

10:23 Cum autem persequentur vos in civitate ista, fugite in aliam. Amen dico vobis, non consummabitis civitates Israël, donec veniat Filius hominis.

10:23 Ὅταν δὲ διώκωσιν ὑμᾶς ἐν τῇ πόλει ταύτῃ, φεύγετε εἰς τὴν ἄλλην· ἀμὴν γὰρ λέγω ὑμῖν, οὐ μὴ τελέσητε τὰς πόλεις τοῦ Ἰσραήλ, ἕως ἂν ἔλθῃ ὁ υἱὸς τοῦ ἀνθρώπου.

10:23 But when they persecute you in this city, flee into the next, for truly I say to you, you shall not have gone through the cities of Israel, until the Son of Man comes.

10:23 Wenn sie euch aber in einer Stadt verfolgen, so flieht in eine andere. Wahrlich ich sage euch: Ihr werdet mit den Städten Israels nicht zu Ende kommen, bis des Menschen Sohn kommt.

10:23 Quand on vous persécutera dans une ville, fuyez dans une autre. Je vous le dis en vérité, vous n'aurez pas achevé de parcourir les villes d'Israël que le Fils de l'homme sera venu.

10:24 אֵין תַּלְמִיד נַעֲלֶה עַל־רַבּוֹ וְעֶבֶד עַל־אֲדֹנָיו׃

10:24 Non est discipulus super magistrum, nec servus super dominum suum:

10:24 Οὐκ ἔστιν μαθητὴς ὑπὲρ τὸν διδάσκαλον, οὐδὲ δοῦλος ὑπὲρ τὸν κύριον αὐτοῦ.

10:24 A disciple is not above his teacher, nor a servant above his lord.

10:24 Der Jünger ist nicht über seinen Meister noch der Knecht über den Herrn.

10:24 Le disciple n'est pas plus que le maître, ni le serviteur plus que son seigneur.

The Gospel of Matthew

10:25 דַּיּוֹ לַתַּלְמִיד לִהְיוֹת כְּרַבּוֹ וְלָעֶבֶד לִהְיוֹת כַּאדֹנָיו אִם־לְבַעַל הַבַּיִת קָרְאוּ בַעַל־זְבוּל אַף כִּי־לְאַנְשֵׁי בֵיתוֹ:

10:25 sufficit discipulo ut sit sicut magister ejus, et servo, sicut dominus ejus. Si patremfamilias Beelzebub vocaverunt, quanto magis domesticos ejus?

10:25 Ἀρκετὸν τῷ μαθητῇ ἵνα γένηται ὡς ὁ διδάσκαλος αὐτοῦ, καὶ ὁ δοῦλος ὡς ὁ κύριος αὐτοῦ. Εἰ τὸν οἰκοδεσπότην Βεελζεβοὺλ ἐκάλεσαν, πόσῳ μᾶλλον τοὺς οἰκειακοὺς αὐτοῦ;

10:25 It is enough for the disciple that he be like his teacher, and the servant like his lord. If they have called the master of the house Beelzebub, how much more those of his household!

10:25 Es ist dem Jünger genug, daß er sei wie sein Meister und der Knecht wie sein Herr. Haben sie den Hausvater Beelzebub geheißen, wie viel mehr werden sie seine Hausgenossen also heißen!

10:25 Il suffit au disciple d'être traité comme son maître, et au serviteur comme son seigneur. S'ils ont appelé le maître de la maison Béelzébul, à combien plus forte raison appelleront-ils ainsi les gens de sa maison!

10:26 עַל־כֵּן לֹא תִירְאוּ מִפְּנֵיהֶם כִּי אֵין דָּבָר מְכוּסֶּה אֲשֶׁר לֹא יִגָּלֶה וְאֵין נֶעְלָם אֲשֶׁר לֹא יִוָּדֵעַ:

10:26 Ne ergo timueritis eos. Nihil enim est opertum, quod non revelabitur: et occultum, quod non scietur.

10:26 Μὴ οὖν φοβηθῆτε αὐτούς· οὐδὲν γάρ ἐστιν κεκαλυμμένον ὃ οὐκ ἀποκαλυφθήσεται· καὶ κρυπτὸν ὃ οὐ γνωσθήσεται.

10:26 Therefore, do not be afraid of them, for there is nothing hidden that shall not be revealed, and hidden that shall not be known.

10:26 So fürchtet euch denn nicht vor ihnen. Es ist nichts verborgen, das es nicht offenbar werde, und ist nichts heimlich, das man nicht wissen werde.

10:26 Ne les craignez donc point; car il n'y a rien de caché qui ne doive être découvert, ni de secret qui ne doive être connu.

10:27 אֵת אֲשֶׁר אֲנִי אֹמֵר לָכֶם בַּחֹשֶׁךְ דַּבְּרוּ בָאוֹר וַאֲשֶׁר יְלָחֵשׁ לְאָזְנֵיכֶם הַשְׁמִיעוּ מֵעַל הַגַּגּוֹת:

10:27 Quod dico vobis in tenebris, dicite in lumine: et quod in aure auditis, praedicate super tecta.

10:27 Ὃ λέγω ὑμῖν ἐν τῇ σκοτίᾳ, εἴπατε ἐν τῷ φωτί· καὶ ὃ εἰς τὸ οὖς ἀκούετε, κηρύξατε ἐπὶ τῶν δωμάτων.

10:27 What I tell you in the darkness, you speak in the light; and what you hear in the ear, proclaim upon the housetops.

10:27 Was ich euch sage in der Finsternis, das redet im Licht; und was ihr hört in das Ohr, das predigt auf den Dächern.

10:27 Ce que je vous dis dans les ténèbres, dites-le en plein jour; et ce qui vous est dit à l'oreille, prêchez-le sur les toits.

10:28 וְאַל־תִּירְאוּ מִן־הַהֹרְגִים אֶת־הַגּוּף וְאֶת־הַנֶּפֶשׁ לֹא־יוּכְלוּ לַהֲרֹג אַךְ תִּירְאוּ אֶת אֲשֶׁר־יוּכַל לְאַבֵּד גַּם אֶת־הַנֶּפֶשׁ גַּם אֶת־הַגּוּף בְּגֵיהִנֹּם:

10:28 Et nolite timere eos qui occidunt corpus, animam autem non possunt occidere: sed potius timete eum, qui potest et animam et corpus perdere in gehennam.

10:28 Καὶ μὴ φοβεῖσθε ἀπὸ τῶν ἀποκτενόντων τὸ σῶμα, τὴν δὲ ψυχὴν μὴ δυναμένων ἀποκτεῖναι· φοβήθητε δὲ μᾶλλον τὸν δυνάμενον καὶ τὴν ψυχὴν καὶ τὸ σῶμα ἀπολέσαι ἐν γεέννῃ.

10:28 And do not be afraid of those that kill the body but are not able to kill the soul, but rather fear him who is able to destroy both soul and body in hell.

10:28 Und fürchtet euch nicht vor denen, die den Leib töten, und die Seele nicht können töten; fürchtet euch aber vielmehr vor dem, der Leib und Seele verderben kann in der Hölle.

10:28 Ne craignez pas ceux qui tuent le corps et qui ne peuvent tuer l'âme; craignez plutôt celui qui peut faire périr l'âme et le corps dans la géhenne.

10:29 הֲלֹא תִמָּכַרְנָה שְׁתֵּי צִפֳּרִים בְּאִסָּר וְאַחַת מֵהֵנָּה לֹא תִפּוֹל אַרְצָה מִבַּלְעֲדֵי אֲבִיכֶם:

10:29 Nonne duo passeres asse veneunt? et unus ex illis non cadet super terram sine Patre vestro.

10:29 Οὐχὶ δύο στρουθία ἀσσαρίου πωλεῖται; Καὶ ἓν ἐξ αὐτῶν οὐ πεσεῖται ἐπὶ τὴν γῆν ἄνευ τοῦ πατρὸς ὑμῶν·

10:29 Are not two sparrows sold for a penny? And not one of them shall fall on the ground without your Father,

10:29 Kauft man nicht zwei Sperlinge um einen Pfennig? Dennoch fällt deren keiner auf die Erde ohne euren Vater.

10:29 Ne vend-on pas deux passereaux pour un sou? Cependant, il n'en tombe pas un à terre sans la volonté de votre Père.

10:30 וְאַתֶּם גַּם־שַׂעֲרוֹת רֹאשְׁכֶם נִמְנוֹת כּוּלָן:

10:30 Vestri autem capilli capitis omnes numerati sunt.

10:30 ὑμῶν δὲ καὶ αἱ τρίχες τῆς κεφαλῆς πᾶσαι ἠριθμημέναι εἰσίν.

10:30 but the very hairs of your head are all numbered.

10:30 Nun aber sind auch eure Haare auf dem Haupte alle gezählt.

10:30 Et même les cheveux de votre tête sont tous comptés.

10:31 לָכֵן אַל־תִּירָאוּ הִנֵּה יְקַרְתֶּם מִצִפֳּרִים רַבּוֹת:

10:31 Nolite ergo timere: multis passeribus meliores estis vos.

10:31 Μὴ οὖν φοβηθῆτε· πολλῶν στρουθίων διαφέρετε ὑμεῖς.

10:31 Therefore, do not be afraid, you are of more value than many sparrows.

10:31 So fürchtet euch denn nicht; ihr seid besser als viele Sperlinge.

10:31 Ne craignez donc point: vous valez plus que beaucoup de passereaux.

10:32 הֵן כָּל־אֲשֶׁר יוֹדֶה בִּי לִפְנֵי הָאָדָם אוֹדֶה־בּוֹ גַם־אָנִי לִפְנֵי אָבִי שֶׁבַּשָּׁמָיִם:

10:32 Omnis ergo qui confitebitur me coram hominibus, confitebor et ego eum coram Patre meo, qui in caelis est.

10:32 Πᾶς οὖν ὅστις ὁμολογήσει ἐν ἐμοὶ ἔμπροσθεν τῶν ἀνθρώπων, ὁμολογήσω κἀγὼ ἐν αὐτῷ ἔμπροσθεν τοῦ πατρός μου τοῦ ἐν οὐρανοῖς.

10:32 Therefore, everyone who shall confess me before men, I will also confess them before my Father who is in heaven.

10:32 Wer nun mich bekennet vor den Menschen, den will ich bekennen vor meinem himmlischen Vater.

10:32 C'est pourquoi, quiconque me confessera devant les hommes, je le confesserai aussi devant mon Père qui est dans les cieux;

10:33 וַאֲשֶׁר יְכַחֵשׁ בִּי לִפְנֵי הָאָדָם אֲכַחֶשׁ־בּוֹ גַם־אָנִי לִפְנֵי אָבִי שֶׁבַּשָּׁמָיִם:

10:33 Qui autem negaverit me coram hominibus, negabo et ego eum coram Patre meo, qui in caelis est.

10:33 Ὅστις δ' ἂν ἀρνήσηταί με ἔμπροσθεν τῶν ἀνθρώπων, ἀρνήσομαι αὐτὸν κἀγὼ ἔμπροσθεν τοῦ πατρός μου τοῦ ἐν οὐρανοῖς.

10:33 But whoever shall deny me before men, I will also deny him before my Father who is in heaven.

10:33 Wer mich aber verleugnet vor den Menschen, den will ich auch verleugnen vor meinem himmlischen Vater.

10:33 mais quiconque me reniera devant les hommes, je le renierai aussi devant mon Père qui est dans les cieux.

10:34 אַל־תַּחְשְׁבוּ כִּי בָאתִי לְהָטִיל שָׁלוֹם בָּאָרֶץ לֹא בָאתִי לְהָטִיל שָׁלוֹם כִּי אִם־חָרֶב:

10:34 Nolite arbitrari quia pacem venerim mittere in terram: non veni pacem mittere, sed gladium:

10:34 Μὴ νομίσητε ὅτι ἦλθον βαλεῖν εἰρήνην ἐπὶ τὴν γῆν· οὐκ ἦλθον βαλεῖν εἰρήνην, ἀλλὰ μάχαιραν.

10:34 Do not think that I came to send peace on the earth; I did not come to send peace, but a sword.

10:34 Ihr sollt nicht wähnen, daß ich gekommen sei, Frieden zu senden auf die Erde. Ich bin nicht gekommen, Frieden zu senden, sondern das Schwert.

10:34 Ne croyez pas que je sois venu apporter la paix sur la terre; je ne suis pas venu apporter la paix, mais l'épée.

10:35 כִּי בָאתִי לְהַפְרִיד בֵּין אִישׁ וְאָבִיו וּבֵין בַּת וְאִמָּהּ וּבֵין כַּלָּה וַחֲמוֹתָהּ:

10:35 veni enim separare hominem adversus patrem suum, et filiam adversus matrem suam, et nurum adversus socrum suam:

10:35 ῏Ηλθον γὰρ διχάσαι ἄνθρωπον κατὰ τοῦ πατρὸς αὐτοῦ, καὶ θυγατέρα κατὰ τῆς μητρὸς αὐτῆς, καὶ νύμφην κατὰ τῆς πενθερᾶς αὐτῆς·

10:35 For I came to set a man against his father, and the daughter against her mother, and the daughter-in-law against her mother-in-law;

10:35 Denn ich bin gekommen, den Menschen zu erregen gegen seinen Vater und die Tochter gegen ihre Mutter und die Schwiegertochter gegen ihre Schwiegermutter.

10:35 Car je suis venu mettre la division entre l'homme et son père, entre la fille et sa mère, entre la belle-fille et sa belle-mère;

10:36 וְאֹיְבֵי אִישׁ אַנְשֵׁי בֵיתוֹ:

10:36 et inimici hominis, domestici ejus.

10:36 καὶ ἐχθροὶ τοῦ ἀνθρώπου οἱ οἰκειακοὶ αὐτοῦ.

10:36 and a man's enemies shall be of his own household.

10:36 Und des Menschen Feinde werden seine eigenen Hausgenossen sein.

10:36 et l'homme aura pour ennemis les gens de sa maison.

10:37 הָאֹהֵב אֶת־אָבִיו וְאֶת־אִמּוֹ יוֹתֵר מִמֶּנִּי כְדַי אֵינוֹ לִי וְהָאֹהֵב אֶת־בְּנוֹ וּבִתּוֹ יוֹתֵר מִמֶּנִּי אֵינוֹ כְדַי לִי:

10:37 Qui amat patrem aut matrem plus quam me, non est me dignus: et qui amat filium aut filiam super me, non est me dignus.

10:37 Ὁ φιλῶν πατέρα ἢ μητέρα ὑπὲρ ἐμέ, οὐκ ἔστιν μου ἄξιος· καὶ ὁ φιλῶν υἱὸν ἢ θυγατέρα ὑπὲρ ἐμέ, οὐκ ἔστιν μου ἄξιος·

10:37 He who loves father or mother more than me is not worthy of me and he who loves son or daughter more than me is not worthy of me.

10:37 Wer Vater oder Mutter mehr liebt denn mich, der ist mein nicht wert; und wer Sohn oder Tochter mehr liebt denn mich, der ist mein nicht wert.

10:37 Celui qui aime son père ou sa mère plus que moi n'est pas digne de moi, et celui qui aime son fils ou sa fille plus que moi n'est pas digne de moi;

10:38 וַאֲשֶׁר לֹא־יִקַּח אֶת־צְלוּבוֹ וְהָלַךְ אַחֲרַי אֵינוֹ כְדַי לִי:

10:38 Et qui non accipit crucem suam, et sequitur me, non est me dignus.

10:38 καὶ ὃς οὐ λαμβάνει τὸν σταυρὸν αὐτοῦ καὶ ἀκολουθεῖ ὀπίσω μου, οὐκ ἔστιν μου ἄξιος.

10:38 And he who does not take his cross and follow after me is not worthy of me.

10:38 Und wer nicht sein Kreuz auf sich nimmt und folgt mir nach, der ist mein nicht wert.

10:38 celui qui ne prend pas sa croix, et ne me suit pas, n'est pas digne de moi.

10:39 הַמֹּצֵא אֶת־נַפְשׁוֹ יְאַבְּדֶנָּה וְהַמְאַבֵּד אֶת־נַפְשׁוֹ לְמַעֲנִי הוּא יִמְצָאֶנָּה:

10:39 Qui invenit animam suam, perdet illam: et qui perdiderit animam suam propter me, inveniet eam.

10:39 Ὁ εὑρὼν τὴν ψυχὴν αὐτοῦ ἀπολέσει αὐτήν· καὶ ὁ ἀπολέσας τὴν ψυχὴν αὐτοῦ ἕνεκεν ἐμοῦ εὑρήσει αὐτήν.

10:39 He who finds his life shall lose it and he who loses his life for my sake shall find it.

10:39 Wer sein Leben findet, der wird's verlieren; und wer sein Leben verliert um meinetwillen, der wird's finden.

10:39 Celui qui conservera sa vie la perdra, et celui qui perdra sa vie à cause de moi la retrouvera.

10:40 הַמְקַבֵּל אֶתְכֶם אֹתִי הוּא מְקַבֵּל וְהַמְקַבֵּל אֹתִי הוּא מְקַבֵּל אֵת אֲשֶׁר שְׁלָחָנִי:

10:40 Qui recipit vos, me recipit: et qui me recipit, recipit eum qui me misit.

10:40 Ὁ δεχόμενος ὑμᾶς ἐμὲ δέχεται· καὶ ὁ ἐμὲ δεχόμενος δέχεται τὸν ἀποστείλαντά με.

10:40 He who receives you receives me and he who receives me receives him that sent me.

10:40 Wer euch aufnimmt, der nimmt mich auf; und wer mich aufnimmt, der nimmt den auf, der mich gesandt hat.

10:40 Celui qui vous reçoit me reçoit, et celui qui me reçoit, reçoit celui qui m'a envoyé.

10:41 הַמְקַבֵּל נָבִיא לְשֵׁם נָבִיא שְׂכַר נָבִיא יִקָּח וְהַמְקַבֵּל צַדִּיק לְשֵׁם צַדִּיק שְׂכַר צַדִּיק יִקָּח:

10:41 Qui recipit prophetam in nomine prophetae, mercedem prophetae accipiet: et qui recipit justum in nomine justi, mercedem justi accipiet.

10:41 Ὁ δεχόμενος προφήτην εἰς ὄνομα προφήτου μισθὸν προφήτου λήψεται· καὶ ὁ δεχόμενος δίκαιον εἰς ὄνομα δικαίου μισθὸν δικαίου λήψεται.

10:41 He who receives a prophet in the name of a prophet shall receive a prophet's reward and he who receives a righteous man in the name of a righteous man shall receive a righteous man's reward.

10:41 Wer einen Propheten aufnimmt in eines Propheten Namen, der wird eines Propheten Lohn empfangen. Wer einen Gerechten aufnimmt in eines Gerechten Namen, der wird eines Gerechten Lohn empfangen.

10:41 Celui qui reçoit un prophète en qualité de prophète recevra une récompense de prophète, et celui qui reçoit un juste en qualité de juste recevra une récompense de juste.

10:42 וְהַמַּשְׁקֶה אֶת־אַחַד הַקְּטַנִּים הָאֵלֶּה רַק כּוֹס מַיִם קָרִים לְשֵׁם תַּלְמִיד אָמֵן אֲנִי אֹמֵר לָכֶם כִּי לֹא־יֹאבַד שְׂכָרוֹ׃

10:42 Et quicumque potum dederit uni ex minimis istis calicem aquae frigidae tantum in nomine discipuli: amen dico vobis, non perdet mercedem suam.

10:42 Καὶ ὃς ἐὰν ποτίσῃ ἕνα τῶν μικρῶν τούτων ποτήριον ψυχροῦ μόνον εἰς ὄνομα μαθητοῦ, ἀμὴν λέγω ὑμῖν, οὐ μὴ ἀπολέσῃ τὸν μισθὸν αὐτοῦ.

10:42 And whoever shall give one of these little ones a cup of cold water to drink in the name of a disciple, truly I say to you, he shall in no way lose his reward."

10:42 Und wer dieser Geringsten einen nur mit einem Becher kalten Wassers tränkt in eines Jüngers Namen, wahrlich ich sage euch: es wird ihm nicht unbelohnt bleiben.

10:42 Et quiconque donnera seulement un verre d'eau froide à l'un de ces petits parce qu'il est mon disciple, je vous le dis en vérité, il ne perdra point sa récompense.

11:1 וַיְהִי כְּכַלּוֹת יֵשׁוּעַ לְצַוֹּת אֶת־שְׁנֵים עָשָׂר תַּלְמִידָיו וַיֵּלֶךְ מִשָּׁם לְלַמֵּד וְלִקְרֹא בְּעָרֵיהֶם׃

11:1 Et factum est, cum consummasset Jesus, praecipiens duodecim discipulis suis, transiit inde ut doceret, et praedicaret in civitatibus eorum.

11:1 Καὶ ἐγένετο ὅτε ἐτέλεσεν ὁ Ἰησοῦς διατάσσων τοῖς δώδεκα μαθηταῖς αὐτοῦ, μετέβη ἐκεῖθεν τοῦ διδάσκειν καὶ κηρύσσειν ἐν ταῖς πόλεσιν αὐτῶν.

11:1 And it happened that when Jesus had finished commanding his twelve disciples, he left there to teach and preach in their cities.

11:1 Und es begab sich, da Jesus solch Gebot an seine zwölf Jünger vollendet hatte, ging er von da weiter, zu lehren und zu predigen in ihren Städten.

11:1 Lorsque Jésus eut achevé de donner ses instructions à ses douze disciples, il partit de là, pour enseigner et prêcher dans les villes du pays.

11:2 וְיוֹחָנָן שָׁמַע בְּבֵית הַסֹּהַר אֶת־מַעֲשֵׂי הַמָּשִׁיחַ וַיִּשְׁלַח שְׁנַיִם מִתַּלְמִידָיו׃

11:2 Joannes autem cum audisset in vinculis opera Christi, mittens duos de discipulis suis,

11:2 Ὁ δὲ Ἰωάννης ἀκούσας ἐν τῷ δεσμωτηρίῳ τὰ ἔργα τοῦ χριστοῦ, πέμψας δύο τῶν μαθητῶν αὐτοῦ,

11:2 Now when John heard in prison about the works of the Messiah, he sent out his disciples

11:2 Da aber Johannes im Gefängnis die Werke Christi hörte, sandte er seiner Jünger zwei

11:2 Jean, ayant entendu parler dans sa prison des oeuvres du Christ, lui fit dire par ses disciples:

11:3 וַיֹּאמֶר אֵלָיו הַאַתָּה הוּא הַבָּא אִם־נְחַכֶּה לְאַחֵר׃

11:3 ait illi: Tu es, qui venturus es, an alium exspectamus?

11:3 εἶπεν αὐτῷ, Σὺ εἶ ὁ ἐρχόμενος, ἢ ἕτερον προσδοκῶμεν;

11:3 and said to him, "Are you the one who is coming or should look we for another?

11:3 und ließ ihm sagen: Bist du, der da kommen soll, oder sollen wir eines anderen warten?

11:3 Es-tu celui qui doit venir, ou devons-nous en attendre un autre?

The Gospel of Matthew

11:4 וַיַּעַן יֵשׁוּעַ וַיֹּאמֶר לָהֶם לְכוּ הַגִּידוּ לְיוֹחָנָן אֶת־אֲשֶׁר שְׁמַעְתֶּם וְאֶת־אֲשֶׁר רְאִיתֶם:

11:4 Et respondens Jesus ait illis: Euntes renuntiate Joanni quae audistis, et vidistis.

11:4 Καὶ ἀποκριθεὶς ὁ Ἰησοῦς εἶπεν αὐτοῖς, Πορευθέντες ἀπαγγείλατε Ἰωάννῃ ἃ ἀκούετε καὶ βλέπετε·

11:4 And Jesus answered and said to them, "Go and tell John the things which you hear and see:

11:4 Jesus antwortete und sprach zu ihnen: Gehet hin und saget Johannes wieder, was ihr sehet und höret:

11:4 Jésus leur répondit: Allez rapporter à Jean ce que vous entendez et ce que vous voyez:

11:5 עִוְרִים רֹאִים וּפִסְחִים מְהַלְּכִים מְצֹרָעִים מְטֹהָרִים וְחֵרְשִׁים שׁוֹמְעִים וּמֵתִים קָמִים וַעֲנִיִּים מִתְבַּשְּׂרִים:

11:5 Caeci vident, claudi ambulant, leprosi mundantur, surdi audiunt, mortui resurgunt, pauperes evangelizantur:

11:5 τυφλοὶ ἀναβλέπουσιν, καὶ χωλοὶ περιπατοῦσιν, λεπροὶ καθαρίζονται, καὶ κωφοὶ ἀκούουσιν, νεκροὶ ἐγείρονται, καὶ πτωχοὶ εὐαγγελίζονται·

11:5 the blind receive their sight, and the lame walk, the lepers are cleansed, and the deaf hear, and the dead are raised up, and the poor have good news preached to them.

11:5 die Blinden sehen und die Lahmen gehen, die Aussätzigen werden rein und die Tauben hören, die Toten stehen auf und den Armen wird das Evangelium gepredigt;

11:5 les aveugles voient, les boiteux marchent, les lépreux sont purifiés, les sourds entendent, les morts ressuscitent, et la bonne nouvelle est annoncée aux pauvres.

11:6 וְאַשְׁרֵי הָאִישׁ אֲשֶׁר לֹא־יִכָּשֵׁל בִּי:

11:6 et beatus est, qui non fuerit scandalizatus in me.

11:6 καὶ μακάριός ἐστιν, ὃς ἐὰν μὴ σκανδαλισθῇ ἐν ἐμοί.

11:6 And blessed is he who shall not stumble on me."

11:6 und selig ist, der sich nicht an mir ärgert.

11:6 Heureux celui pour qui je ne serai pas une occasion de chute!

11:7 הֵמָּה הָלָכוּ וְיֵשׁוּעַ הֵחֵל לְדַבֵּר אֶל־הֲמוֹן הָעָם עַל־אֹדוֹת יוֹחָנָן וַיֹּאמַר מַה־זֶּה יְצָאתֶם הַמִּדְבָּרָה לִרְאוֹת הֲקָנֶה אֲשֶׁר יָנוּעַ בָּרוּחַ:

11:7 Illis autem abeuntibus, coepit Jesus dicere ad turbas de Joanne: Quid existis in desertum videre? arundinem vento agitatam?

11:7 Τούτων δὲ πορευομένων, ἤρξατο ὁ Ἰησοῦς λέγειν τοῖς ὄχλοις περὶ Ἰωάννου, Τί ἐξήλθετε εἰς τὴν ἔρημον θεάσασθαι; Κάλαμον ὑπὸ ἀνέμου σαλευόμενον;

11:7 And as they went their way, Jesus began to speak to the multitudes about John, "What did you go out into the wilderness to see? A reed shaken with the wind?

11:7 Da die hingingen, fing Jesus an, zu reden zu dem Volk von Johannes: Was seid ihr hinausgegangen in die Wüste zu sehen? Wolltet ihr ein Rohr sehen, das der Wind hin und her bewegt?

11:7 Comme ils s'en allaient, Jésus se mit à dire à la foule, au sujet de Jean: Qu'êtes-vous allés voir au désert? un roseau agité par le vent?

11:8 אוֹ מַה־זֶּה יְצָאתֶם לִרְאוֹת הָאִישׁ לָבוּשׁ בִּגְדֵי עֲדָנִים הִנֵּה הַלֹּבְשִׁים עֲדָנִים בְּבָתֵּי הַמְּלָכִים הֵמָּה:

11:8 Sed quid existis videre? hominem mollibus vestitum? Ecce qui mollibus vestiuntur, in domibus regum sunt.

11:8 Ἀλλὰ τί ἐξήλθετε ἰδεῖν; Ἄνθρωπον ἐν μαλακοῖς ἱματίοις ἠμφιεσμένον; Ἰδού, οἱ τὰ μαλακὰ φοροῦντες ἐν τοῖς οἴκοις τῶν βασιλείων εἰσίν.

11:8 But what did you go out to see? A man clothed in soft clothes? Behold, those who wear soft clothes are in king's houses.

11:8 Oder was seid ihr hinausgegangen zu sehen? Wolltet ihr einen Menschen in weichen Kleidern sehen? Siehe, die da weiche Kleider tragen, sind in der Könige Häusern.

11:8 Mais, qu 'êtes-vous allés voir? un homme vêtu d 'habits précieux? Voici, ceux qui portent des habits précieux sont dans les maisons des rois.

11:9 וְעַתָּה מַה־זֶּה יְצָאתֶם לִרְאוֹת אִם לִרְאוֹת אִישׁ נָבִיא אָכֵן אֹמֵר אֲנִי לָכֶם אַף־גָּדוֹל הוּא מִנָּבִיא:

11:9 Sed quid existis videre? prophetam? Etiam dico vobis, et plus quam prophetam.

11:9 Ἀλλὰ τί ἐξήλθετε ἰδεῖν; Προφήτην; Ναί, λέγω ὑμῖν, καὶ περισσότερον προφήτου·

11:9 But for what did you go out? To see a prophet? Yes, I say to you, and much more than a prophet.

11:9 Oder was seid ihr hinausgegangen zu sehen? Wolltet ihr einen Propheten sehen? Ja, ich sage euch, der auch mehr ist denn ein Prophet.

11:9 Qu 'êtes-vous donc allés voir? un prophète? Oui, vous dis-je, et plus qu'un prophète.

11:10 כִּי זֶה הוּא אֲשֶׁר כָּתוּב עָלָיו הִנְנִי שֹׁלֵחַ מַלְאָכִי לְפָנֶיךָ וּפִנָּה דַרְכְּךָ לְפָנֶיךָ:

11:10 Hic est enim de quo scriptum est: Ecce ego mitto angelum meum ante faciem tuam, qui praeparabit viam tuam ante te.

11:10 οὗτος γάρ ἐστιν περὶ οὗ γέγραπται, Ἰδού, ἐγὼ ἀποστέλλω τὸν ἄγγελόν μου πρὸ προσώπου σου, ὃς κατασκευάσει τὴν ὁδόν σου ἔμπροσθέν σου.

11:10 This is he, of whom it is written, 'Behold, I send my messenger before your face, Who shall prepare your way before you.

11:10 Denn dieser ist's, von dem geschrieben steht: "Siehe, ich sende meinen Engel vor dir her, der deinen Weg vor dir bereiten soll."

11:10 Car c 'est celui dont il est écrit: Voici, j 'envoie mon messager devant ta face, Pour préparer ton chemin devant toi.

11:11 אָמֵן אֹמֵר אֲנִי לָכֶם לֹא קָם בִּילוּדֵי אִשָּׁה גָּדוֹל מִיוֹחָנָן הַמַּטְבִּיל וְהַקָּטֹן בְּמַלְכוּת הַשָּׁמַיִם יִגְדַּל מִמֶּנּוּ:

11:11 Amen dico vobis, non surrexit inter natos mulierum major Joanne Baptista: qui autem minor est in regno caelorum, major est illo.

11:11 Ἀμὴν λέγω ὑμῖν, οὐκ ἐγήγερται ἐν γεννητοῖς γυναικῶν μείζων Ἰωάννου τοῦ βαπτιστοῦ. Ὁ δὲ μικρότερος ἐν τῇ βασιλείᾳ τῶν οὐρανῶν μείζων αὐτοῦ ἐστιν.

11:11 Amen. I say to you, among those that are born of women there has not arisen one greater than John the Baptizer; yet, he who is small in the Kingdom of Heaven is greater than him.

11:11 Wahrlich ich sage euch: Unter allen, die von Weibern geboren sind, ist nicht aufgekommen, der größer sei denn Johannes der Täufer; der aber der Kleinste ist im Himmelreich, ist größer denn er.

11:11 Je vous le dis en vérité, parmi ceux qui sont nés de femmes, il n'en a point paru de plus grand que Jean-Baptiste. Cependant, le plus petit dans le royaume des cieux est plus grand que lui.

11:12 וּמִימֵי יוֹחָנָן הַמַּטְבִּיל וְעַד־הֵנָּה מַלְכוּת הַשָּׁמַיִם נִתְפְּשָׂה בְּיָד חֲזָקָה וְהַמִּתְחַזְּקִים יַחְטְפוּהָ:

11:12 A diebus autem Joannis Baptistae usque nunc, regnum caelorum vim patitur, et violenti rapiunt illud.

11:12 Ἀπὸ δὲ τῶν ἡμερῶν Ἰωάννου τοῦ βαπτιστοῦ ἕως ἄρτι ἡ βασιλεία τῶν οὐρανῶν βιάζεται, καὶ βιασταὶ ἁρπάζουσιν αὐτήν.

11:12 And from the days of John the Baptist until now the Kingdom of Heaven suffers violence, and men of violence take it by force.

11:12 Aber von den Tagen Johannes des Täufers bis hierher leidet das Himmelreich Gewalt, und die Gewalt tun, die reißen es an sich.

11:12 Depuis le temps de Jean-Baptiste jusqu'à présent, le royaume des cieux est forcé, et ce sont les violents qui s'en emparent.

11:13 כִּי כָל־הַנְּבִיאִים וְהַתּוֹרָה עַד־יוֹחָנָן נִבָּאוּ:

11:13 Omnes enim prophetae et lex usque ad Joannem prophetaverunt:

11:13 Πάντες γὰρ οἱ προφῆται καὶ ὁ νόμος ἕως Ἰωάννου προεφήτευσαν·

11:13 For all the prophets and the law prophesied until John.

11:13 Denn alle Propheten und das Gesetz haben geweissagt bis auf Johannes.

11:13 Car tous les prophètes et la loi ont prophétisé jusqu'à Jean;

11:14 וְאִם־תִּרְצוּ לְקַבֵּל הִנֵּה הוּא אֵלִיָּה הֶעָתִיד לָבוֹא:

11:14 et si vultis recipere, ipse est Elias, qui venturus est.

11:14 καὶ εἰ θέλετε δέξασθαι, αὐτός ἐστιν Ἠλίας ὁ μέλλων ἔρχεσθαι.

11:14 And if you are willing to receive it, this one is Elijah, who is to come.

11:14 Und (so ihr's wollt annehmen) er ist Elia, der da soll zukünftig sein.

11:14 et, si vous voulez le comprendre, c'est lui qui est l'Élie qui devait venir.

11:15 מִי אֲשֶׁר אָזְנַיִם לוֹ לִשְׁמֹעַ יִשְׁמָע׃

11:15 Qui habet aures audiendi, audiat.

11:15 Ὁ ἔχων ὦτα ἀκούειν ἀκουέτω.

11:15 He who has ears to hear, let him hear.

11:15 Wer Ohren hat, zu hören, der höre!

11:15 Que celui qui a des oreilles pour entendre entende.

11:16 וְאֶל־מִי אֲדַמֶּה אֶת־הַדּוֹר הַזֶּה דּוֹמֶה הוּא לַיְלָדִים הַיֹּשְׁבִים בַּשְּׁוָקִים וְקֹרְאִים לְחַבְרֵיהֶם לֵאמֹר׃

11:16 Cui autem similem aestimabo generationem istam? Similis est pueris sedentibus in foro: qui clamantes coaequalibus

11:16 Τίνι δὲ ὁμοιώσω τὴν γενεὰν ταύτην; Ὁμοία ἐστὶν παιδίοις ἐν ἀγοραῖς καθημένοις, καὶ προσφωνοῦσιν τοῖς ἑταίροις αὐτῶν,

11:16 But with what shall I compare this generation? It is similar to children sitting in the marketplaces, who call to their peers

11:16 Wem soll ich aber dies Geschlecht vergleichen? Es ist den Kindlein gleich, die an dem Markt sitzen und rufen gegen ihre Gesellen

11:16 À qui comparerai-je cette génération? Elle ressemble à des enfants assis dans des places publiques, et qui, s'adressant à d'autres enfants,

11:16 וְאֶל־מִי אֲדַמֶּה אֶת־הַדּוֹר הַזֶּה דּוֹמֶה הוּא לַיְלָדִים הַיֹּשְׁבִים בַּשְּׁוָקִים וְקֹרְאִים לְחַבְרֵיהֶם לֵאמֹר׃

11:17 dicunt: Cecinimus vobis, et non saltastis: lamentavimus, et non planxistis.

11:17 καὶ λέγουσιν, Ηὐλήσαμεν ὑμῖν, καὶ οὐκ ὠρχήσασθε· ἐθρηνήσαμεν ὑμῖν, καὶ οὐκ ἐκόψασθε.

11:17 and say, 'We played pipes for you and you did not dance; we wailed, and you did not mourn.'

11:17 und sprechen: Wir haben euch gepfiffen, und ihr wolltet nicht tanzen; wir haben euch geklagt, und ihr wolltet nicht weinen.

11:17 disent: Nous vous avons joué de la flûte, et vous n'avez pas dansé; nous avons chanté des complaintes, et vous ne vous êtes pas lamentés.

11:18 כִּי־בָא־יוֹחָנָן וְהוּא לֹא אָכַל וְלֹא שֹׁתֶה וַיֹּאמְרוּ שֵׁד בּוֹ׃

11:18 Venit enim Joannes neque manducans, neque bibens, et dicunt: Daemonium habet.

11:18 Ἦλθεν γὰρ Ἰωάννης μήτε ἐσθίων μήτε πίνων, καὶ λέγουσιν, Δαιμόνιον ἔχει.

11:18 For John came neither eating nor drinking and they say, 'He has a demon.'

11:18 Johannes ist gekommen, aß nicht und trank nicht; so sagen sie: Er hat den Teufel.

11:18 Car Jean est venu, ne mangeant ni ne buvant, et ils disent: Il a un démon.

11:19 וַיָּבֹא בֶּן־הָאָדָם אֹכֵל וְשֹׁתֶה וְהֵם אֹמְרִים הִנֵּה אִישׁ זוֹלֵל וְסֹבֵא וְאֹהֵב מוֹכְסִים וְחַטָּאִים וְנִצְדְּקָה הַחָכְמָה בְּבָנֶיהָ׃

11:19 Venit Filius hominis manducans, et bibens, et dicunt: Ecce homo vorax, et potator vini, publicanorum et peccatorum amicus. Et justificata est sapientia a filiis suis.

11:19 Ἦλθεν ὁ υἱὸς τοῦ ἀνθρώπου ἐσθίων καὶ πίνων, καὶ λέγουσιν, Ἰδού, ἄνθρωπος φάγος καὶ οἰνοπότης, τελωνῶν φίλος καὶ ἁμαρτωλῶν. Καὶ ἐδικαιώθη ἡ σοφία ἀπὸ τῶν τέκνων αὐτῆς.

11:19 The Son of Man came eating and drinking and they say, 'Behold, a gluttonous man and a drunkard, a friend of tax collectors and sinners!' And wisdom is justified by her works."

11:19 Des Menschen Sohn ist gekommen, ißt und trinkt; so sagen sie: Siehe, wie ist der Mensch ein Fresser und ein Weinsäufer, der Zöllner und der Sünder Geselle! Und die Weisheit muß sich rechtfertigen lassen von ihren Kindern.

11:19 Le Fils de l'homme est venu, mangeant et buvant, et ils disent: C'est un mangeur et un buveur, un ami des publicains et des gens de mauvaise vie. Mais la sagesse a été justifiée par ses oeuvres.

11:20 אָז הֵחֵל לְהוֹכִיחַ הֶעָרִים אֲשֶׁר־רֹב גְּבוּרוֹתָיו נַעֲשׂוּ בְתוֹכָן וְלֹא שָׁבוּ׃

11:20 Tunc coepit exprobrare civitatibus, in quibus factae sunt plurimae virtutes ejus, quia non egissent poenitentiam:

11:20 Τότε ἤρξατο ὀνειδίζειν τὰς πόλεις ἐν αἷς ἐγένοντο αἱ πλεῖσται δυνάμεις αὐτοῦ, ὅτι οὐ μετενόησαν.

11:20 Then began he to accuse the cities in which most of his mighty works were done because they did not repent:

11:20 Da fing er an, die Städte zu schelten, in welchen am meisten seiner Taten geschehen waren, und hatten sich doch nicht gebessert:

11:20 Alors il se mit à faire des reproches aux villes dans lesquelles avaient eu lieu la plupart de ses miracles, parce qu'elles ne s'étaient pas repenties.

11:21 אוֹי לָךְ כּוֹרָזִין אוֹי לָךְ בֵּית־צַיְדָה כִּי הַגְּבוּרוֹת אֲשֶׁר נַעֲשׂוּ בְקִרְבְּכֶן לוּ בְצוֹר וּבְצִידוֹן נַעֲשׂוּ הֲלֹא־כְבָר שָׁבוּ בְּשַׂק וָאֵפֶר׃

11:21 Vae tibi Corozain, vae tibi Bethsaida: quia, si in Tyro et Sidone factae essent virtutes quae factae sunt in vobis, olim in cilicio et cinere poenitentiam egissent.

11:21 Οὐαί σοι, Χοραζίν, οὐαί σοι, Βηθσαϊδά, ὅτι εἰ ἐν Τύρῳ καὶ Σιδῶνι ἐγένοντο αἱ δυνάμεις αἱ γενόμεναι ἐν ὑμῖν, πάλαι ἂν ἐν σάκκῳ καὶ σποδῷ μετενόησαν.

11:21 "Woe to you, Chorazin! Woe to you, Bethsaida! For if the mighty works had been done in Tyre and Sidon, which were done in you, they would have repented long ago in sackcloth and ashes.

11:21 Wehe dir Chorazin! Weh dir, Bethsaida! Wären solche Taten zu Tyrus und Sidon geschehen, wie bei euch geschehen sind, sie hätten vorzeiten im Sack und in der Asche Buße getan.

11:21 Malheur à toi, Chorazin! malheur à toi, Bethsaïda! car, si les miracles qui ont été faits au milieu de vous avaient été faits dans Tyr et dans Sidon, il y a longtemps qu'elles se seraient repenties, en prenant le sac et la cendre.

11:22 אֲבָל אֲנִי אֹמֵר לָכֶם כִּי בְּיוֹם הַדִּין יֵקַל לְצוֹר וְצִידוֹן מִכֶּם:

11:22 Verumtamen dico vobis: Tyro et Sidoni remissius erit in die judicii, quam vobis.

11:22 Πλὴν λέγω ὑμῖν, Τύρῳ καὶ Σιδῶνι ἀνεκτότερον ἔσται ἐν ἡμέρᾳ κρίσεως, ἢ ὑμῖν.

11:22 But I say to you, it shall be more tolerable for Tyre and Sidon in the day of judgment than for you.

11:22 Doch ich sage euch: Es wird Tyrus und Sidon erträglicher gehen am Jüngsten Gericht als euch.

11:22 C'est pourquoi je vous le dis: au jour du jugement, Tyr et Sidon seront traitées moins rigoureusement que vous.

11:23 וְאַתְּ כְּפַר־נַחוּם הַמְרוֹמָמָה עַד־הַשָּׁמַיִם עַד־שְׁאוֹל תּוּרָדִי כִּי הַגְּבוּרוֹת אֲשֶׁר נַעֲשׂוּ בְתוֹכֵךְ לוּ בִסְדוֹם נַעֲשׂוּ כִּי עַתָּה עָמְדָה עַל־תִּלָּהּ עַד־הַיּוֹם הַזֶּה:

11:23 Et tu Capharnaum, numquid usque in caelum exaltaberis? usque in infernum descendes, quia si in Sodomis factae fuissent virtutes quae factae sunt in te, forte mansissent usque in hanc diem.

11:23 Καὶ σύ, Καπερναούμ, ἡ ἕως τοῦ οὐρανοῦ ὑψωθεῖσα, ἕως Ἅιδου καταβιβασθήσῃ· ὅτι εἰ ἐν Σοδόμοις ἐγένοντο αἱ δυνάμεις αἱ γενόμεναι ἐν σοί, ἔμειναν ἂν μέχρι τῆς σήμερον.

11:23 And you, Capernaum, shall you be exalted to heaven? You shall go down to Hades! For if the mighty works had been done in Sodom, which were done in you, it would have remained until this day.

11:23 Und du, Kapernaum, die du bist erhoben bis an den Himmel, du wirst bis in die Hölle hinuntergestoßen werden. Denn so zu Sodom die Taten geschehen wären, die bei euch geschehen sind, sie stände noch heutigestages.

11:23 Et toi, Capernaüm, seras-tu élevée jusqu'au ciel? Non. Tu seras abaissée jusqu'au séjour des morts; car, si les miracles qui ont été faits au milieu de toi avaient été faits dans Sodome, elle subsisterait encore aujourd'hui.

11:24 אֲבָל אֲנִי אֹמֵר לָכֶם כִּי בְּיוֹם הַדִּין יֵקַל לְאַדְמַת סְדוֹם מִמֵּךְ:

11:24 Verumtamen dico vobis, quia terrae Sodomorum remissius erit in die judicii, quam tibi.

11:24 Πλὴν λέγω ὑμῖν, ὅτι γῇ Σοδόμων ἀνεκτότερον ἔσται ἐν ἡμέρᾳ κρίσεως, ἢ σοί.

11:24 But I say to you that it shall be more tolerable for the land of Sodom in the day of judgment than for you."

11:24 Doch ich sage euch, es wird dem Sodomer Lande erträglicher gehen am Jüngsten Gericht als dir.

11:24 C'est pourquoi je vous le dis: au jour du jugement, le pays de Sodome sera traité moins rigoureusement que toi.

11:25 בָּעֵת הַהִיא עָנָה יֵשׁוּעַ וְאָמַר אוֹדְךָ אָבִי אֲדוֹן הַשָּׁמַיִם וְהָאָרֶץ כִּי הִסְתַּרְתָּ אֶת־אֵלֶּה מִן־הַחֲכָמִים וְהַנְּבוֹנִים וְגִלִּיתָם לָעוֹלָלִים:

11:25 In illo tempore respondens Jesus dixit: Confiteor tibi, Pater, Domine caeli et terrae, quia abscondisti haec a sapientibus, et prudentibus, et revelasti ea parvulis.

11:25 Ἐν ἐκείνῳ τῷ καιρῷ ἀποκριθεὶς ὁ Ἰησοῦς εἶπεν, Ἐξομολογοῦμαί σοι, πάτερ, κύριε τοῦ οὐρανοῦ καὶ τῆς γῆς, ὅτι ἀπέκρυψας ταῦτα ἀπὸ σοφῶν καὶ συνετῶν, καὶ ἀπεκάλυψας αὐτὰ νηπίοις.

11:25 At that time Jesus answered and said, "I thank you, Oh Father, Lord of heaven and earth, that you hid these things from the wise and understanding, and did reveal them to infants:

11:25 Zu der Zeit antwortete Jesus und sprach: Ich preise dich, Vater und HERR Himmels und der Erde, daß du solches den Weisen und Klugen verborgen hast und hast es den Unmündigen offenbart.

11:25 En ce temps-là, Jésus prit la parole, et dit: Je te loue, Père, Seigneur du ciel et de la terre, de ce que tu as caché ces choses aux sages et aux intelligents, et de ce que tu les as révélées aux enfants.

11:26 הֵן אָבִי כִּי כֵן הָיָה רָצוֹן לְפָנֶיךָ:

11:26 Ita Pater: quoniam sic fuit placitum ante te.

11:26 Ναί, ὁ πατήρ, ὅτι οὕτως ἐγένετο εὐδοκία ἔμπροσθέν σου.

11:26 yea, Father, for it was well-pleasing in your sight.

11:26 Ja, Vater; denn es ist also wohlgefällig gewesen vor dir.

11:26 Oui, Père, je te loue de ce que tu l'as voulu ainsi.

11:27 הַכֹּל נִמְסַר־לִי מֵאֵת אָבִי וְאֵין מַכִּיר אֶת־הַבֵּן בִּלְתִּי הָאָב וְאֵין מַכִּיר אֶת־הָאָב בִּלְתִּי הַבֵּן וַאֲשֶׁר יַחְפֹּץ הַבֵּן לְגַלּוֹת לוֹ:

11:27 Omnia mihi tradita sunt a Patre meo. Et nemo novit Filium, nisi Pater: neque Patrem quis novit, nisi Filius, et cui voluerit Filius revelare.

11:27 Πάντα μοι παρεδόθη ὑπὸ τοῦ πατρός μου· καὶ οὐδεὶς ἐπιγινώσκει τὸν υἱόν, εἰ μὴ ὁ πατήρ· οὐδὲ τὸν πατέρα τις ἐπιγινώσκει, εἰ μὴ ὁ υἱός, καὶ ᾧ ἐὰν βούληται ὁ υἱὸς ἀποκαλύψαι.

11:27 All things have been delivered to me by my Father and no one knows the Son, except the Father; neither does anyone know the Father, except the Son, and he to whom the Son desires to reveal.

11:27 Alle Dinge sind mir übergeben von meinem Vater. Und niemand kennet den Sohn denn nur der Vater; und niemand kennet den Vater denn nur der Sohn und wem es der Sohn will offenbaren.

11:27 Toutes choses m'ont été données par mon Père, et personne ne connaît le Fils, si ce n'est le Père; personne non plus ne connaît le Père, si ce n'est le Fils et celui à qui le Fils veut le révéler.

11:28 פְּנוּ אֵלַי כָּל־הָעֲמֵלִים וְהַטְּעוּנִים וַאֲנִי אָנִיחַ לָכֶם׃

11:28 Venite ad me omnes qui laboratis, et onerati estis, et ego reficiam vos.

11:28 Δεῦτε πρός με πάντες οἱ κοπιῶντες καὶ πεφορτισμένοι, κἀγὼ ἀναπαύσω ὑμᾶς.

11:28 Come to me, all of you who labor and are heavily burdened, and I will give you rest.

11:28 Kommet her zu mir alle, die ihr mühselig und beladen seid; ich will euch erquicken.

11:28 Venez à moi, vous tous qui êtes fatigués et chargés, et je vous donnerai du repos.

11:29 קַבְּלוּ עֲלֵיכֶם אֶת־עֻלִּי וְלִמְדוּ מִמֶּנִּי כִּי־עָנָו וּשְׁפַל רוּחַ אָנֹכִי וּמְצָאוּ מַרְגּוֹעַ לְנַפְשֹׁתֵיכֶם׃

11:29 Tollite jugum meum super vos, et discite a me, quia mitis sum, et humilis corde: et invenietis requiem animabus vestris.

11:29 Ἄρατε τὸν ζυγόν μου ἐφ᾽ ὑμᾶς καὶ μάθετε ἀπ᾽ ἐμοῦ, ὅτι πρᾶός εἰμι καὶ ταπεινὸς τῇ καρδίᾳ· καὶ εὑρήσετε ἀνάπαυσιν ταῖς ψυχαῖς ὑμῶν.

11:29 Take my yoke upon you, and learn from me, for I am meek and humble in heart, and you shall find rest in your souls.

11:29 Nehmet auf euch mein Joch und lernet von mir; denn ich bin sanftmütig und von Herzen demütig; so werdet ihr Ruhe finden für eure Seelen.

11:29 Prenez mon joug sur vous et recevez mes instructions, car je suis doux et humble de coeur; et vous trouverez du repos pour vos âmes.

11:30 כִּי עוּלִּי נָעִים וְקַל מַשָּׂאִי׃

11:30 Jugum enim meum suave est, et onus meum leve.

11:30 Ὁ γὰρ ζυγός μου χρηστός, καὶ τὸ φορτίον μου ἐλαφρόν ἐστιν.

11:30 For my yoke is easy and my burden is light."

11:30 Denn mein Joch ist sanft, und meine Last ist leicht.

11:30 Car mon joug est doux, et mon fardeau léger.

12:1 בָּעֵת הַהִיא עָבַר יֵשׁוּעַ בֵּין הַקָּמָה בְּיוֹם הַשַּׁבָּת וְתַלְמִידָיו רָעֵבוּ וַיָּחֵלּוּ לִקְטֹף מְלִילֹת וַיֹּאכֵלוּ׃

12:1 In illo tempore abiit Jesus per sata sabbato: discipuli autem ejus esurientes coeperunt vellere spicas, et manducare.

12:1 Ἐν ἐκείνῳ τῷ καιρῷ ἐπορεύθη ὁ Ἰησοῦς τοῖς σάββασιν διὰ τῶν σπορίμων· οἱ δὲ μαθηταὶ αὐτοῦ ἐπείνασαν, καὶ ἤρξαντο τίλλειν στάχυας καὶ ἐσθίειν.

12:1 At that time Jesus, on the Sabbath day, went through the grain fields and his disciples were hungry and began to pluck ears and to eat.

12:1 Zu der Zeit ging Jesus durch die Saat am Sabbat; und seine Jünger waren hungrig, fingen an, Ähren auszuraufen, und aßen.

12:1 En ce temps-là, Jésus traversa des champs de blé un jour de sabbat. Ses disciples, qui avaient faim, se mirent à arracher des épis et à manger.

The Gospel of Matthew

12:2 וַיִּרְאוּ הַפְּרוּשִׁים וַיֹּאמְרוּ לוֹ הִנֵּה תַּלְמִידֶיךָ עֹשִׂים אֵת אֲשֶׁר לֹא יֵעָשֶׂה בַּשַּׁבָּת:

12:2 Pharisaei autem videntes, dixerunt ei: Ecce discipuli tui faciunt quod non licet facere sabbatis.

12:2 Οἱ δὲ Φαρισαῖοι ἰδόντες εἶπον αὐτῷ, Ἰδού, οἱ μαθηταί σου ποιοῦσιν ὃ οὐκ ἔξεστιν ποιεῖν ἐν σαββάτῳ.

12:2 But the Pharisees, when they saw it, said to him, "Behold, your disciples do that which it is not lawful to do upon the Sabbath."

12:2 Da das die Pharisäer sahen, sprachen sie zu ihm: Siehe, deine Jünger tun, was sich nicht ziemt am Sabbat zu tun.

12:2 Les pharisiens, voyant cela, lui dirent: Voici, tes disciples font ce qu'il n'est pas permis de faire pendant le sabbat.

12:3 וַיֹּאמֶר אֲלֵיהֶם הֲלֹא קְרָאתֶם אֵת אֲשֶׁר עָשָׂה דָוִד כַּאֲשֶׁר רָעֵב הוּא וַאֲנָשָׁיו:

12:3 At ille dixit eis: Non legistis quid fecerit David, quando esuriit, et qui cum eo erant:

12:3 Ὁ δὲ εἶπεν αὐτοῖς, Οὐκ ἀνέγνωτε τί ἐποίησεν Δαυίδ, ὅτε ἐπείνασεν αὐτὸς καὶ οἱ μετ' αὐτοῦ·

12:3 But he said to them, "Have you not read what David did, when he was hungry, and those who were with him;

12:3 Er aber sprach zu ihnen: Habt ihr nicht gelesen, was David tat, da ihn und die mit ihm waren, hungerte?

12:3 Mais Jésus leur répondit: N'avez-vous pas lu ce que fit David, lorsqu'il eut faim, lui et ceux qui étaient avec lui;

12:4 אֲשֶׁר בָּא אֶל־בֵּית הָאֱלֹהִים וַיֹּאכַל אֶת־לֶחֶם הַפָּנִים אֲשֶׁר אֵינֶנּוּ מוּתָּר לוֹ וְלַאֲנָשָׁיו לֶאֱכֹל רַק לַכֹּהֲנִים לְבַדָּם:

12:4 quomodo intravit in domum Dei, et panes propositionis comedit, quos non licebat ei edere, neque his qui cum eo erant, nisi solis sacerdotibus?

12:4 πῶς εἰσῆλθεν εἰς τὸν οἶκον τοῦ θεοῦ, καὶ τοὺς ἄρτους τῆς προθέσεως ἔφαγεν, οὓς οὐκ ἐξὸν ἦν αὐτῷ φαγεῖν, οὐδὲ τοῖς μετ' αὐτοῦ, εἰ μὴ τοῖς ἱερεῦσιν μόνοις;

12:4 how he entered into the house of God and ate the showbread, which was neither lawful for him to eat, nor for those who were with him, but only for the priests?

12:4 wie er in das Gotteshaus ging und aß die Schaubrote, die ihm doch nicht ziemte zu essen noch denen, die mit ihm waren, sondern allein den Priestern?

12:4 comment il entra dans la maison de Dieu, et mangea les pains de proposition, qu'il ne lui était pas permis de manger, non plus qu'à ceux qui étaient avec lui, et qui étaient réservés aux sacrificateurs seuls?

12:5 וַהֲלֹא קְרָאתֶם בַּתּוֹרָה כִּי בַשַּׁבָּתוֹת יְחַלְּלוּ הַכֹּהֲנִים אֶת־הַשַּׁבָּת בַּמִּקְדָּשׁ וְאֵין לָהֶם עָוֹן:

12:5 aut non legistis in lege quia sabbatis sacerdotes in templo sabbatum violant, et sine crimine sunt?

12:5 Ἤ οὐκ ἀνέγνωτε ἐν τῷ νόμῳ, ὅτι τοῖς σάββασιν οἱ ἱερεῖς ἐν τῷ ἱερῷ τὸ σάββατον βεβηλοῦσιν, καὶ ἀναίτιοί εἰσιν;

12:5 Or have you not read in the law that on the Sabbath day the priests in the temple desecrate the Sabbath and are without guilt?

12:5 Oder habt ihr nicht gelesen im Gesetz, wie die Priester am Sabbat im Tempel den Sabbat brechen und sind doch ohne Schuld?

12:5 Ou, n'avez-vous pas lu dans la loi que, les jours de sabbat, les sacrificateurs violent le sabbat dans le temple, sans se rendre coupables?

12:6 וַאֲנִי אֹמֵר לָכֶם כִּי יֶשׁ־פֹּה גָּדוֹל מִן־הַמִּקְדָּשׁ:

12:6 Dico autem vobis, quia templo major est hic.

12:6 Λέγω δὲ ὑμῖν ὅτι τοῦ ἱεροῦ μεῖζόν ἐστιν ὧδε.

12:6 But I tell you that one greater than the temple is here.

12:6 Ich sage aber euch, daß hier der ist, der auch größer ist denn der Tempel.

12:6 Or, je vous le dis, il y a ici quelque chose de plus grand que le temple.

12:7 וְלוּ יְדַעְתֶּם מַה־הוּא שֶׁנֶּאֱמַר חֶסֶד חָפַצְתִּי וְלֹא זָבַח לֹא הִרְשַׁעְתֶּם אֶת הַנְּקִיִּם:

12:7 Si autem sciretis, quid est: Misericordiam volo, et non sacrificium: numquam condemnassetis innocentes:

12:7 Εἰ δὲ ἐγνώκειτε τί ἐστιν, Ἔλεον θέλω καὶ οὐ θυσίαν, οὐκ ἂν κατεδικάσατε τοὺς ἀναιτίους.

12:7 But if you had known what this means, 'I desire mercy and not sacrifice,' you would not have condemned the guiltless.

12:7 Wenn ihr aber wüßtet, was das sei: "Ich habe Wohlgefallen an der Barmherzigkeit und nicht am Opfer", hättet ihr die Unschuldigen nicht verdammt.

12:7 Si vous saviez ce que signifie: Je prends plaisir à la miséricorde, et non aux sacrifices, vous n'auriez pas condamné des innocents.

12:8 כִּי בֶן־הָאָדָם הוּא גַּם־אֲדוֹן הַשַּׁבָּת:

12:8 dominus enim est Filius hominis etiam sabbati.

12:8 Κύριος γάρ ἐστιν τοῦ σαββάτου ὁ υἱὸς τοῦ ἀνθρώπου.

12:8 For the Son of Man is lord of the Sabbath."

12:8 Des Menschen Sohn ist ein HERR auch über den Sabbat.

12:8 Car le Fils de l'homme est maître du sabbat.

12:9 וַיַּעֲבֹר מִשָּׁם אֶל־בֵּית הַכְּנֶסֶת שֶׁלָּהֶם:

12:9 Et cum inde transisset, venit in synagogam eorum.

12:9 Καὶ μεταβὰς ἐκεῖθεν ἦλθεν εἰς τὴν συναγωγὴν αὐτῶν.

12:9 And he departed from there and went into their synagogue

12:9 Und er ging von da weiter und kam in ihre Schule.

12:9 Étant parti de là, Jésus entra dans la synagogue.

The Gospel of Matthew

12:10 וְהִנֵּה־שָׁם אִישׁ וְיָדוֹ יְבֵשָׁה וַיִּשְׁאָלוּהוּ הֲמוּתָּר לִרְפֹּא בַּשַּׁבָּת לְמַעַן יִמְצְאוּ עָלָיו עֲלִילֹת דְּבָרִים:

12:10 Et ecce homo manum habens aridam, et interrogabant eum, dicentes: Si licet sabbatis curare? ut accusarent eum.

12:10 Καὶ ἰδού, ἄνθρωπος ἦν τὴν χεῖρα ἔχων ξηράν· καὶ ἐπηρώτησαν αὐτόν, λέγοντες, Εἰ ἔξεστιν τοῖς σάββασιν θεραπεύειν; ἵνα κατηγορήσωσιν αὐτοῦ.

12:10 and behold, there was a man who had a withered hand. And they asked him saying, "Is it lawful to heal on the Sabbath day?" so that they might accuse him.

12:10 Und siehe, da war ein Mensch, der hatte eine verdorrte Hand. Und sie fragten ihn und sprachen: Ist's auch recht, am Sabbat heilen? auf daß sie eine Sache gegen ihn hätten.

12:10 Et voici, il s'y trouvait un homme qui avait la main sèche. Ils demandèrent à Jésus: Est-il permis de faire une guérison les jours de sabbat? C'était afin de pouvoir l'accuser.

12:11 וַיֹּאמֶר אֲלֵיהֶם הַיֵּשׁ בָּכֶם אָדָם אֲשֶׁר־לוֹ כֶּבֶשׁ אֶחָד וְנָפַל בְּבוֹר בַּשַּׁבָּת וְלֹא־יַחֲזִיק בּוֹ וְיַעֲלֶנּוּ:

12:11 Ipse autem dixit illis: Quis erit ex vobis homo, qui habeat ovem unam, et si ceciderit haec sabbatis in foveam, nonne tenebit et levabit eam?

12:11 Ὁ δὲ εἶπεν αὐτοῖς, Τίς ἔσται ἐξ ὑμῶν ἄνθρωπος, ὃς ἕξει πρόβατον ἕν, καὶ ἐὰν ἐμπέσῃ τοῦτο τοῖς σάββασιν εἰς βόθυνον, οὐχὶ κρατήσει αὐτὸ καὶ ἐγερεῖ;

12:11 And he said to them, "What man shall there be of you, that shall have one sheep, and if this fall into a pit on the Sabbath day, will he not lay hold on it, and lift it out?

12:11 Aber er sprach zu ihnen: Wer ist unter euch, so er ein Schaf hat, das ihm am Sabbat in eine Grube fällt, der es nicht ergreife und aufhebe?

12:11 Il leur répondit: Lequel d'entre vous, s'il n'a qu'une brebis et qu'elle tombe dans une fosse le jour du sabbat, ne la saisira pour l'en retirer?

12:12 וּמַה־יָּקָר אָדָם מִן־הַכֶּבֶשׂ לָכֵן מוּתָּר לַעֲשׂוֹת טוֹבָה בַּשַּׁבָּת:

12:12 Quanto magis melior est homo ove? itaque licet sabbatis benefacere.

12:12 Πόσῳ οὖν διαφέρει ἄνθρωπος προβάτου. Ὥστε ἔξεστιν τοῖς σάββασιν καλῶς ποιεῖν.

12:12 How much then is a man of more value than a sheep! Therefore, it is lawful to do good on the Sabbath day.

12:12 Wie viel besser ist nun ein Mensch denn ein Schaf! Darum mag man wohl am Sabbat Gutes tun.

12:12 Combien un homme ne vaut-il pas plus qu'une brebis! Il est donc permis de faire du bien les jours de sabbat.

12:13 וַיֹּאמֶר אֶל־הָאִישׁ פְּשֹׁט אֶת־יָדְךָ וַיִּפְשֹׁט אֹתָהּ וַתֵּרָפֵא וַתָּשָׁב כְּיָדוֹ הָאַחֶרֶת:

12:13 Tunc ait homini: Extende manum tuam. Et extendit, et restituta est sanitati sicut altera.

12:13 Τότε λέγει τῷ ἀνθρώπῳ, Ἔκτεινον τὴν χεῖρά σου. Καὶ ἐξέτεινεν, καὶ ἀποκατεστάθη ὑγιὴς ὡς ἡ ἄλλη.

12:13 Then said he to the man, Stretch forth your hand. And he stretched it forth; and it was restored whole, as the other.

12:13 Da sprach er zu dem Menschen: Strecke deine Hand aus! Und er streckte sie aus; und sie ward ihm wieder gesund gleichwie die andere.

12:13 Alors il dit à l'homme: Étends ta main. Il l'étendit, et elle devint saine comme l'autre.

12:14 וַיֵּצְאוּ הַפְּרוּשִׁים וַיִּתְיָעֲצוּ עָלָיו לְאַבְּדוֹ:

12:14 Exeuntes autem pharisaei, consilium faciebant adversus eum, quomodo perderent eum.

12:14 Οἱ δὲ Φαρισαῖοι συμβούλιον ἔλαβον κατ' αὐτοῦ ἐξελθόντες, ὅπως αὐτὸν ἀπολέσωσιν.

12:14 But the Pharisees went out, and took counsel against him, how they might destroy him.

12:14 Da gingen die Pharisäer hinaus und hielten einen Rat über ihn, wie sie ihn umbrächten.

12:14 Les pharisiens sortirent, et ils se consultèrent sur les moyens de le faire périr.

12:15 וַיֵּדַע יֵשׁוּעַ וַיָּסַר מִשָּׁם וַיֵּלֶךְ אַחֲרָיו הָמוֹן עַם רָב וַיִּרְפָּאֵם כֻּלָּם:

12:15 Jesus autem sciens recessit inde: et secuti sunt eum multi, et curavit eos omnes:

12:15 Ὁ δὲ Ἰησοῦς γνοὺς ἀνεχώρησεν ἐκεῖθεν· καὶ ἠκολούθησαν αὐτῷ ὄχλοι πολλοί, καὶ ἐθεράπευσεν αὐτοὺς πάντας,

12:15 And Jesus perceiving *it* withdrew from there: and many followed him; and he healed them all,

12:15 Aber da Jesus das erfuhr, wich er von dannen. Und ihm folgte viel Volks nach, und er heilte sie alle

12:15 Mais Jésus, l'ayant su, s'éloigna de ce lieu. Une grande foule le suivit. Il guérit tous les malades,

12:16 וַיִּגְעַר בָּם וַיְצַו עֲלֵיהֶם שֶׁלֹּא יְגַלּוּהוּ:

12:16 et praecepit eis ne manifestum eum facerent.

12:16 καὶ ἐπετίμησεν αὐτοῖς, ἵνα μὴ φανερὸν αὐτὸν ποιήσωσιν·

12:16 and commanded them that they should not make him known

12:16 und bedrohte sie, daß sie ihn nicht meldeten,

12:16 et il leur recommanda sévèrement de ne pas le faire connaître,

12:17 לְמַלֹּאת אֵת אֲשֶׁר דִּבֶּר יְשַׁעְיָהוּ הַנָּבִיא לֵאמֹר:

12:17 Ut adimpleretur quod dictum est per Isaiam prophetam, dicentem:

12:17 ὅπως πληρωθῇ τὸ ῥηθὲν διὰ Ἡσαΐου τοῦ προφήτου, λέγοντος,

12:17 so that it might be fulfilled which was spoken through Isaiah the prophet, saying,

12:17 auf das erfüllet würde, was gesagt ist von dem Propheten Jesaja, der da spricht:

12:17 afin que s'accomplît ce qui avait été annoncé par Ésaïe, le prophète:

12:18 הֵן עַבְדִּי בָּחַרְתִּי בוֹ יְדִידִי רָצְתָה נַפְשִׁי נָתַתִּי רוּחִי עָלָיו וּמִשְׁפָּט לַגּוֹיִם יוֹצִיא:

12:18 *Ecce puer meus, quem elegi, dilectus meus, in quo bene complacuit animae meae. Ponam spiritum meum super eum, et judicium gentibus nuntiabit.*

12:18 Ἰδού, ὁ παῖς μου ὃν ᾑρέτισα· ὁ ἀγαπητός μου εἰς ὃν εὐδόκησεν ἡ ψυχή μου· θήσω τὸ πνεῦμά μου ἐπ' αὐτόν, καὶ κρίσιν τοῖς ἔθνεσιν ἀπαγγελεῖ.

12:18 "Behold, my servant whom I have chosen, my beloved in whom my soul is well pleased; I will put my Spirit upon him, and he shall declare judgment to the Gentiles.

12:18 "Siehe, das ist mein Knecht, den ich erwählt habe, und mein Liebster, an dem meine Seele Wohlgefallen hat; Ich will meinen Geist auf ihn legen, und er soll den Heiden das Gericht verkünden.

12:18 Voici mon serviteur que j'ai choisi, Mon bien-aimé en qui mon âme a pris plaisir. Je mettrai mon Esprit sur lui, Et il annoncera la justice aux nations.

12:19 לֹא יִצְעַק וְלֹא יִשָּׂא וְלֹא יַשְׁמִיעַ בַּחוּץ קוֹלוֹ:

12:19 *Non contendet, neque clamabit, neque audiet aliquis in plateis vocem ejus:*

12:19 Οὐκ ἐρίσει, οὐδὲ κραυγάσει· οὐδὲ ἀκούσει τις ἐν ταῖς πλατείαις τὴν φωνὴν αὐτοῦ.

12:19 He shall not strive, nor cry aloud; neither shall anyone hear his voice in the streets.

12:19 Er wird nicht zanken noch schreien, und man wird sein Geschrei nicht hören auf den Gassen;

12:19 Il ne contestera point, il ne criera point, Et personne n'entendra sa voix dans les rues.

12:20 קָנֶה רָצוּץ לֹא יִשְׁבּוֹר וּפִשְׁתָּה כֵהָה לֹא יְכַבֶּנָּה עַד־יוֹצִיא לָנֶצַח מִשְׁפָּט:

12:20 *arundinem quassatam non confringet, et linum fumigans non extinguet, donec ejiciat ad victoriam judicium:*

12:20 Κάλαμον συντετριμμένον οὐ κατεάξει, καὶ λίνον τυφόμενον οὐ σβέσει· ἕως ἂν ἐκβάλῃ εἰς νῖκος τὴν κρίσιν.

12:20 A bruised reed shall he not break and smoking flax shall he not quench until he sends forth judgment to victory.

12:20 das zerstoßene Rohr wird er nicht zerbrechen, und den glimmenden Docht wird er nicht auslöschen, bis daß er ausführe das Gericht zum Sieg;

12:20 Il ne brisera point le roseau cassé, Et il n'éteindra point le lumignon qui fume, Jusqu'à ce qu'il ait fait triompher la justice.

12:21 וְלִשְׁמוֹ גּוֹיִם יְיַחֵלוּ:

12:21 *et in nomine ejus gentes sperabunt.*

12:21 Καὶ τῷ ὀνόματι αὐτοῦ ἔθνη ἐλπιοῦσιν.

12:21 And in his name shall the Gentiles hope."

12:21 und die Heiden werden auf seinen Namen hoffen."

12:21 Et les nations espéreront en son nom.

The Gospel of Matthew

12:22 אָז הוּבָא אֵלָיו אִישׁ עִוֵּר וְאִלֵּם אֲשֶׁר אֲחָזוֹ שֵׁד וַיִּרְפָּאֵהוּ וַיְדַבֵּר הָאִלֵּם וְגַם רָאָה:

12:22 Tunc oblatus est ei daemonium habens, caecus, et mutus, et curavit eum ita ut loqueretur, et videret.

12:22 Τότε προσηνέχθη αὐτῷ δαιμονιζόμενος, τυφλὸς καὶ κωφός· καὶ ἐθεράπευσεν αὐτόν, ὥστε τὸν τυφλὸν καὶ κωφὸν καὶ λαλεῖν καὶ βλέπειν.

12:22 Then was brought to him one possessed with a demon, blind and dumb; and he healed him, so much that the dumb man spoke and saw.

12:22 Da ward ein Besessener zu ihm gebracht, der ward blind und stumm; und er heilte ihn, also daß der Blinde und Stumme redete und sah.

12:22 Alors on lui amena un démoniaque aveugle et muet, et il le guérit, de sorte que le muet parlait et voyait.

12:23 וַיִּתְמְהוּ כָּל־הֲמוֹן הָעָם וַיֹּאמְרוּ הֲכִי זֶה בֶּן־דָּוִד:

12:23 Et stupebant omnes turbae, et dicebant: Numquid hic est filius David?

12:23 Καὶ ἐξίσταντο πάντες οἱ ὄχλοι καὶ ἔλεγον, Μήτι οὗτός ἐστιν ὁ υἱὸς Δαυίδ;

12:23 And all the multitudes were amazed and said, "Can this be the Son of David?

12:23 Und alles Volk entsetzte sich und sprach: Ist dieser nicht Davids Sohn?

12:23 Toute la foule étonnée disait: N'est-ce point là le Fils de David?

12:24 וַיִּשְׁמְעוּ הַפְּרוּשִׁים וַיֹּאמְרוּ אֵין זֶה מְגָרֵשׁ אֶת־הַשֵּׁדִים כִּי אִם־עַל־יְדֵי בַּעַל זְבוּל שַׂר הַשֵּׁדִים:

12:24 Pharisaei autem audientes, dixerunt: Hic non ejicit daemones nisi in Beelzebub principe daemoniorum.

12:24 Οἱ δὲ Φαρισαῖοι ἀκούσαντες εἶπον, Οὗτος οὐκ ἐκβάλλει τὰ δαιμόνια, εἰ μὴ ἐν τῷ Βεελζεβοὺλ ἄρχοντι τῶν δαιμονίων.

12:24 But when the Pharisees heard it, they said, "This man does not cast out demons, but by Beelzebub the Prince of the Demons."

12:24 Aber die Pharisäer, da sie es hörten, sprachen sie: Er treibt die Teufel nicht anders aus denn durch Beelzebub, der Teufel Obersten.

12:24 Les pharisiens, ayant entendu cela, dirent: Cet homme ne chasse les démons que par Béelzébul, prince des démons.

12:25 וַיֵּשׁוּעַ יָדַע אֶת־מַחְשְׁבוֹתָם וַיֹּאמֶר אֲלֵיהֶם כָּל־מַמְלָכָה הַנֶּחֱלָקָה עַל־עַצְמָהּ תֶּחֱרָב וְכָל־עִיר וָבַיִת הַנֶּחֱלָקִים עַל־עַצְמָם לֹא יִכּוֹנוּ:

12:25 Jesus autem sciens cogitationes eorum, dixit eis: Omne regnum divisum contra se desolabitur: et omnis civitas vel domus divisa contra se, non stabit.

12:25 Εἰδὼς δὲ ὁ Ἰησοῦς τὰς ἐνθυμήσεις αὐτῶν εἶπεν αὐτοῖς, Πᾶσα βασιλεία μερισθεῖσα καθ' ἑαυτῆς ἐρημοῦται· καὶ πᾶσα πόλις ἢ οἰκία μερισθεῖσα καθ' ἑαυτῆς οὐ σταθήσεται.

12:25 And knowing their thoughts he said to them, "Every kingdom divided against itself is brought to desolation; and every city or house divided against itself shall not stand;

12:25 Jesus kannte aber ihre Gedanken und sprach zu ihnen: Ein jegliches Reich, so es mit sich selbst uneins wird, das wird wüst; und eine jegliche Stadt oder Haus, so es mit sich selbst uneins wird, kann's nicht bestehen.

12:25 Comme Jésus connaissait leurs pensées, il leur dit: Tout royaume divisé contre lui-même est dévasté, et toute ville ou maison divisée contre elle-même ne peut subsister.

12:26 וְהַשָּׂטָן אִם־יְגָרֵשׁ אֶת־הַשָּׂטָן נֶחֱלָק עַל־עַצְמוֹ וְאֵיכָכָה תִכּוֹן מַמְלַכְתּוֹ:

12:26 Et si Satanas Satanam ejicit, adversus se divisus est: quomodo ergo stabit regnum ejus?

12:26 Καὶ εἰ ὁ Σατανᾶς τὸν Σατανᾶν ἐκβάλλει, ἐφ' ἑαυτὸν ἐμερίσθη· πῶς οὖν σταθήσεται ἡ βασιλεία αὐτοῦ;

12:26 and if Satan casts out Satan, he is divided against himself; how then shall his kingdom stand?

12:26 So denn ein Satan den andern austreibt, so muß er mit sich selbst uneins sein; wie kann denn sein Reich bestehen?

12:26 Si Satan chasse Satan, il est divisé contre lui-même; comment donc son royaume subsistera-t-il?

12:27 וְאִם־אֲנִי מְגָרֵשׁ אֶת־הַשֵּׁדִים בְּבַעַל־זְבוּל בְּנֵיכֶם בְּמִי יְגָרְשׁוּ אֹתָם עַל־כֵּן הֵמָּה יִהְיוּ שֹׁפְטֵיכֶם:

12:27 Et si ego in Beelzebub ejicio daemones, filii vestri in quo ejiciunt? ideo ipsi judices vestri erunt.

12:27 Καὶ εἰ ἐγὼ ἐν Βεελζεβοὺλ ἐκβάλλω τὰ δαιμόνια, οἱ υἱοὶ ὑμῶν ἐν τίνι ἐκβάλλουσιν; Διὰ τοῦτο αὐτοὶ ὑμῶν ἔσονται κριταί.

12:27 And if I, by Beelzebub, cast out demons, by whom do your sons cast them out? Therefore they shall be your judges.

12:27 So ich aber die Teufel durch Beelzebub austreibe, durch wen treiben sie eure Kinder aus? Darum werden sie eure Richter sein.

12:27 Et si moi, je chasse les démons par Béelzébul, vos fils, par qui les chassent-ils? C'est pourquoi ils seront eux-mêmes vos juges.

12:28 וְאִם בְּרוּחַ אֱלֹהִים אֲנִי מְגָרֵשׁ אֶת־הַשֵּׁדִים הִנֵּה הִגִּיעָה אֲלֵיכֶם מַלְכוּת הָאֱלֹהִים:

12:28 Si autem ego in Spiritu Dei ejicio daemones, igitur pervenit in vos regnum Dei.

12:28 Εἰ δὲ ἐν πνεύματι θεοῦ ἐγὼ ἐκβάλλω τὰ δαιμόνια, ἄρα ἔφθασεν ἐφ' ὑμᾶς ἡ βασιλεία τοῦ θεοῦ.

12:28 But if I, by the Spirit of God, cast out demons, then the Kingdom of God has come upon you.

12:28 So ich aber die Teufel durch den Geist Gottes austreibe, so ist ja das Reich Gottes zu euch gekommen.

12:28 Mais, si c'est par l'Esprit de Dieu que je chasse les démons, le royaume de Dieu est donc venu vers vous.

12:29 אוֹ אֵיךְ יוּכַל אִישׁ לָבוֹא לְבֵית הַגִּבּוֹר וְלִגְזֹל אֶת־כֵּלָיו אִם־לֹא יֶאֱסֹר בָּרִאשׁוֹנָה אֶת־הַגִּבּוֹר וְאַחַר יְשַׁסֶּה אֶת־בֵּיתוֹ:

12:29 Aut quomodo potest quisquam intrare in domum fortis, et vasa ejus diripere, nisi prius alligaverit fortem? et tunc domum illius diripiet.

12:29 Ἢ πῶς δύναταί τις εἰσελθεῖν εἰς τὴν οἰκίαν τοῦ ἰσχυροῦ καὶ τὰ σκεύη αὐτοῦ διαρπάσαι, ἐὰν μὴ πρῶτον δήσῃ τὸν ἰσχυρόν; Καὶ τότε τὴν οἰκίαν αὐτοῦ διαρπάσει.

12:29 Or how can one enter into the house of the strong man and spoil his goods unless he first bind the strong man? And then he will spoil his house.

12:29 Oder wie kann jemand in eines Starken Haus gehen und ihm seinen Hausrat rauben, es sei denn, daß er zuvor den Starken binde und alsdann ihm sein Haus beraube?

12:29 Ou, comment quelqu'un peut-il entrer dans la maison d'un homme fort et piller ses biens, sans avoir auparavant lié cet homme fort? Alors seulement il pillera sa maison.

12:30 כָּל אֲשֶׁר אֵינֶנּוּ אִתִּי הוּא לְנֶגְדִּי וַאֲשֶׁר אֵינֶנּוּ מְכַנֵּס אִתִּי הוּא מְפַזֵּר:

12:30 Qui non est mecum, contra me est; et qui non congregat mihi, spargit.

12:30 Ὁ μὴ ὢν μετ' ἐμοῦ, κατ' ἐμοῦ ἐστιν, καὶ ὁ μὴ συνάγων μετ' ἐμοῦ, σκορπίζει.

12:30 He who is not with me is against me and he who does not gather with me scatters.

12:30 Wer nicht mit mir ist, der ist wider mich; und wer nicht mit mir sammelt, der zerstreut.

12:30 Celui qui n'est pas avec moi est contre moi, et celui qui n'assemble pas avec moi disperse.

12:31 עַל־כֵּן אֲנִי אֹמֵר לָכֶם כָּל־חֵטְא וְגִדּוּף יִסָּלַח לָאָדָם אַךְ־גִּדּוּף הָרוּחַ לֹא יִסָּלַח לָאָדָם:

12:31 Ideo dico vobis: Omne peccatum et blasphemia remittetur hominibus, Spiritus autem blasphemia non remittetur.

12:31 Διὰ τοῦτο λέγω ὑμῖν, Πᾶσα ἁμαρτία καὶ βλασφημία ἀφεθήσεται τοῖς ἀνθρώποις· ἡ δὲ τοῦ πνεύματος βλασφημία οὐκ ἀφεθήσεται τοῖς ἀνθρώποις.

12:31 Therefore I say to you, every sin and blasphemy shall be forgiven to men; but the blasphemy against the Spirit shall not be forgiven.

12:31 Darum sage ich euch: Alle Sünde und Lästerung wird den Menschen vergeben; aber die Lästerung wider den Geist wird den Menschen nicht vergeben.

12:31 C'est pourquoi je vous dis: Tout péché et tout blasphème sera pardonné aux hommes, mais le blasphème contre l'Esprit ne sera point pardonné.

12:32 וְכֹל אֲשֶׁר יְדַבֵּר דְּבַר חֶרְפָּה בְּבֶן־הָאָדָם יִסָּלַח לוֹ וְהַמְחָרֵף אֶת־רוּחַ הַקֹּדֶשׁ לֹא יִסָּלַח לוֹ לֹא־בָעוֹלָם הַזֶּה וְלֹא־לָעוֹלָם הַבָּא:

12:32 Et quicumque dixerit verbum contra Filium hominis, remittetur ei: qui autem dixerit contra Spiritum Sanctum, non remittetur ei, neque in hoc saeculo, neque in futuro.

12:32 Καὶ ὃς ἐὰν εἴπῃ λόγον κατὰ τοῦ υἱοῦ τοῦ ἀνθρώπου, ἀφεθήσεται αὐτῷ· ὃς δ' ἂν εἴπῃ κατὰ τοῦ πνεύματος τοῦ ἁγίου, οὐκ ἀφεθήσεται αὐτῷ, οὔτε ἐν τῷ νῦν αἰῶνι οὔτε ἐν τῷ μέλλοντι.

12:32 And whoever shall speak a word against the Son of man, it shall be forgiven him; but whoever shall speak against the Holy Spirit, it shall not be forgiven him, neither in this world, nor in that which is to come.

12:32 Und wer etwas redet wider des Menschen Sohn, dem wird es vergeben; aber wer etwas redet wider den Heiligen Geist, dem wird's nicht vergeben, weder in dieser noch in jener Welt.

12:32 Quiconque parlera contre le Fils de l'homme, il lui sera pardonné; mais quiconque parlera contre le Saint-Esprit, il ne lui sera pardonné ni dans ce siècle ni dans le siècle à venir.

12:33 אִמְרוּ לָעֵץ טוֹב וּלְפִרְיוֹ טוֹב אוֹ אִמְרוּ לָעֵץ נִשְׁחָת וּלְפִרְיוֹ נִשְׁחָת כִּי בְּפִרְיוֹ נִכָּר הָעֵץ:

12:33 Aut facite arborem bonam, et fructum ejus bonum: aut facite arborem malam, et fructum ejus malum: siquidem ex fructu arbor agnoscitur.

12:33 Ἢ ποιήσατε τὸ δένδρον καλόν, καὶ τὸν καρπὸν αὐτοῦ καλόν, ἢ ποιήσατε τὸ δένδρον σαπρόν, καὶ τὸν καρπὸν αὐτοῦ σαπρόν· ἐκ γὰρ τοῦ καρποῦ τὸ δένδρον γινώσκεται.

12:33 Either make the tree good, and its fruit good; or make the tree corrupt, and its fruit corrupt, for the tree is known by its fruit.

12:33 Setzt entweder einen guten Baum, so wird die Frucht gut; oder setzt einen faulen Baum, so wird die Frucht faul. Denn an der Frucht erkennt man den Baum.

12:33 Ou dites que l'arbre est bon et que son fruit est bon, ou dites que l'arbre est mauvais et que son fruit est mauvais; car on connaît l'arbre par le fruit.

12:34 יַלְדֵי צִפְעוֹנִים אֵיכָה תוּכְלוּ לְדַבֵּר טוֹב וְאַתֶּם רָעִים כִּי־מִשִּׁפְעַת הַלֵּב יְדַבֵּר הַפֶּה:

12:34 Progenies viperarum, quomodo potestis bona loqui, cum sitis mali? ex abundantia enim cordis os loquitur.

12:34 Γεννήματα ἐχιδνῶν, πῶς δύνασθε ἀγαθὰ λαλεῖν, πονηροὶ ὄντες; Ἐκ γὰρ τοῦ περισσεύματος τῆς καρδίας τὸ στόμα λαλεῖ.

12:34 You offspring of vipers, how can you, being evil, speak good things? For out of the overflow of the heart the mouth speaks.

12:34 Ihr Otterngezüchte, wie könnt ihr Gutes reden, dieweil ihr böse seid? Wes das Herz voll ist, des geht der Mund über.

12:34 Races de vipères, comment pourriez-vous dire de bonnes choses, méchants comme vous l'êtes? Car c'est de l'abondance du coeur que la bouche parle.

12:35 אִישׁ טוֹב מֵאוֹצַר לִבּוֹ הַטּוֹב מוֹצִיא אֶת־הַטּוֹב וְאִישׁ רָע מֵאוֹצַר הָרָע מוֹצִיא רָע:

12:35 Bonus homo de bono thesauro profert bona: et malus homo de malo thesauro profert mala.

12:35 Ὁ ἀγαθὸς ἄνθρωπος ἐκ τοῦ ἀγαθοῦ θησαυροῦ ἐκβάλλει ἀγαθά· καὶ ὁ πονηρὸς ἄνθρωπος ἐκ τοῦ πονηροῦ θησαυροῦ ἐκβάλλει πονηρά.

12:35 The good man out of his good treasure brings forth good things and the evil man out of his evil treasure brings forth evil things.

12:35 Ein guter Mensch bringt Gutes hervor aus seinem guten Schatz des Herzens; und ein böser Mensch bringt Böses hervor aus seinem bösen Schatz.

12:35 L'homme bon tire de bonnes choses de son bon trésor, et l'homme méchant tire de mauvaises choses de son mauvais trésor.

12:36 וַאֲנִי אֹמֵר לָכֶם כָּל־מִלָּה בְטֵלָה אֲשֶׁר יְדַבְּרוּ בְּנֵי הָאָדָם יִתְּנוּ עָלֶיהָ חֶשְׁבּוֹן בְּיוֹם הַדִּין:

12:36 Dico autem vobis quoniam omne verbum otiosum, quod locuti fuerint homines, reddent rationem de eo in die judicii.

12:36 Λέγω δὲ ὑμῖν, ὅτι πᾶν ῥῆμα ἀργόν, ὃ ἐὰν λαλήσωσιν οἱ ἄνθρωποι, ἀποδώσουσιν περὶ αὐτοῦ λόγον ἐν ἡμέρᾳ κρίσεως.

12:36 And I say to you, that every idle word that men shall speak, they shall give account of that place in the day of judgment.

12:36 Ich sage euch aber, daß die Menschen müssen Rechenschaft geben am Jüngsten Gericht von einem jeglichen unnützen Wort, das sie geredet haben.

12:36 Je vous le dis: au jour du jugement, les hommes rendront compte de toute parole vaine qu 'ils auront proférée.

12:37 כִּי מִדְּבָרֶיךָ תִּצָּדֵק וּמִדְּבָרֶיךָ תְּחוּיָב:

12:37 Ex verbis enim tuis justificaberis et ex verbis tuis condemnaberis.

12:37 Ἐκ γὰρ τῶν λόγων σου δικαιωθήσῃ, καὶ ἐκ τῶν λόγων σου καταδικασθήσῃ.

12:37 For by your words you shall be justified and by your words you shall be condemned."

12:37 Aus deinen Worten wirst du gerechtfertigt werden, und aus deinen Worten wirst du verdammt werden.

12:37 Car par tes paroles tu seras justifié, et par tes paroles tu seras condamné.

12:38 וַיַּעֲנוּ אֲנָשִׁים מִן־הַסּוֹפְרִים וְהַפְּרוּשִׁים וַיֹּאמְרוּ רַבִּי חָפַצְנוּ לִרְאוֹת אוֹת עַל־יָדֶךָ:

12:38 Tunc responderunt ei quidam de scribis et pharisaeis, dicentes: Magister, volumus a te signum videre.

12:38 Τότε ἀπεκρίθησάν τινες τῶν γραμματέων καὶ Φαρισαίων, λέγοντες, Διδάσκαλε, θέλομεν ἀπὸ σοῦ σημεῖον ἰδεῖν.

12:38 Then certain of the scribes and Pharisees answered him, saying, "Teacher, we want to see a sign from you."

12:38 Da antworteten etliche unter den Schriftgelehrten und Pharisäern und sprachen: Meister, wir wollten gern ein Zeichen von dir sehen.

12:38 Alors quelques-uns des scribes et des pharisiens prirent la parole, et dirent: Maître, nous voudrions te voir faire un miracle.

12:39 וַיַּעַן וַיֹּאמֶר אֲלֵיהֶם דּוֹר רָע וּמְנָאֵף מְבַקֶּשׁ־לוֹ אוֹת וְאוֹת לֹא יִנָּתֶן־לוֹ בִּלְתִּי אִם־אוֹת יוֹנָה הַנָּבִיא:

12:39 Qui respondens ait illis: Generatio mala et adultera signum quaerit: et signum non dabitur ei, nisi signum Jonae prophetae.

12:39 Ὁ δὲ ἀποκριθεὶς εἶπεν αὐτοῖς, Γενεὰ πονηρὰ καὶ μοιχαλὶς σημεῖον ἐπιζητεῖ· καὶ σημεῖον οὐ δοθήσεται αὐτῇ, εἰ μὴ τὸ σημεῖον Ἰωνᾶ τοῦ προφήτου.

12:39 But he answered and said back to them, "An evil and adulterous generation seeks after a sign; and there shall no sign be given it but the sign of Jonah the prophet,

12:39 Und er antwortete und sprach zu ihnen: Die böse und ehebrecherische Art sucht ein Zeichen; und es wird ihr kein Zeichen gegeben werden denn das Zeichen des Propheten Jona.

12:39 Il leur répondit: Une génération méchante et adultère demande un miracle; il ne lui sera donné d'autre miracle que celui du prophète Jonas.

12:40 כִּי כַּאֲשֶׁר הָיָה יוֹנָה בִּמְעֵי הַדָּג שְׁלֹשָׁה יָמִים וּשְׁלֹשָׁה לֵילוֹת כֵּן יִהְיֶה בֶן־הָאָדָם בְּלֵב הָאֲדָמָה שְׁלֹשָׁה יָמִים וּשְׁלֹשָׁה לֵילוֹת:

12:40 Sicut enim fuit Jonas in ventre ceti tribus diebus, et tribus noctibus, sic erit Filius hominis in corde terrae tribus diebus et tribus noctibus.

12:40 Ὥσπερ γὰρ ἦν Ἰωνᾶς ἐν τῇ κοιλίᾳ τοῦ κήτους τρεῖς ἡμέρας καὶ τρεῖς νύκτας, οὕτως ἔσται ὁ υἱὸς τοῦ ἀνθρώπου ἐν τῇ καρδίᾳ τῆς γῆς τρεῖς ἡμέρας καὶ τρεῖς νύκτας.

12:40 for as Jonah was three days and three nights in the belly of the whale, so shall the Son of Man be three days and three nights in the heart of the earth.

12:40 Denn gleichwie Jona war drei Tage und drei Nächte in des Walfisches Bauch, also wird des Menschen Sohn drei Tage und drei Nächte mitten in der Erde sein.

12:40 Car, de même que Jonas fut trois jours et trois nuits dans le ventre d'un grand poisson, de même le Fils de l'homme sera trois jours et trois nuits dans le sein de la terre.

12:41 אַנְשֵׁי נִינְוֵה יַעַמְדוּ לַמִּשְׁפָּט עִם־הַדּוֹר הַזֶּה וְיַרְשִׁיעוּהוּ כִּי הֵם שָׁבוּ בִּקְרִיאַת יוֹנָה וְהִנֵּה־פֹּה גָּדוֹל מִיּוֹנָה:

12:41 Viri Ninivitae surgent in judicio cum generatione ista, et condemnabunt eam: quia poenitentiam egerunt in praedicatione Jonae, et ecce plus quam Jonas hic.

12:41 Ἄνδρες Νινευῖται ἀναστήσονται ἐν τῇ κρίσει μετὰ τῆς γενεᾶς ταύτης καὶ κατακρινοῦσιν αὐτήν· ὅτι μετενόησαν εἰς τὸ κήρυγμα Ἰωνᾶ· καὶ ἰδού, πλεῖον Ἰωνᾶ ὧδε.

12:41 The men of Nineveh shall stand up in the judgment with this generation and shall condemn it, for they repented at the preaching of Jonah; and behold, a greater one than Jonah is here.

12:41 Die Leute von Ninive werden auftreten am Jüngsten Gericht mit diesem Geschlecht und werden es verdammen; denn sie taten Buße nach der Predigt des Jona. Und siehe, hier ist mehr denn Jona.

12:41 Les hommes de Ninive se lèveront, au jour du jugement, avec cette génération et la condamneront, parce qu'ils se repentirent à la prédication de Jonas; et voici, il y a ici plus que Jonas.

The Gospel of Matthew

12:42 מַלְכַּת תֵּימָן תַּעֲמֹד לְמִשְׁפָּט עִם־הַדּוֹר הַזֶּה וְתַרְשִׁיעֶנּוּ כִּי בָאָה מִקְצוֹת הָאָרֶץ לִשְׁמֹעַ אֶת־חָכְמַת שְׁלֹמֹה וְהִנֵּה־פֹה גָּדוֹל מִשְּׁלֹמֹה:

12:42 Regina austri surget in judicio cum generatione ista, et condemnabit eam: quia venit a finibus terrae audire sapientiam Salomonis, et ecce plus quam Salomon hic.

12:42 Βασίλισσα νότου ἐγερθήσεται ἐν τῇ κρίσει μετὰ τῆς γενεᾶς ταύτης καὶ κατακρινεῖ αὐτήν· ὅτι ἦλθεν ἐκ τῶν περάτων τῆς γῆς ἀκοῦσαι τὴν σοφίαν Σολομῶνος· καὶ ἰδού, πλεῖον Σολομῶνος ὧδε.

12:42 The Queen of the South shall rise up in the judgment with this generation, and shall condemn it, for she came from the ends of the earth to hear the wisdom of Solomon; and behold, a greater one than Solomon is here.

12:42 Die Königin von Mittag wird auftreten am Jüngsten Gericht mit diesem Geschlecht und wird es verdammen; denn sie kam vom Ende der Erde, Salomons Weisheit zu hören. Und siehe, hier ist mehr denn Salomo.

12:42 La reine du Midi se lèvera, au jour du jugement, avec cette génération et la condamnera, parce qu'elle vint des extrémités de la terre pour entendre la sagesse de Salomon, et voici, il y a ici plus que Salomon.

12:43 וְהָרוּחַ הַטְּמֵאָה אַחֲרֵי צֵאתָהּ מִן־הָאָדָם תְּשׁוֹטֵט בִּמְקֹמוֹת צִיָּה לְבַקֶּשׁ־לָהּ מָנוֹחַ וְלֹא תִמְצָא:

12:43 Cum autem immundus spiritus exierit ab homine, ambulat per loca arida, quaerens requiem, et non invenit.

12:43 Ὅταν δὲ τὸ ἀκάθαρτον πνεῦμα ἐξέλθῃ ἀπὸ τοῦ ἀνθρώπου, διέρχεται δι' ἀνύδρων τόπων, ζητοῦν ἀνάπαυσιν, καὶ οὐχ εὑρίσκει.

12:43 But the unclean spirit, when he is gone out of the man, passes through waterless places, seeking rest, and finds it not.

12:43 Wenn der unsaubere Geist von dem Menschen ausgefahren ist, so durchwandelt er dürre Stätten, sucht Ruhe, und findet sie nicht.

12:43 Lorsque l'esprit impur est sorti d'un homme, il va par des lieux arides, cherchant du repos, et il n'en trouve point.

12:44 אָז תֹּאמַר אָשׁוּבָה אֶל־בֵּיתִי אֲשֶׁר יָצָאתִי מִשָּׁם וּבָאָה וּמְצָאָה אֹתוֹ מְפֻנֶּה וּמְטוּאטָא וּמְהֻדָּר:

12:44 Tunc dicit: Revertar in domum meam, unde exivi. Et veniens invenit eam vacantem, scopis mundatam, et ornatam.

12:44 Τότε λέγει, Ἐπιστρέψω εἰς τὸν οἶκόν μου ὅθεν ἐξῆλθον· καὶ ἐλθὸν εὑρίσκει σχολάζοντα, σεσαρωμένον, καὶ κεκοσμημένον.

12:44 Then he says, 'I will return into my house from where I came out.' And when he comes, he finds it empty, swept, and garnished.

12:44 Da spricht er denn: Ich will wieder umkehren in mein Haus, daraus ich gegangen bin. Und wenn er kommt, so findet er's leer, gekehrt und geschmückt.

12:44 Alors il dit: Je retournerai dans ma maison d'où je suis sorti; et, quand il arrive, il la trouve vide, balayée et ornée.

12:45 וְאַחַר תֵּלֵךְ וְלָקְחָה עִמָּהּ שֶׁבַע רוּחוֹת אֲחֵרוֹת רָעוֹת מִמֶּנָּה וּבָאוּ וְשָׁכְנוּ שָׁם וְהָיְתָה אַחֲרִית הָאָדָם הַהוּא רָעָה מֵרֵאשִׁיתוֹ כֵּן יִהְיֶה גַּם־לַדּוֹר הָרָע הַזֶּה:

12:45 Tunc vadit, et assumit septem alios spiritus secum nequiores se, et intrantes habitant ibi: et fiunt novissima hominis illius pejora prioribus. Sic erit et generationi huic pessimae.

12:45 Τότε πορεύεται καὶ παραλαμβάνει μεθ' ἑαυτοῦ ἑπτὰ ἕτερα πνεύματα πονηρότερα ἑαυτοῦ, καὶ εἰσελθόντα κατοικεῖ ἐκεῖ· καὶ γίνεται τὰ ἔσχατα τοῦ ἀνθρώπου ἐκείνου χείρονα τῶν πρώτων. Οὕτως ἔσται καὶ τῇ γενεᾷ ταύτῃ τῇ πονηρᾷ.

12:45 Then he goes and takes with himself seven other spirits more evil than himself and they enter in and dwell there and the last state of that man becomes worse than the first. So also shall it be unto this evil generation."

12:45 So geht er hin und nimmt zu sich sieben andere Geister, die ärger sind denn er selbst; und wenn sie hineinkommen, wohnen sie allda; und es wird mit demselben Menschen hernach ärger, denn es zuvor war. Also wird's auch diesem argen Geschlecht gehen.

12:45 Il s'en va, et il prend avec lui sept autres esprits plus méchants que lui; ils entrent dans la maison, s'y établissent, et la dernière condition de cet homme est pire que la première. Il en sera de même pour cette génération méchante.

12:46 עוֹדֶנּוּ מְדַבֵּר אֶל־הֲמוֹן הָעָם וְהִנֵּה אִמּוֹ וְאֶחָיו עָמְדוּ בַחוּץ וְהֵם מְבַקְשִׁים לְדַבֵּר אִתּוֹ:

12:46 Adhuc eo loquente ad turbas, ecce mater ejus et fratres stabant foris, quaerentes loqui ei.

12:46 Ἔτι δὲ αὐτοῦ λαλοῦντος τοῖς ὄχλοις, ἰδού, ἡ μήτηρ καὶ οἱ ἀδελφοὶ αὐτοῦ εἱστήκεισαν ἔξω, ζητοῦντες αὐτῷ λαλῆσαι.

12:46 While he was still speaking to the multitudes, behold, his mother and his brothers stood without, seeking to speak to him.

12:46 Da er noch also zu dem Volk redete, siehe, da standen seine Mutter und seine Brüder draußen, die wollten mit ihm reden.

12:46 Comme Jésus s'adressait encore à la foule, voici, sa mère et ses frères, qui étaient dehors, cherchèrent à lui parler.

12:47 וַיֻּגַּד אֵלָיו לֵאמֹר הִנֵּה אִמְּךָ וְאַחֶיךָ עֹמְדִים בַּחוּץ וּמְבַקְשִׁים לְדַבֵּר אִתָּךְ:

12:47 Dixit autem ei quidam: Ecce mater tua, et fratres tui foris stant quaerentes te.

12:47 Εἶπεν δέ τις αὐτῷ, Ἰδού, ἡ μήτηρ σου καὶ οἱ ἀδελφοί σου ἔξω ἑστήκασιν, ζητοῦντές σοι λαλῆσαι.

12:47 And someone said to him, "Behold, your mother and your brothers stand outside, seeking to speak to you."

12:47 Da sprach einer zu ihm: Siehe, deine Mutter und deine Brüder stehen draußen und wollen mit dir reden.

12:47 Quelqu'un lui dit: Voici, ta mère et tes frères sont dehors, et ils cherchent à te parler.

12:48 וַיַּעַן וַיֹּאמֶר אֶל־הָאִישׁ הַמַּגִּיד לוֹ מִי הִיא אִמִּי וּמִי הֵם אֶחָי:

12:48 At ipse respondens dicenti sibi, ait: Quae est mater mea, et qui sunt fratres mei?

12:48 Ὁ δὲ ἀποκριθεὶς εἶπεν τῷ εἰπόντι αὐτῷ, Τίς ἐστιν ἡ μήτηρ μου; Καὶ τίνες εἰσὶν οἱ ἀδελφοί μου;

12:48 But he answered and said to him that told him, "Who is my mother and who are my brothers?"

12:48 Er antwortete aber und sprach zu dem, der es ihm ansagte: Wer ist meine Mutter, und wer sind meine Brüder?

12:48 Mais Jésus répondit à celui qui le lui disait: Qui est ma mère, et qui sont mes frères?

12:49 וַיֵּט יָדוֹ עַל־תַּלְמִידָיו וַיֹּאמַר הִנֵּה אִמִּי וְאֶחָי:

12:49 Et extendens manum in discipulos suos, dixit: Ecce mater mea, et fratres mei.

12:49 Καὶ ἐκτείνας τὴν χεῖρα αὐτοῦ ἐπὶ τοὺς μαθητὰς αὐτοῦ εἶπεν, Ἰδού, ἡ μήτηρ μου καὶ οἱ ἀδελφοί μου.

12:49 And he stretched forth his hand towards his disciples, and said, "Behold, my mother and my brothers!

12:49 Und er reckte die Hand aus über seine Jünger und sprach: Siehe da, das ist meine Mutter und meine Brüder!

12:49 Puis, étendant la main sur ses disciples, il dit: Voici ma mère et mes frères.

12:50 כִּי כָּל־הָעֹשֶׂה רְצוֹן אָבִי שֶׁבַּשָּׁמַיִם הוּא אָח וְאָחוֹת וְאֵם לִי:

12:50 Quicumque enim fecerit voluntatem Patris mei, qui in caelis est, ipse meus frater, et soror, et mater est.

12:50 Ὅστις γὰρ ἂν ποιήσῃ τὸ θέλημα τοῦ πατρός μου τοῦ ἐν οὐρανοῖς, αὐτός μου ἀδελφὸς καὶ ἀδελφὴ καὶ μήτηρ ἐστίν.

12:50 For whoever shall do the will of my Father who is in heaven, he is my brother, and sister, and mother."

12:50 Denn wer den Willen tut meines Vaters im Himmel, der ist mein Bruder, Schwester und Mutter.

12:50 Car, quiconque fait la volonté de mon Père qui est dans les cieux, celui-là est mon frère, et ma soeur, et ma mère.

13:1 וַיְהִי בַּיּוֹם הַהוּא וַיֵּצֵא יֵשׁוּעַ מִן־הַבַּיִת וַיֵּשֶׁב עַל־הַיָּם:

13:1 In illo die exiens Jesus de domo, sedebat secus mare.

13:1 Ἐν δὲ τῇ ἡμέρᾳ ἐκείνῃ ἐξελθὼν ὁ Ἰησοῦς ἀπὸ τῆς οἰκίας ἐκάθητο παρὰ τὴν θάλασσαν.

13:1 On that day went Jesus out of the house, and sat by the seaside.

13:1 An demselben Tage ging Jesus aus dem Hause und setzte sich an das Meer.

13:1 Ce même jour, Jésus sortit de la maison, et s'assit au bord de la mer.

13:2 וַיִּקָּהֲלוּ אֵלָיו הֲמוֹן עַם רָב וַיֵּרֶד אֶל־הָאֳנִיָּה וַיֵּשֶׁב בָּהּ וְכָל־הָעָם עֹמְדִים עַל־שְׂפַת הַיָּם:

13:2 Et congregatae sunt ad eum turbae multae, ita ut naviculam ascendens sederet: et omnis turba stabat in littore,

13:2 Καὶ συνήχθησαν πρὸς αὐτὸν ὄχλοι πολλοί, ὥστε αὐτὸν εἰς τὸ πλοῖον ἐμβάντα καθῆσθαι· καὶ πᾶς ὁ ὄχλος ἐπὶ τὸν αἰγιαλὸν εἱστήκει.

13:2 And there were gathered to him great multitudes, so that he entered into a boat, and sat; and all the multitude stood on the beach.

13:2 Und es versammelte sich viel Volks zu ihm, also daß er in das Schiff trat und saß, und alles Volk stand am Ufer.

13:2 Une grande foule s'étant assemblée auprès de lui, il monta dans une barque, et il s'assit. Toute la foule se tenait sur le rivage.

13:3 וַיְדַבֵּר לָדַבֵּר אֲלֵיהֶם בִּמְשָׁלִים לֵאמֹר הִנֵּה הַזּוֹרֵעַ יָצָא לִזְרֹעַ:

13:3 et locutus est eis multa in parabolis, dicens: Ecce exiit qui seminat, seminare.

13:3 Καὶ ἐλάλησεν αὐτοῖς πολλὰ ἐν παραβολαῖς, λέγων, Ἰδού, ἐξῆλθεν ὁ σπείρων τοῦ σπείρειν.

13:3 And he spoke to them many things in parables, saying, "Behold, the sower went forth to sow;

13:3 Und er redete zu ihnen mancherlei durch Gleichnisse und sprach: Siehe, es ging ein Säemann aus, zu säen.

13:3 Il leur parla en paraboles sur beaucoup de choses, et il dit: Un semeur sortit pour semer.

13:4 וַיִּזְרָע וַיִּפֹּל מִן־הַזֶּרַע עַל־יַד הַדֶּרֶךְ וַיָּבֹאוּ הָעוֹף וַיֹּאכְלוּהוּ:

13:4 Et dum seminat, quaedam ceciderunt secus viam, et venerunt volucres caeli, et comederunt ea.

13:4 Καὶ ἐν τῷ σπείρειν αὐτόν, ἃ μὲν ἔπεσεν παρὰ τὴν ὁδόν· καὶ ἦλθεν τὰ πετεινὰ καὶ κατέφαγεν αὐτά.

13:4 and as he sowed, some *seeds* fell by the way side, and the birds came and devoured them:

13:4 Und indem er säte, fiel etliches an den Weg; da kamen die Vögel und fraßen's auf.

13:4 Comme il semait, une partie de la semence tomba le long du chemin: les oiseaux vinrent, et la mangèrent.

13:5 וְיֵשׁ אֲשֶׁר נָפַל עַל־מְקוֹם הַסְּלָעִים אֲשֶׁר אֵין שָׁם אֲדָמָה הַרְבֵּה וַיְמַהֵר לִצְמֹחַ כִּי אֵין לוֹ עֹמֶק אֲדָמָה:

13:5 Alia autem ceciderunt in petrosa, ubi non habebant terram multam: et continuo exorta sunt, quia non habebant altitudinem terrae:

13:5 Ἄλλα δὲ ἔπεσεν ἐπὶ τὰ πετρώδη, ὅπου οὐκ εἶχεν γῆν πολλήν· καὶ εὐθέως ἐξανέτειλεν, διὰ τὸ μὴ ἔχειν βάθος γῆς·

13:5 and others fell upon the rocky places, where they had not much earth: and immediately they sprang up, because they had no deepness of earth.

13:5 Etliches fiel in das Steinige, wo es nicht viel Erde hatte; und ging bald auf, darum daß es nicht tiefe Erde hatte.

13:5 Une autre partie tomba dans les endroits pierreux, où elle n'avait pas beaucoup de terre: elle leva aussitôt, parce qu'elle ne trouva pas un sol profond;

13:6 וַיְהִי כִּזְרֹחַ הַשֶּׁמֶשׁ וַיִּצָרֵב וַיִּיבָשׁ כִּי אֵין־לוֹ שֹׁרֶשׁ:

13:6 sole autem orto aestuaverunt; et quia non habebant radicem, aruerunt.

13:6 ἡλίου δὲ ἀνατείλαντος ἐκαυματίσθη, καὶ διὰ τὸ μὴ ἔχειν ῥίζαν, ἐξηράνθη.

13:6 And when the sun was risen, they were scorched; and because they had no root, they withered away.

13:6 Als aber die Sonne aufging, verwelkte es, und dieweil es nicht Wurzel hatte, ward es dürre.

13:6 mais, quand le soleil parut, elle fut brûlée et sécha, faute de racines.

13:7 וְיֵשׁ אֲשֶׁר נָפַל בֵּין הַקֹּצִים וַיַּעֲלוּ הַקֹּצִים וַיְמַעֲכוּהוּ:

13:7 Alia autem ceciderunt in spinas: et creverunt spinae, et suffocaverunt ea.

13:7 Ἄλλα δὲ ἔπεσεν ἐπὶ τὰς ἀκάνθας, καὶ ἀνέβησαν αἱ ἄκανθαι καὶ ἀπέπνιξαν αὐτά.

13:7 And others fell upon the thorns; and the thorns grew up and choked them:

13:7 Etliches fiel unter die Dornen; und die Dornen wuchsen auf und erstickten's.

13:7 Une autre partie tomba parmi les épines: les épines montèrent, et l'étouffèrent.

13:8 וְיֵשׁ אֲשֶׁר נָפַל עַל־הָאֲדָמָה הַטּוֹבָה וַיִּתֵּן פְּרִי זֶה מֵאָה שְׁעָרִים וְזֶה שִׁשִּׁים וְזֶה שְׁלֹשִׁים:

13:8 Alia autem ceciderunt in terram bonam: et dabant fructum, aliud centesimum, aliud sexagesimum, aliud trigesimum.

13:8 Ἄλλα δὲ ἔπεσεν ἐπὶ τὴν γῆν τὴν καλήν, καὶ ἐδίδου καρπόν, ὃ μὲν ἑκατόν, ὃ δὲ ἑξήκοντα, ὃ δὲ τριάκοντα.

13:8 and others fell upon the good ground, and yielded fruit, some a hundredfold, some sixty, some thirty.

13:8 Etliches fiel auf gutes Land und trug Frucht, etliches hundertfältig, etliches sechzigfältig, etliches dreißigfältig.

13:8 Une autre partie tomba dans la bonne terre: elle donna du fruit, un grain cent, un autre soixante, un autre trente.

13:9 מִי אֲשֶׁר לוֹ אָזְנַיִם לִשְׁמֹעַ יִשְׁמָע:

13:9 Qui habet aures audiendi, audiat.

13:9 Ὁ ἔχων ὦτα ἀκούειν ἀκουέτω.

13:9 he who has ears, let him hear."

13:9 Wer Ohren hat zu hören, der höre!

13:9 Que celui qui a des oreilles pour entendre entende.

13:10 וַיִּגְּשׁוּ אֵלָיו הַתַּלְמִידִים וַיֹּאמְרוּ לָמָּה זֶּה בִּמְשָׁלִים תְּדַבֵּר אֲלֵיהֶם:

13:10 Et accedentes discipuli dixerunt ei: Quare in parabolis loqueris eis?

13:10 Καὶ προσελθόντες οἱ μαθηταὶ εἶπον αὐτῷ, Διὰ τί ἐν παραβολαῖς λαλεῖς αὐτοῖς;

13:10 And the disciples came, and said to him, "Why do you speak to them in parables?"

13:10 Und die Jünger traten zu ihm und sprachen: Warum redest du zu ihnen durch Gleichnisse?

13:10 Les disciples s'approchèrent, et lui dirent: Pourquoi leur parles-tu en paraboles?

The Gospel of Matthew

13:11 וַיַּעַן וַיֹּאמֶר כִּי לָכֶם נִתַּן לָדַעַת אֶת־סוֹדוֹת מַלְכוּת הַשָּׁמַיִם וְלָהֶם לֹא נִתָּן:

13:11 Qui respondens, ait illis: Quia vobis datum est nosse mysteria regni caelorum: illis autem non est datum.

13:11 Ὁ δὲ ἀποκριθεὶς εἶπεν αὐτοῖς ὅτι Ὑμῖν δέδοται γνῶναι τὰ μυστήρια τῆς βασιλείας τῶν οὐρανῶν, ἐκείνοις δὲ οὐ δέδοται.

13:11 And he answered and said back to them, "To you it is given to know the mysteries of the Kingdom of Heaven, but to them it is not given.

13:11 Er antwortete und sprach: Euch ist es gegeben, daß ihr das Geheimnis des Himmelreichs verstehet; diesen aber ist es nicht gegeben.

13:11 Jésus leur répondit: Parce qu'il vous a été donné de connaître les mystères du royaume des cieux, et que cela ne leur a pas été donné.

13:12 כִּי מִי שֶׁיֵּשׁ־לוֹ נָתֹן יִנָּתֶן לוֹ וְיַעֲדִיף וּמִי שֶׁאֵין לוֹ גַּם מַה־שֶּׁיֵּשׁ־לוֹ יִנָּטֵל מִמֶּנּוּ:

13:12 Qui enim habet, dabitur ei, et abundabit: qui autem non habet, et quod habet auferetur ab eo.

13:12 Ὅστις γὰρ ἔχει, δοθήσεται αὐτῷ καὶ περισσευθήσεται· ὅστις δὲ οὐκ ἔχει, καὶ ὃ ἔχει ἀρθήσεται ἀπ' αὐτοῦ.

13:12 For whoever has, to him shall be given, and he shall have abundance: but whoever has not, from him shall be taken away even that which he has.

13:12 Denn wer da hat, dem wird gegeben, daß er die Fülle habe; wer aber nicht hat, von dem wird auch das genommen was er hat.

13:12 Car on donnera à celui qui a, et il sera dans l'abondance, mais à celui qui n'a pas on ôtera même ce qu'il a.

13:13 עַל־כֵּן בִּמְשָׁלִים אֲדַבֵּר אֲלֵיהֶם כִּי בִרְאֹתָם לֹא יִרְאוּ וּבְשָׁמְעָם לֹא יִשְׁמְעוּ אַף־לֹא יָבִינוּ:

13:13 Ideo in parabolis loquor eis: quia videntes non vident, et audientes non audiunt, neque intelligunt.

13:13 Διὰ τοῦτο ἐν παραβολαῖς αὐτοῖς λαλῶ, ὅτι βλέποντες οὐ βλέπουσιν, καὶ ἀκούοντες οὐκ ἀκούουσιν, οὐδὲ συνιοῦσιν.

13:13 Therefore, I speak to them in parables; because seeing they see not, and hearing they hear not, neither do they understand.

13:13 Darum rede ich zu ihnen durch Gleichnisse. Denn mit sehenden Augen sehen sie nicht, und mit hörenden Ohren hören sie nicht; denn sie verstehen es nicht.

13:13 C'est pourquoi je leur parle en paraboles, parce qu'en voyant ils ne voient point, et qu'en entendant ils n'entendent ni ne comprennent.

13:14 וְתִקוּיַּם בָּהֶם נְבוּאַת יְשַׁעְיָהוּ הָאֹמֶרֶת שִׁמְעוּ שָׁמוֹעַ וְאַל־תָּבִינוּ וּרְאוּ רָאוֹ וְאַל־תֵּדָעוּ:

13:14 Et adimpletur in eis prophetia Isaiae, dicentis: *Auditu audietis, et non intelligetis: et videntes videbitis, et non videbitis.*

13:14 Καὶ ἀναπληροῦται αὐτοῖς ἡ προφητεία Ἡσαΐου, ἡ λέγουσα, Ἀκοῇ ἀκούσετε, καὶ οὐ μὴ συνῆτε· καὶ βλέποντες βλέψετε, καὶ οὐ μὴ ἴδητε.

13:14 And to them is fulfilled the prophecy of Isaiah, which says, 'By hearing you shall hear, and shall in no way understand; and seeing you shall see, and shall in no way perceive:

13:14 Und über ihnen wird die Weissagung Jesaja's erfüllt, die da sagt: "Mit den Ohren werdet ihr hören, und werdet es nicht verstehen; und mit sehenden Augen werdet ihr sehen, und werdet es nicht verstehen.

13:14 Et pour eux s'accomplit cette prophétie d'Ésaïe: Vous entendrez de vos oreilles, et vous ne comprendrez point; Vous regarderez de vos yeux, et vous ne verrez point.

13:15 כִּי הִשְׁמֵן לֵב־הָעָם הַזֶּה וְאָזְנָיו הַכְבֵּד וְעֵינָיו הָשַׁע פֶּן־יִרְאֶה בְעֵינָיו וּבְאָזְנָיו יִשְׁמָע וּלְבָבוֹ יָבִין וָשָׁב וְרָפָא לוֹ:

13:15 Incrassatum est enim cor populi hujus, et auribus graviter audierunt, et oculos suos clauserunt: nequando videant oculis, et auribus audiant, et corde intelligant, et convertantur, et sanem eos.

13:15 Ἐπαχύνθη γὰρ ἡ καρδία τοῦ λαοῦ τούτου, καὶ τοῖς ὠσὶν βαρέως ἤκουσαν, καὶ τοὺς ὀφθαλμοὺς αὐτῶν ἐκάμμυσαν· μήποτε ἴδωσιν τοῖς ὀφθαλμοῖς, καὶ τοῖς ὠσὶν ἀκούσωσιν, καὶ τῇ καρδίᾳ συνῶσιν, καὶ ἐπιστρέψωσιν, καὶ ἰάσομαι αὐτούς.

13:15 for this people's heart is waxed gross, and their ears are dull of hearing, and their eyes they have closed, lest by chance they should perceive with their eyes, and hear with their ears, and understand with their heart, and should turn again, and I should heal them.'

13:15 Denn dieses Volkes Herz ist verstockt, und ihre Ohren hören übel, und ihre Augen schlummern, auf daß sie nicht dermaleinst mit den Augen sehen und mit den Ohren hören und mit dem Herzen verstehen und sich bekehren, daß ich ihnen hülfe."

13:15 Car le coeur de ce peuple est devenu insensible; Ils ont endurci leurs oreilles, et ils ont fermé leurs yeux, De peur qu 'ils ne voient de leurs yeux, qu 'ils n'entendent de leurs oreilles, Qu'ils ne comprennent de leur coeur, Qu'ils ne se convertissent, et que je ne les guérisse.

13:16 וְאַתֶּם אַשְׁרֵי עֵינֵיכֶם כִּי תִרְאֶינָה וְאָזְנֵיכֶם כִּי תִשְׁמַעְנָה:

13:16 Vestri autem beati oculi quia vident, et aures vestrae quia audiunt.

13:16 Ὑμῶν δὲ μακάριοι οἱ ὀφθαλμοί, ὅτι βλέπουσιν· καὶ τὰ ὦτα ὑμῶν, ὅτι ἀκούει.

13:16 But blessed are your eyes, for they see; and your ears, for they hear.

13:16 Aber selig sind eure Augen, daß sie sehen, und eure Ohren, daß sie hören.

13:16 Mais heureux sont vos yeux, parce qu 'ils voient, et vos oreilles, parce qu 'elles entendent!

13:17 כִּי־אָמֵן אֲנִי אֹמֵר לָכֶם נְבִיאִים וְצַדִּיקִים רַבִּים נִכְסְפוּ לִרְאוֹת אֵת אֲשֶׁר אַתֶּם רֹאִים וְלֹא רָאוּ וְלִשְׁמֹעַ אֵת אֲשֶׁר אַתֶּם שֹׁמְעִים וְלֹא שָׁמֵעוּ׃

13:17 Amen quippe dico vobis, quia multi prophetae et justi cupierunt videre quae videtis, et non viderunt: et audire quae auditis, et non audierunt.

13:17 Ἀμὴν γὰρ λέγω ὑμῖν ὅτι πολλοὶ προφῆται καὶ δίκαιοι ἐπεθύμησαν ἰδεῖν ἃ βλέπετε, καὶ οὐκ εἶδον· καὶ ἀκοῦσαι ἃ ἀκούετε, καὶ οὐκ ἤκουσαν.

13:17 Amen. I tell you that many prophets and righteous men desired to see the things which you see, and saw them not; and *desired* to hear the things which you hear, and heard them not.

13:17 Wahrlich ich sage euch: Viele Propheten und Gerechte haben begehrt zu sehen, was ihr sehet, und haben's nicht gesehen, und zu hören, was ihr höret, und haben's nicht gehört.

13:17 Je vous le dis en vérité, beaucoup de prophètes et de justes ont désiré voir ce que vous voyez, et ne l'ont pas vu, entendre ce que vous entendez, et ne l'ont pas entendu.

13:18 לָכֵן אַתֶּם שִׁמְעוּ־נָא אֵת מְשַׁל הַזּוֹרֵעַ׃

13:18 Vos ergo audite parabolam seminantis.

13:18 Ὑμεῖς οὖν ἀκούσατε τὴν παραβολὴν τοῦ σπείροντος.

13:18 You hear then, the parable of the sower.

13:18 So hört nun ihr dieses Gleichnis von dem Säemann:

13:18 Vous donc, écoutez ce que signifie la parabole du semeur.

13:19 כָּל־אִישׁ שֹׁמֵעַ אֶת־דְּבַר הַמַּלְכוּת וְלֹא יְבִינֵהוּ וּבָא הָרָע וְחָטַף אֶת־הַזָּרוּעַ בְּלִבָּבוֹ הוּא הַנִּזְרָע עַל־יַד הַדָּרֶךְ׃

13:19 Omnis qui audit verbum regni, et non intelligit, venit malus, et rapit quod seminatum est in corde ejus: hic est qui secus viam seminatus est.

13:19 Παντὸς ἀκούοντος τὸν λόγον τῆς βασιλείας καὶ μὴ συνιέντος, ἔρχεται ὁ πονηρός, καὶ ἁρπάζει τὸ ἐσπαρμένον ἐν τῇ καρδίᾳ αὐτοῦ· οὗτός ἐστιν ὁ παρὰ τὴν ὁδὸν σπαρείς.

13:19 When anyone hears the word of the kingdom, and understands it not, *then* the evil one comes, and snatches away that which has been sown in his heart. This is he who sowed alongside the way.

13:19 Wenn jemand das Wort von dem Reich hört und nicht versteht, so kommt der Arge und reißt hinweg, was da gesät ist in sein Herz; und das ist der, bei welchem an dem Wege gesät ist.

13:19 Lorsqu'un homme écoute la parole du royaume et ne la comprend pas, le malin vient et enlève ce qui a été semé dans son coeur: cet homme est celui qui a reçu la semence le long du chemin.

The Gospel of Matthew

13:20 וְהַנִּזְרָע עַל־מְקוֹם הַסְּלָעִים הוּא הַשֹּׁמֵעַ אֶת־הַדָּבָר וּמִיָּד יִקָּחֶנּוּ בְשִׂמְחָה:

13:20 Qui autem super petrosa seminatus est, hic est qui verbum audit, et continuo cum gaudio accipit illud:

13:20 Ὁ δὲ ἐπὶ τὰ πετρώδη σπαρείς, οὗτός ἐστιν ὁ τὸν λόγον ἀκούων, καὶ εὐθὺς μετὰ χαρᾶς λαμβάνων αὐτόν·

13:20 And he who sowed upon the rocky places, this is he who hears the word, and immediately with joy receives it;

13:20 Das aber auf das Steinige gesät ist, das ist, wenn jemand das Wort hört und es alsbald aufnimmt mit Freuden;

13:20 Celui qui a reçu la semence dans les endroits pierreux, c'est celui qui entend la parole et la reçoit aussitôt avec joie;

13:21 וְלוֹ אֵין שֹׁרֶשׁ תַּחְתָּיו וְיָקוּם רַק לְשָׁעָה וּבִהְיוֹת צָרָה וּרְדִיפָה בִּגְלַל הַדָּבָר יִכָּשֵׁל כְּרָגַע:

13:21 non habet autem in se radicem, sed est temporalis: facta autem tribulatione et persecutione propter verbum, continuo scandalizatur.

13:21 οὐκ ἔχει δὲ ῥίζαν ἐν ἑαυτῷ, ἀλλὰ πρόσκαιρός ἐστιν· γενομένης δὲ θλίψεως ἢ διωγμοῦ διὰ τὸν λόγον, εὐθὺς σκανδαλίζεται.

13:21 yet has he not root in himself, but endures for a while; and when tribulation or persecution arose because of the word, immediately he stumbles.

13:21 aber er hat nicht Wurzel in sich, sondern ist wetterwendisch; wenn sich Trübsal und Verfolgung erhebt um des Wortes willen, so ärgert er sich alsbald.

13:21 mais il n'a pas de racines en lui-même, il manque de persistance, et, dès que survient une tribulation ou une persécution à cause de la parole, il y trouve une occasion de chute.

13:22 וְהַנִּזְרָע אֶל־הַקֹּצִים הוּא הַשֹּׁמֵעַ אֶת־הַדָּבָר וְדַאֲגַת הָעוֹלָם הַזֶּה וְנִכְלֵי הָעֹשֶׁר יְמַעֲכוּ אֶת־הַדָּבָר וּפְרִי לֹא־יִהְיֶה לּוֹ:

13:22 Qui autem seminatus est in spinis, hic est qui verbum audit, et sollicitudo saeculi istius, et fallacia divitiarum suffocat verbum, et sine fructu efficitur.

13:22 Ὁ δὲ εἰς τὰς ἀκάνθας σπαρείς, οὗτός ἐστιν ὁ τὸν λόγον ἀκούων, καὶ ἡ μέριμνα τοῦ αἰῶνος τούτου καὶ ἡ ἀπάτη τοῦ πλούτου συμπνίγει τὸν λόγον, καὶ ἄκαρπος γίνεται.

13:22 And he who sowed among the thorns, this is he who hears the word; and the care of the world, and the deceitfulness of riches, choke the word, and he becomes unfruitful.

13:22 Das aber unter die Dornen gesät ist, das ist, wenn jemand das Wort hört, und die Sorge dieser Welt und der Betrug des Reichtums erstickt das Wort, und er bringt nicht Frucht.

13:22 Celui qui a reçu la semence parmi les épines, c'est celui qui entend la parole, mais en qui les soucis du siècle et la séduction des richesses étouffent cette parole, et la rendent infructueuse.

13:23 וְהַנִּזְרָע עַל־הָאֲדָמָה הַטּוֹבָה הוּא הַשֹּׁמֵעַ אֶת־הַדָּבָר וּמֵבִין אֹתוֹ וְאַף־יַעֲשֶׂה פְרִי וְנָתַן זֶה מֵאָה שְׁעָרִים וְזֶה שִׁשִּׁים וְזֶה שְׁלֹשִׁים׃

13:23 Qui vero in terram bonam seminatus est, hic est qui audit verbum, et intelligit, et fructum affert, et facit aliud quidem centesimum, aliud autem sexagesimum, aliud vero trigesimum.

13:23 Ὁ δὲ ἐπὶ τὴν γῆν τὴν καλὴν σπαρείς, οὗτός ἐστιν ὁ τὸν λόγον ἀκούων καὶ συνιών· ὃς δὴ καρποφορεῖ, καὶ ποιεῖ ὁ μὲν ἑκατόν, ὁ δὲ ἑξήκοντα, ὁ δὲ τριάκοντα.

13:23 And he who sowed upon the good ground, this is he who hears the word, and understands it; who truly bears fruit, and brings forth, some a hundredfold, some sixty, some thirty."

13:23 Das aber in das gute Land gesät ist, das ist, wenn jemand das Wort hört und versteht es und dann auch Frucht bringt; und etlicher trägt hundertfältig, etlicher aber sechzigfältig, etlicher dreißigfältig.

13:23 Celui qui a reçu la semence dans la bonne terre, c'est celui qui entend la parole et la comprend; il porte du fruit, et un grain en donne cent, un autre soixante, un autre trente.

13:24 וַיָּשֶׂם לִפְנֵיהֶם מָשָׁל אַחֵר וַיֹּאמַר מַלְכוּת הַשָּׁמַיִם דּוֹמָה לְאָדָם אֲשֶׁר זָרַע זֶרַע טוֹב בְּשָׂדֵהוּ׃

13:24 Aliam parabolam proposuit illis, dicens: Simile factum est regnum caelorum homini, qui seminavit bonum semen in agro suo:

13:24 Ἄλλην παραβολὴν παρέθηκεν αὐτοῖς, λέγων, Ὡμοιώθη ἡ βασιλεία τῶν οὐρανῶν ἀνθρώπῳ σπείροντι καλὸν σπέρμα ἐν τῷ ἀγρῷ αὐτοῦ·

13:24 He set another parable before them, saying, "The Kingdom of Heaven is like a man that sowed good seed in his field

13:24 Er legte ihnen ein anderes Gleichnis vor und sprach: Das Himmelreich ist gleich einem Menschen, der guten Samen auf seinen Acker säte.

13:24 Il leur proposa une autre parabole, et il dit: Le royaume des cieux est semblable à un homme qui a semé une bonne semence dans son champ.

13:25 וַיְהִי בִּהְיוֹת הָאֲנָשִׁים יְשֵׁנִים וַיָּבֹא אֹיְבוֹ וַיִּזְרַע זוּנִין בֵּין הַחִטִּים וַיֵּלֶךְ לוֹ׃

13:25 cum autem dormirent homines, venit inimicus ejus, et superseminavit zizania in medio tritici, et abiit.

13:25 ἐν δὲ τῷ καθεύδειν τοὺς ἀνθρώπους, ἦλθεν αὐτοῦ ὁ ἐχθρὸς καὶ ἔσπειρεν ζιζάνια ἀνὰ μέσον τοῦ σίτου, καὶ ἀπῆλθεν.

13:25 but while men slept, his enemy came and sowed tares also among the wheat, and went away.

13:25 Da aber die Leute schliefen, kam sein Feind und säte Unkraut zwischen den Weizen und ging davon.

13:25 Mais, pendant que les gens dormaient, son ennemi vint, sema de l'ivraie parmi le blé, et s'en alla.

13:26 וְכַאֲשֶׁר פָּרַח הַדֶּשֶׁא וַיַּעַשׂ פְּרִי וַיֵּרָאוּ גַם־הַזּוּנִין׃

13:26 Cum autem crevisset herba, et fructum fecisset, tunc apparuerunt et zizania.

13:26 Ὅτε δὲ ἐβλάστησεν ὁ χόρτος καὶ καρπὸν ἐποίησεν, τότε ἐφάνη καὶ τὰ ζιζάνια.

13:26 But when the blade sprang up and brought forth fruit, then the tares appeared also.

13:26 Da nun das Kraut wuchs und Frucht brachte, da fand sich auch das Unkraut.

13:26 Lorsque l'herbe eut poussé et donné du fruit, l'ivraie parut aussi.

13:27 וַיִּגְּשׁוּ עַבְדֵי בַעַל־הַבַּיִת וַיֹּאמְרוּ אֵלָיו אֲדֹנֵינוּ הֲלֹא־זֶרַע טוֹב זָרַעְתָּ בְשָׂדֶךָ וּמֵאַיִן לוֹ הַזּוּנִין:

13:27 Accedentes autem servi patrisfamilias, dixerunt ei: Domine, nonne bonum semen seminasti in agro tuo? unde ergo habet zizania?

13:27 Προσελθόντες δὲ οἱ δοῦλοι τοῦ οἰκοδεσπότου εἶπον αὐτῷ, Κύριε, οὐχὶ καλὸν σπέρμα ἔσπειρας ἐν τῷ σῷ ἀγρῷ; Πόθεν οὖν ἔχει ζιζάνια;

13:27 And the servants of the householder came and said to him, 'Sir, did you not sow good seed in your field? From where then has its tares *come*?'

13:27 Da traten die Knechte zu dem Hausvater und sprachen: Herr, hast du nicht guten Samen auf deinen Acker gesät? Woher hat er denn das Unkraut?

13:27 Les serviteurs du maître de la maison vinrent lui dire: Seigneur, n'as-tu pas semé une bonne semence dans ton champ? D'où vient donc qu'il y a de l'ivraie?

13:28 וַיֹּאמֶר לָהֶם אִישׁ אוֹיֵב עָשָׂה זֹאת וַיֹּאמְרוּ אֵלָיו הָעֲבָדִים הֲתַחְפֹּץ כִּי־נֵלֵךְ וּנְלַקֵּט אֹתָם:

13:28 Et ait illis: Inimicus homo hoc fecit. Servi autem dixerunt ei: Vis, imus, et colligimus ea?

13:28 Ὁ δὲ ἔφη αὐτοῖς, Ἐχθρὸς ἄνθρωπος τοῦτο ἐποίησεν. Οἱ δὲ δοῦλοι εἶπον αὐτῷ, Θέλεις οὖν ἀπελθόντες συλλέξομεν αὐτά;

13:28 And he said to them, 'An enemy has done this.' And the servants say to him, 'Do you desire then that we go and gather them up?'

13:28 Er sprach zu ihnen: Das hat der Feind getan. Da sagten die Knechte: Willst du das wir hingehen und es ausjäten?

13:28 Il leur répondit: C'est un ennemi qui a fait cela. Et les serviteurs lui dirent: Veux-tu que nous allions l'arracher?

13:29 וַיֹּאמֶר לֹא פֶּן־תְּלַקְּטוּ אֶת־הַזּוּנִין וְשֵׁרַשְׁתֶּם גַּם אֶת־הַחִטִּים:

13:29 Et ait: Non: ne forte colligentes zizania, eradicetis simul cum eis et triticum.

13:29 Ὁ δὲ ἔφη, Οὔ· μήποτε, συλλέγοντες τὰ ζιζάνια, ἐκριζώσητε ἅμα αὐτοῖς τὸν σῖτον.

13:29 But he says, 'No, lest by chance while you gather up the tares, you uproot the wheat with them.

13:29 Er sprach: Nein! auf daß ihr nicht zugleich den Weizen mit ausraufet, so ihr das Unkraut ausjätet.

13:29 Non, dit-il, de peur qu'en arrachant l'ivraie, vous ne déraciniez en même temps le blé.

13:30 הַנִּיחוּ אֹתָם וְיִגְדְּלוּ שְׁנֵיהֶם יַחַד עַד־הַקָּצִיר וְהָיָה בְּעֵת הַקָּצִיר וְאָמַרְתִּי לַקּוֹצְרִים לִקְטוּ בָרִאשׁוֹנָה אֶת־הַזּוּנִין וְאִגְדוּ אֹתָם לַאֲגֻדּוֹת לְשָׂרְפָם וְאֶת הַחִטִּים אִסְפוּ לְאוֹצָרִי:

13:30 Sinite utraque crescere usque ad messem, et in tempore messis dicam messoribus: Colligite primum zizania, et alligate ea in fasciculos ad comburendum: triticum autem congregate in horreum meum.

13:30 Ἄφετε συναυξάνεσθαι ἀμφότερα μέχρι τοῦ θερισμοῦ· καὶ ἐν καιρῷ τοῦ θερισμοῦ ἐρῶ τοῖς θερισταῖς, Συλλέξατε πρῶτον τὰ ζιζάνια, καὶ δήσατε αὐτὰ εἰς δέσμας πρὸς τὸ κατακαῦσαι αὐτά· τὸν δὲ σῖτον συναγάγετε εἰς τὴν ἀποθήκην μου.

13:30 Let both grow together until the harvest: and in the time of the harvest I will say to the reapers, 'Gather the tares up first and bind them in bundles to burn them; but gather the wheat into my barn.'"

13:30 Lasset beides miteinander wachsen bis zur Ernte; und um der Ernte Zeit will ich zu den Schnittern sagen: Sammelt zuvor das Unkraut und bindet es in Bündlein, daß man es verbrenne; aber den Weizen sammelt mir in meine Scheuer.

13:30 Laissez croître ensemble l'un et l'autre jusqu'à la moisson, et, à l'époque de la moisson, je dirai aux moissonneurs: Arrachez d'abord l'ivraie, et liez-la en gerbes pour la brûler, mais amassez le blé dans mon grenier.

13:31 וַיָּשֶׂם לִפְנֵיהֶם מָשָׁל אַחֵר וַיֹּאמַר מַלְכוּת הַשָּׁמַיִם דּוֹמָה לְגַרְגַּר שֶׁל־חַרְדָּל אֲשֶׁר לְקָחוֹ אִישׁ וַיִּזְרַע בְּשָׂדֵהוּ:

13:31 Aliam parabolam proposuit eis dicens: Simile est regnum caelorum grano sinapis, quod accipiens homo seminavit in agro suo:

13:31 Ἄλλην παραβολὴν παρέθηκεν αὐτοῖς, λέγων, Ὁμοία ἐστὶν ἡ βασιλεία τῶν οὐρανῶν κόκκῳ σινάπεως, ὃν λαβὼν ἄνθρωπος ἔσπειρεν ἐν τῷ ἀγρῷ αὐτοῦ·

13:31 He set another parable before them, saying, "The Kingdom of Heaven is like a grain of mustard seed, which a man took, and sowed in his field,

13:31 Ein anderes Gleichnis legte er ihnen vor und sprach: Das Himmelreich ist gleich einem Senfkorn, das ein Mensch nahm und säte es auf seinen Acker;

13:31 Il leur proposa une autre parabole, et il dit: Le royaume des cieux est semblable à un grain de sénevé qu'un homme a pris et semé dans son champ.

The Gospel of Matthew

13:32 וְהוּא קָטֹן מִכָּל־הַזֵּרוֹעִים וְכַאֲשֶׁר צָמַח גָּדוֹל הוּא מִן־הַיְרָקוֹת וְהָיָה לְעֵץ עַד־אֲשֶׁר יָבֹאוּ עוֹף הַשָּׁמַיִם וְקִנְּנוּ בַּעֲנָפָיו:

13:32 quod minimum quidem est omnibus seminibus: cum autem creverit, majus est omnibus oleribus, et fit arbor, ita ut volucres caeli veniant, et habitent in ramis ejus.

13:32 ὃ μικρότερον μέν ἐστιν πάντων τῶν σπερμάτων· ὅταν δὲ αὐξηθῇ, μεῖζον τῶν λαχάνων ἐστίν, καὶ γίνεται δένδρον, ὥστε ἐλθεῖν τὰ πετεινὰ τοῦ οὐρανοῦ καὶ κατασκηνοῦν ἐν τοῖς κλάδοις αὐτοῦ.

13:32 which indeed, is lesser than all seeds; but when it is grown, it is greater than the herbs, and becomes a tree, so that the birds of the sky come and lodge in the branches of that place."

13:32 welches ist das kleinste unter allem Samen; wenn er erwächst, so ist es das größte unter dem Kohl und wird ein Baum, daß die Vögel unter dem Himmel kommen und wohnen unter seinen Zweigen.

13:32 C'est la plus petite de toutes les semences; mais, quand il a poussé, il est plus grand que les légumes et devient un arbre, de sorte que les oiseaux du ciel viennent habiter dans ses branches.

13:33 וַיִּשָּׂא עוֹד מָשָׁלוֹ וַיֹּאמֶר אֲלֵיהֶם דּוֹמָה מַלְכוּת הַשָּׁמַיִם לִשְׂאֹר אֲשֶׁר לְקָחַתּוּ אִשָּׁה וַתִּטְמְנֵהוּ בִּשְׁלֹשׁ סְאִים קֶמַח עַד כִּי־יֶחְמַץ כֻּלּוֹ:

13:33 Aliam parabolam locutus est eis: Simile est regnum caelorum fermento, quod acceptum mulier abscondit in farinae satis tribus, donec fermentatum est totum.

13:33 Ἄλλην παραβολὴν ἐλάλησεν αὐτοῖς, Ὁμοία ἐστὶν ἡ βασιλεία τῶν οὐρανῶν ζύμῃ, ἣν λαβοῦσα γυνὴ ἔκρυψεν εἰς ἀλεύρου σάτα τρία, ἕως οὗ ἐζυμώθη ὅλον.

13:33 He spoke another parable to them, "The Kingdom of Heaven is like leaven, which a woman took and hid in three measures of meal, until it was all leavened."

13:33 Ein anderes Gleichnis redete er zu ihnen: Das Himmelreich ist gleich einem Sauerteig, den ein Weib nahm und unter drei Scheffel Mehl vermengte, bis es ganz durchsäuert ward.

13:33 Il leur dit cette autre parabole: Le royaume des cieux est semblable à du levain qu'une femme a pris et mis dans trois mesures de farine, jusqu'à ce que la pâte soit toute levée.

13:34 כָּל־אֵלֶּה דִּבֶּר יֵשׁוּעַ בִּמְשָׁלִים אֶל־הֲמוֹן הָעָם וּבִבְלִי מָשָׁל לֹא דִבֶּר אֲלֵיהֶם דָּבָר:

13:34 Haec omnia locutus est Jesus in parabolis ad turbas: et sine parabolis non loquebatur eis:

13:34 Ταῦτα πάντα ἐλάλησεν ὁ Ἰησοῦς ἐν παραβολαῖς τοῖς ὄχλοις, καὶ χωρὶς παραβολῆς οὐκ ἐλάλει αὐτοῖς·

13:34 Jesus spoke all these things in parables to the multitudes and he spoke nothing to them without a parable

13:34 Solches alles redete Jesus durch Gleichnisse zu dem Volk, und ohne Gleichnis redete er nicht zu ihnen,

13:34 Jésus dit à la foule toutes ces choses en paraboles, et il ne lui parlait point sans parabole,

13:35 לְמַלֹּאת אֶת אֲשֶׁר דִּבֶּר הַנָּבִיא לֵאמֹר אֶפְתְּחָה בְמָשָׁל פִּי אַבִּיעָה חִידוֹת מִנִּי־קֶדֶם:

13:35 ut impleretur quod dictum erat per prophetam dicentem: Aperiam in parabolis os meum; eructabo abscondita a constitutione mundi.

13:35 ὅπως πληρωθῇ τὸ ῥηθὲν διὰ τοῦ προφήτου, λέγοντος, Ἀνοίξω ἐν παραβολαῖς τὸ στόμα μου, ἐρεύξομαι κεκρυμμένα ἀπὸ καταβολῆς κόσμου.

13:35 so that it might be fulfilled, that which was spoken through the prophet, saying, "I will open my mouth in parables; I will utter things hidden from the foundation of the world."

13:35 auf das erfüllet würde, was gesagt ist durch den Propheten, der da spricht: Ich will meinen Mund auftun in Gleichnissen und will aussprechen die Heimlichkeiten von Anfang der Welt.

13:35 afin que s'accomplît ce qui avait été annoncé par le prophète: J'ouvrirai ma bouche en paraboles, Je publierai des choses cachées depuis la création du monde.

13:36 אָז שִׁלַּח יֵשׁוּעַ אֶת־הֲמוֹן הָעָם וַיָּבֹא הַבַּיְתָה וַיִּגְּשׁוּ אֵלָיו תַּלְמִידָיו וַיֹּאמְרוּ בָּאֶר־נָא לָנוּ אֶת־מְשַׁל זוּנֵי הַשָּׂדֶה:

13:36 Tunc, dimissis turbis, venit in domum: et accesserunt ad eum discipuli ejus, dicentes: Edissere nobis parabolam zizaniorum agri.

13:36 Τότε ἀφεὶς τοὺς ὄχλους ἦλθεν εἰς τὴν οἰκίαν ὁ Ἰησοῦς· καὶ προσῆλθον αὐτῷ οἱ μαθηταὶ αὐτοῦ, λέγοντες, Φράσον ἡμῖν τὴν παραβολὴν τῶν ζιζανίων τοῦ ἀγροῦ.

13:36 Then he left the multitudes and went into the house and his disciples came to him, saying, "Explain to us the parable of the tares of the field."

13:36 Da ließ Jesus das Volk von sich und kam heim. Und seine Jünger traten zu ihm und sprachen: Deute uns das Geheimnis vom Unkraut auf dem Acker.

13:36 Alors il renvoya la foule, et entra dans la maison. Ses disciples s'approchèrent de lui, et dirent: Explique-nous la parabole de l'ivraie du champ.

13:37 וַיַּעַן וַיֹּאמֶר אֲלֵיהֶם הַזּוֹרֵעַ אֶת־הַזֶּרַע הַטּוֹב הוּא בֶּן־הָאָדָם:

13:37 Qui respondens ait illis: Qui seminat bonum semen, est Filius hominis.

13:37 Ὁ δὲ ἀποκριθεὶς εἶπεν αὐτοῖς, Ὁ σπείρων τὸ καλὸν σπέρμα ἐστὶν ὁ υἱὸς τοῦ ἀνθρώπου·

13:37 And he answered back and said, "He who sows the good seed is the Son of man;

13:37 Er antwortete und sprach zu ihnen: Des Menschen Sohn ist's, der da Guten Samen sät.

13:37 Il répondit: Celui qui sème la bonne semence, c'est le Fils de l'homme;

13:38 וְהַשָּׂדֶה הוּא הָעוֹלָם וְהַזֶּרַע הַטּוֹב בְּנֵי הַמַּלְכוּת הֵם וְהַזּוּנִין בְּנֵי הָרַע הֵמָּה:

13:38 Ager autem est mundus. Bonum vero semen, hi sunt filii regnum. Zizania autem, filii sunt nequam.

13:38 ὁ δὲ ἀγρός ἐστιν ὁ κόσμος· τὸ δὲ καλὸν σπέρμα, οὗτοί εἰσιν οἱ υἱοὶ τῆς βασιλείας· τὰ δὲ ζιζάνιά εἰσιν οἱ υἱοὶ τοῦ πονηροῦ·

13:38 and the field is the world; and the good seed, these are the sons of the kingdom; and the tares are the sons of the evil one;

13:38 Der Acker ist die Welt. Der gute Same sind die Kinder des Reiches. Das Unkraut sind die Kinder der Bosheit.

13:38 le champ, c'est le monde; la bonne semence, ce sont les fils du royaume; l'ivraie, ce sont les fils du malin;

13:39 וְהָאוֹיֵב אֲשֶׁר זְרָעָם הוּא הַשָּׂטָן וְהַקָּצִיר הוּא קֵץ הָעוֹלָם וְהַקּוֹצְרִים הֵם הַמַּלְאָכִים:

13:39 Inimicus autem, qui seminavit ea, est diabolus. Messis vero, consummatio saeculi est. Messores autem, angeli sunt.

13:39 ὁ δὲ ἐχθρὸς ὁ σπείρας αὐτά ἐστιν ὁ διάβολος· ὁ δὲ θερισμὸς συντέλεια τοῦ αἰῶνός ἐστιν· οἱ δὲ θερισταὶ ἄγγελοί εἰσιν.

13:39 and the enemy that sowed them is the devil; and the harvest is the end of the age; and the reapers are angels.

13:39 Der Feind, der sie sät, ist der Teufel. Die Ernte ist das Ende der Welt. Die Schnitter sind die Engel.

13:39 l'ennemi qui l'a semée, c'est le diable; la moisson, c'est la fin du monde; les moissonneurs, ce sont les anges.

13:40 וְהִנֵּה כַּאֲשֶׁר יְלוּקְטוּ וְנִשְׂרְפוּ הַזּוּנִין בָּאֵשׁ כֵּן יִהְיֶה לְקֵץ הָעוֹלָם הַזֶּה:

13:40 Sicut ergo colliguntur zizania, et igni comburuntur: sic erit in consummatione saeculi.

13:40 Ὥσπερ οὖν συλλέγεται τὰ ζιζάνια καὶ πυρὶ καίεται, οὕτως ἔσται ἐν τῇ συντελείᾳ τοῦ αἰῶνος τούτου.

13:40 Therefore then, as the tares are gathered up and burned with fire, so shall it be in the end of the age.

13:40 Gleichwie man nun das Unkraut ausjätet und mit Feuer verbrennt, so wird's auch am Ende dieser Welt gehen:

13:40 Or, comme on arrache l'ivraie et qu'on la jette au feu, il en sera de même à la fin du monde.

13:41 בֶּן־הָאָדָם יִשְׁלַח אֶת־מַלְאָכָיו וְלִקְּטוּ מִמַּלְכוּתוֹ אֵת כָּל־הַמַּכְשֵׁלוֹת וְאֵת כָּל־פֹּעֲלֵי הָאָוֶן:

13:41 Mittet Filius hominis angelos suos, et colligent de regno ejus omnia scandala, et eos qui faciunt iniquitatem:

13:41 Ἀποστελεῖ ὁ υἱὸς τοῦ ἀνθρώπου τοὺς ἀγγέλους αὐτοῦ, καὶ συλλέξουσιν ἐκ τῆς βασιλείας αὐτοῦ πάντα τὰ σκάνδαλα καὶ τοὺς ποιοῦντας τὴν ἀνομίαν,

13:41 The Son of Man shall send forth his angels and they shall gather out of his kingdom all things that cause stumbling, and them that do iniquity,

13:41 des Menschen Sohn wird seine Engel senden; und sie werden sammeln aus seinem Reich alle Ärgernisse und die da unrecht tun,

13:41 Le Fils de l'homme enverra ses anges, qui arracheront de son royaume tous les scandales et ceux qui commettent l'iniquité:

13:42 וְהִשְׁלִיכוּ אֹתָם אֶל־תַּנּוּר הָאֵשׁ שָׁם תִּהְיֶה הַיְלָלָה וַחֲרֹק הַשִּׁנָּיִם:

13:42 et mittent eos in caminum ignis. Ibi erit fletus et stridor dentium.

13:42 καὶ βαλοῦσιν αὐτοὺς εἰς τὴν κάμινον τοῦ πυρός· ἐκεῖ ἔσται ὁ κλαυθμὸς καὶ ὁ βρυγμὸς τῶν ὀδόντων.

13:42 and he shall cast them into the furnace of fire where there shall be the weeping and the gnashing of teeth.

13:42 und werden sie in den Feuerofen werfen; da wird sein Heulen und Zähneklappen.

13:42 et ils les jetteront dans la fournaise ardente, où il y aura des pleurs et des grincements de dents.

13:43 אָז יַזְהִירוּ הַצַּדִּיקִים כַּשֶּׁמֶשׁ בְּמַלְכוּת אֲבִיהֶם מִי אֲשֶׁר לוֹ אָזְנַיִם לִשְׁמֹעַ יִשְׁמָע:

13:43 Tunc justi fulgebunt sicut sol in regno Patris eorum. Qui habet aures audiendi, audiat.

13:43 Τότε οἱ δίκαιοι ἐκλάμψουσιν ὡς ὁ ἥλιος ἐν τῇ βασιλείᾳ τοῦ πατρὸς αὐτῶν. Ὁ ἔχων ὦτα ἀκούειν ἀκουέτω.

13:43 Then the righteous shall shine forth as the sun in the kingdom of their Father. He who has ears, let him hear.

13:43 Dann werden die Gerechten leuchten wie die Sonne in ihres Vaters Reich. Wer Ohren hat zu hören, der höre!

13:43 Alors les justes resplendiront comme le soleil dans le royaume de leur Père. Que celui qui a des oreilles pour entendre entende.

13:44 עוֹד דּוֹמָה מַלְכוּת הַשָּׁמַיִם לְאוֹצָר טָמוּן בַּשָּׂדֶה אֲשֶׁר מְצָאוֹ אִישׁ וַיִּטְמְנֵהוּ וּבְשִׂמְחָתוֹ יֵלֵךְ וּמָכַר אֶת־כָּל־אֲשֶׁר־לוֹ וְקָנָה אֶת־הַשָּׂדֶה הַהוּא:

13:44 Simile est regnum caelorum thesauro abscondito in agro: quem qui invenit homo, abscondit, et prae gaudio illius vadit, et vendit universa quae habet, et emit agrum illum.

13:44 Πάλιν ὁμοία ἐστὶν ἡ βασιλεία τῶν οὐρανῶν θησαυρῷ κεκρυμμένῳ ἐν τῷ ἀγρῷ, ὃν εὑρὼν ἄνθρωπος ἔκρυψεν· καὶ ἀπὸ τῆς χαρᾶς αὐτοῦ ὑπάγει, καὶ πάντα ὅσα ἔχει πωλεῖ, καὶ ἀγοράζει τὸν ἀγρὸν ἐκεῖνον.

13:44 The Kingdom of Heaven is like a treasure hidden in the field, which a man found, and hid; and in his joy, he goes and sells all that he has, and buys that field.

13:44 Abermals ist gleich das Himmelreich einem verborgenem Schatz im Acker, welchen ein Mensch fand und verbarg ihn und ging hin vor Freuden über denselben und verkaufte alles, was er hatte, und kaufte den Acker.

13:44 Le royaume des cieux est encore semblable à un trésor caché dans un champ. L'homme qui l 'a trouvé le cache; et, dans sa joie, il va vendre tout ce qu'il a, et achète ce champ.

13:45 עוֹד דּוֹמָה מַלְכוּת הַשָּׁמַיִם לְאִישׁ סֹחֵר הַמְבַקֵּשׁ מַרְגָּלִיּוֹת טֹבוֹת:

13:45 Iterum simile est regnum caelorum homini negotiatori, quaerenti bonas margaritas.

13:45 Πάλιν ὁμοία ἐστὶν ἡ βασιλεία τῶν οὐρανῶν ἀνθρώπῳ ἐμπόρῳ ζητοῦντι καλοὺς μαργαρίτας·

13:45 Again, the Kingdom of Heaven is like a man that is a merchant seeking goodly pearls;

13:45 Abermals ist gleich das Himmelreich einem Kaufmann, der gute Perlen suchte.

13:45 Le royaume des cieux est encore semblable à un marchand qui cherche de belles perles.

13:46 וְכַאֲשֶׁר מָצָא מַרְגָּלִית אַחַת יְקָרָה מְאֹד הָלַךְ וַיִּמְכֹּר אֶת־כָּל־אֲשֶׁר־לוֹ וַיִּקֶן אֹתָהּ:

13:46 Inventa autem una pretiosa margarita, abiit, et vendidit omnia quae habuit, et emit eam.

13:46 ὃς εὑρὼν ἕνα πολύτιμον μαργαρίτην, ἀπελθὼν πέπρακεν πάντα ὅσα εἶχεν, καὶ ἠγόρασεν αὐτόν.

13:46 and having found one pearl of great price, he went and sold all that he had, and bought it.

13:46 Und da er eine köstliche Perle fand, ging er hin und verkaufte alles, was er hatte, und kaufte sie.

13:46 Il a trouvé une perle de grand prix; et il est allé vendre tout ce qu'il avait, et l 'a achetée.

13:47 עוֹד דּוֹמָה מַלְכוּת הַשָּׁמַיִם לְמִכְמֶרֶת אֲשֶׁר הָשְׁלְכָה לַיָּם וּמִינִים שׁוֹנִים יֵאָסְפוּ לְתוֹכָהּ:

13:47 Iterum simile est regnum caelorum sagenae missae in mare, et ex omni genere piscium congreganti.

13:47 Πάλιν ὁμοία ἐστὶν ἡ βασιλεία τῶν οὐρανῶν σαγήνῃ βληθείσῃ εἰς τὴν θάλασσαν, καὶ ἐκ παντὸς γένους συναγαγούσῃ·

13:47 Again, the Kingdom of Heaven is like a net that was cast into the sea and gathered *fish* of every kind:

13:47 Abermals ist gleich das Himmelreich einem Netze, das ins Meer geworfen ist, womit man allerlei Gattung fängt.

13:47 Le royaume des cieux est encore semblable à un filet jeté dans la mer et ramassant des poissons de toute espèce.

13:48 וְכַאֲשֶׁר נִמְלְאָה הֶעֱלוּ אֹתָהּ אֶל־שְׂפַת הַיָּם וַיֵּשְׁבוּ וַיִּלְקְטוּ אֶת־הַמִּינִים הַטּוֹבִים לְתוֹךְ הַכֵּלִים וְאֶת־הָרָעִים הִשְׁלִיכוּ׃

13:48 Quam, cum impleta esset, educentes, et secus littus sedentes, elegerunt bonis in vasa, malos autem foras miserunt.

13:48 ἥν, ὅτε ἐπληρώθη, ἀναβιβάσαντες ἐπὶ τὸν αἰγιαλόν, καὶ καθίσαντες, συνέλεξαν τὰ καλὰ εἰς ἀγγεῖα, τὰ δὲ σαπρὰ ἔξω ἔβαλον.

13:48 which, when it was filled, they took up on the beach; and they sat down, and gathered the good into vessels, but the bad they cast away.

13:48 Wenn es aber voll ist, so ziehen sie es heraus an das Ufer, sitzen und lesen die guten in ein Gefäß zusammen; aber die faulen werfen sie weg.

13:48 Quand il est rempli, les pêcheurs le tirent; et, après s'être assis sur le rivage, ils mettent dans des vases ce qui est bon, et ils jettent ce qui est mauvais.

13:49 כֵּן יִהְיֶה לְקֵץ הָעוֹלָם הַמַּלְאָכִים יֵצְאוּ וְהִבְדִּילוּ אֶת־הָרְשָׁעִים מִתּוֹךְ הַצַּדִּיקִים׃

13:49 Sic erit in consummatione saeculi: exibunt angeli, et separabunt malos de medio justorum,

13:49 Οὕτως ἔσται ἐν τῇ συντελείᾳ τοῦ αἰῶνος· ἐξελεύσονται οἱ ἄγγελοι, καὶ ἀφοριοῦσιν τοὺς πονηροὺς ἐκ μέσου τῶν δικαίων,

13:49 So shall it be in the end of the age: the angels shall come forth, and sever the wicked from among the righteous,

13:49 Also wird es auch am Ende der Welt gehen: die Engel werden ausgehen und die Bösen von den Gerechten scheiden

13:49 Il en sera de même à la fin du monde. Les anges viendront séparer les méchants d'avec les justes,

13:50 וְהִשְׁלִיכוּם אֶל־תַּנּוּר הָאֵשׁ שָׁם תִּהְיֶה הַיְלָלָה וַחֲרֹק הַשִּׁנָּיִם׃

13:50 et mittent eos in caminum ignis: ibi erit fletus, et stridor dentium.

13:50 καὶ βαλοῦσιν αὐτοὺς εἰς τὴν κάμινον τοῦ πυρός· ἐκεῖ ἔσται ὁ κλαυθμὸς καὶ ὁ βρυγμὸς τῶν ὀδόντων.

13:50 and shall cast them into the furnace of fire; there shall be weeping and gnashing of teeth.

13:50 und werden sie in den Feuerofen werfen; da wird Heulen und Zähneklappen sein.

13:50 et ils les jetteront dans la fournaise ardente, où il y aura des pleurs et des grincements de dents.

13:51 וַיֹּאמֶר אֲלֵיהֶם יֵשׁוּעַ הֲתָבִינוּ אֶת־כָּל־אֵלֶּה וַיֹּאמְרוּ אֵלָיו הֵן אֲדֹנֵינוּ׃

13:51 Intellexistis haec omnia? Dicunt ei: Etiam.

13:51 Λέγει αὐτοῖς ὁ Ἰησοῦς, Συνήκατε ταῦτα πάντα; Λέγουσιν αὐτῷ, Ναί, κύριε.

13:51 Have you understood all these things?" They say to him, "Yes."

13:51 Und Jesus sprach zu ihnen: Habt ihr das alles verstanden? Sie sprachen: Ja, HERR.

13:51 Avez-vous compris toutes ces choses?-Oui, répondirent-ils.

13:52 וַיֹּאמֶר אֲלֵיהֶם עַל־כֵּן כָּל־סוֹפֵר מְלוּמָּד לְמַלְכוּת הַשָּׁמַיִם דּוֹמֶה לְאִישׁ בַּעַל־הַבַּיִת הַמּוֹצִיא מֵאוֹצָרוֹ חֲדָשׁוֹת וְגַם יְשָׁנוֹת:

13:52 Ait illis: Ideo omnis scriba doctus in regno caelorum, similis est homini patrifamilias, qui profert de thesauro suo nova et vetera.

13:52 Ὁ δὲ εἶπεν αὐτοῖς, Διὰ τοῦτο πᾶς γραμματεὺς μαθητευθεὶς εἰς τὴν βασιλείαν τῶν οὐρανῶν ὅμοιός ἐστιν ἀνθρώπῳ οἰκοδεσπότῃ, ὅστις ἐκβάλλει ἐκ τοῦ θησαυροῦ αὐτοῦ καινὰ καὶ παλαιά.

13:52 And he said to them, "Therefore, every scribe who has been made a disciple to the Kingdom of Heaven is like a man that is a householder, who brings forth out of his treasure things new and old."

13:52 Da sprach er: Darum ein jeglicher Schriftgelehrter, zum Himmelreich gelehrt, ist gleich einem Hausvater, der aus seinem Schatz Neues und Altes hervorträgt.

13:52 Et il leur dit: C'est pourquoi, tout scribe instruit de ce qui regarde le royaume des cieux est semblable à un maître de maison qui tire de son trésor des choses nouvelles et des choses anciennes.

13:53 וַיְהִי כְּכַלּוֹת יֵשׁוּעַ לְדַבֵּר אֶת־הַמְּשָׁלִים הָאֵלֶּה וַיַּעֲבֹר מִשָּׁם:

13:53 Et factum est, cum consummasset Jesus parabolas istas, transiit inde.

13:53 Καὶ ἐγένετο ὅτε ἐτέλεσεν ὁ Ἰησοῦς τὰς παραβολὰς ταύτας, μετῆρεν ἐκεῖθεν·

13:53 And it came to pass, when Jesus had finished these parables, he departed there.

13:53 Und es begab sich, da Jesus diese Gleichnisse vollendet hatte, ging er von dannen

13:53 Lorsque Jésus eut achevé ces paraboles, il partit de là.

13:54 וַיָּבֹא אֶל־אַרְצוֹ וַיְלַמֵּד אֹתָם בְּבֵית הַכְּנֶסֶת שֶׁלָּהֶם וַיִּשְׁתּוֹמֲמוּ וַיֹּאמְרוּ מֵאַיִן לָזֶה הַחָכְמָה הַזֹּאת וְהַגְּבוּרוֹת:

13:54 Et veniens in patriam suam, docebat eos in synagogis eorum, ita ut mirarentur, et dicerent: Unde huic sapientia haec, et virtutes?

13:54 καὶ ἐλθὼν εἰς τὴν πατρίδα αὐτοῦ ἐδίδασκεν αὐτοὺς ἐν τῇ συναγωγῇ αὐτῶν, ὥστε ἐκπλήττεσθαι αὐτοὺς καὶ λέγειν, Πόθεν τούτῳ ἡ σοφία αὕτη καὶ αἱ δυνάμεις;

13:54 And coming into his own country he taught them in their synagogue, so much that they were astonished, and said, "From where has this man this wisdom, and these mighty works?

13:54 und kam in seine Vaterstadt und lehrte sie in ihrer Schule, also auch, daß sie sich entsetzten und sprachen: Woher kommt diesem solche Weisheit und Taten?

13:54 S'étant rendu dans sa patrie, il enseignait dans la synagogue, de sorte que ceux qui l'entendirent étaient étonnés et disaient: D'où lui viennent cette sagesse et ces miracles?

13:55 הֲלֹא זֶה הוּא בֶּן־הֶחָרָשׁ הֲלֹא שֵׁם אִמּוֹ מִרְיָם וְאֶחָיו יַעֲקֹב וְיוֹסֵי וְשִׁמְעוֹן וִיהוּדָה:

13:55 Nonne hic est fabri filius? nonne mater ejus dicitur Maria, et fratres ejus, Jacobus, et Joseph, et Simon, et Judas?

13:55 Οὐχ οὗτός ἐστιν ὁ τοῦ τέκτονος υἱός; Οὐχὶ ἡ μήτηρ αὐτοῦ λέγεται Μαριάμ, καὶ οἱ ἀδελφοὶ αὐτοῦ Ἰάκωβος καὶ Ἰωσῆς καὶ Σίμων καὶ Ἰούδας;

13:55 Is not this the carpenter's son? Is not his mother called Mary? And his brothers, James, and Joseph, and Simon, and Judas?

13:55 Ist er nicht eines Zimmermann's Sohn? Heißt nicht seine Mutter Maria? und seine Brüder Jakob und Joses und Simon und Judas?

13:55 N'est-ce pas le fils du charpentier? n'est-ce pas Marie qui est sa mère? Jacques, Joseph, Simon et Jude, ne sont-ils pas ses frères?

13:56 וְאַחְיוֹתָיו הֲלֹא כוּלָּן אִתָּנוּ הֵן וּמֵאַיִן אֵיפוֹא לוֹ כָּל־אֵלֶּה:

13:56 et sorores ejus, nonne omnes apud nos sunt? unde ergo huic omnia ista?

13:56 Καὶ αἱ ἀδελφαὶ αὐτοῦ οὐχὶ πᾶσαι πρὸς ἡμᾶς εἰσιν; Πόθεν οὖν τούτῳ ταῦτα πάντα;

13:56 And his sisters, are they not all with us? From where then has this man all these things?"

13:56 Und seine Schwestern, sind sie nicht alle bei uns? Woher kommt ihm denn das alles?

13:56 et ses soeurs ne sont-elles pas toutes parmi nous? D'où lui viennent donc toutes ces choses?

13:57 וַיְהִי לָהֶם לְמִכְשׁוֹל וַיֹּאמֶר יֵשׁוּעַ אֲלֵיהֶם אֵין הַנָּבִיא נִקְלֶה אִם־לֹא בְּאַרְצוֹ וּבְבֵיתוֹ:

13:57 Et scandalizabantur in eo. Jesus autem dixit eis: Non est propheta sine honore, nisi in patria sua, et in domo sua.

13:57 Καὶ ἐσκανδαλίζοντο ἐν αὐτῷ. Ὁ δὲ Ἰησοῦς εἶπεν αὐτοῖς, Οὐκ ἔστιν προφήτης ἄτιμος, εἰ μὴ ἐν τῇ πατρίδι αὐτοῦ καὶ ἐν τῇ οἰκίᾳ αὐτοῦ.

13:57 And they were offended in him. But Jesus said to them, "A prophet is not without honor except in his own country and in his own household."

13:57 Und sie ärgerten sich an ihm. Jesus aber sprach zu ihnen: Ein Prophet gilt nirgend weniger denn in seinem Vaterland und in seinem Hause.

13:57 Et il était pour eux une occasion de chute. Mais Jésus leur dit: Un prophète n'est méprisé que dans sa patrie et dans sa maison.

13:58 וְלֹא־עָשָׂה שָׁם גְּבוּרוֹת רַבּוֹת מִפְּנֵי חֹסֶר אֱמוּנָתָם:

13:58 Et non fecit ibi virtutes multas propter incredulitatem illorum.

13:58 Καὶ οὐκ ἐποίησεν ἐκεῖ δυνάμεις πολλάς, διὰ τὴν ἀπιστίαν αὐτῶν.

13:58 And he did not do many mighty works there because of their unbelief.

13:58 Und er tat daselbst nicht viel Zeichen um ihres Unglaubens willen.

13:58 Et il ne fit pas beaucoup de miracles dans ce lieu, à cause de leur incrédulité.

14:1 בָּעֵת הַהִיא שָׁמַע הוֹרְדוֹס שַׂר־רֹבַע הַמְּדִינָה אֵת שֵׁמַע יֵשׁוּעַ:

14:1 In illo tempore audivit Herodes tetrarcha famam Jesu:

14:1 Ἐν ἐκείνῳ τῷ καιρῷ ἤκουσεν Ἡρώδης ὁ τετράρχης τὴν ἀκοὴν Ἰησοῦ,

14:1 At that time, Herod the tetrarch heard the report concerning Jesus,

14:1 Zu der Zeit kam das Gerücht von Jesu vor den Vierfürsten Herodes.

14:1 En ce temps-là, Hérode le tétrarque, ayant entendu parler de Jésus,

The Gospel of Matthew

14:2 וַיֹּאמֶר אֶל־נְעָרָיו זֶה הוּא יוֹחָנָן הַמַּטְבִּיל אֲשֶׁר נֵעוֹר מִן־הַמֵּתִים עַל־כֵּן הַכֹּחוֹת פֹּעֲלִים בּוֹ:

14:2 et ait pueris suis: Hic est Joannes Baptista: ipse surrexit a mortuis, et ideo virtutes operantur in eo.

14:2 καὶ εἶπεν τοῖς παισὶν αὐτοῦ, Οὗτός ἐστιν Ἰωάννης ὁ βαπτιστής· αὐτὸς ἠγέρθη ἀπὸ τῶν νεκρῶν, καὶ διὰ τοῦτο αἱ δυνάμεις ἐνεργοῦσιν ἐν αὐτῷ.

14:2 and said to his servants, "This is John the Baptist; he is risen from the dead and therefore these powers are at work in him."

14:2 Und er sprach zu seinen Knechten: Dieser ist Johannes der Täufer; er ist von den Toten auferstanden, darum tut er solche Taten.

14:2 dit à ses serviteurs: C 'est Jean-Baptiste! Il est ressuscité des morts, et c'est pour cela qu'il se fait par lui des miracles.

14:3 כִּי הוֹרְדוֹס תָּפַשׂ אֶת־יוֹחָנָן וַיַּאַסְרֵהוּ וַיְשִׂימֵהוּ בְּבֵית הַסֹּהַר בִּגְלַל הוֹרוֹדְיָה אֵשֶׁת פִּילִפּוֹס אָחִיו:

14:3 Herodes enim tenuit Joannem, et alligavit eum: et posuit in carcerem propter Herodiadem uxorem fratris sui.

14:3 Ὁ γὰρ Ἡρῴδης κρατήσας τὸν Ἰωάννην ἔδησεν αὐτὸν καὶ ἔθετο ἐν φυλακῇ, διὰ Ἡρῳδιάδα τὴν γυναῖκα Φιλίππου τοῦ ἀδελφοῦ αὐτοῦ.

14:3 For Herod had seized John and bound him and put him in prison because of Herodias, his brother Philip's wife.

14:3 Denn Herodes hatte Johannes gegriffen und in das Gefängnis gelegt wegen der Herodias, seines Bruders Philippus Weib.

14:3 Car Hérode, qui avait fait arrêter Jean, l 'avait lié et mis en prison, à cause d 'Hérodias, femme de Philippe, son frère,

14:4 כִּי אָמַר יוֹחָנָן אֵלָיו אֲסוּרָה הִיא לָךְ:

14:4 Dicebat enim illi Joannes: Non licet tibi habere eam.

14:4 Ἔλεγεν γὰρ αὐτῷ ὁ Ἰωάννης, Οὐκ ἔξεστίν σοι ἔχειν αὐτήν.

14:4 For John said to him, "It is not lawful for you to have her."

14:4 Denn Johannes hatte zu ihm gesagt: Es ist nicht recht, daß du sie habest.

14:4 parce que Jean lui disait: Il ne t 'est pas permis de l 'avoir pour femme.

14:5 וַיְבַקֵּשׁ לְהָרְגוֹ וַיִּירָא אֶת־הֶהָמוֹן כִּי לְנָבִיא חֲשָׁבוּהוּ:

14:5 Et volens illum occidere, timuit populum: quia sicut prophetam eum habebant.

14:5 Καὶ θέλων αὐτὸν ἀποκτεῖναι, ἐφοβήθη τὸν ὄχλον, ὅτι ὡς προφήτην αὐτὸν εἶχον.

14:5 And when he would have put him to death but he feared the multitude because they counted him as a prophet.

14:5 Und er hätte ihn gern getötet, fürchtete sich aber vor dem Volk; denn sie hielten ihn für einen Propheten.

14:5 Il voulait le faire mourir, mais il craignait la foule, parce qu 'elle regardait Jean comme un prophète.

14:6 וַיְהִי בְּיוֹם הֻלֶּדֶת הוֹרְדוֹס וַתְּרַקֵּד בַּת־הוֹרוֹדְיָה בְּתוֹכָם וַתִּיטַב בְּעֵינֵי הוֹרְדוֹס:

14:6 Die autem natalis Herodis saltavit filia Herodiadis in medio, et placuit Herodi:

14:6 Γενεσίων δὲ ἀγομένων τοῦ Ἡρώδου, ὠρχήσατο ἡ θυγάτηρ τῆς Ἡρωδιάδος ἐν τῷ μέσῳ, καὶ ἤρεσεν τῷ Ἡρώδῃ·

14:6 But when Herod's birthday came, the daughter of Herodias danced amid them and pleased Herod.

14:6 Da aber Herodes seinen Jahrestag beging, da tanzte die Tochter der Herodias vor ihnen. Das gefiel Herodes wohl.

14:6 Or, lorsqu'on célébra l'anniversaire de la naissance d'Hérode, la fille d'Hérodias dansa au milieu des convives, et plut à Hérode,

14:7 וַיִּשָּׁבַע לָהּ וַיֹּאמַר מַה־תִּשְׁאַל נַפְשֵׁךְ וְאֶתֵּן לָךְ:

14:7 unde cum juramento pollicitus est ei dare quodcumque postulasset ab eo.

14:7 ὅθεν μεθ' ὅρκου ὡμολόγησεν αὐτῇ δοῦναι ὃ ἐὰν αἰτήσηται.

14:7 Then he promised with an oath to give her whatever she should ask.

14:7 Darum verhieß er ihr mit einem Eide, er wollte ihr geben, was sie fordern würde.

14:7 de sorte qu'il promit avec serment de lui donner ce qu'elle demanderait.

14:8 וְאִמָּהּ שָׂמָה אֶת־הַדְּבָרִים בְּפִיהָ וַתִּשְׁאַל לֵאמֹר תְּנָה־לִּי פֹה בַּקְּעָרָה אֶת־רֹאשׁ יוֹחָנָן הַמַּטְבִּיל:

14:8 At illa praemonita a matre sua: Da mihi, inquit, hic in disco caput Joannis Baptistae.

14:8 Ἡ δέ, προβιβασθεῖσα ὑπὸ τῆς μητρὸς αὐτῆς, Δός μοι, φησίν, ὧδε ἐπὶ πίνακι τὴν κεφαλὴν Ἰωάννου τοῦ βαπτιστοῦ.

14:8 And she, being put forward by her mother, says, "Give me, here on a platter, the head of John the Baptizer."

14:8 Und wie sie zuvor von ihrer Mutter angestiftet war, sprach sie: Gib mir her auf einer Schüssel das Haupt Johannes des Täufers!

14:8 À l'instigation de sa mère, elle dit: Donne-moi ici, sur un plat, la tête de Jean-Baptiste.

14:9 וַיֵּצֶר לַמֶּלֶךְ אַךְ בַּעֲבוּר הַשְּׁבוּעָה וְהַמְסֻבִּים עִמּוֹ צִוָּה לָתֶת לָהּ:

14:9 Et contristatus est rex: propter juramentum autem, et eos qui pariter recumbebant, jussit dari.

14:9 Καὶ ἐλυπήθη ὁ βασιλεύς, διὰ δὲ τοὺς ὅρκους καὶ τοὺς συνανακειμένους ἐκέλευσεν δοθῆναι·

14:9 And the king was grieved. But for the sake of his oaths, and of those that sat to eat with him, he commanded it to be given;

14:9 Und der König ward traurig; doch um des Eides willen und derer, die mit ihm zu Tische saßen, befahl er's ihr zu geben.

14:9 Le roi fut attristé; mais, à cause de ses serments et des convives, il commanda qu'on la lui donne,

14:10 וַיִּשְׁלַח וַיִּשָּׂא אֶת־רֹאשׁ יוֹחָנָן מֵעָלָיו בְּבֵית הַסֹּהַר:

14:10 Misitque et decollavit Joannem in carcere.

14:10 καὶ πέμψας ἀπεκεφάλισεν τὸν Ἰωάννην ἐν τῇ φυλακῇ.

14:10 and he sent and beheaded John in the prison.

14:10 Und schickte hin und enthauptete Johannes im Gefängnis.

14:10 et il envoya décapiter Jean dans la prison.

14:11 וַיָּבִיאוּ אֶת־רֹאשׁוֹ בַּקְּעָרָה וַיִּתְּנוּ בִּידֵי הַנַּעֲרָה וַתְּבִיאֵהוּ אֶל־אִמָּהּ:

14:11 Et allatum est caput ejus in disco, et datum est puellae, et attulit matri suae.

14:11 Καὶ ἠνέχθη ἡ κεφαλὴ αὐτοῦ ἐπὶ πίνακι, καὶ ἐδόθη τῷ κορασίῳ· καὶ ἤνεγκεν τῇ μητρὶ αὐτῆς.

14:11 And his head was brought on a platter and given to the young girl and she brought it to her mother.

14:11 Und sein Haupt ward hergetragen in einer Schüssel und dem Mägdlein gegeben; und sie brachte es ihrer Mutter.

14:11 Sa tête fut apportée sur un plat, et donnée à la jeune fille, qui la porta à sa mère.

14:12 וַיִּגְּשׁוּ תַלְמִידָיו וַיִּשְׂאוּ אֶת־גְּוִיָּתוֹ וַיִּקְבְּרוּהָ וַיֵּלְכוּ וַיַּגִּידוּ לְיֵשׁוּעַ:

14:12 Et accedentes discipuli ejus, tulerunt corpus ejus, et sepelierunt illud: et venientes nuntiaverunt Jesu.

14:12 Καὶ προσελθόντες οἱ μαθηταὶ αὐτοῦ ἦραν τὸ σῶμα, καὶ ἔθαψαν αὐτό· καὶ ἐλθόντες ἀπήγγειλαν τῷ Ἰησοῦ.

14:12 And his disciples came, and took up the corpse, and buried him; and they went and told Jesus.

14:12 Da kamen seine Jünger und nahmen seinen Leib und begruben ihn; und kamen und verkündigten das Jesus.

14:12 Les disciples de Jean vinrent prendre son corps, et l'ensevelirent. Et ils allèrent l'annoncer à Jésus.

14:13 וַיְהִי כְּשָׁמְעוֹ אֶת־זֹאת וַיָּסַר מִשָּׁם בָּאֳנִיָּה אֶל־מָקוֹם חָרְבָּה וְאֵין־אִישׁ אִתּוֹ וַיִּשְׁמְעוּ הֲמוֹן הָעָם וַיֵּלְכוּ אַחֲרָיו בְּרַגְלֵיהֶם מִן־הֶעָרִים:

14:13 Quod cum audisset Jesus, secessit inde in navicula, in locum desertum seorsum: et cum audissent turbae, secutae sunt eum pedestres de civitatibus.

14:13 Καὶ ἀκούσας ὁ Ἰησοῦς ἀνεχώρησεν ἐκεῖθεν ἐν πλοίῳ εἰς ἔρημον τόπον κατ' ἰδίαν· καὶ ἀκούσαντες οἱ ὄχλοι ἠκολούθησαν αὐτῷ πεζῇ ἀπὸ τῶν πόλεων.

14:13 Now when Jesus heard, he withdrew from there in a boat, to a wilderness place alone: and when the multitudes heard they followed him on foot from the cities.

14:13 Da das Jesus hörte, wich er von dannen auf einem Schiff in eine Wüste allein. Und da das Volk das hörte, folgte es ihm nach zu Fuß aus den Städten.

14:13 À cette nouvelle, Jésus partit de là dans une barque, pour se retirer à l'écart dans un lieu désert; et la foule, l'ayant su, sortit des villes et le suivit à pied.

The Gospel of Matthew

14:14 וַיֵּצֵא יֵשׁוּעַ וַיַּרְא עַם־רָב וַיֶּהֱמוּ מֵעָיו לָהֶם וַיְרַפֵּא אֶת־הַחַלָּשִׁים אֲשֶׁר בָּהֶם׃

14:14 Et exiens vidit turbam multam, et misertus est eis, et curavit languidos eorum.

14:14 Καὶ ἐξελθὼν ὁ Ἰησοῦς εἶδεν πολὺν ὄχλον, καὶ ἐσπλαγχνίσθη ἐπ' αὐτοῖς, καὶ ἐθεράπευσεν τοὺς ἀρρώστους αὐτῶν.

14:14 And he came forth and saw a great multitude and he had compassion on them and healed their sick.

14:14 Und Jesus ging hervor und sah das große Volk; und es jammerte ihn derselben, und er heilte ihre Kranken.

14:14 Quand il sortit de la barque, il vit une grande foule, et fut ému de compassion pour elle, et il guérit les malades.

14:15 וַיְהִי לְעֵת עֶרֶב וַיִּגְּשׁוּ אֵלָיו תַּלְמִידָיו וַיֹּאמְרוּ הַמָּקוֹם חָרֵב וְגַם־נָטָה הַיּוֹם שַׁלְּחָה אֶת־הֲמוֹן הָעָם וְיֵלְכוּ אֶל־הַכְּפָרִים לִקְנוֹת לָהֶם אֹכֶל׃

14:15 Vespere autem facto, accesserunt ad eum discipuli ejus, dicentes: Desertus est locus, et hora jam praeteriit: dimitte turbas, ut euntes in castella, emant sibi escas.

14:15 Ὀψίας δὲ γενομένης, προσῆλθον αὐτῷ οἱ μαθηταὶ αὐτοῦ, λέγοντες, Ἔρημός ἐστιν ὁ τόπος, καὶ ἡ ὥρα ἤδη παρῆλθεν· ἀπόλυσον τοὺς ὄχλους, ἵνα ἀπελθόντες εἰς τὰς κώμας ἀγοράσωσιν ἑαυτοῖς βρώματα.

14:15 And when evening had come, the disciples came to him, saying, "This place is wilderness and the time is already past; send the multitudes away so that they may go into the villages and buy themselves food."

14:15 Am Abend aber traten seine Jünger zu ihm und sprachen: Dies ist eine Wüste, und die Nacht fällt herein; Laß das Volk von dir, daß sie hin in die Märkte gehen und sich Speise kaufen.

14:15 Le soir étant venu, les disciples s'approchèrent de lui, et dirent: Ce lieu est désert, et l'heure est déjà avancée; renvoie la foule, afin qu 'elle aille dans les villages, pour s 'acheter des vivres.

14:16 וַיֹּאמֶר אֲלֵיהֶם אֵינָם צְרִיכִים לָלֶכֶת תְּנוּ־אַתֶּם לָהֶם לֶאֱכֹל׃

14:16 Jesus autem dixit eis: Non habent necesse ire: date illis vos manducare.

14:16 Ὁ δὲ Ἰησοῦς εἶπεν αὐτοῖς, Οὐ χρείαν ἔχουσιν ἀπελθεῖν· δότε αὐτοῖς ὑμεῖς φαγεῖν.

14:16 But Jesus said to them, "They have no need to go away; you give them *food* to eat."

14:16 Aber Jesus sprach zu ihnen: Es ist nicht not, daß sie hingehen; gebt ihr ihnen zu essen.

14:16 Jésus leur répondit: Ils n'ont pas besoin de s'en aller; donnez-leur vous-mêmes à manger.

14:17 וַיֹּאמְרוּ אֵלָיו אֵין־לָנוּ פֹה כִּי אִם־חֲמֵשֶׁת כִּכְּרוֹת־לֶחֶם וּשְׁנֵי דָגִים׃

14:17 Responderunt ei: Non habemus hic nisi quinque panes et duos pisces.

14:17 Οἱ δὲ λέγουσιν αὐτῷ, Οὐκ ἔχομεν ὧδε εἰ μὴ πέντε ἄρτους καὶ δύο ἰχθύας.

14:17 And they say to him, "We have here but five loaves and two fish."

14:17 Sie sprachen: Wir haben hier nichts denn fünf Brote und zwei Fische.

14:17 Mais ils lui dirent: Nous n'avons ici que cinq pains et deux poissons.

The Gospel of Matthew

14:18 וַיֹּאמֶר הֲבִיאוּם אֵלַי הֵנָּה׃

14:18 Qui ait eis: Afferte mihi illos huc.

14:18 Ὁ δὲ εἶπεν, Φέρετέ μοι αὐτοὺς ὧδε.

14:18 And he said, "Bring them here to me."

14:18 Und er sprach: Bringet sie mir her.

14:18 Et il dit: Apportez-les-moi.

14:19 וַיְצַו אֶת־הָעָם לָשֶׁבֶת עַל־הַדֶּשֶׁא וַיִּקַּח אֶת־חֲמֵשֶׁת כִּכְּרוֹת־הַלֶּחֶם וְאֶת־שְׁנֵי הַדָּגִים וַיִּשָּׂא עֵינָיו הַשָּׁמַיְמָה וַיְבָרֶךְ וַיִּפְרֹס וַיִּתֵּן אֶת־הַלֶּחֶם לַתַּלְמִידִים וְהַתַּלְמִידִים נָתְנוּ לָעָם׃

14:19 Et cum jussisset turbam discumbere super foenum, acceptis quinque panibus et duobus piscibus, aspiciens in caelum benedixit, et fregit, et dedit discipulis panes, discipuli autem turbis.

14:19 Καὶ κελεύσας τοὺς ὄχλους ἀνακλιθῆναι ἐπὶ τοὺς χόρτους, λαβὼν τοὺς πέντε ἄρτους καὶ τοὺς δύο ἰχθύας, ἀναβλέψας εἰς τὸν οὐρανόν, εὐλόγησεν, καὶ κλάσας ἔδωκεν τοῖς μαθηταῖς τοὺς ἄρτους, οἱ δὲ μαθηταὶ τοῖς ὄχλοις.

14:19 And he commanded the multitudes to sit down on the grass; and he took the five loaves, and the two fish, and looking up to heaven, he blessed, and broke, and gave the loaves to the disciples, and the disciples *gave them* to the multitudes.

14:19 Und er hieß das Volk sich lagern auf das Gras und nahm die fünf Brote und die zwei Fische, sah auf zum Himmel und dankte und brach's und gab die Brote den Jüngern, und die Jünger gaben sie dem Volk.

14:19 Il fit asseoir la foule sur l'herbe, prit les cinq pains et les deux poissons, et, levant les yeux vers le ciel, il rendit grâces. Puis, il rompit les pains et les donna aux disciples, qui les distribuèrent à la foule.

14:20 וַיֹּאכְלוּ כֻלָּם וַיִּשְׂבָּעוּ וַיִּשְׂאוּ מִן־הַפְּתוֹתִים הַנּוֹתָרִים שְׁנֵים עָשָׂר סַלִּים מְלֵאִים׃

14:20 Et manducaverunt omnes, et saturati sunt. Et tulerunt reliquias, duodecim cophinos fragmentorum plenos.

14:20 Καὶ ἔφαγον πάντες, καὶ ἐχορτάσθησαν· καὶ ἦραν τὸ περισσεῦον τῶν κλασμάτων, δώδεκα κοφίνους πλήρεις.

14:20 And they all ate and were filled; and they took up that which remained over of the broken pieces, twelve baskets full.

14:20 Und sie aßen alle und wurden satt und hoben auf, was übrigblieb von Brocken, zwölf Körbe voll.

14:20 Tous mangèrent et furent rassasiés, et l'on emporta douze paniers pleins des morceaux qui restaient.

14:21 וְהָאֹכְלִים כַּחֲמֵשֶׁת אֲלָפִים אִישׁ מִלְּבַד הַנָּשִׁים וְהַטָּף׃

14:21 Manducantium autem fuit numerus quinque millia virorum, exceptis mulieribus et parvulis.

14:21 Οἱ δὲ ἐσθίοντες ἦσαν ἄνδρες ὡσεὶ πεντακισχίλιοι, χωρὶς γυναικῶν καὶ παιδίων.

14:21 And those who ate were about five thousand men, besides women and children.

14:21 Die aber gegessen hatten waren, waren bei fünftausend Mann, ohne Weiber und Kinder.

14:21 Ceux qui avaient mangé étaient environ cinq mille hommes, sans les femmes et les enfants.

14:22 וַיָּאֶץ יֵשׁוּעַ בְּתַלְמִידָיו לָרֶדֶת בָּאֳנִיָּה לַעֲבֹר לְפָנָיו אֶל־עֵבֶר הַיָּם עַד אֲשֶׁר־יְשַׁלַּח אֶת־הָעָם:

14:22 Et statim compulit Jesus discipulos ascendere in naviculam, et praecedere eum trans fretum, donec dimitteret turbas.

14:22 Καὶ εὐθέως ἠνάγκασεν ὁ Ἰησοῦς τοὺς μαθητὰς ἐμβῆναι εἰς τὸ πλοῖον, καὶ προάγειν αὐτὸν εἰς τὸ πέραν, ἕως οὗ ἀπολύσῃ τοὺς ὄχλους.

14:22 And immediately he ordered the disciples to enter into the boat and to go before him to the other side, while he would send the multitudes away.

14:22 Und alsbald trieb Jesus seine Jünger, daß sie in das Schiff traten und vor ihm herüberfuhren, bis er das Volk von sich ließe.

14:22 Aussitôt après, il obligea les disciples à monter dans la barque et à passer avant lui de l'autre côté, pendant qu'il renverrait la foule.

14:23 וַיְשַׁלַּח אֶת־הָעָם וַיַּעַל הָהָרָה בָּדָד לְהִתְפַּלֵּל וַיְהִי־עֶרֶב וְהוּא לְבַדּוֹ שָׁמָּה:

14:23 Et dimissa turba, ascendit in montem solus orare. Vespere autem facto solus erat ibi:

14:23 Καὶ ἀπολύσας τοὺς ὄχλους, ἀνέβη εἰς τὸ ὄρος κατ' ἰδίαν προσεύξασθαι· ὀψίας δὲ γενομένης, μόνος ἦν ἐκεῖ.

14:23 And after he had sent the multitudes away, he went up into the mountain alone to pray. And when evening had come, he was there alone.

14:23 Und da er das Volk von sich gelassen hatte, stieg er auf einen Berg allein, daß er betete. Und am Abend war er allein daselbst.

14:23 Quand il l'eut renvoyée, il monta sur la montagne, pour prier à l'écart; et, comme le soir était venu, il était là seul.

14:24 וְהָאֳנִיָּה בָּאָה עַד חֲצִי הַיָּם וְהַגַּלִּים יִטְרְפוּהָ כִּי הָרוּחַ לְנֶגְדָּהּ:

14:24 navicula autem in medio mari jactabatur fluctibus: erat enim contrarius ventus.

14:24 Τὸ δὲ πλοῖον ἤδη μέσον τῆς θαλάσσης ἦν, βασανιζόμενον ὑπὸ τῶν κυμάτων· ἦν γὰρ ἐναντίος ὁ ἄνεμος.

14:24 But the boat was now in the midst of the sea, distressed by the waves; for the wind was contrary.

14:24 Und das Schiff war schon mitten auf dem Meer und litt Not von den Wellen; denn der Wind war ihnen zuwider.

14:24 La barque, déjà au milieu de la mer, était battue par les flots; car le vent était contraire.

14:25 וַיְהִי בָּאַשְׁמֹרֶת הָרְבִיעִית וַיָּבֹא אֲלֵיהֶם יֵשׁוּעַ וְהוּא מְהַלֵּךְ עַל־פְּנֵי הַיָּם:

14:25 Quarta enim vigilia noctis, venit ad eos ambulans super mare.

14:25 Τετάρτῃ δὲ φυλακῇ τῆς νυκτὸς ἀπῆλθεν πρὸς αὐτοὺς ὁ Ἰησοῦς, περιπατῶν ἐπὶ τῆς θαλάσσης.

14:25 And in the fourth watch of the night he came to them, walking upon the sea.

14:25 Aber in der vierten Nachtwache kam Jesus zu ihnen und ging auf dem Meer.

14:25 À la quatrième veille de la nuit, Jésus alla vers eux, marchant sur la mer.

14:34 וַיַּעַבְרוּ אֶת־הַיָּם וַיָּבֹאוּ אַרְצָה גְּנֵיסַר:

14:34 Et cum transfretassent, venerunt in terram Genesar.

14:34 Καὶ διαπεράσαντες ἦλθον εἰς τὴν γῆν Γεννησαρέτ.

14:34 And when they had crossed over, they came to the land, to Gennesaret.

14:34 Und sie schifften hinüber und kamen in das Land Genezareth.

14:34 Après avoir traversé la mer, ils vinrent dans le pays de Génésareth.

14:35 וַיַּכִּירוּ אֹתוֹ אַנְשֵׁי הַמָּקוֹם הַהוּא וַיִּשְׁלְחוּ אֶל־כָּל־סְבִיבוֹתֵיהֶם וַיָּבִיאוּ אֵלָיו אֵת כָּל־הַחוֹלִים:

14:35 Et cum cognovissent eum viri loci illius, miserunt in universam regionem illam, et obtulerunt ei omnes male habentes:

14:35 Καὶ ἐπιγνόντες αὐτὸν οἱ ἄνδρες τοῦ τόπου ἐκείνου ἀπέστειλαν εἰς ὅλην τὴν περίχωρον ἐκείνην, καὶ προσήνεγκαν αὐτῷ πάντας τοὺς κακῶς ἔχοντας·

14:35 And when the men of that place recognized him, they sent into all that region nearby, and brought to him all that were sick,

14:35 Und da die Leute am selbigen Ort sein gewahr wurden, schickten sie aus in das ganze Land umher und brachten allerlei Ungesunde zu ihm

14:35 Les gens de ce lieu, ayant reconnu Jésus, envoyèrent des messagers dans tous les environs, et on lui amena tous les malades.

14:36 וַיְבַקְשׁוּ מִמֶּנּוּ רַק לִנְגֹּעַ בִּכְנַף בִּגְדוֹ וְכָל־הַנֹּגְעִים נוֹשָׁעוּ:

14:36 et rogabant eum ut vel fimbriam vestimenti ejus tangerent. Et quicumque tetigerunt, salvi facti sunt.

14:36 καὶ παρεκάλουν αὐτόν, ἵνα μόνον ἅψωνται τοῦ κρασπέδου τοῦ ἱματίου αὐτοῦ· καὶ ὅσοι ἥψαντο διεσώθησαν.

14:36 and they sought him that they might only touch the border of his garment; and as many as touched were made whole.

14:36 und baten ihn, daß sie nur seines Kleides Saum anrührten. Und alle, die ihn anrührten, wurden gesund.

14:36 Ils le prièrent de leur permettre seulement de toucher le bord de son vêtement. Et tous ceux qui le touchèrent furent guéris.

15:1 אָז בָּאוּ אֶל־יֵשׁוּעַ הַסּוֹפְרִים וְהַפְּרוּשִׁים אֲשֶׁר מִירוּשָׁלָיִם:

15:1 Tunc accesserunt ad eum ab Jerosolymis scribae et pharisaei, dicentes:

15:1 Τότε προσέρχονται τῷ Ἰησοῦ οἱ ἀπὸ Ἱεροσολύμων γραμματεῖς καὶ Φαρισαῖοι, λέγοντες,

15:1 Then there come to Jesus from Jerusalem, Pharisees and scribes, saying,

15:1 Da kamen zu ihm die Schriftgelehrten und Pharisäer von Jerusalem und sprachen:

15:1 Alors des pharisiens et des scribes vinrent de Jérusalem auprès de Jésus, et dirent:

The Gospel of Matthew

15:2 וַיֹּאמְרוּ מַדּוּעַ תַּלְמִידֶיךָ עֹבְרִים אֶת קַבָּלַת הַזְּקֵנִים כִּי אֵינָם נֹטְלִים יְדֵיהֶם לִסְעוּדָה׃

15:2 Quare discipuli tui transgrediuntur traditionem seniorum? non enim lavant manus suas cum panem manducant.

15:2 Διὰ τί οἱ μαθηταί σου παραβαίνουσιν τὴν παράδοσιν τῶν πρεσβυτέρων; Οὐ γὰρ νίπτονται τὰς χεῖρας αὐτῶν, ὅταν ἄρτον ἐσθίωσιν.

15:2 "Why do your disciples transgress the tradition of the elders, for they do not wash their hands when they eat bread?"

15:2 Warum übertreten deine Jünger der Ältesten Aufsätze? Sie waschen ihre Hände nicht, wenn sie Brot essen.

15:2 Pourquoi tes disciples transgressent-ils la tradition des anciens? Car ils ne se lavent pas les mains, quand ils prennent leurs repas.

15:3 וַיַּעַן וַיֹּאמֶר אֲלֵיהֶם מַדּוּעַ גַּם־אַתֶּם עֹבְרִים אֶת־מִצְוֹת אֱלֹהִים לְמַעַן קַבָּלַתְכֶם׃

15:3 Ipse autem respondens ait illis: Quare et vos transgredimini mandatum Dei propter traditionem vestram? Nam Deus dixit:

15:3 Ὁ δὲ ἀποκριθεὶς εἶπεν αὐτοῖς, Διὰ τί καὶ ὑμεῖς παραβαίνετε τὴν ἐντολὴν τοῦ θεοῦ διὰ τὴν παράδοσιν ὑμῶν;

15:3 And he answered and said back to them, "Why do you also transgress the commandment of God because of your tradition?

15:3 Er antwortete und sprach zu ihnen: Warum übertretet denn ihr Gottes Gebot um eurer Aufsätze willen?

15:3 Il leur répondit: Et vous, pourquoi transgressez-vous le commandement de Dieu au profit de votre tradition?

15:4 כִּי הָאֱלֹהִים צִוָּה לֵאמֹר כַּבֵּד אֶת־אָבִיךָ וְאֶת־אִמֶּךָ וּמְקַלֵּל אָבִיו וְאִמּוֹ מוֹת יוּמָת׃

15:4 Honora patrem, et matrem: et, Qui maledixerit patri, vel matri, morte moriatur.

15:4 Ὁ γὰρ θεὸς ἐνετείλατο, λέγων, Τίμα τὸν πατέρα καὶ τὴν μητέρα· καί, Ὁ κακολογῶν πατέρα ἢ μητέρα θανάτῳ τελευτάτω.

15:4 For God said, Honor your father and your mother and he who speaks evil of father or mother, let him die the death.

15:4 Gott hat geboten: "Du sollst Vater und Mutter ehren; wer Vater und Mutter flucht, der soll des Todes sterben."

15:4 Car Dieu a dit: Honore ton père et ta mère; et: Celui qui maudira son père ou sa mère sera puni de mort.

The Gospel of Matthew

15:5 וְאַתֶּם אֹמְרִים הָאֹמֵר לְאָבִיו וּלְאִמּוֹ קָרְבָּן מַה־שֶּׁאַתָּה נֶהֱנֶה לִי אֵינוֹ חַיָּב בִּכְבוֹד אָבִיו וְאִמּוֹ:

15:5 Vos autem dicitis: Quicumque dixerit patri, vel matri: Munus, quodcumque est ex me, tibi proderit:

15:5 ὑμεῖς δὲ λέγετε, "Ὃς ἂν εἴπῃ τῷ πατρὶ ἢ τῇ μητρί, Δῶρον, ὃ ἐὰν ἐξ ἐμοῦ ὠφεληθῇς, καὶ οὐ μὴ τιμήσῃ τὸν πατέρα αὐτοῦ ἢ τὴν μητέρα αὐτοῦ·

15:5 But you say, 'Whoever shall say to his father or his mother, that where you might have been profited, this is given to God by me *instead*.'

15:5 Ihr aber lehret: Wer zum Vater oder Mutter spricht: "Es ist Gott gegeben, was dir sollte von mir zu Nutz kommen ", der tut wohl.

15:5 Mais vous, vous dites: Celui qui dira à son père ou à sa mère: Ce dont j'aurais pu t'assister est une offrande à Dieu,

15:5 וְאַתֶּם אֹמְרִים הָאֹמֵר לְאָבִיו וּלְאִמּוֹ קָרְבָּן מַה־שֶּׁאַתָּה נֶהֱנֶה לִי אֵינוֹ חַיָּב בִּכְבוֹד אָבִיו וְאִמּוֹ:

15:6 et non honorificabit patrem suum, aut matrem suam: et irritum fecistis mandatum Dei propter traditionem vestram.

15:5 ὑμεῖς δὲ λέγετε, "Ὃς ἂν εἴπῃ τῷ πατρὶ ἢ τῇ μητρί, Δῶρον, ὃ ἐὰν ἐξ ἐμοῦ ὠφεληθῇς, καὶ οὐ μὴ τιμήσῃ τὸν πατέρα αὐτοῦ ἢ τὴν μητέρα αὐτοῦ·

15:6 he shall not honor his father. And you have made void the word of God because of your tradition.

15:6 Damit geschieht es, daß niemand hinfort seinen Vater oder seine Mutter ehrt, und also habt ihr Gottes Gebot aufgehoben um eurer Aufsätze willen.

15:6 n'est pas tenu d'honorer son père ou sa mère. Vous annulez ainsi la parole de Dieu au profit de votre tradition.

15:7 חֲנֵפִים הֵיטֵב נִבָּא עֲלֵיכֶם יְשַׁעְיָהוּ לֵאמֹר:

15:7 Hypocritae, bene prophetavit de vobis Isaias, dicens:

15:7 ὑποκριταί, καλῶς προεφήτευσεν περὶ ὑμῶν Ἡσαΐας, λέγων,

15:7 You hypocrites, Isaiah did prophesy well about you, saying,

15:7 Ihr Heuchler, wohl fein hat Jesaja von euch geweissagt und gesprochen:

15:7 Hypocrites, Ésaïe a bien prophétisé sur vous, quand il a dit:

15:8 נִגַּשׁ הָעָם הַזֶּה בְּפִיו וּבִשְׂפָתָיו כִּבְּדוּנִי וְלִבָּם רָחַק מִמֶּנִּי:

15:8 *Populus hic labiis me honorat: cor autem eorum longe est a me.*

15:8 Ἐγγίζει μοι ὁ λαὸς οὗτος τῷ στόματι αὐτῶν, καὶ τοῖς χείλεσίν με τιμᾷ· ἡ δὲ καρδία αὐτῶν πόρρω ἀπέχει ἀπ' ἐμοῦ.

15:8 "This people honors me with their lips but their heart is far from me.

15:8 "Dies Volk naht sich zu mir mit seinem Munde und ehrt mich mit seinen Lippen, aber ihr Herz ist fern von mir;

15:8 Ce peuple m'honore des lèvres, Mais son coeur est éloigné de moi.

15:9 וַתְּהִי יִרְאָתָם אֹתִי מִצְוַת אֲנָשִׁים מְלֻמָּדָה׃

15:9 Sine causa autem colunt me, docentes doctrinas et mandata hominum.

15:9 Μάτην δὲ σέβονταί με, διδάσκοντες διδασκαλίας ἐντάλματα ἀνθρώπων.

15:9 But in vain they worship me, teaching *as their* doctrines the precepts of men."

15:9 aber vergeblich dienen sie mir, dieweil sie lehren solche Lehren, die nichts denn Menschengebote sind."

15:9 C'est en vain qu'ils m'honorent, en enseignant des préceptes qui sont des commandements d'hommes.

15:10 וַיִּקְרָא אֶל־הָעָם וַיֹּאמֶר לָהֶם שִׁמְעוּ וְהָבִינוּ׃

15:10 Et convocatis ad se turbis, dixit eis: Audite, et intelligite.

15:10 Καὶ προσκαλεσάμενος τὸν ὄχλον, εἶπεν αὐτοῖς, Ἀκούετε καὶ συνίετε.

15:10 And he called to him the multitude, and said to them, "Hear and understand:

15:10 Und er rief das Volk zu sich und sprach zu ihm: Höret zu und fasset es!

15:10 Ayant appelé à lui la foule, il lui dit: Écoutez, et comprenez.

15:11 לֹא הַנִּכְנָס אֶל־הַפֶּה יְטַמֵּא אֶת־הָאָדָם כִּי אִם־הַיּוֹצֵא מִן־הַפֶּה הוּא מְטַמֵּא אֶת־הָאָדָם׃

15:11 Non quod intrat in os, coinquinat hominem: sed quod procedit ex ore, hoc coinquinat hominem.

15:11 Οὐ τὸ εἰσερχόμενον εἰς τὸ στόμα κοινοῖ τὸν ἄνθρωπον· ἀλλὰ τὸ ἐκπορευόμενον ἐκ τοῦ στόματος, τοῦτο κοινοῖ τὸν ἄνθρωπον.

15:11 That which enters into the mouth does not defile the man; but, that which proceeds out of the mouth, this defiles the man."

15:11 Was zum Munde eingeht, das verunreinigt den Menschen nicht; sondern was zum Munde ausgeht, das verunreinigt den Menschen.

15:11 Ce n'est pas ce qui entre dans la bouche qui souille l'homme; mais ce qui sort de la bouche, c'est ce qui souille l'homme.

15:12 וַיִּגְּשׁוּ אֵלָיו תַּלְמִידָיו וַיֹּאמְרוּ הֲיָדַעְתָּ כִּי הַפְּרוּשִׁים שָׁמְעוּ אֶת־הַדָּבָר הַזֶּה וַיִּכָּשְׁלוּ־בוֹ׃

15:12 Tunc accedentes discipuli ejus, dixerunt ei: Scis quia pharisaei audito verbo hoc, scandalizati sunt?

15:12 Τότε προσελθόντες οἱ μαθηταὶ αὐτοῦ εἶπον αὐτῷ, Οἶδας ὅτι οἱ Φαρισαῖοι ἀκούσαντες τὸν λόγον ἐσκανδαλίσθησαν;

15:12 Then the disciples came and said to him, "Do you know that the Pharisees were offended when they heard this saying?"

15:12 Da traten seine Jünger zu ihm und sprachen: Weißt du auch, daß sich die Pharisäer ärgerten, da sie das Wort hörten?

15:12 Alors ses disciples s'approchèrent, et lui dirent: Sais-tu que les pharisiens ont été scandalisés des paroles qu'ils ont entendues?

15:13 וַיַּעַן וַיֹּאמַר כָּל־מַטָּע אֲשֶׁר לֹא נָטַע אָבִי שֶׁבַּשָּׁמַיִם עָקוֹר יֵעָקֵר:

15:13 At ille respondens ait: Omnis plantatio, quam non plantavit Pater meus caelestis, eradicabitur.

15:13 Ὁ δὲ ἀποκριθεὶς εἶπεν, Πᾶσα φυτεία, ἣν οὐκ ἐφύτευσεν ὁ πατήρ μου ὁ οὐράνιος, ἐκριζωθήσεται.

15:13 But he answered back and said, "Every plant which my heavenly Father did not plant shall be uprooted.

15:13 Aber er antwortete und sprach: Alle Pflanzen, die mein himmlischer Vater nicht pflanzte, die werden ausgereutet.

15:13 Il répondit: Toute plante que n'a pas plantée mon Père céleste sera déracinée.

15:14 הַנִּיחוּ אוֹתָם מַדְרִיכִים עִוְרִים הֵמָּה לַעִוְרִים וְכִי־יַדְרִיךְ עִוֵּר אֶת־הָעִוֵּר וְנָפְלוּ שְׁנֵיהֶם אֶל־הַשַּׁחַת:

15:14 Sinite illos: caeci sunt, et duces caecorum; caecus autem si caeco ducatum praestet, ambo in foveam cadunt.

15:14 Ἄφετε αὐτούς· ὁδηγοί εἰσιν τυφλοὶ τυφλῶν· τυφλὸς δὲ τυφλὸν ἐὰν ὁδηγῇ, ἀμφότεροι εἰς βόθυνον πεσοῦνται.

15:14 Leave them alone; they are blind guides. And if the blind guides the blind, both shall fall into a pit."

15:14 Lasset sie fahren! Sie sind blinde Blindenleiter. Wenn aber ein Blinder den andern leitet, so fallen sie beide in die Grube.

15:14 Laissez-les: ce sont des aveugles qui conduisent des aveugles; si un aveugle conduit un aveugle, ils tomberont tous deux dans une fosse.

15:15 וַיַּעַן פֶּטְרוֹס וַיֹּאמֶר אֵלָיו בָּאֵר לָנוּ אֶת־הַמָּשָׁל הַזֶּה:

15:15 Respondens autem Petrus dixit ei: Edissere nobis parabolam istam.

15:15 Ἀποκριθεὶς δὲ ὁ Πέτρος εἶπεν αὐτῷ, Φράσον ἡμῖν τὴν παραβολὴν ταύτην.

15:15 And Peter answered back and said to him, "Explain to us the parable."

15:15 Da antwortete Petrus und sprach zu ihm: Deute uns dieses Gleichnis.

15:15 Pierre, prenant la parole, lui dit: Explique-nous cette parabole.

15:16 וַיֹּאמֶר יֵשׁוּעַ עֲדֶנָה גַם־אַתֶּם לֹא תַשְׂכִּילוּ:

15:16 At ille dixit: Adhuc et vos sine intellectu estis?

15:16 Ὁ δὲ Ἰησοῦς εἶπεν, Ἀκμὴν καὶ ὑμεῖς ἀσύνετοί ἐστε;

15:16 And he said, "Are you also still without understanding?

15:16 Und Jesus sprach zu ihnen: Seid ihr denn auch noch unverständig?

15:16 Et Jésus dit: Vous aussi, êtes-vous encore sans intelligence?

The Gospel of Matthew

15:17 הַעוֹד לֹא תֵדְעוּ כִּי כָל־הַבָּא אֶל־הַפֶּה יוֹרֵד אֶל־הַקֶּרֶשׁ וְיִשָּׁפֵךְ מִשָּׁם לְמוֹצָאוֹת:

15:17 Non intelligitis quia omne quod in os intrat, in ventrem vadit, et in secessum emittitur?

15:17 Οὔπω νοεῖτε, ὅτι πᾶν τὸ εἰσπορευόμενον εἰς τὸ στόμα εἰς τὴν κοιλίαν χωρεῖ, καὶ εἰς ἀφεδρῶνα ἐκβάλλεται;

15:17 Do you not understand that whatever goes into the mouth passes into the belly is cast out into the toilet?

15:17 Merket ihr noch nicht, daß alles, was zum Munde eingeht, das geht in den Bauch und wird durch den natürlichen Gang ausgeworfen?

15:17 Ne comprenez-vous pas que tout ce qui entre dans la bouche va dans le ventre, puis est jeté dans les lieux secrets?

15:18 אֲבָל הַיּוֹצֵא מִן־הַפֶּה יוֹצֵא מִן־הַלֵּב וְהוּא מְטַמֵּא אֶת־הָאָדָם:

15:18 Quae autem procedunt de ore, de corde exeunt, et ea coinquinant hominem:

15:18 Τὰ δὲ ἐκπορευόμενα ἐκ τοῦ στόματος ἐκ τῆς καρδίας ἐξέρχεται, κἀκεῖνα κοινοῖ τὸν ἄνθρωπον.

15:18 But the things which proceed out of the mouth come forth out of the heart and they defile the man.

15:18 Was aber zum Munde herausgeht, das kommt aus dem Herzen, und das verunreinigt den Menschen.

15:18 Mais ce qui sort de la bouche vient du coeur, et c'est ce qui souille l'homme.

15:19 כִּי מִן־הַלֵּב יוֹצְאוֹת מַחְשָׁבוֹת רָע רְצִיחוֹת נְאוּפִים זְנוּנִים גְּנֵבוֹת עֵדוּת שֶׁקֶר וְגִדּוּפִים:

15:19 de corde enim exeunt cogitationes malae, homicidia, adulteria, fornicationes, furta, falsa testimonia, blasphemiae:

15:19 Ἐκ γὰρ τῆς καρδίας ἐξέρχονται διαλογισμοὶ πονηροί, φόνοι, μοιχεῖαι, πορνεῖαι, κλοπαί, ψευδομαρτυρίαι, βλασφημίαι·

15:19 For out of the heart comes forth evil thoughts, murders, adulteries, fornications, thefts, false witness, railings:

15:19 Denn aus dem Herzen kommen arge Gedanken: Mord, Ehebruch, Hurerei, Dieberei, falsch Zeugnis, Lästerung.

15:19 Car c'est du coeur que viennent les mauvaises pensées, les meurtres, les adultères, les impudicités, les vols, les faux témoignages, les calomnies.

15:20 אֵלֶּה הֵם הַמְטַמְּאִים אֶת־הָאָדָם אֲבָל אֲכִילָה בְּלֹא נְטִילַת יָדַיִם לֹא תְטַמֵּא אֶת־הָאָדָם:

15:20 haec sunt, quae coinquinant hominem. Non lotis autem manibus manducare, non coinquinat hominem.

15:20 ταῦτά ἐστιν τὰ κοινοῦντα τὸν ἄνθρωπον· τὸ δὲ ἀνίπτοις χερσὶν φαγεῖν οὐ κοινοῖ τὸν ἄνθρωπον.

15:20 these are the things defile the man; but to eat with unwashed hands does not defile the man."

15:20 Das sind Stücke, die den Menschen verunreinigen. Aber mit ungewaschenen Händen essen verunreinigt den Menschen nicht.

15:20 Voilà les choses qui souillent l'homme; mais manger sans s'être lavé les mains, cela ne souille point l'homme.

15:21 וַיֵּצֵא יֵשׁוּעַ מִשָּׁם וַיָּסַר אֶל־גְּלִילוֹת צוֹר וְצִידוֹן:

15:21 Et egressus inde Jesus secessit in partes Tyri et Sidonis.

15:21 Καὶ ἐξελθὼν ἐκεῖθεν ὁ Ἰησοῦς ἀνεχώρησεν εἰς τὰ μέρη Τύρου καὶ Σιδῶνος.

15:21 And Jesus went out there, and withdrew into the parts of Tyre and Sidon.

15:21 Und Jesus ging aus von dannen und entwich in die Gegend von Tyrus und Sidon.

15:21 Jésus, étant parti de là, se retira dans le territoire de Tyr et de Sidon.

15:22 וְהִנֵּה אִשָּׁה כְנַעֲנִית יֹצֵאת מִן־הַגְּבוּלוֹת הָהֵם וַתִּצְעַק אֵלָיו לֵאמֹר חָנֵּנִי אֲדֹנִי בֶּן־דָּוִד כִּי בִתִּי מְעֻנָּה מְאֹד עַל־יְדֵי שֵׁד:

15:22 Et ecce mulier chananaea a finibus illis egressa clamavit, dicens ei: Miserere mei, Domine fili David: filia mea male a daemonio vexatur.

15:22 Καὶ ἰδού, γυνὴ Χαναναία ἀπὸ τῶν ὁρίων ἐκείνων ἐξελθοῦσα ἐκραύγασεν αὐτῷ, λέγουσα, Ἐλέησόν με, κύριε, υἱὲ Δαυίδ· ἡ θυγάτηρ μου κακῶς δαιμονίζεται.

15:22 And behold, a Canaanite woman came out from those borders and cried, saying, "Have mercy on me, "Oh Lord, you son of David, my daughter is grievously vexed with a demon.

15:22 Und siehe, ein kanaanäisches Weib kam aus derselben Gegend und schrie ihm nach und sprach: Ach HERR, du Sohn Davids, erbarme dich mein! Meine Tochter wird vom Teufel übel geplagt.

15:22 Et voici, une femme cananéenne, qui venait de ces contrées, lui cria: Aie pitié de moi, Seigneur, Fils de David! Ma fille est cruellement tourmentée par le démon.

15:23 וְלֹא־עָנָה אֹתָהּ דָּבָר וַיִּגְּשׁוּ תַלְמִידָיו וַיְבַקְשׁוּ מִמֶּנּוּ לֵאמֹר שַׁלְּחֶהָ כִּי־צֹעֶקֶת הִיא אַחֲרֵינוּ:

15:23 Qui non respondit ei verbum. Et accedentes discipuli ejus rogabant eum dicentes: Dimitte eam: quia clamat post nos.

15:23 Ὁ δὲ οὐκ ἀπεκρίθη αὐτῇ λόγον. Καὶ προσελθόντες οἱ μαθηταὶ αὐτοῦ ἠρώτων αὐτόν, λέγοντες, Ἀπόλυσον αὐτήν, ὅτι κράζει ὄπισθεν ἡμῶν.

15:23 But he did answered a word to her. And his disciples came and sought him, saying, "Send her away, for she cries out after us."

15:23 Und er antwortete ihr kein Wort. Da traten zu ihm seine Jünger, baten ihn und sprachen: Laß sie doch von dir, denn sie schreit uns nach.

15:23 Il ne lui répondit pas un mot, et ses disciples s'approchèrent, et lui dirent avec instance: Renvoie-la, car elle crie derrière nous.

15:24 וַיַּעַן וַיֹּאמַר לֹא שׁוּלַּחְתִּי בִּלְתִּי אֶל־הַצֹּאן הָאֹבְדוֹת אֲשֶׁר לְבֵית יִשְׂרָאֵל:

15:24 Ipse autem respondens ait: Non sum missus nisi ad oves, quae perierunt domus Israël.

15:24 Ὁ δὲ ἀποκριθεὶς εἶπεν, Οὐκ ἀπεστάλην εἰ μὴ εἰς τὰ πρόβατα τὰ ἀπολωλότα οἴκου Ἰσραήλ.

15:24 But he answered back and said, "I was not sent only to the lost sheep of the house of Israel.

15:24 Er antwortete aber und sprach: Ich bin nicht gesandt denn nur zu den verlorenen Schafen von dem Hause Israel.

15:24 Il répondit: Je n'ai été envoyé qu'aux brebis perdues de la maison d'Israël.

15:25 וְהִיא בָאָה וַתִּשְׁתַּחוּ לוֹ וַתֹּאמַר אֲדֹנִי עָזְרֵנִי:

15:25 At illa venit, et adoravit eum, dicens: Domine, adjuva me.

15:25 Ἡ δὲ ἐλθοῦσα προσεκύνησεν αὐτῷ λέγουσα, Κύριε, βοήθει μοι.

15:25 But she came and worshipped him, saying, 'Lord, help me.'"

15:25 Sie kam aber und fiel vor ihm nieder und sprach: HERR, hilf mir!

15:25 Mais elle vint se prosterner devant lui, disant: Seigneur, secours-moi!

15:26 וַיַּעַן וַיֹּאמֶר לֹא־טוֹב לָקַחַת אֶת־לֶחֶם הַבָּנִים וּלְהַשְׁלִיכוֹ לִפְנֵי צְעִירֵי הַכְּלָבִים:

15:26 Qui respondens ait: Non est bonum sumere panem filiorum, et mittere canibus.

15:26 Ὁ δὲ ἀποκριθεὶς εἶπεν, Οὐκ ἔστιν καλὸν λαβεῖν τὸν ἄρτον τῶν τέκνων, καὶ βαλεῖν τοῖς κυναρίοις.

15:26 And he answered back and said, "It is not right to take the children's bread and cast it to the dogs."

15:26 Aber er antwortete und sprach: Es ist nicht fein, daß man den Kindern ihr Brot nehme und werfe es vor die Hunde.

15:26 Il répondit: Il n'est pas bien de prendre le pain des enfants, et de le jeter aux petits chiens.

15:27 וַתֹּאמֶר כֵּן אֲדֹנִי אֶפֶס כִּי־גַם־צְעִירֵי הַכְּלָבִים יֹאכְלוּ מִן־הַפֵּרוּרִים הַנֹּפְלִים מֵעַל־שֻׁלְחַן אֲדֹנֵיהֶם:

15:27 At illa dixit: Etiam Domine: nam et catelli edunt de micis quae cadunt de mensa dominorum suorum.

15:27 Ἡ δὲ εἶπεν, Ναί, κύριε· καὶ γὰρ τὰ κυνάρια ἐσθίει ἀπὸ τῶν ψιχίων τῶν πιπτόντων ἀπὸ τῆς τραπέζης τῶν κυρίων αὐτῶν.

15:27 But she said, "Yes, Lord, for even the dogs eat of the crumbs which fall from their master's table."

15:27 Sie sprach: Ja, HERR; aber doch essen die Hündlein von den Brosamlein, die von ihrer Herren Tisch fallen.

15:27 Oui, Seigneur, dit-elle, mais les petits chiens mangent les miettes qui tombent de la table de leurs maîtres.

15:28 וַיַּעַן יֵשׁוּעַ וַיֹּאמֶר אֵלֶיהָ וַיֹּאמֶר אִשָּׁה רַבָּה אֱמוּנָתֵךְ יְהִי־לָךְ כִּרְצוֹנֵךְ וַתֵּרָפֵא בִתָּהּ מִן־הַשָּׁעָה הַהִיא:

15:28 Tunc respondens Jesus, ait illi: O mulier, magna est fides tua: fiat tibi sicut vis. Et sanata est filia ejus ex illa hora.

15:28 Τότε ἀποκριθεὶς ὁ Ἰησοῦς εἶπεν αὐτῇ, Ὦ γύναι, μεγάλη σου ἡ πίστις· γενηθήτω σοι ὡς θέλεις. Καὶ ἰάθη ἡ θυγάτηρ αὐτῆς ἀπὸ τῆς ὥρας ἐκείνης.

15:28 Then Jesus answered back and said to her, "Oh woman, great is your faith, it is done for you just as you wish." And her daughter was healed from that hour.

15:28 Da antwortete Jesus und sprach zu ihr: O Weib, dein Glaube ist groß! Dir geschehe, wie du willst. Und ihre Tochter ward gesund zu derselben Stunde.

15:28 Alors Jésus lui dit: Femme, ta foi est grande; qu'il te soit fait comme tu veux. Et, à l'heure même, sa fille fut guérie.

15:29 וַיַּעֲבֹר יֵשׁוּעַ מִשָּׁם וַיָּבֹא אֶל־יָם הַגָּלִיל וַיַּעַל הָהָרָה וַיֵּשֶׁב שָׁם:

15:29 Et cum transisset inde Jesus, venit secus mare Galilaeae: et ascendens in montem, sedebat ibi.

15:29 Καὶ μεταβὰς ἐκεῖθεν ὁ Ἰησοῦς ἦλθεν παρὰ τὴν θάλασσαν τῆς Γαλιλαίας· καὶ ἀναβὰς εἰς τὸ ὄρος ἐκάθητο ἐκεῖ.

15:29 And Jesus departed there and came near to the Sea of Galilee and he went up into the mountain and sat there.

15:29 Und Jesus ging von da weiter und kam an das Galiläische Meer und ging auf einen Berg und setzte sich allda.

15:29 Jésus quitta ces lieux, et vint près de la mer de Galilée. Étant monté sur la montagne, il s'y assit.

15:30 וַיָּבֹאוּ אֵלָיו הֲמוֹן עַם רָב וְעִמָּהֶם פִּסְחִים עִוְרִים אִלְּמִים קִטְּעִים וְרַבִּים כָּהֵמָּה וַיַּפִּילוּם לְרַגְלֵי יֵשׁוּעַ וַיִּרְפָּאֵם:

15:30 Et accesserunt ad eum turbae multae, habentes secum mutos, caecos, claudos, debiles, et alios multos: et projecerunt eos ad pedes ejus, et curavit eos,

15:30 Καὶ προσῆλθον αὐτῷ ὄχλοι πολλοί, ἔχοντες μεθ' ἑαυτῶν χωλούς, τυφλούς, κωφούς, κυλλούς, καὶ ἑτέρους πολλούς, καὶ ἔρριψαν αὐτοὺς παρὰ τοὺς πόδας τοῦ Ἰησοῦ καὶ ἐθεράπευσεν αὐτούς·

15:30 And there came to him great multitudes, having with them the lame, blind, dumb, maimed, and many others, and they cast them down at this feet; and he healed them:

15:30 Und es kam zu ihm viel Volks, die hatten mit sich Lahme, Blinde, Stumme, Krüppel und viele andere und warfen sie Jesu vor die Füße, und er heilte sie,

15:30 Alors s'approcha de lui une grande foule, ayant avec elle des boiteux, des aveugles, des muets, des estropiés, et beaucoup d'autres malades. On les mit à ses pieds, et il les guérit;

15:31 וַיִּתְמְהוּ הָעָם בִּרְאוֹתָם אֶת־הָאִלְּמִים מְדַבְּרִים וְהַקִּטְּעִים בְּרִיאִים וְהַפִּסְחִים מְהַלְּכִים וְהָעִוְרִים רֹאִים וַיְשַׁבְּחוּ אֶת־אֱלֹהֵי יִשְׂרָאֵל:

15:31 ita ut turbae mirarentur, videntes mutos loquentes, claudos ambulantes, caecos videntes: et magnificabant Deum Israël.

15:31 ὥστε τοὺς ὄχλους θαυμάσαι, βλέποντας κωφοὺς λαλοῦντας, κυλλοὺς ὑγιεῖς, χωλοὺς περιπατοῦντας, καὶ τυφλοὺς βλέποντας· καὶ ἐδόξασαν τὸν θεὸν Ἰσραήλ.

15:31 so much so that the multitude marveled, when they saw the dumb speaking, the maimed whole, and lame walking, and the blind seeing: and they glorified the God of Israel.

15:31 daß sich das Volk verwunderte, da sie sahen, daß die Stummen redeten, die Krüppel gesund waren, die Lahmen gingen, die Blinden sahen; und sie priesen den Gott Israels.

15:31 en sorte que la foule était dans l'admiration de voir que les muets parlaient, que les estropiés étaient guéris, que les boiteux marchaient, que les aveugles voyaient; et elle glorifiait le Dieu d'Israël.

15:32 וַיִּקְרָא יֵשׁוּעַ אֶל־תַּלְמִידָיו וַיֹּאמַר נִכְמְרוּ רַחֲמַי עַל־הָעָם כִּי־זֶה עָמְדָם עִמָּדִי שְׁלֹשֶׁת יָמִים וְאֵין לָהֶם מַה־לֶּאֱכֹל וְאֵינֶנִּי חָפֵץ לְשַׁלְּחָם רְעֵבִים פֶּן־יִתְעַלְּפוּ בַּדָּרֶךְ:

15:32 Jesus autem, convocatis discipulis suis, dixit: Misereor turbae, quia triduo jam perseverant mecum, et non habent quod manducent: et dimittere eos jejunos nolo, ne deficiant in via.

15:32 Ὁ δὲ Ἰησοῦς προσκαλεσάμενος τοὺς μαθητὰς αὐτοῦ εἶπεν, Σπλαγχνίζομαι ἐπὶ τὸν ὄχλον, ὅτι ἤδη ἡμέραι τρεῖς προσμένουσίν μοι, καὶ οὐκ ἔχουσιν τί φάγωσιν· καὶ ἀπολῦσαι αὐτοὺς νήστεις οὐ θέλω, μήποτε ἐκλυθῶσιν ἐν τῇ ὁδῷ.

15:32 And Jesus called to him his disciples and said, "I have compassion on the multitude because they have continued with me now for three days and have nothing to eat and I would not send them away fasting, lest by chance they faint on the way."

15:32 Und Jesus rief seine Jünger zu sich und sprach: Es jammert mich des Volks; denn sie beharren nun wohl drei Tage bei mir und haben nichts zu essen; und ich will sie nicht ungegessen von mir lassen, auf daß sie nicht verschmachten auf dem Wege.

15:32 Jésus, ayant appelé ses disciples, dit: Je suis ému de compassion pour cette foule; car voilà trois jours qu'ils sont près de moi, et ils n'ont rien à manger. Je ne veux pas les renvoyer à jeun, de peur que les forces ne leur manquent en chemin.

15:33 וַיֹּאמְרוּ אֵלָיו הַתַּלְמִידִים מֵאַיִן לָנוּ בַמִּדְבָּר דֵּי־לֶחֶם לְהַשְׂבִּיעַ אֶת־הָמוֹן רַב כָּזֶה:

15:33 Et dicunt ei discipuli: Unde ergo nobis in deserto panes tantos, ut saturemus turbam tantam?

15:33 Καὶ λέγουσιν αὐτῷ οἱ μαθηταὶ αὐτοῦ, Πόθεν ἡμῖν ἐν ἐρημίᾳ ἄρτοι τοσοῦτοι, ὥστε χορτάσαι ὄχλον τοσοῦτον;

15:33 And the disciples say to him, "From where should get so many loaves in a wilderness place to fill so great a multitude?"

15:33 Da sprachen seine Jünger zu ihm: Woher mögen wir so viel Brot nehmen in der Wüste, daß wir so viel Volks sättigen?

15:33 Les disciples lui dirent: Comment nous procurer dans ce lieu désert assez de pains pour rassasier une si grande foule?

15:34 וַיֹּאמֶר יֵשׁוּעַ אֲלֵיהֶם כַּמָּה כִכְּרוֹת לֶחֶם לָכֶם וַיֹּאמְרוּ שֶׁבַע וּמְעַט דָּגִים קְטַנִּים:

15:34 Et ait illis Jesus: Quot habetis panes? At illi dixerunt: Septem, et paucos pisciculos.

15:34 Καὶ λέγει αὐτοῖς ὁ Ἰησοῦς, Πόσους ἄρτους ἔχετε; Οἱ δὲ εἶπον, Ἑπτά, καὶ ὀλίγα ἰχθύδια.

15:34 And Jesus said to them, "How many loaves do you have?" And they said, "Seven, and a few small fish."

15:34 Und Jesus sprach zu ihnen: Wie viel Brote habt ihr? Sie sprachen: Sieben und ein wenig Fischlein.

15:34 Jésus leur demanda: Combien avez-vous de pains? Sept, répondirent-ils, et quelques petits poissons.

15:35 וַיְצַו אֶת־הֲמוֹן הָעָם וַיֵּשְׁבוּ לָאָרֶץ:

15:35 Et praecepit turbae ut discumberent super terram.

15:35 Καὶ ἐκέλευσεν τοῖς ὄχλοις ἀναπεσεῖν ἐπὶ τὴν γῆν·

15:35 And he commanded the multitude to sit down on the ground;

15:35 Und er hieß das Volk sich lagern auf die Erde

15:35 Alors il fit asseoir la foule par terre,

15:36 וַיִּקַּח אֶת־שֶׁבַע כִּכְּרוֹת הַלֶּחֶם וְאֵת הַדָּגִים וַיְבָרֶךְ וַיִּפְרֹס וַיִּתֵּן אֶל־הַתַּלְמִידִים וְהַתַּלְמִידִים נָתְנוּ לָעָם:

15:36 Et accipiens septem panes, et pisces, et gratias agens, fregit, et dedit discipulis suis, et discipuli dederunt populo.

15:36 καὶ λαβὼν τοὺς ἑπτὰ ἄρτους καὶ τοὺς ἰχθύας, εὐχαριστήσας ἔκλασεν, καὶ ἔδωκεν τοῖς μαθηταῖς αὐτοῦ, οἱ δὲ μαθηταὶ τῷ ὄχλῳ.

15:36 and he took the seven loaves and the fish; and he gave thanks and broke; and he gave *them* to the disciples, and the disciples *gave them* to the multitudes.

15:36 und nahm die sieben Brote und die Fische, dankte, brach sie und gab sie seinen Jüngern; und die Jünger gaben sie dem Volk.

15:36 prit les sept pains et les poissons, et, après avoir rendu grâces, il les rompit et les donna à ses disciples, qui les distribuèrent à la foule.

15:37 וַיֹּאכְלוּ כֻלָּם וַיִּשְׂבָּעוּ וַיִּשְׂאוּ מִן־הַפְּתוֹתִים הַנּוֹתָרִים שִׁבְעָה דוּדִים מְלֵאִים:

15:37 Et comederunt omnes, et saturati sunt. Et quod superfuit de fragmentis, tulerunt septem sportas plenas.

15:37 Καὶ ἔφαγον πάντες καὶ ἐχορτάσθησαν· καὶ ἦραν τὸ περισσεῦον τῶν κλασμάτων, ἑπτὰ σπυρίδας πλήρεις.

15:37 And they all ate and were filled and they took up that which remained of the broken pieces, seven baskets full.

15:37 Und sie aßen alle und wurden satt; und hoben auf, was übrig blieb von Brocken, sieben Körbe voll.

15:37 Tous mangèrent et furent rassasiés, et l'on emporta sept corbeilles pleines des morceaux qui restaient.

15:38 וְהָאֹכְלִים אַרְבַּעַת אֲלָפִים אִישׁ מִלְּבַד הַנָּשִׁים וְהַטָּף:

15:38 Erant autem qui manducaverunt quatuor millia hominum, extra parvulos et mulieres.

15:38 Οἱ δὲ ἐσθίοντες ἦσαν τετρακισχίλιοι ἄνδρες, χωρὶς γυναικῶν καὶ παιδίων.

15:38 And those who ate were four thousand men, besides women and children.

15:38 Und die da gegessen hatten, derer waren viertausend Mann, ausgenommen Weiber und Kinder.

15:38 Ceux qui avaient mangé étaient quatre mille hommes, sans les femmes et les enfants.

15:39 וַיְשַׁלַּח אֶת־הָעָם וַיֵּרֶד בָּאֳנִיָּה וַיָּבֹא אֶל־גְּבוּל מַגְדָּן׃

15:39 Et, dimissa turba, ascendit in naviculam: et venit in fines Magedan.

15:39 Καὶ ἀπολύσας τοὺς ὄχλους ἐνέβη εἰς τὸ πλοῖον, καὶ ἦλθεν εἰς τὰ ὅρια Μαγδαλά.

15:39 And he sent away the multitudes and entered into the boat and came into the borders of Magadan.

15:39 Und da er das Volk hatte von sich gelassen, trat er in ein Schiff und kam in das Gebiet Magdalas.

15:39 Ensuite, il renvoya la foule, monta dans la barque, et se rendit dans la contrée de Magadan.

16:1 וַיִּגְּשׁוּ הַפְּרוּשִׁים וְהַצַּדּוּקִים לְנַסּוֹתוֹ וַיִּשְׁאֲלוּ מֵאִתּוֹ לְהַרְאוֹתָם אוֹת מִן־הַשָּׁמָיִם׃

16:1 Et accesserunt ad eum pharisaei et sadducaei tentantes: et rogaverunt eum ut signum de caelo ostenderet eis.

16:1 Καὶ προσελθόντες οἱ Φαρισαῖοι καὶ Σαδδουκαῖοι πειράζοντες ἐπηρώτησαν αὐτὸν σημεῖον ἐκ τοῦ οὐρανοῦ ἐπιδεῖξαι αὐτοῖς.

16:1 And the Pharisees and Sadducees came and testing him, asked him to show them a sign from heaven.

16:1 Da traten die Pharisäer und Sadduzäer zu ihm; die versuchten ihn und forderten, daß er sie ein Zeichen vom Himmel sehen ließe.

16:1 Les pharisiens et les sadducéens abordèrent Jésus et, pour l'éprouver, lui demandèrent de leur faire voir un signe venant du ciel.

16:2 וַיַּעַן וַיֹּאמֶר לָהֶם בָּעֶרֶב תֹּאמְרוּ יוֹם־צַח יִהְיֶה כִּי אָדְמוּ הַשָּׁמָיִם׃

16:2 At ille respondens, ait illis: Facto vespere dicitis: Serenum erit, rubicundum est enim caelum.

16:2 Ὁ δὲ ἀποκριθεὶς εἶπεν αὐτοῖς, Ὀψίας γενομένης λέγετε, Εὐδία· πυρράζει γὰρ ὁ οὐρανός.

16:2 But he answered back and said to them, "When it is evening, you say, '*It will be* fair weather, for the heaven is red.

16:2 Aber er antwortete und sprach: Des Abends sprecht ihr: Es wird ein schöner Tag werden, denn der Himmel ist rot;

16:2 Jésus leur répondit: Le soir, vous dites: Il fera beau, car le ciel est rouge;

16:3 וּבַבֹּקֶר תֹּאמְרוּ הַיּוֹם סַעַר כִּי־אָדְמוּ וְהִתְקַדְּרוּ הַשָּׁמָיִם חֲנֵפִים אַתֶּם מַכִּירִים אֶת־פְּנֵי הַשָּׁמַיִם וְאֹתוֹת הָעִתִּים לֹא תַכִּירוּ׃

16:3 Et mane: Hodie tempestas, rutilat enim triste caelum.

16:3 Καὶ πρωΐ, Σήμερον χειμών· πυρράζει γὰρ στυγνάζων ὁ οὐρανός. Ὑποκριταί, τὸ μὲν πρόσωπον τοῦ οὐρανοῦ γινώσκετε διακρίνειν, τὰ δὲ σημεῖα τῶν καιρῶν οὐ δύνασθε;

16:3 And in the morning, *it will be* bad weather today, for the heaven is red and lowering.' You know how to discern the face of the sky, but you cannot *discern* the signs of the times.

16:3 und des Morgens sprecht ihr: Es wird heute Ungewitter sein, denn der Himmel ist rot und trübe. Ihr Heuchler! über des Himmels Gestalt könnt ihr urteilen; könnt ihr denn nicht auch über die Zeichen dieser Zeit urteilen?

16:3 et le matin: Il y aura de l'orage aujourd'hui, car le ciel est d'un rouge sombre. Vous savez discerner l'aspect du ciel, et vous ne pouvez discerner les signes des temps.

16:4 דּוֹר רַע וּמְנָאֵף מְבַקֶּשׁ־לוֹ אוֹת וְאוֹת לֹא יִנָּתֶן־לוֹ בִּלְתִּי אִם־אוֹת יוֹנָה הַנָּבִיא וַיַּעַזְבֵם וַיֵּלֶךְ לוֹ:

16:4 Faciem ergo caeli dijudicare nostis: signa autem temporum non potestis scire? Generatio mala et adultera signum quaerit: et signum non dabitur ei, nisi signum Jonae prophetae. Et relictis illis, abiit.

16:4 Γενεὰ πονηρὰ καὶ μοιχαλὶς σημεῖον ἐπιζητεῖ· καὶ σημεῖον οὐ δοθήσεται αὐτῇ, εἰ μὴ τὸ σημεῖον Ἰωνᾶ τοῦ προφήτου. Καὶ καταλιπὼν αὐτούς, ἀπῆλθεν.

16:4 An evil and adulterous generation seeks after a sign and there shall no sign be given to it except the sign of Jonah." And he left them and departed.

16:4 Diese böse und ehebrecherische Art sucht ein Zeichen; und soll ihr kein Zeichen gegeben werden denn das Zeichen des Propheten Jona. Und er ließ sie und ging davon.

16:4 Une génération méchante et adultère demande un miracle; il ne lui sera donné d'autre miracle que celui de Jonas. Puis il les quitta, et s'en alla.

16:5 וַיָּבֹאוּ הַתַּלְמִידִים אֶל־עֵבֶר הַיָּם וְהֵם שָׁכְחוּ לָקַחַת אִתָּם לָחֶם:

16:5 Et cum venissent discipuli ejus trans fretum, obliti sunt panes accipere.

16:5 Καὶ ἐλθόντες οἱ μαθηταὶ αὐτοῦ εἰς τὸ πέραν ἐπελάθοντο ἄρτους λαβεῖν.

16:5 And the disciples came to the other side and forgot to take bread.

16:5 Und da seine Jünger waren hinübergefahren, hatten sie vergessen, Brot mit sich zu nehmen.

16:5 Les disciples, en passant à l'autre bord, avaient oublié de prendre des pains.

16:6 וַיֹּאמֶר יֵשׁוּעַ אֲלֵיהֶם רְאוּ וְהִשָּׁמְרוּ לָכֶם מִשְּׂאֹר הַפְּרוּשִׁים וְהַצַּדּוּקִים:

16:6 Qui dixit illis: Intuemini, et cavete a fermento pharisaeorum et sadducaeorum.

16:6 Ὁ δὲ Ἰησοῦς εἶπεν αὐτοῖς, Ὁρᾶτε καὶ προσέχετε ἀπὸ τῆς ζύμης τῶν Φαρισαίων καὶ Σαδδουκαίων.

16:6 And Jesus said to them, "Take heed and beware of the leaven of the Pharisees and Sadducees."

16:6 Jesus aber sprach zu ihnen: Sehet zu und hütet euch vor dem Sauerteig der Pharisäer und Sadduzäer!

16:6 Jésus leur dit: Gardez-vous avec soin du levain des pharisiens et des sadducéens.

16:7 וַיַּחְשְׁבוּ כֹּה וָכֹה בְּקִרְבָּם וַיֹּאמְרוּ עַל־דְּבַר שֶׁלֹּא־לָקַחְנוּ אִתָּנוּ לָחֶם:

16:7 At illi cogitabant intra se dicentes: Quia panes non accepimus.

16:7 Οἱ δὲ διελογίζοντο ἐν ἑαυτοῖς, λέγοντες ὅτι Ἄρτους οὐκ ἐλάβομεν.

16:7 And they reasoned among themselves, saying, "We took no bread."

16:7 Da dachten sie bei sich selbst und sprachen: Das wird's sein, daß wir nicht haben Brot mit uns genommen.

16:7 Les disciples raisonnaient en eux-mêmes, et disaient: C'est parce que nous n'avons pas pris de pains.

16:8 וַיֵּדַע יֵשׁוּעַ וַיֹּאמֶר אֲלֵיהֶם קְטַנֵּי אֱמוּנָה מָה־תַּחְשְׁבוּ בִּלְבַבְכֶם אֲשֶׁר לֹא־לְקַחְתֶּם אִתְּכֶם לָחֶם:

16:8 Sciens autem Jesus, dixit: Quid cogitatis intra vos modicae fidei, quia panes non habetis?

16:8 Γνοὺς δὲ ὁ Ἰησοῦς εἶπεν αὐτοῖς, Τί διαλογίζεσθε ἐν ἑαυτοῖς, ὀλιγόπιστοι, ὅτι ἄρτους οὐκ ἐλάβετε;

16:8 And Jesus perceiving it said, "Oh you of little faith, why do you argue amongst yourselves because you have no bread?

16:8 Da das Jesus merkte, sprach er zu ihnen: Ihr Kleingläubigen, was bekümmert ihr euch doch, daß ihr nicht habt Brot mit euch genommen?

16:8 Jésus, l'ayant connu, dit: Pourquoi raisonnez-vous en vous-mêmes, gens de peu de foi, sur ce que vous n'avez pas pris de pains?

16:9 הַעוֹד לֹא תַשְׂכִּילוּ וְלֹא תִזְכְּרוּ אֶת־חֲמֵשֶׁת כִּכְּרוֹת־הַלֶּחֶם לַחֲמֵשֶׁת אֲלָפִים אִישׁ וְכַמָּה סַלִּים נְשָׂאתֶם:

16:9 Nondum intelligitis, neque recordamini quinque panum in quinque millia hominum, et quot cophinos sumpsistis?

16:9 Οὔπω νοεῖτε, οὐδὲ μνημονεύετε τοὺς πέντε ἄρτους τῶν πεντακισχιλίων, καὶ πόσους κοφίνους ἐλάβετε;

16:9 Do you not yet perceive, nor remember the five loaves of the five thousand, and how many baskets you took up?

16:9 Vernehmet ihr noch nichts? Gedenket ihr nicht an die fünf Brote unter die fünftausend und wie viel Körbe ihr da aufhobt?

16:9 Etes-vous encore sans intelligence, et ne vous rappelez-vous plus les cinq pains des cinq mille hommes et combien de paniers vous avez emportés,

16:10 וְאֶת־שֶׁבַע כִּכְּרוֹת הַלֶּחֶם לְאַרְבַּעַת אֲלָפִים אִישׁ וְכַמָּה דוּדִים נְשָׂאתֶם:

16:10 neque septem panum in quatuor millia hominum, et quot sportas sumpsistis?

16:10 Οὐδὲ τοὺς ἑπτὰ ἄρτους τῶν τετρακισχιλίων, καὶ πόσας σπυρίδας ἐλάβετε;

16:10 Nor the seven loaves of the four thousand, and how many baskets you took up?

16:10 auch nicht an die sieben Brote unter die viertausend und wie viel Körbe ihr da aufhobt?

16:10 ni les sept pains des quatre mille hommes et combien de corbeilles vous avez emportées?

16:11 אֵיךְ לֹא תָבִינוּ כִּי לֹא עַל־הַלֶּחֶם אָמַרְתִּי אֲלֵיהֶם הִשָּׁמְרוּ לָכֶם מִשְּׂאֹר הַפְּרוּשִׁים וְהַצַּדּוּקִים:

16:11 Quare non intelligitis, quia non de pane dixi vobis: Cavete a fermento pharisaeorum et sadducaeorum?

16:11 Πῶς οὐ νοεῖτε, ὅτι οὐ περὶ ἄρτου εἶπον ὑμῖν προσέχειν ἀπὸ τῆς ζύμης τῶν Φαρισαίων καὶ Σαδδουκαίων;

16:11 How is it that you do not perceive what I spoke to you concerning bread? But beware of the leaven of the Pharisees and Sadducees."

16:11 Wie, versteht ihr denn nicht, daß ich euch nicht sage vom Brot, wenn ich sage: Hütet euch vor dem Sauerteig der Pharisäer und Sadduzäer!

16:11 Comment ne comprenez-vous pas que ce n'est pas au sujet de pains que je vous ai parlé? Gardez-vous du levain des pharisiens et des sadducéens.

16:12 אָז הֵבִינוּ כִּי לֹא אָמַר לָהֶם לְהִשָּׁמֵר מִשְּׂאוֹר הַלֶּחֶם כִּי אִם־מִלְּמוּד הַפְּרוּשִׁים וְהַצַּדּוּקִים׃

16:12 Tunc intellexerunt quia non dixerit cavendum a fermento panum, sed a doctrina pharisaeorum et sadducaeorum.

16:12 Τότε συνῆκαν ὅτι οὐκ εἶπεν προσέχειν ἀπὸ τῆς ζύμης τοῦ ἄρτου, ἀλλὰ ἀπὸ τῆς διδαχῆς τῶν Φαρισαίων καὶ Σαδδουκαίων.

16:12 Then they understood that he warned them not to beware of the leaven of bread, but of the teaching of the Pharisees and Sadducees.

16:12 Da verstanden sie, daß er nicht gesagt hatte, daß sie sich hüten sollten vor dem Sauerteig des Brots, sondern vor der Lehre der Pharisäer und Sadduzäer.

16:12 Alors ils comprirent que ce n'était pas du levain du pain qu'il avait dit de se garder, mais de l'enseignement des pharisiens et des sadducéens.

16:13 וַיְהִי כְּבוֹא יֵשׁוּעַ אֶל־גְּלִילוֹת קֵיסָרְיָה שֶׁל־פִילִפּוֹס וַיִּשְׁאַל אֶת־תַּלְמִידָיו לֵאמֹר מָה־אֹמְרִים לִי בְּנֵי אָדָם מִי הוּא בֶּן־הָאָדָם׃

16:13 Venit autem Jesus in partes Caesareae Philippi: et interrogabat discipulos suos, dicens: Quem dicunt homines esse Filium hominis?

16:13 Ἐλθὼν δὲ ὁ Ἰησοῦς εἰς τὰ μέρη Καισαρείας τῆς Φιλίππου ἠρώτα τοὺς μαθητὰς αὐτοῦ, λέγων, Τίνα με λέγουσιν οἱ ἄνθρωποι εἶναι, τὸν υἱὸν τοῦ ἀνθρώπου;

16:13 Now when Jesus came into the parts of Caesarea Philippi, he asked his disciples, saying, "Who do men say that the Son of Man is?"

16:13 Da kam Jesus in die Gegend der Stadt Cäsarea Philippi und fragte seine Jünger und sprach: Wer sagen die Leute, daß des Menschen Sohn sei?

16:13 Jésus, étant arrivé dans le territoire de Césarée de Philippe, demanda à ses disciples: Qui dit-on que je suis, moi, le Fils de l'homme?

16:14 וַיֹּאמְרוּ יֵשׁ אֹמְרִים יוֹחָנָן הַמַּטְבִּיל הוּא וְיֵשׁ אֹמְרִים אֵלִיָּהוּ וַאֲחֵרִים אֹמְרִים יִרְמְיָהוּ אוֹ אֶחָד מִן־הַנְּבִיאִים׃

16:14 At illi dixerunt: Alii Joannem Baptistam, alii autem Eliam, alii vero Jeremiam, aut unum ex prophetis.

16:14 Οἱ δὲ εἶπον, Οἱ μὲν Ἰωάννην τὸν βαπτιστήν· ἄλλοι δὲ Ἠλίαν· ἕτεροι δὲ Ἰερεμίαν, ἢ ἕνα τῶν προφητῶν.

16:14 And they said, "Some *say* John the Baptist; some, Elijah; and others, Jeremiah, or one of the prophets."

16:14 Sie sprachen: Etliche sagen, du seist Johannes der Täufer; die andern, du seist Elia; etliche du seist Jeremia oder der Propheten einer.

16:14 Ils répondirent: Les uns disent que tu es Jean-Baptiste; les autres, Élie; les autres, Jérémie, ou l'un des prophètes.

16:15 וַיֹּאמֶר אֲלֵיהֶם וְאַתֶּם מַה־תֹּאמְרוּ לִי מִי אָנִי:

16:15 Dicit illis Jesus: Vos autem, quem me esse dicitis?

16:15 Λέγει αὐτοῖς, Ὑμεῖς δὲ τίνα με λέγετε εἶναι;

16:15 He said to them, "But who do you say that I am?"

16:15 Er sprach zu ihnen: Wer sagt denn ihr, daß ich sei?

16:15 Et vous, leur dit-il, qui dites-vous que je suis?

16:16 וַיַּעַן שִׁמְעוֹן פֶּטְרוֹס וַיֹּאמַר אַתָּה הוּא הַמָּשִׁיחַ בֶּן־אֱלֹהִים חַיִּים:

16:16 Respondens Simon Petrus dixit: Tu es Christus, Filius Dei vivi.

16:16 Ἀποκριθεὶς δὲ Σίμων Πέτρος εἶπεν, Σὺ εἶ ὁ χριστός, ὁ υἱὸς τοῦ θεοῦ τοῦ ζῶντος.

16:16 And Simon Peter answered and said, "You are the Messiah, the Son of the living God."

16:16 Da antwortete Simon Petrus und sprach: Du bist Christus, des lebendigen Gottes Sohn!

16:16 Simon Pierre répondit: Tu es le Christ, le Fils du Dieu vivant.

16:17 וַיַּעַן וַיֹּאמֶר אֵלָיו אַשְׁרֶיךָ שִׁמְעוֹן בַּר־יוֹנָה כִּי־בָשָׂר וָדָם לֹא גִלָּה־לְךָ אֶת־זֹאת כִּי אִם־אָבִי שֶׁבַּשָּׁמָיִם:

16:17 Respondens autem Jesus, dixit ei: Beatus es Simon Bar Jona: quia caro et sanguis non revelavit tibi, sed Pater meus, qui in caelis est.

16:17 Καὶ ἀποκριθεὶς ὁ Ἰησοῦς εἶπεν αὐτῷ, Μακάριος εἶ, Σίμων Βαριωνᾶ, ὅτι σὰρξ καὶ αἷμα οὐκ ἀπεκάλυψέν σοι, ἀλλ' ὁ πατήρ μου ὁ ἐν τοῖς οὐρανοῖς.

16:17 And Jesus answered back and said to him, "Blessed are you, Simon Bar-Jonah, for flesh and blood has not revealed it to you, but my Father who is in heaven.

16:17 Und Jesus antwortete und sprach zu ihm: Selig bist du, Simon, Jona's Sohn; denn Fleisch und Blut hat dir das nicht offenbart, sondern mein Vater im Himmel.

16:17 Jésus, reprenant la parole, lui dit: Tu es heureux, Simon, fils de Jonas; car ce ne sont pas la chair et le sang qui t'ont révélé cela, mais c'est mon Père qui est dans les cieux.

16:18 וְגַם־אֲנִי אֹמֵר לְךָ כִּי אַתָּה פֶּטְרוֹס וְעַל־הַצּוּר הַזֶּה אֶבְנֶה אֶת־קְהִלָּתִי וְשַׁעֲרֵי שְׁאוֹל לֹא יִגְבְּרוּ עָלֶיהָ:

16:18 Et ego dico tibi, quia tu es Petrus, et super hanc petram aedificabo Ecclesiam meam, et portae inferi non praevalebunt adversus eam.

16:18 Κἀγὼ δέ σοι λέγω, ὅτι σὺ εἶ Πέτρος, καὶ ἐπὶ ταύτῃ τῇ πέτρᾳ οἰκοδομήσω μου τὴν ἐκκλησίαν, καὶ πύλαι Ἅιδου οὐ κατισχύσουσιν αὐτῆς.

16:18 And I also say to you, that you are Peter, and upon this rock I will build my church; and the gates of Hades shall not prevail against it.

16:18 Und ich sage dir auch: Du bist Petrus, und auf diesen Felsen will ich bauen meine Gemeinde, und die Pforten der Hölle sollen sie nicht überwältigen.

16:18 Et moi, je te dis que tu es Pierre, et que sur cette pierre je bâtirai mon Église, et que les portes du séjour des morts ne prévaudront point contre elle.

16:19 וְאֶתֵּן לְךָ אֶת־מַפְתְּחוֹת מַלְכוּת הַשָּׁמַיִם וְכָל־אֲשֶׁר תֶּאֱסֹר עַל־הָאָרֶץ אָסוּר יִהְיֶה בַּשָּׁמַיִם וְכָל־אֲשֶׁר תַּתִּיר עַל־הָאָרֶץ מוּתָּר יִהְיֶה בַּשָּׁמָיִם:

16:19 Et tibi dabo claves regni caelorum. Et quodcumque ligaveris super terram, erit ligatum et in caelis: et quodcumque solveris super terram, erit solutum et in caelis.

16:19 Καὶ δώσω σοὶ τὰς κλεῖς τῆς βασιλείας τῶν οὐρανῶν· καὶ ὃ ἐὰν δήσῃς ἐπὶ τῆς γῆς, ἔσται δεδεμένον ἐν τοῖς οὐρανοῖς· καὶ ὃ ἐὰν λύσῃς ἐπὶ τῆς γῆς, ἔσται λελυμένον ἐν τοῖς οὐρανοῖς.

16:19 I will give to you the keys of the Kingdom of Heaven and whatever you shall bind on earth shall be bound in heaven and whatever you shall loose on earth shall be loosed in heaven."

16:19 Und ich will dir des Himmelsreichs Schlüssel geben: alles, was du auf Erden binden wirst, soll auch im Himmel gebunden sein, und alles, was du auf Erden lösen wirst, soll auch im Himmel los sein.

16:19 Je te donnerai les clefs du royaume des cieux: ce que tu lieras sur la terre sera lié dans les cieux, et ce que tu délieras sur la terre sera délié dans les cieux.

16:20 אָז צִוָּה עַל־תַּלְמִידָיו אֲשֶׁר לֹא יְסַפְּרוּ לְאִישׁ כִּי הוּא הַמָּשִׁיחַ:

16:20 Tunc praecepit discipulis suis ut nemini dicerent quia ipse esset Jesus Christus.

16:20 Τότε διεστείλατο τοῖς μαθηταῖς αὐτοῦ ἵνα μηδενὶ εἴπωσιν ὅτι αὐτός ἐστιν Ἰησοῦς ὁ χριστός.

16:20 Then commanded he the disciples that they should tell no man that he was the Messiah.

16:20 Da verbot er seinen Jüngern, daß sie niemand sagen sollten, daß er, Jesus, der Christus wäre.

16:20 Alors il recommanda aux disciples de ne dire à personne qu'il était le Christ.

16:21 מִן־הָעֵת הַהִיא הֵחֵל יֵשׁוּעַ לְהַגִּיד לְתַלְמִידָיו כִּי צָרִיךְ הוּא לָלֶכֶת יְרוּשָׁלַיִם וִיעֻנֶּה הַרְבֵּה מִידֵי הַזְּקֵנִים וְרָאשֵׁי הַכֹּהֲנִים וְהַסּוֹפְרִים וְיֵהָרֵג וּבַיּוֹם הַשְּׁלִישִׁי קוֹם יָקוּם:

16:21 Exinde coepit Jesus ostendere discipulis suis, quia oporteret eum ire Jerosolymam, et multa pati a senioribus, et scribis, et principibus sacerdotum, et occidi, et tertia die resurgere.

16:21 Ἀπὸ τότε ἤρξατο ὁ Ἰησοῦς δεικνύειν τοῖς μαθηταῖς αὐτοῦ ὅτι δεῖ αὐτὸν ἀπελθεῖν εἰς Ἱεροσόλυμα, καὶ πολλὰ παθεῖν ἀπὸ τῶν πρεσβυτέρων καὶ ἀρχιερέων καὶ γραμματέων, καὶ ἀποκτανθῆναι, καὶ τῇ τρίτῃ ἡμέρᾳ ἐγερθῆναι.

16:21 From that time began Jesus to show to his disciples that he must go to Jerusalem and suffer many things from the elders and chief priests and scribes, and be killed, and the third day be raised up.

16:21 Von der Zeit an fing Jesus an und zeigte seinen Jüngern, wie er müßte hin gen Jerusalem gehen und viel leiden von den Ältesten und Hohenpriestern und Schriftgelehrten und getötet werden und am dritten Tage auferstehen.

16:21 Dès lors Jésus commença à faire connaître à ses disciples qu'il fallait qu'il allât à Jérusalem, qu'il souffrît beaucoup de la part des anciens, des principaux sacrificateurs et des scribes, qu'il fût mis à mort, et qu'il ressuscitât le troisième jour.

16:22 וַיִּקָּחֵהוּ פֶטְרוֹס וַיָּחֶל לִגְעָר־בּוֹ לֵאמֹר חָס לְךָ אֲדֹנִי אַל־יְהִי־לְךָ כָזֹאת׃

16:22 Et assumens eum Petrus, coepit increpare illum dicens: Absit a te, Domine: non erit tibi hoc.

16:22 Καὶ προσλαβόμενος αὐτὸν ὁ Πέτρος ἤρξατο ἐπιτιμᾶν αὐτῷ λέγων, Ἵλεώς σοι, κύριε· οὐ μὴ ἔσται σοι τοῦτο.

16:22 And Peter took him aside and began to rebuke him, saying, "Be it far from you, Lord; this shall never happen to you."

16:22 Und Petrus nahm ihn zu sich, fuhr ihn an und sprach: HERR, schone dein selbst; das widerfahre dir nur nicht!

16:22 Pierre, l'ayant pris à part, se mit à le reprendre, et dit: À Dieu ne plaise, Seigneur! Cela ne t'arrivera pas.

16:23 וַיִּפֶן וַיֹּאמֶר לְפֶטְרוֹס סוּר מֵעָלַי הַשָּׂטָן מִכְשׁוֹל אַתָּה לִי כִּי לִבְּךָ לְדִבְרֵי בְנֵי־אָדָם וְלֹא לְדִבְרֵי אֱלֹהִים׃

16:23 Qui conversus, dixit Petro: Vade post me Satana, scandalum es mihi: quia non sapis ea quae Dei sunt, sed ea quae hominum.

16:23 Ὁ δὲ στραφεὶς εἶπεν τῷ Πέτρῳ, Ὕπαγε ὀπίσω μου, Σατανᾶ, σκάνδαλόν μου εἶ· ὅτι οὐ φρονεῖς τὰ τοῦ θεοῦ, ἀλλὰ τὰ τῶν ἀνθρώπων.

16:23 But he turned, and said to Peter, "You get behind me, accuser: you are a stumbling-block to me: for you do not think the things of God but the things of men."

16:23 Aber er wandte sich um und sprach zu Petrus: Hebe dich, Satan, von mir! du bist mir ärgerlich; denn du meinst nicht was göttlich, sondern was menschlich ist.

16:23 Mais Jésus, se retournant, dit à Pierre: Arrière de moi, Satan! tu m'es en scandale; car tes pensées ne sont pas les pensées de Dieu, mais celles des hommes.

16:24 וַיֹּאמֶר יֵשׁוּעַ אֶל־תַּלְמִידָיו אִישׁ כִּי־יַחְפֹּץ לָלֶכֶת אַחֲרַי יְכַחֵשׁ בְּעַצְמוֹ וְנָשָׂא אֶת־צְלוּבוֹ וְהָלַךְ אַחֲרָי׃

16:24 Tunc Jesus dixit discipulis suis: Si quis vult post me venire, abneget semetipsum, et tollat crucem suam, et sequatur me.

16:24 Τότε ὁ Ἰησοῦς εἶπεν τοῖς μαθηταῖς αὐτοῦ, Εἴ τις θέλει ὀπίσω μου ἐλθεῖν, ἀπαρνησάσθω ἑαυτόν, καὶ ἀράτω τὸν σταυρὸν αὐτοῦ, καὶ ἀκολουθείτω μοι.

16:24 Then said Jesus to his disciples, "If any man would come after me, let him deny himself, and take up his cross, and follow me.

16:24 Da sprach Jesus zu seinen Jüngern: Will mir jemand nachfolgen, der verleugne sich selbst und nehme sein Kreuz auf sich und folge mir.

16:24 Alors Jésus dit à ses disciples: Si quelqu'un veut venir après moi, qu'il renonce à lui-même, qu'il se charge de sa croix, et qu'il me suive.

16:25 כִּי הֶחָפֵץ לְהַצִּיל אֶת־נַפְשׁוֹ תֹּאבַד נַפְשׁוֹ מִמֶּנּוּ וְהַמְאַבֵּד נַפְשׁוֹ לְמַעֲנִי הוּא יִמְצָאֶנָּה:

16:25 Qui enim voluerit animam suam salvam facere, perdet eam: qui autem perdiderit animam suam propter me, inveniet eam.

16:25 Ὃς γὰρ ἂν θέλῃ τὴν ψυχὴν αὐτοῦ σῶσαι ἀπολέσει αὐτήν· ὃς δ' ἂν ἀπολέσῃ τὴν ψυχὴν αὐτοῦ ἕνεκεν ἐμοῦ εὑρήσει αὐτήν·

16:25 For whoever would save his life shall lose it and whoever shall lose his life for my sake shall find it.

16:25 Denn wer sein Leben erhalten will, der wird's verlieren; wer aber sein Leben verliert um meinetwillen, der wird's finden.

16:25 Car celui qui voudra sauver sa vie la perdra, mais celui qui la perdra à cause de moi la trouvera.

16:26 כִּי מַה־יּוֹעִיל הָאָדָם שֶׁיִּקְנֶה אֶת־כָּל־הָעוֹלָם וְהִשְׁחִית אֶת־נַפְשׁוֹ אוֹ מַה־יִּתֵּן הָאָדָם פִּדְיוֹן נַפְשׁוֹ:

16:26 Quid enim prodest homini, si mundum universum lucretur, animae vero suae detrimentum patiatur? aut quam dabit homo commutationem pro anima sua?

16:26 τί γὰρ ὠφελεῖται ἄνθρωπος ἐὰν τὸν κόσμον ὅλον κερδήσῃ, τὴν δὲ ψυχὴν αὐτοῦ ζημιωθῇ; Ἢ τί δώσει ἄνθρωπος ἀντάλλαγμα τῆς ψυχῆς αὐτοῦ;

16:26 For what shall a man be profited if he shall gain the whole world and forfeit his life? Or what shall a man give in exchange for his life?

16:26 Was hülfe es dem Menschen, so er die ganze Welt gewönne und nähme Schaden an seiner Seele? Oder was kann der Mensch geben, damit er seine Seele wieder löse?

16:26 Et que servirait-il à un homme de gagner tout le monde, s'il perdait son âme? ou, que donnerait un homme en échange de son âme?

16:27 כִּי בֶן־הָאָדָם עָתִיד לָבוֹא בִּכְבוֹד אָבִיו עִם־מַלְאָכָיו וְאָז יְשַׁלֵּם לְכָל־אִישׁ כְּמַעֲשֵׂהוּ:

16:27 Filius enim hominis venturus est in gloria Patris sui cum angelis suis: et tunc reddet unicuique secundum opera ejus.

16:27 Μέλλει γὰρ ὁ υἱὸς τοῦ ἀνθρώπου ἔρχεσθαι ἐν τῇ δόξῃ τοῦ πατρὸς αὐτοῦ μετὰ τῶν ἀγγέλων αὐτοῦ, καὶ τότε ἀποδώσει ἑκάστῳ κατὰ τὴν πρᾶξιν αὐτοῦ.

16:27 For the Son of Man shall come in the glory of his Father with his angels and then shall he render *judgment* to every man according to his deeds.

16:27 Denn es wird geschehen, daß des Menschen Sohn komme in der Herrlichkeit seines Vaters mit seinen Engeln; und alsdann wird er einem jeglichen vergelten nach seinen Werken.

16:27 Car le Fils de l'homme doit venir dans la gloire de son Père, avec ses anges; et alors il rendra à chacun selon ses oeuvres.

16:28 אָמֵן אֹמֵר אֲנִי לָכֶם כִּי יֵשׁ בָּעֹמְדִים פֹּה אֲשֶׁר לֹא־יִטְעֲמוּ טַעַם מִיתָה עַד כִּי־יִרְאוּ אֶת־בֶּן־הָאָדָם בָּא בְּמַלְכוּתוֹ:

16:28 Amen dico vobis, sunt quidam de hic stantibus, qui non gustabunt mortem, donec videant Filium hominis venientem in regno suo.

16:28 Ἀμὴν λέγω ὑμῖν, εἰσίν τινες ὧδε ἑστῶτες, οἵτινες οὐ μὴ γεύσωνται θανάτου, ἕως ἂν ἴδωσιν τὸν υἱὸν τοῦ ἀνθρώπου ἐρχόμενον ἐν τῇ βασιλείᾳ αὐτοῦ.

16:28 Amen. I tell you, there are some of them that stand here who shall in no way taste of death until they see the Son of Man coming in his kingdom."

16:28 Wahrlich ich sage euch: Es stehen etliche hier, die nicht schmecken werden den Tod, bis daß sie des Menschen Sohn kommen sehen in seinem Reich.

16:28 Je vous le dis en vérité, quelques-uns de ceux qui sont ici ne mourront point, qu'ils n'aient vu le Fils de l'homme venir dans son règne.

17:1 וּמִקֵּץ שֵׁשֶׁת יָמִים לָקַח לוֹ יֵשׁוּעַ אֶת־פֶּטְרוֹס וְאֶת־יַעֲקֹב וְאֶת־יוֹחָנָן אָחִיו וַיַּעֲלֵם בָּדָד עַל־הַר גָּבוֹהַּ:

17:1 Et post dies sex assumit Jesus Petrum, et Jacobum, et Joannem fratrem ejus, et ducit illos in montem excelsum seorsum:

17:1 Καὶ μεθ' ἡμέρας ἓξ παραλαμβάνει ὁ Ἰησοῦς τὸν Πέτρον καὶ Ἰάκωβον καὶ Ἰωάννην τὸν ἀδελφὸν αὐτοῦ, καὶ ἀναφέρει αὐτοὺς εἰς ὄρος ὑψηλὸν κατ' ἰδίαν.

17:1 And after six days Jesus takes with him Peter, and James, and John his brother, and brings them up into a high mountain alone.

17:1 Und nach sechs Tagen nahm Jesus zu sich Petrus und Jakobus und Johannes, seinen Bruder, und führte sie beiseits auf einen hohen Berg.

17:1 Six jours après, Jésus prit avec lui Pierre, Jacques, et Jean, son frère, et il les conduisit à l'écart sur une haute montagne.

17:2 וַיִּשְׁתַּנֶּה לְעֵינֵיהֶם וַיַּזְהִירוּ פָנָיו כַּשֶּׁמֶשׁ וּבְגָדָיו כָּאוֹר הִלְבִּינוּ:

17:2 et transfiguratus est ante eos. Et resplenduit facies ejus sicut sol: vestimenta autem ejus facta sunt alba sicut nix.

17:2 Καὶ μετεμορφώθη ἔμπροσθεν αὐτῶν, καὶ ἔλαμψεν τὸ πρόσωπον αὐτοῦ ὡς ὁ ἥλιος, τὰ δὲ ἱμάτια αὐτοῦ ἐγένοντο λευκὰ ὡς τὸ φῶς.

17:2 And he was transfigured before them and his face shone as the sun and his garments became white as the light.

17:2 Und er ward verklärt vor ihnen, und sein Angesicht leuchtete wie die Sonne, und seine Kleider wurden weiß wie ein Licht.

17:2 Il fut transfiguré devant eux; son visage resplendit comme le soleil, et ses vêtements devinrent blancs comme la lumière.

17:3 וְהִנֵּה נִרְאוּ אֲלֵיהֶם מֹשֶׁה וְאֵלִיָּהוּ וְהֵם מְדַבְּרִים אִתּוֹ:

17:3 Et ecce apparuerunt illis Moyses et Elias cum eo loquentes.

17:3 Καὶ ἰδού, ὤφθησαν αὐτοῖς Μωσῆς καὶ Ἠλίας, μετ' αὐτοῦ συλλαλοῦντες.

17:3 And behold, there Moses and Elijah appeared to them talking with him.

17:3 Und siehe, da erschienen ihnen Mose und Elia; die redeten mit ihm.

17:3 Et voici, Moïse et Élie leur apparurent, s'entretenant avec lui.

17:4 וַיַּעַן פֶּטְרוֹס וַיֹּאמֶר אֶל־יֵשׁוּעַ אֲדֹנִי טוֹב לָנוּ לִהְיוֹת פֹּה אִם־טוֹב בְּעֵינֶיךָ נַעֲשֶׂה פֹּה שָׁלֹשׁ סֻכּוֹת לְךָ אַחַת וּלְמֹשֶׁה אַחַת וּלְאֵלִיָּהוּ אֶחָת:

17:4 Respondens autem Petrus, dixit ad Jesum: Domine, bonum est nos hic esse: si vis, faciamus tria tabernacula, tibi unum, Moysi unum, et Eliae unum.

17:4 Ἀποκριθεὶς δὲ ὁ Πέτρος εἶπεν τῷ Ἰησοῦ, κύριε, καλόν ἐστιν ἡμᾶς ὧδε εἶναι· εἰ θέλεις, ποιήσωμεν ὧδε τρεῖς σκηνάς, σοὶ μίαν, καὶ Μωσῇ μίαν, καὶ μίαν Ἠλίᾳ.

17:4 And Peter answered back and said to Jesus, "Lord, it is good for us to be here. If you want, I will make here three tabernacles; one for you, and one for Moses, and one for Elijah."

17:4 Petrus aber antwortete und sprach zu Jesu: HERR, hier ist gut sein! Willst du, so wollen wir hier drei Hütten machen: dir eine, Mose eine und Elia eine.

17:4 Pierre, prenant la parole, dit à Jésus: Seigneur, il est bon que nous soyons ici; si tu le veux, je dresserai ici trois tentes, une pour toi, une pour Moïse, et une pour Élie.

17:5 עוֹדֶנּוּ מְדַבֵּר וְהִנֵּה עֲנַן־אוֹר הֵצֵל עֲלֵיהֶם וְהִנֵּה קוֹל מִתּוֹךְ הֶעָנָן אֹמֵר זֶה־בְּנִי יְדִידִי אֲשֶׁר רָצִיתִי בוֹ אֵלָיו תִּשְׁמָעוּן:

17:5 Adhuc eo loquente, ecce nubes lucida obumbravit eos. Et ecce vox de nube, dicens: Hic est Filius meus dilectus, in quo mihi bene complacui: ipsum audite.

17:5 Ἔτι αὐτοῦ λαλοῦντος, ἰδού, νεφέλη φωτεινὴ ἐπεσκίασεν αὐτούς· καὶ ἰδού, φωνὴ ἐκ τῆς νεφέλης, λέγουσα, Οὗτός ἐστιν ὁ υἱός μου ὁ ἀγαπητός, ἐν ᾧ εὐδόκησα· αὐτοῦ ἀκούετε.

17:5 While he was yet speaking, behold, a bright cloud overshadowed them and behold, a voice from out of the cloud, saying, "This is my beloved Son with whom I am well pleased; you listen to him."

17:5 Da er noch also redete, siehe, da überschattete sie eine lichte Wolke. Und siehe, eine Stimme aus der Wolke sprach: Dies ist mein lieber Sohn, an welchem ich Wohlgefallen habe, den sollt ihr hören!

17:5 Comme il parlait encore, une nuée lumineuse les couvrit. Et voici, une voix fit entendre de la nuée ces paroles: Celui-ci est mon Fils bien-aimé, en qui j'ai mis toute mon affection: écoutez-le!

17:6 וַיְהִי כִּשְׁמֹעַ הַתַּלְמִידִים וַיִּפְּלוּ עַל־פְּנֵיהֶם וַיִּירְאוּ מְאֹד:

17:6 Et audientes discipuli ceciderunt in faciem suam, et timuerunt valde.

17:6 Καὶ ἀκούσαντες οἱ μαθηταὶ ἔπεσον ἐπὶ πρόσωπον αὐτῶν, καὶ ἐφοβήθησαν σφόδρα.

17:6 And when the disciples heard it, they fell on their face, and were very afraid.

17:6 Da das die Jünger hörten, fielen sie auf ihr Angesicht und erschraken sehr.

17:6 Lorsqu'ils entendirent cette voix, les disciples tombèrent sur leur face, et furent saisis d'une grande frayeur.

17:7 וַיִּגַּשׁ יֵשׁוּעַ וַיִּגַּע־בָּם וַיֹּאמַר קוּמוּ אַל־תִּירָאוּ:

17:7 Et accessit Jesus, et tetigit eos: dixitque eis: Surgite, et nolite timere.

17:7 Καὶ προσελθὼν ὁ Ἰησοῦς ἥψατο αὐτῶν καὶ εἶπεν, Ἐγέρθητε καὶ μὴ φοβεῖσθε.

17:7 And Jesus came and touched them and said, "Arise, and do not be afraid."

17:7 Jesus aber trat zu ihnen, rührte sie an und sprach: Stehet auf und fürchtet euch nicht!

17:7 Mais Jésus, s'approchant, les toucha, et dit: Levez-vous, n'ayez pas peur!

17:8 וַיִּשְׂאוּ עֵינֵיהֶם וְלֹא רָאוּ אִישׁ בִּלְתִּי יֵשׁוּעַ לְבַדּוֹ:

17:8 Levantes autem oculos suos, neminem viderunt, nisi solum Jesum.

17:8 Ἐπάραντες δὲ τοὺς ὀφθαλμοὺς αὐτῶν, οὐδένα εἶδον, εἰ μὴ τὸν Ἰησοῦν μόνον.

17:8 And lifting up their eyes, they saw no one, except Jesus only.

17:8 Da sie aber ihre Augen aufhoben, sahen sie niemand denn Jesum allein.

17:8 Ils levèrent les yeux, et ne virent que Jésus seul.

17:9 וּבְרִדְתָּם מִן־הָהָר צִוָּה עֲלֵיהֶם יֵשׁוּעַ לֵאמֹר לֹא תַגִּידוּ לְאִישׁ אֶת־דְּבַר הַמַּרְאֶה עַד אִם־קָם בֶּן־הָאָדָם מֵעִם הַמֵּתִים:

17:9 Et descendentibus illis de monte, praecepit eis Jesus, dicens: Nemini dixeritis visionem, donec Filius hominis a mortuis resurgat.

17:9 Καὶ καταβαινόντων αὐτῶν ἐκ τοῦ ὄρους, ἐνετείλατο αὐτοῖς ὁ Ἰησοῦς, λέγων, Μηδενὶ εἴπητε τὸ ὅραμα, ἕως οὗ ὁ υἱὸς τοῦ ἀνθρώπου ἐκ νεκρῶν ἀναστῇ.

17:9 And as they were coming down from the mountain, Jesus commanded them, saying, "Do not tell the vision to any man until the Son of Man has been raised from the dead.

17:9 Und da sie vom Berge herabgingen, gebot ihnen Jesus und sprach: Ihr sollt dies Gesicht niemand sagen, bis das des Menschen Sohn von den Toten auferstanden ist.

17:9 Comme ils descendaient de la montagne, Jésus leur donna cet ordre: Ne parlez à personne de cette vision, jusqu'à ce que le Fils de l'homme soit ressuscité des morts.

17:10 וַיִּשְׁאָלוּהוּ תַלְמִידָיו לֵאמֹר מַה־זֶּה אֹמְרִים הַסּוֹפְרִים אֵלִיָּהוּ בּוֹא יָבוֹא בָּרִאשׁוֹנָה:

17:10 Et interrogaverunt eum discipuli, dicentes: Quid ergo scribae dicunt, quod Eliam oporteat primum venire?

17:10 Καὶ ἐπηρώτησαν αὐτὸν οἱ μαθηταὶ αὐτοῦ λέγοντες, Τί οὖν οἱ γραμματεῖς λέγουσιν ὅτι Ἠλίαν δεῖ ἐλθεῖν πρῶτον;

17:10 And his disciples asked him, saying, "Why then do the scribes say that Elijah must come first?"

17:10 Und seine Jünger fragten ihn und sprachen: Was sagen denn die Schriftgelehrten, Elia müsse zuvor kommen?

17:10 Les disciples lui firent cette question: Pourquoi donc les scribes disent-ils qu'Élie doit venir premièrement?

The Gospel of Matthew

17:11 וַיַּעַן יֵשׁוּעַ וַיֹּאמֶר אֲלֵיהֶם אָכֵן אֵלִיָּהוּ יָבֹא בָרִאשׁוֹנָה וְהֵשִׁיב אֶת־הַכֹּל:

17:11 At ille respondens, ait eis: Elias quidem venturus est, et restituet omnia.

17:11 Ὁ δὲ Ἰησοῦς ἀποκριθεὶς εἶπεν αὐτοῖς, Ἠλίας μὲν ἔρχεται πρῶτον, καὶ ἀποκαταστήσει πάντα·

17:11 And he answered back and said, "Elijah indeed comes, and shall restore all things.

17:11 Jesus antwortete und sprach zu ihnen: Elia soll ja zuvor kommen und alles zurechtbringen.

17:11 Il répondit: Il est vrai qu'Élie doit venir, et rétablir toutes choses.

17:12 אֲבָל אֹמֵר אֲנִי לָכֶם אֵלִיָּהוּ כְבָר בָּא וְלֹא הִכִּירוּהוּ וַיַּעֲשׂוּ־בוֹ כִּרְצוֹנָם וְכֵן גַּם־בֶּן־הָאָדָם יְעֻנֶּה עַל־יָדָם:

17:12 Dico autem vobis, quia Elias jam venit, et non cognoverunt eum, sed fecerunt in eo quaecumque voluerunt. Sic et Filius hominis passurus est ab eis.

17:12 λέγω δὲ ὑμῖν ὅτι Ἠλίας ἤδη ἦλθεν, καὶ οὐκ ἐπέγνωσαν αὐτόν, ἀλλ᾽ ἐποίησαν ἐν αὐτῷ ὅσα ἠθέλησαν· οὕτως καὶ ὁ υἱὸς τοῦ ἀνθρώπου μέλλει πάσχειν ὑπ᾽ αὐτῶν.

17:12 But I am telling you that Elijah has come already and they did not know him, but they did to him whatever they wanted. So also shall the Son of Man suffer unto them."

17:12 Doch ich sage euch: Es ist Elia schon gekommen, und sie haben ihn nicht erkannt, sondern haben an ihm getan, was sie wollten. Also wird auch des Menschen Sohn leiden müssen von ihnen.

17:12 Mais je vous dis qu'Élie est déjà venu, qu'ils ne l'ont pas reconnu, et qu'ils l'ont traité comme ils ont voulu. De même le Fils de l'homme souffrira de leur part.

17:13 אָז הֵבִינוּ הַתַּלְמִידִים כִּי עַל־יוֹחָנָן הַמַּטְבִּיל דִּבֶּר אֲלֵיהֶם:

17:13 Tunc intellexerunt discipuli, quia de Joanne Baptista dixisset eis.

17:13 Τότε συνῆκαν οἱ μαθηταὶ ὅτι περὶ Ἰωάννου τοῦ βαπτιστοῦ εἶπεν αὐτοῖς.

17:13 Then the disciples understood that he spoke to them of John the Baptizer.

17:13 Da verstanden die Jünger, daß er von Johannes dem Täufer zu ihnen geredet hatte.

17:13 Les disciples comprirent alors qu'il leur parlait de Jean-Baptiste.

17:14 וַיְהִי כְּבוֹאָם אֶל־הֲמוֹן הָעָם וַיִּגַּשׁ אֵלָיו אִישׁ וַיִּכְרַע עַל־בִּרְכָּיו לְנֶגְדּוֹ:

17:14 Et cum venisset ad turbam, accessit ad eum homo genibus provolutus ante eum, dicens: Domine, miserere filio meo, quia lunaticus est, et male patitur: nam saepe cadit in ignem, et crebro in aquam.

17:14 Καὶ ἐλθόντων αὐτῶν πρὸς τὸν ὄχλον, προσῆλθεν αὐτῷ ἄνθρωπος γονυπετῶν αὐτὸν

17:14 And when they were coming to the multitude, there came to him a man, kneeling to him, saying,

17:14 Und da sie zu dem Volk kamen, trat zu ihm ein Mensch und fiel ihm zu Füßen

17:14 Lorsqu'ils furent arrivés près de la foule, un homme vint se jeter à genoux devant Jésus, et dit:

17:15 וַיֹּאמַר אֲדֹנִי רַחֶם־נָא עַל־בְּנִי כִּי־מוּכֵּה יָרֵחַ הוּא וְחָלְיוֹ רָע כִּי־פְעָמִים רַבּוֹת הוּא נֹפֵל בָּאֵשׁ וּפְעָמִים רַבּוֹת אֶל־תּוֹךְ הַמָּיִם:

17:14 Et cum venisset ad turbam, accessit ad eum homo genibus provolutus ante eum, dicens: Domine, miserere filio meo, quia lunaticus est, et male patitur: nam saepe cadit in ignem, et crebro in aquam.

17:15 καὶ λέγων, Κύριε, ἐλέησόν μου τὸν υἱόν, ὅτι σεληνιάζεται καὶ κακῶς πάσχει· πολλάκις γὰρ πίπτει εἰς τὸ πῦρ, καὶ πολλάκις εἰς τὸ ὕδωρ.

17:15 "Lord, have mercy on my son, for he is epileptic, and suffers grievously; for he often falls into the fire, and often into the water.

17:15 und sprach: HERR, erbarme dich über meinen Sohn! denn er ist mondsüchtig und hat ein schweres Leiden: er fällt oft ins Feuer und oft ins Wasser;

17:14 Lorsqu'ils furent arrivés près de la foule, un homme vint se jeter à genoux devant Jésus, et dit:

17:16 וָאָבִיא אֹתוֹ אֶל־תַּלְמִידֶיךָ וְלֹא יָכְלוּ לִרְפֹּא לוֹ:

17:15 Et obtuli eum discipulis tuis, et non potuerunt curare eum.

17:16 Καὶ προσήνεγκα αὐτὸν τοῖς μαθηταῖς σου, καὶ οὐκ ἠδυνήθησαν αὐτὸν θεραπεῦσαι.

17:16 And I brought him to your disciples and they could not cure him."

17:16 und ich habe ihn zu deinen Jüngern gebracht, und sie konnten ihm nicht helfen.

17:16 Je l'ai amené à tes disciples, et ils n'ont pas pu le guérir.

17:17 וַיַּעַן יֵשׁוּעַ וַיֹּאמַר הוֹי דּוֹר חֲסַר אֱמוּנָה וּפְתַלְתֹּל עַד־מָתַי אֶהְיֶה עִמָּכֶם עַד־מָתַי אֶשָּׂא אֶתְכֶם הָבִיאוּ אֹתוֹ אֵלַי הֵנָּה:

17:16 Respondens autem Jesus, ait: O generatio incredula, et perversa, quousque ero vobiscum? usquequo patiar vos? Afferte huc illum ad me.

17:17 Ἀποκριθεὶς δὲ ὁ Ἰησοῦς εἶπεν, Ὦ γενεὰ ἄπιστος καὶ διεστραμμένη, ἕως πότε ἔσομαι μεθ' ὑμῶν; Ἕως πότε ἀνέξομαι ὑμῶν; Φέρετέ μοι αὐτὸν ὧδε.

17:17 And Jesus answered back and said, "Oh faithless and perverse generation, how long shall I be with you? How long shall I bear with you? Bring him here to me!"

17:17 Jesus aber antwortete und sprach: O du ungläubige und verkehrte Art, wie lange soll ich bei euch sein? wie lange soll ich euch dulden? Bringt ihn hierher!

17:17 Race incrédule et perverse, répondit Jésus, jusques à quand serai-je avec vous? jusques à quand vous supporterai-je? Amenez-le-moi ici.

17:18 וַיִּגְעַר־בּוֹ יֵשׁוּעַ וַיֵּצֵא הַשֵּׁד מִמֶּנּוּ וַיֵּרָפֵא הַנַּעַר מִן־הַשָּׁעָה הַהִיא:

17:17 Et increpavit illum Jesus, et exiit ab eo daemonium, et curatus est puer ex illa hora.

17:18 Καὶ ἐπετίμησεν αὐτῷ ὁ Ἰησοῦς, καὶ ἐξῆλθεν ἀπ' αὐτοῦ τὸ δαιμόνιον, καὶ ἐθεραπεύθη ὁ παῖς ἀπὸ τῆς ὥρας ἐκείνης.

17:18 And Jesus rebuked him and the demon went out of him. And the boy was cured from that hour.

17:18 Und Jesus bedrohte ihn; und der Teufel fuhr aus von ihm, und der Knabe ward gesund zu derselben Stunde.

17:18 Jésus parla sévèrement au démon, qui sortit de lui, et l'enfant fut guéri à l'heure même.

17:19 וַיִּגְּשׁוּ הַתַּלְמִידִים אֶל־יֵשׁוּעַ וְהוּא לְבַדּוֹ וַיֹּאמְרוּ מַדּוּעַ אֲנַחְנוּ לֹא יָכֹלְנוּ לְגָרְשׁוֹ:

17:18 Tunc accesserunt discipuli ad Jesum secreto, et dixerunt: Quare nos non potuimus ejicere illum?

17:19 Τότε προσελθόντες οἱ μαθηταὶ τῷ Ἰησοῦ κατ' ἰδίαν εἶπον, Διὰ τί ἡμεῖς οὐκ ἠδυνήθημεν ἐκβαλεῖν αὐτό;

17:19 Then the disciples came to Jesus alone and said, "Why couldn't we cast it out?"

17:19 Da traten zu ihm seine Jünger besonders und sprachen: Warum konnten wir ihn nicht austreiben?

17:19 Alors les disciples s'approchèrent de Jésus, et lui dirent en particulier: Pourquoi n'avons-nous pu chasser ce démon?

17:20 וַיֹּאמֶר יֵשׁוּעַ אֲלֵיהֶם מִפְּנֵי חֹסֶר אֱמוּנַתְכֶם כִּי אָמֵן אֹמֵר אֲנִי לָכֶם אִם־יֵשׁ בָּכֶם אֱמוּנָה כְּגַרְגַּר הַחַרְדָּל וַאֲמַרְתֶּם אֶל־הָהָר הַזֶּה הֵעָתֵק מִזֶּה שָׁמָּה וְנֶעְתַּק מִמְּקוֹמוֹ וְאֵין דָּבָר אֲשֶׁר יִבָּצֵר מִכֶּם:

17:19 Dixit illis Jesus: Propter incredulitatem vestram. Amen quippe dico vobis, si habueritis fidem sicut granum sinapis, dicetis monti huic: Transi hinc illuc, et transibit, et nihil impossibile erit vobis.

17:20 Ὁ δὲ Ἰησοῦς εἶπεν αὐτοῖς, Διὰ τὴν ἀπιστίαν ὑμῶν. Ἀμὴν γὰρ λέγω ὑμῖν, ἐὰν ἔχητε πίστιν ὡς κόκκον σινάπεως, ἐρεῖτε τῷ ὄρει τούτῳ, Μετάβηθι ἐντεῦθεν ἐκεῖ, καὶ μεταβήσεται· καὶ οὐδὲν ἀδυνατήσει ὑμῖν.

17:20 And he said to them, "Because of your little faith. Amen. I say to you, if you have faith as a grain of mustard seed, you shall say to this mountain, 'Move from here to another place!' and it shall move; and nothing shall be impossible for you.

17:20 Jesus aber antwortete und sprach zu ihnen: Um eures Unglaubens willen. Denn wahrlich ich sage euch: So ihr Glauben habt wie ein Senfkorn, so mögt ihr sagen zu diesem Berge: Hebe dich von hinnen dorthin! so wird er sich heben; und euch wird nichts unmöglich sein.

17:20 C'est à cause de votre incrédulité, leur dit Jésus. Je vous le dis en vérité, si vous aviez de la foi comme un grain de sénevé, vous diriez à cette montagne: Transporte-toi d'ici là, et elle se transporterait; rien ne vous serait impossible.

17:21 וְהַמִּין הַזֶּה לֹא יֵצֵא כִּי אִם־בִּתְפִלָּה וּבְצוֹם:

17:20 Hoc autem genus non ejicitur nisi per orationem et jejunium.

17:21 Τοῦτο δὲ τὸ γένος οὐκ ἐκπορεύεται εἰ μὴ ἐν προσευχῇ καὶ νηστείᾳ.

17:21 *But this kind does not go out except by prayer and fasting.*"

17:21 Aber diese Art fährt nicht aus denn durch Beten und Fasten.

17:21 Mais cette sorte de démon ne sort que par la prière et par le jeûne.

The Gospel of Matthew

17:22 וַיְהִי בְּעָבְרָם בְּאֶרֶץ הַגָּלִיל וַיֹּאמֶר יֵשׁוּעַ אֲלֵיהֶם עָתִיד בֶּן־הָאָדָם לְהִמָּסֵר בִּידֵי אֲנָשִׁים:

17:21 Conversantibus autem eis in Galilaea, dixit illis Jesus: Filius hominis tradendus est in manus hominum:

17:22 Ἀναστρεφομένων δὲ αὐτῶν ἐν τῇ Γαλιλαίᾳ, εἶπεν αὐτοῖς ὁ Ἰησοῦς, Μέλλει ὁ υἱὸς τοῦ ἀνθρώπου παραδίδοσθαι εἰς χεῖρας ἀνθρώπων,

17:22 And while they remained in Galilee, Jesus said to them, "The Son of Man shall be delivered up into the hands of men;

17:22 Da sie aber ihr Wesen hatten in Galiläa, sprach Jesus zu ihnen: Es wird geschehen, daß des Menschen Sohn überantwortet wird in der Menschen Hände;

17:22 Pendant qu'ils parcouraient la Galilée, Jésus leur dit: Le Fils de l'homme doit être livré entre les mains des hommes;

17:23 וַיַהַרְגוּהוּ וּבַיּוֹם הַשְּׁלִישִׁי קוֹם יָקוּם וַיִּתְעַצְּבוּ מְאֹד:

17:22 et occident eum, et tertia die resurget. Et contristati sunt vehementer.

17:23 καὶ ἀποκτενοῦσιν αὐτόν, καὶ τῇ τρίτῃ ἡμέρᾳ ἐγερθήσεται. Καὶ ἐλυπήθησαν σφόδρα.

17:23 and they shall kill him, and the third day he shall be raised up." And they were exceedingly sad.

17:23 und sie werden ihn töten, und am dritten Tage wird er auferstehen. Und sie wurden sehr betrübt.

17:23 ils le feront mourir, et le troisième jour il ressuscitera. Ils furent profondément attristés.

17:24 וַיְהִי כְּבוֹאָם אֶל־כְּפַר־נַחוּם וַיִּגְּשׁוּ אֶל־פֶּטְרוֹס גֹּבָאֵי מַחֲצִית הַשֶּׁקֶל וַיֹּאמְרוּ הֲלֹא יִתֵּן רַבְּכֶם אֶת־מַחֲצִית הַשֶּׁקֶל:

17:23 Et cum venissent Capharnaum, accesserunt qui didrachma accipiebant ad Petrum, et dixerunt ei: Magister vester non solvit didrachma?

17:24 Ἐλθόντων δὲ αὐτῶν εἰς Καπερναούμ, προσῆλθον οἱ τὰ δίδραχμα λαμβάνοντες τῷ Πέτρῳ καὶ εἶπον, Ὁ διδάσκαλος ὑμῶν οὐ τελεῖ τὰ δίδραχμα;

17:24 And when they were coming to Capernaum, those who received the half-shekel came to Peter, and said, "Doesn't your teacher pay the half-shekel?"

17:24 Da sie nun gen Kapernaum kamen, gingen zu Petrus, die den Zinsgroschen einnahmen, und sprachen: Pflegt euer Meister nicht den Zinsgroschen zu geben?

17:24 Lorsqu'ils arrivèrent à Capernaüm, ceux qui percevaient les deux drachmes s'adressèrent à Pierre, et lui dirent: Votre maître ne paie-t-il pas les deux drachmes?

17:25 וַיֹּאמֶר יִתֵּן וּבְבוֹאוֹ הַבַּיְתָה קִדֵּם אֹתוֹ יֵשׁוּעַ לִשְׁאֹל וַיֹּאמַר מַה־דַּעְתְּךָ שִׁמְעוֹן מַלְכֵי הָאָרֶץ מִמִּי יִקְחוּ מֶכֶס וּמַס מֵאֵת בְּנֵיהֶם אוֹ מֵאֵת הַזָּרִים:

17:24 Ait: Etiam. Et cum intrasset in domum, praevenit eum Jesus, dicens: Quid tibi videtur Simon? reges terrae a quibus accipiunt tributum vel censum? a filiis suis, an ab alienis?

17:25 Λέγει, Ναί. Καὶ ὅτε εἰσῆλθεν εἰς τὴν οἰκίαν, προέφθασεν αὐτὸν ὁ Ἰησοῦς, λέγων, Τί σοι δοκεῖ, Σίμων; Οἱ βασιλεῖς τῆς γῆς ἀπὸ τίνων λαμβάνουσιν τέλη ἢ κῆνσον; Ἀπὸ τῶν υἱῶν αὐτῶν, ἢ ἀπὸ τῶν ἀλλοτρίων;

17:25 He says, "Yes." And when he came into the house, Jesus spoke first to him, saying, "What do you think, Simon, the kings of the earth, from whom do they receive toll or tribute? From their sons, or from strangers?"

17:25 Er sprach: Ja. Und als er heimkam, kam ihm Jesus zuvor und sprach: Was dünkt dich, Simon? Von wem nehmen die Könige auf Erden den Zoll oder Zins? Von Ihren Kindern oder von den Fremden?

17:25 Oui, dit-il. Et quand il fut entré dans la maison, Jésus le prévint, et dit: Que t'en semble, Simon? Les rois de la terre, de qui perçoivent-ils des tributs ou des impôts? de leurs fils, ou des étrangers?

17:26 וַיֹּאמֶר פֶּטְרוֹס אֵלָיו מֵאֵת הַזָּרִים וַיֹּאמֶר לוֹ יֵשׁוּעַ אִם־כֵּן אֵפוֹא הַבָּנִים פְּטוּרִים הֵמָּה:

17:25 Et ille dixit: Ab alienis. Dixit illi Jesus: Ergo liberi sunt filii.

17:26 Λέγει αὐτῷ ὁ Πέτρος, Ἀπὸ τῶν ἀλλοτρίων. Ἔφη αὐτῷ ὁ Ἰησοῦς, Ἄρα γε ἐλεύθεροί εἰσιν οἱ υἱοί.

17:26 And when he said, "From strangers." Jesus said to him, "Therefore the sons are free.

17:26 Da sprach zu ihm Petrus: Von den Fremden. Jesus sprach zu ihm: So sind die Kinder frei.

17:26 Il lui dit: Des étrangers. Et Jésus lui répondit: Les fils en sont donc exempts.

17:27 וְאוּלָם לְמַעַן אֲשֶׁר לֹא־נִהְיֶה לָהֶם לְמִכְשׁוֹל לֵךְ אֶל־הַיָּם וְהִשְׁלַכְתָּ חַכָּה אֶל־תּוֹכוֹ וְאֶת־הַדָּג הָרִאשׁוֹן אֲשֶׁר יַעֲלֶה שָׂאֵהוּ וְכַאֲשֶׁר תִּפְתַּח אֶת־פִּיו תִּמְצָא בוֹ מַטְבֵּעַ אוֹתוֹ קַח וְשִׁקַּלְתָּ עַל יָדִי וְעַל יָדֶךָ:

17:26 Ut autem non scandalizemus eos, vade ad mare, et mitte hamum: et eum piscem, qui primus ascenderit, tolle: et aperto ore ejus, invenies staterem: illum sumens, da eis pro me et te.

17:27 Ἵνα δὲ μὴ σκανδαλίσωμεν αὐτούς, πορευθεὶς εἰς τὴν θάλασσαν βάλε ἄγκιστρον, καὶ τὸν ἀναβαίνοντα πρῶτον ἰχθὺν ἆρον· καὶ ἀνοίξας τὸ στόμα αὐτοῦ, εὑρήσεις στατῆρα· ἐκεῖνον λαβὼν δὸς αὐτοῖς ἀντὶ ἐμοῦ καὶ σοῦ.

17:27 But, lest we cause them to stumble, you go to the sea, and cast a hook, and take up the fish that first comes up; and when you had opened his mouth, you shall find a shekel, take that and give it to them for me and you."

17:27 Auf daß aber wir sie nicht ärgern, so gehe hin an das Meer und wirf die Angel, und den ersten Fisch, der herauffährt, den nimm; und wenn du seinen Mund auftust, wirst du einen Stater finden; den nimm und gib ihnen für mich und dich.

17:27 Mais, pour ne pas les scandaliser, va à la mer, jette l'hameçon, et tire le premier poisson qui viendra; ouvre-lui la bouche, et tu trouveras un statère. Prends-le, et donne-le-leur pour moi et pour toi.

The Gospel of Matthew

18:1 בַּשָּׁעָה הַהִיא נִגְּשׁוּ הַתַּלְמִידִים אֶל־יֵשׁוּעַ וַיֹּאמְרוּ מִי אֵפוֹא הַגָּדוֹל בְּמַלְכוּת הַשָּׁמָיִם:

18:1 In illa hora accesserunt discipuli ad Jesum, dicentes: Quis, putas, major est in regno caelorum?

18:1 Ἐν ἐκείνῃ τῇ ὥρᾳ προσῆλθον οἱ μαθηταὶ τῷ Ἰησοῦ, λέγοντες, Τίς ἄρα μείζων ἐστὶν ἐν τῇ βασιλείᾳ τῶν οὐρανῶν;

18:1 In that hour the disciples came to Jesus, saying, "Who then is greatest in the Kingdom of Heaven?"

18:1 Zu derselben Stunde traten die Jünger zu Jesu und sprachen: Wer ist doch der Größte im Himmelreich?

18:1 En ce moment, les disciples s'approchèrent de Jésus, et dirent: Qui donc est le plus grand dans le royaume des cieux?

18:2 וַיִּקְרָא יֵשׁוּעַ אֵלָיו יֶלֶד קָטָן וַיַּעֲמִידֵהוּ בְּתוֹכָם:

18:2 Et advocans Jesus parvulum, statuit eum in medio eorum,

18:2 Καὶ προσκαλεσάμενος ὁ Ἰησοῦς παιδίον ἔστησεν αὐτὸ ἐν μέσῳ αὐτῶν,

18:2 And he called to him a little child and set him in the midst of them,

18:2 Jesus rief ein Kind zu sich und stellte das mitten unter sie

18:2 Jésus, ayant appelé un petit enfant, le plaça au milieu d'eux,

18:3 וַיֹּאמַר אָמֵן אֹמֵר אֲנִי לָכֶם אִם־לֹא תָשׁוּבוּ לִהְיוֹת כַּיְלָדִים לֹא תָבֹאוּ אֶל־מַלְכוּת הַשָּׁמָיִם:

18:3 et dixit: Amen dico vobis, nisi conversi fueritis, et efficiamini sicut parvuli, non intrabitis in regnum caelorum.

18:3 καὶ εἶπεν, Ἀμὴν λέγω ὑμῖν, ἐὰν μὴ στραφῆτε καὶ γένησθε ὡς τὰ παιδία, οὐ μὴ εἰσέλθητε εἰς τὴν βασιλείαν τῶν οὐρανῶν.

18:3 and said, "Amen. I say to you, unless you turn and become as little children, you shall in no way enter into the Kingdom of Heaven.

18:3 und sprach: Wahrlich ich sage euch: Es sei denn, daß ihr umkehret und werdet wie die Kinder, so werdet ihr nicht ins Himmelreich kommen.

18:3 et dit: Je vous le dis en vérité, si vous ne vous convertissez et si vous ne devenez comme les petits enfants, vous n'entrerez pas dans le royaume des cieux.

18:4 לָכֵן כָּל־הַמַּשְׁפִּיל אֶת־עַצְמוֹ כַּיֶּלֶד הַזֶּה הוּא הַגָּדוֹל בְּמַלְכוּת הַשָּׁמָיִם:

18:4 Quicumque ergo humiliaverit se sicut parvulus iste, hic est major in regno caelorum.

18:4 Ὅστις οὖν ταπεινώσει ἑαυτὸν ὡς τὸ παιδίον τοῦτο, οὗτός ἐστιν ὁ μείζων ἐν τῇ βασιλείᾳ τῶν οὐρανῶν.

18:4 Whoever therefore shall humble himself as this little child, this one is the greatest in the Kingdom of Heaven.

18:4 Wer nun sich selbst erniedrigt wie dies Kind, der ist der Größte im Himmelreich.

18:4 C'est pourquoi, quiconque se rendra humble comme ce petit enfant sera le plus grand dans le royaume des cieux.

18:5 וְהַמְקַבֵּל יֶלֶד אֶחָד כָּזֶה בִּשְׁמִי הוּא מְקַבֵּל׃

18:5 Et qui susceperit unum parvulum talem in nomine meo, me suscipit:
18:5 Καὶ ὃς ἐὰν δέξηται παιδίον τοιοῦτον ἓν ἐπὶ τῷ ὀνόματί μου, ἐμὲ δέχεται·
18:5 And whoever shall receive one such little child in my name receives me:
18:5 Und wer ein solches Kind aufnimmt in meinem Namen, der nimmt mich auf.
18:5 Et quiconque reçoit en mon nom un petit enfant comme celui-ci, me reçoit moi-même.

18:6 הַמַּכְשִׁיל אֶת־אֶחָד מִן־הַקְּטַנִּים הָאֵלֶּה הַמַּאֲמִינִים בִּי נוֹחַ לוֹ שֶׁיִּתָּלֶה פֶּלַח־רֶכֶב עַל־צַוָּארוֹ וְטוּבַּע בִּמְצוּלוֹת יָם׃

18:6 qui autem scandalizaverit unum de pusillis istis, qui in me credunt, expedit ei ut suspendatur mola asinaria in collo ejus, et demergatur in profundum maris.
18:6 ὃς δ' ἂν σκανδαλίσῃ ἕνα τῶν μικρῶν τούτων τῶν πιστευόντων εἰς ἐμέ, συμφέρει αὐτῷ ἵνα κρεμασθῇ μύλος ὀνικὸς εἰς τὸν τράχηλον αὐτοῦ, καὶ καταποντισθῇ ἐν τῷ πελάγει τῆς θαλάσσης.
18:6 But whoever shall cause one of these little ones that believe on me to stumble, it is profitable for him that a great millstone should be hanged about his neck and *that* he should be sunk in the depth of the sea.
18:6 Wer aber ärgert dieser Geringsten einen, die an mich glauben, dem wäre es besser, daß ein Mühlstein an seinen Hals gehängt und er ersäuft werde im Meer, da es am tiefsten ist.
18:6 Mais, si quelqu'un scandalisait un de ces petits qui croient en moi, il vaudrait mieux pour lui qu'on suspendît à son cou une meule de moulin, et qu'on le jetât au fond de la mer.

18:7 אוֹי לָעוֹלָם מִן־הַמִּכְשֹׁלִים כִּי הַמִּכְשֹׁלִים בּוֹא יָבֹאוּ אֲבָל אוֹי לָאִישׁ הַהוּא אֲשֶׁר עַל־יָדוֹ יָבוֹא הַמִּכְשׁוֹל׃

18:7 Vae mundo a scandalis! Necesse est enim ut veniant scandala: verumtamen vae homini illi, per quem scandalum venit.
18:7 Οὐαὶ τῷ κόσμῳ ἀπὸ τῶν σκανδάλων· ἀνάγκη γάρ ἐστιν ἐλθεῖν τὰ σκάνδαλα· πλὴν οὐαὶ τῷ ἀνθρώπῳ ἐκείνῳ, δι' οὗ τὸ σκάνδαλον ἔρχεται.
18:7 Woe to the world because of occasions of stumbling! For it must be that such occasions come; but woe to that man through whom the occasion come!
18:7 Weh der Welt der Ärgernisse halben! Es muß ja Ärgernis kommen; doch weh dem Menschen, durch welchen Ärgernis kommt!
18:7 Malheur au monde à cause des scandales! Car il est nécessaire qu'il arrive des scandales; mais malheur à l'homme par qui le scandale arrive!

18:8 וְאִם־תַּכְשִׁילְךָ יָדְךָ אוֹ רַגְלְךָ קַצֵּץ אוֹתָהּ וְהַשְׁלֵךְ מִמֶּךָ טוֹב לְךָ לָבוֹא לַחַיִּים פִּסֵּחַ אוֹ קִטֵּעַ מִהְיוֹת לְךָ שְׁתֵּי יָדַיִם אוֹ־שְׁתֵּי רַגְלַיִם וְתוּשְׁלַךְ אֶל־אֵשׁ עוֹלָם:

18:8 Si autem manus tua, vel pes tuus scandalizat te, abscide eum, et projice abs te: bonum tibi est ad vitam ingredi debilem, vel claudum, quam duas manus vel duos pedes habentem mitti in ignem aeternum.

18:8 Εἰ δὲ ἡ χείρ σου ἢ ὁ πούς σου σκανδαλίζει σε, ἔκκοψον αὐτὰ καὶ βάλε ἀπὸ σοῦ· καλόν σοι ἐστιν εἰσελθεῖν εἰς τὴν ζωὴν χωλὸν ἢ κυλλόν, ἢ δύο χεῖρας ἢ δύο πόδας ἔχοντα βληθῆναι εἰς τὸ πῦρ τὸ αἰώνιον.

18:8 And if your hand or your foot causes you to stumble, cut it off, and cast it from you: it is good for you to enter into life maimed or lame, rather than having two hands or two feet to be cast into the eternal fire.

18:8 So aber deine Hand oder dein Fuß dich ärgert, so haue ihn ab und wirf ihn von dir. Es ist besser, daß du zum Leben lahm oder als Krüppel eingehst, denn daß du zwei Hände oder zwei Füße hast und wirst in das höllische Feuer geworfen.

18:8 Si ta main ou ton pied est pour toi une occasion de chute, coupe-les et jette-les loin de toi; mieux vaut pour toi entrer dans la vie boiteux ou manchot, que d'avoir deux pieds ou deux mains et d'être jeté dans le feu éternel.

18:9 וְאִם־עֵינְךָ תַּכְשִׁילְךָ נַקֵּר אוֹתָהּ וְהַשְׁלֵךְ מִמֶּךָ טוֹב לְךָ לָבוֹא לַחַיִּים בְּעַיִן אַחַת מִהְיוֹת לְךָ שְׁתֵּי עֵינַיִם וְתוּשְׁלַךְ אֶל־אֵשׁ גֵּיהִנֹּם:

18:9 Et si oculus tuus scandalizat te, erue eum, et projice abs te: bonum tibi est cum uno oculo in vitam intrare, quam duos oculos habentem mitti in gehennam ignis.

18:9 Καὶ εἰ ὁ ὀφθαλμός σου σκανδαλίζει σε, ἔξελε αὐτὸν καὶ βάλε ἀπὸ σοῦ· καλόν σοι ἐστιν μονόφθαλμον εἰς τὴν ζωὴν εἰσελθεῖν, ἢ δύο ὀφθαλμοὺς ἔχοντα βληθῆναι εἰς τὴν γέενναν τοῦ πυρός.

18:9 And if your eye causes you to stumble, pluck it out, and cast it from you: it is good for you to enter into life with one eye, rather than having two eyes to be cast into the hell of fire.

18:9 Und so dich dein Auge ärgert, reiß es aus und wirf's von dir. Es ist dir besser, daß du einäugig zum Leben eingehest, denn daß du zwei Augen habest und wirst in das höllische Feuer geworfen.

18:9 Et si ton oeil est pour toi une occasion de chute, arrache-le et jette-le loin de toi; mieux vaut pour toi entrer dans la vie, n'ayant qu'un oeil, que d'avoir deux yeux et d'être jeté dans le feu de la géhenne.

18:10 רְאוּ פֶּן־תִּבְזוּ אַחַד הַקְּטַנִּים הָאֵלֶּה כִּי אֹמֵר אֲנִי לָכֶם מַלְאֲכֵיהֶם רֹאִים תָּמִיד אֶת־פְּנֵי אָבִי שֶׁבַּשָּׁמָיִם:

18:10 Videte ne contemnatis unum ex his pusillis: dico enim vobis, quia angeli eorum in caelis semper vident faciem Patris mei, qui in caelis est.

18:10 Ὁρᾶτε μὴ καταφρονήσητε ἑνὸς τῶν μικρῶν τούτων, λέγω γὰρ ὑμῖν ὅτι οἱ ἄγγελοι αὐτῶν ἐν οὐρανοῖς διὰ παντὸς βλέπουσιν τὸ πρόσωπον τοῦ πατρός μου τοῦ ἐν οὐρανοῖς.

18:10 See that you despise not one of these little ones; for I say to you that, in heaven, their angels always behold the face of my Father who is in heaven.

18:10 Sehet zu, daß ihr nicht jemand von diesen Kleinen verachtet. Denn ich sage euch: Ihre Engel im Himmel sehen allezeit in das Angesicht meines Vaters im Himmel.

18:10 Gardez-vous de mépriser un seul de ces petits; car je vous dis que leurs anges dans les cieux voient continuellement la face de mon Père qui est dans les cieux.

18:11 כִּי בֶן־הָאָדָם בָּא לְהוֹשִׁיעַ אֶת־הָאֹבֵד:

18:11 Venit enim Filius hominis salvare quod perierat.

18:11 Ἦλθεν γὰρ ὁ υἱὸς τοῦ ἀνθρώπου σῶσαι τὸ ἀπολωλός.

18:11 *For the Son of Man came to save that which was lost.*

18:11 Denn des Menschen Sohn ist gekommen, selig zu machen, das verloren ist.

18:11 Car le Fils de l'homme est venu sauver ce qui était perdu.

18:12 מַה־דַּעְתְּכֶם כִּי־יִהְיוּ לְאִישׁ מֵאָה כְבָשִׂים וְאָבַד אֶחָד מֵהֶם הֲלֹא יַעֲזֹב אֶת־הַתִּשְׁעִים וְתִשְׁעָה עַל־הֶהָרִים וְהָלַךְ לְבַקֵּשׁ אֶת־הָאֹבֵד:

18:12 Quid vobis videtur? si fuerint alicui centum oves, et erravit una ex eis: nonne relinquit nonaginta novem in montibus, et vadit quaerere eam quae erravit?

18:12 Τί ὑμῖν δοκεῖ; Ἐὰν γένηταί τινι ἀνθρώπῳ ἑκατὸν πρόβατα, καὶ πλανηθῇ ἓν ἐξ αὐτῶν· οὐχὶ ἀφεὶς τὰ ἐνενήκοντα ἐννέα, ἐπὶ τὰ ὄρη πορευθεὶς ζητεῖ τὸ πλανώμενον;

18:12 What do you think? If a man has a hundred sheep and one of them goes astray, does he not leave the ninety and nine, and go to the mountains, and seek the one that goes astray?

18:12 Was dünkt euch? Wenn irgend ein Mensch hundert Schafe hätte und eins unter ihnen sich verirrte: läßt er nicht die neunundneunzig auf den Bergen, geht hin und sucht das verirrte?

18:12 Que vous en semble? Si un homme a cent brebis, et que l'une d'elles s'égare, ne laisse-t-il pas les quatre-vingt-dix-neuf autres sur les montagnes, pour aller chercher celle qui s'est égarée?

18:13 וְהָיָה כַּאֲשֶׁר יִמְצָאֵהוּ אָמֵן אֹמֵר אֲנִי לָכֶם כִּי־יִשְׂמַח עָלָיו יוֹתֵר מֵעַל הַתִּשְׁעִים וְתִשְׁעָה אֲשֶׁר לֹא אָבָדוּ:

18:13 Et si contigerit ut inveniat eam: amen dico vobis, quia gaudet super eam magis quam super nonaginta novem, quae non erraverunt.

18:13 Καὶ ἐὰν γένηται εὑρεῖν αὐτό, ἀμὴν λέγω ὑμῖν ὅτι χαίρει ἐπ' αὐτῷ μᾶλλον, ἢ ἐπὶ τοῖς ἐνενήκοντα ἐννέα τοῖς μὴ πεπλανημένοις.

18:13 And if it happens that he finds it, amen! I say to you, he rejoices over it more than over the ninety and nine which have not gone astray.

18:13 Und so sich's begibt, daß er's findet, wahrlich ich sage euch, er freut sich darüber mehr denn über die neunundneunzig, die nicht verirrt sind.

18:13 Et, s'il la trouve, je vous le dis en vérité, elle lui cause plus de joie que les quatre-vingt-dix-neuf qui ne se sont pas égarées.

18:14 כֵּן אֵינֶנּוּ רָצוֹן מִלִּפְנֵי אֲבִיכֶם שֶׁבַּשָּׁמַיִם שֶׁיֹּאבַד אֶחָד מִן־הַקְּטַנִּים הָאֵלֶּה:

18:14 Sic non est voluntas ante Patrem vestrum, qui in caelis est, ut pereat unus de pusillis istis.

18:14 Οὕτως οὐκ ἔστιν θέλημα ἔμπροσθεν τοῦ πατρὸς ὑμῶν τοῦ ἐν οὐρανοῖς, ἵνα ἀπόληται εἷς τῶν μικρῶν τούτων.

18:14 Even so it is not the will of your Father who is in heaven that one of these little ones should perish.

18:14 Also auch ist's vor eurem Vater im Himmel nicht der Wille, daß jemand von diesen Kleinen verloren werde.

18:14 De même, ce n'est pas la volonté de votre Père qui est dans les cieux qu'il se perde un seul de ces petits.

18:15 וְכִי יֶחֱטָא־לְךָ אָחִיךָ וְהוֹכַחְתָּ אוֹתוֹ בֵּינְךָ לְבֵינוֹ וְאִם־יִשְׁמַע אֵלֶיךָ קָנִיתָ לְךָ אָחִיךָ:

18:15 Si autem peccaverit in te frater tuus, vade, et corripe eum inter te, et ipsum solum: si te audierit, lucratus eris fratrem tuum.

18:15 Ἐὰν δὲ ἁμαρτήσῃ εἰς σὲ ὁ ἀδελφός σου, ὕπαγε καὶ ἔλεγξον αὐτὸν μεταξὺ σοῦ καὶ αὐτοῦ μόνου. Ἐάν σου ἀκούσῃ, ἐκέρδησας τὸν ἀδελφόν σου·

18:15 And if your brother sins against you, go, show him his fault between you and him alone. If he listens to you, you have gained your brother.

18:15 Sündigt aber dein Bruder an dir, so gehe hin und strafe ihn zwischen dir und ihm allein. Hört er dich, so hast du deinen Bruder gewonnen.

18:15 Si ton frère a péché, va et reprends-le entre toi et lui seul. S'il t'écoute, tu as gagné ton frère.

18:16 וְאִם־לֹא יִשְׁמַע וְלָקַחְתָּ עִמְּךָ עוֹד אֶחָד אוֹ שְׁנָיִם כִּי עַל־פִּי שְׁנַיִם אוֹ שְׁלֹשָׁה עֵדִים יָקוּם כָּל־דָּבָר:

18:16 Si autem te non audierit, adhibe tecum adhuc unum, vel duos, ut in ore duorum, vel trium testium stet omne verbum.

18:16 ἐὰν δὲ μὴ ἀκούσῃ, παράλαβε μετὰ σοῦ ἔτι ἕνα ἢ δύο, ἵνα ἐπὶ στόματος δύο μαρτύρων ἢ τριῶν σταθῇ πᾶν ῥῆμα·

18:16 But if he does not listen to you, take with you one or two more, that at the mouth of two witnesses or three every word may be established.

18:16 Hört er dich nicht, so nimm noch einen oder zwei zu dir, auf daß alle Sache bestehe auf zweier oder dreier Zeugen Mund.

18:16 Mais, s'il ne t'écoute pas, prends avec toi une ou deux personnes, afin que toute l'affaire se règle sur la déclaration de deux ou de trois témoins.

18:17 וְאִם־לֹא יִשְׁמַע אֲלֵיהֶם וְהִגַּדְתָּ אֶל־הַקָּהָל וְאִם־לֹא יִשְׁמַע גַּם־אֶל־הַקָּהָל וְהָיָה לְךָ כְּגוֹי וְכַמּוֹכֵס:

18:17 Quod si non audierit eos: dic ecclesiae. Si autem ecclesiam non audierit, sit tibi sicut ethnicus et publicanus.

18:17 ἐὰν δὲ παρακούσῃ αὐτῶν, εἰπὲ τῇ ἐκκλησίᾳ· ἐὰν δὲ καὶ τῆς ἐκκλησίας παρακούσῃ, ἔστω σοι ὥσπερ ὁ ἐθνικὸς καὶ ὁ τελώνης.

18:17 And if he refuse to listen to them, tell it to the church: and if he refuses to listen to the church also, let him be to you as the Gentile and the tax collector.

18:17 Hört er die nicht, so sage es der Gemeinde. Hört er die Gemeinde nicht, so halt ihn als einen Zöllner oder Heiden.

18:17 S'il refuse de les écouter, dis-le à l'Église; et s'il refuse aussi d'écouter l'Église, qu'il soit pour toi comme un païen et un publicain.

18:18 אָמֵן אֹמֵר אֲנִי לָכֶם כֹּל אֲשֶׁר־תַּאַסְרוּ עַל־הָאָרֶץ אָסוּר יִהְיֶה בַּשָּׁמַיִם וְכֹל אֲשֶׁר־תַּתִּירוּ עַל־הָאָרֶץ מוּתָּר יִהְיֶה בַּשָּׁמָיִם:

18:18 Amen dico vobis, quaecumque alligaveritis super terram, erunt ligata et in caelo: et quaecumque solveritis super terram, erunt soluta et in caelo.

18:18 Ἀμὴν λέγω ὑμῖν, ὅσα ἐὰν δήσητε ἐπὶ τῆς γῆς, ἔσται δεδεμένα ἐν τῷ οὐρανῷ· καὶ ὅσα ἐὰν λύσητε ἐπὶ τῆς γῆς, ἔσται λελυμένα ἐν τῷ οὐρανῷ.

18:18 Amen. I say to you, what things you shall bind on earth shall be bound in heaven; and what things you shall loose on earth shall be loosed in heaven.

18:18 Wahrlich ich sage euch: Was ihr auf Erden binden werdet, soll auch im Himmel gebunden sein, und was ihr auf Erden lösen werdet, soll auch im Himmel los sein.

18:18 Je vous le dis en vérité, tout ce que vous lierez sur la terre sera lié dans le ciel, et tout ce que vous délierez sur la terre sera délié dans le ciel.

18:19 וְעוֹד אֹמֵר אֲנִי לָכֶם שְׁנַיִם מִכֶּם כִּי־יִהְיוּ לֵב אֶחָד בָּאָרֶץ עַל־כָּל־דָּבָר אֲשֶׁר יִשְׁאָלוּ בּוֹא יָבוֹא לָהֶם מֵאֵת אָבִי שֶׁבַּשָּׁמָיִם:

18:19 Iterum dico vobis, quia si duo ex vobis consenserint super terram, de omni re quamcumque petierint, fiet illis a Patre meo, qui in caelis est.

18:19 Πάλιν ἀμὴν λέγω ὑμῖν, ὅτι ἐὰν δύο ὑμῶν συμφωνήσωσιν ἐπὶ τῆς γῆς περὶ παντὸς πράγματος οὗ ἐὰν αἰτήσωνται, γενήσεται αὐτοῖς παρὰ τοῦ πατρός μου τοῦ ἐν οὐρανοῖς.

18:19 Again I tell you that, if two of you shall agree on earth about anything that shall be asked, it shall be done for them by my Father who is in heaven.

18:19 Weiter sage ich euch: wo zwei unter euch eins werden, warum es ist, daß sie bitten wollen, das soll ihnen widerfahren von meinem Vater im Himmel.

18:19 Je vous dis encore que, si deux d'entre vous s'accordent sur la terre pour demander une chose quelconque, elle leur sera accordée par mon Père qui est dans les cieux.

18:20 כִּי בְּכָל־מָקוֹם אֲשֶׁר יֵאָסְפוּ שְׁנַיִם אוֹ שְׁלֹשָׁה בִּשְׁמִי שָׁם אֲנִי בְּתוֹכָם:

18:20 Ubi enim sunt duo vel tres congregati in nomine meo, ibi sum in medio eorum.

18:20 Οὗ γάρ εἰσιν δύο ἢ τρεῖς συνηγμένοι εἰς τὸ ἐμὸν ὄνομα, ἐκεῖ εἰμι ἐν μέσῳ αὐτῶν.

18:20 For where two or three are gathered together in my name, there am I in the midst of them."

18:20 Denn wo zwei oder drei versammelt sind in meinem Namen, da bin ich mitten unter ihnen.

18:20 Car là où deux ou trois sont assemblés en mon nom, je suis au milieu d'eux.

18:21 וַיִּגַּשׁ אֵלָיו פֶּטְרוֹס וַיֹּאמֶר לוֹ אֲדֹנִי כַּמָּה פְעָמִים יֶחֱטָא־לִי אָחִי וּמָחַלְתִּי לוֹ הַעַד שֶׁבַע פְּעָמִים:

18:21 Tunc accedens Petrus ad eum, dixit: Domine, quoties peccabit in me frater meus, et dimittam ei? usque septies?

18:21 Τότε προσελθὼν αὐτῷ ὁ Πέτρος εἶπεν, Κύριε, ποσάκις ἁμαρτήσει εἰς ἐμὲ ὁ ἀδελφός μου, καὶ ἀφήσω αὐτῷ; Ἕως ἑπτάκις;

18:21 Then came Peter and said to him, "Lord, how often if my brother sins against me, shall I forgive him? Up to seven times?"

18:21 Da trat Petrus zu ihm und sprach: HERR, wie oft muß ich denn meinem Bruder, der an mir sündigt, vergeben? Ist's genug siebenmal?

18:21 Alors Pierre s'approcha de lui, et dit: Seigneur, combien de fois pardonnerai-je à mon frère, lorsqu'il péchera contre moi? Sera-ce jusqu'à sept fois?

18:22 וַיֹּאמֶר אֵלָיו יֵשׁוּעַ לֹא־אֹמַר לְךָ עַד־שֶׁבַע פְּעָמִים כִּי עַד־שִׁבְעִים וָשֶׁבַע:

18:22 Dicit illi Jesus: Non dico tibi usque septies: sed usque septuagies septies.

18:22 Λέγει αὐτῷ ὁ Ἰησοῦς, Οὐ λέγω σοι ἕως ἑπτάκις, ἀλλ' ἕως ἑβδομηκοντάκις ἑπτά.

18:22 Jesus said to him, "I do not say to you, up to seven times; but, up to seventy times seven.

18:22 Jesus sprach zu ihm: Ich sage dir: Nicht siebenmal, sondern siebzigmal siebenmal.

18:22 Jésus lui dit: Je ne te dis pas jusqu'à sept fois, mais jusqu'à septante fois sept fois.

18:23 עַל־כֵּן דּוֹמָה מַלְכוּת הַשָּׁמַיִם לְמֶלֶךְ בָּשָׂר וָדָם שֶׁהָיָה יוֹרֵד לְחֶשְׁבּוֹן עִם־עֲבָדָיו:

18:23 Ideo assimilatum est regnum caelorum homini regi, qui voluit rationem ponere cum servis suis.

18:23 Διὰ τοῦτο ὡμοιώθη ἡ βασιλεία τῶν οὐρανῶν ἀνθρώπῳ βασιλεῖ, ὃς ἠθέλησεν συνᾶραι λόγον μετὰ τῶν δούλων αὐτοῦ.

18:23 Therefore, the Kingdom of Heaven is liken a certain king who would make a reckoning with his servants.

18:23 Darum ist das Himmelreich gleich einem König, der mit seinen Knechten rechnen wollte.

18:23 C'est pourquoi, le royaume des cieux est semblable à un roi qui voulut faire rendre compte à ses serviteurs.

18:24 וְכַאֲשֶׁר הֵחֵל לַחְשֹׁב הוּבָא לְפָנָיו אִישׁ אֲשֶׁר הָיָה חַיָּב לוֹ עֲשֶׂרֶת אֲלָפִים כִּכְּרֵי כָסֶף:

18:24 Et cum coepisset rationem ponere, oblatus est ei unus, qui debebat ei decem millia talenta.

18:24 Ἀρξαμένου δὲ αὐτοῦ συναίρειν, προσηνέχθη αὐτῷ εἷς ὀφειλέτης μυρίων ταλάντων.

18:24 And when he had begun to reckon, one was brought to him, who owed him ten thousand talents.

18:24 Und als er anfing zu rechnen, kam ihm einer vor, der war ihm zehntausend Pfund schuldig.

18:24 Quand il se mit à compter, on lui en amena un qui devait dix mille talents.

18:25 וְלֹא הָיָה־לוֹ לְשַׁלֵּם וַיְצַו אֲדֹנָיו לִמְכֹּר אוֹתוֹ וְאֶת־אִשְׁתּוֹ וְאֶת־בָּנָיו וְאֶת־כָּל־אֲשֶׁר־לוֹ וִישַׁלֵּם:

18:25 Cum autem non haberet unde redderet, jussit eum dominus ejus venundari, et uxorem ejus, et filios, et omnia quae habebat, et reddi.

18:25 Μὴ ἔχοντος δὲ αὐτοῦ ἀποδοῦναι ἐκέλευσεν αὐτὸν ὁ κύριος αὐτοῦ πραθῆναι, καὶ τὴν γυναῖκα αὐτοῦ καὶ τὰ τέκνα, καὶ πάντα ὅσα εἶχεν, καὶ ἀποδοθῆναι.

18:25 But for as much as he remained left to pay, his lord commanded him to be sold, and his wife, and children, and all that he had, and payment to be made.

18:25 Da er's nun nicht hatte, zu bezahlen, hieß der Herr verkaufen ihn und sein Weib und seine Kinder und alles, was er hatte, und bezahlen.

18:25 Comme il n'avait pas de quoi payer, son maître ordonna qu'il fût vendu, lui, sa femme, ses enfants, et tout ce qu'il avait, et que la dette fût acquittée.

18:26 וַיִּפֹּל הָעֶבֶד עַל־פָּנָיו וַיִּשְׁתַּחוּ לוֹ לֵאמֹר אֲדֹנִי הַאֲרֶךְ־לִי אַפֶּךָ וַאֲשַׁלֵּם לְךָ הַכֹּל:

18:26 Procidens autem servus ille, orabat eum, dicens: Patientiam habe in me, et omnia reddam tibi.

18:26 Πεσὼν οὖν ὁ δοῦλος προσεκύνει αὐτῷ, λέγων, Κύριε, Μακροθύμησον ἐπ' ἐμοί, καὶ πάντα σοι ἀποδώσω.

18:26 Therefore the servant fell down and worshipped him, saying, 'Master, have patience with me, and I will pay you everything.'

18:26 Da fiel der Knecht nieder und betete ihn an und sprach: Herr, habe Geduld mit mir, ich will dir's alles bezahlen.

18:26 Le serviteur, se jetant à terre, se prosterna devant lui, et dit: Seigneur, aie patience envers moi, et je te paierai tout.

The Gospel of Matthew

18:27 וַיֶּהֱמוּ מְעֵי אֲדֹנֵי הָעֶבֶד הַהוּא וַיִּפְטְרֵהוּ וַיִּמְחֹל לוֹ אֶת חוֹבוֹ:

18:27 Misertus autem dominus servi illius, dimisit eum, et debitum dimisit ei.

18:27 Σπλαγχνισθεὶς δὲ ὁ κύριος τοῦ δούλου ἐκείνου ἀπέλυσεν αὐτόν, καὶ τὸ δάνειον ἀφῆκεν αὐτῷ.

18:27 And the masterof that servant, being moved with compassion, released him, and forgave him the debt.

18:27 Da jammerte den Herrn des Knechtes, und er ließ ihn los, und die Schuld erließ er ihm auch.

18:27 Ému de compassion, le maître de ce serviteur le laissa aller, et lui remit la dette.

18:28 וַיֵּצֵא הָעֶבֶד הַהוּא וַיִּמְצָא אֶחָד מֵחֲבֵרָיו וְהוּא חַיָּב־לוֹ מֵאָה דִינָרִים וַיַּחֲזֶק־בּוֹ וַיַּחְנְקֵהוּ לֵאמֹר שַׁלֵּם אֵת אֲשֶׁר אַתָּה חַיָּב לִי:

18:28 Egressus autem servus ille invenit unum de conservis suis, qui debebat ei centum denarios: et tenens suffocavit eum, dicens: Redde quod debes.

18:28 Ἐξελθὼν δὲ ὁ δοῦλος ἐκεῖνος εὗρεν ἕνα τῶν συνδούλων αὐτοῦ, ὃς ὤφειλεν αὐτῷ ἑκατὸν δηνάρια, καὶ κρατήσας αὐτὸν ἔπνιγεν, λέγων, Ἀπόδος μοι εἴ τι ὀφείλεις.

18:28 But that servant went out and found one of his fellow-servants, who owed him a hundred shillings, and he seized him, and took *him* by the throat, saying, 'Pay what you owe.'

18:28 Da ging derselbe Knecht hinaus und fand einen seiner Mitknechte, der war ihm hundert Groschen schuldig; und er griff ihn an und würgte ihn und sprach: Bezahle mir, was du mir schuldig bist!

18:28 Après qu'il fut sorti, ce serviteur rencontra un de ses compagnons qui lui devait cent deniers. Il le saisit et l'étranglait, en disant: Paie ce que tu me dois.

18:29 וַיִּפֹּל חֲבֵרוֹ לִפְנֵי רַגְלָיו וַיְבַקֵּשׁ מִמֶּנּוּ לֵאמֹר הַאֲרֶךְ־לִי אַפֶּךָ וַאֲשַׁלְּמָה לְךָ הַכֹּל:

18:29 Et procidens conservus ejus, rogabat eum, dicens: Patientiam habe in me, et omnia reddam tibi.

18:29 Πεσὼν οὖν ὁ σύνδουλος αὐτοῦ εἰς τοὺς πόδας αὐτοῦ παρεκάλει αὐτόν, λέγων, Μακροθύμησον ἐπ' ἐμοί, καὶ ἀποδώσω σοι.

18:29 So his fellow-servant fell down and sought him, saying, 'Have patience with me, and I will pay you.'

18:29 Da fiel sein Mitknecht nieder und bat ihn und sprach: Habe Geduld mit mir; ich will dir's alles bezahlen.

18:29 Son compagnon, se jetant à terre, le suppliait, disant: Aie patience envers moi, et je te paierai.

18:30 וְהוּא מֵאֵן וַיֵּלֶךְ וַיַּנִּיחֵהוּ בַּמִּשְׁמָר עַד שֶׁיְשַׁלֶּם־לוֹ אֶת־חוֹבוֹ:

18:30 Ille autem noluit: sed abiit, et misit eum in carcerem donec redderet debitum.

18:30 Ὁ δὲ οὐκ ἤθελεν, ἀλλὰ ἀπελθὼν ἔβαλεν αὐτὸν εἰς φυλακήν, ἕως οὗ ἀποδῷ τὸ ὀφειλόμενον.

18:30 And he would not. But he went and cast him into prison, until he should pay that which was due.

18:30 Er wollte aber nicht, sondern ging hin und warf ihn ins Gefängnis, bis daß er bezahlte, was er schuldig war.

18:30 Mais l'autre ne voulut pas, et il alla le jeter en prison, jusqu'à ce qu'il eût payé ce qu'il devait.

18:31 וְהָעֲבָדִים חֲבֵרָיו רָאוּ אֶת־אֲשֶׁר נַעֲשָׂה וַיֵּעָצְבוּ מְאֹד וַיָּבֹאוּ וַיַּגִּידוּ לַאֲדֹנֵיהֶם אֵת־כָּל־אֲשֶׁר נַעֲשָׂה:

18:31 Videntes autem conservi ejus quae fiebant, contristati sunt valde: et venerunt, et narraverunt domino suo omnia quae facta fuerant.

18:31 Ἰδόντες δὲ οἱ σύνδουλοι αὐτοῦ τὰ γενόμενα ἐλυπήθησαν σφόδρα· καὶ ἐλθόντες διεσάφησαν τῷ κυρίῳ ἑαυτῶν πάντα τὰ γενόμενα.

18:31 So when his fellow-servants saw what was done, they were exceeding sad, and came and told to their master all that had been done.

18:31 Da aber seine Mitknechte solches sahen, wurden sie sehr betrübt und kamen und brachten vor ihren Herrn alles, was sich begeben hatte.

18:31 Ses compagnons, ayant vu ce qui était arrivé, furent profondément attristés, et ils allèrent raconter à leur maître tout ce qui s'était passé.

18:32 וַיִּקְרָא אֵלָיו אֲדֹנָיו וַיֹּאמֶר לוֹ אַתָּה עֶבֶד בְּלִיָּעַל אֶת־כָּל־הַחוֹב הַהוּא מָחַלְתִּי לְךָ יַעַן אֲשֶׁר־בִּקַּשְׁתָּ מִמֶּנִּי:

18:32 Tunc vocavit illum dominus suus: et ait illi: Serve nequam, omne debitum dimisi tibi quoniam rogasti me:

18:32 Τότε προσκαλεσάμενος αὐτὸν ὁ κύριος αὐτοῦ λέγει αὐτῷ, Δοῦλε πονηρέ, πᾶσαν τὴν ὀφειλὴν ἐκείνην ἀφῆκά σοι, ἐπεὶ παρεκάλεσάς με·

18:32 Then his master called him to him, and said to him, 'You wicked servant, I forgave you all that debt, because you begged me.

18:32 Da forderte ihn sein Herr vor sich und sprach zu ihm: Du Schalksknecht, alle diese Schuld habe ich dir erlassen, dieweil du mich batest;

18:32 Alors le maître fit appeler ce serviteur, et lui dit: Méchant serviteur, je t'avais remis en entier ta dette, parce que tu m'en avais supplié;

18:33 הֲלֹא הָיָה גַּם־עָלֶיךָ לְרַחֵם עַל חֲבֵרְךָ כַּאֲשֶׁר רִחַמְתִּי־אֲנִי עָלֶיךָ:

18:33 nonne ergo oportuit et te misereri conservi tui, sicut et ego tui misertus sum?

18:33 οὐκ ἔδει καὶ σὲ ἐλεῆσαι τὸν σύνδουλόν σου, ὡς καὶ ἐγώ σε ἠλέησα;

18:33 Should you also not have had mercy on your fellow-servant, just as I had mercy on you?'

18:33 solltest du denn dich nicht auch erbarmen über deinen Mitknecht, wie ich mich über dich erbarmt habe?

18:33 ne devais-tu pas aussi avoir pitié de ton compagnon, comme j'ai eu pitié de toi?

18:34 וַיִּקְצֹף אֲדֹנָיו וַיִּתְּנֵהוּ בְּיַד הַנֹּגְשִׂים עַד כִּי־יְשַׁלֵּם אֶת־כָּל־חוֹבוֹ:

18:34 Et iratus dominus ejus tradidit eum tortoribus, quoadusque redderet universum debitum.

18:34 Καὶ ὀργισθεὶς ὁ κύριος αὐτοῦ παρέδωκεν αὐτὸν τοῖς βασανισταῖς, ἕως οὗ ἀποδῷ πᾶν τὸ ὀφειλόμενον αὐτῷ.

18:34 And his master was angry and delivered him to the tormentors until he should pay all that was due.

18:34 Und sein Herr ward sehr zornig und überantwortete ihn den Peinigern, bis daß er bezahlte alles, was er ihm schuldig war.

18:34 Et son maître, irrité, le livra aux bourreaux, jusqu'à ce qu'il eût payé tout ce qu'il devait.

18:35 כָּכָה יַעֲשֶׂה לָכֶם גַּם־אָבִי שֶׁבַּשָּׁמָיִם אִם־לֹא תִמְחֲלוּ אִישׁ לְאָחִיו בְּכָל־לְבַבְכֶם עַל־חַטֹּאתָם:

18:35 Sic et Pater meus caelestis faciet vobis, si non remiseritis unusquisque fratri suo de cordibus vestris.

18:35 Οὕτως καὶ ὁ πατήρ μου ὁ ἐπουράνιος ποιήσει ὑμῖν, ἐὰν μὴ ἀφῆτε ἕκαστος τῷ ἀδελφῷ αὐτοῦ ἀπὸ τῶν καρδιῶν ὑμῶν τὰ παραπτώματα αὐτῶν.

18:35 So also shall my heavenly Father do to you if each of you does not forgive his brother from your hearts."

18:35 Also wird euch mein himmlischer Vater auch tun, so ihr nicht vergebt von eurem Herzen, ein jeglicher seinem Bruder seine Fehler.

18:35 C'est ainsi que mon Père céleste vous traitera, si chacun de vous ne pardonne à son frère de tout son coeur.

19:1 וַיְהִי כְּכַלּוֹת יֵשׁוּעַ לְדַבֵּר אֶת הַדְּבָרִים הָאֵלֶּה וַיִּסַּע מִן־הַגָּלִיל וַיָּבֹא אֶל־גְּבוּל יְהוּדָה בְּעֵבֶר הַיַּרְדֵּן:

19:1 Et factum est, cum consummasset Jesus sermones istos, migravit a Galilaea, et venit in fines Judaeae trans Jordanem,

19:1 Καὶ ἐγένετο ὅτε ἐτέλεσεν ὁ Ἰησοῦς τοὺς λόγους τούτους, μετῆρεν ἀπὸ τῆς Γαλιλαίας, καὶ ἦλθεν εἰς τὰ ὅρια τῆς Ἰουδαίας πέραν τοῦ Ἰορδάνου.

19:1 And it came to pass when Jesus had finished these words, he departed from Galilee, and came into the borders of Judaea beyond the Jordan;

19:1 Und es begab sich, da Jesus diese Reden vollendet hatte, erhob er sich aus Galiläa und kam in das Gebiet des jüdischen Landes jenseit des Jordans;

19:1 Lorsque Jésus eut achevé ces discours, il quitta la Galilée, et alla dans le territoire de la Judée, au delà du Jourdain.

19:2 וַיֵּלְכוּ אַחֲרָיו הֲמוֹן עַם־רָב וַיִּרְפָּאֵם שָׁם:

19:2 et secutae sunt eum turbae multae, et curavit eos ibi.

19:2 Καὶ ἠκολούθησαν αὐτῷ ὄχλοι πολλοί, καὶ ἐθεράπευσεν αὐτοὺς ἐκεῖ.

19:2 and great multitudes followed him; and he healed them there.

19:2 und es folgte ihm viel Volks nach, und er heilte sie daselbst.

19:2 Une grande foule le suivit, et là il guérit les malades.

19:3 וַיִּגְּשׁוּ אֵלָיו הַפְּרוּשִׁים לְנַסּוֹתוֹ וַיֹּאמְרוּ הֲיוּכַל אִישׁ לְשַׁלַּח אֶת־אִשְׁתּוֹ עַל־כָּל־דָּבָר:

19:3 Et accesserunt ad eum pharisaei tentantes eum, et dicentes: Si licet homini dimittere uxorem suam, quacumque ex causa?

19:3 Καὶ προσῆλθον αὐτῷ οἱ Φαρισαῖοι πειράζοντες αὐτόν, καὶ λέγοντες αὐτῷ, Εἰ ἔξεστιν ἀνθρώπῳ ἀπολῦσαι τὴν γυναῖκα αὐτοῦ κατὰ πᾶσαν αἰτίαν;

19:3 And there came to him Pharisees, testing him, and saying, "Is it lawful *for a man* to put away his wife for every cause?"

19:3 Da traten zu ihm die Pharisäer, versuchten ihn und sprachen zu ihm: Ist's auch recht, daß sich ein Mann scheide von seinem Weibe um irgendeine Ursache?

19:3 Les pharisiens l 'abordèrent, et dirent, pour l 'éprouver: Est-il permis à un homme de répudier sa femme pour un motif quelconque?

19:4 וַיַּעַן וַיֹּאמֶר אֲלֵיהֶם הֲלֹא קְרָאתֶם כִּי מֵרֹאשׁ הַיֹּצֵר הַזָּכָר וּנְקֵבָה בָּרָא אֹתָם:

19:4 Qui respondens, ait eis: Non legistis, quia qui fecit hominem ab initio, masculum et feminam fecit eos? Et dixit:

19:4 Ὁ δὲ ἀποκριθεὶς εἶπεν αὐτοῖς, Οὐκ ἀνέγνωτε ὅτι ὁ ποιήσας ἀπ' ἀρχῆς ἄρσεν καὶ θῆλυ ἐποίησεν αὐτούς,

19:4 And he answered and said, "Have you not read that he who made *them* from the beginning made them male and female,

19:4 Er antwortete aber und sprach zu ihnen: Habt ihr nicht gelesen, daß, der im Anfang den Menschen gemacht hat, der machte, daß ein Mann und ein Weib sein sollte,

19:4 Il répondit: N'avez-vous pas lu que le créateur, au commencement, fit l'homme et la femme

19:5 וְאָמַר עַל־כֵּן יַעֲזָב־אִישׁ אֶת־אָבִיו וְאֶת־אִמּוֹ וְדָבַק בְּאִשְׁתּוֹ וְהָיוּ שְׁנֵיהֶם לְבָשָׂר אֶחָד:

19:5 Propter hoc dimittet homo patrem, et matrem, et adhaerebit uxori suae, et erunt duo in carne una.

19:5 καὶ εἶπεν, Ἕνεκεν τούτου καταλείψει ἄνθρωπος τὸν πατέρα καὶ τὴν μητέρα, καὶ προσκολληθήσεται τῇ γυναικὶ αὐτοῦ, καὶ ἔσονται οἱ δύο εἰς σάρκα μίαν;

19:5 and said, 'For this cause shall a man leave his father and mother, and shall cling to his wife, and the two shall become one flesh.'?

19:5 und sprach: "Darum wird ein Mensch Vater und Mutter verlassen und an seinem Weibe hangen, und werden die zwei ein Fleisch sein"?

19:5 et qu'il dit: C'est pourquoi l'homme quittera son père et sa mère, et s'attachera à sa femme, et les deux deviendront une seule chair?

19:6 אִם־כֵּן אֵינָם עוֹד שְׁנַיִם כִּי אִם־בָּשָׂר אֶחָד לָכֵן אֵת אֲשֶׁר חִבֵּר הָאֱלֹהִים אַל־יַפְרֵד הָאָדָם:

19:6 Itaque jam non sunt duo, sed una caro. Quod ergo Deus conjunxit, homo non separet.

19:6 Ὥστε οὐκέτι εἰσὶν δύο, ἀλλὰ σὰρξ μία· ὃ οὖν ὁ θεὸς συνέζευξεν, ἄνθρωπος μὴ χωριζέτω.

19:6 Thus they are no more two, but one flesh. What therefore God has joined together, let not man destroy."

19:6 So sind sie nun nicht zwei, sondern ein Fleisch. Was nun Gott zusammengefügt hat, das soll der Mensch nicht scheiden.

19:6 Ainsi ils ne sont plus deux, mais ils sont une seule chair. Que l'homme donc ne sépare pas ce que Dieu a joint.

19:7 וַיֹּאמְרוּ אֵלָיו וְלָמָּה זֶה צִוָּה מֹשֶׁה לָתֶת־לָהּ סֵפֶר כְּרִיתוּת וּלְשַׁלְּחָהּ:

19:7 Dicunt illi: Quid ergo Moyses mandavit dare libellum repudii, et dimittere?

19:7 Λέγουσιν αὐτῷ, Τί οὖν Μωσῆς ἐνετείλατο δοῦναι βιβλίον ἀποστασίου, καὶ ἀπολῦσαι αὐτήν;

19:7 They say to him, "Why then did Moses command to give a bill of divorce, and to put *her* away?"

19:7 Da sprachen sie: Warum hat denn Mose geboten, einen Scheidebrief zu geben und sich von ihr zu scheiden?

19:7 Pourquoi donc, lui dirent-ils, Moïse a-t-il prescrit de donner à la femme une lettre de divorce et de la répudier?

19:8 וַיֹּאמֶר אֲלֵיהֶם מִפְּנֵי קְשִׁי לְבַבְכֶם הִנִּיחַ לָכֶם מֹשֶׁה לְשַׁלַּח אֶת־נְשֵׁיכֶם וּמֵרֹאשׁ לֹא הָיָה הַדָּבָר כֵּן:

19:8 Ait illis: Quoniam Moyses ad duritiam cordis vestri permisit vobis dimittere uxores vestras: ab initio autem non fuit sic.

19:8 Λέγει αὐτοῖς ὅτι Μωσῆς πρὸς τὴν σκληροκαρδίαν ὑμῶν ἐπέτρεψεν ὑμῖν ἀπολῦσαι τὰς γυναῖκας ὑμῶν· ἀπ' ἀρχῆς δὲ οὐ γέγονεν οὕτως.

19:8 He said to them, "Moses, because of your hardness of heart, permitted you to put away your wives, but from the beginning it has not been so.

19:8 Er sprach zu ihnen: Mose hat euch erlaubt zu scheiden von euren Weibern wegen eures Herzens Härtigkeit; von Anbeginn aber ist's nicht also gewesen.

19:8 Il leur répondit: C'est à cause de la dureté de votre coeur que Moïse vous a permis de répudier vos femmes; au commencement, il n'en était pas ainsi.

19:9 וַאֲנִי אֹמֵר לָכֶם הַמְשַׁלֵּחַ אֶת־אִשְׁתּוֹ שֶׁלֹּא עַל־דְּבַר זְנוּת וְנֹשֵׂא אַחֶרֶת נֹאֵף הוּא וְהַנֹּשֵׂא אֶת־הַגְּרוּשָׁה נֹאֵף הוּא:

19:9 Dico autem vobis, quia quicumque dimiserit uxorem suam, nisi ob fornicationem, et aliam duxerit, moechatur: et qui dimissam duxerit, moechatur.

19:9 Λέγω δὲ ὑμῖν ὅτι ὃς ἂν ἀπολύσῃ τὴν γυναῖκα αὐτοῦ, μὴ ἐπὶ πορνείᾳ, καὶ γαμήσῃ ἄλλην, μοιχᾶται· καὶ ὁ ἀπολελυμένην γαμήσας μοιχᾶται.

19:9 And I say to you, whoever shall put away his wife, except for fornication, and shall marry another, commits adultery: and he who marries her when she is put away commits adultery."

19:9 Ich sage aber euch: Wer sich von seinem Weibe scheidet (es sei denn um der Hurerei willen) und freit eine andere, der bricht die Ehe; und wer die Abgeschiedene freit, der bricht auch die Ehe.

19:9 Mais je vous dis que celui qui répudie sa femme, sauf pour infidélité, et qui en épouse une autre, commet un adultère.

19:10 וַיֹּאמְרוּ אֵלָיו הַתַּלְמִידִים אִם־זֶה מִשְׁפַּט הָאִישׁ אֶת־אִשְׁתּוֹ לֹא טוֹב לָקַחַת אִשָּׁה:

19:10 Dicunt ei discipuli ejus: Si ita est causa hominis cum uxore, non expedit nubere.

19:10 Λέγουσιν αὐτῷ οἱ μαθηταὶ αὐτοῦ, Εἰ οὕτως ἐστὶν ἡ αἰτία τοῦ ἀνθρώπου μετὰ τῆς γυναικός, οὐ συμφέρει γαμῆσαι.

19:10 The disciples say to him, "If the case of the man is so with his wife, it is not expedient to marry."

19:10 Da sprachen die Jünger zu ihm: Steht die Sache eines Mannes mit seinem Weibe also, so ist's nicht gut, ehelich werden.

19:10 Ses disciples lui dirent: Si telle est la condition de l'homme à l'égard de la femme, il n'est pas avantageux de se marier.

The Gospel of Matthew

19:11 וַיֹּאמֶר אֲלֵיהֶם לֹא יוּכַל כָּל־אָדָם קַבֵּל אֶת־הַדָּבָר הַזֶּה כִּי־אִם אֵלֶּה אֲשֶׁר־נִתַּן לָהֶם:

19:11 Qui dixit illis: Non omnes capiunt verbum istud, sed quibus datum est.

19:11 Ὁ δὲ εἶπεν αὐτοῖς, Οὐ πάντες χωροῦσιν τὸν λόγον τοῦτον, ἀλλ' οἷς δέδοται.

19:11 But he said to them, "Not all men can receive this saying, but *only* those to whom it is given.

19:11 Er sprach zu ihnen: Das Wort faßt nicht jedermann, sondern denen es gegeben ist.

19:11 Il leur répondit: Tous ne comprennent pas cette parole, mais seulement ceux à qui cela est donné.

19:12 יֵשׁ סָרִיסִים אֲשֶׁר נוֹלְדוּ כֵן מִבֶּטֶן אִמָּם וְיֵשׁ סָרִיסִים הַמְסֹרָסִים עַל־יְדֵי אָדָם וְיֵשׁ סָרִיסִים אֲשֶׁר סֵרְסוּ עַצְמָם לְמַעַן מַלְכוּת הַשָּׁמָיִם מִי שֶׁיּוּכַל לְקַבֵּל יְקַבֵּל:

19:12 Sunt enim eunuchi, qui de matris utero sic nati sunt: et sunt eunuchi, qui facti sunt ab hominibus: et sunt eunuchi, qui seipsos castraverunt propter regnum caelorum. Qui potest capere capiat.

19:12 Εἰσὶν γὰρ εὐνοῦχοι, οἵτινες ἐκ κοιλίας μητρὸς ἐγεννήθησαν οὕτως· καὶ εἰσὶν εὐνοῦχοι, οἵτινες εὐνουχίσθησαν ὑπὸ τῶν ἀνθρώπων· καὶ εἰσὶν εὐνοῦχοι, οἵτινες εὐνούχισαν ἑαυτοὺς διὰ τὴν βασιλείαν τῶν οὐρανῶν. Ὁ δυνάμενος χωρεῖν χωρείτω.

19:12 For there are eunuchs that were born so from their mother's womb; and there are eunuchs that were made eunuchs by men; and there are eunuchs that made themselves eunuchs for the Kingdom of Heaven's sake. He who is able to receive it, let him receive it."

19:12 Denn es sind etliche verschnitten, die sind aus Mutterleibe also geboren; und sind etliche verschnitten, die von Menschen verschnitten sind; und sind etliche verschnitten, die sich selbst verschnitten haben um des Himmelreiches willen. Wer es fassen kann, der fasse es!

19:12 Car il y a des eunuques qui le sont dès le ventre de leur mère; il y en a qui le sont devenus par les hommes; et il y en a qui se sont rendus tels eux-mêmes, à cause du royaume des cieux. Que celui qui peut comprendre comprenne.

19:13 אָז יָבִיאוּ אֵלָיו יְלָדִים לְמַעַן יָשִׂים עֲלֵיהֶם אֶת־יָדָיו וְיִתְפַּלֵּל וַיִּגְעֲרוּ־בָם הַתַּלְמִידִים:

19:13 Tunc oblati sunt ei parvuli, ut manus eis imponeret, et oraret. Discipuli autem increpabant eos.

19:13 Τότε προσηνέχθη αὐτῷ παιδία, ἵνα τὰς χεῖρας ἐπιθῇ αὐτοῖς, καὶ προσεύξηται· οἱ δὲ μαθηταὶ ἐπετίμησαν αὐτοῖς.

19:13 Then little children were brought to him so that he might lay his hands on them and pray. And the disciples rebuked them.

19:13 Da wurden Kindlein zu ihm gebracht, daß er die Hände auf sie legte und betete. Die Jünger aber fuhren sie an.

19:13 Alors on lui amena des petits enfants, afin qu 'il leur imposât les mains et priât pour eux. Mais les disciples les repoussèrent.

19:14 וְיֵשׁוּעַ אָמַר הַנִּיחוּ לַיְלָדִים וְאַל־תִּמְנָעוּם מִבּוֹא אֵלָי כִּי לָאֵלֶּה מַלְכוּת הַשָּׁמָיִם:

19:14 Jesus vero ait eis: Sinite parvulos, et nolite eos prohibere ad me venire: talium est enim regnum caelorum.

19:14 Ὁ δὲ Ἰησοῦς εἶπεν, Ἄφετε τὰ παιδία, καὶ μὴ κωλύετε αὐτὰ ἐλθεῖν πρός με· τῶν γὰρ τοιούτων ἐστὶν ἡ βασιλεία τῶν οὐρανῶν.

19:14 But Jesus said, "Permit the little children, and do not forbid them to come to me, for to such belongs the Kingdom of Heaven.

19:14 Aber Jesus sprach: Lasset die Kindlein zu mir kommen und wehret ihnen nicht, denn solcher ist das Reich Gottes.

19:14 Et Jésus dit: Laissez les petits enfants, et ne les empêchez pas de venir à moi; car le royaume des cieux est pour ceux qui leur ressemblent.

19:15 וַיָּשֶׂם אֶת־יָדָיו עֲלֵיהֶם וַיַּעֲבֹר מִשָּׁם:

19:15 Et cum imposuisset eis manus, abiit inde.

19:15 Καὶ ἐπιθεὶς αὐτοῖς τὰς χεῖρας, ἐπορεύθη ἐκεῖθεν.

19:15 And he laid his hands on them and departed from there.

19:15 Und legte die Hände auf sie und zog von dannen.

19:15 Il leur imposa les mains, et il partit de là.

19:16 וְהִנֵּה־אִישׁ נִגַּשׁ אֵלָיו וַיֹּאמֶר רַבִּי הַטּוֹב מַה הַטּוֹב אֲשֶׁר אֶעֱשֶׂה וְאֶקְנֶה חַיֵּי עוֹלָם:

19:16 Et ecce unus accedens, ait illi: Magister bone, quid boni faciam ut habeam vitam aeternam?

19:16 Καὶ ἰδού, εἷς προσελθὼν εἶπεν αὐτῷ, Διδάσκαλε ἀγαθέ, τί ἀγαθὸν ποιήσω, ἵνα ἔχω ζωὴν αἰώνιον;

19:16 And behold, one came to him and said, "Teacher, what good thing shall I do, that I might have everlasting life?"

19:16 Und siehe, einer trat zu ihm und sprach: Guter Meister, was soll ich Gutes tun, daß ich das ewige Leben möge haben?

19:16 Et voici, un homme s'approcha, et dit à Jésus: Maître, que dois-je faire de bon pour avoir la vie éternelle?

19:17 וַיֹּאמֶר אֵלָיו מָה־זֶּה תִּשְׁאָלֵנִי עַל־הַטּוֹב אֵין־טוֹב כִּי אִם־אֶחָד וְהוּא הָאֱלֹהִים וְאִם־חֶפְצְךָ לָבוֹא לַחַיִּים שְׁמֹר אֶת־הַמִּצְוֹת:

19:17 Qui dixit ei: Quid me interrogas de bono? Unus est bonus, Deus. Si autem vis ad vitam ingredi, serva mandata.

19:17 Ὁ δὲ εἶπεν αὐτῷ, Τί με λέγεις ἀγαθόν; Οὐδεὶς ἀγαθός, εἰ μὴ εἷς, ὁ θεός. Εἰ δὲ θέλεις εἰσελθεῖν εἰς τὴν ζωήν, τήρησον τὰς ἐντολάς.

19:17 And he said to him, "Why do you ask me concerning that which is good? There is only one who is good: but if you want to enter into life, keep the commandments."

19:17 Er aber sprach zu ihm: Was heißest du mich gut? Niemand ist gut denn der einige Gott. Willst du aber zum Leben eingehen, so halte die Gebote.

19:17 Il lui répondit: Pourquoi m'interroges-tu sur ce qui est bon? Un seul est le bon. Si tu veux entrer dans la vie, observe les commandements.

19:18 וַיֹּאמֶר אֵלָיו מָה הֵנָּה וַיֹּאמֶר יֵשׁוּעַ אֵלֶּה הֵן לֹא תִרְצָח לֹא תִנְאָף לֹא תִגְנֹב לֹא תַעֲנֶה עֵד שָׁקֶר:

19:18 Dicit illi: Quae? Jesus autem dixit: Non homicidium facies; non adulterabis; non facies furtum; non falsum testimonium dices;

19:18 Λέγει αὐτῷ, Ποίας; Ὁ δὲ Ἰησοῦς εἶπεν, Τὸ Οὐ φονεύσεις· οὐ μοιχεύσεις· οὐ κλέψεις· οὐ ψευδομαρτυρήσεις·

19:18 He said to him, "Which *ones*?" And Jesus said, "You shall not kill, you shall not commit adultery, you shall not steal, you shall not bear false witness,

19:18 Da sprach er zu ihm: Welche? Jesus aber sprach: "Du sollst nicht töten; du sollst nicht ehebrechen; du sollst nicht stehlen; du sollst nicht falsch Zeugnis geben;

19:18 Lesquels? lui dit-il. Et Jésus répondit: Tu ne tueras point; tu ne commettras point d'adultère; tu ne déroberas point; tu ne diras point de faux témoignage;

19:19 כַּבֵּד אֶת־אָבִיךָ וְאֶת־אִמֶּךָ וְאָהַבְתָּ לְרֵעֲךָ כָּמוֹךָ:

19:19 honora patrem tuum, et matrem tuam, et diliges proximum tuum sicut teipsum.

19:19 τίμα τὸν πατέρα καὶ τὴν μητέρα· καί, ἀγαπήσεις τὸν πλησίον σου ὡς σεαυτόν.

19:19 Honor your father and mother; and, you shall love your neighbor as thyself."

19:19 ehre Vater und Mutter;" und: "Du sollst deinen Nächsten lieben wie dich selbst."

19:19 honore ton père et ta mère; et: tu aimeras ton prochain comme toi-même.

19:20 וַיֹּאמֶר אֵלָיו הַבָּחוּר אֶת־כָּל־אֵלֶּה שָׁמַרְתִּי מִנְּעוּרָי וּמֶה חָסַרְתִּי עוֹד:

19:20 Dicit illi adolescens: Omnia haec custodivi a juventute mea: quid adhuc mihi deest?

19:20 Λέγει αὐτῷ ὁ νεανίσκος, Πάντα ταῦτα ἐφυλαξάμην ἐκ νεότητός μου· τί ἔτι ὑστερῶ;

19:20 The young man said to him, "All these things I have kept, what do I still lack?"

19:20 Da sprach der Jüngling zu ihm: Das habe ich alles gehalten von meiner Jugend auf; was fehlt mir noch?

19:20 Le jeune homme lui dit: J'ai observé toutes ces choses; que me manque-t-il encore?

19:21 וַיֹּאמֶר יֵשׁוּעַ אֵלָיו אִם־חֶפְצְךָ לִהְיוֹת שָׁלֵם לֵךְ מְכֹר אֶת־רְכוּשְׁךָ וּנְתַתָּ לָעֲנִיִּים וְהָיָה לְךָ אוֹצָר בַּשָּׁמַיִם וְשׁוּב הֲלֹם וְהָלַכְתָּ אַחֲרָי:

19:21 Ait illi Jesus: Si vis perfectus esse, vade, vende quae habes, et da pauperibus, et habebis thesaurum in caelo: et veni, sequere me.

19:21 Ἔφη αὐτῷ ὁ Ἰησοῦς, Εἰ θέλεις τέλειος εἶναι, ὕπαγε, πώλησόν σου τὰ ὑπάρχοντα καὶ δὸς πτωχοῖς, καὶ ἕξεις θησαυρὸν ἐν οὐρανῷ· καὶ δεῦρο, ἀκολούθει μοι.

19:21 Jesus said to him, "If you want to be perfect, go, sell that which you have, and give to the poor, and you shall have treasure in heaven; and come, follow me."

19:21 Jesus sprach zu ihm: Willst du vollkommen sein, so gehe hin, verkaufe, was du hast, und gib's den Armen, so wirst du einen Schatz im Himmel haben; und komm und folge mir nach!

19:21 Jésus lui dit: Si tu veux être parfait, va, vends ce que tu possèdes, donne-le aux pauvres, et tu auras un trésor dans le ciel. Puis viens, et suis-moi.

19:22 וַיְהִי כִּשְׁמֹעַ הַבָּחוּר אֶת־הַדָּבָר הַזֶּה וַיִּתְעַצֵּב וַיֵּלַךְ כִּי נְכָסִים רַבִּים הָיוּ לוֹ:

19:22 Cum audisset autem adolescens verbum, abiit tristis: erat enim habens multas possessiones.

19:22 Ἀκούσας δὲ ὁ νεανίσκος τὸν λόγον ἀπῆλθεν λυπούμενος· ἦν γὰρ ἔχων κτήματα πολλά.

19:22 But when the young man heard the saying, he went away sorrowful, for he was one who had great possessions.

19:22 Da der Jüngling das Wort hörte, ging er betrübt von ihm, denn er hatte viele Güter.

19:22 Après avoir entendu ces paroles, le jeune homme s'en alla tout triste; car il avait de grands biens.

19:23 וַיֹּאמֶר יֵשׁוּעַ אֶל־תַּלְמִידָיו אָמֵן אֹמֵר אֲנִי לָכֶם לֶעָשִׁיר קָשֶׁה לָבוֹא אֶל־מַלְכוּת הַשָּׁמָיִם:

19:23 Jesus autem dixit discipulis suis: Amen dico vobis, quia dives difficile intrabit in regnum caelorum.

19:23 Ὁ δὲ Ἰησοῦς εἶπεν τοῖς μαθηταῖς αὐτοῦ, Ἀμὴν λέγω ὑμῖν ὅτι δυσκόλως πλούσιος εἰσελεύσεται εἰς τὴν βασιλείαν τῶν οὐρανῶν.

19:23 And Jesus said to his disciples, "Amen. I tell you, it is hard for a rich man to enter into the Kingdom of Heaven.

19:23 Jesus aber sprach zu seinen Jüngern: Wahrlich, ich sage euch: Ein Reicher wird schwer ins Himmelreich kommen.

19:23 Jésus dit à ses disciples: Je vous le dis en vérité, un riche entrera difficilement dans le royaume des cieux.

19:24 וְעוֹד אֲנִי אֹמֵר לָכֶם נָקֵל לַגָּמָל לַעֲבֹר בְּנֶקֶב הַמַּחַט מִבֹּא עָשִׁיר אֶל־מַלְכוּת הָאֱלֹהִים:

19:24 Et iterum dico vobis: Facilius est camelum per foramen acus transire, quam divitem intrare in regnum caelorum.

19:24 Πάλιν δὲ λέγω ὑμῖν, εὐκοπώτερόν ἐστιν κάμηλον διὰ τρυπήματος ῥαφίδος διελθεῖν, ἢ πλούσιον εἰς τὴν βασιλείαν τοῦ θεοῦ εἰσελθεῖν.

19:24 And again I tell to you, it is easier for a camel to go through a needle's eye, than for a rich man to enter into the Kingdom of God."

19:24 Und weiter sage ich euch: Es ist leichter, daß ein Kamel durch ein Nadelöhr gehe, denn daß ein Reicher ins Reich Gottes komme.

19:24 Je vous le dis encore, il est plus facile à un chameau de passer par le trou d'une aiguille qu'à un riche d'entrer dans le royaume de Dieu.

19:25 וְהַתַּלְמִידִים כְּשָׁמְעָם זֹאת הִשְׁתּוֹמְמוּ מְאֹד וַיֹּאמְרוּ מִי אֵפוֹא יוּכַל לְהִוָּשֵׁעַ:

19:25 Auditis autem his, discipuli mirabantur valde, dicentes: Quis ergo poterit salvus esse?

19:25 Ἀκούσαντες δὲ οἱ μαθηταὶ αὐτοῦ ἐξεπλήσσοντο σφόδρα, λέγοντες, Τίς ἄρα δύναται σωθῆναι;

19:25 And when the disciples heard it, they were exceedingly astonished, saying, "Who then can be saved?"

19:25 Da das seine Jünger hörten, entsetzten sie sich sehr und sprachen: Ja, wer kann denn selig werden?

19:25 Les disciples, ayant entendu cela, furent très étonnés, et dirent: Qui peut donc être sauvé?

19:26 וַיַּבֵּט־בָּם יֵשׁוּעַ וַיֹּאמֶר לָהֶם מִבְּנֵי אָדָם יִפָּלֵא הַדָּבָר וּמֵהָאֱלֹהִים לֹא יִפָּלֵא כָל־דָּבָר:

19:26 Aspiciens autem Jesus, dixit illis: Apud homines hoc impossibile est: apud Deum autem omnia possibilia sunt.

19:26 Ἐμβλέψας δὲ ὁ Ἰησοῦς εἶπεν αὐτοῖς, Παρὰ ἀνθρώποις τοῦτο ἀδύνατόν ἐστιν, παρὰ δὲ θεῷ πάντα δυνατά.

19:26 And Jesus looking upon *them* said to them, "With men this is impossible but with God all things are possible."

19:26 Jesus aber sah sie an und sprach zu ihnen: Bei den Menschen ist es unmöglich; aber bei Gott sind alle Dinge möglich.

19:26 Jésus les regarda, et leur dit: Aux hommes cela est impossible, mais à Dieu tout est possible.

19:27 וַיַּעַן פֶּטְרוֹס וַיֹּאמֶר אֵלָיו הֵן אֲנַחְנוּ עָזַבְנוּ אֶת־הַכֹּל וַנֵּלֶךְ אַחֲרֶיךָ וּמַה־יִּהְיֶה חֶלְקֵנוּ:

19:27 Tunc respondens Petrus, dixit ei: Ecce nos reliquimus omnia, et secuti sumus te: quid ergo erit nobis?

19:27 Τότε ἀποκριθεὶς ὁ Πέτρος εἶπεν αὐτῷ, Ἰδού, ἡμεῖς ἀφήκαμεν πάντα καὶ ἠκολουθήσαμέν σοι· τί ἄρα ἔσται ἡμῖν;

19:27 Then Peter answered back and said to him, "Look, we have left all and followed you; what then shall we have?"

19:27 Da antwortete Petrus und sprach zu ihm: Siehe, wir haben alles verlassen und sind dir nachgefolgt; was wird uns dafür?

19:27 Pierre, prenant alors la parole, lui dit: Voici, nous avons tout quitté, et nous t'avons suivi; qu'en sera-t-il pour nous?

19:28 וַיֹּאמֶר יֵשׁוּעַ אֲלֵיהֶם אָמֵן אֲנִי אֹמֵר לָכֶם אֲנִי אַתֶּם הַהֹלְכִים אַחֲרַי בְּהִתְחַדֵּשׁ הַבְּרִיאָה כַּאֲשֶׁר יֵשֵׁב בֶּן־הָאָדָם עַל־כִּסֵּא כְבוֹדוֹ גַּם־אַתֶּם תֵּשְׁבוּ עַל־שְׁנֵים עָשָׂר כִּסְאוֹת לִשְׁפֹּט אֶת־שְׁנֵים עָשָׂר שִׁבְטֵי יִשְׂרָאֵל:

19:28 Jesus autem dixit illis: Amen dico vobis, quod vos, qui secuti estis me, in regeneratione cum sederit Filius hominis in sede majestatis suae, sedebitis et vos super sedes duodecim, judicantes duodecim tribus Israël.

19:28 Ὁ δὲ Ἰησοῦς εἶπεν αὐτοῖς, Ἀμὴν λέγω ὑμῖν ὅτι ὑμεῖς οἱ ἀκολουθήσαντές μοι, ἐν τῇ παλιγγενεσίᾳ ὅταν καθίσῃ ὁ υἱὸς τοῦ ἀνθρώπου ἐπὶ θρόνου δόξης αὐτοῦ, καθίσεσθε καὶ ὑμεῖς ἐπὶ δώδεκα θρόνους, κρίνοντες τὰς δώδεκα φυλὰς τοῦ Ἰσραήλ.

19:28 And Jesus said to them, "Amen. I tell you that you who have followed me, in the next re-creation, when the Son of Man shall sit on the throne of his glory, you also shall sit upon twelve thrones, judging the twelve tribes of Israel.

19:28 Jesus aber sprach zu ihnen: Wahrlich ich sage euch: Ihr, die ihr mir seid nachgefolgt, werdet in der Wiedergeburt, da des Menschen Sohn wird sitzen auf dem Stuhl seiner Herrlichkeit, auch sitzen auf zwölf Stühlen und richten die zwölf Geschlechter Israels.

19:28 Jésus leur répondit: Je vous le dis en vérité, quand le Fils de l'homme, au renouvellement de toutes choses, sera assis sur le trône de sa gloire, vous qui m'avez suivi, vous serez de même assis sur douze trônes, et vous jugerez les douze tribus d'Israël.

19:29 וְכָל־אִישׁ אֲשֶׁר עָזַב בָּתִּים וְאַחִים וַאֲחָיוֹת וְאָב וָאֵם וְאִשָּׁה וּבָנִים וְשָׂדוֹת לְמַעַן שְׁמִי הוּא יִקַּח מֵאָה שְׁעָרִים וְחַיֵּי עוֹלָם יִירָשׁ:

19:29 Et omnis qui reliquerit domum, vel fratres, aut sorores, aut patrem, aut matrem, aut uxorem, aut filios, aut agros propter nomen meum, centuplum accipiet, et vitam aeternam possidebit.

19:29 Καὶ πᾶς ὃς ἀφῆκεν οἰκίας, ἢ ἀδελφούς, ἢ ἀδελφάς, ἢ πατέρα, ἢ μητέρα, ἢ γυναῖκα, ἢ τέκνα, ἢ ἀγρούς, ἕνεκεν τοῦ ὀνόματός μου, ἑκατονταπλασίονα λήψεται, καὶ ζωὴν αἰώνιον κληρονομήσει.

19:29 And everyone that has left houses, or brothers, or sisters, or father, or mother, or children, or lands, for my name's sake, shall receive a hundredfold, and shall inherit everlasting life.

19:29 Und wer verläßt Häuser oder Brüder oder Schwestern oder Vater oder Mutter oder Weib oder Kinder oder Äcker um meines Namens willen, der wird's hundertfältig nehmen und das ewige Leben ererben.

19:29 Et quiconque aura quitté, à cause de mon nom, ses frères, ou ses soeurs, ou son père, ou sa mère, ou sa femme, ou ses enfants, ou ses terres, ou ses maisons, recevra le centuple, et héritera la vie éternelle.

19:30 וְאוּלָם רַבִּים מִן־הָרִאשׁוֹנִים יִהְיוּ אַחֲרוֹנִים וּמִן־הָאַחֲרוֹנִים רִאשׁוֹנִים:

19:30 Multi autem erunt primi novissimi, et novissimi primi.

19:30 Πολλοὶ δὲ ἔσονται πρῶτοι ἔσχατοι, καὶ ἔσχατοι πρῶτοι.

19:30 But many shall be last *that are* first, and first *that are* last.

19:30 Aber viele, die da sind die Ersten, werden die Letzten, und die Letzten werden die Ersten sein.

19:30 Plusieurs des premiers seront les derniers, et plusieurs des derniers seront les premiers.

20:1 כִּי דוֹמָה מַלְכוּת הַשָּׁמַיִם לְאִישׁ בַּעַל־בַּיִת אֲשֶׁר הִשְׁכִּים בַּבֹּקֶר וַיֵּצֵא לִשְׂכֹּר פֹּעֲלִים לְכַרְמוֹ:

20:1 Simile est regnum caelorum homini patrifamilias, qui exiit primo mane conducere operarios in vineam suam.

20:1 Ὁμοία γάρ ἐστιν ἡ βασιλεία τῶν οὐρανῶν ἀνθρώπῳ οἰκοδεσπότῃ, ὅστις ἐξῆλθεν ἅμα πρωῒ μισθώσασθαι ἐργάτας εἰς τὸν ἀμπελῶνα αὐτοῦ.

20:1 For the Kingdom of Heaven is like a man that was a householder, who went out early in the morning to hire laborers into his vineyard.

20:1 Das Himmelreich ist gleich einem Hausvater, der am Morgen ausging, Arbeiter zu mieten in seinen Weinberg.

20:1 Car le royaume des cieux est semblable à un maître de maison qui sortit dès le matin, afin de louer des ouvriers pour sa vigne.

20:2 וַיִּפְסֹק עִם הַפֹּעֲלִים דִּינָר לַיּוֹם וַיִּשְׁלָחֵם אֶל־כַּרְמוֹ:

20:2 Conventione autem facta cum operariis ex denario diurno, misit eos in vineam suam.

20:2 Καὶ συμφωνήσας μετὰ τῶν ἐργατῶν ἐκ δηναρίου τὴν ἡμέραν, ἀπέστειλεν αὐτοὺς εἰς τὸν ἀμπελῶνα αὐτοῦ.

20:2 And when he had agreed with the laborers for a shilling a day, he sent them into his vineyard.

20:2 Und da er mit den Arbeitern eins ward um einen Groschen zum Tagelohn, sandte er sie in seinen Weinberg.

20:2 Il convint avec eux d'un denier par jour, et il les envoya à sa vigne.

The Gospel of Matthew

20:3 וַיֵּצֵא בַּשָּׁעָה הַשְּׁלִישִׁית וַיַּרְא אֲחֵרִים עֹמְדִים בְּטֵלִים בַּשּׁוּק:

20:3 Et egressus circa horam tertiam, vidit alios stantes in foro otiosos,

20:3 Καὶ ἐξελθὼν περὶ τρίτην ὥραν, εἶδεν ἄλλους ἑστῶτας ἐν τῇ ἀγορᾷ ἀργούς·

20:3 And he went out about the third hour, and saw others standing in the marketplace idle;

20:3 Und ging aus um die dritte Stunde und sah andere an dem Markte müßig stehen

20:3 Il sortit vers la troisième heure, et il en vit d'autres qui étaient sur la place sans rien faire.

20:4 וַיֹּאמֶר לָהֶם לְכוּ גַם־אַתֶּם אֶל־כַּרְמִי וַאֲנִי אֶתֵּן לָכֶם כַּמִּשְׁפָּט וַיֵּלֵכוּ:

20:4 et dixit illis: Ite et vos in vineam meam, et quod justum fuerit dabo vobis.

20:4 καὶ ἐκείνοις εἶπεν, Ὑπάγετε καὶ ὑμεῖς εἰς τὸν ἀμπελῶνα, καὶ ὃ ἐὰν ᾖ δίκαιον δώσω ὑμῖν.

20:4 and to them he said, 'You go also into the vineyard and whatever is right I will give you.' And they went their way.

20:4 und sprach zu ihnen: Gehet ihr auch hin in den Weinberg; ich will euch geben, was recht ist.

20:4 Il leur dit: Allez aussi à ma vigne, et je vous donnerai ce qui sera raisonnable. Et ils y allèrent.

20:4 וַיֹּאמֶר לָהֶם לְכוּ גַם־אַתֶּם אֶל־כַּרְמִי וַאֲנִי אֶתֵּן לָכֶם כַּמִּשְׁפָּט וַיֵּלֵכוּ:

20:5 Illi autem abierunt. Iterum autem exiit circa sextam et nonam horam: et fecit similiter.

20:5 Οἱ δὲ ἀπῆλθον. Πάλιν ἐξελθὼν περὶ ἕκτην καὶ ἐνάτην ὥραν, ἐποίησεν ὡσαύτως.

20:5 Again, he went out about the sixth and the ninth hour, and did likewise.

20:5 Und sie gingen hin. Abermals ging er aus um die sechste und die neunte Stunde und tat gleichalso.

20:4 Il leur dit: Allez aussi à ma vigne, et je vous donnerai ce qui sera raisonnable. Et ils y allèrent.

20:6 וַיֵּצֵא בִּשְׁעַת עַשְׁתֵּי עֶשְׂרֵה וַיִּמְצָא אֲחֵרִים עֹמְדִים וַיֹּאמֶר אֲלֵיהֶם לָמָה אַתֶּם עֹמְדִים פֹּה בְטֵלִים כָּל־הַיּוֹם:

20:6 Circa undecimam vero exiit, et invenit alios stantes, et dicit illis: Quid hic statis tota die otiosi?

20:6 Περὶ δὲ τὴν ἑνδεκάτην ὥραν ἐξελθών, εὗρεν ἄλλους ἑστῶτας ἀργούς, καὶ λέγει αὐτοῖς, Τί ὧδε ἑστήκατε ὅλην τὴν ἡμέραν ἀργοί;

20:6 And about the eleventh *hour* he went out and found others standing. And he said to them, 'Why are you standing here idle all day?'

20:6 Um die elfte Stunde aber ging er aus und fand andere müßig stehen und sprach zu ihnen: Was steht ihr hier den ganzen Tag müßig?

20:6 Étant sorti vers la onzième heure, il en trouva d'autres qui étaient sur la place, et il leur dit: Pourquoi vous tenez-vous ici toute la journée sans rien faire?

20:7 וַיֹּאמְרוּ לוֹ כִּי לֹא־שָׂכַר אוֹתָנוּ אִישׁ וַיֹּאמֶר אֲלֵיהֶם לְכוּ גַם־אַתֶּם אֶל־הַכֶּרֶם וּשְׂכַרְכֶם יוּתַּן לָכֶם:

20:7 Dicunt ei: Quia nemo nos conduxit. Dicit illis: Ite et vos in vineam meam.

20:7 Λέγουσιν αὐτῷ, Ὅτι οὐδεὶς ἡμᾶς ἐμισθώσατο. Λέγει αὐτοῖς, Ὑπάγετε καὶ ὑμεῖς εἰς τὸν ἀμπελῶνα, καὶ ὃ ἐὰν ᾖ δίκαιον λήψεσθε.

20:7 They say to him, 'Because no man has hired us.' He said to them, 'You go also into the vineyard.'

20:7 Sie sprachen zu ihm: Es hat uns niemand gedingt. Er sprach zu ihnen: Gehet ihr auch hin in den Weinberg, und was recht sein wird, soll euch werden.

20:7 Ils lui répondirent: C'est que personne ne nous a loués. Allez aussi à ma vigne, leur dit-il.

20:8 וַיְהִי בָעֶרֶב וַיֹּאמֶר בַּעַל הַכֶּרֶם אֶל־פְּקִידוֹ קְרָא אֶת־הַפֹּעֲלִים וְתֵן לָהֶם אֶת־שְׂכָרָם הָחֵל בָּאַחֲרוֹנִים וְכַלֵּה בָּרִאשׁוֹנִים:

20:8 Cum sero autem factum esset, dicit dominus vineae procuratori suo: Voca operarios, et redde illis mercedem incipiens a novissimis usque ad primos.

20:8 Ὀψίας δὲ γενομένης λέγει ὁ κύριος τοῦ ἀμπελῶνος τῷ ἐπιτρόπῳ αὐτοῦ, Κάλεσον τοὺς ἐργάτας, καὶ ἀπόδος αὐτοῖς τὸν μισθόν, ἀρξάμενος ἀπὸ τῶν ἐσχάτων ἕως τῶν πρώτων.

20:8 And when evening had come, the master of the vineyard said to his steward, 'Call the laborers and pay them their hire, beginning from the last to the first.'

20:8 Da es nun Abend ward, sprach der Herr des Weinberges zu seinem Schaffner: Rufe die Arbeiter und gib ihnen den Lohn und heb an an den Letzten bis zu den Ersten.

20:8 Quand le soir fut venu, le maître de la vigne dit à son intendant: Appelle les ouvriers, et paie-leur le salaire, en allant des derniers aux premiers.

20:9 וַיָּבֹאוּ הַנִּשְׂכָּרִים בִּשְׁעַת אַחַת עֶשְׂרֵה וַיִּקְחוּ אִישׁ אִישׁ דִּינָר אֶחָד:

20:9 Cum venissent ergo qui circa undecimam horam venerant, acceperunt singulos denarios.

20:9 Καὶ ἐλθόντες οἱ περὶ τὴν ἑνδεκάτην ὥραν ἔλαβον ἀνὰ δηνάριον.

20:9 And when they came, those who *were hired* about the eleventh hour, they each received a shilling.

20:9 Da kamen, die um die elfte Stunde gedingt waren, und empfing ein jeglicher seinen Groschen.

20:9 Ceux de la onzième heure vinrent, et reçurent chacun un denier.

20:10 וּבְבֹא הָרִאשׁוֹנִים דִּמּוּ בְנַפְשָׁם כִּי יִקְחוּ יוֹתֵר וַיִּקְחוּ גַם־הֵם אִישׁ אִישׁ דִּינָר אֶחָד:

20:10 Venientes autem et primi, arbitrati sunt quod plus essent accepturi: acceperunt autem et ipsi singulos denarios.

20:10 Ἐλθόντες δὲ οἱ πρῶτοι ἐνόμισαν ὅτι πλείονα λήψονται· καὶ ἔλαβον καὶ αὐτοὶ ἀνὰ δηνάριον.

20:10 And when the first came, they supposed that they would receive more; and they each likewise received a shilling.

20:10 Da aber die ersten kamen, meinten sie, sie würden mehr empfangen; und sie empfingen auch ein jeglicher seinen Groschen.

20:10 Les premiers vinrent ensuite, croyant recevoir davantage; mais ils reçurent aussi chacun un denier.

20:11 וַיְהִי בְּקַחְתָּם וַיִּלּוֹנוּ עַל־בַּעַל הַבַּיִת לֵאמֹר:

20:11 Et accipientes murmurabant adversus patremfamilias,

20:11 Λαβόντες δὲ ἐγόγγυζον κατὰ τοῦ οἰκοδεσπότου,

20:11 And when they received it, they murmured against the householder,

20:11 Und da sie den empfingen, murrten sie wider den Hausvater

20:11 En le recevant, ils murmurèrent contre le maître de la maison,

20:12 אֵלֶּה הָאַחֲרוֹנִים לֹא עָשׂוּ כִּי אִם־שָׁעָה אֶחָת וְאַתָּה הִשְׁוִיתָ אֹתָם לָנוּ אֲשֶׁר סָבַלְנוּ אֶת־טֹרַח הַיּוֹם וְחוּמּוֹ:

20:12 dicentes: Hi novissimi una hora fecerunt, et pares illos nobis fecisti, qui portavimus pondus diei, et aestus.

20:12 λέγοντες ὅτι Οὗτοι οἱ ἔσχατοι μίαν ὥραν ἐποίησαν, καὶ ἴσους ἡμῖν αὐτοὺς ἐποίησας, τοῖς βαστάσασιν τὸ βάρος τῆς ἡμέρας καὶ τὸν καύσωνα.

20:12 saying, 'These last *men* have spent *but* one hour, and you had made them equal to us, those who have put up with the burden of the day and the scorching heat.'

20:12 und sprachen: Diese haben nur eine Stunde gearbeitet, und du hast sie uns gleich gemacht, die wir des Tages Last und die Hitze getragen haben.

20:12 et dirent: Ces derniers n'ont travaillé qu'une heure, et tu les traites à l'égal de nous, qui avons supporté la fatigue du jour et la chaleur.

20:13 וַיַּעַן וַיֹּאמֶר אֶל־אֶחָד מֵהֶם רֵעִי לֹא הוֹנֵיתִי אֹתָךְ הֲלֹא דִינָר פָּסַקְתָּ עִמִּי:

20:13 At ille respondens uni eorum, dixit: Amice, non facio tibi injuriam: nonne ex denario convenisti mecum?

20:13 Ὁ δὲ ἀποκριθεὶς εἶπεν ἑνὶ αὐτῶν, Ἑταῖρε, οὐκ ἀδικῶ σε· οὐχὶ δηναρίου συνεφώνησάς μοι;

20:13 But he answered and said to one of them, 'Friend, I do you no wrong. Did you not agree with me for a shilling?

20:13 Er antwortete aber und sagte zu einem unter ihnen: Mein Freund, ich tue dir nicht Unrecht. Bist du nicht mit mir eins geworden für einen Groschen?

20:13 Il répondit à l'un d'eux: Mon ami, je ne te fais pas tort; n'es-tu pas convenu avec moi d'un denier?

20:14 קַח אֶת־שֶׁלְּךָ וָלֵךְ וַאֲנִי רְצוֹנִי שֶׁאֶתֵּן לָזֶה הָאַחֲרוֹן כָּמוֹךָ:

20:14 Tolle quod tuum est, et vade: volo autem et huic novissimo dare sicut et tibi.

20:14 Ἆρον τὸ σὸν καὶ ὕπαγε· θέλω δὲ τούτῳ τῷ ἐσχάτῳ δοῦναι ὡς καὶ σοί.

20:14 Take up that which is yours, and go on your way; it is my desire to give to this last one, just as *I give* to you.

20:14 Nimm, was dein ist, und gehe hin! Ich will aber diesem letzten geben gleich wie dir.

20:14 Prends ce qui te revient, et va-t'en. Je veux donner à ce dernier autant qu'à toi.

20:15 הֲלֹא אוּכַל לַעֲשׂוֹת בְּשֶׁלִּי כִּרְצוֹנִי הַאִם־תֵּרַע עֵינְךָ עַל־אֲשֶׁר טוֹב אָנִי:

20:15 Aut non licet mihi quod volo, facere? an oculus tuus nequam est, quia ego bonus sum?

20:15 Ἢ οὐκ ἔξεστίν μοι ποιῆσαι ὃ θέλω ἐν τοῖς ἐμοῖς; Εἰ ὁ ὀφθαλμός σου πονηρός ἐστιν, ὅτι ἐγὼ ἀγαθός εἰμι;

20:15 Is it not lawful for me to do what I will with my own? Or is your eye evil, because I am good?'

20:15 Oder habe ich nicht Macht, zu tun, was ich will, mit dem Meinen? Siehst du darum so scheel, daß ich so gütig bin?

20:15 Ne m'est-il pas permis de faire de mon bien ce que je veux? Ou vois-tu de mauvais oeil que je sois bon?

20:16 כֵּן יִהְיוּ הָאַחֲרוֹנִים רִאשׁוֹנִים וְהָרִאשׁוֹנִים יִהְיוּ אַחֲרוֹנִים כִּי־רַבִּים הֵם הַקְּרוּאִים וּמְעַטִּים הַנִּבְחָרִים:

20:16 Sic erunt novissimi primi, et primi novissimi. Multi enim sunt vocati, pauci vero electi.

20:16 Οὕτως ἔσονται οἱ ἔσχατοι πρῶτοι, καὶ οἱ πρῶτοι ἔσχατοι· πολλοὶ γάρ εἰσιν κλητοί, ὀλίγοι δὲ ἐκλεκτοί.

20:16 So the last shall be first, and the first last."

20:16 Also werden die Letzten die Ersten und die Ersten die Letzten sein. Denn viele sind berufen, aber wenige auserwählt.

20:16 Ainsi les derniers seront les premiers, et les premiers seront les derniers.

20:17 וַיְהִי כַּעֲלוֹת יֵשׁוּעַ יְרוּשָׁלַיִם וַיִּקַּח אֵלָיו אֶת־שְׁנֵים הֶעָשָׂר לְבַדָּם וַיֹּאמֶר לָהֶם בַּדָּרֶךְ:

20:17 Et ascendens Jesus Jerosolymam, assumpsit duodecim discipulos secreto, et ait illis:

20:17 Καὶ ἀναβαίνων ὁ Ἰησοῦς εἰς Ἱεροσόλυμα παρέλαβεν τοὺς δώδεκα μαθητὰς κατ' ἰδίαν ἐν τῇ ὁδῷ, καὶ εἶπεν αὐτοῖς,

20:17 And as Jesus was going up to Jerusalem, he took the twelve disciples alone, and on the way he said to them,

20:17 Und er zog hinauf gen Jerusalem und nahm zu sich die zwölf Jünger besonders auf dem Wege und sprach zu ihnen:

20:17 Pendant que Jésus montait à Jérusalem, il prit à part les douze disciples, et il leur dit en chemin:

20:18 הִנְנוּ עֹלִים יְרוּשָׁלְַיְמָה וּבֶן־הָאָדָם יִמָּסֵר לְרָאשֵׁי הַכֹּהֲנִים וְלַסּוֹפְרִים וְהִרְשִׁיעוּהוּ לָמוּת:

20:18 Ecce ascendimus Jerosolymam, et Filius hominis tradetur principibus sacerdotum, et scribis, et condemnabunt eum morte,

20:18 Ἰδού, ἀναβαίνομεν εἰς Ἱεροσόλυμα, καὶ ὁ υἱὸς τοῦ ἀνθρώπου παραδοθήσεται τοῖς ἀρχιερεῦσιν καὶ γραμματεῦσιν· καὶ κατακρινοῦσιν αὐτὸν θανάτῳ,

20:18 "Behold, we go up to Jerusalem and the Son of Man shall be delivered to the chief priests and scribes and they shall condemn him to death,

20:18 Siehe, wir ziehen hinauf gen Jerusalem, und des Menschen Sohn wird den Hohenpriestern und Schriftgelehrten überantwortet werden; sie werden ihn verdammen zum Tode

20:18 Voici, nous montons à Jérusalem, et le Fils de l'homme sera livré aux principaux sacrificateurs et aux scribes. Ils le condamneront à mort,

The Gospel of Matthew

20:19 וּמָסְרוּ אוֹתוֹ לַגּוֹיִם לְהָתֵל בּוֹ וּלְהַכּוֹת אוֹתוֹ בַּשּׁוֹטִים וְלִצְלֹב אוֹתוֹ וּבַיּוֹם הַשְּׁלִישִׁי יָקוּם׃

20:19 et tradent eum gentibus ad illudendum, et flagellandum, et crucifigendum, et tertia die resurget.

20:19 καὶ παραδώσουσιν αὐτὸν τοῖς ἔθνεσιν εἰς τὸ ἐμπαῖξαι καὶ μαστιγῶσαι καὶ σταυρῶσαι· καὶ τῇ τρίτῃ ἡμέρᾳ ἀναστήσεται.

20:19 and shall deliver him to the Gentiles to mock, and to scourge, and to crucify, and on the third day he shall be raised up.

20:19 und werden ihn überantworten den Heiden, zu verspotten und zu geißeln und zu kreuzigen; und am dritten Tage wird er wieder auferstehen.

20:19 et ils le livreront aux païens, pour qu'ils se moquent de lui, le battent de verges, et le crucifient; et le troisième jour il ressuscitera.

20:20 אָז נִגְּשָׁה אֵלָיו אֵם בְּנֵי זַבְדִּי עִם־בָּנֶיהָ וַתִּשְׁתַּחוּ לוֹ לְבַקֵּשׁ מִמֶּנּוּ דָּבָר׃

20:20 Tunc accessit ad eum mater filiorum Zebedaei cum filiis suis, adorans et petens aliquid ab eo.

20:20 Τότε προσῆλθεν αὐτῷ ἡ μήτηρ τῶν υἱῶν Ζεβεδαίου μετὰ τῶν υἱῶν αὐτῆς, προσκυνοῦσα καὶ αἰτοῦσά τι παρ' αὐτοῦ.

20:20 Then came to him the mother of the sons of Zebedee with her sons, worshipping *him*, and asking a certain thing of him.

20:20 Da trat zu ihm die Mutter der Kinder des Zebedäus mit ihren Söhnen, fiel vor ihm nieder und bat etwas von ihm.

20:20 Alors la mère des fils de Zébédée s'approcha de Jésus avec ses fils, et se prosterna, pour lui faire une demande.

20:21 וַיֹּאמֶר אֵלֶיהָ מַה־בַּקָּשָׁתֵךְ וַתֹּאמֶר אֵלָיו אֱמָר־נָא וְיֵשְׁבוּ שְׁנֵי־בָנַי הָאֵלֶּה אֶחָד לִימִינְךָ וְאֶחָד לִשְׂמֹאלְךָ בְּמַלְכוּתֶךָ׃

20:21 Qui dixit ei: Quid vis? Ait illi: Dic ut sedeant hi duo filii mei, unus ad dexteram tuam, et unus ad sinistram in regno tuo.

20:21 Ὁ δὲ εἶπεν αὐτῇ, Τί θέλεις; Λέγει αὐτῷ, Εἰπὲ ἵνα καθίσωσιν οὗτοι οἱ δύο υἱοί μου, εἷς ἐκ δεξιῶν σου, καὶ εἷς ἐξ εὐωνύμων σου, ἐν τῇ βασιλείᾳ σου.

20:21 And he said to her, "What do you want?" She said to him, "Command that these, my two sons, may sit one at your right hand and one at your left hand, in your kingdom."

20:21 Und er sprach zu ihr: Was willst du? Sie sprach zu ihm: Laß diese meine zwei Söhne sitzen in deinem Reich, einen zu deiner Rechten und den andern zu deiner Linken.

20:21 Il lui dit: Que veux-tu? Ordonne, lui dit-elle, que mes deux fils, que voici, soient assis, dans ton royaume, l'un à ta droite et l'autre à ta gauche.

20:22 וַיַּעַן יֵשׁוּעַ וַיֹּאמַר לֹא יְדַעְתֶּם אֵת אֲשֶׁר שְׁאֶלְתֶּם הֲיָכֹל תּוּכְלוּ לִשְׁתּוֹת אֶת־הַכּוֹס אֲשֶׁר אֲנִי עָתִיד לִשְׁתּוֹתוֹ וּלְהִטָּבֵל טְבִילָה אֲשֶׁר אֲנִי נִטְבָּל וַיֹּאמְרוּ אֵלָיו נוּכָל׃

20:22 Respondens autem Jesus, dixit: Nescitis quid petatis. Potestis bibere calicem, quem ego bibiturus sum? Dicunt ei: Possumus.

20:22 Ἀποκριθεὶς δὲ ὁ Ἰησοῦς εἶπεν, Οὐκ οἴδατε τί αἰτεῖσθε. Δύνασθε πιεῖν τὸ ποτήριον ὃ ἐγὼ μέλλω πίνειν, ἢ τὸ βάπτισμα ὃ ἐγὼ βαπτίζομαι βαπτισθῆναι; Λέγουσιν αὐτῷ, Δυνάμεθα.

20:22 But Jesus answered back and said, "You do not know what you are asking. Are you able to drink the cup that I am about to drink?" They say to him, "We are able."

20:22 Aber Jesus antwortete und sprach: Ihr wisset nicht, was ihr bittet. Könnt ihr den Kelch trinken, den ich trinken werde, und euch taufen lassen mit der Taufe, mit der ich getauft werde? Sie sprachen zu ihm: Jawohl.

20:22 Jésus répondit: Vous ne savez ce que vous demandez. Pouvez-vous boire la coupe que je dois boire? Nous le pouvons, dirent-ils.

20:23 וַיֹּאמֶר אֲלֵיהֶם הֵן אֶת־כּוֹסִי תִשְׁתּוּ וּטְבִילָה אֲשֶׁר אֲנִי נִטְבָּל תִּטָּבֵלוּ וְשֶׁבֶת לִימִינִי וְלִשְׂמֹאלִי אֵין בְּיָדִי לְתִתָּהּ בִּלְתִּי לַאֲשֶׁר הוּכַן לָהֶם מֵאֵת אָבִי׃

20:23 Ait illis: Calicem quidem meum bibetis: sedere autem ad dexteram meam vel sinistram non est meum dare vobis, sed quibus paratum est a Patre meo.

20:23 Καὶ λέγει αὐτοῖς, Τὸ μὲν ποτήριόν μου πίεσθε, καὶ τὸ βάπτισμα ὃ ἐγὼ βαπτίζομαι βαπτισθήσεσθε· τὸ δὲ καθίσαι ἐκ δεξιῶν μου καὶ ἐξ εὐωνύμων μου, οὐκ ἔστιν ἐμὸν δοῦναι, ἀλλ' οἷς ἡτοίμασται ὑπὸ τοῦ πατρός μου.

20:23 He said to them, "Indeed you shall drink my cup but, to sit at my right hand, and at *my* left hand, is not my to give; but *it is for those* for whom it has been prepared by my Father."

20:23 Und er sprach zu ihnen: Meinen Kelch sollt ihr zwar trinken, und mit der Taufe, mit der ich getauft werde, sollt ihr getauft werden; aber das sitzen zu meiner Rechten und Linken zu geben steht mir nicht zu, sondern denen es bereitet ist von meinem Vater.

20:23 Et il leur répondit: Il est vrai que vous boirez ma coupe; mais pour ce qui est d'être assis à ma droite et à ma gauche, cela ne dépend pas de moi, et ne sera donné qu'à ceux à qui mon Père l'a réservé.

20:24 וַיְהִי כַּאֲשֶׁר שָׁמְעוּ־זֹאת הָעֲשָׂרָה וַיִּכְעֲסוּ אֶל־שְׁנֵי הָאַחִים׃

20:24 Et audientes decem, indignati sunt de duobus fratribus.

20:24 Καὶ ἀκούσαντες οἱ δέκα ἠγανάκτησαν περὶ τῶν δύο ἀδελφῶν.

20:24 And when the ten heard it, they were moved with indignation concerning the two brothers.

20:24 Da das die zehn hörten, wurden sie unwillig über die zwei Brüder.

20:24 Les dix, ayant entendu cela, furent indignés contre les deux frères.

20:25 וַיֵּשׁוּעַ קָרָא לָהֶם וַיֹּאמַר אַתֶּם יְדַעְתֶּם כִּי־שָׂרֵי הַגּוֹיִם רֹדִים בָּהֶם וְהַגְּדוֹלִים שֹׁלְטִים עֲלֵיהֶם:

20:25 Jesus autem vocavit eos ad se, et ait: Scitis quia principes gentium dominantur eorum: et qui majores sunt, potestatem exercent in eos.

20:25 Ὁ δὲ Ἰησοῦς προσκαλεσάμενος αὐτοὺς εἶπεν, Οἴδατε ὅτι οἱ ἄρχοντες τῶν ἐθνῶν κατακυριεύουσιν αὐτῶν, καὶ οἱ μεγάλοι κατεξουσιάζουσιν αὐτῶν.

20:25 But Jesus called them to him and said, "You know that the rulers of the Gentiles lord it over them, and their great ones exercise authority over them.

20:25 Aber Jesus rief sie zu sich und sprach: Ihr wisset, daß die weltlichen Fürsten herrschen und die Obersten haben Gewalt.

20:25 Jésus les appela, et dit: Vous savez que les chefs des nations les tyrannisent, et que les grands les asservissent.

20:26 וְאַתֶּם אַל־יְהִי כֵן בֵּינֵיכֶם כִּי הֶחָפֵץ לִהְיוֹת גָּדוֹל בְּקִרְבְּכֶם יְהִי לָכֶם לִמְשָׁרֵת:

20:26 Non ita erit inter vos: sed quicumque voluerit inter vos major fieri, sit vester minister:

20:26 Οὐχ οὕτως δὲ ἔσται ἐν ὑμῖν· ἀλλ' ὃς ἐὰν θέλῃ ἐν ὑμῖν μέγας γενέσθαι ἔσται ὑμῶν διάκονος·

20:26 It shall not be so among you; but whoever would become great among you shall be your minister

20:26 So soll es nicht sein unter euch. Sondern, so jemand will unter euch gewaltig sein, der sei euer Diener;

20:26 Il n'en sera pas de même au milieu de vous. Mais quiconque veut être grand parmi vous, qu'il soit votre serviteur;

20:27 וְהֶחָפֵץ לִהְיוֹת לְרֹאשׁ בְּקִרְבְּכֶם יְהִי לָכֶם עָבֶד:

20:27 et qui voluerit inter vos primus esse, erit vester servus.

20:27 καὶ ὃς ἐὰν θέλῃ ἐν ὑμῖν εἶναι πρῶτος ἔστω ὑμῶν δοῦλος·

20:27 and whoever would be first among you shall be your servant

20:27 und wer da will der Vornehmste sein, der sei euer Knecht,

20:27 et quiconque veut être le premier parmi vous, qu'il soit votre esclave.

20:28 כַּאֲשֶׁר בֶּן־הָאָדָם לֹא בָא לְמַעַן אֲשֶׁר־יְשָׁרְתוּהוּ כִּי אִם־לְשָׁרֵת וְלָתֵת אֶת־נַפְשׁוֹ כֹּפֶר תַּחַת רַבִּים:

20:28 Sicut Filius hominis non venit ministrari, sed ministrare, et dare animam suam redemptionem pro multis.

20:28 ὥσπερ ὁ υἱὸς τοῦ ἀνθρώπου οὐκ ἦλθεν διακονηθῆναι, ἀλλὰ διακονῆσαι, καὶ δοῦναι τὴν ψυχὴν αὐτοῦ λύτρον ἀντὶ πολλῶν.

20:28 just as the Son of Man came not to be ministered to, but to minister, and to give his life a ransom for many."

20:28 gleichwie des Menschen Sohn ist nicht gekommen, daß er sich dienen lasse, sondern daß er diene und gebe sein Leben zu einer Erlösung für viele.

20:28 C'est ainsi que le Fils de l'homme est venu, non pour être servi, mais pour servir et donner sa vie comme la rançon de plusieurs.

The Gospel of Matthew

20:29 וַיְהִי כְּצֵאתָם מִירִיחוֹ וַיֵּלֶךְ אַחֲרָיו הֲמוֹן עַם־רָב:

20:29 Et egredientibus illis ab Jericho, secuta est eum turba multa,

20:29 Καὶ ἐκπορευομένων αὐτῶν ἀπὸ Ἰεριχώ, ἠκολούθησεν αὐτῷ ὄχλος πολύς.

20:29 And as they went out from Jericho a great multitude followed him.

20:29 Und da sie von Jericho auszogen, folgte ihm viel Volks nach.

20:29 Lorsqu'ils sortirent de Jéricho, une grande foule suivit Jésus.

20:30 וְהִנֵּה שְׁנֵי־עִוְרִים יֹשְׁבִים עַל־יַד הַדֶּרֶךְ וַיִּשְׁמְעוּ כִּי יֵשׁוּעַ עֹבֵר וַיִּצְעֲקוּ לֵאמֹר חָנֵּנוּ־נָא אֲדֹנֵינוּ בֶּן־דָּוִד:

20:30 et ecce duo caeci sedentes secus viam audierunt quia Jesus transiret: et clamaverunt, dicentes: Domine, miserere nostri, fili David.

20:30 Καὶ ἰδού, δύο τυφλοὶ καθήμενοι παρὰ τὴν ὁδόν, ἀκούσαντες ὅτι Ἰησοῦς παράγει, ἔκραξαν, λέγοντες, Ἐλέησον ἡμᾶς, κύριε, υἱὸς Δαυίδ.

20:30 And behold, two blind men sitting by the side of the road, when they heard that Jesus was passing by, cried out, saying, "Lord, have mercy on us, you son of David."

20:30 Und siehe, zwei Blinde saßen am Wege; und da sie hörten, daß Jesus vorüberging, schrieen sie und sprachen: Ach HERR, du Sohn Davids, erbarme dich unser!

20:30 Et voici, deux aveugles, assis au bord du chemin, entendirent que Jésus passait, et crièrent: Aie pitié de nous, Seigneur, Fils de David!

20:31 וַיִּגְעַר־בָּם הָעָם לְהַחֲשֹׁתָם וְהֵם צָעֲקוּ עוֹד וַיֹּאמְרוּ אֲדֹנֵינוּ חָנֵּנוּ־נָא בֶּן־דָּוִד:

20:31 Turba autem increpabat eos ut tacerent. At illi magis clamabant, dicentes: Domine, miserere nostri, fili David.

20:31 Ὁ δὲ ὄχλος ἐπετίμησεν αὐτοῖς ἵνα σιωπήσωσιν. Οἱ δὲ μεῖζον ἔκραζον, λέγοντες, Ἐλέησον ἡμᾶς, κύριε, υἱὸς Δαυίδ.

20:31 And the multitude rebuked them that they should hold their peace. But they cried out all the more, saying, "Lord, have mercy on us, you son of David."

20:31 Aber das Volk bedrohte sie, daß sie schweigen sollten. Aber sie schrieen viel mehr und sprachen: Ach HERR, du Sohn Davids, erbarme dich unser!

20:31 La foule les reprenait, pour les faire taire; mais ils crièrent plus fort: Aie pitié de nous, Seigneur, Fils de David!

20:32 וַיַּעֲמֹד יֵשׁוּעַ וַיִּקְרָא לָהֶם וַיֹּאמַר מַה־תִּרְצוּ שֶׁאֶעֱשֶׂה לָכֶם:

20:32 Et stetit Jesus, et vocavit eos, et ait: Quid vultis ut faciam vobis?

20:32 Καὶ στὰς ὁ Ἰησοῦς ἐφώνησεν αὐτούς, καὶ εἶπεν, Τί θέλετε ποιήσω ὑμῖν;

20:32 And Jesus stood still, and called them, and said, "What do you want me to do for you?"

20:32 Jesus aber stand still und rief sie und sprach: Was wollt ihr, daß ich euch tun soll?

20:32 Jésus s'arrêta, les appela, et dit: Que voulez-vous que je vous fasse?

20:33 וַיֹּאמְרוּ אֵלָיו אֲדֹנֵינוּ אֲשֶׁר תִּפָּקַחְנָה עֵינֵינוּ׃

20:33 Dicunt illi: Domine, ut aperiantur oculi nostri.

20:33 Λέγουσιν αὐτῷ, Κύριε, ἵνα ἀνοιχθῶσιν ἡμῶν οἱ ὀφθαλμοί.

20:33 They say to him, "Lord, that our eyes may be opened."

20:33 Sie sprachen zu ihm: HERR, daß unsere Augen aufgetan werden.

20:33 Ils lui dirent: Seigneur, que nos yeux s'ouvrent.

20:34 וְרַחֲמֵי יֵשׁוּעַ נִכְמָרוּ וַיִּגַּע בְּעֵינֵיהֶם וּפִתְאֹם נִפְקְחוּ עֵינֵיהֶם וַיֵּלְכוּ אַחֲרָיו׃

20:34 Misertus autem eorum Jesus, tetigit oculos eorum. Et confestim viderunt, et secuti sunt eum.

20:34 Σπλαγχνισθεὶς δὲ ὁ Ἰησοῦς ἥψατο τῶν ὀφθαλμῶν αὐτῶν· καὶ εὐθέως ἀνέβλεψαν αὐτῶν οἱ ὀφθαλμοί, καὶ ἠκολούθησαν αὐτῷ.

20:34 And Jesus, being moved with compassion, touched their eyes; and immediately, they received their sight and followed him.

20:34 Und es jammerte Jesum, und er rührte ihre Augen an; und alsbald wurden ihre Augen wieder sehend, und sie folgten ihm nach.

20:34 Ému de compassion, Jésus toucha leurs yeux; et aussitôt ils recouvrèrent la vue, et le suivirent.

21:1 וַיְהִי כַּאֲשֶׁר קָרְבוּ לִירוּשָׁלַיִם וַיָּבֹאוּ אֶל־בֵּית־פַּגֵּי אֶל־הַר הַזֵּיתִים וַיִּשְׁלַח יֵשׁוּעַ שְׁנַיִם מִן־הַתַּלְמִידִים׃

21:1 Et cum appropinquassent Jerosolymis, et venissent Bethphage ad montem Oliveti: tunc Jesus misit duos discipulos,

21:1 Καὶ ὅτε ἤγγισαν εἰς Ἱεροσόλυμα, καὶ ἦλθον εἰς Βηθσφαγῆ πρὸς τὸ ὄρος τῶν Ἐλαιῶν, τότε ὁ Ἰησοῦς ἀπέστειλεν δύο μαθητάς,

21:1 And when they drew near to Jerusalem, and came to Bethphage, to the Mount of Olives, then Jesus sent two disciples,

21:1 Da sie nun nahe an Jerusalem kamen, gen Bethphage an den Ölberg, sandte Jesus seiner Jünger zwei

21:1 Lorsqu'ils approchèrent de Jérusalem, et qu'ils furent arrivés à Bethphagé, vers la montagne des oliviers, Jésus envoya deux disciples,

21:2 וַיֹּאמֶר אֲלֵיהֶם לְכוּ אֶל־הַכְּפָר אֲשֶׁר מִמּוּלְכֶם שָׁם תִּמְצְאוּ אָתוֹן אֲסוּרָה וְעַיִר עִמָּהּ הַתִּירוּ אֹתָם וַהֲבִיאוּ אֵלָי׃

21:2 dicens eis: Ite in castellum, quod contra vos est, et statim invenietis asinam alligatam, et pullum cum ea: solvite, et adducite mihi:

21:2 λέγων αὐτοῖς, Πορεύθητε εἰς τὴν κώμην τὴν ἀπέναντι ὑμῶν, καὶ εὐθέως εὑρήσετε ὄνον δεδεμένην, καὶ πῶλον μετ' αὐτῆς· λύσαντες ἀγάγετέ μοι.

21:2 saying to them, "Go into the village across from you, and immediately you shall find a donkey tied up, and a colt with her. Loose *them* and bring *them* to me.

21:2 und sprach zu ihnen: Gehet hin in den Flecken, der vor euch liegt, und alsbald werdet ihr eine Eselin finden angebunden und ihr Füllen bei ihr; löset sie auf und führet sie zu mir!

21:2 en leur disant: Allez au village qui est devant vous; vous trouverez aussitôt une ânesse attachée, et un ânon avec elle; détachez-les, et amenez-les-moi.

21:3 וְכִי־יֹאמַר אִישׁ אֲלֵיכֶם דָּבָר וַאֲמַרְתֶּם הָאָדוֹן צָרִיךְ לָהֶם וּמִיָּד יְשַׁלְּחֵם:

21:3 et si quis vobis aliquid dixerit, dicite quia Dominus his opus habet: et confestim dimittet eos.

21:3 Καὶ ἐάν τις ὑμῖν εἴπῃ τι, ἐρεῖτε ὅτι Ὁ κύριος αὐτῶν χρείαν ἔχει· εὐθέως δὲ ἀποστέλλει αὐτούς.

21:3 And if anyone say speaks to you, you shall say, "The Lord has need of them; and immediately, he will send them *back*."

21:3 Und so euch jemand etwas wird sagen, so sprecht: Der HERR bedarf ihrer; sobald wird er sie euch lassen.

21:3 Si quelqu'un vous dit quelque chose, vous répondrez: Le Seigneur en a besoin. Et à l'instant il les laissera aller.

21:4 וְכָל־זֹאת הָיְתָה לְמַלֹּאת מַה־שֶּׁנֶּאֱמַר בְּיַד הַנָּבִיא לֵאמֹר:

21:4 Hoc autem totum factum est, ut adimpleretur quod dictum est per prophetam dicentem:

21:4 Τοῦτο δὲ ὅλον γέγονεν, ἵνα πληρωθῇ τὸ ῥηθὲν διὰ τοῦ προφήτου, λέγοντος,

21:4 Now this came to pass so that it might be fulfilled that which was spoken through the prophet, saying,

21:4 Das geschah aber alles, auf daß erfüllt würde, was gesagt ist durch den Propheten, der da spricht:

21:4 Or, ceci arriva afin que s'accomplît ce qui avait été annoncé par le prophète:

21:5 אִמְרוּ לְבַת־צִיּוֹן הִנֵּה מַלְכֵּךְ יָבוֹא לָךְ עָנִי וְרֹכֵב עַל־חֲמוֹר וְעַל־עַיִר בֶּן־אֲתֹנוֹת:

21:5 *Dicite filiae Sion: Ecce rex tuus venit tibi mansuetus, sedens super asinam, et pullum filium subjugalis.*

21:5 Εἴπατε τῇ θυγατρὶ Σιών, Ἰδού, ὁ βασιλεύς σου ἔρχεταί σοι, πραῢς καὶ ἐπιβεβηκὼς ἐπὶ ὄνον καὶ πῶλον υἱὸν ὑποζυγίου.

21:5 "You tell the daughter of Zion, 'Behold, your King comes to you, meek, and riding upon a donkey, and upon a colt, the foal of a donkey.'"

21:5 "Saget der Tochter Zion: Siehe, dein König kommt zu dir sanftmütig und reitet auf einem Esel und auf einem Füllen der lastbaren Eselin."

21:5 Dites à la fille de Sion: Voici, ton roi vient à toi, Plein de douceur, et monté sur un âne, Sur un ânon, le petit d'une ânesse.

21:6 וַיֵּלְכוּ הַתַּלְמִידִים וַיַּעֲשׂוּ כַּאֲשֶׁר צִוָּה אֹתָם יֵשׁוּעַ:

21:6 Euntes autem discipuli fecerunt sicut praecepit illis Jesus.

21:6 Πορευθέντες δὲ οἱ μαθηταί, καὶ ποιήσαντες καθὼς προσέταξεν αὐτοῖς ὁ Ἰησοῦς,

21:6 And the disciples went and did just as Jesus appointed them,

21:6 Die Jünger gingen hin und taten, wie ihnen Jesus befohlen hatte,

21:6 Les disciples allèrent, et firent ce que Jésus leur avait ordonné.

21:7 וַיָּבִיאוּ אֶת־הָאָתוֹן וְאֶת־הָעַיִר וַיָּשִׂימוּ עֲלֵיהֶם אֶת־בִּגְדֵיהֶם וַיּוֹשִׁיבֻהוּ עֲלֵיהֶם:

21:7 Et adduxerunt asinam, et pullum: et imposuerunt super eos vestimenta sua, et eum desuper sedere fecerunt.

21:7 ἤγαγον τὴν ὄνον καὶ τὸν πῶλον, καὶ ἐπέθηκαν ἐπάνω αὐτῶν τὰ ἱμάτια αὐτῶν, καὶ ἐπεκάθισεν ἐπάνω αὐτῶν.

21:7 and brought the donkey, and the colt, and put on them their garments; and he sat on them.

21:7 und brachten die Eselin und das Füllen und legten ihre Kleider darauf und setzten ihn darauf.

21:7 Ils amenèrent l'ânesse et l'ânon, mirent sur eux leurs vêtements, et le firent asseoir dessus.

21:8 וְרֹב הֶהָמוֹן פָּרְשׂוּ אֶת־בִּגְדֵיהֶם עַל־הַדָּרֶךְ וַאֲחֵרִים כָּרְתוּ סְעִיפֵי עֵצִים וַיִּשְׁטָחוּם עַל־הַדָּרֶךְ:

21:8 Plurima autem turba straverunt vestimenta sua in via: alii autem caedebant ramos de arboribus, et sternebant in via:

21:8 Ὁ δὲ πλεῖστος ὄχλος ἔστρωσαν ἑαυτῶν τὰ ἱμάτια ἐν τῇ ὁδῷ· ἄλλοι δὲ ἔκοπτον κλάδους ἀπὸ τῶν δένδρων, καὶ ἐστρώννυον ἐν τῇ ὁδῷ.

21:8 And a large part of the multitude spread their garments in the road and others cut branches from the trees and spread them in the road.

21:8 Aber viel Volks breitete die Kleider auf den Weg; die andern hieben Zweige von den Bäumen und streuten sie auf den Weg.

21:8 La plupart des gens de la foule étendirent leurs vêtements sur le chemin; d'autres coupèrent des branches d'arbres, et en jonchèrent la route.

21:9 וַהֲמוֹן הָעָם הַהֹלְכִים לְפָנָיו וְאַחֲרָיו קָרְאוּ לֵאמֹר הוֹשַׁע־נָא לְבֶן־דָּוִד בָּרוּךְ הַבָּא בְּשֵׁם יְהֹוָה הוֹשַׁע־נָא בַּמְּרוֹמִים:

21:9 turbae autem, quae praecedebant, et quae sequebantur, clamabant, dicentes: Hosanna filio David: benedictus, qui venit in nomine Domini: hosanna in altissimis.

21:9 Οἱ δὲ ὄχλοι οἱ προάγοντες καὶ οἱ ἀκολουθοῦντες ἔκραζον, λέγοντες, Ὡσαννὰ τῷ υἱῷ Δαυίδ. Εὐλογημένος ὁ ἐρχόμενος ἐν ὀνόματι κυρίου. Ὡσαννὰ ἐν τοῖς ὑψίστοις.

21:9 And the multitudes that went before him, and that followed, cried, saying, "Hosanna to the Son of David: Blessed *is* he who comes in the name of the Lord; Hosanna in the highest."

21:9 Das Volk aber, das vorging und nachfolgte, schrie und sprach: Hosianna dem Sohn Davids! Gelobt sei, der da kommt in dem Namen des HERRN! Hosianna in der Höhe!

21:9 Ceux qui précédaient et ceux qui suivaient Jésus criaient: Hosanna au Fils de David! Béni soit celui qui vient au nom du Seigneur! Hosanna dans les lieux très hauts!

21:10 וַיְהִי בְּבֹאוֹ יְרוּשָׁלַיִם וַתֵּהֹם כָּל־הָעִיר וַיֹּאמְרוּ מִי זֶה:

21:10 Et cum intrasset Jerosolymam, commota est universa civitas, dicens: Quis est hic?

21:10 Καὶ εἰσελθόντος αὐτοῦ εἰς Ἱεροσόλυμα, ἐσείσθη πᾶσα ἡ πόλις, λέγουσα, Τίς ἐστιν οὗτος;

21:10 And when he had come into Jerusalem, all the city was stirred, saying, "Who is this?"

21:10 Und als er zu Jerusalem einzog, erregte sich die ganze Stadt und sprach: Wer ist der?

21:10 Lorsqu'il entra dans Jérusalem, toute la ville fut émue, et l'on disait: Qui est celui-ci?

21:11 וַיֹּאמְרוּ הֲמוֹן הָעָם זֶה הוּא הַנָּבִיא יֵשׁוּעַ מִנְּצֶרֶת אֲשֶׁר בַּגָּלִיל:

21:11 Populi autem dicebant: Hic est Jesus propheta a Nazareth Galilaeae.

21:11 Οἱ δὲ ὄχλοι ἔλεγον, Οὗτός ἐστιν Ἰησοῦς ὁ προφήτης, ὁ ἀπὸ Ναζαρὲτ τῆς Γαλιλαίας.

21:11 And the multitudes said, "This is the prophet, Jesus, from Nazareth of Galilee."

21:11 Das Volk aber sprach: Das ist der Jesus, der Prophet von Nazareth aus Galiläa.

21:11 La foule répondait: C'est Jésus, le prophète, de Nazareth en Galilée.

21:12 וַיָּבֹא יֵשׁוּעַ אֶל־מִקְדַּשׁ הָאֱלֹהִים וַיְגָרֶשׁ מִשָּׁם אֶת כָּל־הַמּוֹכְרִים וְהַקּוֹנִים בַּמִּקְדָּשׁ וַיַּהֲפֹךְ אֶת־שֻׁלְחֲנוֹת הַשֻּׁלְחָנִים וְאֶת־מוֹשְׁבוֹת מֹכְרֵי הַיּוֹנִים:

21:12 Et intravit Jesus in templum Dei, et ejiciebat omnes vendentes et ementes in templo, et mensas numulariorum, et cathedras vendentium columbas evertit:

21:12 Καὶ εἰσῆλθεν ὁ Ἰησοῦς εἰς τὸ ἱερὸν τοῦ θεοῦ, καὶ ἐξέβαλεν πάντας τοὺς πωλοῦντας καὶ ἀγοράζοντας ἐν τῷ ἱερῷ, καὶ τὰς τραπέζας τῶν κολλυβιστῶν κατέστρεψεν, καὶ τὰς καθέδρας τῶν πωλούντων τὰς περιστεράς.

21:12 And Jesus entered into the temple of God and cast out all who sold and bought in the temple, and he overthrew the tables of the money-changers, and the seats of those who sold the doves;

21:12 Und Jesus ging zum Tempel Gottes hinein und trieb heraus alle Verkäufer und Käufer im Tempel und stieß um der Wechsler Tische und die Stühle der Taubenkrämer

21:12 Jésus entra dans le temple de Dieu. Il chassa tous ceux qui vendaient et qui achetaient dans le temple; il renversa les tables des changeurs, et les sièges des vendeurs de pigeons.

21:13 וַיֹּאמֶר אֲלֵיהֶם הֵן כָּתוּב כִּי בֵיתִי בֵּית תְּפִלָּה יִקָּרֵא וְאַתֶּם שַׂמְתֶּם אֹתוֹ לִמְעָרַת פָּרִיצִים:

21:13 et dicit eis: Scriptum est: Domus mea domus orationis vocabitur: vos autem fecistis illam speluncam latronum.

21:13 Καὶ λέγει αὐτοῖς, Γέγραπται, Ὁ οἶκός μου οἶκος προσευχῆς κληθήσεται· ὑμεῖς δὲ αὐτὸν ἐποιήσατε σπήλαιον λῃστῶν.

21:13 and he said to them, "It is written, 'My house shall be called a house of prayer.' but you make it a den of robbers."

21:13 und sprach zu ihnen: Es steht geschrieben: "Mein Haus soll ein Bethaus heißen "; ihr aber habt eine Mördergrube daraus gemacht.

21:13 Et il leur dit: Il est écrit: Ma maison sera appelée une maison de prière. Mais vous, vous en faites une caverne de voleurs.

21:14 וַיִּגְּשׁוּ אֵלָיו עִוְרִים וּפִסְחִים בַּמִּקְדָּשׁ וַיִּרְפָּאֵם:

21:14 Et accesserunt ad eum caeci, et claudi in templo: et sanavit eos.

21:14 Καὶ προσῆλθον αὐτῷ χωλοὶ καὶ τυφλοὶ ἐν τῷ ἱερῷ· καὶ ἐθεράπευσεν αὐτούς.

21:14 And the blind and the lame came to him in the temple and he healed them.

21:14 Und es gingen zu ihm Blinde und Lahme im Tempel, und er heilte sie.

21:14 Des aveugles et des boiteux s'approchèrent de lui dans le temple. Et il les guérit.

21:15 וַיְהִי כִּרְאוֹת רָאשֵׁי הַכֹּהֲנִים וְהַסּוֹפְרִים אֶת הַנִּפְלָאוֹת אֲשֶׁר עָשָׂה וְאֶת הַיְלָדִים הַצֹּעֲקִים בַּמִּקְדָּשׁ וְאֹמְרִים הוֹשַׁע־נָא לְבֶן־דָּוִד וַיִּחַר לָהֶם:

21:15 Videntes autem principes sacerdotum et scribae mirabilia quae fecit, et pueros clamantes in templo, et dicentes: Hosanna filio David: indignati sunt,

21:15 Ἰδόντες δὲ οἱ ἀρχιερεῖς καὶ οἱ γραμματεῖς τὰ θαυμάσια ἃ ἐποίησεν, καὶ τοὺς παῖδας κράζοντας ἐν τῷ ἱερῷ, καὶ λέγοντας, Ὡσαννὰ τῷ υἱῷ Δαυίδ, ἠγανάκτησαν,

21:15 But when the chief priests and the scribes saw the wonderful things that he did and the children that were crying in the temple and saying, "Hosanna to the Son of David.' they were moved with indignation,

21:15 Da aber die Hohenpriester und Schriftgelehrten sahen die Wunder, die er tat, und die Kinder, die im Tempel schrieen und sagten: Hosianna dem Sohn Davids! wurden sie entrüstet

21:15 Mais les principaux sacrificateurs et les scribes furent indignés, à la vue des choses merveilleuses qu'il avait faites, et des enfants qui criaient dans le temple: Hosanna au Fils de David!

21:16 וַיֹּאמְרוּ אֵלָיו הֲשֹׁמֵעַ אַתָּה אֶת־אֲשֶׁר אֹמְרִים אֵלֶּה וַיֹּאמֶר אֲלֵיהֶם יֵשׁוּעַ שָׁמֵעַ אָנֹכִי הֲכִי לֹא קְרָאתֶם מִפִּי עוֹלְלִים וְיוֹנְקִים יִסַּדְתָּ עֹז:

21:16 et dixerunt ei: Audis quid isti dicunt? Jesus autem dixit eis: Utique. Numquam legistis: Quia ex ore infantium et lactentium perfecisti laudem?

21:16 καὶ εἶπον αὐτῷ, Ἀκούεις τί οὗτοι λέγουσιν; Ὁ δὲ Ἰησοῦς λέγει αὐτοῖς, Ναί· οὐδέποτε ἀνέγνωτε ὅτι Ἐκ στόματος νηπίων καὶ θηλαζόντων κατηρτίσω αἶνον;

21:16 and they said to him, "Do you what they are saying?" And Jesus said to them, "Yes. Did you never read, 'Out of the mouth of babes and infants, you *God* have perfected praise?'"

21:16 und sprachen zu ihm: Hörst du auch, was diese sagen? Jesus sprach zu ihnen: Ja! Habt ihr nie gelesen: "Aus dem Munde der Unmündigen und Säuglinge hast du Lob zugerichtet"?

21:16 Ils lui dirent: Entends-tu ce qu'ils disent? Oui, leur répondit Jésus. N'avez-vous jamais lu ces paroles: Tu as tiré des louanges de la bouche des enfants et de ceux qui sont à la mamelle?

21:17 וַיַּעַזְבֵם וַיֵּצֵא אֶל־מִחוּץ לָעִיר אֶל־בֵּית־הִינִי וַיָּלֶן שָׁם:

21:17 Et relictis illis, abiit foras extra civitatem in Bethaniam: ibique mansit.

21:17 Καὶ καταλιπὼν αὐτοὺς ἐξῆλθεν ἔξω τῆς πόλεως εἰς Βηθανίαν, καὶ ηὐλίσθη ἐκεῖ.

21:17 And he left them and went forth out of the city to Bethany and lodged there.

21:17 Und er ließ sie da und ging zur Stadt hinaus gen Bethanien und blieb daselbst.

21:17 Et, les ayant laissés, il sortit de la ville pour aller à Béthanie, où il passa la nuit.

21:18 וּבַבֹּקֶר שָׁב אֶל־הָעִיר וְהוּא רָעֵב:

21:18 Mane autem revertens in civitatem, esuriit.

21:18 Πρωΐας δὲ ἐπανάγων εἰς τὴν πόλιν, ἐπείνασεν·

21:18 Now, in the morning, as he returned to the city, he was hungery.

21:18 Als er aber des Morgens wieder in die Stadt ging, hungerte ihn;

21:18 Le matin, en retournant à la ville, il eut faim.

21:19 וַיַּרְא תְּאֵנָה אַחַת עַל־הַדֶּרֶךְ וַיִּקְרַב אֵלֶיהָ וְלֹא־מָצָא בָהּ מְאוּמָה בִּלְתִּי הֶעָלִים וַיֹּאמֶר אֵלֶיהָ מֵעַתָּה לֹא־יִהְיֶה מִמֵּךְ פְּרִי עַד־עוֹלָם וַתִּיבַשׁ הַתְּאֵנָה פִּתְאֹם:

21:19 Et videns fici arborem unam secus viam, venit ad eam: et nihil invenit in ea nisi folia tantum, et ait illi: Numquam ex te fructus nascatur in sempiternum. Et arefacta est continuo ficulnea.

21:19 καὶ ἰδὼν συκῆν μίαν ἐπὶ τῆς ὁδοῦ, ἦλθεν ἐπ' αὐτήν, καὶ οὐδὲν εὗρεν ἐν αὐτῇ εἰ μὴ φύλλα μόνον· καὶ λέγει αὐτῇ, Μηκέτι ἐκ σοῦ καρπὸς γένηται εἰς τὸν αἰῶνα. Καὶ ἐξηράνθη παραχρῆμα ἡ συκῆ.

21:19 And seeing a fig tree by the side of the road, he came to it, and found nothing on it, but leaves only; and he said to it, "Let there be no fruit from you from now to forever." And immediately the fig tree withered away.

21:19 und er sah einen Feigenbaum am Wege und ging hinzu und fand nichts daran denn allein Blätter und sprach zu ihm: Nun wachse auf dir hinfort nimmermehr eine Frucht! Und der Feigenbaum verdorrte alsbald.

21:19 Voyant un figuier sur le chemin, il s'en approcha; mais il n'y trouva que des feuilles, et il lui dit: Que jamais fruit ne naisse de toi! Et à l'instant le figuier sécha.

21:20 וַיִּרְאוּ הַתַּלְמִידִים וַיִּתְמָהוּ וַיֹּאמְרוּ אֵיךְ יָבְשָׁה הַתְּאֵנָה פִּתְאֹם:

21:20 Et videntes discipuli, mirati sunt, dicentes: Quomodo continuo aruit?

21:20 Καὶ ἰδόντες οἱ μαθηταὶ ἐθαύμασαν, λέγοντες, Πῶς παραχρῆμα ἐξηράνθη ἡ συκῆ;

21:20 And when the disciples saw it, they marveled, saying, "How did the fig tree immediately wither away?"

21:20 Und da das die Jünger sahen, verwunderten sie sich und sprachen: Wie ist der Feigenbaum so bald verdorrt?

21:20 Les disciples, qui virent cela, furent étonnés, et dirent: Comment ce figuier est-il devenu sec en un instant?

21:21 וַיַּעַן יֵשׁוּעַ וַיֹּאמֶר אֲלֵיהֶם אָמֵן אֹמֵר אֲנִי לָכֶם אִם־תִּהְיֶה בָכֶם אֱמוּנָה וְלֹא חָלַק לְבַבְכֶם כַּמַּעֲשֶׂה הַתְּאֵנָה הַזֹּאת תַּעֲשׂוּ וְאַף תֹּאמְרוּ אֶל־הָהָר הַזֶּה הִנָּשֵׂא וְנֶעְתַּקְתָּ אֶל־תּוֹךְ הַיָּם וְהָיָה כֵן:

21:21 Respondens autem Jesus, ait eis: Amen dico vobis, si habueritis fidem, et non haesitaveritis, non solum de ficulnea facietis, sed et si monti huic dixeritis: Tolle, et jacta te in mare, fiet.

21:21 Ἀποκριθεὶς δὲ ὁ Ἰησοῦς εἶπεν αὐτοῖς, Ἀμὴν λέγω ὑμῖν, ἐὰν ἔχητε πίστιν, καὶ μὴ διακριθῆτε, οὐ μόνον τὸ τῆς συκῆς ποιήσετε, ἀλλὰ κἂν τῷ ὄρει τούτῳ εἴπητε, Ἄρθητι καὶ βλήθητι εἰς τὴν θάλασσαν, γενήσεται.

21:21 And Jesus answered back and said to them, "Amen. I say to you, if you have faith, and do not doubt, you shall not only do what is done to the fig tree, but even if you shall say to this mountain, 'Be taken up and cast into the sea.' it shall be done.

21:21 Jesus aber antwortete und sprach zu ihnen: Wahrlich ich sage euch: So ihr Glauben habt und nicht zweifelt, so werdet ihr nicht allein solches mit dem Feigenbaum tun, sondern, so ihr werdet sagen zu diesem Berge: Hebe dich auf und wirf dich ins Meer! so wird's geschehen.

21:21 Jésus leur répondit: Je vous le dis en vérité, si vous aviez de la foi et que vous ne doutiez point, non seulement vous feriez ce qui a été fait à ce figuier, mais quand vous diriez à cette montagne: Ote-toi de là et jette-toi dans la mer, cela se ferait.

21:22 וְכֹל אֲשֶׁר תִּשְׁאֲלוּ בַּתְּפִלָּה וְאַתֶּם מַאֲמִינִים יָבֹא לָכֶם:

21:22 Et omnia quaecumque petieritis in oratione credentes, accipietis.

21:22 Καὶ πάντα ὅσα ἐὰν αἰτήσητε ἐν τῇ προσευχῇ, πιστεύοντες, λήψεσθε.

21:22 And all things, whatever you shall ask in prayer, believing, you shall receive."

21:22 Und alles, was ihr bittet im Gebet, so ihr glaubet, werdet ihr's empfangen.

21:22 Tout ce que vous demanderez avec foi par la prière, vous le recevrez.

21:23 וַיָּבֹא אֶל־הַמִּקְדָּשׁ וַיְלַמֵּד שָׁם וְרָאשֵׁי הַכֹּהֲנִים וְזִקְנֵי הָעָם נִגְּשׁוּ אֵלָיו וַיֹּאמְרוּ בְּאֵי־זוֹ רְשׁוּת אַתָּה עֹשֶׂה אֵלֶּה וּמִי נָתַן לְךָ הָרְשׁוּת הַזֹּאת:

21:23 Et cum venisset in templum, accesserunt ad eum docentem principes sacerdotum, et seniores populi, dicentes: In qua potestate haec facis? et quis tibi dedit hanc potestatem?

21:23 Καὶ ἐλθόντι αὐτῷ εἰς τὸ ἱερόν, προσῆλθον αὐτῷ διδάσκοντι οἱ ἀρχιερεῖς καὶ οἱ πρεσβύτεροι τοῦ λαοῦ, λέγοντες, Ἐν ποίᾳ ἐξουσίᾳ ταῦτα ποιεῖς; Καὶ τίς σοι ἔδωκεν τὴν ἐξουσίαν ταύτην;

21:23 And when he had come into the temple, the chief priests and the elders of the people came to him as he was teaching, and said, "By what authority are you doing these things? And who gave you this authority?"

21:23 Und als er in den Tempel kam, traten zu ihm, als er lehrte, die Hohenpriester und die Ältesten im Volk und sprachen: Aus was für Macht tust du das? und wer hat dir die Macht gegeben?

21:23 Jésus se rendit dans le temple, et, pendant qu'il enseignait, les principaux sacrificateurs et les anciens du peuple vinrent lui dire: Par quelle autorité fais-tu ces choses, et qui t'a donné cette autorité?

21:24 וַיַּעַן יֵשׁוּעַ וַיֹּאמֶר אֲלֵיהֶם גַּם־אֲנִי אֶשְׁאֲלָה אֶתְכֶם דָּבָר אֶחָד אֲשֶׁר אִם־תַּגִּידוּ אֹתוֹ לִי גַּם־אֲנִי אַגִּיד לָכֶם בְּאֵי־זוֹ רְשׁוּת אֲנִי עֹשֶׂה אֵלֶּה:

21:24 Respondens Jesus dixit eis: Interrogabo vos et ego unum sermonem: quem si dixeritis mihi, et ego vobis dicam in qua potestate haec facio.

21:24 Ἀποκριθεὶς δὲ ὁ Ἰησοῦς εἶπεν αὐτοῖς, Ἐρωτήσω ὑμᾶς κἀγὼ λόγον ἕνα, ὃν ἐὰν εἴπητέ μοι, κἀγὼ ὑμῖν ἐρῶ ἐν ποίᾳ ἐξουσίᾳ ταῦτα ποιῶ.

21:24 And Jesus answered back and said to them, "I will also ask you one question, which, if you tell me, I likewise will tell you by what authority I do these things.

21:24 Jesus aber antwortete und sprach zu ihnen: Ich will euch auch ein Wort fragen; so ihr mir das sagt, will ich euch auch sagen aus was für Macht ich das tue:

21:24 Jésus leur répondit: Je vous adresserai aussi une question; et, si vous m'y répondez, je vous dirai par quelle autorité je fais ces choses.

21:25 טְבִילַת יוֹחָנָן מֵאַיִן הָיָתָה הֲמִשָּׁמַיִם אִם־מִבְּנֵי אָדָם וַיַּחְשְׁבוּ בִלְבָבָם לֵאמֹר:

21:25 Baptismus Joannis unde erat? e caelo, an ex hominibus? At illi cogitabant inter se, dicentes:

21:25 Τὸ βάπτισμα Ἰωάννου πόθεν ἦν; Ἐξ οὐρανοῦ ἢ ἐξ ἀνθρώπων; Οἱ δὲ διελογίζοντο παρ' ἑαυτοῖς, λέγοντες, Ἐὰν εἴπωμεν, Ἐξ οὐρανοῦ, ἐρεῖ ἡμῖν, Διὰ τί οὖν οὐκ ἐπιστεύσατε αὐτῷ;

21:25 The baptism of John, where is it from? From heaven or from men?" And they reasoned with themselves, saying, "If we shall say, 'From heaven.' he will say to us, 'Why then did you not believe him?'

21:25 Woher war die Taufe des Johannes? War sie vom Himmel oder von den Menschen? Da dachten sie bei sich selbst und sprachen: Sagen wir, sie sei vom Himmel gewesen, so wird er zu uns sagen: Warum glaubtet ihr ihm denn nicht?

21:25 Le baptême de Jean, d'où venait-il? du ciel, ou des hommes? Mais ils raisonnèrent ainsi entre eux; Si nous répondons: Du ciel, il nous dira: Pourquoi donc n'avez-vous pas cru en lui?

21:26 אִם־נֹאמַר מִשָּׁמַיִם וְאָמַר אֵלֵינוּ מַדּוּעַ אֵפוֹא לֹא הֶאֱמַנְתֶּם בּוֹ וְאִם־נֹאמַר מִבְּנֵי אָדָם יְרֵאִים אֲנַחְנוּ אֶת־הֲמוֹן הָעָם כִּי־כוּלָּם חֹשְׁבִים אֶת־יוֹחָנָן לְנָבִיא:

21:26 Si dixerimus, e caelo, dicet nobis: Quare ergo non credidistis illi? Si autem dixerimus, ex hominibus, timemus turbam: omnes enim habebant Joannem sicut prophetam.

21:26 Ἐὰν δὲ εἴπωμεν, Ἐξ ἀνθρώπων, φοβούμεθα τὸν ὄχλον· πάντες γὰρ ἔχουσιν τὸν Ἰωάννην ὡς προφήτην.

21:26 But if we shall say, 'From men.' we fear the multitude, for all hold John as a prophet."

21:26 Sagen wir aber, sie sei von Menschen gewesen, so müssen wir uns vor dem Volk fürchten; denn sie halten alle Johannes für einen Propheten.

21:26 Et si nous répondons: Des hommes, nous avons à craindre la foule, car tous tiennent Jean pour un prophète.

21:27 וַיַּעֲנוּ אֶת־יֵשׁוּעַ וַיֹּאמְרוּ לֹא יָדָעְנוּ וַיֹּאמֶר אֲלֵיהֶם גַּם־אֲנִי לֹא אֹמַר לָכֶם מָה רְשׁוּתִי כִּי אֶעֱשֶׂה אֵלֶּה:

21:27 Et respondentes Jesu, dixerunt: Nescimus. Ait illis et ipse: Nec ego dico vobis in qua potestate haec facio.

21:27 Καὶ ἀποκριθέντες τῷ Ἰησοῦ εἶπον, Οὐκ οἴδαμεν. Ἔφη αὐτοῖς καὶ αὐτός, Οὐδὲ ἐγὼ λέγω ὑμῖν ἐν ποίᾳ ἐξουσίᾳ ταῦτα ποιῶ.

21:27 And they answered Jesus and said, "We do not know." He also said to them, "Neither will I tell you by what authority I do these things.

21:27 Und sie antworteten Jesu und sprachen: Wir wissen's nicht. Da sprach er zu ihnen: So sage ich euch auch nicht, aus was für Macht ich das tue.

21:27 Alors ils répondirent à Jésus: Nous ne savons. Et il leur dit à son tour: Moi non plus, je ne vous dirai pas par quelle autorité je fais ces choses.

The Gospel of Matthew

21:28 אֲבָל מַה־דַּעְתְּכֶם אִישׁ הָיָה וְלוֹ שְׁנֵי בָנִים וַיִּגַּשׁ אֶל־הָרִאשׁוֹן וַיֹּאמֶר לֵךְ בְּנִי הַיּוֹם וַעֲבֹד בְּכַרְמִי:

21:28 Quid autem vobis videtur? Homo quidam habebat duos filios, et accedens ad primum, dixit: Fili, vade hodie, operare in vinea mea.

21:28 Τί δὲ ὑμῖν δοκεῖ; Ἄνθρωπος εἶχεν τέκνα δύο, καὶ προσελθὼν τῷ πρώτῳ εἶπεν, Τέκνον, ὕπαγε, σήμερον ἐργάζου ἐν τῷ ἀμπελῶνί μου.

21:28 But what do you think? A man had two sons and he came to the first and said, 'Son, go work today in the vineyard.'

21:28 Was dünkt euch aber? Es hatte ein Mann zwei Söhne und ging zu dem ersten und sprach: Mein Sohn, gehe hin und arbeite heute in meinem Weinberg.

21:28 Que vous en semble? Un homme avait deux fils; et, s'adressant au premier, il dit: Mon enfant, va travailler aujourd'hui dans ma vigne.

21:29 וַיַּעַן וַיֹּאמֶר לֹא חָפַצְתִּי וְאַחֲרֵי־כֵן נִחַם וַיֵּלַךְ:

21:29 Ille autem respondens, ait: Nolo. Postea autem, poenitentia motus, abiit.

21:29 Ὁ δὲ ἀποκριθεὶς εἶπεν, Οὐ θέλω· ὕστερον δὲ μεταμεληθείς, ἀπῆλθεν.

21:29 And he answered and said, 'I will not.' but afterward he himself repented and went.

21:29 Er antwortete aber und sprach: Ich will's nicht tun. Darnach reute es ihn und er ging hin.

21:29 Il répondit: Je ne veux pas. Ensuite, il se repentit, et il alla.

21:30 וַיִּגַּשׁ אֶל־הַשֵּׁנִי וַיְדַבֵּר כָּזֹאת גַּם־אֵלָיו וַיַּעַן וַיֹּאמֶר הִנְנִי אֲדֹנִי וְלֹא הָלָךְ:

21:30 Accedens autem ad alterum, dixit similiter. At ille respondens, ait: Eo, domine, et non ivit:

21:30 Καὶ προσελθὼν τῷ δευτέρῳ εἶπεν ὡσαύτως. Ὁ δὲ ἀποκριθεὶς εἶπεν, Ἐγώ, κύριε· καὶ οὐκ ἀπῆλθεν.

21:30 And he came to the second and said likewise. And he answered and said, 'I am *going*, sir.' and he did not go.

21:30 Und er ging zum andern und sprach gleichalso. Er antwortete aber und sprach: Herr, ja!-und ging nicht hin.

21:30 S'adressant à l'autre, il dit la même chose. Et ce fils répondit: Je veux bien, seigneur. Et il n'alla pas.

21:31 מִי מִשְּׁנֵיהֶם עָשָׂה אֶת־רְצוֹן אָבִיו וַיֹּאמְרוּ אֵלָיו הָרִאשׁוֹן וַיֹּאמֶר לָהֶם יֵשׁוּעַ אָמֵן אֲנִי אֹמֵר לָכֶם הַמּוֹכְסִים וְהַזּוֹנוֹת יְקַדְּמוּ אֶתְכֶם לָבוֹא אֶל־מַלְכוּת הָאֱלֹהִים:

21:31 quis ex duobus fecit voluntatem patris? Dicunt ei: Primus. Dicit illis Jesus: Amen dico vobis, quia publicani et meretrices praecedent vos in regnum Dei.

21:31 Τίς ἐκ τῶν δύο ἐποίησεν τὸ θέλημα τοῦ πατρός; Λέγουσιν αὐτῷ, Ὁ πρῶτος. Λέγει αὐτοῖς ὁ Ἰησοῦς, Ἀμὴν λέγω ὑμῖν, ὅτι οἱ τελῶναι καὶ αἱ πόρναι προάγουσιν ὑμᾶς εἰς τὴν βασιλείαν τοῦ θεοῦ.

21:31 Which of the two did the will of his father?" They say, 'The first.' Jesus said to them, "Amen. I tell you that the tax collectors and the whores go into the Kingdom of God before you.

21:31 Welcher unter den zweien hat des Vaters Willen getan? Sie sprachen zu ihm: Der erste. Jesus sprach zu ihnen: Wahrlich ich sage euch: Die Zöllner und Huren mögen wohl eher ins Himmelreich kommen denn ihr.

21:31 Lequel des deux a fait la volonté du père? Ils répondirent: Le premier. Et Jésus leur dit: Je vous le dis en vérité, les publicains et les prostituées vous devanceront dans le royaume de Dieu.

21:32 כִּי יוֹחָנָן בָּא אֲלֵיכֶם בְּדֶרֶךְ צְדָקָה וְלֹא הֶאֱמַנְתֶּם לוֹ וְהַמּוֹכְסִים וְהַזּוֹנוֹת הֵם הֶאֱמִינוּ לוֹ וְאַתֶּם רְאִיתֶם וְלֹא נִחַמְתֶּם אַחֲרֵי־כֵן לְהַאֲמִין לוֹ:

21:32 Venit enim ad vos Joannes in via justitiae, et non credidistis ei: publicani autem et meretrices crediderunt ei: vos autem videntes nec poenitentiam habuistis postea, ut crederetis ei.

21:32 Ἦλθεν γὰρ πρὸς ὑμᾶς Ἰωάννης ἐν ὁδῷ δικαιοσύνης, καὶ οὐκ ἐπιστεύσατε αὐτῷ· οἱ δὲ τελῶναι καὶ αἱ πόρναι ἐπίστευσαν αὐτῷ· ὑμεῖς δὲ ἰδόντες οὐ μετεμελήθητε ὕστερον τοῦ πιστεῦσαι αὐτῷ.

21:32 For John came to you in the way of righteousness and you believed him not; but, the tax collectors and the whores believed him and you, when you yourselves saw, did not even repent afterward, so that you might believe him.

21:32 Johannes kam zu euch und lehrte euch den rechten Weg, und ihr glaubtet ihm nicht; aber die Zöllner und Huren glaubten ihm. Und ob ihr's wohl sahet, tatet ihr dennoch nicht Buße, daß ihr ihm darnach auch geglaubt hättet.

21:32 Car Jean est venu à vous dans la voie de la justice, et vous n'avez pas cru en lui. Mais les publicains et les prostituées ont cru en lui; et vous, qui avez vu cela, vous ne vous êtes pas ensuite repentis pour croire en lui.

21:33 שִׁמְעוּ מָשָׁל אַחֵר אִישׁ בַּעַל־בַּיִת הָיָה אֲשֶׁר נָטַע כֶּרֶם וַיַּעַשׂ גָּדֵר סָבִיב לוֹ וַיַּחְצֹב יֶקֶב וַיִּבֶן מִגְדָּל בְּתוֹכוֹ וַיִּתְּנֵהוּ אֶל־כֹּרְמִים וַיֵּלֶךְ בְּדֶרֶךְ מֵרָחוֹק:

21:33 Aliam parabolam audite: Homo erat paterfamilias, qui plantavit vineam, et sepem circumdedit ei, et fodit in ea torcular, et aedificavit turrim, et locavit eam agricolis, et peregre profectus est.

21:33 Ἄλλην παραβολὴν ἀκούσατε. Ἄνθρωπός τις ἦν οἰκοδεσπότης, ὅστις ἐφύτευσεν ἀμπελῶνα, καὶ φραγμὸν αὐτῷ περιέθηκεν, καὶ ὤρυξεν ἐν αὐτῷ ληνόν, καὶ ᾠκοδόμησεν πύργον, καὶ ἐξέδοτο αὐτὸν γεωργοῖς, καὶ ἀπεδήμησεν.

21:33 Hear another parable: There was a man that was a householder who planted a vineyard and set a hedge about it. And he dug a winepress in it, and built a tower, and let it out to overseers, and went into another country.

21:33 Höret ein anderes Gleichnis: Es war ein Hausvater, der pflanzte einen Weinberg und führte einen Zaun darum und grub eine Kelter darin und baute einen Turm und tat ihn den Weingärtnern aus und zog über Land.

21:33 Écoutez une autre parabole. Il y avait un homme, maître de maison, qui planta une vigne. Il l'entoura d'une haie, y creusa un pressoir, et bâtit une tour; puis il l'afferma à des vignerons, et quitta le pays.

21:34 וַיְהִי בְּהַגִּיעַ עֵת הַבָּצִיר וַיִּשְׁלַח עֲבָדָיו אֶל־הַכֹּרְמִים לָקַחַת אֶת־פִּרְיוֹ:

21:34 Cum autem tempus fructuum appropinquasset, misit servos suos ad agricolas, ut acciperent fructus ejus.

21:34 Ὅτε δὲ ἤγγισεν ὁ καιρὸς τῶν καρπῶν, ἀπέστειλεν τοὺς δούλους αὐτοῦ πρὸς τοὺς γεωργούς, λαβεῖν τοὺς καρποὺς αὐτοῦ·

21:34 And when the season of the fruits drew near, he sent his servants to the overseers to receive his fruits.

21:34 Da nun herbeikam die Zeit der Früchte, sandte er seine Knechte zu den Weingärtnern, daß sie seine Früchte empfingen.

21:34 Lorsque le temps de la récolte fut arrivé, il envoya ses serviteurs vers les vignerons, pour recevoir le produit de sa vigne.

21:35 וַיַּחֲזִיקוּ הַכֹּרְמִים בַּעֲבָדָיו אֶת־זֶה הִכּוּ וְאֶת־זֶה הָרָגוּ וְאֶת־זֶה סָקָלוּ:

21:35 Et agricolae, apprehensis servis ejus, alium ceciderunt, alium occiderunt, alium vero lapidaverunt.

21:35 καὶ λαβόντες οἱ γεωργοὶ τοὺς δούλους αὐτοῦ, ὃν μὲν ἔδειραν, ὃν δὲ ἀπέκτειναν, ὃν δὲ ἐλιθοβόλησαν.

21:35 And the overseers took his servants and beat one, and killed another, and stoned another.

21:35 Da nahmen die Weingärtner seine Knechte; einen stäupten sie, den andern töteten sie, den dritten steinigten sie.

21:35 Les vignerons, s'étant saisis de ses serviteurs, battirent l'un, tuèrent l'autre, et lapidèrent le troisième.

21:36 וַיּוֹסֶף שָׁלַח עֲבָדִים אֲחֵרִים רַבִּים מִן־הָרִאשׁוֹנִים וְגַם־לָהֶם עָשׂוּ כֵן:

21:36 Iterum misit alios servos plures prioribus, et fecerunt illis similiter.

21:36 Πάλιν ἀπέστειλεν ἄλλους δούλους πλείονας τῶν πρώτων· καὶ ἐποίησαν αὐτοῖς ὡσαύτως.

21:36 Again, he sent other servants, more than the first *time*, and they did to them the same.

21:36 Abermals sandte er andere Knechte, mehr denn der ersten waren; und sie taten ihnen gleichalso.

21:36 Il envoya encore d'autres serviteurs, en plus grand nombre que les premiers; et les vignerons les traitèrent de la même manière.

21:37 וּבָאַחֲרוֹנָה שָׁלַח אֲלֵיהֶם אֶת־בְּנוֹ כִּי אָמַר מִפְּנֵי בְנִי יָגוּרוּ:

21:37 Novissime autem misit ad eos filium suum, dicens: Verebuntur filium meum.

21:37 Ὕστερον δὲ ἀπέστειλεν πρὸς αὐτοὺς τὸν υἱὸν αὐτοῦ, λέγων, Ἐντραπήσονται τὸν υἱόν μου.

21:37 But afterward he sent his son to them, saying, 'They will revere my son.'

21:37 Darnach sandte er seinen Sohn zu ihnen und sprach: Sie werden sich vor meinem Sohn scheuen.

21:37 Enfin, il envoya vers eux son fils, en disant: Ils auront du respect pour mon fils.

The Gospel of Matthew

21:38 וַיְהִי כִּרְאוֹת הַכֹּרְמִים אֶת־הַבֵּן וַיֹּאמְרוּ אִישׁ אֶל־אָחִיו זֶה הוּא הַיּוֹרֵשׁ לְכוּ וְנַהַרְגֵהוּ וְנֹאחֲזָה בְּנַחֲלָתוֹ:

21:38 Agricolae autem videntes filium dixerunt intra se: Hic est haeres, venite, occidamus eum, et habebimus haereditatem ejus.

21:38 Οἱ δὲ γεωργοὶ ἰδόντες τὸν υἱὸν εἶπον ἐν ἑαυτοῖς, Οὗτός ἐστιν ὁ κληρονόμος· δεῦτε, ἀποκτείνωμεν αὐτόν, καὶ κατάσχωμεν τὴν κληρονομίαν αὐτοῦ.

21:38 But the overseers, when they saw the son, said among themselves, 'This is the heir; come, let us kill him, and take his inheritance.'

21:38 Da aber die Weingärtner den Sohn sahen, sprachen sie untereinander: Das ist der Erbe; kommt laßt uns ihn töten und sein Erbgut an uns bringen!

21:38 Mais, quand les vignerons virent le fils, ils dirent entre eux: Voici l'héritier; venez, tuons-le, et emparons-nous de son héritage.

21:39 וַיַּחֲזִיקוּ בוֹ וַיִּדְחָפוּהוּ אֶל־מִחוּץ לַכֶּרֶם וַיַּהַרְגוּ אֹתוֹ:

21:39 Et apprehensum eum ejecerunt extra vineam, et occiderunt.

21:39 Καὶ λαβόντες αὐτὸν ἐξέβαλον ἔξω τοῦ ἀμπελῶνος καὶ ἀπέκτειναν.

21:39 And they took him, and cast him forth out of the vineyard, they also killed him.

21:39 Und sie nahmen ihn und stießen ihn zum Weinberg hinaus und töteten ihn.

21:39 Et ils se saisirent de lui, le jetèrent hors de la vigne, et le tuèrent.

21:40 וְעַתָּה כִּי־יָבוֹא בַּעַל הַכֶּרֶם מַה־יַּעֲשֶׂה לַכֹּרְמִים הָהֵם:

21:40 Cum ergo venerit dominus vineae, quid faciet agricolis illis?

21:40 Ὅταν οὖν ἔλθῃ ὁ κύριος τοῦ ἀμπελῶνος, τί ποιήσει τοῖς γεωργοῖς ἐκείνοις;

21:40 Therefore, when the master of the vineyard shall come, what will he do to those overseers?"

21:40 Wenn nun der Herr des Weinberges kommen wird, was wird er diesen Weingärtnern tun?

21:40 Maintenant, lorsque le maître de la vigne viendra, que fera-t-il à ces vignerons?

21:41 וַיֹּאמְרוּ אֵלָיו יָרֵעַ לָרָעִים וִיאַבְּדֵם וְאֶת־הַכֶּרֶם יִתֵּן לְכֹרְמִים אֲחֵרִים אֲשֶׁר יָשִׁיבוּ לוֹ אֶת־פִּרְיוֹ בְּעִתּוֹ:

21:41 Aiunt illi: Malos male perdet: et vineam suam locabit aliis agricolis, qui reddant ei fructum temporibus suis.

21:41 Λέγουσιν αὐτῷ, Κακοὺς κακῶς ἀπολέσει αὐτούς, καὶ τὸν ἀμπελῶνα ἐκδώσεται ἄλλοις γεωργοῖς, οἵτινες ἀποδώσουσιν αὐτῷ τοὺς καρποὺς ἐν τοῖς καιροῖς αὐτῶν.

21:41 They say to him, "He will miserably destroy those miserable men, and will let out the vineyard to other overseers, who shall render him the fruits in their seasons."

21:41 Sie sprachen zu ihm: Er wird die Bösewichte übel umbringen und seinen Weinberg anderen Weingärtnern austun, die ihm die Früchte zur rechten Zeit geben.

21:41 Ils lui répondirent: Il fera périr misérablement ces misérables, et il affermera la vigne à d'autres vignerons, qui lui en donneront le produit au temps de la récolte.

21:42 וַיֹּאמֶר אֲלֵיהֶם יֵשׁוּעַ הֲכִי לֹא־קְרָאתֶם בַּכְּתוּבִים אֶבֶן מָאֲסוּ הַבּוֹנִים הָיְתָה לְרֹאשׁ פִּנָּה מֵאֵת יְהֹוָה הָיְתָה זֹּאת הִיא נִפְלֵאת בְּעֵינֵינוּ:

21:42 Dicit illis Jesus: Numquam legistis in Scripturis: *Lapidem quem reprobaverunt aedificantes, hic factus est in caput anguli: a Domino factum est istud, et est mirabile in oculis nostris?*

21:42 Λέγει αὐτοῖς ὁ Ἰησοῦς, Οὐδέποτε ἀνέγνωτε ἐν ταῖς γραφαῖς, Λίθον ὃν ἀπεδοκίμασαν οἱ οἰκοδομοῦντες, οὗτος ἐγενήθη εἰς κεφαλὴν γωνίας· παρὰ κυρίου ἐγένετο αὕτη, καὶ ἔστιν θαυμαστὴ ἐν ὀφθαλμοῖς ἡμῶν;

21:42 Jesus said to them, "Did you never read in the Scriptures, 'The stone which the builders rejected, this one was made the head of the cornerstone. This was from the Lord, and it is marvelous in our eyes.'?

21:42 Jesus sprach zu ihnen: Habt ihr nie gelesen in der Schrift: "Der Stein, den die Bauleute verworfen haben, der ist zum Eckstein geworden. Von dem HERRN ist das geschehen, und es ist wunderbar vor unseren Augen "?

21:42 Jésus leur dit: N'avez-vous jamais lu dans les Écritures: La pierre qu'ont rejetée ceux qui bâtissaient Est devenue la principale de l'angle; C'est du Seigneur que cela est venu, Et c'est un prodige à nos yeux?

21:43 עַל־כֵּן אֲנִי אֹמֵר לָכֶם כִּי־תוּקַּח מִכֶּם מַלְכוּת הָאֱלֹהִים וְתִסֹּב לְגוֹי אֲשֶׁר יַעֲשֶׂה אֶת־פִּרְיָהּ:

21:43 Ideo dico vobis, quia auferetur a vobis regnum Dei, et dabitur genti facienti fructus ejus.

21:43 Διὰ τοῦτο λέγω ὑμῖν ὅτι ἀρθήσεται ἀφ' ὑμῶν ἡ βασιλεία τοῦ θεοῦ, καὶ δοθήσεται ἔθνει ποιοῦντι τοὺς καρποὺς αὐτῆς.

21:43 Therefore, I say to you, the Kingdom of God shall be taken away from you, and it shall be given to a nation bringing forth the fruits of that place.

21:43 Darum sage ich euch: Das Reich Gottes wird von euch genommen und einem Volke gegeben werden, das seine Früchte bringt.

21:43 C'est pourquoi, je vous le dis, le royaume de Dieu vous sera enlevé, et sera donné à une nation qui en rendra les fruits.

21:44 וְהַנֹּפֵל אֶל־הָאֶבֶן הַהִיא יִשָּׁבֵר וַאֲשֶׁר תִּפֹּל עָלָיו תִּשְׁחָקֵהוּ:

21:44 Et qui ceciderit super lapidem istum, confringetur: super quem vero ceciderit, conteret eum.

21:44 Καὶ ὁ πεσὼν ἐπὶ τὸν λίθον τοῦτον συνθλασθήσεται· ἐφ' ὃν δ' ἂν πέσῃ, λικμήσει αὐτόν.

21:44 And he who falls on this stone shall be broken to pieces; but, on whoever it shall fall, it will scatter him as dust."

21:44 Und wer auf diesen Stein fällt, der wird zerschellen; auf wen aber er fällt, den wird er zermalmen.

21:44 Celui qui tombera sur cette pierre s'y brisera, et celui sur qui elle tombera sera écrasé.

21:45 וַיְהִי כִּשְׁמֹעַ רָאשֵׁי הַכֹּהֲנִים וְהַפְּרוּשִׁים אֶת־מְשָׁלָיו וַיָּבִינוּ כִּי עֲלֵיהֶם דִּבֵּר:

21:45 Et cum audissent principes sacerdotum et pharisaei parabolas ejus, cognoverunt quod de ipsis diceret.

21:45 Καὶ ἀκούσαντες οἱ ἀρχιερεῖς καὶ οἱ Φαρισαῖοι τὰς παραβολὰς αὐτοῦ ἔγνωσαν ὅτι περὶ αὐτῶν λέγει.

21:45 And when the chief priests and the Pharisees heard his parables, they perceived that he spoke of them.

21:45 Und da die Hohenpriester und Pharisäer seine Gleichnisse hörten, verstanden sie, daß er von ihnen redete.

21:45 Après avoir entendu ses paraboles, les principaux sacrificateurs et les pharisiens comprirent que c'était d'eux que Jésus parlait,

21:46 וַיְבַקְשׁוּ לְתָפְשׂוֹ וַיִּירְאוּ מִפְּנֵי רַב־הָעָם כִּי לְנָבִיא חֲשָׁבוּהוּ:

21:46 Et quaerentes eum tenere, timuerunt turbas: quoniam sicut prophetam eum habebant.

21:46 Καὶ ζητοῦντες αὐτὸν κρατῆσαι, ἐφοβήθησαν τοὺς ὄχλους, ἐπειδὴ ὡς προφήτην αὐτὸν εἶχον.

21:46 And when they sought to lay hold on him, they feared the multitudes, because they took him for a prophet.

21:46 Und sie trachteten darnach, wie sie ihn griffen; aber sie fürchteten sich vor dem Volk, denn es hielt ihn für einen Propheten.

21:46 et ils cherchaient à se saisir de lui; mais ils craignaient la foule, parce qu'elle le tenait pour un prophète.

22:1 וַיֹּסֶף יֵשׁוּעַ דַּבֵּר אֲלֵיהֶם בִּמְשָׁלִים וַיַּעַן וַיֹּאמַר:

22:1 Et respondens Jesus, dixit iterum in parabolis eis, dicens:

22:1 Καὶ ἀποκριθεὶς ὁ Ἰησοῦς πάλιν εἶπεν αὐτοῖς ἐν παραβολαῖς, λέγων,

22:1 And Jesus answered and spoke again in parables to them, saying,

22:1 Und Jesus antwortete und redete abermals durch Gleichnisse zu ihnen und sprach:

22:1 Jésus, prenant la parole, leur parla de nouveau en paraboles, et il dit:

22:2 דּוֹמָה מַלְכוּת הַשָּׁמַיִם לְמֶלֶךְ בָּשָׂר וָדָם אֲשֶׁר־עָשָׂה חֲתוּנָּה לִבְנוֹ:

22:2 Simile factum est regnum caelorum homini regi, qui fecit nuptias filio suo.

22:2 Ὡμοιώθη ἡ βασιλεία τῶν οὐρανῶν ἀνθρώπῳ βασιλεῖ, ὅστις ἐποίησεν γάμους τῷ υἱῷ αὐτοῦ·

22:2 "The Kingdom of Heaven is like a certain king who made a marriage feast for his son

22:2 Das Himmelreich ist gleich einem Könige, der seinem Sohn Hochzeit machte.

22:2 Le royaume des cieux est semblable à un roi qui fit des noces pour son fils.

22:3 וַיִּשְׁלַח אֶת־עֲבָדָיו לִקְרֹא הַקְּרוּאִים אֶל־הַחֲתֻנָּה וְלֹא אָבוּ לָבוֹא:

22:3 Et misit servos suos vocare invitatos ad nuptias, et nolebant venire.

22:3 καὶ ἀπέστειλεν τοὺς δούλους αὐτοῦ καλέσαι τοὺς κεκλημένους εἰς τοὺς γάμους, καὶ οὐκ ἤθελον ἐλθεῖν.

22:3 and sent forth his servants to call them those called to the marriage feast and they would not come.

22:3 Und sandte seine Knechte aus, daß sie die Gäste zur Hochzeit riefen; und sie wollten nicht kommen.

22:3 Il envoya ses serviteurs appeler ceux qui étaient invités aux noces; mais ils ne voulurent pas venir.

22:4 וַיֹּסֶף שָׁלֹחַ עֲבָדִים אֲחֵרִים לֵאמֹר אִמְרוּ אֶל־הַקְּרוּאִים הִנֵּה עָרַכְתִּי אֶת־סְעוּדָתִי שְׁוָרַי וּמְרִיאַי טְבוּחִים וְהַכֹּל מוּכָן בֹּאוּ אֶל־הַחֲתֻנָּה:

22:4 Iterum misit alios servos, dicens: Dicite invitatis: Ecce prandium meum paravi, tauri mei et altilia occisa sunt, et omnia parata: venite ad nuptias.

22:4 Πάλιν ἀπέστειλεν ἄλλους δούλους, λέγων, Εἴπατε τοῖς κεκλημένοις. Ἰδού, τὸ ἄριστόν μου ἡτοίμασα, οἱ ταῦροί μου καὶ τὰ σιτιστὰ τεθυμένα, καὶ πάντα ἕτοιμα· δεῦτε εἰς τοὺς γάμους.

22:4 Again he sent forth other servants, saying, 'Tell those that are called, behold, I have made my dinner ready; my oxen and my fatlings are killed, and all things are ready, come to the marriage feast.'

22:4 Abermals sandte er andere Knechte aus und sprach: Sagt den Gästen: Siehe, meine Mahlzeit habe ich bereitet, meine Ochsen und mein Mastvieh ist geschlachtet und alles ist bereit; kommt zur Hochzeit!

22:4 Il envoya encore d'autres serviteurs, en disant: Dites aux conviés: Voici, j'ai préparé mon festin; mes boeufs et mes bêtes grasses sont tués, tout est prêt, venez aux noces.

22:5 וְהֵם לֹא־שָׁתוּ לִבָּם לְזֹאת וַיֵּלְכוּ לָהֶם זֶה אֶל־שָׂדֵהוּ וְזֶה אֶל־מִסְחָרוֹ:

22:5 Illi autem neglexerunt: et abierunt, alius in villam suam, alius vero ad negotiationem suam:

22:5 Οἱ δὲ ἀμελήσαντες ἀπῆλθον, ὁ μὲν εἰς τὸν ἴδιον ἀγρόν, ὁ δὲ εἰς τὴν ἐμπορίαν αὐτοῦ·

22:5 But they made fun of it and went their ways, one to his own farm, another to his merchandise;

22:5 Aber sie verachteten das und gingen hin, einer auf seinen Acker, der andere zu seiner Hantierung;

22:5 Mais, sans s'inquiéter de l'invitation, ils s'en allèrent, celui-ci à son champ, celui-là à son trafic;

22:6 וְהַנִּשְׁאָרִים תָּפְשׂוּ אֶת־עֲבָדָיו וַיִּתְעַלְּלוּ בָם וַיַּהַרְגוּם:

22:6 reliqui vero tenuerunt servos ejus, et contumeliis affectos occiderunt.

22:6 οἱ δὲ λοιποὶ κρατήσαντες τοὺς δούλους αὐτοῦ ὕβρισαν καὶ ἀπέκτειναν.

22:6 and the rest laid hold on his servants, and treated them shamefully, and killed them.

22:6 etliche griffen seine Knechte, höhnten sie und töteten sie.

22:6 et les autres se saisirent des serviteurs, les outragèrent et les tuèrent.

22:7 וַיִּקְצֹף הַמֶּלֶךְ וַיִּשְׁלַח צְבָאוֹתָיו וַיְאַבֵּד אֶת־הַמְרַצְּחִים הָהֵם וְאֶת־עִירָם שָׂרַף בָּאֵשׁ:

22:7 Rex autem cum audisset, iratus est: et missis exercitibus suis, perdidit homicidas illos, et civitatem illorum succendit.

22:7 Καὶ ἀκούσας ὁ βασιλεὺς ἐκεῖνος ὠργίσθη, καὶ πέμψας τὰ στρατεύματα αὐτοῦ ἀπώλεσεν τοὺς φονεῖς ἐκείνους, καὶ τὴν πόλιν αὐτῶν ἐνέπρησεν.

22:7 But the king was angry and he sent his armies and destroyed those murderers and burned their city.

22:7 Da das der König hörte, ward er zornig und schickte seine Heere aus und brachte diese Mörder um und zündete ihre Stadt an.

22:7 Le roi fut irrité; il envoya ses troupes, fit périr ces meurtriers, et brûla leur ville.

22:8 אָז אָמַר אֶל־עֲבָדָיו הֵן הַחֲתוּנָה מוּכָנָה וְהַקְּרוּאִים לֹא הָיוּ רְאוּיִם לָהּ:

22:8 Tunc ait servis suis: Nuptiae quidem paratae sunt, sed qui invitati erant, non fuerunt digni:

22:8 Τότε λέγει τοῖς δούλοις αὐτοῦ, Ὁ μὲν γάμος ἕτοιμός ἐστιν, οἱ δὲ κεκλημένοι οὐκ ἦσαν ἄξιοι.

22:8 Then said he to his servants, 'The wedding is ready, but those who were told they were not worthy,

22:8 Da sprach er zu seinen Knechten: Die Hochzeit ist zwar bereit, aber die Gäste waren's nicht wert.

22:8 Alors il dit à ses serviteurs: Les noces sont prêtes; mais les conviés n'en étaient pas dignes.

22:9 לָכֵן לְכוּ־נָא לְרָאשֵׁי הַדְּרָכִים וְכָל־אִישׁ אֲשֶׁר תִּמְצְאוּ קִרְאוּ אֶל־הַחֲתוּנָה:

22:9 ite ergo ad exitus viarum, et quoscumque inveneritis, vocate ad nuptias.

22:9 Πορεύεσθε οὖν ἐπὶ τὰς διεξόδους τῶν ὁδῶν, καὶ ὅσους ἂν εὕρητε, καλέσατε εἰς τοὺς γάμους.

22:9 you go, therefore, to the intersections of the highways, and as many as you shall find, invite to the marriage feast.'

22:9 Darum gehet hin auf die Straßen und ladet zur Hochzeit, wen ihr findet.

22:9 Allez donc dans les carrefours, et appelez aux noces tous ceux que vous trouverez.

22:10 וַיֵּצְאוּ הָעֲבָדִים הָהֵם אֶל־הַדְּרָכִים וַיַּאַסְפוּ אֶת־כֹּל אֲשֶׁר מָצְאוּ גַּם־רָעִים גַּם־טוֹבִים וַיִּמָּלֵא בֵית־הַחֲתוּנָה מְסֻבִּים:

22:10 Et egressi servi ejus in vias, congregaverunt omnes quos invenerunt, malos et bonos: et impletae sunt nuptiae discumbentium.

22:10 Καὶ ἐξελθόντες οἱ δοῦλοι ἐκεῖνοι εἰς τὰς ὁδοὺς συνήγαγον πάντας ὅσους εὗρον, πονηρούς τε καὶ ἀγαθούς· καὶ ἐπλήσθη ὁ γάμος ἀνακειμένων.

22:10 And those servants went out into the highways and gathered together as many as they found, both bad and good, and the wedding was filled with guests.

22:10 Und die Knechte gingen aus auf die Straßen und brachten zusammen, wen sie fanden, Böse und Gute; und die Tische wurden alle voll.

22:10 Ces serviteurs allèrent dans les chemins, rassemblèrent tous ceux qu'ils trouvèrent, méchants et bons, et la salle des noces fut pleine de convives.

22:11 וַיְהִי כְּבוֹא הַמֶּלֶךְ לִרְאוֹת אֶת־הַמְסֻבִּים וַיַּרְא בָּהֶם אִישׁ אֲשֶׁר אֵינֶנּוּ לָבוּשׁ בְּגִדֵי חֲתוּנָּה:

22:11 Intravit autem rex ut videret discumbentes, et vidit ibi hominem non vestitum veste nuptiali.

22:11 Εἰσελθὼν δὲ ὁ βασιλεὺς θεάσασθαι τοὺς ἀνακειμένους εἶδεν ἐκεῖ ἄνθρωπον οὐκ ἐνδεδυμένον ἔνδυμα γάμου·

22:11 But when the king came in to behold the guests, he saw there a man who did not have on a wedding garment:

22:11 Da ging der König hinein, die Gäste zu besehen, und sah allda einen Menschen, der hatte kein hochzeitlich Kleid an;

22:11 Le roi entra pour voir ceux qui étaient à table, et il aperçut là un homme qui n'avait pas revêtu un habit de noces.

22:12 וַיֹּאמֶר אֵלָיו רֵעִי אֵיךְ בָּאתָ הֵנָּה וְאֵין עָלֶיךָ בִּגְדֵי חֲתוּנָּה וַיֶּאֱלַם:

22:12 Et ait illi: Amice, quomodo huc intrasti non habens vestem nuptialem? At ille obmutuit.

22:12 καὶ λέγει αὐτῷ, Ἑταῖρε, πῶς εἰσῆλθες ὧδε μὴ ἔχων ἔνδυμα γάμου; Ὁ δὲ ἐφιμώθη.

22:12 and he said to him, 'Friend, how do you come in here not having a wedding garment?' And he was speechless.

22:12 und er sprach zu ihm: Freund, wie bist du hereingekommen und hast doch kein hochzeitlich Kleid an? Er aber verstummte.

22:12 Il lui dit: Mon ami, comment es-tu entré ici sans avoir un habit de noces? Cet homme eut la bouche fermée.

22:13 וַיֹּאמֶר הַמֶּלֶךְ לַמְשָׁרֲתִים אִסְרוּ יָדָיו וְרַגְלָיו וּנְשָׂאתֶם וְהִשְׁלַכְתֶּם אוֹתוֹ אֶל־הַחֹשֶׁךְ הַחִיצוֹן שָׁם תִּהְיֶה הַיְלָלָה וַחֲרֹק הַשִּׁנָּיִם:

22:13 Tunc dicit rex ministris: Ligatis manibus et pedibus ejus, mittite eum in tenebras exteriores: ibi erit fletus et stridor dentium.

22:13 Τότε εἶπεν ὁ βασιλεὺς τοῖς διακόνοις, Δήσαντες αὐτοῦ πόδας καὶ χεῖρας, ἄρατε αὐτὸν καὶ ἐκβάλετε εἰς τὸ σκότος τὸ ἐξώτερον· ἐκεῖ ἔσται ὁ κλαυθμὸς καὶ ὁ βρυγμὸς τῶν ὀδόντων.

22:13 Then the king said to the servants, 'Tie him up, hand and foot, and cast him out into the outer darkness where there shall be weeping and gnashing of teeth.'

22:13 Da sprach der König zu seinen Dienern: Bindet ihm Hände und Füße und werfet ihn in die Finsternis hinaus! da wird sein Heulen und Zähneklappen.

22:13 Alors le roi dit aux serviteurs: Liez-lui les pieds et les mains, et jetez-le dans les ténèbres du dehors, où il y aura des pleurs et des grincements de dents.

22:14 כִּי רַבִּים הֵם הַקְּרוּאִים וּמְעַטִּים הַנִּבְחָרִים:

22:14 Multi enim sunt vocati, pauci vero electi.

22:14 Πολλοὶ γάρ εἰσιν κλητοί, ὀλίγοι δὲ ἐκλεκτοί.

22:14 For many are called, but few chosen."

22:14 Denn viele sind berufen, aber wenige sind auserwählt.

22:14 Car il y a beaucoup d'appelés, mais peu d'élus.

22:15 וַיֵּלְכוּ הַפְּרוּשִׁים וַיִּתְיָעֲצוּ אֵיךְ יַכְשִׁילוּהוּ בִּדְבַר פִּיו:

22:15 Tunc abeuntes pharisaei, consilium inierunt ut caperent eum in sermone.

22:15 Τότε πορευθέντες οἱ Φαρισαῖοι συμβούλιον ἔλαβον ὅπως αὐτὸν παγιδεύσωσιν ἐν λόγῳ.

22:15 Then went the Pharisees, and took counsel how they might trap him in *his* talk.

22:15 Da gingen die Pharisäer hin und hielten einen Rat, wie sie ihn fingen in seiner Rede.

22:15 Alors les pharisiens allèrent se consulter sur les moyens de surprendre Jésus par ses propres paroles.

22:16 וַיִּשְׁלְחוּ אֵלָיו אֶת־תַּלְמִידֵיהֶם וְעִמָּהֶם אַנְשֵׁי הוֹרְדוֹס לֵאמֹר רַבִּי יָדַעְנוּ כִּי־אִישׁ אֱמֶת אַתָּה וְאֶת־דֶּרֶךְ אֱלֹהִים תּוֹרֶה בֶּאֱמֶת וְלֹא תָגוּר מִפְּנֵי אִישׁ כִּי אֵינְךָ מַכִּיר פְּנֵי אָדָם:

22:16 Et mittunt ei discipulos suos cum Herodianis, dicentes: Magister, scimus quia verax es, et viam Dei in veritate doces, et non est tibi cura de aliquo: non enim respicis personam hominum:

22:16 Καὶ ἀποστέλλουσιν αὐτῷ τοὺς μαθητὰς αὐτῶν μετὰ τῶν Ἡρῳδιανῶν, λέγοντες, Διδάσκαλε, οἴδαμεν ὅτι ἀληθὴς εἶ, καὶ τὴν ὁδὸν τοῦ θεοῦ ἐν ἀληθείᾳ διδάσκεις, καὶ οὐ μέλει σοι περὶ οὐδενός, οὐ γὰρ βλέπεις εἰς πρόσωπον ἀνθρώπων.

22:16 And they send to him their disciples, with the Herodians, saying, "Teacher, we know that you are true, and you teach the way of God in truth, and you do care not for any one: for you do not regard the faces of men.

22:16 Und sandten zu ihm ihre Jünger samt des Herodes Dienern. Und sie sprachen: Meister, wir wissen, daß du wahrhaftig bist und lehrst den Weg Gottes recht und du fragst nach niemand; denn du achtest nicht das Ansehen der Menschen.

22:16 Ils envoyèrent auprès de lui leurs disciples avec les hérodiens, qui dirent: Maître, nous savons que tu es vrai, et que tu enseignes la voie de Dieu selon la vérité, sans t'inquiéter de personne, car tu ne regardes pas à l'apparence des hommes.

22:17 לָכֵן הַגִּידָה־נָּא לָנוּ מַה־דַּעְתְּךָ הֲמוּתָּר לָתֶת־מַס לְקֵיסָר אִם־לֹא:

22:17 dic ergo nobis quid tibi videtur, licet censum dare Caesari, an non?

22:17 Εἰπὲ οὖν ἡμῖν, τί σοι δοκεῖ; Ἔξεστιν δοῦναι κῆνσον Καίσαρι, ἢ οὔ;

22:17 Tell us, therefore, "What do you think, is it lawful to give tribute to Caesar, or not?"

22:17 Darum sage uns, was dünkt dich: Ist's recht, daß man dem Kaiser den Zins gebe, oder nicht?

22:17 Dis-nous donc ce qu'il t'en semble: est-il permis, ou non, de payer le tribut à César?

22:18 וְיֵשׁוּעַ יָדַע אֶת־רָעָתָם וַיֹּאמֶר הַחֲנֵפִים מַה־תְּנַסּוּנִי:

22:18 Cognita autem Jesus nequitia eorum, ait: Quid me tentatis, hypocritae?

22:18 Γνοὺς δὲ ὁ Ἰησοῦς τὴν πονηρίαν αὐτῶν εἶπεν, Τί με πειράζετε, ὑποκριταί;

22:18 But Jesus perceived their wickedness and said, "Why do you test me, you hypocrites?

22:18 Da nun Jesus merkte ihre Schalkheit, sprach er: Ihr Heuchler, was versucht ihr mich?

22:18 Jésus, connaissant leur méchanceté, répondit: Pourquoi me tentez-vous, hypocrites?

22:19 הַרְאוּנִי אֶת־מַטְבֵּעַ הַמָּס וַיָּבִיאוּ לוֹ דִּינָר:

22:19 ostendite mihi numisma census. At illi obtulerunt ei denarium.

22:19 Ἐπιδείξατέ μοι τὸ νόμισμα τοῦ κήνσου. Οἱ δὲ προσήνεγκαν αὐτῷ δηνάριον.

22:19 Show me the tribute money." And they brought to him a denarius.

22:19 Weiset mir die Zinsmünze! Und sie reichten ihm einen Groschen dar.

22:19 Montrez-moi la monnaie avec laquelle on paie le tribut. Et ils lui présentèrent un denier.

22:20 וַיֹּאמֶר אֲלֵיהֶם הַצּוּרָה הַזֹּאת וְהַמִּכְתָּב אֲשֶׁר עָלָיו שֶׁל־מִי הֵם:

22:20 Et ait illis Jesus: Cujus est imago haec, et superscriptio?

22:20 Καὶ λέγει αὐτοῖς, Τίνος ἡ εἰκὼν αὕτη καὶ ἡ ἐπιγραφή;

22:20 And he said to them, "Whose image is this, and *whose* superscription?"

22:20 Und er sprach zu ihnen: Wes ist das Bild und die Überschrift?

22:20 Il leur demanda: De qui sont cette effigie et cette inscription?

22:21 וַיֹּאמְרוּ אֵלָיו שֶׁל־קֵיסַר וַיֹּאמֶר אֲלֵיהֶם לָכֵן תְּנוּ לְקֵיסַר אֵת אֲשֶׁר לְקֵיסַר וְלֵאלֹהִים אֵת אֲשֶׁר לֵאלֹהִים:

22:21 Dicunt ei: Caesaris. Tunc ait illis: Reddite ergo quae sunt Caesaris, Caesari: et quae sunt Dei, Deo.

22:21 Λέγουσιν αὐτῷ, Καίσαρος. Τότε λέγει αὐτοῖς, Ἀπόδοτε οὖν τὰ Καίσαρος Καίσαρι· καὶ τὰ τοῦ θεοῦ τῷ θεῷ.

22:21 They say to him, "Caesar's." Then said he to them, "Give, therefore, to Caesar, the things that are Caesar's; and *give* to God the things that are God's.

22:21 Sie sprachen zu ihm: Des Kaisers. Da sprach er zu ihnen: So gebet dem Kaiser, was des Kaisers ist, und Gott, was Gottes ist!

22:21 De César, lui répondirent-ils. Alors il leur dit: Rendez donc à César ce qui est à César, et à Dieu ce qui est à Dieu.

22:22 וַיִּשְׁמְעוּ וַיִּתְמָהוּ וַיַּנִּיחוּהוּ וַיֵּלְכוּ:

22:22 Et audientes mirati sunt, et relicto eo abierunt.

22:22 Καὶ ἀκούσαντες ἐθαύμασαν· καὶ ἀφέντες αὐτὸν ἀπῆλθον.

22:22 And when they heard it, they marveled, and left him, and went away.

22:22 Da sie das hörten, verwunderten sie sich und ließen ihn und gingen davon.

22:22 Étonnés de ce qu'ils entendaient, ils le quittèrent, et s'en allèrent.

22:23 בַּיּוֹם הַהוּא נִגְּשׁוּ אֵלָיו צַדּוּקִים וְהֵם הָאֹמְרִים אֵין תְּחִיַּת הַמֵּתִים וַיִּשְׁאָלוּ אֹתוֹ לֵאמֹר:

22:23 In illo die accesserunt ad eum sadducaei, qui dicunt non esse resurrectionem: et interrogaverunt eum,

22:23 Ἐν ἐκείνῃ τῇ ἡμέρᾳ προσῆλθον αὐτῷ Σαδδουκαῖοι, οἱ λέγοντες μὴ εἶναι ἀνάστασιν, καὶ ἐπηρώτησαν αὐτόν,

22:23 On that day Sadducees came to him, those who say that there is no resurrection, and they asked him,

22:23 An dem Tage traten zu ihm die Sadduzäer, die da halten, es sei kein Auferstehen, und fragten ihn

22:23 Le même jour, les sadducéens, qui disent qu'il n'y a point de résurrection, vinrent auprès de Jésus, et lui firent cette question:

22:24 רַבִּי הֵן מֹשֶׁה אָמַר אִישׁ כִּי־יָמוּת וּבָנִים אֵין־לוֹ וְיִבֵּם אָחִיו אֶת־אִשְׁתּוֹ וְהֵקִים זֶרַע לְאָחִיו:

22:24 dicentes: Magister, Moyses dixit: Si quis mortuus fuerit non habens filium, ut ducat frater ejus uxorem illius, et suscitet semen fratri suo.

22:24 λέγοντες, Διδάσκαλε, Μωσῆς εἶπεν, Ἐάν τις ἀποθάνῃ μὴ ἔχων τέκνα, ἐπιγαμβρεύσει ὁ ἀδελφὸς αὐτοῦ τὴν γυναῖκα αὐτοῦ, καὶ ἀναστήσει σπέρμα τῷ ἀδελφῷ αὐτοῦ.

22:24 saying, "Teacher, Moses said, 'If a man dies, having no children, his brother shall marry his wife and raise up offspring to his brother.'

22:24 und sprachen: Meister, Mose hat gesagt: So einer stirbt und hat nicht Kinder, so soll sein Bruder sein Weib freien und seinem Bruder Samen erwecken.

22:24 Maître, Moïse a dit: Si quelqu'un meurt sans enfants, son frère épousera sa veuve, et suscitera une postérité à son frère.

22:25 וְאִתָּנוּ הָיוּ שִׁבְעָה אַחִים וְהָרִאשׁוֹן נָשָׂא אִשָּׁה וַיָּמָת וְזֶרַע אֵין לוֹ וַיַּעֲזֹב אֶת־אִשְׁתּוֹ לְאָחִיו:

22:25 Erant autem apud nos septem fratres: et primus, uxore ducta, defunctus est: et non habens semen, reliquit uxorem suam fratri suo.

22:25 Ἦσαν δὲ παρ' ἡμῖν ἑπτὰ ἀδελφοί· καὶ ὁ πρῶτος γαμήσας ἐτελεύτησεν· καὶ μὴ ἔχων σπέρμα, ἀφῆκεν τὴν γυναῖκα αὐτοῦ τῷ ἀδελφῷ αὐτοῦ.

22:25 Now there were with us seven brothers and the first married and died, and having no offspring, left his wife to his brother;

22:25 Nun sind bei uns gewesen sieben Brüder. Der erste freite und starb; und dieweil er nicht Samen hatte, ließ er sein Weib seinem Bruder;

22:25 Or, il y avait parmi nous sept frères. Le premier se maria, et mourut; et, comme il n'avait pas d'enfants, il laissa sa femme à son frère.

22:26 וּכְמוֹ־כֵן גַּם הַשֵּׁנִי וְכֵן גַּם הַשְּׁלִישִׁי עַד הַשִּׁבְעָה:

22:26 Similiter secundus, et tertius usque ad septimum.

22:26 Ὁμοίως καὶ ὁ δεύτερος, καὶ ὁ τρίτος, ἕως τῶν ἑπτά.

22:26 in like manner, the second also, and the third, up to the seventh.

22:26 desgleichen der andere und der dritte bis an den siebenten.

22:26 Il en fut de même du second, puis du troisième, jusqu'au septième.

22:27 וְאַחֲרֵי כֻלָּם מֵתָה גַּם־הָאִשָּׁה:

22:27 Novissime autem omnium et mulier defuncta est.

22:27 Ὕστερον δὲ πάντων ἀπέθανεν καὶ ἡ γυνή.

22:27 And after them all, the woman died.

22:27 Zuletzt nach allen starb auch das Weib.

22:27 Après eux tous, la femme mourut aussi.

22:28 וְעַתָּה בִּתְחִיַּת הַמֵּתִים לְמִי מִן־הַשִּׁבְעָה תִּהְיֶה לְאִשָּׁה כִּי לְכוּלָּם הָיָתָה:

22:28 In resurrectione ergo cujus erit de septem uxor? omnes enim habuerunt eam.

22:28 Ἐν τῇ οὖν ἀναστάσει, τίνος τῶν ἑπτὰ ἔσται γυνή; Πάντες γὰρ ἔσχον αὐτήν.

22:28 In the resurrection, therefore, whose wife shall, of the seven, shall she be, for they all had her?"

22:28 Nun in der Auferstehung, wes Weib wird sie sein unter den sieben? Sie haben sie ja alle gehabt.

22:28 À la résurrection, duquel des sept sera-t-elle donc la femme? Car tous l'ont eue.

22:29 וַיַּעַן יֵשׁוּעַ וַיֹּאמֶר לָהֶם בַּאֲשֶׁר אַתֶּם טֹעִים יוֹדְעִים אֵינְכֶם אֶת־הַכְּתוּבִים וְלֹא אֶת־גְּבוּרַת הָאֱלֹהִים:

22:29 Respondens autem Jesus, ait illis: Erratis nescientes Scripturas, neque virtutem Dei.

22:29 Ἀποκριθεὶς δὲ ὁ Ἰησοῦς εἶπεν αὐτοῖς, Πλανᾶσθε, μὴ εἰδότες τὰς γραφάς, μηδὲ τὴν δύναμιν τοῦ θεοῦ.

22:29 But Jesus answered back and said to them, "You do err, neither knowing the Scriptures, nor the power of God.

22:29 Jesus aber antwortete und sprach zu ihnen: Ihr irrt und wisset die Schrift nicht, noch die Kraft Gottes.

22:29 Jésus leur répondit: Vous êtes dans l'erreur, parce que vous ne comprenez ni les Écritures, ni la puissance de Dieu.

22:30 כִּי בִּתְחִיַּת הַמֵּתִים לֹא־יִשְׂאוּ נָשִׁים וְלֹא תִנָּשֶׂאנָה כִּי יִהְיוּ כְּמַלְאֲכֵי אֱלֹהִים בַּשָּׁמָיִם:

22:30 In resurrectione enim neque nubent, neque nubentur: sed erunt sicut angeli Dei in caelo.

22:30 Ἐν γὰρ τῇ ἀναστάσει οὔτε γαμοῦσιν, οὔτε ἐκγαμίζονται, ἀλλ' ὡς ἄγγελοι τοῦ θεοῦ ἐν οὐρανῷ εἰσιν.

22:30 For, in the resurrection, they neither marry nor are given in marriage, but are as angels in heaven.

22:30 In der Auferstehung werden sie weder freien noch sich freien lassen, sondern sie sind gleichwie die Engel Gottes im Himmel.

22:30 Car, à la résurrection, les hommes ne prendront point de femmes, ni les femmes de maris, mais ils seront comme les anges de Dieu dans le ciel.

22:31 וְעַל־דְּבַר תְּחִיַּת הַמֵּתִים הֲלֹא קְרָאתֶם אֶת־הַנֶּאֱמָר לָכֶם מִפִּי הָאֱלֹהִים לֵאמֹר:

22:31 De resurrectione autem mortuorum non legistis quod dictum est a Deo dicente vobis:

22:31 Περὶ δὲ τῆς ἀναστάσεως τῶν νεκρῶν, οὐκ ἀνέγνωτε τὸ ῥηθὲν ὑμῖν ὑπὸ τοῦ θεοῦ, λέγοντος,

22:31 But regarding the resurrection of the dead, have you not read that which was spoken to you by God, saying,

22:31 Habt ihr nicht gelesen von der Toten Auferstehung, was euch gesagt ist von Gott, der da spricht:

22:31 Pour ce qui est de la résurrection des morts, n'avez-vous pas lu ce que Dieu vous a dit:

22:32 אָנֹכִי אֱלֹהֵי אַבְרָהָם וֵאלֹהֵי יִצְחָק וֵאלֹהֵי יַעֲקֹב וְהוּא אֵינֶנּוּ אֱלֹהֵי הַמֵּתִים כִּי אִם־אֱלֹהֵי הַחַיִּים:

22:32 Ego sum Deus Abraham, et Deus Isaac, et Deus Jacob? Non est Deus mortuorum, sed viventium.

22:32 Ἐγώ εἰμι ὁ θεὸς Ἀβραάμ, καὶ ὁ θεὸς Ἰσαάκ, καὶ ὁ θεὸς Ἰακώβ; Οὐκ ἔστιν ὁ θεὸς θεὸς νεκρῶν, ἀλλὰ ζώντων.

22:32 'I am the God of Abraham, and the God of Isaac, and the God of Jacob.'? God is not *the God* of the dead, but of the living."

22:32 "Ich bin der Gott Abrahams und der Gott Isaaks und der Gott Jakobs "? Gott aber ist nicht ein Gott der Toten, sondern der Lebendigen.

22:32 Je suis le Dieu d'Abraham, le Dieu d'Isaac, et le Dieu de Jacob? Dieu n'est pas Dieu des morts, mais des vivants.

22:33 וַיִּשְׁמַע הֲמוֹן הָעָם וַיִּשְׁתּוֹמֲמוּ עַל־תּוֹרָתוֹ:

22:33 Et audientes turbae, mirabantur in doctrina ejus.

22:33 Καὶ ἀκούσαντες οἱ ὄχλοι ἐξεπλήσσοντο ἐπὶ τῇ διδαχῇ αὐτοῦ.

22:33 And when the multitudes heard it, they were astonished at his teaching.

22:33 Und da solches das Volk hörte, entsetzten sie sich über seine Lehre.

22:33 La foule, qui écoutait, fut frappée de l'enseignement de Jésus.

22:34 וְהַפְּרוּשִׁים כְּשָׁמְעָם כִּי סָכַר פִּי הַצַּדּוּקִים וַיִּוָּעֲדוּ יַחְדָּו:

22:34 Pharisaei autem audientes quod silentium imposuisset sadducaeis, convenerunt in unum:

22:34 Οἱ δὲ Φαρισαῖοι, ἀκούσαντες ὅτι ἐφίμωσεν τοὺς Σαδδουκαίους, συνήχθησαν ἐπὶ τὸ αὐτό.

22:34 But the Pharisees, when they heard that he had put the Sadducees to silence, gathered themselves together.

22:34 Da aber die Pharisäer hörten, wie er den Sadduzäern das Maul gestopft hatte, versammelten sie sich.

22:34 Les pharisiens, ayant appris qu 'il avait réduit au silence les sadducéens, se rassemblèrent,

22:35 וַיִּשְׁאָלֵהוּ חָכָם אֶחָד מֵהֶם לְנַסּוֹתוֹ לֵאמֹר:

22:35 et interrogavit eum unus ex eis legis doctor, tentans eum:

22:35 Καὶ ἐπηρώτησεν εἷς ἐξ αὐτῶν νομικός, πειράζων αὐτόν, καὶ λέγων,

22:35 And one of them, a lawyer, asked him a question, testing him:

22:35 Und einer unter ihnen, ein Schriftgelehrter, versuchte ihn und sprach:

22:35 et l'un d 'eux, docteur de la loi, lui fit cette question, pour l 'éprouver:

22:36 רַבִּי אֵי־זוֹ הִיא מִצְוָה גְדוֹלָה בַּתּוֹרָה:

22:36 Magister, quod est mandatum magnum in lege?

22:36 Διδάσκαλε, ποία ἐντολὴ μεγάλη ἐν τῷ νόμῳ;

22:36 "Teacher, which is the great commandment in the law?"

22:36 Meister, welches ist das vornehmste Gebot im Gesetz?

22:36 Maître, quel est le plus grand commandement de la loi?

22:37 וַיֹּאמֶר יֵשׁוּעַ אֵלָיו וְאָהַבְתָּ אֵת יְהֹוָה אֱלֹהֶיךָ בְּכָל־לְבָבְךָ וּבְכָל־נַפְשְׁךָ וּבְכָל־מַדָּעֶךָ:

22:37 Ait illi Jesus: Diliges Dominum Deum tuum ex toto corde tuo, et in tota anima tua, et in tota mente tua.

22:37 ὁ δὲ Ἰησοῦς ἔφη αὐτῷ, Ἀγαπήσεις κύριον τὸν θεόν σου, ἐν ὅλῃ καρδίᾳ σου, καὶ ἐν ὅλῃ ψυχῇ σου, καὶ ἐν ὅλῃ τῇ διανοίᾳ σου.

22:37 And he said to him, "You shall love the Lord your God with all your heart, and with all your soul, and with all your mind.

22:37 Jesus aber sprach zu ihm: "Du sollst lieben Gott, deinen HERRN, von ganzem Herzen, von ganzer Seele und von ganzem Gemüte."

22:37 Jésus lui répondit: Tu aimeras le Seigneur, ton Dieu, de tout ton coeur, de toute ton âme, et de toute ta pensée.

22:38 זֹאת הִיא הַמִּצְוָה הַגְּדוֹלָה וְהָרִאשׁוֹנָה:

22:38 Hoc est maximum, et primum mandatum.

22:38 Αὕτη ἐστὶν πρώτη καὶ μεγάλη ἐντολή.

22:38 This is the first and greatest commandment.

22:38 Dies ist das vornehmste und größte Gebot.

22:38 C'est le premier et le plus grand commandement.

22:39 וְהַשֵּׁנִית דּוֹמָה לָהּ וְאָהַבְתָּ לְרֵעֲךָ כָּמוֹךָ:

22:39 Secundum autem simile est huic: Diliges proximum tuum, sicut teipsum.

22:39 Δευτέρα δὲ ὁμοία αὐτῇ, Ἀγαπήσεις τὸν πλησίον σου ὡς σεαυτόν.

22:39 And the second one is like it: You shall love your neighbor as yourself.

22:39 Das andere aber ist ihm gleich; Du sollst deinen Nächsten lieben wie dich selbst.

22:39 Et voici le second, qui lui est semblable: Tu aimeras ton prochain comme toi-même.

22:40 בִּשְׁתֵּי הַמִּצְוֹת הָאֵלֶּה תְּלוּיָה כָּל־הַתּוֹרָה וְהַנְּבִיאִים:

22:40 In his duobus mandatis universa lex pendet, et prophetae.

22:40 Ἐν ταύταις ταῖς δυσὶν ἐντολαῖς ὅλος ὁ νόμος καὶ οἱ προφῆται κρέμανται.

22:40 On these two commandments the whole law hangs, even the prophets."

22:40 In diesen zwei Geboten hängt das ganze Gesetz und die Propheten.

22:40 De ces deux commandements dépendent toute la loi et les prophètes.

22:41 וַיְהִי בְּהִקָּהֵל הַפְּרוּשִׁים וַיִּשְׁאָלֵם יֵשׁוּעַ לֵאמֹר:

22:41 Congregatis autem pharisaeis, interrogavit eos Jesus,

22:41 Συνηγμένων δὲ τῶν Φαρισαίων, ἐπηρώτησεν αὐτοὺς ὁ Ἰησοῦς,

22:41 Now while the Pharisees were gathered together, Jesus asked them a question,

22:41 Da nun die Pharisäer beieinander waren, fragte sie Jesus

22:41 Comme les pharisiens étaient assemblés, Jésus les interrogea,

22:41 וַיְהִי בְּהִקָּהֵל הַפְּרוּשִׁים וַיִּשְׁאָלֵם יֵשׁוּעַ לֵאמֹר:

22:42 dicens: Quid vobis videtur de Christo? cujus filius est? Dicunt ei: David.
22:42 λέγων, Τί ὑμῖν δοκεῖ περὶ τοῦ χριστοῦ; Τίνος υἱός ἐστιν; Λέγουσιν αὐτῷ, Τοῦ Δαυίδ.
22:42 saying, "What do you think of the Messiah? Whose son is he?" They say to him, *"The son of David."*
22:42 und sprach: Wie dünkt euch um Christus? wes Sohn ist er? Sie sprachen: Davids.
22:42 en disant: Que pensez-vous du Christ? De qui est-il fils? Ils lui répondirent: De David.

22:43 וַיֹּאמֶר אֲלֵיהֶם וְאֵיךְ קָרָא־לוֹ דָוִד בָּרוּחַ אָדוֹן בְּאָמְרוֹ:

22:43 Ait illis: Quomodo ergo David in spiritu vocat eum Dominum, dicens:
22:43 Λέγει αὐτοῖς, Πῶς οὖν Δαυίδ ἐν πνεύματι κύριον αὐτὸν καλεῖ, λέγων,
22:43 He said to them, "How then does David by the Spirit call him Lord, saying,
22:43 Er sprach zu ihnen: Wie nennt ihn denn David im Geist einen Herrn, da er sagt:
22:43 Et Jésus leur dit: Comment donc David, animé par l'Esprit, l'appelle-t-il Seigneur, lorsqu'il dit:

22:44 נְאֻם יְהוָה לַאדֹנִי שֵׁב לִימִינִי עַד־אָשִׁית הַדֹם אֹיְבֶיךָ לְרַגְלֶיךָ:

22:44 Dixit Dominus Domino meo: Sede a dextris meis, donec ponam inimicos tuos scabellum pedum tuorum?
22:44 Εἶπεν ὁ κύριος τῷ κυρίῳ μου, Κάθου ἐκ δεξιῶν μου, ἕως ἂν θῶ τοὺς ἐχθρούς σου ὑποπόδιον τῶν ποδῶν σου;
22:44 'The Lord said to my Lord, sit you on my right hand, until I put your enemies underneath your feet?'
22:44 "Der HERR hat gesagt zu meinem Herrn: Setze dich zu meiner Rechten, bis daß ich lege deine Feinde zum Schemel deiner Füße "?
22:44 Le Seigneur a dit à mon Seigneur: Assieds-toi à ma droite, Jusqu'à ce que je fasse de tes ennemis ton marchepied?

22:45 וְעַתָּה אִם־דָּוִד קָרָא לוֹ אָדוֹן אֵיךְ הוּא בְנוֹ:

22:45 Si ergo David vocat eum Dominum, quomodo filius ejus est?
22:45 Εἰ οὖν Δαυίδ καλεῖ αὐτὸν κύριον, πῶς υἱὸς αὐτοῦ ἐστιν;
22:45 If then David calls him Lord, how is he his son?"
22:45 So nun David ihn einen Herrn nennt, wie ist er denn sein Sohn?
22:45 Si donc David l'appelle Seigneur, comment est-il son fils?

22:46 וְלֹא־יָכֹל אִישׁ לַעֲנוֹת אֹתוֹ דָּבָר וְלֹא־עָרַב עוֹד אִישׁ אֶת־לִבּוֹ מִן־הַיּוֹם הַהוּא לִשְׁאָל אוֹתוֹ:

22:46 Et nemo poterat ei respondere verbum: neque ausus fuit quisquam ex illa die eum amplius interrogare.

22:46 Καὶ οὐδεὶς ἐδύνατο αὐτῷ ἀποκριθῆναι λόγον· οὐδὲ ἐτόλμησέν τις ἀπ' ἐκείνης τῆς ἡμέρας ἐπερωτῆσαι αὐτὸν οὐκέτι.

22:46 And no one was able to answer him with a word, nor did any man dare, from that day forth, ask him any more questions.

22:46 Und niemand konnte ihm ein Wort antworten, und wagte auch niemand von dem Tage an hinfort, ihn zu fragen.

22:46 Nul ne put lui répondre un mot. Et, depuis ce jour, personne n'osa plus lui proposer des questions.

23:1 אָז יְדַבֵּר יֵשׁוּעַ אֶל־הֲמוֹן הָעָם וְאֶל־תַּלְמִידָיו לֵאמֹר:

23:1 Tunc Jesus locutus est ad turbas, et ad discipulos suos,

23:1 Τότε ὁ Ἰησοῦς ἐλάλησεν τοῖς ὄχλοις καὶ τοῖς μαθηταῖς αὐτοῦ,

23:1 Then Jesus spoke to the multitudes and to his disciples,

23:1 Da redete Jesus zu dem Volk und zu seinen Jüngern

23:1 Alors Jésus, parlant à la foule et à ses disciples,

23:2 הַסּוֹפְרִים וְהַפְּרוּשִׁים יֹשְׁבִים עַל־כִּסֵּא מֹשֶׁה:

23:2 dicens: Super cathedram Moysi sederunt scribae et pharisaei.

23:2 λέγων, Ἐπὶ τῆς Μωσέως καθέδρας ἐκάθισαν οἱ γραμματεῖς καὶ οἱ Φαρισαῖοι·

23:2 saying, "The scribes and the Pharisees sit on Moses' seat:

23:2 und sprach: Auf Mose's Stuhl sitzen die Schriftgelehrten und Pharisäer.

23:2 dit: Les scribes et les pharisiens sont assis dans la chaire de Moïse.

23:3 לָכֵן כֹּל אֲשֶׁר־יֹאמְרוּ לָכֶם שִׁמְרוּ וַעֲשׂוּ רַק הַשָּׁמְרוּ מֵעֲשׂוֹת כְּמַעֲשֵׂיהֶם כִּי אֹמְרִים הֵם וְאֵינָם עֹשִׂים:

23:3 Omnia ergo quaecumque dixerint vobis, servate, et facite: secundum opera vero eorum nolite facere: dicunt enim, et non faciunt.

23:3 πάντα οὖν ὅσα ἐὰν εἴπωσιν ὑμῖν τηρεῖν, τηρεῖτε καὶ ποιεῖτε· κατὰ δὲ τὰ ἔργα αὐτῶν μὴ ποιεῖτε, λέγουσιν γὰρ καὶ οὐ ποιοῦσιν.

23:3 therefore, all things, whatever they tell you, do and observe these; but do not you *mimic* their works; for they talk *about them*, and do not *do them*.

23:3 Alles nun, was sie euch sagen, daß ihr halten sollt, das haltet und tut's; aber nach ihren Werken sollt ihr nicht tun: sie sagen's wohl, und tun's nicht.

23:3 Faites donc et observez tout ce qu'ils vous disent; mais n'agissez pas selon leurs oeuvres. Car ils disent, et ne font pas.

23:4 כִּי אֹסְרִים מַשָּׂאוֹת כְּבֵדִים וְעֹמְסִים עַל־שְׁכֶם הָאֲנָשִׁים וְהֵם אֵינָם רוֹצִים לַהֲנִיעָם אַף בְּאֶצְבָּעָם:

23:4 Alligant enim onera gravia, et importabilia, et imponunt in humeros hominum: digito autem suo nolunt ea movere.

23:4 Δεσμεύουσιν γὰρ φορτία βαρέα καὶ δυσβάστακτα, καὶ ἐπιτιθέασιν ἐπὶ τοὺς ὤμους τῶν ἀνθρώπων, τῷ δὲ δακτύλῳ αὐτῶν οὐ θέλουσιν κινῆσαι αὐτά.

23:4 Yes, they enforce heavy and grievous burdens to be borne and lay them on men's shoulders; but, they themselves will not even lift their finger.

23:4 Sie binden aber schwere und unerträgliche Bürden und legen sie den Menschen auf den Hals; aber sie selbst wollen dieselben nicht mit einem Finger regen.

23:4 Ils lient des fardeaux pesants, et les mettent sur les épaules des hommes, mais ils ne veulent pas les remuer du doigt.

23:5 וְעֹשִׂים אֶת־כָּל־מַעֲשֵׂיהֶם לְהֵרָאוֹת בָּהֶם לִבְנֵי אָדָם כִּי מַרְחִיבִים אֶת־תְּפִלֵּיהֶם וּמַאֲרִיכִים אֶת־צִיצִיּוֹתֵיהֶם:

23:5 Omnia vero opera sua faciunt ut videantur ab hominibus: dilatant enim phylacteria sua, et magnificant fimbrias.

23:5 Πάντα δὲ τὰ ἔργα αὐτῶν ποιοῦσιν πρὸς τὸ θεαθῆναι τοῖς ἀνθρώποις· πλατύνουσιν δὲ τὰ φυλακτήρια αὐτῶν, καὶ μεγαλύνουσιν τὰ κράσπεδα τῶν ἱματίων αὐτῶν·

23:5 But all the works they do are done to be seen by men: for they make their prayer charms large, and enlarge the borders *of their garments*,

23:5 Alle ihre Werke aber tun sie, daß sie von den Leuten gesehen werden. Sie machen ihre Denkzettel breit und die Säume an ihren Kleidern groß.

23:5 Ils font toutes leurs actions pour être vus des hommes. Ainsi, ils portent de larges phylactères, et ils ont de longues franges à leurs vêtements;

23:6 וְאֹהֲבִים לְהָסֵב רִאשֹׁנִים בַּסְּעוּדוֹת וְלָשֶׁבֶת רִאשֹׁנִים בְּבָתֵּי כְנֵסִיּוֹת:

23:6 Amant autem primos recubitus in coenis, et primas cathedras in synagogis,

23:6 φιλοῦσίν τε τὴν πρωτοκλισίαν ἐν τοῖς δείπνοις, καὶ τὰς πρωτοκαθεδρίας ἐν ταῖς συναγωγαῖς,

23:6 and love the chief seat at feasts, and the chief seats in the synagogues,

23:6 Sie sitzen gern obenan über Tisch und in den Schulen

23:6 ils aiment la première place dans les festins, et les premiers sièges dans les synagogues;

23:7 וְשֶׁיִּשְׁאֲלוּ בִשְׁלוֹמָם בַּשְּׁוָקִים וְשֶׁיִּקְרְאוּ לָהֶם בְּנֵי הָאָדָם רַבִּי רַבִּי:

23:7 et salutationes in foro, et vocari ab hominibus Rabbi.

23:7 καὶ τοὺς ἀσπασμοὺς ἐν ταῖς ἀγοραῖς, καὶ καλεῖσθαι ὑπὸ τῶν ἀνθρώπων, Ῥαββί, ῥαββί·

23:7 and the salutations in the marketplaces, and to be called by men, Rabbi.

23:7 und haben's gern, daß sie gegrüßt werden auf dem Markt und von den Menschen Rabbi genannt werden.

23:7 ils aiment à être salués dans les places publiques, et à être appelés par les hommes Rabbi, Rabbi.

The Gospel of Matthew

23:8 וְאַתֶּם אַל־יִקָּרֵא לָכֶם רַבִּי כִּי אֶחָד הוּא מוֹרֵיכֶם הַמָּשִׁיחַ וְאַתֶּם אַחִים כֻּלְּכֶם׃

23:8 Vos autem nolite vocari Rabbi: unus est enim magister vester, omnes autem vos fratres estis.

23:8 ὑμεῖς δὲ μὴ κληθῆτε Ῥαββί· εἷς γάρ ἐστιν ὑμῶν ὁ καθηγητής, ὁ χριστός· πάντες δὲ ὑμεῖς ἀδελφοί ἐστε.

23:8 But you are not to be called Rabbi, for your teacher One, and all of you are brothers.

23:8 Aber ihr sollt euch nicht Rabbi nennen lassen; denn einer ist euer Meister, Christus; ihr aber seid alle Brüder.

23:8 Mais vous, ne vous faites pas appeler Rabbi; car un seul est votre Maître, et vous êtes tous frères.

23:9 וְאַל־תִּקְרְאוּ אָב לְאִישׁ מִכֶּם בָּאָרֶץ כִּי אֶחָד הוּא אֲבִיכֶם אֲשֶׁר בַּשָּׁמָיִם׃

23:9 Et patrem nolite vocare vobis super terram: unus est enim pater vester qui in caelis est.

23:9 Καὶ πατέρα μὴ καλέσητε ὑμῶν ἐπὶ τῆς γῆς· εἷς γάρ ἐστιν ὁ πατὴρ ὑμῶν, ὁ ἐν τοῖς οὐρανοῖς.

23:9 And call no man your father on the earth, for your Father is One, *even* he who is in heaven.

23:9 Und sollt niemand Vater heißen auf Erden, denn einer ist euer Vater, der im Himmel ist.

23:9 Et n'appelez personne sur la terre votre père; car un seul est votre Père, celui qui est dans les cieux.

23:10 גַּם אַל־יִקָּרֵא לָכֶם מוֹרֶה כִּי מוֹרֶה אֶחָד לָכֶם הַמָּשִׁיחַ׃

23:10 Nec vocemini magistri: quia magister vester unus est, Christus.

23:10 Μηδὲ κληθῆτε καθηγηταί· εἷς γὰρ ὑμῶν ἐστιν ὁ καθηγητής, ὁ χριστός.

23:10 Nor be called masters, for your master is One, *even* the Messiah.

23:10 Und ihr sollt euch nicht lassen Meister nennen; denn einer ist euer Meister, Christus.

23:10 Ne vous faites pas appeler directeurs; car un seul est votre Directeur, le Christ.

23:11 וְהַגָּדוֹל בָּכֶם יְהִי לָכֶם לִמְשָׁרֵת׃

23:11 Qui major est vestrum, erit minister vester.

23:11 Ὁ δὲ μείζων ὑμῶν ἔσται ὑμῶν διάκονος.

23:11 But he who is greatest among you shall be your servant.

23:11 Der Größte unter euch soll euer Diener sein.

23:11 Le plus grand parmi vous sera votre serviteur.

23:12 כָּל־הַמְרוֹמֵם אֶת־עַצְמוֹ יִשָּׁפֵל וְהַמַּשְׁפִּיל אֶת־עַצְמוֹ יְרוֹמָם׃

23:12 Qui autem se exaltaverit, humiliabitur: et qui se humiliaverit, exaltabitur.

23:12 Ὅστις δὲ ὑψώσει ἑαυτόν, ταπεινωθήσεται· καὶ ὅστις ταπεινώσει ἑαυτόν, ὑψωθήσεται.

23:12 And whoever shall exalt himself shall be humbled; and whoever shall humble himself shall be exalted.

23:12 Denn wer sich selbst erhöht, der wird erniedrigt; und wer sich selbst erniedrigt, der wird erhöht.

23:12 Quiconque s'élèvera sera abaissé, et quiconque s'abaissera sera élevé.

23:13 אֲבָל אוֹי לָכֶם הַסּוֹפְרִים וְהַפְּרוּשִׁים הַחֲנֵפִים כִּי סֹגְרִים אַתֶּם מִפְּנֵי הָאָדָם אֶת מַלְכוּת הַשָּׁמָיִם הֵן אַתֶּם לֹא־תָבֹאוּ בָהּ וְאֶת הַבָּאִים לֹא תַנִּיחוּ לָבוֹא:

23:13 Vae autem vobis scribae et pharisaei hypocritae, quia clauditis regnum caelorum ante homines! vos enim non intratis, nec introëuntes sinitis intrare.

23:14 Οὐαὶ ὑμῖν, γραμματεῖς καὶ Φαρισαῖοι, ὑποκριταί, ὅτι κλείετε τὴν βασιλείαν τῶν οὐρανῶν ἔμπροσθεν τῶν ἀνθρώπων· ὑμεῖς γὰρ οὐκ εἰσέρχεσθε, οὐδὲ τοὺς εἰσερχομένους ἀφίετε εἰσελθεῖν.

23:13 But woe to you, Scribes and Pharisees, hypocrites because you shut the Kingdom of Heaven against men! For you do not enter in yourselves, nor permit those that are entering in to enter.

23:13 Weh euch, Schriftgelehrte und Pharisäer, ihr Heuchler, die ihr das Himmelreich zuschließet vor den Menschen! Ihr kommt nicht hinein, und die hinein wollen, laßt ihr nicht hineingehen.

23:13 Malheur à vous, scribes et pharisiens hypocrites! parce que vous fermez aux hommes le royaume des cieux; vous n'y entrez pas vous-mêmes, et vous n'y laissez pas entrer ceux qui veulent entrer.

23:14 וְאוֹי לָכֶם הַסּוֹפְרִים וְהַפְּרוּשִׁים הַחֲנֵפִים כִּי־בֹלְעִים אַתֶּם אֶת־בָּתֵּי הָאַלְמָנוֹת וּמַאֲרִיכִים בִּתְפִלָּה לְמַרְאֵה עֵינָיִם תַּחַת זֹאת מִשְׁפָּט גָּדוֹל יֶתֶר מְאֹד תִּשָּׁפֵטוּ:

23:14 Vae vobis scribae et pharisaei hypocritae, quia comeditis domos viduarum, orationes longas orantes! propter hoc amplius accipietis judicium.

23:13 Οὐαὶ δὲ ὑμῖν, γραμματεῖς καὶ Φαρισαῖοι, ὑποκριταί, ὅτι κατεσθίετε τὰς οἰκίας τῶν χηρῶν, καὶ προφάσει μακρὰ προσευχόμενοι· διὰ τοῦτο λήψεσθε περισσότερον κρίμα.

23:14 *Woe to you, scribes and Pharisees, hypocrites, for you devour widows' houses, even while for a pretence you make long prayers; therefore, you shall receive greater condemnation.*

23:14 Weh euch, Schriftgelehrte und Pharisäer, ihr Heuchler, die ihr der Witwen Häuser fresset und wendet lange Gebete vor! Darum werdet ihr desto mehr Verdammnis empfangen.

23:14 Malheur à vous, scribes et pharisiens hypocrites! parce que vous dévorez les maisons des veuves, et que vous faites pour l'apparence de longues prières; à cause de cela, vous serez jugés plus sévèrement.

23:15 אוֹי לָכֶם הַסּוֹפְרִים וְהַפְּרוּשִׁים הַחֲנֵפִים כִּי־סוֹבְבִים אַתֶּם בַּיָּם וּבַיַּבָּשָׁה לְמַעַן גֵּיר אִישׁ אֶחָד וְכִי יִתְגַּיֵּר תַּעֲשׂוּ אוֹתוֹ לְבֶן־גֵּיהִנֹּם כִּפְלַיִם כָּכֶם׃

23:15 Vae vobis scribae et pharisaei hypocritae, quia circuitis mare, et aridam, ut faciatis unum proselytum, et cum fuerit factus, facitis eum filium gehennae duplo quam vos.

23:15 Οὐαὶ ὑμῖν, γραμματεῖς καὶ Φαρισαῖοι, ὑποκριταί, ὅτι περιάγετε τὴν θάλασσαν καὶ τὴν ξηρὰν ποιῆσαι ἕνα προσήλυτον, καὶ ὅταν γένηται, ποιεῖτε αὐτὸν υἱὸν γεέννης διπλότερον ὑμῶν.

23:15 Woe to you, scribes and Pharisees, hypocrites, for you travel across sea and land to make one convert and when he becomes so, you make him twice as much a son of hell than you yourselves.

23:15 Weh euch, Schriftgelehrte und Pharisäer, ihr Heuchler, die ihr Land und Wasser umziehet, daß ihr einen Judengenossen macht; und wenn er's geworden ist, macht ihr aus ihm ein Kind der Hölle, zwiefältig mehr denn ihr seid!

23:15 Malheur à vous, scribes et pharisiens hypocrites! parce que vous courez la mer et la terre pour faire un prosélyte; et, quand il l'est devenu, vous en faites un fils de la géhenne deux fois plus que vous.

23:16 אוֹי לָכֶם מַנְהִיגִים עִוְרִים הָאֹמְרִים הַנִּשְׁבָּע בַּהֵיכָל אֵין־זֹאת מְאוּמָה וְהַנִּשְׁבָּע בִּזְהַב הַהֵיכָל חַיָּב׃

23:16 Vae vobis duces caeci, qui dicitis: Quicumque juraverit per templum, nihil est: qui autem juraverit in auro templi, debet.

23:16 Οὐαὶ ὑμῖν, ὁδηγοὶ τυφλοί, οἱ λέγοντες, Ὃς ἂν ὀμόσῃ ἐν τῷ ναῷ, οὐδέν ἐστιν· ὃς δ' ἂν ὀμόσῃ ἐν τῷ χρυσῷ τοῦ ναοῦ, ὀφείλει.

23:16 Woe to you, you blind guides who say, 'Whoever shall swear by the temple, it is nothing, but whoever shall swear by the gold of the temple, he is a debtor.'

23:16 Weh euch, verblendete Leiter, die ihr sagt: "Wer da schwört bei dem Tempel, das ist nichts; wer aber schwört bei dem Gold am Tempel, der ist's schuldig."

23:16 Malheur à vous, conducteurs aveugles! qui dites: Si quelqu'un jure par le temple, ce n'est rien; mais, si quelqu'un jure par l'or du temple, il est engagé.

23:17 כְּסִילִים וְעִוְרִים כִּי מַה־הוּא הַגָּדוֹל אִם־הַזָּהָב אוֹ הַהֵיכָל הַמְקַדֵּשׁ אֶת־הַזָּהָב׃

23:17 Stulti et caeci: quid enim majus est? aurum, an templum, quod sanctificat aurum?

23:17 Μωροὶ καὶ τυφλοί· τίς γὰρ μείζων ἐστίν, ὁ χρυσός, ἢ ὁ ναὸς ὁ ἁγιάζων τὸν χρυσόν;

23:17 You fools and you blind, for which is greater, the gold, or the temple that has sanctified the gold?

23:17 Ihr Narren und Blinden! Was ist größer: das Gold oder der Tempel, der das Gold heiligt?

23:17 Insensés et aveugles! lequel est le plus grand, l'or, ou le temple qui sanctifie l'or?

23:18 וַאֲמַרְתֶּם הַנִּשְׁבָּע בַּמִּזְבֵּחַ אֵין מְאוּמָה וְהַנִּשְׁבָּע בַּקָּרְבָּן אֲשֶׁר־עָלָיו חַיָּב:

23:18 Et quicumque juraverit in altari, nihil est: quicumque autem juraverit in dono, quod est super illud, debet.

23:18 Καί, Ὃς ἐὰν ὀμόσῃ ἐν τῷ θυσιαστηρίῳ, οὐδέν ἐστιν· ὃς δ' ἂν ὀμόσῃ ἐν τῷ δώρῳ τῷ ἐπάνω αὐτοῦ, ὀφείλει.

23:18 And, 'Whoever shall swear by the altar, it is nothing, but whoever shall swear by the gift that is upon it, he is a debtor.'

23:18 "Wer da schwört bei dem Altar, das ist nichts; wer aber schwört bei dem Opfer, das darauf ist, der ist's schuldig."

23:18 Si quelqu'un, dites-vous encore, jure par l'autel, ce n'est rien; mais, si quelqu'un jure par l'offrande qui est sur l'autel, il est engagé.

23:19 כְּסִילִים וְעִוְרִים כִּי מַה־הוּא הַגָּדוֹל אִם־הַקָּרְבָּן אוֹ הַמִּזְבֵּחַ הַמְקַדֵּשׁ אֶת־הַקָּרְבָּן:

23:19 Caeci: quid enim majus est, donum, an altare, quod sanctificat donum?

23:19 Μωροὶ καὶ τυφλοί· τί γὰρ μεῖζον, τὸ δῶρον, ἢ τὸ θυσιαστήριον τὸ ἁγιάζον τὸ δῶρον;

23:19 You blind, for which is greater, the gift, or the altar that sanctifies the gift?

23:19 Ihr Narren und Blinden! Was ist größer: das Opfer oder der Altar, der das Opfer heiligt?

23:19 Aveugles! lequel est le plus grand, l'offrande, ou l'autel qui sanctifie l'offrande?

23:20 לָכֵן הַנִּשְׁבָּע בַּמִּזְבֵּחַ נִשְׁבַּע בּוֹ וּבְכֹל אֲשֶׁר עָלָיו:

23:20 Qui ergo jurat in altari, jurat in eo, et in omnibus quae super illud sunt.

23:20 Ὁ οὖν ὀμόσας ἐν τῷ θυσιαστηρίῳ ὀμνύει ἐν αὐτῷ καὶ ἐν πᾶσιν τοῖς ἐπάνω αὐτοῦ·

23:20 He therefore that swears by the altar, swears by it, and by all things on it.

23:20 Darum, wer da schwört bei dem Altar, der schwört bei demselben und bei allem, was darauf ist.

23:20 Celui qui jure par l'autel jure par l'autel et par tout ce qui est dessus;

23:21 וְהַנִּשְׁבָּע בַּהֵיכָל נִשְׁבַּע בּוֹ וּבְשׁוֹכֵן בּוֹ:

23:21 Et quicumque juraverit in templo, jurat in illo, et in eo qui habitat in ipso.

23:21 καὶ ὁ ὀμόσας ἐν τῷ ναῷ ὀμνύει ἐν αὐτῷ καὶ ἐν τῷ κατοικήσαντι αὐτόν·

23:21 And he who swears by the temple, swears by it, and by he who dwells in it.

23:21 Und wer da schwört bei dem Tempel, der schwört bei demselben und bei dem, der darin wohnt.

23:21 celui qui jure par le temple jure par le temple et par celui qui l'habite;

23:22 וְהַנִּשְׁבָּע בַּשָּׁמַיִם נִשְׁבַּע בְּכִסֵּא אֱלֹהִים וּבַיֹּשֵׁב עָלָיו:

23:22 et qui jurat in caelo, jurat in throno Dei, et in eo qui sedet super eum.

23:22 καὶ ὁ ὀμόσας ἐν τῷ οὐρανῷ ὀμνύει ἐν τῷ θρόνῳ τοῦ θεοῦ καὶ ἐν τῷ καθημένῳ ἐπάνω αὐτοῦ.

23:22 And he who swears by the heaven, swears by the throne of God, and by him that sits on it.

23:22 Und wer da schwört bei dem Himmel, der schwört bei dem Stuhl Gottes und bei dem, der darauf sitzt.

23:22 et celui qui jure par le ciel jure par le trône de Dieu et par celui qui y est assis.

23:23 אוֹי לָכֶם הַסּוֹפְרִים וְהַפְּרוּשִׁים הַחֲנֵפִים כִּי מְעַשְּׂרִים אַתֶּם אֶת־הַמִּנְתָּא וְאֶת־הַשֶּׁבֶת וְאֶת־הַכַּמֹּן וַתַּנִּיחוּ אֶת הַחֲמוּרוֹת בַּתּוֹרָה אֶת־הַמִּשְׁפָּט וְאֶת־הַחֶסֶד וְאֶת־הָאֱמוּנָה וְהָיָה לָכֶם לַעֲשׂוֹת אֶת אֵלֶּה וְלֹא לְהַנִּיחַ גַּם־אֶת־אֵלֶּה:

23:23 Vae vobis scribae et pharisaei hypocritae, qui decimatis mentham, et anethum, et cyminum, et reliquistis quae graviora sunt legis, judicium, et misericordiam, et fidem! haec oportuit facere, et illa non omittere.

23:23 Οὐαὶ ὑμῖν, γραμματεῖς καὶ Φαρισαῖοι, ὑποκριταί, ὅτι ἀποδεκατοῦτε τὸ ἡδύοσμον καὶ τὸ ἄνηθον καὶ τὸ κύμινον, καὶ ἀφήκατε τὰ βαρύτερα τοῦ νόμου, τὴν κρίσιν καὶ τὸν ἔλεον καὶ τὴν πίστιν· ταῦτα ἔδει ποιῆσαι, κἀκεῖνα μὴ ἀφιέναι.

23:23 Woe to you, scribes and Pharisees, hypocrites, for you tithe mint and anise and cumin, and have left undone the weightier matters of the law, justice, and mercy, and faith; but, these you ought to have done, and not to have left the other undone.

23:23 Weh euch, Schriftgelehrte und Pharisäer, ihr Heuchler, die ihr verzehntet die Minze, Dill und Kümmel, und laßt dahinten das Schwerste im Gesetz, nämlich das Gericht, die Barmherzigkeit und den Glauben! Dies soll man tun und jenes nicht lassen.

23:23 Malheur à vous, scribes et pharisiens hypocrites! parce que vous payez la dîme de la menthe, de l'aneth et du cumin, et que vous laissez ce qui est plus important dans la loi, la justice, la miséricorde et la fidélité: c'est là ce qu'il fallait pratiquer, sans négliger les autres choses.

23:24 מַנְהִיגִים עִוְרִים הַמְסַנְּנִים אֶת הַיַּתּוּשׁ וּבֹלְעִים אֶת הַגָּמָל:

23:24 Duces caeci, excolantes culicem, camelum autem glutientes.
23:24 Ὁδηγοὶ τυφλοί, οἱ διϋλίζοντες τὸν κώνωπα, τὴν δὲ κάμηλον καταπίνοντες.
23:24 *Woe to* you blind guides who strain out the gnat and swallow the camel,
23:24 Ihr verblendeten Leiter, die ihr Mücken seihet und Kamele verschluckt!
23:24 Conducteurs aveugles! qui coulez le moucheron, et qui avalez le chameau.

23:25 אוֹי לָכֶם הַסּוֹפְרִים וְהַפְּרוּשִׁים הַחֲנֵפִים כִּי מְטַהֲרִים אַתֶּם אֶת־הַכּוֹס וְאֶת־הַקְּעָרָה מִחוּץ וְתוֹכָן מָלֵא גָזֵל וְגַרְגְּרָנוּת:

23:25 Vae vobis scribae et pharisaei hypocritae, quia mundatis quod deforis est calicis et paropsidis; intus autem pleni estis rapina et immunditia!

23:25 Οὐαὶ ὑμῖν, γραμματεῖς καὶ Φαρισαῖοι, ὑποκριταί, ὅτι καθαρίζετε τὸ ἔξωθεν τοῦ ποτηρίου καὶ τῆς παροψίδος, ἔσωθεν δὲ γέμουσιν ἐξ ἁρπαγῆς καὶ ἀδικίας.

23:25 Woe to you, scribes and Pharisees, hypocrites, for you cleanse the outside of the cup and of the plate, but inside they are full from extortion and excess.

23:25 Weh euch, Schriftgelehrte und Pharisäer, ihr Heuchler, die ihr die Becher und Schüsseln auswendig reinlich haltet, inwendig aber ist's voll Raubes und Fraßes!

23:25 Malheur à vous, scribes et pharisiens hypocrites! parce que vous nettoyez le dehors de la coupe et du plat, et qu'au dedans ils sont pleins de rapine et d'intempérance.

23:26 פְּרוּשׁ עִוֵּר טַהֵר בָּרִאשׁוֹנָה אֶת־תּוֹךְ הַכּוֹס לְמַעַן תִּטְהַר גַּם־מִחוּץ:

23:26 Pharisaee caece, munda prius quod intus est calicis, et paropsidis, ut fiat id, quod deforis est, mundum.

23:26 Φαρισαῖε τυφλέ, καθάρισον πρῶτον τὸ ἐντὸς τοῦ ποτηρίου καὶ τῆς παροψίδος, ἵνα γένηται καὶ τὸ ἐκτὸς αὐτῶν καθαρόν.

23:26 *Woe to* you blind Pharisee, cleanse first the inside of the cup and of the plate, so that the outside of it may become clean also.

23:26 Du blinder Pharisäer, reinige zum ersten das Inwendige an Becher und Schüssel, auf das auch das Auswendige rein werde!

23:26 Pharisien aveugle! nettoie premièrement l'intérieur de la coupe et du plat, afin que l'extérieur aussi devienne net.

23:27 אוֹי לָכֶם הַסּוֹפְרִים וְהַפְּרוּשִׁים הַחֲנֵפִים כִּי־דֹמִים אַתֶּם לַקְּבָרִים הַמְסֻיָּדִים הַנִּרְאִים נָאִים מִחוּץ וְתוֹכָם מָלֵא עַצְמוֹת מֵתִים וְכָל־טֻמְאָה:

23:27 Vae vobis scribae et pharisaei hypocritae, quia similes estis sepulchris dealbatis, quae a foris parent hominibus speciosa, intus vero pleni sunt ossibus mortuorum, et omni spurcitia!

23:27 Οὐαὶ ὑμῖν, γραμματεῖς καὶ Φαρισαῖοι, ὑποκριταί, ὅτι παρομοιάζετε τάφοις κεκονιαμένοις, οἵτινες ἔξωθεν μὲν φαίνονται ὡραῖοι, ἔσωθεν δὲ γέμουσιν ὀστέων νεκρῶν καὶ πάσης ἀκαθαρσίας.

23:27 Woe to you, scribes and Pharisees, hypocrites, for you are like whitewashed tombs, which outwardly appear beautiful, but inwardly are full of dead men's bones, and of all uncleanness.

23:27 Weh euch, Schriftgelehrte und Pharisäer, ihr Heuchler, die ihr gleich seid wie die übertünchten Gräber, welche auswendig hübsch scheinen, aber inwendig sind sie voller Totengebeine und alles Unflats!

23:27 Malheur à vous, scribes et pharisiens hypocrites! parce que vous ressemblez à des sépulcres blanchis, qui paraissent beaux au dehors, et qui, au dedans, sont pleins d'ossements de morts et de toute espèce d'impuretés.

23:28 כָּכָה צַדִּיקִים אַתֶּם לְמַרְאֵה עֵינֵי בְנֵי אָדָם וְתוֹכְכֶם מָלֵא חֲנוּפָה וָאָוֶן:

23:28 Sic et vos a foris quidem paretis hominibus justi: intus autem pleni estis hypocrisi et iniquitate.

23:28 Οὕτως καὶ ὑμεῖς ἔξωθεν μὲν φαίνεσθε τοῖς ἀνθρώποις δίκαιοι, ἔσωθεν δὲ μεστοί ἐστε ὑποκρίσεως καὶ ἀνομίας.

23:28 Even so, you also outwardly appear righteous to men, but inwardly you are full of hypocrisy and iniquity.

23:28 Also auch ihr: von außen scheint ihr den Menschen fromm, aber in wendig seid ihr voller Heuchelei und Untugend.

23:28 Vous de même, au dehors, vous paraissez justes aux hommes, mais, au dedans, vous êtes pleins d'hypocrisie et d'iniquité.

23:29 אוֹי לָכֶם הַסּוֹפְרִים וְהַפְּרוּשִׁים הַחֲנֵפִים כִּי בוֹנִים אַתֶּם קִבְרֵי הַנְּבִיאִים וַתְּיַפּוּ אֶת־צִיּוּנֵי קִבְרוֹת הַצַּדִּיקִים:

23:29 Vae vobis scribae et pharisaei hypocritae, qui aedificatis sepulchra prophetarum, et ornatis monumenta justorum,

23:29 Οὐαὶ ὑμῖν, γραμματεῖς καὶ Φαρισαῖοι, ὑποκριταί, ὅτι οἰκοδομεῖτε τοὺς τάφους τῶν προφητῶν, καὶ κοσμεῖτε τὰ μνημεῖα τῶν δικαίων,

23:29 Woe to you, scribes and Pharisees, hypocrites, for you build the tombs of the prophets, and garnish the tombs of the righteous,

23:29 Weh euch, Schriftgelehrte und Pharisäer, ihr Heuchler, die ihr der Propheten Gräber bauet und schmücket der Gerechten Gräber

23:29 Malheur à vous, scribes et pharisiens hypocrites! parce que vous bâtissez les tombeaux des prophètes et ornez les sépulcres des justes,

23:30 וַאֲמַרְתֶּם אִם־הָיִינוּ בִּימֵי אֲבוֹתֵינוּ לֹא־הָיְתָה יָדֵנוּ עִמָּהֶם לִשְׁפֹּךְ דַּם הַנְּבִיאִים:

23:30 et dicitis: Si fuissemus in diebus patrum nostrorum, non essemus socii eorum in sanguine prophetarum!

23:30 καὶ λέγετε, Εἰ ἦμεν ἐν ταῖς ἡμέραις τῶν πατέρων ἡμῶν, οὐκ ἂν ἦμεν κοινωνοὶ αὐτῶν ἐν τῷ αἵματι τῶν προφητῶν.

23:30 and say, 'If we had lived been in the days of our fathers, we would not have been partakers with them in the blood of the prophets.'

23:30 und sprecht: Wären wir zu unsrer Väter Zeiten gewesen, so wollten wir nicht teilhaftig sein mit ihnen an der Propheten Blut!

23:30 et que vous dites: Si nous avions vécu du temps de nos pères, nous ne nous serions pas joints à eux pour répandre le sang des prophètes.

23:31 וְהִנֵּה אַתֶּם מְעִידִים בְּעַצְמְכֶם שֶׁבָּנִים אַתֶּם לְרוֹצְחֵי הַנְּבִיאִים:

23:31 itaque testimonio estis vobismetipsis, quia filii estis eorum, qui prophetas occiderunt.

23:31 Ὥστε μαρτυρεῖτε ἑαυτοῖς ὅτι υἱοί ἐστε τῶν φονευσάντων τοὺς προφήτας·

23:31 therefore, you witness to yourselves that you are sons of those who killed the prophets.

23:31 So gebt ihr über euch selbst Zeugnis, daß ihr Kinder seid derer, die die Propheten getötet haben.

23:31 Vous témoignez ainsi contre vous-mêmes que vous êtes les fils de ceux qui ont tué les prophètes.

23:32 וּבְכֵן מַלְאוּ אַתֶּם סְאַת אֲבוֹתֵיכֶם:

23:32 Et vos implete mensuram patrum vestrorum.

23:32 καὶ ὑμεῖς πληρώσατε τὸ μέτρον τῶν πατέρων ὑμῶν.

23:32 And you, you measure up to the fill of your fathers.

23:32 Wohlan, erfüllet auch ihr das Maß eurer Väter!

23:32 Comblez donc la mesure de vos pères.

23:33 נְחָשִׁים יַלְדֵי צִפְעוֹנִים אֵיךְ תִּמָּלְטוּ מִדִּין גֵּיהִנֹּם:

23:33 Serpentes, genimina viperarum, quomodo fugietis a judicio gehennae?

23:33 Ὄφεις, γεννήματα ἐχιδνῶν, πῶς φύγητε ἀπὸ τῆς κρίσεως τῆς γεέννης;

23:33 You serpents, you offspring of vipers, how shall you escape the judgment of hell?

23:33 Ihr Schlangen und Otterngezücht! wie wollt ihr der höllischen Verdammnis entrinnen?

23:33 Serpents, race de vipères! comment échapperez-vous au châtiment de la géhenne?

23:34 לָכֵן הִנְנִי שֹׁלֵחַ לָכֶם נְבִיאִים וַחֲכָמִים וְסוֹפְרִים וּמֵהֶם תַּהַרְגוּ וְתִצְלְבוּ וּמֵהֶם תַּכּוּ בַשּׁוֹטִים בִּכְנֵסִיּוֹתֵיכֶם וְתִרְדְּפוּם מֵעִיר לָעִיר:

23:34 Ideo ecce ego mitto ad vos prophetas, et sapientes, et scribas, et ex illis occidetis, et crucifigetis, et ex eis flagellabitis in synagogis vestris, et persequemini de civitate in civitatem:

23:34 Διὰ τοῦτο, ἰδού, ἐγὼ ἀποστέλλω πρὸς ὑμᾶς προφήτας καὶ σοφοὺς καὶ γραμματεῖς· καὶ ἐξ αὐτῶν ἀποκτενεῖτε καὶ σταυρώσετε, καὶ ἐξ αὐτῶν μαστιγώσετε ἐν ταῖς συναγωγαῖς ὑμῶν καὶ διώξετε ἀπὸ πόλεως εἰς πόλιν·

23:34 Therefore, behold, I send to you prophets, and wise men, and scribes, some of them you shall kill and crucify, and some of them you shall scourge in your synagogues, and persecute from city to city,

23:34 Darum siehe, ich sende zu euch Propheten und Weise und Schriftgelehrte; und deren werdet ihr etliche töten und kreuzigen, und etliche werdet ihr geißeln in ihren Schulen und werdet sie verfolgen von einer Stadt zu der anderen;

23:34 C'est pourquoi, voici, je vous envoie des prophètes, des sages et des scribes. Vous tuerez et crucifierez les uns, vous battrez de verges les autres dans vos synagogues, et vous les persécuterez de ville en ville,

23:35 לְמַעַן יָבֹא עֲלֵיכֶם כָּל־דָּם נָקִי הַנִּשְׁפָּךְ בָּאָרֶץ מִדַּם־הֶבֶל הַצַּדִּיק עַד־דַּם זְכַרְיָה בֶן־בֶּרֶכְיָה אֲשֶׁר רְצַחְתֶּם אוֹתוֹ בֵּין הַהֵיכָל וְלַמִּזְבֵּחַ:

23:35 ut veniat super vos omnis sanguis justus, qui effusus est super terram, a sanguine Abel justi usque ad sanguinem Zachariae, filii Barachiae, quem occidistis inter templum et altare.

23:35 ὅπως ἔλθῃ ἐφ' ὑμᾶς πᾶν αἷμα δίκαιον ἐκχυνόμενον ἐπὶ τῆς γῆς, ἀπὸ τοῦ αἵματος Ἄβελ τοῦ δικαίου, ἕως τοῦ αἵματος Ζαχαρίου υἱοῦ Βαραχίου, ὃν ἐφονεύσατε μεταξὺ τοῦ ναοῦ καὶ τοῦ θυσιαστηρίου.

23:35 so that upon you may come all the righteous blood shed upon the earth, from the blood of Abel the righteous, to the blood of Zachariah, son of Barachiah, whom you killed between the sanctuary and the altar.

23:35 auf daß über euch komme all das gerechte Blut, das vergossen ist auf Erden, von dem Blut des gerechten Abel an bis auf das Blut des Zacharias, des Sohnes Berechja's, welchen ihr getötet habt zwischen dem Tempel und dem Altar.

23:35 afin que retombe sur vous tout le sang innocent répandu sur la terre, depuis le sang d'Abel le juste jusqu'au sang de Zacharie, fils de Barachie, que vous avez tué entre le temple et l'autel.

23:36 אָמֵן אֹמֵר אֲנִי לָכֶם בֹּא יָבֹא כָּל־אֵלֶּה עַל־הַדּוֹר הַזֶּה׃

23:36 Amen dico vobis, venient haec omnia super generationem istam.

23:36 Ἀμὴν λέγω ὑμῖν, ὅτι ἥξει πάντα ταῦτα ἐπὶ τὴν γενεὰν ταύτην.

23:36 Amen. I say to you, all these things shall come upon this generation.

23:36 Wahrlich ich sage euch, daß solches alles wird über dies Geschlecht kommen.

23:36 Je vous le dis en vérité, tout cela retombera sur cette génération.

23:37 יְרוּשָׁלַיִם יְרוּשָׁלַיִם הַהֹרֶגֶת אֶת־הַנְּבִיאִים וְהַסֹּקֶלֶת אֶת הַשְּׁלוּחִים אֵלֶיהָ כַּמָּה פְעָמִים חָפַצְתִּי לְקַבֵּץ אֶת־בָּנַיִךְ כַּתַּרְנְגֹלֶת הַמְקַבֶּצֶת אֶת־אֶפְרֹחֶיהָ תַּחַת כְּנָפֶיהָ וְלֹא אֲבִיתֶם׃

23:37 Jerusalem, Jerusalem, quae occidis prophetas, et lapidas eos, qui ad te missi sunt, quoties volui congregare filios tuos, quemadmodum gallina congregat pullos suos sub alas, et noluisti?

23:37 Ἰερουσαλήμ, Ἰερουσαλήμ, ἡ ἀποκτένουσα τοὺς προφήτας καὶ λιθοβολοῦσα τοὺς ἀπεσταλμένους πρὸς αὐτήν, ποσάκις ἠθέλησα ἐπισυναγαγεῖν τὰ τέκνα σου, ὃν τρόπον ἐπισυνάγει ὄρνις τὰ νοσσία ἑαυτῆς ὑπὸ τὰς πτέρυγας, καὶ οὐκ ἠθελήσατε.

23:37 Oh Jerusalem, Jerusalem, who kills the prophets, and stones tose that are sent to her! How often would I have gathered your children together, even as a hen gathers her chickens under her wings, and you would not!

23:37 Jerusalem, Jerusalem, die du tötest die Propheten und steinigst, die zu dir gesandt sind! wie oft habe ich deine Kinder versammeln wollen, wie eine Henne versammelt ihre Küchlein unter ihre Flügel; und ihr habt nicht gewollt!

23:37 Jérusalem, Jérusalem, qui tues les prophètes et qui lapides ceux qui te sont envoyés, combien de fois ai-je voulu rassembler tes enfants, comme une poule rassemble ses poussins sous ses ailes, et vous ne l'avez pas voulu!

23:38 הִנֵּה בֵיתְכֶם יֵעָזֵב לָכֶם שָׁמֵם׃

23:38 Ecce relinquetur vobis domus vestra deserta.

23:38 Ἰδού, ἀφίεται ὑμῖν ὁ οἶκος ὑμῶν ἔρημος.

23:38 Behold, your house is left desolate by you.

23:38 Siehe, euer Haus soll euch wüst gelassen werden.

23:38 Voici, votre maison vous sera laissée déserte;

23:39 כִּי אֲנִי אֹמֵר לָכֶם מֵעַתָּה לֹא תִרְאוּנִי עַד אֲשֶׁר תֹּאמְרוּ בָּרוּךְ הַבָּא בְּשֵׁם־יְהוָה׃

23:39 Dico enim vobis, non me videbitis amodo, donec dicatis: Benedictus, qui venit in nomine Domini.

23:39 Λέγω γὰρ ὑμῖν, οὐ μή με ἴδητε ἀπ' ἄρτι, ἕως ἂν εἴπητε, Εὐλογημένος ὁ ἐρχόμενος ἐν ὀνόματι κυρίου.

23:39 For I say to you, you shall not see me henceforth, until you shall say, 'Blessed *is* he who comes in the name of the Lord.'"

23:39 Denn ich sage euch: Ihr werdet mich von jetzt an nicht sehen, bis ihr sprecht: Gelobt sei, der da kommt im Namen des HERRN!

23:39 car, je vous le dis, vous ne me verrez plus désormais, jusqu'à ce que vous disiez: Béni soit celui qui vient au nom du Seigneur!

24:1 וַיֵּצֵא יֵשׁוּעַ מִן־הַמִּקְדָּשׁ לָלֶכֶת לְדַרְכּוֹ וַיִּגְּשׁוּ תַּלְמִידָיו לְהַרְאוֹתוֹ אֶת־בִּנְיְנֵי הַמִּקְדָּשׁ:

24:1 Et egressus Jesus de templo, ibat. Et accesserunt discipuli ejus, ut ostenderent ei aedificationes templi.

24:1 Καὶ ἐξελθὼν ὁ Ἰησοῦς ἐπορεύετο ἀπὸ τοῦ ἱεροῦ· καὶ προσῆλθον οἱ μαθηταὶ αὐτοῦ ἐπιδεῖξαι αὐτῷ τὰς οἰκοδομὰς τοῦ ἱεροῦ.

24:1 And Jesus went out from the temple, and was going on his way, and his disciples came to him to show him the buildings of the temple.

24:1 Und Jesus ging hinweg von dem Tempel, und seine Jünger traten zu ihm, daß sie ihm zeigten des Tempels Gebäude.

24:1 Comme Jésus s'en allait, au sortir du temple, ses disciples s'approchèrent pour lui en faire remarquer les constructions.

24:2 וַיַּעַן יֵשׁוּעַ וַיֹּאמֶר אֲלֵיהֶם הַרְאִיתֶם אֶת־כָּל־אֵלֶּה אָמֵן אֹמֵר אֲנִי לָכֶם לֹא־תִשָּׁאֵר פֹּה אֶבֶן עַל־אֶבֶן אֲשֶׁר לֹא תִתְפָּרֵק:

24:2 Ipse autem respondens dixit illis: Videtis haec omnia? amen dico vobis, non relinquetur hic lapis super lapidem, qui non destruatur.

24:2 Ὁ δὲ Ἰησοῦς εἶπεν αὐτοῖς, Οὐ βλέπετε πάντα ταῦτα; Ἀμὴν λέγω ὑμῖν, οὐ μὴ ἀφεθῇ ὧδε λίθος ἐπὶ λίθον, ὃς οὐ καταλυθήσεται.

24:2 But he answered back and said to them, "Do you not see all these things? Amen. I say to you, there shall not be left here one stone upon another, which shall not be thrown down."

24:2 Jesus aber sprach zu ihnen: Sehet ihr nicht das alles? Wahrlich, ich sage euch: Es wird hier nicht ein Stein auf dem anderen bleiben, der nicht zerbrochen werde.

24:2 Mais il leur dit: Voyez-vous tout cela? Je vous le dis en vérité, il ne restera pas ici pierre sur pierre qui ne soit renversée.

24:3 וַיֵּשֶׁב עַל־הַר הַזֵּיתִים וַיִּגְּשׁוּ אֵלָיו הַתַּלְמִידִים לְבַדָּם וַיֹּאמְרוּ אֱמָר־נָא לָנוּ מָתַי תִּהְיֶה זֹאת וּמָה אוֹת בּוֹאֶךָ וְאוֹת קֵץ הָעוֹלָם:

24:3 Sedente autem eo super montem Oliveti, accesserunt ad eum discipuli secreto, dicentes: Dic nobis, quando haec erunt? et quod signum adventus tui, et consummationis saeculi?

24:3 Καθημένου δὲ αὐτοῦ ἐπὶ τοῦ ὄρους τῶν Ἐλαιῶν, προσῆλθον αὐτῷ οἱ μαθηταὶ κατ' ἰδίαν, λέγοντες, Εἰπὲ ἡμῖν, πότε ταῦτα ἔσται; Καὶ τί τὸ σημεῖον τῆς σῆς παρουσίας, καὶ τῆς συντελείας τοῦ αἰῶνος;

24:3 And as he sat on the Mount of Olives, the disciples came to him privately, saying, "Tell us, when shall these things happen and what *shall be* the sign of your coming, and of the end of the age?"

24:3 Und als er auf dem Ölberge saß, traten zu ihm seine Jünger besonders und sprachen: Sage uns, wann wird das alles geschehen? Und welches wird das Zeichen sein deiner Zukunft und des Endes der Welt?

24:3 Il s'assit sur la montagne des oliviers. Et les disciples vinrent en particulier lui faire cette question: Dis-nous, quand cela arrivera-t-il, et quel sera le signe de ton avènement et de la fin du monde?

The Gospel of Matthew

24:4 וַיַּעַן יֵשׁוּעַ וַיֹּאמֶר לָהֶם רְאוּ פֶּן־יַתְעֶה אֶתְכֶם אִישׁ:

24:4 Et respondens Jesus, dixit eis: Videte ne quis vos seducat:

24:4 Καὶ ἀποκριθεὶς ὁ Ἰησοῦς εἶπεν αὐτοῖς, Βλέπετε, μή τις ὑμᾶς πλανήσῃ.

24:4 And Jesus answered back and said to them, "Take heed that no man lead you astray.

24:4 Jesus aber antwortete und sprach zu ihnen: Sehet zu, daß euch nicht jemand verführe.

24:4 Jésus leur répondit: Prenez garde que personne ne vous séduise.

24:5 כִּי רַבִּים יָבֹאוּ בִּשְׁמִי לֵאמֹר אֲנִי הוּא הַמָּשִׁיחַ וְהִתְעוּ רַבִּים:

24:5 multi enim venient in nomine meo, dicentes: Ego sum Christus: et multos seducent.

24:5 Πολλοὶ γὰρ ἐλεύσονται ἐπὶ τῷ ὀνόματί μου, λέγοντες, Ἐγώ εἰμι ὁ χριστός· καὶ πολλοὺς πλανήσουσιν.

24:5 For many shall come in my name, saying, 'I am the Messiah.' and shall lead many astray.

24:5 Denn es werden viele kommen unter meinem Namen, und sagen: "Ich bin Christus " und werden viele verführen.

24:5 Car plusieurs viendront sous mon nom, disant: C'est moi qui suis le Christ. Et ils séduiront beaucoup de gens.

24:6 וְאַתֶּם עֲתִידִים לִשְׁמֹעַ מִלְחָמוֹת וּשְׁמוּעוֹת מִלְחָמָה רְאוּ פֶּן־תִּבָּהֵלוּ כִּי־הָיוֹ תִהְיֶה כָּל־זֹאת אַךְ עֲדֶן אֵין הַקֵּץ:

24:6 Audituri enim estis praelia, et opiniones praeliorum. Videte ne turbemini: oportet enim haec fieri, sed nondum est finis:

24:6 Μελλήσετε δὲ ἀκούειν πολέμους καὶ ἀκοὰς πολέμων· ὁρᾶτε, μὴ θροεῖσθε· δεῖ γὰρ πάντα γενέσθαι· ἀλλ' οὔπω ἐστὶν τὸ τέλος.

24:6 And you shall hear of wars and rumors of wars; see that you be not troubled, for *these things* must come to pass but the end is not yet.

24:6 Ihr werdet hören Kriege und Geschrei von Kriegen; sehet zu und erschreckt euch nicht. Das muß zum ersten alles geschehen; aber es ist noch nicht das Ende da.

24:6 Vous entendrez parler de guerres et de bruits de guerres: gardez-vous d'être troublés, car il faut que ces choses arrivent. Mais ce ne sera pas encore la fin.

24:7 כִּי יָקוּם גּוֹי עַל־גּוֹי וּמַמְלָכָה עַל־מַמְלָכָה וְהָיָה רָעָב וְדֶבֶר וְרַעַשׁ הֵנָּה וָהֵנָּה:

24:7 consurget enim gens in gentem, et regnum in regnum, et erunt pestilentiae, et fames, et terraemotus per loca:

24:7 Ἐγερθήσεται γὰρ ἔθνος ἐπὶ ἔθνος, καὶ βασιλεία ἐπὶ βασιλείαν· καὶ ἔσονται λιμοὶ καὶ λοιμοὶ καὶ σεισμοὶ κατὰ τόπους.

24:7 For nation shall rise against nation, and kingdom against kingdom, and there shall be famines and earthquakes in many places.

24:7 Denn es wird sich empören ein Volk wider das andere und ein Königreich gegen das andere, und werden sein Pestilenz und teure Zeit und Erdbeben hin und wieder.

24:7 Une nation s'élèvera contre une nation, et un royaume contre un royaume, et il y aura, en divers lieux, des famines et des tremblements de terre.

24:8 וְכָל־אֵלֶּה רַק רֵאשִׁית הַחֲבָלִים׃

24:8 haec autem omnia initia sunt dolorum.

24:8 Πάντα δὲ ταῦτα ἀρχὴ ὠδίνων.

24:8 But all these things are the beginning of travail.

24:8 Da wird sich allererst die Not anheben.

24:8 Tout cela ne sera que le commencement des douleurs.

24:9 אָז יַסְגִּירוּ אֶתְכֶם לַצָּרָה וְהֵמִיתוּ אֶתְכֶם וִהְיִיתֶם שְׂנוּאִים לְכָל־הַגּוֹיִם לְמַעַן שְׁמִי׃

24:9 Tunc tradent vos in tribulationem, et occident vos: et eritis odio omnibus gentibus propter nomen meum.

24:9 Τότε παραδώσουσιν ὑμᾶς εἰς θλίψιν, καὶ ἀποκτενοῦσιν ὑμᾶς· καὶ ἔσεσθε μισούμενοι ὑπὸ πάντων τῶν ἐθνῶν διὰ τὸ ὄνομά μου.

24:9 Then they shall deliver you up to suffering and shall kill you, and you shall be hated by all the nations for my name's sake.

24:9 Alsdann werden sie euch überantworten in Trübsal und werden euch töten. Und ihr müßt gehaßt werden um meines Namens willen von allen Völkern.

24:9 Alors on vous livrera aux tourments, et l'on vous fera mourir; et vous serez haïs de toutes les nations, à cause de mon nom.

24:10 וְאָז יִכָּשְׁלוּ רַבִּים וּמָסְרוּ אִישׁ אֶת־רֵעֵהוּ וְשָׂנְאוּ אִישׁ אֶת־אָחִיו׃

24:10 Et tunc scandalizabuntur multi, et invicem tradent, et odio habebunt invicem.

24:10 Καὶ τότε σκανδαλισθήσονται πολλοί, καὶ ἀλλήλους παραδώσουσιν, καὶ μισήσουσιν ἀλλήλους.

24:10 And then shall many stumble, and shall deliver up one another, and shall hate one another.

24:10 Dann werden sich viele ärgern und werden untereinander verraten und werden sich untereinander hassen.

24:10 Alors aussi plusieurs succomberont, et ils se trahiront, se haïront les uns les autres.

24:11 וּנְבִיאֵי שֶׁקֶר רַבִּים יָקוּמוּ וְהִתְעוּ רַבִּים׃

24:11 Et multi pseudoprophetae surgent, et seducent multos.

24:11 Καὶ πολλοὶ ψευδοπροφῆται ἐγερθήσονται, καὶ πλανήσουσιν πολλούς.

24:11 And many false prophets shall arise and shall lead many astray.

24:11 Und es werden sich viel falsche Propheten erheben und werden viele verführen.

24:11 Plusieurs faux prophètes s'élèveront, et ils séduiront beaucoup de gens.

24:12 וּמִפְּנֵי אֲשֶׁר יִרְבֶּה הַפֶּשַׁע תָּפוּג אַהֲבַת הָרַבִּים׃

24:12 Et quoniam abundavit iniquitas, refrigescet caritas multorum:

24:12 Καὶ διὰ τὸ πληθυνθῆναι τὴν ἀνομίαν, ψυγήσεται ἡ ἀγάπη τῶν πολλῶν·

24:12 And because iniquity shall be multiplied, the love of the many shall turn cold.

24:12 und dieweil die Ungerechtigkeit wird überhandnehmen, wird die Liebe in vielen erkalten.

24:12 Et, parce que l'iniquité se sera accrue, la charité du plus grand nombre se refroidira.

24:13 וְהַמְחַכֶּה עַד־עֵת קֵץ הוּא יִוָּשֵׁעַ:

24:13 qui autem perseveraverit usque in finem, hic salvus erit.

24:13 ὁ δὲ ὑπομείνας εἰς τέλος, οὗτος σωθήσεται.

24:13 But he who endures to the end, the same shall be saved.

24:13 Wer aber beharret bis ans Ende, der wird selig.

24:13 Mais celui qui persévérera jusqu'à la fin sera sauvé.

24:14 וַתִּקָּרֵא בְּשׂוֹרַת הַמַּלְכוּת הַזֹּאת בְּכָל־הָאָרֶץ לְעֵדוּת לְכָל־הַגּוֹיִם וְאַחַר יָבוֹא הַקֵּץ:

24:14 Et praedicabitur hoc Evangelium regni in universo orbe, in testimonium omnibus gentibus: et tunc veniet consummatio.

24:14 Καὶ κηρυχθήσεται τοῦτο τὸ εὐαγγέλιον τῆς βασιλείας ἐν ὅλῃ τῇ οἰκουμένῃ εἰς μαρτύριον πᾶσιν τοῖς ἔθνεσιν· καὶ τότε ἥξει τὸ τέλος.

24:14 And this gospel of the kingdom shall be preached in the whole world for a testimony to all the nations; and then the end *of the age* shall come.

24:14 Und es wird gepredigt werden das Evangelium vom Reich in der ganzen Welt zu einem Zeugnis über alle Völker, und dann wird das Ende kommen.

24:14 Cette bonne nouvelle du royaume sera prêchée dans le monde entier, pour servir de témoignage à toutes les nations. Alors viendra la fin.

24:15 לָכֵן כַּאֲשֶׁר תִּרְאוּ אֶת־שִׁקּוּץ מְשׁוֹמֵם אֲשֶׁר אָמַר דָּנִיֵּאל הַנָּבִיא עוֹמֵד בְּמָקוֹם קָדוֹשׁ הַקּוֹרֵא יָבִין:

24:15 Cum ergo videritis abominationem desolationis, quae dicta est a Daniele propheta, stantem in loco sancto, qui legit, intelligat:

24:15 Ὅταν οὖν ἴδητε τὸ βδέλυγμα τῆς ἐρημώσεως, τὸ ῥηθὲν διὰ Δανιὴλ τοῦ προφήτου, ἑστὼς ἐν τόπῳ ἁγίῳ- ὁ ἀναγινώσκων νοείτω-

24:15 When, therefore, you see the abomination of desolation, which was spoken of through Daniel the prophet, standing in the holy place *let him that reads understand*,

24:15 Wenn ihr nun sehen werdet den Greuel der Verwüstung (davon gesagt ist durch den Propheten Daniel), daß er steht an der heiligen Stätte (wer das liest, der merke darauf!),

24:15 C'est pourquoi, lorsque vous verrez l'abomination de la désolation, dont a parlé le prophète Daniel, établie en lieu saint,-que celui qui lit fasse attention!

24:16 אָז נֻסוּ אַנְשֵׁי יְהוּדָה אֶל־הֶהָרִים:

24:16 tunc qui in Judaea sunt, fugiant ad montes:

24:16 τότε οἱ ἐν τῇ Ἰουδαίᾳ φευγέτωσαν ἐπὶ τὰ ὄρη·

24:16 then let them that are in Judaea flee to the mountains;

24:16 alsdann fliehe auf die Berge, wer im jüdischen Lande ist;

24:16 alors, que ceux qui seront en Judée fuient dans les montagnes;

The Gospel of Matthew

24:17 וַאֲשֶׁר עַל־הַגָּג אַל־יֵרֵד לָשֵׂאת דָּבָר מִבֵּיתוֹ:
24:17 et qui in tecto, non descendat tollere aliquid de domo sua:
24:17 ὁ ἐπὶ τοῦ δώματος μὴ καταβαινέτω ἆραι τὰ ἐκ τῆς οἰκίας αὐτοῦ·
24:17 let him that is on the housetop not go down to take out things that are in his house;
24:17 und wer auf dem Dach ist, der steige nicht hernieder, etwas aus seinem Hause zu holen;
24:17 que celui qui sera sur le toit ne descende pas pour prendre ce qui est dans sa maison;

24:18 וַאֲשֶׁר בַּשָּׂדֶה אַל־יָשֹׁב הַבַּיְתָה לָשֵׂאת אֶת־מַלְבּוּשׁוֹ:
24:18 et qui in agro, non revertatur tollere tunicam suam.
24:18 καὶ ὁ ἐν τῷ ἀγρῷ μὴ ἐπιστρεψάτω ὀπίσω ἆραι τὰ ἱμάτια αὐτοῦ.
24:18 and let him that is in the field not return back to take his cloak.
24:18 und wer auf dem Felde ist, der kehre nicht um, seine Kleider zu holen.
24:18 et que celui qui sera dans les champs ne retourne pas en arrière pour prendre son manteau.

24:19 וְאוֹי לֶהָרוֹת וְלַמֵּינִיקוֹת בַּיָּמִים הָהֵם:
24:19 Vae autem praegnantibus et nutrientibus in illis diebus!
24:19 Οὐαὶ δὲ ταῖς ἐν γαστρὶ ἐχούσαις καὶ ταῖς θηλαζούσαις ἐν ἐκείναις ταῖς ἡμέραις.
24:19 But woe to them that are with child and to them that are breastfeeding in those days!
24:19 Weh aber den Schwangeren und Säugerinnen zu der Zeit!
24:19 Malheur aux femmes qui seront enceintes et à celles qui allaiteront en ces jours-là!

24:20 אַךְ הִתְפַּלְלוּ שֶׁלֹּא תִהְיֶה מְנוּסַתְכֶם בַּחֹרֶף וְלֹא בַּשַׁבָּת:
24:20 Orate autem ut non fiat fuga vestra in hieme, vel sabbato:
24:20 Προσεύχεσθε δὲ ἵνα μὴ γένηται ἡ φυγὴ ὑμῶν χειμῶνος, μηδὲ σαββάτῳ.
24:20 And pray you that your flight will not be in the winter, nor on a Sabbath,
24:20 Bittet aber, daß eure Flucht nicht geschehe im Winter oder am Sabbat.
24:20 Priez pour que votre fuite n'arrive pas en hiver, ni un jour de sabbat.

24:21 כִּי אָז תִּהְיֶה צָרָה גְדוֹלָה אֲשֶׁר לֹא־נִהְיְתָה מֵרֵאשִׁית הָעוֹלָם הוֹלֵךְ וְעַד־עַתָּה וְכָמוֹהָ לֹא תוֹסִף:
24:21 erit enim tunc tribulatio magna, qualis non fuit ab initio mundi usque modo, neque fiet.
24:21 Ἔσται γὰρ τότε θλῖψις μεγάλη, οἵα οὐ γέγονεν ἀπ' ἀρχῆς κόσμου ἕως τοῦ νῦν, οὐδ' οὐ μὴ γένηται.
24:21 for then shall be great suffering, such as has not been from the beginning of the world until now, no, nor ever shall be.
24:21 Denn es wird alsbald eine große Trübsal sein, wie nicht gewesen ist von Anfang der Welt bisher und wie auch nicht werden wird.
24:21 Car alors, la détresse sera si grande qu'il n'y en a point eu de pareille depuis le commencement du monde jusqu'à présent, et qu'il n'y en aura jamais.

24:22 וְלוּלֵא נִקְצְרוּ הַיָּמִים הָהֵם לֹא יִנָּצֵל כָּל־בָּשָׂר אַךְ לְמַעַן הַבְּחִירִים יִקָּצְרוּ הַיָּמִים הָהֵם׃

24:22 Et nisi breviati fuissent dies illi, non fieret salva omnis caro: sed propter electos breviabuntur dies illi.

24:22 Καὶ εἰ μὴ ἐκολοβώθησαν αἱ ἡμέραι ἐκεῖναι, οὐκ ἂν ἐσώθη πᾶσα σάρξ· διὰ δὲ τοὺς ἐκλεκτοὺς κολοβωθήσονται αἱ ἡμέραι ἐκεῖναι.

24:22 And unless those days had been shortened, no flesh would have been saved, but for the sake of the chosen, those days shall be shortened.

24:22 Und wo diese Tage nicht verkürzt würden, so würde kein Mensch selig; aber um der Auserwählten willen werden die Tage verkürzt.

24:22 Et, si ces jours n'étaient abrégés, personne ne serait sauvé; mais, à cause des élus, ces jours seront abrégés.

24:23 וְכִי־יֹאמַר אֲלֵיכֶם אִישׁ בָּעֵת הַהִיא הִנֵּה־פֹה הַמָּשִׁיחַ אוֹ הִנּוֹ־שָׁם אַל תַּאֲמִינוּ׃

24:23 Tunc si quis vobis dixerit: Ecce hic est Christus, aut illic: nolite credere.

24:23 Τότε ἐάν τις ὑμῖν εἴπῃ, Ἰδού, ὧδε ὁ χριστός, ἢ ὧδε, μὴ πιστεύσητε.

24:23 Then, if any man shall say to you, 'Look, here is the Messiah.' or, 'Here *he is*!' do not believe *him*.

24:23 So alsdann jemand zu euch wird sagen: Siehe, hier ist Christus! oder: da! so sollt ihr's nicht glauben.

24:23 Si quelqu'un vous dit alors: Le Christ est ici, ou: Il est là, ne le croyez pas.

24:24 כִּי יָקוּמוּ מְשִׁיחֵי שֶׁקֶר וּנְבִיאֵי שֶׁקֶר וְיִתְּנוּ אֹתוֹת גְּדֹלוֹת וּמוֹפְתִים לְמַעַן הַתְעוֹת אַף אֶת־הַבְּחִירִים אִם־יוּכָלוּ׃

24:24 Surgent enim pseudochristi, et pseudoprophetae: et dabunt signa magna, et prodigia, ita ut in errorem inducantur (si fieri potest) etiam electi.

24:24 Ἐγερθήσονται γὰρ ψευδόχριστοι καὶ ψευδοπροφῆται, καὶ δώσουσιν σημεῖα μεγάλα καὶ τέρατα, ὥστε πλανῆσαι, εἰ δυνατόν, καὶ τοὺς ἐκλεκτούς.

24:24 For there shall arise false Messiahs, and false prophets, and they shall show great signs and wonders so as to lead astray, if possible, even the chosen.

24:24 Denn es werden falsche Christi und falsche Propheten aufstehen und große Zeichen und Wunder tun, daß verführt werden in dem Irrtum (wo es möglich wäre) auch die Auserwählten.

24:24 Car il s'élèvera de faux Christs et de faux prophètes; ils feront de grands prodiges et des miracles, au point de séduire, s'il était possible, même les élus.

24:25 הִנֵּה מֵרֹאשׁ הִגַּדְתִּי לָכֶם׃

24:25 Ecce praedixi vobis.

24:25 Ἰδού, προείρηκα ὑμῖν.

24:25 Behold, I have told you beforehand.

24:25 Siehe, ich habe es euch zuvor gesagt.

24:25 Voici, je vous l'ai annoncé d'avance.

24:26 לָכֵן כִּי־יֹאמְרוּ אֲלֵיכֶם הִנּוֹ בַמִּדְבָּר אַל־תֵּצֵאוּ הִנּוֹ בַחֲדָרִים אַל־תַּאֲמִינוּ:

24:26 Si ergo dixerint vobis: Ecce in deserto est, nolite exire; Ecce in penetralibus, nolite credere.

24:26 Ἐὰν οὖν εἴπωσιν ὑμῖν, Ἰδού, ἐν τῇ ἐρήμῳ ἐστίν, μὴ ἐξέλθητε· Ἰδού, ἐν τοῖς ταμείοις, μὴ πιστεύσητε.

24:26 If, therefore, they shall say to you, 'Behold, he is in the wilderness.' do not go, or 'Behold, he is in the inner chambers.' do not believe it.

24:26 Darum, wenn sie zu euch sagen werden: Siehe, er ist in der Wüste! so gehet nicht hinaus,- siehe, er ist in der Kammer! so glaubt nicht.

24:26 Si donc on vous dit: Voici, il est dans le désert, n'y allez pas; voici, il est dans les chambres, ne le croyez pas.

24:27 כִּי כַבָּרָק הַיּוֹצֵא מִמִּזְרָח וּמֵאִיר עַד־הַמַּעֲרָב כֵּן יִהְיֶה גַּם־בּוֹאוֹ שֶׁל־בֶּן־הָאָדָם:

24:27 Sicut enim fulgur exit ab oriente, et paret usque in occidentem: ita erit et adventus Filii hominis.

24:27 Ὥσπερ γὰρ ἡ ἀστραπὴ ἐξέρχεται ἀπὸ ἀνατολῶν καὶ φαίνεται ἕως δυσμῶν, οὕτως ἔσται καὶ ἡ παρουσία τοῦ υἱοῦ τοῦ ἀνθρώπου.

24:27 For just as the lightning comes forth from the east and is seen even to the west, so also shall *it* be with the coming of the Son of man.

24:27 Denn gleichwie ein Blitz ausgeht vom Aufgang und scheint bis zum Niedergang, also wird auch sein die Zukunft des Menschensohnes.

24:27 Car, comme l'éclair part de l'orient et se montre jusqu'en occident, ainsi sera l'avènement du Fils de l'homme.

24:28 כִּי בַּאֲשֶׁר הֶחָלָל שָׁם יִקָּבְצוּ הַנְּשָׁרִים:

24:28 Ubicumque fuerit corpus, illic congregabuntur et aquilae.

24:28 Ὅπου γὰρ ἐὰν ᾖ τὸ πτῶμα, ἐκεῖ συναχθήσονται οἱ ἀετοί.

24:28 Wherever the carcass is, there the eagles will be gathered together.

24:28 Wo aber ein Aas ist, da sammeln sich die Adler.

24:28 En quelque lieu que soit le cadavre, là s'assembleront les aigles.

24:29 וּמִיָּד אַחֲרֵי צָרַת הַיָּמִים הָהֵם תֶּחְשַׁךְ הַשֶּׁמֶשׁ וְהַיָּרֵחַ לֹא יַגִּיהַּ אוֹרוֹ וְהַכּוֹכָבִים יִפְּלוּ מִן־הַשָּׁמַיִם וַחֲיָלֵי הַשָּׁמַיִם יִתְמוֹטָטוּ:

24:29 Statim autem post tribulationem dierum illorum sol obscurabitur, et luna non dabit lumen suum, et stellae cadent de caelo, et virtutes caelorum commovebuntur:

24:29 Εὐθέως δὲ μετὰ τὴν θλίψιν τῶν ἡμερῶν ἐκείνων, ὁ ἥλιος σκοτισθήσεται, καὶ ἡ σελήνη οὐ δώσει τὸ φέγγος αὐτῆς, καὶ οἱ ἀστέρες πεσοῦνται ἀπὸ τοῦ οὐρανοῦ, καὶ αἱ δυνάμεις τῶν οὐρανῶν σαλευθήσονται.

24:29 But immediately after the suffering of those days the sun shall be darkened, and the moon shall not give her light, and the stars shall fall from heaven, and the powers of the heavens shall be shaken,

24:29 Bald aber nach der Trübsal derselben Zeit werden Sonne und Mond den Schein verlieren, und Sterne werden vom Himmel fallen, und die Kräfte der Himmel werden sich bewegen.

24:29 Aussitôt après ces jours de détresse, le soleil s'obscurcira, la lune ne donnera plus sa lumière, les étoiles tomberont du ciel, et les puissances des cieux seront ébranlées.

24:30 אָז יֵרָאֶה אוֹת בֶּן־הָאָדָם בַּשָּׁמַיִם וְסָפְדוּ כָּל־מִשְׁפְּחוֹת הָאָרֶץ וְרָאוּ אֶת־בֶּן־הָאָדָם בָּא עִם־עַנְנֵי הַשָּׁמַיִם בִּגְבוּרָה וְכָבוֹד רָב׃

24:30 et tunc parebit signum Filii hominis in caelo: et tunc plangent omnes tribus terrae: et videbunt Filium hominis venientem in nubibus caeli cum virtute multa et majestate.

24:30 Καὶ τότε φανήσεται τὸ σημεῖον τοῦ υἱοῦ τοῦ ἀνθρώπου ἐν τῷ οὐρανῷ· καὶ τότε κόψονται πᾶσαι αἱ φυλαὶ τῆς γῆς, καὶ ὄψονται τὸν υἱὸν τοῦ ἀνθρώπου ἐρχόμενον ἐπὶ τῶν νεφελῶν τοῦ οὐρανοῦ μετὰ δυνάμεως καὶ δόξης πολλῆς.

24:30 and the sign of the Son of Man shall appear in heaven, and then all the tribes of the earth shall mourn, and they shall see the Son of Man coming on the clouds of heaven with power and great glory.

24:30 Und alsdann wird erscheinen das Zeichen des Menschensohnes am Himmel. Und alsdann werden heulen alle Geschlechter auf Erden und werden sehen kommen des Menschen Sohn in den Wolken des Himmels mit großer Kraft und Herrlichkeit.

24:30 Alors le signe du Fils de l'homme paraîtra dans le ciel, toutes les tribus de la terre se lamenteront, et elles verront le Fils de l'homme venant sur les nuées du ciel avec puissance et une grande gloire.

24:31 וְשָׁלַח אֶת־מַלְאָכָיו בְּקוֹל שׁוֹפָר גָּדוֹל וְקִבְּצוּ אֶת־בְּחִירָיו מֵאַרְבַּע הָרוּחוֹת לְמִקְצֵה הַשָּׁמַיִם וְעַד קְצֵה הַשָּׁמָיִם׃

24:31 Et mittet angelos suos cum tuba, et voce magna: et congregabunt electos ejus a quatuor ventis, a summis caelorum usque ad terminos eorum.

24:31 Καὶ ἀποστελεῖ τοὺς ἀγγέλους αὐτοῦ μετὰ σάλπιγγος φωνῆς μεγάλης, καὶ ἐπισυνάξουσιν τοὺς ἐκλεκτοὺς αὐτοῦ ἐκ τῶν τεσσάρων ἀνέμων, ἀπ' ἄκρων οὐρανῶν ἕως ἄκρων αὐτῶν.

24:31 And he shall send forth his angels with a great sound of a trumpet, and they shall gather together his chosen from the four winds, from one end of heaven to the other.

24:31 Und er wird senden seine Engel mit hellen Posaunen, und sie werden sammeln seine Auserwählten von den vier Winden, von einem Ende des Himmels zu dem anderen.

24:31 Il enverra ses anges avec la trompette retentissante, et ils rassembleront ses élus des quatre vents, depuis une extrémité des cieux jusqu'à l'autre.

24:32 וּמִן־הַתְּאֵנָה לִמְדוּ אֶת־הַמָּשָׁל הַזֶּה כַּאֲשֶׁר יִרְטַב עֲנָפָהּ וּפָרְחוּ עָלֶיהָ יְדַעְתֶּם כִּי קָרוֹב הַקָּיִץ׃

24:32 Ab arbore autem fici discite parabolam: cum jam ramus ejus tener fuerit, et folia nata, scitis quia prope est aestas:

24:32 Ἀπὸ δὲ τῆς συκῆς μάθετε τὴν παραβολήν· ὅταν ἤδη ὁ κλάδος αὐτῆς γένηται ἁπαλός, καὶ τὰ φύλλα ἐκφύῃ, γινώσκετε ὅτι ἐγγὺς τὸ θέρος·

24:32 Now, from the fig tree learn her parable: Now when her branch is becomes tender and puts forth its leaves, you know that the summer is near;

24:32 An dem Feigenbaum lernet ein Gleichnis: wenn sein Zweig jetzt saftig wird und Blätter gewinnt, so wißt ihr, daß der Sommer nahe ist.

24:32 Instruisez-vous par une comparaison tirée du figuier. Dès que ses branches deviennent tendres, et que les feuilles poussent, vous connaissez que l'été est proche.

24:33 כֵּן גַּם־אַתֶּם בִּרְאוֹתְכֶם אֶת־כָּל־אֵלֶּה דְּעוּ כִּי־קָרוֹב הוּא בַּפָּתַח:

24:33 ita et vos cum videritis haec omnia, scitote quia prope est, in januis.

24:33 οὕτως καὶ ὑμεῖς, ὅταν ἴδητε ταῦτα πάντα, γινώσκετε ὅτι ἐγγύς ἐστιν ἐπὶ θύραις.

24:33 even so, you also, when you see all these things, know you that he is near, *even* at the doors.

24:33 Also auch wenn ihr das alles sehet, so wisset, daß es nahe vor der Tür ist.

24:33 De même, quand vous verrez toutes ces choses, sachez que le Fils de l'homme est proche, à la porte.

24:34 אָמֵן אֹמֵר אֲנִי לָכֶם כִּי לֹא יַעֲבֹר הַדּוֹר הַזֶּה עַד אֲשֶׁר־יִהְיוּ כָל־אֵלֶּה:

24:34 Amen dico vobis, quia non praeteribit generatio haec, donec omnia haec fiant.

24:34 Ἀμὴν λέγω ὑμῖν, οὐ μὴ παρέλθῃ ἡ γενεὰ αὕτη, ἕως ἂν πάντα ταῦτα γένηται.

24:34 Amen! I tell you, this generation shall not pass away, until all these things are accomplished.

24:34 Wahrlich ich sage euch: Dies Geschlecht wird nicht vergehen, bis daß dieses alles geschehe.

24:34 Je vous le dis en vérité, cette génération ne passera point, que tout cela n'arrive.

24:35 הַשָּׁמַיִם וְהָאָרֶץ יַעֲבֹרוּ וּדְבָרַי לֹא יַעֲבֹרוּן:

24:35 Caelum et terra transibunt, verba autem mea non praeteribunt.

24:35 Ὁ οὐρανὸς καὶ ἡ γῆ παρελεύσονται, οἱ δὲ λόγοι μου οὐ μὴ παρέλθωσιν.

24:35 Heaven and earth shall pass away, but my words shall not pass away.

24:35 Himmel und Erde werden vergehen; aber meine Worte werden nicht vergehen.

24:35 Le ciel et la terre passeront, mais mes paroles ne passeront point.

24:36 וְהַיּוֹם הַהוּא וְהַשָּׁעָה הַהִיא אֵין אִישׁ יוֹדֵעַ גַּם־לֹא מַלְאֲכֵי הַשָּׁמַיִם גַּם־לֹא הַבֵּן בִּלְתִּי אָבִי לְבַדּוֹ:

24:36 De die autem illa et hora nemo scit, neque angeli caelorum, nisi solus Pater.

24:36 Περὶ δὲ τῆς ἡμέρας ἐκείνης καὶ ὥρας οὐδεὶς οἶδεν, οὐδὲ οἱ ἄγγελοι τῶν οὐρανῶν, εἰ μὴ ὁ πατήρ μου μόνος.

24:36 But of that day and hour knows, no one, not even the angels of heaven, nor the Son, but only the Father.

24:36 Von dem Tage aber und von der Stunde weiß niemand, auch die Engel nicht im Himmel, sondern allein mein Vater.

24:36 Pour ce qui est du jour et de l'heure, personne ne le sait, ni les anges des cieux, ni le Fils, mais le Père seul.

24:37 וְכִימֵי נֹחַ כֵּן יִהְיֶה גַּם־בּוֹאוֹ שֶׁל־בֶּן־הָאָדָם:

24:37 Sicut autem in diebus Noë, ita erit et adventus Filii hominis:

24:37 Ὥσπερ δὲ αἱ ἡμέραι τοῦ Νῶε, οὕτως ἔσται καὶ ἡ παρουσία τοῦ υἱοῦ τοῦ ἀνθρώπου.

24:37 And just as *things were* in the days of Noah, so also shall they be with the coming of the Son of Man.

24:37 Aber gleichwie es zur Zeit Noah's war, also wird auch sein die Zukunft des Menschensohnes.

24:37 Ce qui arriva du temps de Noé arrivera de même à l'avènement du Fils de l'homme.

24:38 כִּי כַאֲשֶׁר לִפְנֵי יְמֵי הַמַּבּוּל הָיוּ אֹכְלִים וְשֹׁתִים נֹשְׂאִים נָשִׁים וְנֹתְנִים נָשִׁים לַאֲנָשִׁים עַד־הַיּוֹם אֲשֶׁר־בָּא נֹחַ אֶל־הַתֵּבָה:

24:38 sicut enim erant in diebus ante diluvium comedentes et bibentes, nubentes et nuptum tradentes, usque ad eum diem, quo intravit Noë in arcam,

24:38 Ὥσπερ γὰρ ἦσαν ἐν ταῖς ἡμέραις ταῖς πρὸ τοῦ κατακλυσμοῦ τρώγοντες καὶ πίνοντες, γαμοῦντες καὶ ἐκγαμίζοντες, ἄχρι ἧς ἡμέρας εἰσῆλθεν Νῶε εἰς τὴν κιβωτόν,

24:38 For, as in those days, which were before the flood, they were eating and drinking, marrying and giving in marriage, until the day that Noah entered into the ark,

24:38 Denn gleichwie sie waren in den Tagen vor der Sintflut, sie aßen, sie tranken, sie freiten und ließen sich freien, bis an den Tag, da Noah zu der Arche einging.

24:38 Car, dans les jours qui précédèrent le déluge, les hommes mangeaient et buvaient, se mariaient et mariaient leurs enfants, jusqu'au jour où Noé entra dans l'arche;

24:39 וְלֹא יָדְעוּ עַד־בּוֹא הַמַּבּוּל וַיִּמַח אֶת־כּוּלָּם כֵּן יִהְיֶה גַּם־בּוֹאוֹ שֶׁל־בֶּן־הָאָדָם:

24:39 et non cognoverunt donec venit diluvium, et tulit omnes: ita erit et adventus Filii hominis.

24:39 καὶ οὐκ ἔγνωσαν, ἕως ἦλθεν ὁ κατακλυσμὸς καὶ ἦρεν ἅπαντας, οὕτως ἔσται καὶ ἡ παρουσία τοῦ υἱοῦ τοῦ ἀνθρώπου.

24:39 and they did not realize it until the flood came and took them all away. So it shall be with the coming of the Son of Man.

24:39 und achteten's nicht, bis die Sintflut kam und nahm sie alle dahin, also wird auch sein die Zukunft des Menschensohnes.

24:39 et ils ne se doutèrent de rien, jusqu'à ce que le déluge vînt et les emportât tous: il en sera de même à l'avènement du Fils de l'homme.

24:40 אָז יִהְיוּ שְׁנַיִם בַּשָּׂדֶה וְיֵאָסֵף אֶחָד וְהָאֶחָד יֵעָזֵב:

24:40 Tunc duo erunt in agro: unus assumetur, et unus relinquetur.

24:40 Τότε δύο ἔσονται ἐν τῷ ἀγρῷ· ὁ εἷς παραλαμβάνεται, καὶ ὁ εἷς ἀφίεται.

24:40 Then, two men shall be in the field; one is taken, and one is left.

24:40 Dann werden zwei auf dem Felde sein; einer wird angenommen, und der andere wird verlassen werden.

24:40 Alors, de deux hommes qui seront dans un champ, l'un sera pris et l'autre laissé;

24:41 שְׁתַּיִם טוֹחֲנוֹת בָּרֵחַיִם וְתֵאָסֵף אַחַת וְאַחַת תֵּעָזֵב:

24:41 Duae molentes in mola: una assumetur, et una relinquetur.

24:41 Δύο ἀλήθουσαι ἐν τῷ μύλωνι· μία παραλαμβάνεται, καὶ μία ἀφίεται.

24:41 Two women *shall be* grinding at the mill; one is taken, and one is left.

24:41 Zwei werden mahlen auf der Mühle; eine wird angenommen, und die andere wird verlassen werden.

24:41 de deux femmes qui moudront à la meule, l'une sera prise et l'autre laissée.

24:42 לָכֵן שִׁקְדוּ כִּי אֵינְכֶם יוֹדְעִים בְּאֵי־זוֹ שָׁעָה יָבֹא אֲדֹנֵיכֶם:

24:42 Vigilate ergo, quia nescitis qua hora Dominus vester venturus sit.

24:42 Γρηγορεῖτε οὖν, ὅτι οὐκ οἴδατε ποίᾳ ὥρᾳ ὁ κύριος ὑμῶν ἔρχεται.

24:42 Watch, therefore, for you do not know on which day your Lord is coming.

24:42 Darum wachet, denn ihr wisset nicht, welche Stunde euer HERR kommen wird.

24:42 Veillez donc, puisque vous ne savez pas quel jour votre Seigneur viendra.

24:43 וְאֶת־זֹאת דְּעוּ אֲשֶׁר לוּ־יָדַע בַּעַל הַבַּיִת בְּאֵי־זוֹ אַשְׁמוּרָה יָבֹא הַגַּנָּב כִּי־עַתָּה שָׁקַד וְלֹא הִנִּיחַ לַחְתֹּר אֶת־בֵּיתוֹ:

24:43 Illud autem scitote, quoniam si sciret paterfamilias qua hora fur venturus esset, vigilaret utique, et non sineret perfodi domum suam.

24:43 Ἐκεῖνο δὲ γινώσκετε, ὅτι εἰ ᾔδει ὁ οἰκοδεσπότης ποίᾳ φυλακῇ ὁ κλέπτης ἔρχεται, ἐγρηγόρησεν ἄν, καὶ οὐκ ἂν εἴασεν διορυγῆναι τὴν οἰκίαν αὐτοῦ.

24:43 But know this, that if the master of the house had known in what watch *of the night* the thief was coming, he would have watched, and would not have permitted his house to be broken into.

24:43 Das sollt ihr aber wissen: Wenn der Hausvater wüßte, welche Stunde der Dieb kommen wollte, so würde er ja wachen und nicht in sein Haus brechen lassen.

24:43 Sachez-le bien, si le maître de la maison savait à quelle veille de la nuit le voleur doit venir, il veillerait et ne laisserait pas percer sa maison.

24:44 לָכֵן הֱיוּ נְכוֹנִים גַּם־אַתֶּם כִּי בְשָׁעָה אֲשֶׁר לֹא תְדַמּוּ יָבוֹא בֶּן־הָאָדָם:

24:44 Ideo et vos estote parati: quia qua nescitis hora Filius hominis venturus est.

24:44 Διὰ τοῦτο καὶ ὑμεῖς γίνεσθε ἕτοιμοι· ὅτι ᾗ ὥρᾳ οὐ δοκεῖτε, ὁ υἱὸς τοῦ ἀνθρώπου ἔρχεται.

24:44 Therefore, you also be ready, for in an hour that you do not think about it, the Son of Man will come.

24:44 Darum seid ihr auch bereit; denn des Menschen Sohn wird kommen zu einer Stunde, da ihr's nicht meinet.

24:44 C'est pourquoi, vous aussi, tenez-vous prêts, car le Fils de l'homme viendra à l'heure où vous n'y penserez pas.

The Gospel of Matthew

24:45 מִי הוּא אֵפוֹא הָעֶבֶד הַנֶּאֱמָן וְהַנָּבוֹן אֲשֶׁר הִפְקִידוֹ אֲדֹנָיו עַל־עֲבָדָיו לָתֵת לָהֶם אֶת־אָכְלָם בְּעִתּוֹ׃

24:45 Quis, putas, est fidelis servus, et prudens, quem constituit dominus suus super familiam suam ut det illis cibum in tempore?

24:45 Τίς ἄρα ἐστὶν ὁ πιστὸς δοῦλος καὶ φρόνιμος, ὃν κατέστησεν ὁ κύριος αὐτοῦ ἐπὶ τῆς θεραπείας αὐτοῦ, τοῦ διδόναι αὐτοῖς τὴν τροφὴν ἐν καιρῷ;

24:45 Who then is the faithful and wise servant, whom his lord has set over his household, to give them their food in due season?

24:45 Welcher ist aber nun ein treuer und kluger Knecht, den der Herr gesetzt hat über sein Gesinde, daß er ihnen zu rechter Zeit Speise gebe?

24:45 Quel est donc le serviteur fidèle et prudent, que son maître a établi sur ses gens, pour leur donner la nourriture au temps convenable?

24:46 אַשְׁרֵי הָעֶבֶד אֲשֶׁר יָבוֹא אֲדֹנָיו וְיִמְצָאֵהוּ עֹשֶׂה כֵּן׃

24:46 Beatus ille servus, quem cum venerit dominus ejus, invenerit sic facientem.

24:46 Μακάριος ὁ δοῦλος ἐκεῖνος, ὃν ἐλθὼν ὁ κύριος αὐτοῦ εὑρήσει ποιοῦντα οὕτως.

24:46 Blessed is that servant, whom his lord, when he comes, shall find doing this.

24:46 Selig ist der Knecht, wenn sein Herr kommt und findet ihn also tun.

24:46 Heureux ce serviteur, que son maître, à son arrivée, trouvera faisant ainsi!

24:47 אָמֵן אֹמֵר אֲנִי לָכֶם כִּי יַפְקִידֵהוּ עַל־כָּל־אֲשֶׁר־לוֹ׃

24:47 Amen dico vobis, quoniam super omnia bona sua constituet eum.

24:47 Ἀμὴν λέγω ὑμῖν, ὅτι ἐπὶ πᾶσιν τοῖς ὑπάρχουσιν αὐτοῦ καταστήσει αὐτόν.

24:47 Amen. I tell you that he will set him over all that he has.

24:47 Wahrlich ich sage euch: Er wird ihn über alle seine Güter setzen.

24:47 Je vous le dis en vérité, il l 'établira sur tous ses biens.

24:48 וְאִם־יֹאמַר הָעֶבֶד הָרַע בְּלִבּוֹ מְאַחֵר אֲדֹנִי לָבוֹא׃

24:48 Si autem dixerit malus servus ille in corde suo: Moram fecit dominus meus venire:

24:48 Ἐὰν δὲ εἴπῃ ὁ κακὸς δοῦλος ἐκεῖνος ἐν τῇ καρδίᾳ αὐτοῦ, Χρονίζει ὁ κύριός μου ἐλθεῖν,

24:48 But if that evil servant shall say in his heart, 'My lord delays in coming.'

24:48 So aber jener, der böse Knecht, wird in seinem Herzen sagen: Mein Herr kommt noch lange nicht,

24:48 Mais, si c 'est un méchant serviteur, qui dise en lui-même: Mon maître tarde à venir,

24:49 וְהִכָּה אֶת־חֲבֵרָיו וְאָכַל וְשָׁתָה עִם־הַסּוֹבְאִים׃

24:49 et coeperit percutere conservos suos, manducet autem et bibat cum ebriosis:

24:49 καὶ ἄρξηται τύπτειν τοὺς συνδούλους, ἐσθίειν δὲ καὶ πίνειν μετὰ τῶν μεθυόντων,

24:49 and shall begin to beat his fellow servants, and shall eat and drink with the drunken,

24:49 und fängt an zu schlagen seine Mitknechte, ißt und trinkt mit den Trunkenen:

24:49 s'il se met à battre ses compagnons, s'il mange et boit avec les ivrognes,

24:50 בּוֹא יָבוֹא אֲדֹנֵי הָעֶבֶד הַהוּא בְּיוֹם לֹא יְצַפֶּה וּבְשָׁעָה לֹא יֵדָע׃

24:50 veniet dominus servi illius in die qua non sperat, et hora qua ignorat:

24:50 ἥξει ὁ κύριος τοῦ δούλου ἐκείνου ἐν ἡμέρᾳ ᾗ οὐ προσδοκᾷ, καὶ ἐν ὥρᾳ ᾗ οὐ γινώσκει,

24:50 the lord of that servant shall come in a day when he does not expect, and in an hour when he does not know,

24:50 so wird der Herr des Knechtes kommen an dem Tage, des er sich nicht versieht, und zu einer Stunde, die er nicht meint,

24:50 le maître de ce serviteur viendra le jour où il ne s'y attend pas et à l'heure qu'il ne connaît pas,

24:51 וִישַׁסֵּף אֹתוֹ וַיָשִׂים אֶת־חֶלְקוֹ עִם־הַחֲנֵפִים שָׁם תִּהְיֶה הַיְלָלָה וַחֲרֹק הַשִּׁנָּיִם׃

24:51 et dividet eum, partemque ejus ponet cum hypocritis: illic erit fletus et stridor dentium.

24:51 καὶ διχοτομήσει αὐτόν, καὶ τὸ μέρος αὐτοῦ μετὰ τῶν ὑποκριτῶν θήσει· ἐκεῖ ἔσται ὁ κλαυθμὸς καὶ ὁ βρυγμὸς τῶν ὀδόντων.

24:51 and shall cut him off, and appoint his portion with the hypocrites where there shall be the weeping and the gnashing of teeth.

24:51 und wird ihn zerscheitern und wird ihm den Lohn geben mit den Heuchlern: da wird sein Heulen und Zähneklappen.

24:51 il le mettra en pièces, et lui donnera sa part avec les hypocrites: c'est là qu'il y aura des pleurs et des grincements de dents.

25:1 אָז תִּדְמֶה מַלְכוּת הַשָּׁמַיִם לְעֶשֶׂר עֲלָמוֹת אֲשֶׁר לָקְחוּ אֶת־נֵרוֹתֵיהֶן וַתֵּצֶאנָה לִקְרַאת הֶחָתָן׃

25:1 Tunc simile erit regnum caelorum decem virginibus: quae accipientes lampades suas exierunt obviam sponso et sponsae.

25:1 Τότε ὁμοιωθήσεται ἡ βασιλεία τῶν οὐρανῶν δέκα παρθένοις, αἵτινες λαβοῦσαι τὰς λαμπάδας αὐτῶν ἐξῆλθον εἰς ἀπάντησιν τοῦ νυμφίου.

25:1 So then, the Kingdom of Heaven shall be likened to ten virgins who took their lamps and went forth to meet the groom.

25:1 Dann wird das Himmelreich gleich sein zehn Jungfrauen, die ihre Lampen nahmen und gingen aus, dem Bräutigam entgegen.

25:1 Alors le royaume des cieux sera semblable à dix vierges qui, ayant pris leurs lampes, allèrent à la rencontre de l'époux.

25:2 חָמֵשׁ מֵהֶן חֲכָמוֹת וְחָמֵשׁ כְּסִילוֹת׃

25:2 Quinque autem ex eis erant fatuae, et quinque prudentes:

25:2 Πέντε δὲ ἦσαν ἐξ αὐτῶν φρόνιμοι, καὶ αἱ πέντε μωραί.

25:2 And five of them were foolish, and five were wise.

25:2 Aber fünf unter ihnen waren töricht, und fünf waren klug.

25:2 Cinq d'entre elles étaient folles, et cinq sages.

25:3 וַתִּקַּחְנָה הַכְּסִילוֹת אֶת־הַנֵּרוֹת וְלֹא־לָקְחוּ עִמָּהֶן שָׁמֶן:

25:3 sed quinque fatuae, acceptis lampadibus, non sumpserunt oleum secum:

25:3 Αἵτινες μωραί, λαβοῦσαι τὰς λαμπάδας αὐτῶν, οὐκ ἔλαβον μεθ' ἑαυτῶν ἔλαιον·

25:3 For the foolish, when they took their lamps, they took no oil with them,

25:3 Die törichten nahmen Öl in ihren Lampen; aber sie nahmen nicht Öl mit sich.

25:3 Les folles, en prenant leurs lampes, ne prirent point d'huile avec elles;

25:4 וְהַחֲכָמוֹת לָקְחוּ שֶׁמֶן בִּכְלֵיהֶן וְאֵת נֵרוֹתֵיהֶן:

25:4 prudentes vero acceperunt oleum in vasis suis cum lampadibus.

25:4 αἱ δὲ φρόνιμοι ἔλαβον ἔλαιον ἐν τοῖς ἀγγείοις αὐτῶν μετὰ τῶν λαμπάδων αὐτῶν.

25:4 but the wise took oil in their vessels with their lamps.

25:4 Die klugen aber nahmen Öl in ihren Gefäßen samt ihren Lampen.

25:4 mais les sages prirent, avec leurs lampes, de l'huile dans des vases.

25:5 וְכַאֲשֶׁר אֵחַר הֶחָתָן לָבוֹא וַתָּנֹמְנָה כֻלָּן וַתֵּרָדַמְנָה:

25:5 Moram autem faciente sponso, dormitaverunt omnes et dormierunt.

25:5 Χρονίζοντος δὲ τοῦ νυμφίου, ἐνύσταξαν πᾶσαι καὶ ἐκάθευδον.

25:5 Now, while the groom remained, they all slumbered and slept.

25:5 Da nun der Bräutigam verzog, wurden sie alle schläfrig und schliefen ein.

25:5 Comme l'époux tardait, toutes s'assoupirent et s'endormirent.

25:6 וַיְהִי בַּחֲצוֹת הַלַּיְלָה וַיִּשָּׁמַע קוֹל תְּרוּעָה הִנֵּה הֶחָתָן צְאֶינָה לִקְרָאתוֹ:

25:6 Media autem nocte clamor factus est: Ecce sponsus venit, exite obviam ei.

25:6 Μέσης δὲ νυκτὸς κραυγὴ γέγονεν, Ἰδού, ὁ νυμφίος ἔρχεται, ἐξέρχεσθε εἰς ἀπάντησιν αὐτοῦ.

25:6 But at midnight there is a cry, 'Behold, the bridegroom! Come forth to meet him.'

25:6 Zur Mitternacht aber ward ein Geschrei: Siehe, der Bräutigam kommt; geht aus ihm entgegen!

25:6 Au milieu de la nuit, on cria: Voici l'époux, allez à sa rencontre!

25:7 אָז הִתְעוֹרְרוּ כָּל־הָעֲלָמוֹת הָהֵן וַתֵּיטַבְנָה אֶת־נֵרוֹתֵיהֶן:

25:7 Tunc surrexerunt omnes virgines illae, et ornaverunt lampades suas.

25:7 Τότε ἠγέρθησαν πᾶσαι αἱ παρθένοι ἐκεῖναι, καὶ ἐκόσμησαν τὰς λαμπάδας αὐτῶν.

25:7 Then all those virgins arose and lit their lamps.

25:7 Da standen diese Jungfrauen alle auf und schmückten ihre Lampen.

25:7 Alors toutes ces vierges se réveillèrent, et préparèrent leurs lampes.

25:8 וַתֹּאמַרְנָה הַכְּסִילוֹת אֶל־הַחֲכָמוֹת תֵּנָה לָנוּ מִשַּׁמְנְכֶן כִּי יִכְבּוּ נֵרוֹתֵינוּ:

25:8 Fatuae autem sapientibus dixerunt: Date nobis de oleo vestro, quia lampades nostrae extinguuntur.

25:8 Αἱ δὲ μωραὶ ταῖς φρονίμοις εἶπον, Δότε ἡμῖν ἐκ τοῦ ἐλαίου ὑμῶν, ὅτι αἱ λαμπάδες ἡμῶν σβέννυνται.

25:8 And the foolish said to the wise, 'Give us of your oil, for our lamps are going out.'

25:8 Die törichten aber sprachen zu den klugen: Gebt uns von eurem Öl, denn unsere Lampen verlöschen.

25:8 Les folles dirent aux sages: Donnez-nous de votre huile, car nos lampes s'éteignent.

25:9 וַתַּעֲנֶינָה הַחֲכָמוֹת לֵאמֹר לֹא כֵן פֶּן־לֹא יַסְפִּיק לָנוּ וְלָכֶן כִּי אִם־לֵכְנָה אֶל־הַמּוֹכְרִים וּקְנֶינָה לָכֶן:

25:9 Responderunt prudentes, dicentes: Ne forte non sufficiat nobis, et vobis, ite potius ad vendentes, et emite vobis.

25:9 Ἀπεκρίθησαν δὲ αἱ φρόνιμοι, λέγουσαι, Μήποτε οὐκ ἀρκέσῃ ἡμῖν καὶ ὑμῖν· πορεύεσθε δὲ μᾶλλον πρὸς τοὺς πωλοῦντας καὶ ἀγοράσατε ἑαυταῖς.

25:9 But the wise answered back saying, "Then there will not be enough for us and you, you go rather to those that sell, and buy for yourselves.'

25:9 Da antworteten die klugen und sprachen: Nicht also, auf daß nicht uns und euch gebreche; geht aber hin zu den Krämern und kauft für euch selbst.

25:9 Les sages répondirent: Non; il n'y en aurait pas assez pour nous et pour vous; allez plutôt chez ceux qui en vendent, et achetez-en pour vous.

25:10 וַיְהִי הֵנָּה הֹלְכוֹת לִקְנוֹת וְהֶחָתָן בָּא וַתָּבֹאנָה הַנְּכֹנוֹת עִמּוֹ אֶל־הַחֲתֻנָּה וַתִּסָּגֵר הַדָּלֶת:

25:10 Dum autem irent emere, venit sponsus: et quae paratae erant, intraverunt cum eo ad nuptias, et clausa est janua.

25:10 Ἀπερχομένων δὲ αὐτῶν ἀγοράσαι, ἦλθεν ὁ νυμφίος· καὶ αἱ ἕτοιμοι εἰσῆλθον μετ' αὐτοῦ εἰς τοὺς γάμους, καὶ ἐκλείσθη ἡ θύρα.

25:10 And while they went away to buy, the groom came and those who were ready went in with him to the marriage feast and the door was shut.

25:10 Und da sie hingingen, zu kaufen, kam der Bräutigam; und die bereit waren, gingen mit ihm hinein zur Hochzeit, und die Tür ward verschlossen.

25:10 Pendant qu'elles allaient en acheter, l'époux arriva; celles qui étaient prêtes entrèrent avec lui dans la salle des noces, et la porte fut fermée.

25:11 וְאַחַר בָּאוּ גַּם־יֶתֶר הָעֲלָמוֹת וַתֹּאמַרְנָה אֲדֹנֵינוּ אֲדֹנֵינוּ פְּתַח־לָנוּ:

25:11 Novissime vero veniunt et reliquae virgines, dicentes: Domine, domine, aperi nobis.

25:11 Ὕστερον δὲ ἔρχονται καὶ αἱ λοιπαὶ παρθένοι, λέγουσαι, Κύριε, κύριε, ἄνοιξον ἡμῖν.

25:11 Afterward, the other virgins came also saying, 'Lord, Lord, open *the door* for us.'

25:11 Zuletzt kamen auch die anderen Jungfrauen und sprachen: Herr, Herr, tu uns auf!

25:11 Plus tard, les autres vierges vinrent, et dirent: Seigneur, Seigneur, ouvre-nous.

The Gospel of Matthew

25:12 וַיַּעַן וַיֹּאמַר אָמֵן אֲנִי לָכֶן לֹא יָדַעְתִּי אֶתְכֶן׃

25:12 At ille respondens, ait: Amen dico vobis, nescio vos.

25:12 Ὁ δὲ ἀποκριθεὶς εἶπεν, Ἀμὴν λέγω ὑμῖν, οὐκ οἶδα ὑμᾶς.

25:12 But he answered and said, 'Amen. I say to you, I do not know you.'

25:12 Er antwortete aber und sprach: Wahrlich ich sage euch: Ich kenne euch nicht.

25:12 Mais il répondit: Je vous le dis en vérité, je ne vous connais pas.

25:13 לָכֵן שִׁקְדוּ כִּי אֵינְכֶם יוֹדְעִים אֶת־הַיּוֹם וְאֶת־הַשָּׁעָה אֲשֶׁר יָבֹא בָהּ בֶּן־הָאָדָם׃

25:13 Vigilate itaque, quia nescitis diem, neque horam.

25:13 Γρηγορεῖτε οὖν, ὅτι οὐκ οἴδατε τὴν ἡμέραν οὐδὲ τὴν ὥραν, ἐν ᾗ ὁ υἱὸς τοῦ ἀνθρώπου ἔρχεται.

25:13 Watch, therefore, for you neither know the day nor the hour.

25:13 Darum wachet; denn ihr wisset weder Tag noch Stunde, in welcher des Menschen Sohn kommen wird.

25:13 Veillez donc, puisque vous ne savez ni le jour, ni l'heure.

25:14 כִּי הַדָּבָר דֹּמֶה לְאִישׁ נֹסֵעַ לְמֵרָחוֹק אֲשֶׁר קָרָא אֶל־עֲבָדָיו וַיַּפְקֵד בְּיָדָם אֶת־רְכוּשׁוֹ׃

25:14 Sicut enim homo peregre proficiscens, vocavit servos suos, et tradidit illis bona sua.

25:14 Ὥσπερ γὰρ ἄνθρωπος ἀποδημῶν ἐκάλεσεν τοὺς ἰδίους δούλους, καὶ παρέδωκεν αὐτοῖς τὰ ὑπάρχοντα αὐτοῦ·

25:14 For *it is* as *when* a man, going into another country, called his own servants, and delivered to them his goods.

25:14 Gleichwie ein Mensch, der über Land zog, rief seine Knechte und tat ihnen seine Güter aus;

25:14 Il en sera comme d'un homme qui, partant pour un voyage, appela ses serviteurs, et leur remit ses biens.

25:15 וַיִּתֵּן לָזֶה חָמֵשׁ כִּכָּרִים וְלָזֶה שְׁתַּיִם וְלָזֶה אֶחָת לְכָל־אִישׁ לְפִי יְכָלְתּוֹ וַיְמַהֵר וַיִּסַּע מִשָּׁם׃

25:15 Et uni dedit quinque talenta, alii autem duo, alii vero unum, unicuique secundum propriam virtutem: et profectus est statim.

25:15 καὶ ᾧ μὲν ἔδωκεν πέντε τάλαντα, ᾧ δὲ δύο, ᾧ δὲ ἕν, ἑκάστῳ κατὰ τὴν ἰδίαν δύναμιν· καὶ ἀπεδήμησεν εὐθέως.

25:15 And to one he gave five talents, to another two, to another one, to each according to his abilities, and he went on his journey.

25:15 und einem gab er fünf Zentner, dem andern zwei, dem dritten einen, einem jedem nach seinem Vermögen, und zog bald hinweg.

25:15 Il donna cinq talents à l'un, deux à l'autre, et un au troisième, à chacun selon sa capacité, et il partit. Aussitôt

25:16 וַיֵּלֶךְ הָאִישׁ הַלֹּקֵחַ חָמֵשׁ כִּכָּרִים וַיִּסְחַר בָּהֶן וַיַּעַשׂ לוֹ חָמֵשׁ כִּכָּרִים אֲחֵרוֹת:

25:16 Abiit autem qui quinque talenta acceperat, et operatus est in eis, et lucratus est alia quinque.

25:16 Πορευθεὶς δὲ ὁ τὰ πέντε τάλαντα λαβὼν εἰργάσατο ἐν αὐτοῖς, καὶ ἐποίησεν ἄλλα πέντε τάλαντα.

25:16 Straightaway, the one who received the five talents went and traded with them and made other five talents.

25:16 Da ging der hin, der fünf Zentner empfangen hatte, und handelte mit ihnen und gewann andere fünf Zentner.

25:16 celui qui avait reçu les cinq talents s'en alla, les fit valoir, et il gagna cinq autres talents.

25:17 וְכֵן הַלֹּקֵחַ שְׁתַּיִם גַּם־הוּא הִרְוִיחַ שְׁתַּיִם אֲחֵרוֹת:

25:17 Similiter et qui duo acceperat, lucratus est alia duo.

25:17 Ὡσαύτως καὶ ὁ τὰ δύο ἐκέρδησεν καὶ αὐτὸς ἄλλα δύο.

25:17 In like manner, the one who also *received* the two gained two more.

25:17 Desgleichen, der zwei Zentner empfangen hatte, gewann auch zwei andere.

25:17 De même, celui qui avait reçu les deux talents en gagna deux autres.

25:18 וְלֹקֵחַ הָאַחַת הָלַךְ וַיַּחְפֹּר בָּאֲדָמָה וַיִּטְמֹן אֶת־כֶּסֶף אֲדֹנָיו:

25:18 Qui autem unum acceperat, abiens fodit in terram, et abscondit pecuniam domini sui.

25:18 Ὁ δὲ τὸ ἓν λαβὼν ἀπελθὼν ὤρυξεν ἐν τῇ γῇ, καὶ ἀπέκρυψεν τὸ ἀργύριον τοῦ κυρίου αὐτοῦ.

25:18 But the one who received the one went away and dug in the earth and hid his master's money.

25:18 Der aber einen empfangen hatte, ging hin und machte eine Grube in die Erde und verbarg seines Herrn Geld.

25:18 Celui qui n'en avait reçu qu'un alla faire un creux dans la terre, et cacha l'argent de son maître.

25:19 וְאַחֲרֵי יָמִים רַבִּים בָּא אֲדוֹנֵי הָעֲבָדִים הָהֵם וַיַּעַשׂ חֶשְׁבּוֹן עִמָּהֶם:

25:19 Post multum vero temporis venit dominus servorum illorum, et posuit rationem cum eis.

25:19 Μετὰ δὲ χρόνον πολὺν ἔρχεται ὁ κύριος τῶν δούλων ἐκείνων, καὶ συναίρει μετ' αὐτῶν λόγον.

25:19 Now, after a long time, the master of those servants comes and makes a reckoning with them.

25:19 Über eine lange Zeit kam der Herr dieser Knechte und hielt Rechenschaft mit ihnen.

25:19 Longtemps après, le maître de ces serviteurs revint, et leur fit rendre compte.

25:20 וַיִּגַּשׁ הַלֹּקֵחַ חָמֵשׁ הַכִּכָּרִים וַיָּבֵא חָמֵשׁ כִּכָּרִים אֲחֵרוֹת וַיֹּאמַר אֲדֹנִי חָמֵשׁ כִּכָּרִים הִפְקַדְתָּ בְּיָדִי הִנֵּה חָמֵשׁ כִּכָּרִים אֲחֵרוֹת הִרְוַחְתִּי בָהֶן:

25:20 Et accedens qui quinque talenta acceperat, obtulit alia quinque talenta, dicens: Domine, quinque talenta tradidisti mihi, ecce alia quinque superlucratus sum.

25:20 Καὶ προσελθὼν ὁ τὰ πέντε τάλαντα λαβὼν προσήνεγκεν ἄλλα πέντε τάλαντα, λέγων, Κύριε, πέντε τάλαντά μοι παρέδωκας· ἴδε, ἄλλα πέντε τάλαντα ἐκέρδησα ἐπ' αὐτοῖς.

25:20 And he who received the five talents came and brought five more talents saying, 'Master, you gave me five talents. Look, I have gained five more talents.'

25:20 Da trat herzu, der fünf Zentner empfangen hatte, und legte andere fünf Zentner dar und sprach: Herr, du hast mir fünf Zentner ausgetan; siehe da, ich habe damit andere fünf Zentner gewonnen.

25:20 Celui qui avait reçu les cinq talents s'approcha, en apportant cinq autres talents, et il dit: Seigneur, tu m'as remis cinq talents; voici, j'en ai gagné cinq autres.

25:21 וַיֹּאמֶר אֵלָיו אֲדֹנָיו הֱטִיבֹתָ לַעֲשׂוֹת עֶבֶד טוֹב וְנֶאֱמָן כִּי בִמְעַט נֶאֱמָן הָיִיתָ וְעַל־הַרְבֵּה אַפְקִידֶךָ בּוֹא לְשִׂמְחַת אֲדֹנֶיךָ:

25:21 Ait illi dominus ejus: Euge serve bone, et fidelis: quia super pauca fuisti fidelis, super multa te constituam; intra in gaudium domini tui.

25:21 Ἔφη δὲ αὐτῷ ὁ κύριος αὐτοῦ, Εὖ, δοῦλε ἀγαθὲ καὶ πιστέ, ἐπὶ ὀλίγα ἦς πιστός, ἐπὶ πολλῶν σε καταστήσω· εἴσελθε εἰς τὴν χαρὰν τοῦ κυρίου σου.

25:21 His master said to him, 'Well done, good and faithful servant; you have been faithful over a few things, I will set you over many things. You enter into the joy of your master.'

25:21 Da sprach sein Herr zu ihm: Ei, du frommer und getreuer Knecht, du bist über wenigem getreu gewesen, ich will dich über viel setzen; gehe ein zu deines Herrn Freude!

25:21 Son maître lui dit: C'est bien, bon et fidèle serviteur; tu as été fidèle en peu de chose, je te confierai beaucoup; entre dans la joie de ton maître.

25:22 וַיִּגַּשׁ גַּם־לֹקֵחַ הַכִּכָּרִים וַיֹּאמַר אֲדֹנִי כִּכָּרִים הִפְקַדְתָּ בְיָדִי הִנֵּה כִּכָּרִים הִרְוַחְתִּי בָהֶן:

25:22 Accessit autem et qui duo talenta acceperat, et ait: Domine, duo talenta tradidisti mihi, ecce alia duo lucratus sum.

25:22 Προσελθὼν δὲ καὶ ὁ τὰ δύο τάλαντα λαβὼν εἶπεν, Κύριε, δύο τάλαντά μοι παρέδωκας· ἴδε, ἄλλα δύο τάλαντα ἐκέρδησα ἐπ' αὐτοῖς.

25:22 And he who also *received* the two talents came and said, 'Master, you gave me two talents. Look, I have gained two more talents.'

25:22 Da trat auch herzu, der zwei Zentner erhalten hatte, und sprach: Herr, du hast mir zwei Zentner gegeben; siehe da, ich habe mit ihnen zwei andere gewonnen.

25:22 Celui qui avait reçu les deux talents s'approcha aussi, et il dit: Seigneur, tu m'as remis deux talents; voici, j'en ai gagné deux autres.

25:23 וַיֹּאמֶר אֵלָיו אֲדֹנָיו הֱטִיבֹתָ לַעֲשׂוֹת עֶבֶד טוֹב וְנֶאֱמָן בַּמִּזְעָר נֶאֱמָן הָיִיתָ וְעַל־הַרְבֵּה אַפְקִידֶךָ בּוֹא לְשִׂמְחַת אֲדֹנֶיךָ׃

25:23 Ait illi dominus ejus: Euge serve bone, et fidelis: quia super pauca fuisti fidelis, super multa te constituam; intra in gaudium domini tui.

25:23 Ἔφη αὐτῷ ὁ κύριος αὐτοῦ, Εὖ, δοῦλε ἀγαθὲ καὶ πιστέ, ἐπὶ ὀλίγα ἦς πιστός, ἐπὶ πολλῶν σε καταστήσω· εἴσελθε εἰς τὴν χαρὰν τοῦ κυρίου σου.

25:23 His master said to him, 'Well done, good and faithful servant: you had been faithful over a few things, I will set you over many things. You enter into the joy of your master.'

25:23 Sein Herr sprach zu ihm: Ei du frommer und getreuer Knecht, du bist über wenigem getreu gewesen, ich will dich über viel setzen; gehe ein zu deines Herrn Freude!

25:23 Son maître lui dit: C'est bien, bon et fidèle serviteur; tu as été fidèle en peu de chose, je te confierai beaucoup; entre dans la joie de ton maître.

25:24 וַיִּגַּשׁ גַּם־הַלֹּקֵחַ אֶת־הַכִּכָּר הָאֶחָת וַיֹּאמַר אֲדֹנִי יְדַעְתִּיךָ כִּי־אִישׁ קָשֶׁה אַתָּה קֹצֵר בַּאֲשֶׁר לֹא זָרַעְתָּ וְכֹנֵס מֵאֲשֶׁר לֹא פִזַּרְתָּ׃

25:24 Accedens autem et qui unum talentum acceperat, ait: Domine, scio quia homo durus es; metis ubi non seminasti, et congregas ubi non sparsisti:

25:24 Προσελθὼν δὲ καὶ ὁ τὸ ἓν τάλαντον εἰληφὼς εἶπεν, Κύριε, ἔγνων σε ὅτι σκληρὸς εἶ ἄνθρωπος, θερίζων ὅπου οὐκ ἔσπειρας, καὶ συνάγων ὅθεν οὐ διεσκόρπισας·

25:24 And the one that had received the one talent came and said, 'Master, I knew that you were a hard man, reaping where you did not sow, and gathering where you did not scatter,

25:24 Da trat auch herzu, der einen Zentner empfangen hatte, und sprach: Herr, ich wußte, das du ein harter Mann bist: du schneidest, wo du nicht gesät hast, und sammelst, wo du nicht gestreut hast;

25:24 Celui qui n'avait reçu qu'un talent s'approcha ensuite, et il dit: Seigneur, je savais que tu es un homme dur, qui moissonnes où tu n'as pas semé, et qui amasses où tu n'as pas vanné;

25:25 וָאִירָא וָאֵלֵךְ וָאֶטְמֹן אֶת־כִּכָּרְךָ בָּאֲדָמָה וְעַתָּה הֵא־לְךָ אֲשֶׁר־לָךְ׃

25:25 et timens abii, et abscondi talentum tuum in terra: ecce habes quod tuum est.

25:25 καὶ φοβηθείς, ἀπελθὼν ἔκρυψα τὸ τάλαντόν σου ἐν τῇ γῇ· ἴδε, ἔχεις τὸ σόν.

25:25 and I was afraid, and I went away and hid your talent in the earth. Look, you have your own *still*.

25:25 und fürchtete mich, ging hin und verbarg deinen Zentner in die Erde. Siehe, da hast du das Deine.

25:25 j'ai eu peur, et je suis allé cacher ton talent dans la terre; voici, prends ce qui est à toi.

25:26 וַיַּעַן אֲדֹנָיו וַיֹּאמֶר אֵלָיו הָעֶבֶד הָרָע וְהֶעָצֵל אַתָּה יָדַעְתָּ כִּי־קֹצֵר אָנֹכִי בַּאֲשֶׁר לֹא זָרָעְתִּי וְכֹנֵס מֵאֲשֶׁר לֹא פִּזָּרְתִּי:

25:26 Respondens autem dominus ejus, dixit ei: Serve male, et piger, sciebas quia meto ubi non semino, et congrego ubi non sparsi:

25:26 Ἀποκριθεὶς δὲ ὁ κύριος αὐτοῦ εἶπεν αὐτῷ, Πονηρὲ δοῦλε καὶ ὀκνηρέ, ᾔδεις ὅτι θερίζω ὅπου οὐκ ἔσπειρα, καὶ συνάγω ὅθεν οὐ διεσκόρπισα·

25:26 But his master answered back and said to him, 'You wicked and lazy servant, you knew that I reap where I sowed not, and gather where I did not scatter;

25:26 Sein Herr aber antwortete und sprach zu ihm: Du Schalk und fauler Knecht! wußtest du, daß ich schneide, da ich nicht gesät habe, und sammle, da ich nicht gestreut habe?

25:26 Son maître lui répondit: Serviteur méchant et paresseux, tu savais que je moissonne où je n'ai pas semé, et que j'amasse où je n'ai pas vanné;

25:27 לָכֵן הָיָה עָלֶיךָ לָתֵת אֶת־כַּסְפִּי לַשֻּׁלְחָנִים וַאֲנִי בְּבוֹאִי לָקַחְתִּי הָיִיתִי אֶת אֲשֶׁר־לִי וְתַרְבִּיתוֹ:

25:27 oportuit ergo te committere pecuniam meam numulariis, et veniens ego recepissem utique quod meum est cum usura.

25:27 ἔδει οὖν σε βαλεῖν τὸ ἀργύριόν μου τοῖς τραπεζίταις, καὶ ἐλθὼν ἐγὼ ἐκομισάμην ἂν τὸ ἐμὸν σὺν τόκῳ.

25:27 you ought, therefore, to have put my money to the bankers, and at my coming I should have received back my own with interest.

25:27 So solltest du mein Geld zu den Wechslern getan haben, und wenn ich gekommen wäre, hätte ich das Meine zu mir genommen mit Zinsen.

25:27 il te fallait donc remettre mon argent aux banquiers, et, à mon retour, j'aurais retiré ce qui est à moi avec un intérêt.

25:28 עַל־כֵּן שְׂאוּ מִמֶּנּוּ אֶת הַכִּכָּר וּתְנוּ אֶל־הָאִישׁ אֲשֶׁר־לוֹ עֶשֶׂר הַכִּכָּר:

25:28 Tollite itaque ab eo talentum, et date ei qui habet decem talenta:

25:28 Ἄρατε οὖν ἀπ' αὐτοῦ τὸ τάλαντον, καὶ δότε τῷ ἔχοντι τὰ δέκα τάλαντα.

25:28 Therefore, you take the talent from him and give it to he who has the ten talents.'

25:28 Darum nehmt von ihm den Zentner und gebt es dem, der zehn Zentner hat.

25:28 Otez-lui donc le talent, et donnez-le à celui qui a les dix talents.

25:29 כִּי מִי אֲשֶׁר יֶשׁ־לוֹ יִנָּתֶן לוֹ וְיַעְדִּיף וּמִי אֲשֶׁר אֵין־לוֹ יֻקַּח מִמֶּנּוּ גַּם אֵת אֲשֶׁר־לוֹ:

25:29 omni enim habenti dabitur, et abundabit: ei autem qui non habet, et quod videtur habere, auferetur ab eo.

25:29 Τῷ γὰρ ἔχοντι παντὶ δοθήσεται, καὶ περισσευθήσεται· ἀπὸ δὲ τοῦ μὴ ἔχοντος, καὶ ὃ ἔχει, ἀρθήσεται ἀπ' αὐτοῦ.

25:29 For to everyone that has he shall be given, and he shall have abundance; but from him who does not have, even that which he has shall be taken away.

25:29 Denn wer da hat, dem wird gegeben werden, und er wird die Fülle haben; wer aber nicht hat, dem wird auch, was er hat, genommen werden.

25:29 Car on donnera à celui qui a, et il sera dans l'abondance, mais à celui qui n'a pas on ôtera même ce qu'il a.

25:30 וְאֶת־עֶבֶד הַבְּלִיַּעַל הַשְׁלִיכוּ אֶל־הַחֹשֶׁךְ הַחִיצוֹן שָׁם תִּהְיֶה הַיְלָלָה וַחֲרֹק הַשִּׁנָּיִם:

25:30 Et inutilem servum ejicite in tenebras exteriores: illic erit fletus, et stridor dentium.

25:30 Καὶ τὸν ἀχρεῖον δοῦλον ἐκβάλετε εἰς τὸ σκότος τὸ ἐξώτερον. Ἐκεῖ ἔσται ὁ κλαυθμὸς καὶ ὁ βρυγμὸς τῶν ὀδόντων.

25:30 And you cast out the unprofitable servant into the outer darkness where there shall be the weeping and the gnashing of teeth.

25:30 Und den unnützen Knecht werft hinaus in die Finsternis; da wird sein Heulen und Zähneklappen.

25:30 Et le serviteur inutile, jetez-le dans les ténèbres du dehors, où il y aura des pleurs et des grincements de dents.

25:31 וְהָיָה כִּי יָבוֹא בֶּן־הָאָדָם בִּכְבוֹדוֹ וְכָל־הַמַּלְאָכִים הַקְּדֹשִׁים עִמּוֹ וְיָשַׁב עַל־כִּסֵּא כְבוֹדוֹ:

25:31 Cum autem venerit Filius hominis in majestate sua, et omnes angeli cum eo, tunc sedebit super sedem majestatis suae:

25:31 Ὅταν δὲ ἔλθῃ ὁ υἱὸς τοῦ ἀνθρώπου ἐν τῇ δόξῃ αὐτοῦ, καὶ πάντες οἱ ἅγιοι ἄγγελοι μετ' αὐτοῦ, τότε καθίσει ἐπὶ θρόνου δόξης αὐτοῦ,

25:31 But when the Son of Man shall come in his glory, and all the angels with him, then shall he sit on the throne of his glory:

25:31 Wenn aber des Menschen Sohn kommen wird in seiner Herrlichkeit und alle heiligen Engel mit ihm, dann wird er sitzen auf dem Stuhl seiner Herrlichkeit,

25:31 Lorsque le Fils de l'homme viendra dans sa gloire, avec tous les anges, il s'assiéra sur le trône de sa gloire.

25:32 וְנֶאֶסְפוּ לְפָנָיו כָּל־הַגּוֹיִם וְהִפְרִיד בֵּינֵיהֶם כַּאֲשֶׁר יַפְרִיד הָרֹעֶה בֵּין הַכְּבָשִׂים וּבֵין הָעַתּוּדִים:

25:32 et congregabuntur ante eum omnes gentes, et separabit eos ab invicem, sicut pastor segregat oves ab haedis:

25:32 καὶ συναχθήσεται ἔμπροσθεν αὐτοῦ πάντα τὰ ἔθνη, καὶ ἀφοριεῖ αὐτοὺς ἀπ' ἀλλήλων, ὥσπερ ὁ ποιμὴν ἀφορίζει τὰ πρόβατα ἀπὸ τῶν ἐρίφων·

25:32 and before him shall be gathered all the nations and he shall separate them one from another, as the shepherd separates the sheep from the goats.

25:32 und werden vor ihm alle Völker versammelt werden. Und er wird sie voneinander scheiden, gleich als ein Hirte die Schafe von den Böcken scheidet,

25:32 Toutes les nations seront assemblées devant lui. Il séparera les uns d'avec les autres, comme le berger sépare les brebis d'avec les boucs;

25:33 וְהִצִּיב אֶת־הַכְּבָשִׂים לִימִינוֹ וְאֶת הָעַתּוּדִים לִשְׂמֹאלוֹ:

25:33 et statuet oves quidem a dextris suis, haedos autem a sinistris.

25:33 καὶ στήσει τὰ μὲν πρόβατα ἐκ δεξιῶν αὐτοῦ, τὰ δὲ ἐρίφια ἐξ εὐωνύμων.

25:33 And he shall set the sheep on his right hand, but the goats on the left.

25:33 und wird die Schafe zu seiner Rechten stellen und die Böcke zu seiner Linken.

25:33 et il mettra les brebis à sa droite, et les boucs à sa gauche.

25:34 אָז יֹאמַר הַמֶּלֶךְ אֶל־הַנִּצָּבִים לִימִינוֹ בֹּאוּ בְּרוּכֵי אָבִי וּרְשׁוּ אֶת־הַמַּלְכוּת הַמּוּכָנָה לָכֶם לְמִן־הִוָּסֵד הָעוֹלָם׃

25:34 Tunc dicet rex his qui a dextris ejus erunt: Venite benedicti Patris mei, possidete paratum vobis regnum a constitutione mundi:

25:34 Τότε ἐρεῖ ὁ βασιλεὺς τοῖς ἐκ δεξιῶν αὐτοῦ, Δεῦτε, οἱ εὐλογημένοι τοῦ πατρός μου, κληρονομήσατε τὴν ἡτοιμασμένην ὑμῖν βασιλείαν ἀπὸ καταβολῆς κόσμου.

25:34 Then the King shall say to them on his right hand, 'Come, you blessed by my Father, inherit the kingdom prepared for you from the foundation of the world,

25:34 Da wird dann der König sagen zu denen zu seiner Rechten: Kommt her, ihr Gesegneten meines Vaters ererbt das Reich, das euch bereitet ist von Anbeginn der Welt!

25:34 Alors le roi dira à ceux qui seront à sa droite: Venez, vous qui êtes bénis de mon Père; prenez possession du royaume qui vous a été préparé dès la fondation du monde.

25:35 כִּי רָעֵב הָיִיתִי וַתַּאֲכִילוּנִי צָמֵא הָיִיתִי וַתַּשְׁקוּנִי אֹרֵחַ הָיִיתִי וַתַּאַסְפוּנִי׃

25:35 esurivi enim, et dedistis mihi manducare: sitivi, et dedistis mihi bibere: hospes eram, et collegistis me:

25:35 Ἐπείνασα γάρ, καὶ ἐδώκατέ μοι φαγεῖν· ἐδίψησα, καὶ ἐποτίσατέ με· ξένος ἤμην, καὶ συνηγάγετέ με·

25:35 for I was hungry and you gave me *food* to eat; I was thirsty, and you gave me drink *to drink*; I was a stranger, and you took me in;

25:35 Denn ich bin hungrig gewesen, und ihr habt mich gespeist. Ich bin durstig gewesen, und ihr habt mich getränkt. Ich bin Gast gewesen, und ihr habt mich beherbergt.

25:35 Car j'ai eu faim, et vous m'avez donné à manger; j'ai eu soif, et vous m'avez donné à boire; j'étais étranger, et vous m'avez recueilli;

25:36 עָרוֹם וַתְּכַסּוּנִי חוֹלֶה וַתְּבַקְּרוּנִי בַּמִּשְׁמָר הָיִיתִי וַתָּבֹאוּ אֵלָי׃

25:36 nudus, et cooperuistis me: infirmus, et visitastis me: in carcere eram, et venistis ad me.

25:36 γυμνός, καὶ περιεβάλετέ με· ἠσθένησα, καὶ ἐπεσκέψασθέ με· ἐν φυλακῇ ἤμην, καὶ ἤλθετε πρός με.

25:36 naked, and you clothed me; I was sick, and you visited me; I was in prison, and you came to me.

25:36 Ich bin nackt gewesen und ihr habt mich bekleidet. Ich bin krank gewesen, und ihr habt mich besucht. Ich bin gefangen gewesen, und ihr seid zu mir gekommen.

25:36 j'étais nu, et vous m'avez vêtu; j'étais malade, et vous m'avez visité; j'étais en prison, et vous êtes venus vers moi.

25:37 וְעָנוּ הַצַּדִּיקִים וְאָמְרוּ אֲדֹנֵינוּ מָתַי רְאִינוּךָ רָעֵב וַנְּכַלְכְּלֶךָ אוֹ צָמֵא וַנַּשְׁקֶה אוֹתָךְ:

25:37 Tunc respondebunt ei justi, dicentes: Domine, quando te vidimus esurientem, et pavimus te: sitientem, et dedimus tibi potum?

25:37 Τότε ἀποκριθήσονται αὐτῷ οἱ δίκαιοι, λέγοντες, Κύριε, πότε σὲ εἴδομεν πεινῶντα, καὶ ἐθρέψαμεν; Ἢ διψῶντα, καὶ ἐποτίσαμεν;

25:37 Then the righteous shall answer him back, saying, 'Lord, when did we see you hungry, and feed you, or thirsty and give you drink?

25:37 Dann werden ihm die Gerechten antworten und sagen: Wann haben wir dich hungrig gesehen und haben dich gespeist? oder durstig und haben dich getränkt?

25:37 Les justes lui répondront: Seigneur, quand t'avons-nous vu avoir faim, et t'avons-nous donné à manger; ou avoir soif, et t'avons-nous donné à boire?

25:38 וּמָתַי רְאִינוּךָ אֹרֵחַ וַנַּאַסְפֶךָ אוֹ עָרֹם וַנְּכַסֶּךָ:

25:38 quando autem te vidimus hospitem, et collegimus te: aut nudum, et cooperuimus te?

25:38 Πότε δέ σε εἴδομεν ξένον, καὶ συνηγάγομεν; Ἢ γυμνόν, καὶ περιεβάλομεν;

25:38 And when did we see you a stranger and take you in, or naked and clothe you?

25:38 Wann haben wir dich als einen Gast gesehen und beherbergt? oder nackt und dich bekleidet?

25:38 Quand t'avons-nous vu étranger, et t'avons-nous recueilli; ou nu, et t'avons-nous vêtu?

25:39 וּמָתַי רְאִינוּךָ חוֹלֶה אוֹ בַּמִּשְׁמָר וַנָּבֹא אֵלֶיךָ:

25:39 aut quando te vidimus infirmum, aut in carcere, et venimus ad te?

25:39 Πότε δέ σε εἴδομεν ἀσθενῆ, ἢ ἐν φυλακῇ, καὶ ἤλθομεν πρός σε;

25:39 And when did we see you sick, or in prison, and come to you?'

25:39 Wann haben wir dich krank oder gefangen gesehen und sind zu dir gekommen?

25:39 Quand t'avons-nous vu malade, ou en prison, et sommes-nous allés vers toi?

25:40 וְהַמֶּלֶךְ יַעֲנֶה וַיֹּאמַר אֲלֵיהֶם אָמֵן אֲנִי אֹמֵר לָכֶם מַה־שֶּׁעֲשִׂיתֶם לְאֶחָד מֵאַחַי הַצְּעִירִים הָאֵלֶּה לִי עֲשִׂיתֶם:

25:40 Et respondens rex, dicet illis: Amen dico vobis, quamdiu fecistis uni ex his fratribus meis minimis, mihi fecistis.

25:40 Καὶ ἀποκριθεὶς ὁ βασιλεὺς ἐρεῖ αὐτοῖς, Ἀμὴν λέγω ὑμῖν, ἐφ' ὅσον ἐποιήσατε ἑνὶ τούτων τῶν ἀδελφῶν μου τῶν ἐλαχίστων, ἐμοὶ ἐποιήσατε.

25:40 And the King shall answer back and say to them, 'Amen. I say to you, inasmuch as you did it to one of these my brothers, *even* these least, you did it to me.'

25:40 Und der König wird antworten und sagen zu ihnen: Wahrlich ich sage euch: Was ihr getan habt einem unter diesen meinen geringsten Brüdern, das habt ihr mir getan.

25:40 Et le roi leur répondra: Je vous le dis en vérité, toutes les fois que vous avez fait ces choses à l'un de ces plus petits de mes frères, c'est à moi que vous les avez faites.

The Gospel of Matthew

25:41 וְאָז יֹאמַר גַּם אֶל־הַנִּצָּבִים לִשְׂמֹאלוֹ לְכוּ מֵעָלַי אֲרוּרִים אֶל־אֵשׁ עוֹלָם הַמּוּכָנָה לַשָּׂטָן וּלְמַלְאָכָיו:

25:41 Tunc dicet et his qui a sinistris erunt: Discedite a me maledicti in ignem aeternum, qui paratus est diabolo, et angelis ejus:

25:41 Τότε ἐρεῖ καὶ τοῖς ἐξ εὐωνύμων, Πορεύεσθε ἀπ' ἐμοῦ, οἱ κατηραμένοι, εἰς τὸ πῦρ τὸ αἰώνιον, τὸ ἡτοιμασμένον τῷ διαβόλῳ καὶ τοῖς ἀγγέλοις αὐτοῦ.

25:41 Then shall he say also to them on the left hand, 'Depart from me, you cursed, into the everlasting fire which is prepared for the devil and his angels,

25:41 Dann wird er auch sagen zu denen zur Linken: Gehet hin von mir, ihr Verfluchten, in das ewige Feuer, das bereitet ist dem Teufel und seinen Engeln!

25:41 Ensuite il dira à ceux qui seront à sa gauche: Retirez-vous de moi, maudits; allez dans le feu éternel qui a été préparé pour le diable et pour ses anges.

25:42 כִּי רָעֵב הָיִיתִי וְלֹא הֶאֱכַלְתֶּם אוֹתִי צָמֵא הָיִיתִי וְלֹא הִשְׁקִיתֶם אוֹתִי:

25:42 esurivi enim, et non dedistis mihi manducare: sitivi, et non desistis mihi potum:

25:42 Ἐπείνασα γάρ, καὶ οὐκ ἐδώκατέ μοι φαγεῖν· ἐδίψησα, καὶ οὐκ ἐποτίσατέ με·

25:42 for I was hungry, and you did not give me *food* to eat; I was thirsty, and you gave me no drink *to drink*;

25:42 Ich bin hungrig gewesen, und ihr habt mich nicht gespeist. Ich bin durstig gewesen, und ihr habt mich nicht getränkt.

25:42 Car j'ai eu faim, et vous ne m'avez pas donné à manger; j'ai eu soif, et vous ne m'avez pas donné à boire;

25:43 אֹרֵחַ הָיִיתִי וְלֹא אֲסַפְתֶּם אוֹתִי עָרוֹם וְלֹא כִסִּיתֶם אוֹתִי וּבַמִּשְׁמָר חוֹלֶה וְלֹא בִקַּרְתֶּם אוֹתִי:

25:43 hospes eram, et non collegistis me: nudus, et non cooperuistis me: infirmus, et in carcere, et non visitastis me.

25:43 ξένος ἤμην, καὶ οὐ συνηγάγετέ με· γυμνός, καὶ οὐ περιεβάλετέ με· ἀσθενής, καὶ ἐν φυλακῇ, καὶ οὐκ ἐπεσκέψασθέ με.

25:43 I was a stranger, and you did not take me in; naked, and you did not clothe me; sick, and in prison, and you did not visit me.'

25:43 Ich bin ein Gast gewesen, und ihr habt mich nicht beherbergt. Ich bin nackt gewesen, und ihr habt mich nicht bekleidet. Ich bin krank und gefangen gewesen, und ihr habt mich nicht besucht.

25:43 j'étais étranger, et vous ne m'avez pas recueilli; j'étais nu, et vous ne m'avez pas vêtu; j'étais malade et en prison, et vous ne m'avez pas visité.

25:44 וְעָנוּ גַם־הֵם וְאָמְרוּ אֲדֹנֵינוּ מָתַי רְאִינוּךָ רָעֵב אוֹ צָמֵא אוֹ אֹרֵחַ אוֹ עָרוֹם אוֹ חוֹלֶה אוֹ בַמִּשְׁמָר וְלֹא שֵׁרַתְנוּךָ:

25:44 Tunc respondebunt ei et ipsi, dicentes: Domine, quando te vidimus esurientem, aut sitientem, aut hospitem, aut nudum, aut infirmum, aut in carcere, et non ministravimus tibi?

25:44 Τότε ἀποκριθήσονται καὶ αὐτοί, λέγοντες, Κύριε, πότε σὲ εἴδομεν πεινῶντα, ἢ διψῶντα, ἢ ξένον, ἢ γυμνόν, ἢ ἀσθενῆ, ἢ ἐν φυλακῇ, καὶ οὐ διηκονήσαμέν σοι;

25:44 Then shall they also answer back, saying, 'Lord, when did we see you hungry, or thirsty, or a stranger, or naked, or sick, or in prison, and did not minister to you?'

25:44 Da werden sie ihm antworten und sagen: HERR, wann haben wir dich gesehen hungrig oder durstig oder als einen Gast oder nackt oder krank oder gefangen und haben dir nicht gedient?

25:44 Ils répondront aussi: Seigneur, quand t'avons-nous vu ayant faim, ou ayant soif, ou étranger, ou nu, ou malade, ou en prison, et ne t'avons-nous pas assisté?

25:45 אָז יַעֲנֶה אֹתָם לֵאמֹר אָמֵן אֹמֵר אֲנִי לָכֶם מַה־שֶּׁלֹּא עֲשִׂיתֶם לְאֶחָד מִן־הַצְּעִירִים הָאֵלֶּה גַּם־לִי לֹא עֲשִׂיתֶם:

25:45 Tunc respondebit illis, dicens: Amen dico vobis: Quamdiu non fecistis uni de minoribus his, nec mihi fecistis.

25:45 Τότε ἀποκριθήσεται αὐτοῖς, λέγων, Ἀμὴν λέγω ὑμῖν, ἐφ' ὅσον οὐκ ἐποιήσατε ἑνὶ τούτων τῶν ἐλαχίστων, οὐδὲ ἐμοὶ ἐποιήσατε.

25:45 Then shall he answer them back, saying, 'Amen. I say to you, inasmuch as you did not do it to one of the least of these, you did not do it to me.

25:45 Dann wird er ihnen antworten und sagen: Wahrlich ich sage euch: Was ihr nicht getan habt einem unter diesen Geringsten, das habt ihr mir auch nicht getan.

25:45 Et il leur répondra: Je vous le dis en vérité, toutes les fois que vous n'avez pas fait ces choses à l'un de ces plus petits, c'est à moi que vous ne les avez pas faites.

25:46 וְהָלְכוּ אֵלֶּה לְמַעֲצֶבֶת עוֹלָם וְהַצַּדִּיקִים לְחַיֵּי עוֹלָם:

25:46 Et ibunt hi in supplicium aeternum: justi autem in vitam aeternam.

25:46 Καὶ ἀπελεύσονται οὗτοι εἰς κόλασιν αἰώνιον· οἱ δὲ δίκαιοι εἰς ζωὴν αἰώνιον.

25:46 And these ones shall go away into everlasting punishment but the righteous into everlasting life.'"

25:46 Und sie werden in die ewige Pein gehen, aber die Gerechten in das ewige Leben.

25:46 Et ceux-ci iront au châtiment éternel, mais les justes à la vie éternelle.

26:1 וַיְהִי כְּכַלּוֹת יֵשׁוּעַ לְדַבֵּר אֵת כָּל־הַדְּבָרִים הָאֵלֶּה וַיֹּאמֶר אֶל־תַּלְמִידָיו:

26:1 Et factum est: cum consummasset Jesus sermones hos omnes, dixit discipulis suis:

26:1 Καὶ ἐγένετο ὅτε ἐτέλεσεν ὁ Ἰησοῦς πάντας τοὺς λόγους τούτους, εἶπεν τοῖς μαθηταῖς αὐτοῦ,

26:1 And it came to pass, when Jesus had finished all these words, he said to his disciples,

26:1 Und es begab sich, da Jesus alle diese Reden vollendet hatte, sprach er zu seinen Jüngern:

26:1 Lorsque Jésus eut achevé tous ces discours, il dit à ses disciples:

26:2 אַתֶּם יְדַעְתֶּם כִּי עוֹד יוֹמַיִם וְהַפֶּסַח בָּא וּבֶן־הָאָדָם יִמָּסֵר לְהִצָּלֵב:

26:2 Scitis quia post biduum Pascha fiet, et Filius hominis tradetur ut crucifigatur.

26:2 Οἴδατε ὅτι μετὰ δύο ἡμέρας τὸ Πάσχα γίνεται, καὶ ὁ υἱὸς τοῦ ἀνθρώπου παραδίδοται εἰς τὸ σταυρωθῆναι.

26:2 "You know that after two days the Passover comes and the Son of Man is *going to be* delivered up to be crucified."

26:2 Ihr wisset, daß nach zwei Tagen Ostern wird; und des Menschen Sohn wird überantwortet werden, daß er gekreuzigt werde.

26:2 Vous savez que la Pâque a lieu dans deux jours, et que le Fils de l'homme sera livré pour être crucifié.

26:3 וַיִּקָּהֲלוּ רָאשֵׁי הַכֹּהֲנִים וְהַסּוֹפְרִים וְזִקְנֵי הָעָם אֶל־חֲצַר הַכֹּהֵן הַגָּדוֹל וּשְׁמוֹ קַיָּפָא:

26:3 Tunc congregati sunt principes sacerdotum, et seniores populi, in atrium principis sacerdotum, qui dicebatur Caiphas:

26:3 Τότε συνήχθησαν οἱ ἀρχιερεῖς καὶ οἱ γραμματεῖς καὶ οἱ πρεσβύτεροι τοῦ λαοῦ εἰς τὴν αὐλὴν τοῦ ἀρχιερέως τοῦ λεγομένου Καϊάφα,

26:3 Then the chief priests, and the elders of the people, were gathered together in the court of the High priest, who named Caiaphas,

26:3 Da versammelten sich die Hohenpriester und Schriftgelehrten und die Ältesten im Volk in den Palast des Hohenpriesters, der da hieß Kaiphas,

26:3 Alors les principaux sacrificateurs et les anciens du peuple se réunirent dans la cour du souverain sacrificateur, appelé Caïphe;

26:4 וַיִּוָּעֲצוּ יַחְדָּו לִתְפֹּשׂ אֶת־יֵשׁוּעַ בְּעָרְמָה וְלַהֲמִיתוֹ:

26:4 et consilium fecerunt ut Jesum dolo tenerent, et occiderent.

26:4 καὶ συνεβουλεύσαντο ἵνα τὸν Ἰησοῦν δόλῳ κρατήσωσιν καὶ ἀποκτείνωσιν.

26:4 and they took counsel together so that they might take Jesus by subtlety and kill him.

26:4 und hielten Rat, wie sie Jesus mit List griffen und töteten.

26:4 et ils délibérèrent sur les moyens d'arrêter Jésus par ruse, et de le faire mourir.

26:5 וַיֹּאמְרוּ אַךְ־לֹא בֶחָג פֶּן־תִּהְיֶה מְהוּמָה בָּעָם:

26:5 Dicebant autem: Non in die festo, ne forte tumultus fieret in populo.

26:5 Ἔλεγον δέ, Μὴ ἐν τῇ ἑορτῇ, ἵνα μὴ θόρυβος γένηται ἐν τῷ λαῷ.

26:5 But they said, "Not during the feast, lest a riot might arise among people."

26:5 Sie sprachen aber: Ja nicht auf das Fest, auf daß nicht ein Aufruhr werde im Volk!

26:5 Mais ils dirent: Que ce ne soit pas pendant la fête, afin qu'il n'y ait pas de tumulte parmi le peuple.

26:6 וַיְהִי בִּהְיוֹת יֵשׁוּעַ בֵּית הִינִי בְּבֵית שִׁמְעוֹן הַמְצֹרָע:

26:6 Cum autem Jesus esset in Bethania in domo Simonis leprosi,

26:6 Τοῦ δὲ Ἰησοῦ γενομένου ἐν Βηθανίᾳ ἐν οἰκίᾳ Σίμωνος τοῦ λεπροῦ,

26:6 Now, when Jesus was in Bethany, in the house of Simon the leper,

26:6 Da nun Jesus war zu Bethanien im Hause Simons, des Aussätzigen,

26:6 Comme Jésus était à Béthanie, dans la maison de Simon le lépreux,

The Gospel of Matthew

26:7 וַתִּקְרַב אֵלָיו אִשָּׁה וּבְיָדָהּ פַּךְ מִרְקַחַת יְקָרָה מְאֹד וַתִּצֹק עַל־רֹאשׁוֹ בַּהֲסִיבּוֹ לֶאֱכֹל:

26:7 accessit ad eum mulier habens alabastrum unguenti pretiosi, et effudit super caput ipsius recumbentis.

26:7 προσῆλθεν αὐτῷ γυνὴ ἀλάβαστρον μύρου ἔχουσα βαρυτίμου, καὶ κατέχεεν ἐπὶ τὴν κεφαλὴν αὐτοῦ ἀνακειμένου.

26:7 a woman having an alabaster jar of exceedingly precious ointment came to him and she poured it out upon his head, as he sat reclining.

26:7 da trat zu ihm ein Weib, das hatte ein Glas mit köstlichem Wasser und goß es auf sein Haupt, da er zu Tische saß.

26:7 une femme s'approcha de lui, tenant un vase d'albâtre, qui renfermait un parfum de grand prix; et, pendant qu'il était à table, elle répandit le parfum sur sa tête.

26:8 וַיִּרְאוּ הַתַּלְמִידִים וַיִּכְעֲסוּ וַיֹּאמְרוּ עַל־מָה הָאִבּוּד הַזֶּה:

26:8 Videntes autem discipuli, indignati sunt, dicentes: Ut quid perditio haec?

26:8 Ἰδόντες δὲ οἱ μαθηταὶ αὐτοῦ ἠγανάκτησαν, λέγοντες, Εἰς τί ἡ ἀπώλεια αὕτη;

26:8 But when the disciples saw it, they had indignation, saying, "Why is this being wasted?

26:8 Da das seine Jünger sahen, wurden sie unwillig und sprachen: Wozu diese Vergeudung?

26:8 Les disciples, voyant cela, s'indignèrent, et dirent: À quoi bon cette perte?

26:9 כִּי הַמִּרְקַחַת הַזֹּאת הָיְתָה רְאוּיָה לְהִמָּכֵר בִּמְחִיר רַב וְלָתֵת לַעֲנִיִּים:

26:9 potuit enim istud venundari multo, et dari pauperibus.

26:9 Ἠδύνατο γὰρ τοῦτο τὸ μύρον πραθῆναι πολλοῦ, καὶ δοθῆναι πτωχοῖς.

26:9 For this *ointment* might have been sold for much and given to the poor."

26:9 Dieses Wasser hätte mögen teuer verkauft und den Armen gegeben werden.

26:9 On aurait pu vendre ce parfum très cher, et en donner le prix aux pauvres.

26:10 וַיֵּדַע יֵשׁוּעַ וַיֹּאמֶר אֲלֵיהֶם לָמָּה תַּלְאוּ אֶת־הָאִשָּׁה הֲלֹא מַעֲשֶׂה טוֹב עָשְׂתָה עִמָּדִי:

26:10 Sciens autem Jesus, ait illis: Quid molesti estis huic mulieri? opus enim bonum operata est in me.

26:10 Γνοὺς δὲ ὁ Ἰησοῦς εἶπεν αὐτοῖς, Τί κόπους παρέχετε τῇ γυναικί; Ἔργον γὰρ καλὸν εἰργάσατο εἰς ἐμέ.

26:10 But Jesus recognizing it said to them, "Why do you trouble the woman, for she has done a good deed for me?

26:10 Da das Jesus merkte, sprach er zu ihnen: Was bekümmert ihr das Weib? Sie hat ein gutes Werk an mir getan.

26:10 Jésus, s'en étant aperçu, leur dit: Pourquoi faites-vous de la peine à cette femme? Elle a fait une bonne action à mon égard;

26:11 כִּי הָעֲנִיִּים בְּכָל־עֵת אִתְּכֶם וְאָנֹכִי אֵינֶנִּי בְּקִרְבְּכֶם בְּכָל־עֵת:

26:11 Nam semper pauperes habetis vobiscum: me autem non semper habetis.

26:11 Πάντοτε γὰρ τοὺς πτωχοὺς ἔχετε μεθ' ἑαυτῶν, ἐμὲ δὲ οὐ πάντοτε ἔχετε.

26:11 For you always have the poor with you but you will not always have me.

26:11 Ihr habt allezeit Arme bei euch; mich aber habt ihr nicht allezeit.

26:11 car vous avez toujours des pauvres avec vous, mais vous ne m'avez pas toujours.

26:12 כִּי אֲשֶׁר שָׁפְכָה אֶת־הַמִּרְקַחַת הַזֹּאת עַל־גּוּפִי לַחֲנֹט אוֹתִי עָשְׂתָה זֹּאת:

26:12 Mittens enim haec unguentum hoc in corpus meum, ad sepeliendum me fecit.

26:12 Βαλοῦσα γὰρ αὕτη τὸ μύρον τοῦτο ἐπὶ τοῦ σώματός μου, πρὸς τὸ ἐνταφιάσαι με ἐποίησεν.

26:12 For in that she poured this ointment upon my body, she did it to prepare me for burial.

26:12 Daß sie dies Wasser hat auf meinen Leib gegossen, hat sie getan, daß sie mich zum Grabe bereite.

26:12 En répandant ce parfum sur mon corps, elle l'a fait pour ma sépulture.

26:13 אָמֵן אֹמֵר אֲנִי לָכֶם בְּכָל־מָקוֹם אֲשֶׁר תִּקָּרֵא הַבְּשׂוֹרָה הַזֹּאת בְּכָל־הָעוֹלָם גַּם אֶת־אֲשֶׁר עָשְׂתָה הִיא יְסֻפַּר לְזִכָּרוֹן לָהּ:

26:13 Amen dico vobis, ubicumque praedicatum fuerit hoc Evangelium in toto mundo, dicetur et quod haec fecit in memoriam ejus.

26:13 Ἀμὴν λέγω ὑμῖν, ὅπου ἐὰν κηρυχθῇ τὸ εὐαγγέλιον τοῦτο ἐν ὅλῳ τῷ κόσμῳ, λαληθήσεται καὶ ὃ ἐποίησεν αὕτη, εἰς μνημόσυνον αὐτῆς.

26:13 Amen. I say to you, wherever this gospel shall be preached in the whole world, that also which this woman has done shall be spoken of for a memorial of her."

26:13 Wahrlich ich sage euch: Wo dies Evangelium gepredigt wird in der ganzen Welt, da wird man auch sagen zu ihrem Gedächtnis, was sie getan hat.

26:13 Je vous le dis en vérité, partout où cette bonne nouvelle sera prêchée, dans le monde entier, on racontera aussi en mémoire de cette femme ce qu'elle a fait.

26:14 וַיֵּלֶךְ אֶחָד מִשְּׁנֵים הֶעָשָׂר וּשְׁמוֹ יְהוּדָה אִישׁ־קְרִיּוֹת אֶל־רָאשֵׁי הַכֹּהֲנִים:

26:14 Tunc abiit unus de duodecim, qui dicebatur Judas Iscariotes, ad principes sacerdotum:

26:14 Τότε πορευθεὶς εἷς τῶν δώδεκα, ὁ λεγόμενος Ἰούδας Ἰσκαριώτης, πρὸς τοὺς ἀρχιερεῖς,

26:14 Then, one of the twelve, who was called Judas Iscariot, went to the chief priests,

26:14 Da ging hin der Zwölf einer, mit Namen Judas Ischariot, zu den Hohenpriestern

26:14 Alors l'un des douze, appelé Judas Iscariot, alla vers les principaux sacrificateurs,

26:15 וַיֹּאמֶר מַה־תִּתְּנוּ לִי וְאֶמְסְרֶנּוּ בְיֶדְכֶם וַיִּשְׁקְלוּ־לוֹ שְׁלֹשִׁים כָּסֶף׃

26:15 et ait illis: Quid vultis mihi dare, et ego vobis eum tradam? At illi constituerunt ei triginta argenteos.

26:15 εἶπεν, Τί θέλετέ μοι δοῦναι, κἀγὼ ὑμῖν παραδώσω αὐτόν; Οἱ δὲ ἔστησαν αὐτῷ τριάκοντα ἀργύρια.

26:15 and said, "*Tell me* what are you willing to give me, and I will deliver him to you?" And they bargained with him for thirty pieces of silver.

26:15 und sprach: Was wollt ihr mir geben? Ich will ihn euch verraten. Und sie boten ihm dreißig Silberlinge.

26:15 et dit: Que voulez-vous me donner, et je vous le livrerai? Et ils lui payèrent trente pièces d'argent.

26:16 וּמִן־הָעֵת הַהִיא בִּקֵּשׁ תֹּאֲנָה לִמְסֹר אוֹתוֹ׃

26:16 Et exinde quaerebat opportunitatem ut eum traderet.

26:16 Καὶ ἀπὸ τότε ἐζήτει εὐκαιρίαν ἵνα αὐτὸν παραδῷ.

26:16 And from that time on, he sought opportunity to deliver him over *to them*.

26:16 Und von dem an suchte er Gelegenheit, daß er ihn verriete.

26:16 Depuis ce moment, il cherchait une occasion favorable pour livrer Jésus.

26:17 וַיְהִי בָרִאשׁוֹן לְחַג הַמַּצּוֹת וַיִּגְּשׁוּ הַתַּלְמִידִים אֶל־יֵשׁוּעַ לֵאמֹר אֵיפֹה נָכִין לְךָ לֶאֱכֹל אֶת־הַפָּסַח׃

26:17 Prima autem die azymorum accesserunt discipuli ad Jesum, dicentes: Ubi vis paremus tibi comedere Pascha?

26:17 Τῇ δὲ πρώτῃ τῶν ἀζύμων προσῆλθον οἱ μαθηταὶ τῷ Ἰησοῦ, λέγοντες αὐτῷ, Ποῦ θέλεις ἑτοιμάσομέν σοι φαγεῖν τὸ Πάσχα;

26:17 Now on the first *day* of unleavened bread, the disciples came to Jesus, saying, "Where do you want us to get ready for you to eat the Passover?"

26:17 Aber am ersten Tag der süßen Brote traten die Jünger zu Jesus und sprachen zu ihm: Wo willst du, daß wir dir bereiten das Osterlamm zu essen?

26:17 Le premier jour des pains sans levain, les disciples s'adressèrent à Jésus, pour lui dire: Où veux-tu que nous te préparions le repas de la Pâque?

The Gospel of Matthew

26:18 וַיֹּאמֶר לְכוּ הָעִירָה אֶל־פְּלֹנִי אַלְמֹנִי וַאֲמַרְתֶּם אֵלָיו כֹּה אָמַר רַבֵּנוּ עִתִּי קְרוֹבָה וּבְבֵיתְךָ אֶעֱשֶׂה אֶת־הַפֶּסַח עִם־תַּלְמִידָי:

26:18 At Jesus dixit: Ite in civitatem ad quemdam, et dicite ei: Magister dicit: Tempus meum prope est, apud te facio Pascha cum discipulis meis.

26:18 Ὁ δὲ εἶπεν, Ὑπάγετε εἰς τὴν πόλιν πρὸς τὸν δεῖνα, καὶ εἴπατε αὐτῷ, Ὁ διδάσκαλος λέγει, Ὁ καιρός μου ἐγγύς ἐστιν· πρὸς σὲ ποιῶ τὸ Πάσχα μετὰ τῶν μαθητῶν μου.

26:18 And he said, "Go into the city to certain man and say to him, "The Teacher says, 'My time is at hand, I will keep the Passover at your house with my disciples.'"

26:18 Er sprach: Gehet hin in die Stadt zu einem und sprecht der Meister läßt dir sagen: Meine Zeit ist nahe; ich will bei dir Ostern halten mit meinen Jüngern.

26:18 Il répondit: Allez à la ville chez un tel, et vous lui direz: Le maître dit: Mon temps est proche; je ferai chez toi la Pâque avec mes disciples.

26:19 וַיַּעֲשׂוּ הַתַּלְמִידִים כַּאֲשֶׁר צִוָּם יֵשׁוּעַ וַיָּכִינוּ אֶת־הַפָּסַח:

26:19 Et fecerunt discipuli sicut constituit illis Jesus, et paraverunt Pascha.

26:19 Καὶ ἐποίησαν οἱ μαθηταὶ ὡς συνέταξεν αὐτοῖς ὁ Ἰησοῦς, καὶ ἡτοίμασαν τὸ Πάσχα.

26:19 And the disciples did as Jesus told them and they made ready the Passover.

26:19 Und die Jünger taten wie ihnen Jesus befohlen hatte, und bereiteten das Osterlamm.

26:19 Les disciples firent ce que Jésus leur avait ordonné, et ils préparèrent la Pâque.

26:20 וַיְהִי בָעֶרֶב וַיֵּסֶב עִם־שְׁנֵים הֶעָשָׂר:

26:20 Vespere autem facto, discumbebat cum duodecim discipulis suis.

26:20 Ὀψίας δὲ γενομένης ἀνέκειτο μετὰ τῶν δώδεκα.

26:20 Now when evening had come he was sitting to eat with the twelve disciples

26:20 Und am Abend setzte er sich zu Tische mit den Zwölfen.

26:20 Le soir étant venu, il se mit à table avec les douze.

26:21 וּבְאָכְלָם וַיֹּאמַר אָמֵן אֹמֵר אֲנִי לָכֶם אֶחָד מִכֶּם יִמְסְרֵנִי:

26:21 Et edentibus illis, dixit: Amen dico vobis, quia unus vestrum me traditurus est.

26:21 Καὶ ἐσθιόντων αὐτῶν εἶπεν, Ἀμὴν λέγω ὑμῖν ὅτι εἷς ἐξ ὑμῶν παραδώσει με.

26:21 and, as they were eating, he said, "Amen. I tell you that one of you shall betray me."

26:21 Und da sie aßen, sprach er: Wahrlich ich sage euch: Einer unter euch wird mich verraten.

26:21 Pendant qu'ils mangeaient, il dit: Je vous le dis en vérité, l'un de vous me livrera.

26:22 וַיִּתְעַצְּבוּ מְאֹד וַיָּחֵלּוּ אִישׁ אִישׁ לֵאמֹר לוֹ הֶאָנֹכִי הוּא אֲדֹנִי:

26:22 Et contristati valde, coeperunt singuli dicere: Numquid ego sum Domine?

26:22 Καὶ λυπούμενοι σφόδρα ἤρξαντο λέγειν αὐτῷ ἕκαστος αὐτῶν, Μήτι ἐγώ εἰμι, κύριε;

26:22 And they were exceeding sad and everyone began to say to him, 'Is it I, Lord?'

26:22 Und sie wurden sehr betrübt und hoben an, ein jeglicher unter ihnen, und sagten zu ihm: HERR, bin ich's?

26:22 Ils furent profondément attristés, et chacun se mit à lui dire: Est-ce moi, Seigneur?

26:23 וַיַּעַן וַיֹּאמֶר הָאִישׁ אֲשֶׁר טָבַל עִמִּי אֶת־יָדוֹ בַּקְּעָרָה הוּא יִמְסְרֵנִי:

26:23 At ipse respondens, ait: Qui intingit mecum manum in paropside, hic me tradet.

26:23 Ὁ δὲ ἀποκριθεὶς εἶπεν, Ὁ ἐμβάψας μετ' ἐμοῦ ἐν τῷ τρυβλίῳ τὴν χεῖρα, οὗτός με παραδώσει.

26:23 And he answered back and said, 'He who dipped his hand with me in the dish, this same one shall betray me.

26:23 Er antwortete und sprach: Der mit der Hand mit mir in die Schüssel tauchte, der wird mich verraten.

26:23 Il répondit: Celui qui a mis avec moi la main dans le plat, c'est celui qui me livrera.

26:24 הֵן בֶּן־הָאָדָם הָלוֹךְ יֵלֵךְ כַּכָּתוּב עָלָיו וְאוֹי לָאִישׁ אֲשֶׁר יִמָּסֵר בֶּן־הָאָדָם טוֹב לָאִישׁ הַהוּא שֶׁלֹּא נוֹלָד:

26:24 Filius quidem hominis vadit, sicut scriptum est de illo: vae autem homini illi, per quem Filius hominis tradetur! bonum erat ei, si natus non fuisset homo ille.

26:24 Ὁ μὲν υἱὸς τοῦ ἀνθρώπου ὑπάγει, καθὼς γέγραπται περὶ αὐτοῦ· οὐαὶ δὲ τῷ ἀνθρώπῳ ἐκείνῳ, δι' οὗ ὁ υἱὸς τοῦ ἀνθρώπου παραδίδοται· καλὸν ἦν αὐτῷ εἰ οὐκ ἐγεννήθη ὁ ἄνθρωπος ἐκεῖνος.

26:24 The Son of Man goes, just as it is written of him, but woe to that man through whom the Son of Man is betrayed! It would be better for that man if he had not been born."

26:24 Des Menschen Sohn geht zwar dahin, wie von ihm geschrieben steht; doch weh dem Menschen, durch welchen des Menschen Sohn verraten wird! Es wäre ihm besser, daß er nie geboren wäre.

26:24 Le Fils de l'homme s'en va, selon ce qui est écrit de lui. Mais malheur à l'homme par qui le Fils de l'homme est livré! Mieux vaudrait pour cet homme qu'il ne fût pas né.

26:25 וַיַּעַן יְהוּדָה הַמֹּסֵר אוֹתוֹ וַיֹּאמֶר רַבִּי הַאֲנִי הוּא וַיֹּאמֶר אֵלָיו אַתָּה אָמָרְתָּ:

26:25 Respondens autem Judas, qui tradidit eum, dixit: Numquid ego sum Rabbi? Ait illi: Tu dixisti.

26:25 Ἀποκριθεὶς δὲ Ἰούδας ὁ παραδιδοὺς αὐτὸν εἶπεν, Μήτι ἐγώ εἰμι, ῥαββί; Λέγει αὐτῷ, Σὺ εἶπας.

26:25 And Judas, who betrayed him, answered back and said, "Is it I, Rabbi?" He said to him, "You have said it."

26:25 Da antwortete Judas, der ihn verriet, und sprach: Bin ich's Rabbi? Er sprach zu ihm: Du sagst es.

26:25 Judas, qui le livrait, prit la parole et dit: Est-ce moi, Rabbi? Jésus lui répondit: Tu l'as dit.

26:26 וַיְהִי בְּאָכְלָם וַיִּקַּח יֵשׁוּעַ אֶת־הַלֶּחֶם וַיְבָרֶךְ וַיִּפְרֹס וַיִּתֵּן לַתַּלְמִידִים וַיֹּאמַר קְחוּ וְאִכְלוּ זֶה הוּא גוּפִי:

26:26 Coenantibus autem eis, accepit Jesus panem, et benedixit, ac fregit, deditque discipulis suis, et ait: Accipite, et comedite: hoc est corpus meum.

26:26 Ἐσθιόντων δὲ αὐτῶν, λαβὼν ὁ Ἰησοῦς τὸν ἄρτον, καὶ εὐχαριστήσας, ἔκλασεν καὶ ἐδίδου τοῖς μαθηταῖς, καὶ εἶπεν, Λάβετε, φάγετε· τοῦτό ἐστιν τὸ σῶμά μου.

26:26 And as they were eating, Jesus took bread, and blessed, and broke it, and he gave it to the disciples, and said, "Take, eat, this is my body."

26:26 Da sie aber aßen, nahm Jesus das Brot, dankte und brach's und gab's den Jüngern und sprach: Nehmet, esset; das ist mein Leib.

26:26 Pendant qu'ils mangeaient, Jésus prit du pain; et, après avoir rendu grâces, il le rompit, et le donna aux disciples, en disant: Prenez, mangez, ceci est mon corps.

26:27 וַיִּקַּח אֶת־הַכּוֹס וַיְבָרֶךְ וַיִּתֵּן לָהֶם וַיֹּאמַר שְׁתוּ מִמֶּנָּה כֻּלְּכֶם:

26:27 Et accipiens calicem, gratias egit: et dedit illis, dicens: Bibite ex hoc omnes.

26:27 Καὶ λαβὼν τὸ ποτήριον, καὶ εὐχαριστήσας, ἔδωκεν αὐτοῖς, λέγων, Πίετε ἐξ αὐτοῦ πάντες·

26:27 And he took a cup, and gave thanks, and gave to them, saying, "You all drink from it,

26:27 Und er nahm den Kelch und dankte, gab ihnen den und sprach: Trinket alle daraus;

26:27 Il prit ensuite une coupe; et, après avoir rendu grâces, il la leur donna, en disant: Buvez-en tous;

26:28 כִּי זֶה הוּא דָמִי דַּם־הַבְּרִית הַחֲדָשָׁה הַנִּשְׁפָּךְ בְּעַד רַבִּים לִסְלִיחַת חֲטָאִים:

26:28 Hic est enim sanguis meus novi testamenti, qui pro multis effundetur in remissionem peccatorum.

26:28 τοῦτο γάρ ἐστιν τὸ αἷμά μου, τὸ τῆς καινῆς διαθήκης, τὸ περὶ πολλῶν ἐκχυνόμενον εἰς ἄφεσιν ἁμαρτιῶν.

26:28 for this is my blood of the covenant, which is poured out for many for a remission of sins.

26:28 das ist mein Blut des neuen Testaments, welches vergossen wird für viele zur Vergebung der Sünden.

26:28 car ceci est mon sang, le sang de l'alliance, qui est répandu pour plusieurs, pour la rémission des péchés.

26:29 וַאֲנִי אֹמֵר לָכֶם לֹא אֶשְׁתֶּה מֵעַתָּה מִפְּרִי הַגֶּפֶן הַזֶּה עַד הַיּוֹם הַהוּא אֲשֶׁר אֶשְׁתֶּה אֹתוֹ עִמָּכֶם וְהוּא חָדָשׁ בְּמַלְכוּת אָבִי:

26:29 Dico autem vobis: non bibam amodo de hoc genimine vitis usque in diem illum, cum illud bibam vobiscum novum in regno Patris mei.

26:29 Λέγω δὲ ὑμῖν ὅτι οὐ μὴ πίω ἀπ' ἄρτι ἐκ τούτου τοῦ γεννήματος τῆς ἀμπέλου, ἕως τῆς ἡμέρας ἐκείνης ὅταν αὐτὸ πίνω μεθ' ὑμῶν καινὸν ἐν τῇ βασιλείᾳ τοῦ πατρός μου.

26:29 But I say to you, I shall not drink henceforth of this fruit of the vine, until that day when I drink it anew with you in my Father's kingdom."

26:29 Ich sage euch: Ich werde von nun an nicht mehr von diesen Gewächs des Weinstocks trinken bis an den Tag, da ich's neu trinken werde mit euch in meines Vaters Reich.

26:29 Je vous le dis, je ne boirai plus désormais de ce fruit de la vigne, jusqu'au jour où j'en boirai du nouveau avec vous dans le royaume de mon Père.

26:30 וַיְהִי אַחֲרֵי קָרְאָם אֶת־הַהַלֵּל וַיֵּצְאוּ אֶל־הַר הַזֵּיתִים:

26:30 Et hymno dicto, exierunt in montem Oliveti.

26:30 Καὶ ὑμνήσαντες ἐξῆλθον εἰς τὸ ὄρος τῶν Ἐλαιῶν.

26:30 And when they had sung a hymn, they went out to the Mount of Olives.

26:30 Und da sie den Lobgesang gesprochen hatte, gingen sie hinaus an den Ölberg.

26:30 Après avoir chanté les cantiques, ils se rendirent à la montagne des oliviers.

26:31 אָז אָמַר אֲלֵיהֶם יֵשׁוּעַ אַתֶּם כֻּלְּכֶם תִּכָּשְׁלוּ בִי הַלַּיְלָה כִּי כָתוּב אַכֶּה אֶת־הָרֹעֶה וּתְפוּצֶיןָ הַצֹּאן:

26:31 Tunc dicit illis Jesus: Omnes vos scandalum patiemini in me in ista nocte. Scriptum est enim: Percutiam pastorem, et dispergentur oves gregis.

26:31 Τότε λέγει αὐτοῖς ὁ Ἰησοῦς, Πάντες ὑμεῖς σκανδαλισθήσεσθε ἐν ἐμοὶ ἐν τῇ νυκτὶ ταύτῃ· γέγραπται γάρ, Πατάξω τὸν ποιμένα, καὶ διασκορπισθήσεται τὰ πρόβατα τῆς ποίμνης.

26:31 Then said Jesus to them, "All of you shall be scandalized by me this night, for it is written, 'I will strike the shepherd, and the sheep of the flock shall be scattered abroad.'

26:31 Da sprach Jesus zu ihnen: In dieser Nacht werdet ihr euch alle ärgern an mir. Denn es steht geschrieben: "Ich werde den Hirten schlagen, und die Schafe der Herde werden sich zerstreuen."

26:31 Alors Jésus leur dit: Je serai pour vous tous, cette nuit, une occasion de chute; car il est écrit: Je frapperai le berger, et les brebis du troupeau seront dispersées.

26:32 וְאַחֲרֵי קוּמִי אֵלֵךְ לִפְנֵיכֶם הַגָּלִילָה:

26:32 Postquam autem resurrexero, praecedam vos in Galilaeam.

26:32 Μετὰ δὲ τὸ ἐγερθῆναί με, προάξω ὑμᾶς εἰς τὴν Γαλιλαίαν.

26:32 But after I am raised up, I will go before you into Galilee."

26:32 Wenn ich aber auferstehe, will ich vor euch hingehen nach Galiläa.

26:32 Mais, après que je serai ressuscité, je vous précèderai en Galilée.

26:33 וַיַּעַן פֶּטְרוֹס וַיֹּאמֶר לוֹ גַּם כִּי־יִכָּשְׁלוּ בְךָ כוּלָּם אֲנִי לֹא אֶכָּשֵׁל לְעוֹלָם:

26:33 Respondens autem Petrus, ait illi: Et si omnes scandalizati fuerint in te, ego numquam scandalizabor.

26:33 Ἀποκριθεὶς δὲ ὁ Πέτρος εἶπεν αὐτῷ, Εἰ πάντες σκανδαλισθήσονται ἐν σοί, ἐγὼ δὲ οὐδέποτε σκανδαλισθήσομαι.

26:33 But Peter answered back and said to him, "If all shall be scandalized by you, I will never be scandalized."

26:33 Petrus aber antwortete und sprach zu ihm: Wenn sich auch alle an dir ärgerten, so will ich doch mich nimmermehr ärgern.

26:33 Pierre, prenant la parole, lui dit: Quand tu serais pour tous une occasion de chute, tu ne le seras jamais pour moi.

26:34 וַיֹּאמֶר אֵלָיו יֵשׁוּעַ אָמֵן אֹמַר אֲנִי לְךָ כִּי בַלַּיְלָה הַזֶּה בְּטֶרֶם יִקְרָא הַתַּרְנְגוֹל תְּכַחֵשׁ בִּי שָׁלֹשׁ פְּעָמִים:

26:34 Ait illi Jesus: Amen dico tibi, quia in hac nocte, antequam gallus cantet, ter me negabis.

26:34 Ἔφη αὐτῷ ὁ Ἰησοῦς, Ἀμὴν λέγω σοι ὅτι ἐν ταύτῃ τῇ νυκτί, πρὶν ἀλέκτορα φωνῆσαι, τρὶς ἀπαρνήσῃ με.

26:34 Jesus said to him, "Amen. I tell you that this night, before the rooster crows, you shall deny me three times."

26:34 Jesus sprach zu ihm: Wahrlich ich sage dir: In dieser Nacht, ehe der Hahn kräht, wirst du mich dreimal verleugnen.

26:34 Jésus lui dit: Je te le dis en vérité, cette nuit même, avant que le coq chante, tu me renieras trois fois.

26:35 וַיֹּאמֶר אֵלָיו פֶּטְרוֹס גַּם אִם עָלַי לָמוּת אִתְּךָ לֹא אֲכַחֵשׁ בָּךְ וְכֵן אָמְרוּ גַּם כָּל־הַתַּלְמִידִים:

26:35 Ait illi Petrus: Etiamsi oportuerit me mori tecum, non te negabo. Similiter et omnes discipuli dixerunt.

26:35 Λέγει αὐτῷ ὁ Πέτρος, Κἂν δέῃ με σὺν σοὶ ἀποθανεῖν, οὐ μή σε ἀπαρνήσωμαι. Ὁμοίως δὲ καὶ πάντες οἱ μαθηταὶ εἶπον.

26:35 Peter said to him," Even if I must die with you, still I will not deny you." Likewise, all the disciples also said this.

26:35 Petrus sprach zu ihm: Und wenn ich mit dir sterben müßte, so will ich dich nicht verleugnen. Desgleichen sagten auch alle Jünger.

26:35 Pierre lui répondit: Quand il me faudrait mourir avec toi, je ne te renierai pas. Et tous les disciples dirent la même chose.

26:36 אַחֲרֵי־כֵן בָּא אִתָּם יֵשׁוּעַ אֶל־חָצֵר הַנִּקְרָא גַּת־שְׁמָנֵי וַיֹּאמֶר אֶל־הַתַּלְמִידִים שְׁבוּ לָכֶם פֹּה עַד־אֲשֶׁר אֵלֵךְ שָׁמָּה וְהִתְפַּלָּלְתִּי:

26:36 Tunc venit Jesus cum illis in villam, quae dicitur Gethsemani, et dixit discipulis suis: Sedete hic donec vadam illuc, et orem.

26:36 Τότε ἔρχεται μετ' αὐτῶν ὁ Ἰησοῦς εἰς χωρίον λεγόμενον Γεθσημανῆ, καὶ λέγει τοῖς μαθηταῖς, Καθίσατε αὐτοῦ, ἕως οὗ ἀπελθὼν προσεύξωμαι ἐκεῖ.

26:36 Then Jesus comes with them to a place called Gethsemane, and he said to his disciples, "You sit her, while I go over there and pray."

26:36 Da kam Jesus mit ihnen zu einem Hofe, der hieß Gethsemane, und sprach zu seinen Jüngern: Setzet euch hier, bis daß ich dorthin gehe und bete.

26:36 Là-dessus, Jésus alla avec eux dans un lieu appelé Gethsémané, et il dit aux disciples: Asseyez-vous ici, pendant que je m'éloignerai pour prier.

26:37 וַיִּקַּח אִתּוֹ אֶת־פֶּטְרוֹס וְאֶת־שְׁנֵי בְּנֵי זַבְדִּי וַיָּחֶל לְהֵעָצֵב וְלָמוּג:

26:37 Et assumpto Petro, et duobus filiis Zebedaei, coepit contristari et moestus esse.

26:37 Καὶ παραλαβὼν τὸν Πέτρον καὶ τοὺς δύο υἱοὺς Ζεβεδαίου, ἤρξατο λυπεῖσθαι καὶ ἀδημονεῖν.

26:37 And he took with him Peter and the two sons of Zebedee and began to be sad and very troubled.

26:37 Und nahm zu sich Petrus und die zwei Söhne des Zebedäus und fing an zu trauern und zu zagen.

26:37 Il prit avec lui Pierre et les deux fils de Zébédée, et il commença à éprouver de la tristesse et des angoisses.

26:38 וַיֹּאמֶר לָהֶם נַפְשִׁי מָרָה־לִי עַד־מָוֶת עִמְדוּ פֹה וְשִׁקְדוּ עִמִּי:

26:38 Tunc ait illis: Tristis est anima mea usque ad mortem: sustinete hic, et vigilate mecum.

26:38 Τότε λέγει αὐτοῖς ὁ Ἰησοῦς, Περίλυπός ἐστιν ἡ ψυχή μου ἕως θανάτου· μείνατε ὧδε καὶ γρηγορεῖτε μετ' ἐμοῦ.

26:38 Then said he to them, "My soul is exceedingly sad, even to the point of death. You stay here and watch with me."

26:38 Da sprach Jesus zu ihnen: Meine Seele ist betrübt bis an den Tod; bleibet hier und wachet mit mir!

26:38 Il leur dit alors: Mon âme est triste jusqu'à la mort; restez ici, et veillez avec moi.

26:39 וַיֵּלֶךְ מְעַט מֵאִתָּם וַיִּפֹּל עַל־פָּנָיו וַיִּתְפַּלֵּל לֵאמֹר אָבִי אִם־יוּכַל לִהְיוֹת תַּעֲבָר־נָא מֵעָלַי הַכּוֹס הַזֹּאת אַךְ לֹא כִרְצוֹנִי כִּי אִם־כִּרְצוֹנֶךָ׃

26:39 Et progressus pusillum, procidit in faciem suam, orans, et dicens: Pater mi, si possibile est, transeat a me calix iste: verumtamen non sicut ego volo, sed sicut tu.

26:39 Καὶ προσελθὼν μικρόν, ἔπεσεν ἐπὶ πρόσωπον αὐτοῦ προσευχόμενος καὶ λέγων, Πάτερ μου, εἰ δυνατόν ἐστιν, παρελθέτω ἀπ' ἐμοῦ τὸ ποτήριον τοῦτο· πλὴν οὐχ ὡς ἐγὼ θέλω, ἀλλ' ὡς σύ.

26:39 And he went forward a little and fell on his face and prayed saying, "My Father, if it be possible, let this cup pass by me. Nevertheless, not as I will, but as you will."

26:39 Und ging hin ein wenig, fiel nieder auf sein Angesicht und betete und sprach: Mein Vater, ist's möglich, so gehe dieser Kelch von mir; doch nicht, wie ich will, sondern wie du willst!

26:39 Puis, ayant fait quelques pas en avant, il se jeta sur sa face, et pria ainsi: Mon Père, s'il est possible, que cette coupe s'éloigne de moi! Toutefois, non pas ce que je veux, mais ce que tu veux.

26:40 וַיָּבֹא אֶל־הַתַּלְמִידִים וַיִּמְצָאֵם יְשֵׁנִים וַיֹּאמֶר אֶל־פֶּטְרוֹס הִנֵּה לֹא־הָיָה בִיכָלְתְּכֶם לִשְׁקֹד עִמִּי שָׁעָה אֶחָת׃

26:40 Et venit ad discipulos suos, et invenit eos dormientes, et dicit Petro: Sic non potuistis una hora vigilare mecum?

26:40 Καὶ ἔρχεται πρὸς τοὺς μαθητάς, καὶ εὑρίσκει αὐτοὺς καθεύδοντας, καὶ λέγει τῷ Πέτρῳ, Οὕτως οὐκ ἰσχύσατε μίαν ὥραν γρηγορῆσαι μετ' ἐμοῦ;

26:40 And he comes to the disciples and finds them sleeping. And he said to Peter, "Why could you not watch with me for one hour?

26:40 Und er kam zu seinen Jüngern und fand sie schlafend und sprach zu Petrus: Könnet ihr denn nicht eine Stunde mit mir wachen?

26:40 Et il vint vers les disciples, qu'il trouva endormis, et il dit à Pierre: Vous n'avez donc pu veiller une heure avec moi!

26:41 שִׁקְדוּ וְהִתְפַּלְלוּ פֶּן־תָּבֹאוּ לִידֵי נִסָּיוֹן הֵן הָרוּחַ חֲפֵצָה וְהַבָּשָׂר רָפֶה׃

26:41 Vigilate, et orate ut non intretis in tentationem. Spiritus quidem promptus est, caro autem infirma.

26:41 Γρηγορεῖτε καὶ προσεύχεσθε, ἵνα μὴ εἰσέλθητε εἰς πειρασμόν· τὸ μὲν πνεῦμα πρόθυμον, ἡ δὲ σὰρξ ἀσθενής.

26:41 Watch and pray so that you will not enter into temptation; indeed, the spirit is willing, but the flesh is weak."

26:41 Wachet und betet, daß ihr nicht in Anfechtung fallet! Der Geist ist willig; aber das Fleisch ist schwach.

26:41 Veillez et priez, afin que vous ne tombiez pas dans la tentation; l'esprit est bien disposé, mais la chair est faible.

26:42 וַיּוֹסֶף לָלֶכֶת־לוֹ שֵׁנִית וַיִּתְפַּלֵּל לֵאמֹר אָבִי אִם־לֹא תוּכַל הַכּוֹס הַזֹּאת לַעֲבֹר מֵעָלַי בִּלְתִּי אִם אֶשְׁתֶּה אֹתָהּ יְהִי כִּרְצוֹנֶךָ:

26:42 Iterum secundo abiit, et oravit, dicens: Pater mi, si non potest hic calix transire nisi bibam illum, fiat voluntas tua.

26:42 Πάλιν ἐκ δευτέρου ἀπελθὼν προσηύξατο, λέγων, Πάτερ μου, εἰ οὐ δύναται τοῦτο τὸ ποτήριον παρελθεῖν ἀπ᾿ ἐμοῦ, ἐὰν μὴ αὐτὸ πίω, γενηθήτω τὸ θέλημά σου.

26:42 Again, a second time, he went away and prayed, saying, "My Father, if this cannot pass by, unless I drink it, your will be done."

26:42 Zum andernmal ging er wieder hin, betete und sprach: Mein Vater, ist's nicht möglich, daß dieser Kelch von mir gehe, ich trinke ihn denn, so geschehe dein Wille!

26:42 Il s'éloigna une seconde fois, et pria ainsi: Mon Père, s'il n'est pas possible que cette coupe s'éloigne sans que je la boive, que ta volonté soit faite!

26:43 וַיָּבֹא וַיִּמְצָאֵם גַּם בַּפַּעַם הַזֹּאת יְשֵׁנִים כִּי עֵינֵיהֶם כְּבֵדוֹת:

26:43 Et venit iterum, et invenit eos dormientes: erant enim oculi eorum gravati.

26:43 Καὶ ἐλθὼν εὑρίσκει αὐτοὺς πάλιν καθεύδοντας, ἦσαν γὰρ αὐτῶν οἱ ὀφθαλμοὶ βεβαρημένοι.

26:43 And he came again and found them sleeping, for their eyes were heavy.

26:43 Und er kam und fand sie abermals schlafend, und ihre Augen waren voll Schlafs.

26:43 Il revint, et les trouva encore endormis; car leurs yeux étaient appesantis.

26:44 וַיַּנִּיחֵם וַיּוֹסֶף לָלֶכֶת וַיִּתְפַּלֵּל שְׁלִישִׁית בְּאָמְרוֹ עוֹד־הַפַּעַם כַּדָּבָר הַזֶּה:

26:44 Et relictis illis, iterum abiit, et oravit tertio, eumdem sermonem dicens.

26:44 Καὶ ἀφεὶς αὐτοὺς ἀπελθὼν πάλιν προσηύξατο ἐκ τρίτου, τὸν αὐτὸν λόγον εἰπών.

26:44 And he left them again, and went away, and prayed a third time, saying again the same words.

26:44 Und er ließ sie und ging abermals hin und betete zum drittenmal und redete dieselben Worte.

26:44 Il les quitta, et, s'éloignant, il pria pour la troisième fois, répétant les mêmes paroles.

26:45 וַיָּבֹא אֶל־הַתַּלְמִידִים וַיֹּאמֶר אֲלֵיהֶם נוּמוּ עוֹד וְנוּחוּ הִנֵּה הַשָּׁעָה קְרוֹבָה וּבֶן־הָאָדָם נִמְסָר בִּידֵי חַטָּאִים:

26:45 Tunc venit ad discipulos suos, et dicit illis: Dormite jam, et requiescite: ecce appropinquavit hora, et Filius hominis tradetur in manus peccatorum.

26:45 Τότε ἔρχεται πρὸς τοὺς μαθητὰς αὐτοῦ, καὶ λέγει αὐτοῖς, Καθεύδετε τὸ λοιπὸν καὶ ἀναπαύεσθε· ἰδού, ἤγγικεν ἡ ὥρα, καὶ ὁ υἱὸς τοῦ ἀνθρώπου παραδίδοται εἰς χεῖρας ἁμαρτωλῶν.

26:45 Then he comes to the disciples and he said to them, "Sleep on now, and take your rest; behold, the hour is at hand, and the Son of Man is betrayed into the hands of sinners.

26:45 Da kam er zu seinen Jüngern und sprach zu ihnen: Ach wollt ihr nur schlafen und ruhen? Siehe, die Stunde ist hier, daß des Menschen Sohn in der Sünder Hände überantwortet wird.

26:45 Puis il alla vers ses disciples, et leur dit: Vous dormez maintenant, et vous vous reposez! Voici, l'heure est proche, et le Fils de l'homme est livré aux mains des pécheurs.

26:46 קוּמוּ וְנֵלֵכָה הִנֵּה הַמֹּסֵר אוֹתִי הֹלֵךְ וְקָרֵב׃

26:46 Surgite, eamus: ecce appropinquavit qui me tradet.

26:46 Ἐγείρεσθε, ἄγωμεν. Ἰδού, ἤγγικεν ὁ παραδιδούς με.

26:46 Arise, let's get going; behold, the one who betrays me is near."

26:46 Stehet auf, laßt uns gehen! Siehe, er ist da, der mich verrät!

26:46 Levez-vous, allons; voici, celui qui me livre s'approche.

26:47 עוֹדֶנּוּ מְדַבֵּר וְהִנֵּה יְהוּדָה אֶחָד מִשְׁנֵים הֶעָשָׂר בָּא וְעִמּוֹ הָמוֹן רָב בַּחֲרָבוֹת וּבְמַקְלוֹת מֵאֵת רָאשֵׁי הַכֹּהֲנִים וְזִקְנֵי הָעָם׃

26:47 Adhuc eo loquente, ecce Judas unus de duodecim venit, et cum eo turba multa cum gladiis et fustibus, missi a principibus sacerdotum, et senioribus populi.

26:47 Καὶ ἔτι αὐτοῦ λαλοῦντος, ἰδού, Ἰούδας εἷς τῶν δώδεκα ἦλθεν, καὶ μετ' αὐτοῦ ὄχλος πολὺς μετὰ μαχαιρῶν καὶ ξύλων, ἀπὸ τῶν ἀρχιερέων καὶ πρεσβυτέρων τοῦ λαοῦ.

26:47 And while he was still speaking, behold, Judas, one of the twelve, came, and with him a great multitude with swords and staves, from the chief priest and elders of the people.

26:47 Und als er noch redete, siehe, da kam Judas, der Zwölf einer, und mit ihm eine große Schar, mit Schwertern und mit Stangen, von den Hohenpriestern und Ältesten des Volks.

26:47 Comme il parlait encore, voici, Judas, l'un des douze, arriva, et avec lui une foule nombreuse armée d'épées et de bâtons, envoyée par les principaux sacrificateurs et par les anciens du peuple.

26:48 וְהַמֹּסֵר אֹתוֹ נָתַן לָהֶם אוֹת לֵאמֹר הָאִישׁ אֲשֶׁר אֶשָּׁקֵהוּ זֶה הוּא תִּפְשֻׂהוּ׃

26:48 Qui autem tradidit eum, dedit illis signum, dicens: Quemcumque osculatus fuero, ipse est, tenete eum.

26:48 Ὁ δὲ παραδιδοὺς αὐτὸν ἔδωκεν αὐτοῖς σημεῖον, λέγων, Ὃν ἂν φιλήσω, αὐτός ἐστιν· κρατήσατε αὐτόν.

26:48 Now he who betrayed him gave them a sign, saying, "Whoever I shall kiss, he is the one, take him."

26:48 Und der Verräter hatte ihnen ein Zeichen gegeben und gesagt: Welchen ich küssen werde, der ist's; den greifet.

26:48 Celui qui le livrait leur avait donné ce signe: Celui que je baiserai, c'est lui; saisissez-le.

26:49 וּמִיָּד נִגַּשׁ אֶל־יֵשׁוּעַ וַיֹּאמֶר לְךָ רַבִּי שָׁלוֹם וַיִּנַּשֶׁק־לוֹ׃

26:49 Et confestim accedens ad Jesum, dixit: Ave Rabbi. Et osculatus est eum.

26:49 Καὶ εὐθέως προσελθὼν τῷ Ἰησοῦ εἶπεν, Χαῖρε, ῥαββί· καὶ κατεφίλησεν αὐτόν.

26:49 And immediately he came to Jesus and said, "Hail, Rabbi." and kissed him.

26:49 Und alsbald trat er zu Jesus und sprach: Gegrüßet seist du, Rabbi! und küßte ihn.

26:49 Aussitôt, s'approchant de Jésus, il dit: Salut, Rabbi! Et il le baisa.

26:50 וַיֹּאמֶר אֵלָיו יֵשׁוּעַ רֵעִי עַל־מֶה בָּאתָ וַיִּגְּשׁוּ וַיִּשְׁלְחוּ אֶת־יְדֵיהֶם בְּיֵשׁוּעַ וַיִּתְפְּשׂוּ אֹתוֹ:

26:50 Dixitque illi Jesus: Amice, ad quid venisti? Tunc accesserunt, et manus injecerunt in Jesum, et tenuerunt eum.

26:50 Ὁ δὲ Ἰησοῦς εἶπεν αὐτῷ, Ἑταῖρε, ἐφ' ᾧ πάρει; Τότε προσελθόντες ἐπέβαλον τὰς χεῖρας ἐπὶ τὸν Ἰησοῦν, καὶ ἐκράτησαν αὐτόν.

26:50 And Jesus said to him, "Friend, *do* that which you came for." Then they came and laid hands on Jesus and took him.

26:50 Jesus aber sprach zu ihm: Mein Freund, warum bist du gekommen? Da traten sie hinzu und legten die Hände an Jesus und griffen ihn.

26:50 Jésus lui dit: Mon ami, ce que tu es venu faire, fais-le. Alors ces gens s'avancèrent, mirent la main sur Jésus, et le saisirent.

26:51 וְהִנֵּה אֶחָד מִן־הָאֲנָשִׁים אֲשֶׁר עִם־יֵשׁוּעַ שָׁלַח יָדוֹ וַיִּשְׁלֹף חַרְבּוֹ וַיַּךְ אֶת־עֶבֶד הַכֹּהֵן הַגָּדוֹל וַיְקַצֵּץ אֶת־אָזְנוֹ:

26:51 Et ecce unus ex his qui erant cum Jesu, extendens manum, exemit gladium suum, et percutiens servum principis sacerdotum amputavit auriculam ejus.

26:51 Καὶ ἰδού, εἷς τῶν μετὰ Ἰησοῦ, ἐκτείνας τὴν χεῖρα, ἀπέσπασεν τὴν μάχαιραν αὐτοῦ, καὶ πατάξας τὸν δοῦλον τοῦ ἀρχιερέως ἀφεῖλεν αὐτοῦ τὸ ὠτίον.

26:51 And behold, one of them that was with Jesus stretched out his hand, and drew his sword, and struck the servant of the High priest, and cut off his ear.

26:51 Und siehe, einer aus denen, die mit Jesus waren, reckte die Hand aus und zog sein Schwert aus und schlug des Hohenpriesters Knecht und hieb ihm ein Ohr ab.

26:51 Et voici, un de ceux qui étaient avec Jésus étendit la main, et tira son épée; il frappa le serviteur du souverain sacrificateur, et lui emporta l'oreille.

26:52 וַיֹּאמֶר אֵלָיו יֵשׁוּעַ הָשֵׁב אֶת־חַרְבְּךָ אֶל־תַּעְרָהּ כִּי כָל־אֹחֲזֵי חֶרֶב בַּחֶרֶב יֹאבֵדוּ:

26:52 Tunc ait illi Jesus: Converte gladium tuum in locum suum: omnes enim, qui acceperint gladium, gladio peribunt.

26:52 Τότε λέγει αὐτῷ ὁ Ἰησοῦς, Ἀπόστρεψόν σου τὴν μάχαιραν εἰς τὸν τόπον αὐτῆς· πάντες γὰρ οἱ λαβόντες μάχαιραν ἐν μαχαίρᾳ ἀποθανοῦνται.

26:52 Then said Jesus to him, "Now put your sword into its place, for all who carry the sword shall perish by the sword.

26:52 Da sprach Jesus zu ihm; Stecke dein Schwert an seinen Ort! denn wer das Schwert nimmt, der soll durchs Schwert umkommen.

26:52 Alors Jésus lui dit: Remets ton épée à sa place; car tous ceux qui prendront l'épée périront par l'épée.

26:53 הֲתֹאמַר בְּלִבְּךָ כִּי לֹא יָכֹלְתִּי לִשְׁאֹל עַתָּה מֵאֵת אָבִי וִיצַוֶּה־לִּי יוֹתֵר מִשְּׁנֵים עָשָׂר לִגְיוֹנוֹת שֶׁל־מַלְאָכִים:

26:53 An putas, quia non possum rogare patrem meum, et exhibebit mihi modo plusquam duodecim legiones angelorum?

26:53 Ἢ δοκεῖς ὅτι οὐ δύναμαι ἄρτι παρακαλέσαι τὸν πατέρα μου, καὶ παραστήσει μοι πλείους ἢ δώδεκα λεγεῶνας ἀγγέλων;

26:53 Or do you think that I cannot seek my Father, and he shall, even now, send me more than twelve legions of angels?

26:53 Oder meinst du, daß ich nicht könnte meinen Vater bitten, daß er mir zuschickte mehr denn zwölf Legionen Engel?

26:53 Penses-tu que je ne puisse pas invoquer mon Père, qui me donnerait à l'instant plus de douze légions d'anges?

26:54 וְאֵיכָכָה אֵפוֹא יִמָּלְאוּ הַכְּתוּבִים כִּי־כֵן הָיָה תִהְיֶה:

26:54 Quomodo ergo implebuntur Scripturae, quia sic oportet fieri?

26:54 Πῶς οὖν πληρωθῶσιν αἱ γραφαί, ὅτι οὕτως δεῖ γενέσθαι;

26:54 How then should the Scriptures be fulfilled that must be?

26:54 Wie würde aber die Schrift erfüllet? Es muß also gehen.

26:54 Comment donc s'accompliraient les Écritures, d'après lesquelles il doit en être ainsi?

26:55 בַּשָּׁעָה הַהִיא אָמַר יֵשׁוּעַ אֶל־הֲמוֹן הָעָם כְּצֵאת עַל־פָּרִיץ יְצָאתֶם בַּחֲרָבוֹת וּבְמַקְלוֹת לְתָפְשֵׂנִי וַאֲנִי הָיִיתִי יֹשֵׁב וּמְלַמֵּד בַּמִּקְדָּשׁ יוֹם יוֹם וְלֹא הֶחֱזַקְתֶּם בִּי:

26:55 In illa hora dixit Jesus turbis: Tamquam ad latronem existis cum gladiis et fustibus comprehendere me: quotidie apud vos sedebam docens in templo, et non me tenuistis.

26:55 Ἐν ἐκείνῃ τῇ ὥρᾳ εἶπεν ὁ Ἰησοῦς τοῖς ὄχλοις, Ὡς ἐπὶ λῃστὴν ἐξήλθετε μετὰ μαχαιρῶν καὶ ξύλων συλλαβεῖν με; Καθ' ἡμέραν πρὸς ὑμᾶς ἐκαθεζόμην διδάσκων ἐν τῷ ἱερῷ, καὶ οὐκ ἐκρατήσατέ με.

26:55 In that hour Jesus said to the multitudes, "Are you coming out as against a robber with swords and clubs to seize me? I sat daily in the temple teaching and you did not take me.

26:55 Zu der Stunde sprach Jesus zu den Scharen: Ihr seid ausgegangen wie zu einem Mörder, mit Schwertern und Stangen, mich zu fangen. Bin ich doch täglich gesessen bei euch und habe gelehrt im Tempel, und ihr habt mich nicht gegriffen.

26:55 En ce moment, Jésus dit à la foule: Vous êtes venus, comme après un brigand, avec des épées et des bâtons, pour vous emparer de moi. J'étais tous les jours assis parmi vous, enseignant dans le temple, et vous ne m'avez pas saisi.

26:56 וְכָל־זֹאת הָיְתָה לְמַלֹּאת כִּתְבֵי הַנְּבִיאִים אָז עֲזָבוּהוּ הַתַּלְמִידִים כֻּלָּם וַיָּנוּסוּ׃

26:56 Hoc autem totum factum est, ut adimplerentur Scripturae prophetarum. Tunc discipuli omnes, relicto eo, fugerunt.

26:56 Τοῦτο δὲ ὅλον γέγονεν, ἵνα πληρωθῶσιν αἱ γραφαὶ τῶν προφητῶν. Τότε οἱ μαθηταὶ πάντες ἀφέντες αὐτὸν ἔφυγον.

26:56 But all this is coming to pass so that the Scriptures of the prophets might be fulfilled. Then all the disciples left him and fled.

26:56 Aber das ist alles geschehen, daß erfüllet würden die Schriften der Propheten. Da verließen ihn die Jünger und flohen.

26:56 Mais tout cela est arrivé afin que les écrits des prophètes fussent accomplis. Alors tous les disciples l'abandonnèrent, et prirent la fuite.

26:57 וְהָאֲנָשִׁים אֲשֶׁר תָּפְשׂוּ אֶת־יֵשׁוּעַ הוֹלִיכוּהוּ אֶל־קַיָּפָא הַכֹּהֵן הַגָּדוֹל אֲשֶׁר נִקְהֲלוּ בְּבֵיתוֹ הַסּוֹפְרִים וְהַזְּקֵנִים׃

26:57 At illi tenentes Jesum, duxerunt ad Caipham principem sacerdotum, ubi scribae et seniores convenerant.

26:57 Οἱ δὲ κρατήσαντες τὸν Ἰησοῦν ἀπήγαγον πρὸς Καϊάφαν τὸν ἀρχιερέα, ὅπου οἱ γραμματεῖς καὶ οἱ πρεσβύτεροι συνήχθησαν.

26:57 And those who had taken Jesus led him away to *the house of* Caiaphas the High priest, where the scribes and the elders were gathered together.

26:57 Die aber Jesus gegriffen hatten, führten ihn zu dem Hohenpriester Kaiphas, dahin die Schriftgelehrten und Ältesten sich versammelt hatten.

26:57 Ceux qui avaient saisi Jésus l'emmenèrent chez le souverain sacrificateur Caïphe, où les scribes et les anciens étaient assemblés.

26:58 וּפֶטְרוֹס הָלַךְ אַחֲרָיו מֵרָחוֹק עַד לַחֲצַר הַכֹּהֵן הַגָּדוֹל וַיָּבֹא פְנִימָה וַיֵּשֶׁב אֵצֶל הַמְשָׁרְתִים לִרְאוֹת מַה־יִּהְיֶה אַחֲרִית הַדָּבָר׃

26:58 Petrus autem sequebatur eum a longe, usque in atrium principis sacerdotum. Et ingressus intro, sedebat cum ministris, ut videret finem.

26:58 Ὁ δὲ Πέτρος ἠκολούθει αὐτῷ ἀπὸ μακρόθεν, ἕως τῆς αὐλῆς τοῦ ἀρχιερέως, καὶ εἰσελθὼν ἔσω ἐκάθητο μετὰ τῶν ὑπηρετῶν, ἰδεῖν τὸ τέλος.

26:58 But Peter followed him from a distance, to the court of the High priest, and entered in, and sat with the officers, to see the end.

26:58 Petrus aber folgte ihm nach von ferne bis in den Palast des Hohenpriesters und ging hinein und setzte sich zu den Knechten, auf daß er sähe, wo es hinaus wollte.

26:58 Pierre le suivit de loin jusqu'à la cour du souverain sacrificateur, y entra, et s'assit avec les serviteurs, pour voir comment cela finirait.

26:59 וְרָאשֵׁי הַכֹּהֲנִים וְהַסּוֹפְרִים וְכָל־הַסַּנְהֶדְרִין בִּקְשׁוּ עֵדוּת שֶׁקֶר בְּיֵשׁוּעַ לַהֲמִיתוֹ וְלֹא מָצָאוּ:

26:59 Principes autem sacerdotum, et omne concilium, quaerebant falsum testimonium contra Jesum, ut eum morti traderent:

26:59 Οἱ δὲ ἀρχιερεῖς καὶ οἱ πρεσβύτεροι καὶ τὸ συνέδριον ὅλον ἐζήτουν ψευδομαρτυρίαν κατὰ τοῦ Ἰησοῦ, ὅπως θανατώσωσιν αὐτόν.

26:59 Now the chief priests and the whole council sought false witness against Jesus so that they might put him to death;

26:59 Die Hohenpriester aber und die Ältesten und der ganze Rat suchten falsch Zeugnis gegen Jesus, auf daß sie ihn töteten,

26:59 Les principaux sacrificateurs et tout le sanhédrin cherchaient quelque faux témoignage contre Jésus, suffisant pour le faire mourir.

26:59 וְרָאשֵׁי הַכֹּהֲנִים וְהַסּוֹפְרִים וְכָל־הַסַּנְהֶדְרִין בִּקְשׁוּ עֵדוּת שֶׁקֶר בְּיֵשׁוּעַ לַהֲמִיתוֹ וְלֹא מָצָאוּ:

26:60 et non invenerunt, cum multi falsi testes accessissent. Novissime autem venerunt duo falsi testes,

26:60 Καὶ οὐχ εὗρον· καὶ πολλῶν ψευδομαρτύρων προσελθόντων, οὐχ εὗρον.

26:60 and they did not find, although many false witnesses came. But afterward came two,

26:60 und fanden keins. Und wiewohl viel falsche Zeugen herzutraten, fanden sie doch keins. Zuletzt traten herzu zwei falsche Zeugen

26:60 Mais ils n'en trouvèrent point, quoique plusieurs faux témoins se fussent présentés. Enfin, il en vint deux,

26:61 וּבָאַחֲרוֹנָה נִגְּשׁוּ שְׁנֵי עֵדֵי שֶׁקֶר וַיֹּאמְרוּ זֶה אָמַר יֵשׁ לְאֵל יָדִי לַהֲרֹס אֶת־הֵיכַל הָאֱלֹהִים וְלִבְנוֹתוֹ בִּשְׁלֹשֶׁת יָמִים:

26:61 et dixerunt: Hic dixit: Possum destruere templum Dei, et post triduum reaedificare illud.

26:61 Ὕστερον δὲ προσελθόντες δύο ψευδομάρτυρες εἶπον, Οὗτος ἔφη, Δύναμαι καταλῦσαι τὸν ναὸν τοῦ θεοῦ, καὶ διὰ τριῶν ἡμερῶν οἰκοδομῆσαι αὐτόν.

26:61 and said, "This man said, 'I am able to destroy the temple of God and to rebuild it in three days.'"

26:61 und sprachen: Er hat gesagt: Ich kann den Tempel Gottes abbrechen und in drei Tagen ihn bauen.

26:61 qui dirent: Celui-ci a dit: Je puis détruire le temple de Dieu, et le rebâtir en trois jours.

26:62 וַיָּקָם הַכֹּהֵן הַגָּדוֹל וַיֹּאמֶר אֵלָיו הֲלֹא תַעֲנֶה דָּבָר מַה־זֶּה יָעִידוּ־בָךְ הָאֲנָשִׁים הָאֵלֶּה:

26:62 Et surgens princeps sacerdotum, ait illi: Nihil respondes ad ea, quae isti adversum te testificantur?

26:62 Καὶ ἀναστὰς ὁ ἀρχιερεὺς εἶπεν αὐτῷ, Οὐδὲν ἀποκρίνῃ; Τί οὗτοί σου καταμαρτυροῦσιν;

26:62 And the High priest stood up and said to him, "Are you answering nothing? Why is it that they bear witness against you?"

26:62 Und der Hohepriester stand auf und sprach zu ihm: Antwortest du nichts zu dem, was diese wider dich zeugen?

26:62 Le souverain sacrificateur se leva, et lui dit: Ne réponds-tu rien? Qu 'est-ce que ces hommes déposent contre toi?

26:63 וְיֵשׁוּעַ הֶחֱרִישׁ וַיַּעַן הַכֹּהֵן הַגָּדוֹל וַיֹּאמֶר לוֹ מַשְׁבִּיעֲךָ אֲנִי בֵּאלֹהִים חַיִּים שֶׁתֹּאמַר לָנוּ אִם־אַתָּה הַמָּשִׁיחַ בֶּן־הָאֱלֹהִים:

26:63 Jesus autem tacebat. Et princeps sacerdotum ait illi: Adjuro te per Deum vivum, ut dicas nobis si tu es Christus Filius Dei.

26:63 Ὁ δὲ Ἰησοῦς ἐσιώπα. Καὶ ἀποκριθεὶς ὁ ἀρχιερεὺς εἶπεν αὐτῷ, Ἐξορκίζω σε κατὰ τοῦ θεοῦ τοῦ ζῶντος, ἵνα ἡμῖν εἴπῃς εἰ σὺ εἶ ὁ χριστός, ὁ υἱὸς τοῦ θεοῦ.

26:63 But Jesus remained silent. And the High priest said to him, "I adjure you, by the Living God, that you tell us whether you are the Messiah, the Son of God."

26:63 Aber Jesus schwieg still. Und der Hohepriester antwortete und sprach zu ihm: Ich beschwöre dich bei dem lebendigen Gott, daß du uns sagest, ob du seist Christus, der Sohn Gottes.

26:63 Jésus garda le silence. Et le souverain sacrificateur, prenant la parole, lui dit: Je t'adjure, par le Dieu vivant, de nous dire si tu es le Christ, le Fils de Dieu.

26:64 וַיֹּאמֶר אֵלָיו יֵשׁוּעַ אַתָּה אָמָרְתָּ וַאֲנִי אֹמֵר לָכֶם מֵעַתָּה תִּרְאוּ אֶת־בֶּן־הָאָדָם יֹשֵׁב לִימִין הַגְּבוּרָה וּבָא עִם־עַנְנֵי הַשָּׁמָיִם:

26:64 Dicit illi Jesus: Tu dixisti. Verumtamen dico vobis, amodo videbitis Filium hominis sedentem a dextris virtutis Dei, et venientem in nubibus caeli.

26:64 Λέγει αὐτῷ ὁ Ἰησοῦς, Σὺ εἶπας. Πλὴν λέγω ὑμῖν, ἀπ' ἄρτι ὄψεσθε τὸν υἱὸν τοῦ ἀνθρώπου καθήμενον ἐκ δεξιῶν τῆς δυνάμεως καὶ ἐρχόμενον ἐπὶ τῶν νεφελῶν τοῦ οὐρανοῦ.

26:64 Jesus said to him, "You have said it. Nevertheless, I say to you, you shall see the Son of Man sitting at the right hand of Power and coming on the clouds of heaven."

26:64 Jesus sprach zu ihm: Du sagst es. Doch ich sage euch: Von nun an wird's geschehen, daß ihr werdet sehen des Menschen Sohn sitzen zur Rechten der Kraft und kommen in den Wolken des Himmels.

26:64 Jésus lui répondit: Tu l'as dit. De plus, je vous le déclare, vous verrez désormais le Fils de l'homme assis à la droite de la puissance de Dieu, et venant sur les nuées du ciel.

26:65 וַיִּקְרַע הַכֹּהֵן הַגָּדוֹל אֶת־בְּגָדָיו וַיֹּאמֶר מְגַדֵּף הוּא וּמַה־לָּנוּ עוֹד לְבַקֵּשׁ עֵדִים הֲלֹא עַתָּה שְׁמַעְתֶּם אֶת־גִּדּוּפוֹ:

26:65 Tunc princeps sacerdotum scidit vestimenta sua, dicens: Blasphemavit: quid adhuc egemus testibus? ecce nunc audistis blasphemiam:

26:65 Τότε ὁ ἀρχιερεὺς διέρρηξεν τὰ ἱμάτια αὐτοῦ, λέγων ὅτι Ἐβλασφήμησεν· τί ἔτι χρείαν ἔχομεν μαρτύρων; Ἴδε, νῦν ἠκούσατε τὴν βλασφημίαν αὐτοῦ.

26:65 Then the High priest tore his garments saying, "He has spoken blasphemy! What further need do we have for witnesses? Behold, now you have heard the blasphemy.

26:65 Da zerriß der Hohepriester seine Kleider und sprach: Er hat Gott gelästert! Was bedürfen wir weiteres Zeugnis? Siehe, jetzt habt ihr seine Gotteslästerung gehört.

26:65 Alors le souverain sacrificateur déchira ses vêtements, disant: Il a blasphémé! Qu'avons-nous encore besoin de témoins? Voici, vous venez d'entendre son blasphème.

26:66 מַה־דַּעְתְּכֶם וַיַּעֲנוּ וַיֹּאמְרוּ אִישׁ־מָוֶת הוּא:

26:66 quid vobis videtur? At illi respondentes dixerunt: Reus est mortis.

26:66 Τί ὑμῖν δοκεῖ; Οἱ δὲ ἀποκριθέντες εἶπον, Ἔνοχος θανάτου ἐστίν.

26:66 What do you think?" They answered back and said, "He is worthy of death."

26:66 Was dünkt euch? Sie antworteten und sprachen: Er ist des Todes schuldig!

26:66 Que vous en semble? Ils répondirent: Il mérite la mort.

26:67 וַיָּרֹקּוּ בְּפָנָיו וַיַּכֻּהוּ בְּאֶגְרוֹף וַאֲחֵרִים הִכּוּהוּ עַל־הַלֶּחִי:

26:67 Tunc exspuerunt in faciem ejus, et colaphis eum ceciderunt, alii autem palmas in faciem ejus dederunt,

26:67 Τότε ἐνέπτυσαν εἰς τὸ πρόσωπον αὐτοῦ καὶ ἐκολάφισαν αὐτόν· οἱ δὲ ἐρράπισαν,

26:67 Then they spit in his face and hit him and some slapped him with the palms of their hands,

26:67 Da spieen sie aus in sein Angesicht und schlugen ihn mit Fäusten. Etliche aber schlugen ihn ins Angesicht

26:67 Là-dessus, ils lui crachèrent au visage, et lui donnèrent des coups de poing et des soufflets

26:68 וַיֹּאמְרוּ הִנָּבֵא לָנוּ הַמָּשִׁיחַ מִי הוּא הַמַּכֶּה אוֹתָךְ:

26:68 dicentes: Prophetiza nobis Christe, quis est qui te percussit?

26:68 λέγοντες, Προφήτευσον ἡμῖν, χριστέ, τίς ἐστιν ὁ παίσας σε;

26:68 saying, "Prophesy to us, you Messiah. Who is the one who struck you?"

26:68 und sprachen: Weissage uns, Christe, wer ist's, der dich schlug?

26:68 en disant: Christ, prophétise; dis-nous qui t'a frappé.

26:69 וּפֶטְרוֹס יָשַׁב מִחוּץ לַבַּיִת בֶּחָצֵר וַתִּגַּשׁ אֵלָיו שִׁפְחָה אַחַת לֵאמֹר גַּם־אַתָּה הָיִיתָ עִם־יֵשׁוּעַ הַגְּלִילִי:

26:69 Petrus vero sedebat foris in atrio: et accessit ad eum una ancilla, dicens: Et tu cum Jesu Galilaeo eras.

26:69 Ὁ δὲ Πέτρος ἔξω ἐκάθητο ἐν τῇ αὐλῇ· καὶ προσῆλθεν αὐτῷ μία παιδίσκη, λέγουσα, Καὶ σὺ ἦσθα μετὰ Ἰησοῦ τοῦ Γαλιλαίου.

26:69 Now Peter was sitting outside in the court and a maid came to him saying, "You also were with Jesus the Galilean."

26:69 Petrus aber saß draußen im Hof; und es trat zu ihm eine Magd und sprach: Und du warst auch mit dem Jesus aus Galiläa.

26:69 Cependant, Pierre était assis dehors dans la cour. Une servante s'approcha de lui, et dit: Toi aussi, tu étais avec Jésus le Galiléen.

26:70 וַיְכַחֵשׁ בִּפְנֵי כֻלָּם לֵאמֹר לֹא יָדַעְתִּי מָה־אַתְּ אֹמָרֶת:

26:70 At ille negavit coram omnibus, dicens: Nescio quid dicis.

26:70 Ὁ δὲ ἠρνήσατο ἔμπροσθεν αὐτῶν πάντων, λέγων, Οὐκ οἶδα τί λέγεις.

26:70 But he denied it before them all saying, "I don't know what you are talking about."

26:70 Er leugnete aber vor ihnen allen und sprach: Ich weiß nicht, was du sagst.

26:70 Mais il le nia devant tous, disant: Je ne sais ce que tu veux dire.

26:71 וַיַּעֲבֹר אֶל־פֶּתַח הַשַּׁעַר וַתֵּרֶא אוֹתוֹ אַחֶרֶת וַתֹּאמֶר לָאֲנָשִׁים אֲשֶׁר־שָׁם גַּם־זֶה הָיָה עִם־יֵשׁוּעַ הַנָּצְרִי׃

26:71 Exeunte autem illo januam, vidit eum alia ancilla, et ait his qui erant ibi: Et hic erat cum Jesu Nazareno.

26:71 Ἐξελθόντα δὲ αὐτὸν εἰς τὸν πυλῶνα, εἶδεν αὐτὸν ἄλλη, καὶ λέγει αὐτοῖς ἐκεῖ, Καὶ οὗτος ἦν μετὰ Ἰησοῦ τοῦ Ναζωραίου.

26:71 And when he went out on to the porch, another *maid* saw him, and said to those that were there, "This man also was with Jesus of Nazareth."

26:71 Als er aber zur Tür hinausging, sah ihn eine andere und sprach zu denen, die da waren: Dieser war auch mit dem Jesus von Nazareth.

26:71 Comme il se dirigeait vers la porte, une autre servante le vit, et dit à ceux qui se trouvaient là; Celui-ci était aussi avec Jésus de Nazareth.

26:72 וַיּוֹסֶף לְכַחֵשׁ וַיִּשָּׁבַע לֵאמֹר לֹא יָדַעְתִּי אֶת־הָאִישׁ׃

26:72 Et iterum negavit cum juramento: Quia non novi hominem.

26:72 Καὶ πάλιν ἠρνήσατο μεθ' ὅρκου ὅτι Οὐκ οἶδα τὸν ἄνθρωπον.

26:72 And again he denied with an oath, "I do not know the man."

26:72 Und er leugnete abermals und schwur dazu: Ich kenne den Menschen nicht.

26:72 Il le nia de nouveau, avec serment: Je ne connais pas cet homme.

26:73 וּמְעַט אַחֲרֵי־כֵן וַיִּגְּשׁוּ הָעֹמְדִים שָׁם וַיֹּאמְרוּ אֶל־פֶּטְרוֹס אֲבָל גַּם־אַתָּה מֵהֶם כִּי גַם־לְשׁוֹנְךָ מְגַלָּה אוֹתָךְ׃

26:73 Et post pusillum accesserunt qui stabant, et dixerunt Petro: Vere et tu ex illis es: nam et loquela tua manifestum te facit.

26:73 Μετὰ μικρὸν δὲ προσελθόντες οἱ ἑστῶτες εἶπον τῷ Πέτρῳ, Ἀληθῶς καὶ σὺ ἐξ αὐτῶν εἶ· καὶ γὰρ ἡ λαλιά σου δῆλόν σε ποιεῖ.

26:73 And after a little while those who stood by came and said to Peter, "Surely you are also *one* of them, for your speech makes you known."

26:73 Und über eine kleine Weile traten die hinzu, die dastanden, und sprachen zu Petrus: Wahrlich du bist auch einer von denen; denn deine Sprache verrät dich.

26:73 Peu après, ceux qui étaient là, s'étant approchés, dirent à Pierre: Certainement tu es aussi de ces gens-là, car ton langage te fait reconnaître.

26:74 וַיָּחֶל לְהַחֲרִים אֶת־נַפְשׁוֹ וּלְהִשָּׁבֵעַ לֵאמֹר לֹא יָדַעְתִּי אֶת־הָאִישׁ וּמִיָּד קָרָא הַתַּרְנְגוֹל׃

26:74 Tunc coepit detestari et jurare quia non novisset hominem. Et continuo gallus cantavit.

26:74 Τότε ἤρξατο καταθεματίζειν καὶ ὀμνύειν ὅτι Οὐκ οἶδα τὸν ἄνθρωπον. Καὶ εὐθέως ἀλέκτωρ ἐφώνησεν.

26:74 Then began he to curse and to swear, "I do not know the man." And immediately the rooster crowed.

26:74 Da hob er an sich zu verfluchen und zu schwören: Ich kenne diesen Menschen nicht. Uns alsbald krähte der Hahn.

26:74 Alors il se mit à faire des imprécations et à jurer: Je ne connais pas cet homme. Aussitôt le coq chanta.

The Gospel of Matthew

26:75 וַיִּזְכֹּר פֶּטְרוֹס אֶת־דְּבַר יֵשׁוּעַ אֲשֶׁר דִּבֶּר אֵלָיו לֵאמֹר בְּטֶרֶם יִקְרָא הַתַּרְנְגוֹל תְּכַחֶשׁ בִּי שָׁלֹשׁ פְּעָמִים וַיֵּצֵא הַחוּצָה וַיְמָרֵר בַּבֶּכִי:

26:75 Et recordatus est Petrus verbi Jesu, quod dixerat: Priusquam gallus cantet, ter me negabis. Et egressus foras, flevit amare.

26:75 Καὶ ἐμνήσθη ὁ Πέτρος τοῦ ῥήματος τοῦ Ἰησοῦ εἰρηκότος αὐτῷ ὅτι Πρὶν ἀλέκτορα φωνῆσαι, τρὶς ἀπαρνήσῃ με. Καὶ ἐξελθὼν ἔξω ἔκλαυσεν πικρῶς.

26:75 And Peter remembered the word which Jesus had said, "Before the rooster crows, you shall deny me three times." And he went out and wept bitterly.

26:75 Da dachte Petrus an die Worte Jesu, da er zu ihm sagte: "Ehe der Hahn krähen wird, wirst du mich dreimal verleugnen", und ging hinaus und weinte bitterlich.

26:75 Et Pierre se souvint de la parole que Jésus avait dite: Avant que le coq chante, tu me renieras trois fois. Et étant sorti, il pleura amèrement.

27:1 וַיְהִי לִפְנוֹת הַבֹּקֶר וַיִּוָּעֲצוּ כָּל־רָאשֵׁי הַכֹּהֲנִים וְזִקְנֵי הָעָם עַל־יֵשׁוּעַ לַהֲמִיתוֹ:

27:1 Mane autem facto, consilium inierunt omnes principes sacerdotum et seniores populi adversus Jesum, ut eum morti traderent.

27:1 Πρωΐας δὲ γενομένης, συμβούλιον ἔλαβον πάντες οἱ ἀρχιερεῖς καὶ οἱ πρεσβύτεροι τοῦ λαοῦ κατὰ τοῦ Ἰησοῦ, ὥστε θανατῶσαι αὐτόν·

27:1 Now when morning had come, all the chief priests and the elders of the people took counsel against Jesus to put him to death,

27:1 Des Morgens aber hielten alle Hohenpriester und die Ältesten des Volks einen Rat über Jesus, daß sie ihn töteten.

27:1 Dès que le matin fut venu, tous les principaux sacrificateurs et les anciens du peuple tinrent conseil contre Jésus, pour le faire mourir.

27:2 וַיַּאַסְרוּ אֹתוֹ וַיּוֹלִיכוּהוּ מִשָּׁם וַיִּמְסְרוּהוּ אֶל־פּוֹנְטְיוֹס פִּילָטוֹס הַהֶגְמוֹן:

27:2 Et vinctum adduxerunt eum, et tradiderunt Pontio Pilato praesidi.

27:2 καὶ δήσαντες αὐτὸν ἀπήγαγον καὶ παρέδωκαν αὐτὸν Ποντίῳ Πιλάτῳ τῷ ἡγεμόνι.

27:2 and they bound him, and led him away, and delivered him up to Pilate the governor.

27:2 Und banden ihn, führten ihn hin und überantworteten ihn dem Landpfleger Pontius Pilatus.

27:2 Après l'avoir lié, ils l'emmenèrent, et le livrèrent à Ponce Pilate, le gouverneur.

27:3 וַיַּרְא יְהוּדָה הַמֹּסֵר אוֹתוֹ כִּי הִרְשִׁיעוּהוּ וַיִּנָּחֶם וַיָּשֶׁב אֶת־שְׁלֹשִׁים הַכֶּסֶף אֶל־רָאשֵׁי הַכֹּהֲנִים וְהַזְּקֵנִים לֵאמֹר:

27:3 Tunc videns Judas, qui eum tradidit, quod damnatus esset, poenitentia ductus, retulit triginta argenteos principibus sacerdotum, et senioribus,

27:3 Τότε ἰδὼν Ἰούδας ὁ παραδιδοὺς αὐτὸν ὅτι κατεκρίθη, μεταμεληθεὶς ἀπέστρεψεν τὰ τριάκοντα ἀργύρια τοῖς ἀρχιερεῦσιν καὶ τοῖς πρεσβυτέροις,

27:3 Then Judas, who betrayed him, when he saw that he was condemned, repented himself, and brought back the thirty pieces of silver to the chief priests and elders,

27:3 Da das sah Judas, der ihn verraten hatte, daß er verdammt war zum Tode, gereute es ihn, und brachte wieder die dreißig Silberlinge den Hohenpriestern und den Ältesten

27:3 Alors Judas, qui l'avait livré, voyant qu'il était condamné, se repentit, et rapporta les trente pièces d'argent aux principaux sacrificateurs et aux anciens,

27:3 וַיַּרְא יְהוּדָה הַמֹּסֵר אוֹתוֹ כִּי הִרְשִׁיעוּהוּ וַיִּנָּחֶם וַיָּשֶׁב אֶת־שְׁלֹשִׁים הַכֶּסֶף אֶל־רָאשֵׁי הַכֹּהֲנִים וְהַזְּקֵנִים לֵאמֹר:

27:4 dicens: Peccavi, tradens sanguinem justum. At illi dixerunt: Quid ad nos? tu videris.

27:4 λέγων, Ἥμαρτον παραδοὺς αἷμα ἀθῷον. Οἱ δὲ εἶπον, Τί πρὸς ἡμᾶς; Σὺ ὄψει.

27:4 saying, "I have sinned because I betrayed innocent blood." But they said, "What is that to us? You shall see!"

27:4 und sprach: Ich habe übel getan, daß ich unschuldig Blut verraten habe.

27:4 en disant: J'ai péché, en livrant le sang innocent. Ils répondirent: Que nous importe? Cela te regarde.

27:5 וַיַּשְׁלֵךְ אֶת־הַכֶּסֶף אֶל־הַהֵיכָל וַיִּפֶן וַיֵּלֶךְ וַיֵּחָנַק:

27:5 Et projectis argenteis in templo, recessit: et abiens laqueo se suspendit.

27:5 Καὶ ῥίψας τὰ ἀργύρια ἐν τῷ ναῷ, ἀνεχώρησεν· καὶ ἀπελθὼν ἀπήγξατο.

27:5 And he threw down the pieces of silver into the sanctuary and departed and he went away and hung himself.

27:5 Sie sprachen: Was geht uns das an? Da siehe du zu! Und er warf die Silberlinge in den Tempel, hob sich davon, ging hin und erhängte sich selbst.

27:5 Judas jeta les pièces d'argent dans le temple, se retira, et alla se pendre.

27:6 וַיִּקְחוּ רָאשֵׁי הַכֹּהֲנִים אֶת־הַכֶּסֶף וַיֹּאמְרוּ לֹא־נָכוֹן לָנוּ לְתִתּוֹ אֶל־אֲרוֹן הַקָּרְבָּן כִּי־מְחִיר דָּמִים הוּא:

27:6 Principes autem sacerdotum, acceptis argenteis, dixerunt: Non licet eos mittere in corbonam: quia pretium sanguinis est.

27:6 Οἱ δὲ ἀρχιερεῖς λαβόντες τὰ ἀργύρια εἶπον, Οὐκ ἔξεστιν βαλεῖν αὐτὰ εἰς τὸν κορβανᾶν, ἐπεὶ τιμὴ αἵματός ἐστιν.

27:6 And the chief priests took the pieces of silver and said, "It is not lawful to put them into the treasury since it is the price of blood."

27:6 Aber die Hohenpriester nahmen die Silberlinge und sprachen: Es taugt nicht, daß wir sie in den Gotteskasten legen, denn es ist Blutgeld.

27:6 Les principaux sacrificateurs les ramassèrent, et dirent: Il n'est pas permis de les mettre dans le trésor sacré, puisque c'est le prix du sang.

27:7 וַיִּוָּעֲצוּ וַיִּקְנוּ־בוֹ אֶת־שְׂדֵה הַיּוֹצֵר לִקְבוּרַת הַגֵּרִים:

27:7 Consilio autem inito, emerunt ex illis agrum figuli, in sepulturam peregrinorum.

27:7 Συμβούλιον δὲ λαβόντες ἠγόρασαν ἐξ αὐτῶν τὸν ἀγρὸν τοῦ κεραμέως, εἰς ταφὴν τοῖς ξένοις.

27:7 And they took counsel and with them purchased the potter's field to bury strangers in.

27:7 Sie hielten aber einen Rat und kauften den Töpfersacker darum zum Begräbnis der Pilger.

27:7 Et, après en avoir délibéré, ils achetèrent avec cet argent le champ du potier, pour la sépulture des étrangers.

The Gospel of Matthew

27:8 עַל־כֵּן יִקְרָא לַשָּׂדֶה הַהוּא שְׂדֵה הַדָּם עַד הַיּוֹם הַזֶּה׃

27:8 Propter hoc vocatus est ager ille, Haceldama, hoc est, Ager sanguinis, usque in hodiernum diem.

27:8 Διὸ ἐκλήθη ὁ ἀγρὸς ἐκεῖνος Ἀγρὸς Αἵματος, ἕως τῆς σήμερον.

27:8 Therefore ,that field was called, The Field of Blood, *and still is* to this day.

27:8 Daher ist dieser Acker genannt der Blutacker bis auf den heutigen Tag.

27:8 C'est pourquoi ce champ a été appelé champ du sang, jusqu'à ce jour.

27:9 אָז נִתְמַלֵּא מַה־שֶּׁנֶּאֱמַר בְּיַד יִרְמְיָה הַנָּבִיא וַיִּקְחוּ שְׁלֹשִׁים הַכֶּסֶף אֶדֶר הַיְקָר אֲשֶׁר יָקָר מֵעַל־בְּנֵי יִשְׂרָאֵל׃

27:9 Tunc impletum est quod dictum est per Jeremiam prophetam, dicentem: Et acceperunt triginta argenteos pretium appretiati, quem appretiaverunt a filiis Israël:

27:9 Τότε ἐπληρώθη τὸ ῥηθὲν διὰ Ἰερεμίου τοῦ προφήτου, λέγοντος, Καὶ ἔλαβον τὰ τριάκοντα ἀργύρια, τὴν τιμὴν τοῦ τετιμημένου, ὃν ἐτιμήσαντο ἀπὸ υἱῶν Ἰσραήλ·

27:9 Then that which was spoken through Jeremiah the prophet was fulfilled, saying, "And they took the thirty pieces of silver, the price he was priced at, whom *certain* children of Israel set price;

27:9 Da ist erfüllt, was gesagt ist durch den Propheten Jeremia, da er spricht: "Sie haben genommen dreißig Silberlinge, damit bezahlt war der Verkaufte, welchen sie kauften von den Kindern Israel,

27:9 Alors s'accomplit ce qui avait été annoncé par Jérémie, le prophète: Ils ont pris les trente pièces d'argent, la valeur de celui qui a été estimé, qu 'on a estimé de la part des enfants d'Israël;

27:10 וַיִּתְּנוּ אֹתָם אֶל־שְׂדֵה הַיּוֹצֵר כַּאֲשֶׁר צִוָּה יְהֹוָה אוֹתִי׃

27:10 et dederunt eos in agrum figuli, sicut constituit mihi Dominus.

27:10 καὶ ἔδωκαν αὐτὰ εἰς τὸν ἀγρὸν τοῦ κεραμέως, καθὰ συνέταξέν μοι κύριος.

27:10 and they gave them over for the potter's field, as the Lord appointed me."

27:10 und haben sie gegeben um den Töpfersacker, wie mir der HERR befohlen hat."

27:10 et ils les ont données pour le champ du potier, comme le Seigneur me l'avait ordonné.

27:11 וְיֵשׁוּעַ הָעֳמַד לִפְנֵי הַהֶגְמוֹן וַיִּשְׁאָלֵהוּ הַהֶגְמוֹן לֵאמֹר הַאַתָּה הוּא מֶלֶךְ הַיְּהוּדִים וַיֹּאמֶר יֵשׁוּעַ אַתָּה אָמָרְתָּ׃

27:11 Jesus autem stetit ante praesidem, et interrogavit eum praeses, dicens: Tu es rex Judaeorum? Dicit illi Jesus: Tu dicis.

27:11 Ὁ δὲ Ἰησοῦς ἔστη ἔμπροσθεν τοῦ ἡγεμόνος· καὶ ἐπηρώτησεν αὐτὸν ὁ ἡγεμών, λέγων, Σὺ εἶ ὁ βασιλεὺς τῶν Ἰουδαίων; Ὁ δὲ Ἰησοῦς ἔφη αὐτῷ, Σὺ λέγεις.

27:11 Now Jesus stood before the governor and the governor asked him saying, "Are you the King of the Jews?" And Jesus said to him, "You have said it."

27:11 Jesus aber stand vor dem Landpfleger; und der Landpfleger fragte ihn und sprach: Bist du der Juden König? Jesus aber sprach zu ihm: Du sagst es.

27:11 Jésus comparut devant le gouverneur. Le gouverneur l 'interrogea, en ces termes: Es-tu le roi des Juifs? Jésus lui répondit: Tu le dis.

27:12 וְרָאשֵׁי הַכֹּהֲנִים וְהַזְּקֵנִים דִּבְּרוּ עָלָיו שִׂטְנָתָם וְהוּא לֹא־עָנָה דָבָר:

27:12 Et cum accusaretur a principibus sacerdotum et senioribus, nihil respondit.

27:12 Καὶ ἐν τῷ κατηγορεῖσθαι αὐτὸν ὑπὸ τῶν ἀρχιερέων καὶ τῶν πρεσβυτέρων, οὐδὲν ἀπεκρίνατο.

27:12 And when he was accused by the chief priests and elders, he answered nothing.

27:12 Und da er verklagt ward von den Hohenpriestern und Ältesten, antwortete er nicht.

27:12 Mais il ne répondit rien aux accusations des principaux sacrificateurs et des anciens.

27:13 וַיֹּאמֶר אֵלָיו פִּילָטוֹס הַאֵינְךָ שֹׁמֵעַ כַּמָּה הֵם מְעִידִים בָּךְ:

27:13 Tunc dicit illi Pilatus: Non audis quanta adversum te dicunt testimonia?

27:13 Τότε λέγει αὐτῷ ὁ Πιλᾶτος, Οὐκ ἀκούεις πόσα σοῦ καταμαρτυροῦσιν;

27:13 Then said Pilate to him, "Do you not hear how many things they witness against you?"

27:13 Da sprach Pilatus zu ihm: Hörst du nicht, wie hart sie dich verklagen?

27:13 Alors Pilate lui dit: N'entends-tu pas de combien de choses ils t'accusent?

27:14 וְלֹא עָנָהוּ אַף־דָּבָר אֶחָד וַיִּתְמַהּ הַהֶגְמוֹן עַד־מְאֹד:

27:14 Et non respondit ei ad ullum verbum, ita ut miraretur praeses vehementer.

27:14 Καὶ οὐκ ἀπεκρίθη αὐτῷ πρὸς οὐδὲ ἓν ῥῆμα, ὥστε θαυμάζειν τὸν ἡγεμόνα λίαν.

27:14 And he gave him no answer back, not even one word, so much so that the governor marveled greatly.

27:14 Und er antwortete ihm nicht auf ein Wort, also daß der Landpfleger sich verwunderte.

27:14 Et Jésus ne lui donna de réponse sur aucune parole, ce qui étonna beaucoup le gouverneur.

27:15 וְהַהֶגְמוֹן הָיָה מַתִּיר לָעָם בְּכָל־חַג אָסִיר אֶחָד אֵת אֲשֶׁר יֶחְפָּצוּ:

27:15 Per diem autem solemnem consueverat praeses populo dimittere unum vinctum, quem voluissent:

27:15 Κατὰ δὲ ἑορτὴν εἰώθει ὁ ἡγεμὼν ἀπολύειν ἕνα τῷ ὄχλῳ δέσμιον, ὃν ἤθελον.

27:15 Now, at the feast, the governor was ready to release to the multitude one prisoner, whom they wanted.

27:15 Auf das Fest aber hatte der Landpfleger die Gewohnheit, dem Volk einen Gefangenen loszugeben, welchen sie wollten.

27:15 À chaque fête, le gouverneur avait coutume de relâcher un prisonnier, celui que demandait la foule.

27:16 וּבָעֵת הַהִיא הָיָה לָהֶם אָסִיר מְפוּרְסָם וּשְׁמוֹ בַּר־אַבָּא:

27:16 habebat autem tunc vinctum insignem, qui dicebatur Barrabas.

27:16 Εἶχον δὲ τότε δέσμιον ἐπίσημον, λεγόμενον Βαραββᾶν.

27:16 And they had then a notable prisoner named Barabbas.

27:16 Er hatte aber zu der Zeit einen Gefangenen, einen sonderlichen vor anderen, der hieß Barabbas.

27:16 Ils avaient alors un prisonnier fameux, nommé Barabbas.

27:17 וַיְהִי כַּאֲשֶׁר נִקְהֲלוּ וַיֹּאמֶר אֲלֵיהֶם פִּילָטוֹס אֶת־מִי תִרְצוּ שֶׁאַתִּיר לָכֶם אֶת בַּר־אַבָּא אוֹ אֶת־יֵשׁוּעַ הַנִּקְרָא בְּשֵׁם־מָשִׁיחַ:

27:17 Congregatis ergo illis, dixit Pilatus: Quem vultis dimittam vobis: Barabbam, an Jesum, qui dicitur Christus?

27:17 Συνηγμένων οὖν αὐτῶν, εἶπεν αὐτοῖς ὁ Πιλᾶτος, Τίνα θέλετε ἀπολύσω ὑμῖν; Βαραββᾶν, ἢ Ἰησοῦν τὸν λεγόμενον χριστόν;

27:17 Therefore, when they were gathered together, Pilate said to them, "Who do you desire that I release to you? Barabbas, or Jesus, who is called Messiah?"

27:17 Und da sie versammelt waren, sprach Pilatus zu ihnen: Welchen wollt ihr, daß ich euch losgebe? Barabbas oder Jesus, von dem gesagt wird, er sei Christus?

27:17 Comme ils étaient assemblés, Pilate leur dit: Lequel voulez-vous que je vous relâche, Barabbas, ou Jésus, qu'on appelle Christ?

27:18 כִּי יָדַע אֲשֶׁר מִקִּנְאָתָם בּוֹ הִסְגִּרוּהוּ:

27:18 Sciebat enim quod per invidiam tradidissent eum.

27:18 Ἤιδει γὰρ ὅτι διὰ φθόνον παρέδωκαν αὐτόν.

27:18 For he knew that out of envy they had delivered him up.

27:18 Denn er wußte wohl, daß sie ihn aus Neid überantwortet hatten.

27:18 Car il savait que c'était par envie qu'ils avaient livré Jésus.

27:19 וַיְהִי בְּשִׁבְתּוֹ עַל־כִּסֵּא הַדִּין וַתִּשְׁלַח אֵלָיו אִשְׁתּוֹ לֵאמֹר אַל־תְּהִי יָדְךָ בַּצַּדִּיק הַזֶּה כִּי בַעֲבוּרוֹ הַרְבֵּה עֻנֵּיתִי הַיּוֹם בַּחֲלוֹם:

27:19 Sedente autem illo pro tribunali, misit ad eum uxor ejus, dicens: Nihil tibi, et justo illi: multa enim passa sum hodie per visum propter eum.

27:19 Καθημένου δὲ αὐτοῦ ἐπὶ τοῦ βήματος, ἀπέστειλεν πρὸς αὐτὸν ἡ γυνὴ αὐτοῦ, λέγουσα, Μηδέν σοι καὶ τῷ δικαίῳ ἐκείνῳ· πολλὰ γὰρ ἔπαθον σήμερον κατ' ὄναρ δι' αὐτόν.

27:19 And while he was sitting on the judgment seat, his wife came to him, saying, "Have nothing to do with that righteous man, for I have suffered many things this day in a dream because of him."

27:19 Und da er auf dem Richtstuhl saß, schickte sein Weib zu ihm und ließ ihm sagen: Habe du nichts zu schaffen mit diesem Gerechten; ich habe heute viel erlitten im Traum seinetwegen.

27:19 Pendant qu'il était assis sur le tribunal, sa femme lui fit dire: Qu'il n'y ait rien entre toi et ce juste; car aujourd'hui j'ai beaucoup souffert en songe à cause de lui.

The Gospel of Matthew

27:20 וְרָאשֵׁי הַכֹּהֲנִים וְהַזְּקֵנִים הֵסִיתוּ אֶת־הָמוֹן הָעָם לִשְׁאֹל לָהֶם אֶת בַּר־אַבָּא וּלְאַבֵּד אֶת־יֵשׁוּעַ׃

27:20 Principes autem sacerdotum et seniores persuaserunt populis ut peterent Barabbam, Jesum vero perderent.

27:20 Οἱ δὲ ἀρχιερεῖς καὶ οἱ πρεσβύτεροι ἔπεισαν τοὺς ὄχλους ἵνα αἰτήσωνται τὸν Βαραββᾶν, τὸν δὲ Ἰησοῦν ἀπολέσωσιν.

27:20 Now the chief priests and the elders persuaded the multitudes that they should ask for Barabbas and destroy Jesus.

27:20 Aber die Hohenpriester und die Ältesten überredeten das Volk, daß sie um Barabbas bitten sollten und Jesus umbrächten.

27:20 Les principaux sacrificateurs et les anciens persuadèrent à la foule de demander Barabbas, et de faire périr Jésus.

27:21 וַיַּעַן הַהֶגְמוֹן וַיֹּאמֶר אֲלֵיהֶם אֶת־מִי מִשְּׁנֵיהֶם תִּרְצוּ שֶׁאַתִּיר לָכֶם וַיֹּאמְרוּ אֶת בַּר־אַבָּא׃

27:21 Respondens autem praeses, ait illis: Quem vultis vobis de duobus dimitti? At illi dixerunt: Barabbam.

27:21 Ἀποκριθεὶς δὲ ὁ ἡγεμὼν εἶπεν αὐτοῖς, Τίνα θέλετε ἀπὸ τῶν δύο ἀπολύσω ὑμῖν; Οἱ δὲ εἶπον, Βαραββᾶν.

27:21 But the governor answered back and said to them, "Which of the two do you desire that I should release to you?" And they said, "Barabbas."

27:21 Da antwortete nun der Landpfleger und sprach zu ihnen: Welchen wollt ihr unter diesen zweien, den ich euch soll losgeben? Sie sprachen: Barabbas.

27:21 Le gouverneur prenant la parole, leur dit: Lequel des deux voulez-vous que je vous relâche? Ils répondirent: Barabbas.

27:22 וַיֹּאמֶר אֲלֵיהֶם פִּילָטוֹס וּמָה־אֶעֱשֶׂה לְיֵשׁוּעַ הַנִּקְרָא בְּשֵׁם־מָשִׁיחַ וַיַּעֲנוּ כֻלָּם יִצָּלֵב׃

27:22 Dicit illis Pilatus: Quid igitur faciam de Jesu, qui dicitur Christus?

27:22 Λέγει αὐτοῖς ὁ Πιλᾶτος, Τί οὖν ποιήσω Ἰησοῦν τὸν λεγόμενον χριστόν; Λέγουσιν αὐτῷ πάντες, Σταυρωθήτω.

27:22 Pilate said to them, "What then shall I do to Jesus who is called Messiah?" They all say, "Let him be crucified."

27:22 Pilatus sprach zu ihnen: Was soll ich denn machen mit Jesus, von dem gesagt wird er sei Christus? Sie sprachen alle: Laß ihn kreuzigen!

27:22 Pilate leur dit: Que ferai-je donc de Jésus, qu'on appelle Christ? Tous répondirent: Qu'il soit crucifié!

27:23 וַיֹּאמֶר הַהֶגְמוֹן וּמֶה־עָשָׂה רָעָה וַיִּצְעֲקוּ עוֹד וַיֹּאמְרוּ יִצָּלֵב:

27:23 Dicunt omnes: Crucifigatur. Ait illis praeses: Quid enim mali fecit? At illi magis clamabant dicentes: Crucifigatur.

27:23 Ὁ δὲ ἡγεμὼν ἔφη, Τί γὰρ κακὸν ἐποίησεν; Οἱ δὲ περισσῶς ἔκραζον, λέγοντες, Σταυρωθήτω.

27:23 And he said, "Why, what evil has he done?" But they cried out exceedingly, saying, "Let him be crucified."

27:23 Der Landpfleger sagte: Was hat er denn Übles getan? Sie schrieen aber noch mehr und sprachen: Laß ihn kreuzigen!

27:23 Le gouverneur dit: Mais quel mal a-t-il fait? Et ils crièrent encore plus fort: Qu'il soit crucifié!

27:24 וַיְהִי כִּרְאוֹת פִּילָטוֹס כִּי לֹא־יוֹעִיל מְאוּמָה וְכִי רָבְתָה עוֹד הַמְּהוּמָה וַיִּקַּח מַיִם וַיִּרְחַץ אֶת־יָדָיו לְעֵינֵי הָעָם וַיֹּאמַר נָקִי אָנֹכִי מִדַּם הַצַּדִּיק הַזֶּה אַתֶּם רְאוּ:

27:24 Videns autem Pilatus quia nihil proficeret, sed magis tumultus fieret: accepta aqua, lavit manus coram populo, dicens: Innocens ego sum a sanguine justi hujus: vos videritis.

27:24 Ἰδὼν δὲ ὁ Πιλᾶτος ὅτι οὐδὲν ὠφελεῖ, ἀλλὰ μᾶλλον θόρυβος γίνεται, λαβὼν ὕδωρ, ἀπενίψατο τὰς χεῖρας ἀπέναντι τοῦ ὄχλου, λέγων, Ἀθῷός εἰμι ἀπὸ τοῦ αἵματος τοῦ δικαίου τούτου· ὑμεῖς ὄψεσθε.

27:24 So when Pilate saw that he had not prevailed, but rather that a riot was arising, he took water and washed his hands before the multitude, saying, "I am innocent of the blood of this righteous man; you see it."

27:24 Da aber Pilatus sah, daß er nichts schaffte, sondern daß ein viel größer Getümmel ward, nahm er Wasser und wusch die Hände vor dem Volk und sprach: Ich bin unschuldig an dem Blut dieses Gerechten, sehet ihr zu!

27:24 Pilate, voyant qu'il ne gagnait rien, mais que le tumulte augmentait, prit de l'eau, se lava les mains en présence de la foule, et dit: Je suis innocent du sang de ce juste. Cela vous regarde.

27:25 וַיַּעֲנוּ כָל־הָעָם וַיֹּאמְרוּ דָּמוֹ עָלֵינוּ וְעַל־בָּנֵינוּ:

27:25 Et respondens universus populus, dixit: Sanguis ejus super nos, et super filios nostros.

27:25 Καὶ ἀποκριθεὶς πᾶς ὁ λαὸς εἶπεν, Τὸ αἷμα αὐτοῦ ἐφ᾽ ἡμᾶς καὶ ἐπὶ τὰ τέκνα ἡμῶν.

27:25 And all the people answered and said, "His blood *be* on us, and on our children."

27:25 Da antwortete das ganze Volk und sprach: Sein Blut komme über uns und unsere Kinder.

27:25 Et tout le peuple répondit: Que son sang retombe sur nous et sur nos enfants!

27:26 אָז הִתִּיר לָהֶם אֶת בַּר־אַבָּא וְאֶת יֵשׁוּעַ הִכָּה בַשּׁוֹטִים וַיִּמְסֹר אוֹתוֹ לְהִצָּלֵב:

27:26 Tunc dimisit illis Barabbam: Jesum autem flagellatum tradidit eis ut crucifigeretur.

27:26 Τότε ἀπέλυσεν αὐτοῖς τὸν Βαραββᾶν· τὸν δὲ Ἰησοῦν φραγελλώσας παρέδωκεν ἵνα σταυρωθῇ.

27:26 Then released he to them Barabbas but he scourged Jesus and delivered him over to be crucified.

27:26 Da gab er ihnen Barabbas los; aber Jesus ließ er geißeln und überantwortete ihn, daß er gekreuzigt würde.

27:26 Alors Pilate leur relâcha Barabbas; et, après avoir fait battre de verges Jésus, il le livra pour être crucifié.

27:27 וַיִּקְחוּ אַנְשֵׁי הַצָּבָא אֲשֶׁר לַהֶגְמוֹן אֶת־יֵשׁוּעַ וַיְבִיאוּהוּ אֶל־בֵּית־הַמִּשְׁפָּט וַיַּאַסְפוּ עָלָיו אֶת כָּל־הַגְּדוּד:

27:27 Tunc milites praesidis suscipientes Jesum in praetorium, congregaverunt ad eum universam cohortem:

27:27 Τότε οἱ στρατιῶται τοῦ ἡγεμόνος, παραλαβόντες τὸν Ἰησοῦν εἰς τὸ πραιτώριον, συνήγαγον ἐπ' αὐτὸν ὅλην τὴν σπεῖραν·

27:27 Then the soldiers of the governor took Jesus into the Praetorium and gathered to him the whole band.

27:27 Da nahmen die Kriegsknechte des Landpflegers Jesus zu sich in das Richthaus und sammelten über ihn die ganze Schar

27:27 Les soldats du gouverneur conduisirent Jésus dans le prétoire, et ils assemblèrent autour de lui toute la cohorte.

27:28 וַיַּפְשִׁיטוּ אוֹתוֹ אֶת־בְּגָדָיו וַיַּעַטְפוּהוּ מְעִיל שָׁנִי:

27:28 et exuentes eum, chlamydem coccineam circumdederunt ei,

27:28 καὶ ἐκδύσαντες αὐτόν, περιέθηκαν αὐτῷ χλαμύδα κοκκίνην.

27:28 And they stripped him and put a scarlet robe on him.

27:28 und zogen ihn aus und legten ihm einen Purpurmantel an

27:28 Ils lui ôtèrent ses vêtements, et le couvrirent d'un manteau écarlate.

27:29 וַיְשָׁרְגוּ קֹצִים וַיַּעֲשׂוּ עֲטֶרֶת וַיָּשִׂימוּ עַל־רֹאשׁוֹ וְקָנֶה בִּימִינוֹ וַיִּכְרְעוּ לְפָנָיו וַיִּתְלוֹצְצוּ בוֹ לֵאמֹר שָׁלוֹם לְךָ מֶלֶךְ הַיְּהוּדִים:

27:29 et plectentes coronam de spinis, posuerunt super caput ejus, et arundinem in dextera ejus. Et genu flexo ante eum, illudebant ei, dicentes: Ave rex Judaeorum.

27:29 Καὶ πλέξαντες στέφανον ἐξ ἀκανθῶν, ἐπέθηκαν ἐπὶ τὴν κεφαλὴν αὐτοῦ, καὶ κάλαμον ἐπὶ τὴν δεξιὰν αὐτοῦ· καὶ γονυπετήσαντες ἔμπροσθεν αὐτοῦ ἐνέπαιζον αὐτῷ, λέγοντες, Χαῖρε, ὁ βασιλεὺς τῶν Ἰουδαίων·

27:29 And they made a crown of thorns and put it upon his head and a reed in his right hand; and they kneeled down before him, and mocked him, saying, "Hail, King of the Jews!"

27:29 und flochten eine Dornenkrone und setzten sie auf sein Haupt und ein Rohr in seine rechte Hand und beugten die Kniee vor ihm und verspotteten ihn und sprachen: Gegrüßet seist du, der Juden König!

27:29 Ils tressèrent une couronne d'épines, qu'ils posèrent sur sa tête, et ils lui mirent un roseau dans la main droite; puis, s'agenouillant devant lui, ils le raillaient, en disant: Salut, roi des Juifs!

27:30 וַיָּרֹקּוּ בוֹ וַיִּקְחוּ אֶת־הַקָּנֶה וַיַּכּוּהוּ עַל־רֹאשׁוֹ:

27:30 Et exspuentes in eum, acceperunt arundinem, et percutiebant caput ejus.

27:30 καὶ ἐμπτύσαντες εἰς αὐτόν, ἔλαβον τὸν κάλαμον, καὶ ἔτυπτον εἰς τὴν κεφαλὴν αὐτοῦ.

27:30 And they spit on him and took the reed and struck him on the head.

27:30 und spieen ihn an und nahmen das Rohr und schlugen damit sein Haupt.

27:30 Et ils crachaient contre lui, prenaient le roseau, et frappaient sur sa tête.

27:31 וְאַחֲרֵי הִתְלוֹצֲצָם בּוֹ הִפְשִׁיטוּ אוֹתוֹ אֶת־הַמְּעִיל וַיַּלְבִּישׁוּהוּ אֶת־בְּגָדָיו וַיּוֹבִילוּהוּ לִצְלֹב:

27:31 Et postquam illuserunt ei, exuerunt eum chlamyde, et induerunt eum vestimentis ejus, et duxerunt eum ut crucifigerent.

27:31 Καὶ ὅτε ἐνέπαιξαν αὐτῷ, ἐξέδυσαν αὐτὸν τὴν χλαμύδα, καὶ ἐνέδυσαν αὐτὸν τὰ ἱμάτια αὐτοῦ, καὶ ἀπήγαγον αὐτὸν εἰς τὸ σταυρῶσαι.

27:31 And when they had mocked him they took the robe off him and put his garments on him and led him away to crucify him.

27:31 Und da sie ihn verspottet hatten, zogen sie ihm seine Kleider an und führten ihn hin, daß sie ihn kreuzigten.

27:31 Après s'être ainsi moqués de lui, ils lui ôtèrent le manteau, lui remirent ses vêtements, et l 'emmenèrent pour le crucifier.

27:32 וַיְהִי בְּצֵאתָם וַיִּמְצְאוּ אִישׁ קוּרִינִי וּשְׁמוֹ שִׁמְעוֹן וַיְאַנְסוּ אֹתוֹ לָשֵׂאת לוֹ אֶת־צְלוּבוֹ:

27:32 Exeuntes autem invenerunt hominem Cyrenaeum, nomine Simonem: hunc angariaverunt ut tolleret crucem ejus.

27:32 Ἐξερχόμενοι δὲ εὗρον ἄνθρωπον Κυρηναῖον, ὀνόματι Σίμωνα· τοῦτον ἠγγάρευσαν ἵνα ἄρῃ τὸν σταυρὸν αὐτοῦ.

27:32 And as they came out, they found a man of Cyrene, Simon by name; they forced him to go *with them*, so that he might bear his cross.

27:32 Und indem sie hinausgingen, fanden sie einen Menschen von Kyrene mit Namen Simon; den zwangen sie, daß er ihm sein Kreuz trug.

27:32 Lorsqu'ils sortirent, ils rencontrèrent un homme de Cyrène, appelé Simon, et ils le forcèrent à porter la croix de Jésus.

27:33 וַיָּבֹאוּ אֶל־הַמָּקוֹם הַנִּקְרָא גָּלְגָּלְתָּא הוּא מְקוֹם גֻּלְגֹּלֶת:

27:33 Et venerunt in locum qui dicitur Golgotha, quod est Calvariae locus.

27:33 Καὶ ἐλθόντες εἰς τόπον λεγόμενον Γολγοθᾶ, ὅ ἐστιν λεγόμενος Κρανίου Τόπος,

27:33 And as they were coming to a place called Golgotha, that is, The Place of the Skull,

27:33 Und da sie an die Stätte kamen mit Namen Golgatha, das ist verdeutscht Schädelstätte,

27:33 Arrivés au lieu nommé Golgotha, ce qui signifie lieu du crâne,

27:34 וַיִּתְּנוּ־לוֹ לִשְׁתּוֹת חֹמֶץ מָסוּךְ בִּמְרוֹרוֹת וַיִּטְעַם וְלֹא אָבָה לִשְׁתּוֹת:

27:34 Et dederunt ei vinum bibere cum felle mistum. Et cum gustasset, noluit bibere.

27:34 ἔδωκαν αὐτῷ πιεῖν ὄξος μετὰ χολῆς μεμιγμένον· καὶ γευσάμενος οὐκ ἤθελεν πιεῖν.

27:34 they gave him wine to drink mixed with vinegar. And when he had tasted it, he would not drink.

27:34 gaben sie ihm Essig zu trinken mit Galle vermischt; und da er's schmeckte, wollte er nicht trinken.

27:34 ils lui donnèrent à boire du vin mêlé de fiel; mais, quand il l'eut goûté, il ne voulut pas boire.

27:35 וַיְהִי כַּאֲשֶׁר צָלְבוּ אוֹתוֹ וַיְחַלְּקוּ אֶת־בְּגָדָיו לָהֶם וַיַּפִּילוּ גוֹרָל לְמַלֹּאת אֵת אֲשֶׁר־נֶאֱמַר בְּפִי הַנָּבִיא יְחַלְּקוּ בְגָדַי לָהֶם וְעַל־לְבוּשִׁי יַפִּילוּ גוֹרָל:

27:35 Postquam autem crucifixerunt eum, diviserunt vestimenta ejus, sortem mittentes: ut impleretur quod dictum est per prophetam dicentem: Diviserunt sibi vestimenta mea, et super vestem meam miserunt sortem.

27:35 Σταυρώσαντες δὲ αὐτόν, διεμερίσαντο τὰ ἱμάτια αὐτοῦ, βάλλοντες κλῆρον.

27:35 And when they had crucified him, they shared his garments among them, casting lots;

27:35 Da sie ihn aber gekreuzigt hatten, teilten sie seine Kleider und warfen das Los darum, auf daß erfüllet würde, was gesagt ist durch den Propheten: "Sie haben meine Kleider unter sich geteilt, und über mein Gewand haben sie das Los geworfen."

27:35 Après l'avoir crucifié, ils se partagèrent ses vêtements, en tirant au sort, afin que s'accomplît ce qui avait été annoncé par le prophète: Ils se sont partagé mes vêtements, et ils ont tiré au sort ma tunique.

27:36 וַיֵּשְׁבוּ שָׁמָּה וַיִּשְׁמְרוּ אוֹתוֹ:

27:36 Et sedentes servabant eum.

27:36 Καὶ καθήμενοι ἐτήρουν αὐτὸν ἐκεῖ.

27:36 and they sat and watched him there.

27:36 Und sie saßen allda und hüteten sein.

27:36 Puis ils s'assirent, et le gardèrent.

27:37 וַיָּשִׂימוּ אֶת־דְּבַר אַשְׁמָתוֹ מִמַּעַל לְרֹאשׁוֹ וַיִּכְתְּבוּ זֶה הוּא יֵשׁוּעַ מֶלֶךְ הַיְּהוּדִים:

27:37 Et imposuerunt super caput ejus causam ipsius scriptam: Hic est Jesus rex Judaeorum.

27:37 Καὶ ἐπέθηκαν ἐπάνω τῆς κεφαλῆς αὐτοῦ τὴν αἰτίαν αὐτοῦ γεγραμμένην, Οὗτός ἐστιν Ἰησοῦς ὁ βασιλεὺς τῶν Ἰουδαίων.

27:37 And they placed over his head his accusation written: THIS IS JESUS THE KING OF THE JEWS.

27:37 Und oben zu seinen Häupten setzten sie die Ursache seines Todes, und war geschrieben: Dies ist Jesus, der Juden König.

27:37 Pour indiquer le sujet de sa condamnation, on écrivit au-dessus de sa tête: Celui-ci est Jésus, le roi des Juifs.

27:38 וַיִּצְלְבוּ אִתּוֹ שְׁנֵי פָרִיצִים אֶחָד מִימִינוֹ וְאֶחָד מִשְּׂמֹאלוֹ:

27:38 Tunc crucifixi sunt cum eo duo latrones: unus a dextris, et unus a sinistris.

27:38 Τότε σταυροῦνται σὺν αὐτῷ δύο λῃσταί, εἷς ἐκ δεξιῶν καὶ εἷς ἐξ εὐωνύμων.

27:38 Then there crucified with him are two robbers, one on the right hand and one on the left.

27:38 Und da wurden zwei Mörder mit ihm gekreuzigt, einer zur Rechten und einer zur Linken.

27:38 Avec lui furent crucifiés deux brigands, l'un à sa droite, et l'autre à sa gauche.

27:39 וְהָעֹבְרִים גִּדְּפוּ אוֹתוֹ וַיָּנִיעוּ אֶת־רֹאשָׁם:

27:39 Praetereuntes autem blasphemabant eum moventes capita sua,

27:39 Οἱ δὲ παραπορευόμενοι ἐβλασφήμουν αὐτόν, κινοῦντες τὰς κεφαλὰς αὐτῶν,

27:39 And they who passed by scolded him, shaking their heads,

27:39 Die aber vorübergingen, lästerten ihn und schüttelten ihre Köpfe

27:39 Les passants l'injuriaient, et secouaient la tête,

27:40 וַיֹּאמְרוּ אַתָּה הַהֹרֵס אֶת־הַהֵיכָל וּבְנֵהוּ בִּשְׁלֹשֶׁת יָמִים הוֹשַׁע לְנַפְשֶׁךָ וְאִם בֶּן־הָאֱלֹהִים אַתָּה רְדָה מִן־הַצָּלוּב:

27:40 et dicentes: Vah! qui destruis templum Dei, et in triduo illud reaedificas: salva temetipsum: si Filius Dei es, descende de cruce.

27:40 καὶ λέγοντες, Ὁ καταλύων τὸν ναὸν καὶ ἐν τρισὶν ἡμέραις οἰκοδομῶν, σῶσον σεαυτόν· εἰ υἱὸς εἶ τοῦ θεοῦ, κατάβηθι ἀπὸ τοῦ σταυροῦ.

27:40 and saying, "You that destroyed the temple, and will build it in three days, save yourself: if you are the Son of God, come down from the cross."

27:40 und sprachen: Der du den Tempel Gottes zerbrichst und baust ihn in drei Tagen, hilf dir selber! Bist du Gottes Sohn, so steig herab von Kreuz.

27:40 en disant: Toi qui détruis le temple, et qui le rebâtis en trois jours, sauve-toi toi-même! Si tu es le Fils de Dieu, descends de la croix!

27:41 וְכֵן הִלְעִיגוּ גַּם־רָאשֵׁי הַכֹּהֲנִים עִם־הַסּוֹפְרִים וְהַזְּקֵנִים לֵאמֹר׃

27:41 Similiter et principes sacerdotum illudentes cum scribis et senioribus dicebant:

27:41 Ὁμοίως δὲ καὶ οἱ ἀρχιερεῖς ἐμπαίζοντες μετὰ τῶν γραμματέων καὶ πρεσβυτέρων καὶ Φαρισαίων ἔλεγον,

27:41 In like manner, the chief priests were also mocking *him* with the scribes and elders, saying,

27:41 Desgleichen auch die Hohenpriester spotteten sein samt den Schriftgelehrten und Ältesten und sprachen:

27:41 Les principaux sacrificateurs, avec les scribes et les anciens, se moquaient aussi de lui, et disaient:

27:42 אֶת־אֲחֵרִים הוֹשִׁיעַ וּלְעַצְמוֹ לֹא יוּכַל לְהוֹשִׁיעַ אִם־מֶלֶךְ יִשְׂרָאֵל הוּא יֵרֶד־נָא עַתָּה מִן־הַצְּלוּב וְנַאֲמִין בּוֹ׃

27:42 Alios salvos fecit, seipsum non potest salvum facere: si rex Israël est, descendat nunc de cruce, et credimus ei:

27:42 Ἄλλους ἔσωσεν, ἑαυτὸν οὐ δύναται σῶσαι. Εἰ βασιλεὺς Ἰσραήλ ἐστιν, καταβάτω νῦν ἀπὸ τοῦ σταυροῦ, καὶ πιστεύσομεν ἐπ' αὐτῷ.

27:42 "He saved others; he cannot save himself. He is the King of Israel, let him come down from the cross now and we will believe on him.

27:42 Andern hat er geholfen, und kann sich selber nicht helfen. Ist er der König Israels, so steige er nun vom Kreuz, so wollen wir ihm glauben.

27:42 Il a sauvé les autres, et il ne peut se sauver lui-même! S'il est roi d'Israël, qu'il descende de la croix, et nous croirons en lui.

27:43 בָּטַח בֵּאלֹהִים עַתָּה יְפַלְּטֵהוּ אִם־חָפֵץ בּוֹ כִּי אָמַר בֶּן־הָאֱלֹהִים אָנִי׃

27:43 confidit in Deo: liberet nunc, si vult eum: dixit enim: Quia Filius Dei sum.

27:43 Πέποιθεν ἐπὶ τὸν θεόν· ῥυσάσθω νῦν αὐτόν, εἰ θέλει αὐτόν. Εἶπεν γὰρ ὅτι θεοῦ εἰμι υἱός.

27:43 He trusts in God, let him deliver him now if he desires it for him, for he said, 'I am the Son of God.'"

27:43 Er hat Gott vertraut; der erlöse ihn nun, hat er Lust zu ihm; denn er hat gesagt: Ich bin Gottes Sohn.

27:43 Il s'est confié en Dieu; que Dieu le délivre maintenant, s'il l'aime. Car il a dit: Je suis Fils de Dieu.

27:44 וְכָזֹאת חֵרְפוּהוּ גַּם־הַפָּרִיצִים הַנִּצְלָבִים אִתּוֹ׃

27:44 Idipsum autem et latrones, qui crucifixi erant cum eo, improperabant ei.

27:44 Τὸ δ' αὐτὸ καὶ οἱ λῃσταὶ οἱ συσταυρωθέντες αὐτῷ ὠνείδιζον αὐτόν.

27:44 And the robbers that were also crucified with him cast upon him the same reproach.

27:44 Desgleichen schmähten ihn auch die Mörder, die mit ihm gekreuzigt waren.

27:44 Les brigands, crucifiés avec lui, l'insultaient de la même manière.

27:45 וַיְהִי חֹשֶׁךְ עַל־כָּל־הָאָרֶץ מִן הַשָּׁעָה הַשִּׁשִּׁית עַד הַשָּׁעָה הַתְּשִׁיעִית:

27:45 A sexta autem hora tenebrae factae sunt super universam terram usque ad horam nonam.

27:45 Ἀπὸ δὲ ἕκτης ὥρας σκότος ἐγένετο ἐπὶ πᾶσαν τὴν γῆν ἕως ὥρας ἐνάτης·

27:45 Now from the sixth hour there was darkness over all the land until the ninth hour.

27:45 Und von der sechsten Stunde an ward eine Finsternis über das ganze Land bis zu der neunten Stunde.

27:45 Depuis la sixième heure jusqu'à la neuvième, il y eut des ténèbres sur toute la terre.

27:46 וּכְעֵת הַשָּׁעָה הַתְּשִׁיעִית וַיִּזְעַק יֵשׁוּעַ בְּקוֹל גָּדוֹל אֵלִי אֵלִי לָמָה שְׁבַקְתָּנִי וְהוּא אֵלִי אֵלִי לָמָה עֲזַבְתָּנִי:

27:46 Et circa horam nonam clamavit Jesus voce magna, dicens: Eli, Eli, lamma sabacthani? hoc est: Deus meus, Deus meus, ut quid dereliquisti me?

27:46 περὶ δὲ τὴν ἐνάτην ὥραν ἀνεβόησεν ὁ Ἰησοῦς φωνῇ μεγάλῃ, λέγων, Ἠλί, Ἠλί, λιμὰ σαβαχθανί; Τοῦτ' ἔστιν, Θεέ μου, Θεέ μου, ἵνα τί με ἐγκατέλιπες;

27:46 And about the ninth hour Jesus cried with a loud voice, saying, "Eli, Eli, lama savachthani?" that is, "My God, my God, why had you forsaken me?"

27:46 Und um die neunte Stunde schrie Jesus laut und sprach: Eli, Eli, lama asabthani? das heißt: Mein Gott, mein Gott, warum hast du mich verlassen?

27:46 Et vers la neuvième heure, Jésus s'écria d'une voix forte: Éli, Éli, lama sabachthani? c'est-à-dire: Mon Dieu, mon Dieu, pourquoi m'as-tu abandonné?

27:47 וַיִּשְׁמְעוּ אֲנָשִׁים מִן־הָעֹמְדִים שָׁם וַיֹּאמְרוּ הוּא קוֹרֵא אֶל־אֵלִיָּהוּ:

27:47 Quidam autem illic stantes, et audientes, dicebant: Eliam vocat iste.

27:47 Τινὲς δὲ τῶν ἐκεῖ ἑστώτων ἀκούσαντες ἔλεγον ὅτι Ἠλίαν φωνεῖ οὗτος.

27:47 And some of them standing there, when they heard it, said, "This man calls Elijah."

27:47 Etliche aber, die dastanden, da sie das hörten, sprachen sie: Der ruft den Elia.

27:47 Quelques-uns de ceux qui étaient là, l'ayant entendu, dirent: Il appelle Élie.

27:48 וַיְמַהֵר אֶחָד מֵהֶם וַיָּרָץ וַיִּקַּח סְפוֹג וַיְמַלֵּא אֹתוֹ חֹמֶץ וַיָּשֶׂם עַל־קָנֶה וַיַּשְׁקֵהוּ:

27:48 Et continuo currens unus ex eis, acceptam spongiam implevit aceto, et imposuit arundini, et dabat ei bibere.

27:48 Καὶ εὐθέως δραμὼν εἷς ἐξ αὐτῶν, καὶ λαβὼν σπόγγον, πλήσας τε ὄξους, καὶ περιθεὶς καλάμῳ, ἐπότιζεν αὐτόν.

27:48 And immediately, one of them ran, and took a sponge, and filled it with vinegar, and put it on a reed, and gave him to drink.

27:48 Und alsbald lief einer unter ihnen, nahm einen Schwamm und füllte ihn mit Essig und steckte ihn an ein Rohr und tränkte ihn.

27:48 Et aussitôt l'un d'eux courut prendre une éponge, qu'il remplit de vinaigre, et, l'ayant fixée à un roseau, il lui donna à boire.

27:49 וְיֶתֶר הָאֲנָשִׁים אָמְרוּ הַנִּיחוּ לוֹ וְנִרְאֶה אִם־יָבוֹא אֵלִיָּהוּ לְהוֹשִׁיעוֹ וְאִישׁ אַחֵר לָקַח חֲנִית וַיִּדְקֹר אֶת־צַלְעוֹ וַיֵּצְאוּ מַיִם וָדָם:

27:49 Ceteri vero dicebant: Sine, videamus an veniat Elias liberans eum.

27:49 Οἱ δὲ λοιποὶ ἔλεγον, Ἄφες, ἴδωμεν εἰ ἔρχεται Ἡλίας σώσων αὐτόν.

27:49 And the rest said, "Let him be. Let us see whether Elijah comes to save him."

27:49 Die andern aber sprachen: Halt, laß sehen, ob Elia komme und ihm helfe.

27:49 Mais les autres disaient: Laisse, voyons si Élie viendra le sauver.

27:50 וְיֵשׁוּעַ הוֹסִיף לִקְרֹא בְּקוֹל גָּדוֹל וַתֵּצֵא רוּחוֹ:

27:50 Jesus autem iterum clamans voce magna, emisit spiritum.

27:50 Ὁ δὲ Ἰησοῦς πάλιν κράξας φωνῇ μεγάλῃ ἀφῆκεν τὸ πνεῦμα.

27:50 And Jesus cried again with a loud voice and yielded up his spirit.

27:50 Aber Jesus schrie abermals laut und verschied.

27:50 Jésus poussa de nouveau un grand cri, et rendit l'esprit.

27:51 וְהִנֵּה נִקְרְעָה פָּרֹכֶת הַהֵיכָל מִלְמַעְלָה לְמַטָּה לִשְׁנַיִם קְרָעִים וַתִּרְעַשׁ הָאָרֶץ וְהַסְּלָעִים הִתְבַּקָּעוּ:

27:51 Et ecce velum templi scissum est in duas partes a summo usque deorsum: et terra mota est, et petrae scissae sunt,

27:51 Καὶ ἰδού, τὸ καταπέτασμα τοῦ ναοῦ ἐσχίσθη εἰς δύο ἀπὸ ἄνωθεν ἕως κάτω· καὶ ἡ γῆ ἐσείσθη· καὶ αἱ πέτραι ἐσχίσθησαν·

27:51 And behold, the veil of the temple was torn in two from the top to the bottom, and the earth quaked, and the rocks were split,

27:51 Und siehe da, der Vorhang im Tempel zerriß in zwei Stücke von obenan bis untenaus.

27:51 Et voici, le voile du temple se déchira en deux, depuis le haut jusqu'en bas, la terre trembla, les rochers se fendirent,

27:52 וְהַקְּבָרִים נִפְתָּחוּ וְרַבִּים מִן־הַקְּדוֹשִׁים יְשֵׁנֵי אַדְמַת עָפָר נֵעוֹרוּ:

27:52 et monumenta aperta sunt: et multa corpora sanctorum, qui dormierant, surrexerunt.

27:52 καὶ τὰ μνημεῖα ἀνεῴχθησαν· καὶ πολλὰ σώματα τῶν κεκοιμημένων ἁγίων ἠγέρθη·

27:52 and the tombs were opened, and many bodies of the saints that had fallen asleep were raised,

27:52 Und die Erde erbebte, und die Felsen zerrissen, die Gräber taten sich auf, und standen auf viele Leiber der Heiligen, die da schliefen,

27:52 les sépulcres s'ouvrirent, et plusieurs corps des saints qui étaient morts ressuscitèrent.

27:53 וַיֵּצְאוּ מִן־הַקְּבָרִים אַחֲרֵי תְחִיָּתוֹ וַיָּבֹאוּ אֶל־הָעִיר הַקְּדוֹשָׁה וַיֵּרָאוּ לָרַבִּים:

27:53 Et exeuntes de monumentis post resurrectionem ejus, venerunt in sanctam civitatem, et apparuerunt multis.

27:53 καὶ ἐξελθόντες ἐκ τῶν μνημείων μετὰ τὴν ἔγερσιν αὐτοῦ εἰσῆλθον εἰς τὴν ἁγίαν πόλιν, καὶ ἐνεφανίσθησαν πολλοῖς.

27:53 and coming forth out of the tombs after his resurrection they entered into the holy city and appeared to many.

27:53 und gingen aus den Gräbern nach seiner Auferstehung und kamen in die heilige Stadt und erschienen vielen.

27:53 Étant sortis des sépulcres, après la résurrection de Jésus, ils entrèrent dans la ville sainte, et apparurent à un grand nombre de personnes.

27:54 וְשַׂר־הַמֵּאָה וְהָאֲנָשִׁים אֲשֶׁר אִתּוֹ הַשֹּׁמְרִים אֶת־יֵשׁוּעַ כִּרְאוֹתָם אֶת־הָרַעַשׁ וְאֶת־אֲשֶׁר נִהְיָתָה נִבְהֲלוּ מְאֹד וַיֹּאמְרוּ אָכֵן זֶה הָיָה בֶן־אֱלֹהִים:

27:54 Centurio autem, et qui cum eo erant, custodientes Jesum, viso terraemotu, et his quae fiebant, timuerunt valde, dicentes: Vere Filius Dei erat iste.

27:54 Ὁ δὲ ἑκατόνταρχος καὶ οἱ μετ᾽ αὐτοῦ τηροῦντες τὸν Ἰησοῦν, ἰδόντες τὸν σεισμὸν καὶ τὰ γενόμενα, ἐφοβήθησαν σφόδρα, λέγοντες, Ἀληθῶς θεοῦ υἱὸς ἦν οὗτος.

27:54 Now the centurion, and those who were with him watching Jesus, when they saw the earthquake, and the things that were done, feared exceedingly, saying, "Truly this was the Son of God."

27:54 Aber der Hauptmann und die bei ihm waren und bewahrten Jesus, da sie sahen das Erdbeben und was da geschah, erschraken sie sehr und sprachen: Wahrlich dieser ist Gottes Sohn gewesen!

27:54 Le centenier et ceux qui étaient avec lui pour garder Jésus, ayant vu le tremblement de terre et ce qui venait d'arriver, furent saisis d'une grande frayeur, et dirent: Assurément, cet homme était Fils de Dieu.

27:55 וְשָׁם נָשִׁים רַבּוֹת אֲשֶׁר הָלְכוּ אַחֲרֵי יֵשׁוּעַ מִן־הַגָּלִיל לְשָׁרְתוֹ וְהִנֵּה רֹאוֹת מֵרָחוֹק:

27:55 Erant autem ibi mulieres multae a longe, quae secutae erant Jesum a Galilaea, ministrantes ei:

27:55 Ἦσαν δὲ ἐκεῖ γυναῖκες πολλαὶ ἀπὸ μακρόθεν θεωροῦσαι, αἵτινες ἠκολούθησαν τῷ Ἰησοῦ ἀπὸ τῆς Γαλιλαίας, διακονοῦσαι αὐτῷ·

27:55 And many women were there watching from afar, who had followed Jesus from Galilee, ministering to him,

27:55 Und es waren viele Weiber da, die von ferne zusahen, die da Jesus waren nachgefolgt aus Galiläa und hatten ihm gedient;

27:55 Il y avait là plusieurs femmes qui regardaient de loin; qui avaient accompagné Jésus depuis la Galilée, pour le servir.

27:56 וּבְתוֹכָן מִרְיָם הַמַּגְדָּלִית וּמִרְיָם אֵם־יַעֲקֹב וְיוֹסֵי וְאֵם בְּנֵי זַבְדָּי׃

27:56 inter quas erat Maria Magdalene, et Maria Jacobi, et Joseph mater, et mater filiorum Zebedaei.

27:56 ἐν αἷς ἦν Μαρία ἡ Μαγδαληνή, καὶ Μαρία ἡ τοῦ Ἰακώβου καὶ Ἰωσῆ μήτηρ, καὶ ἡ μήτηρ τῶν υἱῶν Ζεβεδαίου.

27:56 among whom was Mary Magdalene, and Mary the mother of James and Joses, and the mother of the sons of Zebedee.

27:56 unter welchen war Maria Magdalena und Maria, die Mutter der Kinder des Zebedäus.

27:56 Parmi elles étaient Marie de Magdala, Marie, mère de Jacques et de Joseph, et la mère des fils de Zébédée.

27:57 וַיְהִי בָעֶרֶב וַיָּבֹא אִישׁ עָשִׁיר מִן־הָרָמָתַיִם וּשְׁמוֹ יוֹסֵף וְגַם־הוּא מִתַּלְמִידֵי יֵשׁוּעַ׃

27:57 Cum autem sero factum esset, venit quidam homo dives ab Arimathaea, nomine Joseph, qui et ipse discipulus erat Jesu:

27:57 Ὀψίας δὲ γενομένης, ἦλθεν ἄνθρωπος πλούσιος ἀπὸ Ἀριμαθαίας, τοὔνομα Ἰωσήφ, ὃς καὶ αὐτὸς ἐμαθήτευσεν τῷ Ἰησοῦ·

27:57 And when evening had come, there came a rich man from Arimathaea, named Joseph, who also himself was Jesus' disciple;

27:57 Am Abend aber kam ein reicher Mann von Arimathia, der hieß Joseph, welcher auch ein Jünger Jesu war.

27:57 Le soir étant venu, arriva un homme riche d'Arimathée, nommé Joseph, lequel était aussi disciple de Jésus.

27:58 וַיִּגַּשׁ אֶל־פִּילָטוֹס לִשְׁאֹל אֶת־גְּוִיַּת יֵשׁוּעַ וַיְצַו פִּילָטוֹס וַתִּנָּתֶן לוֹ׃

27:58 hic accessit ad Pilatum, et petiit corpus Jesu. Tunc Pilatus jussit reddi corpus.

27:58 οὗτος προσελθὼν τῷ Πιλάτῳ, ᾐτήσατο τὸ σῶμα τοῦ Ἰησοῦ. Τότε ὁ Πιλάτος ἐκέλευσεν ἀποδοθῆναι τὸ σῶμα.

27:58 this man went to Pilate and asked for the body of Jesus. Then Pilate commanded it to be released.

27:58 Der ging zu Pilatus und bat ihn um den Leib Jesu. Da befahl Pilatus man sollte ihm ihn geben.

27:58 Il se rendit vers Pilate, et demanda le corps de Jésus. Et Pilate ordonna de le remettre.

27:59 וַיִּקַּח יוֹסֵף אֶת־הַגְּוִיָּה וַיִּכְרֹךְ אוֹתָהּ בְּסָדִין טָהוֹר׃

27:59 Et accepto corpore, Joseph involvit illud in sindone munda,

27:59 Καὶ λαβὼν τὸ σῶμα ὁ Ἰωσὴφ ἐνετύλιξεν αὐτὸ σινδόνι καθαρᾷ,

27:59 And Joseph took the body and wrapped it in a clean linen cloth,

27:59 Und Joseph nahm den Leib und wickelte ihn in eine reine Leinwand

27:59 Joseph prit le corps, l'enveloppa d'un linceul blanc,

The Gospel of Matthew

27:60 וַיְשִׂימָהּ בַּקֶּבֶר הֶחָדָשׁ אֲשֶׁר חָצַב־לוֹ בַּסָּלַע וַיָּגֶל אֶבֶן גְּדוֹלָה עַל־פֶּתַח הַקֶּבֶר וַיֵּלֶךְ לוֹ:

27:60 et posuit illud in monumento suo novo, quod exciderat in petra. Et advolvit saxum magnum ad ostium monumenti, et abiit.

27:60 καὶ ἔθηκεν αὐτὸ ἐν τῷ καινῷ αὐτοῦ μνημείῳ, ὃ ἐλατόμησεν ἐν τῇ πέτρᾳ· καὶ προσκυλίσας λίθον μέγαν τῇ θύρᾳ τοῦ μνημείου, ἀπῆλθεν.

27:60 and laid it in his own new tomb, which he had hewn out in the rock, and he rolled a great stone to the door of the tomb, and departed.

27:60 und legte ihn in sein eigenes Grab, welches er hatte lassen in einen Fels hauen, und wälzte einen großen Stein vor die Tür des Grabes und ging davon.

27:60 et le déposa dans un sépulcre neuf, qu 'il s'était fait tailler dans le roc. Puis il roula une grande pierre à l'entrée du sépulcre, et il s'en alla.

27:61 וּמִרְיָם הַמַּגְדָּלִית וּמִרְיָם הָאַחֶרֶת הָיוּ יֹשְׁבוֹת שָׁם מִמּוּל הַקֶּבֶר:

27:61 Erant autem ibi Maria Magdalene, et altera Maria, sedentes contra sepulchrum.

27:61 Ἦν δὲ ἐκεῖ Μαρία ἡ Μαγδαληνή, καὶ ἡ ἄλλη Μαρία, καθήμεναι ἀπέναντι τοῦ τάφου.

27:61 And Mary Magdalene was there, and the other Mary, sitting over against the tomb.

27:61 Es war aber allda Maria Magdalena und die andere Maria, die setzten sich gegen das Grab.

27:61 Marie de Magdala et l'autre Marie étaient là, assises vis-à-vis du sépulcre.

27:62 וַיְהִי מִמָּחֳרַת עֶרֶב הַשַּׁבָּת וַיִּקָּהֲלוּ רָאשֵׁי הַכֹּהֲנִים וְהַפְּרוּשִׁים אֶל־פִּילָטוֹס:

27:62 Altera autem die, quae est post Parasceven, convenerunt principes sacerdotum et pharisaei ad Pilatum,

27:62 Τῇ δὲ ἐπαύριον, ἥτις ἐστὶν μετὰ τὴν Παρασκευήν, συνήχθησαν οἱ ἀρχιερεῖς καὶ οἱ Φαρισαῖοι πρὸς Πιλάτον,

27:62 Now the next day, which is *the day* after the Preparation, the chief priests and the Pharisees were gathered together with Pilate,

27:62 Des andern Tages, der da folgt nach dem Rüsttage, kamen die Hohenpriester und Pharisäer sämtlich zu Pilatus

27:62 Le lendemain, qui était le jour après la préparation, les principaux sacrificateurs et les pharisiens allèrent ensemble auprès de Pilate,

27:63 וַיֹּאמְרוּ אֲדֹנֵינוּ זָכַרְנוּ כִּי אָמַר הַמֵּסִית הַהוּא בְּעוֹדֶנּוּ חַי מִקְצֵה שְׁלֹשֶׁת יָמִים קוֹם אָקוּם:

27:63 dicentes: Domine, recordati sumus, quia seductor ille dixit adhuc vivens: Post tres dies resurgam.

27:63 λέγοντες, Κύριε, ἐμνήσθημεν ὅτι ἐκεῖνος ὁ πλάνος εἶπεν ἔτι ζῶν, Μετὰ τρεῖς ἡμέρας ἐγείρομαι.

27:63 saying, "Sir, we remember what that deceiver said while he was yet alive, 'After three days I will rise again.'

27:63 und sprachen: Herr, wir haben gedacht, daß dieser Verführer sprach, da er noch lebte: Ich will nach drei Tagen auferstehen.

27:63 et dirent: Seigneur, nous nous souvenons que cet imposteur a dit, quand il vivait encore: Après trois jours je ressusciterai.

27:64 לָכֵן צַוֵּה־נָא וְיִסָּכֵר פִּי הַקֶּבֶר עַד־הַיּוֹם הַשְּׁלִישִׁי פֶּן־יָבֹאוּ תַלְמִידָיו בַּלַּיְלָה וּגְנָבֻהוּ וְאָמְרוּ אֶל־הָעָם הִנֵּה־קָם מִן־הַמֵּתִים וְהָיְתָה הַתַּרְמִית הָאַחֲרוֹנָה רָעָה מִן־הָרִאשׁוֹנָה׃

27:64 Jube ergo custodiri sepulchrum usque in diem tertium: ne forte veniant discipuli ejus, et furentur eum, et dicant plebi: Surrexit a mortuis: et erit novissimus error pejor priore.

27:64 Κέλευσον οὖν ἀσφαλισθῆναι τὸν τάφον ἕως τῆς τρίτης ἡμέρας· μήποτε ἐλθόντες οἱ μαθηταὶ αὐτοῦ νυκτὸς κλέψωσιν αὐτόν, καὶ εἴπωσιν τῷ λαῷ, Ἡγέρθη ἀπὸ τῶν νεκρῶν· καὶ ἔσται ἡ ἐσχάτη πλάνη χείρων τῆς πρώτης.

27:64 Command, therefore, that the tomb be made secure until the third day, lest by chance his disciples come and steal him away, and say to the people, 'He is risen from the dead.' and the last error will be worse than the first."

27:64 Darum befiehl, daß man das Grab verwahre bis an den dritten Tag, auf daß nicht seine Jünger kommen und stehlen ihn und sagen dem Volk: Er ist auferstanden von den Toten, und werde der letzte Betrug ärger denn der erste.

27:64 Ordonne donc que le sépulcre soit gardé jusqu'au troisième jour, afin que ses disciples ne viennent pas dérober le corps, et dire au peuple: Il est ressuscité des morts. Cette dernière imposture serait pire que la première.

27:65 וַיֹּאמֶר אֲלֵיהֶם פִּילָטוֹס הִנֵּה לָכֶם אַנְשֵׁי מִשְׁמָר לְכוּ סִכְרוּהוּ כַּאֲשֶׁר יְדַעְתֶּם׃

27:65 Ait illis Pilatus: Habetis custodiam, ite, custodite sicut scitis.

27:65 Ἔφη δὲ αὐτοῖς ὁ Πιλᾶτος, Ἔχετε κουστωδίαν· ὑπάγετε, ἀσφαλίσασθε ὡς οἴδατε.

27:65 Pilate said to them, "You have a guard; go, make it *as* sure as you can."

27:65 Pilatus sprach zu ihnen: Da habt ihr die Hüter; gehet hin und verwahret, wie ihr wisset.

27:65 Pilate leur dit: Vous avez une garde; allez, gardez-le comme vous l'entendrez.

27:66 וַיֵּלְכוּ וַיִּסְכְּרוּ אֶת־פִּי הַקֶּבֶר וַיַּחְתְּמוּ אֶת־הָאֶבֶן וַיַּעֲמִידוּ עָלָיו אֶת־הַמִּשְׁמָר׃

27:66 Illi autem abeuntes, munierunt sepulchrum, signantes lapidem, cum custodibus.

27:66 Οἱ δὲ πορευθέντες ἠσφαλίσαντο τὸν τάφον, σφραγίσαντες τὸν λίθον, μετὰ τῆς κουστωδίας.

27:66 So they went and made the tomb secure, sealing the stone, the guard being with them.

27:66 Sie gingen hin und verwahrten das Grab mit Hütern und versiegelten den Stein.

27:66 Ils s'en allèrent, et s'assurèrent du sépulcre au moyen de la garde, après avoir scellé la pierre.

28:1 וְאַחֲרֵי מוֹצָאֵי הַשַּׁבָּת כְּשֶׁהֵאִיר לְאֶחָד בַּשַּׁבָּת בָּאָה מִרְיָם הַמַּגְדָּלִית וּמִרְיָם הָאַחֶרֶת לִרְאוֹת אֶת־הַקָּבֶר׃

28:1 Vespere autem sabbati, quae lucescit in prima sabbati, venit Maria Magdalene, et altera Maria, videre sepulchrum.

28:1 Ὀψὲ δὲ σαββάτων, τῇ ἐπιφωσκούσῃ εἰς μίαν σαββάτων, ἦλθεν Μαρία ἡ Μαγδαληνή, καὶ ἡ ἄλλη Μαρία, θεωρῆσαι τὸν τάφον.

28:1 Now, late on the Sabbath day, as it began to dawn toward the first *day* of the week, Mary Magdalene and the other Mary came to see the tomb.

28:1 Als aber der Sabbat um war und der erste Tag der Woche anbrach, kam Maria Magdalena und die andere Maria, das Grab zu besehen.

28:1 Après le sabbat, à l'aube du premier jour de la semaine, Marie de Magdala et l'autre Marie allèrent voir le sépulcre.

28:2 וְהִנֵּה רַעַשׁ גָּדוֹל הָיָה כִּי־מַלְאַךְ יְהוָה יָרַד מִן־הַשָּׁמַיִם וַיִּגַּשׁ וַיָּגֶל אֶת־הָאֶבֶן מִן־הַפֶּתַח וַיֵּשֶׁב עָלֶיהָ:

28:2 Et ecce terraemotus factus est magnus. Angelus enim Domini descendit de caelo: et accedens revolvit lapidem, et sedebat super eum:

28:2 Καὶ ἰδού, σεισμὸς ἐγένετο μέγας· ἄγγελος γὰρ κυρίου καταβὰς ἐξ οὐρανοῦ, προσελθὼν ἀπεκύλισεν τὸν λίθον ἀπὸ τῆς θύρας, καὶ ἐκάθητο ἐπάνω αὐτοῦ.

28:2 And behold, there was a great earthquake, for an angel of the Lord descended from heaven, and came and rolled away the stone, and sat upon it.

28:2 Und siehe, es geschah ein großes Erdbeben. Denn der Engel des HERRN kam vom Himmel herab, trat hinzu und wälzte den Stein von der Tür und setzte sich darauf.

28:2 Et voici, il y eut un grand tremblement de terre; car un ange du Seigneur descendit du ciel, vint rouler la pierre, et s'assit dessus.

28:3 וּמַרְאֵהוּ כְּמַרְאֵה הַבָּרָק וּלְבוּשׁוֹ לָבָן כַּשָּׁלֶג:

28:3 erat autem aspectus ejus sicut fulgur: et vestimentum ejus sicut nix.

28:3 Ἦν δὲ ἡ ἰδέα αὐτοῦ ὡς ἀστραπή, καὶ τὸ ἔνδυμα αὐτοῦ λευκὸν ὡσεὶ χιών.

28:3 His appearance was as lightning, and his clothing as white as snow,

28:3 Und seine Gestalt war wie der Blitz und sein Kleid weiß wie Schnee.

28:3 Son aspect était comme l'éclair, et son vêtement blanc comme la neige.

28:4 וַיִּבָּהֲלוּ הַשֹּׁמְרִים מִפַּחְדוֹ וַיִּהְיוּ כַּמֵּתִים:

28:4 Prae timore autem ejus exterriti sunt custodes, et facti sunt velut mortui.

28:4 Ἀπὸ δὲ τοῦ φόβου αὐτοῦ ἐσείσθησαν οἱ τηροῦντες καὶ ἐγένοντο ὡσεὶ νεκροί.

28:4 and for fear of him the watchers shook, and became as dead men.

28:4 Die Hüter aber erschraken vor Furcht und wurden, als wären sie tot.

28:4 Les gardes tremblèrent de peur, et devinrent comme morts.

28:5 וַיַּעַן הַמַּלְאָךְ וַיֹּאמֶר אֶל־הַנָּשִׁים אַתֶּן אַל־תִּירֶאןָ הֵן יָדַעְתִּי כִּי אֶת־יֵשׁוּעַ הַנִּצְלָב אַתֶּן מְבַקְשׁוֹת:

28:5 Respondens autem angelus dixit mulieribus: Nolite timere vos: scio enim, quod Jesum, qui crucifixus est, quaeritis.

28:5 Ἀποκριθεὶς δὲ ὁ ἄγγελος εἶπεν ταῖς γυναιξίν, Μὴ φοβεῖσθε ὑμεῖς· οἶδα γὰρ ὅτι Ἰησοῦν τὸν ἐσταυρωμένον ζητεῖτε.

28:5 And the angel answered and said to the women, "Do not be afraid, for I know that you seek Jesus, who has been crucified.

28:5 Aber der Engel antwortete und sprach zu den Weibern: Fürchtet euch nicht! Ich weiß, daß ihr Jesus, den Gekreuzigten, sucht.

28:5 Mais l'ange prit la parole, et dit aux femmes: Pour vous, ne craignez pas; car je sais que vous cherchez Jésus qui a été crucifié.

28:6 הוּא אֵינֶנּוּ פֹה כִּי־קָם כַּאֲשֶׁר אָמָר בֹּאנָה וּרְאֶינָה אֶת־הַמָּקוֹם אֲשֶׁר שָׁכַב־שָׁם הָאָדוֹן׃

28:6 Non est hic: surrexit enim, sicut dixit: venite, et videte locum ubi positus erat Dominus.

28:6 Οὐκ ἔστιν ὧδε· ἠγέρθη γάρ, καθὼς εἶπεν. Δεῦτε, ἴδετε τὸν τόπον ὅπου ἔκειτο ὁ κύριος.

28:6 He is not here, for he is risen, just as he said. Come, see the place where the Lord lay.

28:6 Er ist nicht hier; er ist auferstanden, wie er gesagt hat. Kommt her und seht die Stätte, da der HERR gelegen hat.

28:6 Il n'est point ici; il est ressuscité, comme il l'avait dit. Venez, voyez le lieu où il était couché,

28:7 לֵכְנָה מַהֵר וְהִגַּדְתֶּן לְתַלְמִידָיו כִּי קָם מִן־הַמֵּתִים וְהִנֵּה הוּא הֹלֵךְ לִפְנֵיכֶם הַגָּלִילָה וְשָׁם תִּרְאוּהוּ הִנֵּה אָמַרְתִּי לָכֶן׃

28:7 Et cito euntes, dicite discipulis ejus quia surrexit: et ecce praecedit vos in Galilaeam: ibi eum videbitis: ecce praedixi vobis.

28:7 Καὶ ταχὺ πορευθεῖσαι εἴπατε τοῖς μαθηταῖς αὐτοῦ ὅτι Ἠγέρθη ἀπὸ τῶν νεκρῶν· καὶ ἰδού, προάγει ὑμᾶς εἰς τὴν Γαλιλαίαν· ἐκεῖ αὐτὸν ὄψεσθε· ἰδού, εἶπον ὑμῖν.

28:7 And go quickly and tell his disciples, 'He is risen from the dead; and behold, he goes before you into Galilee, there shall you see him; behold, I have told you.'"

28:7 Und gehet eilend hin und sagt es seinen Jüngern, daß er auferstanden sei von den Toten. Und siehe, er wird vor euch hingehen nach Galiläa; da werdet ihr ihn sehen. Siehe, ich habe es euch gesagt.

28:7 et allez promptement dire à ses disciples qu'il est ressuscité des morts. Et voici, il vous précède en Galilée: c'est là que vous le verrez. Voici, je vous l'ai dit.

28:8 וַתְּמַהֵרְנָה וַתֵּצֶאנָה מִן־הַקֶּבֶר בְּיִרְאָה וּבְשִׂמְחָה גְדוֹלָה וַתָּרֹצְנָה לְסַפֵּר אֶל־תַּלְמִידָיו׃

28:8 Et exierunt cito de monumento cum timore et gaudio magno, currentes nuntiare discipulis ejus.

28:8 Καὶ ἐξελθοῦσαι ταχὺ ἀπὸ τοῦ μνημείου μετὰ φόβου καὶ χαρᾶς μεγάλης, ἔδραμον ἀπαγγεῖλαι τοῖς μαθηταῖς αὐτοῦ.

28:8 And they departed quickly from the tomb with fear and great joy, and ran to bring his disciples word.

28:8 Und sie gingen eilend zum Grabe hinaus mit Furcht und großer Freude und liefen, daß sie es seinen Jüngern verkündigten. Und da sie gingen seinen Jüngern zu verkündigen,

28:8 Elles s'éloignèrent promptement du sépulcre, avec crainte et avec une grande joie, et elles coururent porter la nouvelle aux disciples.

28:9 הֵנָּה הֹלְכוֹת לְסַפֵּר אֶל־תַּלְמִידָיו וְהִנֵּה יֵשׁוּעַ נִקְרָה אֲלֵיהֶן וַיֹּאמֶר שָׁלוֹם לָכֶן וַתִּגַּשְׁנָה וַתֹּאחַזְנָה בְּרַגְלָיו וַתִּשְׁתַּחֲוֶיןָ לוֹ׃

28:9 Et ecce Jesus occurrit illis, dicens: Avete. Illae autem accesserunt, et tenuerunt pedes ejus, et adoraverunt eum.

28:9 Ὡς δὲ ἐπορεύοντο ἀπαγγεῖλαι τοῖς μαθηταῖς αὐτοῦ, καὶ ἰδού, Ἰησοῦς ἀπήντησεν αὐταῖς, λέγων, Χαίρετε. Αἱ δὲ προσελθοῦσαι ἐκράτησαν αὐτοῦ τοὺς πόδας, καὶ προσεκύνησαν αὐτῷ.

28:9 And behold, Jesus met them, saying, "All hail." And they came and took hold of his feet and worshipped him.

28:9 siehe, da begegnete ihnen Jesus und sprach: Seid gegrüßet! Und sie traten zu ihm und griffen an seine Füße und fielen vor ihm nieder.

28:9 Et voici, Jésus vint à leur rencontre, et dit: Je vous salue. Elles s'approchèrent pour saisir ses pieds, et elles se prosternèrent devant lui.

28:10 וַיֹּאמֶר אֲלֵיהֶן יֵשׁוּעַ אַל־תִּירֶאןָ לֵכְנָה וְהַגֵּדְנָה לְאַחַי וְיֵלְכוּ הַגָּלִילָה וְשָׁם יִרְאוּנִי׃

28:10 Tunc ait illis Jesus: Nolite timere: ite, nuntiare fratribus meis ut eant in Galilaeam; ibi me videbunt.

28:10 Τότε λέγει αὐταῖς ὁ Ἰησοῦς· Μὴ φοβεῖσθε· ὑπάγετε, ἀπαγγείλατε τοῖς ἀδελφοῖς μου ἵνα ἀπέλθωσιν εἰς τὴν Γαλιλαίαν, καὶ ἐκεῖ με ὄψονται.

28:10 Then said Jesus to them, "Do not be afraid. Go tell my brothers that they should depart into Galilee and shall stay there until they see me."

28:10 Da sprach Jesus zu ihnen: Fürchtet euch nicht! Geht hin und verkündigt es meinen Brüdern, daß sie gehen nach Galiläa; daselbst werden sie mich sehen.

28:10 Alors Jésus leur dit: Ne craignez pas; allez dire à mes frères de se rendre en Galilée: c'est là qu'ils me verront.

28:11 וַיְהִי בְלֶכְתָּן וְהִנֵּה אֲנָשִׁים מִן־הַמִּשְׁמָר בָּאוּ הָעִירָה וַיַּגִּידוּ לְרָאשֵׁי הַכֹּהֲנִים אֵת כָּל־הַנַּעֲשָׂה׃

28:11 Quae cum abiissent, ecce quidam de custodibus venerunt in civitatem, et nuntiaverunt principibus sacerdotum omnia quae facta fuerant.

28:11 Πορευομένων δὲ αὐτῶν, ἰδού, τινὲς τῆς κουστωδίας ἐλθόντες εἰς τὴν πόλιν ἀπήγγειλαν τοῖς ἀρχιερεῦσιν ἅπαντα τὰ γενόμενα.

28:11 Now, while they were going, behold, some of the guard came into the city, and told to the chief priests all the things that were happening.

28:11 Da sie aber hingingen, siehe, da kamen etliche von den Hütern in die Stadt und verkündigten den Hohenpriestern alles, was geschehen war.

28:11 Pendant qu'elles étaient en chemin, quelques hommes de la garde entrèrent dans la ville, et annoncèrent aux principaux sacrificateurs tout ce qui était arrivé.

28:12 וַיִּקָּהֲלוּ עִם־הַזְּקֵנִים וַיִּתְיָעֲצוּ וַיִּתְּנוּ־כֶסֶף לָרֹב אֶל־אַנְשֵׁי הַצָּבָא לֵאמֹר:

28:12 Et congregati cum senioribus consilio accepto, pecuniam copiosam dederunt militibus,

28:12 Καὶ συναχθέντες μετὰ τῶν πρεσβυτέρων, συμβούλιόν τε λαβόντες, ἀργύρια ἱκανὰ ἔδωκαν τοῖς στρατιώταις,

28:12 And when they were assembled with the elders, and had taken counsel, they gave much money to the soldiers,

28:12 Und sie kamen zusammen mit den Ältesten und hielten einen Rat und gaben den Kriegsknechten Geld genug

28:12 Ceux-ci, après s'être assemblés avec les anciens et avoir tenu conseil, donnèrent aux soldats une forte somme d'argent,

28:13 אִמְרוּ־נָא כִּי־בָאוּ תַלְמִידָיו לַיְלָה וַיִּגְנְבוּ אוֹתוֹ וַאֲנַחְנוּ יְשֵׁנִים:

28:13 dicentes: Dicite quia discipuli ejus nocte venerunt, et furati sunt eum, nobis dormientibus.

28:13 λέγοντες, Εἴπατε ὅτι Οἱ μαθηταὶ αὐτοῦ νυκτὸς ἐλθόντες ἔκλεψαν αὐτὸν ἡμῶν κοιμωμένων.

28:13 saying, "You say, 'His disciples came by night and stole him away while we slept.'

28:13 und sprachen: Saget: Seine Jünger kamen des Nachts und stahlen ihn, dieweil wir schliefen.

28:13 en disant: Dites: Ses disciples sont venus de nuit le dérober, pendant que nous dormions.

28:14 וְאִם־יִשָּׁמַע הַדָּבָר בֵּית הַהֶגְמוֹן אֲנַחְנוּ נְפַיְּסֵהוּ וְאַתֶּם אַל־תִּירָאוּ:

28:14 Et si hoc auditum fuerit a praeside, nos suadebimus ei, et securos vos faciemus.

28:14 Καὶ ἐὰν ἀκουσθῇ τοῦτο ἐπὶ τοῦ ἡγεμόνος, ἡμεῖς πείσομεν αὐτόν, καὶ ὑμᾶς ἀμερίμνους ποιήσομεν.

28:14 And if this comes to the governor's ears, we will persuade him, and rid you of such a care."

28:14 Und wo es würde auskommen bei dem Landpfleger, wollen wir ihn stillen und schaffen, daß ihr sicher seid.

28:14 Et si le gouverneur l'apprend, nous l'apaiserons, et nous vous tirerons de peine.

28:15 וַיִּקְחוּ אֶת־הַכֶּסֶף וַיַּעֲשׂוּ כַּאֲשֶׁר שָׂמוּ בְּפִיהֶם וַתֵּצֵא הַשְּׁמוּעָה הַזֹּאת בֵּין הַיְּהוּדִים עַד הַיּוֹם הַזֶּה:

28:15 At illi, accepta pecunia, fecerunt sicut erant edocti. Et divulgatum est verbum istud apud Judaeos, usque in hodiernum diem.

28:15 Οἱ δὲ λαβόντες τὰ ἀργύρια ἐποίησαν ὡς ἐδιδάχθησαν. Καὶ διεφημίσθη ὁ λόγος οὗτος παρὰ Ἰουδαίοις μέχρι τῆς σήμερον.

28:15 So they took the money and did as they were ordered and this saying was spread abroad among the Jews, *and continues* until this day.

28:15 Und sie nahmen das Geld und taten, wie sie gelehrt waren. Solches ist eine gemeine Rede geworden bei den Juden bis auf den heutigen Tag.

28:15 Les soldats prirent l'argent, et suivirent les instructions qui leur furent données. Et ce bruit s'est répandu parmi les Juifs, jusqu'à ce jour.

The Gospel of Matthew

28:16 וַעֲשִׁתֵּי עָשָׂר הַתַּלְמִידִים הָלְכוּ הַגָּלִילָה אֶל־הָהָר אֲשֶׁר אָמַר לָהֶם יֵשׁוּעַ:

28:16 Undecim autem discipuli abierunt in Galilaeam in montem ubi constituerat illis Jesus.

28:16 Οἱ δὲ ἕνδεκα μαθηταὶ ἐπορεύθησαν εἰς τὴν Γαλιλαίαν, εἰς τὸ ὄρος οὗ ἐτάξατο αὐτοῖς ὁ Ἰησοῦς.

28:16 But the eleven disciples went into Galilee, to the mountain where Jesus had appointed them.

28:16 Aber die elf Jünger gingen nach Galiläa auf einen Berg, dahin Jesus sie beschieden hatte.

28:16 Les onze disciples allèrent en Galilée, sur la montagne que Jésus leur avait désignée.

28:17 וַיִּרְאוּ אֹתוֹ וַיִּשְׁתַּחֲווּ־לוֹ וְיֵשׁ מֵהֶם אֲשֶׁר חָלַק לִבָּם:

28:17 Et videntes eum adoraverunt: quidam autem dubitaverunt.

28:17 Καὶ ἰδόντες αὐτὸν προσεκύνησαν αὐτῷ· οἱ δὲ ἐδίστασαν.

28:17 And when they saw him, they worshipped *him*, but some doubted.

28:17 Und da sie ihn sahen, fielen sie vor ihm nieder; etliche aber zweifelten.

28:17 Quand ils le virent, ils se prosternèrent devant lui. Mais quelques-uns eurent des doutes.

28:18 וַיִּגַּשׁ יֵשׁוּעַ וַיְדַבֵּר אֲלֵיהֶם לֵאמֹר נִתַּן־לִי כָל־שָׁלְטָן בַּשָּׁמַיִם וּבָאָרֶץ:

28:18 Et accedens Jesus locutus est eis, dicens: Data est mihi omnis potestas in caelo et in terra:

28:18 Καὶ προσελθὼν ὁ Ἰησοῦς ἐλάλησεν αὐτοῖς, λέγων, Ἐδόθη μοι πᾶσα ἐξουσία ἐν οὐρανῷ καὶ ἐπὶ γῆς.

28:18 And Jesus came to them and spoke to them saying, "All authority has been given to me in heaven and on earth,

28:18 Und Jesus trat zu ihnen, redete mit ihnen und sprach: Mir ist gegeben alle Gewalt im Himmel und auf Erden.

28:18 Jésus, s'étant approché, leur parla ainsi: Tout pouvoir m'a été donné dans le ciel et sur la terre.

28:19 וְאַתֶּם לְכוּ אֶל־כָּל־הַגּוֹיִם וַעֲשׂוּ תַלְמִידִים וּטְבַלְתֶּם אֹתָם לְשֵׁם־הָאָב וְהַבֵּן וְרוּחַ הַקֹּדֶשׁ:

28:19 euntes ergo docete omnes gentes: baptizantes eos in nomine Patris, et Filii, et Spiritus Sancti:

28:19 Πορευθέντες μαθητεύσατε πάντα τὰ ἔθνη, βαπτίζοντες αὐτοὺς εἰς τὸ ὄνομα τοῦ Πατρὸς καὶ τοῦ Υἱοῦ καὶ τοῦ Ἁγίου Πνεύματος·

28:19 therefore, going, make disciples of all the nations, baptizing them into the name of the Father and of the Son and of the Holy Spirit,

28:19 Darum gehet hin und lehret alle Völker und taufet sie im Namen des Vaters und des Sohnes und des heiligen Geistes,

28:19 Allez, faites de toutes les nations des disciples, les baptisant au nom du Père, du Fils et du Saint-Esprit,

28:20 וְלִמַּדְתֶּם אֹתָם לִשְׁמֹר אֶת־כָּל־אֲשֶׁר צִוִּיתִי אֶתְכֶם וְהִנֵּה אָנֹכִי אִתְּכֶם כָּל־הַיָּמִים עַד־קֵץ הָעוֹלָם אָמֵן:

28:20 docentes eos servare omnia quaecumque mandavi vobis: et ecce ego vobiscum sum omnibus diebus, usque ad consummationem saeculi.

28:20 διδάσκοντες αὐτοὺς τηρεῖν πάντα ὅσα ἐνετειλάμην ὑμῖν· καὶ ἰδού, ἐγὼ μεθ' ὑμῶν εἰμι πάσας τὰς ἡμέρας ἕως τῆς συντελείας τοῦ αἰῶνος. Ἀμήν.

28:20 teaching them to observe all things that I commanded you. And behold, I am with you always, even to the end of the age."

28:20 und lehret sie halten alles, was ich euch befohlen habe. Und siehe, ich bin bei euch alle Tage bis an der Welt Ende.

28:20 et enseignez-leur à observer tout ce que je vous ai prescrit. Et voici, je suis avec vous tous les jours, jusqu'à la fin du monde.

THE GOSPEL OF MARK

PARALLEL POLYGLOT

The Gospel of Mark

1:1 תְּחִלַּת בְּשׂוֹרַת יֵשׁוּעַ הַמָּשִׁיחַ בֶּן־הָאֱלֹהִים: ² כַּכָּתוּב בַּנְּבִיאִים הִנְנִי שֹׁלֵחַ מַלְאָכִי לְפָנֶיךָ וּפִנָּה דַרְכֶּךָ: ³ קוֹל קוֹרֵא בַּמִּדְבָּר פַּנּוּ דֶּרֶךְ יְהֹוָה יַשְּׁרוּ מְסִלּוֹתָיו: ⁴ יוֹחָנָן הָיָה טֹבֵל בַּמִּדְבָּר וְקוֹרֵא טְבִילַת הַתְּשׁוּבָה לִסְלִיחַת חֲטָאִים: ⁵ וַתֵּצֵא אֵלָיו כָּל־אֶרֶץ יְהוּדָה וּבְנֵי יְרוּשָׁלַיִם וַיִּטָּבְלוּ כֻלָּם עַל־יָדוֹ בִּנְהַר הַיַּרְדֵּן מִתְוַדִּים אֶת־חַטֹּאתָם:

1:1-5 Initium Evangelii Jesu Christi, Filii Dei. ² Sicut scriptum est in Isaia propheta: *Ecce ego mitto angelum meum ante faciem tuam, qui praeparabit viam tuam ante te.* ³ Vox clamantis in deserto: Parate viam Domini, rectas facite semitas ejus. ⁴ Fuit Joannes in deserto baptizans, et praedicans baptismum poenitentiae in remissionem peccatorum. ⁵ Et egrediebatur ad eum omnis Judaeae regio, et Jerosolymitae universi, et baptizabantur ab illo in Jordanis flumine, confitentes peccata sua.

1:1-5 Ἀρχὴ τοῦ εὐαγγελίου Ἰησοῦ χριστοῦ, υἱοῦ τοῦ θεοῦ. ² Ὡς γέγραπται ἐν τοῖς προφήταις, Ἰδού, ἐγὼ ἀποστέλλω τὸν ἄγγελόν μου πρὸ προσώπου σου, ὃς κατασκευάσει τὴν ὁδόν σου ἔμπροσθέν σου. ³ Φωνὴ βοῶντος ἐν τῇ ἐρήμῳ, Ἑτοιμάσατε τὴν ὁδὸν κυρίου· εὐθείας ποιεῖτε τὰς τρίβους αὐτοῦ. ⁴ Ἐγένετο Ἰωάννης βαπτίζων ἐν τῇ ἐρήμῳ, καὶ κηρύσσων βάπτισμα μετανοίας εἰς ἄφεσιν ἁμαρτιῶν. ⁵ Καὶ ἐξεπορεύετο πρὸς αὐτὸν πᾶσα ἡ Ἰουδαία χώρα, καὶ οἱ Ἱεροσολυμῖται, καὶ ἐβαπτίζοντο πάντες ἐν τῷ Ἰορδάνῃ ποταμῷ ὑπ' αὐτοῦ, ἐξομολογούμενοι τὰς ἁμαρτίας αὐτῶν.

1:1-5 The beginning of the gospel of Jesus Christ, the Son of God. ² Just as it has been written in Isaiah the prophet, "Behold, I am sending my messenger before your face, who will prepare your way, ³ a voice of one crying in the wilderness, 'Prepare the way of the Lord, make his paths straight.'" ⁴ John came, the one baptizing in the wilderness, preaching a baptism of repentance for the forgiveness of sins. ⁵ And going out to him was all the Judean countryside and all the Jerusalemites, and they were being baptized by him in the Jordan River confessing their sins.

1:1-5 Dies ist der Anfang des Evangeliums von Jesus Christus, dem Sohn Gottes, ² wie geschrieben steht in den Propheten: "Siehe, ich sende meinen Engel vor dir her, der da bereite deinen Weg vor dir." ³ "Es ist eine Stimme eines Predigers in der Wüste: Bereitet den Weg des HERRN, macht seine Steige richtig!" ⁴ Johannes, der war in der Wüste, taufte und predigte von der Taufe der Buße zur Vergebung der Sünden. ⁵ Und es ging zu ihm hinaus das ganze jüdische Land und die von Jerusalem und ließen sich alle von ihm taufen im Jordan und bekannten ihre Sünden.

1:1-5 Commencement de l'Évangile de Jésus -Christ, Fils de Dieu. ² Selon ce qui est écrit dans Ésaïe, le prophète: Voici, j'envoie devant toi mon messager, Qui préparera ton chemin; ³ C'est la voix de celui qui crie dans le désert: Préparez le chemin du Seigneur, Aplanissez ses sentiers. ⁴ Jean parut, baptisant dans le désert, et prêchant le baptême de repentance, pour la rémission des péchés. ⁵ Tout le pays de Judée et tous les habitants de Jérusalem se rendaient auprès de lui; et, confessant leurs péchés, ils se faisaient baptiser par lui dans le fleuve du Jourdain.

1:6 וְיוֹחָנָן לָבוּשׁ שְׂעַר גְּמַלִּים וְאֵזוֹר עוֹר בְּמָתְנָיו וּמַאֲכָלוֹ חֲגָבִים וּדְבַשׁ הַיָּעַר: ⁷ וַיִּקְרָא לֵאמֹר בּוֹא יָבֹא אַחֲרַי הֶחָזָק מִמֶּנִּי אֲשֶׁר קָטֹנְתִּי מִלִּכְרֹעַ לְהַתִּיר אֶת־שְׂרוֹךְ נְעָלָיו: ⁸ אָנֹכִי טָבַלְתִּי אֶתְכֶם בַּמָּיִם וְהוּא יִטְבֹּל אֶתְכֶם בְּרוּחַ הַקֹּדֶשׁ: ⁹ וַיְהִי בַּיָּמִים הָהֵם וַיָּבֹא יֵשׁוּעַ מִנְּצֶרֶת אֲשֶׁר בַּגָּלִיל וַיִּטָּבֵל עַל־יְדֵי יוֹחָנָן בַּיַּרְדֵּן:

1:6-9 Et erat Joannes vestitus pilis cameli, et zona pellicea circa lumbos ejus, et locustas et mel silvestre edebat. ⁷ Et praedicabat dicens: Venit fortior post me, cujus non sum dignus procumbens solvere corrigiam calceamentorum ejus. ⁸ Ego baptizavi vos aqua, ille vero baptizabit vos Spiritu Sancto. ⁹ Et factum est: in diebus illis venit Jesus a Nazareth Galilaeae: et baptizatus est a Joanne in Jordane.

1:6-9 Ἦν δὲ ὁ Ἰωάννης ἐνδεδυμένος τρίχας καμήλου, καὶ ζώνην δερματίνην περὶ τὴν ὀσφὺν αὐτοῦ, καὶ ἐσθίων ἀκρίδας καὶ μέλι ἄγριον. ⁷ Καὶ ἐκήρυσσεν, λέγων, Ἔρχεται ὁ ἰσχυρότερός μου ὀπίσω μου, οὗ οὐκ εἰμὶ ἱκανὸς κύψας λῦσαι τὸν ἱμάντα τῶν ὑποδημάτων αὐτοῦ. ⁸ Ἐγὼ μὲν ἐβάπτισα ὑμᾶς ἐν ὕδατι· αὐτὸς δὲ βαπτίσει ὑμᾶς ἐν πνεύματι ἁγίῳ. ⁹ Καὶ ἐγένετο ἐν ἐκείναις ταῖς ἡμέραις, ἦλθεν Ἰησοῦς ἀπὸ Ναζαρὲτ τῆς Γαλιλαίας, καὶ ἐβαπτίσθη ὑπὸ Ἰωάννου εἰς τὸν Ἰορδάνην.

1:6-9 And John was wearing camel's hair and a leather belt around his waist, and eating locusts and wild honey. ⁷ And he kept preaching saying, "The One mightier than me is coming after me, whose strap of his sandals I am not worthy to stoop down to untie. ⁸ I myself baptized you with water, but he himself will baptize you in the Holy Spirit." ⁹ And it happened in those days, Jesus came from Nazareth of Galilee and was baptized in the Jordan by John.

1:6-9 Johannes aber war bekleidet mit Kamelhaaren und mit einem ledernen Gürtel um seine Lenden, und aß Heuschrecken und wilden Honig; ⁷ und er predigte und sprach: Es kommt einer nach mir, der ist stärker denn ich, dem ich nicht genugsam bin, daß ich mich vor ihm bücke und die Riemen seiner Schuhe auflöse. ⁸ Ich taufe euch mit Wasser; aber er wird euch mit dem Heiligen Geist taufen. ⁹ Und es begab sich zu der Zeit, daß Jesus aus Galiläa von Nazareth kam und ließ sich taufen von Johannes im Jordan.

1:6-9 Jean avait un vêtement de poils de chameau, et une ceinture de cuir autour des reins. Il se nourrissait de sauterelles et de miel sauvage. ⁷ Il prêchait, disant: Il vient après moi celui qui est plus puissant que moi, et je ne suis pas digne de délier, en me baissant, la courroie de ses souliers. ⁸ Moi, je vous ai baptisés d'eau; lui, il vous baptisera du Saint-Esprit. ⁹ En ce temps-là, Jésus vint de Nazareth en Galilée, et il fut baptisé par Jean dans le Jourdain.

1:10 וַיְהִי אַךְ־עָלֹה עָלָה מִן־הַמַּיִם וַיַּרְא הַשָּׁמַיִם וְהִנֵּה נִפְתְּחוּ וְהָרוּחַ כְּיוֹנָה יֹרֶדֶת עָלָיו:
11 וַיְהִי קוֹל מִן־הַשָּׁמַיִם אַתָּה בְּנִי יְדִידִי אֲשֶׁר רְצִיתִי־בוֹ: 12 וּמַהֵר הוֹצִיאוֹ הָרוּחַ הַמִּדְבָּרָה:
13 וַיְהִי שָׁם בַּמִּדְבָּר אַרְבָּעִים יוֹם וְהַשָּׂטָן נִסָּהוּ וַיְהִי עִם־הַחַיּוֹת וְהַמַּלְאָכִים שֵׁרְתוּהוּ:
14 וְאַחֲרֵי אֲשֶׁר הֻסְגַּר יוֹחָנָן בָּא יֵשׁוּעַ הַגָּלִילָה וַיִּקְרָא אֶת־בְּשׂוֹרַת מַלְכוּת הָאֱלֹהִים וַיֹּאמַר:

1:10-14 Et statim ascendens de aqua, vidit caelos apertos, et Spiritum tamquam columbam descendentem, et manentem in ipso. [11] Et vox facta est de caelis: Tu es Filius meus dilectus, in te complacui. [12] Et statim Spiritus expulit eum in desertum. [13] Et erat in deserto quadraginta diebus, et quadraginta noctibus: et tentabatur a Satana: eratque cum bestiis, et angeli ministrabant illi. [14] Postquam autem traditus est Joannes, venit Jesus in Galilaeam, praedicans Evangelium regni Dei,

1:10-14 Καὶ εὐθέως ἀναβαίνων ἀπὸ τοῦ ὕδατος, εἶδεν σχιζομένους τοὺς οὐρανούς, καὶ τὸ πνεῦμα ὡσεὶ περιστερὰν καταβαῖνον ἐπ' αὐτόν· [11] καὶ φωνὴ ἐγένετο ἐκ τῶν οὐρανῶν, Σὺ εἶ ὁ υἱός μου ὁ ἀγαπητός, ἐν ᾧ εὐδόκησα. [12] Καὶ εὐθὺς τὸ πνεῦμα αὐτὸν ἐκβάλλει εἰς τὴν ἔρημον. [13] Καὶ ἦν ἐκεῖ ἐν τῇ ἐρήμῳ ἡμέρας τεσσαράκοντα πειραζόμενος ὑπὸ τοῦ Σατανᾶ, καὶ ἦν μετὰ τῶν θηρίων, καὶ οἱ ἄγγελοι διηκόνουν αὐτῷ. [14] Μετὰ δὲ τὸ παραδοθῆναι τὸν Ἰωάννην, ἦλθεν ὁ Ἰησοῦς εἰς τὴν Γαλιλαίαν, κηρύσσων τὸ εὐαγγέλιον τῆς βασιλείας τοῦ Θεοῦ,

1:10-14 And straightaway while coming up out of the water, he saw the heavens being ripped open and the Spirit like a dove descending on him. [11] And a voice came out of the heavens, "You yourself are my beloved Son; with you I am pleased." [12] And immediately the Spirit casts him out into the wilderness. [13] And he was in the wilderness forty days being tempted by Satan, and he was with the wild beasts, and the angels were ministering to him. [14] And after John was delivered up, Jesus came into Galilee preaching the gospel of God,

1:10-14 Und alsbald stieg er aus dem Wasser und sah, daß sich der Himmel auftat, und den Geist gleich wie eine Taube herabkommen auf ihn. [11] Und da geschah eine Stimme vom Himmel: Du bist mein lieber Sohn, an dem ich Wohlgefallen habe. [12] Und alsbald trieb ihn der Geist in die Wüste, [13] und er war allda in der Wüste Tage und ward versucht von dem Satan und war bei den Tieren, und die Engel dienten ihm. [14] Nachdem aber Johannes überantwortet war, kam Jesus nach Galiläa und predigte das Evangelium vom Reich Gottes

1:10-14 Au moment où il sortait de l'eau, il vit les cieux s'ouvrir, et l'Esprit descendre sur lui comme une colombe. [11] Et une voix fit entendre des cieux ces paroles: Tu es mon Fils bien-aimé, en toi j'ai mis toute mon affection. [12] Aussitôt, l'Esprit poussa Jésus dans le désert, [13] où il passa quarante jours, tenté par Satan. Il était avec les bêtes sauvages, et les anges le servaient. [14] Après que Jean eut été livré, Jésus alla dans la Galilée, prêchant l'Évangile de Dieu.

וַיֹּאמַר: ¹⁵ מָלְאָה הָעֵת וְקָרְבָה מַלְכוּת הָאֱלֹהִים שׁוּבוּ וְהַאֲמִינוּ בַּבְּשׂוֹרָה: ¹⁶ וַיְהִי בְּהִתְהַלְּכוֹ עַל־יַד יָם־הַגָּלִיל וַיַּרְא וְהִנֵּה שִׁמְעוֹן וְאַנְדְּרַי אֲחִי שִׁמְעוֹן פֹּרְשִׂים מְצוֹדָה בַּיָּם כִּי דַיָּגִים הָיוּ: ¹⁷ וַיֹּאמֶר אֲלֵיהֶם יֵשׁוּעַ לְכוּ אַחֲרַי וְאֶתֶּנְכֶם דַּיָּגֵי אֲנָשִׁים: ¹⁸ וַיַּעַזְבוּ מַהֵר אֶת־מִכְמְרֹתֵיהֶם וַיֵּלְכוּ אַחֲרָיו:

1:15-18 et dicens: Quoniam impletum est tempus, et appropinquavit regnum Dei: poenitemini, et credite Evangelio. ¹⁶ Et praeteriens secus mare Galilaeae, vidit Simonem, et Andream fratrem ejus, mittentes retia in mare (erant enim piscatores), ¹⁷ et dixit eis Jesus: Venite post me, et faciam vos fieri piscatores hominum. ¹⁸ Et protinus relictis retibus, secuti sunt eum.

1:15-18 καὶ λέγων ὅτι Πεπλήρωται ὁ καιρός, καὶ ἤγγικεν ἡ βασιλεία τοῦ θεοῦ· μετανοεῖτε, καὶ πιστεύετε ἐν τῷ εὐαγγελίῳ. ¹⁶ Περιπατῶν δὲ παρὰ τὴν θάλασσαν τῆς Γαλιλαίας εἶδεν Σίμωνα καὶ Ἀνδρέαν τὸν ἀδελφὸν αὐτοῦ τοῦ Σίμωνος βάλλοντας ἀμφίβληστρον ἐν τῇ θαλάσσῃ· ἦσαν γὰρ ἁλιεῖς. ¹⁷ Καὶ εἶπεν αὐτοῖς ὁ Ἰησοῦς, Δεῦτε ὀπίσω μου, καὶ ποιήσω ὑμᾶς γενέσθαι ἁλιεῖς ἀνθρώπων. ¹⁸ Καὶ εὐθέως ἀφέντες τὰ δίκτυα αὐτῶν, ἠκολούθησαν αὐτῷ.

1:15-18 and saying this: "The time has been fulfilled and the kingdom of God has come near; repent and believe in the gospel." ¹⁶ And while passing along besides the Sea of Galilee, he saw Simon and Andrew, the brother of Simon, casting *a net* in the sea, for they were fishermen. ¹⁷ And Jesus said to them, "Come behind me, and I will make you become fishers of people." ¹⁸ And immediately after leaving the nets, they followed him.

1:15-18 und sprach: Die Zeit ist erfüllt, und das Reich Gottes ist herbeigekommen. Tut Buße und glaubt an das Evangelium! ¹⁶ Da er aber am Galiläischen Meer ging, sah er Simon und Andreas, seinen Bruder, daß sie ihre Netze ins Meer warfen; denn sie waren Fischer. ¹⁷ Und Jesus sprach zu ihnen: Folget mir nach; ich will euch zu Menschenfischern machen! ¹⁸ Alsobald verließen sie ihre Netze und folgten ihm nach.

1:15-18 Il disait: Le temps est accompli, et le royaume de Dieu est proche. Repentez-vous, et croyez à la bonne nouvelle. ¹⁶ Comme il passait le long de la mer de Galilée, il vit Simon et André, frère de Simon, qui jetaient un filet dans la mer; car ils étaient pêcheurs. ¹⁷ Jésus leur dit: Suivez-moi, et je vous ferai pêcheurs d'hommes. ¹⁸ Aussitôt, ils laissèrent leurs filets, et le suivirent.

1:19 וַיְהִי כְּעָבְרוֹ מְעַט מִשָּׁם וַיַּרְא אֶת־יַעֲקֹב בֶּן־זַבְדִּי וְאֶת־יוֹחָנָן אָחִיו וְגַם־הֵמָּה בָאֳנִיָּה וּמְתַקְּנִים אֶת־הַמִּכְמֹרוֹת: [20] וַיְמַהֵר וַיִּקְרָא אֲלֵיהֶם וַיַּעַזְבוּ אֶת־זַבְדִּי אֲבִיהֶם בָּאֳנִיָּה עִם־הַשְּׂכִירִים וַיֵּלְכוּ אַחֲרָיו: [21] וַיָּבֹאוּ אֶל־כְּפַר נַחוּם וַיְמַהֵר לָבוֹא בַשַּׁבָּת לְבֵית הַכְּנֶסֶת וַיְלַמֵּד: [22] וַיִּשְׁתּוֹמֲמוּ עַל־תּוֹרָתוֹ כִּי־הָיָה מְלַמְּדָם כְּאִישׁ שַׁלִּיטוֹן וְלֹא כַסֹּפְרִים: [23] וְאִישׁ הָיָה שָׁם בְּבֵית הַכְּנֶסֶת שֶׁלָּהֶם אֲשֶׁר־רוּחַ טֻמְאָה בּוֹ וַיִּזְעַק לֵאמֹר:

1:19-23 Et progressus inde pusillum, vidit Jacobum Zebedaei, et Joannem fratrem ejus, et ipsos componentes retia in navi: [20] et statim vocavit illos. Et relicto patre suo Zebedaeo in navi cum mercenariis, secuti sunt eum. [21] Et ingrediuntur Capharnaum: et statim sabbatis ingressus in synagogam, docebat eos. [22] Et stupebant super doctrina ejus: erat enim docens eos quasi potestatem habens, et non sicut scribae. [23] Et erat in synagoga eorum homo in spiritu immundo: et exclamavit,

1:19-23 Καὶ προβὰς ἐκεῖθεν ὀλίγον, εἶδεν Ἰάκωβον τὸν τοῦ Ζεβεδαίου, καὶ Ἰωάννην τὸν ἀδελφὸν αὐτοῦ, καὶ αὐτοὺς ἐν τῷ πλοίῳ καταρτίζοντας τὰ δίκτυα. [20] Καὶ εὐθέως ἐκάλεσεν αὐτούς· καὶ ἀφέντες τὸν πατέρα αὐτῶν Ζεβεδαῖον ἐν τῷ πλοίῳ μετὰ τῶν μισθωτῶν ἀπῆλθον ὀπίσω αὐτοῦ. [21] Καὶ εἰσπορεύονται εἰς Καπερναούμ· καὶ εὐθέως τοῖς σάββασιν εἰσελθὼν εἰς τὴν συναγωγήν, ἐδίδασκεν. [22] Καὶ ἐξεπλήσσοντο ἐπὶ τῇ διδαχῇ αὐτοῦ· ἦν γὰρ διδάσκων αὐτοὺς ὡς ἐξουσίαν ἔχων, καὶ οὐχ ὡς οἱ γραμματεῖς. [23] Καὶ ἦν ἐν τῇ συναγωγῇ αὐτῶν ἄνθρωπος ἐν πνεύματι ἀκαθάρτῳ, καὶ ἀνέκραξεν,

1:19-23 And after going on a little farther, he saw Jacob the *son* of Zebedee and John his brother, and them in the boat readying the nets. [20] And straightaway he called them. And after leaving their father Zebedee in the boat with the hired workers, they departed behind him. [21] And they enter into Capernaum. And straightaway on the Sabbath Days he was teaching in the synagogue. [22] And they were marveling at his teaching, for he was teaching them like one having authority and not like the scribes. [23] And suddenly there was in their synagogue a person with an unclean spirit and he cried out

1:19-23 Und da er von da ein wenig weiterging, sah er Jakobus, den Sohn des Zebedäus, und Johannes, seinen Bruder, daß sie die Netze im Schiff flickten; und alsbald rief er sie. [20] Und sie ließen ihren Vater Zebedäus im Schiff mit den Tagelöhnern und folgten ihm nach. [21] Und sie gingen gen Kapernaum; und alsbald am Sabbat ging er in die Schule und lehrte. [22] Und sie entsetzten sich über seine Lehre; denn er lehrte gewaltig und nicht wie die Schriftgelehrten. [23] Und es war in ihrer Schule ein Mensch, besessen von einem unsauberen Geist, der schrie

1:19-23 Étant allé un peu plus loin, il vit Jacques, fils de Zébédée, et Jean, son frère, qui, eux aussi, étaient dans une barque et réparaient les filets. [20] Aussitôt, il les appela; et, laissant leur père Zébédée dans la barque avec les ouvriers, ils le suivirent. [21] Ils se rendirent à Capernaüm. Et, le jour du sabbat, Jésus entra d'abord dans la synagogue, et il enseigna. [22] Ils étaient frappés de sa doctrine; car il enseignait comme ayant autorité, et non pas comme les scribes. [23] Il se trouva dans leur synagogue un homme qui avait un esprit impur, et qui s'écria:

1:23 וְאִישׁ הָיָה שָׁם בְּבֵית הַכְּנֶסֶת שֶׁלָּהֶם אֲשֶׁר־רוּחַ טוּמְאָה בּוֹ וַיִּזְעַק לֵאמֹר: ²⁴ אֲהָהּ מַה־לָּנוּ וָלָךְ יֵשׁוּעַ הַנָּצְרִי לְהַאֲבִידֵנוּ בָאתָ יְדַעְתִּיךָ מִי אַתָּה קְדוֹשׁ הָאֱלֹהִים: ²⁵ וַיִּגְעַר־בּוֹ יֵשׁוּעַ לֵאמֹר הֵאָלֵם וְצֵא מִמֶּנּוּ: ²⁶ וַיְסַחֲבֵהוּ רוּחַ הַטֻּמְאָה וַיִּזְעַק בְּקוֹל גָּדוֹל וַיֵּצֵא מִמֶּנּוּ: ²⁷ וַיִּבָּהֲלוּ כֻלָּם וַיִּשְׁאֲלוּ אִישׁ אֶת־רֵעֵהוּ לֵאמֹר מַה־זֹּאת מַה־הִיא הַתּוֹרָה הַחֲדָשָׁה אֲשֶׁר אַף־לְרוּחוֹת הַטֻּמְאָה מְצַוֶּה הוּא בִּגְבוּרָה וְהִנֵּה שֹׁמְעוֹת לוֹ:

1:24-27 dicens: Quid nobis et tibi, Jesu Nazarene? venisti perdere nos? scio qui sis, Sanctus Dei. ²⁵ Et comminatus est ei Jesus, dicens: Obmutesce, et exi de homine. ²⁶ Et discerpens eum spiritus immundus, et exclamans voce magna, exiit ab eo. ²⁷ Et mirati sunt omnes, ita ut conquirerent inter se dicentes: Quidnam est hoc? quaenam doctrina haec nova? quia in potestate etiam spiritibus immundis imperat, et obediunt ei.

1:24-27 λέγων, Ἔα, τί ἡμῖν καὶ σοί, Ἰησοῦ Ναζαρηνέ; Ἦλθες ἀπολέσαι ἡμᾶς; Οἶδά σε τίς εἶ, ὁ ἅγιος τοῦ θεοῦ. ²⁵ Καὶ ἐπετίμησεν αὐτῷ ὁ Ἰησοῦς, λέγων, Φιμώθητι, καὶ ἔξελθε ἐξ αὐτοῦ. ²⁶ Καὶ σπαράξαν αὐτὸν τὸ πνεῦμα τὸ ἀκάθαρτον καὶ κράξαν φωνῇ μεγάλῃ, ἐξῆλθεν ἐξ αὐτοῦ. ²⁷ Καὶ ἐθαμβήθησαν πάντες, ὥστε συζητεῖν πρὸς ἑαυτούς, λέγοντας, Τί ἐστιν τοῦτο; Τίς ἡ διδαχὴ ἡ καινὴ αὕτη, ὅτι κατ' ἐξουσίαν καὶ τοῖς πνεύμασιν τοῖς ἀκαθάρτοις ἐπιτάσσει, καὶ ὑπακούουσιν αὐτῷ;

1:24-27 saying, "What do our affairs *have to do* with yours, Jesus, Nazarene? Have you come to destroy us? I know you, who you are, the Holy One of God." ²⁵ And Jesus rebuked him saying, "Be quiet and come out of him!" ²⁶ And the unclean spirit, after shaking him and crying out with a loud sound, came out from him. ²⁷ And all of them were amazed, so that they were discussing among themselves saying, "What is this? A new teaching according to *God's* authority! Even to the unclean spirits he is giving orders, and they are obeying him!"

1:24-27 und sprach: Halt, was haben wir mit dir zu schaffen, Jesus von Nazareth? Du bist gekommen, uns zu verderben. Ich weiß wer du bist: der Heilige Gottes. ²⁵ Und Jesus bedrohte ihn und sprach: Verstumme und fahre aus von ihm! ²⁶ Und der unsaubere Geist riß ihn und schrie laut und fuhr aus von ihm. ²⁷ Und sie entsetzten sich alle, also daß sie untereinander sich befragten und sprachen: Was ist das? Was ist das für eine neue Lehre? Er gebietet mit Gewalt den unsauberen Geistern, und sie gehorchen ihm.

1:24-27 Qu'y a-t-il entre nous et toi, Jésus de Nazareth? Tu es venu pour nous perdre. Je sais qui tu es: le Saint de Dieu. ²⁵ Jésus le menaça, disant: Tais-toi, et sors de cet homme. ²⁶ Et l'esprit impur sortit de cet homme, en l'agitant avec violence, et en poussant un grand cri. ²⁷ Tous furent saisis de stupéfaction, de sorte qu'ils se demandaient les uns aux autres: Qu'est-ce que ceci? Une nouvelle doctrine! Il commande avec autorité même aux esprits impurs, et ils lui obéissent!

1:28 וַיֵּצֵא שָׁמְעוֹ מַהֵר בְּכָל־סְבִיבוֹת אֶרֶץ הַגָּלִיל: ²⁹ וַיְהִי אַחֲרֵי צֵאתָם מִבֵּית הַכְּנֶסֶת וַיָּבֹאוּ בֵיתָה שִׁמְעוֹן וְאַנְדְּרַי עִם יַעֲקֹב וְיוֹחָנָן: ³⁰ וְחוֹתֶנֶת שִׁמְעוֹן שָׁכְבָה אֲחוּזַת הַקַּדַּחַת וַיְמַהֲרוּ וַיְדַבְּרוּ אֵלָיו עָלֶיהָ: ³¹ וַיִּגַּשׁ וַיֹּאחֶז בְּיָדָהּ וַיְקִימֶהָ וַתִּרֶף מִמֶּנָּה הַקַּדַּחַת פִּתְאֹם וַתְּשָׁרֶת אוֹתָם: ³² וַיְהִי בָעֶרֶב כְּבוֹא הַשֶּׁמֶשׁ וַיָּבִיאוּ אֵלָיו אֵת כָּל־הַחוֹלִים וְאֵת אֲחוּזֵי הַשֵּׁדִים:

1:28-32 Et processit rumor ejus statim in omnem regionem Galilaeae. ²⁹ Et protinus egredientes de synagoga, venerunt in domum Simonis et Andreae, cum Jacobo et Joanne. ³⁰ Decumbebat autem socrus Simonis febricitans: et statim dicunt ei de illa. ³¹ Et accedens elevavit eam, apprehensa manu ejus: et continuo dimisit eam febris, et ministrabat eis. ³² Vespere autem facto cum occidisset sol, afferebant ad eum omnes male habentes, et daemonia habentes:

1:28-32 Ἐξῆλθεν δὲ ἡ ἀκοὴ αὐτοῦ εὐθὺς εἰς ὅλην τὴν περίχωρον τῆς Γαλιλαίας. ²⁹ Καὶ εὐθέως ἐκ τῆς συναγωγῆς ἐξελθόντες, ἦλθον εἰς τὴν οἰκίαν Σίμωνος καὶ Ἀνδρέου, μετὰ Ἰακώβου καὶ Ἰωάννου. ³⁰ Ἡ δὲ πενθερὰ Σίμωνος κατέκειτο πυρέσσουσα, καὶ εὐθέως λέγουσιν αὐτῷ περὶ αὐτῆς. ³¹ καὶ προσελθὼν ἤγειρεν αὐτήν, κρατήσας τῆς χειρὸς αὐτῆς· καὶ ἀφῆκεν αὐτὴν ὁ πυρετὸς εὐθέως, καὶ διηκόνει αὐτοῖς. ³² Ὀψίας δὲ γενομένης, ὅτε ἔδυ ὁ ἥλιος, ἔφερον πρὸς αὐτὸν πάντας τοὺς κακῶς ἔχοντας καὶ τοὺς δαιμονιζομένους.

1:28-32 And the news about him went out immediately everywhere into the whole region of Galilee. ²⁹ And immediately after exiting from the synagogue, they went into the house of Simon and Andrew with James and John. ³⁰ Well, the mother-in-law of Simon was lying down burning up *in a fever*, and straightaway they begin speaking to him about her. ³¹ And after approaching, he raised her up, having grasped the hand; and the fever left her, and she was ministering to them. ³² Well, after it became late, when the sun went down, they kept carrying to him all the ones doing poorly and the ones being possessed by demons.

1:28-32 Und sein Gerücht erscholl alsbald umher in das galiläische Land. ²⁹ Und sie gingen alsbald aus der Schule und kamen in das Haus des Simon und Andreas mit Jakobus und Johannes. ³⁰ Und die Schwiegermutter Simons lag und hatte das Fieber; und alsbald sagten sie ihm von ihr. ³¹ Und er trat zu ihr und richtete sie auf und hielt sie bei der Hand; und das Fieber verließ sie, und sie diente ihnen. ³² Am Abend aber, da die Sonne untergegangen war, brachten sie zu ihm allerlei Kranke und Besessene.

1:28-32 Et sa renommée se répandit aussitôt dans tous les lieux environnants de la Galilée. ²⁹ En sortant de la synagogue, ils se rendirent avec Jacques et Jean à la maison de Simon et d'André. ³⁰ La belle-mère de Simon était couchée, ayant la fièvre; et aussitôt on parla d'elle à Jésus. ³¹ S'étant approché, il la fit lever en lui prenant la main, et à l'instant la fièvre la quitta. Puis elle les servit. ³² Le soir, après le coucher du soleil, on lui amena tous les malades et les démoniaques.

1:33 וְכָל־הָעִיר נֶאֶסְפוּ יַחְדָּו פֶּתַח הַבָּיִת: 34 וַיִּרְפֵּא רַבִּים אֲשֶׁר הָיוּ חוֹלִים חֳלָיִים שׁוֹנִים וַיְגָרֶשׁ שֵׁדִים הַרְבֵּה וְלֹא־נָתַן אֶת־הַשֵּׁדִים לְדַבֵּר כִּי יְדָעוּהוּ: 35 וַיַּשְׁכֵּם בַּבֹּקֶר בְּעוֹד נֶשֶׁף וַיֵּצֵא וַיֵּלֶךְ אֶל־מְקוֹם חָרְבָּה וַיִּתְפַּלֵּל שָׁם: 36 וַיִּרְדְּפוּ אַחֲרָיו שִׁמְעוֹן וְהָאֲנָשִׁים אֲשֶׁר אִתּוֹ: 37 וַיִּמְצָאוּהוּ וַיֹּאמְרוּ אֵלָיו הִנֵּה כֻּלָּם מְבַקְשִׁים אוֹתָךְ: 38 וַיֹּאמֶר אֲלֵיהֶם לְכוּ וְנֵלְכָה אֶל־עָרֵי הַפְּרָזוֹת הַקְּרֹבוֹת וְאֶקְרָא גַם־שָׁם כִּי בַעֲבוּר־זֹאת יָצָאתִי:

1:33-38 et erat omnis civitas congregata ad januam. 34 Et curavit multos, qui vexabantur variis languoribus, et daemonia multa ejiciebat, et non sinebat ea loqui, quoniam sciebant eum. 35 Et diluculo valde surgens, egressus abiit in desertum locum, ibique orabat. 36 Et prosecutus est eum Simon, et qui cum illo erant. 37 Et cum invenissent eum, dixerunt ei: Quia omnes quaerunt te. 38 Et ait illis: Eamus in proximos vicos, et civitates, ut et ibi praedicem: ad hoc enim veni.

1:33-38 καὶ ἡ πόλις ὅλη ἐπισυνηγμένη ἦν πρὸς τὴν θύραν. 34 Καὶ ἐθεράπευσεν πολλοὺς κακῶς ἔχοντας ποικίλαις νόσοις, καὶ δαιμόνια πολλὰ ἐξέβαλεν, καὶ οὐκ ἤφιεν λαλεῖν τὰ δαιμόνια, ὅτι ᾔδεισαν αὐτόν. 35 Καὶ πρωῒ ἔννυχον λίαν ἀναστὰς ἐξῆλθεν, καὶ ἀπῆλθεν εἰς ἔρημον τόπον, κἀκεῖ προσηύχετο. 36 Καὶ κατεδίωξαν αὐτὸν ὁ Σίμων καὶ οἱ μετ' αὐτοῦ· 37 καὶ εὑρόντες αὐτὸν λέγουσιν αὐτῷ ὅτι Πάντες σε ζητοῦσιν. 38 Καὶ λέγει αὐτοῖς, Ἄγωμεν εἰς τὰς ἐχομένας κωμοπόλεις, ἵνα καὶ ἐκεῖ κηρύξω· εἰς τοῦτο γὰρ ἐξελήλυθα.

1:33-38 And the whole city was gathering at the door. 34 And he healed many doing poorly with various diseases, and he cast out many demons and he was not permitting the demons to speak, because they knew him. 35 And very early in the morning, after getting up, he went out and departed into a desolate place and there he was praying. 36 And Simon searched for him, and those with him, 37 and they found him and they begin saying to him this: "They all are seeking you!" 38 And he says to them, "Let us go elsewhere into the nearby towns, in order that also there I would preach. For I came out *here* for this reason."

1:33-38 Und die ganze Stadt versammelte sich vor der Tür. 34 Und er half vielen Kranken, die mit mancherlei Seuchen beladen waren, und trieb viele Teufel aus und ließ die Teufel nicht reden, denn sie kannten ihn. 35 Und des Morgens vor Tage stand er auf und ging hinaus. Und Jesus ging in eine wüste Stätte und betete daselbst. 36 Und Petrus mit denen, die bei ihm waren, eilten ihm nach. 37 Und da sie ihn fanden, sprachen sie zu ihm: Jedermann sucht dich. 38 Und er sprach zu ihnen: Laßt uns in die nächsten Städte gehen, daß ich daselbst auch predige; denn dazu bin ich gekommen.

1:33-38 Et toute la ville était rassemblée devant sa porte. 34 Il guérit beaucoup de gens qui avaient diverses maladies; il chassa aussi beaucoup de démons, et il ne permettait pas aux démons de parler, parce qu'ils le connaissaient. 35 Vers le matin, pendant qu'il faisait encore très sombre, il se leva, et sortit pour aller dans un lieu désert, où il pria. 36 Simon et ceux qui étaient avec lui se mirent à sa recherche; 37 et, quand ils l'eurent trouvé, ils lui dirent: Tous te cherchent. 38 Il leur répondit: Allons ailleurs, dans les bourgades voisines, afin que j'y prêche aussi; car c'est pour cela que je suis sorti.

1:39 וַיְהִי קֹרֵא בְּכְנֵסִיּוֹתֵיהֶם בְּכָל־הַגָּלִיל וַיְגָרֶשׁ אֶת־הַשֵּׁדִים: 40 וַיָּבוֹא אֵלָיו אִישׁ מְצֹרָע וַיִּתְחַנֶּן אֵלָיו וַיִּכְרַע עַל־בִּרְכָּיו וַיֹּאמֶר לוֹ אִם־תִּרְצֶה תּוּכַל לְטַהֲרֵנִי: 41 וַיְרַחֵם עָלָיו יֵשׁוּעַ וַיִּשְׁלַח יָדוֹ וַיִּגַּע־בּוֹ וַיֹּאמֶר רֹצֶה אָנֹכִי טְהָר: 42 עוֹדֶנּוּ מְדַבֵּר וְהַצָּרַעַת סָרָה מִמֶּנּוּ וַיִּטְהָר: 43 וַיִּגְעַר־בּוֹ וַיְמַהֵר לְהוֹצִיאוֹ הַחוּצָה:

1:39-43 Et erat praedicans in synagogis eorum, et in omni Galilaea, et daemonia ejiciens. 40 Et venit ad eum leprosus deprecans eum: et genu flexo dixit ei: Si vis, potes me mundare. 41 Jesus autem misertus ejus, extendit manum suam: et tangens eum, ait illi: Volo: mundare. 42 Et cum dixisset, statim discessit ab eo lepra, et mundatus est. 43 Et comminatus est ei, statimque ejecit illum,

1:39-43 Καὶ ἦν κηρύσσων ἐν ταῖς συναγωγαῖς αὐτῶν εἰς ὅλην τὴν Γαλιλαίαν, καὶ τὰ δαιμόνια ἐκβάλλων. 40 Καὶ ἔρχεται πρὸς αὐτὸν λεπρός, παρακαλῶν αὐτὸν καὶ γονυπετῶν αὐτόν, καὶ λέγων αὐτῷ ὅτι Ἐὰν θέλῃς, δύνασαί με καθαρίσαι. 41 Ὁ δὲ Ἰησοῦς σπλαγχνισθείς, ἐκτείνας τὴν χεῖρα, ἥψατο αὐτοῦ, καὶ λέγει αὐτῷ, Θέλω, καθαρίσθητι. 42 Καὶ εἰπόντος αὐτοῦ εὐθέως ἀπῆλθεν ἀπ' αὐτοῦ ἡ λέπρα, καὶ ἐκαθαρίσθη. 43 Καὶ ἐμβριμησάμενος αὐτῷ, εὐθέως ἐξέβαλεν αὐτόν,

1:39-43 And he went preaching in their synagogues in the whole of Galilee and casting out demons. 40 And a leper comes to him, calling him and kneeling, saying to him this: "If you want, you are able to cleanse me." 41 And angered, stretching out the hand, he touched him and says to him, "I want, be cleansed!" 42 And immediately the leprosy departed from him, and he was made clean. 43 And after sternly ordering him, immediately he cast him away,

1:39-43 Und er predigte in ihren Schulen in ganz Galiläa und trieb die Teufel aus. 40 Und es kam zu ihm ein Aussätziger, der bat ihn, kniete vor ihm und sprach: Willst du, so kannst du mich wohl reinigen. 41 Und es jammerte Jesum, und er reckte die Hand aus, rührte ihn an und sprach: Ich will's tun; sei gereinigt! 42 Und als er so sprach, ging der Aussatz alsbald von ihm, und er ward rein. 43 Und Jesus bedrohte ihn und trieb ihn alsbald von sich

1:39-43 Et il alla prêcher dans les synagogues, par toute la Galilée, et il chassa les démons. 40 Un lépreux vint à lui; et, se jetant à genoux, il lui dit d'un ton suppliant: Si tu le veux, tu peux me rendre pur. 41 Jésus, ému de compassion, étendit la main, le toucha, et dit: Je le veux, sois pur. 42 Aussitôt la lèpre le quitta, et il fut purifié. 43 Jésus le renvoya sur-le-champ, avec de sévères recommandations,

The Gospel of Mark

1:44 וַיֹּאמֶר אֵלָיו רְאֵה אַל־תַּגִּיד לְאִישׁ דָּבָר וְלֵךְ הֵרָאֵה אֶל־הַכֹּהֵן וְהַקְרֵב לְטָהֳרָתְךָ אֵת אֲשֶׁר־צִוָּה מֹשֶׁה לְעֵדוּת לָהֶם: 45 וְהוּא יָצָא וַיָּחֶל לִקְרֹא הַרְבֵּה וּלְהַשְׁמִיעַ הַדָּבָר עַד אֲשֶׁר לֹא־יָכֹל לָבוֹא עוֹד אֶל־עִיר לְעֵינֵי הָעָם וַיֵּשֶׁב מִחוּץ לָעִיר בִּמְקֹמוֹת חָרְבָּה וַיָּבֹאוּ אֵלָיו מִכָּל־עֲבָרָיו מִסָּבִיב:

1:44-45 et dicit ei: Vide nemini dixeris: sed vade, ostende te principi sacerdotum, et offer pro emundatione tua, quae praecepit Moyses in testimonium illis. ⁴⁵ At ille egressus coepit praedicare, et diffamare sermonem, ita ut jam non posset manifeste introire in civitatem, sed foris in desertis locis esset, et conveniebant ad eum undique.

1:44-45 καὶ λέγει αὐτῷ, Ὅρα, μηδενὶ μηδὲν εἴπῃς· ἀλλ' ὕπαγε, σεαυτὸν δεῖξον τῷ ἱερεῖ, καὶ προσένεγκε περὶ τοῦ καθαρισμοῦ σου ἃ προσέταξεν Μωσῆς, εἰς μαρτύριον αὐτοῖς. ⁴⁵ Ὁ δὲ ἐξελθὼν ἤρξατο κηρύσσειν πολλὰ καὶ διαφημίζειν τὸν λόγον, ὥστε μηκέτι αὐτὸν δύνασθαι φανερῶς εἰς πόλιν εἰσελθεῖν, ἀλλ' ἔξω ἐν ἐρήμοις τόποις ἦν· καὶ ἤρχοντο πρὸς αὐτὸν πανταχόθεν.

1:44-45 and he says to him, "See no one! Say nothing! But go, show yourself to the priest and offer concerning your cleansing that which Moses commanded for a testimony to them." ⁴⁵ Well, he, after going out, began to preach many things and to spread the word, so that he was no longer able openly to enter into a city, but he was outside in the desolate places. And they were coming to him from everywhere.

1:44-45 und sprach zu ihm: Siehe zu, daß du niemand davon sagest; sondern gehe hin und zeige dich dem Priester und opfere für deine Reinigung, was Mose geboten hat, zum Zeugnis über sie. ⁴⁵ Er aber, da er hinauskam, hob er an und sagte viel davon und machte die Geschichte ruchbar, also daß er hinfort nicht mehr konnte öffentlich in die Stadt gehen; sondern er war draußen in den wüsten Örtern, und sie kamen zu ihm von allen Enden.

1:44-45 et lui dit: Garde-toi de rien dire à personne; mais va te montrer au sacrificateur, et offre pour ta purification ce que Moïse a prescrit, afin que cela leur serve de témoignage. ⁴⁵ Mais cet homme, s'en étant allé, se mit à publier hautement la chose et à la divulguer, de sorte que Jésus ne pouvait plus entrer publiquement dans une ville. Il se tenait dehors, dans des lieux déserts, et l'on venait à lui de toutes parts.

2:1 וַיְהִי מִיָּמִים וַיָּבֹא שֵׁנִית אֶל־כְּפַר נַחוּם וַיִּשְׁמְעוּ כִּי־הוּא בַבָּיִת: ² וַיֵּאָסְפוּ רַבִּים מְהֵרָה עַד־אֶפֶס מָקוֹם לַעֲמֹד אַף־לִפְנֵי הַפֶּתַח וַיְדַבֵּר אֲלֵיהֶם אֶת־הַדָּבָר: ³ וַיָּבֹאוּ אֵלָיו אֲנָשִׁים נֹשְׂאִים אִישׁ נְכֵה אֵבָרִים וַיִּשָּׂאֻהוּ בְאַרְבָּעָה: ⁴ וְלֹא יָכְלוּ לָגֶשֶׁת אֵלָיו מִפְּנֵי הָעָם וַיָּסִירוּ אֶת־הַגָּג בַּמָּקוֹם אֲשֶׁר הָיָה שָׁם וַיַּחְתְּרוּ חֲתִירָה וַיּוֹרִידוּ אֶת־הַמִּשְׁכָּב אֲשֶׁר שָׁכַב עָלָיו נְכֵה הָאֵבָרִים: ⁵ וַיְהִי כִּרְאוֹת יֵשׁוּעַ אֶת־אֱמוּנָתָם וַיֹּאמֶר אֶל־נְכֵה הָאֵבָרִים בְּנִי נִסְלְחוּ־לְךָ חַטֹּאתֶיךָ:

2:1-5 Et iterum intravit Capharnaum post dies,² et auditum est quod in domo esset, et convenerunt multi, ita ut non caperet neque ad januam, et loquebatur eis verbum. ³ Et venerunt ad eum ferentes paralyticum, qui a quatuor portabatur. ⁴ Et cum non possent offerre eum illi prae turba, nudaverunt tectum ubi erat: et patefacientes submiserunt grabatum in quo paralyticus jacebat. ⁵ Cum autem vidisset Jesus fidem illorum, ait paralytico: Fili, dimittuntur tibi peccata tua.

2:1-5 Καὶ εἰσῆλθεν πάλιν εἰς Καπερναοὺμ δι' ἡμερῶν· καὶ ἠκούσθη ὅτι εἰς οἶκόν ἐστιν. ² Καὶ εὐθέως συνήχθησαν πολλοί, ὥστε μηκέτι χωρεῖν μηδὲ τὰ πρὸς τὴν θύραν· καὶ ἐλάλει αὐτοῖς τὸν λόγον. ³ Καὶ ἔρχονται πρὸς αὐτόν, παραλυτικὸν φέροντες, αἰρόμενον ὑπὸ τεσσάρων. ⁴ Καὶ μὴ δυνάμενοι προσεγγίσαι αὐτῷ διὰ τὸν ὄχλον, ἀπεστέγασαν τὴν στέγην ὅπου ἦν, καὶ ἐξορύξαντες χαλῶσιν τὸν κράββατον ἐφ' ᾧ ὁ παραλυτικὸς κατέκειτο. ⁵ Ἰδὼν δὲ ὁ Ἰησοῦς τὴν πίστιν αὐτῶν λέγει τῷ παραλυτικῷ, Τέκνον, ἀφέωνταί σοι αἱ ἁμαρτίαι σου.

2:1-5 And after entering again into Capernaum after several days, it was heard that he was in a house. ² And many were gathered together, so that they could no longer make room, not even for those by the door, and he began speaking to them the word. ³ And they come carrying to him a paralytic being lifted by four people. ⁴ And not being able to bring *him* to him because of the crowd, they unroofed the roof where he was, and, after digging through, they lower the bed where the paralytic was lying. ⁵ And Jesus, after seeing their faith, says to the paralytic, "Child, your sins are forgiven."

2:1-5 Und über etliche Tage ging er wiederum gen Kapernaum; und es ward ruchbar, daß er im Hause war. ² Und alsbald versammelten sich viele, also daß sie nicht Raum hatten auch draußen vor der Tür; und er sagte ihnen das Wort. ³ Und es kamen etliche zu ihm, die brachten einen Gichtbrüchigen, von vieren getragen. ⁴ Und da sie nicht konnten zu ihm kommen vor dem Volk, deckten sie das Dach auf, da er war, und gruben's auf und ließen das Bett hernieder, darin der Gichtbrüchige lag. ⁵ Da aber Jesus ihren Glauben sah, sprach er zu dem Gichtbrüchigen: Mein Sohn, deine Sünden sind dir vergeben.

2:1-5 Quelques jours après, Jésus revint à Capernaüm. On apprit qu'il était à la maison, ² et il s'assembla un si grand nombre de personnes que l'espace devant la porte ne pouvait plus les contenir. Il leur annonçait la parole. ³ Des gens vinrent à lui, amenant un paralytique porté par quatre hommes. ⁴ Comme ils ne pouvaient l'aborder, à cause de la foule, ils découvrirent le toit de la maison où il était, et ils descendirent par cette ouverture le lit sur lequel le paralytique était couché. ⁵ Jésus, voyant leur foi, dit au paralytique: Mon enfant, tes péchés sont pardonnés.

2:6 וְשָׁם אֲנָשִׁים מִן־הַסּוֹפְרִים יֹשְׁבִים וַיֹּאמְרוּ בְלִבָּם: ⁷ מַה־לָּזֶה כִּי יְדַבֵּר גִּדּוּפִים כָּאֵלֶּה מִי יָכֹל לִסְלֹחַ לַחֲטָאִים כִּי אִם הָאֱלֹהִים לְבַדּוֹ: ⁸ וַיֵּדַע יֵשׁוּעַ בְּרוּחוֹ כִּי־כֵן חֹשְׁבִים בְּלִבָּם וַיֹּאמֶר אֲלֵיהֶם מַדּוּעַ תַּחְשְׁבוּ כָאֵלֶּה בִּלְבַבְכֶם: ⁹ מָה הַנָּקֵל הֶאָמֹר אֶל־נְכֵה הָאֵבָרִים נִסְלְחוּ־לְךָ חַטֹּאתֶיךָ אִם־אָמוֹר קוּם שָׂא אֶת מִשְׁכָּבְךָ וְהִתְהַלֵּךְ: ¹⁰ וּלְמַעַן תֵּדְעוּן כִּי בֶן־הָאָדָם יֶשׁ־לוֹ הַשָּׁלְטָן לִסְלֹחַ לַחֲטָאִים בָּאָרֶץ וַיֹּאמֶר אֶל־נְכֵה הָאֵבָרִים:

2:6-10 Erant autem illic quidam de scribis sedentes, et cogitantes in cordibus suis: ⁷ Quid hic sic loquitur? blasphemat. Quis potest dimittere peccata, nisi solus Deus? ⁸ Quo statim cognito Jesus spiritu suo, quia sic cogitarent intra se, dicit illis: Quid ista cogitatis in cordibus vestris? ⁹ Quid est facilius dicere paralytico: Dimittuntur tibi peccata: an dicere: Surge, tolle grabatum tuum, et ambula? ¹⁰ Ut autem sciatis quia Filius hominis habet potestatem in terra dimittendi peccata (ait paralytico),

2:6-10 Ἦσαν δέ τινες τῶν γραμματέων ἐκεῖ καθήμενοι, καὶ διαλογιζόμενοι ἐν ταῖς καρδίαις αὐτῶν, ⁷ Τί οὗτος οὕτως λαλεῖ βλασφημίας; Τίς δύναται ἀφιέναι ἁμαρτίας εἰ μὴ εἷς, ὁ θεός; ⁸ Καὶ εὐθέως ἐπιγνοὺς ὁ Ἰησοῦς τῷ πνεύματι αὐτοῦ ὅτι οὕτως αὐτοὶ διαλογίζονται ἐν ἑαυτοῖς, εἶπεν αὐτοῖς, Τί ταῦτα διαλογίζεσθε ἐν ταῖς καρδίαις ὑμῶν; ⁹ Τί ἐστιν εὐκοπώτερον, εἰπεῖν τῷ παραλυτικῷ, Ἀφέωνταί σου αἱ ἁμαρτίαι, ἢ εἰπεῖν, Ἔγειραι, καὶ ἆρόν σου τὸν κράββατον, καὶ περιπάτει; ¹⁰ Ἵνα δὲ εἰδῆτε ὅτι ἐξουσίαν ἔχει ὁ υἱὸς τοῦ ἀνθρώπου ἀφιέναι ἐπὶ τῆς γῆς ἁμαρτίας- λέγει τῷ παραλυτικῷ-

2:6-10 But there were some scribes there sitting and reasoning in their hearts, ⁷ "Why is this man speaking this way? He is blaspheming! Who is able to forgive sins except one, *namely*, God?" ⁸ And straightaway, Jesus, after perceiving in his spirit that they were debating within themselves, says to them, "Why are you debating these things in your hearts? ⁹ What is easier, to say to the paralytic, 'Your sins are forgiven,' or to say, 'Start getting up and take up your bed and keep walking!'? ¹⁰ But in order that you would know that the Son of Man has authority upon the earth to forgive sins"- he says to the paralytic:

2:6-10 Es waren aber etliche Schriftgelehrte, die saßen allda und gedachten in ihrem Herzen: ⁷ Wie redet dieser solche Gotteslästerung? Wer kann Sünden vergeben denn allein Gott? ⁸ Und Jesus erkannte alsbald in seinem Geist, daß sie also gedachten bei sich selbst, und sprach zu Ihnen: Was denkt ihr solches in eurem Herzen? ⁹ Welches ist leichter: zu dem Gichtbrüchigen zu sagen: Dir sind deine Sünden vergeben, oder: Stehe auf, nimm dein Bett und wandle? ¹⁰ Auf das ihr aber wisset, daß des Menschen Sohn Macht hat, zu vergeben die Sünden auf Erden, (sprach er zu dem Gichtbrüchigen):

2:6-10 Il y avait là quelques scribes, qui étaient assis, et qui se disaient au dedans d'eux: ⁷ Comment cet homme parle-t-il ainsi? Il blasphème. Qui peut pardonner les péchés, si ce n'est Dieu seul? ⁸ Jésus, ayant aussitôt connu par son esprit ce qu'ils pensaient au dedans d'eux, leur dit: Pourquoi avez-vous de telles pensées dans vos coeurs? ⁹ Lequel est le plus aisé, de dire au paralytique: Tes péchés sont pardonnés, ou de dire: Lève-toi, prends ton lit, et marche? ¹⁰ Or, afin que vous sachiez que le Fils de l'homme a sur la terre le pouvoir de pardonner les péchés:

2:11 לְךָ אֲנִי אֹמֵר קוּם שָׂא אֶת־מִשְׁכָּבְךָ וְלֵךְ אֶל־בֵּיתֶךָ: 12 וַיָּקָם פִּתְאֹם וַיִּשָּׂא אֶת־מִשְׁכָּבוֹ וַיֵּצֵא לְעֵינֵי כֻלָּם עַד כִּי־תָמְהוּ כֻלָּם וַיְשַׁבְּחוּ אֶת־הָאֱלֹהִים לֵאמֹר מֵעוֹלָם לֹא־רָאִינוּ כָזֹאת: 13 וַיֵּשֶׁב וַיֵּצֵא אֶל־יַד הַיָּם וַיָּבֹאוּ אֵלָיו כָּל־הָעָם וַיְלַמְּדֵם: 14 וַיְהִי בְּעָבְרוֹ וַיַּרְא אֶת־לֵוִי בֶּן־חַלְפַי יֹשֵׁב בְּבֵית הַמֶּכֶס וַיֹּאמֶר אֵלָיו לְכָה אַחֲרָי וַיָּקָם וַיֵּלֶךְ אַחֲרָיו:

2:11-14 tibi dico: Surge, tolle grabatum tuum, et vade in domum tuam. 12 Et statim surrexit ille: et, sublato grabato, abiit coram omnibus, ita ut mirarentur omnes, et honorificent Deum, dicentes: Quia numquam sic vidimus. 13 Et egressus est rursus ad mare, omnisque turba veniebat ad eum, et docebat eos. 14 Et cum praeteriret, vidit Levi Alphaei sedentem ad telonium, et ait illi: Sequere me. Et surgens secutus est eum.

2:11-14 Σοὶ λέγω, ἔγειραι καὶ ἆρον τὸν κράββατόν σου, καὶ ὕπαγε εἰς τὸν οἶκόν σου. 12 Καὶ ἠγέρθη εὐθέως, καὶ ἄρας τὸν κράββατον, ἐξῆλθεν ἐναντίον πάντων· ὥστε ἐξίστασθαι πάντας, καὶ δοξάζειν τὸν θεόν, λέγοντας ὅτι Οὐδέποτε οὕτως εἴδομεν. 13 Καὶ ἐξῆλθεν πάλιν παρὰ τὴν θάλασσαν· καὶ πᾶς ὁ ὄχλος ἤρχετο πρὸς αὐτόν, καὶ ἐδίδασκεν αὐτούς. 14 Καὶ παράγων εἶδεν Λευὶ τὸν τοῦ Ἀλφαίου καθήμενον ἐπὶ τὸ τελώνιον, καὶ λέγει αὐτῷ, Ἀκολούθει μοι. Καὶ ἀναστὰς ἠκολούθησεν αὐτῷ.

2:11-14 "I say to you, 'Start getting up, take up your bed, and get going to your house.'" 12 And he arose, and straightaway, after taking up the bed, he went out before them all, so that all were marveling and were glorifying God saying this: "We have never seen *anything* such as this!" 13 And he went out again along the sea; and all the crowd began coming to him, and he was teaching them. 14 And while going along, he saw Levi the *son* of Alphaeus sitting at the toll booth, and he says to him, "Follow me." And after arising, he followed him.

2:11-14 Ich sage dir, stehe auf, nimm dein Bett und gehe heim! 12 Und alsbald stand er auf, nahm sein Bett und ging hinaus vor allen, also daß sie sich entsetzten und priesen Gott und sprachen: Wir haben solches noch nie gesehen. 13 Und er ging wiederum hinaus an das Meer; und alles Volk kam zu ihm, und er lehrte sie. 14 Und da Jesus vorüberging, sah er Levi, den Sohn des Alphäus, am Zoll sitzen und sprach zu ihm: Folge mir nach! Und er stand auf und folgte ihm nach.

2:11-14 Je te l'ordonne, dit-il au paralytique, lève-toi, prends ton lit, et va dans ta maison. 12 Et, à l'instant, il se leva, prit son lit, et sortit en présence de tout le monde, de sorte qu'ils étaient tous dans l'étonnement et glorifiaient Dieu, disant: Nous n'avons jamais rien vu de pareil. 13 Jésus sortit de nouveau du côté de la mer. Toute la foule venait à lui, et il les enseignait. 14 En passant, il vit Lévi, fils d'Alphée, assis au bureau des péages. Il lui dit: Suis-moi. Lévi se leva, et le suivit.

The Gospel of Mark

2:15 וַיְהִי כַּאֲשֶׁר הֵסֵב בְּבֵיתוֹ וַיָּסֵבּוּ מוֹכְסִים וְחַטָּאִים רַבִּים עִם־יֵשׁוּעַ וְעִם־תַּלְמִידָיו כִּי רַבִּים הָיוּ הַהֹלְכִים אַחֲרָיו: ¹⁶ וְהַסּוֹפְרִים וְהַפְּרוּשִׁים רָאוּ אֹתוֹ אֹכֵל עִם־הַמּוֹכְסִים וְהַחַטָּאִים וַיֹּאמְרוּ אֶל־תַּלְמִידָיו מַה־לְּרַבְּכֶם כִּי אֹכֵל וְשֹׁתֶה הוּא עִם־הַמּוֹכְסִים וְהַחַטָּאִים: ¹⁷ וַיִּשְׁמַע יֵשׁוּעַ וַיֹּאמֶר הַחֲזָקִים אֵינָם צְרִיכִים לְרֹפֵא כִּי אִם־הַחֹלִים לֹא בָאתִי לִקְרֹא הַצַּדִּיקִים כִּי אִם־הַחַטָּאִים לִתְשׁוּבָה:

2:15-17 Et factum est, cum accumberet in domo illius, multi publicani et peccatores simul discumbebant cum Jesu et discipulis ejus: erant enim multi, qui et sequebantur eum. ¹⁶ Et scribae et pharisaei videntes quia manducaret cum publicanis et peccatoribus, dicebant discipulis ejus: Quare cum publicanis et peccatoribus manducat et bibit Magister vester? ¹⁷ Hoc audito Jesus ait illis: Non necesse habent sani medico, sed qui male habent: non enim veni vocare justos, sed peccatores.

2:15-17 Καὶ ἐγένετο ἐν τῷ κατακεῖσθαι αὐτὸν ἐν τῇ οἰκίᾳ αὐτοῦ, καὶ πολλοὶ τελῶναι καὶ ἁμαρτωλοὶ συνανέκειντο τῷ Ἰησοῦ καὶ τοῖς μαθηταῖς αὐτοῦ· ἦσαν γὰρ πολλοί, καὶ ἠκολούθησαν αὐτῷ. ¹⁶ Καὶ οἱ γραμματεῖς καὶ οἱ Φαρισαῖοι, ἰδόντες αὐτὸν ἐσθίοντα μετὰ τῶν τελωνῶν καὶ ἁμαρτωλῶν, ἔλεγον τοῖς μαθηταῖς αὐτοῦ, Τί ὅτι μετὰ τῶν τελωνῶν καὶ ἁμαρτωλῶν ἐσθίει καὶ πίνει; ¹⁷ Καὶ ἀκούσας ὁ Ἰησοῦς λέγει αὐτοῖς, Οὐ χρείαν ἔχουσιν οἱ ἰσχύοντες ἰατροῦ, ἀλλ' οἱ κακῶς ἔχοντες. Οὐκ ἦλθον καλέσαι δικαίους, ἀλλὰ ἁμαρτωλοὺς εἰς μετάνοιαν.

2:15-17 And it happens that he sits with him in his house, and many tax collectors and sinners were sitting with Jesus and his disciples, for there were many, and they began following him. ¹⁶ And the scribes of the Pharisees, after seeing that he was eating with the sinners and tax collectors, began saying to his disciples, "Why, with the tax collectors and sinners, is he eating?" ¹⁷ And after hearing, Jesus says to them this: "The ones being strong have no need of a doctor, but rather the ones having it badly. I did not come to call the righteous, but the sinners!"

2:15-17 Und es begab sich, da er zu Tische saß in seinem Hause, setzten sich viele Zöllner und Sünder zu Tische mit Jesu und seinen Jüngern; denn ihrer waren viele, die ihm nachfolgten. ¹⁶ Und die Schriftgelehrten und Pharisäer, da sie sahen, daß er mit den Zöllnern und Sündern aß, sprachen sie zu seinen Jüngern: Warum ißt und trinkt er mit den Zöllnern und Sündern? ¹⁷ Da das Jesus hörte, sprach er zu ihnen: Die Starken bedürfen keines Arztes, sondern die Kranken. Ich bin gekommen, zu rufen die Sünder zur Buße, und nicht die Gerechten.

2:15-17 Comme Jésus était à table dans la maison de Lévi, beaucoup de publicains et de gens de mauvaise vie se mirent aussi à table avec lui et avec ses disciples; car ils étaient nombreux, et l'avaient suivi. ¹⁶ Les scribes et les pharisiens, le voyant manger avec les publicains et les gens de mauvaise vie, dirent à ses disciples: Pourquoi mange-t-il et boit-il avec les publicains et les gens de mauvaise vie? ¹⁷ Ce que Jésus ayant entendu, il leur dit: Ce ne sont pas ceux qui se portent bien qui ont besoin de médecin, mais les malades. Je ne suis pas venu appeler des justes, mais des pécheurs.

2:18 וְתַלְמִידֵי יוֹחָנָן וְתַלְמִידֵי הַפְּרוּשִׁים הָיוּ מַרְבִּים לָצוּם וַיָּבֹאוּ וַיֹּאמְרוּ אֵלָיו מַדּוּעַ תַּלְמִידֵי יוֹחָנָן וְתַלְמִידֵי הַפְּרוּשִׁים צָמִים וְתַלְמִידֶיךָ אֵינָם צָמִים: [19] וַיֹּאמֶר אֲלֵיהֶם יֵשׁוּעַ אֵיךְ יוּכְלוּ בְּנֵי הַחֻפָּה לָצוּם בְּעוֹד הֶחָתָן עִמָּהֶם כָּל־יְמֵי הֱיוֹת הֶחָתָן עִמָּהֶם לֹא יוּכְלוּ לָצוּם: [20] הִנֵּה יָמִים בָּאִים וְלוּקַח מֵאִתָּם הֶחָתָן וְאָז יָצוּמוּ בַּיָּמִים הָהֵם:

2:18-20 Et erant discipuli Joannis et pharisaei jejunantes: et veniunt, et dicunt illi: Quare discipuli Joannis et pharisaeorum jejunant, tui autem discipuli non jejunant? [19] Et ait illis Jesus: Numquid possunt filii nuptiarum, quamdiu sponsus cum illis est, jejunare? Quanto tempore habent secum sponsum, non possunt jejunare. [20] Venient autem dies cum auferetur ab eis sponsus: et tunc jejunabunt in illis diebus.

2:18-20 Καὶ ἦσαν οἱ μαθηταὶ Ἰωάννου καὶ οἱ τῶν Φαρισαίων νηστεύοντες· καὶ ἔρχονται καὶ λέγουσιν αὐτῷ, Διὰ τί οἱ μαθηταὶ Ἰωάννου καὶ οἱ τῶν Φαρισαίων νηστεύουσιν, οἱ δὲ σοὶ μαθηταὶ οὐ νηστεύουσιν; [19] Καὶ εἶπεν αὐτοῖς ὁ Ἰησοῦς, Μὴ δύνανται οἱ υἱοὶ τοῦ νυμφῶνος, ἐν ᾧ ὁ νυμφίος μετ' αὐτῶν ἐστιν, νηστεύειν; Ὅσον χρόνον μεθ' ἑαυτῶν ἔχουσιν τὸν νυμφίον, οὐ δύνανται νηστεύειν· [20] ἐλεύσονται δὲ ἡμέραι ὅταν ἀπαρθῇ ἀπ' αὐτῶν ὁ νυμφίος, καὶ τότε νηστεύσουσιν ἐν ἐκείναις ταῖς ἡμέραις.

2:18-20 And John's disciples and the Pharisees were fasting. And they come and say to him, "For what reason do the disciples of John and the disciples of the Pharisees fast, but the your disciples do not fast?" [19] And Jesus said to them, "The sons of the wedding hall, where the groom is with them, aren't able to fast, are they? *No.* For as much time as they have the groom with them, they are not able to fast." [20] "But days will come, whenever the groom is taken away from them, and then they will fast in that very day.

2:18-20 Und die Jünger des Johannes und der Pharisäer fasteten viel; und es kamen etliche, die sprachen zu ihm: Warum fasten die Jünger des Johannes und der Pharisäer, und deine Jünger fasten nicht? [19] Und Jesus sprach zu ihnen: Wie können die Hochzeitsleute fasten, dieweil der Bräutigam bei ihnen ist? Solange der Bräutigam bei ihnen ist, können sie nicht fasten. [20] Es wird aber die Zeit kommen, daß der Bräutigam von ihnen genommen wird; dann werden sie fasten.

2:18-20 Les disciples de Jean et les pharisiens jeûnaient. Ils vinrent dire à Jésus: Pourquoi les disciples de Jean et ceux des pharisiens jeûnent-ils, tandis que tes disciples ne jeûnent point? [19] Jésus leur répondit: Les amis de l'époux peuvent-ils jeûner pendant que l'époux est avec eux? Aussi longtemps qu'ils ont avec eux l'époux, ils ne peuvent jeûner. [20] Les jours viendront où l'époux leur sera enlevé, et alors ils jeûneront en ce jour-là.

2:21 אֵין־אָדָם תֹּפֵר מַטְלִית בֶּגֶד חָדָשׁ עַל־שִׂמְלָה בָלָה כִּי אִם־כֵּן יִנָּתֵק מְלוֹאוֹ הֶחָדָשׁ מִן־הַבָּלָה וְתֵרַע הַקְּרִיעָה: ²² וְאֵין אָדָם נֹתֵן יַיִן חָדָשׁ בְּנֹאדוֹת בָּלִים כִּי אִם־כֵּן יְבַקַּע הַיַּיִן הֶחָדָשׁ אֶת־הַנֹּאדוֹת וְהַיַּיִן יִשָּׁפֵךְ וְהַנֹּאדוֹת יֹאבֵדוּ אֲבָל יַיִן חָדָשׁ יִנָּתֵן בְּנֹאדוֹת חֲדָשִׁים: ²³ וַיְהִי כְעָבְרוֹ בַּשַּׁבָּת בֵּין הַשָּׂדוֹת וַיָּחֵלּוּ תַלְמִידָיו לִקְטֹף מְלִילֹת בְּלֶכְתָּם: ²⁴ וַיֹּאמְרוּ אֵלָיו הַפְּרוּשִׁים רְאֵה מַה־הֵמָּה עֹשִׂים בַּשַּׁבָּת אֵת אֲשֶׁר־לֹא יֵעָשֶׂה:

2:21-24 Nemo assumentum panni rudis assuit vestimento veteri: alioquin aufert supplementum novum a veteri, et major scissura fit. ²² Et nemo mittit vinum novum in utres veteres: alioquin dirumpet vinum utres, et vinum effundetur, et utres peribunt: sed vinum novum in utres novos mitti debet. ²³ Et factum est iterum Dominus sabbatis ambularet per sata, et discipuli ejus coeperunt progredi, et vellere spicas. ²⁴ Pharisaei autem dicebant ei: Ecce, quid faciunt sabbatis quod non licet?

2:21-24 Καὶ οὐδεὶς ἐπίβλημα ῥάκους ἀγνάφου ἐπιρράπτει ἐπὶ ἱματίῳ παλαιῷ· εἰ δὲ μή, αἴρει τὸ πλήρωμα αὐτοῦ τὸ καινὸν τοῦ παλαιοῦ, καὶ χεῖρον σχίσμα γίνεται. ²² Καὶ οὐδεὶς βάλλει οἶνον νέον εἰς ἀσκοὺς παλαιούς· εἰ δὲ μή, ῥήσσει ὁ οἶνος ὁ νέος τοὺς ἀσκούς, καὶ ὁ οἶνος ἐκχεῖται καὶ οἱ ἀσκοὶ ἀπολοῦνται· ἀλλὰ οἶνον νέον εἰς ἀσκοὺς καινοὺς βλητέον. ²³ Καὶ ἐγένετο παραπορεύεσθαι αὐτὸν ἐν τοῖς σάββασιν διὰ τῶν σπορίμων, καὶ ἤρξαντο οἱ μαθηταὶ αὐτοῦ ὁδὸν ποιεῖν τίλλοντες τοὺς στάχυας. ²⁴ Καὶ οἱ Φαρισαῖοι ἔλεγον αὐτῷ, Ἴδε, τί ποιοῦσιν ἐν τοῖς σάββασιν ὃ οὐκ ἔξεστιν;

2:21-24 "No one sews a piece of undressed cloth upon an old outer garment; but if otherwise, it lifts the fuller part away from it—the new from the old—and becomes a worse tear. ²² "And no one throws new wine into old wineskins; but if otherwise, the wine will break the skins, both the wine is ruined and the skins. However, new wine *is put* into new skins. ²³ And it happened that on the Sabbath Days he was passing along through the grain fields, and his disciples began to make a way while picking the stalks. ²⁴ And the Pharisees were saying to him, "Look, why are they doing on the Sabbath days that which is not allowed?"

2:21-24 Niemand flickt einen Lappen von neuem Tuch an ein altes Kleid; denn der neue Lappen reißt doch vom alten, und der Riß wird ärger. ²² Und niemand faßt Most in alte Schläuche; sonst zerreißt der Most die Schläuche, und der Wein wird verschüttet, und die Schläuche kommen um. Sondern man soll Most in neue Schläuche fassen. ²³ Und es begab sich, daß er wandelte am Sabbat durch die Saat; und seine Jünger fingen an, indem sie gingen, Ähren auszuraufen. ²⁴ Und die Pharisäer sprachen zu ihm: Siehe zu, was tun deine Jünger am Sabbat, das nicht recht ist?

2:21-24 Personne ne coud une pièce de drap neuf à un vieil habit; autrement, la pièce de drap neuf emporterait une partie du vieux, et la déchirure serait pire. ²² Et personne ne met du vin nouveau dans de vieilles outres; autrement, le vin fait rompre les outres, et le vin et les outres sont perdus; mais il faut mettre le vin nouveau dans des outres neuves. ²³ Il arriva, un jour de sabbat, que Jésus traversa des champs de blé. Ses disciples, chemin faisant, se mirent à arracher des épis. ²⁴ Les pharisiens lui dirent: Voici, pourquoi font-ils ce qui n'est pas permis pendant le sabbat?

2:25 וַיֹּאמֶר אֲלֵיהֶם הֲכִי לֹא קְרָאתֶם אֶת־אֲשֶׁר־עָשָׂה דָוִד בִּהְיֹתוֹ חָסֵר וְרָעֵב הוּא וַאֲנָשָׁיו: ²⁶ אֲשֶׁר בָּא אֶל־בֵּית אֱלֹהִים בִּימֵי אֶבְיָתָר הַכֹּהֵן הַגָּדוֹל וַיֹּאכַל אֶת־לֶחֶם הַפָּנִים אֲשֶׁר לֹא נִתַּן לְאָכְלָה כִּי אִם־לַכֹּהֲנִים וַיִּתֵּן גַּם־לָאֲנָשִׁים אֲשֶׁר אִתּוֹ: ²⁷ וַיֹּאמֶר אֲלֵיהֶם הַשַּׁבָּת נִתְּנָה בַּעֲבוּר הָאָדָם וְלֹא הָאָדָם בַּעֲבוּר הַשַּׁבָּת: ²⁸ לָכֵן אָדוֹן בֶּן־הָאָדָם גַּם לַשַּׁבָּת:

2:25-28 Et ait illis: Numquam legistis quid fecerit David, quando necessitatem habuit, et esuriit ipse, et qui cum eo erant? ²⁶ quomodo introivit in domum Dei sub Abiathar principe sacerdotum, et panes propositionis manducavit, quos non licebat manducare, nisi sacerdotibus, et dedit eis qui cum eo erant? ²⁷ Et dicebat eis: Sabbatum propter hominem factum est, et non homo propter sabbatum. ²⁸ Itaque Dominus est Filius hominis, etiam sabbati.

2:25-28 Καὶ αὐτὸς ἔλεγεν αὐτοῖς, Οὐδέποτε ἀνέγνωτε τί ἐποίησεν Δαυίδ, ὅτε χρείαν ἔσχεν καὶ ἐπείνασεν αὐτὸς καὶ οἱ μετ' αὐτοῦ; ²⁶ Πῶς εἰσῆλθεν εἰς τὸν οἶκον τοῦ θεοῦ ἐπὶ Ἀβιάθαρ ἀρχιερέως, καὶ τοὺς ἄρτους τῆς προθέσεως ἔφαγεν, οὓς οὐκ ἔξεστιν φαγεῖν εἰ μὴ τοῖς ἱερεῦσιν, καὶ ἔδωκεν καὶ τοῖς σὺν αὐτῷ οὖσιν; ²⁷ Καὶ ἔλεγεν αὐτοῖς, Τὸ σάββατον διὰ τὸν ἄνθρωπον ἐγένετο, οὐχ ὁ ἄνθρωπος διὰ τὸ σάββατον· ²⁸ ὥστε κύριός ἐστιν ὁ υἱὸς τοῦ ἀνθρώπου καὶ τοῦ σαββάτου.

2:25-28 And he says to them, "Haven't you ever read what David did when he had a need and was hungry, he and those who were with him? *Surely, yes!* ²⁶ How he entered into the house of God at the time of Abiathar, later high priest, and ate the loaves of the showbread, which is not allowed to eat except for the priests, and he give *it* also to the ones who were with him?" ²⁷ And he proceeded saying to them: "The Sabbath was made for humanity, and not humanity for the Sabbath." ²⁸ As a result, then, the Son of Man is Lord even of the Sabbath.

2:25-28 Und er sprach zu ihnen: Habt ihr nie gelesen was David tat, da es ihm not war und ihn hungerte samt denen, die bei ihm waren? ²⁶ Wie er ging in das Haus Gottes zur Zeit Abjathars, des Hohenpriesters, und aß die Schaubrote, die niemand durfte essen, denn die Priester, und er gab sie auch denen, die bei ihm waren? ²⁷ Und er sprach zu ihnen: Der Sabbat ist um des Menschen willen gemacht, und nicht der Mensch um des Sabbat willen. ²⁸ So ist des Menschen Sohn ein HERR auch des Sabbats.

2:25-28 Jésus leur répondit: N'avez-vous jamais lu ce que fit David, lorsqu'il fut dans la nécessité et qu'il eut faim, lui et ceux qui étaient avec lui; ²⁶ comment il entra dans la maison de Dieu, du temps du souverain sacrificateur Abiathar, et mangea les pains de proposition, qu'il n'est permis qu'aux sacrificateurs de manger, et en donna même à ceux qui étaient avec lui! ²⁷ Puis il leur dit: Le sabbat a été fait pour l'homme, et non l'homme pour le sabbat, ²⁸ de sorte que le Fils de l'homme est maître même du sabbat.

3:1 וַיָּשָׁב וַיָּבוֹא אֶל־בֵּית הַכְּנֶסֶת וְשָׁם־אִישׁ אֲשֶׁר יָדוֹ יְבֵשָׁה: ² וַיֶּאֶרְבוּ לוֹ אִם־יִרְפָּאֵהוּ בַּשַּׁבָּת לְמַעַן יִמְצְאוּ עָלָיו עֲלִילוֹת דְּבָרִים: ³ וַיֹּאמֶר אֶל־הָאִישׁ אֲשֶׁר יָבְשָׁה יָדוֹ קוּם עֲמֹד בַּתָּוֶךְ: ⁴ וַיֹּאמֶר אֲלֵיהֶם הֲמוּתָּר בַּשַּׁבָּת לְהֵיטִיב אוֹ לְהָרַע לְהַצִּיל נֶפֶשׁ אוֹ לְהָמִית וַיַּחֲרִישׁוּ: ⁵ וַיִּפֶן וַיַּבֵּט אֲלֵיהֶם בְּזַעַף וַיִּתְעַצֵּב עַל־קְשִׁי לִבָּם וַיֹּאמֶר אֶל־הָאִישׁ פְּשֹׁט אֶת־יָדֶךָ וַיִּפְשֹׁט יָדוֹ וַתֵּרָפֵא וַתָּשָׁב כְּאַחֶרֶת:

3:1-5 Et introivit iterum in synagogam: et erat ibi homo habens manum aridam. ² Et observabant eum, si sabbatis curaret, ut accusarent illum. ³ Et ait homini habenti manum aridam: Surge in medium. ⁴ Et dicit eis: Licet sabbatis benefacere, an male? animam salvam facere, an perdere? At illi tacebant. ⁵ Et circumspiciens eos cum ira, contristatus super caecitate cordis eorum, dicit homini: Extende manum tuam. Et extendit, et restituta est manus illi.

3:1-5 Καὶ εἰσῆλθεν πάλιν εἰς τὴν συναγωγήν, καὶ ἦν ἐκεῖ ἄνθρωπος ἐξηραμμένην ἔχων τὴν χεῖρα. ² Καὶ παρετήρουν αὐτὸν εἰ τοῖς σάββασιν θεραπεύσει αὐτόν, ἵνα κατηγορήσωσιν αὐτοῦ. ³ Καὶ λέγει τῷ ἀνθρώπῳ τῷ ἐξηραμμένην ἔχοντι τὴν χεῖρα, Ἔγειραι εἰς τὸ μέσον. ⁴ Καὶ λέγει αὐτοῖς, Ἔξεστιν τοῖς σάββασιν ἀγαθοποιῆσαι, ἢ κακοποιῆσαι; Ψυχὴν σῶσαι, ἢ ἀποκτεῖναι; Οἱ δὲ ἐσιώπων. ⁵ Καὶ περιβλεψάμενος αὐτοὺς μετ' ὀργῆς, συλλυπούμενος ἐπὶ τῇ πωρώσει τῆς καρδίας αὐτῶν, λέγει τῷ ἀνθρώπῳ, Ἔκτεινον τὴν χεῖρά σου. Καὶ ἐξέτεινεν, καὶ ἀποκατεστάθη ἡ χεὶρ αὐτοῦ ὑγιὴς ὡς ἡ ἄλλη.

3:1-5 And he entered again into a synagogue, and there was a person there having a completely withered up hand. ² And they began monitoring him *to see* if on the Sabbath Days he would heal him, in order that they would accuse him. ³ And he says to the person having the withered hand, "Rise up into the middle." ⁴ And he says to them, "Is it allowed on the Sabbath days to do good or to do harm, to save a life or to kill?" Well, they were keeping quiet. ⁵ And after looking around at them with anger, while being grieved at the hardening of their heart, he says to the person, "Stretch out the hand." And he stretched it out, and his hand was restored.

3:1-5 Und er ging abermals in die Schule. Und es war da ein Mensch, der hatte eine verdorrte Hand. ² Und sie lauerten darauf, ob er auch am Sabbat ihn heilen würde, auf daß sie eine Sache wider ihn hätten. ³ Und er sprach zu dem Menschen mit der verdorrten Hand: Tritt hervor! ⁴ Und er sprach zu ihnen: Soll man am Sabbat Gutes tun oder Böses tun, das Leben erhalten oder töten? Sie aber schwiegen still. ⁵ Und er sah sie umher an mit Zorn und ward betrübt über ihr verstocktes Herz und sprach zu dem Menschen: Strecke deine Hand aus! Und er streckte sie aus; und die Hand ward ihm gesund wie die andere.

3:1-5 Jésus entra de nouveau dans la synagogue. Il s'y trouvait un homme qui avait la main sèche. ² Ils observaient Jésus, pour voir s'il le guérirait le jour du sabbat: c'était afin de pouvoir l'accuser. ³ Et Jésus dit à l'homme qui avait la main sèche: Lève-toi, là au milieu. ⁴ Puis il leur dit: Est-il permis, le jour du sabbat, de faire du bien ou de faire du mal, de sauver une personne ou de la tuer? Mais ils gardèrent le silence. ⁵ Alors, promenant ses regards sur eux avec indignation, et en même temps affligé de l'endurcissement de leur coeur, il dit à l'homme: Étends ta main. Il l'étendit, et sa main fut guérie.

3:6 וַיֵּצְאוּ הַפְּרוּשִׁים וַיְמַהֲרוּ לְהִתְיָעֵץ עָלָיו עִם־אַנְשֵׁי הוֹרְדוֹס לְאַבְּדוֹ: 7 וְיֵשׁוּעַ סָר מִשָּׁם עִם־תַּלְמִידָיו אֶל־יַד הַיָּם וַיֵּלְכוּ אַחֲרָיו עַם־רָב מִן־הַגָּלִיל: 8 וּמִיהוּדָה וּמִירוּשָׁלַיִם וּמֵאֱדוֹם וּמֵעֵבֶר הַיַּרְדֵּן וּמִסְּבִיבוֹת צוֹר וְצִידוֹן הָמוֹן רָב בָּאוּ אֵלָיו כִּי שָׁמְעוּ אֵת כָּל־אֲשֶׁר עָשָׂה: 9 וַיֹּאמֶר אֶל־תַּלְמִידָיו לְהָכִין לוֹ אֳנִיָּה קְטַנָּה מִפְּנֵי הָעָם לְמַעַן אֲשֶׁר לֹא יִדְחָקוּהוּ:

3:6-9 Exeuntes autem pharisaei, statim cum Herodianis consilium faciebant adversus eum quomodo eum perderent. 7 Jesus autem cum discipulis suis secessit ad mare: et multa turba a Galilaea et Judaea secuta est eum, 8 et ab Jerosolymis, et ab Idumaea, et trans Jordanem: et qui circa Tyrum et Sidonem multitudo magna, audientes quae faciebat, venerunt ad eum. 9 Et dicit discipulis suis ut navicula sibi deserviret propter turbam, ne comprimerent eum:

3:6-9 Καὶ ἐξελθόντες οἱ Φαρισαῖοι εὐθέως μετὰ τῶν Ἡρῳδιανῶν συμβούλιον ἐποίουν κατ' αὐτοῦ, ὅπως αὐτὸν ἀπολέσωσιν. 7 Καὶ ὁ Ἰησοῦς ἀνεχώρησεν μετὰ τῶν μαθητῶν αὐτοῦ πρὸς τὴν θάλασσαν· καὶ πολὺ πλῆθος ἀπὸ τῆς Γαλιλαίας ἠκολούθησαν αὐτῷ, καὶ ἀπὸ τῆς Ἰουδαίας, 8 καὶ ἀπὸ Ἱεροσολύμων, καὶ ἀπὸ τῆς Ἰδουμαίας, καὶ πέραν τοῦ Ἰορδάνου, καὶ οἱ περὶ Τύρον καὶ Σιδῶνα, πλῆθος πολύ, ἀκούσαντες ὅσα ἐποίει, ἦλθον πρὸς αὐτόν. 9 Καὶ εἶπεν τοῖς μαθηταῖς αὐτοῦ ἵνα πλοιάριον προσκαρτερῇ αὐτῷ διὰ τὸν ὄχλον, ἵνα μὴ θλίβωσιν αὐτόν.

3:6-9 And after going out, the Pharisees straightaway with the Herodians proceeded giving counsel against him, how they would destroy him. 7 And Jesus with his disciples withdrew to the sea; and a great multitude from Galilee followed; and from Judaea 8 and from Jerusalem and from Idumaea and beyond the Jordan and around Tyre and Sidon, a great multitude, after hearing how much he was doing, came to him. 9 And he spoke to his disciples in order that they would prepare a boat for him because of the crowd, lest they should crush him;

3:6-9 Und die Pharisäer gingen hinaus und hielten alsbald einen Rat mit des Herodes Dienern über ihn, wie sie ihn umbrächten. 7 Aber Jesus entwich mit seinen Jüngern an das Meer; und viel Volks folgte ihm nach aus Galiläa und aus Judäa 8 und von Jerusalem und aus Idumäa und von jenseits des Jordans, und die um Tyrus und Sidon wohnen, eine große Menge, die seine Taten hörten, und kamen zu ihm. 9 Und er sprach zu seinen Jüngern, daß sie ihm ein Schifflein bereit hielten um des Volkes willen, daß sie ihn nicht drängten.

3:6-9 Les pharisiens sortirent, et aussitôt ils se consultèrent avec les hérodiens sur les moyens de le faire périr. 7 Jésus se retira vers la mer avec ses disciples. Une grande multitude le suivit de la Galilée; et de la Judée, 8 et de Jérusalem, et de l'Idumée, et d'au delà du Jourdain, et des environs de Tyr et de Sidon, une grande multitude, apprenant tout ce qu'il faisait, vint à lui. 9 Il chargea ses disciples de tenir toujours à sa disposition une petite barque, afin de ne pas être pressé par la foule.

3:10 כִּי רִפָּא לְרַבִּים עַד כִּי־נָפְלוּ עָלָיו כָּל־הַמְנֻגָּעִים לִנְגֹּעַ בּוֹ: ¹¹ וְהָרוּחוֹת הַטְּמֵאוֹת כִּרְאוֹתָן אֹתוֹ נָפְלוּ לְפָנָיו וַתִּצְעַקְנָה לֵאמֹר אַתָּה הוּא בֶּן־אֱלֹהִים: ¹² וַיָּעַד בָּם מְאֹד לְמַעַן אֲשֶׁר לֹא־תִגָּלֶינָה אוֹתוֹ: ¹³ וַיַּעַל אֶל־הָהָר וַיִּקְרָא אֶל־אֲשֶׁר הוּא חָפֵץ וַיָּבֹאוּ אֵלָיו: ¹⁴ וַיְמַן שְׁנֵים עָשָׂר אִישׁ לִהְיוֹת אִתּוֹ וּלְשַׁלְּחָם לִקְרֹא: ¹⁵ וְהָיָה לָהֶם הַשָּׁלְטָן לִרְפֹּא אֶת־הַתַּחֲלוּאִים וּלְגָרֵשׁ אֶת־הַשֵּׁדִים:

3:10-15 multos enim sanabat, ita ut irruerent in eum ut illum tangerent, quotquot habebant plagas. ¹¹ Et spiritus immundi, cum illum videbant, procidebant ei: et clamabant, dicentes: ¹² Tu es Filius Dei. Et vehementer comminabatur eis ne manifestarent illum. ¹³ Et ascendens in montem vocavit ad se quos voluit ipse: et venerunt ad eum. ¹⁴ Et fecit ut essent duodecim cum illo: et ut mitteret eos praedicare. ¹⁵ Et dedit illis potestatem curandi infirmitates et ejiciendi daemonia.

3:10-15 Πολλοὺς γὰρ ἐθεράπευσεν, ὥστε ἐπιπίπτειν αὐτῷ, ἵνα αὐτοῦ ἅψωνται, ὅσοι εἶχον μάστιγας. ¹¹ Καὶ τὰ πνεύματα τὰ ἀκάθαρτα, ὅταν αὐτὸν ἐθεώρει, προσέπιπτον αὐτῷ, καὶ ἔκραζεν, λέγοντα ὅτι Σὺ εἶ ὁ υἱὸς τοῦ θεοῦ. ¹² Καὶ πολλὰ ἐπετίμα αὐτοῖς ἵνα μὴ φανερὸν αὐτὸν ποιήσωσιν. ¹³ Καὶ ἀναβαίνει εἰς τὸ ὄρος, καὶ προσκαλεῖται οὓς ἤθελεν αὐτός· καὶ ἀπῆλθον πρὸς αὐτόν. ¹⁴ Καὶ ἐποίησεν δώδεκα, ἵνα ὦσιν μετ' αὐτοῦ, καὶ ἵνα ἀποστέλλῃ αὐτοὺς κηρύσσειν, ¹⁵ καὶ ἔχειν ἐξουσίαν θεραπεύειν τὰς νόσους, καὶ ἐκβάλλειν τὰ δαιμόνια·

3:10-15 for he healed many, so that they were falling before him, in order that they would touch him, as many as were having afflictions. ¹¹ And the unclean spirits, whenever they were seeing him, were falling down before him and were crying out saying this: "You yourself are the Son of God!" ¹² And many times he was rebuking them, in order that they would not make him known. ¹³ And he goes up into the mountain and calls those whom he himself was wanting, and they went to him. ¹⁴ And he appointed twelve, in order that they would be with him and in order that he would send them out to be preaching ¹⁵ and to be having authority to be casting out the demons.

3:10-15 Denn er heilte ihrer viele, also daß ihn überfielen alle, die geplagt waren, auf daß sie ihn anrührten. ¹¹ Und wenn ihn die unsauberen Geister sahen, fielen sie vor ihm nieder, schrieen und sprachen: Du bist Gottes Sohn! ¹² Und er bedrohte sie hart, daß sie ihn nicht offenbar machten. ¹³ Und er ging auf einen Berg und rief zu sich, welche er wollte, und die gingen hin zu ihm. ¹⁴ Und er ordnete die Zwölf, daß sie bei ihm sein sollten und daß er sie aussendete, zu predigen, ¹⁵ und daß sie Macht hätten, die Seuchen zu heilen und die Teufel auszutreiben.

3:10-15 Car, comme il guérissait beaucoup de gens, tous ceux qui avaient des maladies se jetaient sur lui pour le toucher. ¹¹ Les esprits impurs, quand ils le voyaient, se prosternaient devant lui, et s'écriaient: Tu es le Fils de Dieu. ¹² Mais il leur recommandait très sévèrement de ne pas le faire connaître. ¹³ Il monta ensuite sur la montagne; il appela ceux qu'il voulut, et ils vinrent auprès de lui. ¹⁴ Il en établit douze, pour les avoir avec lui, et pour les envoyer prêcher ¹⁵ avec le pouvoir de chasser les démons.

3:16 וַיָּשֶׂם אֶת־שְׁנֵים הֶעָשָׂר וַיְכַנֶּה אֶת־שִׁמְעוֹן בְּשֵׁם פֶּטְרוֹס: [17] וְאֶת־יַעֲקֹב בֶּן־זַבְדַּי וְאֶת־יוֹחָנָן אֲחִי יַעֲקֹב וַיְכַנֶּה אֹתָם בְּשֵׁם בְּנֵי־רְגוֹשׁ הוּא בְּנֵי־רָעַם: [18] וְאֶת־אַנְדְּרַי וְאֶת־פִּילִפּוֹס וְאֶת־בַּר־תַּלְמַי וְאֶת־מַתַּי וְאֶת־תּוֹמָא וְאֶת־יַעֲקֹב בֶּן־חַלְפַי וְאֶת־תַּדַּי וְאֶת־שִׁמְעוֹן הַקְּנִי: [19] וְאֶת־יְהוּדָה אִישׁ קְרִיּוֹת אֲשֶׁר הִסְגִּיר אֹתוֹ: [20] וַיָּבֹאוּ הַבַּיְתָה וַיֹּסֶף הָמוֹן עַם לְהִתְאַסֵּף עַד כִּי־לֹא יָכְלוּ אַף לֶאֱכָל־לָחֶם:

3:16-20 Et imposuit Simoni nomen Petrus: [17] et Jacobum Zebedaei, et Joannem fratrem Jacobi, et imposuit eis nomina Boanerges, quod est, Filii tonitrui: [18] et Andraeam, et Philippum, et Bartholomaeum, et Matthaeum, et Thomam, et Jacobum Alphaei, et Thaddaeum, et Simonem Cananaeum, [19] et Judam Iscariotem, qui et tradidit illum. [20] Et veniunt ad domum: et convenit iterum turba, ita ut non possent neque panem manducare.

3:16-20 καὶ ἐπέθηκεν τῷ Σίμωνι ὄνομα Πέτρον· [17] καὶ Ἰάκωβον τὸν τοῦ Ζεβεδαίου, καὶ Ἰωάννην τὸν ἀδελφὸν τοῦ Ἰακώβου· καὶ ἐπέθηκεν αὐτοῖς ὀνόματα Βοανεργές, ὅ ἐστιν, Υἱοὶ Βροντῆς· [18] καὶ Ἀνδρέαν, καὶ Φίλιππον, καὶ Βαρθολομαῖον, καὶ Ματθαῖον, καὶ Θωμᾶν, καὶ Ἰάκωβον τὸν τοῦ Ἀλφαίου, καὶ Θαδδαῖον, καὶ Σίμωνα τὸν Κανανίτην, [19] καὶ Ἰούδαν Ἰσκαριώτην, ὃς καὶ παρέδωκεν αὐτόν. Καὶ ἔρχονται εἰς οἶκον· [20] καὶ συνέρχεται πάλιν ὄχλος, ὥστε μὴ δύνασθαι αὐτοὺς μήτε ἄρτον φαγεῖν.

3:16-20 And he appointed the twelve, and he placed upon Simon the name Peter, [17] and Jacob, the *son* of Zebedee, and John, the brother of Jacob, he even placed upon them the name Boanerges, that is "Sons of Thunder," [18] and Andrew and Philip and Bartholomew and Matthew and Thomas and Jacob, the *son* of Alphaeus, and Thaddaeus and Simon, the Canaanite, [19] and Judas Iscariot, who also handed him over. [20] And he comes into a house; and the crowd again begins gathering together, so that they could not even eat bread.

3:16-20 Und gab Simon den Namen Petrus; [17] und Jakobus, den Sohn des Zebedäus, und Johannes, den Bruder des Jakobus, und gab ihnen den Namen Bnehargem, das ist gesagt: Donnerskinder; [18] und Andreas und Philippus und Bartholomäus und Matthäus und Thomas und Jakobus, des Alphäus Sohn, und Thaddäus und Simon von Kana [19] und Judas Ischariot, der ihn verriet. [20] Und sie kamen nach Hause, und da kam abermals das Volk zusammen, also daß sie nicht Raum hatten, zu essen.

3:16-20 Voici les douze qu'il établit: Simon, qu'il nomma Pierre; [17] Jacques, fils de Zébédée, et Jean, frère de Jacques, auxquels il donna le nom de Boanergès, qui signifie fils du tonnerre; [18] André; Philippe; Barthélemy; Matthieu; Thomas; Jacques, fils d'Alphée; Thaddée; Simon le Cananite; [19] et Judas Iscariot, celui qui livra Jésus. Ils se rendirent à la maison, [20] et la foule s'assembla de nouveau, en sorte qu'ils ne pouvaient pas même prendre leur repas.

3:21 וַיִּשְׁמְעוּ קְרוֹבָיו וַיֵּצְאוּ לְהַחֲזִיק בּוֹ כִּי אָמְרוּ יָצָא מִדַּעְתּוֹ: ²² וְהַסּוֹפְרִים אֲשֶׁר יָרְדוּ מִירוּשָׁלַיִם אָמְרוּ בַּעַל־זְבוּל בּוֹ וְעַל־יְדֵי שַׂר־הַשֵּׁדִים הוּא מְגָרֵשׁ אֶת־הַשֵּׁדִים: ²³ וַיִּקְרָא אוֹתָם אֵלָיו וַיְדַבֵּר לָהֶם בִּמְשָׁלִים לֵאמֹר אֵיךְ יוּכַל הַשָּׂטָן לְגָרֵשׁ הַשָּׂטָן: ²⁴ וְאִם־נֶחְלְקָה מַמְלָכָה עַל־עַצְמָהּ לֹא־תוּכַל לַעֲמֹד הַמַּמְלָכָה הַהִיא: ²⁵ וּבַיִת אִם־נֶחֱלַק עַל־עַצְמוֹ לֹא־יוּכַל לַעֲמֹד הַבַּיִת הַהוּא:

3:21-25 Et cum audissent sui, exierunt tenere eum: dicebant enim: Quoniam in furorem versus est. ²² Et scribae, qui ab Jerosolymis descenderant, dicebant: Quoniam Beelzebub habet, et quia in principe daemoniorum ejicit daemonia. ²³ Et convocatis eis in parabolis dicebat illis: Quomodo potest Satanas Satanam ejicere? ²⁴ Et si regnum in se dividatur, non potest regnum illud stare. ²⁵ Et si domus super semetipsam dispertiatur, non potest domus illa stare.

3:21-25 Καὶ ἀκούσαντες οἱ παρ' αὐτοῦ ἐξῆλθον κρατῆσαι αὐτόν· ἔλεγον γὰρ ὅτι Ἐξέστη. ²² Καὶ οἱ γραμματεῖς οἱ ἀπὸ Ἱεροσολύμων καταβάντες ἔλεγον ὅτι Βεελζεβοὺλ ἔχει, καὶ ὅτι Ἐν τῷ ἄρχοντι τῶν δαιμονίων ἐκβάλλει τὰ δαιμόνια. ²³ Καὶ προσκαλεσάμενος αὐτούς, ἐν παραβολαῖς ἔλεγεν αὐτοῖς, Πῶς δύναται Σατανᾶς Σατανᾶν ἐκβάλλειν; ²⁴ Καὶ ἐὰν βασιλεία ἐφ' ἑαυτὴν μερισθῇ, οὐ δύναται σταθῆναι ἡ βασιλεία ἐκείνη. ²⁵ Καὶ ἐὰν οἰκία ἐφ' ἑαυτὴν μερισθῇ, οὐ δύναται σταθῆναι ἡ οἰκία ἐκείνη.

3:21-25 And after hearing, those with him went out to take hold of him, for they were saying that he had lost his senses. ²² And the scribes coming down from Jerusalem were saying this: "He has Beelzebub," and this: "By the prince of the demons he is casting out the demons." ²³ And after calling to them, he was speaking to them in parables: "How is Satan able to be casting out Satan? ²⁴ And if ever a kingdom is divided against itself, that kingdom is not able to stand. ²⁵ And if a house is divided against itself, that house is not able to stand.

3:21-25 Und da es die Seinen hörten, gingen sie aus und wollten ihn halten; denn sie sprachen: Er ist von Sinnen. ²² Die Schriftgelehrten aber, die von Jerusalem herabgekommen waren, sprachen: Er hat den Beelzebub, und durch den obersten Teufel treibt er die Teufel aus. ²³ Und er rief sie zusammen und sprach zu ihnen in Gleichnissen: Wie kann ein Satan den anderen austreiben? ²⁴ Wenn ein Reich mit sich selbst uneins wird, kann es nicht bestehen. ²⁵ Und wenn ein Haus mit sich selbst uneins wird, kann es nicht bestehen.

3:21-25 Les parents de Jésus, ayant appris ce qui se passait, vinrent pour se saisir de lui; car ils disaient: Il est hors de sens. ²² Et les scribes, qui étaient descendus de Jérusalem, dirent: Il est possédé de Béelzébul; c'est par le prince des démons qu'il chasse les démons. ²³ Jésus les appela, et leur dit sous forme de paraboles: Comment Satan peut-il chasser Satan? ²⁴ Si un royaume est divisé contre lui-même, ce royaume ne peut subsister; ²⁵ et si une maison est divisée contre elle-même, cette maison ne peut subsister.

3:26 וְאִם־הַשָּׂטָן יִתְקוֹמֵם אֶל־עַצְמוֹ וְנֶחֱלַק לֹא־יוּכַל לַעֲמֹד כִּי־בָא קִצּוֹ: ²⁷ אֵין אִישׁ יָכֹל לָבוֹא לְבֵית הַגִּבּוֹר וְלִגְזֹל אֶת־כֵּלָיו אִם־לֹא יֶאֱסֹר בָּרִאשׁוֹנָה אֶת־הַגִּבּוֹר וְאַחַר יְשַׁסֶּה אֶת־בֵּיתוֹ: ²⁸ אָמֵן אֹמֵר אֲנִי לָכֶם כִּי כָל־הַחֲטָאִים יִסָּלְחוּ לִבְנֵי אָדָם וְכָל־הַגִּדּוּפִים אֲשֶׁר יְגַדֵּפוּ: ²⁹ אַךְ הַמְגַדֵּף אֶת־רוּחַ הַקֹּדֶשׁ אֵין־לוֹ סְלִיחָה לְעוֹלָם כִּי עֲוֹנוֹ יִשָּׂא לָנֶצַח:

3:26-29 Et si Satanas consurrexerit in semetipsum, dispertitus est, et non poterit stare, sed finem habet. ²⁷ Nemo potest vasa fortis ingressus in domum diripere, nisi prius fortem alliget, et tunc domum ejus diripiet. ²⁸ Amen dico vobis, quoniam omnia dimittentur filiis hominum peccata, et blasphemiae quibus blasphemaverint: ²⁹ qui autem blasphemaverit in Spiritum Sanctum, non habebit remissionem in aeternum, sed reus erit aeterni delicti.

3:26-29 Καὶ εἰ ὁ Σατανᾶς ἀνέστη ἐφ' ἑαυτὸν καὶ μεμέρισται, οὐ δύναται σταθῆναι, ἀλλὰ τέλος ἔχει. ²⁷ Οὐδεὶς δύναται τὰ σκεύη τοῦ ἰσχυροῦ, εἰσελθὼν εἰς τὴν οἰκίαν αὐτοῦ, διαρπάσαι, ἐὰν μὴ πρῶτον τὸν ἰσχυρὸν δήσῃ, καὶ τότε τὴν οἰκίαν αὐτοῦ διαρπάσῃ. ²⁸ Ἀμὴν λέγω ὑμῖν, ὅτι πάντα ἀφεθήσεται τὰ ἁμαρτήματα τοῖς υἱοῖς τῶν ἀνθρώπων, καὶ βλασφημίαι ὅσας ἂν βλασφημήσωσιν· ²⁹ ὃς δ' ἂν βλασφημήσῃ εἰς τὸ πνεῦμα τὸ ἅγιον, οὐκ ἔχει ἄφεσιν εἰς τὸν αἰῶνα, ἀλλ' ἔνοχός ἐστιν αἰωνίου κρίσεως.

3:26-29 And if Satan stood up against himself and was divided, he is not able to stand but has an end. ²⁷ But no one is able, after entering into the house of a strong man, to plunder his belongings unless first he binds the strong man, and then he will loot his house. ²⁸ Amen! I am saying to you that all things will be forgiven the sons of people, the sins and the blasphemies however much they blaspheme; ²⁹ but whoever blasphemes against the Holy Spirit does not have forgiveness into the age, but is guilty of an eternal sin."

3:26-29 Setzt sich nun der Satan wider sich selbst und ist mit sich selbst uneins, so kann er nicht bestehen, sondern es ist aus mit ihm. ²⁷ Es kann niemand einem Starken in sein Haus fallen und seinen Hausrat rauben, es sei denn, daß er zuvor den Starken binde und alsdann sein Haus beraube. ²⁸ Wahrlich, ich sage euch: Alle Sünden werden vergeben den Menschenkindern, auch die Gotteslästerungen, womit sie Gott lästern; ²⁹ wer aber den Heiligen Geist lästert, der hat keine Vergebung ewiglich, sondern ist schuldig des ewigen Gerichts.

3:26-29 Si donc Satan se révolte contre lui-même, il est divisé, et il ne peut subsister, mais c'en est fait de lui. ²⁷ Personne ne peut entrer dans la maison d'un homme fort et piller ses biens, sans avoir auparavant lié cet homme fort; alors il pillera sa maison. ²⁸ Je vous le dis en vérité, tous les péchés seront pardonnés aux fils des hommes, et les blasphèmes qu'ils auront proférés; ²⁹ mais quiconque blasphémera contre le Saint-Esprit n'obtiendra jamais de pardon: il est coupable d'un péché éternel.

3:30 כִּי־הֵמָּה אָמְרוּ רוּחַ טוּמְאָה בּוֹ: ³¹ וַיָּבֹאוּ אִמּוֹ וְאֶחָיו וַיַּעַמְדוּ מִחוּץ וַיִּשְׁלְחוּ אֵלָיו לִקְרֹא לוֹ: ³² וְהֶהָמוֹן עַם יָשְׁבוּ סָבִיב לוֹ וַיֹּאמְרוּ אֵלָיו הִנֵּה אִמְּךָ וְאַחֶיךָ בַּחוּץ וּמְבַקְשִׁים אוֹתָךְ: ³³ וַיַּעַן וַיֹּאמֶר אֲלֵיהֶם מִי הֵם אִמִּי וְאֶחָי: ³⁴ וַיִּפֶן וַיַּבֵּט אֶל־הַיֹּשְׁבִים סְבִיבָיו וַיֹּאמַר הִנֵּה אִמִּי וְאֶחָי: ³⁵ כִּי כָּל־אֲשֶׁר יַעֲשֶׂה רְצוֹן הָאֱלֹהִים הוּא אָחִי וַאֲחוֹתִי וְאִמִּי:

3:30-35 Quoniam dicebant: Spiritum immundum habet. ³¹ Et veniunt mater ejus et fratres: et foris stantes miserunt ad eum vocantes eum, ³² et sedebat circa eum turba: et dicunt ei: Ecce mater tua et fratres tui foris quaerunt te. ³³ Et respondens eis, ait: Quae est mater mea et fratres mei? ³⁴ Et circumspiciens eos, qui in circuitu ejus sedebant, ait: Ecce mater mea et fratres mei. ³⁵ Qui enim fecerit voluntatem Dei, hic frater meus, et soror mea, et mater est.

3:30-35 Ὅτι ἔλεγον, Πνεῦμα ἀκάθαρτον ἔχει. ³¹ Ἔρχονται οὖν οἱ ἀδελφοὶ καὶ ἡ μήτηρ αὐτοῦ, καὶ ἔξω ἑστῶτες ἀπέστειλαν πρὸς αὐτόν, φωνοῦντες αὐτόν. ³² Καὶ ἐκάθητο ὄχλος περὶ αὐτόν· εἶπον δὲ αὐτῷ, Ἰδού, ἡ μήτηρ σου καὶ οἱ ἀδελφοί σου καὶ αἱ ἀδελφαί σου ἔξω ζητοῦσίν σε. ³³ Καὶ ἀπεκρίθη αὐτοῖς λέγων, Τίς ἐστιν ἡ μήτηρ μου ἢ οἱ ἀδελφοί μου; ³⁴ Καὶ περιβλεψάμενος κύκλῳ τοὺς περὶ αὐτὸν καθημένους, λέγει, Ἴδε, ἡ μήτηρ μου καὶ οἱ ἀδελφοί μου. ³⁵ Ὃς γὰρ ἂν ποιήσῃ τὸ θέλημα τοῦ θεοῦ, οὗτος ἀδελφός μου καὶ ἀδελφή μου καὶ μήτηρ ἐστίν.

3:30-35 because they were saying, "He has an unclean spirit." ³¹ And his mother and his brothers come and, while standing outside, they sent for him, calling him. ³² And a crowd was sitting around him and they say to him, "Behold, your mother and your brothers are outside seeking you." ³³ And answering back to them, he says, "Who is my mother or my brothers?" ³⁴ And after looking around at those sitting in a circle around him, he says, "Look, my mother and my brothers! ³⁵ For whoever who does the will of God, this one is my brother, and a sister, and a mother."

3:30-35 Denn sie sagten: Er hat einen unsauberen Geist. ³¹ Und es kam seine Mutter und seine Brüder und standen draußen, schickten zu ihm und ließen ihn rufen. ³² Und das Volk saß um ihn. Und sie sprachen zu ihm: Siehe, deine Mutter und deine Brüder draußen fragen nach dir. ³³ Und er antwortete ihnen und sprach: Wer ist meine Mutter und meine Brüder? ³⁴ Und er sah rings um sich auf die Jünger, die im Kreise saßen, und sprach: Siehe, das ist meine Mutter und meine Brüder! ³⁵ Denn wer Gottes Willen tut, der ist mein Bruder und meine Schwester und meine Mutter.

3:30-35 Jésus parla ainsi parce qu'ils disaient: Il est possédé d'un esprit impur. ³¹ Survinrent sa mère et ses frères, qui, se tenant dehors, l'envoyèrent appeler. ³² La foule était assise autour de lui, et on lui dit: Voici, ta mère et tes frères sont dehors et te demandent. ³³ Et il répondit: Qui est ma mère, et qui sont mes frères? ³⁴ Puis, jetant les regards sur ceux qui étaient assis tout autour de lui: Voici, dit-il, ma mère et mes frères. ³⁵ Car, quiconque fait la volonté de Dieu, celui-là est mon frère, ma soeur, et ma mère.

The Gospel of Mark

4:1 וַיָּשָׁב וַיָּחֶל לְלַמֵּד עַל שְׂפַת הַיָּם וַיִּקָּהֲלוּ אֵלָיו הֲמוֹן עַם־רָב וַיֵּרֶד וַיֵּשֶׁב בָּאֳנִיָּה בַּיָּם וְכָל־הָעָם עוֹמֵד עַל־יַד הַיָּם בַּיַּבָּשָׁה: ² וַיְלַמְּדֵם הַרְבֵּה בִּמְשָׁלִים וַיֹּאמֶר אֲלֵיהֶם בְּלִמּוּדוֹ אוֹתָם: ³ שִׁמְעוּ שָׁמוֹעַ הִנֵּה יָצָא הַזֹּרֵעַ לִזְרֹעַ: ⁴ וַיְהִי בְּזָרְעוֹ וַיִּפֹּל מִן־הַזֶּרַע עַל־יַד הַדֶּרֶךְ וַיָּבֹאוּ עוֹף הַשָּׁמַיִם וַיֹּאכְלוּהוּ: ⁵ וְיֵשׁ אֲשֶׁר נָפַל עַל־מְקוֹם הַסֶּלַע אֲשֶׁר אֵין־לוֹ שָׁם אֲדָמָה הַרְבֵּה וַיְמַהֵר לִצְמֹחַ כִּי לֹא־הָיָה לּוֹ עֹמֶק אֲדָמָה:

4:1-5 Et iterum coepit docere ad mare: et congregata est ad eum turba multa, ita ut navim ascendens sederet in mari, et omnis turba circa mare super terram erat: ² et docebat eos in parabolis multa, et dicebat illis in doctrina sua: ³ Audite: ecce exiit seminans ad seminandum. ⁴ Et dum seminat, aliud cecidit circa viam, et venerunt volucres caeli, et comederunt illud. ⁵ Aliud vero cecidit super petrosa, ubi non habuit terram multam: et statim exortum est, quoniam non habebat altitudinem terrae:

4:1-5 Καὶ πάλιν ἤρξατο διδάσκειν παρὰ τὴν θάλασσαν. Καὶ συνήχθη πρὸς αὐτὸν ὄχλος πολύς, ὥστε αὐτὸν ἐμβάντα εἰς τὸ πλοῖον καθῆσθαι ἐν τῇ θαλάσσῃ· καὶ πᾶς ὁ ὄχλος πρὸς τὴν θάλασσαν ἐπὶ τῆς γῆς ἦν. ² Καὶ ἐδίδασκεν αὐτοὺς ἐν παραβολαῖς πολλά, καὶ ἔλεγεν αὐτοῖς ἐν τῇ διδαχῇ αὐτοῦ, ³ Ἀκούετε· ἰδού, ἐξῆλθεν ὁ σπείρων τοῦ σπεῖραι. ⁴ καὶ ἐγένετο ἐν τῷ σπείρειν, ὃ μὲν ἔπεσεν παρὰ τὴν ὁδόν, καὶ ἦλθεν τὰ πετεινὰ καὶ κατέφαγεν αὐτό. ⁵ Ἄλλο δὲ ἔπεσεν ἐπὶ τὸ πετρῶδες, ὅπου οὐκ εἶχεν γῆν πολλήν· καὶ εὐθέως ἐξανέτειλεν, διὰ τὸ μὴ ἔχειν βάθος γῆς·

4:1-5 And again he began to teach by the seaside. And a very large crowd begins gathering together with him, so that he, after entering into a boat, sat in the sea, and all the crowd at the sea was on the land. ² And he proceeded teaching them many things in parables and he was saying to them in his teaching, ³ "Listen. Behold, the one sowing went out to sow. ⁴ And it happened in the sowing that some fell beside the path, and the birds came and ate it. ⁵ And other *seed* fell upon the rocky ground where it was not having much soil, and straightaway it sprang up because it was not having depth of soil;

4:1-5 Und er fing abermals an, zu lehren am Meer. Und es versammelte sich viel Volks zu ihm, also daß er mußte in ein Schiff treten und auf dem Wasser sitzen; und alles Volk stand auf dem Lande am Meer. ² Und er predigte ihnen lange durch Gleichnisse; und in seiner Predigt sprach er zu ihnen: ³ Höret zu! Siehe, es ging ein Sämann aus, zu säen. ⁴ Und es begab sich, indem er säte, fiel etliches an den Weg; da kamen die Vögel unter dem Himmel und fraßen's auf. ⁵ Etliches fiel in das Steinige, wo es nicht viel Erde hatte; und ging bald auf, darum daß es nicht tiefe Erde hatte.

4:1-5 Jésus se mit de nouveau à enseigner au bord de la mer. Une grande foule s'étant assemblée auprès de lui, il monta et s'assit dans une barque, sur la mer. Toute la foule était à terre sur le rivage. ² Il leur enseigna beaucoup de choses en paraboles, et il leur dit dans son enseignement: ³ Écoutez. Un semeur sortit pour semer. ⁴ Comme il semait, une partie de la semence tomba le long du chemin: les oiseaux vinrent, et la mangèrent. ⁵ Une autre partie tomba dans un endroit pierreux, où elle n'avait pas beaucoup de terre; elle leva aussitôt, parce qu'elle ne trouva pas un sol profond;

The Gospel of Mark

4:6 וַיְהִי כִּזְרֹחַ הַשֶּׁמֶשׁ וַיִּצָּרֵב וַיִּיבַשׁ כִּי אֵין־לוֹ שֹׁרֶשׁ: ⁷ וְיֵשׁ אֲשֶׁר נָפַל בֵּין הַקֹּצִים וַיַּעֲלוּ הַקֹּצִים וַיְמַעֲכוּהוּ וְלֹא נָתַן פֶּרִי: ⁸ וְיֵשׁ אֲשֶׁר נָפַל עַל הָאֲדָמָה הַטּוֹבָה וַיִּתֵּן פְּרִי עֹלֶה וְגָדֵל וַיַּעַשׂ זֶה שְׁלֹשִׁים שְׁעָרִים וְזֶה שִׁשִּׁים וְזֶה מֵאָה: ⁹ וַיֹּאמֶר אֲלֵיהֶם מִי אֲשֶׁר אָזְנַיִם לוֹ לִשְׁמֹעַ יִשְׁמָע: ¹⁰ וַיְהִי בִּהְיוֹתוֹ לְבַדּוֹ וַיִּגְּשׁוּ הָאֲנָשִׁים אֲשֶׁר אִתּוֹ עִם־שְׁנֵים הֶעָשָׂר וַיִּשְׁאָלוּהוּ עַל־הַמָּשָׁל:

4:6-10 et quando exortus est sol, exaestuavit: et eo quod non habebat radicem, exaruit. ⁷ Et aliud cecidit in spinas: et ascenderunt spinae, et suffocaverunt illud, et fructum non dedit. ⁸ Et aliud cecidit in terram bonam: et dabat fructum ascendentem et crescentem, et afferebat unum triginta, unum sexaginta, et unum centum. ⁹ Et dicebat: Qui habet aures audiendi, audiat. ¹⁰ Et cum esset singularis, interrogaverunt eum hi qui cum eo erant duodecim, parabolam.

4:6-10 ἡλίου δὲ ἀνατείλαντος ἐκαυματίσθη, καὶ διὰ τὸ μὴ ἔχειν ῥίζαν ἐξηράνθη. ⁷ Καὶ ἄλλο ἔπεσεν εἰς τὰς ἀκάνθας, καὶ ἀνέβησαν αἱ ἄκανθαι, καὶ συνέπνιξαν αὐτό, καὶ καρπὸν οὐκ ἔδωκεν. ⁸ Καὶ ἄλλο ἔπεσεν εἰς τὴν γῆν τὴν καλήν· καὶ ἐδίδου καρπὸν ἀναβαίνοντα καὶ αὐξάνοντα, καὶ ἔφερεν ἐν τριάκοντα, καὶ ἐν ἑξήκοντα, καὶ ἐν ἑκατόν. ⁹ Καὶ ἔλεγεν, Ὁ ἔχων ὦτα ἀκούειν ἀκουέτω. ¹⁰ Ὅτε δὲ ἐγένετο καταμόνας, ἠρώτησαν αὐτὸν οἱ περὶ αὐτὸν σὺν τοῖς δώδεκα τὴν παραβολήν.

4:6-10 and when the sun arose, it was scorched and, because it didn't have a root, it withered. ⁷ And other *seed* fell among the thorns, and the thorns came up and choked it, and it did not give fruit. ⁸ And others fell into the good ground, and were giving fruit, coming up and growing, and one was bearing thirty, and one sixty, and one a hundred fold." ⁹ And he was saying, "The one who has ears to be listening, keep listening!" ¹⁰ And when he became alone, the ones around him with the Twelve were asking him about the parables.

4:6-10 Da nun die Sonne aufging, verwelkte es, und dieweil es nicht Wurzel hatte verdorrte es. ⁷ Und etliches fiel unter die Dornen; und die Dornen wuchsen empor und erstickten's, und es brachte keine Frucht. ⁸ Und etliches fiel auf ein gutes Land und brachte Frucht, die da zunahm und wuchs; etliches trug dreißigfältig und etliches sechzigfältig und etliches hundertfältig. ⁹ Und er sprach zu ihnen: Wer Ohren hat, zu hören, der höre! ¹⁰ Und da er allein war, fragten ihn um dies Gleichnis, die um ihn waren, mitsamt den Zwölfen.

4:6-10 mais, quand le soleil parut, elle fut brûlée et sécha, faute de racines. ⁷ Une autre partie tomba parmi les épines: les épines montèrent, et l'étouffèrent, et elle ne donna point de fruit. ⁸ Une autre partie tomba dans la bonne terre: elle donna du fruit qui montait et croissait, et elle rapporta trente, soixante, et cent pour un. ⁹ Puis il dit: Que celui qui a des oreilles pour entendre entende. ¹⁰ Lorsqu'il fut en particulier, ceux qui l'entouraient avec les douze l'interrogèrent sur les paraboles.

4:11 וַיֹּאמֶר אֲלֵיהֶם לָכֶם נִתַּן לָדַעַת סוֹד מַלְכוּת הָאֱלֹהִים וַאֲשֶׁר מִבַּחוּץ לָהֶם הַכֹּל בִּמְשָׁלִים: 12 לְמַעַן יִרְאוּ רָאוֹ וְלֹא יֵדָעוּ וְשָׁמְעוּ שָׁמוֹעַ וְלֹא יָבִינוּ פֶּן־יָשׁוּבוּ וְנִסְלַח לְחַטֹּאתָם: 13 וַיֹּאמֶר לָהֶם לֹא יְדַעְתֶּם אֶת־הַמָּשָׁל הַזֶּה וְאֵיךְ תָּבִינוּ אֶת־הַמְּשָׁלִים כֻּלָּם: 14 הַזֹּרֵעַ הוּא זֹרֵעַ אֶת־הַדָּבָר:

4:11-14 Et dicebat eis: Vobis datum est nosse mysterium regni Dei: illis autem, qui foris sunt, in parabolis omnia fiunt: 12 ut videntes videant, et non videant: et audientes audiant, et non intelligant: nequando convertantur, et dimittantur eis peccata. 13 Et ait illis: Nescitis parabolam hanc? Et quomodo omnes parabolas cognoscetis? 14 Qui seminat, verbum seminat.

4:11-14 Καὶ ἔλεγεν αὐτοῖς, Ὑμῖν δέδοται γνῶναι τὸ μυστήριον τῆς βασιλείας τοῦ θεοῦ· ἐκείνοις δὲ τοῖς ἔξω, ἐν παραβολαῖς τὰ πάντα γίνεται· 12 ἵνα βλέποντες βλέπωσιν, καὶ μὴ ἴδωσιν· καὶ ἀκούοντες ἀκούωσιν, καὶ μὴ συνιῶσιν· μήποτε ἐπιστρέψωσιν, καὶ ἀφεθῇ αὐτοῖς τὰ ἁμαρτήματα. 13 Καὶ λέγει αὐτοῖς, Οὐκ οἴδατε τὴν παραβολὴν ταύτην; Καὶ πῶς πάσας τὰς παραβολὰς γνώσεσθε; 14 Ὁ σπείρων τὸν λόγον σπείρει.

4:11-14 And he was saying to them, "To you the mystery of the Kingdom of God has been given; but to those outside all things come in parables 12 in order that, although seeing, they would see and not perceive, and, although hearing, they would hear and not comprehend, otherwise they would turn and it would be forgiven them." 13 And he says them, "Haven't you understood this parable? *Surely, yes!* How even will you understand all the parables? 14 The one sowing sows the word.

4:11-14 Und er sprach zu ihnen: Euch ist's gegeben, das Geheimnis des Reiches Gottes zu wissen; denen aber draußen widerfährt es alles nur durch Gleichnisse, 12 auf daß sie es mit sehenden Augen sehen, und doch nicht erkennen, und mit hörenden Ohren hören, und doch nicht verstehen, auf daß sie sich nicht dermaleinst bekehren und ihre Sünden ihnen vergeben werden. 13 Und er sprach zu ihnen: Verstehet ihr dies Gleichnis nicht, wie wollt ihr denn die andern alle verstehen? 14 Der Sämann sät das Wort.

4:11-14 Il leur dit: C'est à vous qu'a été donné le mystère du royaume de Dieu; mais pour ceux qui sont dehors tout se passe en paraboles, 12 afin qu'en voyant ils voient et n'aperçoivent point, et qu'en entendant ils entendent et ne comprennent point, de peur qu'ils ne se convertissent, et que les péchés ne leur soient pardonnés. 13 Il leur dit encore: Vous ne comprenez pas cette parabole? Comment donc comprendrez-vous toutes les paraboles? 14 Le semeur sème la parole.

The Gospel of Mark

4:15 וְעַל־יַד הַדֶּרֶךְ אֵלֶּה הֵם אֲשֶׁר יִזָּרַע־בָּם הַדָּבָר וּכְשָׁמְעָם אוֹתוֹ מִיָּד בָּא הַשָּׂטָן וְיִשָּׂא אֶת־הַדָּבָר הַזָּרוּעַ בְּלִבָּם: 16 וְכֵן הַנִּזְרָעִים עַל־מְקֹמוֹת הַסֶּלַע הֵם הַשֹּׁמְעִים אֶת־הַדָּבָר וּמַהֵר בְּשִׂמְחָה יִקָּחוּהוּ: 17 אַךְ אֵין־לָהֶם שֹׁרֶשׁ בְּקִרְבָּם וְרַק לְשָׁעָה יַעֲמֹדוּ וְאַחַר־כֵּן בְּבֹא צָרָה וּרְדִיפָה בִּגְלַל הַדָּבָר מְהֵרָה יִכָּשֵׁלוּ: 18 וְאֵלֶּה הַנִּזְרָעִים בֵּין הַקֹּצִים הֵם הַשֹּׁמְעִים אֶת־הַדָּבָר:

4:15-18 Hi autem sunt, qui circa viam, ubi seminatur verbum, et cum audierint, confestim venit Satanas, et aufert verbum, quod seminatum est in cordibus eorum. ¹⁶ Et hi sunt similiter, qui super petrosa seminantur: qui cum audierint verbum, statim cum gaudio accipiunt illud; ¹⁷ et non habent radicem in se, sed temporales sunt: deinde orta tribulatione et persecutione propter verbum, confestim scandalizantur. ¹⁸ Et alii sunt qui in spinas seminantur: hi sunt qui verbum audiunt,

4:15-18 Οὗτοι δέ εἰσιν οἱ παρὰ τὴν ὁδόν, ὅπου σπείρεται ὁ λόγος, καὶ ὅταν ἀκούσωσιν, εὐθέως ἔρχεται ὁ Σατανᾶς καὶ αἴρει τὸν λόγον τὸν ἐσπαρμένον ἐν ταῖς καρδίαις αὐτῶν. ¹⁶ Καὶ οὗτοί εἰσιν ὁμοίως οἱ ἐπὶ τὰ πετρώδη σπειρόμενοι, οἵ, ὅταν ἀκούσωσιν τὸν λόγον, εὐθέως μετὰ χαρᾶς λαμβάνουσιν αὐτόν, ¹⁷ καὶ οὐκ ἔχουσιν ῥίζαν ἐν ἑαυτοῖς, ἀλλὰ πρόσκαιροί εἰσιν· εἶτα γενομένης θλίψεως ἢ διωγμοῦ διὰ τὸν λόγον, εὐθέως σκανδαλίζονται. ¹⁸ Καὶ οὗτοί εἰσιν οἱ εἰς τὰς ἀκάνθας σπειρόμενοι, οἱ τὸν λόγον ἀκούοντες,

4:15-18 Now, these are the ones who are by the path where the word is being sown, and whenever they hear, straightaway the accuser comes and takes away the word that has been sown into them. ¹⁶ And these ones are like those seeds being sown upon the rocky path, which whenever they hear the word, straightaway with joy they receive it, ¹⁷ and they are not having root in themselves but they are existing only for a short time, then, after trouble or persecution occurs on account of the word, immediately they are caused to stumble. ¹⁸ And others are the ones being sown into the thorns; these are the ones hearing the word,

4:15-18 Diese sind's aber, die an dem Wege sind: Wo das Wort gesät wird und sie es gehört haben, so kommt alsbald der Satan und nimmt weg das Wort, das in ihr Herz gesät war. ¹⁶ Also auch die sind's, bei welchen aufs Steinige gesät ist: wenn sie das Wort gehört haben, nehmen sie es alsbald mit Freuden auf, ¹⁷ und haben keine Wurzel in sich, sondern sind wetterwendisch; wenn sich Trübsal oder Verfolgung um des Wortes willen erhebt, so ärgern sie sich alsbald. ¹⁸ Und diese sind's, bei welchen unter die Dornen gesät ist: die das Wort hören,

4:15-18 Les uns sont le long du chemin, où la parole est semée; quand ils l'ont entendue, aussitôt Satan vient et enlève la parole qui a été semée en eux. ¹⁶ Les autres, pareillement, reçoivent la semence dans les endroits pierreux; quand ils entendent la parole, ils la reçoivent d'abord avec joie; ¹⁷ mais ils n'ont pas de racine en eux-mêmes, ils manquent de persistance, et, dès que survient une tribulation ou une persécution à cause de la parole, ils y trouvent une occasion de chute. ¹⁸ D'autres reçoivent la semence parmi les épines; ce sont ceux qui entendent la parole,

4:19 וְדַאֲגוֹת הָעוֹלָם הַזֶּה וּמִרְמַת הָעֹשֶׁר וְתַאֲוֹת אֲחֵרוֹת בָּאוֹת וּמְמַעֲכוֹת אֶת־הַדָּבָר וּפְרִי לֹא יִהְיֶה־לּוֹ: 20 וְאֵלֶּה הַזְּרוּעִים עַל־הָאֲדָמָה הַטּוֹבָה הֵם הַשֹּׁמְעִים אֶת־הַדָּבָר וּמְקַבְּלִים אֹתוֹ וְעֹשִׂים פְּרִי זֶה שְׁלֹשִׁים שְׁעָרִים וְזֶה שִׁשִּׁים וְזֶה מֵאָה: 21 וַיֹּאמֶר אֲלֵיהֶם הֲיָבִיאוּ הַנֵּר לָשׂוּם תַּחַת הָאֵיפָה וְתַחַת הַמִּטָּה וְלֹא לְהַעֲלוֹתוֹ עַל־הַמְּנוֹרָה:

4:19-21 et aerumnae saeculi, et deceptio divitiarum, et circa reliqua concupiscentiae introëuntes suffocant verbum, et sine fructu efficitur. [20] Et hi sunt qui super terram bonam seminati sunt, qui audiunt verbum, et suscipiunt, et fructificant, unum triginta, unum sexaginta, et unum centum. [21] Et dicebat illis: Numquid venit lucerna ut sub modo ponatur, aut sub lecto? nonne ut super candelabrum ponatur?

4:19-21 καὶ αἱ μέριμναι τοῦ αἰῶνος τούτου, καὶ ἡ ἀπάτη τοῦ πλούτου, καὶ αἱ περὶ τὰ λοιπὰ ἐπιθυμίαι εἰσπορευόμεναι συμπνίγουσιν τὸν λόγον, καὶ ἄκαρπος γίνεται. [20] Καὶ οὗτοί εἰσιν οἱ ἐπὶ τὴν γῆν τὴν καλὴν σπαρέντες, οἵτινες ἀκούουσιν τὸν λόγον, καὶ παραδέχονται, καὶ καρποφοροῦσιν, ἐν τριάκοντα, καὶ ἐν ἑξήκοντα, καὶ ἐν ἑκατόν. [21] Καὶ ἔλεγεν αὐτοῖς, Μήτι ὁ λύχνος ἔρχεται ἵνα ὑπὸ τὸν μόδιον τεθῇ ἢ ὑπὸ τὴν κλίνην; Οὐχ ἵνα ἐπὶ τὴν λυχνίαν ἐπιτεθῇ;

4:19-21 and the worries of this age and the deceitfulness of riches and the desires concerning the remaining things, when coming in, choke the word, and it becomes fruitless. [20] And those are the ones sown upon the good ground, who are hearing the word and are receiving *it* and are bearing fruit—one thirty, and one sixty, and one a hundred fold." [21] And he was saying to them, "The lamp doesn't come out, does it, in order that it would placed under the basket or under the couch? *Surely, not! Is it* not *rather brought out* in order that it would be placed on the lamp stand? *Surely, yes!*

4:19-21 und die Sorgen dieser Welt und der betrügerische Reichtum und viele andere Lüste gehen hinein und ersticken das Wort, und es bleibt ohne Frucht. [20] Und diese sind's, bei welchen auf ein gutes Land gesät ist: die das Wort hören und nehmen's an und bringen Frucht, etliche dreißigfältig und etliche sechzigfältig und etliche hundertfältig. [21] Und er sprach zu ihnen: Zündet man auch ein Licht an, daß man es unter einen Scheffel oder unter einen Tisch setze? Mitnichten, sondern daß man's auf einen Leuchter setze.

4:19-21 mais en qui les soucis du siècle, la séduction des richesses et l'invasion des autres convoitises, étouffent la parole, et la rendent infructueuse. [20] D'autres reçoivent la semence dans la bonne terre; ce sont ceux qui entendent la parole, la reçoivent, et portent du fruit, trente, soixante, et cent pour un. [21] Il leur dit encore: Apporte-t-on la lampe pour la mettre sous le boisseau, ou sous le lit? N'est-ce pas pour la mettre sur le chandelier?

4:22 כִּי אֵין־דָּבָר סָתוּם אֲשֶׁר לֹא־יִגָּלֶה וְלֹא נִגְנַז דָּבָר כִּי אִם־לְמַעַן יֵצֵא לָאוֹר: 23 כָּל־אֲשֶׁר אָזְנַיִם לוֹ לִשְׁמֹעַ יִשְׁמָע: 24 וַיֹּאמֶר אֲלֵיהֶם רְאוּ מָה אַתֶּם שֹׁמְעִים בַּמִּדָּה אֲשֶׁר אַתֶּם מוֹדְדִים בָּהּ יִמַּד לָכֶם וְעוֹד יוֹסַף לָכֶם הַשֹּׁמְעִים: 25 כִּי מִי שֶׁיֵּשׁ־לוֹ נָתוֹן יִנָּתֶן לוֹ וּמִי שֶׁאֵין־לוֹ יֻקַּח מִמֶּנּוּ גַּם אֶת־אֲשֶׁר לוֹ: 26 וַיֹּאמֶר מַלְכוּת הָאֱלֹהִים הִיא כְּאָדָם מַשְׁלִיךְ זֶרַע בָּאֲדָמָה: 27 וְשָׁכַב וְקָם לַיְלָה וָיוֹם וְהַזֶּרַע יִצְמַח וְגָדֵל וְהוּא לֹא יָדָע:

4:22-27 Non est enim aliquid absconditum, quod non manifestetur: nec factum est occultum, sed ut in palam veniat. 23 Si quis habet aures audiendi, audiat. 24 Et dicebat illis: Videte quid audiatis. In qua mensura mensi fueritis, remetietur vobis, et adjicietur vobis. 25 Qui enim habet, dabitur illi: et qui non habet, etiam quod habet auferetur ab eo. 26 Et dicebat: Sic est regnum Dei, quemadmodum si homo jaciat sementem in terram, 27 et dormiat, et exsurgat nocte et die, et semen germinet, et increscat dum nescit ille.

4:22-27 Οὐ γάρ ἐστίν τι κρυπτόν, ὃ ἐὰν μὴ φανερωθῇ· οὐδὲ ἐγένετο ἀπόκρυφον, ἀλλ' ἵνα εἰς φανερὸν ἔλθῃ. 23 Εἴ τις ἔχει ὦτα ἀκούειν ἀκουέτω. 24 Καὶ ἔλεγεν αὐτοῖς, Βλέπετε τί ἀκούετε. Ἐν ᾧ μέτρῳ μετρεῖτε μετρηθήσεται ὑμῖν, καὶ προστεθήσεται ὑμῖν τοῖς ἀκούουσιν. 25 Ὃς γὰρ ἂν ἔχῃ, δοθήσεται αὐτῷ· καὶ ὃς οὐκ ἔχει, καὶ ὃ ἔχει ἀρθήσεται ἀπ' αὐτοῦ. 26 Καὶ ἔλεγεν, Οὕτως ἐστὶν ἡ βασιλεία τοῦ θεοῦ, ὡς ἐὰν ἄνθρωπος βάλῃ τὸν σπόρον ἐπὶ τῆς γῆς, 27 καὶ καθεύδῃ καὶ ἐγείρηται νύκτα καὶ ἡμέραν, καὶ ὁ σπόρος βλαστάνῃ καὶ μηκύνηται ὡς οὐκ οἶδεν αὐτός.

4:22-27 For it is not hidden, unless in order that it would be made plainly visible; moreover, neither did it become a secret, but in order that it would come into plain sight. 23 If anyone has ears to be listening, keep listening!" 24 And he was saying to them, "Be aware what you are listening to: By which measure you are measuring, it will be measured to you and accounted to you. 25 For the one who has, it will be given to him; and the one who does not have, even what he has will be taken from him." 26 And he was saying, "Thus the kingdom of God is like a man who throws the seed on the ground 27 and sleeps and rises up, night and day, and the seed sprouts and grows; how, he himself does not know.

4:22-27 Denn es ist nichts verborgen, das es nicht offenbar werde, und ist nichts Heimliches, das nicht hervorkomme. 23 Wer Ohren hat, zu hören, der höre! 24 Und er sprach zu ihnen: Sehet zu, was ihr höret! Mit welcherlei Maß ihr messet, wird man euch wieder messen, und man wird noch zugeben euch, die ihr dies hört. 25 Denn wer da hat, dem wird gegeben; und wer nicht hat, von dem wird man nehmen, auch was er hat. 26 Und er sprach: Das Reich Gottes hat sich also, als wenn ein Mensch Samen aufs Land wirft 27 und schläft und steht auf Nacht und Tag; und der Same geht auf und wächst, daß er's nicht weiß.

4:22-27 Car il n'est rien de caché qui ne doive être découvert, rien de secret qui ne doive être mis au jour. 23 Si quelqu'un a des oreilles pour entendre, qu'il entende. 24 Il leur dit encore: Prenez garde à ce que vous entendez. On vous mesurera avec la mesure dont vous vous serez servis, et on y ajoutera pour vous. 25 Car on donnera à celui qui a; mais à celui qui n'a pas on ôtera même ce qu'il a. 26 Il dit encore: Il en est du royaume de Dieu comme quand un homme jette de la semence en terre; 27 qu'il dorme ou qu'il veille, nuit et jour, la semence germe et croît sans qu'il sache comment.

The Gospel of Mark

4:28 כִּי הָאָרֶץ מֵאֵלֶיהָ מוֹצִיאָה פְרִיָּהּ אֶת־הַדֶּשֶׁא רִאשׁוֹנָה וְאַחֲרָיו אֶת־הַשִּׁבֹּלֶת וְאַחֲרֵי־כֵן אֶת־הַחִטָּה הַמְלֵאָה בַּשִּׁבֹּלֶת: 29 וְכַאֲשֶׁר גָּמַל הַפְּרִי יְמַהֵר לִשְׁלֹחַ מַגָּל כִּי בָשַׁל קָצִיר: 30 וַיֹּאמַר אֶל־מָה נְדַמֶּה אֶת־מַלְכוּת הָאֱלֹהִים וּבְאֵי־זֶה מָשָׁל נַמְשִׁילֶנָּה: 31 כְּגַרְגַּר שֶׁל־חַרְדָּל אֲשֶׁר יִזָּרַע בָּאֲדָמָה וְהוּא קָטֹן מִכָּל־הַזְּרָעִים אֲשֶׁר עַל־הָאָרֶץ: 32 וְאַחֲרֵי הִזָּרְעוֹ יַעֲלֶה וְיִגְדַּל עַל־כָּל־הַיְרָקוֹת וְעָשָׂה עֲנָפִים גְּדוֹלִים עַד־אֲשֶׁר יְקַנְּנוּ עוֹף הַשָּׁמַיִם בְּצִלּוֹ:

4:28-32 Ultro enim terra fructificat, primum herbam, deinde spicam, deinde plenum frumentum in spica. ²⁹ Et cum produxerit fructus, statim mittit falcem, quoniam adest messis. ³⁰ Et dicebat: Cui assimilabimus regnum Dei? aut cui parabolae comparabimus illud? ³¹ Sicut granum sinapis, quod cum seminatum fuerit in terra, minus est omnibus seminibus, quae sunt in terra: ³² et cum seminatum fuerit, ascendit, et fit majus omnibus oleribus, et facit ramos magnos, ita ut possint sub umbra ejus aves caeli habitare.

4:28-32 Αὐτομάτη γὰρ ἡ γῆ καρποφορεῖ, πρῶτον χόρτον, εἶτα στάχυν, εἶτα πλήρη σῖτον ἐν τῷ στάχυϊ. ²⁹ Ὅταν δὲ παραδῷ ὁ καρπός, εὐθέως ἀποστέλλει τὸ δρέπανον, ὅτι παρέστηκεν ὁ θερισμός. ³⁰ Καὶ ἔλεγεν, Τίνι ὁμοιώσωμεν τὴν βασιλείαν τοῦ θεοῦ; Ἢ ἐν ποίᾳ παραβολῇ παραβάλωμεν αὐτήν; ³¹ Ὡς κόκκον σινάπεως, ὅς, ὅταν σπαρῇ ἐπὶ τῆς γῆς, μικρότερος πάντων τῶν σπερμάτων ἐστὶν τῶν ἐπὶ τῆς γῆς· ³² καὶ ὅταν σπαρῇ, ἀναβαίνει, καὶ γίνεται πάντων τῶν λαχάνων μεῖζον, καὶ ποιεῖ κλάδους μεγάλους, ὥστε δύνασθαι ὑπὸ τὴν σκιὰν αὐτοῦ τὰ πετεινὰ τοῦ οὐρανοῦ κατασκηνοῦν.

4:28-32 Automatically the ground bears fruit: first grass, then a stalk, then a full grain in the stalk. ²⁹ Additionally, whenever the fruit produces, straightaway he sends for the sickle because the harvest has come near." ³⁰ And he was saying, "How should we compare the Kingdom of God, or in what parable should we place it? ³¹ Like a grain of mustard, which, whenever it is scattered on the ground, being smaller than all of the seeds on the ground, ³² and whenever it is scattered, it comes up and becomes greater than all the garden-herbs and makes wide branches, so that the birds of the sky are able to dwell under its shade."

4:28-32 Denn die Erde bringt von selbst zum ersten das Gras, darnach die Ähren, darnach den vollen Weizen in den Ähren. ²⁹ Wenn sie aber die Frucht gebracht hat, so schickt er bald die Sichel hin; denn die Ernte ist da. ³⁰ Und er sprach: Wem wollen wir das Reich Gottes vergleichen, und durch welch Gleichnis wollen wir es vorbilden? ³¹ Gleichwie ein Senfkorn, wenn das gesät wird aufs Land, so ist's das kleinste unter allen Samen auf Erden; ³² und wenn es gesät ist, so nimmt es zu und wird größer denn alle Kohlkräuter und gewinnt große Zweige, also daß die Vögel unter dem Himmel unter seinem Schatten wohnen können.

4:28-32 La terre produit d'elle-même, d'abord l'herbe, puis l'épi, puis le grain tout formé dans l'épi; ²⁹ et, dès que le fruit est mûr, on y met la faucille, car la moisson est là. ³⁰ Il dit encore: À quoi comparerons-nous le royaume de Dieu, ou par quelle parabole le représenterons-nous? ³¹ Il est semblable à un grain de sénevé, qui, lorsqu'on le sème en terre, est la plus petite de toutes les semences qui sont sur la terre; ³² mais, lorsqu'il a été semé, il monte, devient plus grand que tous les légumes, et pousse de grandes branches, en sorte que les oiseaux du ciel peuvent habiter sous son ombre.

4:33 וּבִמְשָׁלִים רַבִּים כָּאֵלֶּה דִּבֶּר אֲלֵיהֶם אֶת־הַדָּבָר כְּפִי־אֲשֶׁר יָכְלוּ לִשְׁמֹעַ: 34 וּבִבְלִי מָשָׁל לֹא דִבֶּר אֲלֵיהֶם וְהָיָה בִהְיוֹת תַּלְמִידָיו עִמּוֹ וְאֵין אִישׁ אִתָּם יְבָאֵר לָהֶם אֶת־הַכֹּל: 35 וַיְהִי בַּיּוֹם הַהוּא לִפְנוֹת עֶרֶב וַיֹּאמֶר אֲלֵיהֶם נַעְבְּרָה אֶל־עֵבֶר הַיָּם: 36 וַיַּנִּיחוּ אֶת־הֲמוֹן הָעָם וַיִּקְחוּ אֹתוֹ בָאֳנִיָּה אֲשֶׁר הָיָה בָהּ וַאֳנִיּוֹת אֲחֵרוֹת הָלְכוּ אַחֲרָיו: 37 וַתָּקָם רוּחַ־סְעָרָה גְדוֹלָה וַיִּשְׁטְפוּ הַגַּלִּים אֶל־תּוֹךְ הָאֳנִיָּה עַד אֲשֶׁר־כִּמְעַט מָלֵאָה:

4:33-37 Et talibus multis parabolis loquebatur eis verbum, prout poterant audire: 34 sine parabola autem non loquebatur eis: seorsum autem discipulis suis disserebat omnia. 35 Et ait illis in illa die, cum sero esset factum: Transeamus contra. 36 Et dimittentes turbam, assumunt eum ita ut erat in navi: et aliae naves erant cum illo. 37 Et facta est procella magna venti, et fluctus mittebat in navim, ita ut impleretur navis.

4:33-37 Καὶ τοιαύταις παραβολαῖς πολλαῖς ἐλάλει αὐτοῖς τὸν λόγον, καθὼς ἐδύναντο ἀκούειν· 34 χωρὶς δὲ παραβολῆς οὐκ ἐλάλει αὐτοῖς· κατ' ἰδίαν δὲ τοῖς μαθηταῖς αὐτοῦ ἐπέλυεν πάντα. 35 Καὶ λέγει αὐτοῖς ἐν ἐκείνῃ τῇ ἡμέρᾳ, ὀψίας γενομένης, Διέλθωμεν εἰς τὸ πέραν. 36 Καὶ ἀφέντες τὸν ὄχλον, παραλαμβάνουσιν αὐτὸν ὡς ἦν ἐν τῷ πλοίῳ. Καὶ ἄλλα δὲ πλοιάρια ἦν μετ' αὐτοῦ. 37 Καὶ γίνεται λαῖλαψ ἀνέμου μεγάλη· τὰ δὲ κύματα ἐπέβαλλεν εἰς τὸ πλοῖον, ὥστε αὐτὸ ἤδη γεμίζεσθαι.

4:33-37 And with many parables such as these he was speaking to them the word, just as they were able to listen; 34 but without a parable he was not speaking to them, but in private to his own disciples he was explaining everything. 35 And he says to them on that *very* day when evening came, "Let us cross to the other side." 36 And after leaving the crowd, they took him along as he was in the boat and other boats were with him. 37 And a great gust of a wind arises and was throwing the waves into the boat, so that already the boat was being filled up.

4:33-37 Und durch viele solche Gleichnisse sagte er ihnen das Wort, nach dem sie es hören konnten. 34 Und ohne Gleichnis redete er nichts zu ihnen; aber insonderheit legte er's seinen Jüngern alles aus. 35 Und an demselben Tage des Abends sprach er zu ihnen: Laßt uns hinüberfahren. 36 Und sie ließen das Volk gehen und nahmen ihn, wie er im Schiff war; und es waren mehr Schiffe bei ihm. 37 Und es erhob sich ein großer Windwirbel und warf Wellen in das Schiff, also daß das Schiff voll ward.

4:33-37 C'est par beaucoup de paraboles de ce genre qu'il leur annonçait la parole, selon qu'ils étaient capables de l'entendre. 34 Il ne leur parlait point sans parabole; mais, en particulier, il expliquait tout à ses disciples. 35 Ce même jour, sur le soir, Jésus leur dit: Passons à l'autre bord. 36 Après avoir renvoyé la foule, ils l'emmenèrent dans la barque où il se trouvait; il y avait aussi d'autres barques avec lui. 37 Il s'éleva un grand tourbillon, et les flots se jetaient dans la barque, au point qu'elle se remplissait déjà.

4:38 וְהוּא יָשֵׁן עַל־הַכֶּסֶת בְּאַחֲרֵי הָאֳנִיָּה וַיָּעִירוּ אוֹתוֹ וַיֹּאמְרוּ אֵלָיו רַבִּי הֲלֹא תִדְאַג לָנוּ וַאֲנַחְנוּ אֹבְדִים: 39 וַיֵּעוֹר וַיִּגְעַר בָּרוּחַ וַיֹּאמֶר אֶל־הַיָּם הַס וָדֹם וַתִּשֹּׁךְ הָרוּחַ וַתְּהִי דְמָמָה רַבָּה: 40 וַיֹּאמֶר אֲלֵיהֶם לָמָה תֶּחֶרְדִים אַתֶּם אֵיךְ חֲסַרְתֶּם אֱמוּנָה: 41 וַיִּירְאוּ יִרְאָה גְדוֹלָה וַיֹּאמְרוּ אִישׁ אֶל־רֵעֵהוּ מִי אֵפוֹא הוּא אֲשֶׁר גַּם הָרוּחַ וְגַם הַיָּם שֹׁמְעִים לוֹ:

4:38-40 Et erat ipse in puppi super cervical dormiens: et excitant eum, et dicunt illi: Magister, non ad te pertinet, quia perimus? [39] Et exsurgens comminatus est vento, et dixit mari: Tace, obmutesce. Et cessavit ventus: et facta est tranquillitas magna. [40] Et ait illis: Quid timidi estis? necdum habetis fidem? et timuerunt timore magno, et dicebant ad alterutrum: Quis, putas, est iste, quia et ventus et mare obediunt ei?

4:38-41 Καὶ ἦν αὐτὸς ἐπὶ τῇ πρύμνῃ ἐπὶ τὸ προσκεφάλαιον καθεύδων· καὶ διεγείρουσιν αὐτόν, καὶ λέγουσιν αὐτῷ, Διδάσκαλε, οὐ μέλει σοι ὅτι ἀπολλύμεθα; [39] Καὶ διεγερθεὶς ἐπετίμησεν τῷ ἀνέμῳ, καὶ εἶπεν τῇ θαλάσσῃ, Σιώπα, πεφίμωσο. Καὶ ἐκόπασεν ὁ ἄνεμος, καὶ ἐγένετο γαλήνη μεγάλη. [40] Καὶ εἶπεν αὐτοῖς, Τί δειλοί ἐστε οὕτως; Πῶς οὐκ ἔχετε πίστιν; [41] Καὶ ἐφοβήθησαν φόβον μέγαν, καὶ ἔλεγον πρὸς ἀλλήλους, Τίς ἄρα οὗτός ἐστιν, ὅτι καὶ ὁ ἄνεμος καὶ ἡ θάλασσα ὑπακούουσιν αὐτῷ;

4:38-41 And he himself was in the stern on the pillow sleeping. And they wake him up and say to him, "Teacher, Doesn't it concern you that we are perishing? *Surely, yes!*" [39] And after awakened, he rebuked the wind and he said to the sea, "Be quiet, be silent!" And the wind stopped, and there came a great calm. [40] And he said to them, "Why are you cowardly? Don't you yet have faith? *Surely, Yes!*" [41] And they were afraid, very afraid, and they were saying to one another, "Who then is this, because both the wind and the sea obey him?"

4:38-41 Und er war hinten auf dem Schiff und schlief auf einem Kissen. Und sie weckten ihn auf und sprachen zu ihm: Meister, fragst du nichts darnach, daß wir verderben? [39] Und er stand auf und bedrohte den Wind und sprach zu dem Meer: Schweig und verstumme! Und der Wind legte sich, und es ward eine große Stille. [40] Und er sprach zu ihnen: Wie seid ihr so furchtsam? Wie, daß ihr keinen Glauben habt? [41] Und sie fürchteten sich sehr und sprachen untereinander: Wer ist der? denn Wind und Meer sind ihm gehorsam.

4:38-41 Et lui, il dormait à la poupe sur le coussin. Ils le réveillèrent, et lui dirent: Maître, ne t'inquiètes-tu pas de ce que nous périssons? [39] S'étant réveillé, il menaça le vent, et dit à la mer: Silence! tais-toi! Et le vent cessa, et il y eut un grand calme. [40] Puis il leur dit: Pourquoi avez-vous ainsi peur? Comment n'avez-vous point de foi? [41] Ils furent saisis d'une grande frayeur, et ils se dirent les uns aux autres: Quel est donc celui-ci, à qui obéissent même le vent et la mer?

The Gospel of Mark

5:1 וַיָּבֹאוּ אֶל־עֵבֶר הַיָּם אֶל־אֶרֶץ הַגַּדְרִים: ² הוּא יָצָא מִן־הָאֳנִיָּה וְהִנֵּה־אִישׁ אֲשֶׁר־רוּחַ טוּמְאָה בּוֹ בָּא לִקְרָאתוֹ מִבֵּין הַקְּבָרִים: ³ וּמוֹשָׁבוֹ בַּקְּבָרִים וְגַם בַּעֲבֹתִים לֹא־יָכֹל אִישׁ לְאָסְרוֹ: ⁴ כִּי־פְעָמִים הַרְבֵּה אֲסָרוּהוּ בִּכְבָלִים וּבַעֲבֹתִים וַיְנַתֵּק אֶת־הָעֲבֹתִים וַיְשַׁבֵּר אֶת־הַכְּבָלִים וְאִישׁ לֹא עָצַר כֹּחַ לְכָבְשׁוֹ: ⁵ וְהוּא תָמִיד לַיְלָה וְיוֹמָם בֶּהָרִים וּבַקְּבָרִים צֹעֵק וּפֹצֵעַ אֶת־עַצְמוֹ בָּאֲבָנִים:

5:1-5 Et venerunt trans fretum maris in regionem Gerasenorum. ² Et exeunti ei de navi, statim occurrit de monumentis homo in spiritu immundo, ³ qui domicilium habebat in monumentis, et neque catenis jam quisquam poterat eum ligare: ⁴ quoniam saepe compedibus et catenis vinctus, dirupisset catenas, et compedes comminuisset, et nemo poterat eum domare: ⁵ et semper die ac nocte in monumentis, et in montibus erat, clamans, et concidens se lapidibus.

5:1-5 Καὶ ἦλθον εἰς τὸ πέραν τῆς θαλάσσης, εἰς τὴν χώραν τῶν Γαδαρηνῶν. ² Καὶ ἐξελθόντι αὐτῷ ἐκ τοῦ πλοίου, εὐθέως ἀπήντησεν αὐτῷ ἐκ τῶν μνημείων ἄνθρωπος ἐν πνεύματι ἀκαθάρτῳ, ³ ὃς τὴν κατοίκησιν εἶχεν ἐν τοῖς μνήμασιν· καὶ οὔτε ἁλύσεσιν οὐδεὶς ἐδύνατο αὐτὸν δῆσαι, ⁴ διὰ τὸ αὐτὸν πολλάκις πέδαις καὶ ἁλύσεσι δεδέσθαι, καὶ διεσπᾶσθαι ὑπ' αὐτοῦ τὰς ἁλύσεις, καὶ τὰς πέδας συντετρῖφθαι· καὶ οὐδεὶς αὐτὸν ἴσχυεν δαμάσαι. ⁵ καὶ διὰ παντός, νυκτὸς καὶ ἡμέρας, ἐν τοῖς ὄρεσιν καὶ ἐν τοῖς μνήμασιν ἦν κράζων καὶ κατακόπτων ἑαυτὸν λίθοις.

5:1-5 And they went to the other side of the sea into the region of the Gerasenes. ² And after he came out from the boat, straightaway there met him from out of the tombs a person with an unclean spirit, ³ who was having his home in the tombs, and not even with a chain any longer was anyone able to bind him ⁴ because he, many times with shackles and chains, had been bound, and the chains had been torn apart by him, and the shackles had been crushed; and no one was being strong enough to subdue him. ⁵ And throughout every night and day in the tombs and on the mountains, he was crying out and cutting himself with stones.

5:1-5 Und sie kamen jenseits des Meers in die Gegend der Gadarener. ² Und als er aus dem Schiff trat, lief ihm alsbald entgegen aus den Gräbern ein besessener Mensch mit einem unsaubern Geist, ³ der seine Wohnung in den Gräbern hatte; und niemand konnte ihn binden, auch nicht mit Ketten. ⁴ Denn er war oft mit Fesseln und Ketten gebunden gewesen, und hatte die Ketten abgerissen und die Fesseln zerrieben; und niemand konnte ihn zähmen. ⁵ Und er war allezeit, Tag und Nacht, auf den Bergen und in den Gräbern, schrie und schlug sich mit Steinen.

5:1-5 Ils arrivèrent à l'autre bord de la mer, dans le pays des Gadaréniens. ² Aussitôt que Jésus fut hors de la barque, il vint au-devant de lui un homme, sortant des sépulcres, et possédé d'un esprit impur. ³ Cet homme avait sa demeure dans les sépulcres, et personne ne pouvait plus le lier, même avec une chaîne. ⁴ Car souvent il avait eu les fers aux pieds et avait été lié de chaînes, mais il avait rompu les chaînes et brisé les fers, et personne n'avait la force de le dompter. ⁵ Il était sans cesse, nuit et jour, dans les sépulcres et sur les montagnes, criant, et se meurtrissant avec des pierres.

5:6 וַיְהִי כִּרְאֹתוֹ אֶת־יֵשׁוּעַ מֵרָחוֹק וַיָּרָץ וַיִּשְׁתַּחוּ לוֹ: ⁷ וַיִּזְעַק קוֹל גָּדוֹל וַיֹּאמֶר מַה־לִּי וָלָךְ יֵשׁוּעַ בֶּן־אֵל עֶלְיוֹן הִנְנִי מַשְׁבִּיעֲךָ בֵּאלֹהִים אֲשֶׁר לֹא תְעַנֵּנִי: ⁸ כִּי הוּא אָמַר אֵלָיו צֵא רוּחַ הַטֻּמְאָה מִן־הָאָדָם הַזֶּה: ⁹ וַיִּשְׁאַל אֹתוֹ מַה־שְּׁמֶךָ וַיַּעַן וַיֹּאמֶר לִגְיוֹן שְׁמִי כִּי־רַבִּים אֲנָחְנוּ: ¹⁰ וַיִּתְחַנֵּן אֵלָיו מְאֹד לְבִלְתִּי שַׁלְּחָם אֶל־מִחוּץ לָאָרֶץ: ¹¹ וְעֵדֶר חֲזִירִים רַבִּים הָיָה שָׁם רֹעֶה בְּמוֹרַד הֶהָרִים:

5:6-11 Videns autem Jesum a longe, cucurrit, et adoravit eum: ⁷ et clamans voce magna dixit: Quid mihi et tibi, Jesu Fili Dei altissimi? adjuro te per Deum, ne me torqueas. ⁸ Dicebat enim illi: Exi spiritus immunde ab homine. ⁹ Et interrogabat eum: Quod tibi nomen est? Et dicit ei: Legio mihi nomen est, quia multi sumus. ¹⁰ Et deprecabatur eum multum, ne se expelleret extra regionem. ¹¹ Erat autem ibi circa montem grex porcorum magnus, pascens.

5:6-11 Ἰδὼν δὲ τὸν Ἰησοῦν ἀπὸ μακρόθεν, ἔδραμεν καὶ προσεκύνησεν αὐτῷ, ⁷ καὶ κράξας φωνῇ μεγάλῃ εἶπεν, Τί ἐμοὶ καὶ σοί, Ἰησοῦ, υἱὲ τοῦ θεοῦ τοῦ ὑψίστου; Ὁρκίζω σε τὸν θεόν, μή με βασανίσῃς. ⁸ Ἔλεγεν γὰρ αὐτῷ, Ἔξελθε, τὸ πνεῦμα τὸ ἀκάθαρτον, ἐκ τοῦ ἀνθρώπου. ⁹ Καὶ ἐπηρώτα αὐτόν, Τί σοι ὄνομα; Καὶ ἀπεκρίθη, λέγων, Λεγεὼν ὄνομά μοι, ὅτι πολλοί ἐσμεν. ¹⁰ Καὶ παρεκάλει αὐτὸν πολλά, ἵνα μὴ αὐτοὺς ἀποστείλῃ ἔξω τῆς χώρας. ¹¹ Ἦν δὲ ἐκεῖ πρὸς τῷ ὄρει ἀγέλη χοίρων μεγάλη βοσκομένη·

5:6-11 And after seeing Jesus from afar, he ran and fell down prostrate before him, ⁷ and, after crying out in a loud voice, he says, "What do our affairs *have to do* with yours, Jesus, Son of the God Most High? I am imploring you before God, do not torture me!" ⁸ For he was saying to him, "Come out, unclean spirit, from the person!" ⁹ And he was asking him, "What is your name?" And he says to him, "Legion is my name, because we are many " ¹⁰ And he was imploring him a lot, in order that he would not be sent outside of the region. ¹¹ Now there at the mountain was a large herd of pigs feeding.

5:6-11 Da er aber Jesum sah von ferne, lief er zu und fiel vor ihm nieder, schrie laut und sprach: ⁷ Was habe ich mit dir zu tun, o Jesu, du Sohn Gottes, des Allerhöchsten? Ich beschwöre dich bei Gott, daß du mich nicht quälest! ⁸ Denn er sprach zu ihm: Fahre aus, du unsauberer Geist, von dem Menschen! ⁹ Und er fragte ihn: Wie heißt du? Und er antwortete und sprach: Legion heiße ich; denn wir sind unser viele. ¹⁰ Und er bat ihn sehr, daß er sie nicht aus der Gegend triebe. ¹¹ Und es war daselbst an den Bergen eine große Herde Säue auf der Weide.

5:6-11 Ayant vu Jésus de loin, il accourut, se prosterna devant lui, ⁷ et s'écria d'une voix forte: Qu'y a-t-il entre moi et toi, Jésus, Fils du Dieu Très-Haut? Je t'en conjure au nom de Dieu, ne me tourmente pas. ⁸ Car Jésus lui disait: Sors de cet homme, esprit impur! ⁹ Et, il lui demanda: Quel est ton nom? Légion est mon nom, lui répondit-il, car nous sommes plusieurs. ¹⁰ Et il le priait instamment de ne pas les envoyer hors du pays. ¹¹ Il y avait là, vers la montagne, un grand troupeau de pourceaux qui paissaient.

The Gospel of Mark

5:12 וַיִּתְחַנְנוּ־לוֹ כָּל־הַשֵּׁדִים לֵאמֹר שְׁלָחֵנוּ אֶל־הַחֲזִירִים וְנָבֹאָה אֶל־תּוֹכָם: ¹³ וַיַּנַּח לָהֶם וַיֵּצְאוּ רוּחוֹת הַטֻּמְאָה וַיָּבֹאוּ בַּחֲזִירִים וַיִּשְׁתָּעֵר הָעֵדֶר מִן־הַמּוֹרָד אֶל־הַיָּם וְהֵם כְּאַלְפַּיִם בְּמִסְפָּר וַיִּטֻּבְּעוּ בַיָּם: ¹⁴ וַיָּנוּסוּ רֹעֵי הַחֲזִירִים וַיַּגִּידוּ אֶת־הַדָּבָר בָּעִיר וּבַשָּׂדוֹת וַיֵּצְאוּ לִרְאוֹת אֵת־אֲשֶׁר־נִהְיָתָה: ¹⁵ וַיָּבֹאוּ אֶל־יֵשׁוּעַ וַיִּרְאוּ אֶת־אָחוּז הַשֵּׁדִים אֲשֶׁר הַלִּגְיוֹן בּוֹ וְהוּא יוֹשֵׁב מְלוּבָּשׁ בְּגָדִים וְטוֹב־שֵׂכֶל וַיִּירָאוּ:

5:12-15 Et deprecabantur eum spiritus, dicentes: Mitte nos in porcos ut in eos introëamus. ¹³ Et concessit eis statim Jesus. Et exeuntes spiritus immundi introierunt in porcos: et magno impetu grex praecipitatus est in mare ad duo millia, et suffocati sunt in mari. ¹⁴ Qui autem pascebant eos, fugerunt, et nuntiaverunt in civitatem et in agros. Et egressi sunt videre quid esset factum: ¹⁵ et veniunt ad Jesum: et vident illum qui a daemonio vexabatur, sedentem, vestitum, et sanae mentis, et timuerunt.

5:12-15 καὶ παρεκάλεσαν αὐτὸν πάντες οἱ δαίμονες, λέγοντες, Πέμψον ἡμᾶς εἰς τοὺς χοίρους, ἵνα εἰς αὐτοὺς εἰσέλθωμεν. ¹³ Καὶ ἐπέτρεψεν αὐτοῖς εὐθέως ὁ Ἰησοῦς. Καὶ ἐξελθόντα τὰ πνεύματα τὰ ἀκάθαρτα εἰσῆλθον εἰς τοὺς χοίρους· καὶ ὥρμησεν ἡ ἀγέλη κατὰ τοῦ κρημνοῦ εἰς τὴν θάλασσαν· ἦσαν δὲ ὡς δισχίλιοι· καὶ ἐπνίγοντο ἐν τῇ θαλάσσῃ. ¹⁴ Οἱ δὲ βόσκοντες τοὺς χοίρους ἔφυγον, καὶ ἀνήγγειλαν εἰς τὴν πόλιν καὶ εἰς τοὺς ἀγρούς. Καὶ ἐξῆλθον ἰδεῖν τί ἐστιν τὸ γεγονός. ¹⁵ καὶ ἔρχονται πρὸς τὸν Ἰησοῦν, καὶ θεωροῦσιν τὸν δαιμονιζόμενον καθήμενον καὶ ἱματισμένον καὶ σωφρονοῦντα, τὸν ἐσχηκότα τὸν Λεγεῶνα· καὶ ἐφοβήθησαν.

5:12-15 And they also begged him saying, "Send us into the pigs, in order that we would enter into them." ¹³ And he permitted them. And after going out, the unclean spirits entered into the pigs, and the herd rushed down the bank into the sea, about two thousand, and they were drowning in the sea. ¹⁴ And the ones feeding them fled and brought a report into the city and into the fields. And they came to see what it was that had happened. ¹⁵ And they come to Jesus, and they observe the demon-possessed person sitting, having been dressed and thinking clearly—the one who had had the legion—and they became afraid.

5:12-15 Und die Teufel baten ihn alle und sprachen: Laß uns in die Säue fahren! ¹³ Und alsbald erlaubte es ihnen Jesus. Da fuhren die unsauberen Geister aus und fuhren in die Säue; und die Herde stürzte sich von dem Abhang ins Meer (ihrer waren aber bei zweitausend) und ersoffen im Meer. ¹⁴ Und die Sauhirten flohen und verkündigten das in der Stadt und auf dem Lande. Und sie gingen hinaus, zu sehen, was da geschehen war, ¹⁵ und kamen zu Jesu und sahen den, der von den Teufeln besessen war, daß er saß und war bekleidet und vernünftig, und fürchteten sich.

5:12-15 Et les démons le prièrent, disant: Envoie-nous dans ces pourceaux, afin que nous entrions en eux. ¹³ Il le leur permit. Et les esprits impurs sortirent, entrèrent dans les pourceaux, et le troupeau se précipita des pentes escarpées dans la mer: il y en avait environ deux mille, et ils se noyèrent dans la mer. ¹⁴ Ceux qui les faisaient paître s'enfuirent, et répandirent la nouvelle dans la ville et dans les campagnes. Les gens allèrent voir ce qui était arrivé. ¹⁵ Ils vinrent auprès de Jésus, et ils virent le démoniaque, celui qui avait eu la légion, assis, vêtu, et dans son bon sens; et ils furent saisis de frayeur.

5:16 וַיַּגִּידוּ לָהֶם הָרֹאִים אֵת־אֲשֶׁר נַעֲשָׂה לַאֲחוּז הַשֵּׁדִים וְאֶת־דְּבַר הַחֲזִירִים: [17] וַיִּתְחַנְנוּ לוֹ לָסוּר מִגְּבוּלֵיהֶם: [18] וַיְהִי בְּרִדְתּוֹ אֶל־הָאֳנִיָּה וַיִּתְחַנֶּן אֵלָיו הָאִישׁ אֲשֶׁר הָיָה אֲחוּז שֵׁדִים לְתִתּוֹ לָשֶׁבֶת עִמּוֹ: [19] וְלֹא הִנִּיחַ לוֹ וַיֹּאמֶר אֵלָיו שׁוּב לְבֵיתְךָ אֶל־מִשְׁפַּחְתֶּךָ וְהַגֵּד לָהֶם אֶת־הַגְּדֹלוֹת אֲשֶׁר־עָשָׂה לְךָ יְהוָה וַיְחֻנֶּךָּ: [20] וַיֵּלֶךְ וַיִּקְרָא בְּעֶשֶׂר הֶעָרִים אֶת־הַגְּדֹלוֹת אֲשֶׁר־עָשָׂה לוֹ יֵשׁוּעַ וַיִּתְמְהוּ כֻּלָּם:

5:16-20 Et narraverunt illis, qui viderant, qualiter factum esset ei qui daemonium habuerat, et de porcis. [17] Et rogare coeperunt eum ut discederet de finibus eorum. [18] Cumque ascenderet navim, coepit illum deprecari, qui a daemonio vexatus fuerat, ut esset cum illo, [19] et non admisit eum, sed ait illi: Vade in domum tuam ad tuos, et annuntia illis quanta tibi Dominus fecerit, et misertus sit tui. [20] Et abiit, et coepit praedicare in Decapoli, quanta sibi fecisset Jesus: et omnes mirabantur.

5:16-20 Διηγήσαντο δὲ αὐτοῖς οἱ ἰδόντες πῶς ἐγένετο τῷ δαιμονιζομένῳ, καὶ περὶ τῶν χοίρων. [17] Καὶ ἤρξαντο παρακαλεῖν αὐτὸν ἀπελθεῖν ἀπὸ τῶν ὁρίων αὐτῶν. [18] Καὶ ἐμβάντος αὐτοῦ εἰς τὸ πλοῖον, παρεκάλει αὐτὸν ὁ δαιμονισθείς, ἵνα ᾖ μετ' αὐτοῦ. [19] Ὁ δὲ Ἰησοῦς οὐκ ἀφῆκεν αὐτόν, ἀλλὰ λέγει αὐτῷ, Ὕπαγε εἰς τὸν οἶκόν σου πρὸς τοὺς σούς, καὶ ἀνάγγειλον αὐτοῖς ὅσα σοι ὁ κύριος πεποίηκεν, καὶ ἠλέησέν σε. [20] Καὶ ἀπῆλθεν καὶ ἤρξατο κηρύσσειν ἐν τῇ Δεκαπόλει ὅσα ἐποίησεν αὐτῷ ὁ Ἰησοῦς· καὶ πάντες ἐθαύμαζον.

5:16-20 And the ones who had seen reported to them how it happened to the demon-possessed man and concerning the pigs. [17] And they began to implore him to depart from their regions. [18] And while he was entering the boat, the man having been demon-possessed was imploring him that he would be with him. [19] And he did not permit him, but he tells him, "Go into your house to those belonging to you, and report to them how much the Lord has done for you and showed mercy to you." [20] And he departed and began to proclaim in Decapolis how much Jesus had done for him, and they all were marveling.

5:16-20 Und die es gesehen hatten, sagten ihnen, was dem Besessenen widerfahren war, und von den Säuen. [17] Und sie fingen an und baten ihn, daß er aus ihrer Gegend zöge. [18] Und da er in das Schiff trat, bat ihn der Besessene, daß er möchte bei ihm sein. [19] Aber Jesus ließ es nicht zu, sondern sprach zu ihm: Gehe hin in dein Haus und zu den Deinen und verkündige ihnen, wie große Wohltat dir der HERR getan und sich deiner erbarmt hat. [20] Und er ging hin und fing an, auszurufen in den zehn Städten, wie große Wohltat ihm Jesus getan hatte; und jedermann verwunderte sich.

5:16-20 Ceux qui avaient vu ce qui s'était passé leur racontèrent ce qui était arrivé au démoniaque et aux pourceaux. [17] Alors ils se mirent à supplier Jésus de quitter leur territoire. [18] Comme il montait dans la barque, celui qui avait été démoniaque lui demanda la permission de rester avec lui. [19] Jésus ne le lui permit pas, mais il lui dit: Va dans ta maison, vers les tiens, et raconte-leur tout ce que le Seigneur t'a fait, et comment il a eu pitié de toi. [20] Il s'en alla, et se mit à publier dans la Décapole tout ce que Jésus avait fait pour lui. Et tous furent dans l'étonnement.

The Gospel of Mark

5:21 וַיֵּשֶׁב יֵשׁוּעַ לַעֲבֹר בָּאֳנִיָּה אֶל־עֵבֶר הַיָּם וַיִּקָּהֵל אֵלָיו הָמוֹן רַב וְהוּא עַל־שְׂפַת הַיָּם: ²²וְהִנֵּה־בָא אֶחָד מֵרָאשֵׁי הַכְּנֶסֶת וּשְׁמוֹ יָאִיר וַיַּרְא אֹתוֹ וַיִּפֹּל לְרַגְלָיו: ²³ וַיִּתְחַנֶּן אֵלָיו מְאֹד לֵאמֹר בִּתִּי הַקְּטַנָּה חָלְתָה עַד־לָמוּת אָנָּא בוֹא־נָא וְשִׂים יָדֶיךָ עָלֶיהָ לְמַעַן תִּוָּשַׁע וְתִחְיֶה: ²⁴וַיֵּלֶךְ אִתּוֹ וַיֵּלְכוּ אַחֲרָיו הָמוֹן רַב וַיִּדְחָקוּהוּ: ²⁵ וְאִשָּׁה הָיְתָה בְזוֹב דָּמֶיהָ שְׁתֵּים עֶשְׂרֵה שָׁנָה:

5:21-25 Et cum transcendisset Jesus in navi rursum trans fretum, convenit turba multa ad eum, et erat circa mare. ²² Et venit quidam de archisynagogis nomine Jairus, et videns eum procidit ad pedes ejus, ²³ et deprecabatur eum multum, dicens: Quoniam filia mea in extremis est, veni, impone manum super eam, ut salva sit, et vivat. ²⁴ Et abiit cum illo, et sequebatur eum turba multa, et comprimebant eum. ²⁵ Et mulier, quae erat in profluvio sanguinis annis duodecim,

5:21-25 Καὶ διαπεράσαντος τοῦ Ἰησοῦ ἐν τῷ πλοίῳ πάλιν εἰς τὸ πέραν, συνήχθη ὄχλος πολὺς ἐπ' αὐτόν, καὶ ἦν παρὰ τὴν θάλασσαν. ²² Καὶ ἰδού, ἔρχεται εἷς τῶν ἀρχισυναγώγων, ὀνόματι Ἰάειρος, καὶ ἰδὼν αὐτόν, πίπτει πρὸς τοὺς πόδας αὐτοῦ, ²³ καὶ παρεκάλει αὐτὸν πολλά, λέγων ὅτι Τὸ θυγάτριόν μου ἐσχάτως ἔχει· ἵνα ἐλθὼν ἐπιθῇς αὐτῇ τὰς χεῖρας, ὅπως σωθῇ καὶ ζήσεται. ²⁴ Καὶ ἀπῆλθεν μετ' αὐτοῦ· καὶ ἠκολούθει αὐτῷ ὄχλος πολύς, καὶ συνέθλιβον αὐτόν. ²⁵ Καὶ γυνή τις οὖσα ἐν ῥύσει αἵματος ἔτη δώδεκα,

5:21-25 And after Jesus crossed over in the boat, again on the other side a large crowd gathered to him, and he was by the sea. ²² And there comes one of the synagogue officials, named Jairus, and, after seeing him, he falls before his feet ²³ and implores him many things, saying this: "My daughter is at her end; so that, after coming, you would place your hands upon her in order that she would be restored and live." ²⁴ And he departed with him. And a great crowd was following him and pressing in on him. ²⁵ And a woman, being with a flow of blood for twelve years,

5:21-25 Und da Jesus wieder herüberfuhr im Schiff, versammelte sich viel Volks zu ihm, und er war an dem Meer. ²² Und siehe, da kam der Obersten einer von der Schule, mit Namen Jairus; und da er ihn sah, fiel er ihm zu Füßen ²³ und bat ihn sehr und sprach: Meine Tochter ist in den letzten Zügen; Du wollest kommen und deine Hand auf sie legen, daß sie gesund werde und lebe. ²⁴ Und er ging hin mit ihm; und es folgte ihm viel Volks nach, und sie drängten ihn. ²⁵ Und da war ein Weib, das hatte den Blutgang zwölf Jahre gehabt

5:21-25 Jésus dans la barque regagna l'autre rive, où une grande foule s'assembla près de lui. Il était au bord de la mer. ²² Alors vint un des chefs de la synagogue, nommé Jaïrus, qui, l'ayant aperçu, se jeta à ses pieds, ²³ et lui adressa cette instante prière: Ma petite fille est à l'extrémité, viens, impose-lui les mains, afin qu'elle soit sauvée et qu'elle vive. ²⁴ Jésus s'en alla avec lui. Et une grande foule le suivait et le pressait. ²⁵ Or, il y avait une femme atteinte d'une perte de sang depuis douze ans.

5:26 וְהִיא נַעֲנָה הַרְבֵּה תַּחַת יְדֵי רֹפְאִים רַבִּים וְהוֹצִיאָה אֶת־כָּל אֲשֶׁר־לָהּ וְלֹא לְהוֹעִיל כִּי אִם כְּבָדָה מַחֲלָתָהּ מְאֹד: ²⁷ וַיְהִי כְּשָׁמְעָהּ אֶת־שֵׁמַע יֵשׁוּעַ וַתָּבוֹא בְּתוֹךְ הֲמוֹן הָעָם מֵאַחֲרָיו וַתִּגַּע בְּבִגְדוֹ: ²⁸ כִּי אָמְרָה אַךְ אִגַּע בִּבְגָדָיו וְאִוָּשֵׁעָה: ²⁹ וַיִּיבַשׁ מְקוֹר דָּמֶיהָ פִּתְאֹם וַתָּבֶן בִּבְשָׂרָהּ כִּי נִרְפָּא נִגְעָהּ: ³⁰ וּבְרֶגַע יָדַע יֵשׁוּעַ בְּנַפְשׁוֹ כִּי גְבוּרָה יָצְאָה מִמֶּנּוּ וַיִּפֶן בְּתוֹךְ הָעָם וַיֹּאמֶר מִי נָגַע בִּבְגָדָי:

5:26-30 et fuerat multa perpessa a compluribus medicis: et erogaverat omnia sua, nec quidquam profecerat, sed magis deterius habebat: ²⁷ cum audisset de Jesu, venit in turba retro, et tetigit vestimentum ejus: ²⁸ dicebat enim: Quia si vel vestimentum ejus tetigero, salva ero. ²⁹ Et confestim siccatus est fons sanguinis ejus: et sensit corpore quia sanata esset a plaga. ³⁰ Et statim Jesus in semetipso cognoscens virtutem quae exierat de illo, conversus ad turbam, aiebat: Quis tetigit vestimenta mea?

5:26-30 καὶ πολλὰ παθοῦσα ὑπὸ πολλῶν ἰατρῶν, καὶ δαπανήσασα τὰ παρ' αὐτῆς πάντα, καὶ μηδὲν ὠφεληθεῖσα, ἀλλὰ μᾶλλον εἰς τὸ χεῖρον ἐλθοῦσα, ²⁷ ἀκούσασα περὶ τοῦ Ἰησοῦ, ἐλθοῦσα ἐν τῷ ὄχλῳ ὄπισθεν, ἥψατο τοῦ ἱματίου αὐτοῦ· ²⁸ ἔλεγεν γὰρ ὅτι Κἂν τῶν ἱματίων αὐτοῦ ἅψωμαι, σωθήσομαι. ²⁹ Καὶ εὐθέως ἐξηράνθη ἡ πηγὴ τοῦ αἵματος αὐτῆς, καὶ ἔγνω τῷ σώματι ὅτι ἴαται ἀπὸ τῆς μάστιγος. ³⁰ Καὶ εὐθέως ὁ Ἰησοῦς ἐπιγνοὺς ἐν ἑαυτῷ τὴν ἐξ αὐτοῦ δύναμιν ἐξελθοῦσαν, ἐπιστραφεὶς ἐν τῷ ὄχλῳ, ἔλεγεν, Τίς μου ἥψατο τῶν ἱματίων;

5:26-30 and having suffered many things by many physicians and having spent everything belonging to her, and having benefitted nothing but rather to a greater degree having come worse, ²⁷ after hearing about Jesus, after coming come in the crowd from behind, she touched his clothing. ²⁸ For she was saying this: "If I touch even his clothes, I would be restored." ²⁹ And straightway the flow of her blood dried up, and she knew in body that she had been healed from the affliction. ³⁰ And straightaway Jesus, after knowing in himself that the power had gone out from him, turning in the crowd, was saying: "Who touched my clothes?"

5:26-30 und viel erlitten von vielen Ärzten und hatte all ihr Gut darob verzehrt, und half ihr nichts, sondern vielmehr ward es ärger mit ihr. ²⁷ Da die von Jesu hörte, kam sie im Volk von hintenzu und rührte sein Kleid an. ²⁸ Denn sie sprach: Wenn ich nur sein Kleid möchte anrühren, so würde ich gesund. ²⁹ Und alsbald vertrocknete der Brunnen ihres Bluts; und sie fühlte es am Leibe, daß sie von ihrer Plage war gesund geworden. ³⁰ Und Jesus fühlte alsbald an sich selbst die Kraft, die von ihm ausgegangen war, und wandte sich um zum Volk und sprach: Wer hat meine Kleider angerührt?

5:26-30 Elle avait beaucoup souffert entre les mains de plusieurs médecins, elle avait dépensé tout ce qu'elle possédait, et elle n'avait éprouvé aucun soulagement, mais était allée plutôt en empirant. ²⁷ Ayant entendu parler de Jésus, elle vint dans la foule par derrière, et toucha son vêtement. ²⁸ Car elle disait: Si je puis seulement toucher ses vêtements, je serai guérie. ²⁹ Au même instant la perte de sang s'arrêta, et elle sentit dans son corps qu'elle était guérie de son mal. ³⁰ Jésus connut aussitôt en lui-même qu'une force était sortie de lui; et, se retournant au milieu de la foule, il dit: Qui a touché mes vêtements?

5:31 וַיֹּאמְרוּ אֵלָיו תַּלְמִידָיו הִנֵּה רֹאֶה אֶת־הֶהָמוֹן דּוֹחֵק אֹתָךְ וְאָמַרְתָּ מִי־נָגַע בִּי: ³² וַיַּבֵּט סָבִיב לִרְאוֹת אֶת־אֲשֶׁר עָשְׂתָה זֹּאת: ³³ וְהָאִשָּׁה יָרְאָה וְחָרְדָה כִּי יָדְעָה אֶת־אֲשֶׁר נַעֲשָׂה לָהּ וַתָּבֹא וַתִּפֹּל לְפָנָיו וַתַּגֶּד־לוֹ אֵת כָּל הָאֱמֶת: ³⁴ וַיֹּאמֶר אֵלֶיהָ בִּתִּי אֱמוּנָתֵךְ הוֹשִׁיעָה לָךְ לְכִי לְשָׁלוֹם וְחָיִית מִנִּגְעֵךְ: ³⁵ עוֹדֶנּוּ מְדַבֵּר וְהִנֵּה אֲנָשִׁים בָּאִים מִבֵּית־רֹאשׁ הַכְּנֶסֶת וַיֹּאמְרוּ בִּתְּךָ מֵתָה לָמָּה תַּטְרִיחַ־עוֹד אֶת הַמּוֹרֶה:

5:31-35 Et dicebant ei discipuli sui: Vides turbam comprimentem te, et dicis: Quis me tetigit? ³² Et circumspiciebat videre eam, quae hoc fecerat. ³³ Mulier vero timens et tremens, sciens quod factum esset in se, venit et procidit ante eum, et dixit ei omnem veritatem. ³⁴ Ille autem dixit ei: Filia, fides tua te salvam fecit: vade in pace, et esto sana a plaga tua. ³⁵ Adhuc eo loquente, veniunt ab archisynagogo, dicentes: Quia filia tua mortua est: quid ultra vexas magistrum?

5:31-35 Καὶ ἔλεγον αὐτῷ οἱ μαθηταὶ αὐτοῦ, Βλέπεις τὸν ὄχλον συνθλίβοντά σε, καὶ λέγεις, Τίς μου ἥψατο; ³² Καὶ περιεβλέπετο ἰδεῖν τὴν τοῦτο ποιήσασαν. ³³ Ἡ δὲ γυνὴ φοβηθεῖσα καὶ τρέμουσα, εἰδυῖα ὃ γέγονεν ἐπ' αὐτῇ, ἦλθεν καὶ προσέπεσεν αὐτῷ, καὶ εἶπεν αὐτῷ πᾶσαν τὴν ἀλήθειαν. ³⁴ Ὁ δὲ εἶπεν αὐτῇ, Θύγατερ, ἡ πίστις σου σέσωκέν σε· ὕπαγε εἰς εἰρήνην, καὶ ἴσθι ὑγιὴς ἀπὸ τῆς μάστιγός σου. ³⁵ Ἔτι αὐτοῦ λαλοῦντος, ἔρχονται ἀπὸ τοῦ ἀρχισυναγώγου, λέγοντες ὅτι Ἡ θυγάτηρ σου ἀπέθανεν· τί ἔτι σκύλλεις τὸν διδάσκαλον;

5:31-35 And his disciples were saying to him, "You see the crowd pressing against you, and you are saying, 'Who touched me?'" ³² And he was looking around to see the woman who had done this. ³³ Well, the woman, fearing and trembling, after knowing what had happened to her, came and fell down before him and told him all the truth. ³⁴ Then, he said to her, "Daughter, your faith has saved you; go in peace, and be healthy from your affliction." ³⁵ While he was still speaking, they come from the synagogue ruler come, saying this: "Your daughter died; why are you still bothering the teacher?"

5:31-35 Und die Jünger sprachen zu ihm: Du siehst, daß dich das Volk drängt, und sprichst: Wer hat mich angerührt? ³² Und er sah sich um nach der, die das getan hatte. ³³ Das Weib aber fürchtete sich und zitterte (denn sie wußte, was an ihr geschehen war), kam und fiel vor ihm nieder und sagte die ganze Wahrheit. ³⁴ Er sprach aber zu ihr; Meine Tochter, Dein Glaube hat dich gesund gemacht; gehe hin mit Frieden und sei gesund von deiner Plage! ³⁵ Da er noch also redete, kamen etliche vom Gesinde des Obersten der Schule und sprachen: Deine Tochter ist gestorben; was bemühst du weiter den Meister?

5:31-35 Ses disciples lui dirent: Tu vois la foule qui te presse, et tu dis: Qui m'a touché? ³² Et il regardait autour de lui, pour voir celle qui avait fait cela. ³³ La femme, effrayée et tremblante, sachant ce qui s'était passé en elle, vint se jeter à ses pieds, et lui dit toute la vérité. ³⁴ Mais Jésus lui dit: Ma fille, ta foi t'a sauvée; va en paix, et sois guérie de ton mal. ³⁵ Comme il parlait encore, survinrent de chez le chef de la synagogue des gens qui dirent: Ta fille est morte; pourquoi importuner davantage le maître?

5:36 וְכִשְׁמֹעַ יֵשׁוּעַ אֶת־הַדָּבָר אֲשֶׁר דִּבֵּרוּ אֶל־רֹאשׁ הַכְּנֶסֶת וַיֹּאמֶר אֶל־רֹאשׁ הַכְּנֶסֶת אַל־תִּירָא רַק הַאֲמִינָה: 37 וְלֹא נָתַן אִישׁ לָלֶכֶת אִתּוֹ זוּלָתִי פֶּטְרוֹס וְיַעֲקֹב וְיוֹחָנָן אֲחִי יַעֲקֹב: 38 וַיָּבֹא בֵּית־רֹאשׁ הַכְּנֶסֶת וַיַּרְא מְהוּמַת הַבֹּכִים וְהַמְיַלְלִים בְּקוֹל גָּדוֹל: 39 וַיָּבֹא וַיֹּאמֶר אֲלֵיהֶם מַה־תֶּהֱמוּ וְתִבְכּוּ הַנַּעֲרָה לֹא מֵתָה אַךְ־יְשֵׁנָה הִיא:

5:36-39 Jesus autem audito verbo quod dicebatur, ait archisynagogo: Noli timere: tantummodo crede. 37 Et non admisit quemquam se sequi nisi Petrum, et Jacobum, et Joannem fratrem Jacobi. 38 Et veniunt in domum archisynagogi, et videt tumultum, et flentes, et ejulantes multum. 39 Et ingressus, ait illis: Quid turbamini, et ploratis? puella non est mortua, sed dormit.

5:36-39 Ὁ δὲ Ἰησοῦς εὐθέως ἀκούσας τὸν λόγον λαλούμενον λέγει τῷ ἀρχισυναγώγῳ, Μὴ φοβοῦ, μόνον πίστευε. 37 Καὶ οὐκ ἀφῆκεν οὐδένα αὐτῷ συνακολουθῆσαι, εἰ μὴ Πέτρον καὶ Ἰάκωβον καὶ Ἰωάννην τὸν ἀδελφὸν Ἰακώβου. 38 Καὶ ἔρχεται εἰς τὸν οἶκον τοῦ ἀρχισυναγώγου, καὶ θεωρεῖ θόρυβον, κλαίοντας καὶ ἀλαλάζοντας πολλά. 39 Καὶ εἰσελθὼν λέγει αὐτοῖς, Τί θορυβεῖσθε καὶ κλαίετε; Τὸ παιδίον οὐκ ἀπέθανεν, ἀλλὰ καθεύδει.

5:36-39 But Jesus, after overhearing the word being spoken, says to the synagogue ruler, "Do not fear, only believe!" 37 And he did not permit any one with him to follow, except Peter and James and John, the brother of James. 38 And they go into the house of the synagogue ruler, and observe an uproar and people weeping and wailing a lot, 39 and, after entering, he says to them, "Why are you making an uproar and crying? The child did not die but is sleeping."

5:36-39 Jesus aber hörte alsbald die Rede, die da gesagt ward, und sprach zu dem Obersten der Schule: Fürchte dich nicht, glaube nur! 37 Und ließ niemand ihm nachfolgen denn Petrus und Jakobus und Johannes, den Bruder des Jakobus. 38 Und er kam in das Haus des Obersten der Schule und sah das Getümmel und die da weinten und heulten. 39 Und er ging hinein und sprach zu ihnen: Was tummelt und weinet ihr? Das Kind ist nicht gestorben, sondern es schläft. Und sie verlachten ihn.

5:36-39 Mais Jésus, sans tenir compte de ces paroles, dit au chef de la synagogue: Ne crains pas, crois seulement. 37 Et il ne permit à personne de l'accompagner, si ce n'est à Pierre, à Jacques, et à Jean, frère de Jacques. 38 Ils arrivèrent à la maison du chef de la synagogue, où Jésus vit une foule bruyante et des gens qui pleuraient et poussaient de grands cris. 39 Il entra, et leur dit: Pourquoi faites-vous du bruit, et pourquoi pleurez-vous? L'enfant n'est pas morte, mais elle dort.

5:40 וַיִּשְׂחֲקוּ לוֹ וְהוּא הוֹצִיא אֶת־כּוּלָם וַיִּקַּח אֶת־אֲבִי הַנַּעֲרָה וְאֶת־אִמָּהּ וְהָאֲנָשִׁים אֲשֶׁר אִתּוֹ וַיָּבֹא אֶל־הַחֶדֶר אֲשֶׁר־שָׁם שֹׁכֶבֶת הַנַּעֲרָה: ⁴¹ וַיֹּאחֶז בְּיַד הַנַּעֲרָה וַיֹּאמֶר אֵלֶיהָ טְלִיתָא קוּמִי פֵּרוּשׁוֹ יַלְדָּה אֲנִי אֹמֵר לָךְ קוּמִי נָא: ⁴² וּמִיָּד קָמָה הַיַּלְדָּה וַתִּתְהַלֵּךְ וְהִיא בַּת־שְׁתֵּים עֶשְׂרֵה שָׁנָה וַיִּשֹּׁמּוּ שַׁמָּה גְדוֹלָה: ⁴³ וַיַּזְהֵר אוֹתָם מְאֹד לֵאמֹר אַל־יִוָּדַע הַדָּבָר לְאִישׁ וַיְצַו לָתֶת לָהּ לֶאֱכוֹל:

5:40-43 Et irridebant eum. Ipse vero ejectis omnibus assumit patrem, et matrem puellae, et qui secum erant, et ingreditur ubi puella erat jacens. ⁴¹ Et tenens manum puellae, ait illi: Talitha cumi, quod est interpretatum: Puella (tibi dico), surge. ⁴² Et confestim surrexit puella, et ambulabat: erat autem annorum duodecim: et obstupuerunt stupore magno. ⁴³ Et praecepit illis vehementer ut nemo id sciret: et dixit dari illi manducare.

5:40-43 Καὶ κατεγέλων αὐτοῦ. Ὁ δέ, ἐκβαλὼν πάντας, παραλαμβάνει τὸν πατέρα τοῦ παιδίου καὶ τὴν μητέρα καὶ τοὺς μετ' αὐτοῦ, καὶ εἰσπορεύεται ὅπου ἦν τὸ παιδίον ἀνακείμενον. ⁴¹ Καὶ κρατήσας τῆς χειρὸς τοῦ παιδίου, λέγει αὐτῇ, Ταλιθά, κοῦμι· ὅ ἐστιν μεθερμηνευόμενον, Τὸ κοράσιον, σοὶ λέγω, ἔγειραι. ⁴² Καὶ εὐθέως ἀνέστη τὸ κοράσιον καὶ περιεπάτει, ἦν γὰρ ἐτῶν δώδεκα· καὶ ἐξέστησαν ἐκστάσει μεγάλῃ. ⁴³ Καὶ διεστείλατο αὐτοῖς πολλὰ ἵνα μηδεὶς γνῷ τοῦτο· καὶ εἶπεν δοθῆναι αὐτῇ φαγεῖν.

5:40-43 And they were laughing at him. But, after throwing out everyone, he takes along the father of the child and the mother and those with him, and walks up to where the child was. ⁴¹ And after grasping the hand of the child, he says to her, "'Talitha cum!' which is translated, 'Little girl,' I am saying to you, 'Arise!'" ⁴² And straightaway the little girl arose and was walking around, for she was twelve years old. And straightaway they were bewildered with great astonishment. ⁴³ And he commanded them many things, in order that nobody should know this, and he said that *something* should be given to her to eat.

5:40-43 Und er trieb sie alle aus und nahm mit sich den Vater des Kindes und die Mutter die bei ihm waren, und ging hinein, da das Kind lag, ⁴¹ und ergriff das Kind bei der Hand und sprach zu ihr: Talitha kumi! das ist verdolmetscht: Mägdlein, ich sage dir stehe auf! ⁴² Und alsbald stand das Mägdlein auf und wandelte; es war aber zwölf Jahre alt. Und sie entsetzten sich über die Maßen. ⁴³ Und er verbot ihnen hart, daß es niemand wissen sollte, und sagte, sie sollten ihr zu essen geben.

5:40-43 Et ils se moquaient de lui. Alors, ayant fait sortir tout le monde, il prit avec lui le père et la mère de l'enfant, et ceux qui l'avaient accompagné, et il entra là où était l'enfant. ⁴¹ Il la saisit par la main, et lui dit: Talitha koumi, ce qui signifie: Jeune fille, lève-toi, je te le dis. ⁴² Aussitôt la jeune fille se leva, et se mit à marcher; car elle avait douze ans. Et ils furent dans un grand étonnement. ⁴³ Jésus leur adressa de fortes recommandations, pour que personne ne sût la chose; et il dit qu'on donnât à manger à la jeune fille.

The Gospel of Mark

6:1 וַיֵּצֵא מִשָּׁם וַיָּבֹא אֶל־אַרְצוֹ וַיֵּלְכוּ אַחֲרָיו תַּלְמִידָיו: ² וַיְהִי בְּיוֹם הַשַּׁבָּת וַיָּחֶל לְלַמֵּד בְּבֵית הַכְּנֶסֶת וַיִּשְׁמְעוּ רַבִּים וַיִּשְׁתּוֹמֲמוּ וַיֹּאמְרוּ מֵאַיִן לָאִישׁ הַזֶּה כָּאֵלֶּה וּמַה הַחָכְמָה הַנְּתוּנָה לוֹ עַד־אֲשֶׁר נַעֲשׂוּ גְבוּרוֹת כָּאֵלֶּה עַל־יָדָיו: ³ הֲלֹא הוּא הֶחָרָשׁ בֶּן־מִרְיָם וַאֲחִי יַעֲקֹב וְיוֹסֵי וִיהוּדָה וְשִׁמְעוֹן וַהֲלֹא אַחְיוֹתָיו אִתָּנוּ פֹּה וַיְהִי לָהֶם לְמִכְשׁוֹל:

6:1-3 Et egressus inde, abiit in patriam suam: et sequebantur eum discipuli sui: ² et facto sabbato coepit in synagoga docere: et multi audientes admirabantur in doctrina ejus, dicentes: Unde huic haec omnia? et quae est sapientia, quae data est illi, et virtutes tales, quae per manus ejus efficiuntur? ³ Nonne hic est faber, filius Mariae, frater Jacobi, et Joseph, et Judae, et Simonis? nonne et sorores ejus hic nobiscum sunt? Et scandalizabantur in illo.

6:1-3 Καὶ ἐξῆλθεν ἐκεῖθεν, καὶ ἦλθεν εἰς τὴν πατρίδα αὐτοῦ· καὶ ἀκολουθοῦσιν αὐτῷ οἱ μαθηταὶ αὐτοῦ. ² Καὶ γενομένου σαββάτου, ἤρξατο ἐν τῇ συναγωγῇ διδάσκειν· καὶ πολλοὶ ἀκούοντες ἐξεπλήσσοντο, λέγοντες, Πόθεν τούτῳ ταῦτα; Καὶ τίς ἡ σοφία ἡ δοθεῖσα αὐτῷ, καὶ δυνάμεις τοιαῦται διὰ τῶν χειρῶν αὐτοῦ γίνονται; ³ Οὐχ οὗτός ἐστιν ὁ τέκτων, ὁ υἱὸς Μαρίας, ἀδελφὸς δὲ Ἰακώβου καὶ Ἰωσῆ καὶ Ἰούδα καὶ Σίμωνος; Καὶ οὐκ εἰσὶν αἱ ἀδελφαὶ αὐτοῦ ὧδε πρὸς ἡμᾶς; Καὶ ἐσκανδαλίζοντο ἐν αὐτῷ.

6:1-3 And he went out from there, and goes into his own hometown, and his disciples follow him. ² And after the Sabbath came, he began to teach in the synagogue; and the many hearing were marveling saying, "From where *do* these things *come* to this man? And what wisdom is given to this man, and such miracles as these being done by his hands? ³ Is this not the craftsman, the son of Mary and brother of Jacob and Joses and Judas and Simon? *Yes!* And are not his sisters right here with us?" *Yes!* And they were taking offense at him.

6:1-3 Und er ging aus von da und kam in seine Vaterstadt; und seine Jünger folgten ihm nach. ² Und da der Sabbat kam, hob er an zu lehren in ihrer Schule. Und viele, die es hörten, verwunderten sich seiner Lehre und sprachen: Woher kommt dem solches? Und was für Weisheit ist's, die ihm gegeben ist, und solche Taten, die durch seine Hände geschehen? ³ Ist er nicht der Zimmermann, Marias Sohn, und der Bruder des Jakobus und Joses und Judas und Simon? Sind nicht auch seine Schwestern allhier bei uns? Und sie ärgerten sich an ihm.

6:1-3 Jésus partit de là, et se rendit dans sa patrie. Ses disciples le suivirent. ² Quand le sabbat fut venu, il se mit à enseigner dans la synagogue. Beaucoup de gens qui l'entendirent étaient étonnés et disaient: D'où lui viennent ces choses? Quelle est cette sagesse qui lui a été donnée, et comment de tels miracles se font-ils par ses mains? ³ N'est-ce pas le charpentier, le fils de Marie, le frère de Jacques, de Joses, de Jude et de Simon? et ses soeurs ne sont-elles pas ici parmi nous? Et il était pour eux une occasion de chute.

6:4 וַיֹּאמֶר אֲלֵיהֶם יֵשׁוּעַ אֵין הַנָּבִיא נִקְלֶה כִּי אִם־בְּאַרְצוֹ וּבֵין קְרוֹבָיו וּבְבֵיתוֹ: ⁵ וְלֹא יָכֹל לַעֲשׂוֹת שָׁם כָּל־גְּבוּרָה רַק חַלָּשִׁים מְעַטִּים שָׂם יָדָיו עֲלֵיהֶם וַיִּרְפָּאֵם: ⁶ וַיִּתְמַהּ עַל־חֶסְרוֹן אֱמוּנָתָם וַיַּעֲבֹר בַּכְּפָרִים מִסָּבִיב וַיְלַמֵּד: ⁷ וַיִּקְרָא אֶל־שְׁנֵים הֶעָשָׂר וַיָּחֶל לִשְׁלֹחַ אוֹתָם שְׁנַיִם שְׁנַיִם וַיִּתֵּן לָהֶם שָׁלְטָן עַל־רוּחוֹת הַטֻּמְאָה: ⁸ וַיְצַו עֲלֵיהֶם אֲשֶׁר לֹא־יִקְחוּ מְאוּמָה לַדֶּרֶךְ זוּלָתִי מַקֵּל לְבַדּוֹ לֹא תַרְמִיל וְלֹא לֶחֶם וְלֹא מָעוֹת בַּחֲגוֹרָה:

6:4-8 Et dicebat illis Jesus: Quia non est propheta sine honore nisi in patria sua, et in domo sua, et in cognatione sua. ⁵ Et non poterat ibi virtutem ullam facere, nisi paucos infirmos impositis manibus curavit: ⁶ et mirabatur propter incredulitatem eorum, et circuibat castella in circuitu docens. ⁷ Et vocavit duodecim: et coepit eos mittere binos, et dabat illis potestatem spirituum immundorum. ⁸ Et praecepit eis ne quid tollerent in via, nisi virgam tantum: non peram, non panem, neque in zona aes,

6:4-8 Ἔλεγεν δὲ αὐτοῖς ὁ Ἰησοῦς ὅτι Οὐκ ἔστιν προφήτης ἄτιμος, εἰ μὴ ἐν τῇ πατρίδι αὐτοῦ, καὶ ἐν τοῖς συγγενέσιν καὶ ἐν τῇ οἰκίᾳ αὐτοῦ. ⁵ Καὶ οὐκ ἠδύνατο ἐκεῖ οὐδεμίαν δύναμιν ποιῆσαι, εἰ μὴ ὀλίγοις ἀρρώστοις ἐπιθεὶς τὰς χεῖρας, ἐθεράπευσεν. ⁶ Καὶ ἐθαύμαζεν διὰ τὴν ἀπιστίαν αὐτῶν. Καὶ περιῆγεν τὰς κώμας κύκλῳ διδάσκων. ⁷ Καὶ προσκαλεῖται τοὺς δώδεκα, καὶ ἤρξατο αὐτοὺς ἀποστέλλειν δύο δύο, καὶ ἐδίδου αὐτοῖς ἐξουσίαν τῶν πνευμάτων τῶν ἀκαθάρτων. ⁸ Καὶ παρήγγειλεν αὐτοῖς ἵνα μηδὲν αἴρωσιν εἰς ὁδόν, εἰ μὴ ῥάβδον μόνον· μὴ πήραν, μὴ ἄρτον, μὴ εἰς τὴν ζώνην χαλκόν·

6:4-8 And Jesus was saying to them this: "A prophet is not without honor except in his hometown and among his relatives and in his own house." ⁵ And he was not able to do there even one miracle, except after laying hands on a few sick ones, he healed them. ⁶ And he was marveling because of their lack of faith. And he we was going around the villages in a circuit teaching. ⁷ And he calls to the twelve, and he began to send them two-by-two, and he was giving them authority over unclean-spirits, ⁸ and he gave instructions to them that they should bring nothing on the road except a single staff, neither bread, nor purse, nor coin in the money belt,

6:4-8 Jesus aber sprach zu ihnen: Ein Prophet gilt nirgend weniger denn im Vaterland und daheim bei den Seinen. ⁵ Und er konnte allda nicht eine einzige Tat tun; außer wenig Siechen legte er die Hände auf und heilte sie. ⁶ Und er verwunderte sich ihres Unglaubens. Und er ging umher in die Flecken im Kreis und lehrte sie. ⁷ Und er berief die Zwölf und hob an und sandte sie je zwei und zwei und gab ihnen Macht über die unsauberen Geister, ⁸ und gebot ihnen, daß sie nichts bei sich trügen auf dem Wege denn allein einen Stab, keine Tasche, kein Brot, kein Geld im Gürtel,

6:4-8 Mais Jésus leur dit: Un prophète n'est méprisé que dans sa patrie, parmi ses parents, et dans sa maison. ⁵ Il ne put faire là aucun miracle, si ce n'est qu'il imposa les mains à quelques malades et les guérit. ⁶ Et il s'étonnait de leur incrédulité. Jésus parcourait les villages d'alentour, en enseignant. ⁷ Alors il appela les douze, et il commença à les envoyer deux à deux, en leur donnant pouvoir sur les esprits impurs. ⁸ Il leur prescrivit de ne rien prendre pour le voyage, si ce n'est un bâton; de n'avoir ni pain, ni sac, ni monnaie dans la ceinture;

6:9 וְלִהְיוֹת נְעוּלֵי סַנְדָּל וּשְׁתֵּי כֻתֳּנוֹת לֹא יִלְבָּשׁוּ: ¹⁰ וַיֹּאמֶר אֲלֵיהֶם כִּי תָבֹאוּ בֵית־אִישׁ בְּאַחַד הַמְּקוֹמוֹת שְׁבוּ־בוֹ עַד כִּי־תֵצְאוּ מִשָּׁם: ¹¹ וְכָל־אֲשֶׁר לֹא־יַאַסְפוּ אֶתְכֶם וְלֹא יִשְׁמְעוּ אֲלֵיכֶם צְאוּ מִשָּׁם וְנַעֲרוּ אֶת־עֲפַר כַּפּוֹת רַגְלֵיכֶם לְעֵדוּת לָהֶם אָמֵן אֲנִי אֹמֵר לָכֶם לִסְדֹם וְלַעֲמֹרָה יֵקַל בְּיוֹם הַדִּין מִן־הָעִיר הַהִיא: ¹² וַיֵּצְאוּ וַיִּקְרְאוּ לָשׁוּב בִּתְשׁוּבָה: ¹³ וַיְגָרְשׁוּ שֵׁדִים רַבִּים וַיָּסוּכוּ בַשֶּׁמֶן חֹלָשִׁים רַבִּים וַיִּרְפָּאוּם:

6:9-13 sed calceatos sandaliis, et ne induerentur duabus tunicis. ¹⁰ Et dicebat eis: Quocumque introieritis in domum, illic manete donec exeatis inde: ¹¹ et quicumque non receperint vos, nec audierint vos, exeuntes inde, excutite pulverem de pedibus vestris in testimonium illis. ¹² Et exeuntes praedicabant ut poenitentiam agerent: ¹³ et daemonia multa ejiciebant, et ungebant oleo multos aegros, et sanabant.

6:9-13 ἀλλ' ὑποδεδεμένους σανδάλια· καὶ μὴ ἐνδύσησθε δύο χιτῶνας. ¹⁰ Καὶ ἔλεγεν αὐτοῖς, Ὅπου ἐὰν εἰσέλθητε εἰς οἰκίαν, ἐκεῖ μένετε ἕως ἂν ἐξέλθητε ἐκεῖθεν. ¹¹ Καὶ ὅσοι ἂν μὴ δέξωνται ὑμᾶς, μηδὲ ἀκούσωσιν ὑμῶν, ἐκπορευόμενοι ἐκεῖθεν, ἐκτινάξατε τὸν χοῦν τὸν ὑποκάτω τῶν ποδῶν ὑμῶν εἰς μαρτύριον αὐτοῖς. Ἀμὴν λέγω ὑμῖν, ἀνεκτότερον ἔσται Σοδόμοις ἢ Γομόρροις ἐν ἡμέρᾳ κρίσεως, ἢ τῇ πόλει ἐκείνῃ. ¹² Καὶ ἐξελθόντες ἐκήρυσσον ἵνα μετανοήσωσιν· ¹³ καὶ δαιμόνια πολλὰ ἐξέβαλλον, καὶ ἤλειφον ἐλαίῳ πολλοὺς ἀρρώστους καὶ ἐθεράπευον.

6:9-13 but wearing the sandals, and "You *all* shall not wear two coats!" ¹⁰ And he was saying to them, "Wherever you enter into a house, there remain until you leave from there. ¹¹ "And whichever place neither receives nor hears you, while departing from there, shake off the dust underneath your feet as testimony against them." ¹² And after going out, they preached in order that they would repent. ¹³ And they were casting out many demons, and they were anointing with oil many sick people, and they were healing them.

6:9-13 aber wären geschuht, und daß sie nicht zwei Röcke anzögen. ¹⁰ Und sprach zu ihnen: Wo ihr in ein Haus gehen werdet, da bleibet bis ihr von dannen zieht. ¹¹ Und welche euch nicht aufnehmen noch hören, da gehet von dannen heraus und schüttelt den Staub ab von euren Füßen zu einem Zeugnis über sie. Ich sage euch wahrlich: Es wird Sodom und Gomorrha am Jüngsten Gericht erträglicher gehen denn solcher Stadt. ¹² Und sie gingen aus und predigten, man sollte Buße tun, ¹³ und trieben viele Teufel aus und salbten viele Sieche mit Öl und machten sie gesund.

6:9-13 de chausser des sandales, et de ne pas revêtir deux tuniques. ¹⁰ Puis il leur dit: Dans quelque maison que vous entriez, restez-y jusqu'à ce que vous partiez de ce lieu. ¹¹ Et, s'il y a quelque part des gens qui ne vous reçoivent ni ne vous écoutent, retirez-vous de là, et secouez la poussière de vos pieds, afin que cela leur serve de témoignage. ¹² Ils partirent, et ils prêchèrent la repentance. ¹³ Ils chassaient beaucoup de démons, et ils oignaient d'huile beaucoup de malades et les guérissaient.

6:14 וַיִּשְׁמַע הַמֶּלֶךְ הוֹרְדוֹס שָׁמְעוֹ כִּי נוֹדַע שְׁמוֹ וַיֹּאמֶר יוֹחָנָן הַמַּטְבִּיל נֵעוֹר מִן־הַמֵּתִים וְעַל־כֵּן פֹּעֲלִים בּוֹ הַכֹּחוֹת: 15 וְיֵשׁ אֹמְרִים כִּי אֵלִיָּהוּ הוּא וַאֲחֵרִים אָמְרוּ כִּי־נָבִיא הוּא אוֹ כְּאַחַד הַנְּבִיאִים: 16 וַיִּשְׁמַע הוֹרְדוֹס וַיֹּאמֶר יוֹחָנָן אֲשֶׁר אָנֹכִי נָשָׂאתִי אֶת־רֹאשׁוֹ מֵעָלָיו הוּא קָם מִן־הַמֵּתִים: 17 כִּי הוּא הוֹרְדוֹס שָׁלַח וַיִּתְפֹּשׂ אֶת־יוֹחָנָן וַיַּאַסְרֵהוּ בְּבֵית הַסֹּהַר בִּגְלַל הוֹרוֹדְיָה אֵשֶׁת פִּילִפּוֹס אָחִיו אֲשֶׁר לְקָחָהּ לוֹ לְאִשָּׁה:

6:14-17 Et audivit rex Herodes (manifestum enim factum est nomen ejus), et dicebat: Quia Joannes Baptista resurrexit a mortuis: et propterea virtutes operantur in illo. 15 Alii autem dicebant: Quia Elias est; alii vero dicebant: Quia propheta est, quasi unus ex prophetis. 16 Quo audito Herodes ait: Quem ego decollavi Joannem, hic a mortuis resurrexit. 17 Ipse enim Herodes misit, ac tenuit Joannem, et vinxit eum in carcere propter Herodiadem uxorem Philippi fratris sui, quia duxerat eam.

6:14-17 Καὶ ἤκουσεν ὁ βασιλεὺς Ἡρῴδης, φανερὸν γὰρ ἐγένετο τὸ ὄνομα αὐτοῦ, καὶ ἔλεγεν ὅτι Ἰωάννης ὁ βαπτίζων ἐκ νεκρῶν ἠγέρθη, καὶ διὰ τοῦτο ἐνεργοῦσιν αἱ δυνάμεις ἐν αὐτῷ. 15 Ἄλλοι ἔλεγον ὅτι Ἡλίας ἐστίν· ἄλλοι δὲ ἔλεγον ὅτι Προφήτης ἐστίν, ὡς εἷς τῶν προφητῶν. 16 Ἀκούσας δὲ Ἡρῴδης εἶπεν ὅτι Ὃν ἐγὼ ἀπεκεφάλισα Ἰωάννην, οὗτός ἐστιν· αὐτὸς ἠγέρθη ἐκ νεκρῶν. 17 Αὐτὸς γὰρ ὁ Ἡρῴδης ἀποστείλας ἐκράτησεν τὸν Ἰωάννην, καὶ ἔδησεν αὐτὸν ἐν φυλακῇ, διὰ Ἡρῳδιάδα τὴν γυναῖκα Φιλίππου τοῦ ἀδελφοῦ αὐτοῦ, ὅτι αὐτὴν ἐγάμησεν.

6:14-17 And King Herod heard, for his name became known, and they were saying this: "John the one baptizing has been raised from the dead, and on account of this miracles are working in him." 15 But others were saying this: "He is Elijah." Additionally, others were saying this: "He is a prophet, like one of the prophets.'" 16 But after hearing, Herod was saying, "John, whom I myself beheaded, this one is raised up." 17 For Herod himself, after sending after, seized John and bound him in prison for the sake of Herodias, his brother Philip's wife, because he married her.

6:14-17 Und es kam vor den König Herodes (denn sein Name war nun bekannt) und er sprach: Johannes der Täufer ist von den Toten auferstanden, darum tut er solche Taten. 15 Etliche aber sprachen: Er ist Elia; etliche aber: Er ist ein Prophet oder einer von den Propheten. 16 Da es aber Herodes hörte, sprach er: Es ist Johannes, den ich enthauptet habe; der ist von den Toten auferstanden. 17 Er aber, Herodes, hatte ausgesandt und Johannes gegriffen und ins Gefängnis gelegt um der Herodias willen, seines Bruders Philippus Weib; denn er hatte sie gefreit.

6:14-17 Le roi Hérode entendit parler de Jésus, dont le nom était devenu célèbre, et il dit: Jean Baptiste est ressuscité des morts, et c'est pour cela qu'il se fait par lui des miracles. 15 D'autres disaient: C'est Élie. Et d'autres disaient: C'est un prophète comme l'un des prophètes. 16 Mais Hérode, en apprenant cela, disait: Ce Jean que j'ai fait décapiter, c'est lui qui est ressuscité. 17 Car Hérode lui-même avait fait arrêter Jean, et l'avait fait lier en prison, à cause d'Hérodias, femme de Philippe, son frère, parce qu'il l'avait épousée,

6:18 כִּי יוֹחָנָן אָמַר אֶל־הוֹרְדוֹס אֵשֶׁת אָחִיךָ אֵינֶנָּה מוּתֶּרֶת לָךְ: ¹⁹ וַתִּשְׂטֹם אוֹתוֹ הוֹרוֹדִיָה וַתְּבַקֵּשׁ הֲמִיתוֹ וְלֹא מְצָאָה: ²⁰ כִּי הוֹרְדוֹס יָרֵא אֶת־יוֹחָנָן בַּאֲשֶׁר יָדַע כִּי־אִישׁ צַדִּיק וְקָדוֹשׁ הוּא וַיִּשְׁמֹר עָלָיו וְהַרְבֵּה עָשָׂה וַיֶּעֱרַב לוֹ לִשְׁמֹעַ אֹתוֹ: ²¹ וַיְהִי הַיּוֹם הַמּוּכְשָׁר כַּאֲשֶׁר עָשָׂה הוֹרְדוֹס מִשְׁתֶּה בְּיוֹם הֻלֶּדֶת אֹתוֹ לִגְדוֹלָיו וּלְשָׂרֵי הָאֲלָפִים וּלְרָאשֵׁי הַגָּלִיל:

6:18-21 Dicebat enim Joannes Herodi: Non licet tibi habere uxorem fratris tui. ¹⁹ Herodias autem insidiabatur illi: et volebat occidere eum, nec poterat. ²⁰ Herodes enim metuebat Joannem, sciens eum virum justum et sanctum: et custodiebat eum, et audito eo multa faciebat, et libenter eum audiebat. ²¹ Et cum dies opportunus accidisset, Herodes natalis sui coenam fecit principibus, et tribunis, et primis Galilaeae:

6:18-21 Ἔλεγεν γὰρ ὁ Ἰωάννης τῷ Ἡρῴδη ὅτι Οὐκ ἔξεστίν σοι ἔχειν τὴν γυναῖκα τοῦ ἀδελφοῦ σου. ¹⁹ Ἡ δὲ Ἡρῳδιὰς ἐνεῖχεν αὐτῷ, καὶ ἤθελεν αὐτὸν ἀποκτεῖναι· καὶ οὐκ ἠδύνατο. ²⁰ ὁ γὰρ Ἡρῴδης ἐφοβεῖτο τὸν Ἰωάννην, εἰδὼς αὐτὸν ἄνδρα δίκαιον καὶ ἅγιον, καὶ συνετήρει αὐτόν· καὶ ἀκούσας αὐτοῦ, πολλὰ ἐποίει, καὶ ἡδέως αὐτοῦ ἤκουεν. ²¹ Καὶ γενομένης ἡμέρας εὐκαίρου, ὅτε Ἡρῴδης τοῖς γενεσίοις αὐτοῦ δεῖπνον ἐποίει τοῖς μεγιστᾶσιν αὐτοῦ καὶ τοῖς χιλιάρχοις καὶ τοῖς πρώτοις τῆς Γαλιλαίας,

6:18-21 For John was saying to Herod this: "It is not allowed for you to have the wife of your brother." ¹⁹ Moreover, Herodias was holding a grudge against him and was wanting to kill him, and she was not able; ²⁰ for Herod was fearing John, knowing him *to be* a righteous and holy man, and he was protecting him, and after hearing him about many things, he was growing perplexed and with pleasure he was listening to him. ²¹ And after an opportune day happened, when Herod on his birthday made a dinner for his great men and for the military commanders and for the first men of Galilee,

6:18-21 Johannes aber sprach zu Herodes: Es ist nicht recht, daß du deines Bruders Weib habest. ¹⁹ Herodias aber stellte ihm nach und wollte ihn töten, und konnte nicht. ²⁰ Herodes aber fürchtete Johannes; denn er wußte, daß er ein frommer und heiliger Mann war; und verwahrte ihn und gehorchte ihm in vielen Sachen und hörte ihn gern. ²¹ Und es kam ein gelegener Tag, daß Herodes auf seinen Jahrestag ein Abendmahl gab den Obersten und Hauptleuten und Vornehmsten in Galiläa.

6:18-21 et que Jean lui disait: Il ne t'est pas permis d'avoir la femme de ton frère. ¹⁹ Hérodias était irritée contre Jean, et voulait le faire mourir. Mais elle ne le pouvait; ²⁰ car Hérode craignait Jean, le connaissant pour un homme juste et saint; il le protégeait, et, après l'avoir entendu, il était souvent perplexe, et l'écoutait avec plaisir. ²¹ Cependant, un jour propice arriva, lorsque Hérode, à l'anniversaire de sa naissance, donna un festin à ses grands, aux chefs militaires et aux principaux de la Galilée.

The Gospel of Mark

6:22 וַתָּבֹא בַת־הוֹרוֹדְיָה וַתְּרַקֵּד וַתִּיטַב בְּעֵינֵי הוֹרְדוֹס וּבְעֵינֵי הַמְסוּבִּים עִמּוֹ וַיֹּאמֶר הַמֶּלֶךְ אֶל־הַנַּעֲרָה שַׁאֲלִי מִמֶּנִּי אֶת־אֲשֶׁר תַּחְפְּצִי וְאֶתֵּן לָךְ: 23 וַיִּשָּׁבַע לָהּ לֵאמֹר כָּל־אֲשֶׁר תִּשְׁאֲלִי מִמֶּנִּי אֶתֶּן־לָךְ עַד־חֲצִי הַמַּלְכוּת: 24 וַתֵּצֵא וַתֹּאמֶר לְאִמָּהּ מָה אֶשְׁאָל וַתֹּאמֶר אֶת־רֹאשׁ יוֹחָנָן הַמַּטְבִּיל: 25 וַתְּמַהֵר מְאֹד לָבוֹא אֶל־הַמֶּלֶךְ וַתִּשְׁאַל לֵאמֹר רְצוֹנִי שֶׁתִּתֵּן לִי עַתָּה בַּקְּעָרָה אֶת־רֹאשׁ יוֹחָנָן הַמַּטְבִּיל:

6:22-25 cumque introisset filia ipsius Herodiadis, et saltasset, et placuisset Herodi, simulque recumbentibus, rex ait puellae: Pete a me quod vis, et dabo tibi: 23 et juravit illi: Quia quidquid petieris dabo tibi, licet dimidium regni mei. 24 Quae cum exisset, dixit matri suae: Quid petam? At illa dixit: Caput Joannis Baptistae. 25 Cumque introisset statim cum festinatione ad regem, petivit dicens: Volo ut protinus des mihi in disco caput Joannis Baptistae.

6:22-25 καὶ εἰσελθούσης τῆς θυγατρὸς αὐτῆς τῆς Ἡρωδιάδος καὶ ὀρχησαμένης, καὶ ἀρεσάσης τῷ Ἡρώδῃ καὶ τοῖς συνανακειμένοις, εἶπεν ὁ βασιλεὺς τῷ κορασίῳ, Αἴτησόν με ὃ ἐὰν θέλῃς, καὶ δώσω σοί· 23 καὶ ὤμοσεν αὐτῇ ὅτι Ὃ ἐάν με αἰτήσῃς, δώσω σοί, ἕως ἡμίσους τῆς βασιλείας μου. 24 Ἡ δὲ ἐξελθοῦσα εἶπεν τῇ μητρὶ αὐτῆς, Τί αἰτήσομαι; Ἡ δὲ εἶπεν, Τὴν κεφαλὴν Ἰωάννου τοῦ βαπτιστοῦ. 25 Καὶ εἰσελθοῦσα εὐθέως μετὰ σπουδῆς πρὸς τὸν βασιλέα, ᾐτήσατο, λέγουσα, Θέλω ἵνα μοι δῷς ἐξαυτῆς ἐπὶ πίνακι τὴν κεφαλὴν Ἰωάννου τοῦ βαπτιστοῦ.

6:22-25 and after the daughter of Herodias entered and danced and pleased Herod and those reclining together, the king said to the young girl, "Ask me whatever you want, and I will give it to you." 23 And he swore to her, "Whatever thing you ask me, I will give you up to half of my kingdom." 24 And after going out, she said to her mother, "What shall I ask for myself?" And she said, "The head of John, the one baptizing." 25 And after entering immediately with haste to the king, she asked saying, "I want that right now you give me upon a platter the head of John the Baptist."

6:22-25 Da trat hinein die Tochter der Herodias und tanzte, und gefiel wohl dem Herodes und denen die am Tisch saßen. Da sprach der König zu dem Mägdlein: Bitte von mir, was du willst, ich will dir's geben. 23 Und er schwur ihr einen Eid: Was du wirst von mir bitten, will ich dir geben, bis an die Hälfte meines Königreiches. 24 Sie ging hinaus und sprach zu ihrer Mutter: Was soll ich bitten? Die sprach: Das Haupt Johannes des Täufers. 25 Und sie ging alsbald hinein mit Eile zum König, bat und sprach: Ich will, daß du mir gebest jetzt zur Stunde auf einer Schüssel das Haupt Johannes des Täufers.

6:22-25 La fille d'Hérodias entra dans la salle; elle dansa, et plut à Hérode et à ses convives. Le roi dit à la jeune fille: Demande-moi ce que tu voudras, et je te le donnerai. 23 Il ajouta avec serment: Ce que tu me demanderas, je te le donnerai, fût-ce la moitié de mon royaume. 24 Étant sortie, elle dit à sa mère: Que demanderai-je? Et sa mère répondit: La tête de Jean Baptiste. 25 Elle s'empressa de rentrer aussitôt vers le roi, et lui fit cette demande: Je veux que tu me donnes à l'instant, sur un plat, la tête de Jean Baptiste.

The Gospel of Mark

6:26 וַיִּתְעַצֵּב הַמֶּלֶךְ מְאֹד אַךְ בַּעֲבוּר הַשְּׁבוּעָה וּבַעֲבוּר הַמְסוּבִּים עִמּוֹ לֹא רָצָה לְהָשִׁיב פָּנֶיהָ: ²⁷ וּמִיָּד שָׁלַח הַמֶּלֶךְ אֶחָד הַטַּבָּחִים וַיְצַוֵּהוּ לְהָבִיא אֶת־רֹאשׁוֹ: ²⁸ וַיֵּלֶךְ וַיִּכְרֹת אֶת־רֹאשׁוֹ בְּבֵית הַסֹּהַר וַיְבִיאֵהוּ בַקְּעָרָה וַיִּתְּנֵהוּ לַנַּעֲרָה וְהַנַּעֲרָה נְתָנָה אֶל־אִמָּהּ: ²⁹ וַיִּשְׁמְעוּ תַלְמִידָיו וַיָּבֹאוּ וַיִּשְׂאוּ אֶת־גְּוִיָּתוֹ וַיְשִׂימוּהָ בַּקָּבֶר: ³⁰ וַיִּקָּהֲלוּ הַשְּׁלִיחִים אֶל־יֵשׁוּעַ וַיַּגִּידוּ לוֹ אֶת־כָּל־אֲשֶׁר עָשׂוּ וְאֶת־כָּל־אֲשֶׁר לִמֵּדוּ:

6:26-30 Et contristatus est rex: propter jusjurandum, et propter simul discumbentes, noluit eam contristare: ²⁷ sed misso spiculatore praecepit afferri caput ejus in disco. Et decollavit eum in carcere, ²⁸ et attulit caput ejus in disco: et dedit illud puellae, et puella dedit matri suae. ²⁹ Quo audito, discipuli ejus venerunt, et tulerunt corpus ejus: et posuerunt illud in monumento. ³⁰ Et convenientes Apostoli ad Jesum, renuntiaverunt ei omnia quae egerant, et docuerant.

6:26-30 Καὶ περίλυπος γενόμενος ὁ βασιλεύς, διὰ τοὺς ὅρκους καὶ τοὺς συνανακειμένους οὐκ ἠθέλησεν αὐτὴν ἀθετῆσαι. ²⁷ Καὶ εὐθέως ἀποστείλας ὁ βασιλεὺς σπεκουλάτορα ἐπέταξεν ἐνεχθῆναι τὴν κεφαλὴν αὐτοῦ. ²⁸ Ὁ δὲ ἀπελθὼν ἀπεκεφάλισεν αὐτὸν ἐν τῇ φυλακῇ, καὶ ἤνεγκεν τὴν κεφαλὴν αὐτοῦ ἐπὶ πίνακι, καὶ ἔδωκεν αὐτὴν τῷ κορασίῳ· καὶ τὸ κοράσιον ἔδωκεν αὐτὴν τῇ μητρὶ αὐτῆς. ²⁹ Καὶ ἀκούσαντες οἱ μαθηταὶ αὐτοῦ ἦλθον, καὶ ἦραν τὸ πτῶμα αὐτοῦ, καὶ ἔθηκαν αὐτὸ ἐν μνημείῳ. ³⁰ Καὶ συνάγονται οἱ ἀπόστολοι πρὸς τὸν Ἰησοῦν, καὶ ἀπήγγειλαν αὐτῷ πάντα, καὶ ὅσα ἐποίησαν καὶ ὅσα ἐδίδαξαν.

6:26-30 And after becoming deeply grieved, the king did not want to refuse her on account of the vows and those reclining at dinner. ²⁷ And immediately after sending after him, the king ordered an executioner to bring his head. And after departing, he beheaded him in the prison ²⁸ and he brought his head on a platter and gave it to the child, and the child gave it to her mother. ²⁹ And after hearing, his disciples came and took up his corpse and laid it in a tomb. ³⁰ And the apostles gather together to Jesus, and they reported to him everything, how much they did, and how much they taught.

6:26-30 Der König war betrübt; doch um des Eides willen und derer, die am Tisch saßen, wollte er sie nicht lassen eine Fehlbitte tun. ²⁷ Und alsbald schickte hin der König den Henker und hieß sein Haupt herbringen. Der ging hin und enthauptete ihn im Gefängnis ²⁸ und trug her sein Haupt auf einer Schüssel und gab's dem Mägdlein, und das Mägdlein gab's ihrer Mutter. ²⁹ Und da das seine Jünger hörten, kamen sie und nahmen seinen Leib, und legten ihn in ein Grab. ³⁰ Und die Apostel kamen zu Jesu zusammen und verkündigten ihm das alles und was sie getan und gelehrt hatten.

6:26-30 Le roi fut attristé; mais, à cause de ses serments et des convives, il ne voulut pas lui faire un refus. ²⁷ Il envoya sur-le-champ un garde, avec ordre d'apporter la tête de Jean Baptiste. Le garde alla décapiter Jean dans la prison, ²⁸ et apporta la tête sur un plat. Il la donna à la jeune fille, et la jeune fille la donna à sa mère. ²⁹ Les disciples de Jean, ayant appris cela, vinrent prendre son corps, et le mirent dans un sépulcre. ³⁰ Les apôtres, s'étant rassemblés auprès de Jésus, lui racontèrent tout ce qu'ils avaient fait et tout ce qu'ils avaient enseigné.

The Gospel of Mark

6:31 וַיֹּאמֶר אֲלֵיהֶם בֹּאוּ אַתֶּם לְבַדְּכֶם אֶל־מְקוֹם חָרְבָה וְנוּחוּ מְעָט כִּי רַבִּים הָיוּ הַבָּאִים וְהַיֹּצְאִים עַד־לְאֵין־עֵת לָהֶם לֶאֱכוֹל: ³²וַיֵּלְכוּ מִשָּׁם בָּאֳנִיָּה אֶל־אַחַת הֶחֳרָבוֹת לְבָדָד: ³³וְהֶהָמוֹן רָאָה אוֹתָם יֹצְאִים וַיַּכִּירוּהוּ רַבִּים וַיָּרוּצוּ שָׁמָּה בְּרַגְלֵיהֶם מִכָּל הֶעָרִים וַיַּעַבְרוּ אוֹתָם וַיֵּאָסְפוּ אֵלָיו: ³⁴וַיֵּצֵא יֵשׁוּעַ וַיַּרְא הָמוֹן עַם רָב וַיֶּהֱמוּ מֵעָיו לָהֶם כִּי הָיוּ כַּצֹּאן אֲשֶׁר אֵין־לָהֶם רֹעֶה וַיָּחֶל לְלַמֵּד אוֹתָם דְּבָרִים הַרְבֵּה:

6:31-34 Et ait illis: Venite seorsum in desertum locum, et requiescite pusillum. Erant enim qui veniebant et redibant multi: et nec spatium manducandi habebant. ³² Et ascendentes in navim, abierunt in desertum locum seorsum. ³³ Et viderunt eos abeuntes, et cognoverunt multi: et pedestres de omnibus civitatibus concurrerunt illuc, et praevenerunt eos. ³⁴ Et exiens vidit turbam multam Jesus: et misertus est super eos, quia erant sicut oves non habentes pastorem, et coepit docere multa.

6:31-34 Καὶ εἶπεν αὐτοῖς, Δεῦτε ὑμεῖς αὐτοὶ κατ' ἰδίαν εἰς ἔρημον τόπον, καὶ ἀναπαύεσθε ὀλίγον. Ἦσαν γὰρ οἱ ἐρχόμενοι καὶ οἱ ὑπάγοντες πολλοί, καὶ οὐδὲ φαγεῖν εὐκαίρουν. ³² Καὶ ἀπῆλθον εἰς ἔρημον τόπον τῷ πλοίῳ κατ' ἰδίαν. ³³ Καὶ εἶδον αὐτοὺς ὑπάγοντας καὶ ἐπέγνωσαν αὐτὸν πολλοί, καὶ πεζῇ ἀπὸ πασῶν τῶν πόλεων συνέδραμον ἐκεῖ, καὶ προῆλθον αὐτούς, καὶ συνῆλθον πρὸς αὐτόν. ³⁴ Καὶ ἐξελθὼν εἶδεν ὁ Ἰησοῦς πολὺν ὄχλον, καὶ ἐσπλαγχνίσθη ἐπ' αὐτοῖς, ὅτι ἦσαν ὡς πρόβατα μὴ ἔχοντα ποιμένα· καὶ ἤρξατο διδάσκειν αὐτοὺς πολλά.

6:31-34 And he says to them, "You yourselves come in private into a desolate place and rest a little." For the people coming and the people going away were many, and moreover they were not having an opportunity to eat. ³² And they departed in the boat into a desolate place in private. ³³ And they saw them departing and many recognized *them*, and by land from all the cities, they ran together there and went in front of them. ³⁴ And after going out, he saw a great crowd, and he had compassion on them because they were like sheep not having a shepherd, and he began to teach them many things.

6:31-34 Und er sprach zu ihnen: Lasset uns besonders an eine wüste Stätte gehen und ruht ein wenig. Denn ihr waren viele, die ab und zu gingen; und sie hatten nicht Zeit genug, zu essen. ³² Und er fuhr da in einem Schiff zu einer wüsten Stätte besonders. ³³ Und das Volk sah sie wegfahren; und viele kannten ihn und liefen dahin miteinander zu Fuß aus allen Städten und kamen ihnen zuvor und kamen zu ihm. ³⁴ Und Jesus ging heraus und sah das große Volk; und es jammerte ihn derselben; denn sie waren wie die Schafe, die keinen Hirten haben; und er fing an eine lange Predigt.

6:31-34 Jésus leur dit: Venez à l'écart dans un lieu désert, et reposez-vous un peu. Car il y avait beaucoup d'allants et de venants, et ils n'avaient même pas le temps de manger. ³² Ils partirent donc dans une barque, pour aller à l'écart dans un lieu désert. ³³ Beaucoup de gens les virent s'en aller et les reconnurent, et de toutes les villes on accourut à pied et on les devança au lieu où ils se rendaient. ³⁴ Quand il sortit de la barque, Jésus vit une grande foule, et fut ému de compassion pour eux, parce qu'ils étaient comme des brebis qui n'ont point de berger; et il se mit à leur enseigner beaucoup de choses.

The Gospel of Mark

6:35 וַיְהִי כַּאֲשֶׁר רָפָה הַיּוֹם לַעֲרוֹב וַיִּגְּשׁוּ אֵלָיו תַּלְמִידָיו וַיֹּאמְרוּ הִנֵּה הַמָּקוֹם חָרֵב וְהַיּוֹם רַד מְאֹד: 36 שַׁלַּח אוֹתָם וְיֵלְכוּ אֶל־הַחֲצֵרִים וְהַכְּפָרִים מִסָּבִיב לִקְנוֹת לָהֶם לֶחֶם כִּי אֵין־לָהֶם מַה־שֶּׁיֹּאכֵלוּ: 37 וַיַּעַן וַיֹּאמֶר אֲלֵיהֶם תְּנוּ אַתֶּם לָהֶם לֶאֱכֹל וַיֹּאמְרוּ אֵלָיו הֲנֵלֵךְ לִקְנוֹת לֶחֶם בְּמָאתַיִם דִּינָר לָתֵת לָהֶם לֶאֱכֹל: 38 וַיֹּאמֶר אֲלֵיהֶם כַּמָּה כִכְּרוֹת־לֶחֶם יֵשׁ לָכֶם לְכוּ וּרְאוּ וַיֵּדְעוּ וַיֹּאמְרוּ חָמֵשׁ וּשְׁנֵי דָגִים:

6:35-38 Et cum jam hora multa fieret, accesserunt discipuli ejus, dicentes: Desertus est locus hic, et jam hora praeteriit: 36 dimitte illos, ut euntes in proximas villas et vicos, emant sibi cibos, quos manducent. 37 Et respondens ait illis: Date illis vos manducare. Et dixerunt ei: Euntes emamus ducentis denariis panes, et dabimus illis manducare. 38 Et dicit eis: Quot panes habetis? ite, et videte. Et cum cognovissent, dicunt: Quinque, et duos pisces.

6:35-38 Καὶ ἤδη ὥρας πολλῆς γενομένης, προσελθόντες αὐτῷ οἱ μαθηταὶ αὐτοῦ λέγουσιν ὅτι Ἔρημός ἐστιν ὁ τόπος, καὶ ἤδη ὥρα πολλή· 36 ἀπόλυσον αὐτούς, ἵνα ἀπελθόντες εἰς τοὺς κύκλῳ ἀγροὺς καὶ κώμας ἀγοράσωσιν ἑαυτοῖς ἄρτους. Τί γὰρ φάγωσιν οὐκ ἔχουσιν. 37 Ὁ δὲ ἀποκριθεὶς εἶπεν αὐτοῖς, Δότε αὐτοῖς ὑμεῖς φαγεῖν. Καὶ λέγουσιν αὐτῷ, Ἀπελθόντες ἀγοράσωμεν δηναρίων διακοσίων ἄρτους, καὶ δῶμεν αὐτοῖς φαγεῖν; 38 Ὁ δὲ λέγει αὐτοῖς, Πόσους ἄρτους ἔχετε; Ὑπάγετε καὶ ἴδετε. Καὶ γνόντες λέγουσιν, Πέντε, καὶ δύο ἰχθύας.

6:35-38 And when many hours had already passed by, after coming to him, the disciples were saying indeed, "The place is desolate, and already the hour *is* late; 36 send them away, in order that, after departing into the surrounding fields and villages, they would buy for themselves something they should eat." 37 But he, answering back, said to them, "You yourselves give them *something* to eat." And they say to him, "After departing, should we buy two hundred denarii worth of bread and we will give them *that* to eat?" 38 But he says to them, "How many loaves do you have? Go look!" And after learning, they say, "Five, and two fish."

6:35-38 Da nun der Tag fast dahin war, traten seine Jünger zu ihm und sprachen: Es ist wüst hier, und der Tag ist nun dahin; 36 laß sie von dir, daß sie hingehen umher in die Dörfer und Märkte und kaufen sich Brot, denn sie haben nichts zu essen. 37 Jesus aber antwortete und sprach zu ihnen: Gebt ihr ihnen zu essen. Und sie sprachen zu ihm: Sollen wir denn hingehen und für zweihundert Groschen Brot kaufen und ihnen zu essen geben? 38 Er aber sprach zu ihnen: Wieviel Brot habt ihr? Gehet hin und sehet! Und da sie es erkundet hatten, sprachen sie: Fünf, und zwei Fische.

6:35-38 Comme l'heure était déjà avancée, ses disciples s'approchèrent de lui, et dirent: Ce lieu est désert, et l'heure est déjà avancée; 36 renvoie-les, afin qu'ils aillent dans les campagnes et dans les villages des environs, pour s'acheter de quoi manger. 37 Jésus leur répondit: Donnez-leur vous-mêmes à manger. Mais ils lui dirent: Irions-nous acheter des pains pour deux cents deniers, et leur donnerions-nous à manger? 38 Et il leur dit: Combien avez-vous de pains? Allez voir. Ils s'en assurèrent, et répondirent: Cinq, et deux poissons.

The Gospel of Mark

6:39 וַיְצַו אוֹתָם לָשֶׁבֶת כּוּלָם חֲבוּרָה חֲבוּרָה לְבַד עַל־יֶרֶק הַדֶּשֶׁא: 40 וַיֵּשְׁבוּ שׁוּרוֹת שׁוּרוֹת לְמֵאוֹת וְלַחֲמִשִּׁים: 41 וַיִּקַח אֶת־חֲמֵשֶׁת כִּכְּרוֹת הַלֶּחֶם וְאֶת־שְׁנֵי הַדָּגִים וַיִּשָּׂא עֵינָיו הַשָּׁמַיְמָה וַיְבָרֶךְ וַיִּפְרֹס אֶת־הַלֶּחֶם וַיִּתֵּן לְתַלְמִידָיו לָשׂוּם לִפְנֵיהֶם וְאֶת־שְׁנֵי הַדָּגִים חִלֵּק לְכוּלָם: 42 וַיֹּאכְלוּ כוּלָם וַיִּשְׂבָּעוּ: 43 וַיִּשְׂאוּ מִן־הַפְּתוֹתִים מְלוֹא סַלִּים שְׁנֵים עָשָׂר וְגַם מִן־הַדָּגִים: 44 וְהָאֹכְלִים מִן־הַלֶּחֶם הָיוּ כַּחֲמֵשֶׁת אַלְפֵי אִישׁ:

6:39-44 Et praecepit illis ut accumbere facerent omnes secundum contubernia super viride foenum. 40 Et discubuerunt in partes per centenos et quinquagenos. 41 Et acceptis quinque panibus et duobus pisces, intuens in caelum, benedixit, et fregit panes, et dedit discipulis suis, ut ponerent ante eos: et duos pisces divisit omnibus. 42 Et manducaverunt omnes, et saturati sunt. 43 Et sustulerunt reliquias, fragmentorum duodecim cophinos plenos, et de piscibus. 44 Erant autem qui manducaverunt quinque millia virorum.

6:39-44 Καὶ ἐπέταξεν αὐτοῖς ἀνακλῖναι πάντας συμπόσια συμπόσια ἐπὶ τῷ χλωρῷ χόρτῳ. 40 Καὶ ἀνέπεσον πρασιαὶ πρασιαί, ἀνὰ ἑκατὸν καὶ ἀνὰ πεντήκοντα. 41 Καὶ λαβὼν τοὺς πέντε ἄρτους καὶ τοὺς δύο ἰχθύας, ἀναβλέψας εἰς τὸν οὐρανόν, εὐλόγησεν, καὶ κατέκλασεν τοὺς ἄρτους, καὶ ἐδίδου τοῖς μαθηταῖς αὐτοῦ ἵνα παραθῶσιν αὐτοῖς· καὶ τοὺς δύο ἰχθύας ἐμέρισεν πᾶσιν. 42 Καὶ ἔφαγον πάντες, καὶ ἐχορτάσθησαν· 43 καὶ ἦραν κλασμάτων δώδεκα κοφίνους πλήρεις, καὶ ἀπὸ τῶν ἰχθύων. 44 Καὶ ἦσαν οἱ φαγόντες τοὺς ἄρτους πεντακισχίλιοι ἄνδρες.

6:39-44 And he commanded them to all sit down group by group upon the green grass. 40 And they sat down in companies, companies of a hundred and of fifty. 41 And after taking the five loaves and the two fish, looking up to heaven, he blessed and broke the loaves and he was giving to the disciples in order that they would set *the food* before them, and the two fish he divided for all. 42 And they all ate and were filled. 43 And they took up broken pieces, twelve full baskets and from the fish. 44 And the ones eating the loaves were five thousand men.

6:39-44 Und er gebot ihnen, daß sie sich alle lagerten, tischweise, auf das grüne Gras. 40 Und sie setzten sich nach Schichten, je hundert und hundert, fünfzig und fünfzig. 41 Und er nahm die fünf Brote und zwei Fische, sah zum Himmel auf und dankte und brach die Brote und gab sie den Jüngern, daß sie ihnen vorlegten; und die zwei Fische teilte er unter sie alle. 42 Und sie aßen alle und wurden satt. 43 Und sie hoben auf die Brocken, zwölf Körbe voll, und von den Fischen. 44 Und die da gegessen hatten, waren fünftausend Mann.

6:39-44 Alors il leur commanda de les faire tous asseoir par groupes sur l'herbe verte, 40 et ils s'assirent par rangées de cent et de cinquante. 41 Il prit les cinq pains et les deux poissons et, levant les yeux vers le ciel, il rendit grâces. Puis, il rompit les pains, et les donna aux disciples, afin qu'ils les distribuassent à la foule. Il partagea aussi les deux poissons entre tous. 42 Tous mangèrent et furent rassasiés, 43 et l'on emporta douze paniers pleins de morceaux de pain et de ce qui restait des poissons. 44 Ceux qui avaient mangé les pains étaient cinq mille hommes.

6:45 וְאַחֲרֵי־כֵן הֵאִיץ בְּתַלְמִידָיו לָרֶדֶת בָּאֳנִיָּה וְלַעֲבוֹר לְפָנָיו אֶל־עֵבֶר הַיָּם אֶל־בֵּית צָיְדָה עַד־שַׁלְּחוֹ אֶת־הָעָם: ⁴⁶ וַיְהִי אַחַר שַׁלְּחוֹ אֹתָם וַיַּעַל הָהָרָה לְהִתְפַּלֵּל: ⁴⁷ וַיְהִי־עֶרֶב וְהָאֳנִיָּה בָּאָה בְּתוֹךְ הַיָּם וְהוּא לְבַדּוֹ בַּיַּבָּשָׁה: ⁴⁸ וַיַּרְא אוֹתָם מִתְיַגְּעִים בְּשׁוּטָם כִּי הָרוּחַ לְנֶגְדָּם וַיְהִי כְּעֵת הָאַשְׁמֹרֶת הָרְבִיעִית וַיָּבֹא אֲלֵיהֶם הַיָּם וַיּוֹאֶל לַעֲבוֹר לִפְנֵיהֶם:

6:45-48 Et statim coëgit discipulos suos ascendere navim, ut praecederent eum trans fretum ad Bethsaidam, dum ipse dimitteret populum. ⁴⁶ Et cum dimisisset eos, abiit in montem orare. ⁴⁷ Et cum sero esset, erat navis in medio mari et ipse solus in terra. ⁴⁸ Et videns eos laborantes in remigando (erat enim ventus contrarius eis) et circa quartam vigiliam noctis venit ad eos ambulans supra mare: et volebat praeterire eos.

6:45-48 Καὶ εὐθέως ἠνάγκασεν τοὺς μαθητὰς αὐτοῦ ἐμβῆναι εἰς τὸ πλοῖον, καὶ προάγειν εἰς τὸ πέραν πρὸς Βηθσαϊδάν, ἕως αὐτὸς ἀπολύσῃ τὸν ὄχλον. ⁴⁶ Καὶ ἀποταξάμενος αὐτοῖς, ἀπῆλθεν εἰς τὸ ὄρος προσεύξασθαι. ⁴⁷ Καὶ ὀψίας γενομένης, ἦν τὸ πλοῖον ἐν μέσῳ τῆς θαλάσσης, καὶ αὐτὸς μόνος ἐπὶ τῆς γῆς. ⁴⁸ Καὶ εἶδεν αὐτοὺς βασανιζομένους ἐν τῷ ἐλαύνειν, ἦν γὰρ ὁ ἄνεμος ἐναντίος αὐτοῖς, καὶ περὶ τετάρτην φυλακὴν τῆς νυκτὸς ἔρχεται πρὸς αὐτούς, περιπατῶν ἐπὶ τῆς θαλάσσης· καὶ ἤθελεν παρελθεῖν αὐτούς.

6:45-48 And straightaway he compelled his disciples to embark in the boat and to go ahead to the other side to Bethsaida, until he himself released the crowd. ⁴⁶ And after leaving them, he departed into the mountain to pray. ⁴⁷ And when evening came, the boat was in the middle of the sea, and he was alone on the land. ⁴⁸ And after seeing them struggling while rowing, for the wind was opposed to them, around the fourth watch of the night he comes toward them walking upon the sea; and he wanted to come alongside them.

6:45-49 Und alsbald trieb er seine Jünger, daß sie in das Schiff träten und vor ihm hinüberführen gen Bethsaida, bis daß er das Volk von sich ließe. ⁴⁶ Und da er sie von sich geschafft hatte, ging er hin auf einen Berg, zu beten. ⁴⁷ Und am Abend war das Schiff mitten auf dem Meer und er auf dem Lande allein. ⁴⁸ Und er sah, daß sie Not litten im Rudern; denn der Wind war ihnen entgegen. Und um die vierte Wache der Nacht kam er zu ihnen und wandelte auf dem Meer; ⁴⁹ und er wollte an ihnen vorübergehen. Und da sie ihn sahen auf dem Meer wandeln, meinten sie, es wäre ein Gespenst, und schrieen;

6:45-48 Aussitôt après, il obligea ses disciples à monter dans la barque et à passer avant lui de l'autre côté, vers Bethsaïda, pendant que lui-même renverrait la foule. ⁴⁶ Quand il l'eut renvoyée, il s'en alla sur la montagne, pour prier. ⁴⁷ Le soir étant venu, la barque était au milieu de la mer, et Jésus était seul à terre. ⁴⁸ Il vit qu'ils avaient beaucoup de peine à ramer; car le vent leur était contraire. À la quatrième veille de la nuit environ, il alla vers eux, marchant sur la mer, et il voulait les dépasser.

The Gospel of Mark

וַיִּרְאוּ אֹתוֹ מִתְהַלֵּךְ עַל־פְּנֵי הַיָּם וַיֹּאמְרוּ מַרְאֵה־רוּחַ הוּא וַיִּצְעָקוּ: ⁵⁰ כִּי־כֻלָּם רָאוּהוּ 6:49
וַיִּבָּהֵלוּ אָז דִּבֶּר אִתָּם וַיֹּאמֶר אֲלֵיהֶם חִזְקוּ כִּי־אֲנִי הוּא אַל־תִּירָאוּ: ⁵¹ וַיֵּרֶד אֲלֵיהֶם בָּאֳנִיָּה
וְהָרוּחַ שָׁכָכָה וַיִּשְׁתּוֹמֵם לִבָּם עוֹד־יוֹתֵר וַיִּתְמָהוּ: ⁵² כִּי לֹא הִשְׂכִּילוּ בִּדְבַר־כִּכְּרוֹת הַלֶּחֶם
מִפְּנֵי קְשִׁי לְבָבָם: ⁵³ וַיַּעַבְרוּ אֶת־הַיָּם וַיָּבֹאוּ אַרְצָה גִּנֵּיסַר וַיִּקְרְבוּ אֶל־הַיַּבָּשָׁה:

6:49-53   At illi ut viderunt eum ambulantem supra mare, putaverunt phantasma esse, et exclamaverunt. ⁵⁰ Omnes enim viderunt eum, et conturbati sunt. Et statim locutus est cum eis, et dixit eis: Confidite, ego sum: nolite timere. ⁵¹ Et ascendit ad illos in navim, et cessavit ventus. Et plus magis intra se stupebant: ⁵² non enim intellexerunt de panibus: erat enim cor eorum obcaecatum. ⁵³ Et cum transfretassent, venerunt in terram Genesareth, et applicuerunt.

6:49-53   Οἱ δέ, ἰδόντες αὐτὸν περιπατοῦντα ἐπὶ τῆς θαλάσσης, ἔδοξαν φάντασμα εἶναι, καὶ ἀνέκραξαν· ⁵⁰ πάντες γὰρ αὐτὸν εἶδον, καὶ ἐταράχθησαν. Καὶ εὐθέως ἐλάλησεν μετ' αὐτῶν, καὶ λέγει αὐτοῖς, Θαρσεῖτε· ἐγώ εἰμι, μὴ φοβεῖσθε. ⁵¹ Καὶ ἀνέβη πρὸς αὐτοὺς εἰς τὸ πλοῖον, καὶ ἐκόπασεν ὁ ἄνεμος· καὶ λίαν ἐκπερισσοῦ ἐν ἑαυτοῖς ἐξίσταντο, καὶ ἐθαύμαζον. ⁵² Οὐ γὰρ συνῆκαν ἐπὶ τοῖς ἄρτοις· ἦν γὰρ αὐτῶν ἡ καρδία πεπωρωμένη. ⁵³ Καὶ διαπεράσαντες ἦλθον ἐπὶ τὴν γῆν Γεννησαρέτ, καὶ προσωρμίσθησαν.

6:49-53   Well, they, after seeing him walking on the sea, thought that it was an apparition and they cried out, ⁵⁰ for they all saw him and were troubled. Well, he straightaway spoke with them, and he says to them, "Be courageous! I am he. Do not be afraid!" ⁵¹ And he went up to them into the boat, and the wind ceased. And very much they were astounded among themselves; ⁵² for they had not understood about the loaves, but the heart of theirs was hardened. ⁵³ And after crossing over upon the land, they went into Gennesaret and anchored on the land.

6:49-53   und er wollte an ihnen vorübergehen. Und da sie ihn sahen auf dem Meer wandeln, meinten sie, es wäre ein Gespenst, und schrieen; ⁵⁰ denn sie sahen ihn alle und erschraken. Aber alsbald redete er mit ihnen und sprach zu ihnen: Seid getrost, ich bin's, fürchtet euch nicht! ⁵¹ Und er trat zu ihnen ins Schiff, und der Wind legte sich. Und sie entsetzten und verwunderten sich über die Maßen, ⁵² denn sie waren nichts verständiger geworden über den Broten, und ihr Herz war erstarrt. ⁵³ Und da sie hinübergefahren waren, kamen sie in das Land Genezareth und fuhren an.

6:49-53   Quand ils le virent marcher sur la mer, ils crurent que c'était un fantôme, et ils poussèrent des cris; ⁵⁰ car ils le voyaient tous, et ils étaient troublés. Aussitôt Jésus leur parla, et leur dit: Rassurez-vous, c'est moi, n'ayez pas peur! ⁵¹ Puis il monta vers eux dans la barque, et le vent cessa. Ils furent en eux-mêmes tout stupéfaits et remplis d'étonnement; ⁵² car ils n'avaient pas compris le miracle des pains, parce que leur coeur était endurci. ⁵³ Après avoir traversé la mer, ils vinrent dans le pays de Génésareth, et ils abordèrent.

6:54 וַיְהִי כְּצֵאתָם מִן־הָאֳנִיָּה וַיַּכִּירוּהוּ: ⁵⁵ וַיָּרוּצוּ בְּכָל־הַכִּכָּר הַהוּא מִסָּבִיב וַיָּחֵלּוּ לָשֵׂאת אֶת־הַחוֹלִים בְּמִשְׁכָּבוֹת אֶל־כָּל־מָקוֹם אֲשֶׁר שָׁמְעוּ כִּי הוּא שָׁם: ⁵⁶ וּבְכָל־מָקוֹם אֲשֶׁר יָבֹא אֶל־הַכְּפָרִים אוֹ אֶל־הֶעָרִים וְאֶל־הַשָּׂדוֹת שָׁם שָׂמוּ אֶת־הַחוֹלִים בַּחוּצוֹת וַיִּתְחַנְנוּ לוֹ שֶׁיִּגְּעוּ רַק בִּכְנַף בִּגְדוֹ וְהָיָה כֹּל אֲשֶׁר נָגְעוּ־בוֹ וְנוֹשָׁעוּ:

6:54-56 Cumque egressi essent de navi, continuo cognoverunt eum: ⁵⁵ et percurrentes universam regionem illam, coeperunt in grabatis eos, qui se male habebant, circumferre, ubi audiebant eum esse. ⁵⁶ Et quocumque introibat, in vicos, vel in villas aut civitates, in plateis ponebant infirmos, et deprecabantur eum, ut vel fimbriam vestimenti ejus tangerent, et quotquot tangebant eum, salvi fiebant.

6:54-56 Καὶ ἐξελθόντων αὐτῶν ἐκ τοῦ πλοίου, εὐθέως ἐπιγνόντες αὐτόν, ⁵⁵ περιδραμόντες ὅλην τὴν περίχωρον ἐκείνην, ἤρξαντο ἐπὶ τοῖς κραββάτοις τοὺς κακῶς ἔχοντας περιφέρειν, ὅπου ἤκουον ὅτι ἐκεῖ ἐστιν. ⁵⁶ Καὶ ὅπου ἂν εἰσεπορεύετο εἰς κώμας ἢ πόλεις ἢ ἀγρούς, ἐν ταῖς ἀγοραῖς ἐτίθουν τοὺς ἀσθενοῦντας, καὶ παρεκάλουν αὐτὸν ἵνα κἂν τοῦ κρασπέδου τοῦ ἱματίου αὐτοῦ ἅψωνται· καὶ ὅσοι ἂν ἥπτοντο αὐτοῦ ἐσῴζοντο.

6:54-56 And after they went out of the boat, straightaway after recognizing him ⁵⁵ they ran around that whole region and began to carry about on the beds the ones having it badly to where they were hearing that he was. ⁵⁶ And wherever he entered into villages or into cities or into the fields, they were setting the sick in the marketplaces, and were imploring him in order that they would touch even just the border of his outer garment; and however many touched him were being restored.

6:54-56 Und da sie aus dem Schiff traten alsbald kannten sie ihn ⁵⁵ und liefen in alle die umliegenden Länder und hoben an, die Kranken umherzuführen auf Betten, wo sie hörten, daß er war. ⁵⁶ Und wo er in die Märkte oder Städte oder Dörfer einging, da legten sie die Kranken auf den Markt und baten ihn, daß sie nur den Saum seines Kleides anrühren möchten; und alle, die ihn anrührten, wurden gesund.

6:54-56 Quand ils furent sortis de la barque, les gens, ayant aussitôt reconnu Jésus, ⁵⁵ parcoururent tous les environs, et l'on se mit à apporter les malades sur des lits, partout où l'on apprenait qu'il était. ⁵⁶ En quelque lieu qu'il arrivât, dans les villages, dans les villes ou dans les campagnes, on mettait les malades sur les places publiques, et on le priait de leur permettre seulement de toucher le bord de son vêtement. Et tous ceux qui le touchaient étaient guéris.

7:1 וַיִּקָּהֲלוּ אֵלָיו הַפְּרוּשִׁים וַאֲנָשִׁים מִן־הַסּוֹפְרִים אֲשֶׁר בָּאוּ מִירוּשָׁלָיִם: 2 וַיְהִי כִּרְאוֹתָם מִתַּלְמִידָיו אֹכְלִים לֶחֶם בְּיָדַיִם טְמֵאוֹת כְּלוֹמַר בְּלֹא נְטִילָה וַיּוֹכִיחוּ אֹתָם: 3 כִּי הַפְּרוּשִׁים וְכָל־הַיְּהוּדִים לֹא יֹאכְלוּ עַד־אֲשֶׁר נָטְלוּ אֶת־יְדֵיהֶם עַד־הַפֶּרֶק בְּאָחֳזָם בְּמַה־שֶּׁמָּסְרוּ הַזְּקֵנִים: 4 וְאֵת אֲשֶׁר מִן־הַשּׁוּק אֵינָם אֹכְלִים בְּלֹא טְבִילָה וְעוֹד דְּבָרִים רַבִּים אֲשֶׁר קִבְּלוּ לִשְׁמֹר כְּמוֹ טְבִילַת כֹּסוֹת וְכַדִּים וְיוֹרוֹת וּמִטּוֹת:

7:1-4 Et conveniunt ad eum pharisaei, et quidam de scribis, venientes ab Jerosolymis. ² Et cum vidissent quosdam ex discipulis ejus communibus manibus, id est non lotis, manducare panes, vituperaverunt. ³ Pharisaei enim, et omnes Judaei, nisi crebro laverint manus, non manducant, tenentes traditionem seniorum: ⁴ et a foro nisi baptizentur, non comedunt: et alia multa sunt, quae tradita sunt illis servare, baptismata calicum, et urceorum, et aeramentorum, et lectorum:

7:1-4 Καὶ συνάγονται πρὸς αὐτὸν οἱ Φαρισαῖοι, καί τινες τῶν γραμματέων, ἐλθόντες ἀπὸ Ἱεροσολύμων· ² καὶ ἰδόντες τινὰς τῶν μαθητῶν αὐτοῦ κοιναῖς χερσίν, τοῦτ' ἔστιν ἀνίπτοις, ἐσθίοντας ἄρτους ἐμέμψαντο. ³ Οἱ γὰρ Φαρισαῖοι καὶ πάντες οἱ Ἰουδαῖοι, ἐὰν μὴ πυγμῇ νίψωνται τὰς χεῖρας, οὐκ ἐσθίουσιν, κρατοῦντες τὴν παράδοσιν τῶν πρεσβυτέρων· ⁴ καὶ ἀπὸ ἀγορᾶς, ἐὰν μὴ βαπτίσωνται, οὐκ ἐσθίουσιν· καὶ ἄλλα πολλά ἐστιν ἃ παρέλαβον κρατεῖν, βαπτισμοὺς ποτηρίων καὶ ξεστῶν καὶ χαλκίων καὶ κλινῶν.

7:1-4 And the Pharisees gather to him and some of the scribes coming from Jerusalem ² and, after noticing some of his disciples that with defiled hands (that is, unwashed) they were eating the loaves of bread- ³ for the Pharisees and all the Judeans, unless from elbow to knuckles they wash their hands, they do not eat, holding the tradition of the elders; ⁴ also from the marketplace, unless they wash themselves, they do not eat; and there are many other things that they received to hold onto: washings of cups and jars and brass vessels and seats-

7:1-4 Und es kamen zu ihm die Pharisäer und etliche von den Schriftgelehrten, die von Jerusalem gekommen waren. ² Und da sie sahen etliche seiner Jünger mit gemeinen (das ist ungewaschenen) Händen das Brot essen, tadelten sie es. ³ (Denn die Pharisäer und alle Juden essen nicht, sie waschen denn die Hände manchmal, und halten also die Aufsätze der Ältesten; ⁴ und wenn sie vom Markt kommen, essen sie nicht, sie waschen sich denn. Und des Dinges ist viel, das sie zu halten haben angenommen, von Trinkgefäßen und Krügen und ehernen Gefäßen und Tischen zu waschen.)

7:1-4 Les pharisiens et quelques scribes, venus de Jérusalem, s'assemblèrent auprès de Jésus. ² Ils virent quelques-uns de ses disciples prendre leurs repas avec des mains impures, c'est-à-dire, non lavées. ³ Or, les pharisiens et tous les Juifs ne mangent pas sans s'être lavé soigneusement les mains, conformément à la tradition des anciens; ⁴ et, quand ils reviennent de la place publique, ils ne mangent qu'après s'être purifiés. Ils ont encore beaucoup d'autres observances traditionnelles, comme le lavage des coupes, des cruches et des vases d'airain.

7:5 וַיִּשְׁאֲלוּ אוֹתוֹ הַפְּרוּשִׁים וְהַסּוֹפְרִים מַדּוּעַ תַּלְמִידֶיךָ אֵינָם נֹהֲגִים כְּפִי מֹסֹרֶת הַזְּקֵנִים כִּי־אֹכְלִים לֶחֶם בְּלֹא נְטִילַת יָדָיִם: 6 וַיַּעַן וַיֹּאמֶר אֲלֵיהֶם הֵיטֵב נִבָּא יְשַׁעְיָהוּ עֲלֵיכֶם הַחֲנֵפִים כַּכָּתוּב הָעָם הַזֶּה בִּשְׂפָתָיו כִּבְּדוּנִי וְלִבּוֹ רִחַק מִמֶּנִּי: 7 וְתֹהוּ יִרְאָתָם אֹתִי מִצְוֹת אֲנָשִׁים מְלַמְּדִים: 8 כִּי עֲזַבְתֶּם אֶת־מִצְוֹת אֱלֹהִים לְהַחֲזִיק בְּמֹסֹרֶת בְּנֵי־אָדָם טְבִילוֹת כַּדִּים וְכֹסוֹת וְכָאֵלֶּה רַבּוֹת אַתֶּם עֹשִׂים:

7:5-8 et interrogabant eum pharisaei et scribae: Quare discipuli tui non ambulant juxta traditionem seniorum, sed communibus manibus manducant panem? ⁶ At ille respondens, dixit eis: Bene prophetavit Isaias de vobis hypocritis, sicut scriptum est: *Populus hic labiis me honorat, cor autem eorum longe est a me:* ⁷ in vanum autem me colunt, docentes doctrinas, et praecepta hominum. ⁸ Relinquentes enim mandatum Dei, tenetis traditionem hominum, baptismata urceorum et calicum: et alia similia his facitis multa.

7:5-8 Ἔπειτα ἐπερωτῶσιν αὐτὸν οἱ Φαρισαῖοι καὶ οἱ γραμματεῖς, Διὰ τί οἱ μαθηταί σου οὐ περιπατοῦσιν κατὰ τὴν παράδοσιν τῶν πρεσβυτέρων, ἀλλὰ ἀνίπτοις χερσὶν ἐσθίουσιν τὸν ἄρτον; ⁶ Ὁ δὲ ἀποκριθεὶς εἶπεν αὐτοῖς ὅτι Καλῶς προεφήτευσεν Ἠσαΐας περὶ ὑμῶν τῶν ὑποκριτῶν, ὡς γέγραπται, Οὗτος ὁ λαὸς τοῖς χείλεσίν με τιμᾷ, ἡ δὲ καρδία αὐτῶν πόρρω ἀπέχει ἀπ᾽ ἐμοῦ. ⁷ Μάτην δὲ σέβονταί με, διδάσκοντες διδασκαλίας ἐντάλματα ἀνθρώπων. ⁸ Ἀφέντες γὰρ τὴν ἐντολὴν τοῦ θεοῦ, κρατεῖτε τὴν παράδοσιν τῶν ἀνθρώπων, βαπτισμοὺς ξεστῶν καὶ ποτηρίων· καὶ ἄλλα παρόμοια τοιαῦτα πολλὰ ποιεῖτε.

7:5-8 and the Pharisees and the scribes are asking him, "For what reason are your disciples not living according to the tradition of the elders, but with defiled hands they are eating the bread?" ⁶ So, he said to them, "Isaiah prophesied well about you hypocrites, as it has been written *like* this: 'This people honors me with their lips, but their heart is far removed from me. ⁷ Moreover, in vain they worship me, teaching teachings, doctrines of people'; ⁸ after leaving the command of God, you are holding onto the tradition of people."

7:5-8 Da fragten ihn nun die Pharisäer und Schriftgelehrten: Warum wandeln deine Jünger nicht nach den Aufsätzen der Ältesten, sondern essen das Brot mit ungewaschenen Händen? ⁶ Er aber antwortete und sprach zu ihnen: Wohl fein hat von euch Heuchlern Jesaja geweissagt, wie geschrieben steht: "Dies Volk ehrt mich mit den Lippen, aber ihr Herz ist ferne von mir. ⁷ Vergeblich aber ist's, daß sie mir dienen, dieweil sie lehren solche Lehre die nichts ist denn Menschengebot. ⁸ Ihr verlasset Gottes Gebot, und haltet der Menschen Aufsätze von Krügen und Trinkgefäßen zu waschen; und desgleichen tut ihr viel.

7:5-8 Et les pharisiens et les scribes lui demandèrent: Pourquoi tes disciples ne suivent-ils pas la tradition des anciens, mais prennent-ils leurs repas avec des mains impures? ⁶ Jésus leur répondit: Hypocrites, Ésaïe a bien prophétisé sur vous, ainsi qu'il est écrit: Ce peuple m'honore des lèvres, Mais son coeur est éloigné de moi. ⁷ C'est en vain qu'ils m'honorent, En donnant des préceptes qui sont des commandements d'hommes. ⁸ Vous abandonnez le commandement de Dieu, et vous observez la tradition des hommes.

7:9 וַיֹּאמֶר אֲלֵיהֶם יָפֶה בְּטַלְתֶּם אֶת־מִצְוַת הָאֱלֹהִים כְּדֵי שֶׁתִּשְׁמְרוּ אֶת־הַמַּסֹּרֶת שֶׁלָּכֶם:
10 כִּי־מֹשֶׁה אָמַר כַּבֵּד אֶת־אָבִיךָ וְאֶת־אִמֶּךָ וּמְקַלֵּל אָבִיו וְאִמּוֹ מוֹת יוּמָת: 11 וְאַתֶּם אֹמְרִים
אִישׁ כִּי־יֹאמַר לְאָבִיו וּלְאִמּוֹ קָרְבָּן פֵּרוּשׁוֹ מַתָּנָה לֵאלֹהִים מַה־שֶּׁאַתָּה נֶהֱנֶה לִי: 12 וְלֹא
תַנִּיחוּ לוֹ לַעֲשׂוֹת עוֹד מְאוּמָה לְאָבִיו וּלְאִמּוֹ: 13 וַתָּפֵרוּ אֶת־דְּבַר הָאֱלֹהִים עַל־יְדֵי קַבָּלַתְכֶם
אֲשֶׁר קִבַּלְתֶּם וְהַרְבֵּה כָּאֵלֶּה אַתֶּם עֹשִׂים:

7:9-13 Et dicebat illis: Bene irritum facitis praeceptum Dei, ut traditionem vestram servetis. ¹⁰ Moyses enim dixit: Honora patrem tuum, et matrem tuam. Et: Qui maledixerit patri, vel matri, morte moriatur. ¹¹ Vos autem dicitis: Si dixerit homo patri, aut matri, Corban (quod est donum) quodcumque ex me, tibi profuerit: ¹² et ultra non dimittitis eum quidquam facere patri suo, aut matri, ¹³ rescindentes verbum Dei per traditionem vestram, quam tradidistis: et similia hujusmodi multa facitis.

7:9-13 Καὶ ἔλεγεν αὐτοῖς, Καλῶς ἀθετεῖτε τὴν ἐντολὴν τοῦ θεοῦ, ἵνα τὴν παράδοσιν ὑμῶν τηρήσητε. ¹⁰ Μωσῆς γὰρ εἶπεν, Τίμα τὸν πατέρα σου καὶ τὴν μητέρα σου· καί, Ὁ κακολογῶν πατέρα ἢ μητέρα θανάτῳ τελευτάτω· ¹¹ ὑμεῖς δὲ λέγετε, Ἐὰν εἴπῃ ἄνθρωπος τῷ πατρὶ ἢ τῇ μητρί, Κορβᾶν, ὅ ἐστιν, δῶρον, ὃ ἐὰν ἐξ ἐμοῦ ὠφεληθῇς· ¹² καὶ οὐκέτι ἀφίετε αὐτὸν οὐδὲν ποιῆσαι τῷ πατρὶ αὐτοῦ ἢ τῇ μητρὶ αὐτοῦ, ¹³ ἀκυροῦντες τὸν λόγον τοῦ θεοῦ τῇ παραδόσει ὑμῶν ᾗ παρεδώκατε· καὶ παρόμοια τοιαῦτα πολλὰ ποιεῖτε.

7:9-13 And he was saying to them, "You are rejecting well the commandment of God, in order that you would keep your tradition. ¹⁰ For Moses said, 'Honor your father and your mother' and 'The one speaking evil of father or mother, let him end in death.' ¹¹ But you yourselves are saying, 'If a person says to his father or his mother, '*It is* Corban (which is a gift), whatever you are owed from me,' ¹² then you are no longer letting him to do even one thing for his father or his mother, ¹³ *thereby* invalidating the word of God by your tradition, which you have handed on, and you are *regularly* doing many such similar things as these."

7:9-13 Und er sprach zu ihnen: Wohl fein habt ihr Gottes Gebote aufgehoben, auf daß ihr eure Aufsätze haltet. ¹⁰ Denn Mose hat gesagt: "Du sollst deinen Vater und deine Mutter ehren," und "Wer Vater oder Mutter flucht, soll des Todes sterben." ¹¹ Ihr aber lehret: Wenn einer spricht zu Vater oder Mutter "Korban," das ist, "es ist Gott gegeben," was dir sollte von mir zu Nutz kommen, der tut wohl. ¹² Und so laßt ihr hinfort ihn nichts tun seinem Vater oder seiner Mutter ¹³ und hebt auf Gottes Wort durch eure Aufsätze, die ihr aufgesetzt habt; und desgleichen tut ihr viel.

7:9-13 Il leur dit encore: Vous anéantissez fort bien le commandement de Dieu, pour garder votre tradition. ¹⁰ Car Moïse a dit: Honore ton père et ta mère; et: Celui qui maudira son père ou sa mère sera puni de mort. ¹¹ Mais vous, vous dites: Si un homme dit à son père ou à sa mère: Ce dont j'aurais pu t'assister est corban, c'est-à-dire, une offrande à Dieu, ¹² vous ne le laissez plus rien faire pour son père ou pour sa mère, ¹³ annulant ainsi la parole de Dieu par votre tradition, que vous avez établie. Et vous faites beaucoup d'autres choses semblables.

7:14 וַיִּקְרָא אֶל־כָּל־הָעָם וַיֹּאמֶר אֲלֵיהֶם שִׁמְעוּ אֵלַי כֻּלְּכֶם וְהָבִינוּ: 15 אֵין דָּבָר מִחוּץ לָאָדָם אֲשֶׁר יוּכַל לְטַמֵּא אוֹתוֹ בְּבֹאוֹ אֶל־קִרְבּוֹ כִּי אִם־הַדְּבָרִים הַיּוֹצְאִים מִמֶּנּוּ הֵמָּה יְטַמְּאוּ אֶת־הָאָדָם: 16 כָּל־אֲשֶׁר אָזְנַיִם לוֹ לִשְׁמֹעַ יִשְׁמָע: 17 וַיְהִי כַּאֲשֶׁר שָׁב הַבַּיְתָה מִן־הֶהָמוֹן וַיִּשְׁאָלוּהוּ תַלְמִידָיו עַל־דְּבַר הַמָּשָׁל: 18 וַיֹּאמֶר אֲלֵיהֶם הַאַף־אַתֶּם חַסְרֵי בִינָה הֲלֹא תַשְׂכִּילוּ כִּי כָל־הַבָּא אֶל־תּוֹךְ הָאָדָם מִחוּצָה לוֹ לֹא יְטַמְּאֶנּוּ:

7:14-18 Et advocans iterum turbam, dicebat illis: Audite me omnes, et intelligite. 15 Nihil est extra hominem introiens in eum, quod possit eum coinquinare, sed quae de homine procedunt illa sunt quae communicant hominem. 16 Si quis habet aures audiendi, audiat. 17 Et cum introisset in domum a turba, interrogabant eum discipuli ejus parabolam. 18 Et ait illis: Sic et vos imprudentes estis? Non intelligitis quia omne extrinsecus introiens in hominem, non potest eum communicare:

7:14-18 Καὶ προσκαλεσάμενος πάντα τὸν ὄχλον, ἔλεγεν αὐτοῖς, Ἀκούετέ μου πάντες, καὶ συνίετε. 15 Οὐδέν ἐστιν ἔξωθεν τοῦ ἀνθρώπου εἰσπορευόμενον εἰς αὐτόν, ὃ δύναται αὐτὸν κοινῶσαι· ἀλλὰ τὰ ἐκπορευόμενα ἀπ' αὐτοῦ, ἐκεῖνά ἐστιν τὰ κοινοῦντα τὸν ἄνθρωπον. 16 Εἴ τις ἔχει ὦτα ἀκούειν ἀκουέτω. 17 Καὶ ὅτε εἰσῆλθεν εἰς οἶκον ἀπὸ τοῦ ὄχλου, ἐπηρώτων αὐτὸν οἱ μαθηταὶ αὐτοῦ περὶ τῆς παραβολῆς. 18 Καὶ λέγει αὐτοῖς, Οὕτως καὶ ὑμεῖς ἀσύνετοί ἐστε; Οὐ νοεῖτε ὅτι πᾶν τὸ ἔξωθεν εἰσπορευόμενον εἰς τὸν ἄνθρωπον οὐ δύναται αὐτὸν κοινῶσαι,

7:14-18 And, after calling the crowd again, he was saying to them, "All of you listen to me and understand! 15 There is not one thing from outside of a person entering into him that is able to defile him; but the things coming out of the person are the things defiling the person. 16 If someone has ears to be listening, let him keep listening." 17 And when he entered into a house away from the crowd, his disciples were asking him about the parable. 18 And he proceeds saying to them, "In this way, are also you yourselves without understanding? Don't you understand that everything outside entering into the person is not able defile him,

7:14-18 Und er rief zu sich das ganze Volk und sprach zu ihnen: Höret mir alle zu und fasset es! 15 Es ist nichts außerhalb des Menschen, das ihn könnte gemein machen, so es in ihn geht; sondern was von ihm ausgeht, das ist's, was den Menschen gemein macht. 16 Hat jemand Ohren, zu hören, der höre! 17 Und da er von dem Volk ins Haus kam, fragten ihn seine Jünger um dies Gleichnis. 18 Und er sprach zu ihnen: Seid ihr denn auch so unverständig? Vernehmet ihr noch nicht, daß alles, was außen ist und in den Menschen geht, das kann ihn nicht gemein machen?

7:14-18 Ensuite, ayant de nouveau appelé la foule à lui, il lui dit: Écoutez-moi tous, et comprenez. 15 Il n'est hors de l'homme rien qui, entrant en lui, puisse le souiller; mais ce qui sort de l'homme, c'est ce qui le souille. 16 Si quelqu'un a des oreilles pour entendre, qu'il entende. 17 Lorsqu'il fut entré dans la maison, loin de la foule, ses disciples l'interrogèrent sur cette parabole. 18 Il leur dit: Vous aussi, êtes-vous donc sans intelligence? Ne comprenez-vous pas que rien de ce qui du dehors entre dans l'homme ne peut le souiller?

7:19 כִּי לֹא־יָבוֹא בְלִבּוֹ כִּי אִם־בְּכְרֵשׂוֹ וְיֵצֵא אֶל־בֵּית הַכִּסֵּא הַמְנַקֶּה כָּל־הַנֶּאֱכָל: 20 וַיֹּאמַר הַיֹּצֵא מִן־הָאָדָם הוּא מְטַמֵּא אֶת־הָאָדָם: 21 כִּי מִקֶּרֶב הָאָדָם מִלִּבּוֹ יֹצְאוֹת הַמַּחֲשָׁבוֹת הָרָעוֹת נָאֹף וְזָנֹה וְרָצוֹחַ: 22 וְגָנוֹב וְאַהֲבַת בֶּצַע וְרִשְׁעָה וּרְמִיָּה וְזוֹלֵלוּת וְעַיִן רָעָה וְגִדּוּף וְזָדוֹן וְסִכְלוּת: 23 כָּל־הָרָעוֹת הָאֵלֶּה מִקֶּרֶב הָאָדָם הֵן יוֹצְאוֹת וּמְטַמְּאוֹת אֹתוֹ:

7:19-23 quia non intrat in cor ejus, sed in ventrum vadit, et in secessum exit, purgans omnes escas? 20 Dicebat autem, quoniam quae de homine exeunt, illa communicant hominem. 21 Ab intus enim de corde hominum malae cogitationes procedunt, adulteria, fornicationes, homicidia, 22 furta, avaritiae, nequitiae, dolus, impudicitiae, oculus malus, blasphemia, superbia, stultitia. 23 Omnia haec mala ab intus procedunt, et communicant hominem.

7:19-23 ὅτι οὐκ εἰσπορεύεται αὐτοῦ εἰς τὴν καρδίαν, ἀλλ' εἰς τὴν κοιλίαν· καὶ εἰς τὸν ἀφεδρῶνα ἐκπορεύεται, καθαρίζον πάντα τὰ βρώματα. 20 Ἔλεγεν δὲ ὅτι Τὸ ἐκ τοῦ ἀνθρώπου ἐκπορευόμενον, ἐκεῖνο κοινοῖ τὸν ἄνθρωπον. 21 Ἔσωθεν γάρ, ἐκ τῆς καρδίας τῶν ἀνθρώπων οἱ διαλογισμοὶ οἱ κακοὶ ἐκπορεύονται, μοιχεῖαι, πορνεῖαι, φόνοι, 22 κλοπαί, πλεονεξίαι, πονηρίαι, δόλος, ἀσέλγεια, ὀφθαλμὸς πονηρός, βλασφημία, ὑπερηφανία, ἀφροσύνη· 23 πάντα ταῦτα τὰ πονηρὰ ἔσωθεν ἐκπορεύεται, καὶ κοινοῖ τὸν ἄνθρωπον.

7:19-23 because it does not enter into his heart but into his belly, and it goes out into the toilet?" *Surely, yes!*- (*He was* making all foods clean.) 20 Additionally, he was saying this: "The thing coming out of the person, that defiles the person. 21 For from within out of the heart of people, evil thoughts come out, fornications, thefts, murders, 22 adulteries, greeds, evils, deceit, debaucheries, an evil eye, blasphemy, pride, foolishness: 23 all these evil things from within come out and defile the person."

7:19-23 Denn es geht nicht in sein Herz, sondern in den Bauch, und geht aus durch den natürlichen Gang, der alle Speise ausfegt. 20 Und er sprach: Was aus dem Menschen geht, das macht den Menschen gemein; 21 denn von innen, aus dem Herzen der Menschen, gehen heraus böse Gedanken; Ehebruch, Hurerei, Mord, 22 Dieberei, Geiz, Schalkheit, List, Unzucht, Schalksauge, Gotteslästerung, Hoffart, Unvernunft. 23 Alle diese bösen Stücke gehen von innen heraus und machen den Menschen gemein.

7:19-23 Car cela n'entre pas dans son coeur, mais dans son ventre, puis s'en va dans les lieux secrets, qui purifient tous les aliments. 20 Il dit encore: Ce qui sort de l'homme, c'est ce qui souille l'homme. 21 Car c'est du dedans, c'est du coeur des hommes, que sortent les mauvaises pensées, les adultères, les impudicités, les meurtres, 22 les vols, les cupidités, les méchancetés, la fraude, le dérèglement, le regard envieux, la calomnie, l'orgueil, la folie. 23 Toutes ces choses mauvaises sortent du dedans, et souillent l'homme.

7:24 וַיָּקָם מִשָּׁם וַיֵּלֶךְ לוֹ אֶל־גְּבוּלוֹת צוֹר וְצִידוֹן וּבְבוֹאוֹ הַבַּיְתָה לֹא אָבָה שֶׁיִּוָּדַע לְאִישׁ וְלֹא יָכֹל לְהִסָּתֵר: ²⁵ כִּי אִשָּׁה אֲשֶׁר רוּחַ טֻמְאָה נִכְנְסָה בְּבִתָּהּ הַקְּטַנָּה שָׁמְעָה אֶת־שָׁמְעוֹ וַתָּבֹא וַתִּפֹּל לְרַגְלָיו: ²⁶ וְהָאִשָּׁה יְוָנִית וְאֶרֶץ מוֹלַדְתָּהּ פֵנִיקְיָא אֲשֶׁר לְסוּרְיָא וַתְּבַקֵּשׁ מִמֶּנּוּ לְגָרֵשׁ אֶת־הַשֵּׁד מִבִּתָּהּ: ²⁷ וַיֹּאמֶר אֵלֶיהָ יֵשׁוּעַ הַנִּיחִי לַבָּנִים לִשְׂבֹּעַ בָּרִאשׁוֹנָה כִּי לֹא־טוֹב לָקַחַת לֶחֶם הַבָּנִים וּלְהַשְׁלִיכוֹ לְצֵעִירֵי הַכְּלָבִים:

7:24-27 Et inde surgens abiit in fines Tyri et Sidonis: et ingressus domum, neminem voluit scire, et non potuit latere. ²⁵ Mulier enim statim ut audivit de eo, cujus filia habebat spiritum immundum, intravit, et procidit ad pedes ejus. ²⁶ Erat enim mulier gentilis, Syrophoenissa genere. Et rogabat eum ut daemonium ejiceret de filia ejus. ²⁷ Qui dixit illi: Sine prius saturari filios: non est enim bonum sumere panem filiorum, et mittere canibus.

7:24-27 Καὶ ἐκεῖθεν ἀναστὰς ἀπῆλθεν εἰς τὰ μεθόρια Τύρου καὶ Σιδῶνος. Καὶ εἰσελθὼν εἰς οἰκίαν, οὐδένα ἤθελεν γνῶναι, καὶ οὐκ ἠδυνήθη λαθεῖν. ²⁵ Ἀκούσασα γὰρ γυνὴ περὶ αὐτοῦ, ἧς εἶχεν τὸ θυγάτριον αὐτῆς πνεῦμα ἀκάθαρτον, ἐλθοῦσα προσέπεσεν πρὸς τοὺς πόδας αὐτοῦ· ²⁶ ἦν δὲ ἡ γυνὴ Ἑλληνίς, Συραφοινίκισσα τῷ γένει· καὶ ἠρώτα αὐτὸν ἵνα τὸ δαιμόνιον ἐκβάλῃ ἐκ τῆς θυγατρὸς αὐτῆς. ²⁷ Ὁ δὲ Ἰησοῦς εἶπεν αὐτῇ, Ἄφες πρῶτον χορτασθῆναι τὰ τέκνα· οὐ γὰρ καλόν ἐστιν λαβεῖν τὸν ἄρτον τῶν τέκνων καὶ βαλεῖν τοῖς κυναρίοις.

7:24-27 Well, from there, after standing up, he departed into the region of Tyre. And after entering into a house, he was not wanting anyone to know, and he was not able to escape notice. ²⁵ But straightaway a woman, after hearing about him, whose little daughter of hers was having an unclean spirit, coming, fell down at his feet. ²⁶ Moreover, the woman was a Greek, Syrophoenician in race; and she was asking him that he would cast out the demon from her daughter. ²⁷ And he was saying to her, "Let the children first be satisfied, for it is not good to take the children's bread and to throw it to the dogs."

7:24-27 Und er stand auf und ging von dannen in die Gegend von Tyrus und Sidon; und ging da in ein Haus und wollte es niemand wissen lassen, und konnte doch nicht verborgen sein. ²⁵ Denn ein Weib hatte von ihm gehört, deren Töchterlein einen unsauberen Geist hatte, und sie kam und fiel nieder zu seinen Füßen ²⁶ (und es war ein griechisches Weib aus Syrophönizien), und sie bat ihn, daß er den Teufel von ihrer Tochter austriebe. ²⁷ Jesus aber sprach zu ihr: Laß zuvor die Kinder satt werden; es ist nicht fein, daß man der Kinder Brot nehme und werfe es vor die Hunde.

7:24-27 Jésus, étant parti de là, s'en alla dans le territoire de Tyr et de Sidon. Il entra dans une maison, désirant que personne ne le sût; mais il ne put rester caché. ²⁵ Car une femme, dont la fille était possédée d'un esprit impur, entendit parler de lui, et vint se jeter à ses pieds. ²⁶ Cette femme était grecque, syro-phénicienne d'origine. Elle le pria de chasser le démon hors de sa fille. ²⁷ Jésus lui dit: Laisse d'abord les enfants se rassasier; car il n'est pas bien de prendre le pain des enfants, et de le jeter aux petits chiens.

7:28 וַתַּעַן וַתֹּאמֶר אֵלָיו כֵּן אֲדֹנִי אֲבָל גַּם־צְעִירֵי הַכְּלָבִים יֹאכְלוּ תַּחַת הַשֻּׁלְחָן מִפְּרוּרֵי לֶחֶם הַבָּנִים: ²⁹ וַיֹּאמֶר אֵלֶיהָ בִּגְלַל זֶה הַדָּבָר לְכִי־לָךְ יָצָא הַשֵּׁד מִבִּתֵּךְ: ³⁰ וַתָּבֹא אֶל־בֵּיתָהּ וַתִּמְצָא אֶת־הַיַּלְדָּה מוּשְׁכֶּבֶת עַל־הַמִּטָּה וְהַשֵּׁד יָצָא מִמֶּנָּה: ³¹ וַיָּשָׁב וַיֵּצֵא מִגְּבוּל צוֹר וְצִידוֹן וַיָּבֹא אֶל־יָם הַגָּלִיל בְּתוֹךְ גְּבוּל עֶשֶׂר הֶעָרִים: ³² וַיָּבִיאוּ אֵלָיו אִישׁ אֲשֶׁר הָיָה חֵרֵשׁ וְאִלֵּם וַיִּתְחַנְנוּ לוֹ לָשׂוּם עָלָיו אֶת־יָדוֹ:

7:28-32 At illa respondit, et dixit illi: Utique Domine, nam et catelli comedunt sub mensa de micis puerorum. ²⁹ Et ait illi: Propter hunc sermonem vade: exiit daemonium a filia tua. ³⁰ Et cum abiisset domum suam, invenit puellam jacentem supra lectum, et daemonium exiisse. ³¹ Et iterum exiens de finibus Tyri, venit per Sidonem ad mare Galilaeae inter medios fines Decapoleos. ³² Et adducunt ei surdum, et mutum, et deprecabantur eum, ut imponat illi manum.

7:28-32 Ἡ δὲ ἀπεκρίθη καὶ λέγει αὐτῷ, Ναί, κύριε· καὶ γὰρ τὰ κυνάρια ὑποκάτω τῆς τραπέζης ἐσθίει ἀπὸ τῶν ψιχίων τῶν παιδίων. ²⁹ Καὶ εἶπεν αὐτῇ, Διὰ τοῦτον τὸν λόγον ὕπαγε· ἐξελήλυθεν τὸ δαιμόνιον ἐκ τῆς θυγατρός σου. ³⁰ Καὶ ἀπελθοῦσα εἰς τὸν οἶκον αὐτῆς, εὗρεν τὸ δαιμόνιον ἐξεληλυθός, καὶ τὴν θυγατέρα βεβλημένην ἐπὶ τῆς κλίνης. ³¹ Καὶ πάλιν ἐξελθὼν ἐκ τῶν ὁρίων Τύρου καὶ Σιδῶνος, ἦλθεν πρὸς τὴν θάλασσαν τῆς Γαλιλαίας, ἀνὰ μέσον τῶν ὁρίων Δεκαπόλεως. ³² Καὶ φέρουσιν αὐτῷ κωφὸν μογγιλάλον, καὶ παρακαλοῦσιν αὐτὸν ἵνα ἐπιθῇ αὐτῷ τὴν χεῖρα.

7:28-32 Well, she answered back and says to him, "Lord, even the dogs under the table eat from the crumbs of the little children." ²⁹ And he said to her, "Because of this very word, go, the demon has come out from your daughter." ³⁰ And after departing into her house, she found her little child having been laid upon the bed and the demon having come out. ³¹ And again after going out from the region of Tyre, he went through Sidon to the sea of Galilee, through the middle of the region of Decapolis. ³² And they bring to him a deaf and mute man, and they strongly urge him that he would lay a hand on him.

7:28-32 Sie antwortete aber und sprach zu ihm: Ja, HERR; aber doch essen die Hündlein unter dem Tisch von den Brosamen der Kinder. ²⁹ Und er sprach zu ihr: Um des Wortes willen so gehe hin; der Teufel ist von deiner Tochter ausgefahren. ³⁰ Und sie ging hin in ihr Haus und fand, daß der Teufel war ausgefahren und die Tochter auf dem Bette liegend. ³¹ Und da er wieder ausging aus der Gegend von Tyrus und Sidon, kam er an das Galiläische Meer, mitten in das Gebiet der zehn Städte. ³² Und sie brachten zu ihm einen Tauben, der stumm war, und sie baten ihn, daß er die Hand auf ihn legte.

7:28-32 Oui, Seigneur, lui répondit-elle, mais les petits chiens, sous la table, mangent les miettes des enfants. ²⁹ Alors il lui dit: à cause de cette parole, va, le démon est sorti de ta fille. ³⁰ Et, quand elle rentra dans sa maison, elle trouva l'enfant couchée sur le lit, le démon étant sorti. ³¹ Jésus quitta le territoire de Tyr, et revint par Sidon vers la mer de Galilée, en traversant le pays de la Décapole. ³² On lui amena un sourd, qui avait de la difficulté à parler, et on le pria de lui imposer les mains.

7:33 וַיִּקַּח אֹתוֹ לְבַדּוֹ מִקֶּרֶב הֶהָמוֹן וַיָּשֶׂם אֶת־אֶצְבְּעוֹתָיו בְּאָזְנָיו וַיָּרָק וַיִּגַּע עַל־לְשֹׁנוֹ:
34 וַיַּבֵּט הַשָּׁמַיְמָה וַיֵּאָנַח וַיֹּאמֶר אֵלָיו אִפָּתַח וּפֵרוּשׁוֹ הִתְפַּתֵּחַ: 35 וּבְרֶגַע נִפְתְּחוּ אָזְנָיו וַיּוּתַּר אֱסוּר לְשׁוֹנוֹ וַיְדַבֵּר בְּשָׂפָה בְרוּרָה: 36 וַיְצַו עֲלֵיהֶם שֶׁלֹּא־יַגִּידוּ לְאִישׁ וְכַאֲשֶׁר יַזְהִירֵם כֵּן יַרְבּוּ לְהַשְׁמִיעַ: 37 וַיִּשְׁתּוֹמְמוּ עַד־מְאֹד וַיֹּאמְרוּ אֶת־הַכֹּל עָשָׂה יָפֶה גַּם־הַחֵרְשִׁים הוּא עָשָׂה לְשֹׁמְעִים גַּם־הָאִלְּמִים לִמְדַבְּרִים:

7:33-37 Et apprehendens eum de turba seorsum, misit digitos suos in auriculas ejus: et exspuens, tetigit linguam ejus: ³⁴ et suscipiens in caelum, ingemuit, et ait illi: Ephphetha, quod est, Adaperire. ³⁵ Et statim apertae sunt aures ejus, et solutum est vinculum linguae ejus, et loquebatur recte. ³⁶ Et praecepit illis ne cui dicerent. Quanto autem eis praecipiebat, tanto magis plus praedicabant: ³⁷ et eo amplius admirabantur, dicentes: Bene omnia fecit: et surdos fecit audire, et mutos loqui.

7:33-37 Καὶ ἀπολαβόμενος αὐτὸν ἀπὸ τοῦ ὄχλου κατ' ἰδίαν, ἔβαλεν τοὺς δακτύλους αὐτοῦ εἰς τὰ ὦτα αὐτοῦ, καὶ πτύσας ἥψατο τῆς γλώσσης αὐτοῦ, ³⁴ καὶ ἀναβλέψας εἰς τὸν οὐρανόν, ἐστέναξεν, καὶ λέγει αὐτῷ, Ἐφφαθά, ὅ ἐστιν, Διανοίχθητι. ³⁵ Καὶ εὐθέως διηνοίχθησαν αὐτοῦ αἱ ἀκοαί· καὶ ἐλύθη ὁ δεσμὸς τῆς γλώσσης αὐτοῦ, καὶ ἐλάλει ὀρθῶς. ³⁶ Καὶ διεστείλατο αὐτοῖς ἵνα μηδενὶ εἴπωσιν· ὅσον δὲ αὐτὸς αὐτοῖς διεστέλλετο, μᾶλλον περισσότερον ἐκήρυσσον. ³⁷ Καὶ ὑπερπερισσῶς ἐξεπλήσσοντο, λέγοντες, Καλῶς πάντα πεποίηκεν· καὶ τοὺς κωφοὺς ποιεῖ ἀκούειν, καὶ τοὺς ἀλάλους λαλεῖν.

7:33-37 And after taking him aside from the crowd in private, he put his fingers into his ears, and, after spitting, he touched his tongue, ³⁴ and, after looking up to heaven, he sighed, and he says to him, "Ephphatha," that is, "Be opened." ³⁵ And his ears were opened, and the binding of his tongue was loosened, and he proceeds speaking correctly. ³⁶ And he commanded them that they would speak to no one; but as much as he was commanding them, they themselves more profusely were proclaiming it. ³⁷ And beyond measure they were being astonished saying, "He has done all things well; both the deaf he makes to hear and the mute to speak."

7:33-37 Und er nahm ihn von dem Volk besonders und legte ihm die Finger in die Ohren und spützte und rührte seine Zunge ³⁴ und sah auf gen Himmel, seufzte und sprach zu ihm: Hephatha! das ist: Tu dich auf! ³⁵ Und alsbald taten sich seine Ohren auf, und das Band seiner Zunge war los, und er redete recht. ³⁶ Und er verbot ihnen, sie sollten's niemand sagen. Je mehr er aber verbot, je mehr sie es ausbreiteten. ³⁷ Und sie wunderten sich über die Maßen und sprachen: Er hat alles wohl gemacht; die Tauben macht er hörend und die Sprachlosen redend.

7:33-37 Il le prit à part loin de la foule, lui mit les doigts dans les oreilles, et lui toucha la langue avec sa propre salive; ³⁴ puis, levant les yeux au ciel, il soupira, et dit: Éphphatha, c'est-à-dire, ouvre-toi. ³⁵ Aussitôt ses oreilles s'ouvrirent, sa langue se délia, et il parla très bien. ³⁶ Jésus leur recommanda de n'en parler à personne; mais plus il le leur recommanda, plus ils le publièrent. ³⁷ Ils étaient dans le plus grand étonnement, et disaient: Il fait tout à merveille; même il fait entendre les sourds, et parler les muets.

8:1 וַיְהִי בַּיָּמִים הָהֵם בְּהִקָּבֵץ עַם רַב וְאֵין לָהֶם מַה־יֹּאכֵלוּ וַיִּקְרָא יֵשׁוּעַ אֶל־תַּלְמִידָיו וַיֹּאמֶר אֲלֵיהֶם: ² נִכְמְרוּ רַחֲמַי עַל־הָעָם כִּי־זֶה שְׁלֹשֶׁת יָמִים עָמְדוּ עִמִּי וְאֵין לָהֶם לֶחֶם לֶאֱכֹל: ³ וְהָיָה בְּשַׁלְּחִי אוֹתָם רְעֵבִים לְבָתֵּיהֶם יִתְעַלְּפוּ בַדָּרֶךְ כִּי־יֵשׁ בָּהֶם אֲשֶׁר בָּאוּ מִמֶּרְחָק: ⁴ וַיַּעֲנוּ תַלְמִידָיו וַיֹּאמְרוּ אֵלָיו מֵאַיִן יוּכַל אִישׁ לְהַשְׂבִּיעַ אֶת־אֵלֶּה לֶחֶם פֹּה בַּמִּדְבָּר: ⁵ וַיִּשְׁאַל אוֹתָם וַיֹּאמַר כַּמָּה כִכְּרוֹת־לֶחֶם יֵשׁ לָכֶם וַיֹּאמְרוּ שֶׁבַע:

8:1-5 In diebus illis iterum cum turba multa esset, nec haberent quod manducarent, convocatis discipulis, ait illis: ² Misereor super turbam: quia ecce jam triduo sustinent me, nec habent quod manducent: ³ et si dimisero eos jejunos in domum suam, deficient in via: quidam enim ex eis de longe venerunt. ⁴ Et responderunt ei discipuli sui: Unde illos quis poterit saturare panibus in solitudine? ⁵ Et interrogavit eos: Quot panes habetis? Qui dixerunt: Septem.

8:1-5 Ἐν ἐκείναις ταῖς ἡμέραις, παμπόλλου ὄχλου ὄντος, καὶ μὴ ἐχόντων τί φάγωσιν, προσκαλεσάμενος ὁ Ἰησοῦς τοὺς μαθητὰς αὐτοῦ λέγει αὐτοῖς, ² Σπλαγχνίζομαι ἐπὶ τὸν ὄχλον· ὅτι ἤδη ἡμέραι τρεῖς προσμένουσίν μοι, καὶ οὐκ ἔχουσιν τί φάγωσιν· ³ καὶ ἐὰν ἀπολύσω αὐτοὺς νήστεις εἰς οἶκον αὐτῶν, ἐκλυθήσονται ἐν τῇ ὁδῷ· τινὲς γὰρ αὐτῶν μακρόθεν ἥκουσιν. ⁴ Καὶ ἀπεκρίθησαν αὐτῷ οἱ μαθηταὶ αὐτοῦ, Πόθεν τούτους δυνήσεταί τις ὧδε χορτάσαι ἄρτων ἐπ' ἐρημίας; ⁵ Καὶ ἐπηρώτα αὐτούς, Πόσους ἔχετε ἄρτους; Οἱ δὲ εἶπον, Ἑπτά.

8:1-5 In those days, again while there was a large crowd and they were not having what they should eat, after calling the disciples, he begins saying to them, ² "I have compassion for the crowd, because already three days they are remaining with me and they are not having what they should eat; ³ and, if I release them hungry to their home, they will faint on the way; and some of them have come from far away." ⁴ And his disciples answered back to him this: "From where will someone here be able to feed them loaves of bread in a desert?" ⁵ And he was asking them, "How many loaves do you have?" So they said, "Seven."

8:1-5 Zu der Zeit, da viel Volks da war, und hatten nichts zu essen, rief Jesus seine Jünger zu sich und sprach zu ihnen: ² Mich jammert des Volks; denn sie haben nun drei Tage bei mir beharrt und haben nichts zu essen; ³ und wenn ich sie ungegessen von mir heim ließe gehen, würden sie auf dem Wege verschmachten; denn etliche sind von ferne gekommen. ⁴ Seine Jünger antworteten ihm: Woher nehmen wir Brot hier in der Wüste, daß wir sie sättigen? ⁵ Und er fragte sie: Wieviel habt ihr Brote? Sie sprachen: Sieben.

8:1-5 En ces jours-là, une foule nombreuse s'étant de nouveau réunie et n'ayant pas de quoi manger, Jésus appela les disciples, et leur dit: ² Je suis ému de compassion pour cette foule; car voilà trois jours qu'ils sont près de moi, et ils n'ont rien à manger. ³ Si je les renvoie chez eux à jeun, les forces leur manqueront en chemin; car quelques-uns d'entre eux sont venus de loin. ⁴ Ses disciples lui répondirent: Comment pourrait-on les rassasier de pains, ici, dans un lieu désert? ⁵ Jésus leur demanda: Combien avez-vous de pains? Sept, répondirent-ils.

The Gospel of Mark

8:6 וַיְצַו אֶת־הָעָם לָשֶׁבֶת לָאָרֶץ וַיִּקַּח אֶת־שֶׁבַע כִּכְּרוֹת הַלֶּחֶם וַיְבָרֶךְ וַיִּפְרֹס וַיִּתֵּן לְתַלְמִידָיו לָשׂוּם לִפְנֵיהֶם וַיָּשִׂימוּ לִפְנֵי הָעָם: 7 וְלָהֶם מְעַט דָּגִים קְטַנִּים וַיְבָרֶךְ וַיֹּאמֶר לָשׂוּם לִפְנֵיהֶם גַּם־אֶת־אֵלֶּה: 8 וַיֹּאכְלוּ וַיִּשְׂבָּעוּ וַיִּשְׂאוּ מִן־הַפְּתוֹתִים הַנּוֹתָרִים שִׁבְעָה דוּדִים: 9 וְהָאֹכְלִים כְּאַרְבַּעַת אֲלָפִים וַיְשַׁלְּחֵם: 10 וַיֵּרֶד בָּאֳנִיָּה עִם־תַּלְמִידָיו וַיָּבֹא אֶל־גְּלִילוֹת דַּלְמָנוּתָא:

8:6-10 Et praecepit turbae discumbere super terram. Et accipiens septem panes, gratias agens fregit, et dabat discipulis suis ut apponerent, et apposuerunt turbae. ⁷ Et habebant pisciculos paucos: et ipsos benedixit, et jussit apponi. ⁸ Et manducaverunt, et saturati sunt, et sustulerunt quod superaverat de fragmentis, septem sportas. ⁹ Erant autem qui manducaverunt, quasi quatuor millia: et dimisit eos. ¹⁰ Et statim ascendens navim cum discipulis suis, venit in partes Dalmanutha.

8:6-10 Καὶ παρήγγειλεν τῷ ὄχλῳ ἀναπεσεῖν ἐπὶ τῆς γῆς· καὶ λαβὼν τοὺς ἑπτὰ ἄρτους, εὐχαριστήσας ἔκλασεν καὶ ἐδίδου τοῖς μαθηταῖς αὐτοῦ, ἵνα παραθῶσιν· καὶ παρέθηκαν τῷ ὄχλῳ. ⁷ Καὶ εἶχον ἰχθύδια ὀλίγα· καὶ εὐλογήσας εἶπεν παραθεῖναι καὶ αὐτά. ⁸ Ἔφαγον δέ, καὶ ἐχορτάσθησαν· καὶ ἦραν περισσεύματα κλασμάτων ἑπτὰ σπυρίδας. ⁹ Ἦσαν δὲ οἱ φαγόντες ὡς τετρακισχίλιοι· καὶ ἀπέλυσεν αὐτούς. ¹⁰ Καὶ εὐθέως ἐμβὰς εἰς τὸ πλοῖον μετὰ τῶν μαθητῶν αὐτοῦ, ἦλθεν εἰς τὰ μέρη Δαλμανουθά.

8:6-10 And he commands the crowd to sit down upon the ground; and, after taking the seven loaves, giving thanks, he broke them and was giving *them* to his disciples, in order that they would serve and they served the crowd. ⁷ And they were having a few fishes; and, after blessing them, he said also to serve them. ⁸ And they ate and were filled, and they picked up extra portions of the pieces, seven baskets! ⁹ Moreover, there were about four thousand and he released them. ¹⁰ And straightaway, after embarking into the boat with his disciples, he came into the parts of Dalmanutha.

8:6-10 Und er gebot dem Volk, daß sie sich auf der Erde lagerten. Und er nahm die sieben Brote und dankte und brach sie und gab sie seinen Jüngern, daß sie dieselben vorlegten; und sie legten dem Volk vor. ⁷ Und hatten ein wenig Fischlein; und er dankte und hieß die auch vortragen. ⁸ Sie aßen aber und wurden satt; und hoben die übrigen Brocken auf, sieben Körbe. ⁹ Und ihrer waren bei viertausend, die da gegessen hatten; und er ließ sie von sich. ¹⁰ Und alsbald trat er in ein Schiff mit seinen Jüngern und kam in die Gegend von Dalmanutha.

8:6-10 Alors il fit asseoir la foule par terre, prit les sept pains, et, après avoir rendu grâces, il les rompit, et les donna à ses disciples pour les distribuer; et ils les distribuèrent à la foule. ⁷ Ils avaient encore quelques petits poissons, et Jésus, ayant rendu grâces, les fit aussi distribuer. ⁸ Ils mangèrent et furent rassasiés, et l'on emporta sept corbeilles pleines des morceaux qui restaient. ⁹ Ils étaient environ quatre mille. Ensuite Jésus les renvoya. ¹⁰ Aussitôt il monta dans la barque avec ses disciples, et se rendit dans la contrée de Dalmanutha.

8:11 וַיֵּצְאוּ הַפְּרוּשִׁים וַיָּחֵלּוּ לְהִתְוַכַּח עִמּוֹ וַיִּשְׁאֲלוּ מֵאִתּוֹ אוֹת מִן־הַשָּׁמַיִם לְמַעַן נַסֹּתוֹ: 12 וַיֵּאָנַח בְּרוּחוֹ וַיֹּאמַר מַה־הַדּוֹר הַזֶּה מְבַקֶּשׁ־לוֹ אוֹת אָמֵן אֲנִי אֹמֵר לָכֶם אִם־יִנָּתֶן אוֹת לַדּוֹר הַזֶּה: 13 וַיַּעַל מֵעֲלֵיהֶם וַיָּשָׁב וַיֵּרֶד בָּאֳנִיָּה וַיַּעֲבֹר אֶל־עֵבֶר הַיָּם: 14 וְהֵם שָׁכְחוּ לָקַחַת בְּיָדָם לֶחֶם וְלֹא־הָיָה לָהֶם בָּאֳנִיָּה בִּלְתִּי אִם־כִּכַּר־לֶחֶם אֶחָת: 15 וַיַּזְהֵר אוֹתָם לֵאמֹר רְאוּ הִשָּׁמְרוּ לָכֶם מִשְּׂאֹר הַפְּרוּשִׁים וּמִשְּׂאֹר הוֹרְדוֹס:

8:11-15 Et exierunt pharisaei, et coeperunt conquirere cum eo, quaerentes ab illo signum de caelo, tentantes eum. ¹² Et ingemiscens spiritu, ait: Quid generatio ista signum quaerit? Amen dico vobis, si dabitur generationi isti signum. ¹³ Et dimittens eos, ascendit iterum navim et abiit trans fretum. ¹⁴ Et obliti sunt panes sumere: et nisi unum panem non habebant secum in navi. ¹⁵ Et praecipiebat eis, dicens: Videte, et cavete a fermento pharisaeorum, et fermento Herodis.

8:11-15 Καὶ ἐξῆλθον οἱ Φαρισαῖοι, καὶ ἤρξαντο συζητεῖν αὐτῷ, ζητοῦντες παρ' αὐτοῦ σημεῖον ἀπὸ τοῦ οὐρανοῦ, πειράζοντες αὐτόν. ¹² Καὶ ἀναστενάξας τῷ πνεύματι αὐτοῦ λέγει, Τί ἡ γενεὰ αὕτη σημεῖον ἐπιζητεῖ; Ἀμὴν λέγω ὑμῖν, εἰ δοθήσεται τῇ γενεᾷ ταύτῃ σημεῖον. ¹³ Καὶ ἀφεὶς αὐτούς, ἐμβὰς πάλιν εἰς πλοῖον, ἀπῆλθεν εἰς τὸ πέραν. ¹⁴ Καὶ ἐπελάθοντο λαβεῖν ἄρτους, καὶ εἰ μὴ ἕνα ἄρτον οὐκ εἶχον μεθ' ἑαυτῶν ἐν τῷ πλοίῳ. ¹⁵ Καὶ διεστέλλετο αὐτοῖς, λέγων, Ὁρᾶτε, βλέπετε ἀπὸ τῆς ζύμης τῶν Φαρισαίων καὶ τῆς ζύμης Ἡρώδου.

8:11-15 And the Pharisees came out and they began to dispute with him, seeking from him a sign from heaven, testing him. ¹² And, after sighing deeply in his spirit, he says, "Why is this generation seeking a sign? Amen! I am saying to you, if a sign will be given to this generation." ¹³ And, after leaving them, embarking again, he departed to the other side. ¹⁴ And they forgot to take loaves, and except for one loaf, they were not having anything with them in the boat. ¹⁵ And was commanding them saying, "Watch out, be aware of the leaven of the Pharisees and the leaven of Herod."

8:11-15 Und die Pharisäer gingen heraus und fingen an, sich mit ihm zu befragen, versuchten ihn und begehrten von ihm ein Zeichen vom Himmel. ¹² Und er seufzte in seinem Geist und sprach: Was sucht doch dies Geschlecht Zeichen? Wahrlich, ich sage euch: Es wird diesem Geschlecht kein Zeichen gegeben. ¹³ Und er ließ sie und trat wiederum in das Schiff und fuhr herüber. ¹⁴ Und sie hatten vergessen, Brot mit sich zu nehmen, und hatten nicht mehr mit sich im Schiff denn ein Brot. ¹⁵ Und er gebot ihnen und sprach: Schauet zu und sehet euch vor vor dem Sauerteig der Pharisäer und vor dem Sauerteig des Herodes.

8:11-15 Les pharisiens survinrent, se mirent à discuter avec Jésus, et, pour l'éprouver, lui demandèrent un signe venant du ciel. ¹² Jésus, soupirant profondément en son esprit, dit: Pourquoi cette génération demande-t-elle un signe? Je vous le dis en vérité, il ne sera point donné de signe à cette génération. ¹³ Puis il les quitta, et remonta dans la barque, pour passer sur l'autre bord. ¹⁴ Les disciples avaient oublié de prendre des pains; ils n'en avaient qu'un seul avec eux dans la barque. ¹⁵ Jésus leur fit cette recommandation: Gardez-vous avec soin du levain des pharisiens et du levain d'Hérode.

8:16 וַיַּחְשְׁבוּ כֹּה וָכֹה וַיֹּאמְרוּ אִישׁ אֶל־רֵעֵהוּ עַל כִּי־לֶחֶם אֵין אִתָּנוּ: 17 וַיֵּדַע יֵשׁוּעַ וַיֹּאמֶר לָהֶם מַה־תַּחְשְׁבוּ עַל כִּי־לֶחֶם אֵין לָכֶם הַעוֹד לֹא תַשְׂכִּילוּ וְלֹא תָבִינוּ וְלִבְּכֶם עוֹדֶנּוּ קָשֶׁה: 18 עֵינַיִם לָכֶם וְלֹא תִרְאוּ וְאָזְנַיִם לָכֶם וְלֹא תִשְׁמְעוּ וְלֹא תִזְכֹּרוּ: 19 כַּאֲשֶׁר פָּרַסְתִּי אֶת־חֲמֵשֶׁת כִּכְּרוֹת הַלֶּחֶם לַחֲמֵשֶׁת אַלְפֵי אִישׁ כַּמָּה סַלִּים מְלֵאֵי פְתוֹתִים נְשָׂאתֶם וַיֹּאמְרוּ אֵלָיו שְׁנֵים עָשָׂר:

8:16-19 Et cogitabant ad alterutrum, dicentes: quia panes non habemus. 17 Quo cognito, ait illis Jesus: Quid cogitatis, quia panes non habetis? nondum cognoscetis nec intelligitis? adhuc caecatum habetis cor vestrum? 18 oculos habentes non videtis? et aures habentes non auditis? nec recordamini, 19 quando quinque panes fregi in quinque millia: quot cophinos fragmentorum plenos sustulistis? Dicunt ei: Duodecim.

8:16-19 Καὶ διελογίζοντο πρὸς ἀλλήλους, λέγοντες ὅτι Ἄρτους οὐκ ἔχομεν. 17 Καὶ γνοὺς ὁ Ἰησοῦς λέγει αὐτοῖς, Τί διαλογίζεσθε ὅτι ἄρτους οὐκ ἔχετε; Οὔπω νοεῖτε, οὐδὲ συνίετε; Ἔτι πεπωρωμένην ἔχετε τὴν καρδίαν ὑμῶν; 18 Ὀφθαλμοὺς ἔχοντες οὐ βλέπετε; Καὶ ὦτα ἔχοντες οὐκ ἀκούετε; Καὶ οὐ μνημονεύετε; 19 Ὅτε τοὺς πέντε ἄρτους ἔκλασα εἰς τοὺς πεντακισχιλίους, πόσους κοφίνους πλήρεις κλασμάτων ἤρατε; Λέγουσιν αὐτῷ, Δώδεκα.

8:16-19 And they were arguing with one another, because they did not have the loaves. 17 And knowing he says to them, "Why are you arguing because you do not loaves? Don't you yet know nor understand? *Surely, yes!* Are you holding a hardened heart?! 18 *Although* having eyes, don't you see, and having ears, don't you hear? *Surely, yes!* And don't you remember 19 when I broke the five loaves for the five thousand, how many baskets full of broken pieces you gathered?" *Surely, yes!* They say to him, "Twelve."

8:16-19 Und sie gedachten hin und her und sprachen untereinander: Das ist's, daß wir nicht Brot haben. 17 Und Jesus merkte das und sprach zu ihnen: Was bekümmert ihr euch doch, daß ihr nicht Brot habt? Vernehmet ihr noch nichts und seid noch nicht verständig? Habt ihr noch ein erstarrtes Herz in euch? 18 Ihr habt Augen, und sehet nicht, und habt Ohren, und höret nicht, und denket nicht daran, 19 da ich fünf Brote brach unter fünftausend: wie viel Körbe voll Brocken hobt ihr da auf? Sie sprachen: Zwölf.

8:16-19 Les disciples raisonnaient entre eux, et disaient: C'est parce que nous n'avons pas de pains. 17 Jésus, l'ayant connu, leur dit: Pourquoi raisonnez-vous sur ce que vous n'avez pas de pains? Etes-vous encore sans intelligence, et ne comprenez-vous pas? Avez-vous le coeur endurci? 18 Ayant des yeux, ne voyez-vous pas? Ayant des oreilles, n'entendez-vous pas? Et n'avez-vous point de mémoire? 19 Quand j'ai rompu les cinq pains pour les cinq mille hommes, combien de paniers pleins de morceaux avez-vous emportés? Douze, lui répondirent-ils.

8:20 וּבְשֶׁבַע לְאַרְבַּעַת אַלְפֵי אִישׁ כַּמָּה דּוּדִים מְלֵאֵי פְתוֹתִים נְשָׂאתֶם וַיֹּאמְרוּ אֵלָיו שִׁבְעָה: ²¹ וַיֹּאמֶר אֲלֵיהֶם אֵיךְ לֹא תָבִינוּ: ²² וַיָּבֹא אֶל־בֵּית צַיְדָה וַיָּבִיאוּ אֵלָיו אִישׁ עִוֵּר וַיִּתְחַנְּנוּ לוֹ לָגַעַת בּוֹ: ²³ וַיֹּאחֶז בְּיַד הָעִוֵּר וַיּוֹלִיכֵהוּ אֶל־מִחוּץ לַכְּפָר וַיָּרָק בְּעֵינָיו וַיָּשֶׂם יָדָיו עָלָיו וַיִּשְׁאָלֵהוּ וַיֹּאמֶר אֵלָיו הֲרֹאֶה אָתָּה: ²⁴ וַיַּבֵּט וַיֹּאמֶר אֶרְאֶה אֶת־בְּנֵי הָאָדָם כִּי מִתְהַלְּכִים כָּאִילָנוֹת אֲנִי רֹאֶה:

8:20-24 Quando et septem panes in quatuor millia: quot sportas fragmentorum tulistis? Et dicunt ei: Septem. ²¹ Et dicebat eis: Quomodo nondum intelligitis? ²² Et veniunt Bethsaidam, et adducunt ei caecum, et rogabant eum ut illum tangeret. ²³ Et apprehensa manu caeci, eduxit eum extra vicum: et exspuens in oculos ejus impositis manibus suis, interrogavit eum si quid videret. ²⁴ Et aspiciens, ait: Video homines velut arbores ambulantes.

8:20-24 Ὅτε δὲ τοὺς ἑπτὰ εἰς τοὺς τετρακισχιλίους, πόσων σπυρίδων πληρώματα κλασμάτων ἤρατε; Οἱ δὲ εἶπον, Ἑπτά. ²¹ Καὶ ἔλεγεν αὐτοῖς, Πῶς οὐ συνίετε; ²² Καὶ ἔρχεται εἰς Βηθσαϊδάν. Καὶ φέρουσιν αὐτῷ τυφλόν, καὶ παρακαλοῦσιν αὐτὸν ἵνα αὐτοῦ ἅψηται. ²³ Καὶ ἐπιλαβόμενος τῆς χειρὸς τοῦ τυφλοῦ, ἐξήγαγεν αὐτὸν ἔξω τῆς κώμης· καὶ πτύσας εἰς τὰ ὄμματα αὐτοῦ, ἐπιθεὶς τὰς χεῖρας αὐτῷ, ἐπηρώτα αὐτὸν εἴ τι βλέπει. ²⁴ Καὶ ἀναβλέψας ἔλεγεν, Βλέπω τοὺς ἀνθρώπους ὅτι ὡς δένδρα ὁρῶ περιπατοῦντας.

8:20-24 "Also when the seven for the four thousand, the extras of how many basketfuls of broken pieces did you gather?" And they say to him, "Seven." ²¹ And he was saying to them, "Don't you yet understand?" *Surely, yes!* ²² And they come into Bethsaida. And they bring to him a blind man and they beg him in order that he would touch him. ²³ And after taking the hand of the blind man, he brought him out outside of the village, and, after spitting into his eyes, laying his hands upon him, he was asking him, "Are you seeing something?" ²⁴ And, after looking up, he was saying, "I see people that I observe walking around like trees."

8:20-24 Da ich aber sieben brach unter die viertausend, wieviel Körbe voll Brocken hobt ihr da auf? Sie sprachen: Sieben. ²¹ Und er sprach zu ihnen: Wie vernehmet ihr denn nichts? ²² Und er kam gen Bethsaida. Und sie brachten zu ihm einen Blinden und baten ihn, daß er ihn anrührte. ²³ Und er nahm den Blinden bei der Hand und führte ihn hinaus vor den Flecken; spützte in seine Augen und legte seine Hände auf ihn und fragte ihn, ob er etwas sähe? ²⁴ Und er sah auf und sprach: Ich sehe Menschen gehen, als sähe ich Bäume.

8:20-24 Et quand j'ai rompu les sept pains pour les quatre mille hommes, combien de corbeilles pleines de morceaux avez-vous emportées? Sept, répondirent-ils. ²¹ Et il leur dit: Ne comprenez-vous pas encore? ²² Ils se rendirent à Bethsaïda; et on amena vers Jésus un aveugle, qu'on le pria de toucher. ²³ Il prit l'aveugle par la main, et le conduisit hors du village; puis il lui mit de la salive sur les yeux, lui imposa les mains, et lui demanda s'il voyait quelque chose. ²⁴ Il regarda, et dit: J'aperçois les hommes, mais j'en vois comme des arbres, et qui marchent.

The Gospel of Mark

8:25 וַיּוֹסֶף וַיָּשֶׂם שֵׁנִית יָדָיו עַל־עֵינָיו וַתִּפָּקַחְנָה עֵינָיו וַיֵּרָפֵא וַיַּרְא הַכֹּל הֵיטֵב עַד־לְמֵרָחוֹק: ²⁶ וַיְשַׁלְּחֵהוּ אֶל־בֵּיתוֹ וַיֹּאמֶר אַל־תָּבֹא אֶל־תּוֹךְ הַכְּפָר וְאַל־תְּדַבֵּר לְאִישׁ בַּכְּפָר: ²⁷ וַיֵּצֵא יֵשׁוּעַ וְתַלְמִידָיו לָלֶכֶת אֶל־כַּפְרֵי קֵיסָרְיָה שֶׁל־פִילִיפּוֹס וַיְהִי בַדֶּרֶךְ וַיִּשְׁאַל אֶת־תַּלְמִידָיו וַיֹּאמֶר אֲלֵיהֶם מַה־אֹמְרִים לִי בְּנֵי אָדָם מִי־אָנִי: ²⁸ וַיַּעֲנוּ וַיֹּאמְרוּ יוֹחָנָן הַמַּטְבִּיל וְיֵשׁ אֹמְרִים אֵלִיָּהוּ וַאֲחֵרִים אֹמְרִים אֶחָד מִן־הַנְּבִיאִים:

8:25-28 Deinde iterum imposuit manus super oculos ejus: et coepit videre: et restitutus est ita ut clare videret omnia. ²⁶ Et misit illum in domum suam, dicens: Vade in domum tuam: et si in vicum introieris, nemini dixeris. ²⁷ Et egressus est Jesus, et discipuli ejus in castella Caesareae Philippi: et in via interrogabat discipulos suos, dicens eis: Quem me dicunt esse homines? ²⁸ Qui responderunt illi, dicentes: Joannem Baptistam, alii Eliam, alii vero quasi unum de prophetis.

8:25-28 Εἶτα πάλιν ἐπέθηκεν τὰς χεῖρας ἐπὶ τοὺς ὀφθαλμοὺς αὐτοῦ, καὶ ἐποίησεν αὐτὸν ἀναβλέψαι. Καὶ ἀποκατεστάθη, καὶ ἐνέβλεψεν τηλαυγῶς ἅπαντας. ²⁶ Καὶ ἀπέστειλεν αὐτὸν εἰς τὸν οἶκον αὐτοῦ, λέγων, Μηδὲ εἰς τὴν κώμην εἰσέλθῃς, μηδὲ εἴπῃς τινὶ ἐν τῇ κώμῃ. ²⁷ Καὶ ἐξῆλθεν ὁ Ἰησοῦς καὶ οἱ μαθηταὶ αὐτοῦ εἰς τὰς κώμας Καισαρείας τῆς Φιλίππου· καὶ ἐν τῇ ὁδῷ ἐπηρώτα τοὺς μαθητὰς αὐτοῦ, λέγων αὐτοῖς, Τίνα με λέγουσιν οἱ ἄνθρωποι εἶναι; ²⁸ Οἱ δὲ ἀπεκρίθησαν, Ἰωάννην τὸν βαπτιστήν· καὶ ἄλλοι Ἠλίαν, ἄλλοι δὲ ἕνα τῶν προφητῶν.

8:25-28 Then again he laid his hands upon his eyes, and he looked intently and was restored and he was looking clearly at all things. ²⁶ And he sent him away to his home saying, "Do not even enter into the village." ²⁷ And Jesus went out, and his disciples, into the villages of Caesarea of Philip; and on the way he was asking his disciples, saying to them, "Whom do persons say that I am?" ²⁸ Well, they told him saying this: "John the Baptist, and others, Elijah, moreover, others, that you are one of the prophets."

8:25-28 Darnach legte er abermals die Hände auf seine Augen und hieß ihn abermals sehen; und er ward wieder zurechtgebracht, daß er alles scharf sehen konnte. ²⁶ Und er schickte ihn heim und sprach: Gehe nicht hinein in den Flecken und sage es auch niemand drinnen. ²⁷ Und Jesus ging aus mit seinen Jüngern in die Märkte der Stadt Cäsarea Philippi. Und auf dem Wege fragte er seine Jünger und sprach zu ihnen: Wer sagen die Leute, daß ich sei? ²⁸ Sie antworteten: Sie sagen du seiest Johannes der Täufer; etliche sagen, du seiest Elia; etliche, du seiest der Propheten einer.

8:25-28 Jésus lui mit de nouveau les mains sur les yeux; et, quand l'aveugle regarda fixement, il fut guéri, et vit tout distinctement. ²⁶ Alors Jésus le renvoya dans sa maison, en disant: N'entre pas au village. ²⁷ Jésus s'en alla, avec ses disciples, dans les villages de Césarée de Philippe, et il leur posa en chemin cette question: Qui dit-on que je suis? ²⁸ Ils répondirent: Jean Baptiste; les autres, Élie, les autres, l'un des prophètes.

The Gospel of Mark

8:29 וַיִּשְׁאַל אֹתָם לֵאמֹר וְאַתֶּם מַה־תֹּאמְרוּ לִי מִי־אָנִי וַיַּעַן פֶּטְרוֹס וַיֹּאמֶר אֵלָיו אַתָּה הוּא הַמָּשִׁיחַ: 30 וַיָּעַד בָּם לְבִלְתִּי דַּבֶּר־עָלָיו לְאִישׁ: 31 וַיָּחֶל לְהוֹרֹתָם שֶׁצָּרִיךְ בֶּן־הָאָדָם לְעֻנּוֹת הַרְבֵּה וְהַזְּקֵנִים וְרָאשֵׁי הַכֹּהֲנִים וְהַסּוֹפְרִים יִמְאָסוּהוּ וְיֵהָרֵג וּמִקְצֵה שְׁלֹשֶׁת יָמִים קוֹם יָקוּם: 32 וְהוּא דִּבֶּר אֶת־הַדָּבָר הַזֶּה בְּאָזְנֵי כֻלָּם וַיִּקָּחֵהוּ פֶּטְרוֹס וַיָּחֶל לִגְעָר־בּוֹ:

8:29-32 Tunc dicit illis: Vos vero quem me esse dicitis? Respondens Petrus, ait ei: Tu es Christus. ³⁰ Et comminatus est eis, ne cui dicerent de illo. ³¹ Et coepit docere eos quoniam oportet Filium hominis pati multa, et reprobari a senioribus, et a summis sacerdotibus et scribis, et occidi: et post tres dies resurgere. ³² Et palam verbum loquebatur. Et apprehendens eum Petrus, coepit increpare eum.

8:29-32 Καὶ αὐτὸς λέγει αὐτοῖς, Ὑμεῖς δὲ τίνα με λέγετε εἶναι; Ἀποκριθεὶς δὲ ὁ Πέτρος λέγει αὐτῷ, Σὺ εἶ ὁ χριστός. ³⁰ Καὶ ἐπετίμησεν αὐτοῖς, ἵνα μηδενὶ λέγωσιν περὶ αὐτοῦ. ³¹ Καὶ ἤρξατο διδάσκειν αὐτούς, ὅτι δεῖ τὸν υἱὸν τοῦ ἀνθρώπου πολλὰ παθεῖν, καὶ ἀποδοκιμασθῆναι ἀπὸ τῶν πρεσβυτέρων καὶ τῶν ἀρχιερέων καὶ τῶν γραμματέων, καὶ ἀποκτανθῆναι, καὶ μετὰ τρεῖς ἡμέρας ἀναστῆναι· ³² καὶ παρρησίᾳ τὸν λόγον ἐλάλει. Καὶ προσλαβόμενος αὐτὸν ὁ Πέτρος ἤρξατο ἐπιτιμᾶν αὐτῷ.

8:29-32 And he himself was asking them, "But you yourselves, whom do you say that I am?" Answering back, Peter says to him, "You yourself are the Messiah." ³⁰ And he commanded them that they should speak about him to no one. ³¹ And he began to teach them that the Son of Man must suffer many things and be rejected by the elders and the chief priests and the scribes and be killed and after three days rise again. ³² And in a forthright way he was addressing the matter. And, after taking hold of him, Peter began rebuking him.

8:29-32 Und er sprach zu ihnen: Ihr aber, wer sagt ihr, daß ich sei? Da antwortete Petrus und sprach zu ihm: Du bist Christus! ³⁰ Und er bedrohte sie, daß sie niemand von ihm sagen sollten. ³¹ Und er hob an sie zu lehren: Des Menschen Sohn muß viel leiden und verworfen werden von den Ältesten und Hohenpriestern und Schriftgelehrten und getötet werden und über drei Tage auferstehen. ³² Und er redete das Wort frei offenbar. Und Petrus nahm ihn zu sich, fing an, ihm zu wehren.

8:29-32 Et vous, leur demanda-t-il, qui dites-vous que je suis? Pierre lui répondit: Tu es le Christ. ³⁰ Jésus leur recommanda sévèrement de ne dire cela de lui à personne. ³¹ Alors il commença à leur apprendre qu'il fallait que le Fils de l'homme souffrît beaucoup, qu'il fût rejeté par les anciens, par les principaux sacrificateurs et par les scribes, qu'il fût mis à mort, et qu'il ressuscitât trois jours après. ³² Il leur disait ces choses ouvertement. Et Pierre, l'ayant pris à part, se mit à le reprendre.

8:33 וַיִּפֶן אַחֲרָיו וַיַּבֵּט אֶל־תַּלְמִידָיו וַיִּגְעַר בְּפֶטְרוֹס וַיֹּאמֶר סוּר מֵעַל פָּנַי הַשָּׂטָן כִּי אֵין לְבֵּךְ לְדִבְרֵי הָאֱלֹהִים כִּי אִם־לְדִבְרֵי הָאָדָם: ³⁴ וַיִּקְרָא אֶל־הָעָם וְאֶל־תַּלְמִידָיו וַיֹּאמֶר אֲלֵיהֶם הֶחָפֵץ לָלֶכֶת אַחֲרַי יְכַחֵשׁ בְּנַפְשׁוֹ וְיִשָּׂא אֶת־צְלוּבוֹ וְיֵלֶךְ אַחֲרָי: ³⁵ כִּי כָּל־אֲשֶׁר יַחְפֹּץ לְהַצִּיל אֶת־נַפְשׁוֹ יְאַבְּדֶנָּה וְכֹל אֲשֶׁר תֹּאבַד נַפְשׁוֹ לְמַעֲנִי וּלְמַעַן הַבְּשׂוֹרָה הוּא יַצִּילֶנָּה:

8:33-35 Qui conversus, et videns discipulos suos, comminatus est Petro, dicens: Vade retro me Satana, quoniam non sapis quae Dei sunt, sed quae sunt hominum. ³⁴ Et convocata turba cum discipulis suis, dixit eis: Si quis vult me sequi, deneget semetipsum: et tollat crucem suam, et sequatur me. ³⁵ Qui enim voluerit animam suam salvam facere, perdet eam: qui autem perdiderit animam suam propter me, et Evangelium, salvam faciet eam.

8:33-35 Ὁ δὲ ἐπιστραφείς, καὶ ἰδὼν τοὺς μαθητὰς αὐτοῦ, ἐπετίμησεν τῷ Πέτρῳ, λέγων, Ὕπαγε ὀπίσω μου, Σατανᾶ· ὅτι οὐ φρονεῖς τὰ τοῦ θεοῦ, ἀλλὰ τὰ τῶν ἀνθρώπων. ³⁴ Καὶ προσκαλεσάμενος τὸν ὄχλον σὺν τοῖς μαθηταῖς αὐτοῦ, εἶπεν αὐτοῖς, Ὅστις θέλει ὀπίσω μου ἀκολουθεῖν, ἀπαρνησάσθω ἑαυτόν, καὶ ἀράτω τὸν σταυρὸν αὐτοῦ, καὶ ἀκολουθείτω μοι. ³⁵ Ὃς γὰρ ἂν θέλῃ τὴν ψυχὴν αὐτοῦ σῶσαι, ἀπολέσει αὐτήν· ὃς δ' ἂν ἀπολέσῃ τὴν ἑαυτοῦ ψυχὴν ἕνεκεν ἐμοῦ καὶ τοῦ εὐαγγελίου, οὗτος σώσει αὐτήν.

8:33-35 Then, he, after turning around and seeing his disciples, rebuked Peter and says, "Get behind me, Satan, because you do not consider the things of God, but the things of people." ³⁴ And after calling the crowd with his disciples, he said to them, "If anyone wants to go behind me, let him deny himself and let him take up his cross and let him be following me. ³⁵ For whoever wants to save his life will lose it; but whoever loses his life on account of me and of the gospel will save it.

8:33-35 Er aber wandte sich um und sah seine Jünger an und bedrohte Petrus und sprach: Gehe hinter mich, du Satan! denn du meinst nicht, was göttlich, sondern was menschlich ist. ³⁴ Und er rief zu sich das Volk samt seinen Jüngern und sprach zu ihnen: Wer mir will nachfolgen, der verleugne sich selbst und nehme sein Kreuz auf sich und folge mir nach. ³⁵ Denn wer sein Leben will behalten, der wird's verlieren; und wer sein Leben verliert um meinet-und des Evangeliums willen, der wird's behalten.

8:33-35 Mais Jésus, se retournant et regardant ses disciples, réprimanda Pierre, et dit: Arrière de moi, Satan! car tu ne conçois pas les choses de Dieu, tu n'as que des pensées humaines. ³⁴ Puis, ayant appelé la foule avec ses disciples, il leur dit: Si quelqu'un veut venir après moi, qu'il renonce à lui-même, qu'il se charge de sa croix, et qu'il me suive. ³⁵ Car celui qui voudra sauver sa vie la perdra, mais celui qui perdra sa vie à cause de moi et de la bonne nouvelle la sauvera.

8:36 כִּי מַה־יִּסְכֹּן לְאָדָם שֶׁיִּקְנֶה אֶת־כָּל־הָעוֹלָם וְנִשְׁחֲתָה נַפְשׁוֹ: ³⁷ אוֹ מַה־יִּתֵּן אִישׁ פִּדְיוֹן נַפְשׁוֹ: ³⁸ כִּי הָאִישׁ אֲשֶׁר־הָיִיתִי אֲנִי וּדְבָרַי לוֹ לְחֶרְפָּה בַּדּוֹר הַנֹּאֵף וְהַחוֹטֵא הַזֶּה אַף־הוּא יִהְיֶה לְחֶרְפָּה לְבֶן־הָאָדָם בְּבוֹאוֹ בִּכְבוֹד אָבִיו עִם־הַמַּלְאָכִים הַקְּדוֹשִׁים:

8:36-38 Quid enim proderit homini, si lucretur mundum totum et detrimentum animae suae faciat? ³⁷ Aut quid dabit homo commutationis pro anima sua? ³⁸ Qui enim me confusus fuerit, et verba mea in generatione ista adultera et peccatrice, et Filius hominis confundetur eum, cum venerit in gloria Patris sui cum angelis sanctis.

8:36-38 Τί γὰρ ὠφελήσει ἄνθρωπον, ἐὰν κερδήσῃ τὸν κόσμον ὅλον, καὶ ζημιωθῇ τὴν ψυχὴν αὐτοῦ; ³⁷ Ἢ τί δώσει ἄνθρωπος ἀντάλλαγμα τῆς ψυχῆς αὐτοῦ; ³⁸ Ὃς γὰρ ἐὰν ἐπαισχυνθῇ με καὶ τοὺς ἐμοὺς λόγους ἐν τῇ γενεᾷ ταύτῃ τῇ μοιχαλίδι καὶ ἁμαρτωλῷ, καὶ ὁ υἱὸς τοῦ ἀνθρώπου ἐπαισχυνθήσεται αὐτόν, ὅταν ἔλθῃ ἐν τῇ δόξῃ τοῦ πατρὸς αὐτοῦ μετὰ τῶν ἀγγέλων τῶν ἁγίων.

8:36-38 For what profits a person to gain the whole world and to forfeit his soul? ³⁷ For what does a person give in exchange for his soul? ³⁸ For whoever is ashamed of me and of my words in this adulterous and sinful generation, the Son of Man also will be ashamed of him whenever he comes in the glory of his Father with the holy angels."

8:36-38 Was hülfe es dem Menschen, wenn er die ganze Welt gewönne, und nähme an seiner Seele Schaden? ³⁷ Oder was kann der Mensch geben, damit er seine Seele löse. ³⁸ Wer sich aber mein und meiner Worte schämt unter diesem ehebrecherischen und sündigen Geschlecht, des wird sich auch des Menschen Sohn schämen, wenn er kommen wird in der Herrlichkeit seines Vaters mit den heiligen Engeln.

8:36-38 Et que sert-il à un homme de gagner tout le monde, s'il perd son âme? ³⁷ Que donnerait un homme en échange de son âme? ³⁸ Car quiconque aura honte de moi et de mes paroles au milieu de cette génération adultère et pécheresse, le Fils de l'homme aura aussi honte de lui, quand il viendra dans la gloire de son Père, avec les saints anges.

The Gospel of Mark

9:1 וַיֹּאמֶר אֲלֵיהֶם אָמֵן אֹמֵר אֲנִי לָכֶם כִּי יֵשׁ בָּעֹמְדִים פֹּה אֲשֶׁר לֹא־יִטְעֲמוּ טַעַם מִיתָה עַד כִּי־יִרְאוּ מַלְכוּת הָאֱלֹהִים בָּאָה בִגְבוּרָה: ² וְאַחֲרֵי שֵׁשֶׁת יָמִים לָקַח יֵשׁוּעַ אֶת־פֶּטְרוֹס וְאֶת־יַעֲקֹב וְאֶת־יוֹחָנָן וַיַּעֲלֵם לְבַדָּם עַל־הַר גָּבֹהַּ וַיִּשְׁתַּנֶּה לְעֵינֵיהֶם: ³ וַיַּזְהִירוּ בְגָדָיו וַיִּהְיוּ לְבָנִים מְאֹד כַּשֶּׁלֶג אֲשֶׁר לֹא יוּכַל כּוֹבֵס בָּאָרֶץ לְהַלְבִּין כְּמוֹהֶם: ⁴ וַיֵּרָא אֲלֵיהֶם אֵלִיָּהוּ וּמֹשֶׁה וַיִּהְיוּ מְדַבְּרִים עִם־יֵשׁוּעַ:

8:39-9:3 Et dicebat illis: Amen dico vobis, quia sunt quidam de hic stantibus, qui non gustabunt mortem donec videant regnum Dei veniens in virtute. 9:1 Et post dies sex assumit Jesus Petrum, et Jacobum, et Joannem, et ducit illos in montem excelsum seorsum solos, et transfiguratus est coram ipsis. ² Et vestimenta ejus facta sunt splendentia, et candida nimis velut nix, qualia fullo non potest super terram candida facere. ³ Et apparuit illis Elias cum Moyse: et erant loquentes cum Jesu.

9:1-4 Καὶ ἔλεγεν αὐτοῖς, Ἀμὴν λέγω ὑμῖν, ὅτι εἰσίν τινες τῶν ὧδε ἑστηκότων, οἵτινες οὐ μὴ γεύσωνται θανάτου, ἕως ἂν ἴδωσιν τὴν βασιλείαν τοῦ θεοῦ ἐληλυθυῖαν ἐν δυνάμει. ² Καὶ μεθ᾽ ἡμέρας ἓξ παραλαμβάνει ὁ Ἰησοῦς τὸν Πέτρον καὶ τὸν Ἰάκωβον καὶ Ἰωάννην, καὶ ἀναφέρει αὐτοὺς εἰς ὄρος ὑψηλὸν κατ᾽ ἰδίαν μόνους· καὶ μετεμορφώθη ἔμπροσθεν αὐτῶν. ³ καὶ τὰ ἱμάτια αὐτοῦ ἐγένοντο στίλβοντα, λευκὰ λίαν ὡς χιών, οἷα γναφεὺς ἐπὶ τῆς γῆς οὐ δύναται λευκᾶναι. ⁴ Καὶ ὤφθη αὐτοῖς Ἠλίας σὺν Μωσῇ, καὶ ἦσαν συλλαλοῦντες τῷ Ἰησοῦ.

9:1-4 And he was speaking to them, "Amen! I am saying to you that there are some of the ones standing here, who will never ever taste death until they see the kingdom of God having come in power." ² And after six days Jesus takes Peter and Jacob and John, and brings them alone up onto a high mountain in private. And he was transformed before them, ³ and his outer garments became radiant, exceedingly white, such that a person cleaning clothes is not able on earth to so whiten *anything*! ⁴ And Elijah with Moses appeared to them, and they were talking together with Jesus.

9:1-4 Und er sprach zu ihnen: Wahrlich ich sage euch: Es stehen etliche hier, die werden den Tod nicht schmecken, bis daß sie sehen das Reich Gottes mit seiner Kraft kommen. ² Und nach sechs Tagen nahm Jesus zu sich Petrus, Jakobus und Johannes und führte sie auf einen hohen Berg besonders allein und verklärte sich vor ihnen. ³ Und seine Kleider wurden hell und sehr weiß wie der Schnee, daß sie kein Färber auf Erden kann so weiß machen. ⁴ Und es erschien ihnen Elia mit Mose und hatten eine Rede mit Jesu.

9:1-4 Il leur dit encore: Je vous le dis en vérité, quelques-uns de ceux qui sont ici ne mourront point, qu'ils n'aient vu le royaume de Dieu venir avec puissance. ² Six jours après, Jésus prit avec lui Pierre, Jacques et Jean, et il les conduisit seuls à l'écart sur une haute montagne. Il fut transfiguré devant eux; ³ ses vêtements devinrent resplendissants, et d'une telle blancheur qu'il n'est pas de foulon sur la terre qui puisse blanchir ainsi. ⁴ Élie et Moïse leur apparurent, s'entretenant avec Jésus.

The Gospel of Mark

9:5 וַיַּעַן פֶּטְרוֹס וַיֹּאמֶר אֶל־יֵשׁוּעַ רַבִּי טוֹב לָנוּ לִהְיוֹת פֹּה נַעֲשֶׂה־נָּא שָׁלֹשׁ סֻכּוֹת לְךָ אַחַת וּלְמֹשֶׁה אַחַת וּלְאֵלִיָּהוּ אֶחָת: ⁶ כִּי לֹא־יָדַע מַה־יְדַבֵּר כִּי נִבְהָלוּ: ⁷ וַיְהִי עָנָן סֹכֵךְ עֲלֵיהֶם וַיֵּצֵא מִן־הֶעָנָן קוֹל אֹמֵר זֶה בְּנִי יְדִידִי אֵלָיו תִּשְׁמָעוּן: ⁸ וַיַּבִּיטוּ פִּתְאֹם כֹּה וָכֹה וְלֹא־רָאוּ עוֹד אִישׁ בִּלְתִּי אֶת־יֵשׁוּעַ לְבַדּוֹ אִתָּם: ⁹ וַיֵּרְדוּ מִן־הָהָר וַיַּזְהִירֵם לְבִלְתִּי הַגִּיד לְאִישׁ אֶת־אֲשֶׁר רָאוּ עַד כִּי־יָקוּם בֶּן־הָאָדָם מִן־הַמֵּתִים:

9:4-8 Et respondens Petrus, ait Jesu: Rabbi, bonum est nos hic esse: et faciamus tria tabernacula, tibi unum, et Moysi unum, et Eliae unum. ⁵ Non enim sciebat quid diceret: erant enim timore exterriti. ⁶ Et facta est nubes obumbrans eos: et venit vox de nube, dicens: Hic est Filius meus carissimus: audite illum. ⁷ Et statim circumspicientes, neminem amplius viderunt, nisi Jesum tantum secum. ⁸ Et descendentibus illis de monte, praecepit illis ne cuiquam quae vidissent, narrarent: nisi cum Filius hominis a mortuis resurrexerit.

9:5-9 Καὶ ἀποκριθεὶς ὁ Πέτρος λέγει τῷ Ἰησοῦ, Ῥαββί, καλόν ἐστιν ἡμᾶς ὧδε εἶναι· καὶ ποιήσωμεν σκηνὰς τρεῖς, σοὶ μίαν, καὶ Μωσῇ μίαν, καὶ Ἡλίᾳ μίαν. ⁶ Οὐ γὰρ ᾔδει τί λαλήσει· ἦσαν γὰρ ἔκφοβοι. ⁷ Καὶ ἐγένετο νεφέλη ἐπισκιάζουσα αὐτοῖς· καὶ ἦλθεν φωνὴ ἐκ τῆς νεφέλης, Οὗτός ἐστιν ὁ υἱός μου ὁ ἀγαπητός· αὐτοῦ ἀκούετε. ⁸ Καὶ ἐξάπινα περιβλεψάμενοι, οὐκέτι οὐδένα εἶδον, ἀλλὰ τὸν Ἰησοῦν μόνον μεθ' ἑαυτῶν. ⁹ Καταβαινόντων δὲ αὐτῶν ἀπὸ τοῦ ὄρους, διεστείλατο αὐτοῖς ἵνα μηδενὶ διηγήσωνται ἃ εἶδον, εἰ μὴ ὅταν ὁ υἱὸς τοῦ ἀνθρώπου ἐκ νεκρῶν ἀναστῇ.

9:5-9 And, answering back, Peter says to Jesus, "Rabbi, it is good that we are here, and let us make three tents, one for you and one for Moses and one for Elijah." ⁶ For he had not known what he should answer back, for they became very afraid. ⁷ And a cloud came overshadowing them, and a voice came from the cloud, "This is my beloved Son, keep listening to him!" ⁸ And unexpectedly, after looking around, no longer did they see anyone but only Jesus amongst themselves. ⁹ And, while they were coming down from the mountain, he commanded them that to no one should they relate what they saw, except whenever the Son of Man will be is raised from the dead.

9:5-9 Und Petrus antwortete und sprach zu Jesu: Rabbi, hier ist gut sein. Lasset uns drei Hütten machen: dir eine, Mose eine und Elia eine. ⁶ Er wußte aber nicht, was er redete; denn sie waren bestürzt. ⁷ Und es kam eine Wolke, die überschattete sie. Und eine Stimme fiel aus der Wolke und sprach: Das ist mein lieber Sohn; den sollt ihr hören! ⁸ Und bald darnach sahen sie um sich und sahen niemand mehr denn allein Jesum bei ihnen. ⁹ Da sie aber vom Berge herabgingen, verbot ihnen Jesus, daß sie niemand sagen sollten, was sie gesehen hatten, bis des Menschen Sohn auferstünde von den Toten.

9:5-9 Pierre, prenant la parole, dit à Jésus: Rabbi, il est bon que nous soyons ici; dressons trois tentes, une pour toi, une pour Moïse, et une pour Élie. ⁶ Car il ne savait que dire, l'effroi les ayant saisis. ⁷ Une nuée vint les couvrir, et de la nuée sortit une voix: Celui-ci est mon Fils bien-aimé: écoutez-le! ⁸ Aussitôt les disciples regardèrent tout autour, et ils ne virent que Jésus seul avec eux. ⁹ Comme ils descendaient de la montagne, Jésus leur recommanda de ne dire à personne ce qu'ils avaient vu, jusqu'à ce que le Fils de l'homme fût ressuscité des morts.

9:10 וַיִּשְׁמְרוּ אֶת־הַדָּבָר בִּלְבָבָם וַיִּדְרְשׁוּ לָדַעַת הַתְּקוּמָה מִן־הַמֵּתִים מַה־הִיא:
11 וַיִּשְׁאָלוּהוּ לֵאמֹר מַה־זֶּה אֹמְרִים הַסּוֹפְרִים כִּי אֵלִיָּהוּ בּוֹא יָבוֹא בָּרִאשׁוֹנָה: 12 וַיַּעַן וַיֹּאמֶר לָהֶם הִנֵּה אֵלִיָּהוּ בָּא בָרִאשׁוֹנָה וְיָשִׁיב אֶת־הַכֹּל וּמַה־כָּתוּב עַל בֶּן־הָאָדָם הֲלֹא אֲשֶׁר יְעֻנֶּה הַרְבֵּה וְיִמָּאֵס: 13 אֲבָל אָמֹר אֲנִי לָכֶם גַּם־בָּא אֵלִיָּהוּ וְגַם־עָשׂוּ לוֹ כִּרְצוֹנָם כַּכָּתוּב עָלָיו:
14 וַיְהִי כְּבוֹאוֹ אֶל־הַתַּלְמִידִים וַיַּרְא עַם־רָב סְבִיבוֹתָם וְסוֹפְרִים מִתְוַכְּחִים עִמָּם:

9:9-13 Et verbum continuerunt apud se: conquirentes quid esset, cum a mortuis resurrexerit. 10 Et interrogabant eum, dicentes: Quid ergo dicunt pharisaei et scribae, quia Eliam oportet venire primum? 11 Qui respondens, ait illis: Elias cum venerit primo, restituet omnia: et quomodo scriptum est in Filium hominis, ut multa patiatur et contemnatur. 12 Sed dico vobis quia et Elias venit (et fecerunt illi quaecumque voluerunt) sicut scriptum est de eo. 13 Et veniens ad discipulos suos, vidit turbam magnam circa eos, et scribas conquirentes cum illis.

9:10-14 Καὶ τὸν λόγον ἐκράτησαν πρὸς ἑαυτούς, συζητοῦντες τί ἐστιν τὸ ἐκ νεκρῶν ἀναστῆναι. 11 Καὶ ἐπηρώτων αὐτόν, λέγοντες ὅτι Λέγουσιν οἱ γραμματεῖς ὅτι Ἠλίαν δεῖ ἐλθεῖν πρῶτον; 12 Ὁ δὲ ἀποκριθείς, εἶπεν αὐτοῖς, Ἠλίας μὲν ἐλθὼν πρῶτον, ἀποκαθιστᾷ πάντα· καὶ πῶς γέγραπται ἐπὶ τὸν υἱὸν τοῦ ἀνθρώπου, ἵνα πολλὰ πάθῃ καὶ ἐξουδενωθῇ. 13 Ἀλλὰ λέγω ὑμῖν ὅτι καὶ Ἠλίας ἐλήλυθεν, καὶ ἐποίησαν αὐτῷ ὅσα ἠθέλησαν, καθὼς γέγραπται ἐπ᾽ αὐτόν. 14 Καὶ ἐλθὼν πρὸς τοὺς μαθητάς, εἶδεν ὄχλον πολὺν περὶ αὐτούς, καὶ γραμματεῖς συζητοῦντας αὐτοῖς.

9:10-14 And they held onto the matter, discussing with themselves what it is to be raised up from the dead. 11 And they kept questioning him saying this: "Are the scribes saying that Elijah must come first?" 12 So, he was saying to them, "Elijah indeed, after coming first, reestablishes all things, and how has it been written about the Son of Man in order that he would suffer many things and be treated with contempt? 13 But I am saying to you that also Elijah has come, and they did to him how much they were wanting, just as it has been written regarding him." 14 And after coming to the disciples, they saw a large crowd around them and scribes disputing with them.

9:10-14 Und sie behielten das Wort bei sich und befragten sich untereinander: Was ist doch das Auferstehen von den Toten? 11 Und sie fragten ihn und sprachen: Sagen doch die Schriftgelehrten, daß Elia muß zuvor kommen. 12 Er antwortete aber und sprach zu ihnen: Elia soll ja zuvor kommen und alles wieder zurechtbringen; dazu soll des Menschen Sohn viel leiden und verachtet werden, wie denn geschrieben steht. 13 Aber ich sage euch: Elia ist gekommen, und sie haben an ihm getan, was sie wollten, nach dem von ihm geschrieben steht. 14 Und er kam zu seinen Jüngern und sah viel Volks um sie und Schriftgelehrte, die sich mit ihnen befragten.

9:10-14 Ils retinrent cette parole, se demandant entre eux ce que c'est que ressusciter des morts. 11 Les disciples lui firent cette question: Pourquoi les scribes disent-ils qu'il faut qu'Élie vienne premièrement? 12 Il leur répondit: Élie viendra premièrement, et rétablira toutes choses. Et pourquoi est-il écrit du Fils de l'homme qu'il doit souffrir beaucoup et être méprisé? 13 Mais je vous dis qu'Élie est venu, et qu'ils l'ont traité comme ils ont voulu, selon qu'il est écrit de lui. 14 Lorsqu'ils furent arrivés près des disciples, ils virent autour d'eux une grande foule, et des scribes qui discutaient avec eux.

9:15 וְכָל־הָעָם כִּרְאוֹתָם אֹתוֹ כֵּן תָּמְהוּ וַיָּרוּצוּ אֵלָיו וַיִּשְׁאֲלוּ־לוֹ לְשָׁלוֹם: ¹⁶ וַיִּשְׁאַל אֶת־הַסּוֹפְרִים מָה־אַתֶּם מִתְוַכְּחִים עִמָּהֶם: ¹⁷ וַיַּעַן אֶחָד מִן־הָעָם וַיֹּאמַר רַבִּי הֲבֵאתִי אֵלֶיךָ אֶת־בְּנִי אֲשֶׁר־רוּחַ אִלֵּם בְּקִרְבּוֹ: ¹⁸ וּבְכָל־מָקוֹם אֲשֶׁר יֹאחֲזֵהוּ הוּא מְרַצֵּץ אֹתוֹ וְיָרַד רִירוֹ וְחָרַק שִׁנָּיו וְיָבֵשׁ גּוּפוֹ וָאֹמַר אֶל־תַּלְמִידֶיךָ לְגָרְשׁוֹ וְלֹא יָכֹלוּ: ¹⁹ וַיַּעַן וַיֹּאמֶר לָהֶם הוֹי דּוֹר חֲסַר אֱמוּנָה עַד־מָתַי אֶהְיֶה עִמָּכֶם עַד־מָתַי אֶשָּׂא אֶתְכֶם הָבִיאוּ אֹתוֹ לְפָנָי:

9:14-18 Et confestim omnis populus videns Jesum, stupefactus est, et expaverunt, et accurrentes salutabant eum. ¹⁵ Et interrogavit eos: Quid inter vos conquiritis? ¹⁶ Et respondens unus de turba, dixit: Magister, attuli filium meum ad te habentem spiritum mutum: ¹⁷ qui ubicumque eum apprehenderit, allidit illum, et spumat, et stridet dentibus, et arescit: et dixi discipulis tuis ut ejicerent illum, et non potuerunt. ¹⁸ Qui respondens eis, dixit: O generatio incredula, quamdiu apud vos ero? quamdiu vos patiar? afferte illum ad me.

9:15-19 Καὶ εὐθέως πᾶς ὁ ὄχλος ἰδὼν αὐτὸν ἐξεθαμβήθη, καὶ προστρέχοντες ἠσπάζοντο αὐτόν. ¹⁶ Καὶ ἐπηρώτησεν τοὺς γραμματεῖς, Τί συζητεῖτε πρὸς αὐτούς; ¹⁷ Καὶ ἀποκριθεὶς εἷς ἐκ τοῦ ὄχλου εἶπεν, Διδάσκαλε, ἤνεγκα τὸν υἱόν μου πρός σε, ἔχοντα πνεῦμα ἄλαλον. ¹⁸ Καὶ ὅπου ἂν αὐτὸν καταλάβῃ, ῥήσσει αὐτόν· καὶ ἀφρίζει, καὶ τρίζει τοὺς ὀδόντας αὐτοῦ, καὶ ξηραίνεται· καὶ εἶπον τοῖς μαθηταῖς σου ἵνα αὐτὸ ἐκβάλωσιν, καὶ οὐκ ἴσχυσαν. ¹⁹ Ὁ δὲ ἀποκριθεὶς αὐτῷ λέγει, Ὦ γενεὰ ἄπιστος, ἕως πότε πρὸς ὑμᾶς ἔσομαι; Ἕως πότε ἀνέξομαι ὑμῶν; Φέρετε αὐτὸν πρός με.

9:15-19 And straightaway all the crowd, after seeing him, were greatly amazed, and while running to him, they were greeting him. ¹⁶ And he asked them, "Why are you disputing with them?" ¹⁷ And one from the crowd answered back to him, "Teacher, I brought to you my son having a mute spirit; ¹⁸ and wherever it takes him, it throws him down, and he foams at the mouth and grinds his teeth and becomes stiff; and I spoke to your disciples in order that they would cast it out, and they were not strong enough." ¹⁹ And he, answering back, says to them, "Oh faithless generation, how long will I be with you? How long will I put up with you? You *all* bring him to me."

9:15-19 Und alsbald, da alles Volk ihn sah, entsetzten sie sich, liefen zu und grüßten ihn. ¹⁶ Und er fragte die Schriftgelehrten: Was befragt ihr euch mit ihnen? ¹⁷ Einer aber aus dem Volk antwortete und sprach: Meister, ich habe meinen Sohn hergebracht zu dir, der hat einen sprachlosen Geist. ¹⁸ Und wo er ihn erwischt, da reißt er ihn; und er schäumt und knirscht mit den Zähnen und verdorrt. Ich habe mit deinen Jüngern geredet, daß sie ihn austrieben, und sie können's nicht. ¹⁹ Er antwortete ihm aber und sprach: O du ungläubiges Geschlecht, wie lange soll ich bei euch sein? wie lange soll ich euch tragen? Bringet ihn her zu mir!

9:15-19 Dès que la foule vit Jésus, elle fut surprise, et accourut pour le saluer. ¹⁶ Il leur demanda: Sur quoi discutez-vous avec eux? ¹⁷ Et un homme de la foule lui répondit: Maître, j'ai amené auprès de toi mon fils, qui est possédé d'un esprit muet. ¹⁸ En quelque lieu qu'il le saisisse, il le jette par terre; l'enfant écume, grince des dents, et devient tout raide. J'ai prié tes disciples de chasser l'esprit, et ils n'ont pas pu. ¹⁹ Race incrédule, leur dit Jésus, jusques à quand serai-je avec vous? jusques à quand vous supporterai-je? Amenez-le-moi.

9:20 וַיְבִיאֻהוּ לְפָנָיו וַיְהִי כַּאֲשֶׁר רָאָהוּ וַיְרוֹצְצֵנוּ הָרוּחַ פִּתְאֹם וַיִּפֹּל אַרְצָה וַיִּתְגּוֹלֵל וַיּוֹרֶד רִירוֹ: ²¹ וַיִּשְׁאַל אֶת־אָבִיו כַּמָּה יָמִים הָיְתָה־לּוֹ זֹאת וַיֹּאמֶר מִימֵי נְעוּרָיו: ²² וּפְעָמִים רַבּוֹת הִפִּיל אֹתוֹ גַם־בָּאֵשׁ גַם־בַּמַּיִם לְהַאֲבִידוֹ אַךְ אִם־יָכֹל תּוּכַל רַחֵם עָלֵינוּ וְעָזְרֵנוּ: ²³ וַיֹּאמֶר אֵלָיו יֵשׁוּעַ לֵאמֹר אִם־תּוּכַל אָמָרְתָּ כֹּל יוּכַל הַמַּאֲמִין: ²⁴ וַיִּתֵּן אֲבִי הַיֶּלֶד אֶת־קֹלוֹ בִּבְכִי וַיֹּאמַר אֲנִי מַאֲמִין אֲדֹנִי עֲזָר־נָא לְחֶסְרוֹן אֱמוּנָתִי:

9:19-23 Et attulerunt eum. Et cum vidisset eum, statim spiritus conturbavit illum: et elisus in terram, volutabatur spumans. ²⁰ Et interrogavit patrem ejus: Quantum temporis est ex quo ei hoc accidit? At ille ait: Ab infantia: ²¹ et frequenter eum in ignem, et in aquas misit ut eum perderet: sed si quid potes, adjuva nos, misertus nostri. ²² Jesus autem ait illi: Si potes credere, omnia possibilia sunt credenti. ²³ Et continuo exclamans pater pueri, cum lacrimis aiebat: Credo, Domine; adjuva incredulitatem meam.

9:20-24 Καὶ ἤνεγκαν αὐτὸν πρὸς αὐτόν· καὶ ἰδὼν αὐτόν, εὐθέως τὸ πνεῦμα ἐσπάραξεν αὐτόν· καὶ πεσὼν ἐπὶ τῆς γῆς, ἐκυλίετο ἀφρίζων. ²¹ Καὶ ἐπηρώτησεν τὸν πατέρα αὐτοῦ, Πόσος χρόνος ἐστίν, ὡς τοῦτο γέγονεν αὐτῷ; Ὁ δὲ εἶπεν, Παιδιόθεν. ²² Καὶ πολλάκις αὐτὸν καὶ εἰς τὸ πῦρ ἔβαλεν καὶ εἰς ὕδατα, ἵνα ἀπολέσῃ αὐτόν· ἀλλ᾽ εἴ τι δύνασαι, βοήθησον ἡμῖν, σπλαγχνισθεὶς ἐφ᾽ ἡμᾶς. ²³ Ὁ δὲ Ἰησοῦς εἶπεν αὐτῷ, Τὸ εἰ δύνασαι πιστεῦσαι, πάντα δυνατὰ τῷ πιστεύοντι. ²⁴ Καὶ εὐθέως κράξας ὁ πατὴρ τοῦ παιδίου, μετὰ δακρύων ἔλεγεν, Πιστεύω, κύριε, βοήθει μου τῇ ἀπιστίᾳ.

9:20-24 And they brought him to him. And after seeing him, the spirit straightaway shook him, and, after falling on the ground, he was rolling foaming at the mouth. ²¹ And he asked his father, "How much time is it (that) like this it has happened to him?" Well, he said, "From childhood. ²² And many times it threw him both into the fire and into the waters in order that it would kill him; but, if in some way you are able, help us, *by* having compassion upon us!" ²³ So, Jesus said to him, "About the 'if you are able,' all things are possible for the one believing." ²⁴ Shouting immediately, the father of the child was saying, "I believe! Help my disbelief!"

9:20-24 Und sie brachten ihn her zu ihm. Und alsbald, da ihn der Geist sah, riß er ihn; und er fiel auf die Erde und wälzte sich und schäumte. ²¹ Und er fragte seinen Vater: Wie lange ist's, daß es ihm widerfahren ist? Er sprach: Von Kind auf. ²² Und oft hat er ihn in Feuer und Wasser geworfen, daß er ihn umbrächte. Kannst du aber was, so erbarme dich unser und hilf uns! ²³ Jesus aber sprach zu ihm: Wenn du könntest Glauben! Alle Dinge sind möglich dem, der da glaubt. ²⁴ Und alsbald schrie des Kindes Vater mit Tränen und sprach: Ich glaube, lieber HERR, hilf meinem Unglauben!

9:20-24 On le lui amena. Et aussitôt que l'enfant vit Jésus, l'esprit l'agita avec violence; il tomba par terre, et se roulait en écumant. ²¹ Jésus demanda au père: Combien y a-t-il de temps que cela lui arrive? Depuis son enfance, répondit-il. ²² Et souvent l'esprit l'a jeté dans le feu et dans l'eau pour le faire périr. Mais, si tu peux quelque chose, viens à notre secours, aie compassion de nous. ²³ Jésus lui dit: Si tu peux!... Tout est possible à celui qui croit. ²⁴ Aussitôt le père de l'enfant s'écria: Je crois! viens au secours de mon incrédulité!

9:25 וַיַּרְא יֵשׁוּעַ אֶת־הָעָם מִתְקַבֵּץ אֵלָיו וַיִּגְעַר בְּרוּחַ הַטָּמֵא וַיֹּאמֶר רוּחַ אִלֵּם וְחֵרֵשׁ אֲנִי מְצַוְּךָ צֵא מִמֶּנּוּ וְאַל־תֹּסֶף לָבוֹא־בוֹ עוֹד: ²⁶ וַיִּצְעַק וַיְרַצֵּץ אֹתוֹ מְאֹד וַיֵּצֵא וַיְהִי כַּמֵּת וְרַבִּים אָמְרוּ כִּי גָוֵעַ: ²⁷ וַיַּחֲזֵק יֵשׁוּעַ בְּיָדוֹ וַיְעִירֵהוּ וַיָּקֹם: ²⁸ וַיְהִי כַּאֲשֶׁר בָּא הַבַּיְתָה וַיִּשְׁאָלוּהוּ תַלְמִידָיו בִּהְיוֹתָם אִתּוֹ לְבַדָּם לֵאמֹר מַדּוּעַ אֲנַחְנוּ לֹא יָכֹלְנוּ לְגָרְשׁוֹ: ²⁹ וַיֹּאמֶר אֲלֵיהֶם הַמִּין הַזֶּה יָצֹא לֹא יֵצֵא כִּי אִם־בִּתְפִלָּה וּבְצוֹם:

9:24-28 Et cum videret Jesus concurrentem turbam, comminatus est spiritui immundo, dicens illi: Surde et mute spiritus, ego praecipio tibi, exi ab eo: et amplius ne introëas in eum. ²⁵ Et exclamans, et multum discerpens eum, exiit ab eo, et factus est sicut mortuus, ita ut multi dicerent: Quia mortuus est. ²⁶ Jesus autem tenens manum ejus elevavit eum, et surrexit. ²⁷ Et cum introisset in domum, discipuli ejus secreto interrogabant eum: Quare nos non potuimus ejicere eum? ²⁸ Et dixit illis: Hoc genus in nullo potest exire, nisi in oratione et jejunio.

9:25-29 Ἰδὼν δὲ ὁ Ἰησοῦς ὅτι ἐπισυντρέχει ὄχλος, ἐπετίμησεν τῷ πνεύματι τῷ ἀκαθάρτῳ, λέγων αὐτῷ, Τὸ πνεῦμα τὸ ἄλαλον καὶ κωφόν, ἐγώ σοι ἐπιτάσσω, ἔξελθε ἐξ αὐτοῦ, καὶ μηκέτι εἰσέλθῃς εἰς αὐτόν. ²⁶ Καὶ κράξαν, καὶ πολλὰ σπαράξαν αὐτόν, ἐξῆλθεν· καὶ ἐγένετο ὡσεὶ νεκρός, ὥστε πολλοὺς λέγειν ὅτι ἀπέθανεν. ²⁷ Ὁ δὲ Ἰησοῦς κρατήσας αὐτὸν τῆς χειρός, ἤγειρεν αὐτόν· καὶ ἀνέστη. ²⁸ Καὶ εἰσελθόντα αὐτὸν εἰς οἶκον, οἱ μαθηταὶ αὐτοῦ ἐπηρώτων αὐτὸν κατ' ἰδίαν ὅτι Ἡμεῖς οὐκ ἠδυνήθημεν ἐκβαλεῖν αὐτό; ²⁹ Καὶ εἶπεν αὐτοῖς, Τοῦτο τὸ γένος ἐν οὐδενὶ δύναται ἐξελθεῖν, εἰ μὴ ἐν προσευχῇ καὶ νηστείᾳ.

9:25-29 Well, after Jesus saw that a crowd was running together, he rebuked the unclean spirit saying to it, "You mute and deaf spirit, I myself command you, come out from him and no longer enter into him!" ²⁶ And after shouting and shaking him much, it came out; and he became like a dead person, so that many were saying that he had died. ²⁷ Well, Jesus, after seizing his hand, raised him up, and he arose. ²⁸ And after he entered into a house, his disciples were asking him in private, "Why were we ourselves not able to cast it out?" ²⁹ And he said to them, "This very kind in no way is able to come out except in prayer."

9:25-29 Da nun Jesus sah, daß das Volk zulief, bedrohte er den unsauberen Geist und sprach zu ihm: Du sprachloser und tauber Geist, ich gebiete dir, daß du von ihm ausfahrest und fahrest hinfort nicht in ihn! ²⁶ Da schrie er und riß ihn sehr und fuhr aus. Und er ward, als wäre er tot, daß auch viele sagten: Er ist tot. ²⁷ Jesus aber ergriff ihn bei der Hand und richtete ihn auf; und er stand auf. ²⁸ Und da er heimkam, fragten ihn seine Jünger besonders: Warum konnten wir ihn nicht austreiben? ²⁹ Und er sprach: Diese Art kann mit nichts ausfahren denn durch Beten und Fasten.

9:25-29 Jésus, voyant accourir la foule, menaça l'esprit impur, et lui dit: Esprit muet et sourd, je te l'ordonne, sors de cet enfant, et n'y rentre plus. ²⁶ Et il sortit, en poussant des cris, et en l'agitant avec une grande violence. L'enfant devint comme mort, de sorte que plusieurs disaient qu'il était mort. ²⁷ Mais Jésus, l'ayant pris par la main, le fit lever. Et il se tint debout. ²⁸ Quand Jésus fut entré dans la maison, ses disciples lui demandèrent en particulier: Pourquoi n'avons-nous pu chasser cet esprit? ²⁹ Il leur dit: Cette espèce-là ne peut sortir que par la prière.

9:30 וַיֵּצְאוּ מִשָּׁם וַיַּעַבְרוּ בַגָּלִיל וְלֹא אָבָה לְהוֹדַע לְאִישׁ: 31 כִּי הָיָה מְלַמֵּד אֶת־תַּלְמִידָיו לֵאמֹר אֲלֵיהֶם כִּי עָתִיד בֶּן־הָאָדָם לְהִמָּסֵר בִּידֵי בְנֵי־הָאָדָם וִיהַרְגוּהוּ וְאַחֲרֵי מוֹתוֹ יָקוּם בַּיּוֹם הַשְּׁלִישִׁי: 32 וְהֵם לֹא הֱבִינוּ אֶת הַדָּבָר וַיִּירְאוּ לִשְׁאָל אוֹתוֹ: 33 וַיָּבֹא אֶל־כְּפַר־נַחוּם וַיְהִי בַבַּיִת וַיֹּאמֶר אֲלֵיהֶם מָה הִתְוַכַּחְתֶּם אִישׁ עִם־רֵעֵהוּ בַּדָּרֶךְ: 34 וַיַּחֲרִישׁוּ כִּי הִתְעַשְּׂקוּ בַדֶּרֶךְ מִי הַגָּדוֹל בָּהֶם:

9:29-33 Et inde profecti praetergrediebantur Galilaeam: nec volebat quemquam scire. ³⁰ Docebat autem discipulos suos, et dicebat illis: Quoniam Filius hominis tradetur in manus hominum, et occident eum, et occisus tertia die resurget. ³¹ At illi ignorabant verbum: et timebant interrogare eum. ³² Et venerunt Capharnaum. Qui cum domi essent, interrogabat eos: Quid in via tractabatis? ³³ At illi tacebant: siquidem in via inter se disputaverunt: quis eorum major esset.

9:30-34 Καὶ ἐκεῖθεν ἐξελθόντες παρεπορεύοντο διὰ τῆς Γαλιλαίας· καὶ οὐκ ἤθελεν ἵνα τις γνῷ. ³¹ Ἐδίδασκεν γὰρ τοὺς μαθητὰς αὐτοῦ, καὶ ἔλεγεν αὐτοῖς ὅτι Ὁ υἱὸς τοῦ ἀνθρώπου παραδίδοται εἰς χεῖρας ἀνθρώπων, καὶ ἀποκτενοῦσιν αὐτόν· καὶ ἀποκτανθείς, τῇ τρίτῃ ἡμέρᾳ ἀναστήσεται. ³² Οἱ δὲ ἠγνόουν τὸ ῥῆμα, καὶ ἐφοβοῦντο αὐτὸν ἐπερωτῆσαι. ³³ Καὶ ἦλθεν εἰς Καπερναούμ· καὶ ἐν τῇ οἰκίᾳ γενόμενος ἐπηρώτα αὐτούς, Τί ἐν τῇ ὁδῷ πρὸς ἑαυτοὺς διελογίζεσθε; ³⁴ Οἱ δὲ ἐσιώπων· πρὸς ἀλλήλους γὰρ διελέχθησαν ἐν τῇ ὁδῷ, τίς μείζων.

9:30-34 And after going out from there, they were passing through Galilee, and he was not wanting that anyone know. ³¹ For he was teaching his disciples and was saying to them this: "The Son of Man is being delivered over into the hands of people, and they will kill him, and, after being killed, after three days he will rise again." ³² But they were not comprehending the saying, and they were fearing to ask him. ³³ And they came into Capernaum. And after coming in the house, he was asking them, "What were you debating on the way?" ³⁴ But they were being quiet, for they argued with one another on the way about who *was* the greatest.

9:30-34 Und sie gingen von da hinweg und wandelten durch Galiläa; und er wollte nicht, daß es jemand wissen sollte. ³¹ Er lehrte aber seine Jünger und sprach zu ihnen: Des Menschen Sohn wird überantwortet werden in der Menschen Hände, und sie werden ihn töten; und wenn er getötet ist, so wird er am dritten Tage auferstehen. ³² Sie aber verstanden das Wort nicht, und fürchteten sich, ihn zu fragen. ³³ Und er kam gen Kapernaum. Und da er daheim war, fragten er sie: Was handeltet ihr miteinander auf dem Wege? ³⁴ Sie aber schwiegen; denn sie hatten miteinander auf dem Wege gehandelt, welcher der Größte wäre.

9:30-34 Ils partirent de là, et traversèrent la Galilée. Jésus ne voulait pas qu'on le sût. ³¹ Car il enseignait ses disciples, et il leur dit: Le Fils de l'homme sera livré entre les mains des hommes; ils le feront mourir, et, trois jours après qu'il aura été mis à mort, il ressuscitera. ³² Mais les disciples ne comprenaient pas cette parole, et ils craignaient de l'interroger. ³³ Ils arrivèrent à Capernaüm. Lorsqu'il fut dans la maison, Jésus leur demanda: De quoi discutiez-vous en chemin? ³⁴ Mais ils gardèrent le silence, car en chemin ils avaient discuté entre eux pour savoir qui était le plus grand.

9:35 וַיֵּשֶׁב וַיִּקְרָא אֶל־שְׁנֵים הֶעָשָׂר וַיֹּאמֶר אֲלֵיהֶם אִישׁ כִּי־יַחְפֹּץ לִהְיוֹת הָרִאשׁוֹן הוּא יִהְיֶה הָאַחֲרוֹן לְכֻלָּם וּמְשָׁרֵת כֻּלָּם: 36 וַיִּקַּח יֶלֶד וַיַּעֲמִידֵהוּ בְּתוֹכָם וַיְחַבְּקֵהוּ וַיֹּאמֶר לָהֶם: 37 הַמְקַבֵּל בִּשְׁמִי יֶלֶד אֶחָד כָּזֶה הוּא מְקַבֵּל אוֹתִי וְהַמְקַבֵּל אוֹתִי אֵינֶנּוּ מְקַבֵּל אוֹתִי כִּי אִם־אֶת אֲשֶׁר שְׁלָחָנִי: 38 וַיַּעַן יוֹחָנָן וַיֹּאמֶר אֵלָיו רַבִּי רָאִינוּ אִישׁ מְגָרֵשׁ שֵׁדִים בְּשִׁמְךָ וְאֵינֶנּוּ הוֹלֵךְ אַחֲרֵינוּ וַנִּכְלָאֶנּוּ יַעַן אֲשֶׁר לֹא־הָלַךְ אַחֲרֵינוּ:

9:34-37 Et residens vocavit duodecim, et ait illis: Si quis vult primus esse, erit omnium novissimus, et omnium minister. 35 Et accipiens puerum, statuit eum in medio eorum: quem cum complexus esset, ait illis: 36 Quisquis unum ex hujusmodi pueris receperit in nomine meo, me recipit: et quicumque me susceperit, non me suscipit, sed eum qui misit me. 37 Respondit illi Joannes, dicens: Magister, vidimus quemdam in nomine tuo ejicientem daemonia, qui non sequitur nos, et prohibuimus eum.

9:35-38 Καὶ καθίσας ἐφώνησεν τοὺς δώδεκα, καὶ λέγει αὐτοῖς, Εἴ τις θέλει πρῶτος εἶναι, ἔσται πάντων ἔσχατος, καὶ πάντων διάκονος. 36 Καὶ λαβὼν παιδίον, ἔστησεν αὐτὸ ἐν μέσῳ αὐτῶν· καὶ ἐναγκαλισάμενος αὐτό, εἶπεν αὐτοῖς· 37 Ὃς ἐὰν ἓν τῶν τοιούτων παιδίων δέξηται ἐπὶ τῷ ὀνόματί μου, ἐμὲ δέχεται· καὶ ὃς ἐὰν ἐμὲ δέχηται, οὐκ ἐμὲ δέχεται, ἀλλὰ τὸν ἀποστείλαντά με. 38 Ἀπεκρίθη δὲ αὐτῷ Ἰωάννης, λέγων, Διδάσκαλε, εἴδομέν τινα τῷ ὀνόματί σου ἐκβάλλοντα δαιμόνια, ὃς οὐκ ἀκολουθεῖ ἡμῖν· καὶ ἐκωλύσαμεν αὐτόν, ὅτι οὐκ ἀκολουθεῖ ἡμῖν.

9:35-38 And after sitting down, he called the twelve and he begins saying to them, "If someone wants to be first, he shall be last of all and servant of all." 36 And, after taking a little child, he set the child in the middle of them, and after hugging the child, he said to them, 37 "Whoever receives one of such little children as these in my name, receives me; and whoever receives me, does not receive me but the one who sent me." 38 John was saying to him, "Teacher, we saw someone in your name casting out demons, and we were forbidding him, because he was not following us."

9:35-38 Und er setzte sich und rief die Zwölf und sprach zu ihnen: So jemand will der Erste sein, der soll der Letzte sein vor allen und aller Knecht. 36 Und er nahm ein Kindlein und stellte es mitten unter sie und herzte es und sprach zu ihnen: 37 Wer ein solches Kindlein in meinem Namen aufnimmt, der nimmt mich auf; und wer mich aufnimmt, der nimmt nicht mich auf, sondern den, der mich gesandt hat. 38 Johannes aber antwortete ihn und sprach: Meister, wir sahen einen, der trieb Teufel in deinem Namen aus, welcher uns nicht nachfolgt; und wir verboten's ihm, darum daß er uns nicht nachfolgt.

9:35-38 Alors il s'assit, appela les douze, et leur dit: Si quelqu'un veut être le premier, il sera le dernier de tous et le serviteur de tous. 36 Et il prit un petit enfant, le plaça au milieu d'eux, et l'ayant pris dans ses bras, il leur dit: 37 Quiconque reçoit en mon nom un de ces petits enfants me reçoit moi-même; et quiconque me reçoit, reçoit non pas moi, mais celui qui m'a envoyé. 38 Jean lui dit: Maître, nous avons vu un homme qui chasse des démons en ton nom; et nous l'en avons empêché, parce qu'il ne nous suit pas.

9:39 וַיֹּאמֶר יֵשׁוּעַ אַל־תִּכְלָאוּהוּ כִּי אֵין אִישׁ עֹשֶׂה גְבוּרָה בִּשְׁמִי וְיוּכַל בִּמְהֵרָה לְדַבֶּר־בִּי רָעָה: ⁴⁰ כִּי כֹל אֲשֶׁר אֵינֶנּוּ לְצָרֵינוּ לָנוּ הוּא: ⁴¹ כִּי כָל־הַמַּשְׁקֶה אֶתְכֶם כּוֹס מַיִם בִּשְׁמִי בַּאֲשֶׁר לַמָּשִׁיחַ אַתֶּם אָמֵן אֹמֵר אֲנִי לָכֶם לֹא־יֹאבַד שְׂכָרוֹ: ⁴² וְכָל־הַמַּכְשִׁיל אֶחָד הַקְּטַנִּים הַמַּאֲמִינִים בִּי טוֹב לוֹ שֶׁיִּתָּלֶה פֶלַח־רֶכֶב עַל־צַוָּארוֹ וְהֻשְׁלַךְ בַּיָּם:

9:38-41 Jesus autem ait: Nolite prohibere eum: nemo est enim qui faciat virtutem in nomine meo, et possit cito male loqui de me: ³⁹ qui enim non est adversum vos, pro vobis est. ⁴⁰ Quisquis enim potum dederit vobis calicem aquae in nomine meo, quia Christi estis: amen dico vobis, non perdet mercedem suam. ⁴¹ Et quisquis scandalizaverit unum ex his pusillis credentibus in me: bonum est ei magis si circumdaretur mola asinaria collo ejus, et in mare mitteretur.

9:39-42 Ὁ δὲ Ἰησοῦς εἶπεν, Μὴ κωλύετε αὐτόν· οὐδεὶς γάρ ἐστιν ὃς ποιήσει δύναμιν ἐπὶ τῷ ὀνόματί μου, καὶ δυνήσεται ταχὺ κακολογῆσαί με. ⁴⁰ Ὃς γὰρ οὐκ ἔστιν καθ' ὑμῶν, ὑπὲρ ὑμῶν ἐστιν. ⁴¹ Ὃς γὰρ ἂν ποτίσῃ ὑμᾶς ποτήριον ὕδατος ἐν ὀνόματί μου, ὅτι χριστοῦ ἐστέ, ἀμὴν λέγω ὑμῖν, οὐ μὴ ἀπολέσῃ τὸν μισθὸν αὐτοῦ. ⁴² Καὶ ὃς ἐὰν σκανδαλίσῃ ἕνα τῶν μικρῶν τῶν πιστευόντων εἰς ἐμέ, καλόν ἐστιν αὐτῷ μᾶλλον εἰ περίκειται λίθος μυλικὸς περὶ τὸν τράχηλον αὐτοῦ, καὶ βέβληται εἰς τὴν θάλασσαν.

9:39-42 So, Jesus said, "You *all* do not go on forbidding him! For there is no one who will perform a miracle in my name and be able immediately to speak evil of me. ⁴⁰ For whoever is not against us, is for us. ⁴¹ For whoever gives you a cup of water in *my* name because you are Christ's- Amen!- I am saying to you that he will never ever lose his reward. ⁴² And whoever causes one of these little ones believing in me to stumble, it is better for him rather if a large millstone is hung around his neck and he has been thrown into the sea.

9:39-42 Jesus aber sprach: Ihr sollt's ihm nicht verbieten. Denn es ist niemand, der eine Tat tue in meinem Namen, und möge bald übel von mir reden. ⁴⁰ Wer nicht wider uns ist, der ist für uns. ⁴¹ Wer aber euch tränkt mit einem Becher Wassers in meinem Namen, darum daß ihr Christo angehöret, wahrlich, ich sage euch, es wird ihm nicht unvergolten bleiben. ⁴² Und wer der Kleinen einen ärgert, die an mich glauben, dem wäre es besser, daß ihm ein Mühlstein an seinen Hals gehängt und er ins Meer geworfen würde.

9:39-42 Ne l'en empêchez pas, répondit Jésus, car il n'est personne qui, faisant un miracle en mon nom, puisse aussitôt après parler mal de moi. ⁴⁰ Qui n'est pas contre nous est pour nous. ⁴¹ Et quiconque vous donnera à boire un verre d'eau en mon nom, parce que vous appartenez à Christ, je vous le dis en vérité, il ne perdra point sa récompense. ⁴² Mais, si quelqu'un scandalisait un de ces petits qui croient, il vaudrait mieux pour lui qu'on lui mît au cou une grosse meule de moulin, et qu'on le jetât dans la mer.

9:43 וְאִם־יָדְךָ תַכְשִׁילְךָ קַצֵּץ אֹתָהּ טוֹב לְךָ לָבוֹא לַחַיִּים וְאַתָּה קְטֻעַ מִהְיוֹת לְךָ שְׁתֵּי יָדַיִם וְתֵלֵךְ אֶל־גֵּיהִנֹּם אֶל־הָאֵשׁ אֲשֶׁר לֹא תִכְבֶּה: 44 אֲשֶׁר־שָׁם תּוֹלַעְתָּם לֹא תָמוּת וְאִשָּׁם לֹא תִכְבֶּה: 45 וְאִם־רַגְלְךָ תַכְשִׁילְךָ קַצֵּץ אֹתָהּ טוֹב לְךָ לָבוֹא לַחַיִּים וְאַתָּה פִּסֵּחַ מִהְיוֹת לְךָ שְׁתֵּי רַגְלַיִם וְתוּשְׁלַךְ לְגֵיהִנֹּם אֶל־הָאֵשׁ אֲשֶׁר לֹא תִכְבֶּה: 46 אֲשֶׁר־שָׁם תּוֹלַעְתָּם לֹא תָמוּת וְאִשָּׁם לֹא תִכְבֶּה:

9:42-45 Et si scandalizaverit te manus tua, abscide illam: bonum est tibi debilem introire in vitam, quam duas manus habentem ire in gehennam, in ignem inextinguibilem, ⁴³ ubi vermis eorum non moritur, et ignis non extinguitur. ⁴⁴ Et si pes tuus te scandalizat, amputa illum: bonum est tibi claudum introire in vitam aeternam, quam duos pedes habentem mitti in gehennam ignis inextinguibilis, ⁴⁵ ubi vermis eorum non moritur, et ignis non extinguitur.

9:43-46 Καὶ ἐὰν σκανδαλίζῃ σε ἡ χείρ σου, ἀπόκοψον αὐτήν· καλόν σοί ἐστιν κυλλὸν εἰς τὴν ζωὴν εἰσελθεῖν, ἢ τὰς δύο χεῖρας ἔχοντα ἀπελθεῖν εἰς τὴν γέενναν, εἰς τὸ πῦρ τὸ ἄσβεστον, ⁴⁴ ὅπου ὁ σκώληξ αὐτῶν οὐ τελευτᾷ, καὶ τὸ πῦρ οὐ σβέννυται. ⁴⁵ Καὶ ἐὰν ὁ πούς σου σκανδαλίζῃ σε, ἀπόκοψον αὐτόν· καλόν ἐστίν σοι εἰσελθεῖν εἰς τὴν ζωὴν χωλόν, ἢ τοὺς δύο πόδας ἔχοντα βληθῆναι εἰς τὴν γέενναν, εἰς τὸ πῦρ τὸ ἄσβεστον, ⁴⁶ ὅπου ὁ σκώληξ αὐτῶν οὐ τελευτᾷ, καὶ τὸ πῦρ οὐ σβέννυται.

9:43-46 And, if your hand causes you to stumble, cut it off! It is better for you to enter into life maimed than, having your two hands, to go into Gehenna, into the unquenchable fire, ⁴⁴ *where their worm does not die, and the fire is not being extinguished.* ⁴⁵ And, if your foot causes you to stumble, cut it off! It is better for you to enter into life maimed than, having your two feet, to go into Gehenna, ⁴⁶ *where their worm does not die, and the fire is not being extinguished.*

9:43-46 So dich aber deine Hand ärgert, so haue sie ab! Es ist dir besser, daß du als ein Krüppel zum Leben eingehest, denn daß du zwei Hände habest und fahrest in die Hölle, in das ewige Feuer, ⁴⁴ da ihr Wurm nicht stirbt und ihr Feuer nicht verlöscht. ⁴⁵ Ärgert dich dein Fuß, so haue ihn ab. Es ist dir besser, daß du lahm zum Leben eingehest, denn daß du zwei Füße habest und werdest in die Hölle geworfen, in das ewige Feuer, ⁴⁶ da ihr Wurm nicht stirbt und ihr Feuer nicht verlöscht.

9:43-46 Si ta main est pour toi une occasion de chute, coupe-la; mieux vaut pour toi entrer manchot dans la vie, ⁴⁴ que d'avoir les deux mains et d'aller dans la géhenne, dans le feu qui ne s'éteint point. ⁴⁵ Si ton pied est pour toi une occasion de chute, coupe-le; mieux vaut pour toi entrer boiteux dans la vie, ⁴⁶ que d'avoir les deux pieds et d'être jeté dans la géhenne, dans le feu qui ne s'éteint point.

9:47 וְאִם־עֵינְךָ תַכְשִׁילְךָ עֲקֹר אֹתָהּ טוֹב לְךָ לָבוֹא בְּמַלְכוּת הָאֱלֹהִים בְּעַל עַיִן אַחַת מִהְיוֹת לְךָ שְׁתֵּי עֵינַיִם וְתוּשְׁלַךְ לְגֵיהִנֹּם: 48 אֲשֶׁר־שָׁם תּוֹלַעְתָּם לֹא תָמוּת וְאִשָּׁם לֹא תִכְבֶּה: 49 כִּי כָל־אִישׁ בָּאֵשׁ יֻמְלָח וְכָל־קָרְבָּן בַּמֶּלַח יִמְלָח: 50 טוֹב הַמֶּלַח וְאִם־הַמֶּלַח יִהְיֶה תָפֵל בַּמֶּה תְּתַקְּנוּ אוֹתוֹ יְהִי־לָכֶם מֶלַח בְּקִרְבְּכֶם וִיהִי שָׁלוֹם בֵּינֵיכֶם:

9:46-49 Quod si oculus tuus scandalizat te, ejice eum: bonum est tibi luscum introire in regnum Dei, quam duos oculos habentem mitti in gehennam ignis, ⁴⁷ ubi vermis eorum non moritur, et ignis non extinguitur. ⁴⁸ Omnis enim igne salietur, et omnis victima sale salietur. ⁴⁹ Bonum est sal: quod si sal insulsum fuerit, in quo illud condietis? Habete in vobis sal, et pacem habete inter vos.

9:47-50 Καὶ ἐὰν ὁ ὀφθαλμός σου σκανδαλίζῃ σε, ἔκβαλε αὐτόν· καλόν σοι ἐστὶν μονόφθαλμον εἰσελθεῖν εἰς τὴν βασιλείαν τοῦ θεοῦ, ἢ δύο ὀφθαλμοὺς ἔχοντα βληθῆναι εἰς τὴν γέενναν τοῦ πυρός, ⁴⁸ ὅπου ὁ σκώληξ αὐτῶν οὐ τελευτᾷ, καὶ τὸ πῦρ οὐ σβέννυται. ⁴⁹ Πᾶς γὰρ πυρὶ ἁλισθήσεται, καὶ πᾶσα θυσία ἁλὶ ἁλισθήσεται. ⁵⁰ Καλὸν τὸ ἅλας· ἐὰν δὲ τὸ ἅλας ἄναλον γένηται, ἐν τίνι αὐτὸ ἀρτύσετε; Ἔχετε ἐν ἑαυτοῖς ἅλας, καὶ εἰρηνεύετε ἐν ἀλλήλοις.

9:47-50 And, if your eye causes you to stumble, cast it out! It is better for you to enter into the Kingdom of God one-eyed than, having two eyes, to go into Gehenna; ⁴⁸ where their worm does not die and the fire is not being extinguished. ⁴⁹ For everyone will be salted with fire. ⁵⁰ Salt is good; but if the salt becomes unsalty, in what will you *all* prepare it? Have salt in yourselves! And be at peace one with another!"

9:47-50 Ärgert dich dein Auge, so wirf's von dir! Es ist dir besser, daß du einäugig in das Reich Gottes gehest, denn daß du zwei Augen habest und werdest in das höllische Feuer geworfen, ⁴⁸ da ihr Wurm nicht stirbt ihr Feuer nicht verlöscht. ⁴⁹ Es muß ein jeglicher mit Feuer gesalzen werden, und alles Opfer wird mit Salz gesalzen. ⁵⁰ Das Salz ist gut; so aber das Salz dumm wird, womit wird man's würzen? Habt Salz bei euch und habt Frieden untereinander.

9:47-50 Et si ton oeil est pour toi une occasion de chute, arrache-le; mieux vaut pour toi entrer dans le royaume de Dieu n'ayant qu'un oeil, que d'avoir deux yeux et d'être jeté dans la géhenne, ⁴⁸ où leur ver ne meurt point, et où le feu ne s'éteint point. ⁴⁹ Car tout homme sera salé de feu. ⁵⁰ Le sel est une bonne chose; mais si le sel devient sans saveur, avec quoi l'assaisonnerez-vous? Ayez du sel en vous-mêmes, et soyez en paix les uns avec les autres.

The Gospel of Mark

10:1 וַיָּקָם מֹשֶׁה וַיֵּלֶךְ אֶל־גְּבוּל יְהוּדָה מֵעֵבֶר הַיַּרְדֵּן וַיִּקָּהֲלוּ עוֹד אֵלָיו הָמוֹן עָם וַיְלַמְּדֵם כְּפַעַם בְּפָעַם: ² וַיִּגְּשׁוּ אֵלָיו הַפְּרוּשִׁים לְנַסּוֹתוֹ וַיִּשְׁאָלוּהוּ וַיֹּאמְרוּ הֲיוּכַל אִישׁ לְשַׁלַּח אֶת־אִשְׁתּוֹ: ³ וַיַּעַן וַיֹּאמֶר אֲלֵיהֶם מַה־צִוָּה אֶתְכֶם מֹשֶׁה: ⁴ וַיֹּאמְרוּ מֹשֶׁה הִתִּיר לִכְתֹּב סֵפֶר כְּרִיתוּת וּלְשַׁלֵּחַ: ⁵ וַיַּעַן יֵשׁוּעַ וַיֹּאמֶר אֲלֵיהֶם מִפְּנֵי קְשִׁי לְבַבְכֶם כָּתַב לָכֶם אֶת־הַמִּצְוָה הַזֹּאת:

10:1-5 Et inde exsurgens venit in fines Judaeae ultra Jordanem: et conveniunt iterum turbae ad eum: et sicut consueverat, iterum docebat illos. ² Et accedentes pharisaei interrogabant eum: Si licet viro uxorem dimittere: tentantes eum. ³ At ille respondens, dixit eis: Quid vobis praecepit Moyses? ⁴ Qui dixerunt: Moyses permisit libellum repudii scribere, et dimittere. ⁵ Quibus respondens Jesus, ait: Ad duritiam cordis vestri scripsit vobis praeceptum istud:

10:1-5 Κἀκεῖθεν ἀναστὰς ἔρχεται εἰς τὰ ὅρια τῆς Ἰουδαίας διὰ τοῦ πέραν τοῦ Ἰορδάνου· καὶ συμπορεύονται πάλιν ὄχλοι πρὸς αὐτόν· καί, ὡς εἰώθει, πάλιν ἐδίδασκεν αὐτούς. ² Καὶ προσελθόντες Φαρισαῖοι ἐπηρώτησαν αὐτόν, Εἰ ἔξεστιν ἀνδρὶ γυναῖκα ἀπολῦσαι, πειράζοντες αὐτόν. ³ Ὁ δὲ ἀποκριθεὶς εἶπεν αὐτοῖς, Τί ὑμῖν ἐνετείλατο Μωσῆς; ⁴ Οἱ δὲ εἶπον, Μωσῆς ἐπέτρεψεν βιβλίον ἀποστασίου γράψαι, καὶ ἀπολῦσαι. ⁵ Καὶ ἀποκριθεὶς ὁ Ἰησοῦς εἶπεν αὐτοῖς, Πρὸς τὴν σκληροκαρδίαν ὑμῶν ἔγραψεν ὑμῖν τὴν ἐντολὴν ταύτην·

10:1-5 And after arising from there, he comes to the region of Judaea and beyond the Jordan, and again the crowds go together to him, and, as was customary, again he was teaching them. ² And they began asking him if it was allowed for a husband to divorce a wife, testing him. ³ But he, answering back, said to them, "What did Moses command you?" ⁴ And they said, "Moses permitted to write a certificate of divorce and to divorce." ⁵ But Jesus said to them, "In consequence of your hard heart he wrote for you this commandment.

10:1-5 Und er machte sich auf und kam von dannen an die Örter des jüdischen Landes jenseit des Jordans. Und das Volk ging abermals in Haufen zu ihm, und wie seine Gewohnheit war, lehrte er sie abermals. ² Und die Pharisäer traten zu ihm und fragten ihn, ob ein Mann sich scheiden möge von seinem Weibe; und versuchten ihn damit. ³ Er antwortete aber und sprach: Was hat euch Mose geboten? ⁴ Sie sprachen; Mose hat zugelassen, einen Scheidebrief zu schreiben und sich zu scheiden. ⁵ Jesus antwortete und sprach zu ihnen: Um eures Herzens Härtigkeit willen hat er euch solches Gebot geschrieben;

10:1-5 Jésus, étant parti de là, se rendit dans le territoire de la Judée au delà du Jourdain. La foule s'assembla de nouveau près de lui, et selon sa coutume, il se mit encore à l'enseigner. ² Les pharisiens l'abordèrent; et, pour l'éprouver, ils lui demandèrent s'il est permis à un homme de répudier sa femme. ³ Il leur répondit: Que vous a prescrit Moïse? ⁴ Moïse, dirent-ils, a permis d'écrire une lettre de divorce et de répudier. ⁵ Et Jésus leur dit: C'est à cause de la dureté de votre coeur que Moïse vous a donné ce précepte.

10:6 אֲבָל מֵרֵאשִׁית הַבְּרִיאָה זָכָר וּנְקֵבָה בָּרָא אֹתָם אֱלֹהִים: ⁷ עַל־כֵּן יַעֲזָב־אִישׁ אֶת־אָבִיו וְאֶת־אִמּוֹ וְדָבַק בְּאִשְׁתּוֹ: ⁸ וְהָיוּ שְׁנֵיהֶם לְבָשָׂר אֶחָד וְאִם־כֵּן אֵפוֹא אֵינָם עוֹד שְׁנַיִם כִּי אִם־בָּשָׂר אֶחָד: ⁹ לָכֵן אֵת אֲשֶׁר־חִבַּר אֱלֹהִים לֹא יַפְרִידֶנּוּ אָדָם: ¹⁰ וַיְהִי בַּבַּיִת וַיָּשׁוּבוּ תַלְמִידָיו לִשְׁאָל אֹתוֹ עַל־זֹאת: ¹¹ וַיֹּאמֶר אֲלֵיהֶם הַמְשַׁלֵּחַ אֶת־אִשְׁתּוֹ וְלָקַח אַחֶרֶת נֹאֵף הוּא עָלֶיהָ:

10:6-11 ab initio autem creaturae masculum et feminam fecit eos Deus. ⁷ Propter hoc relinquet homo patrem suum et matrem, et adhaerebit ad uxorem suam: ⁸ et erunt duo in carne una. Itaque jam non sunt duo, sed una caro. ⁹ Quod ergo Deus conjunxit, homo non separet. ¹⁰ Et in domo iterum discipuli ejus de eodem interrogaverunt eum. ¹¹ Et ait illis: Quicumque dimiserit uxorem suam, et aliam duxerit, adulterium committit super eam.

10:6-11 ἀπὸ δὲ ἀρχῆς κτίσεως, ἄρσεν καὶ θῆλυ ἐποίησεν αὐτοὺς ὁ θεός. ⁷ Ἕνεκεν τούτου καταλείψει ἄνθρωπος τὸν πατέρα αὐτοῦ καὶ τὴν μητέρα· καὶ προσκολληθήσεται πρὸς τὴν γυναῖκα αὐτοῦ, ⁸ καὶ ἔσονται οἱ δύο εἰς σάρκα μίαν. Ὥστε οὐκέτι εἰσὶν δύο, ἀλλὰ μία σάρξ. ⁹ Ὃ οὖν ὁ θεὸς συνέζευξεν, ἄνθρωπος μὴ χωριζέτω. ¹⁰ Καὶ ἐν τῇ οἰκίᾳ πάλιν οἱ μαθηταὶ αὐτοῦ περὶ τοῦ αὐτοῦ ἐπηρώτησαν αὐτόν. ¹¹ Καὶ λέγει αὐτοῖς, Ὃς ἐὰν ἀπολύσῃ τὴν γυναῖκα αὐτοῦ καὶ γαμήσῃ ἄλλην, μοιχᾶται ἐπ' αὐτήν·

10:6-11 But from the beginning of creation male and female he made them. ⁷ On account of this, a person will leave his father and his mother and will be joined to his wife, ⁸ and the two will become one flesh; so that no longer are they two but one flesh. ⁹ Therefore, that which God joined together let no person separate." ¹⁰ And into the house, again, the disciples kept asking him about this. ¹¹ And he says to them, "Whoever divorces his wife and marries another is committing adultery against her,

10:6-11 aber von Anfang der Kreatur hat sie Gott geschaffen einen Mann und ein Weib. ⁷ Darum wird der Mensch Vater und Mutter verlassen und wird seinem Weibe anhangen, ⁸ und werden die zwei ein Fleisch sein. So sind sie nun nicht zwei, sondern ein Fleisch. ⁹ Was denn Gott zusammengefügt hat, soll der Mensch nicht scheiden. ¹⁰ Und daheim fragten ihn abermals seine Jünger darum. ¹¹ Und er sprach zu ihnen: Wer sich scheidet von seinem Weibe und freit eine andere, der bricht die Ehe an ihr;

10:6-11 Mais au commencement de la création, Dieu fit l'homme et la femme; ⁷ c'est pourquoi l'homme quittera son père et sa mère, et s'attachera à sa femme, ⁸ et les deux deviendront une seule chair. Ainsi ils ne sont plus deux, mais ils sont une seule chair. ⁹ Que l'homme donc ne sépare pas ce que Dieu a joint. ¹⁰ Lorsqu'ils furent dans la maison, les disciples l'interrogèrent encore là-dessus. ¹¹ Il leur dit: Celui qui répudie sa femme et qui en épouse une autre, commet un adultère à son égard;

10:12 וְאִשָּׁה כִּי תַעֲזֹב אִישָׁהּ וְהָיְתָה לְאִישׁ אַחֵר נֹאֶפֶת הִיא: 13 וַיָּבִיאוּ אֵלָיו יְלָדִים לְמַעַן יִגַּע בָּהֶם וַיִּגְעֲרוּ הַתַּלְמִידִים בַּמְּבִיאִים אֹתָם: 14 וַיַּרְא יֵשׁוּעַ וַיֵּרַע לוֹ וַיֹּאמֶר אֲלֵיהֶם הַנִּיחוּ לַיְלָדִים לָבוֹא אֵלַי וְאַל־תִּמְנָעוּם כִּי לָאֵלֶּה מַלְכוּת הָאֱלֹהִים: 15 אָמֵן אֹמַר אֲנִי לָכֶם כָּל אֲשֶׁר־לֹא יְקַבֵּל אֶת־מַלְכוּת הָאֱלֹהִים כְּיֶלֶד לֹא־יָבֹא בָהּ: 16 וַיְחַבְּקֵם וַיָּשֶׁת יָדָיו עֲלֵיהֶם וַיְבָרְכֵם:

10:12-16 Et si uxor dimiserit virum suum, et alii nupserit, moechatur. ¹³ Et offerebant illi parvulos ut tangeret illos. Discipuli autem comminabantur offerentibus. ¹⁴ Quos cum videret Jesus, indigne tulit, et ait illis: Sinite parvulos venire ad me, et ne prohibueritis eos: talium enim est regnum Dei. ¹⁵ Amen dico vobis: Quisquis non receperit regnum Dei velut parvulus, non intrabit in illud. ¹⁶ Et complexans eos, et imponens manus super illos, benedicebat eos.

10:12-16 καὶ ἐὰν γυνὴ ἀπολύσῃ τὸν ἄνδρα αὐτῆς καὶ γαμηθῇ ἄλλῳ, μοιχᾶται. ¹³ Καὶ προσέφερον αὐτῷ παιδία ἵνα ἅψηται αὐτῶν· οἱ δὲ μαθηταὶ ἐπετίμων τοῖς προσφέρουσιν. ¹⁴ Ἰδὼν δὲ ὁ Ἰησοῦς ἠγανάκτησεν, καὶ εἶπεν αὐτοῖς, Ἄφετε τὰ παιδία ἔρχεσθαι πρός με· μὴ κωλύετε αὐτά· τῶν γὰρ τοιούτων ἐστὶν ἡ βασιλεία τοῦ θεοῦ. ¹⁵ Ἀμὴν λέγω ὑμῖν, ὃς ἐὰν μὴ δέξηται τὴν βασιλείαν τοῦ θεοῦ ὡς παιδίον, οὐ μὴ εἰσέλθῃ εἰς αὐτήν. ¹⁶ Καὶ ἐναγκαλισάμενος αὐτά, τιθεὶς τὰς χεῖρας ἐπ' αὐτά, εὐλόγει αὐτά.

10:12-16 and, if she herself, after divorcing her husband, marries another, she commits adultery." ¹³ And they were carrying to him little children in order that he would touch them; but the disciples rebuked them. ¹⁴ Well, after seeing, Jesus was indignant and said to them, "Permit the little children to come to me! Do not hinder them, because the Kingdom of God belongs to ones such as these! ¹⁵ Amen! I am saying to you, whoever does not receive the Kingdom of God as a little child will never ever enter it." ¹⁶ And, after hugging them, he was blessing *them* by laying his hands upon them.

10:12-16 und so sich ein Weib scheidet von ihrem Manne und freit einen anderen, die bricht ihre Ehe. ¹³ Und sie brachten Kindlein zu ihm, daß er sie anrührte. Die Jünger aber fuhren die an, die sie trugen. ¹⁴ Da es aber Jesus sah, ward er unwillig und sprach zu ihnen: Lasset die Kindlein zu mir kommen und wehret ihnen nicht; denn solcher ist das Reich Gottes. ¹⁵ Wahrlich ich sage euch: Wer das Reich Gottes nicht empfängt wie ein Kindlein, der wird nicht hineinkommen. ¹⁶ Und er herzte sie und legte die Hände auf sie und segnete sie.

10:12-16 et si une femme quitte son mari et en épouse un autre, elle commet un adultère. ¹³ On lui amena des petits enfants, afin qu'il les touchât. Mais les disciples reprirent ceux qui les amenaient. ¹⁴ Jésus, voyant cela, fut indigné, et leur dit: Laissez venir à moi les petits enfants, et ne les en empêchez pas; car le royaume de Dieu est pour ceux qui leur ressemblent. ¹⁵ Je vous le dis en vérité, quiconque ne recevra pas le royaume de Dieu comme un petit enfant n'y entrera point. ¹⁶ Puis il les prit dans ses bras, et les bénit, en leur imposant les mains.

10:17 וַיְהִי בְּצֵאתוֹ לַדֶּרֶךְ וְהִנֵּה־אִישׁ רָץ לִקְרָאתוֹ וַיִּכְרַע לְפָנָיו וַיִּשְׁאַל אוֹתוֹ לֵאמֹר רַבִּי הַטּוֹב מָה אֶעֱשֶׂה וְאִירַשׁ חַיֵּי עוֹלָם: ¹⁸ וַיֹּאמֶר לוֹ יֵשׁוּעַ מַדּוּעַ קָרָאתָ לִי טוֹב אֵין טוֹב כִּי אִם אֶחָד וְהוּא הָאֱלֹהִים: ¹⁹ הֵן יָדַעְתָּ אֶת־הַמִּצְוֹת לֹא תִנְאָף לֹא תִרְצָח לֹא תִגְנֹב לֹא־תַעֲנֶה עֵד שָׁקֶר לֹא תַעֲשֹׁק כַּבֵּד אֶת־אָבִיךָ וְאֶת־אִמֶּךָ: ²⁰ וַיַּעַן וַיֹּאמֶר אֵלָיו רַבִּי אֶת־כָּל־אֵלֶּה שָׁמַרְתִּי מִנְּעוּרָי:

10:17-20 Et cum egressus esset in viam, procurrens quidam genu flexo ante eum, rogabat eum: Magister bone, quid faciam ut vitam aeternam percipiam? ¹⁸ Jesus autem dixit ei: Quid me dicis bonum? nemo bonus, nisi unus Deus. ¹⁹ Praecepta nosti: ne adulteres, ne occidas, ne fureris, ne falsum testimonium dixeris, ne fraudum feceris, honora patrem tuum et matrem. ²⁰ At ille respondens, ait illi: Magister, haec omnia observavi a juventute mea.

10:17-20 Καὶ ἐκπορευομένου αὐτοῦ εἰς ὁδόν, προσδραμὼν εἷς καὶ γονυπετήσας αὐτὸν ἐπηρώτα αὐτόν, Διδάσκαλε ἀγαθέ, τί ποιήσω ἵνα ζωὴν αἰώνιον κληρονομήσω; ¹⁸ Ὁ δὲ Ἰησοῦς εἶπεν αὐτῷ, Τί με λέγεις ἀγαθόν; Οὐδεὶς ἀγαθός, εἰ μὴ εἷς, ὁ θεός. ¹⁹ Τὰς ἐντολὰς οἶδας, Μὴ μοιχεύσῃς, μὴ φονεύσῃς, μὴ κλέψῃς, μὴ ψευδομαρτυρήσῃς, μὴ ἀποστερήσῃς, τίμα τὸν πατέρα σου καὶ τὴν μητέρα. ²⁰ Ὁ δὲ ἀποκριθεὶς εἶπεν αὐτῷ, Διδάσκαλε, ταῦτα πάντα ἐφυλαξάμην ἐκ νεότητός μου.

10:17-20 And, while he was going out on the way, one man running up and kneeling before him was asking him, "Good Teacher, what shall I do in order that I would inherit eternal life?" ¹⁸ So, Jesus said to him, "Why are calling me good? No one is good except one, *namely,* God. ¹⁹ You know the commandments: "Do not kill, Do not commit adultery, Do not steal, Do not bear false witness, Do not defraud, Honor your father and mother." ²⁰ But he was saying to him, "Teacher, all these things I have observed from my youth."

10:17-20 Und da er hinausgegangen war auf den Weg, lief einer herzu, kniete, vor ihn und fragte ihn: Guter Meister, was soll ich tun, daß ich das ewige Leben ererbe? ¹⁸ Aber Jesus sprach zu ihm: Was heißest du mich gut? Niemand ist gut denn der einige Gott. ¹⁹ Du weißt ja die Gebote wohl: "Du sollst nicht ehebrechen; du sollst nicht töten; du sollst nicht stehlen; du sollst nicht falsch Zeugnis reden; du sollst niemand täuschen; ehre Vater und Mutter." ²⁰ Er aber antwortete und sprach zu ihm: Meister, das habe ich alles gehalten von meiner Jugend auf.

10:17-20 Comme Jésus se mettait en chemin, un homme accourut, et se jetant à genoux devant lui: Bon maître, lui demanda-t-il, que dois-je faire pour hériter la vie éternelle? ¹⁸ Jésus lui dit: Pourquoi m'appelles-tu bon? Il n'y a de bon que Dieu seul. ¹⁹ Tu connais les commandements: Tu ne commettras point d'adultère; tu ne tueras point; tu ne déroberas point; tu ne diras point de faux témoignage; tu ne feras tort à personne; honore ton père et ta mère. ²⁰ Il lui répondit: Maître, j'ai observé toutes ces choses dès ma jeunesse.

The Gospel of Mark

10:21 וַיַּבֶּט־בּוֹ יֵשׁוּעַ וַיֶּאֱהָבֵהוּ וַיֹּאמֶר אֵלָיו אַחַת חָסַרְתָּ לְךָ מְכֹר אֶת־כָּל־אֲשֶׁר־לְךָ וְתֵן לָעֲנִיִּים וִיהִי־לְךָ אוֹצָר בַּשָּׁמַיִם וּבוֹא שָׂא אֶת־הַצְּלוּב וְלֵךְ אַחֲרָי: 22 וַיֵּצֶר־לוֹ עַל־הַדָּבָר הַזֶּה וַיִּתְעַצֵּב וַיֵּלֶךְ לוֹ כִּי־הוֹן רַב הָיָה לוֹ: 23 וַיַּבֵּט יֵשׁוּעַ סָבִיב וַיֹּאמֶר אֶל־תַּלְמִידָיו כַּמָּה יִקְשֶׁה לְבַעֲלֵי נְכָסִים לָבוֹא בְּמַלְכוּת הָאֱלֹהִים: 24 וַיִּבָּהֲלוּ הַתַּלְמִידִים עַל־דְּבָרָיו וַיֹּסֶף יֵשׁוּעַ וַיַּעַן וַיֹּאמֶר לָהֶם בָּנַי מֶה קָשֶׁה לַבֹּטְחִים עַל־חַיִל לָבוֹא אֶל־מַלְכוּת הָאֱלֹהִים:

10:21-24 Jesus autem intuitus eum, dilexit eum, et dixit ei: Unum tibi deest: vade, quaecumque habes vende, et da pauperibus, et habebis thesaurum in caelo: et veni, sequere me. 22 Qui contristatus in verbo, abiit moerens: erat enim habens multas possessiones. 23 Et circumspiciens Jesus, ait discipulis suis: Quam difficile qui pecunias habent, in regnum Dei introibunt! 24 Discipuli autem obstupescebant in verbis ejus. At Jesus rursus respondens ait illis: Filioli, quam difficile est, confidentes in pecuniis, in regnum Dei introire!

10:21-24 Ὁ δὲ Ἰησοῦς ἐμβλέψας αὐτῷ ἠγάπησεν αὐτόν, καὶ εἶπεν αὐτῷ, Ἕν σοι ὑστερεῖ· ὕπαγε, ὅσα ἔχεις πώλησον, καὶ δὸς πτωχοῖς, καὶ ἕξεις θησαυρὸν ἐν οὐρανῷ· καὶ δεῦρο, ἀκολούθει μοι, ἄρας τὸν σταυρόν. 22 Ὁ δὲ στυγνάσας ἐπὶ τῷ λόγῳ ἀπῆλθεν λυπούμενος· ἦν γὰρ ἔχων κτήματα πολλά. 23 Καὶ περιβλεψάμενος ὁ Ἰησοῦς λέγει τοῖς μαθηταῖς αὐτοῦ, Πῶς δυσκόλως οἱ τὰ χρήματα ἔχοντες εἰς τὴν βασιλείαν τοῦ θεοῦ εἰσελεύσονται. 24 Οἱ δὲ μαθηταὶ ἐθαμβοῦντο ἐπὶ τοῖς λόγοις αὐτοῦ. Ὁ δὲ Ἰησοῦς πάλιν ἀποκριθεὶς λέγει αὐτοῖς, Τέκνα, πῶς δύσκολόν ἐστιν τοὺς πεποιθότας ἐπὶ χρήμασιν εἰς τὴν βασιλείαν τοῦ θεοῦ εἰσελθεῖν.

10:21-24 Well, Jesus, after looking upon him, loved him and said to him, "One thing is lacking from you: Go. As much as you have, sell and give to the poor, and you will have treasure in heaven, and come here, follow me!" 22 But he, shocked at the word, departed grieving, for he was having many possessions. 23 And, after looking around, Jesus says to his disciples, "How the ones having possessions will enter into the Kingdom of God with difficulty!" 24 Well, the disciples were marveling at his words. But Jesus, again answering back, says to them, "Children, how difficult it is to enter into the Kingdom of God!

10:21-24 Und Jesus sah ihn an und liebte ihn und sprach zu ihm: Eines fehlt dir. Gehe hin, verkaufe alles, was du hast, und gib's den Armen, so wirst du einen Schatz im Himmel haben, und komm, folge mir nach und nimm das Kreuz auf dich. 22 Er aber ward unmutig über die Rede und ging traurig davon; denn er hatte viele Güter. 23 Und Jesus sah um sich und sprach zu seinen Jüngern: Wie schwer werden die Reichen in das Reich Gottes kommen! 24 Die Jünger aber entsetzten sich über seine Rede. Aber Jesus antwortete wiederum und sprach zu ihnen: Liebe Kinder, wie schwer ist's, daß die, so ihr Vertrauen auf Reichtum setzen, ins Reich Gottes kommen!

10:21-24 Jésus, l'ayant regardé, l'aima, et lui dit: Il te manque une chose; va, vends tout ce que tu as, donne-le aux pauvres, et tu auras un trésor dans le ciel. Puis viens, et suis-moi. 22 Mais, affligé de cette parole, cet homme s'en alla tout triste; car il avait de grands biens. 23 Jésus, regardant autour de lui, dit à ses disciples: Qu'il sera difficile à ceux qui ont des richesses d'entrer dans le royaume de Dieu! 24 Les disciples furent étonnés de ce que Jésus parlait ainsi. Et, reprenant, il leur dit: Mes enfants, qu'il est difficile à ceux qui se confient dans les richesses d'entrer dans le royaume de Dieu!

The Gospel of Mark

10:25 נָקֵל לַגָּמָל לַעֲבֹר בְּנֶקֶב הַמַּחַט מִבּוֹא עָשִׁיר אֶל־מַלְכוּת הָאֱלֹהִים: ²⁶ וַיּוֹסִיפוּ עוֹד לְהִשְׁתּוֹמֵם וַיֹּאמְרוּ אִישׁ אֶל־אָחִיו וּמִי־אֵפוֹא יוּכַל לְהִוָּשֵׁעַ: ²⁷ וַיַּבֵּט־בָּם יֵשׁוּעַ וַיֹּאמֶר מִבְּנֵי אָדָם תִּפָּלֵא זֹאת אַךְ לֹא מֵאֱלֹהִים כִּי מֵאֱלֹהִים לֹא יִפָּלֵא כָל־דָּבָר: ²⁸ וַיָּחֶל פֶּטְרוֹס לֵאמֹר אֵלָיו הֵן אֲנַחְנוּ עָזַבְנוּ אֶת־הַכֹּל וַנֵּלֶךְ אַחֲרֶיךָ:

10:25-28 Facilius est camelum per foramen acus transire, quam divitem intrare in regnum Dei. ²⁶ Qui magis admirabantur, dicentes ad semetipsos: Et quis potest salvus fieri? ²⁷ Et intuens illos Jesus, ait: Apud homines impossibile est, sed non apud Deum: omnia enim possibilia sunt apud Deum. ²⁸ Et coepit ei Petrus dicere: Ecce nos dimisimus omnia, et secuti sumus te.

10:25-28 Εὐκοπώτερόν ἐστιν κάμηλον διὰ τῆς τρυμαλιᾶς τῆς ῥαφίδος εἰσελθεῖν, ἢ πλούσιον εἰς τὴν βασιλείαν τοῦ θεοῦ εἰσελθεῖν. ²⁶ Οἱ δὲ περισσῶς ἐξεπλήσσοντο, λέγοντες πρὸς ἑαυτούς, Καὶ τίς δύναται σωθῆναι; ²⁷ Ἐμβλέψας δὲ αὐτοῖς ὁ Ἰησοῦς λέγει, Παρὰ ἀνθρώποις ἀδύνατον, ἀλλ' οὐ παρὰ θεῷ· πάντα γὰρ δυνατά ἐστιν παρὰ τῷ θεῷ. ²⁸ Ἤρξατο ὁ Πέτρος λέγειν αὐτῷ, Ἰδού, ἡμεῖς ἀφήκαμεν πάντα, καὶ ἠκολουθήσαμέν σοι.

10:25-28 It is easier for a camel to go through the hole of a needle than for a rich man to enter into the Kingdom of God." ²⁶ But they were exceedingly being astonished, saying to themselves, "Who even is able to be saved?" ²⁷ After looking at them, Jesus says, "With people *it is* impossible but not with God, for all things *are* possible with God." ²⁸ Peter began to say to him, "Look, we ourselves abandoned all things and have followed you."

10:25-28 Es ist leichter, daß ein Kamel durch ein Nadelöhr gehe, denn daß ein Reicher ins Reich Gottes komme. ²⁶ Sie entsetzten sich aber noch viel mehr und sprachen untereinander: Wer kann denn selig werden? ²⁷ Jesus aber sah sie an und sprach: Bei den Menschen ist's unmöglich, aber nicht bei Gott; denn alle Dinge sind möglich bei Gott. ²⁸ Da sagte Petrus zu ihm: Siehe, wir haben alles verlassen und sind dir nachgefolgt.

10:25-28 Il est plus facile à un chameau de passer par le trou d'une aiguille qu'à un riche d'entrer dans le royaume de Dieu. ²⁶ Les disciples furent encore plus étonnés, et ils se dirent les uns aux autres; Et qui peut être sauvé? ²⁷ Jésus les regarda, et dit: Cela est impossible aux hommes, mais non à Dieu: car tout est possible à Dieu. ²⁸ Pierre se mit à lui dire; Voici, nous avons tout quitté, et nous t'avons suivi.

וַיַּעַן יֵשׁוּעַ וַיֹּאמַר אָמֵן אֲנִי אֹמֵר לָכֶם כִּי אֵין אִישׁ אֲשֶׁר עָזַב אֶת־בֵּיתוֹ אוֹ אֶת־אֶחָיו 10:29
אוֹ אֶת־אַחְיוֹתָיו אוֹ אֶת־אָבִיו אוֹ אֶת־אִמּוֹ אוֹ אֶת־אִשְׁתּוֹ אוֹ אֶת־בָּנָיו אוֹ אֶת שְׂדוֹתָיו לְמַעֲנִי
וּלְמַעַן הַבְּשׂוֹרָה: 30 אֲשֶׁר לֹא יִקַּח עַתָּה בַּזְּמַן הַזֶּה בְּכָל־הָרְדִיפוֹת מֵאָה פְעָמִים כְּהֵמָּה בָּתִּים
וְאַחִים וַאֲחָיוֹת וְאִמּוֹת וּבָנִים וְשָׂדוֹת וּלְעוֹלָם הַבָּא חַיֵּי עוֹלָם: 31 וְאוּלָם רַבִּים מִן־הָרִאשׁוֹנִים
יִהְיוּ אַחֲרוֹנִים וְהָאַחֲרוֹנִים רִאשׁוֹנִים:

10:29-31 Respondens Jesus, ait: Amen dico vobis: Nemo est qui reliquerit domum, aut fratres, aut sorores, aut patrem, aut matrem, aut filios, aut agros propter me et propter Evangelium, 30 qui non accipiat centies tantum, nunc in tempore hoc: domos, et fratres, et sorores, et matres, et filios, et agros, cum persecutionibus, et in saeculo futuro vitam aeternam. 31 Multi autem erunt primi novissimi, et novissimi primi.

10:29-31 Ἀποκριθεὶς ὁ Ἰησοῦς εἶπεν, Ἀμὴν λέγω ὑμῖν, οὐδείς ἐστιν ὃς ἀφῆκεν οἰκίαν, ἢ ἀδελφούς, ἢ ἀδελφάς, ἢ πατέρα, ἢ μητέρα, ἢ γυναῖκα, ἢ τέκνα, ἢ ἀγρούς, ἕνεκεν ἐμοῦ καὶ ἕνεκεν τοῦ εὐαγγελίου, 30 ἐὰν μὴ λάβῃ ἑκατονταπλασίονα νῦν ἐν τῷ καιρῷ τούτῳ, οἰκίας καὶ ἀδελφοὺς καὶ ἀδελφὰς καὶ μητέρας καὶ τέκνα καὶ ἀγρούς, μετὰ διωγμῶν, καὶ ἐν τῷ αἰῶνι τῷ ἐρχομένῳ ζωὴν αἰώνιον. 31 Πολλοὶ δὲ ἔσονται πρῶτοι ἔσχατοι, καὶ ἔσχατοι πρῶτοι.

10:29-31 Jesus was saying, "Amen! I am saying to you *all*, there is no one who abandoned household or brothers or sisters or mother or father or children or lands on account of me and on account of the gospel, 30 except he receives a hundredfold now in this time, houses and brothers and sisters and mothers and children and lands with persecutions, and, in the age to come, everlasting life. 31 But many first ones will be last and the last first."

10:29-31 Jesus antwortete und sprach: Wahrlich, ich sage euch: Es ist niemand, so er verläßt Haus oder Brüder oder Schwestern oder Vater oder Mutter oder Weib oder Kind oder Äcker um meinetwillen und um des Evangeliums willen, 30 der nicht hundertfältig empfange: jetzt in dieser Zeit Häuser und Brüder und Schwestern und Mütter und Kinder und Äcker mitten unter Verfolgungen, und in der zukünftigen Welt das ewige Leben. 31 Viele aber werden die Letzten sein, die die Ersten sind, und die Ersten sein, die die Letzten sind.

10:29-31 Jésus répondit: Je vous le dis en vérité, il n'est personne qui, ayant quitté, à cause de moi et à cause de la bonne nouvelle, sa maison, ou ses frères, ou ses soeurs, ou sa mère, ou son père, ou ses enfants, ou ses terres, 30 ne reçoive au centuple, présentement dans ce siècle-ci, des maisons, des frères, des soeurs, des mères, des enfants, et des terres, avec des persécutions, et, dans le siècle à venir, la vie éternelle. 31 Plusieurs des premiers seront les derniers, et plusieurs des derniers seront les premiers.

10:32 וַיְהִי בַדֶּרֶךְ בַּעֲלוֹתָם יְרוּשָׁלַיִם וְיֵשׁוּעַ הֹלֵךְ לִפְנֵיהֶם וְהֵמָּה נִבְהָלִים וְהַהֹלְכִים אַחֲרָיו בֶּחֱרָדָה וַיּוֹסֶף לָקַחַת אֵלָיו אֶת־שְׁנֵים הֶעָשָׂר וַיָּחֶל לְהַגִּיד לָהֶם אֶת־אֲשֶׁר יִקְרֵהוּ לֵאמֹר: ³³ הִנֵּה אֲנַחְנוּ עֹלִים יְרוּשָׁלְָיְמָה וּבֶן־הָאָדָם יִמָּסֵר לְרָאשֵׁי הַכֹּהֲנִים וְלַסּוֹפְרִים וְיַרְשִׁיעֻהוּ לָמוּת וּמָסְרוּ אֹתוֹ לַגּוֹיִם: ³⁴ וְיִהְתַלּוּ בוֹ וְיַכֻּהוּ בַשּׁוֹטִים וְיָרְקוּ בְּפָנָיו וִימִיתוּהוּ וּבַיּוֹם הַשְּׁלִישִׁי קוֹם יָקוּם:

10:32-34 Erant autem in via ascendentes Jerosolymam: et praecedebat illos Jesus, et stupebant: et sequentes timebant. Et assumens iterum duodecim, coepit illis dicere quae essent ei eventura. ³³ Quia ecce ascendimus Jerosolymam, et Filius hominis tradetur principibus sacerdotum, et scribis, et senioribus, et damnabunt eum morte, et tradent eum gentibus: ³⁴ et illudent ei, et conspuent eum, et flagellabunt eum, et interficient eum: et tertia die resurget.

10:32-34 Ἦσαν δὲ ἐν τῇ ὁδῷ ἀναβαίνοντες εἰς Ἱεροσόλυμα· καὶ ἦν προάγων αὐτοὺς ὁ Ἰησοῦς, καὶ ἐθαμβοῦντο, καὶ ἀκολουθοῦντες ἐφοβοῦντο. Καὶ παραλαβὼν πάλιν τοὺς δώδεκα, ἤρξατο αὐτοῖς λέγειν τὰ μέλλοντα αὐτῷ συμβαίνειν· ³³ ὅτι Ἰδού, ἀναβαίνομεν εἰς Ἱεροσόλυμα, καὶ ὁ υἱὸς τοῦ ἀνθρώπου παραδοθήσεται τοῖς ἀρχιερεῦσιν καὶ γραμματεῦσιν, καὶ κατακρινοῦσιν αὐτὸν θανάτῳ, καὶ παραδώσουσιν αὐτὸν τοῖς ἔθνεσιν, ³⁴ καὶ ἐμπαίξουσιν αὐτῷ, καὶ μαστιγώσουσιν αὐτόν, καὶ ἐμπτύσουσιν αὐτῷ, καὶ ἀποκτενοῦσιν αὐτόν· καὶ τῇ τρίτῃ ἡμέρᾳ ἀναστήσεται.

10:32-34 Well, they were on the way going up into Jerusalem, and Jesus was leading them, and they were marveling, but the ones following were being afraid. And after taking aside again the Twelve, he began to say to them the things about to happen to him, ³³ *namely,* this: "Behold, we are going up into Jerusalem, and the Son of Man will be handed over to the chief priests and to the scribes, and they will condemn him to death and they will hand him over to the Gentiles, ³⁴ and they will mock him and they will spit upon him and will scourge him and will kill him, and after three days he will arise.

10:32-34 Sie waren aber auf dem Wege und gingen hinauf gen Jerusalem; und Jesus ging vor ihnen, und sie entsetzten sich, folgten ihm nach und fürchteten sich. Und Jesus nahm abermals zu sich die Zwölf und sagte ihnen, was ihm widerfahren würde: ³³ Siehe, wir gehen hinauf gen Jerusalem, und des Menschen Sohn wird überantwortet werden den Hohenpriestern und Schriftgelehrten; und sie werden ihn verdammen zum Tode und überantworten den Heiden. ³⁴ Die werden ihn verspotten und geißeln und verspeien und töten; und am dritten Tag wird er auferstehen.

10:32-34 Ils étaient en chemin pour monter à Jérusalem, et Jésus allait devant eux. Les disciples étaient troublés, et le suivaient avec crainte. Et Jésus prit de nouveau les douze auprès de lui, et commença à leur dire ce qui devait lui arriver: ³³ Voici, nous montons à Jérusalem, et le Fils de l'homme sera livré aux principaux sacrificateurs et aux scribes. Ils le condamneront à mort, et ils le livreront aux païens, ³⁴ qui se moqueront de lui, cracheront sur lui, le battront de verges, et le feront mourir; et, trois jours après, il ressuscitera.

10:35 וַיִּקְרְבוּ אֵלָיו יַעֲקֹב וְיוֹחָנָן בְּנֵי זַבְדַּי וַיֹּאמְרוּ רַבִּי חֲפֵצִים אֲנַחְנוּ שֶׁתַּעֲשֶׂה לָּנוּ אֶת־אֲשֶׁר נִשְׁאַל מִמֶּךָּ: 36 וַיֹּאמֶר אֲלֵיהֶם מַה־אִוִּיתֶם כִּי־אֶעֱשֶׂה לָכֶם: 37 וַיֹּאמְרוּ אֵלָיו תְּנָה־לָּנוּ לָשֶׁבֶת אֶחָד לִימִינְךָ וְאֶחָד לִשְׂמֹאלְךָ בִּכְבוֹדֶךָ: 38 וַיֹּאמֶר אֲלֵיהֶם יֵשׁוּעַ לֹא יְדַעְתֶּם אֵת אֲשֶׁר שְׁאֶלְתֶּם הֲתוּכְלוּ לִשְׁתּוֹת אֶת־הַכּוֹס אֲשֶׁר אֲנִי שֹׁתֶה וּלְהִטָּבֵל הַטְּבִילָה אֲשֶׁר אֲנִי נִטְבָּל:

10:35-38 Et accedunt ad eum Jacobus et Joannes filii Zebedaei, dicentes: Magister, volumus ut quodcumque petierimus, facias nobis. 36 At ille dixit eis: Quid vultis ut faciam vobis? 37 Et dixerunt: Da nobis ut unus ad dexteram tuam, et alius ad sinistram tuam sedeamus in gloria tua. 38 Jesus autem ait eis: Nescitis quid petatis: potestis bibere calicem, quem ego bibo, aut baptismo, quo ego baptizor, baptizari?

10:35-38 Καὶ προσπορεύονται αὐτῷ Ἰάκωβος καὶ Ἰωάννης οἱ υἱοὶ Ζεβεδαίου, λέγοντες, Διδάσκαλε, θέλομεν ἵνα ὃ ἐὰν αἰτήσωμεν, ποιήσῃς ἡμῖν. 36 Ὁ δὲ εἶπεν αὐτοῖς, Τί θέλετε ποιῆσαί με ὑμῖν; 37 Οἱ δὲ εἶπον αὐτῷ, Δὸς ἡμῖν, ἵνα εἷς ἐκ δεξιῶν σου καὶ εἷς ἐξ εὐωνύμων σου καθίσωμεν ἐν τῇ δόξῃ σου. 38 Ὁ δὲ Ἰησοῦς εἶπεν αὐτοῖς, Οὐκ οἴδατε τί αἰτεῖσθε. Δύνασθε πιεῖν τὸ ποτήριον ὃ ἐγὼ πίνω, καὶ τὸ βάπτισμα ὃ ἐγὼ βαπτίζομαι βαπτισθῆναι;

10:35-38 And they come near to him, James and John, the sons of Zebedee, saying to him, "Teacher, we want that, whatever we ask you, you would do for us." 36 Well, he said to them, "What do you want that I should do for you?" 37 So, they said to him, "Grant to us that we, one on the right and one on the left, would sit in your glory." 38 Well, Jesus said to them, "You *two* do not know what you are asking. Are you able to drink the cup that I myself am drinking, or to be baptized with the baptism that I myself am being baptized with?"

10:35-38 Da gingen zu ihm Jakobus und Johannes, die Söhne des Zebedäus, und sprachen: Meister, wir wollen, daß du uns tuest, was wir dich bitten werden. 36 Er sprach zu ihnen: Was wollt ihr, daß ich euch tue? 37 Sie sprachen zu ihm: Gib uns, daß wir sitzen einer zu deiner Rechten und einer zu deiner Linken in deiner Herrlichkeit. 38 Jesus aber sprach zu ihnen: Ihr wisset nicht, was ihr bittet. Könnt ihr den Kelch trinken, den ich trinke, und euch taufen lassen mit der Taufe, mit der ich getauft werde?

10:35-38 Les fils de Zébédée, Jacques et Jean, s'approchèrent de Jésus, et lui dirent: Maître, nous voudrions que tu fisses pour nous ce que nous te demanderons. 36 Il leur dit: Que voulez-vous que je fasse pour vous? 37 Accorde-nous, lui dirent-ils, d'être assis l'un à ta droite et l'autre à ta gauche, quand tu seras dans ta gloire. 38 Jésus leur répondit: Vous ne savez ce que vous demandez. Pouvez-vous boire la coupe que je dois boire, ou être baptisés du baptême dont je dois être baptisé?

וַיֹּאמְרוּ אֵלָיו נוּכָל וַיֹּאמֶר אֲלֵיהֶם יֵשׁוּעַ אֶת־הַכּוֹס אֲשֶׁר־אֲנִי שֹׁתֶה תִּשְׁתּוּ וְהַטְּבִילָה 10:39 אֲשֶׁר אֲנִי נִטְבָּל תִּטָּבֵלוּ: ⁴⁰ אַךְ שֶׁבֶת לִימִינִי וְלִשְׂמֹאלִי אֵין בְּיָדִי לָתֵת בִּלְתִּי לַאֲשֶׁר הוּכַן לָהֶם: ⁴¹ וַיְהִי כִּשְׁמֹעַ זֹאת הָעֲשָׂרָה וַיָּחֵלּוּ לִכְעוֹס אֶל־יַעֲקֹב וְיוֹחָנָן: ⁴² וַיִּקְרָא לָהֶם יֵשׁוּעַ וַיֹּאמֶר אֲלֵיהֶם אַתֶּם יְדַעְתֶּם כִּי הַנֶּחֱשָׁבִים לְהִשְׂתָּרֵר עַל־הַגּוֹיִם הֵם רֹדִים בָּהֶם וּגְדֹלֵיהֶם שׁוֹלְטִים עֲלֵיהֶם:

10:39-42 At illi dixerunt ei: Possumus. Jesus autem ait eis: Calicem quidem, quem ego bibo, bibetis; et baptismo, quo ego baptizor, baptizabimini: ⁴⁰ sedere autem ad dexteram meam, vel ad sinistram, non est meum dare vobis, sed quibus paratum est. ⁴¹ Et audientes decem, coeperunt indignari de Jacobo et Joanne. ⁴² Jesus autem vocans eos, ait illis: Scitis quia hi, qui videntur principari gentibus, dominantur eis: et principes eorum potestatem habent ipsorum.

10:39-42 Οἱ δὲ εἶπον αὐτῷ, Δυνάμεθα. Ὁ δὲ Ἰησοῦς εἶπεν αὐτοῖς, Τὸ μὲν ποτήριον ὃ ἐγὼ πίνω πίεσθε· καὶ τὸ βάπτισμα ὃ ἐγὼ βαπτίζομαι βαπτισθήσεσθε· ⁴⁰ τὸ δὲ καθίσαι ἐκ δεξιῶν μου καὶ ἐξ εὐωνύμων οὐκ ἔστιν ἐμὸν δοῦναι, ἀλλ' οἷς ἡτοίμασται. ⁴¹ Καὶ ἀκούσαντες οἱ δέκα ἤρξαντο ἀγανακτεῖν περὶ Ἰακώβου καὶ Ἰωάννου. ⁴² Ὁ δὲ Ἰησοῦς προσκαλεσάμενος αὐτοὺς λέγει αὐτοῖς, Οἴδατε ὅτι οἱ δοκοῦντες ἄρχειν τῶν ἐθνῶν κατακυριεύουσιν αὐτῶν· καὶ οἱ μεγάλοι αὐτῶν κατεξουσιάζουσιν αὐτῶν.

10:39-42 Well, they said to him, "We are able." So, Jesus said to them, "The cup that I myself am drinking you will drink and the baptism that I myself am baptized with you will be baptized with, ⁴⁰ but to sit on my right or on the left is not mine to give, but *it is* for those whom it has been prepared." ⁴¹ And after hearing, the ten began to be indignant about Jacob and John. ⁴² And after calling them together, Jesus says to them, "You know that the ones recognized to rule over the nations lord *it* over them and their great ones exercise authority over them.

10:39-42 Sie sprachen zu ihm: Ja, wir können es wohl. Jesus aber sprach zu ihnen: Ihr werdet zwar den Kelch trinken, den ich trinke, und getauft werden mit der Taufe, mit der ich getauft werde; ⁴⁰ zu sitzen aber zu meiner Rechten und zu meiner Linken stehet mir nicht zu, euch zu geben, sondern welchen es bereitet ist. ⁴¹ Und da das die Zehn hörten, wurden sie unwillig über Jakobus und Johannes. ⁴² Aber Jesus rief sie zu sich und sprach zu ihnen: Ihr wisset, daß die weltlichen Fürsten herrschen und die Mächtigen unter ihnen haben Gewalt.

10:39-42 Nous le pouvons, dirent-ils. Et Jésus leur répondit: Il est vrai que vous boirez la coupe que je dois boire, et que vous serez baptisés du baptême dont je dois être baptisé; ⁴⁰ mais pour ce qui est d'être assis à ma droite ou à ma gauche, cela ne dépend pas de moi, et ne sera donné qu'à ceux à qui cela est réservé. ⁴¹ Les dix, ayant entendu cela, commencèrent à s'indigner contre Jacques et Jean. ⁴² Jésus les appela, et leur dit: Vous savez que ceux qu'on regarde comme les chefs des nations les tyrannisent, et que les grands les dominent.

10:43 וְלֹא יִהְיֶה כֵן בְּקִרְבְּכֶם כִּי אִם־הֶחָפֵץ לִהְיוֹת גָּדוֹל בָּכֶם יִהְיֶה לָכֶם לִמְשָׁרֵת:
⁴⁴ וְהֶחָפֵץ לִהְיוֹת הָרֹאשׁ יִהְיֶה עֶבֶד לַכֹּל: ⁴⁵ כִּי בֶן־הָאָדָם גַּם־הוּא לֹא בָא לְמַעַן יְשָׁרְתוּהוּ כִּי
אִם־לְשָׁרֵת וְלָתֵת אֶת־נַפְשׁוֹ כֹּפֶר תַּחַת רַבִּים: ⁴⁶ וַיָּבֹאוּ יְרִיחוֹ וַיְהִי כְּצֵאתוֹ מִירִיחוֹ הוּא
וְתַלְמִידָיו וְהָמוֹן עַם רָב וְהִנֵּה בַּרְטִימַי בֶּן־טִימַי אִישׁ עִוֵּר יָשַׁב עַל־יַד הַדֶּרֶךְ לְבַקֵּשׁ צְדָקָה:
⁴⁷ וַיִּשְׁמַע כִּי הוּא יֵשׁוּעַ הַנָּצְרִי וַיָּחֶל לִצְעֹק וַיֹּאמַר אָנָּא בֶן־דָּוִד יֵשׁוּעַ חָנֵּנִי:

10:43-47 Non ita est autem in vobis, sed quicumque voluerit fieri major, erit vester minister: ⁴⁴ et quicumque voluerit in vobis primus esse, erit omnium servus. ⁴⁵ Nam et Filius hominis non venit ut ministraretur ei, sed ut ministraret, et daret animam suam redemptionem pro multis. ⁴⁶ Et veniunt Jericho: et proficiscente eo de Jericho, et discipulis ejus, et plurima multitudine, filius Timaei Bartimaeus caecus, sedebat juxta viam mendicans. ⁴⁷ Qui cum audisset quia Jesus Nazarenus est, coepit clamare, et dicere: Jesu fili David, miserere mei.

10:43-47 Οὐχ οὕτως δὲ ἔσται ἐν ὑμῖν· ἀλλ' ὃς ἐὰν θέλῃ γενέσθαι μέγας ἐν ὑμῖν, ἔσται ὑμῶν διάκονος· ⁴⁴ καὶ ὃς ἐὰν θέλῃ ὑμῶν γενέσθαι πρῶτος, ἔσται πάντων δοῦλος. ⁴⁵ Καὶ γὰρ ὁ υἱὸς τοῦ ἀνθρώπου οὐκ ἦλθεν διακονηθῆναι, ἀλλὰ διακονῆσαι, καὶ δοῦναι τὴν ψυχὴν αὐτοῦ λύτρον ἀντὶ πολλῶν. ⁴⁶ Καὶ ἔρχονται εἰς Ἰεριχώ· καὶ ἐκπορευομένου αὐτοῦ ἀπὸ Ἰεριχώ, καὶ τῶν μαθητῶν αὐτοῦ, καὶ ὄχλου ἱκανοῦ, υἱὸς Τιμαίου Βαρτίμαιος ὁ τυφλὸς ἐκάθητο παρὰ τὴν ὁδὸν προσαιτῶν. ⁴⁷ Καὶ ἀκούσας ὅτι Ἰησοῦς ὁ Ναζωραῖός ἐστιν, ἤρξατο κράζειν καὶ λέγειν, Ὁ υἱὸς Δαυίδ, Ἰησοῦ, ἐλέησόν με.

10:43-47 Well, it is not so among you *all*; but whoever wants to become great among you will be your servant, ⁴⁴ and whoever wants to be first among you will be a servant of all. ⁴⁵ For even the Son of Man did not come to be served but to serve and to give his life *to be* a ransom for many." ⁴⁶ And they come into Jericho. And, while he was leaving from Jericho and his disciples and a considerable crowd, the son of Timaeus, Bartimaeus, a blind beggar, was sitting along the way. ⁴⁷ And after hearing that it was Jesus the Nazarene, he began to cry out and to say, "Son of David, Jesus, pity me!"

10:43-47 Aber also soll es unter euch nicht sein. Sondern welcher will groß werden unter euch, der soll euer Diener sein; ⁴⁴ und welcher unter euch will der Vornehmste werden, der soll aller Knecht sein. ⁴⁵ Denn auch des Menschen Sohn ist nicht gekommen, daß er sich dienen lasse, sondern daß er diene und gebe sein Leben zur Bezahlung für viele. ⁴⁶ Und sie kamen gen Jericho. Und da er aus Jericho ging, er und seine Jünger und ein großes Volk, da saß ein Blinder, Bartimäus, des Timäus Sohn, am Wege und bettelte. ⁴⁷ Und da er hörte, daß es Jesus von Nazareth war, fing er an, zu schreien und zu sagen: Jesu, du Sohn Davids, erbarme dich mein!

10:43-47 Il n'en est pas de même au milieu de vous. Mais quiconque veut être grand parmi vous, qu'il soit votre serviteur; ⁴⁴ et quiconque veut être le premier parmi vous, qu'il soit l'esclave de tous. ⁴⁵ Car le Fils de l'homme est venu, non pour être servi, mais pour servir et donner sa vie comme la rançon de plusieurs. ⁴⁶ Ils arrivèrent à Jéricho. Et, lorsque Jésus en sortit, avec ses disciples et une assez grande foule, le fils de Timée, Bartimée, mendiant aveugle, était assis au bord du chemin. ⁴⁷ Il entendit que c'était Jésus de Nazareth, et il se mit à crier; Fils de David, Jésus aie pitié de moi!

The Gospel of Mark

10:48 וַיִּגְעֲרוּ־בוֹ רַבִּים לְהַחֲשֹׁתוֹ וְהוּא הִרְבָּה עוֹד לִזְעֹק בֶּן־דָּוִד חָנֵּנִי: ⁴⁹ וַיַּעֲמֹד יֵשׁוּעַ וַיֹּאמֶר קִרְאוּ־לוֹ וַיִּקְרְאוּ לָעִוֵּר וַיֹּאמְרוּ אֵלָיו חֲזַק קוּם קָרָא־לָךְ: ⁵⁰ וַיַּשְׁלֵךְ אֶת־שִׂמְלָתוֹ מֵעָלָיו וַיָּקָם וַיָּבֹא אֶל־יֵשׁוּעַ: ⁵¹ וַיַּעַן יֵשׁוּעַ וַיֹּאמֶר אֵלָיו מַה־תִּרְצֶה שֶׁאֶעֱשֶׂה־לָּךְ וַיֹּאמֶר אֵלָיו הָעִוֵּר רַבּוֹנִי אֲשֶׁר אֶרְאֶה: ⁵² וַיֹּאמֶר יֵשׁוּעַ אֵלָיו לֵךְ־לְךָ אֱמוּנָתְךָ הוֹשִׁיעָה לָּךְ וּכְרֶגַע נִפְקְחוּ עֵינָיו וַיֵּלֶךְ אַחֲרֵי יֵשׁוּעַ בַּדָּרֶךְ:

10:48-52 Et comminabantur ei multi ut taceret. At ille multo magis clamabat: Fili David, miserere mei. ⁴⁹ Et stans Jesus praecepit illum vocari. Et vocant caecum, dicentes ei: Animaequior esto: surge, vocat te. ⁵⁰ Qui projecto vestimento suo exiliens, venit ad eum. ⁵¹ Et respondens Jesus dixit illi: Quid tibi vis faciam? Caecus autem dixit ei: Rabboni, ut videam. ⁵² Jesus autem ait illi: Vade, fides tua te salvum fecit. Et confestim vidit, et sequebatur eum in via.

10:48-52 Καὶ ἐπετίμων αὐτῷ πολλοί, ἵνα σιωπήσῃ· ὁ δὲ πολλῷ μᾶλλον ἔκραζεν, Υἱὲ Δαυίδ, ἐλέησόν με. ⁴⁹ Καὶ στὰς ὁ Ἰησοῦς εἶπεν αὐτὸν φωνηθῆναι· καὶ φωνοῦσιν τὸν τυφλόν, λέγοντες αὐτῷ, Θάρσει· ἔγειραι, φωνεῖ σε. ⁵⁰ Ὁ δὲ ἀποβαλὼν τὸ ἱμάτιον αὐτοῦ ἀναστὰς ἦλθεν πρὸς τὸν Ἰησοῦν. ⁵¹ Καὶ ἀποκριθεὶς λέγει αὐτῷ ὁ Ἰησοῦς, Τί θέλεις ποιήσω σοί; Ὁ δὲ τυφλὸς εἶπεν αὐτῷ, Ῥαββουνί, ἵνα ἀναβλέψω. ⁵² Ὁ δὲ Ἰησοῦς εἶπεν αὐτῷ, Ὕπαγε· ἡ πίστις σου σέσωκέν σε. Καὶ εὐθέως ἀνέβλεψεν, καὶ ἠκολούθει τῷ Ἰησοῦ ἐν τῇ ὁδῷ.

10:48-52 And many were rebuking him in order that he would be quiet; well, he much more cried out, "Son of David, pity me!" ⁴⁹ And, after standing, Jesus said, "You *all* call him!" And they call the blind man saying to him, "Have courage! Rise up! He calls you." ⁵⁰ Well, he, after throwing off his outer garment springing up, came to Jesus. ⁵¹ And answering back to him, Jesus said, "What do you want me to do for you?" So, the blind man said to him, "Teacher, that I would see again." ⁵² And Jesus said to him, "Go, your faith has restored you." And straightaway he received sight, and he was following him on the way.

10:48-52 Und viele bedrohten ihn, er sollte stillschweigen. Er aber schrie viel mehr: Du Sohn Davids, erbarme dich mein! ⁴⁹ Und Jesus stand still und ließ ihn rufen. Und sie riefen den Blinden und sprachen zu ihm: Sei getrost! stehe auf, er ruft dich! ⁵⁰ Und er warf sein Kleid von sich, stand auf und kam zu Jesu. ⁵¹ Und Jesus antwortete und sprach zu ihm: Was willst du, daß ich dir tun soll? Der Blinde sprach zu ihm: Rabbuni, daß ich sehend werde. ⁵² Jesus aber sprach zu ihm: Gehe hin; dein Glaube hat dir geholfen. Und alsbald ward er sehend und folgte ihm nach auf dem Wege.

10:48-52 Plusieurs le reprenaient, pour le faire taire; mais il criait beaucoup plus fort; Fils de David, aie pitié de moi! ⁴⁹ Jésus s'arrêta, et dit: Appelez-le. Ils appelèrent l'aveugle, en lui disant: Prends courage, lève-toi, il t'appelle. ⁵⁰ L'aveugle jeta son manteau, et, se levant d'un bond, vint vers Jésus. ⁵¹ Jésus, prenant la parole, lui dit: Que veux-tu que je te fasse? Rabbouni, lui répondit l'aveugle, que je recouvre la vue. ⁵² Et Jésus lui dit: Va, ta foi t'a sauvé. Aussitôt il recouvra la vue, et suivit Jésus dans le chemin.

11:1 וַיְהִי כַּאֲשֶׁר קָרְבוּ לִירוּשָׁלַיִם אֶל־בֵּית־פַּגֵּי וּבֵית־הִינִי אֶל־הַר הַזֵּיתִים וַיִּשְׁלַח שְׁנַיִם מִתַּלְמִידָיו: 2 וַיֹּאמֶר אֲלֵיהֶם לְכוּ אֶל־הַכְּפָר אֲשֶׁר מִמּוּלְכֶם וְהָיָה כְּבֹאֲכֶם שָׁמָּה וּמְצָאתֶם עַיִר אָסוּר אֲשֶׁר לֹא־יָשַׁב עָלָיו אָדָם אוֹתוֹ הַתִּירוּ וַהֲבִיאוּ: 3 וְכִי־יֹאמַר אֲלֵיכֶם אִישׁ לָמָּה תַעֲשׂוּ זֹאת וַאֲמַרְתֶּם הָאָדוֹן צָרִיךְ לוֹ וְהוּא מַהֵר יְשַׁלְּחֶנּוּ הֵנָּה: 4 וַיֵּלְכוּ וַיִּמְצְאוּ הָעַיִר אָסוּר אֶל־הַשַּׁעַר בַּחוּץ עַל־אֵם הַדָּרֶךְ וַיַּתִּירוּהוּ:

11:1-4 Et cum appropinquarent Jerosolymae et Bethaniae ad montem Olivarum, mittit duos ex discipulis suis, ² et ait illis: Ite in castellum, quod contra vos est, et statim introëuntes illuc, invenietis pullum ligatum, super quem nemo adhuc hominum sedit: solvite illum, et adducite. ³ Et si quis vobis dixerit: Quid facitis? dicite, quia Domino necessarius est: et continuo illum dimittet huc. ⁴ Et abeuntes invenerunt pullum ligatum ante januam foris in bivio: et solvunt eum.

11:1-4 Καὶ ὅτε ἐγγίζουσιν εἰς Ἰερουσαλήμ, εἰς Βηθσφαγὴ καὶ Βηθανίαν, πρὸς τὸ ὄρος τῶν Ἐλαιῶν, ἀποστέλλει δύο τῶν μαθητῶν αὐτοῦ, ² καὶ λέγει αὐτοῖς, Ὑπάγετε εἰς τὴν κώμην τὴν κατέναντι ὑμῶν· καὶ εὐθέως εἰσπορευόμενοι εἰς αὐτὴν εὑρήσετε πῶλον δεδεμένον, ἐφ᾽ ὃν οὐδεὶς ἀνθρώπων κεκάθικεν· λύσαντες αὐτὸν ἀγάγετε. ³ Καὶ ἐάν τις ὑμῖν εἴπῃ, Τί ποιεῖτε τοῦτο; εἴπατε, ὅτι Ὁ κύριος αὐτοῦ χρείαν ἔχει· καὶ εὐθέως αὐτὸν ἀποστέλλει ὧδε. ⁴ Ἀπῆλθον δὲ καὶ εὗρον πῶλον δεδεμένον πρὸς τὴν θύραν ἔξω ἐπὶ τοῦ ἀμφόδου, καὶ λύουσιν αὐτόν.

11:1-4 And when they are drawing near into Jerusalem, into Bethphage and Bethany, before the Mount of Olives, he sends two of his disciples, ² and he begins saying to them, "Go into the village before you, and straightaway while entering it, you will find a colt having been tied up, upon which no person has ever sat; untie and bring it. ³ And if someone says to you, 'Why are you doing this?' say this: ''The Lord has need of it; and straightaway he will send it again here.'" ⁴ And they went away and found a colt having been tied in front of the door outside on the street, and they begin untying it.

11:1-4 Und da sie nahe an Jerusalem kamen, gen Bethphage und Bethanien an den Ölberg, sandte er seiner Jünger zwei ² und sprach zu ihnen: Gehet hin in den Flecken, der vor euch liegt; und alsbald, wenn ihr hineinkommt, werdet ihr finden ein Füllen angebunden, auf welchem nie ein Mensch gesessen hat; löset es ab und führet es her! ³ Und so jemand zu euch sagen wird: Warum tut ihr das? so sprechet: Der HERR bedarf sein; so wird er's alsbald hersenden. ⁴ Sie gingen hin und fanden das Füllen gebunden an die Tür, außen auf der Wegscheide, und lösten es ab.

11:1-4 Lorsqu'ils approchèrent de Jérusalem, et qu'ils furent près de Bethphagé et de Béthanie, vers la montagne des oliviers, Jésus envoya deux de ses disciples, ² en leur disant: Allez au village qui est devant vous; dès que vous y serez entrés, vous trouverez un ânon attaché, sur lequel aucun homme ne s'est encore assis; détachez-le, et amenez-le. ³ Si quelqu'un vous dit: Pourquoi faites-vous cela? répondez: Le Seigneur en a besoin. Et à l'instant il le laissera venir ici. ⁴ les disciples, étant allés, trouvèrent l'ânon attaché dehors près d'une porte, au contour du chemin, et ils le détachèrent.

11:5 וַאֲנָשִׁים מִן־הָעֹמְדִים שָׁם אָמְרוּ אֲלֵיהֶם מַה־זֹּאת עֹשִׂיתֶם לְהַתִּיר אֶת־הָעָיִר: ⁶ וַיֹּאמְרוּ אֲלֵיהֶם כַּאֲשֶׁר צִוָּה יֵשׁוּעַ וַיַּנִּיחוּ לָהֶם: ⁷ וַיָּבִיאוּ אֶת־הָעַיִר אֶל־יֵשׁוּעַ וַיָּשִׂימוּ עָלָיו אֶת־בִּגְדֵיהֶם וַיֵּשֶׁב עָלָיו: ⁸ וְרַבִּים פָּרְשׂוּ אֶת־בִּגְדֵיהֶם עַל־הַדָּרֶךְ וַאֲחֵרִים כָּרְתוּ עֲנָפִים מִן־הָעֵצִים וַיִּשְׁטְחוּ עַל־הַדָּרֶךְ: ⁹ וְהַהֹלְכִים לְפָנָיו וְאַחֲרָיו צָעֲקוּ לֵאמֹר הוֹשַׁע־נָא בָּרוּךְ הַבָּא בְּשֵׁם יְהוָה:

11:5-9 Et quidam de illic stantibus dicebant illis: Quid facitis solventes pullum? ⁶ Qui dixerunt eis sicut praeceperat illis Jesus, et dimiserunt eis. ⁷ Et duxerunt pullum ad Jesum: et imponunt illi vestimenta sua, et sedit super eum. ⁸ Multi autem vestimenta sua straverunt in via: alii autem frondes caedebant de arboribus, et sternebant in via. ⁹ Et qui praeibant, et qui sequebantur, clamabant, dicentes: Hosanna: benedictus qui venit in nomine Domini:

11:5-9 Καί τινες τῶν ἐκεῖ ἑστηκότων ἔλεγον αὐτοῖς, Τί ποιεῖτε λύοντες τὸν πῶλον; ⁶ Οἱ δὲ εἶπον αὐτοῖς καθὼς ἐνετείλατο ὁ Ἰησοῦς· καὶ ἀφῆκαν αὐτούς. ⁷ Καὶ ἤγαγον τὸν πῶλον πρὸς τὸν Ἰησοῦν, καὶ ἐπέβαλον αὐτῷ τὰ ἱμάτια αὐτῶν, καὶ ἐκάθισεν ἐπ' αὐτῷ. ⁸ Πολλοὶ δὲ τὰ ἱμάτια αὐτῶν ἔστρωσαν εἰς τὴν ὁδόν· ἄλλοι δὲ στοιβάδας ἔκοπτον ἐκ τῶν δένδρων, καὶ ἐστρώννυον εἰς τὴν ὁδόν. ⁹ Καὶ οἱ προάγοντες καὶ οἱ ἀκολουθοῦντες ἔκραζον, λέγοντες, Ὡσαννά. Εὐλογημένος ὁ ἐρχόμενος ἐν ὀνόματι κυρίου.

11:5-9 And some of the ones standing there were saying to them, "What are you doing untying the colt?" ⁶ So, they said to them just as Jesus said; and they released them. ⁷ And they bring the colt to Jesus, and they throw their outer garments upon it, and he sat upon it. ⁸ And many people spread their outer garments onto the road, but others *were* cutting branches from the fields. ⁹ And the ones going before and the ones following were crying out, "Hosanna! Blessed is the one coming in the name of the Lord!

11:5-9 Und etliche, die dastanden, sprachen zu ihnen: Was macht ihr, daß ihr das Füllen ablöset? ⁶ Sie sagten aber zu ihnen, wie ihnen Jesus geboten hatte, und die ließen's zu. ⁷ Und sie führten das Füllen zu Jesu und legten ihre Kleider darauf, und er setzte sich darauf. ⁸ Viele aber breiteten ihre Kleider auf den Weg; etliche hieben Maien von den Bäumen und streuten sie auf den Weg. ⁹ Und die vorne vorgingen und die hernach folgten, schrieen und sprachen: Hosianna! Gelobt sei, der da kommt im Namen des HERRN!

11:5-9 Quelques-uns de ceux qui étaient là leur dirent: Que faites-vous? pourquoi détachez-vous cet ânon? ⁶ Ils répondirent comme Jésus l'avait dit. Et on les laissa aller. ⁷ Ils amenèrent à Jésus l'ânon, sur lequel ils jetèrent leurs vêtements, et Jésus s'assit dessus. ⁸ Beaucoup de gens étendirent leurs vêtements sur le chemin, et d'autres des branches qu'ils coupèrent dans les champs. ⁹ Ceux qui précédaient et ceux qui suivaient Jésus criaient: Hosanna! Béni soit celui qui vient au nom du Seigneur!

11:10 בְּרוּכָה מַלְכוּת דָּוִד אָבִינוּ הַבָּאָה בְּשֵׁם יְהֹוָה הוֹשַׁע־נָא בַּמְּרוֹמִים: ¹¹ וַיָּבֹא יֵשׁוּעַ יְרוּשָׁלַיִם אֶל־בֵּית הַמִּקְדָּשׁ וַיַּרְא וַיִּתְבּוֹנֵן עַל־הַכֹּל וְהַיּוֹם רָפָה לַעֲרֹב וַיֵּצֵא אֶל־בֵּית־הִינִי עִם־שְׁנֵים הֶעָשָׂר: ¹² וַיְהִי מִמָּחֳרָת בְּצֵאתָם מִבֵּית־הִינִי וַיִּרְעָב: ¹³ וַיַּרְא תְּאֵנָה מֵרָחוֹק וְלָהּ עָלִים וַיָּבֹא לִרְאוֹת הֲיִמְצָא־בָהּ פְּרִי וַיִּקְרַב אֵלֶיהָ וְלֹא־מָצָא בָהּ כִּי אִם־עָלִים כִּי לֹא הָיְתָה עֵת תְּאֵנִים:

11:10-13 benedictum quod venit regnum patris nostri David: hosanna in excelsis. ¹¹ Et introivit Jerosolymam in templum: et circumspectis omnibus, cum jam vespera esset hora, exiit in Bethaniam cum duodecim. ¹² Et alia die cum exirent a Bethania, esuriit. ¹³ Cumque vidisset a longe ficum habentem folia, venit si quid forte inveniret in ea: et cum venisset ad eam, nihil invenit praeter folia: non enim erat tempus ficorum.

11:10-13 Εὐλογημένη ἡ ἐρχομένη βασιλεία ἐν ὀνόματι κυρίου τοῦ πατρὸς ἡμῶν Δαυίδ. Ὡσαννὰ ἐν τοῖς ὑψίστοις. ¹¹ Καὶ εἰσῆλθεν εἰς Ἱεροσόλυμα ὁ Ἰησοῦς, καὶ εἰς τὸ ἱερόν· καὶ περιβλεψάμενος πάντα, ὀψίας ἤδη οὔσης τῆς ὥρας, ἐξῆλθεν εἰς Βηθανίαν μετὰ τῶν δώδεκα. ¹² Καὶ τῇ ἐπαύριον ἐξελθόντων αὐτῶν ἀπὸ Βηθανίας, ἐπείνασεν. ¹³ Καὶ ἰδὼν συκῆν μακρόθεν, ἔχουσαν φύλλα, ἦλθεν εἰ ἄρα εὑρήσει τι ἐν αὐτῇ· καὶ ἐλθὼν ἐπ' αὐτήν, οὐδὲν εὗρεν εἰ μὴ φύλλα· οὐ γὰρ ἦν καιρὸς σύκων.

11:10-13 Blessed is the coming kingdom of our father David! Hosanna in the highest!" ¹¹ And he entered into Jerusalem into the temple; and after looking around at everything, *since* the hour was already late, he went out into Bethany with the twelve. ¹² And on the next day, after they came out from Bethany, he was hungry. ¹³ And after seeing a fig tree from afar having leaves, he went, *to see* if therefore he would find something on it; and after coming to it, he found nothing except leaves, for it was not the season of figs.

11:10-13 Gelobt sei das Reich unsers Vaters David, das da kommt in dem Namen des HERRN! Hosianna in der Höhe! ¹¹ Und der HERR ging ein zu Jerusalem und in den Tempel, und er besah alles; und am Abend ging er hinaus gen Bethanien mit den Zwölfen. ¹² Und des anderen Tages, da sie von Bethanien gingen, hungerte ihn. ¹³ Und er sah einen Feigenbaum von ferne, der Blätter hatte; da trat er hinzu, ob er etwas darauf fände, und da er hinzukam, fand er nichts denn nur Blätter, denn es war noch nicht Zeit, daß Feigen sein sollten.

11:10-13 Béni soit le règne qui vient, le règne de David, notre père! Hosanna dans les lieux très hauts! ¹¹ Jésus entra à Jérusalem, dans le temple. Quand il eut tout considéré, comme il était déjà tard, il s'en alla à Béthanie avec les douze. ¹² Le lendemain, après qu'ils furent sortis de Béthanie, Jésus eut faim. ¹³ Apercevant de loin un figuier qui avait des feuilles, il alla voir s'il y trouverait quelque chose; et, s'en étant approché, il ne trouva que des feuilles, car ce n'était pas la saison des figues.

11:14 וַיַּעַן וַיֹּאמֶר אֵלֶיהָ מֵעַתָּה אִישׁ אַל־יֹאכַל פְּרִי מִמֵּךְ עַד־עוֹלָם וַיִּשְׁמְעוּ תַּלְמִידָיו: ¹⁵ וַיָּבֹאוּ יְרוּשָׁלַיִם וַיָּבֹא יֵשׁוּעַ אֶל־בֵּית הַמִּקְדָּשׁ וַיָּחֶל לְגָרֵשׁ מִשָּׁם אֶת־הַמּוֹכְרִים וְאֶת־הַקּוֹנִים בַּמִּקְדָּשׁ וְאֶת־שֻׁלְחֲנוֹת הַשֻּׁלְחָנִים וְאֶת־מוֹשְׁבוֹת מֹכְרֵי הַיּוֹנִים הָפָךְ: ¹⁶ וְלֹא הִנִּיחַ לְאִישׁ לָשֵׂאת כְּלִי דֶּרֶךְ הַמִּקְדָּשׁ: ¹⁷ וַיְלַמֵּד וַיֹּאמֶר לָהֶם הֲלֹא כָתוּב כִּי בֵיתִי בֵּית תְּפִלָּה יִקָּרֵא לְכָל־הָעַמִּים וְאַתֶּם עֲשִׂיתֶם אֹתוֹ מְעָרַת פָּרִיצִים:

11:14-17 Et respondens dixit ei: Jam non amplius in aeternum ex te fructum quisquam manducet. Et audiebant discipuli ejus. ¹⁵ Et veniunt in Jerosolymam. Et cum introisset in templum, coepit ejicere vendentes et ementes in templo: et mensas numulariorum, et cathedras vendentium columbas evertit: ¹⁶ et non sinebat ut quisquam transferret vas per templum: ¹⁷ et docebat, dicens eis: Nonne scriptum est: Quia domus mea, domus orationis vocabitur omnibus gentibus? vos autem fecistis eam speluncam latronum.

11:14-17 Καὶ ἀποκριθεὶς ὁ Ἰησοῦς εἶπεν αὐτῇ, Μηκέτι ἐκ σοῦ εἰς τὸν αἰῶνα μηδεὶς καρπὸν φάγοι. Καὶ ἤκουον οἱ μαθηταὶ αὐτοῦ. ¹⁵ Καὶ ἔρχονται εἰς Ἱεροσόλυμα· καὶ εἰσελθὼν ὁ Ἰησοῦς εἰς τὸ ἱερὸν ἤρξατο ἐκβάλλειν τοὺς πωλοῦντας καὶ ἀγοράζοντας ἐν τῷ ἱερῷ· καὶ τὰς τραπέζας τῶν κολλυβιστῶν, καὶ τὰς καθέδρας τῶν πωλούντων τὰς περιστερὰς κατέστρεψεν· ¹⁶ καὶ οὐκ ἤφιεν ἵνα τις διενέγκῃ σκεῦος διὰ τοῦ ἱεροῦ. ¹⁷ Καὶ ἐδίδασκεν, λέγων αὐτοῖς, Οὐ γέγραπται ὅτι Ὁ οἶκός μου οἶκος προσευχῆς κληθήσεται πᾶσιν τοῖς ἔθνεσιν; Ὑμεῖς δὲ ἐποιήσατε αὐτὸν σπήλαιον λῃστῶν.

11:14-17 And responding back, he said to it, "No longer forever may anyone eat fruit from you." And his disciples were listening. ¹⁵ And they come into Jerusalem. And after entering into the temple, he began to cast out the ones selling and the ones buying in the temple, and he turned over the tables of the money-changers and the seats of the ones selling the doves; ¹⁶ and he was not allowing that someone would carry a vessel through the temple. ¹⁷ And began teaching and he was saying to them, "Hasn't it been written, 'My house will be called a house of payer for all the nations?' *Surely, yes!* But you yourselves have made it a den of bandits."

11:14-17 Und Jesus antwortete und sprach zu ihm: Nun esse von dir niemand ewiglich! Und seine Jünger hörten das. ¹⁵ Und sie kamen gen Jerusalem. Und Jesus ging in den Tempel, fing an und trieb aus die Verkäufer und Käufer in dem Tempel; und die Tische der Wechsler und die Stühle der Taubenkrämer stieß er um, ¹⁶ und ließ nicht zu, das jemand etwas durch den Tempel trüge. ¹⁷ Und er lehrte und sprach zu ihnen: Steht nicht geschrieben: "Mein Haus soll heißen ein Bethaus allen Völkern"? Ihr aber habt eine Mördergrube daraus gemacht.

11:14-17 Prenant alors la parole, il lui dit: Que jamais personne ne mange de ton fruit! Et ses disciples l'entendirent. ¹⁵ Ils arrivèrent à Jérusalem, et Jésus entra dans le temple. Il se mit à chasser ceux qui vendaient et qui achetaient dans le temple; il renversa les tables des changeurs, et les sièges des vendeurs de pigeons; ¹⁶ et il ne laissait personne transporter aucun objet à travers le temple. ¹⁷ Et il enseignait et disait: N'est-il pas écrit: Ma maison sera appelée une maison de prière pour toutes les nations? Mais vous, vous en avez fait une caverne de voleurs.

The Gospel of Mark

11:18 וַיִּשְׁמְעוּ הַסּוֹפְרִים וְרָאשֵׁי הַכֹּהֲנִים וַיִּתְנַכְּלוּ אֹתוֹ לְהַשְׁמִידוֹ כִּי יָרְאוּ מִפָּנָיו יַעַן אֲשֶׁר כָּל־הָעָם מִשְׁתּוֹמְמִים עַל־תּוֹרָתוֹ: 19 וַיְהִי בָּעֶרֶב וַיֵּצֵא אֶל־מִחוּץ לָעִיר: 20 וַיְהִי הֵם עֹבְרִים בַּבֹּקֶר וַיִּרְאוּ אֶת־הַתְּאֵנָה כִּי יָבְשָׁה מִשָּׁרָשֶׁיהָ: 21 וַיִּזְכֹּר פֶּטְרוֹס וַיֹּאמֶר אֵלָיו רַבִּי הִנֵּה הַתְּאֵנָה אֲשֶׁר אֵרַרְתָּהּ יָבֵשָׁה: 22 וַיַּעַן יֵשׁוּעַ וַיֹּאמֶר אֲלֵיהֶם תְּהִי־נָא בָכֶם אֱמוּנַת אֱלֹהִים:

11:18-22 Quo audito principes sacerdotum et scribae, quaerebant quomodo eum perderent: timebant enim eum, quoniam universa turba admirabatur super doctrina ejus. 19 Et cum vespera facta esset, egrediebatur de civitate. 20 Et cum mane transirent, viderunt ficum aridam factam a radicibus. 21 Et recordatus Petrus, dixit ei: Rabbi, ecce ficus, cui maledixisti, aruit. 22 Et respondens Jesus ait illis: Habete fidem Dei.

11:18-22 Καὶ ἤκουσαν οἱ γραμματεῖς καὶ οἱ ἀρχιερεῖς, καὶ ἐζήτουν πῶς αὐτὸν ἀπολέσωσιν· ἐφοβοῦντο γὰρ αὐτόν, ὅτι πᾶς ὁ ὄχλος ἐξεπλήσσετο ἐπὶ τῇ διδαχῇ αὐτοῦ. 19 Καὶ ὅτε ὀψὲ ἐγένετο, ἐξεπορεύετο ἔξω τῆς πόλεως. 20 Καὶ πρωῒ παραπορευόμενοι, εἶδον τὴν συκῆν ἐξηραμμένην ἐκ ῥιζῶν. 21 Καὶ ἀναμνησθεὶς ὁ Πέτρος λέγει αὐτῷ, Ῥαββί, ἴδε, ἡ συκῆ ἣν κατηράσω ἐξήρανται. 22 Καὶ ἀποκριθεὶς ὁ Ἰησοῦς λέγει αὐτοῖς, Ἔχετε πίστιν θεοῦ.

11:18-22 And the chief priests and the scribes heard, and they were seeking for how they would destroy him; for they were fearing him, for all the crowd was marveling at his teaching. 19 And whenever evening came, he was exiting outside of the city. 20 And while passing by in the morning, they saw the fig tree having withered away from the roots. 21 And after remembering, Peter begins saying to him, "Rabbi, look, the fig tree which you cursed has withered away." 22 And answering back, Jesus says to them, "Have faith in God!

11:18-22 Und es kam vor die Schriftgelehrten und Hohenpriester; und sie trachteten, wie sie ihn umbrächten. Sie fürchteten sich aber vor ihm; denn alles Volk verwunderte sich über seine Lehre. 19 Und des Abends ging er hinaus vor die Stadt. 20 Und am Morgen gingen sie vorüber und sahen den Feigenbaum, daß er verdorrt war bis auf die Wurzel. 21 Und Petrus gedachte daran und sprach zu ihm: Rabbi, siehe, der Feigenbaum, den du verflucht hast, ist verdorrt. 22 Jesus antwortete und sprach zu ihnen: Habt Glauben an Gott.

11:18-22 Les principaux sacrificateurs et les scribes, l'ayant entendu, cherchèrent les moyens de le faire périr; car ils le craignaient, parce que toute la foule était frappée de sa doctrine. 19 Quand le soir fut venu, Jésus sortit de la ville. 20 Le matin, en passant, les disciples virent le figuier séché jusqu'aux racines. 21 Pierre, se rappelant ce qui s'était passé, dit à Jésus: Rabbi, regarde, le figuier que tu as maudit a séché. 22 Jésus prit la parole, et leur dit: Ayez foi en Dieu.

11:23 כִּי־אָמֵן אֹמֵר אֲנִי לָכֶם כָּל־אֲשֶׁר יֹאמַר אֶל־הָהָר הַזֶּה הִנָּשֵׂא וְהֵעָתֵק אֶל־תּוֹךְ הַיָּם וְאֵין סָפֵק בְּלִבּוֹ כִּי אִם־יַאֲמִין כִּי יֵעָשֶׂה דְבָרוֹ כֵּן־יִהְיֶה־לּוֹ כַּאֲשֶׁר אָמַר: 24 עַל־כֵּן אֲנִי אֹמֵר לָכֶם כֹּל אֲשֶׁר תִּשְׁאֲלוּ בִתְפִלַּתְכֶם הַאֲמִינוּ כִּי תִקָּחוּ וִיהִי לָכֶם: 25 וְכִי תַעַמְדוּ לְהִתְפַּלֵּל תִּמְחֲלוּ לְכָל־אִישׁ אֵת אֲשֶׁר בִּלְבַבְכֶם עָלָיו לְמַעַן יִסְלַח אֲבִיכֶם שֶׁבַּשָּׁמַיִם גַּם־הוּא לְפִשְׁעֵיכֶם: 26 וְאַתֶּם אִם־לֹא תִמְחֲלוּ אַף־אֲבִיכֶם שֶׁבַּשָּׁמַיִם לֹא־יִסְלַח לְפִשְׁעֵיכֶם:

11:23-26 Amen dico vobis, quia quicumque dixerit huic monti: Tollere, et mittere in mare, et non haesitaverit in corde suo, sed crediderit, quia quodcumque dixerit fiat, fiet ei. 24 Propterea dico vobis, omnia quaecumque orantes petitis, credite quia accipietis, et evenient vobis. 25 Et cum stabitis ad orandum, dimittite si quis habetis adversus aliquem: ut et Pater vester, qui in caelis est, dimittat vobis peccata vestra. 26 Quod si vos non dimiseritis: nec Pater vester, qui in caelis est, dimittet vobis peccata vestra.

11:23-26 Ἀμὴν γὰρ λέγω ὑμῖν ὅτι ὃς ἂν εἴπῃ τῷ ὄρει τούτῳ, Ἄρθητι, καὶ βλήθητι εἰς τὴν θάλασσαν, καὶ μὴ διακριθῇ ἐν τῇ καρδίᾳ αὐτοῦ, ἀλλὰ πιστεύσῃ ὅτι ἃ λέγει γίνεται· ἔσται αὐτῷ ὃ ἐὰν εἴπῃ. 24 Διὰ τοῦτο λέγω ὑμῖν, Πάντα ὅσα ἂν προσευχόμενοι αἰτῆσθε, πιστεύετε ὅτι λαμβάνετε, καὶ ἔσται ὑμῖν. 25 Καὶ ὅταν στήκητε προσευχόμενοι, ἀφίετε εἴ τι ἔχετε κατά τινος· ἵνα καὶ ὁ πατὴρ ὑμῶν ὁ ἐν τοῖς οὐρανοῖς ἀφῇ ὑμῖν τὰ παραπτώματα ὑμῶν. 26 Εἰ δὲ ὑμεῖς οὐκ ἀφίετε, οὐδὲ ὁ πατὴρ ὑμῶν ὁ ἐν τοῖς οὐρανοῖς ἀφήσει τὰ παραπτώματα ὑμῶν.

11:23-26 Amen! I am saying to you that whoever says to this mountain, 'Be lifted up and tossed into the sea,' and does not doubt in his heart but believes that what he speaks happens, it will be to him. 24 On account of this I say to you *all*, everything, as much as you pray and ask for, believe that you received, and it will be to you. 25 And whenever you *all* stand praying, forgive, if you have something against someone, in order that also your Father who is in heaven would forgive you your trespasses. 26 *But if you yourselves do not forgive, neither will your Father who is in heaven forgive your trespasses.*"

11:23-26 Wahrlich, ich sage euch: Wer zu diesem Berge spräche: Hebe dich und wirf dich ins Meer! und zweifelte nicht in seinem Herzen, sondern glaubte, daß es geschehen würde, was er sagt, so wird's ihm geschehen, was er sagt. 24 Darum sage ich euch: Alles, was ihr bittet in eurem Gebet, glaubet nur, daß ihr's empfangen werdet, so wird's euch werden. 25 Und wenn ihr stehet und betet, so vergebet, wo ihr etwas wider jemand habt, auf daß auch euer Vater im Himmel euch vergebe eure Fehler. 26 Wenn ihr aber nicht vergeben werdet, so wird euch euer Vater, der im Himmel ist, eure Fehler nicht vergeben.

11:23-26 Je vous le dis en vérité, si quelqu'un dit à cette montagne: Ote-toi de là et jette-toi dans la mer, et s'il ne doute point en son coeur, mais croit que ce qu'il dit arrive, il le verra s'accomplir. 24 C'est pourquoi je vous dis: Tout ce que vous demanderez en priant, croyez que vous l'avez reçu, et vous le verrez s'accomplir. 25 Et, lorsque vous êtes debout faisant votre prière, si vous avez quelque chose contre quelqu'un, pardonnez, afin que votre Père qui est dans les cieux vous pardonne aussi vos offenses. 26 Mais si vous ne pardonnez pas, votre Père qui est dans les cieux ne vous pardonnera pas non plus vos offenses.

The Gospel of Mark

11:27 וַיָּשׁוּבוּ וַיָּבֹאוּ יְרוּשָׁלַיִם וַיְהִי הוּא מִתְהַלֵּךְ בַּמִּקְדָּשׁ וַיָּבֹאוּ אֵלָיו רָאשֵׁי הַכֹּהֲנִים וְהַסּוֹפְרִים וְהַזְּקֵנִים: 28 וַיֹּאמְרוּ אֵלָיו בְּאֵי־זוֹ רְשׁוּת אַתָּה עֹשֶׂה אֵלֶּה וּמִי נָתַן לְךָ אֶת־הָרְשׁוּת הַזֹּאת לַעֲשׂוֹת אֵת־אֵלֶּה: 29 וַיַּעַן יֵשׁוּעַ וַיֹּאמֶר אֲלֵיהֶם גַּם־אֲנִי אֶשְׁאֲלָה אֶתְכֶם דָּבָר אֶחָד וְאַתֶּם הֲשִׁיבוּנִי וְאֹמַר לָכֶם בְּאֵי־זוֹ רְשׁוּת אֲנִי עֹשֶׂה אֵלֶּה: 30 טְבִילַת יוֹחָנָן הֲמִשָּׁמַיִם הָיָתָה אִם־מִבְּנֵי אָדָם הֲשִׁיבוּנִי:

11:27-30 Et veniunt rursus Jerosolymam. Et cum ambularet in templo, accedunt ad eum summi sacerdotes, et scribae, et seniores: 28 et dicunt ei: In qua potestate haec facis? et quis dedit tibi hanc potestatem ut ista facias? 29 Jesus autem respondens, ait illis: Interrogabo vos et ego unum verbum, et respondete mihi: et dicam vobis in qua potestate haec faciam. 30 Baptismus Joannis, de caelo erat, an ex hominibus? Respondete mihi.

11:27-30 Καὶ ἔρχονται πάλιν εἰς Ἱεροσόλυμα· καὶ ἐν τῷ ἱερῷ περιπατοῦντος αὐτοῦ, ἔρχονται πρὸς αὐτὸν οἱ ἀρχιερεῖς καὶ οἱ γραμματεῖς καὶ οἱ πρεσβύτεροι, 28 καὶ λέγουσιν αὐτῷ, Ἐν ποίᾳ ἐξουσίᾳ ταῦτα ποιεῖς; Καὶ τίς σοι τὴν ἐξουσίαν ταύτην ἔδωκεν ἵνα ταῦτα ποιῇς; 29 Ὁ δὲ Ἰησοῦς ἀποκριθεὶς εἶπεν αὐτοῖς, Ἐπερωτήσω ὑμᾶς καὶ ἐγὼ ἕνα λόγον, καὶ ἀποκρίθητέ μοι, καὶ ἐρῶ ὑμῖν ἐν ποίᾳ ἐξουσίᾳ ταῦτα ποιῶ. 30 Τὸ βάπτισμα Ἰωάννου ἐξ οὐρανοῦ ἦν, ἢ ἐξ ἀνθρώπων; Ἀποκρίθητέ μοι.

11:27-30 And they come again into Jerusalem. And in the temple, as he is walking around, the chief priests and the scribes and the elders come to him 28 and they kept saying to him, "By what authority are you doing these things? Or who gave you this authority in order that you would do these things?" 29 Well, Jesus said to them, "I will ask you one thing, and answer back to me, and I will tell you by what authority I am doing these things. 30 The baptism of John, was it from heaven or from heaven? Answer back to me."

11:27-30 Und sie kamen abermals gen Jerusalem. Und da er im Tempel wandelte, kamen zu ihm die Hohenpriester und Schriftgelehrten und die Ältesten 28 und sprachen zu ihm: Aus was für Macht tust du das? und wer hat dir die Macht gegeben, daß du solches tust? 29 Jesus aber antwortete und sprach zu ihnen: Ich will euch auch ein Wort fragen; antwortet mir, so will ich euch sagen, aus was für Macht ich das tue. 30 Die Taufe des Johannes, war sie vom Himmel oder von den Menschen? Antwortet mir!

11:27-30 Ils se rendirent de nouveau à Jérusalem, et, pendant que Jésus se promenait dans le temple, les principaux sacrificateurs, les scribes et les anciens, vinrent à lui, 28 et lui dirent: Par quelle autorité fais-tu ces choses, et qui t'a donné l'autorité de les faire? 29 Jésus leur répondit: Je vous adresserai aussi une question; répondez-moi, et je vous dirai par quelle autorité je fais ces choses. 30 Le baptême de Jean venait-il du ciel, ou des hommes? Répondez-moi.

11:31 וַיִּוָּעֲצוּ יַחְדָּו לֵאמֹר אִם־נֹאמַר מִשָּׁמַיִם יֹאמַר מַדּוּעַ אֵפוֹא לֹא הֶאֱמַנְתֶּם בּוֹ: 32 אוֹ הֲנֹאמַר מִבְּנֵי־אָדָם וַיִּירְאוּ אֶת־הָעָם כִּי־כֻלָּם חָשְׁבוּ אֶת־יוֹחָנָן לְנָבִיא בֶּאֱמֶת: 33 וַיַּעֲנוּ וַיֹּאמְרוּ אֶל־יֵשׁוּעַ לֹא יָדָעְנוּ וַיַּעַן יֵשׁוּעַ וַיֹּאמֶר אֲלֵיהֶם אִם־כֵּן גַּם־אֲנִי לֹא אֹמַר לָכֶם בְּאֵי־זוֹ רְשׁוּת אֲנִי עֹשֶׂה אֵלֶּה:

11:31-33 At illi cogitabant secum, dicentes: Si dixerimus: De caelo, dicet: Quare ergo non credidistis ei? ³² Si dixerimus: Ex hominibus, timemus populum: omnes enim habebant Joannem quia vere propheta esset. ³³ Et respondentes dicunt Jesu: Nescimus. Et respondens Jesus ait illis: Neque ego dico vobis in qua potestate haec faciam.

11:31-33 Καὶ ἐλογίζοντο πρὸς ἑαυτούς, λέγοντες, Ἐὰν εἴπωμεν, Ἐξ οὐρανοῦ, ἐρεῖ, Διὰ τί οὖν οὐκ ἐπιστεύσατε αὐτῷ; ³² Ἀλλ' εἴπωμεν, Ἐξ ἀνθρώπων, ἐφοβοῦντο τὸν λαόν· ἅπαντες γὰρ εἶχον τὸν Ἰωάννην, ὅτι ὄντως προφήτης ἦν. ³³ Καὶ ἀποκριθέντες λέγουσιν τῷ Ἰησοῦ, Οὐκ οἴδαμεν. Καὶ ὁ Ἰησοῦς ἀποκριθεὶς λέγει αὐτοῖς, Οὐδὲ ἐγὼ λέγω ὑμῖν ἐν ποίᾳ ἐξουσίᾳ ταῦτα ποιῶ.

11:31-33 And they were reasoning among themselves saying, "What should we say? If we say, 'From heaven,' he will say, 'Therefore, why did you not believe him?' ³² But should we say, 'From people'?" They were fearing the crowd, for all people were holding that John really was a prophet. ³³ And answering back to Jesus, they say, "We don't know." And Jesus says to them, "Neither am I myself telling you by what authority I am doing these things."

11:31-33 Und sie gedachten bei sich selbst und sprachen: Sagen wir sie war vom Himmel, so wird er sagen: Warum habt ihr denn ihm nicht geglaubt? ³² Sagen wir aber, sie war von Menschen, so fürchten wir uns vor dem Volk. Denn sie hielten alle, daß Johannes ein rechter Prophet wäre. ³³ Und sie antworteten und sprachen zu Jesu: Wir wissen's nicht. Und Jesus antwortete und sprach zu ihnen: So sage ich euch auch nicht, aus was für Macht ich solches tue.

11:31-33 Mais ils raisonnèrent ainsi entre eux: Si nous répondons: Du ciel, il dira: Pourquoi donc n'avez-vous pas cru en lui? ³² Et si nous répondons: Des hommes... Ils craignaient le peuple, car tous tenaient réellement Jean pour un prophète. ³³ Alors ils répondirent à Jésus: Nous ne savons. Et Jésus leur dit: Moi non plus, je ne vous dirai pas par quelle autorité je fais ces choses.

The Gospel of Mark

12:1 וַיָּ֫חֶל לְדַבֵּ֥ר אֲלֵיהֶ֖ם בִּמְשָׁלִ֑ים לֵאמֹ֔ר אִ֥ישׁ אֶחָ֛ד נָטַ֥ע כֶּ֖רֶם וַיַּ֣עַשׂ גָּדֵ֣ר סָבִ֑יב וַיַּחְצֹ֣ב יֶ֔קֶב וַיִּ֧בֶן מִגְדָּ֛ל וַיִּתְּנֵ֖הוּ אֶל־כֹּרְמִ֑ים וַיֵּ֖לֶךְ לְמֵרְחַקִּֽים׃ ² וְלַמּוֹעֵ֛ד שָׁלַ֥ח עֶ֖בֶד אֶל־הַכֹּרְמִ֑ים לָקַ֣חַת מֵאֵ֛ת הַכֹּרְמִ֖ים מִפְּרִ֥י הַכָּֽרֶם׃ ³ וַיֹּאחֲז֛וּהוּ וַיַּכֻּ֖הוּ וַיְשַׁלְּחֻ֥הוּ רֵיקָֽם׃ ⁴ וַיֹּ֨סֶף לִשְׁלֹ֤חַ אֲלֵיהֶם֙ עֶ֣בֶד אַחֵ֔ר וְאֹת֛וֹ סָקְל֥וּ בָאֲבָנִ֖ים וּמָחֲצ֣וּ רֹאשׁ֑וֹ וַיְשַׁלְּח֖וּהוּ בְּחֶרְפָּֽה׃

12:1-4 Et coepit illis in parabolis loqui: Vineam pastinavit homo, et circumdedit sepem, et fodit lacum, et aedificavit turrim, et locavit eam agricolis, et peregre profectus est. ² Et misit ad agricolas in tempore servum ut ab agricolis acciperet de fructu vineae. ³ Qui apprehensum eum ceciderunt, et dimiserunt vacuum. ⁴ Et iterum misit ad illos alium servum: et illum in capite vulneraverunt, et contumeliis affecerunt.

12:1-4 Καὶ ἤρξατο αὐτοῖς ἐν παραβολαῖς λέγειν, Ἀμπελῶνα ἐφύτευσεν ἄνθρωπος, καὶ περιέθηκεν φραγμόν, καὶ ὤρυξεν ὑπολήνιον, καὶ ᾠκοδόμησεν πύργον, καὶ ἐξέδοτο αὐτὸν γεωργοῖς, καὶ ἀπεδήμησεν. ² Καὶ ἀπέστειλεν πρὸς τοὺς γεωργοὺς τῷ καιρῷ δοῦλον, ἵνα παρὰ τῶν γεωργῶν λάβῃ ἀπὸ τοῦ καρποῦ τοῦ ἀμπελῶνος. ³ Οἱ δὲ λαβόντες αὐτὸν ἔδειραν, καὶ ἀπέστειλαν κενόν. ⁴ Καὶ πάλιν ἀπέστειλεν πρὸς αὐτοὺς ἄλλον δοῦλον· κἀκεῖνον λιθοβολήσαντες ἐκεφαλαίωσαν, καὶ ἀπέστειλαν ἠτιμωμένον.

12:1-4 And he began to speak to them in parables: "A person planted a vineyard, and he put a fence around it and he dug a pit for the winepress and he built a tower, and rented it out to farmers, and he traveled afar. ² And he sent to the farmers at the right time a servant, in order that from the farmers he would receive out of the fruits of the vineyard. ³ And, after taking him, they beat him and sent him away empty. ⁴ And again he sent to them another servant; and that one they struck on the head and disrespected.

12:1-4 Und er fing an, zu ihnen durch Gleichnisse zu reden: Ein Mensch pflanzte einen Weinberg und führte einen Zaun darum und grub eine Kelter und baute einen Turm und tat ihn aus den Weingärtnern und zog über Land. ² Und sandte einen Knecht, da die Zeit kam, zu den Weingärtnern, daß er von den Weingärtnern nähme von der Frucht des Weinbergs. ³ Sie nahmen ihn aber und stäupten ihn, und ließen ihn leer von sich. ⁴ Abermals sandte er ihnen einen anderen Knecht; dem zerwarfen sie den Kopf mit Steinen und ließen ihn geschmäht von sich.

12:1-4 Jésus se mit ensuite à leur parler en paraboles. Un homme planta une vigne. Il l'entoura d'une haie, creusa un pressoir, et bâtit une tour; puis il l'afferma à des vignerons, et quitta le pays. ² Au temps de la récolte, il envoya un serviteur vers les vignerons, pour recevoir d'eux une part du produit de la vigne. ³ S'étant saisis de lui, ils le battirent, et le renvoyèrent à vide. ⁴ Il envoya de nouveau vers eux un autre serviteur; ils le frappèrent à la tête, et l'outragèrent.

12:5 וַיֹּסֶף וַיִּשְׁלַח אַחֵר וְגַם־אֹתוֹ הָרָגוּ וְכֵן עָשׂוּ לְרַבִּים אֲחֵרִים מֵהֶם הִכּוּ וּמֵהֶם הָרָגוּ: 6 וְלוֹ עוֹד בֵּן יָחִיד אֲשֶׁר אֲהֵבוֹ וַיִּשְׁלַח גַּם־אֹתוֹ אֲלֵיהֶם בָּאַחֲרֹנָה כִּי־אָמַר מִפְּנֵי בְנִי יָגוּרוּ: 7 וְהַכֹּרְמִים הָהֵם אָמְרוּ אִישׁ אֶל־רֵעֵהוּ הִנֵּה־זֶה הוּא הַיּוֹרֵשׁ לְכוּ וְנַהַרְגֵהוּ וְהַיְרוּשָׁה תִּהְיֶה לָּנוּ: 8 וַיֹּאחֲזוּהוּ וַיַּהַרְגוּ אֹתוֹ וַיַּשְׁלִיכוּהוּ אֶל־מִחוּץ לַכָּרֶם: 9 וְעַתָּה מַה־יַּעֲשֶׂה בַּעַל הַכֶּרֶם הֲלֹא יָבוֹא וִיאַבֵּד אֶת־הַכֹּרְמִים הָהֵם וְנָתַן אֶת־הַכֶּרֶם לַאֲחֵרִים:

12:5-9 Et rursum alium misit, et illum occiderunt: et plures alios: quosdam caedentes, alios vero occidentes. ⁶ Adhuc ergo unum habens filium carissimum, et illum misit ad eos novissimum, dicens: Quia reverebuntur filium meum. ⁷ Coloni autem dixerunt ad invicem: Hic est haeres: venite, occidamus eum: et nostra erit haereditas. ⁸ Et apprehendentes eum, occiderunt: et ejecerunt extra vineam. ⁹ Quid ergo faciet dominus vineae? Veniet, et perdet colonos, et dabit vineam aliis.

12:5-9 Καὶ πάλιν ἄλλον ἀπέστειλεν· κἀκεῖνον ἀπέκτειναν· καὶ πολλοὺς ἄλλους, τοὺς μὲν δέροντες, τοὺς δὲ ἀποκτένοντες. ⁶ Ἔτι οὖν ἕνα υἱὸν ἔχων ἀγαπητὸν αὐτοῦ, ἀπέστειλεν καὶ αὐτὸν πρὸς αὐτοὺς ἔσχατον, λέγων ὅτι Ἐντραπήσονται τὸν υἱόν μου. ⁷ Ἐκεῖνοι δὲ οἱ γεωργοὶ εἶπον πρὸς ἑαυτοὺς ὅτι Οὗτός ἐστιν ὁ κληρονόμος· δεῦτε, ἀποκτείνωμεν αὐτόν, καὶ ἡμῶν ἔσται ἡ κληρονομία. ⁸ Καὶ λαβόντες αὐτὸν ἀπέκτειναν, καὶ ἐξέβαλον ἔξω τοῦ ἀμπελῶνος. ⁹ Τί οὖν ποιήσει ὁ κύριος τοῦ ἀμπελῶνος; Ἐλεύσεται καὶ ἀπολέσει τοὺς γεωργούς, καὶ δώσει τὸν ἀμπελῶνα ἄλλοις.

12:5-9 And he sent another; and that one they killed, and *he sent* many others, some indeed *they were* beating, but some *they were* killing. ⁶ He still had one, a beloved son; he sent him last to them saying this: 'They will respect my son.' ⁷ But those very farmers said to themselves this: 'This one is the heir; come, let us kill him, and ours will be the inheritance!' ⁸ And, after taking him, they killed him, and cast him out, outside of the vineyard. ⁹ What will the master of the vineyard do? He will come and he will remove the farmers, and he will give the vineyard to others.

12:5-9 Abermals sandte er einen andern: den töteten sie. Und viele andere, etliche stäupten sie, etliche töteten sie. ⁶ Da hatte er noch einen einzigen Sohn, der war ihm lieb; den sandte er zum letzten auch zu ihnen und sprach: Sie werden sich vor meinem Sohn scheuen. ⁷ Aber die Weingärtner sprachen untereinander: Dies ist der Erbe; kommt, laßt uns ihn töten, so wird das Erbe unser sein! ⁸ Und sie nahmen ihn und töteten ihn und warfen ihn hinaus vor den Weinberg. ⁹ Was wird nun der Herr des Weinbergs tun? Er wird kommen und die Weingärtner umbringen und den Weinberg andern geben.

12:5-9 Il en envoya un troisième, qu'ils tuèrent; puis plusieurs autres, qu'ils battirent ou tuèrent. ⁶ Il avait encore un fils bien-aimé; il l'envoya vers eux le dernier, en disant: Ils auront du respect pour mon fils. ⁷ Mais ces vignerons dirent entre eux: Voici l'héritier; venez, tuons-le, et l'héritage sera à nous. ⁸ Et ils se saisirent de lui, le tuèrent, et le jetèrent hors de la vigne. ⁹ Maintenant, que fera le maître de la vigne? Il viendra, fera périr les vignerons, et il donnera la vigne à d'autres.

12:10 הֲלֹא קְרָאתֶם אֶת־הַכָּתוּב הַזֶּה אֶבֶן מָאֲסוּ הַבּוֹנִים הָיְתָה לְרֹאשׁ פִּנָּה: ¹¹ מֵאֵת יְהֹוָה הָיְתָה זֹּאת הִיא נִפְלָאת בְּעֵינֵינוּ: ¹² וַיְבַקְשׁוּ לְתָפְשׂוֹ וַיִּירְאוּ מִפְּנֵי הָעָם יַעַן אֲשֶׁר־הֵבִינוּ כִּי עֲלֵיהֶם דִּבֶּר אֶת־הַמָּשָׁל הַזֶּה וַיַּנִּיחוּהוּ וַיֵּלֵכוּ: ¹³ וַיִּשְׁלְחוּ אֵלָיו אֲנָשִׁים מִן־הַפְּרוּשִׁים וּמֵאַנְשֵׁי הוֹרְדוֹס לְתָפְשׂ אֹתוֹ בִּדְבָרוֹ:

12:10-13 Nec scripturam hanc legistis: Lapidem quem reprobaverunt aedificantes, hic factus est in caput anguli; ¹¹ a Domino factum est istud, et est mirabile in oculis nostris? ¹² Et quaerebant eum tenere: et timuerunt turbam: cognoverunt enim quoniam ad eos parabolam hanc dixerit. Et relicto eo abierunt. ¹³ Et mittunt ad eum quosdam ex pharisaeis, et herodianis, ut eum caperent in verbo.

12:10-13 Οὐδὲ τὴν γραφὴν ταύτην ἀνέγνωτε, Λίθον ὃν ἀπεδοκίμασαν οἱ οἰκοδομοῦντες, οὗτος ἐγενήθη εἰς κεφαλὴν γωνίας· ¹¹ παρὰ κυρίου ἐγένετο αὕτη, καὶ ἔστιν θαυμαστὴ ἐν ὀφθαλμοῖς ἡμῶν; ¹² Καὶ ἐζήτουν αὐτὸν κρατῆσαι, καὶ ἐφοβήθησαν τὸν ὄχλον· ἔγνωσαν γὰρ ὅτι πρὸς αὐτοὺς τὴν παραβολὴν εἶπεν· καὶ ἀφέντες αὐτὸν ἀπῆλθον. ¹³ Καὶ ἀποστέλλουσιν πρὸς αὐτόν τινας τῶν Φαρισαίων καὶ τῶν Ἡρῳδιανῶν, ἵνα αὐτὸν ἀγρεύσωσιν λόγῳ.

12:10-13 Moreover, haven't you read this scripture: 'The stone, which the ones building rejected, this was made into the head of the corner; ¹¹ this happened from the Lord, and it is a marvel in our eyes?'" *Surely, yes!* ¹² And they were seeking to seize him, and they feared the crowd, for they understood that against them he had spoken the parable. And after leaving him, they departed. ¹³ And they begin sending to him some of the Pharisees and of the Herodians, in order that they would trap him in word.

12:10-13 Habt ihr auch nicht gelesen diese Schrift: "Der Stein, den die Bauleute verworfen haben, der ist zum Eckstein geworden. ¹¹ Von dem HERRN ist das geschehen, und es ist wunderbarlich vor unseren Augen "? ¹² Und sie trachteten darnach, wie sie ihn griffen, und fürchteten sich doch vor dem Volk; denn sie verstanden, daß er auf sie dies Gleichnis geredet hatte. Und sie ließen ihn und gingen davon. ¹³ Und sie sandten zu ihm etliche von den Pharisäern und des Herodes Dienern, daß sie ihn fingen in Worten.

12:10-13 N'avez-vous pas lu cette parole de l'Écriture: La pierre qu'ont rejetée ceux qui bâtissaient Est devenue la principale de l'angle; ¹¹ C'est par la volonté du Seigneur qu'elle l'est devenue, Et c'est un prodige à nos yeux? ¹² Ils cherchaient à se saisir de lui, mais ils craignaient la foule. Ils avaient compris que c'était pour eux que Jésus avait dit cette parabole. Et ils le quittèrent, et s'en allèrent. ¹³ Ils envoyèrent auprès de Jésus quelques-uns des pharisiens et des hérodiens, afin de le surprendre par ses propres paroles.

The Gospel of Mark

12:14 וַיָּבֹאוּ וַיֹּאמְרוּ אֵלָיו רַבִּי יְדַעֲנוּ כִּי־אִישׁ אֱמֶת אַתָּה וְלֹא־תָגוּר מִפְּנֵי אִישׁ כִּי לֹא תִשָּׂא פְּנֵי אִישׁ וּבֶאֱמֶת מוֹרֶה אַתָּה אֶת־דֶּרֶךְ הָאֱלֹהִים הֲנָכוֹן לָתֵת מַס אֶל־קֵיסָר אִם־לֹא הֲנִתֵּן אִם־לֹא נִתֵּן: [15] וְהוּא יָדַע אֶת־חֲנוּפָתָם וַיֹּאמֶר אֲלֵיהֶם מַה־תְּנַסּוּנִי הָבִיאוּ אֵלַי דִּינָר וְאֶרְאֶה: [16] וַיָּבִיאוּ וַיֹּאמֶר אֲלֵיהֶם הַצּוּרָה הַזֹּאת וְהַמִּכְתָּב אֲשֶׁר עָלָיו שֶׁל־מִי הֵם וַיֹּאמְרוּ אֵלָיו שֶׁל־קֵיסָר:

12:14-16 Qui venientes dicunt ei: Magister, scimus quia verax es, et non curas quemquam: nec enim vides in faciem hominum, sed in veritate viam Dei doces. Licet dari tributum Caesari, an non dabimus? [15] Qui sciens versutiam illorum, ait illos: Quid me tentatis? afferte mihi denarium ut videam. [16] At illi attulerunt ei. Et ait illis: Cujus est imago haec, et inscriptio? Dicunt ei: Caesaris.

12:14-16 Οἱ δὲ ἐλθόντες λέγουσιν αὐτῷ, Διδάσκαλε, οἴδαμεν ὅτι ἀληθὴς εἶ, καὶ οὐ μέλει σοι περὶ οὐδενός· οὐ γὰρ βλέπεις εἰς πρόσωπον ἀνθρώπων, ἀλλ' ἐπ' ἀληθείας τὴν ὁδὸν τοῦ θεοῦ διδάσκεις· ἔξεστιν κῆνσον Καίσαρι δοῦναι ἢ οὔ; [15] Δῶμεν, ἢ μὴ δῶμεν; Ὁ δὲ εἰδὼς αὐτῶν τὴν ὑπόκρισιν εἶπεν αὐτοῖς, Τί με πειράζετε; Φέρετέ μοι δηνάριον, ἵνα ἴδω. [16] Οἱ δὲ ἤνεγκαν. Καὶ λέγει αὐτοῖς, Τίνος ἡ εἰκὼν αὕτη καὶ ἡ ἐπιγραφή; Οἱ δὲ εἶπον αὐτῷ, Καίσαρος.

12:14-16 And after coming, they begin saying to him, "Teacher, we know that you are truthful and there is no concern for you about anything, for you do not look at the reputation of people, but by truth you are teaching the way of God; is to pay tax to Caesar allowed, or not? Should we give or should we not give?" [15] Well, he, knowing their hypocrisy, said to them, "Why are you testing me? Bring to me a denarius, in order that I would see *it*." [16] So, they brought *it*. And he says to them, "Whose *is* this image? And the inscription?" So, they said to him, "Caesar's."

12:14-16 Und sie kamen und sprachen zu ihm: Meister, wir wissen, daß du wahrhaftig bist und fragst nach niemand; denn du achtest nicht das Ansehen der Menschen, sondern du lehrst den Weg Gottes recht. Ist's recht, daß man dem Kaiser Zins gebe, oder nicht? Sollen wir ihn geben oder nicht geben? [15] Er aber merkte ihre Heuchelei und sprach zu ihnen: Was versucht ihr mich? Bringet mir einen Groschen, daß ich ihn sehe. [16] Und sie brachten ihm. Da sprach er: Wes ist das Bild und die Überschrift? Sie sprachen zu ihm: Des Kaisers!

12:14-16 Et ils vinrent lui dire: Maître, nous savons que tu es vrai, et que tu ne t'inquiètes de personne; car tu ne regardes pas à l'apparence des hommes, et tu enseignes la voie de Dieu selon la vérité. Est-il permis, ou non, de payer le tribut à César? [15] Devons-nous payer, ou ne pas payer? Jésus, connaissant leur hypocrisie, leur répondit: Pourquoi me tentez-vous? Apportez-moi un denier, afin que je le voie. [16] Ils en apportèrent un; et Jésus leur demanda: De qui sont cette effigie et cette inscription? De César, lui répondirent-ils.

12:17 וַיַּעַן יֵשׁוּעַ וַיֹּאמֶר אֲלֵיהֶם אֵת אֲשֶׁר לְקֵיסָר תְּנוּ לְקֵיסָר וְאֵת אֲשֶׁר לֵאלֹהִים תְּנוּ לֵאלֹהִים וַיִּתְמְהוּ עָלָיו: ¹⁸ וַיָּבֹאוּ אֵלָיו מִן־הַצַּדּוּקִים הָאֹמְרִים אֵין תְּחִיַּת הַמֵּתִים וַיִּשְׁאָלוּהוּ לֵאמֹר: ¹⁹ רַבִּי מֹשֶׁה כָּתַב לָּנוּ כִּי יָמוּת אֲחִי־אִישׁ וְהִנִּיחַ אִשָּׁה וּבָנִים אֵין לוֹ וְלָקַח אָחִיו אֶת־אִשְׁתּוֹ וְהֵקִים זֶרַע לְאָחִיו: ²⁰ וְהִנֵּה שִׁבְעָה אַחִים וַיִּקַּח הָרִאשׁוֹן אִשָּׁה וַיָּמָת וְלֹא־הִשְׁאִיר אַחֲרָיו זָרַע:

12:17-20 Respondens autem Jesus dixit illis: Reddite igitur quae sunt Caesaris, Caesari: et quae sunt Dei, Deo. Et mirabantur super eo. ¹⁸ Et venerunt ad eum sadducaei, qui dicunt resurrectionem non esse: et interrogabant eum, dicentes: ¹⁹ Magister, Moyses nobis scripsit, ut si cujus frater mortuus fuerit, et dimiserit uxorem, et filios non reliquerit, accipiat frater ejus uxorem ipsius, et resuscitet semen fratri suo. ²⁰ Septem ergo fratres erant: et primus accepit uxorem, et mortuus est non relicto semine.

12:17-20 Καὶ ἀποκριθεὶς ὁ Ἰησοῦς εἶπεν αὐτοῖς, Ἀπόδοτε τὰ Καίσαρος Καίσαρι, καὶ τὰ τοῦ θεοῦ τῷ θεῷ. Καὶ ἐθαύμασαν ἐπ' αὐτῷ. ¹⁸ Καὶ ἔρχονται Σαδδουκαῖοι πρὸς αὐτόν, οἵτινες λέγουσιν ἀνάστασιν μὴ εἶναι· καὶ ἐπηρώτησαν αὐτόν, λέγοντες, ¹⁹ Διδάσκαλε, Μωσῆς ἔγραψεν ἡμῖν, ὅτι ἐάν τινος ἀδελφὸς ἀποθάνῃ, καὶ καταλίπῃ γυναῖκα, καὶ τέκνα μὴ ἀφῇ, ἵνα λάβῃ ὁ ἀδελφὸς αὐτοῦ τὴν γυναῖκα αὐτοῦ, καὶ ἐξαναστήσῃ σπέρμα τῷ ἀδελφῷ αὐτοῦ· ²⁰ ἑπτὰ ἀδελφοὶ ἦσαν· καὶ ὁ πρῶτος ἔλαβεν γυναῖκα, καὶ ἀποθνῄσκων οὐκ ἀφῆκεν σπέρμα·

12:17-20 Well, Jesus said to them, "The things of Caesar give to Caesar and the things of God to God!" And they were marveling greatly at him. ¹⁸ And the Sadducees come to him, who say that there is no resurrection, and they were asking him saying, ¹⁹ "Teacher, Moses wrote to us that if a brother of some man dies and he leaves behind a wife and leaves no child, that his brother would take his wife and raise up offspring for his brother. ²⁰ There were seven brothers; and the first took a wife, and, when dying, he left no offspring;

12:17-20 Da antwortete Jesus und sprach zu ihnen: So gebet dem Kaiser, was des Kaisers ist, und Gott, was Gottes ist! Und sie verwunderten sich über ihn. ¹⁸ Da traten die Sadduzäer zu ihm, die da halten, es sei keine Auferstehung; die fragten ihn und sprachen: ¹⁹ Meister, Mose hat uns geschrieben: Wenn jemands Bruder stirbt und hinterläßt ein Weib, und hinterläßt keine Kinder, so soll sein Bruder sein Weib nehmen und seinem Bruder Samen erwecken. ²⁰ Nun sind sieben Brüder gewesen. Der erste nahm ein Weib; der starb und hinterließ keinen Samen.

12:17-20 Alors il leur dit: Rendez à César ce qui est à César, et à Dieu ce qui est à Dieu. Et ils furent à son égard dans l'étonnement. ¹⁸ Les sadducéens, qui disent qu'il n'y a point de résurrection, vinrent auprès de Jésus, et lui firent cette question: ¹⁹ Maître, voici ce que Moïse nous a prescrit: Si le frère de quelqu'un meurt, et laisse une femme, sans avoir d'enfants, son frère épousera sa veuve, et suscitera une postérité à son frère. ²⁰ Or, il y avait sept frères. Le premier se maria, et mourut sans laisser de postérité.

The Gospel of Mark

12:21 וַיִּקַּח אֹתָהּ הַשֵּׁנִי וַיָּמָת וְלֹא־הִנִּיחַ זָרַע וְכֵן גַּם הַשְּׁלִישִׁי: ²² וַיִּקָּחוּהָ כָּל־הַשִּׁבְעָה וְלֹא־הִשְׁאִירוּ אַחֲרֵיהֶם זָרַע וְאַחֲרֹנָה לְכֻלָּם מֵתָה גַם הָאִשָּׁה: ²³ וְעַתָּה בִּתְחִיַּת הַמֵּתִים כְּשֶׁיָּקוּמוּ לְמִי מֵהֶם תִּהְיֶה לְאִשָּׁה כִּי לְשִׁבְעָה הָיְתָה לְאִשָּׁה: ²⁴ וַיֹּאמֶר יֵשׁוּעַ אֲלֵיהֶם הֲלֹא טֹעִים אַתֶּם בַּאֲשֶׁר לֹא יְדַעְתֶּם אֶת־הַכְּתוּבִים וְלֹא אֶת־גְּבוּרַת הָאֱלֹהִים: ²⁵ כִּי בְּעֵת קוּמָם מִן־הַמֵּתִים לֹא יִשְׂאוּ נָשִׁים וְלֹא תִנָּשֶׂאנָה כִּי־יִהְיוּ כְּמַלְאֲכֵי הַשָּׁמָיִם:

12:21-25 Et secundus accepit eam, et mortuus est: et nec iste reliquit semen. Et tertius similiter. ²² Et acceperunt eam similiter septem: et non reliquerunt semen. Novissima omnium defuncta est et mulier. ²³ In resurrectione ergo cum resurrexerint, cujus de his erit uxor? septem enim habuerunt eam uxorem. ²⁴ Et respondens Jesus, ait illis: Nonne ideo erratis, non scientes Scripturas, neque virtutem Dei? ²⁵ Cum enim a mortuis resurrexerint, neque nubent, neque nubentur, sed sunt sicut angeli in caelis.

12:21-25 καὶ ὁ δεύτερος ἔλαβεν αὐτήν, καὶ ἀπέθανεν, καὶ οὐδὲ αὐτὸς ἀφῆκεν σπέρμα· καὶ ὁ τρίτος ὡσαύτως. ²² Καὶ ἔλαβον αὐτὴν οἱ ἑπτά, καὶ οὐκ ἀφῆκαν σπέρμα. Ἐσχάτη πάντων ἀπέθανεν καὶ ἡ γυνή. ²³ Ἐν τῇ ἀναστάσει, ὅταν ἀναστῶσιν, τίνος αὐτῶν ἔσται γυνή; Οἱ γὰρ ἑπτὰ ἔσχον αὐτὴν γυναῖκα. ²⁴ Καὶ ἀποκριθεὶς ὁ Ἰησοῦς εἶπεν αὐτοῖς, Οὐ διὰ τοῦτο πλανᾶσθε, μὴ εἰδότες τὰς γραφάς, μηδὲ τὴν δύναμιν τοῦ θεοῦ; ²⁵ Ὅταν γὰρ ἐκ νεκρῶν ἀναστῶσιν, οὔτε γαμοῦσιν, οὔτε γαμίσκονται, ἀλλ' εἰσὶν ὡς ἄγγελοι οἱ ἐν τοῖς οὐρανοῖς.

12:21-25 and the second took her, and he died not leaving behind offspring, and the third likewise; ²² and the seven left no offspring; last of all also the wife died. ²³ In the resurrection, whenever they arise, which of theirs will the wife be? For the seven had her as a wife." ²⁴ Jesus continued saying to them, "Aren't you deceived about this, not knowing the Scriptures, nor the power of God? *Surely, yes!* ²⁵ For whenever they arise from the dead, neither do they marry nor are they given in marriage, but they are like angels in the heavens.

12:21-25 Und der andere nahm sie und starb und hinterließ auch nicht Samen. Der Dritte desgleichen. ²² Und es nahmen sie alle sieben und hinterließen nicht Samen. Zuletzt nach allen starb das Weib auch. ²³ Nun in der Auferstehung, wenn sie auferstehen, wes Weib wird sie sein unter ihnen? Denn sieben haben sie zum Weibe gehabt. ²⁴ Da antwortete Jesus und sprach zu ihnen: Ist's nicht also? Ihr irrt darum, daß ihr nichts wisset von der Schrift noch von der Kraft Gottes. ²⁵ Wenn sie von den Toten auferstehen werden, so werden sie nicht freien noch sich freien lassen, sondern sie sind wie die Engel im Himmel.

12:21-25 Le second prit la veuve pour femme, et mourut sans laisser de postérité. Il en fut de même du troisième, ²² et aucun des sept ne laissa de postérité. Après eux tous, la femme mourut aussi. ²³ À la résurrection, duquel d'entre eux sera-t-elle la femme? Car les sept l'ont eue pour femme. ²⁴ Jésus leur répondit: N'êtes-vous pas dans l'erreur, parce que vous ne comprenez ni les Écritures, ni la puissance de Dieu? ²⁵ Car, à la résurrection des morts, les hommes ne prendront point de femmes, ni les femmes de maris, mais ils seront comme les anges dans les cieux.

12:26 וְעַל־דְּבַר הַמֵּתִים שֶׁיְּקוּמוּ הֲלֹא קְרָאתֶם בְּסֵפֶר מֹשֶׁה בַּסְּנֶה אֵת אֲשֶׁר־דִּבֶּר אֵלָיו הָאֱלֹהִים לֵאמֹר אָנֹכִי אֱלֹהֵי אַבְרָהָם וֵאלֹהֵי יִצְחָק וֵאלֹהֵי יַעֲקֹב: 27 הָאֱלֹהִים אֵינֶנּוּ אֱלֹהֵי הַמֵּתִים כִּי אִם־אֱלֹהֵי הַחַיִּים לָכֵן טוֹעִים אַתֶּם הַרְבֵּה: 28 וְאֶחָד מִן־הַסּוֹפְרִים שָׁמַע אֹתָם מִתְוַכְּחִים וַיִּקְרַב אֲלֵיהֶם וַיַּרְא כִּי הֵיטֵב הֱשִׁיבָם וַיִּשְׁאָלֵהוּ מַה־הִיא הָרִאשֹׁנָה לְכָל־הַמִּצְוֺת: 29 וַיַּעַן אֹתוֹ יֵשׁוּעַ הָרִאשֹׁנָה לְכָל־הַמִּצְוֺת שְׁמַע יִשְׂרָאֵל יְהֹוָה אֱלֹהֵינוּ יְהֹוָה אֶחָד:

12:26-29 De mortuis autem quod resurgant, non legistis in libro Moysi, super rubum, quomodo dixerit illi Deus, inquiens: Ego sum Deus Abraham, et Deus Isaac, et Deus Jacob? 27 Non est Deus mortuorum, sed vivorum. Vos ergo multum erratis. 28 Et accessit unus de scribis, qui audierat illos conquirentes, et videns quoniam bene illis responderit, interrogavit eum quod esset primum omnium mandatum. 29 Jesus autem respondit ei: Quia primum omnium mandatum est: Audi Israël, Dominus Deus tuus, Deus unus est:

12:26-29 Περὶ δὲ τῶν νεκρῶν, ὅτι ἐγείρονται, οὐκ ἀνέγνωτε ἐν τῇ βίβλῳ Μωσέως, ἐπὶ τοῦ βάτου, ὡς εἶπεν αὐτῷ ὁ θεός, λέγων, Ἐγὼ ὁ θεὸς Ἀβραάμ, καὶ ὁ θεὸς Ἰσαάκ, καὶ ὁ θεὸς Ἰακώβ; 27 Οὐκ ἔστιν ὁ θεὸς νεκρῶν, ἀλλὰ θεὸς ζώντων· ὑμεῖς οὖν πολὺ πλανᾶσθε. 28 Καὶ προσελθὼν εἷς τῶν γραμματέων, ἀκούσας αὐτῶν συζητούντων, εἰδὼς ὅτι καλῶς αὐτοῖς ἀπεκρίθη, ἐπηρώτησεν αὐτόν, Ποία ἐστὶ πρώτη πάντων ἐντολή; 29 Ὁ δὲ Ἰησοῦς ἀπεκρίθη αὐτῷ ὅτι Πρώτη πάντων τῶν ἐντολῶν, Ἄκουε, Ἰσραήλ· κύριος ὁ θεὸς ἡμῶν, κύριος εἷς ἐστίν·

12:26-29 Moreover, concerning the dead, that they are raised up, haven't you read in the Book of Moses about the bush, how God spoke to him saying, 'I am the God of Abraham and the God of Isaac and the God of Jacob?' *Surely, yes!* 27 He is not the God of the dead but of the living! You are much deceived!" 28 And after coming, one of the scribes hearing them disputing, knowing that he had answered back to them well, asked him, "Which kind of commandment is first of all? 29 Jesus answered back indeed, "The first is, 'Hear, O Israel, the Lord our God, the Lord is one;'

12:26-29 Aber von den Toten, daß sie auferstehen werden, habt ihr nicht gelesen im Buch Mose's bei dem Busch, wie Gott zu ihm sagte und sprach: "Ich bin der Gott Abrahams und der Gott Isaaks und der Gott Jakobs "? 27 Gott aber ist nicht der Toten, sondern der Lebendigen Gott. Darum irrt ihr sehr. 28 Und es trat zu ihm der Schriftgelehrten einer, der ihnen zugehört hatte, wie sie sich miteinander befragten, und sah, daß er ihnen fein geantwortet hatte, und fragte ihn: Welches ist das vornehmste Gebot vor allen? 29 Jesus aber antwortete ihm: Das vornehmste Gebot vor allen Geboten ist das: "Höre Israel, der HERR, unser Gott, ist ein einiger Gott;

12:26-29 Pour ce qui est de la résurrection des morts, n'avez-vous pas lu, dans le livre de Moïse, ce que Dieu lui dit, à propos du buisson: Je suis le Dieu d'Abraham, le Dieu d'Isaac, et le Dieu de Jacob? 27 Dieu n'est pas Dieu des morts, mais des vivants. Vous êtes grandement dans l'erreur. 28 Un des scribes, qui les avait entendus discuter, sachant que Jésus avait bien répondu aux sadducéens, s'approcha, et lui demanda: Quel est le premier de tous les commandements? 29 Jésus répondit: Voici le premier: Écoute, Israël, le Seigneur, notre Dieu, est l'unique Seigneur;

12:30 וְאָהַבְתָּ אֵת יְהוָה אֱלֹהֶיךָ בְּכָל-לְבָבְךָ וּבְכָל-נַפְשְׁךָ וּבְכָל-מַדָּעֲךָ וּבְכָל-מְאֹדֶךָ זֹאת הִיא הַמִּצְוָה הָרִאשֹׁנָה: ³¹ וְהַשֵּׁנִית הַדֹּמָה לָהּ וְאָהַבְתָּ לְרֵעֲךָ כָּמוֹךָ וְאֵין מִצְוָה גְדוֹלָה מֵאֵלֶּה: ³² וַיֹּאמֶר אֵלָיו הַסּוֹפֵר אָמְנָם רַבִּי יָפֶה דִבַּרְתָּ כִּי אֱלֹהִים אֶחָד הוּא וְאֵין עוֹד מִלְבַדּוֹ: ³³ וּלְאַהֲבָה אֹתוֹ בְּכָל-לֵב וּבְכָל-מַדָּע וּבְכָל-נֶפֶשׁ וּבְכָל-מְאֹד וּלְאַהֲבָה אֶת-הָרֵעַ כְּנַפְשׁוֹ גְּדוֹלָה הִיא מִכָּל-עֹלוֹת וּזְבָחִים:

12:30-33 et diliges Dominum Deum tuum ex tota corde tuo, et ex tota anima tua, et ex tota mente tua, et ex tota virtute tua. Hoc est primum mandatum. ³¹ Secundum autem simile est illi: Diliges proximum tuum tamquam teipsum. Majus horum aliud mandatum non est. ³² Et ait illi scriba: Bene, Magister, in veritate dixisti, quia unus est Deus, et non est alius praeter eum. ³³ Et ut diligatur ex toto corde, et ex toto intellectu, et ex tota anima, et ex tota fortitudine, et diligere proximum tamquam seipsum, majus est omnibus holocautomatibus, et sacrificiis.

12:30-33 καὶ ἀγαπήσεις κύριον τὸν θεόν σου ἐξ ὅλης τῆς καρδίας σου, καὶ ἐξ ὅλης τῆς ψυχῆς σου, καὶ ἐξ ὅλης τῆς διανοίας σου, καὶ ἐξ ὅλης τῆς ἰσχύος σου. Αὕτη πρώτη ἐντολή. ³¹ Καὶ δευτέρα ὁμοία αὕτη, Ἀγαπήσεις τὸν πλησίον σου ὡς σεαυτόν. Μείζων τούτων ἄλλη ἐντολὴ οὐκ ἔστιν. ³² Καὶ εἶπεν αὐτῷ ὁ γραμματεύς, Καλῶς, διδάσκαλε, ἐπ' ἀληθείας εἶπας ὅτι εἷς ἐστιν, καὶ οὐκ ἔστιν ἄλλος πλὴν αὐτοῦ· ³³ καὶ τὸ ἀγαπᾶν αὐτὸν ἐξ ὅλης τῆς καρδίας, καὶ ἐξ ὅλης τῆς συνέσεως, καὶ ἐξ ὅλης τῆς ψυχῆς, καὶ ἐξ ὅλης τῆς ἰσχύος, καὶ τὸ ἀγαπᾶν τὸν πλησίον ὡς ἑαυτόν, πλεῖόν ἐστιν πάντων τῶν ὁλοκαυτωμάτων καὶ θυσιῶν.

12:30-33 and 'You shall love the Lord your God from your whole heart, and from your whole soul, and from your whole mind, and from your whole strength.' ³¹ The second is this, 'You shall love your neighbor as yourself.' There is no other commandment greater than these!" ³² And the scribe said to him, "Excellent, Teacher, in truth you said that 'He is one' and 'There is no other except him'; ³³ and 'To love him from the whole heart, and from the whole understanding, and from the whole strength,' and 'To love the neighbor as oneself, is much more than all burnt-offerings and sacrifices.'"

12:30-33 und du sollst Gott, deinen HERRN, lieben von ganzem Herzen, von ganzer Seele, von ganzem Gemüte und von allen deinen Kräften." Das ist das vornehmste Gebot. ³¹ Und das andere ist ihm gleich: "Du sollst deinen Nächsten lieben wie dich selbst." Es ist kein anderes Gebot größer denn diese. ³² Und der Schriftgelehrte sprach zu ihm: Meister, du hast wahrlich recht geredet; denn es ist ein Gott und ist kein anderer außer ihm. ³³ Und ihn lieben von ganzem Herzen, von ganzem Gemüte, von ganzer Seele, und von allen Kräften, und lieben seinen Nächsten wie sich selbst, das ist mehr denn Brandopfer und alle Opfer.

12:30-33 et: Tu aimeras le Seigneur, ton Dieu, de tout ton cœur, de toute ton âme, de toute ta pensée, et de toute ta force. ³¹ Voici le second: Tu aimeras ton prochain comme toi-même. Il n'y a pas d'autre commandement plus grand que ceux-là. ³² Le scribe lui dit: Bien, maître; tu as dit avec vérité que Dieu est unique, et qu'il n'y en a point d'autre que lui, ³³ et que l'aimer de tout son cœur, de toute sa pensée, de toute son âme et de toute sa force, et aimer son prochain comme soi-même, c'est plus que tous les holocaustes et tous les sacrifices.

12:34 וַיַּרְא יֵשׁוּעַ כִּי־עָנָה בְדַעַת וַיֹּאמֶר אֵלָיו לֹא־רָחוֹק אַתָּה מִמַּלְכוּת הָאֱלֹהִים וְאִישׁ לֹא־עָרַב עוֹד אֶת־לִבּוֹ לִשְׁאָל אוֹתוֹ שְׁאֵלָה: 35 וִישׁוּעַ מְלַמֵּד בַּמִּקְדָּשׁ וַיַּעַן וַיֹּאמֶר אֵיךְ יֹאמְרוּ הַסּוֹפְרִים כִּי הַמָּשִׁיחַ בֶּן־דָּוִד הוּא: 36 הֲלֹא דָוִד אָמַר בְּרוּחַ הַקֹּדֶשׁ נְאֻם יְהֹוָה לַאדֹנִי שֵׁב לִימִינִי עַד־אָשִׁית אֹיְבֶיךָ הֲדֹם לְרַגְלֶיךָ: 37 הִנֵּה־דָוִד בְּעַצְמוֹ קְרָא־לוֹ אָדוֹן וְאֵיךְ הוּא בְנוֹ וַיֶּאֱהַב רֹב הָעָם לִשְׁמֹעַ אֹתוֹ:

12:34-37 Jesus autem videns quod sapienter respondisset, dixit illi: Non es longe a regno Dei. Et nemo jam audebat eum interrogare. ³⁵ Et respondens Jesus dicebat, docens in templo: Quomodo dicunt scribae Christum filium esse David? ³⁶ Ipse enim David dicit in Spiritu Sancto: Dixit Dominus Domino meo: Sede a dextris meis, donec ponam inimicos tuos scabellum pedum tuorum. ³⁷ Ipse ergo David dicit eum Dominum, et unde est filius ejus? Et multa turba eum libenter audivit.

12:34-37 Καὶ ὁ Ἰησοῦς ἰδὼν αὐτὸν ὅτι νουνεχῶς ἀπεκρίθη, εἶπεν αὐτῷ, Οὐ μακρὰν εἶ ἀπὸ τῆς βασιλείας τοῦ θεοῦ. Καὶ οὐδεὶς οὐκέτι ἐτόλμα αὐτὸν ἐπερωτῆσαι. ³⁵ Καὶ ἀποκριθεὶς ὁ Ἰησοῦς ἔλεγεν, διδάσκων ἐν τῷ ἱερῷ, Πῶς λέγουσιν οἱ γραμματεῖς ὅτι ὁ χριστὸς υἱός ἐστιν Δαυίδ; ³⁶ Αὐτὸς γὰρ Δαυὶδ εἶπεν ἐν πνεύματι ἁγίῳ, Λέγει ὁ κύριος τῷ κυρίῳ μου, Κάθου ἐκ δεξιῶν μου, ἕως ἂν θῶ τοὺς ἐχθρούς σου ὑποπόδιον τῶν ποδῶν σου. ³⁷ Αὐτὸς οὖν Δαυὶδ λέγει αὐτὸν κύριον· καὶ πόθεν υἱὸς αὐτοῦ ἐστιν; Καὶ ὁ πολὺς ὄχλος ἤκουεν αὐτοῦ ἡδέως.

12:34-37 And Jesus, after seeing him, that he had wisely answered back, said to him, "Not far are you from the Kingdom of God." And no one any longer was daring to question him. ³⁵ And answering back, Jesus was saying, teaching in the temple, "How do the scribes keep saying that the Christ is the Son of David? ³⁶ David himself said by the Holy Spirit, 'The Lord said to my Lord, 'Sit at my right until I place your enemies under your feet.'' ³⁷ David himself is saying *that* he *is* Lord, and where is his son from?" And the large crowd was listening to him happily.

12:34-37 Da Jesus aber sah, daß er vernünftig antwortete, sprach er zu ihm: "Du bist nicht ferne von dem Reich Gottes." Und es wagte ihn niemand weiter zu fragen. ³⁵ Und Jesus antwortete und sprach, da er lehrte im Tempel: Wie sagen die Schriftgelehrten, Christus sei Davids Sohn? ³⁶ Er aber, David, spricht durch den heiligen Geist: "Der HERR hat gesagt zu meinem Herrn: Setze dich zu meiner Rechten, bis daß ich lege deine Feinde zum Schemel deiner Füße." ³⁷ Da heißt ihn ja David seinen Herrn; woher ist er denn sein Sohn? Und viel Volks hörte ihn gern.

12:34-37 Jésus, voyant qu'il avait répondu avec intelligence, lui dit: Tu n'es pas loin du royaume de Dieu. Et personne n'osa plus lui proposer des questions. ³⁵ Jésus, continuant à enseigner dans le temple, dit: Comment les scribes disent-ils que le Christ est fils de David? ³⁶ David lui-même, animé par l'Esprit-Saint, a dit: Le Seigneur a dit à mon Seigneur: Assieds-toi à ma droite, Jusqu'à ce que je fasse de tes ennemis ton marchepied. ³⁷ David lui-même l'appelle Seigneur; comment donc est-il son fils? Et une grande foule l'écoutait avec plaisir.

The Gospel of Mark

12:38 וַיֹּאמֶר אֲלֵיהֶם בְּלַמְּדוֹ אֹתָם הִשָּׁמְרוּ מִן־הַסּוֹפְרִים הָאֹהֲבִים לְהִתְהַלֵּךְ עֲטוּפֵי טַלִּית וְשֶׁיִּשְׁאֲלוּ בִשְׁלוֹמָם בַּשְּׁוָקִים: 39 וְלָשֶׁבֶת רִאשֹׁנִים בְּבָתֵּי כְנֵסִיּוֹת וּלְהָסֵב רִאשֹׁנִים בַּסְּעוּדוֹת: 40 הַבֹּלְעִים אֶת־בָּתֵּי הָאַלְמָנוֹת וּמַאֲרִיכִים בַּתְּפִלָּה לְמַרְאֵה עֵינָיִם הֵמָּה מִשְׁפָּט גָּדוֹל יֶתֶר מְאֹד יִשָּׁפֵטוּ: 41 וְיֵשׁוּעַ יָשַׁב מִמּוּל אֲרוֹן הָאוֹצָר וְהוּא רָאֹה אֶת־הָעָם מְשִׂימִים מָעוֹת בַּאֲרוֹן הָאוֹצָר וַעֲשִׁירִים רַבִּים נָתְנוּ הַרְבֵּה:

12:38-41 Et dicebat eis in doctrina sua: Cavete a scribis, qui volunt in stolis ambulare, et salutari in foro, 39 et in primis cathedris sedere in synagogis, et primos discubitus in coenis: 40 qui devorant domos viduarum sub obtentu prolixae orationis: hi accipient prolixius judicium. 41 Et sedens Jesus contra gazophylacium, aspiciebat quomodo turba jactaret aes in gazophylacium, et multi divites jactabant multa.

12:38-41 Καὶ ἔλεγεν αὐτοῖς ἐν τῇ διδαχῇ αὐτοῦ, Βλέπετε ἀπὸ τῶν γραμματέων, τῶν θελόντων ἐν στολαῖς περιπατεῖν, καὶ ἀσπασμοὺς ἐν ταῖς ἀγοραῖς, 39 καὶ πρωτοκαθεδρίας ἐν ταῖς συναγωγαῖς, καὶ πρωτοκλισίας ἐν τοῖς δείπνοις· 40 οἱ κατεσθίοντες τὰς οἰκίας τῶν χηρῶν, καὶ προφάσει μακρὰ προσευχόμενοι· οὗτοι λήψονται περισσότερον κρίμα. 41 Καὶ καθίσας ὁ Ἰησοῦς κατέναντι τοῦ γαζοφυλακίου ἐθεώρει πῶς ὁ ὄχλος βάλλει χαλκὸν εἰς τὸ γαζοφυλάκιον· καὶ πολλοὶ πλούσιοι ἔβαλλον πολλά.

12:38-41 And in his teaching he was saying, "Beware of the scribes who want in long robes to walk and *want* greetings in the marketplaces 39 and chief seats in the synagogues and chief places at the feasts, 40 the ones devouring the houses of the widows and in pretense praying long prayers; they shall receive greater condemnation." 41 And after sitting down in front of the treasury, he was watching how the crowd was casting coins into the treasury; and many rich people were casting in many.

12:38-41 Und er lehrte sie und sprach zu ihnen: Sehet euch vor vor den Schriftgelehrten, die in langen Kleidern gehen und lassen sich gern auf dem Markte grüßen 39 und sitzen gern obenan in den Schulen und über Tisch beim Gastmahl; 40 sie fressen der Witwen Häuser und wenden langes Gebet vor. Diese werden desto mehr Verdammnis empfangen. 41 Und Jesus setzte sich gegen den Gotteskasten und schaute, wie das Volk Geld einlegte in den Gotteskasten; und viele Reiche legten viel ein.

12:38-41 Il leur disait dans son enseignement: Gardez-vous des scribes, qui aiment à se promener en robes longues, et à être salués dans les places publiques; 39 qui recherchent les premiers sièges dans les synagogues, et les premières places dans les festins; 40 qui dévorent les maisons des veuves, et qui font pour l'apparence de longues prières. Ils seront jugés plus sévèrement. 41 Jésus, s'étant assis vis-à-vis du tronc, regardait comment la foule y mettait de l'argent. Plusieurs riches mettaient beaucoup.

12:42 וַתָּבֹא אַלְמָנָה עֲנִיָּה וַתִּתֵּן שְׁתֵּי פְרוּטוֹת אֲשֶׁר הֵן רֶבַע אִסָּר: ⁴³ וַיִּקְרָא אֶל־תַּלְמִידָיו וַיֹּאמֶר אֲלֵיהֶם אָמֵן אֹמֵר אֲנִי לָכֶם כִּי הָאַלְמָנָה הָעֲנִיָּה הַזֹּאת נָתְנָה יוֹתֵר מִכָּל־הַנֹּתְנִים אֶל־אֲרוֹן הָאוֹצָר: ⁴⁴ כִּי כֻלָּם נָתְנוּ מִן־הָעֹדֵף שֶׁלָּהֶם וְהִיא מִמַּחְסֹרָהּ נָתְנָה כָּל־אֲשֶׁר־לָהּ אֵת כָּל־מִחְיָתָהּ:

12:42-44 Cum venisset autem vidua una pauper, misit duo minuta, quod est quadrans, ⁴³ et convocans discipulos suos, ait illis: Amen dico vobis, quoniam vidua haec pauper plus omnibus misit, qui miserunt in gazophylacium. ⁴⁴ Omnes enim ex eo, quod abundabat illis, miserunt: haec vero de penuria sua omnia quae habuit misit totum victum suum.

12:42-44 Καὶ ἐλθοῦσα μία χήρα πτωχὴ ἔβαλεν λεπτὰ δύο, ὅ ἐστιν κοδράντης. ⁴³ Καὶ προσκαλεσάμενος τοὺς μαθητὰς αὐτοῦ, λέγει αὐτοῖς, Ἀμὴν λέγω ὑμῖν ὅτι ἡ χήρα αὕτη ἡ πτωχὴ πλεῖον πάντων βέβληκεν τῶν βαλλόντων εἰς τὸ γαζοφυλάκιον· ⁴⁴ πάντες γὰρ ἐκ τοῦ περισσεύοντος αὐτοῖς ἔβαλον· αὕτη δὲ ἐκ τῆς ὑστερήσεως αὐτῆς πάντα ὅσα εἶχεν ἔβαλεν, ὅλον τὸν βίον αὐτῆς.

12:42-44 And after coming, one poor widow cast in two lepta, which is a quadrans. ⁴³ And after calling to his disciples, he said to them, "Amen! I am saying to you that this poor widow cast in more than all the ones who are casting into the treasury; ⁴⁴ for they all cast in from their abundance, but this woman from her poverty cast in all, how much she was having, her whole means of living!"

12:42-44 Und es kam eine arme Witwe und legte zwei Scherflein ein; die machen einen Heller. ⁴³ Und er rief seine Jünger zu sich und sprach zu ihnen: Diese arme Witwe hat mehr in den Gotteskasten gelegt denn alle, die eingelegt haben. ⁴⁴ Denn sie haben alle von ihrem Überfluß eingelegt; diese aber hat von ihrer Armut alles, was sie hatte, ihre ganze Nahrung, eingelegt.

12:42-44 Il vint aussi une pauvre veuve, elle y mit deux petites pièces, faisant un quart de sou. ⁴³ Alors Jésus, ayant appelé ses disciples, leur dit: Je vous le dis en vérité, cette pauvre veuve a donné plus qu'aucun de ceux qui ont mis dans le tronc; ⁴⁴ car tous ont mis de leur superflu, mais elle a mis de son nécessaire, tout ce qu'elle possédait, tout ce qu'elle avait pour vivre.

The Gospel of Mark

13:1 וַיְהִי בְּצֵאתוֹ מִן־הַמִּקְדָּשׁ וַיֹּאמֶר אֵלָיו אֶחָד מִתַּלְמִידָיו רַבִּי רְאֵה מַה־יָּפוּ הָאֲבָנִים וְהַבִּנְיָנִים הָאֵלֶּה: ² וַיַּעַן אֹתוֹ יֵשׁוּעַ וַיֹּאמַר הֲרָאִיתָ אֶת־הַבִּנְיָנִים הַגְּדוֹלִים הָאֵלֶּה לֹא־תִשָּׁאֵר אֶבֶן עַל־אֶבֶן אֲשֶׁר לֹא תִתְפָּרֵק: ³ וַיֵּשֶׁב עַל־הַר הַזֵּיתִים מִמּוּל הַמִּקְדָּשׁ וַיִּשְׁאָלֻהוּ פֶטְרוֹס וְיַעֲקֹב וְיוֹחָנָן וְאַנְדְּרַי וְהֵם לְבַדָּם אִתּוֹ: ⁴ אֱמָר־נָא לָנוּ מָתַי תִּהְיֶה־זֹּאת וּמַה־הוּא הָאוֹת בְּבֹא הָעֵת אֲשֶׁר תֵּעָשֶׂה־בָּהּ כָּל־זֹאת:

13:1-4 Et cum egrederetur de templo, ait illi unus ex discipulis suis: Magister, aspice quales lapides, et quales structurae. ² Et respondens Jesus, ait illi: Vides has omnes magnas aedificationes? Non relinquetur lapis super lapidem, qui non destruatur. ³ Et cum sederet in monte Olivarum contra templum, interrogabant eum separatim Petrus, et Jacobus, et Joannes, et Andreas: ⁴ Dic nobis, quando ista fient? et quod signum erit, quando haec omnia incipient consummari?

13:1-4 Καὶ ἐκπορευομένου αὐτοῦ ἐκ τοῦ ἱεροῦ, λέγει αὐτῷ εἷς τῶν μαθητῶν αὐτοῦ, Διδάσκαλε, ἴδε, ποταποὶ λίθοι καὶ ποταπαὶ οἰκοδομαί. ² Καὶ ὁ Ἰησοῦς ἀποκριθεὶς εἶπεν αὐτῷ, Βλέπεις ταύτας τὰς μεγάλας οἰκοδομάς; Οὐ μὴ ἀφεθῇ λίθος ἐπὶ λίθῳ, ὃς οὐ μὴ καταλυθῇ. ³ Καὶ καθημένου αὐτοῦ εἰς τὸ ὄρος τῶν ἐλαιῶν κατέναντι τοῦ ἱεροῦ, ἐπηρώτων αὐτὸν κατ' ἰδίαν Πέτρος καὶ Ἰάκωβος καὶ Ἰωάννης καὶ Ἀνδρέας, ⁴ Εἰπὲ ἡμῖν, πότε ταῦτα ἔσται; Καὶ τί τὸ σημεῖον ὅταν μέλλῃ πάντα ταῦτα συντελεῖσθαι;

13:1-4 And while he was walking out of the temple, one of his disciples begins saying to him, "Teacher, look what quality the stones are and what quality the buildings are!" ² And Jesus said to him, "Are you seeing these great buildings? Not ever here will a stone be left upon a stone, which will not surely be destroyed!" ³ And while he was sitting in the Mount of Olives opposite of the temple, Peter was asking him in private, and James and John and Andrew, ⁴ "Tell us, when will these things be, and what is the sign whenever all these things are about to be accomplished?"

13:1-4 Und da er aus dem Tempel ging, sprach zu ihm seiner Jünger einer: Meister, siehe, welche Steine und welch ein Bau ist das! ² Und Jesus antwortete und sprach zu ihm: Siehst du wohl allen diesen großen Bau? Nicht ein Stein wird auf dem anderen bleiben, der nicht zerbrochen werde. ³ Und da er auf dem Ölberge saß gegenüber dem Tempel, fragten ihn Petrus, Jakobus und Johannes und Andreas besonders: ⁴ Sage uns, wann wird das alles geschehen? Und was wird das Zeichen sein, wann das alles soll vollendet werden?

13:1-4 Lorsque Jésus sortit du temple, un de ses disciples lui dit: Maître, regarde quelles pierres, et quelles constructions! ² Jésus lui répondit: Vois-tu ces grandes constructions? Il ne restera pas pierre sur pierre qui ne soit renversée. ³ Il s'assit sur la montagne des oliviers, en face du temple. Et Pierre, Jacques, Jean et André lui firent en particulier cette question: ⁴ Dis-nous, quand cela arrivera-t-il, et à quel signe connaîtra-t-on que toutes ces choses vont s'accomplir?

The Gospel of Mark

13:5 וַיַּעַן יֵשׁוּעַ וַיְדַבֵּר אֲלֵיהֶם הִשָּׁמְרוּ לָכֶם פֶּן־יַתְעֶה אֶתְכֶם אִישׁ: ⁶ כִּי רַבִּים יָבֹאוּ בִשְׁמִי לֵאמֹר אֲנִי הוּא וְהִתְעוּ רַבִּים: ⁷ וּבְשָׁמְעֲכֶם מִלְחָמוֹת וּשְׁמוּעוֹת מִלְחָמָה אַל־תִּבָּהֵלוּ כִּי־הָיוֹ תִהְיֶה זֹאת וְעוֹד לֹא בָא הַקֵּץ: ⁸ כִּי־יָקוּם גּוֹי עַל־גּוֹי וּמַמְלָכָה עַל־מַמְלָכָה וְהָיָה רַעַשׁ כֹּה וָכֹה וְהָיָה רָעָב וּמְהוּמָה:

13:5-8 Et respondens Jesus coepit dicere illis: Videte ne quid vos seducat: ⁶ multi enim venient in nomine meo, dicentes quia ego sum: et multos seducent. ⁷ Cum audieritis autem bella, et opiniones bellorum, ne timueritis: oportet enim haec fieri: sed nondum finis. ⁸ Exsurget enim gens contra gentem, et regnum super regnum, et erunt terraemotus per loca, et fames. Initium dolorum haec.

13:5-8 Ὁ δὲ Ἰησοῦς ἀποκριθεὶς αὐτοῖς ἤρξατο λέγειν, Βλέπετε μή τις ὑμᾶς πλανήσῃ. ⁶ Πολλοὶ γὰρ ἐλεύσονται ἐπὶ τῷ ὀνόματί μου, λέγοντες ὅτι Ἐγώ εἰμι· καὶ πολλοὺς πλανήσουσιν. ⁷ Ὅταν δὲ ἀκούσητε πολέμους καὶ ἀκοὰς πολέμων, μὴ θροεῖσθε· δεῖ γὰρ γενέσθαι· ἀλλ' οὔπω τὸ τέλος. ⁸ Ἐγερθήσεται γὰρ ἔθνος ἐπὶ ἔθνος, καὶ βασιλεία ἐπὶ βασιλείαν· καὶ ἔσονται σεισμοὶ κατὰ τόπους, καὶ ἔσονται λιμοὶ καὶ ταραχαί· ἀρχαὶ ὠδίνων ταῦτα.

13:5-8 Well, Jesus began to say to them, "Beware lest someone leads you astray! ⁶ Many will come in my name saying this: 'I am,' and many they will lead astray. ⁷ Moreover, whenever you hear of wars and rumors of wars, do not be troubled! It must happen, but it is not yet the end. ⁸ For nation will rise against nation and kingdom against kingdom, there will be earthquakes in many places, there will be famines; these things are the beginnings of agony.

13:5-8 Jesus antwortete ihnen und fing an, zu sagen: Sehet zu das euch nicht jemand verführe! ⁶ Denn es werden viele kommen unter meinem Namen und sagen: "Ich bin Christus!" und werden viele verführen. ⁷ Wenn ihr aber hören werdet von Kriegen und Kriegsgeschrei, so fürchtet euch nicht. Denn es muß also geschehen; aber das Ende ist noch nicht da. ⁸ Es wird sich ein Volk wider das andere empören und ein Königreich wider das andere, und werden Erdbeben geschehen hin und wieder, und wird teure Zeit und Schrecken sein. Das ist der Not Anfang.

13:5-8 Jésus se mit alors à leur dire: Prenez garde que personne ne vous séduise. ⁶ Car plusieurs viendront sous mon nom, disant; C'est moi. Et ils séduiront beaucoup de gens. ⁷ Quand vous entendrez parler de guerres et de bruits de guerres, ne soyez pas troublés, car il faut que ces choses arrivent. Mais ce ne sera pas encore la fin. ⁸ Une nation s'élèvera contre une nation, et un royaume contre un royaume; il y aura des tremblements de terre en divers lieux, il y aura des famines. Ce ne sera que le commencement des douleurs.

13:9 אֵלֶּה רֵאשִׁית הַחֲבָלִים וְאַתֶּם הִשָּׁמְרוּ בְנַפְשֹׁתֵיכֶם כִּי־יִמְסְרוּ אֶתְכֶם לְסַנְהֶדְרִיּוֹת וְהוּכֵּיתֶם בְּבָתֵּי כְנֵסִיּוֹת וְלִפְנֵי נְגִידִים וּמְלָכִים תּוּבָאוּ לְמַעֲנִי לְעֵדוּת לָהֶם: [10] וְהַבְּשׂוֹרָה צְרִיכָה לְהִקָּרֵא בָרִאשֹׁנָה לְכָל־הַגּוֹיִם: [11] וְכַאֲשֶׁר יוֹלִיכוּ וּמָסְרוּ אֶתְכֶם אַל־תִּדְאֲגוּ וְאַל־תִּתְחַשְּׁבוּ מַה־תְּדַבֵּרוּ כִּי הַדָּבָר אֲשֶׁר יוּשַׂם בְּפִיכֶם בַּשָּׁעָה הַהִיא אוֹתוֹ תְדַבֵּרוּ יַעַן אֲשֶׁר לֹא־אַתֶּם הַמְדַבְּרִים כִּי אִם־רוּחַ הַקֹּדֶשׁ:

13:9-11 Videte autem vosmetipsos. Tradent enim vos in consiliis, et in synagogis vapulabitis, et ante praesides et reges stabitis propter me, in testimonium illis. [10] Et in omnes gentes primum oportet praedicari Evangelium. [11] Et cum duxerint vos tradentes, nolite praecogitare quid loquamini: sed quod datum vobis fuerit in illa hora, id loquimini: non enim vos estis loquentes, sed Spiritus Sanctus.

13:9-11 Βλέπετε δὲ ὑμεῖς ἑαυτούς· παραδώσουσιν γὰρ ὑμᾶς εἰς συνέδρια, καὶ εἰς συναγωγὰς δαρήσεσθε, καὶ ἐπὶ ἡγεμόνων καὶ βασιλέων σταθήσεσθε ἕνεκεν ἐμοῦ, εἰς μαρτύριον αὐτοῖς. [10] Καὶ εἰς πάντα τὰ ἔθνη δεῖ πρῶτον κηρυχθῆναι τὸ εὐαγγέλιον. [11] Ὅταν δὲ ἀγάγωσιν ὑμᾶς παραδιδόντες, μὴ προμεριμνᾶτε τί λαλήσητε, μηδὲ μελετᾶτε· ἀλλ' ὃ ἐὰν δοθῇ ὑμῖν ἐν ἐκείνῃ τῇ ὥρᾳ, τοῦτο λαλεῖτε· οὐ γάρ ἐστε ὑμεῖς οἱ λαλοῦντες, ἀλλὰ τὸ πνεῦμα τὸ ἅγιον.

13:9-11 So, you yourselves be aware *concerning* yourselves! They will hand you over to councils and at synagogues you will be flogged and before rulers and kings you will stand on account of me as a witness to them. [10] And into all the nations first the gospel must be proclaimed. [11] And whenever they lead you handing *you* over, do not be anxious beforehand what you will say, but, whatever is given to you in that very hour, speak this, for you yourselves are not the ones speaking but the Holy Spirit.

13:9-11 Ihr aber, sehet euch vor! Denn sie werden euch überantworten vor die Rathäuser und Schulen; und ihr müßt gestäupt werden, und vor Fürsten und Könige geführt werden um meinetwillen, zu einem Zeugnis über sie. [10] Und das Evangelium muß zuvor verkündigt werden unter alle Völker. [11] Wenn sie euch nun führen und überantworten werden, so sorget nicht, was ihr reden sollt, und bedenket auch nicht zuvor; sondern was euch zu der Stunde gegeben wird, das redet. Denn ihr seid's nicht, die da reden, sondern der Heilige Geist.

13:9-11 Prenez garde à vous-mêmes. On vous livrera aux tribunaux, et vous serez battus de verges dans les synagogues; vous comparaîtrez devant des gouverneurs et devant des rois, à cause de moi, pour leur servir de témoignage. [10] Il faut premièrement que la bonne nouvelle soit prêchée à toutes les nations. [11] Quand on vous emmènera pour vous livrer, ne vous inquiétez pas d'avance de ce que vous aurez à dire, mais dites ce qui vous sera donné à l'heure même; car ce n'est pas vous qui parlerez, mais l'Esprit-Saint.

13:12 וְאָח יִמְסֹר אֶת־אָחִיו לָמוּת וְאָב אֶת־בְּנוֹ וְקָמוּ בָנִים בַּאֲבוֹתָם וְהֵמִיתוּ אוֹתָם: ¹³ וִהְיִיתֶם שְׂנוּאִים לְכֹל לְמַעַן שְׁמִי וְהַמְחַכֶּה עַד־עֵת קֵץ הוּא יִוָּשֵׁעַ: ¹⁴ וְכִי תִרְאוּ אֶת־שִׁקּוּץ מְשֹׁמֵם אֲשֶׁר אָמַר דָּנִיֵּאל הַנָּבִיא עֹמֵד בְּמָקוֹם אֲשֶׁר לֹא־לוֹ הַקּוֹרֵא יָבִין אָז נוֹס יָנוּסוּ אַנְשֵׁי יְהוּדָה אֶל־הֶהָרִים: ¹⁵ וַאֲשֶׁר עַל־הַגָּג אַל־יֵרֵד הַבַּיְתָה וְאַל־יָבֹא בוֹ לָשֵׂאת דָּבָר מִבֵּיתוֹ:

13:12-15 Tradet autem frater fratrem in mortem, et pater filium: et consurgent filii in parentes, et morte afficient eos. ¹³ Et eritis odio omnibus propter nomen meum. Qui autem sustinuerit in finem, hic salvus erit. ¹⁴ Cum autem videritis abominationem desolationis stantem, ubi non debet, qui legit, intelligat: tunc qui in Judaea sunt, fugiant in montes: ¹⁵ et qui super tectum, ne descendat in domum, nec introëat ut tollat quid de domo sua:

13:12-15 Παραδώσει δὲ ἀδελφὸς ἀδελφὸν εἰς θάνατον, καὶ πατὴρ τέκνον· καὶ ἐπαναστήσονται τέκνα ἐπὶ γονεῖς, καὶ θανατώσουσιν αὐτούς· ¹³ καὶ ἔσεσθε μισούμενοι ὑπὸ πάντων διὰ τὸ ὄνομά μου. ὁ δὲ ὑπομείνας εἰς τέλος, οὗτος σωθήσεται. ¹⁴ Ὅταν δὲ ἴδητε τὸ βδέλυγμα τῆς ἐρημώσεως, τὸ ῥηθὲν ὑπὸ Δανιὴλ τοῦ προφήτου, ἑστὼς ὅπου οὐ δεῖ—ὁ ἀναγινώσκων νοείτω— τότε οἱ ἐν τῇ Ἰουδαίᾳ φευγέτωσαν εἰς τὰ ὄρη. ¹⁵ ὁ δὲ ἐπὶ τοῦ δώματος μὴ καταβάτω εἰς τὴν οἰκίαν, μηδὲ εἰσελθέτω ἆραί τι ἐκ τῆς οἰκίας αὐτοῦ·

13:12-15 And a brother will hand over a brother unto death and a father a child, and children will rise up against parents and they will put them to death. ¹³ And you will continue being hated by all people because of my name. But the one enduring to the end, this one will be saved. ¹⁴ Moreover, whenever you see the abomination of desolation standing where it must not (let the one reading understand!), at that time let the ones in Judaea flee into the mountains ¹⁵ and let not the one on the roof go down nor enter to take something from his house,

13:12-15 Es wird aber überantworten ein Bruder den andern zum Tode und der Vater den Sohn, und die Kinder werden sich empören gegen die Eltern und werden sie helfen töten. ¹³ Und ihr werdet gehaßt sein von jedermann um meines Namens willen. Wer aber beharrt bis an das Ende, der wird selig. ¹⁴ Wenn ihr aber sehen werdet den Greuel der Verwüstung (von dem der Prophet Daniel gesagt hat), daß er steht, wo er nicht soll (wer es liest, der merke darauf!), alsdann, wer in Judäa ist, der fliehe auf die Berge; ¹⁵ und wer auf dem Dache ist, der steige nicht hernieder ins Haus und komme nicht hinein, etwas zu holen aus seinem Hause;

13:12-15 Le frère livrera son frère à la mort, et le père son enfant; les enfants se soulèveront contre leurs parents, et les feront mourir. ¹³ Vous serez haïs de tous, à cause de mon nom, mais celui qui persévérera jusqu'à la fin sera sauvé. ¹⁴ Lorsque vous verrez l'abomination de la désolation établie là où elle ne doit pas être,-que celui qui lit fasse attention,-alors, que ceux qui seront en Judée fuient dans les montagnes; ¹⁵ que celui qui sera sur le toit ne descende pas et n'entre pas pour prendre quelque chose dans sa maison;

13:16 וַאֲשֶׁר בַּשָּׂדֶה אַל־יָשֹׁב הַבַּיְתָה לָשֵׂאת מַלְבּוּשׁוֹ: ¹⁷ וְאוֹי לֶהָרוֹת וְלַמֵּינִיקוֹת בַּיָּמִים הָהֵמָּה: ¹⁸ אַךְ הִתְפַּלְלוּ אֲשֶׁר לֹא־תִהְיֶה מְנוּסַתְכֶם בַּחֹרֶף: ¹⁹ כִּי הַיָּמִים הָהֵם יִהְיוּ עֵת צָרָה אֲשֶׁר לֹא־נִהְיְתָה כָּמוֹהָ מֵרֵאשִׁית הַבְּרִיאָה אֲשֶׁר בָּרָא אֱלֹהִים עַד־עַתָּה וְכָמוֹהָ לֹא־תִהְיֶה עוֹד: ²⁰ וְלוּלֵי קִצַּר יְהוָה אֶת־הַיָּמִים הָהֵם לֹא־יִוָּשַׁע כָּל־בָּשָׂר אַךְ לְמַעַן הַבְּחִירִים אֲשֶׁר בָּחַר בָּם קִצַּר אֶת־הַיָּמִים:

13:16-20 et qui in agro erit, non revertatur retro tollere vestimentum suum. ¹⁷ Vae autem praegnantibus et nutrientibus in illis diebus. ¹⁸ Orate vero ut hieme non fiant. ¹⁹ Erunt enim dies illi tribulationes tales quales non fuerunt ab initio creaturae, quam condidit Deus usque nunc, neque fient. ²⁰ Et nisi breviasset Dominus dies, non fuisset salva omnis caro: sed propter electos, quos elegit, breviavit dies.

13:16-20 καὶ ὁ εἰς τὸν ἀγρὸν ὢν μὴ ἐπιστρεψάτω εἰς τὰ ὀπίσω, ἆραι τὸ ἱμάτιον αὐτοῦ. ¹⁷ Οὐαὶ δὲ ταῖς ἐν γαστρὶ ἐχούσαις καὶ ταῖς θηλαζούσαις ἐν ἐκείναις ταῖς ἡμέραις. ¹⁸ Προσεύχεσθε δὲ ἵνα μὴ γένηται ἡ φυγὴ ὑμῶν χειμῶνος. ¹⁹ Ἔσονται γὰρ αἱ ἡμέραι ἐκεῖναι θλίψις, οἵα οὐ γέγονεν τοιαύτη ἀπ' ἀρχῆς κτίσεως ἧς ἔκτισεν ὁ θεὸς ἕως τοῦ νῦν, καὶ οὐ μὴ γένηται. ²⁰ Καὶ εἰ μὴ κύριος ἐκολόβωσεν τὰς ἡμέρας, οὐκ ἂν ἐσώθη πᾶσα σάρξ· ἀλλὰ διὰ τοὺς ἐκλεκτούς, οὓς ἐξελέξατο, ἐκολόβωσεν τὰς ἡμέρας.

13:16-20 and let not the one in the field return for the things behind to take his clothing. ¹⁷ Moreover, woe to those having *a child* in the womb and to the ones nursing in those days! ¹⁸ So, pray that it would not happen during winter! ¹⁹ For those days will be a hardship, of such a kind that this sort of thing has not occurred from the beginning of creation, which God created, until the present and will never ever occur. ²⁰ And if the Lord had not shortened the days, every physical person would not have been saved. But on account of the chosen ones, whom he chose, he shortened the days.

13:16-20 und wer auf dem Felde ist, der wende sich nicht um, seine Kleider zu holen. ¹⁷ Weh aber den Schwangeren und Säugerinnen zu der Zeit! ¹⁸ Bittet aber, daß eure Flucht nicht geschehe im Winter. ¹⁹ Denn in diesen Tagen werden solche Trübsale sein, wie sie nie gewesen sind bisher, vom Anfang der Kreatur, die Gott geschaffen hat, und wie auch nicht werden wird. ²⁰ Und so der HERR diese Tage nicht verkürzt hätte, würde kein Mensch selig: aber um der Auserwählten willen, die er auserwählt hat, hat er auch diese Tage verkürzt.

13:16-20 et que celui qui sera dans les champs ne retourne pas en arrière pour prendre son manteau. ¹⁷ Malheur aux femmes qui seront enceintes et à celles qui allaiteront en ces jours-là! ¹⁸ Priez pour que ces choses n'arrivent pas en hiver. ¹⁹ Car la détresse, en ces jours, sera telle qu'il n'y en a point eu de semblable depuis le commencement du monde que Dieu a créé jusqu'à présent, et qu'il n'y en aura jamais. ²⁰ Et, si le Seigneur n'avait abrégé ces jours, personne ne serait sauvé; mais il les a abrégés, à cause des élus qu'il a choisis.

The Gospel of Mark

13:21 וְאָז אִם־יֹאמַר אֲלֵיכֶם אִישׁ הִנֵּה־פֹה הַמָּשִׁיחַ אוֹ הִנֵּהוּ שָׁם אַל־תַּאֲמִינוּ: ²² כִּי יָקוּמוּ
מְשִׁיחֵי שֶׁקֶר וּנְבִיאֵי שֶׁקֶר וְנָתְנוּ אֹתוֹת וּמוֹפְתִים לְהַתְעוֹת אַף אֶת־הַבְּחִירִים אִם־יוּכָלוּ:
²³ וְאַתֶּם רְאוּ הִנֵּה מֵרֹאשׁ הִגַּדְתִּי לָכֶם אֶת־כֹּל: ²⁴ וְהָיָה בַיָּמִים הָהֵם אַחֲרֵי הַצָּרָה הַהִיא
תֶּחְשַׁךְ הַשֶּׁמֶשׁ וְהַיָּרֵחַ לֹא־יַגִּיהַּ אוֹרוֹ: ²⁵ וְהַכּוֹכָבִים יִפְּלוּ מִן־הַשָּׁמַיִם וְחֵילֵי הַשָּׁמַיִם
יִתְמוֹטָטוּ: ²⁶ וְאָז יִרְאוּ אֶת־בֶּן־הָאָדָם בָּא בַעֲנָנִים בִּגְבוּרָה רַבָּה וּבְכָבוֹד:

13:21-26 Et tunc si quis vobis dixerit: Ecce hic est Christus, ecce illic, ne credideritis. ²² Exsurgent enim pseudochristi et pseudoprophetae, et dabunt signa et portenta ad seducendos, si fieri potest, etiam electos. ²³ Vos ergo videte: ecce praedixi vobis omnia. ²⁴ Sed in illis diebus, post tribulationem illam, sol contenebrabitur, et luna non dabit splendorem suum: ²⁵ et stellae caeli erunt decidentes, et virtutes, quae in caelis sunt, movebuntur. ²⁶ Et tunc videbunt Filium hominis venientem in nubibus cum virtute multa et gloria.

13:21-26 Τότε ἐάν τις ὑμῖν εἴπῃ, Ἰδού, ὧδε ὁ χριστός, ἢ Ἰδού, ἐκεῖ, μὴ πιστεύετε. ²² Ἐγερθήσονται γὰρ ψευδόχριστοι καὶ ψευδοπροφῆται, καὶ δώσουσιν σημεῖα καὶ τέρατα, πρὸς τὸ ἀποπλανᾶν, εἰ δυνατόν, καὶ τοὺς ἐκλεκτούς. ²³ Ὑμεῖς δὲ βλέπετε· ἰδού, προείρηκα ὑμῖν πάντα. ²⁴ Ἀλλ᾽ ἐν ἐκείναις ταῖς ἡμέραις, μετὰ τὴν θλίψιν ἐκείνην, ὁ ἥλιος σκοτισθήσεται, καὶ ἡ σελήνη οὐ δώσει τὸ φέγγος αὐτῆς, ²⁵ καὶ οἱ ἀστέρες τοῦ οὐρανοῦ ἔσονται ἐκπίπτοντες, καὶ αἱ δυνάμεις αἱ ἐν τοῖς οὐρανοῖς σαλευθήσονται. ²⁶ Καὶ τότε ὄψονται τὸν υἱὸν τοῦ ἀνθρώπου ἐρχόμενον ἐν νεφέλαις μετὰ δυνάμεως πολλῆς καὶ δόξης.

13:21-26 And at that time, if someone says to you *all*, 'Look, here is the Messiah,' 'Look, there,' do not be trusting *it*! ²² For false messiahs and false prophets will arise and they will give signs and wonders in order to lead astray, if possible, the chosen ones. ²³ But you yourselves be aware! I have told you about all things beforehand. ²⁴ But in those very days after that hardship, the sun will be darkened, and the moon will not give its light, ²⁵ and the stars will be falling from heaven, and the powers in the heavens will be shaken. ²⁶ And at that time they will see the Son of Man coming in clouds with much power and glory.

13:21-26 Wenn nun jemand zu der Zeit wird zu euch sagen: Siehe, hier ist Christus! siehe, da ist er! so glaubet nicht. ²² Denn es werden sich erheben falsche Christi und falsche Propheten, die Zeichen und Wunder tun, daß sie auch die Auserwählten verführen, so es möglich wäre. ²³ Ihr aber sehet euch vor! Siehe, ich habe es euch alles zuvor gesagt. ²⁴ Aber zu der Zeit, nach dieser Trübsal, werden Sonne und Mond ihren Schein verlieren, ²⁵ und die Sterne werden vom Himmel fallen, und die Kräfte der Himmel werden sich bewegen. ²⁶ Und dann werden sie sehen des Menschen Sohn kommen in den Wolken mit großer Kraft und Herrlichkeit.

13:21-26 Si quelqu'un vous dit alors: Le Christ est ici, ou: Il est là", ne le croyez pas. ²² Car il s'élèvera de faux Christs et de faux prophètes; ils feront des prodiges et des miracles pour séduire les élus, s'il était possible. ²³ Soyez sur vos gardes: je vous ai tout annoncé d'avance. ²⁴ Mais dans ces jours, après cette détresse, le soleil s'obscurcira, la lune ne donnera plus sa lumière, ²⁵ les étoiles tomberont du ciel, et les puissances qui sont dans les cieux seront ébranlées. ²⁶ Alors on verra le Fils de l'homme venant sur les nuées avec une grande puissance et avec gloire.

13:27 וְאָז יִשְׁלַח אֶת־מַלְאָכָיו וִיקַבֵּץ אֶת־בְּחִירָיו מֵאַרְבַּע הָרוּחוֹת מִקְצֵה הָאָרֶץ עַד־קְצֵה הַשָּׁמָיִם: ²⁸ וּמִן־הַתְּאֵנָה לִמְדוּ־נָא אֶת־מְשַׁל הַדָּבָר כְּשֶׁיִּרְטַב עֲנָפָהּ וּפָרַח עָלֶה יְדַעְתֶּם כִּי קָרוֹב הַקָּיִץ: ²⁹ כֵּן גַּם־אַתֶּם בִּרְאֹתְכֶם כִּי־הָיוּ אֵלֶּה דְּעוּ כִּי־קָרוֹב הוּא בַּפָּתַח: ³⁰ אָמֵן אֹמֵר אֲנִי לָכֶם לֹא יַעֲבֹר הַדּוֹר הַזֶּה עַד אֲשֶׁר־יִהְיוּ כָל־אֵלֶּה: ³¹ הַשָּׁמַיִם וְהָאָרֶץ יַעֲבֹרוּ וּדְבָרַי לֹא יַעֲבֹרוּן:

13:27-31 Et tunc mittet angelos suos, et congregabit electos suos a quatuor ventis, a summo terrae usque ad summum caeli. ²⁸ A ficu autem discite parabolam. Cum jam ramus ejus tener fuerit, et nata fuerint folia, cognoscitis quia in proximo sit aestas: ²⁹ sic et vos cum videritis haec fieri, scitote quod in proximo sit, in ostiis. ³⁰ Amen dico vobis, quoniam non transibit generatio haec, donec omnia ista fiant. ³¹ Caelum et terra transibunt, verba autem mea non transibunt.

13:27-31 Καὶ τότε ἀποστελεῖ τοὺς ἀγγέλους αὐτοῦ, καὶ ἐπισυνάξει τοὺς ἐκλεκτοὺς αὐτοῦ ἐκ τῶν τεσσάρων ἀνέμων, ἀπ' ἄκρου γῆς ἕως ἄκρου οὐρανοῦ. ²⁸ Ἀπὸ δὲ τῆς συκῆς μάθετε τὴν παραβολήν· ὅταν αὐτῆς ἤδη ὁ κλάδος ἁπαλὸς γένηται καὶ ἐκφύῃ τὰ φύλλα, γινώσκετε ὅτι ἐγγὺς τὸ θέρος ἐστίν· ²⁹ οὕτως καὶ ὑμεῖς, ὅταν ταῦτα ἴδητε γινόμενα, γινώσκετε ὅτι ἐγγύς ἐστιν ἐπὶ θύραις. ³⁰ Ἀμὴν λέγω ὑμῖν ὅτι οὐ μὴ παρέλθῃ ἡ γενεὰ αὕτη, μέχρι οὗ πάντα ταῦτα γένηται. ³¹ Ὁ οὐρανὸς καὶ ἡ γῆ παρελεύσεται· οἱ δὲ λόγοι μου οὐ μὴ παρέλθωσιν.

13:27-31 And at that time he will send the messengers and he will gather together the chosen ones from the four winds from the farthest part of the earth until the farthest part of heaven. ²⁸ Moreover, from the fig tree learn the parable: whenever its branch has already become tender and puts out the leaves, know that the summer is near; ²⁹ thus also you yourselves, whenever you see these things occurring, you will know that it is near at the doors. ³⁰ Amen! I am saying to you that this generation will never ever pass away until all these things occur. ³¹ Heaven and earth will pass away, but my words will never ever pass away.

13:27-31 Und dann wird er seine Engel senden und wird versammeln seine Auserwählten von den vier Winden, von dem Ende der Erde bis zum Ende des Himmels. ²⁸ An dem Feigenbaum lernet ein Gleichnis: wenn jetzt seine Zweige saftig werden und Blätter gewinnen, so wißt ihr, daß der Sommer nahe ist. ²⁹ Also auch, wenn ihr sehet, daß solches geschieht, so wisset, daß es nahe vor der Tür ist. ³⁰ Wahrlich, ich sage euch: Dies Geschlecht wird nicht vergehen, bis daß dies alles geschehe. ³¹ Himmel und Erde werden vergehen; meine Worte aber werden nicht vergehen.

13:27-31 Alors il enverra les anges, et il rassemblera les élus des quatre vents, de l'extrémité de la terre jusqu'à l'extrémité du ciel. ²⁸ Instruisez-vous par une comparaison tirée du figuier. Dès que ses branches deviennent tendres, et que les feuilles poussent, vous connaissez que l'été est proche. ²⁹ De même, quand vous verrez ces choses arriver, sachez que le Fils de l'homme est proche, à la porte. ³⁰ Je vous le dis en vérité, cette génération ne passera point, que tout cela n'arrive. ³¹ Le ciel et la terre passeront, mais mes paroles ne passeront point.

13:32 אַךְ עֵת־בּוֹא הַיּוֹם הַהוּא וְהַשָּׁעָה הַהִיא אֵין אִישׁ יוֹדֵעַ גַּם־לֹא מַלְאֲכֵי הַשָּׁמַיִם גַּם־לֹא הַבֵּן מִבַּלְעֲדֵי הָאָב: 33 רְאוּ שִׁקְדוּ וְהִתְפַּלְּלוּ כִּי לֹא יְדַעְתֶּם מָתַי הָעֵת: 34 וְהָיָה כְּאִישׁ הוֹלֵךְ לְמֵרָחֹק אֲשֶׁר עָזַב אֶת־בֵּיתוֹ וַיִּתֵּן רְשׁוּת לַעֲבָדָיו וּלְאִישׁ אֶת־מְלַאכְתּוֹ וְאֶת־הַשּׁוֹעֵר צִוָּה לִשְׁקֹד: 35 לָכֵן שִׁקְדוּ כִּי לֹא יְדַעְתֶּם מָתַי יָבוֹא בַּעַל הַבַּיִת אִם־בָּעֶרֶב אוֹ־בַחֲצוֹת הַלַּיְלָה אִם־בְּעֵת קְרִיאַת הַתַּרְנְגוֹל אוֹ בַבֹּקֶר: 36 פֶּן־יָבוֹא פִתְאֹם וּמָצָא אֶתְכֶם יְשֵׁנִים: 37 וְאֵת אֲשֶׁר אָמַרְתִּי לָכֶם הִנְנִי אֹמֵר לַכֹּל שְׁקֹדוּ:

13:32-37 De die autem illo vel hora nemo scit, neque angeli in caelo, neque Filius, nisi Pater. ³³ Videte, vigilate, et orate: nescitis enim quando tempus sit. ³⁴ Sicut homo qui peregre profectus reliquit domum suam, et dedit servis suis potestatem cujusque operis, et janitori praecepit ut vigilet, ³⁵ vigilate ergo (nescitis enim quando dominus domus veniat: sero, an media nocte, an galli cantu, an mane), ³⁶ ne, cum venerit repente, inveniat vos dormientes. ³⁷ Quod autem vobis dico, omnibus dico: Vigilate.

13:32-37 Περὶ δὲ τῆς ἡμέρας ἐκείνης ἢ ὥρας οὐδεὶς οἶδεν, οὐδὲ οἱ ἄγγελοι οἱ ἐν οὐρανῷ, οὐδὲ ὁ υἱός, εἰ μὴ ὁ πατήρ. ³³ Βλέπετε, ἀγρυπνεῖτε καὶ προσεύχεσθε· οὐκ οἴδατε γὰρ πότε ὁ καιρός ἐστιν. ³⁴ Ὡς ἄνθρωπος ἀπόδημος ἀφεὶς τὴν οἰκίαν αὐτοῦ, καὶ δοὺς τοῖς δούλοις αὐτοῦ τὴν ἐξουσίαν, καὶ ἑκάστῳ τὸ ἔργον αὐτοῦ, καὶ τῷ θυρωρῷ ἐνετείλατο ἵνα γρηγορῇ. ³⁵ Γρηγορεῖτε οὖν· οὐκ οἴδατε γὰρ πότε ὁ κύριος τῆς οἰκίας ἔρχεται, ὀψέ, ἢ μεσονυκτίου, ἢ ἀλεκτοροφωνίας, ἢ πρωΐ· ³⁶ μὴ ἐλθὼν ἐξαίφνης εὕρῃ ὑμᾶς καθεύδοντας. ³⁷ Ἃ δὲ ὑμῖν λέγω πᾶσιν λέγω, Γρηγορεῖτε.

13:32-37 But concerning that day or hour no one knows, neither the angels in heaven nor the Son, except the Father. ³³ Be aware! Be alert! For you do not know when the time is. ³⁴ *It is* like a traveling person leaving his house and giving the authority to his servants, to each one his work, and he commanded the gatekeeper in order that he would keep watch. ³⁵ Therefore, keep watchful, for you do not know when the lord of the house comes, whether evening or midnight or during the rooster's crowing or early in the morning, ³⁶ lest, after coming suddenly, he finds you sleeping. ³⁷ Well, that which I am saying to you, I say to all: Keep watchful!"

13:32-37 Von dem Tage aber und der Stunde weiß niemand, auch die Engel im Himmel nicht, auch der Sohn nicht, sondern allein der Vater. ³³ Sehet zu, wachet und betet; denn ihr wisset nicht, wann es Zeit ist. ³⁴ Gleich als ein Mensch, der über Land zog und verließ sein Haus und gab seinem Knecht Macht, einem jeglichen sein Werk, und gebot dem Türhüter, er sollte wachen. ³⁵ So wachet nun (denn ihr wißt nicht, wann der Herr des Hauses kommt, ob er kommt am Abend oder zu Mitternacht oder um den Hahnenschrei oder des Morgens), ³⁶ auf daß er nicht schnell komme und finde euch schlafend. ³⁷ Was ich aber euch sage, das sage ich allen: Wachet!

13:32-37 Pour ce qui est du jour ou de l'heure, personne ne le sait, ni les anges dans le ciel, ni le Fils, mais le Père seul. ³³ Prenez garde, veillez et priez; car vous ne savez quand ce temps viendra. ³⁴ Il en sera comme d'un homme qui, partant pour un voyage, laisse sa maison, remet l'autorité à ses serviteurs, indique à chacun sa tâche, et ordonne au portier de veiller. ³⁵ Veillez donc, car vous ne savez quand viendra le maître de la maison, ou le soir, ou au milieu de la nuit, ou au chant du coq, ou le matin; ³⁶ craignez qu'il ne vous trouve endormis, à son arrivée soudaine. ³⁷ Ce que je vous dis, je le dis à tous: Veillez.

14:1 וַיְהִי עוֹד יוֹמַיִם וְחַג הַפֶּסַח וְהַמַּצּוֹת בָּא וַיְבַקְשׁוּ רָאשֵׁי הַכֹּהֲנִים וְהַסּוֹפְרִים לְתָפְשׂוֹ בְעָרְמָה לַהֲמִיתוֹ: ² וַיֹּאמְרוּ לֹא בְחַג פֶּן־תִּהְיֶה מְהוּמָה בָעָם: ³ וַיְהִי בִּהְיוֹתוֹ בְּבֵית־הִינִי בֵּית שִׁמְעוֹן הַמְצֹרָע וַיֵּסֵב אֶל־הַשֻּׁלְחָן וַתָּבֹא אִשָּׁה וּבְיָדָהּ פַּךְ־מִרְקַחַת נֵרְדְּ זַךְ וְיָקָר מְאֹד וַתִּשְׁבֹּר אֶת־הַפַּךְ וַתִּצֹק עַל־רֹאשׁוֹ: ⁴ וְיֵשׁ אֲשֶׁר מִתְרָעֲמִים אִישׁ אֶל־רֵעֵהוּ לֵאמֹר עַל־מֶה הָיָה אִבּוּד הַמִּרְקַחַת הַזֹּאת:

14:1-4 Erat autem Pascha et azyma post biduum: et quaerebant summi sacerdotes et scribae quomodo eum dolo tenerent, et occiderent. ² Dicebant autem: Non in die festo, ne forte tumultus fieret in populo. ³ Et cum esset Bethaniae in domo Simonis leprosi, et recumberet, venit mulier habens alabastrum unguenti nardi spicati pretiosi: et fracto alabastro, effudit super caput ejus. ⁴ Erant autem quidam indigne ferentes intra semetipsos, et dicentes: Ut quid perditio ista unguenti facta est?

14:1-4 Ἦν δὲ τὸ Πάσχα καὶ τὰ ἄζυμα μετὰ δύο ἡμέρας· καὶ ἐζήτουν οἱ ἀρχιερεῖς καὶ οἱ γραμματεῖς πῶς αὐτὸν ἐν δόλῳ κρατήσαντες ἀποκτείνωσιν. ² ἔλεγον δέ, Μὴ ἐν τῇ ἑορτῇ, μήποτε θόρυβος ἔσται τοῦ λαοῦ. ³ Καὶ ὄντος αὐτοῦ ἐν Βηθανίᾳ, ἐν τῇ οἰκίᾳ Σίμωνος τοῦ λεπροῦ, κατακειμένου αὐτοῦ, ἦλθεν γυνὴ ἔχουσα ἀλάβαστρον μύρου νάρδου πιστικῆς πολυτελοῦς· καὶ συντρίψασα τὸ ἀλάβαστρον, κατέχεεν αὐτοῦ κατὰ τῆς κεφαλῆς. ⁴ Ἦσαν δέ τινες ἀγανακτοῦντες πρὸς ἑαυτούς, καὶ λέγοντες, Εἰς τί ἡ ἀπώλεια αὕτη τοῦ μύρου γέγονεν;

14:1-4 Well, it was the Passover and the Unleavened Bread in two days. And the chief priests and the scribes were seeking how, *by* catching him with deceit, they would kill *him*, ² for they kept saying, "Not during the feast, in order that there would not be an uproar by the people!" ³ And while he was in Bethany sitting in the house of Simon the leper, a woman came having an alabaster jar of very costly myrrh of pure nard; after breaking the jar, she was pouring it over his head. ⁴ But some were becoming indignant among themselves, "To what end has this waste of myrrh occurred?

14:1-4 Und nach zwei Tagen war Ostern und die Tage der süßen Brote. Und die Hohenpriester und Schriftgelehrten suchten, wie sie ihn mit List griffen und töteten. ² Sie sprachen aber: Ja nicht auf das Fest, daß nicht ein Aufruhr im Volk werde! ³ Und da er zu Bethanien war in Simons, des Aussätzigen, Hause und saß zu Tische, da kam ein Weib, die hatte ein Glas mit ungefälschtem und köstlichem Nardenwasser, und sie zerbrach das Glas und goß es auf sein Haupt. ⁴ Da waren etliche, die wurden unwillig und sprachen: Was soll doch diese Vergeudung?

14:1-4 La fête de Pâque et des pains sans levain devait avoir lieu deux jours après. Les principaux sacrificateurs et les scribes cherchaient les moyens d'arrêter Jésus par ruse, et de le faire mourir. ² Car ils disaient: Que ce ne soit pas pendant la fête, afin qu'il n'y ait pas de tumulte parmi le peuple. ³ Comme Jésus était à Béthanie, dans la maison de Simon le lépreux, une femme entra, pendant qu'il se trouvait à table. Elle tenait un vase d'albâtre, qui renfermait un parfum de nard pur de grand prix; et, ayant rompu le vase, elle répandit le parfum sur la tête de Jésus. ⁴ Quelques-uns exprimèrent entre eux leur indignation: À quoi bon perdre ce parfum?

The Gospel of Mark

14:5 כִּי רְאוּיָה הָיְתָה זֹאת לְהִמָּכֵר בְּיוֹתֵר מִשְּׁלֹשׁ מֵאוֹת דִּינָר וְלָתֵת לָעֲנִיִּים וַיִּגְעֲרוּ בָהּ:
6 וַיֹּאמֶר יֵשׁוּעַ הַנִּיחוּ לָהּ לָמָּה תַלְאוּ נַפְשָׁהּ מַעֲשֶׂה טוֹב עָשְׂתָה עִמָּדִי: 7 כִּי הָעֲנִיִּים תָּמִיד עִמָּכֶם וּכְשֶׁתִּרְצוּ תּוּכְלוּ לְהֵיטִיב לָהֶם וְאָנֹכִי לֹא־אֶהְיֶה אִתְּכֶם תָּמִיד: 8 אֵת אֲשֶׁר הָיָה לְאֵל יָדָהּ עָשְׂתָה קָדְמָה לָסוּךְ אֶת־גּוּפִי לִקְבוּרָתוֹ: 9 אָמֵן אֹמַר אֲנִי לָכֶם כִּי בַּאֲשֶׁר תִּקָּרֵא הַבְּשׂוֹרָה הַזֹּאת אֶל־כָּל־הָעוֹלָם גַּם אֶת־אֲשֶׁר עָשְׂתָה הִיא יְסֻפַּר לְזִכָּרוֹן לָהּ:

14:5-9 poterat enim unguentum istud venundari plus quam trecentis denariis, et dari pauperibus. Et fremebant in eam. ⁶ Jesus autem dixit: Sinite eam, quid illi molesti estis? Bonum opus operata est in me: ⁷ semper enim pauperes habetis vobiscum: et cum volueritis, potestis illis benefacere: me autem non semper habetis. ⁸ Quod habuit haec, fecit: praevenit ungere corpus meum in sepulturam. ⁹ Amen dico vobis: Ubicumque praedicatum fuerit Evangelium istud in universo mundo, et quod fecit haec, narrabitur in memoriam ejus.

14:5-9 Ἠδύνατο γὰρ τοῦτο πραθῆναι ἐπάνω τριακοσίων δηναρίων, καὶ δοθῆναι τοῖς πτωχοῖς. Καὶ ἐνεβριμῶντο αὐτῇ. ⁶ Ὁ δὲ Ἰησοῦς εἶπεν, Ἄφετε αὐτήν· τί αὐτῇ κόπους παρέχετε; Καλὸν ἔργον εἰργάσατο ἐν ἐμοί. ⁷ Πάντοτε γὰρ τοὺς πτωχοὺς ἔχετε μεθ' ἑαυτῶν, καὶ ὅταν θέλητε δύνασθε αὐτοὺς εὖ ποιῆσαι· ἐμὲ δὲ οὐ πάντοτε ἔχετε. ⁸ Ὃ ἔσχεν αὕτη ἐποίησεν· προέλαβεν μυρίσαι μου τὸ σῶμα εἰς τὸν ἐνταφιασμόν. ⁹ Ἀμὴν λέγω ὑμῖν, ὅπου ἐὰν κηρυχθῇ τὸ εὐαγγέλιον τοῦτο εἰς ὅλον τὸν κόσμον, καὶ ὃ ἐποίησεν αὕτη λαληθήσεται εἰς μνημόσυνον αὐτῆς.

14:5-9 For this myrrh was able to be sold for more than three hundred denarii and to be given to the poor." And they were complaining to her. ⁶ Well, Jesus said, "Leave her alone; why are you *all* causing troubles for her? A good deed she did for me! ⁷ For always you continue having the poor with yourselves, and whenever you want, you are able to do good for them, but me, you do not always have! ⁸ That which she had, she did; she planned to anoint my body for burial. ⁹ Amen! Moreover, I am saying to you, wherever the gospel is preached in the whole world, also that which this woman did will be spoken to remember her."

14:5-9 Man könnte das Wasser um mehr denn dreihundert Groschen verkauft haben und es den Armen geben. Und murrten über sie. ⁶ Jesus aber sprach: Laßt sie mit Frieden! Was bekümmert ihr sie? Sie hat ein gutes Werk an mir getan. ⁷ Ihr habt allezeit Arme bei euch, und wenn ihr wollt, könnt ihr ihnen Gutes tun; mich aber habt ihr nicht allezeit. ⁸ Sie hat getan, was sie konnte; sie ist zuvorgekommen, meinen Leib zu salben zu meinem Begräbnis. ⁹ Wahrlich, ich sage euch: Wo dies Evangelium gepredigt wird in aller Welt, da wird man auch das sagen zu ihrem Gedächtnis, was sie jetzt getan hat.

14:5-9 On aurait pu le vendre plus de trois cents deniers, et les donner aux pauvres. Et ils s'irritaient contre cette femme. ⁶ Mais Jésus dit: Laissez-la. Pourquoi lui faites-vous de la peine? Elle a fait une bonne action à mon égard; ⁷ car vous avez toujours les pauvres avec vous, et vous pouvez leur faire du bien quand vous voulez, mais vous ne m'avez pas toujours. ⁸ Elle a fait ce qu'elle a pu; elle a d'avance embaumé mon corps pour la sépulture. ⁹ Je vous le dis en vérité, partout où la bonne nouvelle sera prêchée, dans le monde entier, on racontera aussi en mémoire de cette femme ce qu'elle a fait.

The Gospel of Mark

14:10 וִיהוּדָה אִישׁ־קְרִיּוֹת אֶחָד מִשְּׁנֵים הֶעָשָׂר הָלַךְ אֶל־רָאשֵׁי הַכֹּהֲנִים לִמְסֹר אוֹתוֹ אֲלֵיהֶם: 11 וְהֵם כְּשָׁמְעָם שָׂמְחוּ וַיֹּאמְרוּ לָתֶת־לוֹ כָּסֶף וַיְבַקֵּשׁ תֹּאֲנָה לְמָסְרוֹ: 12 וַיְהִי בְּחַג הַמַּצּוֹת בַּיּוֹם הָרִאשׁוֹן אֲשֶׁר יִזְבַּח הַפֶּסַח וַיֹּאמְרוּ אֵלָיו תַּלְמִידָיו אֵיפֹה תַחְפֹּץ לֶאֱכֹל אֶת־הַפֶּסַח וְנֵלְכָה וְנָכִין: 13 וַיִּשְׁלַח שְׁנַיִם מִתַּלְמִידָיו וַיֹּאמֶר אֲלֵיהֶם לְכוּ הָעִירָה וּפָגַע אֶתְכֶם אִישׁ נֹשֵׂא צַפַּחַת מָיִם לְכוּ אַחֲרָיו:

14:10-13 Et Judas Iscariotes, unus de duodecim, abiit ad summos sacerdotes, ut proderet eum illis. 11 Qui audientes gavisi sunt: et promiserunt ei pecuniam se daturos. Et quaerebat quomodo illum opportune traderet. 12 Et primo die azymorum quando Pascha immolabant, dicunt ei discipuli: Quo vis eamus, et paremus tibi ut manduces Pascha? 13 Et mittit duos ex discipulis suis, et dicit eis: Ite in civitatem, et occurret vobis homo lagenam aquae bajulans: sequimini eum,

14:10-13 Καὶ ὁ Ἰούδας ὁ Ἰσκαριώτης, εἷς τῶν δώδεκα, ἀπῆλθεν πρὸς τοὺς ἀρχιερεῖς, ἵνα παραδῷ αὐτὸν αὐτοῖς. 11 Οἱ δὲ ἀκούσαντες ἐχάρησαν, καὶ ἐπηγγείλαντο αὐτῷ ἀργύριον δοῦναι· καὶ ἐζήτει πῶς εὐκαίρως αὐτὸν παραδῷ. 12 Καὶ τῇ πρώτῃ ἡμέρᾳ τῶν ἀζύμων, ὅτε τὸ Πάσχα ἔθυον, λέγουσιν αὐτῷ οἱ μαθηταὶ αὐτοῦ, Ποῦ θέλεις ἀπελθόντες ἑτοιμάσωμεν ἵνα φάγῃς τὸ Πάσχα; 13 Καὶ ἀποστέλλει δύο τῶν μαθητῶν αὐτοῦ, καὶ λέγει αὐτοῖς, Ὑπάγετε εἰς τὴν πόλιν, καὶ ἀπαντήσει ὑμῖν ἄνθρωπος κεράμιον ὕδατος βαστάζων· ἀκολουθήσατε αὐτῷ,

14:10-13 And Judas Iscariot, one of the twelve, went away to the chief priests, in order that he would hand him over to them. 11 Well, they, after hearing, were glad and promised to give to him money. And he was seeking how he would hand him over at an opportune time. 12 And on the first day of unleavened loaves, when they were sacrificing the Passover, his disciples begin saying to him, "Where do you want that, after departing, we should prepare in order that you would eat the Passover?" 13 And he sends two of his disciples and says to them, "Go into the city, and a person carrying a pitcher of water will meet you; follow him,

14:10-13 Und Judas Ischariot, einer von den Zwölfen, ging hin zu den Hohenpriestern, daß er ihn verriete. 11 Da sie das hörten, wurden sie froh und verhießen, ihm Geld zu geben. Und er suchte, wie er ihn füglich verriete. 12 Und am ersten Tage der süßen Brote, da man das Osterlamm opferte, sprachen seine Jünger zu ihm: Wo willst du, daß wir hingehen und bereiten, daß du das Osterlamm essest? 13 Und er sandte seiner Jünger zwei und sprach zu ihnen: Gehet hin in die Stadt, und es wird euch ein Mensch begegnen, der trägt einen Krug mit Wasser; folget ihm nach,

14:10-13 Judas Iscariot, l'un des douze, alla vers les principaux sacrificateurs, afin de leur livrer Jésus. 11 Après l'avoir entendu, ils furent dans la joie, et promirent de lui donner de l'argent. Et Judas cherchait une occasion favorable pour le livrer. 12 Le premier jour des pains sans levain, où l'on immolait la Pâque, les disciples de Jésus lui dirent: Où veux-tu que nous allions te préparer la Pâque? 13 Et il envoya deux de ses disciples, et leur dit: Allez à la ville; vous rencontrerez un homme portant une cruche d'eau, suivez-le,

The Gospel of Mark

14:14 וּבַאֲשֶׁר יָבוֹא שָׁמָּה אִמְרוּ לְבַעַל הַבַּיִת כֹּה אָמַר הָרַב אַיֵּה הַמָּלוֹן אֲשֶׁר אֹכַל שָׁם
אֶת־הַפֶּסַח עִם־תַּלְמִידָי: 15 וְהוּא יַרְאֶה אֶתְכֶם עֲלִיָּה גְדוֹלָה מוּצָעָה וּמוּכָנָה וְשָׁם הָכִינוּ לָנוּ:
16 וַיֵּצְאוּ תַלְמִידָיו וַיָּבֹאוּ הָעִירָה וַיִּמְצְאוּ כַּאֲשֶׁר אָמַר לָהֶם וַיָּכִינוּ אֶת־הַפָּסַח: 17 וַיְהִי בָעֶרֶב
וַיָּבֹא עִם־שְׁנֵים הֶעָשָׂר: 18 וַיַּסֵּבּוּ וַיֹּאכֵלוּ וַיֹּאמֶר יֵשׁוּעַ אָמֵן אֹמֵר אֲנִי לָכֶם אֶחָד מִכֶּם יִמְסְרֵנִי
וְהוּא אֹכֵל אִתִּי:

14:14-18 et quocumque introierit, dicite domino domus, quia magister dicit: Ubi est refectio mea, ubi Pascha cum discipulis meis manducem? 15 Et ipse vobis demonstrabit coenaculum grande, stratum: et illic parate nobis. 16 Et abierunt discipuli ejus, et venerunt in civitatem: et invenerunt sicut dixerat illis, et paraverunt Pascha. 17 Vespere autem facto, venit cum duodecim. 18 Et discumbentibus eis, et manducantibus, ait Jesus: Amen dico vobis, quia unus ex vobis tradet me, qui manducat mecum.

14:14-18 καὶ ὅπου ἐὰν εἰσέλθῃ, εἴπατε τῷ οἰκοδεσπότῃ ὅτι Ὁ διδάσκαλος λέγει, Ποῦ ἐστιν τὸ κατάλυμα, ὅπου τὸ Πάσχα μετὰ τῶν μαθητῶν μου φάγω; 15 Καὶ αὐτὸς ὑμῖν δείξει ἀνώγεον μέγα ἐστρωμένον ἕτοιμον· ἐκεῖ ἑτοιμάσατε ἡμῖν. 16 Καὶ ἐξῆλθον οἱ μαθηταὶ αὐτοῦ, καὶ ἦλθον εἰς τὴν πόλιν, καὶ εὗρον καθὼς εἶπεν αὐτοῖς, καὶ ἡτοίμασαν τὸ Πάσχα. 17 Καὶ ὀψίας γενομένης ἔρχεται μετὰ τῶν δώδεκα. 18 Καὶ ἀνακειμένων αὐτῶν καὶ ἐσθιόντων, εἶπεν ὁ Ἰησοῦς, Ἀμὴν λέγω ὑμῖν, ὅτι εἷς ἐξ ὑμῶν παραδώσει με, ὁ ἐσθίων μετ' ἐμοῦ.

14:14-18 and, wherever he enters, say to the master of the house this: "The Teacher says, 'Where is my upper-room where I will eat the Passover with my disciples?' 15 And he himself will show to you a large upper room already furnished; and there prepare it for us." 16 And the disciples went out and came into the city and found *it* just as he said to them, and they prepared the Passover. 17 And after evening came, he comes with the Twelve. 18 And while they were reclining and eating, Jesus said, "Amen! I am saying to you that one of you will hand me over, *namely,* the one eating with me."

14:14-18 und wo er eingeht, da sprechet zu dem Hauswirt: Der Meister läßt dir sagen: Wo ist das Gasthaus, darin ich das Osterlamm esse mit meinen Jüngern? 15 Und er wird euch einen großen Saal zeigen, der mit Polstern versehen und bereit ist; daselbst richtet für uns zu. 16 Und die Jünger gingen aus und kamen in die Stadt und fanden's, wie er ihnen gesagt hatte, und bereiteten das Osterlamm. 17 Am Abend aber kam er mit den Zwölfen. 18 Und als sie zu Tische saßen und aßen, sprach Jesus: Wahrlich, ich sage euch: Einer unter euch, der mit mir isset, wird mich verraten.

14:14-18 Quelque part qu'il entre, dites au maître de la maison: Le maître dit: Où est le lieu où je mangerai la Pâque avec mes disciples? 15 Et il vous montrera une grande chambre haute, meublée et toute prête: c'est là que vous nous préparerez la Pâque. 16 Les disciples partirent, arrivèrent à la ville, et trouvèrent les choses comme il le leur avait dit; et ils préparèrent la Pâque. 17 Le soir étant venu, il arriva avec les douze. 18 Pendant qu'ils étaient à table et qu'ils mangeaient, Jésus dit: Je vous le dis en vérité, l'un de vous, qui mange avec moi, me livrera.

14:19 וַיָּחֵלּוּ לְהִתְעַצֵּב וַיֹּאמְרוּ אֵלָיו זֶה אַחַר זֶה הֲכִי אֲנִי הוּא: 20 וַיַּעַן וַיֹּאמֶר אֲלֵיהֶם אֶחָד מִשְּׁנֵים הֶעָשָׂר הוּא הַטֹּבֵל עִמִּי בַּקְּעָרָה: 21 הֵן בֶּן־הָאָדָם הָלֹךְ יֵלֵךְ כַּכָּתוּב עָלָיו אֲבָל אוֹי לָאִישׁ הַהוּא אֲשֶׁר עַל־יָדוֹ יִמָּסֵר בֶּן־הָאָדָם טוֹב לָאִישׁ הַהוּא שֶׁלֹּא נוֹלָד: 22 וַיְהִי בְּאָכְלָם וַיִּקַּח יֵשׁוּעַ לֶחֶם וַיְבָרֶךְ וַיִּבְצַע וַיִּתֵּן לָהֶם וַיֹּאמֶר קְחוּ אִכְלוּ זֶה הוּא גּוּפִי: 23 וַיִּקַּח אֶת־הַכּוֹס וַיְבָרֶךְ וַיִּתֵּן לָהֶם וַיִּשְׁתּוּ מִמֶּנָּה כֻּלָּם:

14:19-23 At illi coeperunt contristari, et dicere ei singulatim: Numquid ego? 20 Qui ait illis: Unus ex duodecim, qui intingit mecum manum in catino. 21 Et Filius quidem hominis vadit sicut scriptum est de eo: vae autem homini illi per quem Filius hominis tradetur! bonum erat ei, si non esset natus homo ille. 22 Et manducantibus illis, accepit Jesus panem: et benedicens fregit, et dedit eis, et ait: Sumite, hoc est corpus meum. 23 Et accepto calice, gratias agens dedit eis: et biberunt ex illo omnes.

14:19-23 Οἱ δὲ ἤρξαντο λυπεῖσθαι, καὶ λέγειν αὐτῷ εἷς καθ' εἷς, Μήτι ἐγώ; Καὶ ἄλλος, Μήτι ἐγώ; 20 Ὁ δὲ ἀποκριθεὶς εἶπεν αὐτοῖς, Εἷς ἐκ τῶν δώδεκα, ὁ ἐμβαπτόμενος μετ' ἐμοῦ εἰς τὸ τρυβλίον. 21 Ὁ μὲν υἱὸς τοῦ ἀνθρώπου ὑπάγει, καθὼς γέγραπται περὶ αὐτοῦ· οὐαὶ δὲ τῷ ἀνθρώπῳ ἐκείνῳ δι' οὗ ὁ υἱὸς τοῦ ἀνθρώπου παραδίδοται· καλὸν ἦν αὐτῷ εἰ οὐκ ἐγεννήθη ὁ ἄνθρωπος ἐκεῖνος. 22 Καὶ ἐσθιόντων αὐτῶν, λαβὼν ὁ Ἰησοῦς ἄρτον εὐλογήσας ἔκλασεν, καὶ ἔδωκεν αὐτοῖς, καὶ εἶπεν, Λάβετε, φάγετε· τοῦτό ἐστιν τὸ σῶμά μου. 23 Καὶ λαβὼν τὸ ποτήριον εὐχαριστήσας ἔδωκεν αὐτοῖς· καὶ ἔπιον ἐξ αὐτοῦ πάντες.

14:19-23 They began to be grieved and to say to him one-by-one, "Not I, is it? *Surely, no!*" 20 Well, he said to them, "One of the twelve, the one dipping with me into the bowl; 21 because, on the one hand, the Son of Man is departing just as it has been written about him, but on the other hand, woe to that person through whom the Son of Man is handed over! It would good for him if that man had not been born. 22 And, while they were eating, taking bread, after giving blessing, he broke and gave *it* to them and said, "Take, this is my body." 23 And taking a cup, after giving thanks, he gave *it* to them, and they all drank from it.

14:19-23 Und sie wurden traurig und sagten zu ihm, einer nach dem anderen: Bin ich's? und der andere: Bin ich's? 20 Er antwortete und sprach zu ihnen: Einer aus den Zwölfen, der mit mir in die Schüssel taucht. 21 Zwar des Menschen Sohn geht hin, wie von ihm geschrieben steht; weh aber dem Menschen, durch welchen des Menschen Sohn verraten wird. Es wäre demselben Menschen besser, daß er nie geboren wäre. 22 Und indem sie aßen, nahm Jesus das Brot, dankte und brach's und gab's ihnen und sprach: Nehmet, esset; das ist mein Leib. 23 Und nahm den Kelch, dankte und gab ihnen den; und sie tranken alle daraus.

14:19-23 Ils commencèrent à s'attrister, et à lui dire, l'un après l'autre: Est-ce moi? 20 Il leur répondit: C'est l'un des douze, qui met avec moi la main dans le plat. 21 Le Fils de l'homme s'en va selon ce qui est écrit de lui. Mais malheur à l'homme par qui le Fils de l'homme est livré! Mieux vaudrait pour cet homme qu'il ne fût pas né. 22 Pendant qu'ils mangeaient, Jésus prit du pain; et, après avoir rendu grâces, il le rompit, et le leur donna, en disant: Prenez, ceci est mon corps. 23 Il prit ensuite une coupe; et, après avoir rendu grâces, il la leur donna, et ils en burent tous.

14:24 וַיֹּאמֶר לָהֶם זֶה דְמִי דַּם־הַבְּרִית הַחֲדָשָׁה הַנִּשְׁפָּךְ בְּעַד רַבִּים: 25 אָמֵן אֹמַר אֲנִי לָכֶם שָׁתֹה לֹא־אֶשְׁתֶּה עוֹד מִפְּרִי הַגֶּפֶן עַד־הַיּוֹם הַהוּא אֲשֶׁר אֶשְׁתֶּה אֹתוֹ חָדָשׁ בְּמַלְכוּת הָאֱלֹהִים: 26 וְאַחֲרֵי קָרְאָם אֶת־הַהַלֵּל וַיֵּצְאוּ אֶל־הַר הַזֵּיתִים: 27 וַיֹּאמֶר אֲלֵיהֶם יֵשׁוּעַ אַתֶּם כֻּלְּכֶם תִּכָּשְׁלוּ בִי בַּלַּיְלָה הַזֶּה כִּי כָתוּב אַכֶּה אֶת־הָרֹעֶה וּתְפוּצֶיןָ הַצֹּאן: 28 אַךְ אַחֲרֵי קוּמִי מִן־הַמֵּתִים אֵלֵךְ לִפְנֵיכֶם הַגָּלִילָה:

14:24-28 Et ait illis: Hic est sanguis meus novi testamenti, qui pro multis effundetur. 25 Amen dico vobis, quia jam non bibam de hoc genimine vitis usque in diem illum, cum illud bibam novum in regno Dei. 26 Et hymno dicto exierunt in montem Olivarum. 27 Et ait eis Jesus: Omnes scandalizabimini in me in nocte ista: quia scriptum est: Percutiam pastorem, et dispergentur oves. 28 Sed postquam resurrexero, praecedam vos in Galilaeam.

14:24-28 Καὶ εἶπεν αὐτοῖς, Τοῦτό ἐστιν τὸ αἷμά μου, τὸ τῆς καινῆς διαθήκης, τὸ περὶ πολλῶν ἐκχυνόμενον. 25 Ἀμὴν λέγω ὑμῖν ὅτι οὐκέτι οὐ μὴ πίω ἐκ τοῦ γενήματος τῆς ἀμπέλου, ἕως τῆς ἡμέρας ἐκείνης ὅταν αὐτὸ πίνω καινὸν ἐν τῇ βασιλείᾳ τοῦ θεοῦ. 26 Καὶ ὑμνήσαντες ἐξῆλθον εἰς τὸ ὄρος τῶν Ἐλαιῶν. 27 Καὶ λέγει αὐτοῖς ὁ Ἰησοῦς ὅτι Πάντες σκανδαλισθήσεσθε ἐν ἐμοὶ ἐν τῇ νυκτὶ ταύτῃ· ὅτι γέγραπται, Πατάξω τὸν ποιμένα, καὶ διασκορπισθήσεται τὰ πρόβατα. 28 Ἀλλὰ μετὰ τὸ ἐγερθῆναί με, προάξω ὑμᾶς εἰς τὴν Γαλιλαίαν.

14:24-28 And he said to them, "This is my blood of the covenant being poured out for many. 25 Amen! I am saying to you that no longer will I ever I drink from the fruit of the vine until that day whenever I drink it anew in the Kingdom of God." 26 And after singing a hymn, they went out into the Mount of Olives. 27 And Jesus begins saying to them indeed, "All of you will stumble, because it has been written, 'I will strike the shepherd, and the sheep will be scattered widely.' 28 But after I am raised up, I will go before you into Galilee."

14:24-28 Und er sprach zu ihnen: Das ist mein Blut des neuen Testamentes, das für viele vergossen wird. 25 Wahrlich, ich sage euch, daß ich hinfort nicht trinken werde vom Gewächs des Weinstocks bis auf den Tag, da ich's neu trinke in dem Reich Gottes. 26 Und da sie den Lobgesang gesprochen hatten, gingen sie hinaus an den Ölberg. 27 Und Jesus sprach zu ihnen: Ihr werdet euch in dieser Nacht alle an mir ärgern; denn es steht geschrieben: "Ich werde den Hirten schlagen, und die Schafe werden sich zerstreuen." 28 Wenn ich aber auferstehe, will ich vor euch hingehen nach Galiläa.

14:24-28 Et il leur dit: Ceci est mon sang, le sang de l'alliance, qui est répandu pour plusieurs. 25 Je vous le dis en vérité, je ne boirai plus jamais du fruit de la vigne, jusqu'au jour où je le boirai nouveau dans le royaume de Dieu. 26 Après avoir chanté les cantiques, ils se rendirent à la montagne des oliviers. 27 Jésus leur dit: Vous serez tous scandalisés; car il est écrit: Je frapperai le berger, et les brebis seront dispersées. 28 Mais, après que je serai ressuscité, je vous précéderai en Galilée.

14:29 וַיֹּאמֶר אֵלָיו פֶּטְרוֹס גַּם אִם־יִכָּשְׁלוּ כֻלָּם אֲנִי לֹא אֶכָּשֵׁל: 30 וַיֹּאמֶר אֵלָיו יֵשׁוּעַ אָמֵן אֹמֵר אֲנִי לְךָ כִּי הַיּוֹם בַּלַּיְלָה הַזֶּה בְּטֶרֶם יִקְרָא הַתַּרְנְגוֹל פַּעֲמַיִם אַתָּה תְּכַחֶשׁ־בִּי שָׁלֹשׁ פְּעָמִים: 31 וְהוּא הִתְאַמֵּץ וַיּוֹסֶף לְדַבֵּר וַיֹּאמַר גַּם כִּי־יִהְיֶה עָלַי לָמוּת אִתְּךָ כַּחֵשׁ לֹא־אֲכַחֵשׁ בָּךְ וְכֵן אָמְרוּ גַם־כֻּלָּם: 32 וַיָּבֹאוּ אֶל־חָצֵר אַחַת וּשְׁמָהּ גַּת־שְׁמָנֵי וַיֹּאמֶר אֶל־תַּלְמִידָיו שְׁבוּ־לָכֶם פֹּה עַד אֲשֶׁר אֶתְפַּלָּל: 33 וַיִּקַּח אִתּוֹ אֶת־פֶּטְרוֹס וְאֶת־יַעֲקֹב וְאֶת־יוֹחָנָן וַיָּחֶל לְהִשְׁתּוֹמֵם וְלָמוּג:

14:29-33 Petrus autem ait illi: Et si omnes scandalizati fuerint in te, sed non ego. 30 Et ait illi Jesus: Amen dico tibi, quia tu hodie in nocte hac, priusquam gallus vocem bis dederit, ter me es negaturus. 31 At ille amplius loquebatur: Et si oportuerit me simul commori tibi, non te negabo. Similiter autem et omnes dicebant. 32 Et veniunt in praedium, cui nomen Gethsemani. Et ait discipulis suis: Sedete hic donec orem. 33 Et assumit Petrum, et Jacobum, et Joannem secum: et coepit pavere et taedere.

14:29-33 Ὁ δὲ Πέτρος ἔφη αὐτῷ, Καὶ εἰ πάντες σκανδαλισθήσονται, ἀλλ' οὐκ ἐγώ. 30 Καὶ λέγει αὐτῷ ὁ Ἰησοῦς, Ἀμὴν λέγω σοι, ὅτι σὺ σήμερον ἐν τῇ νυκτὶ ταύτῃ, πρὶν ἢ δὶς ἀλέκτορα φωνῆσαι, τρὶς ἀπαρνήσῃ με. 31 Ὁ δὲ ἐκπερισσοῦ ἔλεγεν μᾶλλον, Ἐάν με δέῃ συναποθανεῖν σοι, οὐ μή σε ἀπαρνήσωμαι. Ὡσαύτως δὲ καὶ πάντες ἔλεγον. 32 Καὶ ἔρχονται εἰς χωρίον οὗ τὸ ὄνομα Γεθσημανῆ· καὶ λέγει τοῖς μαθηταῖς αὐτοῦ, Καθίσατε ὧδε, ἕως προσεύξωμαι. 33 Καὶ παραλαμβάνει τὸν Πέτρον καὶ Ἰάκωβον καὶ Ἰωάννην μεθ' ἑαυτοῦ, καὶ ἤρξατο ἐκθαμβεῖσθαι καὶ ἀδημονεῖν.

14:29-33 So, Peter was saying to him, "Even if all will stumble, however I will not!" 30 And Jesus says to him, "Amen! I am saying to you that you yourself today on this night before even the rooster crows twice, three times you will deny me." 31 But he was speaking excessively, "If it is necessary for me to die with you, I will never ever deny you." Thus, likewise also they all were saying. 32 And they come into an area where the name is Gethsemane, and he begins saying to his disciples, "Sit here until I pray." 33 And he takes along Peter and James and John with him, he began to be overwhelmed and to be distressed.

14:29-33 Petrus aber sagte zu ihm: Und wenn sie sich alle ärgerten, so wollte doch ich mich nicht ärgern. 30 Und Jesus sprach zu ihm: Wahrlich, ich sage dir: Heute, in dieser Nacht, ehe denn der Hahn zweimal kräht, wirst du mich dreimal verleugnen. 31 Er aber redete noch weiter: Ja, wenn ich mit dir auch sterben müßte, wollte ich dich doch nicht verleugnen. Desgleichen sagten sie alle. 32 Und sie kamen zu einem Hofe mit Namen Gethsemane. Und er sprach zu seinen Jüngern: Setzet euch hier, bis ich hingehe und bete. 33 Und nahm Petrus und Jakobus und Johannes und fing an, zu zittern und zu zagen.

14:29-33 Pierre lui dit: Quand tous seraient scandalisés, je ne serai pas scandalisé. 30 Et Jésus lui dit: Je te le dis en vérité, toi, aujourd'hui, cette nuit même, avant que le coq chante deux fois, tu me renieras trois fois. 31 Mais Pierre reprit plus fortement: Quand il me faudrait mourir avec toi, je ne te renierai pas. Et tous dirent la même chose. 32 Ils allèrent ensuite dans un lieu appelé Gethsémané, et Jésus dit à ses disciples: Asseyez-vous ici, pendant que je prierai. 33 Il prit avec lui Pierre, Jacques et Jean, et il commença à éprouver de la frayeur et des angoisses.

14:34 וַיֹּאמֶר אֲלֵיהֶם נַפְשִׁי מָרָה־לִי עַד־מָוֶת עִמְדוּ־פֹה וְשִׁקְדוּ: 35 וַיַּעֲבֹר מְעַט מִשָּׁם וְהָלְאָה וַיִּפֹּל אָרְצָה וַיִּתְפַּלֵּל אֲשֶׁר אִם־יוּכַל הֱיוֹת תַּעֲבֹר מֵעָלָיו הַשָּׁעָה הַזֹּאת: 36 וַיֹּאמַר אַבָּא אָבִי כֹּל תּוּכָל הַעֲבֶר־נָא מֵעָלַי אֶת־הַכּוֹס הַזֹּאת אַךְ־לֹא אֶת־אֲשֶׁר אֲנִי רוֹצֶה כִּי אִם־אֵת אֲשֶׁר־אָתָּה: 37 וַיָּבֹא וַיִּמְצָאֵם יְשֵׁנִים וַיֹּאמֶר אֶל־פֶּטְרוֹס שִׁמְעוֹן הֲתִישָׁן הֲכִי־לֹא יָכֹלְתָּ לִשְׁקֹד שָׁעָה אֶחָת: 38 שִׁקְדוּ וְהִתְפַּלְּלוּ פֶּן־תָּבֹאוּ לִידֵי נִסָּיוֹן הֵן הָרוּחַ הִיא חֲפֵצָה וְהַבָּשָׂר רָפֶה:

14:34-38 Et ait illis: Tristis est anima mea usque ad mortem: sustinete hic, et vigilate. 35 Et cum processisset paululum, procidit super terram, et orabat ut, si fieri posset, transiret ab eo hora. 36 Et dixit: Abba pater, omnia tibi possibilia sunt: transfer calicem hunc a me: sed non quod ego volo, sed quod tu. 37 Et venit, et invenit eos dormientes. Et ait Petro: Simon, dormis? non potuisti una hora vigilare? 38 vigilate et orate, ut non intretis in tentationem. Spiritus quidem promptus est, caro vero infirma.

14:34-38 Καὶ λέγει αὐτοῖς, Περίλυπός ἐστιν ἡ ψυχή μου ἕως θανάτου· μείνατε ὧδε καὶ γρηγορεῖτε. 35 Καὶ προσελθὼν μικρόν, ἔπεσεν ἐπὶ τῆς γῆς, καὶ προσηύχετο ἵνα, εἰ δυνατόν ἐστιν, παρέλθῃ ἀπ' αὐτοῦ ἡ ὥρα. 36 Καὶ ἔλεγεν, Ἀββᾶ, ὁ πατήρ, πάντα δυνατά σοι. Παρένεγκε τὸ ποτήριον ἀπ' ἐμοῦ τοῦτο· ἀλλ' οὐ τί ἐγὼ θέλω, ἀλλὰ τί σύ. 37 Καὶ ἔρχεται καὶ εὑρίσκει αὐτοὺς καθεύδοντας, καὶ λέγει τῷ Πέτρῳ, Σίμων, καθεύδεις; Οὐκ ἴσχυσας μίαν ὥραν γρηγορῆσαι; 38 Γρηγορεῖτε καὶ προσεύχεσθε, ἵνα μὴ εἰσέλθητε εἰς πειρασμόν. Τὸ μὲν πνεῦμα πρόθυμον, ἡ δὲ σὰρξ ἀσθενής.

14:34-38 And he says to them, "Exceedingly sorrowful is my soul until death; Remain here and keep watchful!" 35 And after going forward a little, he was falling on the ground, and he was praying in order that, if it were possible, the hour would pass away from him, 36 And he was saying, "Abba, Father, all things are possible for you; remove this cup from me; but not what I myself want but what you *want*." 37 And he comes and finds them sleeping, and he says to Peter, "Simon, are you sleeping? Didn't you have strength to keep watch one hour? *Surely, not!* 38 You *all* be watchful and be praying, lest you come into temptation; the Spirit indeed is willing but the flesh is weak."

14:34-38 Und sprach zu ihnen: Meine Seele ist betrübt bis an den Tod; bleibet hier und wachet! 35 Und ging ein wenig weiter, fiel auf die Erde und betete, daß, wenn es möglich wäre, die Stunde vorüberginge, 36 und sprach: Abba, mein Vater, es ist dir alles möglich; überhebe mich dieses Kelchs; doch nicht, was ich will, sondern was du willst! 37 Und kam und fand sie schlafend und sprach zu Petrus: Simon, schläfst du? Vermochtest du nicht eine Stunde zu wachen? 38 Wachet und betet, daß ihr nicht in Versuchung fallet! Der Geist ist willig; aber das Fleisch ist schwach.

14:34-38 Il leur dit: Mon âme est triste jusqu'à la mort; restez ici, et veillez. 35 Puis, ayant fait quelques pas en avant, il se jeta contre terre, et pria que, s'il était possible, cette heure s'éloignât de lui. 36 Il disait: Abba, Père, toutes choses te sont possibles, éloigne de moi cette coupe! Toutefois, non pas ce que je veux, mais ce que tu veux. 37 Et il vint vers les disciples, qu'il trouva endormis, et il dit à Pierre: Simon, tu dors! Tu n'as pu veiller une heure! 38 Veillez et priez, afin que vous ne tombiez pas en tentation; l'esprit est bien disposé, mais la chair est faible.

14:39 וַיֹּסֶף לָסוּר וַיִּתְפַּלֵּל בְּאָמְרוֹ עוֹד־הַפַּעַם כַּדְּבָרִים הָהֵמָּה: 40 וַיָּשָׁב וַיִּמְצָאֵם שֵׁנִית יְשֵׁנִים כִּי עֵינֵיהֶם כְּבֵדוֹת וְלֹא יָדְעוּ מַה־יַּעֲנוּהוּ: 41 וַיָּבֹא פַּעַם שְׁלִישִׁית וַיֹּאמֶר אֲלֵיהֶם נוּמוּ עוֹד וְנוּחוּ רַב־לִי כִּי־בָאָה הַשָּׁעָה הִנֵּה בֶן־הָאָדָם נִמְסָר בִּידֵי חַטָּאִים: 42 קוּמוּ וְנֵלֵכָה הִנֵּה הַמּוֹסֵר אוֹתִי קָרֵב: 43 עוֹדֶנּוּ מְדַבֵּר וִיהוּדָה בָא וְהוּא אֶחָד מִשְּׁנֵים הֶעָשָׂר וְעִמּוֹ הָמוֹן רַב בַּחֲרָבוֹת וּבְמַקְלוֹת מֵאֵת רָאשֵׁי הַכֹּהֲנִים וְהַסּוֹפְרִים וְהַזְּקֵנִים:

14:39-43 Et iterum abiens oravit, eumdem sermonem dicens. 40 Et reversus, denuo invenit eos dormientes (erant enim oculi eorum gravati), et ignorabant quid responderent ei. 41 Et venit tertio, et ait illis: Dormite jam, et requiescite. Sufficit: venit hora: ecce Filius hominis tradetur in manus peccatorum. 42 Surgite, eamus: ecce qui me tradet, prope est. 43 Et, adhuc eo loquente, venit Judas Iscariotes unus de duodecim, et cum eo turba multa cum gladiis et lignis, a summis sacerdotibus, et scribis, et senioribus.

14:39-43 Καὶ πάλιν ἀπελθὼν προσηύξατο, τὸν αὐτὸν λόγον εἰπών. 40 Καὶ ὑποστρέψας εὗρεν αὐτοὺς πάλιν καθεύδοντας· ἦσαν γὰρ οἱ ὀφθαλμοὶ αὐτῶν βεβαρημένοι, καὶ οὐκ ᾔδεισαν τί αὐτῷ ἀποκριθῶσιν. 41 Καὶ ἔρχεται τὸ τρίτον, καὶ λέγει αὐτοῖς, Καθεύδετε λοιπὸν καὶ ἀναπαύεσθε. Ἀπέχει· ἦλθεν ἡ ὥρα· ἰδού, παραδίδοται ὁ υἱὸς τοῦ ἀνθρώπου εἰς τὰς χεῖρας τῶν ἁμαρτωλῶν. 42 Ἐγείρεσθε, ἄγωμεν· ἰδού, ὁ παραδιδούς με ἤγγικεν. 43 Καὶ εὐθέως, ἔτι αὐτοῦ λαλοῦντος, παραγίνεται Ἰούδας, εἷς ὢν τῶν δώδεκα, καὶ μετ' αὐτοῦ ὄχλος πολὺς μετὰ μαχαιρῶν καὶ ξύλων, παρὰ τῶν ἀρχιερέων καὶ τῶν γραμματέων καὶ τῶν πρεσβυτέρων.

14:39-43 And after departing again, he prayed saying the same prayer. 40 And, after coming again, he found them sleeping, for their eyes were weighed down, and they did not know what they should answer back to him. 41 And he comes the third time and says to them, "You are sleeping the remainder *of the night* and resting up; it is enough! The hour came; behold, the Son of Man is being handed over into the hands of sinners! 42 Rise up! Let us go! Behold, the one handing me over has arrived!" 43 And straightaway, while still he was speaking, Judas, one of the twelve, arrives and with him a crowd with swords and clubs from the chief priests and the scribes and the elders.

14:39-43 Und ging wieder hin und betete und sprach dieselben Worte. 40 Und kam wieder und fand sie abermals schlafend; denn ihre Augen waren voll Schlafs, und sie wußten nicht, was sie ihm antworteten. 41 Und er kam zum drittenmal und sprach zu ihnen: Ach, wollt ihr nun schlafen und ruhen? Es ist genug; die Stunde ist gekommen. Siehe, des Menschen Sohn wird überantwortet in der Sünder Hände. 42 Stehet auf, laßt uns gehen. Siehe, der mich verrät, ist nahe! 43 Und alsbald, da er noch redete, kam herzu Judas, der Zwölf einer, und eine große Schar mit ihm, mit Schwertern und mit Stangen von den Hohenpriestern und Schriftgelehrten und Ältesten.

14:39-43 Il s'éloigna de nouveau, et fit la même prière. 40 Il revint, et les trouva encore endormis; car leurs yeux étaient appesantis. Ils ne surent que lui répondre. 41 Il revint pour la troisième fois, et leur dit: Dormez maintenant, et reposez-vous! C'est assez! L'heure est venue; voici, le Fils de l'homme est livré aux mains des pécheurs. 42 Levez-vous, allons; voici, celui qui me livre s'approche. 43 Et aussitôt, comme il parlait encore, arriva Judas l'un des douze, et avec lui une foule armée d'épées et de bâtons, envoyée par les principaux sacrificateurs, par les scribes et par les anciens.

The Gospel of Mark

14:44 וְהַמּוֹסֵר אֹתוֹ נָתַן לָהֶם אוֹת לֵאמֹר הָאִישׁ אֲשֶׁר אֶשָּׁקֵהוּ זֶה הוּא תִּפְשׂוּ אֹתוֹ וְהוֹלִיכוּהוּ אַל־יִמָּלֵט: ⁴⁵ הוּא בָא וְהוּא נִגַּשׁ אֵלָיו וַיֹּאמֶר רַבִּי רַבִּי וַיְנַשֶּׁק־לוֹ: ⁴⁶ וַיִּשְׁלְחוּ־בוֹ אֶת־יְדֵיהֶם וַיִּתְפְּשׂוּהוּ: ⁴⁷ וְאֶחָד מִן־הָעֹמְדִים אֶצְלוֹ שָׁלַף אֶת־חַרְבּוֹ וַיַּךְ אֶת־עֶבֶד הַכֹּהֵן הַגָּדוֹל וַיְקַצֵּץ אֶת־אָזְנוֹ: ⁴⁸ וַיַּעַן יֵשׁוּעַ וַיֹּאמֶר אֲלֵיהֶם כְּצֵאת עַל־פָּרִיץ יְצָאתֶם עָלַי בַּחֲרָבוֹת וּבְמַקְלוֹת לְתָפְשֵׂנִי:

14:44-48 Dederat autem traditor ejus signum eis, dicens: Quemcumque osculatus fuero, ipse est, tenete eum, et ducite caute. ⁴⁵ Et cum venisset, statim accedens ad eum, ait: Ave Rabbi: et osculatus est eum. ⁴⁶ At illi manus injecerunt in eum, et tenuerunt eum. ⁴⁷ Unus autem quidam de circumstantibus educens gladium, percussit servum summi sacerdotis, et amputavit illi auriculam. ⁴⁸ Et respondens Jesus, ait illis: Tamquam ad latronem existis cum gladiis et lignis comprehendere me?

14:44-48 Δεδώκει δὲ ὁ παραδιδοὺς αὐτὸν σύσσημον αὐτοῖς, λέγων, Ὃν ἂν φιλήσω, αὐτός ἐστιν· κρατήσατε αὐτόν, καὶ ἀπαγάγετε ἀσφαλῶς. ⁴⁵ Καὶ ἐλθών, εὐθέως προσελθὼν αὐτῷ λέγει αὐτῷ, Ῥαββί, ῥαββί· καὶ κατεφίλησεν αὐτόν. ⁴⁶ Οἱ δὲ ἐπέβαλον ἐπ' αὐτὸν τὰς χεῖρας αὐτῶν, καὶ ἐκράτησαν αὐτόν. ⁴⁷ Εἷς δέ τις τῶν παρεστηκότων σπασάμενος τὴν μάχαιραν ἔπαισεν τὸν δοῦλον τοῦ ἀρχιερέως, καὶ ἀφεῖλεν αὐτοῦ τὸ ὠτίον. ⁴⁸ Καὶ ἀποκριθεὶς ὁ Ἰησοῦς εἶπεν αὐτοῖς, Ὡς ἐπὶ λῃστὴν ἐξήλθετε μετὰ μαχαιρῶν καὶ ξύλων συλλαβεῖν με;

14:44-48 Well, the one handing him over had given them a sign saying, "Whomever I kiss, he is the one. Seize him and be leading him away safely." ⁴⁵ And, after coming, straightaway approaching him, he says, "Rabbi!" and kissed him. ⁴⁶ So, they laid hands on him and seized him. ⁴⁷ But a certain one of the ones standing by, after drawing the sword, struck the servant of the high priest and cut off his ear. ⁴⁸ And responding back, Jesus said to them, "As if against a bandit you *all* came out with swords and clubs to capture me?

14:44-48 Und der Verräter hatte ihnen ein Zeichen gegeben und gesagt: Welchen ich küssen werde, der ist's; den greifet und führet ihn sicher. ⁴⁵ Und da er kam, trat er alsbald zu ihm und sprach zu ihm: Rabbi, Rabbi! und küßte ihn. ⁴⁶ Die aber legten ihre Hände an ihn und griffen ihn. ⁴⁷ Einer aber von denen, die dabeistanden, zog sein Schwert aus und schlug des Hohenpriesters Knecht und hieb ihm ein Ohr ab. ⁴⁸ Und Jesus antwortete und sprach zu ihnen: Ihr seid ausgegangen wie zu einem Mörder mit Schwertern und Stangen, mich zu fangen.

14:44-48 Celui qui le livrait leur avait donné ce signe: Celui que je baiserai, c'est lui; saisissez-le, et emmenez-le sûrement. ⁴⁵ Dès qu'il fut arrivé, il s'approcha de Jésus, disant: Rabbi! Et il le baisa. ⁴⁶ Alors ces gens mirent la main sur Jésus, et le saisirent. ⁴⁷ Un de ceux qui étaient là, tirant l'épée, frappa le serviteur du souverain sacrificateur, et lui emporta l'oreille. ⁴⁸ Jésus, prenant la parole, leur dit: Vous êtes venus, comme après un brigand, avec des épées et des bâtons, pour vous emparer de moi.

14:49 וַאֲנִי יוֹם יוֹם הָיִיתִי אֶצְלְכֶם מְלַמֵּד בַּמִּקְדָּשׁ וְלֹא הֶחֱזַקְתֶּם בִּי אֲבָל לְמַעַן מְלֹאת דִּבְרֵי הַכְּתוּבִים: 50 וַיַּעַזְבוּ אֹתוֹ כֻּלָּם וַיָּנוּסוּ: 51 וְנַעַר אֶחָד הָלַךְ אַחֲרָיו מְעֻטָּף בְּסָדִין לְכַסּוֹת אֶת־עֶרְוָתוֹ וַיֹּאחֲזוּהוּ הַנְּעָרִים: 52 וַיַּעֲזֹב אֶת־הַסָּדִין בְּיָדָם וַיָּנָס מִפְּנֵיהֶם עָרֹם: 53 וַיּוֹלִיכוּ אֶת־יֵשׁוּעַ אֶל־הַכֹּהֵן הַגָּדוֹל וַיִּקָּהֲלוּ אֵלָיו כָּל־רָאשֵׁי הַכֹּהֲנִים וְהַזְּקֵנִים וְהַסּוֹפְרִים:

14:49-53 quotidie eram apud vos in templo docens, et non me tenuistis. Sed ut impleantur Scripturae. 50 Tunc discipuli ejus relinquentes eum, omnes fugerunt. 51 Adolescens autem quidam sequebatur eum amictus sindone super nudo: et tenuerunt eum. 52 At ille rejecta sindone, nudus profugit ab eis. 53 Et adduxerunt Jesum ad summum sacerdotem: et convenerunt omnes sacerdotes, et scribae, et seniores.

14:49-53 Καθ' ἡμέραν ἤμην πρὸς ὑμᾶς ἐν τῷ ἱερῷ διδάσκων, καὶ οὐκ ἐκρατήσατέ με· ἀλλ' ἵνα πληρωθῶσιν αἱ γραφαί. 50 Καὶ ἀφέντες αὐτὸν πάντες ἔφυγον. 51 Καὶ εἷς τις νεανίσκος ἠκολούθησεν αὐτῷ, περιβεβλημένος σινδόνα ἐπὶ γυμνοῦ. Καὶ κρατοῦσιν αὐτὸν οἱ νεανίσκοι· 52 ὁ δὲ καταλιπὼν τὴν σινδόνα γυμνὸς ἔφυγεν ἀπ' αὐτῶν. 53 Καὶ ἀπήγαγον τὸν Ἰησοῦν πρὸς τὸν ἀρχιερέα· καὶ συνέρχονται αὐτῷ πάντες οἱ ἀρχιερεῖς καὶ οἱ πρεσβύτεροι καὶ οἱ γραμματεῖς.

14:49-53 Daily I was with you in the temple teaching and you did not seize me; but *this is being done* in order that that the scriptures would be fulfilled." 50 And leaving him, they all fled. 51 And a certain young man was following him, having a linen cloth around his naked body, and they grab him; 52 but he, leaving behind the linen cloth, fled naked. 53 And they led Jesus away to the high priest, and all the chief priests and the elders and the scribes begin gathering together.

14:49-53 Ich bin täglich bei euch im Tempel gewesen und habe gelehrt, und ihr habt mich nicht gegriffen, aber auf daß die Schrift erfüllt werde. 50 Und die Jünger verließen ihn alle und flohen. 51 Und es war ein Jüngling, der folgte ihm nach, der war mit Leinwand bekleidet auf der bloßen Haut; und die Jünglinge griffen ihn. 52 Er aber ließ die Leinwand fahren und floh bloß von ihnen. 53 Und sie führten Jesus zu dem Hohenpriester, dahin zusammengekommen waren alle Hohenpriester und Ältesten und Schriftgelehrten.

14:49-53 J'étais tous les jours parmi vous, enseignant dans le temple, et vous ne m'avez pas saisi. Mais c'est afin que les Écritures soient accomplies. 50 Alors tous l'abandonnèrent, et prirent la fuite. 51 Un jeune homme le suivait, n'ayant sur le corps qu'un drap. On se saisit de lui; 52 mais il lâcha son vêtement, et se sauva tout nu. 53 Ils emmenèrent Jésus chez le souverain sacrificateur, où s'assemblèrent tous les principaux sacrificateurs, les anciens et les scribes.

14:54 וּפֶטְרוֹס הָלַךְ אַחֲרָיו מֵרָחוֹק עַד־לַחֲצַר הַכֹּהֵן הַגָּדוֹל פְּנִימָה וַיֵּשֶׁב שָׁם עִם־הַמְשָׁרְתִים וַיִּתְחַמֵּם נֶגֶד הָאוּר: ⁵⁵ וְרָאשֵׁי הַכֹּהֲנִים וְכָל־הַסַּנְהֶדְרִין בִּקְשׁוּ עֵדוּת עַל־יֵשׁוּעַ לַהֲמִיתוֹ וְלֹא מָצָאוּ: ⁵⁶ כִּי רַבִּים עָנוּ בוֹ עֵדוּת שֶׁקֶר אֲבָל לֹא הָיוּ דִבְרֵיהֶם מְכֻוָּנִים: ⁵⁷ וַיָּקוּמוּ אֲנָשִׁים וַיַּעֲנוּ בוֹ עֵדוּת שֶׁקֶר לֵאמֹר:

14:54-57 Petrus autem a longe secutus est eum usque intro in atrium summi sacerdotis: et sedebat cum ministris ad ignem, et calefaciebat se. ⁵⁵ Summi vero sacerdotes et omne concilium quaerebant adversus Jesum testimonium ut eum morti traderent: nec inveniebant. ⁵⁶ Multi enim testimonium falsum dicebant adversus eum: et convenientia testimonia non erant. ⁵⁷ Et quidam surgentes, falsum testimonium ferebant adversus eum, dicentes:

14:54-57 Καὶ ὁ Πέτρος ἀπὸ μακρόθεν ἠκολούθησεν αὐτῷ ἕως ἔσω εἰς τὴν αὐλὴν τοῦ ἀρχιερέως· καὶ ἦν συγκαθήμενος μετὰ τῶν ὑπηρετῶν, καὶ θερμαινόμενος πρὸς τὸ φῶς. ⁵⁵ Οἱ δὲ ἀρχιερεῖς καὶ ὅλον τὸ συνέδριον ἐζήτουν κατὰ τοῦ Ἰησοῦ μαρτυρίαν, εἰς τὸ θανατῶσαι αὐτόν· καὶ οὐχ εὕρισκον. ⁵⁶ Πολλοὶ γὰρ ἐψευδομαρτύρουν κατ' αὐτοῦ, καὶ ἴσαι αἱ μαρτυρίαι οὐκ ἦσαν. ⁵⁷ Καί τινες ἀναστάντες ἐψευδομαρτύρουν κατ' αὐτοῦ, λέγοντες

14:54-57 And Peter followed him from afar, until inside into the courtyard of the high priest, and he was sitting with the officers and warming himself at the fire. ⁵⁵ Well, the chief priests and the whole Sanhedrin were seeking a testimony against Jesus in order to kill him, and they were not finding it. ⁵⁶ For many were falsely witnessing against him, and the testimonies were not the same. ⁵⁷ And certain men standing up were witnessing falsely against him saying

14:54-57 Petrus aber folgte ihm nach von ferne bis hinein in des Hohenpriesters Palast; und er war da und saß bei den Knechten und wärmte sich bei dem Licht. ⁵⁵ Aber die Hohenpriester und der ganze Rat suchten Zeugnis wider Jesum, auf daß sie ihn zum Tode brächten, und fanden nichts. ⁵⁶ Viele gaben falsch Zeugnis wider ihn; aber ihr Zeugnis stimmte nicht überein. ⁵⁷ Und etliche standen auf und gaben falsch Zeugnis wider ihn und sprachen:

14:54-57 Pierre le suivit de loin jusque dans l'intérieur de la cour du souverain sacrificateur; il s'assit avec les serviteurs, et il se chauffait près du feu. ⁵⁵ Les principaux sacrificateurs et tout le sanhédrin cherchaient un témoignage contre Jésus, pour le faire mourir, et ils n'en trouvaient point; ⁵⁶ car plusieurs rendaient de faux témoignages contre lui, mais les témoignages ne s'accordaient pas. ⁵⁷ Quelques-uns se levèrent, et portèrent un faux témoignage contre lui, disant:

The Gospel of Mark

14:58 שְׁמַעְנוּ אֹתוֹ אָמַר אֲנִי אֶהֱרֹס אֶת־הַהֵיכָל הַזֶּה מַעֲשֵׂה יְדֵי אָדָם וְלִשְׁלֹשֶׁת יָמִים אֶבְנֶה הֵיכָל אַחֵר אֲשֶׁר אֵינֶנּוּ מַעֲשֵׂה יְדֵי אָדָם: 59 וְגַם־בָּזֹאת לֹא הָיְתָה עֵדוּתָם מְכֻוֶּנֶת: 60 וַיָּקָם הַכֹּהֵן הַגָּדוֹל וַיַּעֲמֹד בַּתָּוֶךְ וַיִּשְׁאַל אֶת־יֵשׁוּעַ לֵאמֹר הַאֵינְךָ מֵשִׁיב דָּבָר מַה־זֶּה אֵלֶּה עֹנִים בָּךְ: 61 וְהוּא הֶחֱרִישׁ וְלֹא הֵשִׁיב דָּבָר וַיּוֹסֶף עוֹד הַכֹּהֵן הַגָּדוֹל לִשְׁאֹל אֹתוֹ וַיֹּאמֶר אֵלָיו הַאַתָּה הוּא הַמָּשִׁיחַ בֶּן־הַמְבֹרָךְ:

14:58-61 Quoniam nos audivimus eum dicentem: Ego dissolvam templum hoc manu factum, et per triduum aliud non manu factum aedificabo. 59 Et non erat conveniens testimonium illorum. 60 Et exsurgens summus sacerdos in medium, interrogavit Jesum, dicens: Non respondes quidquam ad ea quae tibi objiciuntur ab his? 61 Ille autem tacebat, et nihil respondit. Rursum summus sacerdos interrogabat eum, et dixit ei: Tu es Christus Filius Dei benedicti?

14:58-61 ὅτι Ἡμεῖς ἠκούσαμεν αὐτοῦ λέγοντος ὅτι Ἐγὼ καταλύσω τὸν ναὸν τοῦτον τὸν χειροποίητον, καὶ διὰ τριῶν ἡμερῶν ἄλλον ἀχειροποίητον οἰκοδομήσω. 59 Καὶ οὐδὲ οὕτως ἴση ἦν ἡ μαρτυρία αὐτῶν. 60 Καὶ ἀναστὰς ὁ ἀρχιερεὺς εἰς μέσον ἐπηρώτησεν τὸν Ἰησοῦν, λέγων, Οὐκ ἀποκρίνῃ οὐδέν; Τί οὗτοί σου καταμαρτυροῦσιν; 61 Ὁ δὲ ἐσιώπα, καὶ οὐδὲν ἀπεκρίνατο. Πάλιν ὁ ἀρχιερεὺς ἐπηρώτα αὐτόν, καὶ λέγει αὐτῷ, Σὺ εἶ ὁ χριστός, ὁ υἱὸς τοῦ εὐλογητοῦ;

14:58-61 this: "We ourselves heard him saying this: 'I myself will destroy this handmade temple and after three days I will build another not handmade.'" 59 And neither in this way was their testimony the same. 60 And after standing up into the middle, the high priest asked Jesus saying, "Don't you have some answer back? *Surely, yes!* Why are these men testifying against you?" 61 But he was keeping quiet and did not answer back anything. Again the high priest proceeded asking him and says to him, "Are you yourself the Christ, the Son of the Blessed?"

14:58-61 Wir haben gehört, daß er sagte: Ich will den Tempel, der mit Händen gemacht ist, abbrechen und in drei Tagen einen anderen bauen, der nicht mit Händen gemacht sei. 59 Aber ihr Zeugnis stimmte noch nicht überein. 60 Und der Hohepriester stand auf, trat mitten unter sie und fragte Jesum und sprach: Antwortest du nichts zu dem, was diese wider dich zeugen? 61 Er aber schwieg still und antwortete nichts. Da fragte ihn der Hohepriester abermals und sprach zu ihm: Bist du Christus, der Sohn des Hochgelobten?

14:58-61 Nous l'avons entendu dire: Je détruirai ce temple fait de main d'homme, et en trois jours j'en bâtirai un autre qui ne sera pas fait de main d'homme. 59 Même sur ce point-là leur témoignage ne s'accordait pas. 60 Alors le souverain sacrificateur, se levant au milieu de l'assemblée, interrogea Jésus, et dit: Ne réponds-tu rien? Qu'est-ce que ces gens déposent contre toi? 61 Jésus garda le silence, et ne répondit rien. Le souverain sacrificateur l'interrogea de nouveau, et lui dit: Es-tu le Christ, le Fils du Dieu béni?

14:62 וַיֹּאמֶר יֵשׁוּעַ אֲנִי הוּא וְאַתֶּם תִּרְאוּ אֶת־בֶּן־הָאָדָם יוֹשֵׁב לִימִין הַגְּבוּרָה וּבָא עִם־עַנְנֵי הַשָּׁמָיִם: ⁶³ וַיִּקְרַע הַכֹּהֵן הַגָּדוֹל אֶת־בְּגָדָיו וַיֹּאמַר מַה־לָּנוּ עוֹד לְבַקֵּשׁ עֵדִים: ⁶⁴ הִנֵּה שְׁמַעְתֶּם אֶת־הַגִּדּוּף מַה־דַּעְתְּכֶם וַיַּרְשִׁיעוּהוּ כֻלָּם כִּי־חַיָּב מִיתָה הוּא: ⁶⁵ וַיָּחֵלּוּ מֵהֶם לָרֹק בּוֹ וַיְחַפּוּ אֶת־פָּנָיו וַיַּכֻּהוּ בְאֶגְרֹף וַיֹּאמְרוּ אֵלָיו הִנָּבֵא וְהַמְשָׁרְתִים אֲחָזוּהוּ בְמַכּוֹת עַל־הַלֶּחִי:

14:62-65 Jesus autem dixit illi: Ego sum: et videbitis Filium hominis sedentem a dextris virtutis Dei, et venientem cum nubibus caeli. ⁶³ Summus autem sacerdos scindens vestimenta sua, ait: Quid adhuc desideramus testes? ⁶⁴ Audistis blasphemiam: quid vobis videtur? Qui omnes condemnaverunt eum esse reum mortis. ⁶⁵ Et coeperunt quidam conspuere eum, et velare faciem ejus, et colaphis eum caedere, et dicere ei: Prophetiza: et ministri alapis eum caedebant.

14:62-65 Ὁ δὲ Ἰησοῦς εἶπεν, Ἐγώ εἰμι. Καὶ ὄψεσθε τὸν υἱὸν τοῦ ἀνθρώπου ἐκ δεξιῶν καθήμενον τῆς δυνάμεως, καὶ ἐρχόμενον μετὰ τῶν νεφελῶν τοῦ οὐρανοῦ. ⁶³ Ὁ δὲ ἀρχιερεὺς διαρρήξας τοὺς χιτῶνας αὐτοῦ λέγει, Τί ἔτι χρείαν ἔχομεν μαρτύρων; ⁶⁴ Ἠκούσατε τῆς βλασφημίας· τί ὑμῖν φαίνεται; Οἱ δὲ πάντες κατέκριναν αὐτὸν εἶναι ἔνοχον θανάτου. ⁶⁵ Καὶ ἤρξαντό τινες ἐμπτύειν αὐτῷ, καὶ περικαλύπτειν τὸ πρόσωπον αὐτοῦ, καὶ κολαφίζειν αὐτόν, καὶ λέγειν αὐτῷ, Προφήτευσον· καὶ οἱ ὑπηρέται ῥαπίσμασιν αὐτὸν ἔβαλλον.

14:62-65 So Jesus said, "I myself am *he*, and you will see the Son of Man sitting at the right hand of power and coming with the clouds of heaven." ⁶³ Well, the high priest, after tearing his clothes, says, "What further need do we have for witnesses? ⁶⁴ You have heard the blasphemy! What is clear to you?" Well, they all condemned him to be worthy of death. ⁶⁵ And some began to spit on him and to cover his face and to hit him and to say to him, "Prophesy!" and the officers took him with punches.

14:62-65 Jesus aber sprach: Ich bin's; und ihr werdet sehen des Menschen Sohn sitzen zur rechten Hand der Kraft und kommen mit des Himmels Wolken. ⁶³ Da zerriß der Hohepriester seinen Rock und sprach: Was bedürfen wir weiter Zeugen? ⁶⁴ Ihr habt gehört die Gotteslästerung. Was dünkt euch? Sie aber verdammten ihn alle, daß er des Todes schuldig wäre. ⁶⁵ Da fingen an etliche, ihn zu verspeien und zu verdecken sein Angesicht und ihn mit Fäusten zu schlagen und zu ihm zu sagen: Weissage uns! Und die Knechte schlugen ihn ins Angesicht.

14:62-65 Jésus répondit: Je le suis. Et vous verrez le Fils de l'homme assis à la droite de la puissance de Dieu, et venant sur les nuées du ciel. ⁶³ Alors le souverain sacrificateur déchira ses vêtements, et dit: Qu'avons-nous encore besoin de témoins? ⁶⁴ Vous avez entendu le blasphème. Que vous en semble? Tous le condamnèrent comme méritant la mort. ⁶⁵ Et quelques-uns se mirent à cracher sur lui, à lui voiler le visage et à le frapper à coups de poing, en lui disant: Devine! Et les serviteurs le reçurent en lui donnant des soufflets.

14:66 וַיְהִי בִּהְיוֹת פֶּטְרוֹס בְּתַחְתִּית הֶחָצֵר וַתָּבֹא אַחַת מִשִּׁפְחוֹת הַכֹּהֵן הַגָּדוֹל: 67 וַתֵּרֶא אֶת־פֶּטְרוֹס כִּי מִתְחַמֵּם הוּא וַתַּבֶּט־בּוֹ וַתֹּאמֶר גַּם־אַתָּה הָיִיתָ עִם־הַנָּצְרִי יֵשׁוּעַ: 68 וַיְכַחֵשׁ וַיֹּאמֶר לֹא אֵדַע וְלֹא אָבִין מָה אַתְּ אֹמָרֶת וַיֵּצֵא הַחוּצָה אֶל־הָאוּלָם וַיִּקְרָא הַתַּרְנְגֹל: 69 וַתִּרְאֵהוּ הַשִּׁפְחָה וַתֹּאמֶר עוֹד אֶל־הָעֹמְדִים שָׁם זֶה הוּא אֶחָד מֵהֶם וַיְכַחֵשׁ פַּעַם שֵׁנִית:

14:66-69 Et cum esset Petrus in atrio deorsum, venit una ex ancillis summi sacerdotis: 67 et cum vidisset Petrum calefacientem se, aspiciens illum, ait: Et tu cum Jesu Nazareno eras. 68 At ille negavit, dicens: Neque scio, neque novi quid dicas. Et exiit foras ante atrium, et gallus cantavit. 69 Rursus autem cum vidisset illum ancilla, coepit dicere circumstantibus: Quia hic ex illis est.

14:66-69 Καὶ ὄντος τοῦ Πέτρου ἐν τῇ αὐλῇ κάτω, ἔρχεται μία τῶν παιδισκῶν τοῦ ἀρχιερέως, 67 καὶ ἰδοῦσα τὸν Πέτρον θερμαινόμενον, ἐμβλέψασα αὐτῷ λέγει, Καὶ σὺ μετὰ τοῦ Ναζαρηνοῦ Ἰησοῦ ἦσθα. 68 Ὁ δὲ ἠρνήσατο, λέγων, Οὐκ οἶδα, οὐδὲ ἐπίσταμαι τί σὺ λέγεις. Καὶ ἐξῆλθεν ἔξω εἰς τὸ προαύλιον· καὶ ἀλέκτωρ ἐφώνησεν. 69 Καὶ ἡ παιδίσκη ἰδοῦσα αὐτὸν πάλιν ἤρξατο λέγειν τοῖς παρεστηκόσιν ὅτι Οὗτος ἐξ αὐτῶν ἐστίν.

14:66-69 And while Peter was below in the courtyard, one woman of the servants of the high priest comes 67 and, after seeing Peter warming up, staring at him, she says, "You also were with the Nazarene, Jesus." 68 But he denied *it* saying, "Neither do I know nor do I understand what you yourself are saying!" And he departed outside into the porch and a rooster crowed. 69 And the female servant, after seeing him, began again to say to the ones standing by, "This guy is from them!"

14:66-69 Und Petrus war unten im Hof. Da kam eine von des Hohenpriesters Mägden; 67 und da sie sah Petrus sich wärmen, schaute sie ihn an und sprach: Und du warst auch mit Jesus von Nazareth. 68 Er leugnete aber und sprach: Ich kenne ihn nicht, weiß auch nicht, was du sagst. Und er ging hinaus in den Vorhof; und der Hahn krähte. 69 Und die Magd sah ihn und hob abermals an, zu sagen denen, die dabeistanden: Dieser ist deren einer.

14:66-69 Pendant que Pierre était en bas dans la cour, il vint une des servantes du souverain sacrificateur. 67 Voyant Pierre qui se chauffait, elle le regarda, et lui dit: Toi aussi, tu étais avec Jésus de Nazareth. 68 Il le nia, disant: Je ne sais pas, je ne comprends pas ce que tu veux dire. Puis il sortit pour aller dans le vestibule. Et le coq chanta. 69 La servante, l'ayant vu, se mit de nouveau à dire à ceux qui étaient présents: Celui-ci est de ces gens-là.

The Gospel of Mark

14:70 וּמְעַט אַחֲרֵי־כֵן גַּם־הָעֹמְדִים שָׁם אָמְרוּ אֶל־פֶּטְרוֹס אָמְנָם אַתָּה אֶחָד מֵהֶם כִּי אַף־גְּלִילִי אַתָּה וּלְשׁוֹנְךָ כִּלְשׁוֹנָם: 71 וַיָּחֶל לְהַחֲרִים אֶת־נַפְשׁוֹ וּלְהִשָּׁבֵעַ לֵאמֹר לֹא יָדַעְתִּי אֶת־הָאִישׁ הַזֶּה אֲשֶׁר דִּבַּרְתֶּם: 72 וְהַתַּרְנְגֹל קָרָא פַּעַם שֵׁנִית וַיִּזְכֹּר פֶּטְרוֹס אֶת־הַדָּבָר אֲשֶׁר אָמַר־לוֹ יֵשׁוּעַ בְּטֶרֶם יִקְרָא הַתַּרְנְגֹל פַּעֲמַיִם תְּכַחֶשׁ בִּי שָׁלֹשׁ פְּעָמִים וַיָּשֶׂם עַל־לִבּוֹ וַיֵּבְךְּ:

14:70-72 At ille iterum negavit. Et post pusillum rursus qui astabant, dicebant Petro: Vere ex illis es: nam et Galilaeus es. ⁷¹ Ille autem coepit anathematizare et jurare: Quia nescio hominem istum, quem dicitis. ⁷² Et statim gallus iterum cantavit. Et recordatus est Petrus verbi quod dixerat ei Jesus: Priusquam gallus cantet bis, ter me negabis. Et coepit flere.

14:70-72 Ὁ δὲ πάλιν ἠρνεῖτο. Καὶ μετὰ μικρὸν πάλιν οἱ παρεστῶτες ἔλεγον τῷ Πέτρῳ, Ἀληθῶς ἐξ αὐτῶν εἶ· καὶ γὰρ Γαλιλαῖος εἶ, καὶ ἡ λαλιά σου ὁμοιάζει. ⁷¹ Ὁ δὲ ἤρξατο ἀναθεματίζειν καὶ ὀμνύναι ὅτι Οὐκ οἶδα τὸν ἄνθρωπον τοῦτον ὃν λέγετε. ⁷² Καὶ ἐκ δευτέρου ἀλέκτωρ ἐφώνησεν. Καὶ ἀνεμνήσθη ὁ Πέτρος τὸ ῥῆμα ὃ εἶπεν αὐτῷ ὁ Ἰησοῦς ὅτι Πρὶν ἀλέκτορα φωνῆσαι δίς, ἀπαρνήσῃ με τρίς. Καὶ ἐπιβαλὼν ἔκλαιεν.

14:70-72 But he again was denying *it*. And after a little while, again the ones standing by were saying to Peter, "Truly you are from them, for you are even a Galilean and your way of speaking is similar." ⁷¹ But he began to curse and to swear this: "I do not know this man about whom you are speaking." ⁷² And straightaway the second time a rooster crowed. And Peter remembered the word as Jesus had said to him, "Before the rooster crows twice, three times you will deny me." And breaking down, he was weeping.

14:70-72 Und er leugnete abermals. Und nach einer kleinen Weile sprachen abermals zu Petrus, die dabeistanden: Wahrlich, du bist deren einer; denn du bist ein Galiläer, und deine Sprache lautet gleich also. ⁷¹ Er aber fing an, sich zu verfluchen und zu schwören: Ich kenne den Menschen nicht, von dem ihr sagt. ⁷² Und der Hahn krähte zum andernmal. Da gedachte Petrus an das Wort, das Jesus zu ihm sagte: Ehe der Hahn zweimal kräht, wirst du mich dreimal verleugnen. Und er hob an, zu weinen.

14:70-72 Et il le nia de nouveau. Peu après, ceux qui étaient présents dirent encore à Pierre: Certainement tu es de ces gens-là, car tu es Galiléen. ⁷¹ Alors il commença à faire des imprécations et à jurer: Je ne connais pas cet homme dont vous parlez. ⁷² Aussitôt, pour la seconde fois, le coq chanta. Et Pierre se souvint de la parole que Jésus lui avait dite: Avant que le coq chante deux fois, tu me renieras trois fois. Et en y réfléchissant, il pleurait.

15:1 וַיְהִי לִפְנוֹת הַבֹּקֶר וַיְמַהֲרוּ רָאשֵׁי הַכֹּהֲנִים וְעִמָּהֶם הַזְּקֵנִים וְהַסּוֹפְרִים וְכָל־הַסַּנְהֶדְרִין לְהִוָּעֵץ וַיַּאַסְרוּ אֶת־יֵשׁוּעַ וַיּוֹלִיכוּהוּ מִשָּׁם וַיִּמְסְרוּהוּ אֶל־פִּילָטוֹס: 2 וַיִּשְׁאַל אוֹתוֹ פִּילָטוֹס הַאַתָּה מֶלֶךְ הַיְּהוּדִים וַיַּעַן וַיֹּאמֶר אֵלָיו אַתָּה אָמָרְתָּ: 3 וְרָאשֵׁי הַכֹּהֲנִים הִרְבּוּ לְשִׂטְנוֹ: 4 וַיּוֹסֶף פִּילָטוֹס וַיִּשְׁאָלֵהוּ לֵאמֹר הַאֵינְךָ מֵשִׁיב דָּבָר רְאֵה כַּמָּה הֵם עָנוּ בָךְ: 5 וְיֵשׁוּעַ לֹא־הֵשִׁיב עוֹד אַף־דָּבָר אֶחָד וַיִּתְמַהּ פִּילָטוֹס:

15:1-5 Et confestim mane consilium facientes summi sacerdotes cum senioribus, et scribis, et universo concilio, vincientes Jesum, duxerunt, et tradiderunt Pilato. ² Et interrogavit eum Pilatus: Tu es rex Judaeorum? At ille respondens, ait illi: Tu dicis. ³ Et accusabant eum summi sacerdotes in multis. ⁴ Pilatus autem rursum interrogavit eum, dicens: Non respondes quidquam? vide in quantis te accusant. ⁵ Jesus autem amplius nihil respondit, ita ut miraretur Pilatus.

15:1-5 Καὶ εὐθέως ἐπὶ τὸ πρωῒ συμβούλιον ποιήσαντες οἱ ἀρχιερεῖς μετὰ τῶν πρεσβυτέρων καὶ γραμματέων, καὶ ὅλον τὸ συνέδριον, δήσαντες τὸν Ἰησοῦν ἀπήνεγκαν καὶ παρέδωκαν τῷ Πιλάτῳ. ² Καὶ ἐπηρώτησεν αὐτὸν ὁ Πιλᾶτος, Σὺ εἶ ὁ βασιλεὺς τῶν Ἰουδαίων; Ὁ δὲ ἀποκριθεὶς εἶπεν αὐτῷ, Σὺ λέγεις. ³ Καὶ κατηγόρουν αὐτοῦ οἱ ἀρχιερεῖς πολλά· ⁴ ὁ δὲ Πιλᾶτος πάλιν ἐπηρώτησεν αὐτόν, λέγων, Οὐκ ἀποκρίνῃ οὐδέν; Ἴδε, πόσα σου καταμαρτυροῦσιν. ⁵ Ὁ δὲ Ἰησοῦς οὐκέτι οὐδὲν ἀπεκρίθη, ὥστε θαυμάζειν τὸν Πιλᾶτον.

15:1-5 And straightaway in the morning, the chief priests with the elders and scribes making a council, and the whole Sanhedrin binding Jesus, they carried away and handed *him* over to Pilate. ² And Pilate asked him, "Are you yourself the King of the Jews?" So, he, answering back, says to him, "You yourself are saying so." ³ And the chief priests were accusing him of many things. ⁴ So, Pilate again kept asking him saying, "You aren't answering back one thing? *Surely, yes!* Look how much they are accusing you!" ⁵ Well, Jesus no longer answered back one thing, so that Pilate was marveling.

15:1-5 Und bald am Morgen hielten die Hohenpriester einen Rat mit den Ältesten und Schriftgelehrten, dazu der ganze Rat, und banden Jesum und führten ihn hin und überantworteten ihn dem Pilatus. ² Und Pilatus fragte ihn: Bist du der König der Juden? Er antwortete aber und sprach zu ihm: Du sagst es. ³ Und die Hohenpriester beschuldigten ihn hart. ⁴ Pilatus aber fragte ihn abermals und sprach: Antwortest du nichts? Siehe, wie hart sie dich verklagen! ⁵ Jesus aber antwortete nichts mehr, also daß sich auch Pilatus verwunderte.

15:1-5 Dès le matin, les principaux sacrificateurs tinrent conseil avec les anciens et les scribes, et tout le sanhédrin. Après avoir lié Jésus, ils l'emmenèrent, et le livrèrent à Pilate. ² Pilate l'interrogea: Es-tu le roi des Juifs? Jésus lui répondit: Tu le dis. ³ Les principaux sacrificateurs portaient contre lui plusieurs accusations. ⁴ Pilate l'interrogea de nouveau: Ne réponds-tu rien? Vois de combien de choses ils t'accusent. ⁵ Et Jésus ne fit plus aucune réponse, ce qui étonna Pilate.

15:6 וּמִדֵּי חַג בְּחַגּוֹ הָיָה פוֹטֵר לָהֶם אָסִיר אֶחָד אֵת אֲשֶׁר יְבַקֵּשׁוּ: [7] וַיְהִי אִישׁ הַנִּקְרָא בְּשֵׁם בַּר־אַבָּא אָסוּר עִם־הַמּוֹרְדִים אֲשֶׁר רְצָחוּ רֶצַח בְּעֵת הַמֶּרֶד: [8] וַיַּעַל הֶהָמוֹן וַיָּחֵלּוּ לְבַקֵּשׁ שֶׁיַּעֲשֶׂה לָהֶם כְּפַעַם בְּפָעַם: [9] וַיַּעַן אֹתָם פִּילָטוֹס וַיֹּאמַר רְצוֹנְכֶם שֶׁאַתִּיר לָכֶם אֶת־מֶלֶךְ הַיְּהוּדִים: [10] כִּי יָדַע אֲשֶׁר רַק־מִקִּנְאָה מְסָרוּהוּ רָאשֵׁי הַכֹּהֲנִים: [11] וְרָאשֵׁי הַכֹּהֲנִים הֵסִיתוּ אֶת־הֶהָמוֹן לְבִלְתִּי הַתִּיר לָהֶם כִּי אִם־בַּר־אַבָּא:

15:6-11 Per diem autem festum solebat dimittere illis unum ex vinctis, quemcumque petissent. [7] Erat autem qui dicebatur Barrabas, qui cum seditiosis erat vinctus, qui in seditione fecerat homicidium. [8] Et cum ascendisset turba, coepit rogare, sicut semper faciebat illis. [9] Pilatus autem respondit eis, et dixit: Vultis dimittam vobis regem Judaeorum? [10] Sciebat enim quod per invidiam tradidissent eum summi sacerdotes. [11] Pontifices autem concitaverunt turbam, ut magis Barabbam dimitteret eis.

15:6-11 Κατὰ δὲ ἑορτὴν ἀπέλυεν αὐτοῖς ἕνα δέσμιον, ὅνπερ ᾐτοῦντο. [7] Ἦν δὲ ὁ λεγόμενος Βαραββᾶς μετὰ τῶν συστασιαστῶν δεδεμένος, οἵτινες ἐν τῇ στάσει φόνον πεποιήκεισαν. [8] Καὶ ἀναβοήσας ὁ ὄχλος ἤρξατο αἰτεῖσθαι καθὼς ἀεὶ ἐποίει αὐτοῖς. [9] Ὁ δὲ Πιλάτος ἀπεκρίθη αὐτοῖς, λέγων, Θέλετε ἀπολύσω ὑμῖν τὸν βασιλέα τῶν Ἰουδαίων; [10] Ἐγίνωσκεν γὰρ ὅτι διὰ φθόνον παραδεδώκεισαν αὐτὸν οἱ ἀρχιερεῖς. [11] Οἱ δὲ ἀρχιερεῖς ἀνέσεισαν τὸν ὄχλον, ἵνα μᾶλλον τὸν Βαραββᾶν ἀπολύσῃ αὐτοῖς.

15:6-11 Additionally, at the feast he proceeded releasing to them one prisoner, whom they were requesting. [7] Moreover, the man was the one called Barabbas, having been bound with the insurrectionists who in the riot had committed murder. [8] And after going up, the crowd began to ask *for Barabbas*, as he was doing *this release* for them. [9] Well, Pilate answered back to them saying, "Do you want that I would release to you the King of the Jews?" [10] For he was realizing that because of envy the chief priests had handed him over. [11] So, the chief priests stirred up the crowd in order that, instead, he would release Barabbas to them.

15:6-11 Er pflegte aber ihnen auf das Osterfest einen Gefangenen loszugeben, welchen sie begehrten. [7] Es war aber einer, genannt Barabbas, gefangen mit den Aufrührern, die im Aufruhr einen Mord begangen hatten. [8] Und das Volk ging hinauf und bat, daß er täte, wie er pflegte. [9] Pilatus aber antwortete ihnen: Wollt ihr, daß ich euch den König der Juden losgebe? [10] Denn er wußte, daß ihn die Hohenpriester aus Neid überantwortet hatten. [11] Aber die Hohenpriester reizten das Volk, das er ihnen viel lieber den Barabbas losgäbe.

15:6-11 À chaque fête, il relâchait un prisonnier, celui que demandait la foule. [7] Il y avait en prison un nommé Barabbas avec ses complices, pour un meurtre qu'ils avaient commis dans une sédition. [8] La foule, étant montée, se mit à demander ce qu'il avait coutume de leur accorder. [9] Pilate leur répondit: Voulez-vous que je vous relâche le roi des Juifs? [10] Car il savait que c'était par envie que les principaux sacrificateurs l'avaient livré. [11] Mais les chefs des sacrificateurs excitèrent la foule, afin que Pilate leur relâchât plutôt Barabbas.

15:12 וַיֹּסֶף פִּילָטוֹס וַיַּעַן וַיֹּאמֶר לָהֶם וּמָה־אֵפוֹא רְצוֹנְכֶם שֶׁאֶעֱשֶׂה לַאֲשֶׁר אַתֶּם קֹרְאִים מֶלֶךְ הַיְּהוּדִים: 13 וַיִּקְרְאוּ עוֹד הַצְלֵב אֹתוֹ: 14 וַיֹּאמֶר אֲלֵיהֶם פִּילָטוֹס מַה־אֵפוֹא רָעָה עָשָׂה וְהֵם הִרְבּוּ־עוֹד לִקְרֹא הַצְלֵב אֹתוֹ: 15 וַיּוֹאֶל פִּילָטוֹס לַעֲשׂוֹת כִּרְצוֹן הָעָם וַיַּתֵּר לָהֶם אֶת בַּר־אַבָּא וְאֶת יֵשׁוּעַ הִכָּה בַשּׁוֹטִים וַיִּמְסֹר אוֹתוֹ לְהִצָּלֵב: 16 וַיּוֹלִיכֻהוּ אַנְשֵׁי הַצָּבָא אֶל־תּוֹךְ הֶחָצֵר הוּא בֵּית הַמִּשְׁפָּט וַיַּזְעִיקוּ אֶת־כָּל־הַגְּדוּד:

15:12-16 Pilatus autem iterum respondens, ait illis: Quid ergo vultis faciam regi Judaeorum? 13 At illi iterum clamaverunt: Crucifige eum. 14 Pilatus vero dicebat illis: Quid enim mali fecit? At illi magis clamabant: Crucifige eum. 15 Pilatus autem volens populo satisfacere, dimisit illis Barabbam, et tradidit Jesum flagellis caesum, ut crucifigeretur. 16 Milites autem duxerunt eum in atrium praetorii, et convocant totam cohortem,

15:12-16 Ὁ δὲ Πιλάτος ἀποκριθεὶς πάλιν εἶπεν αὐτοῖς, Τί οὖν θέλετε ποιήσω ὃν λέγετε βασιλέα τῶν Ἰουδαίων; 13 Οἱ δὲ πάλιν ἔκραξαν, Σταύρωσον αὐτόν. 14 Ὁ δὲ Πιλάτος ἔλεγεν αὐτοῖς, Τί γὰρ κακὸν ἐποίησεν; Οἱ δὲ περισσοτέρως ἔκραξαν, Σταύρωσον αὐτόν. 15 Ὁ δὲ Πιλάτος βουλόμενος τῷ ὄχλῳ τὸ ἱκανὸν ποιῆσαι, ἀπέλυσεν αὐτοῖς τὸν Βαραββᾶν· καὶ παρέδωκεν τὸν Ἰησοῦν, φραγελλώσας, ἵνα σταυρωθῇ. 16 Οἱ δὲ στρατιῶται ἀπήγαγον αὐτὸν ἔσω τῆς αὐλῆς, ὅ ἐστιν πραιτώριον, καὶ συγκαλοῦσιν ὅλην τὴν σπεῖραν.

15:12-16 But, Pilate, again answering back, said to them, "What, therefore, do you want that I do about him whom you call the King of the Jews?" 13 Well, they again cried out, "Crucify him!" 14 So, Pilate was saying to them, "What evil did he do?" But they cried out even more, "Crucify him!" 15 Well, Pilate, wishing to do something sufficient for the crowd, released Barabbas to them, and he handed over Jesus, flogging *him*, in order that he would be crucified. 16 So, the soldiers led him away inside the courtyard, which is the Praetorium, and they begin calling together the whole cohort.

15:12-16 Pilatus aber antwortete wiederum und sprach zu ihnen: Was wollt ihr denn, daß ich tue dem, den ihr beschuldigt, er sei der König der Juden? 13 Sie schrieen abermals: Kreuzige ihn! 14 Pilatus aber sprach zu ihnen: Was hat er Übles getan? Aber sie schrieen noch viel mehr: Kreuzige ihn! 15 Pilatus aber gedachte, dem Volk genugzutun, und gab ihnen Barabbas los, und geißelte Jesum und überantwortete ihn, daß er gekreuzigt würde. 16 Die Kriegsknechte aber führten ihn hinein in das Richthaus und riefen zusammen die ganze Schar

15:12-16 Pilate, reprenant la parole, leur dit: Que voulez-vous donc que je fasse de celui que vous appelez le roi des Juifs? 13 Ils crièrent de nouveau: Crucifie-le! 14 Pilate leur dit: Quel mal a-t-il fait? Et ils crièrent encore plus fort: Crucifie-le! 15 Pilate, voulant satisfaire la foule, leur relâcha Barabbas; et, après avoir fait battre de verges Jésus, il le livra pour être crucifié. 16 Les soldats conduisirent Jésus dans l'intérieur de la cour, c'est-à-dire, dans le prétoire, et ils assemblèrent toute la cohorte.

15:17 וַיַּלְבִּישׁוּהוּ אַרְגָּמָן וַיְשָׂרְגוּ עֲטֶרֶת קֹצִים וַיַּעַטְרוּהוּ: ¹⁸ וַיָּחֵלּוּ לְבָרְכוֹ לֵאמֹר שָׁלוֹם לְךָ מֶלֶךְ הַיְּהוּדִים: ¹⁹ וַיַּכּוּ עַל־רֹאשׁוֹ בְּקָנֶה וַיָּרֹקּוּ בוֹ וַיִּכְרְעוּ עַל־בִּרְכֵיהֶם וַיִּשְׁתַּחֲווּ לוֹ: ²⁰ וְאַחֲרֵי הִתְלוֹצְצָם בּוֹ הִפְשִׁיטוּ אוֹתוֹ אֶת־הָאַרְגָּמָן וַיַּלְבִּישׁוּהוּ אֶת־בְּגָדָיו וַיּוֹצִיאוּהוּ לִצְלֹב אֹתוֹ: ²¹ וְאִישׁ אֶחָד עֹבֵר וְהוּא בָא מִן־הַשָּׂדֶה וּשְׁמוֹ שִׁמְעוֹן הַקּוּרִינִי אֲבִי אֲלֶכְּסַנְדְּרוֹס וְרוּפוֹס וַיַּאַנְסוּ אֹתוֹ לָשֵׂאת אֶת־צְלוּבוֹ:

15:17-21 et induunt eum purpura, et imponunt ei plectentes spineam coronam. ¹⁸ Et coeperunt salutare eum: Ave rex Judaeorum. ¹⁹ Et percutiebant caput ejus arundine: et conspuebant eum, et ponentes genua, adorabant eum. ²⁰ Et postquam illuserunt ei, exuerunt illum purpura, et induerunt eum vestimentis suis: et educunt illum ut crucifigerent eum. ²¹ Et angariaverunt praetereuntem quempiam, Simonem Cyrenaeum venientem de villa, patrem Alexandri et Rufi, ut tolleret crucem ejus.

15:17-21 Καὶ ἐνδύουσιν αὐτὸν πορφύραν, καὶ περιτιθέασιν αὐτῷ πλέξαντες ἀκάνθινον στέφανον, ¹⁸ καὶ ἤρξαντο ἀσπάζεσθαι αὐτόν, Χαῖρε, ὁ βασιλεὺς τῶν Ἰουδαίων· ¹⁹ καὶ ἔτυπτον αὐτοῦ τὴν κεφαλὴν καλάμῳ, καὶ ἐνέπτυον αὐτῷ, καὶ τιθέντες τὰ γόνατα προσεκύνουν αὐτῷ. ²⁰ Καὶ ὅτε ἐνέπαιξαν αὐτῷ, ἐξέδυσαν αὐτὸν τὴν πορφύραν, καὶ ἐνέδυσαν αὐτὸν τὰ ἱμάτια τὰ ἴδια. Καὶ ἐξάγουσιν αὐτὸν ἵνα σταυρώσωσιν αὐτόν. ²¹ Καὶ ἀγγαρεύουσιν παράγοντά τινα Σίμωνα Κυρηναῖον, ἐρχόμενον ἀπ' ἀγροῦ, τὸν πατέρα Ἀλεξάνδρου καὶ Ῥούφου, ἵνα ἄρῃ τὸν σταυρὸν αὐτοῦ.

15:17-21 And they begin dressing him with purple and, they put on him, after forming *it*, a thorny crown; ¹⁸ and they began to salute him, "Hail, King of the Jews!" ¹⁹ And they were striking his head with a reed and they were spitting on him, and after bowing knees, they were giving homage to him. ²⁰ And when they had mocked him, they undressed him in the purple and dressed him in his own clothes. And they lead him out in order that they would crucify him. ²¹ And they force someone passing by, Simon of Cyrene, coming from the countryside, the father of Alexander and Rufus, in order that he would carry his cross.

15:17-21 und zogen ihm einen Purpur an und flochten eine dornene Krone und setzten sie ihm auf, ¹⁸ und fingen an, ihn zu grüßen: Gegrüßet seist du, der Juden König! ¹⁹ Und schlugen ihm das Haupt mit dem Rohr und verspeiten ihn und fielen auf die Kniee und beteten ihn an. ²⁰ Und da sie ihn verspottet hatten, zogen sie ihm den Purpur aus und zogen seine eigenen Kleider an und führten ihn aus, daß sie ihn kreuzigten. ²¹ Und zwangen einen, mit Namen Simon von Kyrene, der vom Felde kam (der ein Vater war des Alexander und Rufus), daß er sein Kreuz trüge.

15:17-21 Ils le revêtirent de pourpre, et posèrent sur sa tête une couronne d'épines, qu'ils avaient tressée. ¹⁸ Puis ils se mirent à le saluer: Salut, roi des Juifs! ¹⁹ Et ils lui frappaient la tête avec un roseau, crachaient sur lui, et, fléchissant les genoux, ils se prosternaient devant lui. ²⁰ Après s'être ainsi moqués de lui, ils lui ôtèrent la pourpre, lui remirent ses vêtements, et l'emmenèrent pour le crucifier. ²¹ Ils forcèrent à porter la croix de Jésus un passant qui revenait des champs, Simon de Cyrène, père d'Alexandre et de Rufus;

15:22 וַיְבִיאֻהוּ אֶל־גָּלְגָּלְתָּא הַמָּקוֹם הוּא מְקוֹם הַגֻּלְגֹּלֶת: ²³ וַיִּתְּנוּ־לוֹ לִשְׁתּוֹת יַיִן מָסוּךְ בַּמֹּר וְהוּא לֹא לָקָח: ²⁴ וַיְהִי כַּאֲשֶׁר צָלְבוּ אוֹתוֹ וַיְחַלְּקוּ בְגָדָיו וַיַּפִּילוּ עֲלֵיהֶם גּוֹרָל מַה־יִּקַּח אִישׁ אִישׁ: ²⁵ וַתְּהִי הַשָּׁעָה הַשְּׁלִישִׁית וַיִּצְלְבוּהוּ: ²⁶ וּמִכְתָּב דְּבַר־אַשְׁמָתוֹ כָּתוּב לְמַעְלָה מֶלֶךְ הַיְּהוּדִים: ²⁷ וַיִּצְלְבוּ אִתּוֹ שְׁנֵי פָרִיצִים אֶחָד לִימִינוֹ וְאֶחָד לִשְׂמֹאלוֹ: ²⁸ וַיִּמָּלֵא הַכָּתוּב הָאֹמֵר וְאֶת־פֹּשְׁעִים נִמְנָה:

15:22-28 Et perducunt illum in Golgotha locum: quod est interpretatum Calvariae locus. ²³ Et dabant ei bibere myrrhatum vinum: et non accepit. ²⁴ Et crucifigentes eum, diviserunt vestimenta ejus, mittentes sortem super eis, quis quid tolleret. ²⁵ Erat autem hora tertia: et crucifixerunt eum. ²⁶ Et erat titulus causae ejus inscriptus: Rex Judaeorum. ²⁷ Et cum eo crucifigunt duos latrones: unum a dextris, et alium a sinistris ejus. ²⁸ Et impleta est Scriptura, quae dicit: Et cum iniquis reputatus est.

15:22-28 Καὶ φέρουσιν αὐτὸν ἐπὶ Γολγοθᾶ τόπον, ὅ ἐστιν μεθερμηνευόμενον, Κρανίου Τόπος. ²³ Καὶ ἐδίδουν αὐτῷ πιεῖν ἐσμυρνισμένον οἶνον· ὁ δὲ οὐκ ἔλαβεν. ²⁴ Καὶ σταυρώσαντες αὐτόν, διαμερίζονται τὰ ἱμάτια αὐτοῦ, βάλλοντες κλῆρον ἐπ' αὐτά, τίς τί ἄρῃ. ²⁵ Ἦν δὲ ὥρα τρίτη, καὶ ἐσταύρωσαν αὐτόν. ²⁶ Καὶ ἦν ἡ ἐπιγραφὴ τῆς αἰτίας αὐτοῦ ἐπιγεγραμμένη, Ὁ βασιλεὺς τῶν Ἰουδαίων. ²⁷ Καὶ σὺν αὐτῷ σταυροῦσιν δύο λῃστάς, ἕνα ἐκ δεξιῶν καὶ ἕνα ἐξ εὐωνύμων αὐτοῦ. ²⁸ Καὶ ἐπληρώθη ἡ γραφὴ ἡ λέγουσα, Καὶ μετὰ ἀνόμων ἐλογίσθη.

15:22-28 And they bring him to the place Golgotha, which is translated: 'Place of the Skull.' ²³ And they were offering to him myrrh mixed with wine, who, however, did not take *it*. ²⁴ And they begin crucifying him and they begin dividing up his clothes, casting lots for them, *to determine* who would take what. ²⁵ So, it was the third hour and they crucified him. ²⁶ And the inscription of his charge was written up: THE KING OF THE JEWS. ²⁷ And they kept crucifying with him two bandits, one on his right and one on his left. ²⁸ *And the scripture was fulfilled that says, "And he was charged with the lawless ones."*

15:22-28 Und sie brachten ihn an die Stätte Golgatha, das ist verdolmetscht: Schädelstätte. ²³ Und sie gaben ihm Myrrhe im Wein zu trinken; und er nahm's nicht zu sich. ²⁴ Und da sie ihn gekreuzigt hatten, teilten sie seine Kleider und warfen das Los darum, wer etwas bekäme. ²⁵ Und es war um die dritte Stunde, da sie ihn kreuzigten. ²⁶ Und es war oben über ihm geschrieben was man ihm schuld gab, nämlich: Der König der Juden. ²⁷ Und sie kreuzigten mit ihm zwei Mörder, einen zu seiner Rechten und einen zur Linken. ²⁸ Da ward die Schrift erfüllt, die da sagt: "Er ist unter die Übeltäter gerechnet."

15:22-28 et ils conduisirent Jésus au lieu nommé Golgotha, ce qui signifie lieu du crâne. ²³ Ils lui donnèrent à boire du vin mêlé de myrrhe, mais il ne le prit pas. ²⁴ Ils le crucifièrent, et se partagèrent ses vêtements, en tirant au sort pour savoir ce que chacun aurait. ²⁵ C'était la troisième heure, quand ils le crucifièrent. ²⁶ L'inscription indiquant le sujet de sa condamnation portait ces mots: Le roi des Juifs. ²⁷ Ils crucifièrent avec lui deux brigands, l'un à sa droite, et l'autre à sa gauche. ²⁸ Ainsi fut accompli ce que dit l'Écriture: Il a été mis au nombre des malfaiteurs.

15:29 וְהָעֹבְרִים גִּדְּפוּ אוֹתוֹ וַיָּנִיעוּ רֹאשָׁם וַיֹּאמְרוּ הֶאָח אַתָּה הַהוֹרֵס אֶת־הַהֵיכָל וּבוֹנֶה אוֹתוֹ בִּשְׁלֹשֶׁת יָמִים: ³⁰ הוֹשַׁע אֶת־עַצְמְךָ וּרְדָה מִן־הַצְּלוּב: ³¹ וְכֵן גַּם־רָאשֵׁי הַכֹּהֲנִים עִם־הַסּוֹפְרִים הִתְלוֹצְצוּ אִישׁ אֶל־רֵעֵהוּ וַיֹּאמְרוּ אֶת־אֲחֵרִים הוֹשִׁיעַ וְאֶת־עַצְמוֹ לֹא יוּכַל לְהוֹשִׁיעַ: ³² הַמָּשִׁיחַ מֶלֶךְ יִשְׂרָאֵל יֵרֵד עַתָּה מִן־הַצְּלוּב לְמַעַן נִרְאֶה וְנַאֲמִין וְגַם־הַנִּצְלָבִים אִתּוֹ חֵרְפוּהוּ: ³³ וּבִהְיוֹת הַשָּׁעָה הַשִּׁשִּׁית הָיָה חֹשֶׁךְ עַל־כָּל־הָאָרֶץ עַד הַשָּׁעָה הַתְּשִׁיעִית:

15:29-33 Et praetereuntes blasphemabant eum, moventes capita sua, et dicentes: Vah! qui destruis templum Dei, et in tribus diebus reaedificas, ³⁰ salvum fac temetipsum descendens de cruce. ³¹ Similiter et summi sacerdotes illudentes, ad alterutrum cum scribis dicebant: Alios salvos fecit; seipsum non potest salvum facere. ³² Christus rex Israël descendat nunc de cruce, ut videamus, et credamus. Et qui cum eo crucifixi erant, convitiabantur ei. ³³ Et facta hora sexta, tenebrae factae sunt per totam terram usque in horam nonam.

15:29-33 Καὶ οἱ παραπορευόμενοι ἐβλασφήμουν αὐτόν, κινοῦντες τὰς κεφαλὰς αὐτῶν, καὶ λέγοντες, Οὐά, ὁ καταλύων τὸν ναόν, καὶ ἐν τρισὶν ἡμέραις οἰκοδομῶν, ³⁰ σῶσον σεαυτόν, καὶ κατάβα ἀπὸ τοῦ σταυροῦ. ³¹ Ὁμοίως καὶ οἱ ἀρχιερεῖς ἐμπαίζοντες πρὸς ἀλλήλους μετὰ τῶν γραμματέων ἔλεγον, Ἄλλους ἔσωσεν, ἑαυτὸν οὐ δύναται σῶσαι. ³² Ὁ χριστὸς ὁ βασιλεὺς τοῦ Ἰσραὴλ καταβάτω νῦν ἀπὸ τοῦ σταυροῦ, ἵνα ἴδωμεν καὶ πιστεύσωμεν αὐτῷ. Καὶ οἱ συνεσταυρωμένοι αὐτῷ ὠνείδιζον αὐτόν. ³³ Γενομένης δὲ ὥρας ἕκτης, σκότος ἐγένετο ἐφ' ὅλην τὴν γῆν ἕως ὥρας ἐνάτης.

15:29-33 And the ones passing by were insulting him shaking their heads and saying, "Ha! The one destroying the temple and building it in three days, ³⁰ save yourself, *by* coming down from the cross!" ³¹ Similarly also, the chief priests, while mocking among themselves with the scribes, were saying, "Others he saved; himself he is not able to save! ³² Let the Christ, the King of Israel, come down now from the cross, in order that we would see and believe." And the ones being crucified with him were insulting him. ³³ And after the sixth hour came, a darkness occurred upon the whole land until the ninth hour.

15:29-33 Und die vorübergingen, lästerten ihn und schüttelten ihre Häupter und sprachen: Pfui dich, wie fein zerbrichst du den Tempel und baust ihn in drei Tagen! ³⁰ Hilf dir nun selber und steig herab vom Kreuz! ³¹ Desgleichen die Hohenpriester verspotteten ihn untereinander samt den Schriftgelehrten und sprachen: Er hat anderen geholfen, und kann sich selber nicht helfen. ³² Ist er Christus und König in Israel, so steige er nun vom Kreuz, daß wir sehen und glauben. Und die mit ihm gekreuzigt waren, schmähten ihn auch. ³³ Und nach der sechsten Stunde ward eine Finsternis über das ganze Land bis um die neunte Stunde.

15:29-33 Les passants l'injuriaient, et secouaient la tête, en disant: Hé! toi qui détruis le temple, et qui le rebâtis en trois jours, ³⁰ sauve-toi toi-même, en descendant de la croix! ³¹ Les principaux sacrificateurs aussi, avec les scribes, se moquaient entre eux, et disaient: Il a sauvé les autres, et il ne peut se sauver lui-même! ³² Que le Christ, le roi d'Israël, descende maintenant de la croix, afin que nous voyions et que nous croyions! Ceux qui étaient crucifiés avec lui l'insultaient aussi. ³³ La sixième heure étant venue, il y eut des ténèbres sur toute la terre, jusqu'à la neuvième heure.

The Gospel of Mark

15:34 וּבַשָּׁעָה הַתְּשִׁיעִית וַיִּזְעַק יֵשׁוּעַ בְּקוֹל גָּדוֹל אֵלִהִי אֵלִהִי לָמָה שְׁבַקְתָּנִי וּפֵרוּשׁוֹ אֵלִי אֵלִי לָמָה עֲזַבְתָּנִי: 35 וַיִּשְׁמְעוּ אֲנָשִׁים מִן הָעֹמְדִים שָׁם וַיֹּאמְרוּ הִנֵּה אֶל־אֵלִיָּהוּ הוּא קוֹרֵא: 36 וַיָּרָץ אֶחָד מֵהֶם וַיְמַלֵּא סְפוֹג חֹמֶץ וַיָּשֶׂם עַל־קָנֶה וַיַּשְׁקֵהוּ וַיֹּאמֶר הַנִּיחוּ וְנִרְאֶה אִם־יָבֹא אֵלִיָּהוּ לְהוֹרִידוֹ: 37 וְיֵשׁוּעַ נָתַן קוֹל גָּדוֹל וַיִּפַּח אֶת־נַפְשׁוֹ: 38 וּפָרֹכֶת הַהֵיכָל נִקְרְעָה לִשְׁנַיִם קְרָעִים מִלְמַעְלָה לְמַטָּה:

15:34-38 Et hora nona exclamavit Jesus voce magna, dicens: Eloi, eloi, lamma sabacthani? quod est interpretatum: Deus meus, Deus meus, ut quid dereliquisti me? 35 Et quidam de circumstantibus audientes, dicebant: Ecce Eliam vocat. 36 Currens autem unus, et implens spongiam aceto, circumponensque calamo, potum dabat ei, dicens: Sinite, videamus si veniat Elias ad deponendum eum. 37 Jesus autem emissa voce magna expiravit. 38 Et velum templi scissum est in duo, a summo usque deorsum.

15:34-38 Καὶ τῇ ὥρᾳ τῇ ἐνάτῃ ἐβόησεν ὁ Ἰησοῦς φωνῇ μεγάλῃ, λέγων, Ἐλωΐ, Ἐλωΐ, λιμὰ σαβαχθανί; Ὅ ἐστιν μεθερμηνευόμενον, Ὁ θεός μου, ὁ θεός μου, εἰς τί με ἐγκατέλιπες; 35 Καί τινες τῶν παρεστηκότων ἀκούσαντες ἔλεγον, Ἰδού, Ἡλίαν φωνεῖ. 36 Δραμὼν δὲ εἷς, καὶ γεμίσας σπόγγον ὄξους, περιθείς τε καλάμῳ, ἐπότιζεν αὐτόν, λέγων, Ἄφετε, ἴδωμεν εἰ ἔρχεται Ἡλίας καθελεῖν αὐτόν. 37 Ὁ δὲ Ἰησοῦς ἀφεὶς φωνὴν μεγάλην ἐξέπνευσεν. 38 Καὶ τὸ καταπέτασμα τοῦ ναοῦ ἐσχίσθη εἰς δύο ἀπὸ ἄνωθεν ἕως κάτω.

15:34-38 And at the ninth hour Jesus cried with a loud voice, "Eloi, Eloi, lema savakhthani," which is translated: 'My God, my God, why did you abandon me?'" 35 And some of the ones standing nearby, after hearing, were saying, "Behold, he is calling Elijah!" 36 So, someone running and filling a sponge full of vinegar, putting *it* on a stick, was giving him it to drink saying, "You *all* move away! Let us see if Elijah comes to take him down!" 37 Well, Jesus, after releasing a great sound, expired. 38 And the veil of the temple was torn into two from up top to bottom.

15:34-38 Und um die neunte Stunde rief Jesus laut und sprach: "Eli, Eli lama asabthani? das ist verdolmetscht: Mein Gott, mein Gott, warum hast du mich verlassen? 35 Und etliche, die dabeistanden, da sie es hörten, sprachen sie: Siehe er ruft den Elia. 36 Da lief einer und füllte einen Schwamm mit Essig und steckte ihn auf ein Rohr und tränkte ihn und sprach: Halt, laßt sehen, ob Elia komme und ihn herabnehme. 37 Aber Jesus schrie laut und verschied. 38 Und der Vorhang im Tempel zerriß in zwei Stücke von obenan bis untenaus.

15:34-38 Et à la neuvième heure, Jésus s'écria d'une voix forte: Éloï, Éloï, lama sabachthani? ce qui signifie: Mon Dieu, mon Dieu, pourquoi m'as-tu abandonné? 35 Quelques-uns de ceux qui étaient là, l'ayant entendu, dirent: Voici, il appelle Élie. 36 Et l'un d'eux courut remplir une éponge de vinaigre, et, l'ayant fixée à un roseau, il lui donna à boire, en disant: Laissez, voyons si Élie viendra le descendre. 37 Mais Jésus, ayant poussé un grand cri, expira. 38 Le voile du temple se déchira en deux, depuis le haut jusqu'en bas.

The Gospel of Mark

15:39 וַיַּרְא שַׂר הַמֵּאָה הָעֹמֵד מִנֶּגֶד כִּי בְזַעֲקוֹ כָּכָה יָצְאָה נַפְשׁוֹ וַיֹּאמֶר אָכֵן הָאִישׁ הַזֶּה הָיָה בֶן־הָאֱלֹהִים: ⁴⁰ וְגַם־נָשִׁים הָיוּ שָׁם צֹפוֹת מֵרָחוֹק וּבְתוֹכָן גַּם־מִרְיָם הַמַּגְדָּלִית וּמִרְיָם אֵם שֶׁל־יַעֲקֹב הַצָּעִיר וְשֶׁל־יוֹסֵי וּשְׁלֹמִית: ⁴¹ אֲשֶׁר בִּהְיוֹתוֹ בַגָּלִיל גַּם־הָלְכוּ אַחֲרָיו וְגַם שֵׁרְתוּהוּ וַאֲחֵרוֹת רַבּוֹת אֲשֶׁר־עָלוּ אִתּוֹ יְרוּשָׁלָיִם: ⁴² וְעֵת הָעֶרֶב הִגִּיעַ וּמִפְּנֵי אֲשֶׁר עֶרֶב שַׁבָּת הָיָה הוּא הַיּוֹם שֶׁלִּפְנֵי הַשַּׁבָּת:

15:39-42 Videns autem centurio, qui ex adverso stabat, quia sic clamans expirasset, ait: Vere hic homo Filius Dei erat. ⁴⁰ Erant autem et mulieres de longe aspicientes: inter quas erat Maria Magdalene, et Maria Jacobi minoris, et Joseph mater, et Salome: ⁴¹ et cum esset in Galilaea, sequebantur eum, et ministrabant ei, et aliae multae, quae simul cum eo ascenderant Jerosolymam. ⁴² Et cum jam sero esset factum (quia erat parasceve, quod est ante sabbatum),

15:39-42 Ἰδὼν δὲ ὁ κεντυρίων ὁ παρεστηκὼς ἐξ ἐναντίας αὐτοῦ ὅτι οὕτως κράξας ἐξέπνευσεν, εἶπεν, Ἀληθῶς ὁ ἄνθρωπος οὗτος υἱὸς ἦν θεοῦ. ⁴⁰ Ἦσαν δὲ καὶ γυναῖκες ἀπὸ μακρόθεν θεωροῦσαι, ἐν αἷς ἦν καὶ Μαρία ἡ Μαγδαληνή, καὶ Μαρία ἡ τοῦ Ἰακώβου τοῦ μικροῦ καὶ Ἰωσῆ μήτηρ, καὶ Σαλώμη, ⁴¹ αἳ καί, ὅτε ἦν ἐν τῇ Γαλιλαίᾳ, ἠκολούθουν αὐτῷ, καὶ διηκόνουν αὐτῷ, καὶ ἄλλαι πολλαὶ αἱ συναναβᾶσαι αὐτῷ εἰς Ἱεροσόλυμα. ⁴² Καὶ ἤδη ὀψίας γενομένης, ἐπεὶ ἦν Παρασκευή, ὅ ἐστιν προσάββατον,

15:39-42 Well, after the centurion standing by across from him saw that he had expired in this way, he said, "Truly this very person was the Son of God!" ⁴⁰ Now, there were also women watching from a distance, among whom were Mary Magdalene and Mary the *mother* of James the younger and of Joses, and Salome, ⁴¹ who, when he was in Galilee, were following him and were ministering to him, and *there were* many other women coming up with him into Jerusalem. ⁴² And after evening had come, since it was the Preparation Day, that is, the day before the Sabbath,

15:39-42 Der Hauptmann aber, der dabeistand ihm gegenüber und sah, daß er mit solchem Geschrei verschied, sprach: Wahrlich, dieser Mensch ist Gottes Sohn gewesen! ⁴⁰ Und es waren auch Weiber da, die von ferne solches sahen; unter welchen war Maria Magdalena und Maria, Jakobus des Kleinen und des Joses Mutter, und Salome, ⁴¹ die ihm auch nachgefolgt waren, da er in Galiläa war, und gedient hatten, und viele andere, die mit ihm hinauf gen Jerusalem gegangen waren. ⁴² Und am Abend, dieweil es der Rüsttag war, welcher ist der Vorsabbat,

15:39-42 Le centenier, qui était en face de Jésus, voyant qu'il avait expiré de la sorte, dit: Assurément, cet homme était Fils de Dieu. ⁴⁰ Il y avait aussi des femmes qui regardaient de loin. Parmi elles étaient Marie de Magdala, Marie, mère de Jacques le mineur et de Joses, et Salomé, ⁴¹ qui le suivaient et le servaient lorsqu'il était en Galilée, et plusieurs autres qui étaient montées avec lui à Jérusalem. ⁴² Le soir étant venu, comme c'était la préparation, c'est-à-dire, la veille du sabbat,-

15:43 וַיָּבֹא יוֹסֵף הָרָמָתִי יוֹעֵץ נִכְבָּד אֲשֶׁר הָיָה מְחַכֶּה גַם־הוּא לְמַלְכוּת הָאֱלֹהִים וַיִּתְחַזֵּק וַיָּבֹא אֶל־פִּילָטוֹס וַיִּשְׁאַל אֶת־גּוּפַת יֵשׁוּעַ: 44 וַיִּתְמַהּ פִּילָטוֹס עַל־אֲשֶׁר מֵת וַיִּקְרָא אֶל־שַׂר הַמֵּאָה וַיִּשְׁאָלֵהוּ הֲכְבָר גָּוַע: 45 וַיֵּדַע מִפִּי־שַׂר הַמֵּאָה כִּי־כֵן וַיִּתֵּן אֶת־גּוּפָתוֹ מַתָּנָה לְיוֹסֵף: 46 וְהוּא קָנָה סָדִין וַיּוֹרֶד אֹתוֹ וַיִּכְרְכֵהוּ בַּסָּדִין וַיְשִׂימֵהוּ בְקֶבֶר חָצוּב בַּסֶּלַע וַיָּגֶל אֶבֶן עַל־פֶּתַח הַקָּבֶר:

15:43-46 venit Joseph ab Arimathaea nobilis decurio, qui et ipse erat exspectans regnum Dei, et audacter introivit ad Pilatum, et petiit corpus Jesu. ⁴⁴ Pilatus autem mirabatur si jam obiisset. Et accersito centurione, interrogavit eum si jam mortuus esset. ⁴⁵ Et cum cognovisset a centurione, donavit corpus Joseph. ⁴⁶ Joseph autem mercatus sindonem, et deponens eum involvit sindone, et posuit eum in monumento quod erat excisum de petra, et advolvit lapidem ad ostium monumenti.

15:43-46 ἦλθεν Ἰωσὴφ ὁ ἀπὸ Ἀριμαθαίας, εὐσχήμων βουλευτής, ὃς καὶ αὐτὸς ἦν προσδεχόμενος τὴν βασιλείαν τοῦ θεοῦ· τολμήσας εἰσῆλθεν πρὸς Πιλάτον, καὶ ᾐτήσατο τὸ σῶμα τοῦ Ἰησοῦ. ⁴⁴ Ὁ δὲ Πιλᾶτος ἐθαύμασεν εἰ ἤδη τέθνηκεν· καὶ προσκαλεσάμενος τὸν κεντυρίωνα, ἐπηρώτησεν αὐτὸν εἰ πάλαι ἀπέθανεν. ⁴⁵ Καὶ γνοὺς ἀπὸ τοῦ κεντυρίωνος, ἐδωρήσατο τὸ σῶμα τῷ Ἰωσήφ. ⁴⁶ Καὶ ἀγοράσας σινδόνα, καὶ καθελὼν αὐτόν, ἐνείλησεν τῇ σινδόνι, καὶ κατέθηκεν αὐτὸν ἐν μνημείῳ, ὃ ἦν λελατομημένον ἐκ πέτρας· καὶ προσεκύλισεν λίθον ἐπὶ τὴν θύραν τοῦ μνημείου.

15:43-46 after coming, Joseph of Arimathaea, a prominent member of the council, who also himself was awaiting the Kingdom of God, dared enter to Pilate and he asked for the body of Jesus. ⁴⁴ Well, Pilate wondered if he had already died, and after calling to the centurion, he asked him if he had died just then. ⁴⁵ And, after learning from the centurion, he granted the corpse to Joseph. ⁴⁶ And after buying a linen cloth, taking him down, he wrapped *him* in the linen cloth and laid him in a tomb, which had been cut out of a rock, and he rolled a stone against the door of the tomb.

15:43-46 kam Joseph von Arimathia, ein ehrbarer Ratsherr, welcher auch auf das Reich Gottes wartete. Der wagte es und ging hinein zu Pilatus und bat um den Leichnam Jesu. ⁴⁴ Pilatus aber verwunderte sich, daß er schon tot war, und rief den Hauptmann und fragte ihn, ob er schon lange gestorben wäre. ⁴⁵ Und als er's erkundet von dem Hauptmann, gab er Joseph den Leichnam. ⁴⁶ Und er kaufte eine Leinwand und nahm ihn ab und wickelte ihn in die Leinwand und legte ihn in ein Grab, das war in einen Felsen gehauen, und wälzte einen Stein vor des Grabes Tür.

15:43-46 arriva Joseph d'Arimathée, conseiller de distinction, qui lui-même attendait aussi le royaume de Dieu. Il osa se rendre vers Pilate, pour demander le corps de Jésus. ⁴⁴ Pilate s'étonna qu'il fût mort si tôt; fit venir le centenier et lui demanda s'il était mort depuis longtemps. ⁴⁵ S'en étant assuré par le centenier, il donna le corps à Joseph. ⁴⁶ Et Joseph, ayant acheté un linceul, descendit Jésus de la croix, l'enveloppa du linceul, et le déposa dans un sépulcre taillé dans le roc. Puis il roula une pierre à l'entrée du sépulcre.

15:47 וּמִרְיָם הַמַּגְדָּלִית וּמִרְיָם אֵם יוֹסֵי רָאוּ אֶת־הַמָּקוֹם אֲשֶׁר הוּשַׂם שָׁמָּה׃

15:47 Maria autem Magdalene et Maria Joseph aspiciebant ubi poneretur.

15:47 Ἡ δὲ Μαρία ἡ Μαγδαληνὴ καὶ Μαρία Ἰωσῆ ἐθεώρουν ποῦ τίθεται.

15:47 Moreover, Mary Magdalene and Mary, the *mother* of Joses, were watching where he had been laid.

15:47 Aber Maria Magdalena und Maria, des Joses Mutter, schauten zu, wo er hingelegt ward.

15:47 Marie de Magdala, et Marie, mère de Joses, regardaient où on le mettait.

16:1 וַיְהִי כַּאֲשֶׁר עָבַר יוֹם הַשַּׁבָּת וַתִּקְנֶינָה מִרְיָם הַמַּגְדָּלִית וּמִרְיָם אֵם יַעֲקֹב וּשְׁלֹמִית סַמִּים לָלֶכֶת וְלָסוּךְ אֹתוֹ בָּהֶם׃ 2 וּבְאֶחָד בַּשַּׁבָּת בַּבֹּקֶר הִשְׁכֵּם בָּאוּ אֶל־הַקָּבֶר כַּעֲלוֹת הַשָּׁמֶשׁ׃ 3 וַתֹּאמַרְנָה אִשָּׁה אֶל־אֲחוֹתָהּ מִי יָגֶל־לָנוּ אֶת־הָאֶבֶן מֵעַל פֶּתַח הַקָּבֶר׃ 4 וּבְהַבִּיטָן רָאוּ וְהִנֵּה נִגְלֲלָה הָאָבֶן כִּי הָיְתָה גְדֹלָה מְאֹד׃

16:1-4 Et cum transisset sabbatum, Maria Magdalene, et Maria Jacobi, et Salome emerunt aromata ut venientes ungerent Jesum. ² Et valde mane una sabbatorum, veniunt ad monumentum, orto jam sole. ³ Et dicebant ad invicem: Quis revolvet nobis lapidem ab ostio monumenti? ⁴ Et respicientes viderunt revolutum lapidem. Erat quippe magnus valde.

16:1-4 Καὶ διαγενομένου τοῦ σαββάτου, Μαρία ἡ Μαγδαληνὴ καὶ Μαρία Ἰακώβου καὶ Σαλώμη ἠγόρασαν ἀρώματα, ἵνα ἐλθοῦσαι ἀλείψωσιν αὐτόν. ² Καὶ λίαν πρωῒ τῆς μιᾶς σαββάτων ἔρχονται ἐπὶ τὸ μνημεῖον, ἀνατείλαντος τοῦ ἡλίου. ³ Καὶ ἔλεγον πρὸς ἑαυτάς, Τίς ἀποκυλίσει ἡμῖν τὸν λίθον ἐκ τῆς θύρας τοῦ μνημείου; ⁴ Καὶ ἀναβλέψασαι θεωροῦσιν ὅτι ἀποκεκύλισται ὁ λίθος· ἦν γὰρ μέγας σφόδρα.

16:1-4 And after the Sabbath passed, Mary Magdalene and Mary, the *mother* of James, and Salome, bought spices in order that, after coming, they would anoint him. ² And very early on the first day of the week, they begin going to the tomb, after the sun arose. ³ And they were saying among themselves, "Who will roll away for us the stone from the door of the tomb? ⁴ And after looking up, they see that the stone had been rolled away, for it was very large.

16:1-4 Und da der Sabbat vergangen war, kauften Maria Magdalena und Maria, des Jakobus Mutter, und Salome Spezerei, auf daß sie kämen und salbten ihn. ² Und sie kamen zum Grabe am ersten Tag der Woche sehr früh, da die Sonne aufging. ³ Und sie sprachen untereinander: Wer wälzt uns den Stein von des Grabes Tür? ⁴ Und sie sahen dahin und wurden gewahr, daß der Stein abgewälzt war; denn er war sehr groß.

16:1-4 Lorsque le sabbat fut passé, Marie de Magdala, Marie, mère de Jacques, et Salomé, achetèrent des aromates, afin d'aller embaumer Jésus. ² Le premier jour de la semaine, elles se rendirent au sépulcre, de grand matin, comme le soleil venait de se lever. ³ Elles disaient entre elles: Qui nous roulera la pierre loin de l'entrée du sépulcre? ⁴ Et, levant les yeux, elles aperçurent que la pierre, qui était très grande, avait été roulée.

וַתָּבֹאנָה אֶל־תּוֹךְ הַקֶּבֶר וַתִּרְאֶינָה בָּחוּר אֶחָד יֹשֵׁב מִיָּמִין וְהוּא עֹטֶה שִׂמְלָה לְבָנָה 16:5
וַתִּשְׁתּוֹמַמְנָה: 6 וַיֹּאמֶר אֲלֵיהֶן אַל־תִּשְׁתּוֹמַמְנָה אֶת־יֵשׁוּעַ הַנָּצְרִי הַנִּצְלָב אַתֶּן מְבַקְשׁוֹת הוּא
קָם אֵינֶנּוּ פֹּה הִנֵּה־זֶה הַמָּקוֹם אֲשֶׁר הִשְׁכִּיבוּהוּ בוֹ: 7 וְאַתֶּן לֵכְנָה וְהִגַּדְתֶּן לְתַלְמִידָיו
וּלְפֶטְרוֹס כִּי הוֹלֵךְ הוּא לִפְנֵיכֶם הַגָּלִילָה וְשָׁם תִּרְאוּהוּ כַּאֲשֶׁר אָמַר לָכֶם: 8 וַתְּמַהֵרְנָה לָצֵאת
וַתָּנוּסֶינָה מִן־הַקֶּבֶר כִּי אֲחָזָתַן רְעָדָה וְתִמָּהוֹן וְלֹא־הִגִּידוּ דָבָר לְאִישׁ כִּי יָרֵאוּ:

16:5-8 Et introëuntes in monumentum viderunt juvenem sedentem in dextris, coopertum stola candida, et obstupuerunt. ⁶ Qui dicit illis: Nolite expavescere: Jesum quaeritis Nazarenum, crucifixum: surrexit, non est hic, ecce locus ubi posuerunt eum. ⁷ Sed ite, dicite discipulis ejus, et Petro, quia praecedit vos in Galilaeam: ibi eum videbitis, sicut dixit vobis. ⁸ At illae exeuntes, fugerunt de monumento: invaserat enim eas tremor et pavor: et nemini quidquam dixerunt: timebant enim.

16:5-8 Καὶ εἰσελθοῦσαι εἰς τὸ μνημεῖον, εἶδον νεανίσκον καθήμενον ἐν τοῖς δεξιοῖς, περιβεβλημένον στολὴν λευκήν· καὶ ἐξεθαμβήθησαν. ⁶ Ὁ δὲ λέγει αὐταῖς, Μὴ ἐκθαμβεῖσθε· Ἰησοῦν ζητεῖτε τὸν Ναζαρηνὸν τὸν ἐσταυρωμένον· ἠγέρθη, οὐκ ἔστιν ὧδε· ἴδε, ὁ τόπος ὅπου ἔθηκαν αὐτόν. ⁷ Ἀλλ' ὑπάγετε, εἴπατε τοῖς μαθηταῖς αὐτοῦ καὶ τῷ Πέτρῳ ὅτι Προάγει ὑμᾶς εἰς τὴν Γαλιλαίαν· ἐκεῖ αὐτὸν ὄψεσθε, καθὼς εἶπεν ὑμῖν. ⁸ Καὶ ἐξελθοῦσαι ἔφυγον ἀπὸ τοῦ μνημείου· εἶχεν δὲ αὐτὰς τρόμος καὶ ἔκστασις· καὶ οὐδενὶ οὐδὲν εἶπον, ἐφοβοῦντο γάρ.

16:5-8 And after entering into the tomb, they saw a young man sitting on the right side wrapped around in a white robe, and they were alarmed. ⁶ Well, he says to them, "Do not be alarmed! You are seeking for Jesus, the Nazarene, who has been crucified. He was raised up; he is not here! Look, the place where they laid him! ⁷ But go, speak to his disciples and to Peter this: 'He is going ahead of you *all* into Galilee; there you will see him, just as he said to you.'" ⁸ And after going out, they fled from the tomb, for shaking and bewilderment was holding them; and to no one did they speak anything, for they were being afraid. Well, all that had been commanded they reported concisely to the ones around Peter. Moreover, after these things, even Jesus himself sent out through them from east and as far as the west the sacred and undying message of everlasting salvation. Amen!

16:5-8 Und sie gingen hinein in das Grab und sahen einen Jüngling zur rechten Hand sitzen, der hatte ein langes weißes Kleid an; und sie entsetzten sich. ⁶ Er aber sprach zu ihnen: Entsetzt euch nicht! Ihr sucht Jesus von Nazareth, den Gekreuzigten; er ist nicht hier. Siehe da die Stätte, da sie ihn hinlegten! ⁷ Gehet aber hin und sagt's seinen Jüngern und Petrus, daß er vor euch hingehen wird nach Galiläa, da werdet ihr ihn sehen, wie er gesagt hat. ⁸ Und sie gingen schnell heraus und flohen von dem Grabe; denn es war sie Zittern und Entsetzen angekommen. Und sie sagten niemand etwas, denn sie fürchteten sich.

16:5-8 Elles entrèrent dans le sépulcre, virent un jeune homme assis à droite vêtu d'une robe blanche, et elles furent épouvantées. ⁶ Il leur dit: Ne vous épouvantez pas; vous cherchez Jésus de Nazareth, qui a été crucifié; il est ressuscité, il n'est point ici; voici le lieu où on l'avait mis. ⁷ Mais allez dire à ses disciples et à Pierre qu'il vous précède en Galilée: c'est là que vous le verrez, comme il vous l'a dit. ⁸ Elles sortirent du sépulcre et s'enfuirent. La peur et le trouble les avaient saisies; et elles ne dirent rien à personne, à cause de leur effroi.

16:9 וְהוּא כַּאֲשֶׁר קָם מִן־הַמֵּתִים בְּאֶחָד בַּשַׁבָּת נִרְאָה בָרִאשֹׁנָה אֶל־מִרְיָם הַמַּגְדָּלִית אֲשֶׁר גֵּרַשׁ מִמֶּנָּה שִׁבְעָה שֵׁדִים: ¹⁰ וַתֵּלֶךְ וַתַּגֵּד לָאֲנָשִׁים אֲשֶׁר הָיוּ עִמּוֹ וְהֵם מִתְאַבְּלִים וּבֹכִים: ¹¹ וְכַאֲשֶׁר שָׁמְעוּ כִּי חַי וְנִרְאָה אֵלֶיהָ לֹא הֶאֱמִינוּ לָהּ: ¹² וְאַחֲרֵי־כֵן נִרְאָה בִדְמוּת אַחֶרֶת לִשְׁנַיִם מֵהֶם בַּדֶּרֶךְ בִּהְיוֹתָם יֹצְאִים הַשָּׂדֶה: ¹³ וְהֵם הָלְכוּ וַיַּגִּידוּ לָאֲחֵרִים וְגַם־לָהֶם לֹא הֶאֱמִינוּ:

16:9-13 Surgens autem mane prima sabbati, apparuit primo Mariae Magdalene, de qua ejecerat septem daemonia. ¹⁰ Illa vadens nuntiavit his, qui cum eo fuerant, lugentibus et flentibus. ¹¹ Et illi audientes quia viveret, et visus esset ab ea, non crediderunt. ¹² Post haec autem duobus ex his ambulantibus ostensus est in alia effigie, euntibus in villam: ¹³ et illi euntes nuntiaverunt ceteris: nec illis crediderunt.

16:9-13 Ἀναστὰς δὲ πρωῒ πρώτῃ σαββάτου ἐφάνη πρῶτον Μαρίᾳ τῇ Μαγδαληνῇ, ἀφ' ἧς ἐκβεβλήκει ἑπτὰ δαιμόνια. ¹⁰ Ἐκείνη πορευθεῖσα ἀπήγγειλεν τοῖς μετ' αὐτοῦ γενομένοις, πενθοῦσιν καὶ κλαίουσιν. ¹¹ Κἀκεῖνοι ἀκούσαντες ὅτι ζῇ καὶ ἐθεάθη ὑπ' αὐτῆς ἠπίστησαν. ¹² Μετὰ δὲ ταῦτα δυσὶν ἐξ αὐτῶν περιπατοῦσιν ἐφανερώθη ἐν ἑτέρᾳ μορφῇ, πορευομένοις εἰς ἀγρόν. ¹³ Κἀκεῖνοι ἀπελθόντες ἀπήγγειλαν τοῖς λοιποῖς· οὐδὲ ἐκείνοις ἐπίστευσαν.

16:9-13 So, after arising early on the first day of the week, he appeared first to Mary Magdalene, from whom he had cast out seven demons. ¹⁰ That one, after going, reported to the ones being with him, while they were mourning and weeping. ¹¹ And these ones, after hearing that he was alive and he had been seen by her, did not believe. ¹² Then, after these events, to two of them while they were walking he appeared in another form in a field; ¹³ And these ones, after departing, reported to the rest; but neither did they believe those ones.

16:9-13 Jesus aber, da er auferstanden war früh am ersten Tag der Woche, erschien er am ersten der Maria Magdalena, von welcher er sieben Teufel ausgetrieben hatte. ¹⁰ Und sie ging hin und verkündigte es denen, die mit ihm gewesen waren, die da Leid trugen und weinten. ¹¹ Und diese, da sie es hörten, daß er lebte und wäre ihr erschienen, glaubten sie nicht. ¹² Darnach, da zwei aus ihnen wandelten, offenbarte er sich unter einer anderen Gestalt, da sie aufs Feld gingen. ¹³ Und die gingen auch hin und verkündigten das den anderen; denen glaubten sie auch nicht.

16:9-13 Jésus, étant ressuscité le matin du premier jour de la semaine, apparut d'abord à Marie de Magdala, de laquelle il avait chassé sept démons. ¹⁰ Elle alla en porter la nouvelle à ceux qui avaient été avec lui, et qui s'affligeaient et pleuraient. ¹¹ Quand ils entendirent qu'il vivait, et qu'elle l'avait vu, ils ne le crurent point. ¹² Après cela, il apparut, sous une autre forme, à deux d'entre eux qui étaient en chemin pour aller à la campagne. ¹³ Ils revinrent l'annoncer aux autres, qui ne les crurent pas non plus.

16:14 וּבָאַחֲרֹנָה נִרְאָה לְעַשְׁתֵּי הֶעָשָׂר בִּהְיוֹתָם מְסֻבִּים לֶאֱכֹל וַיְחָרֵף חֶסְרוֹן אֱמוּנָתָם וּקְשִׁי לְבָבָם אֲשֶׁר לֹא־הֶאֱמִינוּ לְרֹאָיו וְהוּא נֵעוֹר מִן־הַמֵּתִים: 15 וַיֹּאמֶר אֲלֵיהֶם לְכוּ אֶל־כָּל־הָעוֹלָם וְקִרְאוּ אֶת־הַבְּשׂוֹרָה לְכָל־הַבְּרִיאָה: 16 הַמַּאֲמִין וְנִטְבַּל הוּא יִוָּשֵׁעַ וַאֲשֶׁר לֹא־יַאֲמִין יֶאְשָׁם: 17 וְאֵלֶּה הָאֹתוֹת אֲשֶׁר יִלָּווּ אֶל־הַמַּאֲמִינִים יְגָרְשׁוּ שֵׁדִים בִּשְׁמִי וּבִלְשֹׁנוֹת חֲדָשׁוֹת יְדַבֵּרוּ:

16:14-17 Novissime recumbentibus illis undecim apparuit: et exprobravit incredulitatem eorum et duritiam cordis: quia iis, qui viderant eum resurrexisse, non crediderunt. 15 Et dixit eis: Euntes in mundum universum praedicate Evangelium omni creaturae. 16 Qui crediderit, et baptizatus fuerit, salvus erit: qui vero non crediderit, condemnabitur. 17 Signa autem eos qui crediderint, haec sequentur: in nomine meo daemonia ejicient: linguis loquentur novis:

16:14-17 Ὕστερον ἀνακειμένοις αὐτοῖς τοῖς ἕνδεκα ἐφανερώθη, καὶ ὠνείδισεν τὴν ἀπιστίαν αὐτῶν καὶ σκληροκαρδίαν, ὅτι τοῖς θεασαμένοις αὐτὸν ἐγηγερμένον οὐκ ἐπίστευσαν. 15 Καὶ εἶπεν αὐτοῖς, Πορευθέντες εἰς τὸν κόσμον ἅπαντα, κηρύξατε τὸ εὐαγγέλιον πάσῃ τῇ κτίσει. 16 Ὁ πιστεύσας καὶ βαπτισθεὶς σωθήσεται· ὁ δὲ ἀπιστήσας κατακριθήσεται. 17 Σημεῖα δὲ τοῖς πιστεύσασιν ταῦτα παρακολουθήσει· ἐν τῷ ὀνόματί μου δαιμόνια ἐκβαλοῦσιν· γλώσσαις λαλήσουσιν καιναῖς·

16:14-17 Well afterward, to the eleven, while they themselves were reclining, he reproached their unbelief and hardheartedness, because they did not believe the ones seeing him after having been raised. 15 And he said to them, "Going into the entire world, preach the gospel to all the creation! 16 The one believing and being baptized will be saved, but the one disbelieving will be condemned. 17 Moreover, these signs will accompany the ones believing: in my name demons they will cast out, with new tongues they will speak,

16:14-17 Zuletzt, da die Elf zu Tische saßen, offenbarte er sich und schalt ihren Unglauben und ihres Herzens Härtigkeit, daß sie nicht geglaubt hatten denen, die ihn gesehen hatten auferstanden. 15 Und er sprach zu ihnen: Gehet hin in alle Welt und prediget das Evangelium aller Kreatur. 16 Wer da glaubet und getauft wird, der wird selig werden; wer aber nicht glaubt, der wird verdammt werden. 17 Die Zeichen aber, die da folgen werden denen, die da glauben, sind die: in meinem Namen werden sie Teufel austreiben, mit neuen Zungen reden.

16:14-17 Enfin, il apparut aux onze, pendant qu'ils étaient à table; et il leur reprocha leur incrédulité et la dureté de leur coeur, parce qu'ils n'avaient pas cru ceux qui l'avaient vu ressuscité. 15 Puis il leur dit: Allez par tout le monde, et prêchez la bonne nouvelle à toute la création. 16 Celui qui croira et qui sera baptisé sera sauvé, mais celui qui ne croira pas sera condamné. 17 Voici les miracles qui accompagneront ceux qui auront cru: en mon nom, ils chasseront les démons; ils parleront de nouvelles langues;

The Gospel of Mark

16:18 נְחָשִׁים יִשָּׂאוּ בִּידֵיהֶם וְיִשְׁתּוּ סַם־הַמָּוֶת וְלֹא יַזִּיקֵם עַל־חוֹלִים יָשִׂימוּ אֶת־יְדֵיהֶם וְיֵיטַב לָהֶם: ¹⁹ וַיְהִי אַחֲרֵי אֲשֶׁר־דִּבֶּר אִתָּם הָאָדוֹן וַיִּנָּשֵׂא הַשָּׁמַיְמָה וַיֵּשֶׁב לִימִין הָאֱלֹהִים: ²⁰ וְהֵמָּה יָצְאוּ וַיִּקְרְאוּ בְּכָל־הַמְּקֹמוֹת וְיַד הָאָדוֹן הָיָה עִמָּהֶם וַיְחַזֵּק אֶת־הַדָּבָר בָּאֹתוֹת הַבָּאוֹת אַחֲרָיו אָמֵן:

16:18-20 serpentes tollent: et si mortiferum quid biberint, non eis nocebit: super aegros manus imponent, et bene habebunt. ¹⁹ Et Dominus quidem Jesus postquam locutus est eis, assumptus est in caelum, et sedet a dextris Dei. ²⁰ Illi autem profecti praedicaverunt ubique, Domino cooperante, et sermonem confirmante, sequentibus signis.

16:18-20 ὄφεις ἀροῦσιν· κἂν θανάσιμόν τι πίωσιν, οὐ μὴ αὐτοὺς βλάψῃ· ἐπὶ ἀρρώστους χεῖρας ἐπιθήσουσιν, καὶ καλῶς ἕξουσιν. ¹⁹ Ὁ μὲν οὖν κύριος, μετὰ τὸ λαλῆσαι αὐτοῖς, ἀνελήφθη εἰς τὸν οὐρανόν, καὶ ἐκάθισεν ἐκ δεξιῶν τοῦ θεοῦ. ²⁰ Ἐκεῖνοι δὲ ἐξελθόντες ἐκήρυξαν πανταχοῦ, τοῦ κυρίου συνεργοῦντος, καὶ τὸν λόγον βεβαιοῦντος διὰ τῶν ἐπακολουθούντων σημείων. Ἀμήν.

16:18-20 serpents they will pick up, and, if something deadly they drink, it will never ever hurt them; upon the sick they will lay hands and they will be well." ¹⁹ Therefore, on the one hand, the Lord Jesus, after he spoke to them, was taken up into heaven and sat down at the right hand of God. ²⁰ But, on the other hand, those ones, after going out, preached everywhere, while the Lord works with *them* and confirms the word through the accompanying signs.

16:18-20 Schlangen vertreiben; und so sie etwas Tödliches trinken, wird's ihnen nicht schaden; auf die Kranken werden sie die Hände legen, so wird es besser mit ihnen werden. ¹⁹ Und der HERR, nachdem er mit ihnen geredet hatte, ward er aufgehoben gen Himmel und sitzt zur rechten Hand Gottes. ²⁰ Sie aber gingen aus und predigten an allen Orten; und der HERR wirkte mit ihnen und bekräftigte das Wort durch mitfolgende Zeichen.

16:18-20 ils saisiront des serpents; s'ils boivent quelque breuvage mortel, il ne leur fera point de mal; ils imposeront les mains aux malades, et les malades, seront guéris. ¹⁹ Le Seigneur, après leur avoir parlé, fut enlevé au ciel, et il s'assit à la droite de Dieu. ²⁰ Et ils s'en allèrent prêcher partout. Le Seigneur travaillait avec eux, et confirmait la parole par les miracles qui l'accompagnaient.

www.ingramcontent.com/pod-product-compliance
Lightning Source LLC
Chambersburg PA
CBHW080344300426
44110CB00019B/2499